U0907215

中华人民共和国行业标准

Gonglu Gongcheng Biaozhun Guifan Huibian Quanshu

公路工程标准规范汇编全书

公路施工卷

本社汇编

人民交通出版社

内 容 提 要

《公路工程标准规范汇编全书》分九卷对现行公路工程类行业标准、规范、规程进行了汇编，并对上述图书出版过程中的疏漏予以校正。本书为《公路工程标准规范汇编全书》之公路施工卷，汇编了《公路路基施工技术规范》(JTG F10—2006)、《公路路面基层施工技术规范》(JTJ 034—2000)、《公路水泥混凝土路面施工技术规范》(JTG F30—2003)、《公路水泥混凝土路面滑模施工技术规程》(JTJ/T 037.1—2000)、《公路沥青路面施工技术规范》(JTG F40—2004)等五部现行公路工程行业标准，以便于公路工程施工技术人员使用。

图书在版编目(CIP)数据

公路工程标准规范汇编全书. 公路施工卷/人民交通出版社编. —北京:人民交通出版社,2007.9
ISBN 978-7-114-06689-4

Ⅰ.公… Ⅱ.人… Ⅲ.①道路工程-标准-汇编-中国 ②道路工程-工程施工-标准-汇编-中国 Ⅳ.U41-65

中国版本图书馆 CIP 数据核字(2007)第 105037 号

书　　名：公路工程标准规范汇编全书·公路施工卷
著 作 者：本社汇编
责任编辑：刘　涛　李　农
出版发行：人民交通出版社
地　　址：(100011)北京市朝阳区安定门外外馆斜街 3 号
网　　址：http://www.ccpress.com.cn
销售电话：(010)85285838,85285995,85285656
总 经 销：北京中交盛世书刊有限公司
经　　销：各地新华书店
印　　刷：北京凯通印刷厂
开　　本：880×1230　1/16
印　　张：38.75
字　　数：1188 千
版　　次：2007 年 9 月第 1 版
印　　次：2007 年 9 月第 1 次印刷
书　　号：ISBN 978-7-114-06689-4
印　　数：0001—3000 册
定　　价：128.00 元
(如有印刷、装订质量问题的图书由本社负责调换)

目　录

JTG

中华人民共和国行业标准　　JTG F10—2006

1

公路路基施工技术规范

Technical Specifications for Construction of Highway Subgrades

2006-08-31 发布　　2007-01-01 实施

中华人民共和国交通部发布

中华人民共和国交通部公告

2006 年第 35 号

关于发布《公路路基施工技术规范》（JTG F10—2006）的公告

现发布《公路路基施工技术规范》（JTG F10—2006），自 2007 年 1 月 1 日起施行，原《公路路基施工技术规范》（JTJ 033—95）、《公路软土地基路堤设计与施工技术规范》（JTJ 017—96）、《公路粉煤灰路堤设计与施工技术规范》（JTJ 016—93）、《公路加筋土工程设计规范》（JTJ 015—91）、《公路加筋土工程施工技术规范》（JTJ 035—91）同时废止。

该规范的管理权和解释权归交通部，日常解释和管理工作由主编单位中交第一公路工程局有限公司负责。请各有关单位在实践中注意积累资料，总结经验，及时将发现的问题和修改意见函告中交第一公路工程局有限公司（北京朝阳区管庄周家井，邮政编码：100024，联系电话：010—65761831），以便修订时参考。

特此公告。

中华人民共和国交通部

二〇〇六年八月三十一日

前　　言

《公路路基施工技术规范》(以下简称《规范》)根据交通部交公路发[2003]297号文"关于下达2003年度公路工程标准制修订项目计划的通知"的要求进行修订,在广泛调研、专题论证的基础上,全面总结了近年来公路路基施工经验,吸纳了成熟的新技术、新工艺、新设备、新材料等应用成果,借鉴了国外相关标准、规范,体现了安全、经济、环保、可持续发展的理念。

修订后的《规范》共10章:1 总则;2 术语、符号;3 施工准备;4 一般路基施工;5 路基排水;6 特殊路基施工;7 冬、雨季路基施工;8 路基防护与支挡;9 路基安全施工与环境保护;10 路基整修与交工验收。

本次修订重点突出了路基施工中应遵守的准则、应达到的技术要求;强调强制性施工工艺要求、过程质量控制。修订的主要内容有:

(1)涵盖了《公路粉煤灰路堤设计与施工技术规范》(JTJ 016—93)、《公路软土地基路堤设计与施工技术规范》(JTJ 017—96)和《公路土工合成材料应用技术规范》(JTJ 019—98)等规范中施工方面的内容。

(2)取消了轻型压实标准,修订了压实度检测频率。针对湿黏土、红黏土、中弱膨胀土,提出了具体的压实度控制要求。

(3)对填筑层松铺厚度,不作统一规定,强调要与工艺条件相结合,根据试验路段确定。

(4)将原规范中"4 路基施工的一般规定"、"5 填方路堤的施工"、"6 挖方路堑的施工"、"7 路基压实"四章的内容合并为"4 一般路基施工"。

(5)补充了EPS块体路堤施工、路基拓宽改建施工、挡土墙、边坡锚固、土钉支护、抗滑桩、安全环保等施工内容,扩大了涵盖面。

各有关单位在执行过程中,如有问题和意见,请函告中交第一公路工程局有限公司(地址:北京市朝阳区管庄周家井,邮政编码:100024,电话:010—65757365、65757360、65761831),以便下次修订时研用。

主 编 单 位:中交第一公路工程局有限公司

参 编 单 位:陕西省高速公路建设集团公司
浙江省交通厅工程质量监督站
四川省交通厅公路局
新疆交通科学研究院
重庆交通科研设计院
辽宁省路桥建设总公司

主要起草人:刘元泉　刘树良　常广生　曹玉新　陆仁达　周　兵　刘　晟
王东耀　曹可勇　陈爱国　樊增彬　陈晓光　刘　健　滕前良
杨世基　李志勇　刘　军　王桂霞

目　次

1 总则

1.0.1 为提高公路路基工程施工技术水平,保证施工质量,制定本规范。

1.0.2 本规范适用于各级公路的新建和改(扩)建路基工程施工。

1.0.3 公路路基应达到设计要求的强度、稳定性和耐久性。

1.0.4 公路路基施工,必须遵守国家安全生产法律法规,制定安全技术措施,加强安全管理,严格执行安全操作规程,确保安全施工。

1.0.5 公路路基施工,必须遵守国家职业健康安全法律法规,健全施工人员健康安全保障体系,改善职业健康安全条件。

1.0.6 公路路基施工必须遵守国家生态、环境保护、土地管理的有关法律法规,尽量保护原有植被地貌,防止噪声和粉尘污染,对于施工废弃物必须妥善处理。

1.0.7 公路路基施工,必须遵守国家文物保护的法律法规,遇有文物时,应立即停止施工,并保护好现场,会同有关单位妥善处理。

1.0.8 公路路基施工前,应进行施工组织设计。

1.0.9 公路路基施工,在满足质量标准的前提下,鼓励采用新技术、新工艺、新材料和新设备。

1.0.10 特殊路段路基,宜进行动态施工。

1.0.11 公路路基施工,除应符合本规范规定外,还应符合国家现行有关标准和规范规定。

2 术语、符号

2.1 术语

2.1.1 路床 roadbed

路面结构层底面以下 0.80m 范围内的路基部分，在结构上分为上路床（0 ~ 0.30m）和下路床（0.30 ~ 0.80m）。

2.1.2 路堤 embankment

高于原地面的填方路基。路堤在结构上分为上路堤和下路堤，上路堤是指路面底面以下 0.80 ~ 1.50m范围内的填方部分；下路堤是指上路堤以下的填方部分。

2.1.3 路堑 cutting

低于原地面的挖方路基。

2.1.4 填石路堤 rock-fill embankment

用粒径大于 37.5mm 且含量超过总质量 70% 的石料填筑的路堤。

2.1.5 土石路堤 earth-rock embankment

石料含量占总质量 30% ~70% 的土石混合材料修筑的路堤。

2.1.6 CBR（加州承载比） California bearing ratio

表征路基土、粒料、稳定土强度的一种指标，即标准试件在贯入量为 2.5mm 时所施加的试验荷载与标准碎石材料在相同贯入量时所施加的荷载之比值，以百分率表示。

2.1.7 EPS Expanded Polystyrene

膨胀性聚苯乙烯泡沫塑料的简称。

2.2 符号

E_0——路基回弹模量（MPa）

l_0——路基顶面实测代表弯沉值（1/100mm）

w——土的天然含水量（%）

w_c——土的天然稠度

w_0——土的压实最佳含水量（%）

w_L——土的液限含水量（%）

w_P——土的塑限含水量（%）

I_P——土的塑性指数（%）

3 施工准备

3.1 一般规定

3.1.1 路基开工前,应在全面理解设计要求和设计交底的基础上,进行现场调查和核对。

3.1.2 在详尽的现场调查后,应根据设计要求、合同、现场情况等,编制实施性施工组织设计,并按管理规定报批。

3.1.3 路基开工前必须建立健全质量、环保、安全管理体系和质量检测体系,并对各类施工人员进行岗位培训和技术、安全交底。

3.1.4 临时工程,应满足正常施工需要,应保证路基施工影响范围内原有道路、结构物及农田水利等设施的使用功能。

3.2 测量

3.2.1 控制性桩点,应进行现场交桩,并保护好交桩成果。

3.2.2 控制测量

1 各级公路的平面控制测量等级应符合表3.2.2-1的规定。

表3.2.2-1 平面控制测量等级

公路等级	平面控制网等级
高速公路、一级公路	一级小三角、一级导线、四级GPS控制网
二级公路	二级小三角、二级导线
三级及三级以下公路	三级导线

2 三角测量技术要求应符合表3.2.2-2的规定。

表3.2.2-2 三角测量技术要求

等级	平均边长(m)	测角中误差(″)	起始边边长相对中误差	最弱边边长相对中误差	三角形闭合差(″)	测回数	
						DJ_2	DJ_6
一级小三角	500	±5.0	1/40 000	1/20 000	±15.0	3	4
二级小三角	300	±10.0	1/20 000	1/10 000	±30.0	1	3

3 导线测量技术要求应符合表3.2.2-3的规定。

表3.2.2-3 导线测量技术要求

等级	附合导线长度(km)	平均边长(m)	每边测距中误差(mm)	测角中误差(″)	导线全长相对闭合差	方位角闭合差(″)	测回数	
							DJ_2	DJ_6
一级	10	500	17	5.0	1/15 000	$\pm 10\sqrt{n}$	2	4
二级	6	300	30	8.0	1/10 000	$\pm 16\sqrt{n}$	1	3
三级	—	—	—	20.0	1/2 000	$\pm 30\sqrt{n}$	1	2

4 四级GPS控制网的主要技术参数应符合表3.2.2-4的规定。

表 3.2.2-4　四级控制网技术参数要求

级　别	每对相邻点平均距离 d（m）	固定误差 a（mm）	比例误差系数 b（10^{-6}）	最弱相邻点点位中误差 m（mm）
四级	500	≤10	≤20	50

注：每对相邻点间最小距离应不小于平均距离的 1/2，最大距离不宜大于平均距离的 2 倍。

5　各级公路的水准测量等级应符合表 3.2.2-5 的规定。

表 3.2.2-5　水准测量等级

公路等级	水准测量等级	水准路线最大长度(km)
高速公路、一级公路	四等	16
二级及二级以下公路	五等	10

6　公路高程测量应采用水准测量。在水准测量确有困难的地段，四、五等水准测量可以采用三角高程测量。采用三角高程测量时，起讫点应为高一个等级的控制点。

7　水准测量精度应符合表 3.2.2-6 的规定。

表 3.2.2-6　水准测量精度要求

等　级	每公里高差中数中误差（mm）		往返较差、附合或环线闭合差（mm）		检测已测测段高差之差（mm）
	偶然中误差 M_{Δ}	全中误差 M_{W}	平原微丘区	山岭重丘区	
三等	±3	±6	$\pm 12\sqrt{L}$	$\pm 3.5\sqrt{n} \pm 15\sqrt{L}$	$\pm 20\sqrt{L_i}$
四等	±5	±10	$\pm 20\sqrt{L}$	$\pm 6.0\sqrt{n} \pm 25\sqrt{L}$	$\pm 30\sqrt{L_i}$
五等	±8	±16	$\pm 30\sqrt{L}$	$\pm 45\sqrt{L}$	$\pm 40\sqrt{L_i}$

注：1. 计算往返较差时，L 为水准点间的路线长度（km）。

2. 计算附合或环线闭合差时，L 为附合或环线的路线长度（km）。

3. n 为测站数，L_i 为检测测段长度（km）。

8　路基施工与隧道、桥梁施工共用的控制点，应分别满足《公路隧道施工技术规范》、《公路桥涵施工技术规范》的规定。

9　路基施工期间应根据情况对控制桩点进行复测。季节性冻土地区，在冻融以后应进行复测。

10　其他方面应符合《公路勘测规范》的规定。

3.2.3　导线复测

1　导线测量精度应符合表 3.2.2-3 的规定。

2　原有导线点不能满足施工需要时，可增设满足相应精度要求的附合导线点。

3　同一建设项目内相邻施工段的导线应闭合，并满足同等级精度要求。

4　对可能受施工影响的导线点，施工前应加以固定或改移，从开工至竣工验收的时间段内应保证其精度。

3.2.4　水准点复测与加密

1　水准点测量精度应符合表 3.2.2-6 的规定。

2　沿路线每 500m 宜有一个水准点。在结构物附近、高填深挖路段、工程量集中及地形复杂路段，宜增设水准点。临时水准点应符合相应等级的精度要求，并与相邻水准点闭合。

3　当水准点有可能受到施工影响时，应进行处理。

3.2.5　中线放样

1　路基开工前，应进行全段中线放样并固定路线主要控制桩，高速公路、一级公路宜采用坐标法进行测量放样。

2 中线放样时,应注意路线中线与结构物中心、相邻施工段的中线闭合,发现问题应及时查明原因,进行处理。

3 设计图纸和实际放样不符时,应查明原因后进行处理。

3.2.6 路基放样

1 路基施工前,应对原地面进行复测,核对或补充横断面,发现问题时,应进行处理。

2 路基施工前,应设置标识桩,对路基用地界、路堤坡脚、路堑坡顶、取土坑、护坡道、弃土堆等的具体位置标识清楚。

3 对深挖高填路段,每挖填3~5m或者一个边坡平台(碎落台)应复测中线和横断面。

4 高速公路和一级公路施工中,标高控制桩间距不宜大于200m。

5 施工过程中,应保护好所有控制桩点,并及时恢复被破坏的桩点。

3.2.7 每项测量成果必须进行复核,原始记录应存档。

3.3 试验

3.3.1 路基施工前,应按照有关规定和要求,建立试验室。

3.3.2 路基施工前,应对路基基底土进行相关试验。每公里至少取2个点;土质变化大时,视具体情况增加取样点数。

3.3.3 应及时对来源不同、性质不同的拟作为路堤填料的材料进行复查和取样试验。土的试验项目包括天然含水量、液限、塑限、标准击实试验、CBR试验等,必要时应做颗粒分析、相对密度、有机质含量、易溶盐含量、冻胀和膨胀量等试验。

3.3.4 使用特殊材料作为填料时,应按相关标准做相应试验,必要时还应进行环境影响评估,经批准后方可使用。

3.4 场地清理

3.4.1 公路用地范围内原有构造物,应根据设计要求进行处理。

3.4.2 二级及二级以上公路路堤和填方高度小于1m的公路路堤,应将路基基底范围内的树根全部挖除,并将坑穴填平夯实;填方高度大于1m的二级以下公路路堤,可保留树根,但树根不能露出地面。取土坑范围内的树根应全部挖除。

3.4.3 应对路幅范围内、取土坑的原地面表层腐殖土、表土、草皮等进行清理,填方地段还应按设计要求整平压实。清出的表层土宜充分利用。

3.5 试验路段

3.5.1 下列情况下,应进行试验路段施工:

1 二级及二级以上公路路堤;

2 填石路堤、土石路堤;

3 特殊地段路堤;

4 特殊填料路堤;

5 拟采用新技术、新工艺、新材料的路基。

3.5.2 试验路段应选择在地质条件、断面形式等工程特点具有代表性的地段,路段长度不宜小于100m。

3.5.3 路堤试验路段施工应包括以下内容:

1 填料试验、检测报告等;

2 压实工艺主要参数:机械组合;压实机械规格、松铺厚度、碾压遍数、碾压速度;最佳含水量及碾压时含水量允许偏差等；

3 过程质量控制方法、指标；

4 质量评价指标、标准；

5 优化后的施工组织方案及工艺；

6 原始记录、过程记录；

7 对施工设计图的修改建议等。

4 一般路基施工

4.1 一般规定

4.1.1 路基施工应做好施工期临时排水总体规划和建设，临时排水设施应与永久性排水设施综合考虑，并与工程影响范围内的自然排水系统相协调。

4.1.2 路基填料应符合下列规定：

1 含草皮、生活垃圾、树根、腐殖质的土严禁作为路基填料。

2 泥炭、淤泥、冻土、强膨胀土、有机质土及易溶盐超过允许含量的土，不得直接用于填筑路基；确需使用时，必须采取技术措施进行处理，经检验满足设计要求后方可使用。

3 液限大于50%、塑性指数大于26、含水量不适宜直接压实的细粒土，不得直接作为路堤填料；需要使用时，必须采取技术措施进行处理，经检验满足设计要求后方可使用。

4 粉质土不宜直接填筑于路床，不得直接填筑于浸水部分的路堤及冰冻地区的路床。

5 填料强度和粒径，应符合表4.1.2的规定。

表4.1.2 路基填料最小强度和最大粒径要求

填料应用部位（路床顶面以下深度）(m)		填料最小强度(CBR)(%)			填料最大粒径(mm)
		高速公路、一级公路	二级公路	三、四级公路	
填方路基	上路床(0～0.30)	8	6	5	100
填方路基	下路床(0.30～0.80)	5	4	3	100
填方路基	上路堤(0.80～1.50)	4	3	3	150
填方路基	下路堤(>1.50)	3	2	2	150
零填及挖方路基	0～0.30	8	6	5	100
零填及挖方路基	0.30～0.80	5	4	3	100

注：1. 表列强度按《公路土工试验规程》规定的浸水96h的CBR试验方法测定。

2. 三、四级公路铺筑沥青混凝土和水泥混凝土路面时，应采用二级公路的规定。

3. 表中上、下路堤填料最大粒径150mm的规定，不适用于填石路堤和土石路堤。

4.2 路堤施工

4.2.1 施工取土

1 路基填方取土，应根据设计要求，结合路基排水和当地土地规划、环境保护要求进行，不得任意挖取。

2 施工取土应不占或少占良田，尽量利用荒坡、荒地，取土深度应结合地下水等因素考虑，利于复耕。原地面耕植土应先集中存放，以利再用。

3 自行选定取土方案时，应符合下列技术要求：

1）地面横向坡度陡于1∶10时，取土坑应设在路堤上侧。

2）桥头两侧不宜设置取土坑。

3）取土坑与路基之间的距离，应满足路基边坡稳定的要求。取土坑与路基坡脚之间的护坡道应平整密实，表面设1%～2%向外倾斜的横坡。

4）取土坑兼作排水沟时，其底面宜高出附近水域的常水位或与永久排水系统及桥涵出水口的标高相适应,纵坡不宜小于0.2%,平坦地段不宜小于0.1%。

5)线外取土坑等与排水沟、鱼塘、水库等蓄水(排洪)设施连接时,应采取防冲刷、防污染的措施。

4　对取土造成的裸露面,应采取整治或防护措施。

4.2.2　土质路堤

1　地基表层处理应符合下列规定:

1)二级及二级以上公路路堤基底的压实度应不小于90%;三、四级公路应不小于85%。路基填土高度小于路面和路床总厚度时,基底应按设计要求处理。

2)原地面坑、洞、穴等,应在清除沉积物后,用合格填料分层回填分层压实,压实度符合4.2.2条第1款第1)项的规定。

3)泉眼或露头地下水,应按设计要求,采取有效导排措施后方可填筑路堤。

4)地基为耕地、松散土、水稻田、湖塘、软土、高液限土等时,应按设计要求进行处理,局部软弹的部分也应采取有效的处理措施。

5)地下水位较高时,应按设计要求进行处理。

6)陡坡地段、土石混合地基、填挖界面、高填方地基等都应按设计要求进行处理。

2　路堤填筑应符合下列规定:

1)性质不同的填料,应水平分层、分段填筑,分层压实。同一水平层路基的全宽应采用同一种填料,不得混合填筑。每种填料的填筑层压实后的连续厚度不宜小于500mm。填筑路床顶最后一层时,压实后的厚度应不小于100mm。

2)潮湿或冻融敏感性小的填料应填筑在路基上层。强度较小的填料应填筑在下层。在有地下水的路段或临水路基范围内,宜填筑透水性好的填料。

3)在透水性不好的压实层上填筑透水性较好的填料前,应在其表面设2%~4%的双向横坡,并采取相应的防水措施。不得在由透水性较好的填料所填筑的路堤边坡上覆盖透水性不好的填料。

4)每种填料的松铺厚度应通过试验确定。

5)每一填筑层压实后的宽度不得小于设计宽度。

6)路堤填筑时,应从最低处起分层填筑,逐层压实;当原地面纵坡大于12%或横坡陡于1:5时,应按设计要求挖台阶,或设置坡度向内并大于4%、宽度大于2m的台阶。

7)填方分几个作业段施工时,接头部位如不能交替填筑,则先填路段,应按1:1坡度分层留台阶;如能交替填筑,则应分层相互交替搭接,搭接长度不小于2m。

3　选择施工机械,应考虑工程特点、土石种类及数量、地形、填挖高度、运距、气候条件、工期等因素,经济合理地确定。填方压实应配备专用碾压机具。

4　土质路基压实度应符合表4.2.2-1的规定。

表4.2.2-1　土质路基压实度标准

填挖类型		路床顶面以下深度(m)	压实度(%)		
			高速公路、一级公路	二级公路	三、四级公路
填方路基	上路床	0~0.30	≥96	≥95	≥94
	下路床	0.30~0.80	≥96	≥95	≥94
	上路堤	0.80~1.50	≥94	≥94	≥93
	下路堤	>1.50	≥93	≥92	≥90
零填及挖方路基		0~0.30	≥96	≥95	≥94
		0.30~0.80	≥96	≥95	—

注:1.表列压实度以《公路土工试验规程》重型击实试验法为准。

2.三、四级公路铺筑水泥混凝土路面或沥青混凝土路面时,其压实度应采用二级公路的规定值。

3.路堤采用特殊填料或处于特殊气候地区时,压实度标准根据试验路在保证路基强度要求的前提下可适当降低。

4.特别干旱地区的压实度标准可降低2%~3%。

5　压实度检测应符合以下规定:

1)用灌砂法、灌水(水袋)法检测压实度时,取土样的底面位置为每一压实层底部;用环刀法试验时,环刀中部处于压实层厚的1/2深度;用核子仪试验时,应根据其类型,按说明书要求办理。

2)施工过程中,每一压实层均应检验压实度,检测频率为每1 000m^2至少检验2点,不足1 000m^2时检验2点,必要时可根据需要增加检验点。

6 路堤填筑至设计标高并整修完成后,其施工质量应符合表4.2.2-2的规定。

表4.2.2-2 土质路堤施工质量标准

项次	检查项目	规定值或允许偏差			检查方法和频率
		高速公路、一级公路	二级公路	三、四级公路	
1	压实度	符合规定	符合规定	符合规定	施工记录
2	弯沉	不大于设计值	不大于设计值	不大于设计值	—
3	纵断高程（mm）	+10，-15	+10，-20	+10，-20	每200m测4个断面
4	中线偏位（mm）	50	100	100	每200m测4点,弯道加HY、YH两点
5	宽度	不小于设计值	不小于设计值	不小于设计值	每200m测4处
6	平整度（mm）	15	20	20	3m直尺:每200m测2处×10尺
7	横坡(%)	±0.3	±0.5	±0.5	每200m测4个断面
8	边坡坡度	不陡于设计坡度	不陡于设计坡度	不陡于设计坡度	每200m抽查4处

4.2.3 填石路堤

1 填料应符合以下规定:

1)膨胀岩石、易溶性岩石不宜直接用于路堤填筑,强风化石料、崩解性岩石和盐化岩石不得直接用于路堤填筑。

2)路堤填料粒径应不大于500mm,并不宜超过层厚的2/3,不均匀系数宜为15~20。路床底面以下400mm范围内,填料粒径应小于150mm。

3)路床填料粒径应小于100mm。

2 基底处理应符合以下规定:

1)除满足4.2.2条第1款的规定外,承载力应满足设计要求。

2)在非岩石地基上,填筑填石路堤前,应按设计要求设过渡层。

3 填筑应符合以下规定:

1)路堤施工前,应先修筑试验路段,确定满足表4.2.3-1中孔隙率标准的松铺厚度、压实机械型号及组合、压实速度及压实遍数、沉降差等参数。

2)路床施工前,应先修筑试验路段,确定能达到最大压实干密度的松铺厚度、压实机械型号及组合、压实速度及压实遍数、沉降差等参数。

3)二级及二级以上公路的填石路堤应分层填筑压实。二级以下砂石路面公路在陡峻山坡地段施工特别困难时,可采用倾填的方式将石料填筑于路堤下部,但在路床底面以下不小于1.0m范围内仍应分层填筑压实。

4)岩性相差较大的填料应分层或分段填筑。严禁将软质石料与硬质石料混合使用。

5)中硬、硬质石料填筑路堤时,应进行边坡码砌。码砌边坡的石料强度、尺寸及码砌厚度应符合设计要求。边坡码砌与路基填筑宜基本同步进行。

6)压实机械宜选用自重不小于18t的振动压路机。

7)在填石路堤顶面与细粒土填土层之间应按设计要求设过渡层。

4 填石路堤施工质量应符合以下规定:

1)上、下路堤的压实质量标准见表4.2.3-1。

表 4.2.3-1　填石路堤上、下路堤压实质量标准

分区	路床顶面以下深度（m）	硬质石料孔隙率（%）	中硬石料孔隙率（%）	软质石料孔隙率（%）
上路堤	0.8～1.50	≤23	≤22	≤20
下路堤	>1.50	≤25	≤24	≤22

2）填石路堤施工过程中的每一压实层，可用试验路段确定的工艺流程和工艺参数，控制压实过程；用试验路段确定的沉降差指标检测压实质量。

3）填石路堤填筑至设计标高并整修完成后，其施工质量应符合表 4.2.3-2 的规定。

表 4.2.3-2　填石路堤施工质量标准

项次	检查项目	规定值或允许偏差		检查方法和频率
		高速公路、一级公路	其他等级公路	
1	压实度	符合试验路确定的施工工艺		施工记录
		沉降差≤试验路确定的沉降差		水准仪：每 40m 检测 1 个断面，每个断面检测 5～9 点
2	纵面高程（mm）	+10，-20	+10，-30	水准仪：每 200m 测 4 个断面
3	弯沉	不大于设计值		—
4	中线偏位（mm）	50	100	经纬仪：每 200m 测 4 点，弯道加 HY、YH 两点
5	宽度	不小于设计值		米尺：每 200m 测 4 处
6	平整度（mm）	20	30	3m 直尺：每 200m 测 4 点×10 尺
7	横坡（%）	±0.3	±0.5	水准仪：每 200m 测 4 个断面
8	边坡　坡度	不陡于设计值		每 200m 抽查 4 处
	边坡　平顺度	符合设计要求		

4）填石路堤成型后的外观质量标准：路堤表面无明显孔洞；大粒径石料不松动，铁锹挖动困难；边坡码砌紧贴、密实，无明显孔洞、松动，砌块间承接面向内倾斜，坡面平顺。

4.2.4　土石路堤

1　填料应符合以下规定：

1）膨胀岩石、易溶性岩石等不宜直接用于路堤填筑，崩解性岩石和盐化岩石等不得直接用于路堤填筑。

2）天然土石混合填料中，中硬、硬质石料的最大粒径不得大于压实层厚的 2/3；石料为强风化石料或软质石料时，其 CBR 值应符合表 4.1.2 的规定，石料最大粒径不得大于压实层厚。

2　基底处理应满足 4.2.2 条第 1 款的规定。在陡、斜坡地段，土石路堤靠山一侧应按设计要求做好排水和防渗处理。

3　填筑应符合以下规定：

1）压实机械宜选用自重不小于 18t 的振动压路机。

2）施工前，应根据土石混合材料的类别分别进行试验路段施工，确定能达到最大压实干密度的松铺厚度、压实机械型号及组合、压实速度及压实遍数、沉降差等参数。

3）土石路堤不得倾填，应分层填筑压实。

4）碾压前应使大粒径石料均匀分散在填料中，石料间孔隙应填充小粒径石料、土和石渣。

5）压实后透水性差异大的土石混合材料，应分层或分段填筑，不宜纵向分幅填筑；如确需纵向分幅填筑，应将压实后渗水良好的土石混合材料填筑于路堤两侧。

6）土石混合材料来自不同料场，其岩性或土石比例相差较大时，宜分层或分段填筑。

7）填料由土石混合材料变化为其他填料时，土石混合材料最后一层的压实厚度应小于 300mm，该层填料最大粒径宜小于 150mm，压实后，该层表面应无孔洞。

8）中硬、硬质石料的土石路堤，应进行边坡码砌。码砌边坡的石料强度、尺寸及码砌厚度应符合设计要求。边坡码砌与路堤填筑宜基本同步进行。软质石料土石路堤的边坡按土质路堤边坡处理。

4　中硬、硬质石料土石路堤质量应符合以下规定：

1）施工过程中的每一压实层，可用试验路段确定的工艺流程和工艺参数，控制压实过程；用试验路段确定的沉降差指标，检测压实质量。

2）路基成型后质量应符合表4.2.3-2的规定。

5　软质石料填筑的土石路堤，应符合4.2.2条的规定。

6　土石路堤的外观质量标准：路基表面无明显孔洞；大粒径填石无松动，铁锹挖动困难；中硬、硬质石料土石路基边坡码砌紧贴、密实，无明显孔洞、松动，砌块间承接面应向内倾斜，坡面平顺。

4.2.5　高填方路堤

1　高填方路堤填料宜优先采用强度高、水稳性好的材料，或采用轻质材料。受水淹、浸的部分，应采用水稳性和透水性均好的材料。

2　基底处理应符合下列规定：

1）基底承载力应满足设计要求。特殊地段或承载力不足的地基应按设计要求进行处理。

2）覆盖层较浅的岩石地基，宜清除覆盖层。

3　高填方路堤填筑应符合下列规定：

1）施工中应按设计要求预留路堤高度与宽度，并进行动态监控。

2）施工过程中宜进行沉降观测，按照设计要求控制填筑速率。

3）高填方路堤宜优先安排施工。

4.2.6　桥、涵及结构物的回填

1　填料宜采用透水性材料、轻质材料、无机结合料等，非透水性材料不得直接用于回填。

2　基坑回填必须在隐蔽工程验收合格后方可进行。基坑回填应分层填筑、分层压实，分层厚度宜为100～200mm。二级及二级以上公路，采用小型夯实机具时，基坑回填的分层压（夯）实厚度不宜大于150mm，并应压（夯）实到设计要求的压实度。

3　台背及与路堤间的回填施工应符合以下规定：

1）二级及二级以上公路应按设计做好过渡段，过渡段路堤压实度应不小于96%，并应按设计做好纵向和横向防排水系统。

2）二级以下公路的路堤与回填的联结部，应按设计要求预留台阶。

3）台背回填部分的路床宜与路堤路床同步填筑。

4）桥台背和锥坡的回填施工宜同步进行，一次填足并保证压实整修后能达到设计宽度要求。

4　涵洞回填施工应符合以下规定：

1）洞身两侧，应对称分层回填压实，填料粒径宜小于150mm。

2）两侧及顶面填土时，应采取措施防止压实过程对涵洞产生不利后果。

4.2.7　半填半挖路基、路堤与路堑过渡段

1　基底处理应符合下列规定：

1）应从填方坡脚起向上设置向内侧倾斜的台阶，台阶宽度不小于2m，在挖方一侧，台阶应与每个行车道宽度一致、位置重合。

2）石质山坡，应清除原地面松散风化层，按设计开凿台阶。

3）孤石、石笋应清除。

4）纵向填挖结合段，应合理设置台阶。

5）有地下水或地面水汇流的路段，应采用合理措施导排水流。

2　施工应符合下列规定：

1）路基应从最低标高处的台阶开始分层填筑，分层压实。

2）填筑时，应严格处理横向、纵向、原地面等结合界面，确保路基的整体性。

3）路基填筑过程中，应及时清理设计边坡外的松土、弃土。

4) 高度小于 800mm 的路堤、零填及挖方路床的加固换填宜选用水稳性较好的材料。

4.3 挖方路基施工

4.3.1 土方工程

1 开挖施工应符合下列规定：

1) 可作为路基填料的土方，应分类开挖分类使用。非适用材料应按设计要求或作为弃方按 4.3.4 条的规定处理。

2) 土方开挖应自上而下进行，不得乱挖超挖，严禁掏底开挖。

3) 开挖过程中，应采取措施保证边坡稳定。开挖至边坡线前，应预留一定宽度，预留的宽度应保证刷坡过程中设计边坡线外的土层不受到扰动。

4) 路基开挖中，基于实际情况，如需修改设计边坡坡度、截水沟和边沟的位置及尺寸等时，应及时按规定报批。边坡上稳定的孤石应保留。

5) 开挖至零填、路堑路床部分后，应尽快进行路床施工；如不能及时进行，宜在设计路床顶标高以上预留至少 300mm 厚的保护层。

6) 应采取临时排水措施，确保施工作业面不积水。

7) 挖方路基路床顶面终止标高，应考虑因压实而产生的下沉量，其值通过试验确定。

2 边沟与截水沟应从下游向上游开挖。截水沟通过地面坑凹处时，应将凹处填平夯实。边沟及截水沟开挖后，应及时进行防渗处理，不得渗漏、积水和冲刷边坡及路基。

3 挖方路基施工遇到地下水时应按下列规定处理：

1) 应采取排导措施，将水引入路基排水系统，不得随意堵塞泉眼。

2) 路床土含水量高或为含水层时，应采取设置渗沟、换填、改良土质、土工织物等处理措施，路床填料除应符合表 4.1.2 的规定外，还应具有良好的透水性能。

4 土质路基开挖应根据地面坡度、开挖断面、纵向长度及出土方向等因素，结合土方调配，选用安全、经济的开挖方案。

4.3.2 石方工程

1 石方开挖应根据岩石的类别、风化程度、岩层产状、岩体断裂构造、施工环境等因素确定开挖方案。

2 深挖路基施工，应逐级开挖，逐级按设计要求进行防护。

3 爆破作业必须符合《爆破安全规程》(GB 6722) 的规定。爆破施工组织设计应按相关规定报批。

4 石方开挖严禁采用峒室爆破，近边坡部分宜采用光面爆破或预裂爆破。

5 爆破法开挖石方，应先查明空中缆线、地下管线的位置，开挖边界线外可能受爆破影响的建筑物结构类型、居民居住情况等，然后制订详细的爆破技术安全方案。

6 爆破开挖石方，宜按以下程序进行：爆破影响调查与评估→爆破施工组织设计→培训考核、技术交底→主管部门批准→清理爆破区施工现场的危石等→炮眼钻孔作业→爆破器材检查测试→炮孔检查合格→装炸药及安装引爆器材→布设安全警戒岗→堵塞炮孔→撤离施爆警戒区和飞石、震动影响区的人、畜等→爆破作业信号发布及作业→清除盲炮→解除警戒→测定、检查爆破效果（包括飞石、地震波及对施爆区内构造物的损伤、损失等）。

7 边坡整修及检验

1) 挖方边坡应从开挖面往下分段整修，每下挖 2 ~ 3m，宜对新开挖边坡刷坡，同时清除危石及松动石块。

2) 石质边坡不宜超挖。

3) 石质边坡质量要求：边坡上无松石、危石。

8 路床清理及验收

1) 欠挖部分必须凿除。超挖部分应采用无机结合料稳定碎石或级配碎石填平碾压密实，严禁用细粒土找平。

2)石质路床底面有地下水时,可设置渗沟进行排导,渗沟宽度不宜小于100mm,横坡不宜小于0.6%。渗沟应用坚硬碎石回填。

3)石质路床的边沟应与路床同步施工。

4.3.3 深挖路基

1 施工前应理解设计的边坡防护方案,并编制详细的施工方案,获批准后实施。

2 施工过程中,应根据开挖情况随时进行地质核查,并对边坡稳定性进行监测。如实际情况与设计不符,应会同设计单位等进行处理。

3 应根据地形特征设置边坡控制点。

4.3.4 弃方

1 施工前,应对设计提供的弃土方案进行现场核对,若有疑问,应及时处理。

2 弃土不得占用耕地。

3 沿河弃土不得影响排洪、通航,不得加剧河岸冲刷。不得向水库、湖泊、岩溶漏斗及暗河口处弃土。禁止在贴近桥墩台、涵洞口处弃土。

4 沿线弃土堆设置应符合设计要求;设计无要求时应符合下列规定:

1)弃土应相对集中堆放,并与周边环境相协调,严禁随意处理。

2)弃土堆的几何尺寸、压实程度、位置,应保证路基边坡和弃土堆自身的稳定。弃土堆的边坡不陡于1:1.5,顶面向外设不小于2%的横坡,其内侧高度不宜大于3m。

3)在地面横坡陡于1:5的路段,不得在高于路堑边坡顶的山坡上方设弃土堆。

4)在山坡上侧的弃土堆,应连续而不间断,并在弃土堆上侧设置截水沟。山坡下侧的弃土堆,应每隔50~100m设宽度不小于1m的缺口排水,排水主流方向不得对地面结构物及农田等造成不利影响,必要时可设人工沟渠导引排水。弃土堆坡脚应进行防护和加固。

5 弃土应按设计要求进行压实。

6 应按设计要求及时完成弃土场的防护、排水工程。

4.4 轻质填料路堤施工

4.4.1 粉煤灰路堤

1 用于高速公路、一级公路路堤的粉煤灰,烧失量宜小于20%;烧失量超过标准的粉煤灰应做对比试验,分析论证后采用。

2 粉煤灰的粒径,宜在0.001~1.18mm之间,小于0.075mm的颗粒含量宜大于45%。粉煤灰中不得含团块、腐殖质及其他杂质。

3 包边土和顶面封层的填料,宜采用塑性指数不小于12的黏性土。隔离层和土质护坡中的盲沟所用砂砾料、矿渣料等,最大粒径应小于75mm,4.75mm以下细料含量小于50%,含泥量小于5%。

4 施工前应铺筑试验路段。

5 储运粉煤灰应符合下列规定:

1)调节粉煤灰含水量宜在储灰场或灰池中进行。

2)粉煤灰运输、装卸、堆放,应采取有效措施防止扬尘、流失与污染环境。

3)储灰场地,应排水通畅,地面应硬化。大的储灰场宜设置雨水沉淀池。堆场应安装洒水设备,防止干灰飞扬。

6 粉煤灰路堤填筑应符合下列规定:

1)温度在0℃以上方可施工,并避开大风季节。

2)颗粒组成、最大干密度和最佳含水量有显著差别的灰源应分别堆放,分段填筑。

3)按设计要求铺筑隔离层,隔离层界面的路拱横坡应与路堤同坡。

4)粉煤灰路堤应采用水平分层填筑施工。当分成不同作业段填筑时,先填地段应分层预留台阶,每个压实层应相互重叠搭接,搭接长度宜大于1.5m,相邻作业段接头范围内的压实度应达到规定要求。

5)土质包边土施工,应与粉煤灰填筑同步进行。土质护坡铺筑宽度应保证削坡后的净宽满足设计要求,同时应按设计要求做好土质护坡的排水盲沟,底层盲沟标高应避免地表水倒灌。

6)施工过程中,应及时洒水,防止干灰飞扬。

7)粉煤灰摊铺后,必须及时碾压,做到当天摊铺,当天碾压完毕。

8)粉煤灰路堤的压实,应遵循先轻后重、先低后高的原则。

9)铺筑上层时,宜采取洒水润湿,控制卸料车行驶路线、速度、掉头、紧急制动等措施,防止压实层松散。

10)若暂时不能及时铺筑上层粉煤灰,除特殊情况外,禁止车辆通行,并洒水润湿,防止表面干燥松散。施工间隔较长时,应在路堤顶面覆盖适当厚度的封闭土层,并压实,横坡宜稍大于路拱。

11)当铺筑至粉煤灰路堤顶层时,宜及时按设计要求做封闭层。

12)应按设计要求做好粉煤灰与混凝土结构、金属结构物等接触界面的防护。

7 粉煤灰路堤压实度应符合表4.4.1的规定。

表4.4.1 粉煤灰路堤压实度标准

填料应用部位 (路床顶面以下深度)(m)		压 实 度(%)	
		二级及二级以上公路	其他等级公路
上路床	0~0.30	≥95	≥93
下路床	0.30~0.80	≥93	≥90
上路堤	0.80~1.50	≥92	≥87
下路堤	>1.50	≥90	≥87

注:1.表列压实度以部颁《公路土工试验规程》重型击实试验法为准。

2.特别干旱或潮湿地区的压实度标准可降低1%~2%。

3.包边土和顶面封层压实度应符合表4.2.2-1的规定。

4.4.2 EPS路堤

1 EPS块体在工地堆放时,应采取防火、防风、防雨水滞留、防有机溶剂及石油类油剂的侵蚀等保护措施,采取措施避免强阳光直接照射。

2 垫层应厚度均匀、密实,垫层宽度宜超过路基边缘0.5~1m。

3 EPS块体铺筑应符合下列规定:

1)非标准尺寸EPS块体宜在生产车间加工。现场加工时,宜用电热丝进行切割。

2)施工基面必须保持干燥。EPS块体应逐层错缝铺设。允许偏差范围之内的缝隙或高差,可用砂或无收缩水泥砂浆找平。

3)严禁重型机械直接在EPS块体上行驶。

4)与其他填料路堤或旧路基的接头处,EPS块体应呈台阶状铺设。

5)最底层块体与垫层之间、同一层块体侧面联结、不同层的块体之间的联结应牢固,联结件应进行防锈处理。

6)EPS块体顶面的钢筋混凝土薄板、土工膜或土工织物等,应覆盖全部EPS块体,并向土质护坡延伸0.5~1.0m。

7)EPS路堤两边的土质护坡,坡面法向厚度应不小于0.25m,分层碾压夯实,防渗土工膜宜分级回包。

4 EPS路堤质量应符合表4.4.2的规定。

表 4.4.2　EPS 路堤质量标准

项次	检查项目		规定值或允许偏差	检查方法和频率
1	EPS 块体尺寸	长度	1/100	卷尺丈量，抽样频率：<2 000m^3 抽检 2 块，2 000 ~ 5 000m^3 抽检 3 块，5 000 ~ 10 000m^3 抽检 4 块，≥10 000m^3 每2 000 m^3 抽检 1 块
		宽度	1/100	
		厚度	1/100	
2	EPS 块体密度		≥设计值	天平，抽样频率同项次 1
3	基底压实度		≥设计值	环刀法或灌砂法，每 1 000m^2 检测 2 点
4	垫层平整度(mm)		10	3m 直尺，每 20m 检查 3 点
5	EPS 块体之间平整度(mm)		20	3m 直尺，每 20m 检查 3 点
6	EPS 块体之间缝隙、错台(mm)		10	卷尺丈量，每 20m 检查 1 点
7	EPS 块体路堤顶面横坡(%)		±0.5	水准仪，每 20m 检查 6 点
8	护坡宽度		≥设计值	卷尺丈量，每 40m 检查 1 点
9	钢筋混凝土板厚度(mm)		+10，-5	卷尺丈量，量板边，每块 2 点
10	钢筋混凝土板宽度(mm)		20	卷尺丈量，每 100m 检查 2 点
11	钢筋混凝土板强度		符合设计要求	抗压试验，每工作台班留 2 组试件
12	钢筋网间距(mm)		±10	卷尺丈量

注：路线曲线部分的 EPS 块体缝隙不得大于 50mm。

4.5　路基拓宽改建施工

4.5.1　路堤拓宽施工

1　应按设计拆除老路路缘石、旧路肩、边坡防护、边沟及原有构造物的翼墙或护墙等。

2　施工前应截断流向拓宽作业区的水源，开挖临时排水沟，保证施工期间排水通畅。

3　拓宽部分路堤的地基处理应按设计和本规范有关条款处理。

4　老路堤与新路堤交界的坡面，挖除清理的法向厚度不宜小于 0.3m，然后从老路堤坡脚向上按设计要求挖设台阶；老路堤高度小于 2m 时，老路堤坡面处理后，可直接填筑新路堤。严禁将边坡清挖物作为新路堤填料。

5　拓宽部分的路堤采用非透水性填料时，应在地基表面按设计铺设垫层，垫层材料一般为砂砾或碎石，含泥量不大于 5%。

6　拓宽路堤的填料宜选用与老路堤相同的填料，或者选用水稳性较好的砂砾、碎石等填料。

4.5.2　拓宽施工中的挖方路基按 4.3 节相关规定执行。

4.5.3　拓宽施工中的半填半挖路基按 4.2.7 条的相关规定执行。

4.5.4　边通车边拓宽时，应有交通管制和安全防护措施。

4.5.5　拓宽施工不得污染环境，不得破坏或污染原有水系。

5 路基排水

5.1 一般规定

5.1.1 施工前,应校核全线排水设计是否完善、合理,必要时应提出补充和修改意见,使全线的沟渠、管道、桥涵组合成完整的排水系统。临时排水设施应尽量与永久排水设施相结合,排水方案应因地制宜、经济实用。

5.1.2 施工前,宜先完成临时排水设施。施工期间,应经常维护临时排水设施,保证水流畅通。

5.1.3 路堤施工中,各施工作业层面应设2%~4%的排水横坡,层面上不得有积水,并采取措施防止水流冲刷边坡。

5.1.4 路堑施工中,应及时将地表水排走。

5.1.5 施工中应对地下水情况进行记录并及时反馈。

5.2 地表排水

5.2.1 边沟

1 边沟沟底纵坡应衔接平顺。

2 土质地段的边沟纵坡大于3%时应采取加固措施。

5.2.2 截水沟

1 截水沟应先施工,与其他排水设施应衔接平顺。

2 截水沟应按设计要求进行防渗及加固处理。地质不良地段、土质松软路段、透水性大或岩石裂隙较多地段,截水沟沟底、沟壁、出水口都应进行加固处理,防止水流渗漏和冲刷。

5.2.3 排水沟

1 排水沟线形应平顺,转弯处宜为弧线形。

2 排水沟的出水口,应设置跌水和急流槽将水流引出路基或引入排水系统。

5.2.4 急流槽

1 片石砌缝应不大于40mm,砂浆饱满,槽底表面粗糙。

2 急流槽分节长度宜为5~10m,接头处应用防水材料填缝。混凝土预制块急流槽,分节长度宜为2.5~5.0m,接头采用榫接。

5.2.5 无消力池的跌水

其台阶高度应小于600mm,每阶高度与长度之比应与原地面坡度相协调。

5.2.6 蒸发池

1 蒸发池与路基之间的距离应满足路基稳定要求。湿陷性黄土地区,蒸发池与路基排水沟外缘的距离应大于湿陷半径。

2 不得因设置蒸发池而使附近地基泥沼化或对周围生态环境产生不利影响。

3 蒸发池池底宜设0.5%的横坡,入口处应与排水沟平顺衔接。

4 蒸发池四周应进行围护。

5.2.7 油水分离池

1 污水进入油水分离池前应先通过格栅和沉砂池处理。

2 不得由于设置油水分离池而污染当地生态环境。

3　池底、池壁和隔板应采用砌浆片石或现浇混凝土进行加固。

5.3　地下排水

5.3.1　暗沟(管)

1　沟底必须埋入不透水层内,沟壁最低一排渗水孔应高出沟底至少200mm。

2　暗沟设在路基旁侧时,宜沿路线方向布置;设在低洼地带或天然沟谷处时,宜顺山坡的沟谷走向布置。沟底纵坡应大于0.5%,出水口处应加大纵坡,并高出地表排水沟常水位200mm以上。

3　寒冷地区的暗沟应按照设计要求做好防冻保温处理,出水口处也应进行防冻保温处理,坡度宜大于5%。

4　暗沟采用混凝土或浆砌片石砌筑时,在沟壁与含水层接触面以上高度,应设置一排或多排向沟中倾斜的渗水孔,沟壁外侧应填筑粗粒透水性材料或土工合成材料形成反滤层。沿沟槽底每隔10～15m或在软硬岩层分界处应设置沉降缝和伸缩缝。

5　暗沟顶面必须设置混凝土盖板或石料盖板,板顶上填土厚度应大于500mm。

5.3.2　渗沟

1　各类渗沟均应设置排水层、反滤层和封闭层。

2　填石渗沟

1)石料应洁净、坚硬、不易风化。砂宜采用中砂,含泥量应小于2%,严禁用粉砂、细砂。

2)渗水材料的顶面(指封闭层以下)不得低于原地下水位。当用于排除层间水时,渗沟底部应埋置于最下面的不透水层。在冰冻地区,渗沟埋置深度不得小于当地最小冻结深度。

3)填石渗沟纵坡不宜小于1%。出水口底面标高应高出渗沟外最高水位200mm。

3　管式渗沟

1)管式渗沟长度大于100m时,应在其末端设置疏通井,并设横向泄水管,分段排除地下水。

2)泄水孔应在管壁上交错布置,间距不宜大于200mm。渗沟顶标高应高于地下水位。管节宜用承插式柔性接头连接。

4　洞式渗沟

1)洞式渗沟填料顶面宜高于地下水位。

2)洞式渗沟顶部必须设置封闭层,厚度应大于500mm。

5　边坡渗沟

1)边坡渗沟的基底应设置在潮湿土层以下的干燥地层内,阶梯式泄水坡坡度宜为2%～4%,基底应铺砌防渗层。

2)沟壁应设反滤层,其余部分用透水性材料填充。

6　支撑渗沟

1)支撑渗沟的基底宜埋入滑动面以下至少500mm,排水坡度宜为2%～4%。当滑动面较缓时,可做成台阶式支撑渗沟,台阶宽度宜大于2m。

2)渗沟侧壁及顶面宜设反滤层。寒冷地区,渗沟出口应进行防冻处理。

3)渗沟的出水口宜设置端墙。端墙内的出水口底标高,应高于地表排水沟常水位200mm以上,寒冷地区宜大于500mm。承接渗沟排水的排水沟应进行加固。

7　反滤层

1)在渗沟的迎水面设置粒料反滤层时,粒料反滤层应用颗粒大小均匀的碎、砾石,分层填筑。

2)土工布反滤层采用缝合法施工时,土工布的搭接宽度应大于100mm。铺设时应紧贴保护层,但不宜拉得过紧。土工布破损后应及时修补,修补面积应大于破坏面积的4～5倍。

3)坑壁土质为黏性土或粉细砂土,采用无砂混凝土板作反滤层时,在无砂混凝土板的外侧,应加设100～150mm厚的中粗砂或渗水土工织物反滤层。

8　渗沟基底应埋入不透水层,沟壁的一侧应设反滤层汇集水流,另一侧用黏土夯实或浆砌片石拦截水流。如渗沟沟底不能埋入不透水层时，两侧沟壁均应设置反滤层。

9　渗沟顶部应设置封闭层，封闭层宜采用浆砌片石或干砌片石水泥砂浆勾缝，寒冷地区应设保温层，并加大出水口附近纵坡。保温层可采用炉渣、砂砾、碎石或草皮等。

10　渗沟宜从下游向上游开挖，开挖作业面应根据土质选用合理的支撑形式，并应随挖随支撑、及时回填，不可暴露太久。支撑渗沟应分段间隔开挖。

5.3.3　渗井

1　填充料含泥量应小于5%，按单一粒径分层填筑，不得将粗细材料混杂填塞。下层透水层范围内宜填碎石或卵石，上层不透水范围内宜填砂或砾石。井壁与填充料之间应设反滤层。

2　渗井顶部四周用黏土填筑围护，井顶应加盖封闭。

3　渗井开挖应根据土质选用合理的支撑形式，并应随挖随支撑、及时回填。

5.3.4　隔离工程土工合成材料施工应符合以下规定：

1　采用搭接铺设，搭接长度宜为1 000mm。

2　土工织物上填料为碎石、砂砾或矿渣时，其最大粒径宜小于26.5mm，通过19mm筛孔的材料不得大于10%，通过0.075mm筛孔的材料塑性指数不得大于6。

3　排水隔离层顶面应高出地下水位300mm以上。

5.3.5　仰斜式排水孔施工应符合下列规定：

1　钻孔成孔直径宜为75～150mm，仰角不小于6°。孔深应延伸至富水区。

2　排水管直径宜为50～100mm，渗水孔宜梅花形排列，渗水段裹1～2层无纺土工布，防止渗水孔堵塞。

5.3.6　承压水的排除

1　一般地区，埋深较浅的承压水宜采用在承压水出口处抛填片石或混凝土预制块等措施，使承压水消能为无压水流后再采用排水沟、渗沟等方式排走，也可用隔离层把承压水引入排水沟。

2　一般地区，层间重力水可根据不同的含水情况和压力情况，采用渗沟、排水沟、渗井和暗沟（管）等措施排除。

3　寒冷地区，埋藏于冻土层以下的承压水宜采用渗沟、排水沟、渗井和暗沟（管）等方法排除；但如果因地形条件所限，排水设施不能埋设于当地冰冻深度以下时，上层填土宜采取保温措施，与排水设施出口处相连接的沟槽应做成保温沟。保温沟的保温覆盖层，其布设范围应在排水设施出口处向外延伸2～5m，并应加大出水口处排水沟纵坡。

4　在寒冷地区，山坡较平缓，含水量和覆盖层又较浅，且涌水量、动水压力不大的情况下，可在覆盖层中挖冻结沟。

5.4　路基排水工程质量标准

5.4.1　排水设施外观质量应符合下列规定：

1　纵坡顺直，曲线线形圆滑。

2　沟壁平整、稳定，无贴坡。沟底平整，排水畅通，无冲刷和阻水现象。

3　各类防渗、加固设施坚实稳固。

4　浆砌片石工程，嵌缝均匀、饱满、密实，勾缝平顺无脱落、密实、美观，缝宽均衡协调；砌体咬扣紧密；抹面平整、压光、顺直，无裂缝、空鼓。

5　干砌片石工程，砌筑咬合紧密，无叠砌、贴砌和浮塞。

6　水泥混凝土砌块的强度符合设计要求，砌体平整，勾缝整齐牢固。

5.4.2　土质边沟、截水沟、排水沟施工质量，应符合表5.4.2的规定。

5.4.3　浆砌排水沟、截水沟、边沟施工质量，应符合表5.4.3的规定。

5.4.4　混凝土排水管施工质量，应符合表5.4.4的规定。

表 5.4.2　土质边沟、截水沟、排水沟施工质量标准

项　次	检 查 项 目	规定值或允许偏差	检查方法和频率
1	沟底纵坡	符合设计要求	水准仪:每200m 测8点
2	沟底高程(mm)	+0, -30	水准仪:每200m 测8处
3	断面尺寸	不小于设计要求	尺量:每200m 测8处
4	边坡坡度	不陡于设计要求	每50m 测2处
5	边棱顺直度(mm)	50	尺量:20m 拉线,每200m 测4处

表 5.4.3　浆砌排水沟、截水沟、边沟施工质量标准

项　次	检 查 项 目	规定值或允许偏差	检查方法和频率
1	砂浆强度	符合设计要求	同一配合比,每台班2组
2	轴线偏位(mm)	50	经纬仪:每200m 测8处
3	墙面直顺度(mm) 或坡度	30 符合设计要求	20m 拉线 坡度尺:每200m 测4处
4	断面尺寸(mm)	±30	尺量:每200m 测4处
5	铺砌厚度	不小于设计值	尺量:每200m 测4处
6	基础垫层宽、厚度	不小于设计值	尺量:每200m 测4处
7	沟底高程(mm)	±15	水准仪:每200m 测8点

注:跌水、急流槽等的质量标准可参照本表。

表 5.4.4　混凝土排水管施工质量标准

项　次	检 查 项 目		规定值或允许偏差	检查方法和频率
1	混凝土强度		符合设计要求	同一配合比,每台班2组
2	管轴线偏位(mm)		15	经纬仪或拉线:每两井间测5处
3	管内底高程(mm)		±10	水准仪:每两井间测4处
4	基础厚度		不小于设计值	尺量:每两井间测5处
5	管座	肩宽(mm)	+10, -5	尺量、挂边线:每两井间测4处
		肩高(mm)	±10	
6	抹带	宽度	不小于设计	尺量:按20% 抽查
		厚度	不小于设计	
7	进出口、管节接缝处理		有防水处理	每处检查

5.4.5　排水渗沟施工质量,应符合表5.4.5的规定

表 5.4.5　排水渗沟施工质量标准

项　次	检 查 项 目	规定值或允许偏差	检查方法和频率
1	沟底高程(mm)	±15	水准仪:每20m 测4处
2	断面尺寸	不小于设计	尺量:每20m 测2处

5.4.6　隔离工程土工合成材料施工质量,应符合表5.4.6的规定。

表 5.4.6　隔离工程土工合成材料施工质量标准

项　次	检 查 项 目	规定值或允许偏差	检查方法和频率
1	下承层平整度、拱度	符合设计要求	每200m 检查8处
2	搭接宽度(mm)	+50, -0	抽查5%
3	搭接缝错开距离	符合设计要求	抽查5%
4	搭接处透水点	不多于1个	每缝

5.4.7 过滤排水工程土工合成材料施工质量,应符合表5.4.7的规定。

表5.4.7 过滤排水工程土工合成材料施工质量标准

项次	检查项目	规定值或允许偏差	检查方法和频率
1	下承层平整度、拱度	符合设计要求	每200m检查8处
2	搭接宽度(mm)	+50,-0	抽查5%
3	搭接缝错开距离	符合设计要求	抽查5%

5.4.8 检查井、雨水井

1 井基混凝土强度达到5MPa后方可砌筑井体。蹬步梯安装牢固。井框、井盖平稳。进口周围无积水。

2 检查井、雨水井施工质量,应符合表5.4.8的规定。

表5.4.8 检查井、雨水井施工质量标准

<table>
<tr><th>项次</th><th>检查项目</th><th colspan="2">规定值或允许偏差</th><th>检查方法和频率</th></tr>
<tr><td>1</td><td>砂浆强度</td><td colspan="2">符合设计要求</td><td>同一配比,每台班2组</td></tr>
<tr><td>2</td><td>轴线偏位(mm)</td><td colspan="2">50</td><td>经纬仪:每个检查井检查</td></tr>
<tr><td>3</td><td>圆井直径或方井长、宽(mm)</td><td colspan="2">±20</td><td>尺量:每个检查井检查</td></tr>
<tr><td>4</td><td>井底高程(mm)</td><td colspan="2">±15</td><td>水准仪:每个检查井检查</td></tr>
<tr><td rowspan="2">5</td><td rowspan="2">井盖与相邻路面高差(mm)</td><td>检查井</td><td>+4,-0</td><td rowspan="2">水准仪:每个检查井检查</td></tr>
<tr><td>雨水井</td><td>+0,-4</td></tr>
</table>

5.4.9 排水泵站平面位置、地基承载力应符合设计要求。井底不漏水。施工质量应符合表5.4.9的规定。

表5.4.9 排水泵站施工质量标准

项次	检查项目	规定值或允许偏差	检查方法和频率
1	混凝土强度	符合设计要求	同一配比,每工作台班2组
2	轴线平面偏位	1%井深	经纬仪:纵、横向各3处
3	垂直度	1%井深	吊垂线:纵、横向各2处
4	底板高程(mm)	±50	水准仪:检查6处

6 特殊路基施工

6.1 一般规定

6.1.1 特殊路基施工,应进行必要的基础试验,编制专项施工组织设计,批准后实施。

6.1.2 施工中如实际地质情况与设计不符或设计处治方案因故不能实施,应按有关规定办理。

6.1.3 采用新技术、新工艺、新设备、新材料时,必须制定相应的工艺、质量标准。

6.1.4 用湿黏土、红黏土和中、弱膨胀土作为填料直接填筑时,应符合下列规定:

1 填料液限在40%~70%之间且CBR值满足表4.1.2的规定。

2 碾压时填料稠度应控制在1.1~1.3之间。

3 压实度标准可比表4.2.2-1的规定值降低1%~5%,具体降低数值应根据当地土质等情况通过试验确定。

4 不得作为四级及四级以上公路路床、零填及挖方路基0~0.80m范围内的填料。

6.1.5 特殊地区路基施工除符合本章规定外,还应遵守第4章的规定。

6.2 湿黏土路基施工

6.2.1 用不符合6.1.4条规定的湿黏土填筑路基时,应进行处理,处理后应符合表4.1.2的规定,压实质量应符合表4.2.2-1的规定。

6.2.2 基底为软土时,应按设计要求进行处治。

6.2.3 不同类的填料,不得填筑在同一压实层上。

6.2.4 路堤填筑时,每层宜设2%~3%的横坡。当天的填土,宜当天完成压实。

6.2.5 填筑层压实后,应采取措施防止路基工作面暴晒失水。

6.2.6 水稻田地段路基施工应符合下列规定:

1 水稻田地段路基施工,不得影响农田排灌。

2 施工前应采取措施排除公路用地范围内的地表水。疏干地表水确有困难时,应按设计要求进行处治。

3 二级及二级以上公路路堑段,应在边坡顶适当距离外,筑埂并挖截水沟;土质、风化岩石边坡,应浆砌护墙或护坡;路堑路段宜加大边沟尺寸并采用浆砌。

6.2.7 河、塘、湖地段路堤施工应符合以下规定:

1 受水浸润作用的路堤部分,宜用水稳性好、塑性指数不大于6、压缩性小、不易风化的透水性填料填筑。

2 在洪水淹没地段的路堤,两侧不得取土;三、四级公路,特殊情况下可在下游侧距路堤安全距离外取土。

3 两侧水位差较大的河滩路堤,根据具体情况,宜放缓下游一侧边坡、设滤水趾和反滤层、在基底设隔渗墙或隔渗层。

4 防洪工程应在洪水期前完成,施工期间应注意防洪。

6.2.8 多雨潮湿地区路基施工应符合下列规定:

1 多雨潮湿地区施工,应注意排水。机具停放地、库房、生活区域应选在地势较高不易被水淹的地点,并有完善的排水防洪设施。

2　多雨潮湿地区,应按设计要求对基底过湿土层进行处理。

6.3　软土地区路基施工

6.3.1　软土地基处治前,应复核处治方案的可行性,编制实施性施工组织设计。

6.3.2　软土地基处治材料的选用及处治方案,宜因地制宜、就地取材。

6.3.3　浅层处治

1　换填施工应符合下列规定:

1)换填料应选用水稳性或透水性好的材料。

2)回填应分层填筑、压实。

2　抛石挤淤施工应符合下列规定:

1)应选用不易风化的片石,片石厚度或直径不宜小于300mm。

2)软土地层平坦、软土成流动状时,填筑应沿路基中线向前成三角形方式投放片石,再渐次向两侧全宽范围扩展。当软土地层横坡陡于1:10时,应自高侧向低侧填筑,并在低侧坡脚外一定宽度内同时抛填形成片石平台。

3)片石抛填出软土面后,应用较小石块填塞垫平,并碾压密实。

6.3.4　砂(砾)垫层

1　垫层材料宜采用无杂物的中、粗砂,含泥量应小于5%;也可采用天然级配砂砾料,其最大粒径应小于50mm,砾石强度不低于四级(即洛杉矶法磨耗率小于60%)。

2　垫层宜分层摊铺压实,碾压到规定的压实度。垫层采用砂砾料时,应避免粒料离析。

3　垫层宽度应宽出路基边脚500~1 000mm,两侧宜用片石护砌或采用其他方式防护。

6.3.5　土工合成材料

1　土工合成材料技术、质量指标应满足设计要求。土工合成材料在存放以及铺设过程中应避免长时间暴露或暴晒。与土工合成材料直接接触的填料中严禁含强酸性、强碱性物质。

2　土工合成材料施工应符合以下规定:

1)下承层应平整,摊铺时应拉直、平顺,紧贴下承层,不得扭曲、折皱。在斜坡上摊铺时,应保持一定松紧度。

2)铺设土工合成材料,应在路堤每边各留一定长度,回折覆裹在已压实的填筑层面上,折回外露部分应用土覆盖。

3)土工合成材料的连接,采用搭接时,搭接长度宜为300~600mm;采用缝接时,缝接宽度应不小于50mm,缝接强度应不低于土工合成材料的抗拉强度;采用黏结时,黏合宽度应不小于50mm,黏合强度应不低于土工合成材料的抗拉强度。

4)施工中应采取措施防止土工合成材料受损,出现破损时应及时修补或更换。

5)双层土工合成材料上、下层接缝应错开,错开长度应大于500mm。

6.3.6　袋装砂井

1　中、粗砂中大于0.6mm颗粒的含量宜占总重的50%以上,含泥量小于3%,渗透系数大于5×10^{-2}mm/s。砂袋的渗透系数应不小于砂的渗透系数。

2　袋装砂井施工应符合以下规定:

1)砂袋露天堆放时,应有遮盖,不得长时间暴晒。

2)砂袋应垂直下井,不得扭结、缩颈、断裂、磨损。

3)拔钢套管时,如将砂袋带出或损坏,应在原孔位边缘重打;连续两次将砂袋带出时,应停止施工,查明原因并处理后方可施工。

4)砂袋在孔口外的长度,应能顺直伸入砂垫层至少300mm。

3　袋装砂井施工质量应符合表6.3.6的规定。

表 6.3.6 袋装砂井施工质量标准

项　次	检 查 项 目	规定值或允许偏差	检查方法和频率
1	井距(mm)	±150	抽查3%
2	井长	不小于设计值	查施工记录
3	井径(mm)	+10,0	挖验3%
4	竖直度(%)	1.5	查施工记录
5	灌砂率(%)	-5	查施工记录

6.3.7 塑料排水板

1 塑料排水板技术、质量指标应符合设计要求。露天堆放应有遮盖,不得长时间暴晒。

2 塑料排水板施工应符合以下规定:

1)现场堆放的塑料排水板,应采取措施防止损坏滤膜。

2)塑料排水板超过孔口的长度应能伸入砂垫层不小于500mm,预留段应及时弯折埋设于砂垫层中,与砂垫层贯通,并采取保护措施。

3)塑料排水板不得搭接。

4)施工中防止泥土等杂物进入套管内,一旦发现应及时清除。

5)打设形成的孔洞应用砂回填,不得用土块堵塞。

3 塑料排水板施工质量应符合表6.3.7的规定。

表 6.3.7 塑料排水板施工质量标准

项　次	检 查 项 目	规定值或允许偏差	检查方法和频率
1	板距(mm)	±150	抽查3%
2	板长	不小于设计值	抽查3%
3	竖直度(%)	1.5	查施工记录

6.3.8 真空预压、真空堆载联合预压

1 垫层材料宜采用中、粗砂,泥土杂质含量小于5%,严禁砂中混有尖石等尖利硬物。

2 密封膜厚度宜为0.12~0.17mm,密封膜每边长度应大于加固区相应边3~4m。薄膜加工后不得存在热穿、热合不紧等现象,不宜有交叉热合缝。

3 每个加固区用2~3层密封膜,具体层数可根据密封膜性能确定。

4 滤管应不透砂。滤管距泥面、砂垫层顶面的距离均应大于50mm。滤管周围必须用砂填实,严禁架空、漏填。

5 密封沟与围堰施工要求如下:

1)沿加固边界开挖密封沟,其深度应低于地下水位并切断透水层,内外坡应平滑。沟底宽度应大于400mm,密封膜与沟底黏土之间应进行密封处理。

2)密封沟回填料应为不含杂质的纯黏土,不得损害密封膜。

3)筑堰位置应跨密封沟的外沟沿,堰体应密实牢固。

4)铺膜前,应把出膜弯管与滤管连接好,并培实砂子,同时处理好出口的连接。

6 真空表测头应埋设于砂垫层中间,每块加固区不少于2个真空度测点,真空管出口须防止弯折或断裂。

7 抽真空施工要求如下:

1)抽真空持续时间应符合设计要求,设计无规定时可持续2~5个月。

2)覆盖厚度宜为200~400mm,膜下真空压力应持续稳定在80kPa以上。

3)应注意观察负压对其相邻结构物的影响。

8 真空堆载联合预压施工要求如下:

1)路堤填筑宜在抽真空30~40d后开始进行,或按设计规定开始堆载。

2)路堤填筑速率应符合设计规定。

3)路堤填筑期间,应保持抽真空。

4)路堤填筑高度达到设计标高(考虑沉降)后,应继续抽真空,路堤沉降值(或地基固结度)达到设计要求后方可停止抽真空。

9　施工监测要求如下:

1)预压过程中,应进行孔隙水压力、真空压力、深层沉降量及水平位移等预压参数的监测。真空压力每隔4h观测一次,表面沉降每2d测一次。

2)当连续五昼夜实测地面沉降小于0.5mm/d、地基固结度已达到设计要求的80%时,经验收,即可终止抽真空。

3)停泵卸荷后24h,应测量地表回弹值。

6.3.9　砂桩

1　材料要求:采用中、粗砂,大于0.6mm颗粒含量宜占总重的50%以上,含泥量应小于3%,渗透系数大于5×10^{-2}mm/s。也可使用砂砾混合料,含泥量应小于5%。

2　砂桩施工应符合以下规定:

1)采用单管冲击法、一次打桩管成桩法或复打成桩法施工时,应使用饱和砂;采用双管冲击法、重复压拔法施工时,可使用含水量为7%~9%的砂;饱和土中施工可用天然湿砂。

2)地面下1~2m土层应超量投砂,通过压挤提高表层砂的密实程度。

3)成桩过程应连续。

4)实际灌砂量未达到设计用量时,应进行处理。

3　砂桩施工质量,应符合表6.3.9的规定。

表6.3.9　砂桩施工质量标准

项　次	检查项目	规定值或允许偏差	检查方法和频率
1	桩距(mm)	±150	抽查3%
2	桩长	不小于设计值	查施工记录
3	桩径	不小于设计值	抽查3%
4	竖直度(%)	1.5	查施工记录
5	灌砂量	不小于设计值	查施工记录

6.3.10　碎石桩

1　材料要求:未风化碎石或砾石,粒径宜为19~63mm,含泥量应小于10%。

2　施工前应按规定做成桩试验。

3　根据试桩成果,严格控制水压、电流和振冲器在固定深度位置的留振时间。

4　碎石桩施工质量,应符合表6.3.10的规定。

表6.3.10　碎石桩施工质量标准

项　次	检查项目	规定值或允许偏差	检查方法和频率
1	桩距(mm)	±150	抽查3%
2	桩径	不小于设计值	查施工记录
3	桩长	不小于设计值	抽查3%
4	竖直度(%)	1.5	查施工记录
5	灌碎石量	不小于设计值	查施工记录

5　碎石桩密实度抽查频率为2%,用重Ⅱ型动力触探测试,贯入量100mm时,击数应大于5次。

6.3.11　加固土桩

1　材料要求如下:

1)生石灰粒径应小于2.36mm,无杂质,氧化镁和氧化钙总量应不小于85%,其中氧化钙含量应不小于80%。

2）粉煤灰中二氧化硅和三氧化二铝含量应大于70%，烧失量应小于10%。

3）水泥宜用普通或矿渣水泥。

2　加固土桩施工前必须进行成桩试验，桩数不宜少于5根，且满足以下要求：

1）应取得满足设计喷入量的各种技术参数，如钻进速度、提升速度、搅拌速度、喷气压力、单位时间喷入量等。

2）应确定能保证胶结料与加固软土拌和均匀性的工艺。

3）掌握下钻和提升的阻力情况，选择合理的技术措施。

4）根据地层、地质情况确定复喷范围。

3　应根据固化剂喷入的形态（浆液或粉体），采用不同的施工机械组合。

4　采用浆液固化剂时，制备好的浆液不得离析，不得停置过长。超过2h的浆液应降低等级使用。浆液拌和均匀、不得有结块。供浆应连续。

5　采用粉体固化剂时，应符合以下规定：

1）严格控制喷粉标高和停粉标高，不得中断喷粉，确保桩体长度；严格控制粉喷时间、停粉时间和喷入量。应采取措施防止桩体上下喷粉不匀、下部剂量不足、上下部强度差异大等问题，应按设计要求的深度复搅。

2）当钻头提升到地面以下小于500mm时，送灰器停止送灰，用同剂量的混合土回填。

3）如喷粉量不足，应整桩复打，复打的喷粉量不小于设计用量。因故喷粉中断时，必须复打，复打重叠长度应大于1m。

4）施工设备必须配有自动记录的计量系统。

5）钻头直径的磨损量不得大于10mm。

6　加固土桩施工质量，应符合表6.3.11的规定。

表6.3.11　加固土桩施工质量标准

项　次	检查项目	规定值或允许偏差	检查方法和频率
1	桩距（mm）	±100	抽查桩数3%
2	桩径	不小于设计值	抽查桩数3%
3	桩长	不小于设计值	喷粉（浆）前检查钻杆长度，成桩28d后钻孔取芯3%
4	竖直度（%）	1.5	抽查桩数3%
5	单桩每延米喷粉（浆）量（%）	不小于设计值	查施工记录
6	桩体无侧限抗压强度	不小于设计值	成桩28d后钻孔取芯，桩体三等分段各取芯样一个，成桩数3%
7	单桩或复合地基承载力	不小于设计值	成桩数的0.2%，并不少于3根

6.3.12　水泥粉煤灰碎石桩

1　材料要求如下：

1）集料：应根据施工方法，选择合理的集料级配和最大粒径。

2）水泥：宜选用普通硅酸盐水泥。

3）粉煤灰：宜选用袋装Ⅱ、Ⅲ级粉煤灰。

2　施工前应进行成桩试验，试桩数量宜为5～7根。

3　水泥粉煤灰碎石桩施工应符合以下规定：

1）桩体施工应选择合理的施打顺序，避免对已成桩造成损害。

2）成桩过程中，应对已打桩的桩顶进行位移监测。

3）混合料应拌和均匀。

4　水泥粉煤灰碎石桩施工质量，应符合表6.3.12的规定。

表 6.3.12　水泥粉煤灰碎石桩施工质量标准

项　次	检 查 项 目	规定值或允许偏差	检查方法和频率
1	桩距(mm)	±100	抽查桩数 3%
2	桩径	不小于设计值	抽查桩数 3%
3	桩长	不小于设计值	查施工记录
4	竖直度(%)	1	抽查桩数 3%
5	桩体强度	不小于设计值	取芯法,总桩数的 5%
6	单桩和复合地基承载力	不小于设计值	成桩数的 0.2%,并不少于 3 根

6.3.13　Y 形沉管灌注桩

1　粗集料宜优先选用卵石;采用碎石,宜适当增加含砂率;集料最大粒径不宜大于 63mm。混凝土坍落度宜为 80～100mm,在运输和灌注过程中无离析、泌水。

2　桩尖、桩帽混凝土强度等级不宜低于 C30。

3　邻近有建筑物(构造物)时,应采取有效的隔振措施。

4　桩基定位点及施工区附近的水准点应设置在不受桩基施工影响处。

5　群桩施工,应合理设计打桩顺序、控制打桩速度,防止影响邻桩成桩质量。

6　沉管前,宜在桩管内先灌入高 1.5m 左右的封底混凝土,方可开始沉管。

7　灌注混凝土的充盈系数不得小于 1。

8　拔管速度应保持在 1.0～1.2m/min,桩管埋入混凝土深度应大于 1m。

9　Y 形沉管灌注桩施工质量,应符合表 6.3.13 的规定。

表 6.3.13　Y 形沉管灌注桩质量标准

项　次	检 查 项 目	规定值或允许偏差	检查方法和频率
1	桩距(mm)	±100	尺量,桩数 5%
2	沉桩深度	不小于设计值	尺量,桩数 20%
3	桩横截面积	不小于设计值	尺量,桩数 5%
4	竖直度(%)	1	查沉孔记录
5	混凝土抗压强度	在合格标准内	每根桩 2 组,每台班至少 2 组
6	单桩承载力	不小于设计值	桩数的 0.2%,并不少于 3 根
7	桩身完整性	无明显缺陷	低应变测试,桩数 10%

6.3.14　薄壁筒型沉管灌注桩

1　混凝土粗集料宜优先选用卵石,卵石最大粒径为 63mm;采用碎石,宜适当增加含砂率,碎石最大粒径为 37.5mm。混凝土坍落度宜为 80～150mm,在运输和灌注过程中无离析、泌水。

2　桩尖、桩帽混凝土强度等级不宜低于 C30。桩尖表面应平整、密实,桩尖内外面圆度偏差不得大于 1%,桩尖端头支承面应平整。

3　邻近有建筑物时,应采取有效的隔振措施。

4　在软土地基上打群桩时,应合理设计打桩顺序、控制打桩速度。

5　桩基定位点及施工区附近所设的水准点应设置在不受桩基施工影响处。

6　沉管工艺应符合下列规定:

1)成孔器安装时,应控制底部套筒环形空隙(即成桩壁厚)的均匀性,环隙偏差小于 5mm 后方可固定上端法兰或缩压夹持器。

2)沉孔之前,必须使桩尖与成孔器内、外钢管的空腔密封,确保在全部沉孔过程中水不会渗入空腔内。

3)浇注混凝土前,应检测孔底有无渗水和淤泥。

7　浇注混凝土应符合下列规定:

1)桩管内混凝土灌满后,先振动 5～10s,再边振动边拔管,控制拔管速度均匀,保持管内混凝土高度不小于2m。穿越特别软弱土层时，拔管速度宜控制在1.0～1.2m/min。

2）采取间歇性振动，即灌入2m高度混凝土后，提升振动一次，不宜连续振动而不提升。

3）在沉孔及提升成孔器时，必须控制成孔器的垂直度。

4）浇注后的桩顶标高应大于设计标高500mm。

8 薄壁筒型沉管灌注桩施工质量，应符合表6.3.14的规定。

表6.3.14 薄壁筒型沉管灌注桩施工质量标准

项次	检查项目	规定值或允许偏差	检查方法和频率
1	桩距（mm）	±100	尺量，桩数5%
2	桩外径	不小于设计值	尺量，桩数5%
3	沉桩深度	不小于设计值	尺量，桩数20%
4	筒壁厚度	不小于设计值	尺量，桩数5%
5	竖直度（%）	1	查沉孔记录
6	混凝土抗压强度	合格	每工作台班留2组试件，每根桩至少1组试件
7	单桩承载力	不小于设计值	总桩数的0.2%，并不少于3根
8	桩身完整性	无明显缺陷	低应变测试，桩数10%

6.3.15 静压管桩

1 管桩堆放场地，必须平整、坚实，应有排水措施，不得产生不均匀沉陷。

2 施工前检查成品桩，先张法薄壁预应力混凝土管桩应符合《先张法预应力混凝土管桩》（GB 13476）的规定、《先张法预应力混凝土薄壁管桩》（JC 888）的规定。采用蒸气养护时应在常温下静置3d以上。

3 焊接接桩

1）接桩时，上、下节桩的中心线偏差应小于5mm，节点弯曲矢高不得大于桩段长度的0.1%。

2）焊接时，应采取措施减小焊接变形，焊缝连续、饱满。焊接后应自然降温，严禁用水浇降温。

3）成桩过程中遇有较难穿透的土层时，接桩宜在桩尖穿过该层土后进行。

4 管桩与托板的连接

1）对于沉入到设计标高后不需要截桩的薄壁预应力混凝土管桩，与托板连接可用托板连接筋与钢筋板圈焊接后，将桩顶直接埋入托板内。连接筋和桩顶埋入托板内深度，应根据不同的工程情况，按设计要求确定。

2）需要截桩的管桩与托板连接，管桩截断后，将垫块下入管内，并把连接用钢筋笼插入桩内，用与托板相同强度等级的混凝土灌注。

5 静压管桩施工质量应符合表6.3.15的规定。

表6.3.15 静压管桩施工质量标准

项次	检查项目	规定值或允许偏差	检查方法和频率
1	桩距（mm）	±100	5%
2	桩长	不小于设计	吊绳量测，5%
3	竖直度（%）	1	5%
4	单桩承载力	不小于设计	桩数的0.2%，并不少于3根
5	托板高度（mm）	+20，-10	钢尺量测，5%
6	托板长度和高度（mm）	+30，-20	钢尺量测，5%
7	托板位置（mm）	50	钢尺量测，5%

6.3.16 强夯

1 应采取隔振、防振措施消除强夯对邻近建筑物的有害影响。

2 施工前应选择有代表性并不小于 500m^2 的路段进行试夯，确定最佳夯击能、间歇时间、夯间距等参数。

3 夯击次数应按现场试夯得到的夯击次数和夯沉量关系曲线确定。

4 垫层材料应采用透水性好的砂、砂砾、石屑、碎石土等。

5 强夯施工应符合以下规定：

1)施工前应检查锤重和落距，单击夯击能量应符合设计要求。

2)夯击前，应对夯点放样并复核，夯完后检查夯坑位置，发现偏差或漏夯应及时纠正。

3)施工过程中应记录每个夯点的夯沉量，原始记录应完整、齐全。

6 强夯施工完成后，应通过标准贯入、静力触探等原位测试，测量地基的夯后承载能力是否达到设计要求。

6.3.17 强夯置换

1 置换材料应采用级配良好的块(片)石、碎石、矿渣等坚硬的粗颗粒材料，粒径不宜大于夯锤底面直径的0.2倍，含泥量不宜大于10%，粒径大于300mm的颗粒含量不宜大于总质量的30%。

2 垫层材料应采用水稳性好的砂、砂砾、石屑、碎石土等。

3 应采取隔振、防振措施消除强夯对邻近建筑物的有害影响。

4 强夯置换施工前应进行试夯。

5 强夯置换施工应符合以下规定：

1)标出第一遍夯点位置，测量地面高程。

2)测量夯前锤底高程。

3)夯击并逐击记录夯坑深度，当夯坑过深而发生起锤困难时，停夯后向坑内填料直至坑顶填平，记录填料数量，如此重复直至满足规定的夯击次数及控制标准，完成一个墩体的夯击。

4)应按由内而外，隔行跳夯击打的原则完成全部夯点的施工。

5)推平地基，用低能量进行满夯，将表层松土夯实，并测量夯后地基高程。

6)按设计铺筑垫层，并分层碾压密实。

6 施工过程质量控制

1)单击夯击能量应符合设计要求。

2)夯击前，应对夯点放样进行复核，夯完后检查夯坑位置，发现偏差或漏夯应及时纠正。

3)按设计要求检查每个夯点的夯击次数和每击沉降量及夯墩的置换深度。

7 质量检验

1)动力触探试验检查置换墩着底情况及承载力。检验数量不少于墩点数1%，且不少于3点。

2)置换墩直径与深度应符合设计要求。

6.3.18 软土地区路堤施工

1 软土地区路堤施工计划中宜考虑地基固结工期。

2 施工时不宜破坏软土地基表层硬壳层。

3 路堤压实宽度应不小于设计值，坡度应符合设计要求。

4 填筑过程中，路堤中心线地面沉降速率每昼夜应不大于10～15mm，坡脚水平位移速率每昼夜应不大于5mm。应结合沉降和位移发展趋势对观测结果进行综合分析。填筑速率应以水平位移控制为主，超过标准应立即停止填筑。

5 采用排水固结法施工时，桥台、涵洞、通道以及加固工程应在预压沉降完成后方可进行施工。路堤与桥台衔接部位、路堤与堆坡预压填土应同步填筑与碾压，填料宜选用透水性材料。

6 应按设计要求的预压荷载、预压时间进行预压。在预压期内，除添加由于沉降而引起的沉降补方外，严禁其他作业。

7 在软土地基上直接填筑路堤，应符合以下规定：

1)水面以下部分应选择透水性好的填料,水面以上可用一般土或轻质材料填筑。

2)填筑路基的土宜从取土场取用。必须在两侧取土时,取土坑距路堤坡脚的距离应满足路堤稳定的要求。

3)反压护道施工宜与路堤同时填筑。分开填筑时,必须在路堤达到临界高度前完成反压护道施工。

8　吹填砂路堤施工应符合下列规定:

1)吹填砂材料宜采用中、粗砂,含泥量不宜大于15%。

2)吹填砂路堤用渗沟排水时,在连接砂堤的端部应设砂砾反滤层,防止砂土堵塞渗沟。排水口处两侧挡水堤应作加固处理。

3)挡水堤外边坡应按设计要求进行防护。

4)吹填砂路堤完工后,应及时完成封闭层。

9　矿渣路堤施工应符合下列规定:

1)路堤填料应为至少放置1年以上的高炉矿渣,并有良好的级配,必要时应予破碎。

2)矿渣用于水位以下或地下水位300mm以内的路堤施工时,其最大粒径应不大于300mm,同时粒径宜小于1/2压实厚度,通过19mm筛孔量应不大于10%,通过0.075mm的筛余料塑性指数应不超过6。

3)每层铺筑厚度应根据试验确定。矿渣填料顶面应采用级配良好的矿渣,或者用最大粒径为75mm的破碎矿渣或碎石进行嵌缝,其厚度应不小于100mm。

6.3.19　路堤施工观测

1　观测项目、内容和频率应符合设计要求。

2　二级及二级以上公路路堤施工中,必须进行沉降和稳定的动态观测,要求见表6.3.19。

表6.3.19　沉降和稳定动态观测

观测项目	常用仪具名称	观测内容及目的
地表沉降量	地表型沉降计(沉降板)	根据测定数据调整填土速率;预测沉降趋势,确定预压卸载时间和结构物及路面施工时间;提供施工期间沉降土方量的计算依据
地表水平位移量及隆起量	地表水平位移桩(边桩)	监测地表水平位移及隆起情况,以确保路堤施工的安全和稳定
地下土体分层水平位移量	地下水平位移计(测斜管)	用作掌握分层位移量,推定土体剪切破坏的位置。必要时采用

3　观测仪表应在软土地基处理之后埋设,并在观测到稳定的初始值后,方可进行路堤填筑。

4　地基条件差、地形变化大、实际问题多的部位和土质调查点附近应设置观测点。同一路段不同观测项目的测点宜布置在同一横断面上。

5　施工期间,应按设计要求进行沉降和稳定的跟踪观测,观测频率应与沉降、稳定的变形速率相适应,每填筑一层应观测一次;如果两次填筑间隔时间较长,每3d至少观测一次。路堤填筑完成后,堆载预压期间观测应视地基稳定情况而定,半月或每月观测一次,直至预压期结束。

6　如地基稳定出现异常,应立即停止加载并采取措施处理,待路堤恢复稳定后,方可继续填筑。

7　稳定性观测

1)一般路段沿纵向每100~200m设置一个观测断面,同时,每一路段应不少于3个断面;桥头路段应设置2~3个观测断面;桥头纵向坡脚、填挖交界的填方端、沿河等特殊路段均应增设观测点。

2)位移观测边桩,应根据需要埋设在路堤两侧坡脚或坡脚以外3~5m处,并结合稳定分析,在预测可能的滑裂面与地面的切面位置布设测点,一般在坡脚以外1~10m范围内设置3~4个位移边桩。同一观测断面的边桩应埋在同一横轴线上。边桩应埋置稳固。

3)校核基点四周必须采用保护措施,并定期与工作基点桩校核。

4)地面位移观测仪器要求:测距精度±5mm,测角精度2″。

5)沿河、临河等凌空面大而稳定性很差的路段,必要时需进行地基土体内部水平位移的观测。

8 沉降观测

1)在施工路段的原地面上一般埋设沉降板进行高程观测。沉降板埋置于路基中心、路肩及坡趾的基底。

2)沉降板观测仪器要求:往返水准测量精度1mm/km。

3)用于观测水平位移的标点桩、校核基点桩亦同时用于沉降观测,埋设于坡趾及以外的标点边桩一般兼测地面沉降。

4)堆载预压期间观测应视地基稳定情况而定,一般情况下,第一个月每3d观测一次,第二、三个月每7d观测一次,从第四个月起每15d观测一次,直至预压期结束。

9 工作标点桩、沉降板观测标、工作基点桩、校核基点桩在观测期均必须采取有效措施加以保护。还应在标杆上设醒目的警示标志。

6.4 红黏土地区路基施工

6.4.1 压缩系数大于0.5MPa^{-1}的红黏土不得直接用于填筑路堤。

6.4.2 不符合6.1.4条规定的红黏土拟作为路基填料时,应进行处理;处理后应符合表4.1.2的规定;压实度应符合表4.2.2-1的规定。

6.4.3 路堤施工前应做好临时排水及防渗设施,截断流向路堤作业区的水源,疏干地表水。

6.4.4 路堤填筑应符合下列规定:

1 应尽量避免雨季施工。雨季施工时,应防止松土被雨淋湿。施工中应保持作业面横坡不小于3%。雨后作业面,应经晾干且重新压实合格后方可进行下道工序的施工。

2 填料应随挖随用。摊铺后必须及时碾压,做到当天摊铺当天完成碾压。

3 路堤填筑应连续,碾压完成后,应采取措施防止路堤作业面因暴晒失水。

6.4.5 包边法施工应符合以下规定:

1 包边材料应为透水性较差的低液限黏土、石灰土等,CBR应符合表4.1.2的规定。严禁用粉土、砂土等低塑性土包边。

2 分层填筑时,先摊铺包边土,后摊铺红黏土。碾压前,应控制两种填料的各自含水量,使两种填料在同一压实工艺下能达到压实标准。包边土的压实度应符合表4.2.2-1的规定。

3 碾压应从两边向中间进行,对不同填料的结合处要增加碾压遍数1~2遍。

4 超高弯道的碾压应自低处向高处进行。

6.4.6 路堑边坡应按设计要求及时进行防护和综合排水施工。

6.4.7 挖方边坡坡脚应按设计要求及时施工支挡结构物。

6.5 膨胀土地区路基施工

6.5.1 膨胀土地区路基施工,应避开雨季作业,加强现场排水,基底和已填筑的路基不得被水浸泡。

6.5.2 膨胀土地区路基应分段施工,各道工序应紧密衔接,连续完成。路基边坡按设计要求修整,并应及时进行防护施工。

6.5.3 膨胀土作为填料时应符合以下规定:

1 强膨胀土不得作为路堤填料。

2 中等膨胀土经处理后可作为填料,用于二级及二级以上公路路堤填料时,改性处理后胀缩总率应不大于0.7%。

3 胀缩总率不超过0.7%的弱膨胀土可作为填料。

6.5.4 二级及二级以上公路路堤基底处理应符合以下规定:

1 高度不足1m的路堤,应按设计要求采取换填或改性处理等措施处治。

2 表层为过湿土,应按设计要求采取换填或进行固化处理等措施处治。

3 填土高度小于路面和路床的总厚度,基底为膨胀土时,宜挖除地表 0.30 ~ 0.60m 的膨胀土,并将路床换填为非膨胀土或掺灰处理。若为强膨胀土,挖除深度应达到大气影响深度。

6.5.5 膨胀土地区路堑施工应符合下列规定:

1 路堑施工前,先进行截、排水设施的施工,将水引至路幅以外。

2 边坡施工过程中,必要时,宜采取临时防水封闭措施保持土体原状含水量。边坡不得一次挖到设计线,应预留厚度 300 ~ 500mm,待路堑完成时,再分段削去边坡预留部分,并立即进行加固和封闭处理。

3 路床底标高以下应按照设计要求进行处理。

4 宜用支挡结构对强膨胀土边坡进行防护。支挡结构基坑应采取措施防止暴晒或浸水,基础埋深应在大气风化作用影响深度以下。

6.5.6 膨胀土路基填筑松铺厚度不得大于 300mm;土块粒径应小于 37.5mm。

6.5.7 填筑膨胀土路堤时,应及时对路堤边坡及顶面进行防护。

6.5.8 路基完成后,当年不能铺筑路面时,应按设计要求做封层,其厚度应不小于 200mm,横坡不小于 2%。

6.5.9 膨胀土路基的压实度应符合表 4.2.2-1 的规定;符合 6.1.4 条规定的中、弱膨胀土可采用 6.1.4条的压实标准。

6.6 黄土地区路基施工

6.6.1 黄土地区路基施工,应做好施工期排水,将水迅速引离路基。在填挖交界处引出边沟时,应做好出水口的加固,排水设施接缝处应坚固不渗漏。

6.6.2 路基基底处理应符合以下规定:

1 若基底为非湿陷性黄土,且无地下水时,可按 4.2.2 条第 1 款规定进行基底处理。

2 若地基为一般湿陷性黄土,应采取措施拦截、排除地表水。地下排水构造物与地面排水沟渠必须采取防渗措施,路侧严禁积水。

3 若地基黄土具有强湿陷性或较高的压缩性,应按设计要求进行处理。

6.6.3 黄土填筑路堤应符合下列规定:

1 路床填料不得使用老黄土。路堤填料不得含有粒径大于 100mm 的块料。

2 在填筑横跨沟堑的路基土方时,应做好纵横向界面的处理。

3 黄土路堤边坡应拍实,并应及时予以防护,防止路表水冲刷。

4 浸水路堤不得用黄土填筑。

6.6.4 黄土路堑施工应符合以下规定:

1 路堑路床土质应符合设计要求,密实度不足时,应采取措施碾压至要求的压实度。

2 路堑施工前,应做好堑顶地表排水导流工程。路堑施工期间,开挖作业面应保持干燥。

3 路堑施工中,如边坡地质与设计不符,可提出修改边坡坡度。

6.6.5 黄土陷穴处理可采取以下措施:

1 路基范围内的陷穴,应在其发源地点对陷穴进口进行封填,并截排周围地表水。

2 现有的陷穴、暗穴,可采用灌砂、灌浆、开挖回填、导洞和竖井等措施进行填充。

3 陷穴表面的防渗处理层厚度不宜小于 300mm,并将流向陷穴的附近地面水引离。

4 挖方边坡坡顶以外 50m 范围内、路堤坡脚以外 20m 范围内的黄土陷穴宜进行处理。挖方边坡坡顶以外的陷穴,若倾向路基,应作适当处理。对串珠状陷穴应彻底进行处治。

6.7 盐渍土地区路基施工

6.7.1 路堤填料

1 路堤填料应符合表 6.7.1 的规定。

表 6.7.1 盐渍土地区路堤填料的可用性

公路等级		高速公路、一级公路			二级公路			三、四级公路	
土类及盐渍化程度＼填土层位		0～0.80m	0.80～1.50m	1.50m以下	0～0.80m	0.80～1.50m	1.50m以下	0～0.80m	0.80～1.50m
粗粒土	弱盐渍土	×	○	○	□$_1$	○	○	○	○
	中盐渍土	×	×	○	□$_1$	○	○	□$_3$	○
	强盐渍土	×	×	□$_1$	×	□$_2$	□$_3$	×	□$_1$
	过盐渍土	×	×	×	×	×	□$_2$	×	□$_2$
细粒土	弱盐渍土	×	□$_1$	○	□$_1$	○	○	□$_1$	○
	中盐渍土	×	×	□$_1$	×	□$_1$	○	×	□$_4$
	强盐渍土	×	×	×	×	×	□$_2$	×	□$_2$
	过盐渍土	×	×	×	×	×	□$_2$	×	×

注：表中○-可用；
×-不可用；
□-部分可用。
□$_1$-氯盐渍土及亚氯盐渍土可用；
□$_2$-强烈干旱地区的氯盐渍土及亚氯盐渍土经过论证可用；
□$_3$-粉土质(砂)、黏土质(砂)不可用；
□$_4$-水文地质条件差时的硫酸盐渍土及亚硫酸盐渍土不可用。
强烈干旱地区的盐渍土经过论证酌情选用。

2 对填料的含盐量及其均匀性应加强施工控制检测，路床以下每 1 000m^3 填料、路床部分每 500m^3 填料应至少做一组测试，每组 3 个土样，填方不足上列数量时，亦应做一组试件。

3 用石膏土作填料时，应先破坏其蜂窝状结构。

6.7.2 基底(包括护坡道)处治

1 表土不符合表 6.7.1 的规定时，应挖除；路堤高度小于表 6.7.2 的规定时，除应将基底土挖除外，还应按设计要求换填透水性较好的土。

表 6.7.2 盐渍土地区路堤最小高度

土质类别	高出地面(m)		高出地下水位或地表长期积水位(m)	
	弱、中盐渍土	强、过盐渍土	弱、中盐渍土	强、过盐渍土
砾类土	0.4	0.6	1.0	1.1
砂类土	0.6	1.0	1.3	1.4
黏性土	1.0	1.3	1.8	2.0
粉性土	1.3	1.5	2.1	2.3

注：1. 二级公路最小高度可为表中数值的 1.2～1.5 倍。
2. 一级公路、高速公路最小高度可为表中数值的 2 倍。

2 含水量超过液限的原地基土，应按设计要求将基底以下 1m 全部换填为透水性材料；含水量介于液限和塑限之间时，应按设计要求换填 100～300mm 厚的透水性材料；含水量在塑限以下时，可直接填筑黏性土。

3 地下水位以下的软弱土体应按设计要求采用透水性好的粗粒土换填，高度宜高出地下水位 300mm 以上。

4 在内陆盆地干旱地区，路面为沥青混凝土、水泥混凝土或沥青表处时，应按设计要求在路堤下部设置封闭性隔断层。

5 地表为过盐渍土的细粒土、有盐结皮和松散土层时，应将其铲除，铲除的深度通过试验确定。地表过盐渍土层过厚时，如仅铲除一部分，则应设置封闭隔断层，隔断层宜设置在路床顶面以下 800mm 处；若存在盐胀现象，隔断层应设在产生盐胀的深度以下。

6.7.3 盐渍土路堤应分层填筑、分层压实，每层松铺厚度不宜大于200mm，砂类土松铺厚度不宜大于300mm。碾压时应严格控制含水量，碾压含水量不宜大于最佳含水量1个百分点。雨天不得施工。

6.7.4 盐渍土路堤的施工，应从基底处理开始，连续施工。在设置隔断层的地段，宜一次做到隔断层的顶部。

6.7.5 地下水位高的黏性盐渍土地区，宜在夏季施工；砂性盐渍土地区，宜在春季和夏初施工；强盐渍土地区，宜在表层含盐量较低的春季施工。

6.7.6 排水

1 施工中应及时合理设置排水设施，路基及其附近不得积水。

2 取土坑底面应高出地下水位至少150mm，底面向路堤外侧应有2%～3%排水横坡。

3 在排水困难地段或取土坑有可能被水淹没时，应在取土坑外采取适当处治措施。

4 在地下水位较高地段，应加深两侧边沟或排水沟，以降低路基下的地下水位。

5 盐渍土地区的地下排水管与地面排水沟渠，必须采取防渗措施。盐渍土地区不宜采用渗沟。

6.8 风积沙及沙漠地区路基施工

6.8.1 施工作业应尽量避开风季。注意保护所有标志桩、点，防止被风刮倒或沙埋。

6.8.2 应遵循边施工边防护的原则，土方施工、防护工程、防沙工程应配套完成。

6.8.3 地表清理时，不得随意破坏路线两侧植被和地表硬壳，注意保护沙漠环境。

6.8.4 流动性沙漠地区，应采用高效并且具有一定防风沙性能的施工机械。路基的填、挖应完成一段，防护一段，确保路基的强度和稳定。

6.8.5 取土和弃土

1 取土坑应设在背风侧路堤坡脚处5m以外；当必须两侧取土时，应封闭或摊平取土坑。粗砂平地一般不宜取土。

2 取土坑应布设合理，减少对植被和原地貌的大面积破坏，取料结束后应整平，恢复原有植被。

3 弃土应根据地形情况，弃于背风侧低洼处，并大致整平。

6.8.6 填方路堤

1 当基底为非风积沙时，应按设计要求进行换填。

2 风积沙填料应不含有机质、黏土块、杂草和其他有害物质。

3 路堤填筑宜采用水平分层填筑方式，按照横断面全宽推筑。

6.8.7 挖方路基

1 挖方深度大于2m的路基两侧及半填半挖路段两侧路基宜加宽1～2m。

2 流动沙漠路基边坡按设计坡度整平，并按设计要求进行固沙处理。

6.8.8 土工布

1 土工布横向搭接宽度应不小于300mm，纵向搭接长度应不小于500mm，搭接部应采用有效方法连接。

2 土工布展铺好后，宜采用振动压路机静压一遍，增强沙基表层密实度，然后方可铺筑垫层。

6.8.9 沙漠路基宜采用振动压实机械进行碾压。沙漠路基压实度可采用表6.8.9的规定。

表6.8.9 沙漠路基压实度标准

填挖类型		路床顶面以下深度（m）	压实度（%）	
			高速公路、一级公路	其他等级公路
路堤	上路床	0～0.30	≥95	≥93
	下路床	0.30～0.80	≥95	≥93
	上路堤	0.80～1.50	≥93	≥90
	下路堤	>1.50	≥90	≥90
零填及挖方路基		0～0.30	≥95	≥93
		0.30～0.80	≥95	≥93

6.8.10 防沙工程

1 防沙工程本着"因地制宜、就地取材、因害设防、综合治理"的原则,应注意保护施工区域的天然植被,工程建设和防沙治沙应同步进行。

2 采用天然砂砾或黏土等覆盖地表面时,粒径应不大于63mm。

3 利用各种草类、截枝条全面铺压或带状铺草、平铺杂草固沙施工时,须用草绳或枝条纵横固结,或者用沙砾压盖,防止风毁。

4 草方格应纵横成行、线条清晰。

5 栅栏设置应先于固沙方格或同步施工,路基两侧应同时施工,无条件时,可先施工迎风侧。

6 采用植物固沙法施工时,应严格按设计所要求的树苗(或灌木种类)和设计的种植间距及布置形式进行栽种。

6.9 季节性冻土地区路基施工

6.9.1 冻胀路基施工,应根据设计要求和现场调查、核对情况,合理选择施工方法,采取合理有效的抗冻措施。

6.9.2 冻胀路基施工过程中,应经常检查冻害状况,发现冻胀、软弹、变形、纵向横向裂缝及翻浆等病害时应及时处理。

6.9.3 路基填挖交界过渡段基底,根据填、挖段不同的冻胀量进行处理,使挖方终点的冻胀量和填方段的冻胀量基本一致。

6.9.4 路基填料应符合下列规定:

1 路床填料宜优先选择矿渣、炉渣、粉煤灰、砂、砂砾石及碎石等抗冻稳定性较好的材料。

2 路床或上路堤采用粉土、黏土填筑时,可按设计要求使用石灰、水泥、土壤固化剂等单独或混合进行稳定处理,填料的改善或处理应根据路基抗冻胀性能要求,结合填料性质经试验确定。

3 冻土、非透水性过湿土不得直接用于填筑下路堤。

6.9.5 挖方段路基应符合下列规定:

1 路床换填

1)路床地基土挖除、换填深度应符合设计要求。

2)应分层开挖,一般宜从外侧向内侧挖掘,最后一层应从内向外挖掘。

3)使用粗颗粒填料换填时,填料应均匀,小于0.075mm的含量应不大于5%。

4)采用石灰、水泥对填料进行改性处理时,应掺拌均匀,改性剂的剂量应符合设计要求或经试验确定。

5)换填应分层填筑,压实度达到规定要求。

2 排水

1)施工前应完成截水沟,填筑拦水埂,填平坡顶的冲沟、水坑。

2)施工中,应采取措施阻止边界外的水流入路基中;应保持排水沟通畅,将水迅速排出路基之外。

3)填挖交界段应设置过渡边沟。

4)在路基开挖面接近设计标高时,应及时施工地下排水构造物,尽快形成各式沟、管、井、涵等,组成完整、有效的排水系统,严禁路基完成后才进行地下排水构造物施工。

6.9.6 石质挖方、零填路段不宜超挖。超挖或清除软层后的凹凸面,严禁用挖方料和未经稳定处理的混合料回填,岩面凸出部分应凿除,超挖的坑槽及岩石凹面可用贫水泥混凝土浇注,混凝土最小厚度应大于80mm。

6.9.7 非全冻路堤在冻深范围内的填筑应符合下列规定:

1 冻深范围内的填土严禁混杂,冻胀性质不同的土,应分层填筑;同一类土的填筑,总厚度不宜小于600mm;抗冻性强的土应填在高层位。

2 同一层土的含水量应基本一致,允许偏差为2%。

3　施工期间每层土顶面应设置不小于2.5%的排水横坡。

6.9.8　全冻路堤施工前,应在路堤两侧先完成排水沟或边沟,应结合永久排水设计完成渗沟、渗井等地下排水设施。

6.10　多年冻土地区路基施工

6.10.1　施工前应核查沿线冻土情况、地面水、地下水以及有无其他的热融(湖、塘)、冰丘、冰锥等不良地质情况,结合设计要求制订施工方案。

6.10.2　施工必须严格遵循保护冻土的原则,使路基施工后仍处于热学稳定状态。

6.10.3　填方路基施工要求如下:

1　施工过程中,应采取措施保持路基及周围冻土处于冻结状态。

2　根据设计要求和实际情况对基底应采取换填、设置毛细水隔断层等措施。

3　取土应符合以下规定:

1)宜设置集中取土场,取土位置宜在路堤坡脚500m以外。

2)斜坡地表上的路堤,取土坑应设在上坡一侧。

3)取土坑深度不得超过当地多年冻土上限以上土层厚度的80%,坑底应设纵横坡和排水口。

4)取土坑的外露面,应进行处理。

4　填料应符合以下要求:

1)宜选用保温、隔水性能均较好的填料,严禁使用塑性指数大于12、液限大于32%的细粒土和富含腐殖质的土及冻土。高含冰的土不宜用于路基填料。

2)采用黏性土或透水性不良土填筑路堤时,应控制土的含水量,碾压时含水量应控制在最佳含水量±2%范围内。

3)通过热融湖(塘)的路堤,水下部分必须用透水性良好的填料填筑,填筑高度应高于最高水位0.5m以上。

5　靠近基底部位有饱冰冻土层且有可能融化时,宜设保温护道和护脚。

6　应根据设计要求采用土工格栅等技术措施,增加路基整体性和强度。

7　路基填筑应分层碾压,压实度应符合表4.2.2-1的规定。

6.10.4　挖方路基

1　地下水发育地段,路基边沟应有防渗措施。挡水堰等构造物施工应按设计要求采取加固措施。

2　加固土质边坡的铺砌厚度应满足设计和保温要求。

3　饱冰冻土、含土冰层地段路堑,可根据设计要求换填足够厚度的水稳性好的填料。施工应速度快,保温措施有效。

6.10.5　路基处于其他不良地质地段时,应符合下列规定:

1　冰锥、冰丘地段路基施工,应按设计要求做好排水。

2　松软基底两侧宜设反压护道。

3　沼泽冻土地段路堤下部应按设计做好隔离层或隔温层,并保护好两侧地表植被。

4　冻胀丘较重地段,应在上游主流处按设计要求做好地下渗沟,将水引到一定距离外的地面积冰场。

6.11　涎流冰地段路基施工

6.11.1　施工前,应对当地地形、地质、气象,涎流冰的水源、类型及规模、危害情况,当地防治经验等进行调查核对,确定合理的处治措施及施工方案。

6.11.2　施工应尽量减少对原有自然排水系统的影响。在修建排、挡、截等结构物时,不得随意挖掘取土,并注意保留(护)原自然形成的疏水系统。

6.11.3 在冰冻或高寒的涎流冰地区,路基宜选用水稳性良好的砂砾石土作为填料。

6.11.4 采用浆砌片(块)石砌筑的挡冰墙,砌筑砂浆必须密实、饱满,未达到设计强度前不得浸水遭受冻胀破坏。采用干砌时,应采用大块石砌筑。挡冰墙外的聚冰坑应按设计要求进行施工。土质地段的聚冰坑,应按设计要求砌筑,并做好防渗施工。

6.11.5 在施工过程中,应对涎流冰进行监控。

6.11.6 地下排水施工应符合以下规定:

1 应按设计要求在冻结深度以下,并在不低于路面以下2m处做好地下排水设施的隔水层或反滤层。

2 地下排水设施应在路基完工前完成。

3 地下排水结构开挖中,应采用有利于排水的方法分层进行,随时排出地下渗水和流水。上口通过封闭式渗池与含水层衔接,下口位于路基下侧边坡坡面以外,出水口应有保温措施。

6.12 雪害地段路基施工

6.12.1 应充分理解和掌握防雪工程的设计意图,进行详细现场勘察,核查公路沿线雪害的类型、范围、规模、分布位置等。

6.12.2 应本着不破坏自然景观及生态环境的原则,采用科学的施工工艺,尽量减少在施工过程中造成额外的公路雪害。及时清理现场,严禁随意破坏地表植被。

6.12.3 雪崩地段施工应制订安全预案。

6.12.4 在修筑高路堤、开挖储雪场及整修山坡的施工中,应及时查明工程地质及水文地质变化,根据实际情况,采取相应措施。

6.12.5 路基排水应充分考虑春季融雪水的渗透作用,根据当地稳定积雪深度及融雪水的情况,采取措施保证路基的稳定及构造物的抗冻融性。路基的纵横向排水、防水系统要完善,保证融雪水顺畅排出。

6.12.6 积雪地段路基及构造物应采用水稳性和抗冻融性较好的材料,对填料的性能指标及其均匀性应加强施工控制检测,保证雪害地段路基及防雪工程的稳定性。

6.12.7 坡面防护施工应适时,防止温度变化、春融雪水作用破坏边坡坡面。

6.12.8 雪崩地段路基施工

1 应配备专门的观测仪器和人员进行监测,及时预报警示山体塌方、碎石跌落、降雨降雪天气、大量地下水涌出等可能造成的山体变化情况,应制订安全预案,避免施工安全事故。

2 应及时监测和预防施工机械运转振动造成的坍塌、碎落及山体滑坡。

3 在同一个雪崩区,防雪工程应从雪崩源头开始施工,上一个单项工程完成后方可开始相邻的下一个单项工程施工。其他类似工程亦应按此要求依次施工。

4 挖方施工时,应沿等高线开挖水平台阶,按从上到下的顺序开挖台阶,废方堆于台阶下方。

5 稳雪栅栏可沿等高线设置。稳雪栅栏宜设置多排,最高一排栅栏应尽可能在雪崩裂点附近及雪檐下方,应保证基础的稳定性及锚固钢筋的锚固要求,回填土压实度应不小于95%,栅栏与坡面的交角应严格按设计要求施工。

6 防雪林的布设应从雪崩源头开始到雪崩运动区,从上到下分期种植适合当地环境的速生树种。

7 修筑钢筋混凝土或浆砌圬工防雪走廊时,原地基及回填土压实度应不小于95%。应注意结构物的防水、排水及冻融要求,墙后填土应与山坡相顺接。

6.12.9 风吹雪地段路基施工

1 路基两侧距边坡坡脚不小于30m范围内的废方及障碍物应清除,并对地表进行整平,否则,应设置防雪设施。

2 根据当地主风向、风速等情况选择取土坑的位置。在单一风向的路段,取土坑宜设在路堤背风侧,与路堤边坡坡脚最小距离50m。在有两向交替风作用的路段,宜集中设置取土坑,与路堤边坡坡脚最小距离100m,施工完成后应将其边坡修成缓坡,使其平行于主风向的断面平顺通畅。根据需要,填方路堤的取土坑也可用作储雪场。

3 风吹雪路段路基弃方位置,应位于背风坡一侧、距离大于100m的低地或距路堑坡顶的距离不小于100m,并应将其整理平顺。

4 石方路堑(包括积雪平台)超挖处理应符合以下规定:

1)严禁使用劣质开山料或覆盖土回填。

2)超挖回填部分应选用水稳性和抗冻融性好的材料,压实度应符合表4.2.2-1的规定。

3)超挖部分不规则或超挖深度超过80mm时,应用混凝土填补找平。

4)边坡、积雪平台应按以上要求进行施工整理,并设向路基坡脚外2%的坡度,应将积雪平台内进行硬化处理。

5 土质路堑或遇水崩解软化的风化泥质页岩类路堑的路床(包括积雪平台)压实度应符合表4.2.2-1的规定,积雪平台应设向外2%的坡度,路基边坡应严格按防雪设计要求施工,将废方或障碍物清理到设计指定的位置。

6 挖方路基边坡一般不陡于1:4。当外侧剩余台地工程量不大时,宜全部挖除。

6.13 滑坡地段路基施工

6.13.1 滑坡地段施工前,应制订应对滑坡或边坡危害的安全预案,施工过程中应进行监测。

6.13.2 滑坡整治宜在旱季施工。需要在冬季施工时,应了解当地气候、水文情况,严格按照冬季施工的有关规定实施。

6.13.3 路基施工应注意对滑坡区内其他工程和设施的保护。在滑坡区内有河流时,应尽量避免因滑坡工程的施工使河流改道或压缩河道。

6.13.4 滑坡整治,应及时采取技术措施封闭滑坡体上的裂隙,应在滑坡边缘一定距离外的稳定地层上,按设计要求并结合实际情况修筑一条或数条环形截水沟,截水沟应有防渗措施。

6.13.5 施工时应采取措施截断流向滑坡体的地表水、地下水及临时用水。

6.13.6 滑坡体未处理之前,严禁在滑坡体上增加荷载,严禁在滑坡前缘减载。

6.13.7 滑坡整治完成后,应及时恢复植被。

6.13.8 采用削坡减载方案整治滑坡时,减载应自上而下进行,严禁超挖或乱挖,严禁爆破减载。

6.13.9 采用加填压脚方案整治滑坡时,只能在抗滑段加重反压,并且做好地下排水,不得因为加填压脚土而堵塞原有地下水出口。

6.13.10 抗滑支挡工程施工

1 采用不同类型抗滑支挡结构整治措施时,应有合理的施工方法和施工程序。在上一道工序未达到设计要求之前,不得进行下一道工序。

2 首件工程施工中,应核查实际地质情况并进行地质编录。

3 当墙后有支撑渗沟及排水工程时,应先期施工。

4 抗滑支挡结构物的尺寸和位置应符合设计要求,严禁擅自减小结构尺寸、减短抗滑桩桩长、减短锚索长度等。

5 施工中遇到异常地质情况时,应会同有关单位进行处理。

6 各种支挡结构的基础必须置于滑动面以下,并嵌入稳定地层。

7 开挖基坑时,应分段跳槽施工,并应加强支撑,随挖随砌,及时回填。

6.13.11 降雨前后及降雨过程中,应加强对施工现场的检查巡视。

6.14 崩塌与岩堆地段路基施工

6.14.1 崩塌与岩堆地段路基施工中,必须采取有效措施,预防岩石塌落,确保安全。

6.14.2 施工中必须按设计要求做好截、排水、防渗设施,处理好岩堆地段的渗入水及地下水。

6.14.3 岩堆地区路基施工,不宜扰动岩堆体、破坏原有的边坡。填筑路基时,不宜使用振动碾压设备。

6.14.4 对单个危岩,应根据地形和岩层情况采用相应的处理措施。当地面坡度陡于1:1.5时,应对较大孤石进行处理。

6.14.5 在岩堆上进行路堤施工,应清除表层堆积物并挖台阶。

6.14.6 在较大而稳定性较好的岩堆上修筑路基,应按设计要求采取治理岩堆的措施,可注入水泥砂浆、修建护面墙、挡土墙等。对较大而稳定性较差的岩堆,应按设计要求采用综合治理措施,可先修筑下挡墙,再分阶梯形成边坡或修筑护面墙,然后在岩堆体内分段注入水泥砂浆等。

6.15 泥石流地区路基施工

6.15.1 施工前,应结合设计详细调查泥石流的成因、规模、特征、活动规律、危害程度等相关情况,核实泥石流形成区、流动区和堆积区,确定适宜的施工方案。

6.15.2 泥石流地区路基施工,应设置专职巡查人员,监测泥石流动态,遇有异常情况应及时处理,确保施工安全。

6.15.3 采用桥梁形式跨越泥石流地段时,应按设计要求采取防护加固措施。

6.15.4 采用排泄道、排导沟、明洞、涵洞、渡槽等排导功能为主的结构进行泥石流治理时,排导构造物应符合下列规定:

1 排导构造物基础应牢固,强度、断面与高度应符合设计要求。

2 排导构造物平面线形应圆滑、渐变,上下游应有足够长的衔接段,行进段沟槽不宜过分压缩,出口不宜突然放宽。流向改变处的转折角不宜超过15°,避免因急弯突然收缩和扩大而造成淤塞。

3 排导构造物行进段和出口段的纵坡应满足设计要求或大于沟槽的淤积平衡坡度。

6.15.5 永久性调治构造物采用浆砌片(块)石时,应采用质地坚硬、不易风化的片(块)石,基础应置于设计要求的深度,强度符合设计要求。

6.15.6 利用植被治理泥石流时,植物物种应选择生长期短、见效快、根系发达,适宜本地区生长的品种。

6.16 岩溶地区路基施工

6.16.1 施工前,应结合设计详细核查岩溶分布、地形、地表水、地下水活动规律及设计处治方案的可行性和完整性,严禁随意堵塞溶洞。

6.16.2 在路基边坡上的干溶洞,应清除洞内沉积物并用干砌或浆砌片石堵塞。

6.16.3 路基上方的溶泉或壅水,应按设计先做好排水涵(管)。

6.16.4 路基基底下的干溶洞,可结合设计要求采取以下措施:

1 铲除溶洞石笋,整平基底,直接用砂砾石、碎石、干(浆)砌片石等回填密实。

2 当溶洞顶板太薄或者顶板较破碎,按设计要求进行加固时,应严格控制加固质量,确保强度。

3 当溶洞顶板较完整、厚度较大时,应根据设计要求,确定处理方案。

4 采用桥涵跨越通过时,桥涵基础必须置于有足够承载能力的稳定地基上。

6.16.5 路基基底下有溶泉或壅水,应采取排导措施保证路基不受浸害;当修建水泥混凝土、沥青路面等路面时,应按设计要求采取措施防止因温差作用而使水汽上升,聚集在路面基层下。

6.16.6 应对路基基底范围内的石笋、石牙进行处理。

6.16.7 流水量大的暗洞及消水洞,用桥涵跨越时,应确保基础稳定。

6.17 采空区路基施工

6.17.1 施工前,应结合设计详查路幅内采空区类型(平洞、竖井或斜井)、水文地质、地下水高度和顶板地层厚度,复核设计方案的可行性,编制施工组织设计,完善处治措施。

6.17.2 路基边沟及排水沟底部,应采取措施防止地表水渗漏到采空区内。

6.17.3 采空区路基基底采用砂砾石、碎石、干(浆)砌片石等回填时,填料质量和填筑压实度应符合设计要求,片石强度满足设计要求。

6.17.4 开挖回填处治采空区,应按设计要求的处理长度、宽度、深度进行处理。

6.17.5 采空区采用充填注浆处理时,处理后地基应满足设计对沉降稳定的要求。

6.18 沿河、沿溪地区路基施工

6.18.1 沿河、沿溪地区路基施工应根据设计要求和现场情况,合理选择施工方法。

6.18.2 路基弃方应妥善处理,严禁向河中倾弃。

6.18.3 受水位涨落影响及常水位以下路堤,宜用水稳性好、不易风化的透水性材料填筑,粒径不宜大于300mm。

6.18.4 沿河、沿溪地区的高填方、半挖半填、拓宽路段的新老交界面应按设计要求采取措施保证路基稳定,峡谷地段宜采用石质填料。

6.18.5 路基边坡有潜水或渗水层时,应参照第5章有关规定按设计要求设置排水设施,将水引出路基范围之外。

6.19 水库地区路基施工

6.19.1 库区路基施工,应采取措施减少对水库水体及周围环境的污染。

6.19.2 库区路基施工应根据设计线位与库岸的位置关系,合理选择施工方法。

6.19.3 沿水库边缘修筑的路基,或路基离岸10m以内时,应按设计要求预先对库岸进行防护。

6.19.4 路堤填料宜选择透水性较好的材料。

6.19.5 边坡防护材料应采用强度较高、不易风化的硬质石料。在冰冻地区的护坡采用片石防护时,应选择抗冻性好的石料。在水库上游地段,护坡基础埋深应符合设计要求。

6.19.6 库区浸水路堤施工要求如下:

1 填料应采用不易风化的硬质石料。

2 路堤外侧边坡的码砌厚度应满足设计要求,码砌石块粒径宜大于300mm,错缝台阶式砌筑,块体紧贴边坡,块体接触面向内倾斜,路堤边坡符合设计要求。

3 路基较高且浸水较深的路段,可在靠水库库心一侧的迎水坡面护脚上设置片石石垛,石块尺寸应不小于码砌厚度。

6.20 滨海地区路基施工

6.20.1 滨海地区路基施工应根据设计要求和现场水文地质情况,合理选择施工方法。

6.20.2 滨海地区路基应采用水稳性较好的填料填筑。

6.20.3 斜坡式路堤施工要求如下:

1 应采取措施保证路堤填料不被海流冲移、浸蚀。

2 护坡采用条石、块石或混凝土人工块体、土工合成材料时,所采用的材料质量必须满足相关要求,坡面平整,块体接触面向内倾斜,紧贴坡面。

3 胸墙应在路堤的沉降基本完成以后再修筑。

6.20.4 直墙式路堤施工要求如下：

1 直墙式路堤应采用石块填筑，石块的大小应以石块能够沉达到位，且能确保路堤安全稳定为原则。

2 采用抛石方法形成的明基床或暗基床应满足设计要求。

7 冬、雨季路基施工

7.1 一般规定

7.1.1 冬、雨季施工应根据季节特点和施工段的地质地形条件,制订合理的施工方案。

7.1.2 冬、雨季施工应做好临时排水,并与永久排水设施衔接顺畅。

7.1.3 冬、雨季施工应加强安全管理,制订安全预案,加强气象信息的收集工作,避免灾害和事故发生。

7.1.4 冬、雨季施工前必须做好各项准备工作。

7.2 冬季施工

7.2.1 在反复冻融地区,昼夜平均温度在-3℃以下,且连续10d以上,或者昼夜平均温度虽在-3℃以上,但冻土没有完全融化时,均应按冬季施工办理。

7.2.2 高速公路、一级公路的土质路堤和地质不良地区二级及二级以下公路路堤不宜进行冬季施工。河滩低洼地带,可被水淹没的填土路堤不宜进行冬季施工。土质路堤路床以下1m范围内,不得进行冬季施工。半填半挖地段、挖填方交界处不得在冬季施工。

7.2.3 冬季路基施工应采取措施,及时排放雨雪水及路堑开挖时出现的地下水。

7.2.4 路基基底处理应符合下列规定:

1 冻结前应完成表层清理,挖好台阶,并应采取保温措施防止冻结。

2 填筑前应将基底范围内的积雪和冰块清除干净。

3 对需要换填土地段或坑洼处需补土的基底应选用适宜的填料回填,并及时进行整平压实。

4 基底处理后应立即采取保温措施防止冻结。

7.2.5 填方路堤施工应符合下列规定:

1 路堤填料,应选用未冻结的砂类土、碎石、卵石土、石渣等透水性良好的材料。不得用含水量过大的黏性土。

2 填筑路堤,应按横断面全宽平填,每层松铺厚度应比正常施工减少20%~30%,且松铺厚度不得超过300mm。当天填土应当天完成碾压。

3 中途停止填筑时,应整平填层和边坡并进行覆盖防冻,恢复施工时应将表层冰雪清除,并补充压实。

4 当填筑标高距路床底面1m时,碾压密实后应停止填筑,在顶面覆盖防冻保温层,待冬季过后整理复压,再分层填至设计标高。

5 冬季过后必须对填方路堤进行补充压实,压实度应达到本规范相关要求。

7.2.6 挖方路基施工应符合下列规定:

1 挖方边坡不得一次挖到设计线,应预留一定厚度的覆盖层,待到正常施工季节后再修整到设计坡面。

2 路基挖至路床顶面以上1m时,完成临时排水沟后,应停止开挖,待冬季过后再施工。

7.2.7 河滩地段可利用冬季水位低的有利条件,开挖基坑修建防护工程,但应采取措施保证工程质量。

7.3 雨季施工

7.3.1 路基排水应符合下列规定：

1 雨季施工应综合规划、合理设置现场防排水系统，采取有效措施，及时引排地面水。

2 对施工临时挤占的沟渠、河道应采取措施保证不降低原有的排水能力。

3 路堤填筑的每一层表面应设2% ~4%的排水横坡。

4 在已填路堤路肩处，应采取设置纵向临时挡水土埂、每隔一定距离设出水口和排水槽等措施，引排雨水至排水系统。

5 雨季路堑施工宜分层开挖，每挖一层均应设置纵横排水坡，使水排放畅通。

7.3.2 路基基底处理应符合下列规定：

1 在雨季前应将基底处理好，孔洞、坑洼处填平夯实，整平基底，并设纵横排水坡。

2 低洼地段，应在雨季前将原地面处理好，并将填筑作业面填筑到可能的最高积水位0.5m以上。

7.3.3 填方路堤施工应符合下列规定：

1 填料应选用透水性好的碎（卵）石土、砂砾、石方碎渣和砂类土等。利用挖方土作填料，含水量符合要求时，应随挖随填及时压实。含水量过大难以晾晒的土不得用作雨季施工填料。

2 雨季填筑路堤需借土时，取土坑的设置应满足路基稳定的要求。

3 路堤应分层填筑，当天填筑的土层应当天或雨前完成压实。

7.3.4 挖方路基施工应符合下列规定：

1 挖方边坡不宜一次挖到设计坡面，应预留一定厚度的覆盖层，待雨季过后再修整到设计坡面。

2 雨季开挖路堑，当挖至路床顶面以上300 ~500mm时应停止开挖，并在两侧挖好临时排水沟，待雨季过后再施工。

3 雨季开挖岩石路基，炮眼宜水平设置。

7.3.5 结构物基坑在雨季开挖后未能及时施工时，应采取防浸泡措施，必要时雨后应对基坑地基承载力再次检测，以确定是否满足设计要求。

7.3.6 制订雨季施工安全预案，做好防洪抢险的准备工作。

8 路基防护与支挡

8.1 一般规定

8.1.1 路基防护工程宜与路基挖填方工程紧密、合理衔接，开挖一级防护一级，并及时进行养护。各类防护和加固工程应置于稳定的基础或坡体上。

8.1.2 应根据开挖坡面地质水文情况逐段核实路基防护设计方案，应尽量采用边坡自然稳定下的植物防护或不防护。

8.1.3 坡面防护施工前，应对边坡进行修整，清除边坡上的危石及不密实的松土。坡面防护层应与坡面密贴结合，不得留有空隙。

8.1.4 在多雨地区或地下水发育地段，路基防护工程施工中，应采取有效措施截排地表水和导排地下水。

8.1.5 临时防护措施应与永久防护工程相结合。

8.2 坡面防护

8.2.1 植物防护

1 植被防护施工应符合下列规定：

1）植被施工，铺、种植被后，应适时进行洒水、施肥等养护管理，直到植被成活。

2）种草施工，草籽应撒布均匀，同时做好保护措施。

3）灌木（树木）应在适宜季节栽植。

4）养护用水应不含油、酸、碱、盐等有碍草木生长的成分。

2 三维植被网防护施工应符合下列规定：

1）三维植被网中的回填土应符合设计要求，宜采用客土，或土、肥料及腐殖质土的混合物。

2）三维植被网应符合设计及有关标准。

3）三维植被网的搭接宽度不宜小于100mm。

3 湿法喷播施工，喷播后应及时养护，成活率应达到90%以上。

4 客土喷播施工应符合下列规定：

1）喷播植草混合料的配合比（植生土、土壤稳定剂、保水剂、肥料、混合草籽、水等）应根据边坡坡度、地质情况和当地气候条件确定，混合草籽用量每1 000m^2不宜少于25kg。

2）气温低于12℃不宜喷播作业。

8.2.2 骨架植物防护

1 浆砌片石（或混凝土）骨架植草防护施工应符合下列规定：

1）骨架内应采用植物或其他辅助防护措施。植草草皮下宜有50～100mm厚的种植土，草皮应与坡面和骨架密贴。

2）应及时对草皮进行养护。

2 水泥混凝土空心块护坡施工应符合下列规定：

1）预制块铺置应在路堤沉降稳定后方可施工。

2）预制块铺置前应将坡面整平。

3）预制块经验收合格后方可使用。

4）预制块应与坡面紧贴，不得有空隙，并与相邻坡面平顺。

3　锚杆混凝土框架植草防护施工质量应符合8.6.8条的相关规定。

8.2.3　圬工防护

1　喷浆防护施工应符合下列规定：

1）喷护前应采取措施对泉水、渗水进行处治，并按设计要求设置泄水孔，排、防积水。

2）喷射顺序应自下而上进行。

3）砂浆初凝后，应立即开始养生，养护期一般为5～7d。

4）应及时对喷浆层顶部进行封闭处理。

2　喷射混凝土防护施工应符合下列规定：

1）作业前应进行试喷，选择合适的水灰比和喷射压力。喷射混凝土宜自下而上进行。

2）做好泄水孔和伸缩缝。

3）喷射混凝土初凝后，应立即养生，养护期一般为7～10d。

4）喷射混凝土防护施工质量应符合8.5.8条的相关规定。

3　锚杆挂网喷射混凝土（砂浆）防护施工应符合下列规定：

1）锚杆应嵌入稳固基岩内，锚固深度根据设计要求结合岩体性质确定。锚杆孔深应大于锚固长度200mm。

2）钢筋保护层厚度不宜小于20mm。

3）固定锚杆的砂浆应捣固密实，钢筋网应与锚杆连接牢固。

4）铺设钢筋网前宜在岩面喷射一层混凝土，钢筋网与岩面的间隙宜为30mm，然后再喷射混凝土至设计厚度。

5）喷射混凝土的厚度要均匀，钢筋网及锚杆不得外露。

6）做好泄、排水孔和伸缩缝。

7）锚杆挂网喷射混凝土（砂浆）防护施工质量应符合8.5.8条的相关规定。

4　干砌片石护坡施工应符合下列规定：

1）边坡为粉质土、松散的砂或粉砂土等易被冲蚀的土时，碎石或砂砾垫层厚度不宜小于100mm。

2）基础应选用较大石块砌筑，如基础与排水沟相连，其基础应设在沟底以下，并按设计要求砌筑浆砌片石。

3）砌筑应彼此镶紧，接缝要错开，缝隙间用小石块填满塞紧。

5　浆砌片（卵）石护坡施工应符合下列规定：

1）砂浆终凝前，砌体应覆盖，砂浆初凝后，立即进行养生。

2）路堤边坡采用浆砌片（卵）石护坡，宜在路堤沉降稳定后施工。

3）在冻胀变化较大的土质边坡上，护坡底面应铺设100～150mm厚的碎石或砂砾垫层。

4）浆砌片（卵）石护坡每10～15m应留一伸缩缝，缝宽20～30mm。在基底地质有变化处，应设沉降缝，可将伸缩缝与沉降缝合并设置。

5）泄水孔的位置和反滤层的设置应符合设计要求。

6　水泥混凝土预制块护坡施工应符合下列规定：

1）在寒冷地区，预制块混凝土强度等级不宜低于C20。

2）路堤边坡护坡宜在路堤沉降稳定后施工。

3）铺设混凝土预制块前应将坡面平整，碎石或砂砾垫层的厚度不宜小于100mm。

4）预制块应错缝砌筑，砌筑坡面应平顺，并与相邻坡面顺接。

5）泄水孔的位置应符合设计要求，并保证畅通。

7　浆砌片石护面墙施工应符合下列规定：

1）修筑护面墙前，应清除边坡风化层至新鲜岩面。对风化迅速的岩层，清挖到新鲜岩面后应立即修筑护面墙。

2）护面墙的基础应设置在稳定的地基上，地基承载能力不够时，应采取加固措施。基础埋置深度应根据地质条件确定，冰冻地区应埋置在冰冻深度以下至少 250mm。

3）护面墙背必须与路基坡面密贴，边坡局部凹陷处，应挖成台阶后用与墙身相同的圬工砌补，不得回填土石或干砌片石。坡顶护面墙与坡面之间应按设计要求做好防渗处理。

4）应按设计要求做好伸缩缝。当护面墙基础修筑在不同岩层上时，应在变化处设置沉降缝。

5）泄水孔的位置和反滤层的设置应符合设计要求。

8　圬工防护质量

1）石料应选用未风化的硬质石料，砌筑应紧密、错缝，严禁通缝、叠砌、贴砌和浮塞，勾缝应均匀饱满、美观，坡面应平顺。

2）干砌片石施工质量应符合表 8.2.3-1 的规定。

表 8.2.3-1　干砌片石施工质量标准

项次	检查项目	规定值或允许偏差	检查方法和频率
1	厚度(mm)	±50	每 100m² 抽查 8 点
2	顶面高程(mm)	±30	水准仪：每 20m 抽查 5 点
3	外形尺寸(mm)	±100	每 20m 或自然段，长宽各测 5 点
4	表面平整度(mm)	50	2m 直尺：每 20m 测 5 点

3）浆砌砌体施工质量应符合表 8.2.3-2 的规定。

表 8.2.3-2　浆砌砌体施工质量标准

项次	检查项目	规定值或允许偏差		检查方法和频率
1	砂浆强度	不小于设计强度		每 1 工作台班 2 组试件
2	顶面高程(mm)	料、块石	±15	水准仪：每 20m 抽查 5 点
		片石	±20	
3	底面高程(mm)	−20		
4	坡度或垂直度(%)	料、块石	0.3	吊垂线：每 20m 检查 5 点
		片石	0.5	
5	断面尺寸(mm)	料石、混凝土块	±20	尺量：每 20m 检查 5 点
		块石	±30	
		片石	±50	
6	墙面距路基中线(mm)	±50		尺量：每 20m 检查 5 点
7	表面平整度(mm)	料石、混凝土块	10	2m 直尺：每 20m 检查 5 处
		块石	20	
		片石	30	

8.2.4　封面、捶面防护

1　封面防护施工应符合下列规定：

1）封面防护不宜在严寒冬季和雨天施工。

2）封面前岩体表面要冲洗干净，土体表面要平整、密实、湿润。

3）封面厚度应符合设计要求，封面应分两层进行施工，底层为全厚的 2/3，面层为全厚的 1/3。封面厚度要均匀，表面光滑，封面与坡面应密贴稳固。

4）大面积封面宜每隔 5～10m 设伸缩缝，缝宽 10～20mm。

5）封面初凝后应立即进行养生。

6）按设计要求做好边坡封顶和排水设施。

2　捶面护坡施工应符合下列规定：

1）嵌补填平边坡坑凹、裂缝。

2）厚度要均匀，表面光滑，捶面与坡面应密贴稳固。

3）伸缩缝设置、边坡封顶、排水、养生方法、气候要求与封面防护施工要求相同。

3　封面、捶面防护施工质量应符合表 8.2.4 的规定。

表 8.2.4　封面、捶面防护施工质量标准

项　次	检 查 项 目	规定值或允许偏差	检查方法和频率
1	厚度	+20%、-10%	每 10m 检查 1 个断面，每 3m 检查 2 个点

8.2.5　膨胀土路基边坡防护

1　边坡施工应避开雨季作业，以防边坡遇水膨胀破坏。

2　边坡施工过程中，应注意做好防排水，顶部应及时封闭。

3　边坡修整后，应立即防护。

8.3　沿河路基防护

8.3.1　沿河路基防护工程基础应埋设在局部冲刷线以下不小于 1m 或嵌入基岩内。

8.3.2　导流构造物施工前，应根据现场具体情况，采取相应措施，避免冲刷农田、村庄、公路和下游路基。

8.3.3　植物防护施工应符合下列规定：

1　经常浸水或长期浸水的路堤边坡，不宜采用种草防护。

2　沿河路堤边坡铺草皮防护，宜采用平铺、叠铺草皮的方法，坡面及基础部分的铺置应符合设计要求。基础部分的铺置层的表面应与地面齐平。种植草皮应符合 8.2.1 条的规定。

3　植树防护宜采用带状或条形。防护河岸路基或防御风浪侵蚀，宜采用横行带状；防护桥头引道路堤，宜采用纵行带状。

4　植树应选用喜水性树种，林带应由多行树木组成，乔灌木要密植。

5　植树后，应采取有效措施加以保护。

8.3.4　砌石或混凝土防护除应符合 8.2.3 条有关规定外，还应符合下列规定：

1　石料应选用未风化的坚硬岩石。

2　开挖基坑时，应核对地质情况，与设计要求不符时，应进行处理。基础完成后应及时用符合设计要求的材料回填。

3　铺砌层底面的碎石、砂砾石垫层或反滤层，应符合设计要求。

4　坡面密实、平整、稳定后方可铺砌。砌块应交错嵌紧，严禁浮塞。砂浆应饱满、密实，不得有悬浆。

5　每 10~15m 宜设伸缩缝，基底土质变化处应设沉降缝，并按设计要求做好伸缩缝、沉降缝及泄水孔。

6　采用干、浆砌片石时，不得大面平铺，石块应彼此交错搭接，不得松动。采用干、浆砌河卵石时，必须长方向垂直坡面，成横行栽砌牢固。采用铺砌混凝土预制块时，应按设计规格和要求检验合格后方可铺筑。就地浇筑混凝土板时，宜采取措施提高早期强度，混凝土表面应平整、光滑。

8.3.5　护坦防护施工中，护坦顶面应埋入计算河床以下 0.5~1.0m。

8.3.6　抛石防护施工应符合下列规定：

1　抛石体边坡坡度和石料粒径应根据水深、流速和波浪情况确定，石料粒径应大于 300mm，宜用大小不同的石块掺杂抛投。坡度应不陡于抛石石料浸水后的天然休止角。

2　抛石厚度，宜为粒径的 3~4 倍；用大粒径时，不得小于 2 倍。

3　抛石石料应选用质地坚硬、耐冻且不易风化崩解的石块。

4　抛石防护除特殊情况外，宜在枯水季节施工。

8.3.7　石笼防护施工应符合下列规定：

1　根据设计要求或根据不同情况和用途，合理选用石笼形状。

2　应选用浸水不崩解、不易风化的石料。

3　基底应大致整平，必要时用碎石或砾石垫层找平。

4 石笼应做到位置正确,搭叠衔接稳固、紧密,确保整体性。

5 石笼防护施工质量应符合表8.3.7的规定。

表8.3.7 石笼防护施工质量标准

项 次	检查项目	规定值或允许偏差	检查方法和频率
1	平面位置(mm)	符合设计要求	经纬仪:按设计图控制坐标检查
2	长度(mm)	不小于设计长度-300	尺量:每个(段)检查
3	宽度(mm)	不小于设计宽度-200	尺量:每个(段)量8处
4	高度(mm)	不小于设计	水准仪或尺量:每个(段)检查8处
5	底面高程(mm)	不高于设计	水准仪:每个(段)检查8点

8.3.8 浸水挡土墙施工应符合下列规定:

1 浸水挡土墙应选用坚硬未风化且浸水不崩解的石块。

2 应注意浸水挡土墙与岸坡的衔接。

3 浸水挡土墙施工还应符合8.4节有关规定。

8.3.9 土工膜袋防护施工应符合下列规定:

1 按设计要求整平坡面,放线定位,挖好边界处理沟。

2 膜袋铺展后应拉紧固定,防止充填时下滑。

3 充填材料应根据设计要求和实际情况合理选用,充填应连续。

4 需要排水的边坡,应适时开孔设置排水管。

5 膜袋顶部宜采用浆砌块石固定。有地面径流处,坡顶应采取防护措施,防止地表水侵蚀膜袋底部。

6 岸坡膜袋底端应设压脚或护脚棱体,有冲刷处应采取防冲措施。

7 膜袋护坡的侧翼宜设压袋沟。

8 膜袋与坡面间应按设计要求铺设好土工织物滤层。

8.3.10 丁坝防护施工应符合下列规定:

1 施工前应制订合理的施工方案,合理安排工期,避免因工期过长引起农田、村庄、上下游路基冲刷。

2 丁坝坝头应做平面防护。

3 应处理好坝根与相连接的地层或其他防护设施的衔接。

4 丁坝间的河岸或路基边坡所承受的容许流速小于水流靠岸回流流速时,应缩短坝距或对河岸及路基边坡采取防护措施。

8.3.11 顺坝防护施工应符合下列规定:

1 顺坝与上下游河岸的衔接,应使水流顺畅,起点应选择在水流匀顺的过渡段,坝根位置宜设在主流转向点的上方。

2 坝根嵌入稳定河岸内的距离应符合设计要求,坝根附近河岸应防护加固至上游不受水流冲击处。

3 丁坝、顺坝施工质量应符合表8.3.11的规定。

表8.3.11 导流工程施工质量标准

项 次	检查项目		规定值或允许偏差	检查方法和频率
1	砂浆强度(MPa)		不小于设计强度	每1工作台班2组试件
2	平面位置(mm)		30	经纬仪:按设计图控制坐标检查
3	长度(mm)		不小于设计长度-100	尺量:每个检查
4	断面尺寸		不小于设计	尺量:检查8处
5	高程(mm)	基底	不大于设计	水准仪:检查8点
		顶面	±30	

8.3.12 改移河道施工应符合下列规定：

1 改移河道工程应在枯水时期施工。一个旱季不能完成时，应采取防洪措施。

2 河道开挖应先挖好中段，然后再开挖两端，确认新河床工程已符合要求后，方可挖通其上游河段。

3 利用开挖新河道的土石填平旧河道时，在新河道未通流前，旧河道应保持适当的流水断面。

4 通流时，改河上游进口河段的河床纵坡宜稍大于设计坡度。

5 河床加固设施及导流构造物的施工应合理安排，及时配套完成。

8.4 挡土墙

8.4.1 挡土墙施工前，应做好截、排水及防渗设施。

8.4.2 在岩体破碎、土质松软或地下水丰富地段修建挡土墙，宜避开雨季施工。

8.4.3 明挖基坑应符合下列规定：

1 施工过程中应对地质情况进行核对，与设计不符时，应及时处理。

2 基坑开挖宜分段跳槽进行。

3 坑内积水应随时排干。

4 采用倾斜基底时，基底标高应按设计控制，不得超挖填补。

8.4.4 基底检验合格后，应及时进行下道工序施工。

8.4.5 挡土墙端部伸入路堤或嵌入地层部分应与墙体同时砌筑。挡土墙顶应找平抹面或勾缝，其与边坡间的空隙应用黏土或其他材料夯填封闭。

8.4.6 挡土墙与桥台、隧道洞门连接应协调施工，必要时应加临时支撑，确保与墙相接的填方或山体的稳定。

8.4.7 重力式挡土墙

1 基础施工应符合下列规定：

1）应将基底表面风化、松软土石清除。

2）硬质岩石基坑中的基础，宜满坑砌筑。

3）雨季在土质或易风化软质岩石基坑中砌筑基础时，应在基坑挖好后及时封闭坑底。当基底设有向内倾斜的稳定横坡时，应采取临时排水措施，辅以必要座浆后安砌基础。

4）采用台阶式基础时，台阶与墙体应连在一起同时砌筑，基底及墙趾台阶转折处不得砌成垂直通缝，砌体与台阶壁间的缝隙砂浆应饱满。

5）基坑应随砌筑分层回填夯实，并在表面留3%的向外斜坡。

2 墙身施工应符合下列规定：

1）墙身要分层错缝砌筑，砌出地面后基坑应及时回填夯实，并完成其顶面排水、防渗设施。

2）伸缩缝与沉降缝内两侧壁应竖直、平齐，无搭叠；缝中防水材料应按设计要求施工。

3）泄水孔应在砌筑墙身过程中设置，确保排水畅通，并应保证墙背反滤、防渗设施的施工质量。

4）当墙身的强度达到设计强度的75%时，方可进行回填等工作。在距墙背0.5～1.0m以内，不宜用重型振动压路机碾压。

3 砌体挡土墙施工质量应符合表8.4.7-1、表8.4.7-2的规定。

表8.4.7-1 砌体挡土墙施工质量标准

项 次	检查项目	规定值或允许偏差	检查方法和频率
1	砂浆强度（MPa）	不小于设计强度	每1工作台班2组试件
2	平面位置（mm）	50	经纬仪：每20m检查墙顶外边线5点
3	顶面高程（mm）	±20	水准仪：每20m检查2点
4	垂直度或坡度（%）	0.5	吊垂线：每20m检查4点

续上表

项　次	检 查 项 目		规定值或允许偏差	检查方法和频率
5	断面尺寸		不小于设计	尺量:每20m量4个断面
6	底面高程(mm)		±50	水准仪:每20m检查2点
7	表面平整度(mm)	混凝土块、料石	10	2m直尺:每20m检查5处,每处检查竖直和墙长两个方向
		块石	20	
		片石	30	

表8.4.7-2　干砌挡土墙施工质量标准

项　次	检 查 项 目	规定值或允许偏差	检查方法和频率
1	平面位置(mm)	50	经纬仪:每20m检查5点
2	顶面高程(mm)	±30	水准仪:每20m检查5点
3	垂直度或坡度(%)	0.5	吊垂线:每20m检查4点
4	断面尺寸	不小于设计	尺量:每20m量4个断面
5	底面高程(mm)	±50	水准仪:每20m检查2点
6	表面平整度(mm)	50	2m直尺:每20m检查5处,每处检查竖直和墙长两个方向

8.4.8　悬臂式和扶壁式挡土墙

1　凸榫必须按照设计尺寸开挖,并与墙底板一同灌注混凝土。

2　现场整体浇筑时,每段墙的底板、面板和肋的钢筋应一次绑扎,宜一次完成混凝土灌注。当采用现场分段浇筑时,应按设计要求进行施工,并预埋好连接钢筋,连接处混凝土面应严格凿毛,并清洗干净。

3　灌注混凝土后,应按有关规定进行养护。墙体达到设计强度的75%以后方可进行墙背填土,并应按设计要求的填料和密实度分层填筑、压实;墙背排水设施应随填土及时施工。

4　现浇悬臂式和扶壁式挡土墙施工质量应符合表8.4.8的规定。

表8.4.8　现浇悬臂式和扶壁式挡土墙施工质量标准

项　次	检 查 项 目	规定值或允许偏差	检查方法和频率
1	砂浆强度(MPa)	不小于设计强度	每1工作台班2组试件
2	平面位置(mm)	30	经纬仪:每20m检查5点
3	顶面高程(mm)	±20	水准仪:每20m检查2点
4	垂直度或坡度(%)	0.3	吊垂线:每20m检查4点
5	断面尺寸(mm)	不小于设计	尺量:每20m量4个断面,抽查扶壁4个
6	底面高程(mm)	±30	水准仪:每20m检查2点
7	表面平整度(mm)	5	2m直尺:每20m检查3处,每处检查竖直和墙长两个方向

5　装配法施工应符合下列规定:

1)基础混凝土强度达到设计强度75%后,方可安装。

2)预制墙板与基础必须按设计要求连接牢固。

3)预制墙板预制、安装质量应符合8.4.12条"面板预制、安装施工质量标准"的规定。

8.4.9　锚杆挡土墙

1　锚杆应按设计尺寸下料、调直、除污、加工。

2　按照设计要求,在施工前应做锚杆抗拔力验证试验。

3　钻孔施工应符合下列规定:

1)施工前,应清除岩面松动石块,整平墙背坡面。

2)根据设计孔径及岩土性质合理选择钻孔机具。

3)孔轴应保持直线,孔位允许偏差为±50mm,深度允许偏差为-10~+50mm。

4)钻孔后应将孔内粉尘、石渣清理干净。

4 安装普通砂浆锚杆应符合下列规定：

1）锚杆应安装在孔位中心。

2）锚杆未插入岩层部分，必须按设计要求作防锈处理。

3）有水地段安装锚杆，应将孔内的水排出或采用早强速凝药包式锚杆。

4）砂浆应随拌随用。

5）宜先插入锚杆然后灌浆，灌浆应采用孔底注浆法，灌浆管应插至距孔底50～100mm，并随水泥砂浆的注入逐渐拔出，灌浆压强宜不小于0.2MPa。

6）砂浆锚杆安装后，不得敲击、摇动。普通砂浆锚杆在3d内，早强砂浆锚杆在12h内，不得在杆体上悬挂重物。必须待砂浆达到设计强度的75%后方可安装肋柱、墙板。

5 安装墙板时，应边安装墙板边进行墙背回填及墙背排水系统施工。

8.4.10 锚定板挡土墙

1 拉杆使用前应按规定取样试验。拉杆埋于土中部分，必须进行防锈处理。

2 吊装时应保证肋柱不前倾。

3 拉杆及锚定板埋设，应先填土后挖槽就位；挖槽时，锚定板比设计位置宜高30～50mm。锚定板前方超挖部分宜用C10水泥混凝土或灰土回填夯实。严禁直接碾压拉杆和锚定板。

4 肋柱、锚定板上的锚头及螺丝杆应作防锈处理和防水封闭。

5 分级平台应按设计要求进行封闭，并设2%的外倾排水坡。

8.4.11 加筋土挡土墙

1 安装直立式墙面板应按不同填料和拉筋预设仰斜坡，仰斜坡一般为1:0.02～1:0.05，墙面不得前倾。

2 拉筋应有粗糙面，并按设计布置呈水平铺设，当局部与填土不密贴时应铺砂垫平。钢拉筋与钢材外露部分应作防锈处理。连续敷设的拉筋接头应置于其尾部；拉筋尾端宜用拉紧器拉紧，各拉筋的拉力应大体均匀，但应避免拉动墙面板。

3 墙背拉筋锚固段填料宜采用粗粒土或改性土等填料。墙背填土必须满足设计压实度要求。

4 填料摊铺、碾压应从拉筋中部开始，平行于墙面碾压，先向拉筋尾部逐步进行，然后再向墙面方向进行，严禁平行于拉筋方向碾压。

5 填土分层厚度及碾压遍数，应根据拉筋间距、碾压机具和密实度要求，通过试验确定，严禁使用羊足碾碾压。靠近墙面板1m范围内，应使用小型机具夯实或人工夯实，不得使用重型压实机械压实。

6 当采用聚丙烯土工带时，拉带应平顺，不得出现打折、扭曲等现象，不得与硬质、棱角填料直接接触。

7 施工过程中随时观测加筋土挡土墙异常变化。

8.4.12 锚杆挡土墙、锚定板挡土墙、加筋土挡土墙施工质量应符合表8.4.12-1～表8.4.12-4的规定。

表8.4.12-1 筋带施工质量标准

项次	检查项目	规定值或允许偏差	检查方法和频率
1	筋带长度	不小于设计	尺量：每20m检查5根（束）
2	筋带与面板连接	符合设计要求	目测：每20m检查5处
3	筋带与筋带连接	符合设计要求	目测：每20m检查5处
4	筋带铺设	符合设计要求	目测：每20m检查5处

表8.4.12-2 锚杆、拉杆施工质量标准

项次	检查项目	规定值或允许偏差	检查方法和频率
1	锚杆、拉杆长度	符合设计要求	尺量：每20m检查5根
2	锚杆、拉杆间距（mm）	±20	尺量：每20m检查5根
3	锚杆、拉杆与面板连接	符合设计要求	目测：每20m检查5处
4	锚杆、拉杆防护	符合设计要求	目测：每20m检查10处
5	锚杆抗拔力	抗拔力平均值≥设计值，最小抗拔力≥0.9设计值	抗拔力试验：锚杆数量的1%，并不少于3根

表 8.4.12-3 面板预制、安装施工质量标准

项次	检查项目	规定值或允许偏差	检查方法和频率
1	混凝土强度(MPa)	不小于设计强度	每台班2组试件
2	边长(mm)	±5或0.5%边长	尺量:长宽各量1次,每批抽查20%
3	两对角线差(mm)	10或0.7%最大对角线长	尺量:每批抽查20%
4	厚度(mm)	+5,-3	尺量:检查4处,每批抽查20%
5	表面平整度(mm)	4或0.3%边长	2m直尺:长、宽方向各测1次,每批抽查20%
6	预埋件位置(mm)	5	尺量:检查每件,每批抽查20%
7	每层面板顶高程(mm)	±10	水准仪:每20m抽查5组板
8	轴线偏位(mm)	10	挂线、尺量:每20m量5处
9	面板竖直度或坡度	+0,-0.5%	吊垂线或坡度板:每20m量5处
10	相邻面板错台(mm)	5	尺量:每20m面板交界处检查5处

注:面板安装以同层相邻两板为一组。

表 8.4.12-4 锚杆、锚定板、加筋土挡土墙总体施工质量标准

项次	检查项目		规定值或允许偏差	检查方法和频率
1	墙顶和肋柱平面位置(mm)	路堤式	+50,-100	经纬仪:每20m检查5处
		路肩式	±50	
2	墙顶和柱顶高程(mm)	路堤式	±50	水准仪:每20m测5点
		路肩式	±30	
3	肋柱间距(mm)		±15	尺量:每柱间
4	墙面倾斜度(mm)		+0.5%H且不大于+50,-1%H且不小于-100,见注	吊垂线或坡度板:每20m测4处
5	面板缝宽(mm)		10	尺量:每20m至少检查5条
6	墙面平整度(mm)		15	2m直尺:每20m测5处,每处检查竖直和墙长两个方向
7	墙背填土:距面板1m范围内的压实度(%)		90	每100m每压实层测2处,并不得少于2处

注:平面位置和倾斜度"+"指向外,"-"指向内,H为墙高。

8.5 边坡锚固防护

8.5.1 破碎且不平整的边坡,必须将松散的浮石和岩渣清除,用浆砌片石填补空洞,对坡面缝隙进行封闭处理。边坡修整后应平整、密实,无溜滑体、蠕变体和松动岩体。

8.5.2 边坡开挖和钻孔过程中,应对岩性及构造进行编录和综合分析,与设计相比出入较大时,应按规定处理。

8.5.3 修整边坡的弃渣应按有关规定堆放,不得污染环境。

8.5.4 钢筋制作与安装应符合《公路桥涵施工技术规范》(JTJ 041)的规定。

8.5.5 浇注混凝土时,模板应加支撑固定。

8.5.6 锚杆施工应符合下列规定:

1 孔深小于3m时,宜采用先注浆后插锚杆的施工工艺。注浆时,浆体除孔口200~300mm外,应均匀充满全孔。锚杆插入后应居中固定。杆体外露部分应避免敲击、碰撞,3d内不得悬吊重物,3d后才可安装垫板。

2 当孔深大于3m时,应按8.4.9条的相关要求施工。

8.5.7 预应力锚索应符合下列规定:

1　严禁使用有机械损伤、电弧烧伤和严重锈蚀的钢绞线。严禁将钢绞线及锚索直接堆放在地面或露天储存，避免受潮、受腐蚀。

2　施工前应按设计要求进行预应力锚索的锚固性能基本试验，确定施工工艺。

3　锚索束制作安装应符合下列规定：

1）锚索束制作宜在现场厂棚内进行。

2）下料应采用机械切割，严禁用电弧切割。

3）普通锚索束必须进行清污、除锈处理。

4）锚固段锚索束应按设计安装。

5）在锚索入孔前，必须校对锚索编号与孔号是否一致，做好标记。

6）锚索束必须顺直地安放在钻孔中心。

4　锚固端灌浆应符合下列规定：

1）放入锚索束后应及时灌浆。

2）无黏结锚索孔灌浆宜一次注满锚固段和自由段。

3）灌浆应饱满、密实。

5　锚索张拉应按设计要求进行，并应符合下列规定：

1）张拉设备必须按规定配套标定，标定间隔期不宜超过6个月。拆卸检修的张拉设备或压力表经受强烈撞击后，都必须重新标定。

2）孔内砂浆的强度未达到设计强度的75%时，不得进行张拉。

3）锚索张拉采用张拉力和伸长值进行控制，用伸长值校核应力，当实际伸长值大于计算伸长值的10%或小于5%时，应暂停张拉，查明原因并处理后，可继续张拉。

4）锚索锁定后，在48h内若发现有明显的预应力松弛时，应进行补偿张拉。

6　封孔应符合下列规定：

1）封孔灌浆应在锚索张拉、检测合格、锁定后进行。

2）封孔灌浆时，进浆管必须插到底，灌浆必须饱满。

3）封孔灌浆后，锚头部分应涂防腐剂，并按设计要求及时进行封闭。

8.5.8　边坡锚固防护施工质量应符合表8.5.8的规定。

表8.5.8　边坡锚固防护施工质量标准

项　次	检查项目	规定值或允许偏差	检查方法和频率
1	混凝土强度（MPa）	不小于设计强度	每台班2组试件
2	注浆强度（MPa）	不小于设计强度	每台班2组试件
3	钻孔位置（mm）	100	钢尺：逐孔检查
4	钻孔倾角、水平方向角	与设计锚固轴线的倾角、水平方向角偏差为±1°	地质罗盘仪：逐孔检查
5	锚孔深度（mm）	不小于设计	尺量：抽查20%
6	锚杆（索）间距（mm）	±100	尺量：抽查20%
7	锚杆拔力（kN）	拔力平均值≥设计值，最小拔力≥0.9设计值	拔力试验：锚杆数1%，且不少于3根
8	喷层厚度（mm）	平均厚≥设计厚，60%检查点的厚度≥设计厚，最小厚度≥0.5设计厚，且不小于设计规定	尺量（凿孔）或雷达断面仪：每10m检查2个断面，每3m检查2点
9	锚索张拉应力（MPa）	符合设计要求	油压表：每索由读数反算
10	张拉伸长率（%）	符合设计要求；设计未规定时采用±6	尺量：每索
11	断丝、滑丝数	每束1根，且每断面不超过钢绞线总数的1%	目测：逐根（束）检查

8.6 土钉支护

8.6.1 开挖、成孔等过程中应随时观察地质、位移的变化,发现异常应及时采取措施。大型土钉支护工程应进行施工监控。

8.6.2 施工中应采取有效措施加强安全防护,严禁大爆破、大开挖。

8.6.3 施工时应综合考虑排水系统,做好排水设施,疏导地表径流和地下水。

8.6.4 坡面开挖

1 坡面开挖应根据设计和实际地质情况确定分层深度及工作顺序。在完成上层作业面的土钉与喷射混凝土以前，严禁进行下一层深度的开挖。一次开挖深度不得大于设计中规定的边坡临界自稳高度，一次开挖长度也不得大于设计中规定的临界自稳长度。

2 进行土方开挖作业时,应保证边坡平整并符合设计坡率,严禁边壁出现超挖或造成边壁土体松动。

3 开挖面有软弱土层且垂直开挖时,应严格控制开挖高度和长度,开挖前应超前支护,开挖后应快速封闭。

8.6.5 土钉施工应符合下列规定:

1 施工前应按设计要求对土钉进行现场抗拉拔力验证试验。

2 钻孔完成后,应将孔内残浆、残渣等杂物清除干净。

3 安装土钉钢筋时,应连同注浆排气管按要求一并送入钻孔内。

4 孔内注浆应饱满,浆体强度应符合设计要求。

8.6.6 喷射混凝土面层应符合下列规定:

1 喷射混凝土粗集料最大粒径不宜大于16mm,水灰比不宜大于0.45,混凝土强度应符合设计要求。

2 混凝土喷射厚度,临时支护厚度不宜小于60mm,永久支护厚度不宜小于80mm,永久支护面钢筋的喷射混凝土保护层厚度应不小于50mm。

3 混凝土喷射每一层应自下而上进行。当混凝土厚度大于100mm时,应分两次喷射,在第二次喷射混凝土作业前,应清除结合面上的浮浆和松散碎屑。面层表面应抹平、压实修整。

4 喷射混凝土面层应在长度方向上每30m设伸缩缝,缝宽10~20mm。

5 土钉喷射混凝土除符合本规范要求外,还应满足《锚杆喷射混凝土支护技术规范》(GB 50086)的要求。

8.6.7 地梁、网格梁施工应符合下列规定:

1 地梁、网格梁槽施工应根据地质条件,确定合理开挖顺序及方案。

2 土钉钢筋与网格梁受力钢筋应连接牢固。

3 地梁、网格梁应及时养护。

8.6.8 土钉支护施工质量应符合表8.6.8的规定。

表8.6.8 土钉支护施工质量标准

项次	检查项目	规定值或允许偏差	检查频率和方法
1	水泥(砂)浆强度	满足设计要求	每工作班1组试件
2	喷射混凝土强度	满足设计要求	每100m³取1组抗压试件,不足100m³留1组抗压试件
3	水泥混凝土强度	满足设计要求	每工作台班2组试件
4	钢筋网网格	±10mm	抽检
5	钢筋网连接	绑接长度应不小于一个网格间距或200mm,搭焊焊缝长不小于网筋直径的10倍	抽检

续上表

项　次	检 查 项 目	规定值或允许偏差	检查频率和方法
6	土钉抗拔力	平均值不小于设计值，低于设计值的土钉数 < 20%，最低抗拔力不小于设计值的90%	见表注
7	土钉间距、倾角、孔深	孔位不大于150mm，钻孔倾角不大于2°，孔径：+ 20mm、- 5mm，孔深：+ 200mm、-50mm	工作土钉的3%，钢尺、测钎和地质罗盘仪量测
8	喷射混凝土面层厚度	允许偏差 -10mm	每10m长检查一个断面，每3m长检查一个点。钻孔取芯或激光断面仪测量
9	网格梁、地梁、边梁	外观平整，无蜂窝麻面，尺寸允许偏差 + 10mm、-5mm	每100m² 检查一个点，钢尺量测

注：土钉抗拔力检测按工作土钉总数量的1% 进行抽检，且不得少于3根；抽检不合格的土钉数量超过检测数量的20% 时，将抽检的土钉数增大到3%；如仍有20%以上的土钉不合格，则该土钉支护工程为不合格工程，应采取处理措施。

8.7　抗滑桩

8.7.1　桩基开挖过程中，应随时核对滑动面情况，及时进行岩性资料编录，当其实际情况与设计不符时，应进行处理。

8.7.2　抗滑桩施工准备应符合下列规定：

1　施工宜在旱季进行；雨季施工时，孔口应搭雨棚，做好锁口，孔口地面上加筑适当高度的围埂。

2　应备好各项工序的机具、器材和井下排水、通风、照明设施，落实人员配备、施工组织计划。

3　应整平孔口地面，设置地表截、排水及防渗设施。

4　应对滑坡变形、移动进行监测。

8.7.3　开挖及支护应符合下列规定：

1　应分节开挖，每节高度宜为0.6~2.0m，分节不宜过长，不得在土石层变化处和滑动面处分节，挖一节立即支护一节。

2　护壁应经过设计计算确定，应考虑到各种不利情况。护壁混凝土应紧贴围岩灌注，灌注前应清除孔壁上的松动石块、浮土。围岩较松软、破碎、有水时，护壁宜设泄水孔。

3　开挖应在上一节护壁混凝土终凝后进行，护壁混凝土模板的支撑应在混凝土强度达到能保持护壁结构不变形后方可拆除。

4　在围岩松软、破碎和有滑动面的节段，应在护壁内顺滑动方向用临时横撑加强支护，并经常观察其受力情况，及时进行加固。

5　开挖桩群应从两端沿滑坡主轴间隔开挖，桩身强度不低于设计强度的75%时可开挖邻桩。

6　弃渣严禁堆放在滑坡范围内。

8.7.4　灌注桩身混凝土应符合下列规定：

1　灌注前，应检查断面净空、清洗混凝土护壁。

2　钢筋笼搭接接头不得设在土石分界和滑动面处。

3　灌注必须连续进行。

8.7.5　桩间支挡结构及与桩相邻的挡土、排水设施等，均应按设计要求与抗滑桩正确连接，配套完成。

8.7.6　桩板式抗滑挡墙

1　桩身混凝土应达到设计强度后方可安装挡土板，挡土板安装时，应边安装边回填，并做好施工板后排水设施。

2　当桩间为土钉墙或喷锚支护时，桩间土体应分层开挖、分层加固；当锚固桩上部设有多排锚索

(杆)时,应待上一排锚索(杆)施工完成后,才可开挖下一层的桩前土体。

3 锚索(杆)桩板式路堤挡土墙,应严格控制墙背填土的压实度,压实时不得直接碾压锚索(杆)。

8.7.7 抗滑桩施工质量应符合表 8.7.7 的规定。

表 8.7.7 抗滑桩施工质量标准

项次	检查项目		规定值或允许偏差	检测方法和频率
1	混凝土强度		满足设计要求	每工作台班 2 组试件
2	桩长		不小于设计	测绳量:每桩测量
3	孔径或断面尺寸		不小于设计	探孔器:每桩测量
4	桩位(mm)		+100	经纬仪:每桩测量桩检查
5	竖直度(mm)	钻孔桩	1% 桩长,且不大于 500	测壁仪或吊垂线:每桩检查
		挖孔桩	0.5% 桩长,且不大于 200	吊垂线:每桩检查
6	钢筋骨架底面高程(mm)		±50	水准仪:测每桩骨架顶面高程后反算

9 路基安全施工与环境保护

9.1 一般规定

9.1.1 工程开工前必须进行现场调查,根据施工地段的地形、地质、水文、气象、环境等,制订相应的安全技术和环境保护措施。施工中应及时掌握气温、雨雪、风暴、汛情等预报,做好防范工作。

9.1.2 路基施工前,应了解施工范围内地下埋设的各种管线、电缆、光缆等情况并与相关部门联系,制订合理的安全保护措施。施工中如发现有危险品及其他可疑物品时,应立即停止施工,报请有关部门处理。

9.1.3 应按照国家有关规定配置消防设施和器材、设置消防安全标志。施工现场应设置醒目的安全、警示标志和安全防护设施。

9.2 安全施工

9.2.1 路基施工应制订安全预案、具备安全生产条件,确保施工安全。

9.2.2 施工现场的临时用电,应严格执行现行《施工现场临时用电安全技术规范》(JGJ 46)。夜间施工时,现场应设有保证施工安全要求的照明设施。

9.2.3 施工便道、便桥应设立警示和交通标志,必要时应设专人维护、指挥交通。施工车辆必须遵守道路交通法规。

9.2.4 施工作业人员,必须遵守本工种的各项安全技术操作规程。作业人员、进入现场人员必须按规定佩戴和使用劳动防护用品。由人工配合机械进行辅助作业时,作业人员应注意观察,严禁在机械正在作业的范围内进行辅助作业。

9.2.5 多台机械同时作业时,各机械之间应注意保持必要的安全距离。机械在路基边坡、边沟、基坑边缘、不稳定体(地段)上作业时,应采取必要的安全措施。

9.2.6 在靠近结构物处挖土时,必须采取安全防护措施。对于在路基范围内暂时不能迁移的结构物,应留出土台,土台周围应设警示标志。

9.2.7 结构物基坑开挖,应根据土质、水文和开挖深度等选择安全的边坡坡度或支撑防护,在施工过程中进行监测,并及时采取相应的处理措施。开挖弃土或坑边材料的堆放不得影响基坑的稳定。沟槽(基坑)开挖深度超过2m时,其边缘上面作业应按高处作业要求进行安全防护并设置警告标志。开挖沟槽(基坑)位于现场通道或居民区附近时,应设置安全护栏。

9.2.8 采用围堰法施工沿河路基防护基础时,应制订针对出现洪水、渗漏水、流砂、涌砂、围堰变形等情况的安全预案。

9.2.9 作业高度超过1.2m时,应设置脚手架,脚手架应通过专业设计,必须进行强度、刚度及稳定性等方面的验算。施工过程中,对脚手架应经常检查,发现松动、变形或沉陷应及时加固。

9.2.10 用提升架运送石料时,应有专人指挥和操作,严禁超负荷运行。严禁使用提升架载人。临时起吊设备的制作、安装必须符合国家相关规定。

9.2.11 砌筑作业时,脚手架下不得有人操作及停留,不得重叠作业。砌筑护坡时,严禁在坡面上行走,不得采用从上向下自由滚落的方式运输材料。

9.2.12 喷浆作业时,应密切注意压力表变化,出现异常时,应停机、断电、停风,并及时排除故障。作业区内严禁在喷浆嘴前方站人。

9.2.13 预应力张拉时,预应力张拉设备必须安装牢固,千斤顶近旁严禁站人,无关人员不得进入现场。

9.2.14 预制构件安装前,应根据现场条件制订详细的吊装方案,所有起重设备必须符合国家关于特种设备的安全管理规定。

9.2.15 拆除作业应制订安全可靠的拆除方案。拆除的废弃物应运到指定地点。

9.2.16 爆破作业

1 进行爆破工程设计时,应制定安全技术操作规程,爆破作业应严格执行现行《爆破安全规程》(GB 6722),确保爆破安全。

2 爆破作业人员必须持证上岗。进行爆破器材保管、加工、运输及爆破作业的人员,不得穿戴易产生静电的衣物。

3 爆破器材应按规定要求进行检验,失效和不符合技术条件要求的不得使用。

4 选择炮位时,炮孔应避开正对的电线、路口、结构物,严禁在残眼上打孔。

5 爆破时,应清点爆炸数与装炮数量是否相符。发生哑炮时,必须按相关规定进行处理。如发现危坡、危石等,应按规定及时处理,未处理前,应在现场设立警戒或危险标志,无关人员不得接近。

6 清方过程中,发现有哑炮、残药、雷管时,必须及时请爆破人员进行处理。

7 已装药的炮孔必须当班爆破。

8 夜间不宜进行爆破作业。遇雷雨时应停止爆破作业,所有作业人员应立即撤离爆破区。

9.3 环境保护

9.3.1 防止水土污染和流失

1 施工前,应制订相应的预防水土污染和水土流失措施,考虑土地资源的合理利用,缩短临时占地使用时间。

2 在崩塌滑坡危险区和泥石流易发区,严禁取土、挖砂、采石。

3 施工过程中,各种排水沟渠的水流不得直接排放到饮用水源、农田、鱼塘中。

4 不得随意丢弃生产及生活垃圾,垃圾的掩埋或处理,应按当地环保部门的要求进行。不得随意排放含油废水及生活污水。

5 使用工业废渣填筑路基,当废渣中含有可溶性有害物质,可能造成土质、水污染时,应采取措施,予以处理。

6 在自然保护区、森林、草原、湿地及风景名胜区进行施工时,应遵守国家环境保护的相关规定。

9.3.2 噪声、空气污染的防治

1 在居民聚居区或其他噪声敏感建筑物附近施工时,当噪声超过规定时,应及时采取措施,减少施工活动对沿线居民的干扰。

2 对施工作业人员,在噪声较大的现场作业时,应采取有效防护措施。

3 路基施工过程中应采取措施控制扬尘、废气排放等。

4 路基施工堆料场、拌和站、材料加工厂等宜设于主要风向的下风处的空旷地区。当无法满足时,应采取必要的环保措施。

5 粉状材料运输应采取措施防止材料散落。

6 粉煤灰、石灰等在露天堆存时,应采取防尘、防水措施。

7 采用粉状材料作为路基填料或对路基填料进行现场改良施工时,应避免在大风天作业,施工人员应佩戴防尘口罩等劳动保护用品,并采取环境保护措施。

9.4 生物保护

9.4.1 施工前,应采取相应措施对位于路基范围内的珍稀植物进行保护。

9.4.2 施工中严禁随意采摘、破坏野生植物资源及捕猎野生动物。

9.4.3 在有国家级保护野生动物出没的路段,应按规定做好相关保护工作。

9.4.4 砍伐林木必须符合相关法规的要求,不得随意砍伐。

9.4.5 在草、木较密集的地区施工时,应遵守护林防火规定。

9.5 文物保护

9.5.1 在文物保护区周围进行施工时,应制订相应的保护措施,严防损毁文物古迹。

9.5.2 施工中发现文物时,应暂停施工,保护好现场,并立即报告当地文物管理部门研究处理,不得隐瞒不报或私自处置。

10 路基整修与交工验收

10.1 路基整修

10.1.1 路基交工验收前,应对外观质量和局部缺陷进行整修或处理。

10.1.2 路基顶面表层的整修,应根据质量缺陷的具体情况采用合理的方案、工艺进行。补填的土层压实厚度应不小于100mm,压实后表面应平整,不得松散、起皮。

10.1.3 整修后的坡面应顺适、美观、牢固,坡度符合设计要求。

10.1.4 防护与支挡工程应检查石料风化情况、泄水孔是否通畅、结构物是否有变形和位移等,如果有质量缺陷应进行处理。

10.1.5 永久性排水系统的沟、槽,表面应整齐,沟底平整,排水畅通不渗漏,如有质量缺陷应进行处理。

10.1.6 应对临时工程和设施进行合理处置,使之与原地形以及自然环境协调。

10.2 交工验收

10.2.1 分项工程、分部工程、单位工程完成后,应按有关规定进行中间检查验收。

10.2.2 交工验收前应恢复施工段内的导线点、水准点,以及验收中要求和可能需要的其他标志桩。

10.2.3 交工验收前应按照本规范及《公路工程质量检验评定标准》(JTG F80/1)的要求进行自检,自检合格后,编制符合要求的交工资料,申请进行交工验收。

10.2.4 交工验收应按照交通部《公路工程竣(交)工验收办法》和《公路工程质量检验评定标准》(JTG F80/1)有关规定执行。

10.2.5 设计文件和本规范要求进行监测的项目,应按要求进行跟踪监测。

附录 A　本规范用词说明

A.0.1　对执行规范条文严格程度的用词采用以下写法：

1　表示很严格，非这样做不可的用词：

正面词采用"必须"；反面词采用"严禁"。

2　表示严格，在正常情况下均应这样做的用词：

正面词采用"应"；反面词采用"不应"或"不得"。

3　表示允许稍有选择，在条件许可时首先应这样做的用词：

正面词采用"宜"；反面词采用"不宜"。

4　表示稍有选择，在一定条件下可以这样做的用词：

采用"可"。

A.0.2　条文中应按指定的其他有关标准、规范的规定执行，其写法为"应按……执行"或"应符合……的要求(或规定)"。

如非必须按指定的其他有关标准、规范的规定执行，其写法为"可参照……"。

附件

《公路路基施工技术规范》

（JTG F10—2006）

条 文 说 明

1 总则

1.0.1 路基作为公路工程的主要组成部分，其施工质量的好坏，将直接影响到公路的使用质量和服务水平，而路基施工的影响因素又比较复杂，所以制定施工技术规范，规范其施工行为，使施工做到技术先进、经济合理、安全环保，对于确保质量是非常必要的。

1.0.2 本规范的适用范围是根据《公路工程技术标准》确定的。

1.0.3 公路作为基础设施，需要为社会提供良好的服务，而路基作为公路的主要组成部分，就必须满足设计要求，故该条作了相应规定。本规范中施工质量标准表中“检查频率”为推荐的质量抽检频率。

1.0.4 公路路基为线状构造物，在施工期间，人员、设备多且分散，相互干扰大，施工环境艰苦，工序多、工艺复杂，管理难度大，因此安全管理显得尤为重要，故本条提出了相关要求。

1.0.5 公路路基施工为野外作业，影响施工人员职业健康和安全的因素较多，故该条作了明确规定。

1.0.6 我国人均耕地少，因此，在施工中应重视土地的节约，保护农田水利设施，在施工中宜合理规划取土，改荒地造耕地，或改旱地为水田或鱼塘，达到合理取土、节约土地的目的。

1.0.7 文物是国家的一种特殊财产，必须得到保护，但是由于地下文物具有不可见性和不可恢复性，故该条作了明确规定。

1.0.8 公路路基施工是一个复杂的系统工程，为了确保工程质量，该条提出了相关要求。

1.0.9 成熟实用的新技术、新工艺、新材料和新设备的推广使用，会极大地推进技术进步，提高工程质量水平和工效，故本条作了明确规定。

1.0.10 特殊路段路基施工，具有变化因素多、施工方案难以和现场情况完全吻合等特点，故本条作了明确规定。

3 施工准备

3.1 一般规定

3.1.1 为了更好地领会设计意图,施工单位在认真审图和现场踏勘的基础上,复杂工程可要求设计单位进行设计交底。经现场核对和仔细调查后,如发现工程地质、地形和水文资料与设计有较大出入时,可要求澄清或者提出变更设计。因变更设计可能涉及到质量、工期、投资三大目标的控制,所以,必须根据相关规定进行。

3.1.2 被批准的实施性施工组织设计是施工管理的纲领性文件,故该条作了明确规定。

3.1.4 如果原有道路、农田水利设施的正常功能受到影响,不但会产生群众纠纷,影响进度,而且,势必造成对路基施工的干扰,影响安全和路基质量,故该条作了明确规定。

3.2 测量

3.2.1 现场交桩是设计与施工衔接的一个重要环节,交桩一般要有交桩记录,并经设计、监理、施工单位三方签字。如发现交桩成果有误,一般应会同监理联合测量后确认。

3.2.2 仅列出控制测量的主要的技术要求,为保证控制网点的精度要求,在测量中应严格按照《公路勘测规范》的规定进行。

3.2.3、3.2.4 从设计勘测到开始施工有一定的间隔时间,某些控制桩点有可能偏位、移位或者丢失,完全有必要对交桩成果进行实地查找、确认、复测、补充,以利施工。

3.2.5、3.2.6 中线和横断面放样,是正确进行施工组织的前提,同时,纵横断面复测与补测可同时复核地面标高、工程量。

3.3 试验

3.3.1 建立符合相关规定资质要求的试验室,是确保工程质量的重要保证,因此,施工前,施工单位应按照合同要求,建立试验室。

3.3.2 试验内容和目的是鉴别基底土层是否能满足设计要求和本规范提出的基本要求。

3.3.3 不同性质的土会有不同的压实特性,对土质差别比较大的填料应按照有关规定进行土质试验。条文中仅规定了一般填料的试验项目,对于特殊土(如黄土、软土和膨胀土等)还应进行相关试验以确定其性质及处治方案。对直接用于填筑的填料中易溶盐含量有明确的规定,如确需使用,应进行试验以确定其性质及处治方案。当不能根据目测、手摸及嗅感来判断填料中是否含有有机质时,应进行试验。

3.3.4 使用特殊材料作为填料时,除材料本身的性质、质量满足其本身的标准外,还应确保其不影响路基的强度、稳定性、耐久性。利用工业废渣等填筑材料前,应进行环境评估,经地方政府和甲方批准后才能施工。

3.4 场地清理

3.4.1 对于公路用地范围内的构造物,设计会有相应的要求,施工应严格按设计要求进行处理。

3.4.2 树根及其坑穴处理的好坏直接影响到路基的稳定性,故该条作了明确规定。

3.4.3 种植土可作为中央分隔带、边坡等种植草皮的备用土。

3.5 试验路段

3.5.1

3 特殊地段路堤主要指本规范第6章特殊路基施工中特殊地质、特殊气候条件下的路基。

4 特殊填料是指具有与一般土质不同工程特性的填料,如煤矸石等。

5 推广使用新技术、新工艺、新材料,应有成熟经验,并经过专家论证。

3.5.3 试验报告内容可根据实际需要适当增减,但要全面、真实地反映试验情况。通过试验段施工,如发现设计有不合理、可以修正的内容,可报请修改设计。

4　一般路基施工

4.1　一般规定

4.1.1　路基土方施工期间，应始终保持场地良好状态，合理修建临时排水沟，以确保不受水浸泡、冲刷损坏。路堑的截水、排水沟是为路基稳定而设，故应及时修建。

4.1.2　路堤填料的规定

路基土指标应按现行《公路土工试验规程》(JTJ 051)进行测试。

1　条文所列的填料均影响路基质量，必须严格控制。

3　该类土的透水性很差，干时坚硬，不易挖掘；并具有较大的可塑性、黏性和膨胀性，毛细现象很显著；浸水后能较长时间保持水分，承载力很小，不宜作为路堤填料。如缺乏好的填料时，可采取掺石灰、固化材料等技术措施，对这些黏性土进行砂化处理，以改善土质提高其强度，满足设计要求。

4.2　路堤施工

4.2.1　施工取土

3　自行选定取土方案的规定

3)为保证路堤边坡的稳定，故条文作了各种规定。护坡道是路堤结构的组成部分，不可忽略。

4.2.2　土质路堤

1　地基表层处理

基底原状土的CBR不满足表4.1.2的规定时，应进行处理。

路堤基底的天然密度小于条文的规定时，应进行压实，以保证路堤基础的强度。

地下水位较高时，应按设计要求进行处理，如：设置稳定层、隔离层；或采用无机结合料(生石灰粉、水泥等固化材料)对填料进行改良；或选用水稳性好的填料等。

土质地基均应做成不小于2%的横坡，并碾压密实。

地下水要有详细记录，以便完工后进行观察，为维修或必要时继续处理提供依据，避免造成返工浪费。

2　路堤填筑

1)路堤填筑使用不同的填料应采用适宜的施工工艺，不合理的施工工艺会造成路基出现不均匀沉降、水囊现象和不稳定的滑动面等病害。

采用分层并按规定的层厚填筑，可得到均匀的压实度。如填层过厚，则填层底部不易达到要求的压实度。土方顶面如太薄，则易起皮剥离，影响路基质量。

5)土质路基如按设计断面尺寸填筑，路基边缘部分的压实度很难达到规定要求，实际上等于缩小了路基断面，使路基质量受到影响。应采取适当增加碾压宽度等有效措施保证全断面的压实质量。

6)地面的自然坡度较大时，原地面应按设计挖成台阶，以保证填方土体的稳定。每级台阶高度可取压实机具一层压实厚度的整倍数，如小型夯实机具一层压实厚度为150mm，台阶高以300mm为宜。

3　碾压机械通常可分为静碾型、振碾型和夯实型，各有其适用场合。各种土质适宜的碾压机械配套可参考表4-1。

表4-1　各种土质适宜的碾压机械表

机械名称 \ 土的类别	细粒土	砂类土	砾类土	巨粒土	备　注
6～8t 两轮光轮压路机	A	A	A	A	用于预压整平
12～18t 三轮光轮压路机	A	A	A	B	最常使用
25～50t 轮胎压路机	A	A	A	A	最常使用
羊足碾	A	C或B	C	C	粉、黏土质砂可用
振动压路机	B	A	A	A	最常使用
凸块式振动压路机	A	A	A	A	最宜使用于含水量较高的细粒土
手扶式振动压路机	B	A	A	C	用于狭窄地点
振动平板夯	B	A	A	B或C	用于狭窄地点,机械质量800kg的可用于巨粒土
手扶式振动夯	A	A	A	B	用于狭窄地点
夯锤(板)	A	A	A	A	夯击影响深度最大
推土机、铲运机	A	A	A	A	仅用于摊平土层和预压

注:1. 表中符号:A代表适用;B代表无适当的机械时可用;C代表不适用。
2. 土的类别按《公路土工试验规程》(JTJ 051)的规定划分。
3. 对黄土(CLY)、膨胀土(CHE)、盐渍土等的压实机械选择可按细粒土考虑。
4. 自行式压路机宜用于一般路堤、路堑基底的换填等的压实,宜采用直线式进退运行。
5. 羊足碾(包括凸块式碾、条式碾)应有光轮压路机配合使用。

几种碾压机具适应的松铺厚度如下:

羊足碾(6～8t)	≤0.50m
振动压路机(10～12t)	≤0.40m
压路机(8～12t)	0.20～0.25m
压路机(12～15t)	0.25～0.30m
动力打夯机	0.20～0.25m
人工打夯	≤0.20m

4　土质路基压实度标准

条文中表4.2.2-1 土质路基压实度标准是《公路工程技术标准》(JTG B01—2003)规定的。

该标准将高速公路、一级公路1.5m以下的路堤压实度标准从90%提高到93%,1.5m以上各层分别提高一个百分点;二级公路1.5m以下从90%提高到92%,0.8～1.5m从90%提高到94%,0～0.8m从93%提高到95%;三、四级公路也作了一些调整。

表中"零填及挖方路基0.3～0.8"的压实度标准是指该层原状土(路床顶面以下0.3～0.8m)如果必须进行处理(例如:施工设计图要求或者现场变更设计后),处理后应该达到的压实度;如果不需要进行处理,其压实度按4.2.2条第1款规定执行。

5　压实度检测

1)压实度以重型击实标准为准,试样应具有代表性,至少应取一组。

2)压实度检测频率,原规范为每2 000 m^2 检验8点,而在实际施工过程中,压实度检测工作由于检测点过多,往往很难满足机械化施工和施工进度的要求。为了既不降低对压实质量的要求,又适应机械化施工的需要,本次修订时,经专家充分讨论,将检测频率修改为每1 000 m^2 至少检验2点。如认为该规定不能满足要求,可根据实际情况提高检测频率。

6　路基压实的最终目的是保证路基的整体强度——回弹模量或弯沉值应达到铺筑路面垫层或底基层的要求。因为测验回弹模量的操作比较复杂,费时较多,故条文规定土质路基顶面完成后应进行弯沉检验。弯沉值与土基回弹模量之间的相关关系应按路面设计规范规定的公式换算,当无规定时可参照下列回归方程换算:

$$l_0 = 9\,308 \times E_0^{-0.938} \tag{4-1}$$

式中：E_0——土基回弹模量（MPa）；

l_0——路床顶面实测弯沉值，设计标准轴载以双轮组单轴100kN车测试值（1/100mm）为准。

若弯沉检验时不是不利季节，应先将此弯沉值换算的土基回弹模量值乘以季节影响系数，换算为不利季节的土基回弹模量值。

4.2.3 填石路堤

1 对于石灰岩一类硬质岩，在路堤填筑区，最大粒径宜控制在350～500mm，不均匀系数宜控制在15～20范围内较好，同时粒径大于200mm的填料含量应控制在20%～40%，粒径在20mm以下的填料含量应控制在10%～15%范围内。对于砂岩在路堤填筑区，最大粒径宜控制在300～400mm，不均匀系数宜控制在15～20范围内较好，同时粒径大于200mm的填料含量应控制在20%～30%，粒径在20mm以下的填料含量应控制在10%～20%范围内。

路床底面以下一定范围控制填料粒径，可以提高路床的平整度，使其受力均匀，并有利于与路面底层的联结。

2 由于填石路堤的填料比较坚硬，压实难度大且透水性强，水容易从路面、边坡等部位进入基底使路基湿软以致造成不均匀沉降，为防止地基承载力不足而导致路基整体工后沉降过大或失稳破坏，因此除了满足4.2.2条第1款的规定外，还应满足不同路堤填高对地基承载力的要求：路堤高度小于10m时，地基承载力不宜低于150kPa；路堤高度为10～20m时，地基承载力不宜低于200kPa；路堤高度大于20m时，路基宜填筑在岩石地基上。

当为细粒土地基时，应按设计要求设过渡层；当为岩石和细粒土组合地基时，应将岩石凿平，并在细粒土部位设过渡层。注意路堤基底范围内，可能因地面水或地下水影响路基的稳定时，应采取必要的引排、拦截等措施或在路堤底部填筑不易风化的、透水性好的填料。

3 填筑

1）在实际施工中，沉降差可以这样测定：以每个横断面的测量数据为基本分析单位。在对松铺层初平初压后，在同一横断面上选7～11点测量初始标高，终压完成后，在对应初始标高的测量点上测量终压标高，将终压标高减去初始标高并综合平均后，作为该断面的沉降差。

填石路堤的填料石质、压实及摊铺机具的功率是影响填筑层厚和最大粒径的主要因素。广东省高速公路的科研成果提出，使用推土机、振动压路机时，对不同强度石料的填石路堤的压实层厚以及摊铺、压实机具要求见表4-2～表4-4。

表4-2 硬质石料填石路堤

路床顶面以下深度	路堤分区	最大松铺层厚（mm）	最大粒径（mm）	施工机具	
				振动压路机（t）	推土机（kW）
>1.5m	下路堤	800	500	≥16	≥250
		600	400	≥14	≥200
0.80～1.5m	上路堤	600	400	≥16	≥250
		500	300	≥14	≥200

表4-3 中硬石料填石路堤

路床顶面以下深度	路堤分区	最大压实层厚（mm）	最大粒径（mm）	施工机具	
				振动压路机（t）	推土机（kW）
>1.5m	下路堤	600	500	≥16	≥200
		500	400	≥14	≥150
0.8～1.5m	上路堤	500	400	≥16	≥200
		400	300	≥14	≥150

表4-4 软质石料填石路堤

路床顶面以下深度	路堤分区	最大压实层厚(mm)	最大粒径(mm)	施工机具	
				振动压路机(t)	推土机(kW)
>1.5m	下路堤	500	500	≥14	≥200
0.8~1.5m	上路堤	400	400	≥14	≥150

注:除硬质石料路堤表中的层厚为松铺层厚外,其余两表中的层厚为压实后的层厚。

高填石路堤的施工,有条件时也可采用冲击压路机进行分层填筑与压实。冲击压路机碾压后的路基表层平整度差,只适宜在上路床以下部位施工,对于冲压后的松散表层不必重新刮平、压实即可进行上一层的填筑。

国内一些科研单位对不同强度填石材料进行了试验,试验证明,在压实机具和摊铺机具满足要求的情况下,填石路堤可以根据石料强度、填筑部位,采用较厚的层厚进行施工。

3)填石路堤的填筑方式有逐层填筑压实和倾填(含抛填)两种。倾填又可分为石块从岩面爆破后直接散落在准备填筑的路堤内,和用推土机将爆破后堆放在半路堑上的石块以及用自卸汽车从远处运来的爆破石块推入路堤两种情况。无论是哪种倾填情况,由于石料是从高处自然落下,石料间难免犬牙交错,空隙较大,故倾填路堤后的压实、稳定等问题较多。二级及二级以上公路不得采用倾填方式,只允许在特殊困难条件下二级以下的公路使用。

5)填石路堤的边坡部位常常是摊铺、压实的薄弱环节,使用常规的施工方法,很难使边坡部位密实和平顺。因此中等强度以上的石料应进行边坡码砌。边坡码砌的石料应整齐、不易风化。边坡码砌一般采用干砌的方式。

7)在粗粒料的填石路堤上面填细粒土时,宜设过渡层。已有的资料表明:当R15/F85 >5时,必须设置过渡层。该过渡层应满足M15/F15 >5、M15/F85 <5。

注:R15为粗粒料中通过率15%的粒径;

M15为过渡层材料通过15%时的粒径;

F15为细粒料中通过率15%的粒径;

F85为细粒料中通过率85%的粒径。

填石路堤之上的填土,应在填石顶面上与填土之间设2~3层碎石过渡层。如填石路堤最大粒径为300mm,层厚为500mm,则过渡层厚400mm。第一过渡层可设粒径为150mm,厚250mm;第二过渡层可设粒径为60mm,厚150mm。

4 填石路堤施工质量

1)表4.2.3-1引自《公路路基设计规范》(JTG D30—2004)。

对于填石材料,采用孔隙率控制质量较为合适。采用孔隙率指标,可以不进行填料最大干密度试验,对填石料的压实质量同样可以进行较好的控制。

填料孔隙率计算公式如下:

$$\eta=\frac{e}{1+e}=1-\frac{\rho_d}{G} \tag{4-2}$$

式中:η——孔隙率;

e——孔隙比;

ρ_d——填料干密度;

G——填料视密度。

近年来,在福建福泉高速公路、广东京珠高速公路、广西柳桂高速公路修建的填石路堤试验路,研究了花岗岩、石灰岩、红砂岩等填石材料用孔隙率作为质量控制指标的压实质量标准及相应的施工工艺、质量控制方法,通车运行几年来,路基稳定、路面完好。

目前填石路堤检测压实质量常用干密度、沉降差、面波等单一方法进行质量检测,均存在一些不足。填石路堤的压实功率、碾压速度、压实遍数、铺筑厚度等施工工艺参数结合沉降差对压实质量的控制有好的效果。

压实沉降差与碾压遍数、填石料的干密度有很好的相关关系，据福建、广东试验工程统计，相关系数为95%，在压实机具不变的情况下，可以较好地控制实际的压实遍数。但压实沉降差还应与施工工艺参数同时进行控制，才能有效地保证填石路堤的压实质量。由于沉降差受填料岩性、粒径组成、压实机械吨位、激振力大小、压实遍数、松铺层厚等施工因素的影响，因此必须通过试验路确定。

填石路堤压实质量采用压实干密度孔隙率指标检测时，就必须挖大坑（最大粒径的1.5~2倍）采用水袋法进行，用于施工过程控制难度较大。

规范条文规定填石路堤的压实质量检测标准，在试验路修筑时采用孔隙率指标进行检验，确定相应的施工工艺参数与压实沉降差作为路堤施工时的压实质量检测控制指标。正常施工过程中每一压实层的质量检测要求应以快速、方便为主，而沉降差与工艺参数相结合的双控检测方法，是合理、准确的施工质量检测方法。同时配合外观检查，对填石路堤的压实质量控制就能达到预定的效果。

施工时建议采用18t以上的重型振动压路机，并按规定碾压参数（强振、4km/h以下速度）碾压后确定沉降差。

4.2.4 土石路堤

1 填料

一般情况下，石块强度大于20MPa时，不易被压路机压碎，超过规定粒径尺寸，造成上下层石块重叠，致使碾压时不稳定。当所含石块为软弱岩或极软岩时，易为压路机压碎，不存在较大石块产生的问题。

2 基底处理

土石路堤对地基的不均匀沉降较为敏感，土石混合料颗粒之间的咬合作用一旦被破坏后，就难以恢复。因此，对于土石路堤而言，尤其是高土石路堤，地基承载力是保证路堤压实质量和正常使用性能的前提条件，若地基承载力不足，必将会导致路堤的坍塌和失稳，进而产生病害破坏。所以根据不同的填高，对地基提出不同的要求。施工前检查地基是否满足设计要求是非常必要的。

由于土石混合料的孔隙较大，水较容易从边坡、路面等部位进入路堤中，很容易浸湿地基。同时若地基范围内存在地下水，也会影响土石路堤的整体稳定。因此，当路堤基底范围内可能有地面水或地下水影响路堤稳定时，土石路堤应采取必要的引排、拦截、防渗等措施，或在路堤底部填筑不易风化的片石、砂砾石等透水性材料来设置透水层，其厚度应不小于300mm，防止水对地基的不良影响。

3 填筑

3）土石路堤中因含土量较多，采用倾填易使填层超过规定厚度，不易压实。

5）压实后渗水性差的细粒土，如填在路堤两侧，则填筑于路堤中部渗水性好的土受雨水的影响，吸收的水分无法排除而降低其承载力；甚至路堤中部形成水囊，从而造成路面严重破坏。

6）填料岩性相差较大，主要是指所含石料的强度相差较大。填料中石料的强度不同，要求填料中石块粒径的大小也不同，故宜分层、分段填筑。如都是硬质石料，则不论石料类别如何，都可以混在一起填筑；如都是软质石料，压实后渗水性基本相同，也可以混在一起填筑；如软、硬质石料都有，分层、分段填筑有困难时，则应将含硬质石料的混合料铺填在下面，且石块不得集中或重叠，上面再铺填含软质石料的混合料。

7）主要是为了提高上面一层的平整度，而规定此条文。

4 中硬、硬质石料土石路堤压实质量检测标准

土石路堤应先修筑试验路，在已选用的压实机械类型、功率及组合、压实速度条件下，确定填料的最大粒径、最适宜的填筑厚度、压实到最大干密度时的压实遍数，同时也测出相对应的沉降差。

以最大干密度作为检测土石路堤试验路的压实度标准，同时也应确定沉降差和工艺参数，作为大规模施工时压实质量的检查控制标准。

由于土石混合填料的压实特性，压实宜用振动或冲击方式；土石混合填料的粒径组成直接影响到它的压实特性，当填料的粒径组成发生变化时，其压实特性也随之变化。所以在选择压实机械时，一般来说15t以上的大型振动压路机效果较好。

土石路堤填料压实质量控制，应根据实际填料的来源配制不同含石量（20%~70%）的试样进行室

内大筒重型击实试验,通过试验确定不同含石量(以击实后试样含石量为准)填料的最大干密度和最佳含水量,给出同一种料的不同含石量最大干密度曲线;在采用细料压实度进行质量控制时,应由试验确定细料的最大干密度和最佳含水量。对于坚硬石料的土石混合填料,细料的最大干密度应按表4-5进行修正。对于中等强度以下石料的土石混合填料,细料的最大干密度不需要进行修正。土石混合填料中细料的压实度要求同土质路堤标准。

表4-5 细料的最大干密度修正系数

粗料含量(%)	0~25	25~40	40~60	>60
修正系数	1.0	0.97	0.95	0.92

土石路堤的压实干密度检测,采用的是一种常规的检测法,也是大家都接受的可信检测法。由于它需要挖的试坑较大(上路堤600mm×600mm,下路堤800mm×800mm),很费时,不能满足大规模施工的要求,因此,条文规定只用于试验路,在大规模的施工中不使用,而采用沉降差和工艺参数进行双控制,较为快捷实用。随着控制技术的不断发展,近年来,在一些地方,通过研究开发出了一些土石混填路基压实度的快速检测技术和相关设备,在实际施工中,可根据需要和试验路段的成果进行判断和选择。

4.2.5 高填方路堤

2 基底处理

1)高填方路堤的基底承受的荷载很大,一般应进行路堤稳定性验算和对基底土的承压强度值进行检查。如对原地基进行常规压实仍不能满足稳定验算要求,应对地基进行加固处理。

3 高填方路堤填筑

3)高填方路堤的地基土体,由于填筑体对其施加了较大压力,会产生压缩变形,填筑体在自身重力作用下也要压密变形,这两个变形的完成都需要一定的时间才能完成,并逐步达到稳定,因此,优先安排施工是非常必要的。

4.2.6 桥、涵及结构物的回填

台背回填顺路线方向长度,一般宜这样确定:自台身背面起,顶面长度不小于台高加2m,底面长度不小于2m;拱桥(涵)台背填土长度应不小于台高的3~4倍。

3 《公路路基设计规范》(JTG D30—2004)规定二级及二级以上公路的路堤与桥台、横向构造物(涵洞、通道)连接处应设置过渡段,其长度为路基填土高度的2~3倍,其压实度不小于96%。同时还应做好过渡段的排水与防水系统及地基处理。

桥、涵及结构物的回填应分层填筑、分层压实,主要是确保回填的压实度,减小填料的下沉变形,避免跳车。通过选择好的填料,分层压实,采用小型机具也是可以达到这一目的的。另外,可以创造条件,使用压路机压实,压路机压不到的边角处,使用小型夯实机配合施工,也能很好保证回填质量。

4.2.7 半填半挖路基、路堤与路堑过渡段

1 基底处理

半填半挖路基、路堤与路堑过渡段,一般地面横坡较陡或路线通过深谷地段,因此,应特别注意填挖结合部的处理。如果填挖结合的界面处理不好,就会造成路基纵、横向开裂,严重的会导致半幅路基下沉、滑坍的质量事故,所以必须严格按规定施工。

陡坡地段的半填半挖路基,应在山坡自然坡上挖台阶。为保证高等级公路路基的均匀性,日本规范规定中央分隔带之外挖方一侧,不足一幅行车道宽度时,路床深度范围内的原土基应予挖除换填,以确保半填半挖路基的稳定。结合我国实际情况,原土基挖除换填的宽度宜为一个行车道的宽度,厚度为上路床深度,以增加路基的均匀性和稳定性。

水是路基病害之源,而半填半挖路基、路堤与路堑的过渡段都较靠近地面,易受水的浸害,排除地下水、切断地表水补给,是保证路基稳定的必要措施。

2 施工规定

由于半填半挖路基、路堤与路堑过渡段都地处于陡坡、沟谷地段,施工极不方便,施工初期可能使用

小型机具碾压或夯实。施工时应注意机具功能与填层厚度的匹配,确保填层达到压实标准;高处卸料应控制摊铺的离析。待具备条件时,使用大型设备按正常条件施工。

半填半挖处、0~0.30m 的低路堤、零填及挖方路床受地质环境和地下水的影响都较大,因此选择适合的填料或恰当的土质改良措施是非常必要的。

半填半挖高填方路堤的地基多数是不会在设计边坡外挖台阶的,如果在边坡上堆积多余的松散弃土,弃土受雨水浸湿后重量增加,强度降低,会随坡下滑,导致路堤内的部分边坡被牵引下滑,而引起路堤顶面开裂。

4.3 挖方路基施工

4.3.1 土方工程

路堑开挖的适用材料,用于路堤填筑可以减少弃方,但不能混杂,混杂材料均匀性差,路基的压实质量难于保证。

路堑边坡的稳定在施工过程中尤为重要,必须确保施工人员、机械、设备安全。如采用不加控制的爆破施工,易造成边坡失稳或塌方。

掏空挖土,俗称挖神仙土,易造成坍塌甚至把人员埋在其中,危及人身安全。

路堑开挖过程中,经常会遇到土质或土石比例的变化,为保证边坡稳定,可能需要调整边坡坡度。

挖方路基挖到设计标高不能进行下一步施工时,应预留保护层,目的是减轻或避免使路床受水、冻等侵害。

4.3.2 石方工程

3 《爆破安全规程》(GB 6722—2003)是国家标准,由国家质量监督检验检疫总局发布,并于2004年5月1日正式实施。《爆破安全规程》是一部强制性的技术法规,公路行业必须遵照执行,配套的有《爆破安全规程实施手册》(2004 年9月,人民交通出版社出版)。

4.3.3 深挖路基

深挖路基含:深挖路堑、半挖半填路基的深挖边坡。

《公路路基设计规范》(JTG D30—2004)规定:土质路堑边坡高度超过20m、岩石路堑边坡高度超过30m,应进行个别勘察设计。

深挖路堑因为它的边坡较高,易于坍塌,且工程数量大,经常是全线控制工期的重点工程。因此施工前准备阶段必须详细复查设计文件中的工程地质资料、边坡和加固形式、工程数量,并且做好土工试验,核对设计文件的资料,据以编制单项施工组织设计,确定配备机械设备的型号、数量和劳动力,确保工程质量和按期完成任务。

设计文件常常缺乏工程地质资料或者仅有地面1~2m深的探孔地质资料,这对施工来说,很难保证深挖路堑边坡稳定和安全,因此本条文规定应根据施工开挖情况,随时进行复查,以便对原设计进行合理的修改。

2 深挖路堑边坡是否稳定,影响因素很多,但最主要是边坡坡度大小,同时也与气候条件有关,因此要求边坡应严格按设计坡度施工。遇到土质情况与设计资料不符时,必须向驻地监理工程师和建设单位提出修改设计的书面意见,以保证路堑边坡的稳定。土质挖方边坡密实程度与边坡高度关系见表4-6。

表4-6 密实程度与边坡高度关系表

密实程度	边坡高度(m)	
	<20	20~30
胶结好	1:0.3~1:0.5	1:0.5~1:0.75
密实、中等密实	1:0.5~1:1.25	1:0.75~1:1.5
较松	1:1.25~1:1.75	1:1.5~1:2.0

3 本条文强调深挖路堑边坡施工放样的必要性和重要性。深挖路堑地形复杂,高差大,边坡高,

工程量大,施工放样和过程测量直接关系到施工质量和施工成本。施工生产实践中由于施工放样和过程测量不准确,导致路堑开挖宽度不够、边坡过陡,需要返工;或超宽开挖造成巨大浪费,不但影响了工程质量和环境条件,而且增加了施工成本,拖延了施工进度,这类现象在山区深挖路堑施工中并不少见。

对于深路堑施工,除确保路基的中桩、边桩等标志桩准确无误外,为便于施工过程中进行测量控制和掌握工程量,还应加密中桩、边桩和增设临时水准点。边桩放样时必须保证垂直中线,否则将引起较大的施工及工程量误差。应每挖深5m进行一次控制复测工作。

4.3.4 弃方

3 《水土保持综合治理技术规范》(GB/T 16453)明确规定:严禁侵占水库、湖泊等水利设施。岩溶地区的漏斗处和暗河口是地面水排泄孔道、地下水出水口通道,如将弃土堆积在这些地方,会造成地面水、地下水无法排走,危及路基稳定、安全。

4 弃方随便乱堆既影响施工又影响环境;弃土堆积在未使用的灌溉渠道会堵塞农田水利设施的使用;弃方故意倾入河流,造成水流污染、堵塞、挤压桥孔、增加水流速度、改变水流方向、冲刷河岸等,这些都是破坏生态环境的行为,必须严禁,因此特制定本条文。

4.4 轻质填料路堤施工

4.4.1 粉煤灰路堤

5 粉煤灰若含水量大,则运输不经济,若含水量小则会造成飞扬、流失,还污染环境,同时含水量过大或过小都不易压实。故应在灰场内调节好含水量,以方便运输,也便于摊铺。存放时应注意表面含水量,避免飞扬。施工时,以达到1.0~1.1倍的最佳含水量为度,其加水计算公式为:

$$Q=\frac{L\times B\times H\times \rho_{\mathrm{Lw}}}{1+0.01w_0}\times 0.01(w_1-w_0) \tag{4-3}$$

式中:Q——所需加水量(kg);

L——路段长度(m);

B——路段宽度(m);

H——松铺厚度(m);

ρ_{Lw}——松铺湿密度(kg/m^3);

w_0——粉煤灰原始含水量(%);

w_1——粉煤灰要求达到的含水量(%)。

6 粉煤灰路堤填筑规定

7)粉煤灰路堤的压实度与碾压机具压实功能的大小、摊铺厚度、最佳含水量控制、碾压遍数等因素密切相关。其中,碾压机械压实功能的大小至关重要。总的趋势是要求采用大吨位(20~50t)的振动压路机或振动羊足碾压路机进行压实作业,以取得满意的压实效果。

7 现场压实度检测试验方法,对于细粒土,《公路土工试验规程》(JTJ 051)规定的环刀法和灌砂法两种试验方法均可采用。但实践中发现,环刀法比灌砂法的结果偏小1%左右。因粉煤灰的颗粒较细,应以环刀法为准,而取样位置应在压实层中间部位,以代表压实层的平均水平。

4.4.2 EPS路堤

3 基底处理要达到设计要求的地基压实度。根据国外资料,EPS块体路堤的工程事故多由排水不良引起。因此,应特别注意做好地表水、地下水的排除,始终保持EPS块体基底的干燥,并按设计要求做好垫层。

EPS宜采用人工铺筑。由于EPS很脆,块体较大,搬运中要注意防折。施工质量控制内容主要是平整度和联结牢固程度。EPS铺筑的关键是平整度的控制。

4 关于EPS路堤使用的材料块技术指标要求,国内各省市大体相同,表4-7为沪宁高速公路拓宽施工所采用的技术指标。

表 4-7　路用 EPS 材料的技术指标

技术指标	单　位	技术要求
标准块体尺寸	m	长×宽×高 3.00×1.27×0.63
块体平整度	mm	≤3
密度	kg/m^3	≥20
抗压强度(压应变5%)	kPa	≥50
抗压强度(压应变10%)	kPa	≥110
抗弯强度	kPa	≥150
抗剪强度	kPa	≥120
压缩模量	MPa	≥3.5
体积吸水率(7d)	%	≤1.5
燃烧自灭时间	s	≤3

5 路基排水

5.1 一般规定

5.1.1 水是造成路基病害的主要因素之一，根据《公路排水设计规范》(JTJ 018—97)及《公路路基设计规范》(JTG D30—2004)内容要求，结合路基排水施工情况，对道路排水系统施工作了原则规定。

宜首先施工涵洞、桥梁工程以及路基施工现场内外的地表水、地下水临时和永久排水设施，使工程不受水侵害，保证工程的质量、安全、进度。

5.1.3 季节性冻土地区路基通过水田地段时宜在坡脚设护坡道。

5.1.4 路堑施工中，除应防止上边坡方向的水流入外，另外由于开挖面积较大，在大雨时还应防止大量积水，本条文原则规定了"及时将地表水排走"，各地的实际情况相差很大，施工中应要引起高度重视。

路堑边坡上方，如有泥沼、水塘、沟渠、水田等水源时，应做详细调查，确定其是否有渗水情况，并针对具体情况，采取必要的防渗措施。

5.2 地表排水

5.2.1 边沟

设计没有规定时，边沟深度不得小于400mm，底宽不得小于400mm。

在季节性冻土地区，路基边沟沟底低于路床顶面不得小于0.3m，沟底纵坡不宜小于0.75%，土质边沟底面和侧面宜采用浆砌体铺筑。中重冻地区高等级公路不宜用矩形暗沟式边沟。

5.2.2 截水沟

截水沟应结合地形合理布置并接顺，在转折处应以曲线连接，沟底纵坡不应小于0.5%，以免水流停滞。

截水沟内的水流应避免流入边沟，而应将水流排入截水沟所在山坡一侧的自然沟或直接引到桥涵进口处，以防止在山坡上任其自流，造成冲刷。

加固后的截水沟在山坡上方一侧的砌体与山坡土体连接处，容易产生渗漏水，应严格进行夯实和防渗处理，以防止顺山坡下来的水渗入而影响山坡稳定。

季节性冻土地区，土质截水沟底面和侧面应采用浆砌体铺筑。设置拦水埂的参考技术参数为：内缘距坡顶边线1.0~1.5m，顶宽0.5~0.7m，高度0.4~0.6m，边坡坡度1:1.5。

5.2.3 排水沟

排水沟长度不宜过长，以免流量过大造成漫溢。

5.2.4 急流槽

急流槽要抵御流速大的水流冲刷，必须用浆砌片石、水泥混凝土预制块或水泥混凝土浇筑。急流槽可分进口、槽身、出口三个部分。急流槽底宜砌成粗糙面，用以消能和减小流速。急流槽进水口的喇叭形簸箕口可以很好地汇集流水到槽口。

设计没有规定时，可采用如下断面尺寸：槽底厚度200~400mm，槽壁厚度300~400mm，最小槽宽250mm。

5.2.5 无消力池的跌水

跌水构造可分为进口、台阶、出口三部分。跌水槽身一般砌成矩形。沟槽槽壁及消力池的边墙厚度，浆砌片石为250～400mm，混凝土为200mm，高度应高出计算水位，并且不应小于200mm；槽底厚度为250～400mm。出口部分必须设置隔水墙。

5.2.6 蒸发池

平原地区排水较困难，挖成取土坑后其底部比原地面降低，排水更困难。以取土坑作为蒸发池，在雨水较少地区是一种较经济的选择。

5.2.7 油水分离池

从环境保护的观点出发，公路排水不应对饮用水源、养殖水系造成污染，所排污水应进行净化处理，以保证受纳水系水质符合使用标准。

公路路面排出的污水一般以悬浮物和石油为主，与其他行业比较，公路污水含油量较低，目前常用沉淀法进行处理。由于公路项目上很少采用油水分离池，施工时宜参考《室外排水设计规范》（GBJ 14）、《污水综合排放标准》（GB 8979）。

5.3 地下排水

5.3.1 暗沟（管）

1 暗沟（管）是地面以下引导水流的沟（管），无渗水和汇水的功能。沟底如不埋入不透水层内，则沟底以下含水层的来水不能被截走，仍将渗入路基。

3 寒冷地区的排水暗沟不应用明沟截地下水，以免冻结，失去排水作用。

4 沉降缝可使不均匀沉降或伸缩位移限制在设缝处，缝中应填塞沥青麻絮或浸透沥青的木板或土工合成弹性材料，不致漏水。沉降缝和伸缩缝一般设在同一个位置。

5.3.2 渗沟

渗沟可埋设于路基边沟下面、边坡上或横穿路基。若流水量大，可在填石中或在路基边坡上设置水管等，增大排水量。

全冻路堤在渗沟转弯、变坡处及直线段每隔30～50m宜设渗沟检查井，其直径不宜小于0.8m，井壁应设渗水孔和反滤层，井下通水口与渗沟排水槽（管）同高。边沟下的渗沟检查井应设于边沟外。

3 管式渗沟

管式渗沟是常用的地下排水设施。渗沟的横断面为梯形，沟壁坡度随沟深而减缓。为保证沟内的回填料有良好的透水性，并且在沟内水流渗入排水管时不堵塞管上的槽孔，必须控制回填材料的级配组成（开级配）和细颗粒的含量。

带孔排水管其圆孔直径宜为5～10mm，纵向间距为75mm，按对称的4排或6排设在圆管断面的下半部。带槽排水管其槽宽度为3～5mm（沿管长方向），沿圆周方向的长度和槽口的间距应满足表5-1以及图5-1的要求。

表5-1 带槽孔排水管的槽孔布置要求

管径（mm）	圆孔			槽口		管径（mm）	圆孔			槽口	
	排数	H（mm）	L（mm）	长度（mm）	间距（mm）		排数	H（mm）	L（mm）	长度（mm）	间距（mm）
150	4	70	98	38	75	300	6	140	195	75	150
200	4	94	130	50	100	380	6	175	244	75	150
250	4	116	164	50	100	460	6	210	294	75	150

4 洞式渗沟

在盛产石料地区可采用洞式渗沟，在路基范围外拦截地下水。盖板间留有20mm的缝隙，在盖板顶上铺以透水的土工织物。渗沟的迎水面处应设置多层反滤层，每层由150～250mm厚的粒料组成，其级配组成应满足反滤层要求和排水要求。

排水垫层集料：通过率为15%的粒径应不小于路基土通过率为15%的粒径的5倍，并不大于路基土通过率为85%的粒径的5倍；通过率为50%的粒径应不大于路基土通过率为50%的粒径的25倍。

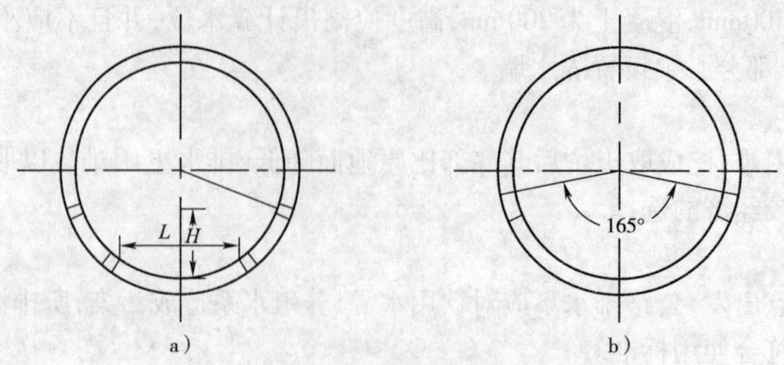

图5-1　带槽孔排水管的圆孔和槽口布置
a)带孔排水管;b)带槽排水管

不均匀系数(指通过率为60%的粒径与通过率为10%的粒径之比值)不大于20。

5　边坡渗沟

边坡渗沟深度视边坡潮湿土层的厚度确定,原则上应埋入潮湿带以下较稳定的土层内或地下水位线以下,最好将沟底置于坚硬不透水层内,应比滑动面低0.5m。

边坡渗沟断面一般采用矩形,宽度为1.2~1.5m,不应小于0.8m。由于引排的地下水流量小,因此沟底填大粒径的石料作为排水通道,沟壁做反滤层,其余空间可利用当地砾石、卵石、碎石、粗砂等渗水好的材料填充。

为保持边坡渗沟稳定,沟底宜挖成台阶式,台阶一般长2~3m,高1~2m,并用浆砌片石砌筑。其下部出水口宜用干砌片石垛支挡渗沟内的填料和排出所汇集的地下水。

6　支撑渗沟

支撑渗沟用于较深(2~10m)滑动面的不稳定边坡,或在路堑、路堤坡脚下部等部位。支撑渗沟是滑坡整治的一种工程技术措施,主要有主干及支干支撑渗沟两种,主沟一般顺滑坡方向平行修筑,支沟一般可与滑坡移动方向成30°~45°的交角,并可延伸到滑坡体以外,起拦截地下水作用。

支撑渗沟的结构形式有条形、枝杈形、拱形等。根据实践经验,不同土质地段支撑渗沟间距见表5-2。

表5-2　支撑渗沟横向间距参考表

土　质	间距(m)	土　质	间距(m)
黏土	6.0~10.0	亚砂黏土	10.0~15.0
重亚黏土	8.0~12.0	破碎岩层	15.0

7　反滤层

用于反滤层的无纺土工布应符合《公路土工合成材料应用技术规范》(JTJ/T 019)的强度基本要求,见表5-3。

表5-3　土工织物强度的基本要求

测试项目	强度单位	用途分类					
		Ⅰ级		Ⅱ级		Ⅲ级	
		伸长率<50%	伸长率≥50%	伸长率<50%	伸长率≥50%	伸长率<50%	伸长率≥50%
握持强度	N	≥1 400	≥900	≥1 100	≥700	≥800	≥500
撕裂强度	N	≥500	≥350	≥400	≥250	≥300	≥175
刺破强度	N	≥500	≥350	≥400	≥250	≥300	≥175
CBR顶破强度	N	≥3 500	≥1 750	≥2 750	≥1 350	≥1 000	≥950

一般情况下,宜采用Ⅱ级;如铺设条件良好,可采用Ⅲ级;如所处环境有冲刷,应采用Ⅰ级。土工织物的单位面积质量宜选用300~500g/m^2。

无砂混凝土块反滤层用在卵石、砾石、粗中砂含水层中效果良好。无砂混凝土是由水泥浆和粗集料

(级配碎石或砾石)黏结在一起而且有透水孔隙的圬工块体,配制时注意要点如下:

(1)粗集料要坚硬致密,粒径大渗透系数大。

(2)水泥用量大则强度高,但渗透系数小。

(3)每次浇注混凝土时宜用扒平后轻轻插入的捣固方法,若过重会减弱其透水性能。投掷高度不宜超过1m,过高投掷会造成水泥浆与石子离析。养生温度宜保持在10℃~20℃。

(4)应进行透水能力的试验。

(5)无砂混凝土的试验数据见表5-4,可供参考。

表5-4 无砂混凝土试验结果汇总表

集料粒径(mm)	灰石比(质量比)	水灰比(质量比)	水泥用量(kg/m^3)	混凝土容重(kN/m^3)	平均强度(MPa)				平均渗透系数(m/d)	含水层
					龄期(d)	抗压	抗弯	对钢筋的黏结力		
10~20	1:6	0.38	253	18.7	32	9.14	1.17	1.12	2 240	卵石、砾石、粗砂
5~10	1:6	0.42	253	18.7	30	11.72	1.72	1.27	1 410	粗砂、中砂
3~5	1:6	0.46	247	18.4	30	8.54	1.51	1.58	337	中砂、细砂

9 渗沟顶部设封层的目的是防止泥砂侵入反滤层和防止地面水进入渗沟。

10 渗沟开挖自下游向上游进行,可使开挖后的沟槽立即做成渗沟,使地下水从渗沟中排走。

5.3.3 渗井

渗井的施工方法通常用铁皮套筒将排水填充材料和反滤层分离,随着填入不同粒径的填料,填料逐渐升高,再逐段拔除铁皮套筒。由于排水渗井易于淤塞、造价高,一般不选用。

挖方路基或全冻路堤,无平面排水条件的路段可设置渗井集聚排除平面水。

5.3.4 土工织物作排水隔离层施工宜选择在旱季,地下水位较低时将土基地面整平,分层压实,构成一定横坡,铺设土工织物,拉平并保持一定松弛度,随之用木桩或石块固定;在隔离层上铺筑路基土时应从中间开始卸料填筑,填料铺筑前严禁车辆在土工织物上行驶。

5.3.5 仰斜式排水孔

仰斜式排水孔施工要求具备专业施工机具和施工队伍。其施工程序可按以下步骤进行:

(1)用钻机在挖方边坡平台上水平方向钻入滑坡体含水层,钻孔的仰斜坡可为10%~20%,然后孔内推插入PVC排水管(可利用钻机将PVC排水管放在钻杆内一起钻入,然后抽回钻杆实现)。

(2)带孔的PVC排水管圆孔直径为10mm,纵向间距75mm,沿管周分三排均布排列,一排在管顶,其他两排在管的两侧,顶排圆孔与侧排圆孔交错排列。

(3)靠近出水口1~2m的长度内,应设置不带槽孔的PVC排水管,并应在进出水口600mm长度范围内,用黏土填塞钻机与排水管之间的空隙,防止泉水外渗影响边坡稳定。

(4)钻达含水层后,钻孔上面的侧面用带过滤器的保孔管保护钻孔。在透水性弱的地基中集水时,整个保护管都要安装过滤器。

由于地质情况复杂,穿过滑动面时,有可能坍孔。另外,有时在钻进过程中遇到坚硬的孤石等,容易引起钻杆弯曲,而不能达到预定的位置,从而达不到排水要求。这时可以采取其他工程措施排除地下水。

为了按设计方向钻进,施工时必须使钻机立轴方向偏出一个角度α,其步骤是:

①钻机定向、整平;

②在向右偏移的方向设置经纬仪,要求钻机立轴线与经纬仪十字丝重合;

③转动机头使立轴仰坡等于起始坡。

根据试验资料分析,得出计算仰坡值的经验公式:

$$H = mx + 0.32e^{0.0905x} \tag{5-1}$$

式中:H——平孔某点相应于经过钻机头的水平线高度(m);

x——钻进的长度(m);

e——自然对数。

如果设计的平均仰坡为 m'，则钻进时的起始坡度 m 可按下式计算：

$$m = \frac{m'x - 0.032e^{0.0905x}}{x} \tag{5-2}$$

一般情况下，仰坡 m' 采用10%。

5.3.6 承压水的排除

一般地区冒出的浅层承压水，如不先消能使之成为无压水，则会四处漫溢，不能引入沟渠排走。

如因地形条件所限，未能埋设到冰冻深度以下时，上层填土可填炉渣或泥炭覆盖保护。

冻结沟应在秋季开挖，冬季封冻以前完成。当地表径流较大时，冻结沟应设置不小于1%的纵坡，以便在雨季时排除地面水。

6 特殊路基施工

6.1 一般规定

6.1.1 特殊路基施工,应根据其特点和具体情况以及必要的基础试验资料,进行经济、技术综合考虑,因地制宜地制订施工方案并实施。

特殊路基处治一般要注意以下四个环节:

(1)对地质资料、土工试验的详细检查,对设计图和实践经验的调查研究。

(2)室内试验和现场试验,特别是对重要工程。

(3)精细施工并注意现场的监测和数据的收集。

(4)反复分析,验证设计,监测工程安全。

6.1.4 用湿黏土、红黏土和中、弱膨胀土作为填料直接填筑时

1 在实际施工中,可以采用如下步骤来判断 CBR 值是否满足条文规定:

(1)分析天然土样的天然含水量、天然稠度。

(2)取天然土样,采用湿土法制作不同含水量(一般可选择相当于稠度在 0.9 ~ 1.4 范围内)的试样,按照《公路土工试验规程》中承载比(CBR)试验测试其 CBR 值。

(3)绘制“CBR-含水量”关系图,根据表 4.1.2 的规定得出路基不同部位填料的含水量范围。

(4)如果该种天然土的天然含水量处于步骤(3)所确定含水量范围内,那么该种天然土可作为填料。

2 以上仅仅确定了天然土是否可作为填料的问题,在实际施工中应特别注意,天然土在碾压前稠度(含水量)必须同时满足两个条件:稠度在 1.1 ~ 1.3 之间、含水量处于步骤(3)所确定含水量范围内。如果天然土在运输、摊铺后不满足以上两个条件,则应均匀调整含水量(一般采用晾晒或者均匀洒水的方式)方可进行碾压。要做到含水量均匀就必须对土块进行击碎(一般宜击碎至粒径在 53 ~ 37.5mm 以下)。由于击碎十分困难,在此过程中十分容易导致土块内湿外干或内干外湿,故均匀调整含水量的幅度比较小。一般情况下,稠度小于 0.9 的天然土均匀调整含水量就十分困难。

条文“碾压时稠度应在 1.1 ~ 1.3 之间”的稠度所对应的含水量是采用《公路土工试验规程》中烘干法所测得的。酒精燃烧法所测得的含水量与烘干法有一定的差值,一般在 2 个百分点左右。烘干法为含水量试验的标准方法。

根据长期的实践经验,上述三种土的压实机械自重宜在 18t 左右。

3 用湿黏土、红黏土和中、弱膨胀土等作为填料,直接采用表 4.2.2-1 的规定作为压实度标准时,存在两个问题:

(1)上述三种土的天然含水量一般大于最佳含水量,要将天然含水量降低到最佳含水量,要将土块击碎并翻晒。土块击碎、翻晒十分困难,还将消耗大量的工期、成本,并且在此过程中十分容易导致土块内湿外干或内干外湿的现象,含水量不均匀。

(2)在自然条件下,上述三种土的含水量将接近塑限,接近饱和状态。根据国内几条高速公路的长期观测结果,认为:湿黏土、红黏土和中、弱膨胀土,压实后无论含水量大小,在长期受自然界影响后,其含水量将接近塑限。

上述三种土达到重型压实的最大干密度时,饱和度一般小于 80% ~ 85%;达到表 4.2.2-1 的规定时,饱和度仍然偏小,随着时间的推移,路基必然吸水,使得土体膨胀,压实度降低,造成路基不稳定、强度降低,甚至达不到路基最小强度要求,路基强度、稳定性均存在问题。

综合来说,压实度如果采用表4.2.2-1的规定,将使大部分这种土不能直接作为路基填料。上述三种土在国内部分省份普遍存在,对这三种土废弃、改良利用的成本都比较高。

条文"压实度标准可比表4.2.2-1的规定值降低1%～5%"仅仅给出了压实度可降低的范围、可降低的最大值,实际施工控制中,不得一律取"降低5%"。根据当地水文土质情况,可通过以下方法确定压实度可降低的具体值:作出可直接碾压的含水量范围内的重型击实曲线,选择该条曲线的最大干密度与该种土在最佳含水量对应的最大干密度的比值作为压实度标准。"可直接碾压的含水量"指稠度在1.1～1.3之间并且含水量处于步骤(3)所确定含水量范围内。

6.2 湿黏土路基施工

6.2.6 水稻田地段路基施工

1、2 水稻田排水疏干是十分重要的工序,尤其是我国南方修筑公路更应重视水稻田排水疏干工作,有了干燥的原地面,才能对原地面进行技术处治。

3 浆砌截水沟、边沟连通,可防止地面水流入或浸入路堑冲刷边坡。浆砌加大尺寸的边沟可作为田路分离的重要标志。

6.2.7 河、塘、湖地段路基施工

浸水路堤除承受普通路堤所承受的外力和自重外,还要承受水的浮力和渗透动水压力的作用。因此,可能受水浸害的部分路堤,应选用水稳性好的材料,分层填筑,分层压实,分层松铺厚度不大于300mm,压实度应符合设计要求,当设计无规定时,应符合本规范表4.2.2-1的规定。

渗透动水压力D作用于浸润线以下土体的重心,平行于水力降坡I,按下式计算:

$$D = I \cdot \Omega_{\beta} \cdot \rho \tag{6-1}$$

式中:I——渗透水力坡降;

Ω_{β}——浸润曲线与滑动面之间的土体面积(m^2);

ρ——水密度。

土的渗透性具有高度的不均匀性和各向异性性质,见表6-1。必须按设计要求挑选填料和控制压实标准。

表6-1 土的渗透性分类

透水程度(cm/s)	渗透性				
	高	中	低	极低	实际不透水
渗透系数k	$>10^{-1}$	$10^{-1}\sim10^{-3}$	$10^{-3}\sim10^{-5}$	$10^{-5}\sim10^{-7}$	$<10^{-7}$

例如,干净砾石k值可达30cm/s,纯黏土则小于10^{-9}cm/s。中等透水性的土(如亚砂土、亚黏土等)在水位骤降时,对边坡稳定性影响较大。

软弱地基或土基应慎重处理,处理不当,则路基易出现沉陷和失稳。例如,一般的固结快剪试验,对于$w=60\%$的淤泥,$c=0.007$MPa;对于$w=45\%$的淤泥质土,$c=0.013$MPa;假定安全系数为1.3,填土极限高度内摩擦角$\varphi=0°$,根据公式$h_1=(\pi+2)c/\rho_1$,取$\rho_1=2\times10^3\text{kg/m}^3$,则:极限填土高度分别为1.4m和2.6m。超过此限值,路基即将出现异常现象。

边坡和堤脚易受水流的冲刷和冲淘,必须按设计要求采取预防措施。

6.2.8 多雨潮湿地区路基施工

1 多雨潮湿地区是指一级区划Ⅳ、Ⅴ区范围内二级区划中的中湿区和过湿区。本区的主要特点是降水量大,平均在1 000mm以上,经常有泥石流、山洪暴发、滑坡等自然灾害发生。特别是水网稻田地区,地下水位高、排水困难、经常降雨,因此土壤过湿,含水量比压实最佳含水量高很多,由此而造成修筑路基按规定要求压实困难。故应采取各种技术处理以达到质量要求。

2 采用含水量大的土填筑路堤一般难以压实到要求的压实度,所以需要换填或者掺入外加剂。

土的天然稠度是指土的液限与天然含水量之差与塑性指数之比,即:

$$w_c = \frac{w_L - w}{w_L - w_P} = \frac{w_L - w}{I_P} \tag{6-2}$$

式中：w_c——土的天然稠度；

w_L——土的液限(%)；

w——土的天然含水量(%)；

w_P——土的塑限(%)；

I_P——土的塑性指数(%)。

路基干湿状态与稠度关系见表6-2。

表6-2　路基干湿状态与稠度关系

路基干湿状态	干　　燥	中　湿	潮　　湿	过　湿
稠度 w_{c0}	$w_{c0} > w_{c1}$	$w_{c1} \sim w_{c2}$	$w_{c2} \sim w_{c3}$	w_{c3}

注：w_{c0}-干燥状态路基常见下限稠度；

w_{c1}-干燥和中湿状态路基的分界稠度；

w_{c2}-中湿和潮湿状态路基的分界稠度；

w_{c3}-潮湿和过湿状态路基的分界稠度。

土基干湿状态的分界稠度建议见表6-3。

表6-3　土基干湿状态的分界稠度建议值

干湿状态 / 土质类别	干燥状态	中湿状态	潮湿状态	过湿状态
	$w_c \geq w_{c1}$	$w_{c1} > w_c \geq w_{c2}$	$w_{c2} > w_c \geq w_{c3}$	$w_c < w_{c3}$
砂质土	$w_c \geq 1.20$	$1.20 > w_c \geq 1.00$	$1.00 > w_c \geq 0.85$	$w_c < 0.85$
黏质土	$w_c \geq 1.10$	$1.10 > w_c \geq 0.95$	$0.95 > w_c \geq 0.80$	$w_c < 0.80$
粉质土	$w_c \geq 1.05$	$1.05 > w_c \geq 0.90$	$0.90 > w_c \geq 0.75$	$w_c < 0.75$

6.3　软土地区路基施工

6.3.3　浅层处治

1　当泥沼及软土厚度小于2.0m时可换填软基。对非饱和黏性土的软弱表层，也可添加适量石灰、水泥进行改良处治。

2　抛石挤淤一般用于以下情况下：泥沼及软土厚度小于3.0m，且其软层位于水下，更换土施工困难或基底直接落在含水量极高的淤泥上，稠度远超过液限，呈流动状态。一般认为，抛石是经济、适用的。当淤泥较厚、较稠时，选用本法须慎重。

6.3.4　砂(砾)垫层

1　当采用砂(砾)垫层与排水固结法综合处治软基时，垫层材料含泥量不大于3%。当采用天然级配砂砾石时，上海地区规定最大粒径不大于100mm。

2　碾压法施工时，最优含水量一般控制在8%～12%。摊铺厚度为250～350mm，压实机具宜采用自重60～100kN的压路机。

6.3.5　土工合成材料

2　土工合成材料施工规定

1)土工聚合物的铺设施工根据使用条件、施工机具等研究施工方法。但在任何情况下均应注意土工纤维的有效性和施工方法是否得当，必须精心施工，注意均匀、平整及端头的位置和锚固。

3)为保证土工聚合物的整体性，采用缝接法时可用尼龙线或涤纶线缝接，方法有对面缝和折叠缝两种。一般多采用对面缝，缝接处强度可达到纤维强度的80%，基本能满足要求。如果用折叠缝，应用双道缝合线，可取得更高的强度。施工时最好采用移动式缝合机，避免漏缝及断线等。

6.3.6　袋装砂井

1　砂袋可采用聚丙烯、聚乙烯、聚酯等长链聚合物编织，以专用缝纫机缝制或工厂定制，目前国内普遍采用的是聚丙烯编织。该材料抗老化性能差。

砂除满足条文中的质量要求外，还应保持干燥，不宜采用潮湿填料，以免袋内填料干燥后体积减少，造成短井。

2　袋装砂井施工机械一般为导管式的振动打设机械，只是在行进方式上有差异。我国一般采用的打设机械有轨道门架式、履带臂架式、步履臂架式、吊机导架式。

3　施工质量

由于砂袋制作过程中直径的精确度不高，灌砂率计算出入很大，颇难掌握和检验。有些地方法规(如上海)对灌砂率未予以规定。考虑到国内大部分地区仍按此规定执行，故本规范仍保留灌砂率允许偏差为 -5% 的规定。

6.3.7　塑料排水板

目前国内生产的塑料排水板，仅有企业标准，其测试项目不尽相同，试验方法也不完全一致。表 6-4 所列材料技术指标要求选自浙江省沪杭甬高速公路拓宽工程技术规范中的有关规定。

表 6-4　塑料排水板技术指标

<table>
<tr><th colspan="3" rowspan="2">项　目</th><th rowspan="2">单位</th><th colspan="2">设计板深(m)</th><th rowspan="2">备　注</th></tr>
<tr><th><10</th><th>≥10</th></tr>
<tr><td rowspan="2">材料</td><td colspan="2">芯板</td><td></td><td colspan="2">聚乙烯或聚丙烯塑料</td><td></td></tr>
<tr><td colspan="2">滤膜</td><td></td><td colspan="2">黏合型涤纶无纺土工布</td><td></td></tr>
<tr><td rowspan="5">复合体</td><td colspan="2">厚度</td><td>mm</td><td>4.0 ±0.2</td><td>4.5 ±0.2</td><td></td></tr>
<tr><td colspan="2">宽度</td><td>mm</td><td>100 ±2</td><td>100 ±2</td><td></td></tr>
<tr><td colspan="2">单位长度质量</td><td>g/m</td><td>80 ~ 110</td><td>90 ~ 130</td><td></td></tr>
<tr><td colspan="2">抗拉强度</td><td>kN/10cm</td><td>>2.0</td><td>>2.5</td><td>延伸率≤10% 时</td></tr>
<tr><td colspan="2">纵向通水量</td><td>cm^3/s</td><td>>50</td><td>>65</td><td>侧向压力为 350kPa</td></tr>
<tr><td rowspan="9">滤膜</td><td colspan="2">单位面积质量</td><td>g/m^2</td><td>>110</td><td>>110</td><td></td></tr>
<tr><td rowspan="2">抗拉强度</td><td>干态</td><td>N/cm</td><td>>40</td><td>>40</td><td>延伸率 10%</td></tr>
<tr><td>湿态</td><td>N/cm</td><td>>50</td><td>>50</td><td>延伸率 15%，水中浸泡 24h</td></tr>
<tr><td rowspan="2">梯形撕裂</td><td>纵向</td><td>N</td><td>>100</td><td>>100</td><td></td></tr>
<tr><td>横向</td><td>N</td><td>>115</td><td>>115</td><td></td></tr>
<tr><td colspan="2">湿态断裂延伸率</td><td>%</td><td>>20</td><td>>20</td><td>水中浸泡 24h</td></tr>
<tr><td colspan="2">渗透系数</td><td>cm/s</td><td>$\geqslant 5\times10^{-3}$</td><td>$\geqslant 5\times10^{-3}$</td><td>水中浸泡 24h</td></tr>
<tr><td colspan="2">有效孔径</td><td>mm</td><td>0.07 ~ 0.12</td><td>0.07 ~ 0.12</td><td></td></tr>
</table>

2　塑料排水板施工规定

3)因塑料排水板搭接的质量往往难以控制，实际效果不好，故禁止搭接。

6.3.8　真空预压、真空堆载联合预压

真空预压法加固地基的基本原理是利用薄膜密封技术，在膜下形成真空，使薄膜内外产生一个气压差，地基在等向气压差作用下进行排水固结。在固结终了时，地基的真空压力就全部转化为有效应力。由于真空预压荷载是等向的，地基中不产生剪应力，故地基不存在剪切破坏的问题，所以真空荷载可一次施加，而不必像堆载那样要分级。因此，真空预压法可大大地缩短预压时间。

真空预压法与排水板堆载预压法相比，其主要优点是加荷时间短、工艺简单、造价低，地基不存在失稳问题，通常在设计荷载不超过 80kPa 的地基上采用是较适宜的。

6.3.9　砂桩

在软弱黏性土地基中使用砂桩与原地基构成复合地基，砂桩在软弱黏性土地基中有置换和排水两个作用。地基承载力增大率和沉降量减少率与置换率成正比。国内在淤泥质亚黏土和淤泥质黏土中形成的砂桩复合地基上进行的荷载试验，其沉降可比天然地基减少 20% ~30%。排水作用加快地基的固结沉降。

对砂桩质量要求严格或要求小直径管打大直径砂桩时,可以采用双管冲击成桩法或单管振动重复压拔管成桩法。

6.3.10 碎石桩

利用一个产生水平向振动的管状设备,以高压水流边振边冲在软弱黏性土地基中成孔,在孔内分批填入碎石加以振密制桩,与周围黏性土形成复合地基,这种加固技术称为振冲置换法或碎石桩法。与排水固结法相比,其加固期短,可以采用快速连续加载方法施工路堤,对缩短工期十分有利。

1 制作桩体填料宜就地取材,凡碎石、卵石、砂砾、矿渣、碎砖等都可使用,但风化石块不宜采用。各类填料含泥量均不得大于10%。对填料颗粒级配没有特别要求,填料的最大粒径一般不大于63mm,粒径过大不仅容易卡孔,而且能使振冲器外壳强烈磨耗。

4 施工质量检验,常用的方法有单桩荷载试验和动力触探试验;加固效果检验,常用的方法有单桩复合地基荷载试验和多桩复合地基大型荷载试验。

根据交通部重庆公路科学研究所1990年研究资料,对碎石桩结合荷载试验,进行了动力触探对比试验,提出表6-5中的建议值,作为判别桩体密实度标准,此时单桩承载力不低于600kPa。

表6-5 碎石桩密实度判别标准建议值(重庆)

每阵击贯入深度 Δ_S(mm)	每阵击锤击数 $N_{63.5}$(击)	密实程度	每阵击贯入深度 Δ_S(mm)	每阵击锤击数 $N_{63.5}$(击)	密实程度	每阵击贯入深度 Δ_S(mm)	每阵击锤击数 $N_{63.5}$(击)	密实程度
100	>7	密实	100	5~7	不够密实	100	<5	松散

中南勘察设计院提出采用表6-6的判别准则,以检验碎石桩的密实程度。

表6-6 碎石桩密实度判别标准(湖北)

连续5击下沉量(mm)	密实程度	连续5击下沉量(mm)	密实程度
<70	密实	100~130	不密实
70~100	不够密实	>130	松散

6.3.11 加固土桩

1 加固土桩主要是以水泥、石灰、粉煤灰等材料作为固化剂的主剂,利用深层搅拌机械和原位软土进行强制搅拌,经过物理化学作用生成一种特殊的具有较高强度、较好变形特性和水稳性的混合柱状体。它对提高软土地基承载能力,减少地基的沉降量有明显效果。

6.3.12 水泥粉煤灰碎石桩

水泥粉煤灰碎石桩(简称CFG桩)是在碎石桩的基础上发展起来的,由于桩体中加入了水泥和粉煤灰形成了高黏结强度的桩,从而改善了碎石桩的刚性,不仅能很好地发挥全桩的侧摩阻作用,同时,也能很好地发挥其端阻作用,CFG桩和桩间土、垫层一起形成复合地基。

1 材料要求

CFG桩的粗集料一般采用碎石或卵石。泵送混合料时,卵石最大粒径宜为26.5mm,碎石最大粒径宜为19mm。

采用振动沉管时,集料最大粒径不宜超过63mm。为使级配良好,宜掺入石屑或砂填充碎石的空隙。水泥一般采用32.5级普通硅酸盐水泥。

2 成桩试验需要达到以下目的:

(1)确定符合设计要求的施工工艺和施工速度。

(2)确定合理的投料数量。

(3)确定桩的质量标准。

3 CFG桩施工

CFG桩施工一般采用振动沉管机械设备,因此其施打顺序对成桩质量影响较大。根据经验,一般采用隔桩跳打,此时很少发生桩径被挤小或缩径现象,所以打桩顺序一定要合理。另外,由于断桩或缩径与地表隆起及桩顶的位移有直接联系,所以施工中应注意对地表和已打桩顶位移的测量。一般桩顶位移超过

10mm 时,需要对桩体进行开挖查验。为保证桩体质量,混合料一定要均匀,且投料要充分。混合料坍落度一般宜为 100mm 左右。

4　施工质量

质量检验一般应在达到 28d 龄期后进行,桩的平面位置可用经纬仪或皮尺检测,桩身质量可用低应变试验检测,而单桩和复合地基承载力可采用静载荷试验检验。

6.3.13　Y 形沉管灌注桩

Y 形沉管灌注桩是一种派生于传统的沉管灌注桩(圆形)的异形沉管灌注桩。根据"同等截面,多边形边长之和大于圆形周长"的原理,桩侧表面积增加,摩阻力相应增加,即等长等体积的 Y 形沉管灌注桩比传统的圆形沉管灌注桩侧面积增大、单桩承载力提高。

Y 形沉管灌注桩处理公路软基是按桩式路堤设计的。浙江省申苏浙皖高速公路首先进行了试验研究。

Y 形沉管灌注桩实施的关键在于桩模内设置了中隔板。沉管灌注桩的桩模在沉灌成桩过程中承受的是压缩和挤涨频繁变换的交变荷载,由于非圆形桩模断面与圆形桩模相比周边存在节点,交变荷载在节点处产生的应力集中会导致节点焊缝早期疲劳破坏。中隔板的设置使应力集中区和焊缝位置错开,固有的矛盾得以化解。而中隔板在临近出口处设有渐变段,逐步过渡到与桩模外形一致,不会影响 Y 形桩的成型。

Y 形沉管灌注桩的施工机具可采用传统圆形沉管灌注桩的施工机具,但由于侧摩阻力的提高,沉拔桩的摩阻力相应也会提高,在机具选型时必须充分考虑。

Y 形沉管灌注桩的施工操作与传统圆形沉管灌注桩没有本质上的区别,由于桩模内腔相对比圆形灌注桩的桩模狭窄,混凝土的坍落度可适当相应增加,具体数值因土的性质不同而不同,应通过试桩(确保必要的充盈系数)来确定。

Y 形沉管灌注桩用于公路软基处理大多采用素混凝土桩,虽然与传统圆形沉管灌注桩相比施工成桩完整性相对提高,但与钢筋混凝土沉管灌注桩的施工相比,由于缺少钢筋笼的约束,还是应注意防止在软硬交替层产生缺陷,必要时可采取分区开挖浅层应力释放沟的措施以减少表层硬壳层的侧向位移,避免形成位移叠加效应。

Y 形沉管灌注桩施工应注意控制桩和桩台的同心度,避免桩台接合部产生偏心受压。

6.3.14　薄壁筒型沉管灌注桩

薄壁筒型沉管灌注桩是一种派生于传统的圆形沉管灌注桩的沉管灌注桩,利用一个内外双管及桩靴结构,配备中高频振动锤,形成密封管状系统沉孔,并灌注混凝土,形成大口径薄壁筒桩。它的主要工作原理是高频振动沉孔、自动排土成桩。在软弱黏土地基中使用薄壁筒型沉管灌注桩与原地基构成复合地基,以增强地基承载力及有效阻抗地基滑动,提高地基稳定性,大幅度降低地基工后沉降。同时薄壁筒型沉管灌注桩也可以直接支承在砂砾层或风化岩层中,起到支承-摩擦桩的作用。按照工程设计的需要可以配置钢筋笼薄壁筒型沉管灌注桩,也可以是素混凝土薄壁筒型沉管灌注桩。桩长可以单节一次性成桩,也可以是接管型多节长桩(目前实际工程最长已达 40m,在温州半岛海堤工程中使用)。壁厚为 80 ~ 200mm,桩径为 0.6 ~ 2m,在工程需要及地质条件许可条件下,还可发展出更长、直径更大的桩型,例如唐山曹妃甸围海大堤中采用的薄壁筒型沉管灌注桩直径为 2m。

6.3.15　静压管桩

静压管桩(打入桩)在建筑地基基础工程中应用广泛,施工工艺成熟。预应力管桩在浙江省沪杭甬高速公路拓宽工程、申苏浙皖高速公路中用于处理桥头软基,效果很好,但造价非常昂贵。

2　先张法预应力管桩均为工厂生产后运到现场施打。

3　先张法预应力管桩,强度较高,锤击性能比一般混凝土预制桩好,抗裂性强。因此,总的锤击数较高,相应的电焊接桩质量要求也高,尤其是电焊后有一定间隙时间,不能焊完即锤击,这样容易使接头损伤。

6.3.16　强夯

强夯法,即"强力夯实法",或叫"动力固结法"。它是将很重的夯锤从高处自由落下,给土体以冲击和振动，从而提高地基的强度，降低土体的压缩性。它是在重锤表层夯实法的基础上发展起来而又与重锤表层夯实法不同的一项加固技术。

关于强夯法加固地基的机理，国内外的看法还很不一致。现在一般的看法是，地基经强夯后，其强度提高过程可分为以下几个阶段：夯击能量转化，同时伴随强制压缩或振密（包括气体的排出，孔隙水压力上升）；土体液化或土体结构破坏（表现为土体强度降低或抗剪强度丧失）；排水固结压密（表现为渗透性能改变，土体裂隙发展，土体强度提高）；触变恢复并伴随固结压密（包括自由水又变成薄膜水，土的强度继续提高）。

6.3.17 强夯置换

强夯置换是强夯用于加固饱和软黏土地基的方法。强夯置换法的加固机理与强夯法不同，它利用重锤高落差产生的高冲击能将碎石、片石、矿渣等性能较好的材料强力挤入地基中，在地基中形成一个一个的粒料墩，墩与墩间土形成复合地基，以提高地基承载力，减小沉降，对墩周土体作用同强夯法。在强夯置换过程中，土体结构破坏，地基土体产生超孔隙水压力，但随着时间的增加，土体结构强度会得到恢复。粒料墩一般都有较好的透水性，利于土体中超孔隙水压力消散产生固结。

6.3.18 软土地区路堤施工

1 软土地区路堤施工应尽早安排，一般提倡给予路堤充裕的自然沉降时间，使地基固结，逐渐趋于稳定。

2 软土地区地表面层往往存在厚度不等的硬壳层，它可以使路堤底部所受应力得到扩散，起到支承作用，因此应加以保护，并充分地利用。尤其是对于低路堤，当稳定的硬壳层达到一定厚度时，甚至无需采用任何深层技术处理措施，便得到沉降量最小的效果。

4 软土路堤在填筑过程中，曾发生过不少侧向滑移、纵向开裂、剪断桥台及其桩基，以及毁坏邻近房屋和农田等事例，为了保证施工及安全，必须注意严格控制施工速率。

本规范规定控制填土速率的标准：沿路堤中线地面沉降速率每昼夜不宜大于10~15mm（对于刚性桩处理深厚软基、浅层软基处理可取10；对于采用塑料排水板处理深厚软基可取15）；坡脚水平位移每昼夜不宜大于5mm，而且每填一层土，应测定一次。有关工程采用的技术标准见表6-7。

表6-7 有关工程采用的技术标准

工程名称 标准(cm)	京津塘 高速公路	杭甬 高速公路	佛开 高速公路	深汕高速 公路试验工程	泉厦 高速公路工程	《公路路基 施工技术规范》 (JTJ 033—95)
垂直沉降	1.0	≤1.0	<1.0	1.3~1.5	1.0	≯1.5
水平位移	0.5	≤0.5	<0.5	0.5~0.6	0.2	≯0.5

5 软土地基施工时，要特别注意路堤和桥涵、通道等人工构造物衔接部位的施工，以尽量减少因不均匀沉降而出现的“跳车”现象和为此而投入的经常维修工作。

根据各地的经验，一方面要求桥台处路堤应提前施工预压；另一方面是桥背填土采用内摩擦角大于35°的渗水性土或采用轻质材料填筑，并注意分层压实，对压路机难进场工作的部位用小型夯机夯实。

8 吹填砂路堤施工

吹填砂路堤的砂料场，应尽量选在靠近软土施工地段的通航海湾或河流上，并事先对料场进行认真调查，使砂料的质量及储量得以保障。

吹砂路堤的盲沟，一般在吹填完成后开挖修筑，以免吹填时被泥水淤塞，丧失排水能力。盲沟可全由干砌片石修筑，或在沟壁上盖以混凝土板，内填片石亦可；盲沟尺寸及距离，应根据计算确定。

路堤吹填时，往往有大量河水及泥土流出，应迅速加以排除。排除时要与当地农田、水利等有关部门取得联系，以免造成危害。在不容许大量吹填泥水横向排除路段，应修筑不透水挡土堤，以引导水流纵向流到合适位置再行排除。

凡砂料直接暴露的路堤，均应铺筑包边土，以防路堤崩塌和冲刷，它也是对边坡的一种防护方法。

包边土可采用黏性土修筑，厚度一般为0.4~1m。

在铺包边土前，应对填砂路堤的边坡坡度按设计要求进行修整。

9　矿渣路堤施工

矿渣是高炉重矿渣的简称,是炼铁高炉的熔渣,从高炉运到渣场后,在大气中自然冷却凝固的废渣;或在凝固时通过浇水使之受冷破碎,或经过一定时间的自然消解,再经过破碎加工,即为矿渣碎石。用这种材料填筑的路堤具有慢性凝结板整体性作用,强度高、造价低。其一般性质见表6-8、表6-9。

表6-8　矿渣主要化学成分(%)

SiO_2	Al_2O_3	CaO	MgO	Fe_2O_3	MnO
25~40	20~50	20~50	0.5~4	0~2	0~5

表6-9　矿渣一般物理、力学性质

相对密度	松方密度(t/m^3)	压碎值(%)	吸水率(%)
2.06~2.86	1.15~1.30	33.8~36.0	10.0

6.3.19　路堤施工观测

在软土地基上修筑公路路堤,最突出的问题是稳定和沉降。为掌握路堤在施工期间的变形动态,必须进行动态观测。动态观测项目除设计有明确要求的外,一般视工程的重要性和地基的特殊性,以及观测对施工的影响程度等来确定。高速公路、一级公路或二级公路设计车速高,路面平整性要求高,因此,规定施工过程中必须进行沉降和稳定观测,一方面保证路堤在施工中的安全和稳定,另一方面能正确预测工后沉降,使工后沉降控制在设计的允许范围之内。

观测点应设置在需要观测的位置,它将直接反映出测点处地基变形情况,因此,测点的设置位置不仅要根据设计要求,同时还应针对施工掌握的地质、地形等情况调整或增设。

沉降和稳定等观测点最好设在同一横断面上,这样有利于测点看护,便于集中观测,统一观测频率,更重要的是便于各观测项目数据的综合分析。

测点保护工作十分重要,很多试验由于观测后期对测点保护不力,或不保护,致使测点破坏或管子阻塞而无法继续观测,造成前功尽弃。因此,在本条中强调了对测点的保护,旨在保证观测工作能善始善终,取得满意成果。

观测频率应与位移速率相适应,位移越小,观测频率越小;反之位移越大,观测频率越高。一般路堤在极限高度以下,位移较小,观测次数可少些。极限高度以上填筑时,路堤极易失稳,因此,要求每填一层均要观测,间歇期要增加测次;当位移曲线骤然变大时,更要跟踪观测,分析原因,并考虑是否需要采取措施。

7　稳定性观测

1)对地基稳定性最好是埋设深层测斜管进行观测,但由于测斜管埋设难度大,测定工作量也大,对生产路段来说不太现实,因此,一般均通过在路堤趾部以外埋设位移边桩来观测其位移情况。由于其简单易测,故为一般工程所常用。

地面横向位移标(边桩)观测断面纵向的设置间距(100~200m)是以目前国内几条高速公路通常采用的间距为依据确定的,其中考虑了既要了解掌握地基位移情况,又不致给施工单位增加过大的工作量。这里重点强调了桥头纵向坡脚、填挖交界的填方端、沿河等特殊路段应酌情增加设置观测点,因为这是极易失稳的部位,故本款对这些特殊路段提出增加测点的要求。

2)边桩的设置个数是以控制路基稳定为目的而确定的。如果路基失稳,路堤两侧一定范围内必定会有隆起的迹象,因此,边桩应打在最可能隆起的部位。根据有关试验路资料和工程实践,一般地基失稳隆起位置大都在路堤两侧坡脚以外3~5m的地方,因此,本款除要求在这一范围内设置边桩外,还要求应结合根据地基条件预测的可能出现的滑裂面位置,来设置位移边桩。

边桩的长度应是原地面以下要求的埋深加所穿过的填筑层厚度和外露高度之和。

工作基桩是作为控制测点的基准桩,因此,必须打设在变形区以外。一般软土地基多在平原地区,软土区域分布很广,靠数米长的预制桩打入作为控制基桩不保险(人为影响而变位)。因此,建议采用废弃钻孔无缝钢管作为桩身，采用钻孔设备打入，可使桩身埋入土中10m以上，这样可保证基桩的基准性和测点的长期观测。

3）校核基点用以控制工作基点，要求布设在变形区以外地基稳定的地点。平原地区可用预制混凝土桩或无缝钢管（钻孔废弃的）作桩体，打入深度要求大于10m。丘陵或有岩体露头的区域，可采用预制混凝土桩打到硬土层或直接以坚硬的露头岩体作基点。总之，校核基点（桩）在使用过程中不能有位移。

4）地基土体内部水平位移的观测，首先需要深埋测斜管，通过测斜仪进入测斜管测定沿深度方向各点的水平位移值。测斜管的埋设要求很高，既要埋深至无水平位移的深层硬土中，又要严格控制测斜管在土中的垂直度，而且观测工作量也较大，故一般不作为常规施工生产路段的观测项目。但沿河、临河等凌空面大而稳定性很差的路段，为防止施工中路基失稳或有效地控制路基填筑速率，根据需要确定进行这一观测项目。

8 沉降观测

路堤施工沉降观测的目的主要有三个：一是控制填土速率；二是根据实测沉降曲线观测地基固结情况，根据推定的残余下沉量确定填方预留沉降量、余宽及涵洞的预留沉降量和断面余量，同时确定构造物和路面结构的施工期；三是实测路堤沉降，为施工计量提供依据。因此，一般软土地基路段施工，要求每间隔200m左右设置一个观测点。桥头引道路段至少设置3个观测断面，第一块沉降板应设置在桥头搭板末端或桥台桩位处（有台前预压时），沉降板间距离不宜超过50m。

无论在纵向还是在路堤横向，沉降板布点越多，测得的结果越能反映路堤沉降的真实性。但测点越多，无论是费用还是测试工作量、测点保护工作量和测点对施工的影响等方面因素都有增加，从满足需要与施工便利性考虑，一般路段沉降板设置在路中心，桥头引道增设路肩及坡趾（可用边桩兼测）测点。

沉降板结构除测杆使用具有一定刚度的金属管较妥外，底板也可用混凝土浇制，保护套管可用硬质并具有一定强度的塑料管。保护管的作用是使测杆处于自由状态，防止测杆与路基填料直接接触发生摩擦，影响沉降观测结果。

测杆顶应略高于套管上口，这是因为观测时水准尺要直接置于测杆顶，若套管高于测杆则无法立尺。

盖顶距碾压面高度不宜大于0.5m，有两个原因：一是沉降板接长后自由高度过大时易损坏，自然力和人力作用易折断或弯曲，标高变化或者测杆与套管卡住，而不反映正确的沉降量；二是自由高度过大，则立尺不稳定或无法立尺。

观测仪器采用S_1及S_3水准仪。S_1水准仪作二等水准测量用，主要用于工作基桩和校核基桩标高检测；S_3水准仪作三等水准测量，主要在填筑过程中用于观测沉降。

利用工作基准桩及校核基桩观测水平位移和沉降，可以了解到地基变形范围及桩本身处的变位情况。

9 沉降测点保护与位移测点保护同样重要，除考虑施工机械碰撞外，还应考虑现场环境、人为因素的损坏。

6.4 红黏土地区路基施工

红黏土（red clay）：碳酸盐类岩石在亚热带温湿气候条件下经风化后形成的褐红色黏性土。压实后水稳性较好，强度较高。

6.4.2 处理措施有：

（1）掺加砂砾能改善高液限土（红黏土）的液限、塑性指数以及CBR值，当粗粒料含量大于35%～40%时一般能达到标准土质的填筑要求。

（2）随着砂砾含量的增加，对裂缝的抑制作用愈来愈明显，抗裂性能得到相应提高。

（3）化学改良（掺入石灰、水泥等外加剂）可有效降低含水量，提高强度，同时又可降低塑性指数，提高水稳性。

(4)包边法：将不能直接填筑的红黏土进行隔水封闭。外包材料为水稳性较好的低液限土。但是对于碾压稠度偏低(小于1.15)导致难以压实的红黏土应避免采用此法。对于该法，建议用于下路堤填筑。

6.5 膨胀土地区路基施工

膨胀土是指土中黏粒成分主要由亲水性矿物组成，同时具有吸水膨胀、失水收缩两种变形性质的高液限黏土。凡是同时具备下列两个条件的黏土即可判断为膨胀土：液限大于或等于40%；自由膨胀率大于或等于40%。

膨胀土根据其膨胀率大致可分为强、中、弱三级，一般在设计文件中有规定，也可取样通过土工试验而定。按照自由膨胀率Fs，膨胀土可分为：

弱膨胀土：40%≤Fs<65%

中等膨胀土：65%≤Fs<90%

强膨胀土：Fs≥90%

强膨胀土难于捣碎压实，故条文规定不应作为路堤填料。对于中、弱性膨胀土，经处理(一般掺石灰)可作为路床填料，用作高速公路路面底基层石灰土也有成功实例。要求处治后的中、弱膨胀土的塑性指数降到满足施工要求，便于粉碎压实，浸水CBR强度符合本规范表4.1.2的规定。在这样的条件下，处治后的土，经压实之后是稳定的。作为路堤填料的膨胀土，高速公路及一级公路宜进行处治；如采用包边的方法，并及时采用浆砌片石护坡，亦可不加处治。弱膨胀土可作为三、四级公路的路堤填料，在水文条件较好时，亦可不作处理。条文对膨胀土地区路堑施工也作了相应的规定，其目的是保持这类土的水稳性。

中、弱膨胀土改性后作为路堤填料已在公路建设中普遍使用，并取得成功。在使用时都是在膨胀土中掺一定量的石灰，对土进行改性，即“砂化”，主要使膨胀土砂化，降低塑性指数、含水量，便于粉碎、压实，同时也降低膨胀土的膨胀量，提高膨胀土的强度和水稳性。

石灰掺量的多少与膨胀土的矿物组成有关，与改性后的性能要求有关，必须由试验确定。施工时还应注意以下几点：

(1)中、弱膨胀土改性掺石灰的用量应由试验确定。

(2)掺石灰宜分两次进行。第一次掺石灰是为“砂化”，降低塑性指数，便于粉碎；第二次掺石灰是为提高强度，控制膨胀量。“砂化”的时间视土块程度而定，第二次掺石灰的剂量视浸水CBR值要求大小而定。

(3)膨胀土掺石灰后，土与石灰在化学与物理化学作用下，进行离子交换作用、碳酸化作用、结晶作用、灰结作用，随着时间的延长，混合料中的钙、镁含量要衰减，最终为零，灰土的干密度也要随之衰减，而灰土的强度随之增大。

(4)掺石灰后，一定要控制土块粉碎后的大小，宜将16mm粒径的土块控制在15%以内。否则大土块多达不到改性的目的，吸水后强度下降造成质量问题。

6.6 黄土地区路基施工

6.6.1 黄土路堤的边坡容易遭受雨水冲淘，防水措施极为重要，故成型后的路堤应及时拍紧、整平、刷顺，做好排水防护工程，防止受雨水的浸害。

6.6.2 基底处理

3 防止黄土地基受水浸而湿陷，可按设计要求或根据实际情况采用垫层法、强夯法、冲击压实法、素土桩(石灰桩、碎石桩)挤密加固法、重锤法、换填土、预浸水法、灰土改性加强、压力注浆法、单液硅化或碱液加固法等措施加固黄土地基，加固的目的是提高土层的承载力，减少路堤下沉量。一般情况下，地基处理范围为：大于基础的平面尺寸，每边宽出基础外缘的宽度不宜小于3m。

6.6.3 黄土地区多半干旱少雨，水源稀缺。高岗土一般偏干，低于或稍低于最佳含水量，采用15t以上重型压实机具，控制层厚，可以获得满意的压实效果。低阶地和农业灌溉区含水量一般偏大，一级以上公路施工为争取时间，通常采用加入石灰的处理方法，十分有效，拌和一般采用稳定土拌和机，其压实厚度不宜大于200mm。

路堤压实宜采用重型振动羊足碾，松铺厚度250~300mm，一般碾压5~7遍，即可达到规定的压实度。如采用50t特重型压路机，松铺厚度可达400mm。准确控制松铺厚度，是保证压实度的前提。

当采用振动压路机时，第一、二遍不振动静压，采用低碾压速度，先慢后快，一般为2~4km/h，继而由弱振至强振，但最大行驶速度不宜超过6km/h。

在碾压时，严格掌握土的含水量，可略小于试验的最佳含水量，低于最佳含水量1%~2%，压实效果会更好一些。碾压过程中，要注意碾压遍数。如增加碾压遍数，会造成路基表面出现土质干裂成粉(约10~20mm厚)，继续增加碾压遍数，干裂深度会加深，反而难以压实，所以应注意碾压吨位与碾压遍数的协调，做到一次压实成功。

黄土地区路床的土基强度应符合设计要求，当不能满足要求时，应对原土进行处治。

路堤填筑，应充分考虑黄土特性，土方工程完成后，其断面应满足设计要求。

压实质量的好坏直接影响路基的整体强度、稳定性，压实是公路工程施工过程中的一个重要环节。根据黄土地区近几年的路基施工经验，增加该条文。

高路堤路基边缘部分通常两侧每边加宽0.3~0.5m，路堤完工后进行刷坡，一般刷0.7~1m高，然后做一外倾的护坡道，并将下部刷顺，夯拍紧密。

6.6.4 黄土是一种特殊的土，遇水之后强度变化很大。高速公路、一级公路交通量大，平整度要求较高，为确保高速行车舒适，营运中路床不产生变形，故对上路床的土质提出了强度的规定。

6.6.5 黄土经水的冲蚀形成的暗沟、暗洞、暗穴等统称陷穴，它的危害很大。黄土陷穴是由黄土的某些特性(垂直节理、多孔性、大孔性、含可溶盐等)所引起的一种物理地质现象。

当黄土类土受水浸泡时，水一方面溶解黄土中的可溶盐，另一方面在黄土微粒间起着润滑作用，使黄土微粒在自重作用下发生位移下沉，使地表发生沉陷现象。故条文规定，应将地表水、地下水引入防渗层的水沟内排走。

水的潜流溶解黄土中的可溶盐，破坏黄土结构，松动黄土微粒及其集合体，并携带它们流向出口。这样逐渐掏蚀黄土体，使其中产生暗穴。暗穴的洞壁坍塌，又使其逐渐扩大。

陷穴有多种类型，一般多呈竖井状及串珠状。在地形起伏多变、地表径流容易汇集的地方和在土质松散、垂直节理较多的新黄土中，最容易形成陷穴。在填方路堤中，填土夯实密度不足是陷穴病害的主要根源。陷穴对公路运输畅通和安全具有相当大的危害，一般均需按条文规定进行处理。

2 黄土陷穴处理可以采用以下措施：

(1)灌砂法：本法适用小而直的陷穴，以干砂灌实整个洞穴。

(2)灌浆法：本法适用洞身不大，但洞壁起伏曲折较大，并离路基中线较远的小陷穴。施工时先将陷穴出口用草袋装土堵塞，再在陷穴顶部每隔4~5m打钻孔作为灌浆孔，待灌好的土浆凝固收缩后，再在各孔作补充灌浆，一般需要重复2~3次，有时为了封闭水道也可灌水泥砂浆。

(3)开挖回填夯实：本法适用于各种形状的陷穴，填料一般用就地黄土，并分层夯实。

(4)导洞和竖井：本法适用较大、较深的洞穴。由洞内向外逐步回填夯实，在回填前，应将穴内的虚土和杂物彻底清除干净。当接近地面0.3m时，应用老黄土或新黄土加10%的石灰拌匀回填夯实。

6.7 盐渍土地区路基施工

6.7.1 路堤填料

1 盐渍土作为路堤填料的适用性，首先与其所含易溶盐的性质和数量有关。盐渍土按含盐性质分类见表6-10，按盐渍化程度分类见表6-11。其次与所在自然区域的气候、水文和水文地质条件有关，此外也与土质道路技术等级和路面结构类型有关。

表 6-10 盐渍土按含盐性质分类

盐渍土名称	离子含量比值	
	Cl^-/SO_4^{2-}	$(CO_3^{2-}+HCO_3^-)/(Cl^-/SO_4^{2-})$
氯盐渍土	>2	—
亚氯盐渍土	1~2	—
亚硫酸盐渍土	0.3~1.0	—
硫酸盐渍土	<0.3	—
碳酸盐渍土	—	>0.3

注：离子含量以1kg土中离子的毫摩尔数计(mmol/kg)

表 6-11 盐渍土按盐渍化程度分类

盐渍土名称	细粒土 土层的平均含盐量(以质量百分数计)		粗粒土 通过1mm筛孔土的平均含盐量 (以质量百分数计)	
	氯盐渍土及亚氯盐渍土	硫酸盐渍土及亚硫酸盐渍土	氯盐渍土及亚氯盐渍土	硫酸盐渍土及亚硫酸盐渍土
弱盐渍土	0.3~1.0	0.3~0.5	2.0~5.0	0.5~1.5
中盐渍土	1.0~5.0	0.5~2.0	5.0~8.0	1.5~3.0
强盐渍土	5.0~8.0	2.0~5.0	8.0~10.0	3.0~6.0
过盐渍土	>8.0	>5.0	>10.0	>6.0

注：离子含量以100g干土内的含盐总量计。

含盐量大的土层一般分布在地表数百毫米的范围内。实际检测时，如发现上、下层含盐量不一样，但总的平均含量未超过规定允许值时，可以通过将上、下两层盐土打碎拌和来保证填料含盐量的均匀性。

3 根据以往公路、铁路多年实践经验，石膏土或石膏粉均可作为路堤填料。蜂窝状和纤维状石膏土，由于其疏松多孔，用作填料时，应破碎其蜂窝状结构，以保证达到要求的压实度。

6.7.2 盐土地区路基基底的处理，主要与基底的地表含盐量和地下水位有关。

一般含盐量大的土层多分布于地表，所以路堤基底的含盐量如超过规定允许值时，在填筑时先要挖除。

盐土地区的地下水位一般是比较浅的，如果地下水的毛细水能进入路堤土体内，则土体的含盐量将逐渐增加，产生次生盐渍化，铺填渗水性好的大颗粒土或铺隔离层，可隔断毛细水使其不能进入路堤土体。

在修建沥青混凝土路面和水泥混凝土路面地段，仅采用渗水性填料，虽能隔离毛细水进入路堤土体，但不能防止强烈蒸发所产生的气态水携盐上升，含盐水分聚积于路面下面造成破坏。因此在路堤下部设置封闭性的隔水层是必要的。

6.7.3 采用重型击实标准，可以增大填筑土的密度(密度对盐胀量有一定影响)。密度大的路基对水和盐分的上升起阻碍减缓作用，可使次生盐渍化大为减轻。压实时，宜控制含水量略低于最佳含水量。在干旱缺水地区含水量不足时，应补水到最佳含水量的60%~70%以上，也可采用增大压实功能的方法来达到要求的压实度。限制压实层松铺厚度是保证压实度达到规定的重要措施。

6.7.6 在盐渍土地区，水对盐土所造成的溶蚀是影响路基稳定的主要因素，雨水、融雪水的地面径流以及人为的排灌水、流动水和积水携盐侵入路基，使路基土体聚积过量的含盐水分导致路基失稳破坏，因此施工中应及时合理地做好排水系统。

6.8 风积沙及沙漠地区路基施工

6.8.5 取土和弃土

1 为防止扰动路基，主风向单一时，取土坑应设在下风侧路堤坡脚处至少5m外。当必须两侧取土时,应对取土废坑封闭或摊平。对粗沙平地一般不宜取土,应加以保护。

2　沙漠地区天然稀疏的植被是十分宝贵的,植被和长期形成的地表是防风沙的天然屏障,不宜扰动,因此取土坑应尽量减少对植被和原地貌的大面积破坏,以免形成新的沙害,取料结束后应尽快整平,恢复原有植被。取土坑原地面的草皮、腐殖土或其他不宜用作填料的土均应废弃、处理。

6.8.6　填方路堤

1　填方路堤施工前的原地面,应按照设计进行清理。基底属粉质淤积土路段沙基施工,如果路基高度在1.0~1.5m以下时,应换填一定厚度的风积沙,其厚度应满足基底强度要求,一般不小于600mm。

2　沙基填料,不得使用沼泽土、淤泥、冻土、含草皮土、生活垃圾、树根和含有腐朽物质的土。对有机质含量大于5%、液限大于50%、塑性指数大于26的土,不得直接用作路堤填料。

3　路堤填筑采用水平分层填筑方式,便于质量控制,填筑时按照横断面全宽推筑。当路线跨越深谷,地面沙丘高差大、陡坡路段上半填半挖的沙基及难以水平分层卸土路段可采用竖向填筑方法,沿路线纵向逐步向前深填。

6.8.7　挖方路基

挖方要减少对沙体的大面积扰动破坏,以免形成沙害,同时增加工程量,所以挖方路基施工前应做好施工组织设计,核实调整土方调运图表。开挖前应按路基放样桩志标明的轮廓,减少超挖,杜绝乱挖。根据组织设计配齐成套的各种必要的施工机械,并做好保修准备。

路堑开挖中,如遇土质变化或达不到设计要求需修改施工方案及边坡坡度时,应及时报批。

6.8.8　土工布

在流动沙漠地区沙基上铺设土工合成材料,可以提高沙基的抗剪能力和承载能力,起到加固沙基的作用,有效阻止沙基在荷载作用下变形,同时方便施工。

土工布采用聚丙烯编织布,幅宽根据路面宽而定。尽可能采用整幅土工布摊铺。所选用的编织布应具有足够的强度,要满足表6-12的质量标准。

编织布外观应质地均匀,编制规整,不得采用黏结、断丝、缺经少纬的次品,应放于阴凉室内或土埋储藏,储藏期从出厂日期算起不得超过18个月。

表6-12　聚丙烯编织布质量标准

项　目	握持强度(kN)	刺破强度(kN)	梯形撕裂强度(kN)	CBR顶破强度(kN)
标准值	≥1.2	≥0.5	≥0.30	≥2.5

土工布施工沿路线纵向由人工或机械牵引(如压路机),将每卷土工布(不宜超过500m)展铺在沙基上,展铺时尽量减少皱褶。展铺后严禁非作业车辆在其上行驶。编织布应拉紧张平,为防止被风掀起,可在边缘搭接处撒少许风积沙或天然砂砾压住。相邻两幅土工布的接头,可用细铁丝或延伸率较小的尼龙绳呈"之"字形穿绑,或采用其他有效方法连接。

土工布展铺好后,用振动压路机振动碾压一遍,可使土工布与沙基结合紧密,增强沙基表层密度。土工布破损时,应采用面积大于破损面各边200mm的方形土工布置于其下部并铺平。

6.8.9　沙漠路基压实

沙基压实要根据当地气候和水源条件,确定采用干压实或湿压实方法。一般有水源或潮湿地区,采用湿压法;对极端干旱的流动沙漠地区可采用干压实方法。干压实时,应采用振动压实机具。

用于路基干压实的压路机应具备以下技术性能:10~20t铰接式自动振动压路机;振动频率在30~40Hz,振幅在0.4~0.1mm之间;碾压速度不大于6km/h。路基干压时,应采用高频低幅的原则。

用压路机直接在沙基上进行振动碾压,碾压遍数为:填方路段3~4遍,挖方路段2~3遍,碾压速度以2km/h为宜。必须指出,振动碾压遍数不宜过多。碾压遍数过多将使沙粒重新分布组合,达不到压实效果。路基表层的碾压,在铺完编织布和砂砾底基层后,按要求振动碾压1~2遍。

流动性沙漠地区土质多系粉质超细沙,大都是粒径为0.06~0.12mm的风积沙,超细沙占60%左右,粉粒含量很少,颗粒表面活性低,松散性强,保水性差,采用振动干压实整体强度较高。

表6.8.9中的压实度以部颁《公路土工试验规程》重型击实试验法为准。沙基的压实度检测方法可采用环刀法、核子密度仪法或其他方法。采用核子密度仪法时，应先进行标定和对比试验应根据其类型，按说明书要求办理；用环刀法试验时，环刀中部处于压实层厚的1/2深度。

每一压实层均应检验压实度，合格后方可填筑其上层，否则查明其原因，采取措施进行补压。检验频率：每1 000m^2每压实层测2点；不足1 000 m^2时，至少检测2点。压实度检验必须都符合规定，必要时可根据需要增加检验点。

填方地段基底应在填筑前进行压实。当路堤填土高度小于路床厚度(0.8m)时，基底的压实度不应小于90%。

6.8.10 防沙工程

1 沙漠公路既要注意路基本体的防护，又要注意路基两侧一定范围内的沙质地表的防护。防护的方法有：工程防护、植物防护、综合治理等措施。

利用杂草、芦苇、树枝以及其他材料，在流沙上设置沙障或覆盖，固结沙面等，称为工程防治措施。工程防沙又称物理防沙或机械防沙。用于防沙工程的芦苇材料不宜在路基近处堆放，应距路面边缘2m外堆放；为防止积沙，堆放时间不能太长。做到随用随运，准备几个料场堆料。

防沙工程的施工要与公路路面施工同步进行。阻沙和固沙工程应同时施工，路基施工应及时清理路肩。防沙工程应避免在大风天气施工。防沙工程应以固、阻、输、导相互结合使用较为适宜。

2 砂砾或黏土、乳化沥青等覆盖固沙施工适用于产有砂砾或黏土等材料的流沙路段防护，多用于平坦流动沙地和靠近路旁的流沙防护。采用天然砂砾覆盖沙表面，厚度一般为30～50mm。掌握“迎风坡厚、背风坡薄，沙丘上部厚、下部薄”的原则，把整个沙丘全面覆盖。具体根据设计图纸定出防护位置，计算材料用量。在覆盖前应整平沙面，运集料至路边，卸料在路肩或边坡防护位置，人工进行摊铺。采用砾石覆盖时，要捡出大粒径砾石，控制粒径在63mm以下。

3 平铺杂草固沙适用于产有草类地段的沙丘防护，利用各种草类，截枝条全面铺压或带状铺草。铺草压沙厚度50mm左右。须用草绳或枝条纵横固结，或者用沙压盖，以免为风所毁。

4 草方格沙障是用麦草、稻草、芦苇材料将草插入沙层内直立于沙丘上，在流沙上扎成方格状的半隐蔽式沙障。固沙芦苇方格要采用已被碾压成扁状且柔性的较新芦苇。

草方格施工，要按设计要求测量放线，达到美观和防沙要求。布设草方格，格状规格一般为1.0m×1.0m、2.0m×2.0m。规划好扎芦苇方格的位置后，将已截好的芦苇(长度为700mm)，沿位置线整齐均匀地摆好，材料中心应落在位置线上，再脚踏平头铁铲将其插入设计要求的深度，掌握在150mm左右。芦苇外露在200mm左右。方格形成后用脚将芦苇根部的沙踩紧，并用铁铲将方格中心的沙子向外扒一扒，以便使方格内形成浅弧形洼地。每个芦苇方格的干芦苇用量：1.0m× 1.0m的方格(算两个长1m的边)，设计用量一般为1.0～1.2kg。草方格排列布设形式与主风向成45°角时，防护效益最佳。在风向比较单一的地区，可把格状沙障栽成与主风向垂直的行列式沙障。

5 阻沙措施是通过工程措施将行进中的风动沙流阻止在距公路较远或有一定距离的地方，防止公路沙害。该措施一般多用于沙源丰富地区的固沙带或阻沙措施外缘的辅助措施。外侧的阻沙栅栏与内侧的固沙草方格应同时施工，若不能同时施工，应先设栅栏，后设固沙方格。

阻沙栅栏材料以原状芦苇为主，长度在1.5m以上，埋入沙中200mm，外露1 300mm。阻沙栅栏均为透风结构，疏透度为20%～30%。栅栏必须沿沙丘主梁或副梁，设置在迎风坡距脊线外1.5～2m处。栅栏立桩间距一般为2～3m，两桩间地形起伏较大时应加桩，使栅栏下部与地面之间不出现空隙，并在栅栏两侧设低立式芦苇沙障以防根部风蚀。

施工前要测量放线，布设栅栏位置。栅栏位置应在固定草方格外侧，原则上与固沙带之间有10～15m空余带用于停积外侧来沙，可视环境调整，切忌设在落沙坡、落沙坡脚及丘间洼地等位置。沿放样位置线挖200mm深的沟。布设立桩位置，每隔2～3m一个。桩径不小于50mm，长度1.5m。木桩钉入沙中0.5m，外露1m。木桩间用铁丝连接。铁丝绑在桩顶以下100～200mm或桩顶处，牵引加固。每个木桩均要在两侧锚固。铁丝的一头拴住木桩，另一头拴在小木桩或芦苇束上，与栅栏成45°角拉直。铁丝埋入沙中300mm。

用芦苇做阻沙栅栏时,芦苇用量每延米2~3kg。沿挖好的坑在地面上均匀摆放好(每根芦苇间要留透风间隙),把摆放好的芦苇立起插入坑内,并在离地面一定高度的水平位置(一般为0.9m)上用前后2束芦苇束将立起的芦苇夹住,并用铁丝绑牢。芦苇束用多根芦苇错开接头连接而成,其接头应均匀分散在长度方向上,不得集中在一个截面上。

回填栅栏沟,并用脚踏实。在风蚀强烈部位的栅栏两侧应扎制1~2道草方格(1m × 1m)或一道低立式芦苇沙障,对栅栏进行加固,以防掏蚀。在栅栏底部仍然有掏蚀现象,可在其下部进行加密处理。用高为0.7m的芦苇,每延米用量500~600g,在栅栏底部进行加密,与高立式栅栏同时栽埋,埋深0.2m,露出0.5m,均匀摆开,以避免栅栏下部被掏蚀后倾倒的现象。

6 植物固沙是防治沙害、改善环境的根本措施,不仅能减弱风沙流危害,而且其根系能固结周围沙粒,枯枝落叶利于有机质聚集,改变沙土性质,使沙丘趋向稳定。

植物固沙包括种草、灌和乔木,三者配合可形成良好的防沙体系。植物固沙关键条件是水,必须通过自然或人工方法获得。植物管理比较困难,并且由于植物生长慢,固沙所需时间较长。

一般在年平均降雨量大于100mm、沙层含水量大于2% ~3%的半干旱荒漠地带或地下水较浅及有水源的地方,应采用植物固沙。

6.9 季节性冻土地区路基施工

冻土(frozen soil):温度低于0℃且含有冰晶的土。季节性冻土(seasonal frozen soil):冬季冻结春季融化的土层。自地表面至冻结层底面的厚度称冻结深度。路堤填筑高度小于冻土深度的路堤为全冻路堤。

6.9.1~6.9.3 路基冻害除设计原因外,施工的问题也很多,如对路基抗冻设计意图不理解,对冻害的条件不掌握,对出现的冻害问题不研究、不处理等。因此,条文强调施工要遵循设计要求,在开工前应对冰冻条件及路基的抗冻情况进行调查、核对,在施工中发现冻害应及时处理,防止路基受冻害。

6.9.4 路基填料

路基上、下路床是冻胀最严重的部位。实践证明,条文所列材料及粗粒土填筑的路基多年来很少有冻胀发生。

使用石灰、水泥及粉煤灰等稳定剂改善路基土是解决冻胀的有效方法,但是稳定材料掺量要适当,过多造成浪费,过少达不到改善目的,所以条文规定要通过试验确定。

冻土、非透水性过湿土,经过处理可以填筑路基。

6.9.5 冻胀土挖方段路基采用换填砂砾处理,仍然会出现冻害问题。试验研究证明,冻害的主要原因是,换填材料中易冻胀的粉性、黏性颗粒含量过多,换填工艺不合理,换填深度不够,填料的压实度达不到要求,排水设施排水效果不佳。这些都是导致路基冻胀病害多的原因,因此,条文提出相应要求。

6.9.6 季冻区石质挖方出现冻裂、软弹或下沉,主要是由路床施工不当造成的。对此,条文提出处理要求。

6.9.7 吉林省交通厅组织调查了季节性冻土地区沥青混凝土及水泥混凝土路面的非全冻路堤,发现存在冻胀变形、翻浆和纵向裂缝等病害,见表6-13。这些病害主要是由路基填料抗冻性不良,施工违反规定及水的浸入所造成。本条在原规范的基础上,结合施工经验提出具体做法和要求,施工中应严格遵循。

表6-13 沥青混凝土及水泥混凝土路面非全冻路堤冻害调查

公路里程位置	填高(m)	路面	主要冻害	主要原因
长平高速公路 K105+500左	4.0	黑色	行车道鼓胀翻浆	底基层二灰土冻胀 $w=27\%$
长营高速公路 K47+200~150左	10.2	黑色	行车道纵裂80m	路床风化山砂冻胀 $w=10\% \sim 15\%$
营白二级公路 K129+650左	1.6	白色	纵裂65m	两侧水田、黏土路基冻胀

续上表

公路里程位置	填高(m)	路面	主 要 冻 害	主 要 原 因
营白二级公路 K113 +860 右	1.85	白色	纵裂 200m	两侧水田、黏土路基冻胀
某二级公路 K362 +875 右	8.2	黑色	纵裂、沉陷 6×30m	风化砂垫层、黏土路基冻胀 w = 20% ~26%
某二级公路 K374 +302 右	4.8	黑色	纵裂宽度大者 140mm	基层及黏土路基严重冻胀
某二级公路 K375 +400 右	5.1	黑色	纵裂坑槽 160m,基层垫层松散	路基黏土、粉土冻胀严重 w = 23%
某高速公路大部分路段	2 ~4	白色	纵裂达 40%	路基均为粉黏土,严重冻胀

6.10 多年冻土地区路基施工

(1)冻土的一般概念

多年冻土(permafrost):持续三年或三年以上的冻结不融的土层。其表层冬冻夏融,称季节融化层。多年冻土层顶面距地表的深度,称冻土上限,是多年冻土地区道路设计的重要数据。

季节融冻层:受季节冻结和融化作用的地表层。

季节冻结层:冬季冻结时不与多年冻土衔接的土层。

衔接的多年冻土:多年冻土上限与季节融冻层相衔接的冻土层。

不衔接的多年冻土:多年冻土上限与季节冻土层不相衔接的冻土层。

多年冻土分类:少冰冻土(不融沉);多冰冻土(弱融沉);富冰冻土(融沉);饱冰冻土(强融);含土冰层(强融沉)。

饱冰冻土:土中所有空隙均被冰充填的冻土。

含土冰层:地质构造中以冰为主含土量较少的地层。

(2)多年冻土的力学性质

冻土一般由矿物颗粒、冰、未冻水、气体四相组成。多年冻土力学性质如下:

①荷载强度

a. 瞬时荷载强度

多年冻土由于冰的胶结作用,瞬时抗压强度比未冻土大许多倍。强度随温度降低而提高,因为温度降低时不仅含冰量增加,而且冰的强度也增加。

b. 长期荷载强度

多年冻土在长期荷载作用下,抗压强度比瞬时荷载作用下要小很多。多年冻土的强度与含冰量及温度有关,由于冻土中有冰和未冻水存在,在长期荷载作用下呈现强烈的流变性。

c. 冻土融化强度

多年冻土区,冻土融化时能使抗压和抗剪强度明显下降,特别是含水量大的冻土,融化后的内聚力约为冻结时的 1/10,土的固有结构被破坏,融化的冻土变成具为高压缩性和稀释的土体,这也是多年冻土地区地基融陷的原因。

②冻土的压缩性质

多年冻土在短期荷载作用下,压缩性很低,类似岩石,一般不计变形;但在长期荷载作用下,尤其是温度为 -0.1℃ ~0.5℃的塑性冻土,其压缩变形相当大。

融陷变形一部分与压力有关,一部分与压力无关,因此冻土构造及其中腐殖质的含量对融化下沉系数有很大影响。

③冻土的流变性

流变是冻土强度的主要特征之一，它包括蠕变和松弛两个方面。

蠕变是指在不变的压力作用下变形随时间而发展，当荷载不超过持久强度界限时，冻土呈现衰减型变形，逐渐趋向某一稳定值，一旦荷载超过持久强度，冻土便出现塑-黏性流动，荷载越大，变形速率越甚。

松弛是指在固定的条件下，压力随时间而衰弱。当荷载迅速增加，塑性变形来不及发展时，冻土的破坏即带有脆性特征，此时破坏应力值增大。加荷速度越快，应力值越大，但当荷载略小于持久强度时，冻土体则不会遭到破坏。

④冻土的冻胀与沉陷

影响冻胀力的主要因素有：水分、土温、土质、冻结速度、冰冻层厚度等；其中，含水量、颗粒成分、温度状况也是影响冻土沉陷的主要因素。

对于多年冻土，当土质和温度条件一定时，水分是影响冻胀力的主要因素。在水分和土温一定的情况下，冻胀力和颗粒组成有密切关系。试验表明，亚砂土低于 -0.1℃ ~0.2℃，亚黏土、黏土低于 -0.2℃ ~0.3℃，土中开始产生冻胀力，但纯净的粗颗粒土，尽管处在不充分饱水条件下，也几乎不产生冻胀现象，这对实际工程应用有较重要意义。

冻土融化时沉陷，可分为热力沉陷和压实沉陷。由于多年冻土中的胶结冰融化为水冻土的物理力学性质发生明显变化，使冻土产生体积收缩和空隙率减少，导致路基的不均匀沉降。

6.10.1 ~ 6.10.5 考虑到上述永久性冻土的物理力学性质，永久冻土地区路基施工强调如下原则：

（1）根据多年冻土地区冻土的具体条件，分别采取保持冻结、容许融化或者保护冻层的措施。

（2）路基排水应满足保持路基及周围冻土处于冻结状态的要求。

（3）路基填土高度应达到防止翻浆与不超过路基允许冻胀值所要求的最小填土高度。

（4）严格选用填料。填料中的冻土块应已完全融化，且填料含水量应均匀。碾压时，应严格控制含水量。

各种冻土地段采取保冻原则施工，可防止冻土的抗压强度降低。因为流水温度是高于0℃的，可使冻土融化，故条文规定了排水的具体要求。

严格做好路基的侧向保护、基底处理、填料选择和路基压实，可降低融化下沉系数或冻胀系数。

路基应尽量采用路堤形式，尽可能避免零填或浅挖断面。这是因为不论以何种细粒土填筑路堤，冻土上限均上升，上升值随填高而增加（这主要是地表散热大于吸热，冻结深度大于融化深度所致），这样路堤的基底能处于常年冻结状态，保证了路堤基底的冻土强度和稳定性。

6.11 涎流冰地段路基施工

6.11.1 涎流冰可分为山坡涎流冰与河谷涎流冰，主要分布在寒冷地区和高寒山区。河谷涎流冰是由沿沟谷漫流的泉水和冰雪融水冻结形成的。涎流冰地段，应重点调查各种水源在寒冷季节形成的冰流量和流动范围。涎流冰发育蔓延阶段，可能形成冰坎、冰槽甚至堵塞桥涵，形成地面冰体漫淤路面。融化阶段时能渗浸路基路面，降低强度，导致翻浆；融雪洪流通过受阻时易引起路基水毁。治理的措施可以归结为采用人工调治构造物、明疏、暗排、堵截、封闭、蓄汇等方法。

在一般寒冷和严寒地区，常采用集水渗井、渗池、排水暗管和渗沟等措施防治涎流冰。集水渗井适用于有较集中的山坡地下水露头处。渗池适用于汇集较分散的山坡地下水。排水部分在产砂石地区可用渗沟，在不产砂石地区可用暗管。出水口必要时可设置保温和加固措施，保温材料可因地制宜采用树枝、秫秸、炉渣、泥炭、青苔等或土工织物、聚氯乙烯等新型建材。加固措施（如边坡）可采用浆砌片石。

施工中还应吸取当地防治经验，有助于采取有效的防治措施，避免涎流冰的危害。

6.11.2 对于距公路一定范围内山坡上的泉水形成的涎流冰，由于泉水常年不断，形成涎流冰的量也就较大，一般用截、导、渗的方法治理。先要确定水的发源地，找出“泉眼”位置。如果是单个泉眼，可做保温盲沟，排至路基的下方；如果是多个泉眼，须依地形将所有泉眼的水用截水沟或保温渗沟汇集到一个较大的渗池内，然后用保温盲沟或排水管排到路基的下方。

6.12 雪害地段路基施工

6.12.2 生物防治是根治雪害普遍适用的措施，应优先考虑采用。工程治理应注意保护生态环境，防止水土流失，为生物防治创造条件，最终实现生物防治。

道路雪害防治措施的选择，必须坚持“因地制宜、就地取材、经济有效、符合国情”的原则。

6.12.4 雪害地区施工范围内的地质、水文、料场比较复杂，在前期设计阶段，没有全面的开采和施工，设计人员不可能较全面正确地掌握各种相关资料。施工人员应对施工范围内的地质、水文、料场等进行核查，通过取样、试验确定其性质和范围，提出合理的防治方案。

6.12.5 在雪害地区，路基破坏主要是由于春季融雪水的渗透作用。每年一到开春时，融雪水便形成大量的地表径流。

6.12.6 在雪害地区，路基及构造物材料所遇到的主要问题是春季融雪水的毛细作用和材料冬季冻融变化引起的破坏，对此应采用水稳性和抗冻融性较好的材料，对填料的性能指标及其均匀性应加强施工控制检测，保证雪害地区路基及防雪工程的稳定性。

在雪害地区，施工过程中，各种临时构造物及弃方等的堆放，使路基的纵、横向排水不顺畅，路基渗水加冻融变化会破坏其稳定性。

地表植被的随意破坏，影响环境，引起水土流失；多余的材料随地丢弃，会引起施工中额外的雪害。

在雪害地区，任何坡面都会受到春融雪水、温度变化交替作用破坏。施工时，一定要保证坡面材料的水稳性和冻胀性。

6.12.8 雪崩地段路基施工

1 在雪崩地段，由于工程主要在海拔2 000~3 000m、较为陡峭的山坡或沟槽当中进行，地形及天气情况复杂，所以施工危险较大，应在保护当地生态环境的基础上，科学地组织施工。

因为工程施工过程中进行爆破以及大面积开挖，有可能造成山体地质地貌的变化，如山坡坡度的改变、山体塌方、碎石跌落等状况，应设立专门的观测仪器和人员注意观察及时警示避免。

有一定的积雪和一定坡度的山坡，才有可能发生雪崩。在雪崩区，年降水量很大，丰富的降水形成强烈的流水侵蚀，形成局域复杂的山区气候。在这种状况下，对降雨、降雪或开挖造成大量地下水涌出导致的山体变化也应及时观察并作出预防。

2 一般的防治雪崩工程都在公路以外的山坡、山沟中，山坡上施工机械运转振动造成的坍塌、碎落，会造成工程破坏和人员伤亡。

3 在同一个雪崩区，防雪工程在山坡施工中的坍塌、碎落，会影响其下方坡面工程施工安全、构造物的稳定性。

4 地面横坡小于45°、土层较厚且透水性较好、不易产生滑坡或泥流的山坡上，为防止小型雪崩，应沿等高线开挖水平台阶。开挖台阶的弃土可堆填在台阶的下方，以加宽台阶。

5 稳雪栅栏，可沿等高线设置。由于积雪的蠕动和沉陷都会对栅栏产生向下滑动的推力，所以栅栏基础是其稳定的关键。

6 改善生态环境是雪害防治的目的。因地制宜综合治理雪害，采取工程治理与生物治理相结合的办法，最终用生物治理取代工程治理根治雪害，是使雪害地段的生态环境逐步走向良性循环的有效措施。一般选定当地树种，它们对雪崩具有较好的阻挡、防护能力和适应性。

7 防雪走廊的基础应设置于可靠的（坚实的）地基上，应特别注意防止风吹雪进入走廊内。为防止走廊挡墙春季融雪水的渗透破坏，应做好其构造物的排水及抗冻融工作，墙后填土应与山坡相顺接，以便减小雪崩运动对防雪走廊的直接冲击力。

6.12.9 风吹雪地段路基施工

1 风吹雪灾害成因主要是风速减弱，雪粒沉积堆埋公路，因此风吹雪和地形地物以及路基形式有很大关系，路基两侧距边坡坡脚各30~50m范围内的弃方及障碍物会引起路基上积雪，应将其清除、整理平顺，以保证风雪流顺利通过。

2　风雪流堆积发生在地形曲率突然变化的地方，因此，施工过程中就应时时考虑如何防止因施工引起风吹雪沉积在路基上。根据最大风速35m/s计算，风雪流的发育长度约42m，则取土坑宜设在路堤下风侧距路堤边坡坡脚至少50m处，施工完成后应将其边坡修成缓坡，使其平行于主风向的断面平顺通畅。

4　风吹雪路段，尽量做到路基"多填少挖"，路基边坡"缓比陡好"，路堑的挖方边坡一定要做成缓坡。春季融雪的地表径流、毛细作用和材料冬季冻融变化会引起工程破坏，因此应采用水稳性和抗冻融性较好的材料。超挖部分也应选用水稳性和抗冻融性好的材料回填，压实度应大于95%，禁止使用劣质开山料或覆盖土回填，超挖部分不规则或超过80mm时，可用混凝土修补找平。路堑边坡、积雪平台内易积水，按路基坡脚向外2%的坡度整理平顺，以利于路基横向排水。积雪平台应采用级配碎石或水泥稳定碎石、二灰稳定碎石等半刚性材料整平碾压，这样可以保证积雪平台的稳定性。

6.13　滑坡地段路基施工

滑坡治理应结合滑坡发生的实际情况，采用有关的施工措施，只有这样，才能有效地治理滑坡。现将滑坡形式说明如下：

(1)浅层流动性滑坡：属堆积层滑坡，堆积层在地面水或地下水的影响下，或坡脚被切割(人工开挖或河流冲刷等)而形成滑坡。滑坡体一般多沿下伏的基岩顶面、不同地质年代或不同成因的堆积物的接触面，或堆积层本身的松散层面滑动。滑坡体厚度一般从几米到几十米。

(2)小规模的圆形滑动：发生在均质或非均质黏土层中的滑坡，滑动面呈现圆弧形，一般滑坡厚度小于10m，滑坡体规模小于1 000m^3。

(3)大规模的圆形滑动：多发生在均质或非均质的黏土层中，滑动面呈圆形，滑坡体厚度从中层(10～20m)到深层(20m以上)，滑坡规模从中型(10 000～100 000m^3)到大型(100 000～1 000 000 m^3以上)。

(4)岩石滑坡：发生在各种基岩岩层中的滑坡，它多沿岩层层面或其构造软弱面滑动。

6.13.8　根据工程的目的是直接抵抗滑坡推力还是通过消除滑坡诱发因素的间接效果，可将滑坡治理工程技术措施分为减滑工程和抗滑工程。

削坡减载措施简单易行，在滑坡整治中使用比较广泛，效果也好。但减重后应验算滑面从残存滑体薄弱部分剪出的可能性。不合理的削坡有时反而会进一步降低滑坡的稳定性。

6.13.10　抗滑支挡结构的形式主要有：抗滑片石垛、抗滑挡墙、抗滑桩、抗剪键、锚杆、锚索等。用抗滑支挡结构来稳定滑坡时，各种支挡结构物的基础必须置于滑动面以下满足设计要求的深度。对于风化物及堆积物等黏性土滑坡的整治，用抗滑支挡来稳定滑坡，尤其是采用抗滑桩这类耗资较大的支挡结构时，其可行性和经济性都必须慎重研究。

抗滑桩、抗滑挡墙等重要开挖工程，除设计特许外，务必采用跳槽开挖的施工工艺。根据情况可跳一槽或者两槽进行施工，严禁全断面开挖。

不论是采用减滑工程还是抗滑工程，都必须做好地下水和地表水的处理。目前的治水措施主要采用截、排、护和填的方法。

6.14　崩塌与岩堆地段路基施工

6.14.6　岩堆中松散岩块一般占70%以上，稳定性不好，因此，路基通过岩堆地区主要应使岩堆保持稳定。条文规定采用注水泥浆固结岩堆或修建挡墙、护面墙都是稳定岩堆的有效方法，可根据实际情况采用。同时，在处理岩堆时，做好排水工作也是十分重要的，不然岩堆在水的作用下还会形成坍塌或形成滑坡，因此应做好地表水及地下水的处理。

6.15　泥石流地区路基施工

6.15.1　泥石流的形成受到该地区一系列的自然环境条件以及人类工程活动的影响，其形成的基本条件包括：充沛的各类水源，丰富、松散的固体物质，有利的流域形态和沟床纵坡。

泥石流按发生的激发因素一般分为以下几类：

(1)雨洪泥石流：由于降雨径流所激发而形成的泥石流。这类泥石流具有爆发频率高、危害性大的特点。

(2)冰川泥石流：是以冰湖溃决水、冰川及冰雪融水为水动力条件而形成的。由于冰雪水的汇流方式不同，可以形成多种类型。

(3)冰川-雨洪泥石流：是以冰川冰雪融水与降雨作为水动力条件。这类泥石流的水动力来自中低山区的暴雨径流和高山区的冰雪消融洪水的混合补给，灾害规模随着流域面积的增大而加大。

6.15.4 泥石流的防治工程通常用于泥石流规模较大、爆发不很频繁、松散固体物质和水动力条件相对集中的地区。针对不同类型的泥石流，其防治工程的主体也不同，相应工程措施的方案也应有所侧重，一般分为以下三类：

(1)治水为主的方案：利用蓄水、引水和截水等工程措施控制地表洪水径流，削减水动力条件，使水土分离。

(2)治土为主的方案：利用拦挡、支护工程，拦蓄泥石流固体物质，稳定沟岸，防止崩塌或滑坡以提供形成泥石流的固体源。

(3)排导为主的方案：利用排洪道、渡槽等排泄建筑物将泥石流排走，或修建导流堤、分流堤、护岸、丁坝等调治建筑物，使泥石流沿一定方向和路线通过。

6.16 岩溶地区路基施工

溶洞中经常有水通过，不论溶洞在什么位置，必须将水流排出路基。处理时，应做到溶洞内流出或渗出的水不能影响路基的稳定，也不能使流出的溶洞水浸润或浸泡路基，以免造成路基变软强度下降。治理岩溶水的有效方法就是把流出的水用暗沟(或渗沟)排出路基，保证路基在最小填筑高度范围内不受水的影响。

6.17 采空区路基施工

6.17.1 大型矿区一般均做过勘探工作，有大量资料可供使用。有关的基础资料，如各种地质图、开采时间、水文观测以及顶板管理办法等资料应尽量搜集齐全。小窑开采以前，一般很少进行地质勘探工作，收集资料主要向有关单位调查访问，必要时进行工程地质调绘、物探和钻探工作。

6.17.2 如果发现路基基底采空区有地下水渗出，采取堵塞水流出的方法是徒劳无效的，只能采取将水排走远离路基，必须做到采空区内流出或渗出的水不能影响路基的稳定，也不能使路基受到水的浸润和浸泡，以免使路基变软强度下降。因此最有效的办法就是把流出的水用暗沟(或渗沟)排出路基，保证路基在最小填筑高度范围内不受水的影响。当最小填土高度达不到时，或修建暗沟、渗沟时，应设置隔离层。

6.18 沿河、沿溪地区路基施工

6.18.3 沿河、沿溪地区发生的病害主要是水毁破坏，而水毁的主要表现形式就是路基侧蚀坍塌，其表现为由于河溪中洪水对公路侧坡脚的冲刷、淘蚀而导致路基坍塌，主要原因是沿河、沿溪段公路边坡未设置防护工程或防护工程设置不当。因此沿河、沿溪路段边坡防护工程的设计施工都是非常重要的。

6.20 滨海地区路基施工

6.20.1 滨海地区路基施工应特别注意潮位、海浪、海流等情况。

(1)潮位

海水周期性涨落的现象叫潮汐。如海边滩地宽阔开敞而又坡度平缓,则潮汐的海水面涨落运动十分显著。对有潮汐的海岸,潮位的变化特征是确定滨海路堤各部分高程的重要依据,也是施工中应特别重视的。

(2)海浪

海水有规律的波动运动称为海浪或波浪。海洋中最常见的波浪是由风产生的,称为风浪或风成浪。波浪资料是滨海路堤设计和施工的主要依据,它直接关系到路堤的高度和断面尺寸。

(3)海流

近岸海流主要有潮流和风浪流。潮汐使海面发生周期性升降,海面高度的变化,迫使水体作水平方向的周期性流动,形成潮流。海浪以斜向角度达到海岸后,一部分海水以底流方式流回海中,另一部分则沿岸流动,形成沿岸流。

6.20.3 在滨海路堤的建造中,斜坡式路堤是一种经常被采用的结构形式。斜坡式路堤的特点是:结构简单、施工方便、具有较高的整体稳定性。斜坡式路堤和波浪相互作用的特点为波浪在坡面上爬升,然后破碎,其能量被吸收或消散。

6.20.4 直墙式路堤

明基床:在水底原地面上直接抛块石,经整平后作为重力式码头或防波堤等的地基传力层。

暗基床:在水底原地面以下挖槽后抛填块石,经整平后作为重力式码头或防波堤等的地基传力层。

直墙式路堤也是滨海路堤常见的一种结构形式。其优点在于其内侧可以兼作码头,并在水深较大时,所需的建筑材料比斜坡式路堤省。它的缺点是消除波能的效果差。

7 冬、雨季路基施工

7.1 一般规定

7.1.3 冬、雨季施工应加强气象信息的收集工作，制订相应的施工应急预案。与当地气象站、水文站取得联系，了解气温和晴雨变化及台风预报等情况，采取有效预防措施，减少灾害和损失。

7.1.4 冬季施工前的准备工作主要包括：编制实施性的施工组织计划；测量放样，保护好控制桩并树立明显标志，防止被冰雪掩盖或冻融引起的标志变位；维修保养冬季施工需要的车辆、机具设备；备足冬季施工的工程材料；准备好施工队的生活设施及越冬物资；冰冻前应全部清理路基范围的树根、草皮和杂物，挖好坡地填方台阶；修通施工便道等。

7.2 冬季施工

7.2.1 本条文的"路基冬季施工"适用于瞬时冻土和季节性冻土地区。永久性冻土地区路基施工另有规定。

7.2.2 高速公路、一级公路的土质路基，只有在工期十分紧急的情况下，才可用粒料填筑路堤下部，待转入正常施工后再整理复压达标。二级及二级以下公路路堤可安排冬季施工，但填料应符合本规范7.2.5条要求。当公路路基修成后，要铺筑沥青混凝土路面或水泥混凝土路面时，仍不宜安排冬季施工。

填土低于1m的路堤和填挖交界处，由于填土较薄，填后易于冻结，解冻后土的强度、压实度都会降低，因此不应冬季施工。

7.2.5 冬季填筑路堤宜采取层薄、快填、快压、连续作业的施工方法，迅速填完每一层，争取使土不冻或少冻。

7.2.6 本条款规定了开挖冻土路堑的要求，如边坡预留、路堑底部预留、排水等，目的是防止路基冻融时造成的不稳定。在正常施工时再做这一部分，以保证施工质量。

冬季开挖路堑表层冻土的施工方法很多，如有爆破冻土法、机械破冻法、人工破冻法等。施工时，不同地区应根据不同冻土层厚、不同地质情况自行选用合适、有效的施工方法和施工工艺，但不管采用何种方法，都必须保证不给路基带来病害。

7.3 雨季施工

7.3.1 对选择好雨季施工的地段，要进行详细的现场调查研究，核实编制好实施性的施工组织计划，重点解决防排水问题，要把临时排水和永久排水衔接好，把水引入沿线桥涵及排水沟渠，形成完整的排水系统，保证雨季施工场地不被淹没，不积水，使其尽快恢复施工。

7.3.3 雨季路堤施工应选用透水性符合要求的填料，且抓紧晴好天气，争取在较短时间内填筑一层。雨来临之前应对新填松土层进行碾压封水，防止水灌路基。每一层填筑表面，均要做成2%～4%的排水横坡，以利排水。

7.3.4 雨季挖方边坡预留及路床预留一定厚度的覆盖层，其目的是防止地面水冲坏已成边坡，或破坏路床。待雨季过后再做预留部分，可保持边坡、路床符合设计要求。

挖方地段若路基强度不够，处治不当，路堑处的路面往往出现病害，应采取超挖回填压实进行处治，如土质不良还应采取换填或掺灰改良等措施。回填或换填的厚度及填料按设计要求施工。挖方基底如出现溶洞、夹层及不良土质等特殊情况，应经研究采取特殊处理措施。

7.3.5 结构物基础在雨季施工时，基坑开挖后，如未能及时施工基础，应对基础采取砂浆封底及时排水等防浸泡措施。当基底为土质或易风化软石基坑，雨后施工基础时，应对基坑地基承载力再次检测，以保证满足设计要求。

8 路基防护与支挡

8.1 一般规定

8.1.1~8.1.5 通过现场考查和调研资料发现,路基防护出现的问题当中,较多问题的主要原因有两方面:一是防护构造物没有置于稳定的基础和坡体上;另一方面是对水的破坏作用防范不利。故应对防护基础及水的作用高度重视,防护构造物必须置于稳定的基础和坡体上,防排水系统必须处治好,减少病害和经济损失。

施工过程中,由于某些土质、软质岩石及不良地层易受雨雪浸泡和冰冻胀融等影响,造成路基软化、边坡塌陷或大面积滑坡,要花较多的时间和较大的投入进行整治,所以应采取有效的防护与加固措施,确保护坡的工程质量。

8.2 坡面防护

坡面防护包括植物防护、骨架植物防护、圬工防护和封面捶面防护等方法。

8.2.1 植物防护

1 植物防护一般采用种草、铺草皮和植灌木等。种草防护可以防止表面水土流失,固结表面,增强路基的稳定性,并可允许缓慢流水(0.4~0.6m/s)的短时冲刷。经常浸水或长期浸水的路基边坡,草不易生长,不宜采用此种防护。种草防护的要点是优选草种,通常应选用适合当地土质和气候条件的易成活、根系发育、茎干低矮、枝叶茂盛、生长能力强的多年生草种。

铺草皮防护适用于坡面缓于1:1的各种土质边坡及严重风化的软质岩石边坡。铺草皮一般应在春季或秋季进行,气候干旱地区则应在雨季进行。草皮宜选用带状或块状,其规格大小视施工情况而定,草皮厚度宜为100mm。铺设时,应从坡脚向上铺钉,且用尖木桩固定于边坡上。草皮应铺过路堑顶部至少1m,或铺至截水沟。

对经常浸水、盐渍土、粉质土及经常干涸的边坡不宜采用灌木防护。

2 三维植被网防护

土工织物防护种类很多,本规范未一一规定。三维植被网防护是土工织物复合植被防护坡面的一种典型形式。三维植被网以热塑料树脂为原料,采用科学配方及工艺制成。其结构分为上、下两层:下层为一个经双面拉伸的高模量基础层,强度足以防止植被网变形;上层由具有一定弹性的、规则的、凹凸不平的网包组成。由于网包的作用,能降低雨滴的冲蚀能量,并通过网包阻挡坡面雨水,同时网包能很好地固定充填物(土、营养土、草籽)不被雨水冲走,为植被生长创造良好条件。另外,三维网固定于坡面上,直接对坡面起固筋作用。当植物生长茂盛后,根系与三维网盘错、连接、纠缠在一起,坡面与土相接,形成一个坚固的绿色保护整体,起到复合护坡的作用。

3 湿法喷播

湿法喷播适用于坡率缓于1:0.5的土质边坡、土夹石边坡、严重风化岩石边坡,不适用于硬质岩石边坡。

湿法喷播是由欧美引进的一种机械化植被建植技术,即将植物种子、肥料、土壤稳定剂和水按一定比例混合均匀,用专门的设备(喷播机)喷射到边坡上,种子在较稳定的时间内萌芽、生长成株、覆盖坡面,达到迅速绿化、稳固边坡之目的。

用这种方法在人力不可及的陡峭高边坡和含石的边坡上种植植被非常优越。播种的时间一般在气候温和、湿度较大的春、秋为宜,不宜在干燥的风季和暴雨季节播种 。播种前应在路堤的路肩和路堑顶边缘,埋入与坡面齐平的宽200~300mm、厚50~60mm的带状草皮。播种后适时进行补种、洒水、施肥、清除杂草等养护管理,直至植物成长覆盖坡面。

4　客土喷播

客土喷播是以日本为典型代表的一种喷播建植技术。该技术是将客土(提供植物生育的基盘材料)、纤维(基盘辅助材料)、侵蚀防止剂、缓效肥料和种子按一定比例,加入专用设备中充分混合后,用喷射机均匀喷涂到坡面上,使植物获得必要的生长基础,达到快速绿化的目的。

客土喷播主要用于岩石边坡、贫瘠土质和硬土边坡,其主要目的是保护边坡的稳定、安全,同时又能最大程度地恢复自然生态。客土喷播技术,一般先打锚杆,挂镀锌钢筋网,然后再播客土。喷播植草混合料的配合比应根据边坡坡度、地质情况和当地气候条件确定。播种前应施一定基肥,草坪生长期应施以追肥,且适时浇水养护,浇水应使用无油、酸、碱、盐及任何有害于苗木生长的物质的水。

8.2.2　骨架植物防护

1　浆砌片石或水泥混凝土骨架植草防护适用于土质和强风化岩石边坡,防止边坡受雨水侵蚀,避免土质坡面上产生沟槽。其结构形式主要有方格形、人字形、拱形及多边形混凝土空心块等。常用的骨架防护边坡是在骨架内铺草皮或用三合土、四合土捶面,或栽砌卵石进行防护。浆砌片石(混凝土块)骨架植草防护既能稳定路基边坡,又节省材料,造价较低、施工方便、造型美观,能与周围环境自然融合,是目前高速公路边坡防护的主要形式之一,以被广泛推广应用。

3　锚杆混凝土框架植草防护

锚杆混凝土框架植草防护是近年来在总结锚杆挂网喷浆(混凝土)防护的经验教训后发展起来的,它既保留了锚杆对风化碎岩石边坡的主动加固作用,防止了岩石边坡经开挖卸荷和爆破松动而产生的局部破坏,又吸收了浆砌片石(混凝土)骨架植草防护的造型美观、便于绿化的优点。

锚杆混凝土植草防护形式有多种组合:锚杆混凝土框架+喷播植草、锚杆混凝土框架+挂三维土工网+喷播植草、锚杆混凝土+土工格室+喷播植草、锚杆混凝土框架+混凝土空心块+喷播植草等。

8.2.3　圬工防护

圬工防护包括喷护、锚杆挂网喷护、干砌片石、浆砌片(卵)石护坡和护面墙等结构形式。圬工防护用于路堑边坡防护时,应注意与边坡渗沟或排水孔配合使用,防止边坡产生变形破坏。圬工防护施工时应注意与周围环境的协调。

1、2　喷浆(喷射混凝土)防护适用于边坡易风化、裂隙和节理发育、坡面不平整的岩石路堑边坡,且边坡较干燥,无流水侵入。对于高而陡的边坡,当需大面积防护时,采取此类型更为经济。

喷浆防护边坡常用机械喷护法施工,将配制好的砂浆(混凝土)使用喷射机(或水泥枪)喷射于坡面上,由于喷射产生一定的压力,提高了保护层与坡面间的黏聚力及保护层的强度。喷射混凝土厚度不宜小于80mm,应根据厚度分2~3层喷射。喷浆厚度不宜小于50mm 。施工作业前应通过试喷,选择合适的水灰比,以保证喷射坡面的质量 。喷浆水灰比过小时,灰体表面颜色灰暗,出现干裂,回弹量大,粉尘飞扬;水灰比过大时,灰体表面起皱、拉毛、滑动,甚至流淌;水灰比合适时,灰体呈黏糊状,表面光滑平整,回弹量小。喷浆施工严禁在结冰季节或大雨中进行作业。

3　锚杆挂网喷射混凝土(喷浆)防护

当坡面岩体风化破碎严重时,为了加强防护的稳定性,则采用锚杆挂网喷射混凝土(喷浆)防护,锚杆锚固深度及铁丝网孔密度视边坡岩石性质及风化程度而定。锚杆宜用1∶3水泥砂浆固定。铁丝网应与锚杆连接牢固。

4　干砌片石护坡适用于坡度缓于1∶1.25的土质路堑边坡或边坡易受地表水冲刷以及有少量地下水渗出的地段。

5　浆砌片(卵)石护坡

浆砌片(卵)石护坡适用于坡度缓于1∶1的易风化的岩石边坡,以及坡面防护采用干砌片石不适宜或效果不好的边坡。对于严重潮湿或严重冻害的土质边坡,在未进行排水措施以前,则不宜采用浆砌片(卵)石护坡。在冻胀变形较大的土质边坡上,浆砌片(卵)石护坡底面应设100~150mm厚的碎石或砂砾垫层。

6　水泥混凝土预制块护坡

水泥混凝土预制块防护，宜用于缺乏石料地区或城郊及互通式立交等需要美化的路段。

7　浆砌片石护面墙

护面墙有实体护面墙、窗孔式护面墙、拱式护面墙及肋式护面墙等，应根据坡面地质条件合理确定。在公路工程中，护面墙多用于覆盖各种软质岩石层和较破碎岩石的挖方边坡防护，如易风化的云母片岩、绿片岩、泥质页岩、千枚岩及其他风化严重的软质岩层和较破碎的岩石地段的坡面防护，以防止自然因素的影响继续风化破坏。护面墙在高速公路路堑边坡防护中应用比较普遍，且边坡稳定，效果较好。

在施工护面墙防护过程中，如果坡面中地下水不能顺利排出，则会严重影响护面墙的稳定和使用寿命，因此，在坡体有地下水的路段，应采取有效排水措施，设置并施工好倾斜排水孔或边坡渗水沟。泄水孔施工时，应按设计要求设置，当发现边坡流水较多时，应适当加密。泄水孔宜在墙身上下左右每隔 3m 设一个，在泄水孔后面，用碎石和砂砾做反滤层。

8.2.4　封面、捶面防护

封面适用于未严重风化的各种易风化岩石的路堑边坡，如页岩、泥岩、泥灰岩、千枚岩等；捶面适用于边坡率缓于 1:0.5、易受冲刷的土质边坡或易风化剥落的边坡。封面、捶面不能承受荷载，不能承受土压力，要求边坡必须平整、干燥、稳定。坡面不平整的岩石边坡，宜采用喷浆来防护。对岩石较坚硬而不易风化的挖方边坡，为防止水分渗入岩石裂隙造成病害，可视裂隙的深浅与宽窄，分别予以灌缝与勾缝。因受自然力影响易发生一般的泥石流、塌方或严重剥落的路基边坡，均宜采用护坡和护墙等砌石防护。

封面、锤面常用的材料有水泥、石灰、砂子、炉渣、黏土等。

封面、捶面的顶部必须封闭，或在顶部作 200mm × 200mm 的小型截水沟（水沟用封面、捶面材料加固），或将封面、捶面嵌入边坡内 300 ~ 500mm。

8.2.5　膨胀土挖方施工必须做好排水设施，并保证畅通。挖方边坡不要一次挖到设计线，应沿边坡预留厚度 300 ~ 500mm，待路堑挖完时，再削去边坡预留部分，并立即进行防护。

8.3　沿河路基防护

8.3.1、8.3.2　沿河路基及岸坡由于经常或周期性受到水流的冲刷作用，因此必须采取有效的冲刷防护措施，以确保路基及坡岸的稳固和安全。沿河路基防护工程一般分直接与间接防护两种，直接防护工程类型包括护面墙、砌石或混凝土板、护坦、抛石、石笼、浸水挡墙等；间接防护包括导流构造物（丁坝、顺坝等）、改河和防护林带等。各种防护均应按其环境条件选用适当的防护工程类型，达到预期的目的。本次规范修订增加了护坦、土工膜袋等内容，各地区可根据各自的情况和特点选用其他新的适宜的防护方法，如土工织物防护等。

8.3.4　砌石或混凝土防护

砌石或混凝土防护包括干砌片石、浆砌片石及混凝土板防护等。

砌石或混凝土防护的适用条件为：干砌片石防护适用于易受水流侵蚀的土质边坡、严重剥落的软质岩石边坡、周期性浸水及受冲刷轻的且流速为 2 ~ 4m/s 的河岸路基及边坡；浆砌片（卵）石防护适用于经常浸水的受水流冲刷（流速 3 ~ 6m/s）或受较强烈的波浪作用，以及可能有流水、漂浮物等冲击作用的河岸路基；混凝土板防护常用于路堤及河岸的边坡，以抵抗渗透水及波浪的破坏，其允许流速在 4 ~ 8 m/s以上。

8.3.5　护坦防护

护坦是一种辅助性防护措施，当沿河路基挡土墙、护坡的局部冲刷深度过大，深基础施工不便时，宜采用护坦防护基础；当已建挡土墙、护坡的基础埋深不够，需要进行加固时，采用护坦式基脚，施工方便有利。护坦式基脚，可以减少水流与墙面冲击后形成的下降水流对床面的冲刷。护坦基脚可大大减小挡土墙或护坡基础埋深，减少施工难度。为了进一步减少护坦或基脚的局部冲刷深度，提高抗洪能力，可在护坦上加设挑坎和将护坦基脚的垂墙做成仰斜式。

8.3.6 抛石防护

抛石防护的应用很广,对于经常浸水且水较深地段的路基边坡防护及洪水季节防洪抢险更为常用。抛石切忌乱抛。抛石坡度和选用石料块应根据水深、流速和波浪情况确定。备料应核实水流及波浪作用下石块的稳定性,最好按其测算结果指导施工。抛石边坡坡度值见表 8-1。石料粒径一般不小于 300 ~500mm,其石料粒径与水深、流速的关系见表 8-2。

表 8-1 抛石边坡坡度值

水文条件	采用边坡
水浅,流速较小	1:1.2 ~1:2.5
水深 2 ~6m,流速较大,波浪汹涌	1:2 ~1:3
水深大于 6m ,在急流中施工	缓于 1:2

表 8-2 抛石粒径与水深、流速的关系

抛石粒径(cm)	水深(m)				
	0.4	1.0	2.0	3.0	5.0
	容许流速(m/s)				
15	2.70	3.00	3.40	3.70	4.00
20	3.15	3.45	3.90	4.20	4.50
30	3.50	3.95	4.25	4.45	5.00
40	—	4.30	4.45	4.80	5.05
50	—	—	4.85	5.00	5.40

8.3.7 石笼防护

石笼是河床加固和路堤防止冲刷效果较好的柔性体防护。铁丝石笼能经受较高流速的冲刷,一般可抵抗 4 ~5m/s 流速,体积大的可抵抗 5 ~6m/s 流速,允许波浪高1.5 ~1.8m的水流。

只有在水流含有大量泥沙及基底地质良好的条件下,才宜采用石笼防护。石笼具有较好的柔性,当水流含有大量泥沙时,石笼中的空隙能很快淤满,而形成一整体防护层,其防护效果会更好些,但必须将各个铁丝石笼单元彼此很好地连接起来成为一个完整的柔性体。

8.3.9 土工膜袋防护

土工膜袋防护是本次规范修订增加的内容。土工膜袋是将土工合成材料表面涂一层树脂或橡胶等防水材料,或将土工合成材料与塑料薄膜复合在一起形成不透水的防水材料,用土工膜袋填充混凝土或砂浆形成防护结构,达到防护的目的。膜袋厚度应通过抗浮稳定分析和抗冰推移稳定分析确定。土工膜袋的主要技术指标见表 8-3。

表 8-3 土工膜袋主要技术指标

项目		标准
单层质量(g/m^2)		200
拉伸强度 (N/5cm)	经	1 500
	纬	1 300
延伸率 (%)	经	14
	纬	12
撕裂强度 (N/5cm)	经	600
	纬	400
顶破强度(N)		800
渗透系数(cm/s)		0.028
单层厚度(mm)		0.45

8.3.10、8.3.11 丁坝、顺坝防护

丁坝、顺坝均为导流构造物，是以改变水流方向为主的水工建筑物。在路基工程防护中采用导流构造物，使水流轴线方向偏离路基岸边，或降低防护处的流速，且促进其淤积，从而达到对路基的防护作用。施工导流构造物时，应尽可能避免过多地压缩河床断面，否则，造成水位抬高，以致影响上下游路基、农田及建筑物安全。

丁坝也称挑水坝，其作用是迫使水流改变方向，离开被防护的河岸。由于丁坝压缩水流断面，扰乱原来水流性质，坝头附近出现强烈局部冲刷，故不仅坝头的基础必须深埋，而且还需做平面防护。平面防护一般宜选用浆砌片石、石笼等坚固耐用的防护类型。平面防护有长防护和坝头防护两种方法。防护宽度，在迎水面可取2～4m，在背水平可取1～2m，对于长防护，坝头最宽，逐渐向坝根减窄；对坝头防护，其防护宽度等于坝长的0.3倍，且宽度不变窄。顶坝坝头附近尤其第一节丁坝受强烈局部冲刷和漂浮物强烈撞击更为严重，必须严控施工质量。

顺坝根部是受水流冲击作用较重部位，应特别重视坝根部分与相连地层或其他防护设施的嵌接，确保施工质量。坝根附近的河岸应防护至上游不受斜向水流冲击处。坝根应牢固地嵌入稳定河岸内，易受冲刷的河岸嵌入长度宜为3～5m，较坚实的河岸宜嵌入2m。

8.4 挡土墙

8.4.2 在旱季，岩、土体的含水量较小，强度较高，开挖基坑时边坡的稳定性容易得到保证，故地质条件较差或有水地段的挡土墙，在旱季施工比雨季安全。集中力量、分段施工的目的在于加快施工速度，减少基坑和临时边坡的暴露时间。

8.4.3 明挖基坑

1 公路建设条件，特别是地质条件，随高速公路建设越来越复杂，要求施工单位施工前不但要熟悉设计文件，而且要熟悉基础资料。

8.4.7 重力式挡土墙

1 基础施工

3）规定是为了防止地表水流渗入施工场地，使岩、土体软化，降低地基的承载能力和边坡的稳定性。

8.4.11 加筋土挡土墙

4 规定是为了保证拉筋与土体的摩擦处于稳定状态。

8.5 边坡锚固防护

8.5.2 边坡锚固防护是一种发展中的加固技术，工序复杂，制约因素多，且属于隐蔽工程，施工前应进行仔细调查，认真做好施工组织设计。施工时应将开挖的岩土情况与勘测设计资料进行对比，发现出入较大时，应及时上报采取处治措施，以确保锚固工程安全可靠。

8.5.6 锚杆施工应严格控制施工工艺。锚杆组装时其自由段必须按设计要求做好防腐处理和定位处理。注浆是锚杆施工中的重要环节，注浆质量直接影响锚杆的承载力，因此，注浆施工应严把浆、材质量，浆液性能，浆液工艺和注浆质量关。采取先注后插时，注浆管头部制成45°斜口，注浆时将注浆管插至孔底，且随着注浆体的注入匀速拔出注浆管。注浆体到达距孔口200～300mm时，停止注浆。

8.5.7 当岩质较差，要求对成孔斜误差严格控制时，可采用孔斜仪进行量测，孔斜不宜超过1/100。

8.6 土钉支护

8.6.1 土钉支护只适用于有一定黏性的硬黏土，有一定胶黏的黏土、砂土或有一定自稳能力的岩土，

对于松散的砂土、黏土以及地下水丰富等地质不良土体，不宜采用。土体松散，其抗剪强度低，不能给土钉足够的抗拔力；土体松软和含水量高，边坡的喷射面层难以形成，应采用复合土钉支护。

土钉挡土结构一般用于挖方边坡的临时支护以及路堑或路堤的永久支护，也可用于桥台结构挡土支护。土钉加筋边坡支护一般用于加固平缓边坡，也可用于增加原有边坡或开挖后边坡的稳定性。复合土钉支护一般用于永久性的公路工程。

8.6.3 土钉支护工程的排水系统对工程质量、稳定性和使用寿命具有重要意义，在施工过程中应特别重视水的作用和影响，必须在地表和支护内部布设施工排水系统，以疏导地表水和地下水。施工地表排水系统时，一般宜在距边坡顶部3~5m范围内开挖一截水沟。当设计图要求边坡顶有永久性排水沟时，施工排水沟宜与永久排水沟合建。边坡体内排水，施工时视其边坡体内的水量，设置排水(滤水)管。当设计有永久排水管时，临时排水管应与永久排水管综合考虑布设。边坡脚的临时排水，在施工开挖每一层土钉(锚杆)作业面时，宜在作业面适当距离处设临时排水沟和集水井，以确保土质边坡下部不被雨水或施工水浸泡。边坡岩石中裂隙、泉眼中的地下水应引出边坡外，并引入永久排水系统中。

当地下水源丰富，流量较大，在支护施工的作业面上难以成孔和形成喷射混凝土面层时，应在施工前降低地下水水位，并在地下水位以上进行支护施工。

8.6.4 坡面开挖

边坡开挖深度和长度应符合设计规定，但应保证修整后的裸露边坡能在规定的时间保持自立，水平分段一般可取10~20m。切削、清坡宜用小型机具或铲锹。

当边坡变形过大、变形速率过快、位移不收敛，边坡出现开裂、沉陷等险情时，可视具体情况选用如下应急措施：①坡脚临时加堆载反压；②坡顶卸土减载，并严格控制卸载程序；③做好临时排水、封面处理；④对支护结构临时加固；⑤加强险情的监测。

对已塌方的边坡处理：一般性较小塌方，应先对塌方部分的松散土体进行加固或清除，再进行边坡开挖支护；对软土大塌方，一般应在松散土体中采用击入钢花管注浆加固或击入竹(木)桩加固，当条件允许时也可采取深层搅拌桩加固等。

8.6.5 土钉施工

2 选用钻孔机具时主要根据支护边坡的土性考虑。当边坡为土层时，宜选用普通锚杆钻(如MGS—50等)；当边坡为土岩混合时，可选用软硬兼用钻机(如MD—100型或地质钻等)；当边坡为岩层时，宜用潜孔钻。在土层边坡支护中，如有条件时，宜优先选用干式钻孔机，可有效减少土体边坡的变形。

3 为增加土钉支护的使用寿命，当土钉用于腐蚀性土质、雨水较多的地区进行边坡支护，或土钉不可避免地要深入到地下水位以下时，应对土钉进行防锈处理。在国外，德国对永久土钉支护采用加塑料波纹套管的措施，美国对永久土钉支护要求用环氧涂膜钢筋。我国主要比照混凝土中的钢筋锈蚀，着眼于注浆保护层的作用，可根据情况选用聚乙烯、聚丙烯塑料波纹管或环氧涂层钢筋。在腐蚀环境下，土钉支护面层和土钉钢筋保护层厚应根据设计要求施工，设计无要求时应根据侵蚀作用等级(强、中、弱)分别采用70mm、60mm、50mm。

4 土钉孔注浆用砂应选用粒径小于2mm的中、细砂，使用前须过筛，严防石块、杂物混入，砂的含泥量不大于3%，土钉孔注浆应饱满。

8.6.6 喷射混凝土配合比应通过试验确定，所采用的砂、石子，其规格和质量应符合规定要求。喷射混凝土用砂应为中砂，细度模数大于2.5，其颗粒级配应满足表8-4要求；用于喷射混凝土的石子应为坚硬的卵石或碎石，最大粒径不宜超过15mm，其级配应符合表8-5要求。注浆用水或混凝土用水不得使用污水和pH值小于4的酸性水，不应含有影响混凝土质量的有害杂质。

表8-4 喷射混凝土用砂的颗粒级配

筛孔尺寸(mm)	5	2.5	1.2	0.6	0.3	0.15
通过质量百分率(%)	100	80~100	50~85	25~60	10~30	2~10

表 8-5 喷射混凝土用石子的颗粒级配

筛孔尺寸(mm)	15	10	5	2.5	1.2
通过质量百分率(%)	100	80 ~ 100	10 ~ 30	0 ~ 10	0 ~ 5

8.7 抗滑桩

8.7.1 滑面位置是计算滑坡推力、确定桩体结构的主要依据,施工中应加以核实,并对岩性资料进行编录。

8.7.4 灌注桩身混凝土

3 要求桩体灌注混凝土必须连续进行,是为了避免出现较弱的施工缝,保证混凝土的整体性和强度,并加快施工速度。

9 路基安全施工与环境保护

9.1 一般规定

国家现行涉及有关安全生产的主要法律、法规有《中华人民共和国宪法》、《中华人民共和国刑法》、《中华人民共和国安全生产法》、《中华人民共和国劳动法》、《中华人民共和国建筑法》和《建设工程安全生产管理条例》、《危险化学品安全管理条例》、《国务院关于特大安全事故行政责任追究的规定》、《中华人民共和国内河交通安全管理条例》等。

9.1.1 现场调查的目的,一是核对设计文件与现场的符合程度,二是为制订合理的安全技术措施和环境保护措施掌握第一手资料。制订安全技术措施应坚持"预防为主"的方针,必须根据工程的特点,具有针对性,切忌泛泛而谈。制订环境保护措施应根据工程的周边环境情况,着重考虑由于路基施工而引发的环境保护问题,如施工扬尘、噪声、废水、废弃物排放、水土保持、生物保护等等。

9.1.3 路基施工现场易发生安全事故的部位主要有:易燃和易爆物品仓库、爆破区、高边坡路基填(挖)方施工段、高边坡路基防护、沿河路基施工段、交通干扰路段、居民密集区、施工便道急弯、陡坡处、建筑物拆除、支挡结构基础施工、悬崖、陡坎等,上述部位应加强防范,保证安全防护设施到位,确保施工安全。

9.2 安全施工

9.2.3 施工便道、便桥(包括涵洞)应根据拟通过施工机械类型、运输机械类型、载重量等进行专门设计,并设置相应的交通标志牌。

施工便道、便桥应根据路况和交通流量情况,设专人维护和指挥交通,以防止扬尘和道路坑凹不平而引发环境污染、运输机械损坏和发生交通安全事故。

9.2.4 路堤边缘一般比较松散,因此机械靠近路堤边缘作业时易发生倾覆事故,要特别加以小心,应根据路堤高度留有必要的安全距离,并采取设专人指挥、设置安全警示标志等必要的安全措施。

推土机多机在同一作业面作业时,前后两机相距不应小于8m,左右相距应大于1.5m;多台拖式铲运机作业,前后净距不得小于10m,左右净距不得小于2m;两台以上压路机同时作业,其前后间距不得小于3m。

9.2.6 开挖前,应对相邻的结构物进行调查,并制订相应的临时加固方案,然后进行加固,防止因路基开挖引发相邻结构物下沉和变形。开挖工作完成后,应按设计及时修建永久加固防护设施。

路基施工宜在路基范围内的公用设施拆迁完成后进行。对于在路基范围内暂时不能迁移的结构物,应根据结构物的类型、特点、重要程度等在结构物周围通过计算确定预留土台大小,确保结构物在开挖施工期间的安全。

9.2.7 支撑防护是路基排水和防护结构基础开挖时关系到施工安全的一项重要工作,其中包括支撑的设计、施工、维护和拆除。对这些内容必须精心设计、精心施工,以免坑壁失稳,出现塌方,造成人身安全事故。

采用人工开挖时,如沟槽(基坑)较深,不能直接将土扔到沟槽(基坑)外,就应采取分层开挖、层间留台的措施,分层高度一般不宜超过1.5m,层间留台宽度不宜小于0.8m。

沟槽(基坑)上边缘暂时堆放的土方距沟槽(基坑)边不得小于0.8m,堆放高度不得超过1.5m。

根据《高处作业分级》(GB 3608—93)定义,凡在坠落高度基准面2m以上(含2m)有可能坠落的高处进行的作业，均称为高处作业。安全防护要求可参照《建筑施工高处作业安全技术规范》(JGJ 80—91)相关条款执行。

开挖至基底标高后，应尽快安排结构物施工，以尽量避免沟槽(基坑)因长时间暴露而可能引发的坑壁坍塌事故。

在施工过程中应经常检查边壁土质稳固情况，发现有裂缝、疏松或支撑走动，要随时采取加固措施。

9.2.8 围堰结构设计应防水严密，安全可靠，能够承受水、土及施工附加荷载的产生压力，满足其强度和稳定性(抗滑动、抗倾覆)要求，满足抗冲刷要求，围堰顶面应高出施工期间可能出现的最高水位(包括涨潮、浪高)0.5～0.7m。

9.2.9 在进行脚手架设计时，脚手架上料斜道的铺设宽度不得小于1.5m，坡度不得大于1:3，防滑条的间距不得大于0.3m。

9.2.12 施工过程中处理故障时，必须停机、断电、停风，防止机械误动作造成事故。故障处理结束，在开机送风、送电之前，通知有关作业人员，防止有人处于危险位置而因突然开机受到伤害。

9.2.13 张拉预应力锚杆(索)时，由于可能发生断丝和锚具楔子滑脱沿轴向飞出伤人事故或由于锚固不可靠而可能发生整个锚杆(索)连同张拉设备一起被弹出，故张拉时，千斤顶近旁严禁站人，以防止发生伤害事故。

9.2.15 拆除建筑物时应对作业区进行调查，评估拆除过程中可能对相邻结构物及环境造成的危害，制订安全可靠的拆除方案。拆除前，必须在拟拆除建筑物周围设置安全警戒线，清除建筑物内的易燃、易爆物品，切断通入该建筑物的各种管道及电气线路。拆除作业应先拆高处，后拆低处，先拆非承重构件，后拆承重构件，严禁上下同时作业。严禁采用掏空、挖切和大面积推倒的拆除方法。拆除中每班作业休息前，应拆除至结构的稳定部位。当采用爆破方法进行拆除作业时，必须有经批准的控制爆破设计文件，并严格遵守爆破安全规程的相关规定。

9.3 环境保护

国家现行涉及有关环境保护的主要法律、法规有《中华人民共和国环境保护法》、《中华人民共和国大气污染防治法》、《中华人民共和国固体废物污染环境防治法》、《中华人民共和国环境噪声污染防治法》、《中华人民共和国水土保持法》、《中华人民共和国野生动物保护法》、《中华人民共和国文物保护法》、《中华人民共和国水污染防治法》和《中华人民共和国水污染防治法实施细则》、《中华人民共和国水土保持法实施条例》、《中华人民共和国野生植物保护条例》、《中华人民共和国自然保护区条例》、《建设项目环境保护管理条例》等。

9.3.1 防止水土污染和流失

1 合理利用土地和切实保护耕地是我国的基本国策。施工过程中要严格控制临时用地数量，各种临时设施尽可能设置在公路用地范围内或利用荒坡、废弃地解决。施工过程中要采取有效措施保护水土资源，防止水土流失和农田污染。

弃土场的支挡结构应根据弃土或弃石等堆放的数量、位置和地形特点，选择合理的结构形式并进行专门设计，以有效地控制水土流失。

3 生活污水和清洗施工机械、设备及工具的废水、废油等有害物质，如果直接排放，会污染水质、土质，影响人们的饮用水源和鱼类的生存、农作物的生长，因此必须采取必要的净化措施处理后，方可排放。

6 在自然保护区、森林、草原、湿地及风景名胜区进行路基施工时，要从有利于生态环境保护的角度来制订施工方案。例如：当公路通过林地时，应严格控制林木的砍伐数量，严禁砍伐公路用地范围之外不影响视线的林木，公路用地范围内，应按绿化设计要求进行栽植；当公路经过草原时，应注意保护草原植被，取、弃土场地应选择在牧草生长差的地方；当公路进入法定保护的湿地时，工程方案应避免造成生态环境的重大改变，施工废料应弃于湿地之外等。

9.3.2 噪声、空气污染的防治

1 “噪声敏感建筑物”是指住宅、医院、学校、机关、科研单位等需要保持安静的建筑物。

对于噪声超过限值规定的,可采取调整作业时间、优化施工机械设备组合、改变施工方法、增加消声设施等措施,以达到减少噪声的效果。

现行国标《建筑施工场界噪声限值》(GB 12523—90)中规定的不同施工阶段作业噪声限值见表9-1。

表 9-1 等效声级 L_{Aeq} [dB(A)]

施工阶段	主要噪声源	噪声限值	
		昼间	夜间
土石方	推土机、挖掘机、装载机等	75	55
打桩	各种打桩机等	85	禁止施工
结构	混凝土搅拌机、振捣棒、电锯等	70	55
装修	吊车、升降机等	65	55

3 现行国标《环境空气质量标准》(GB 3095—1996)中规定环境空气质量标准的检查项目为14项,但公路环境保护中通常采用的为二氧化硫、总悬浮颗粒物、氮氧化物和一氧化碳四项,标准见表9-2。

表 9-2 各项污染物的浓度限值(mg/m^3)

污染物名称	取值时间	浓度限值		
		一级标准	二级标准	三级标准
二氧化硫 SO_2	年平均	0.02	0.06	0.10
	日平均	0.05	0.15	0.25
	1h 平均	0.15	0.50	0.70
总悬浮颗粒物 TSP	年平均	0.08	0.20	0.30
	日平均	0.12	0.30	0.50
氮氧化物 NO_X	年平均	0.05	0.05	0.10
	日平均	0.10	0.10	0.15
	1h 平均	0.15	0.15	0.30
一氧化碳 CO	日平均	4.00	4.00	6.00
	1h 平均	10.00	10.00	20.00

4 路基施工的堆料场、拌和站、材料加工厂等要远离居民区、学校,以防止在操作过程中产生的粉尘、废气和噪声对人们居住、工作和学习环境的污染。

9.4 生物保护

9.4.3 在有国家级保护野生动物出没的路段进行路基施工时,应设置预告、禁止鸣笛等标志,注意维护野生动物的栖息环境,并根据野生动物的种类、习性及迁徙季节、路线和活动规律,合理安排施工计划,为动物横向过路设置必要的通道。

9.4.4 根据《中华人民共和国森林法》第二十八条规定:砍伐林木必须申请砍伐许可证,按许可证的规定进行砍伐;农村居民砍伐自留地和房前屋后个人所有的零星林木除外。

9.4.5 在草、木较密集的地区焚烧清除的丛草、树木宜引发火灾和空气污染,严禁焚烧。

9.5 文物保护

9.5.1 《中华人民共和国文物保护法》第十七条规定:文物保护单位的保护范围内不得进行其他建设工程或者爆破、钻探、挖掘等作业。但是,因特殊情况需要在文物保护单位的保护范围内进行其他建设工程或者爆破、钻探、挖掘等作业的，必须保证文物保护单位的安全，并经核定公布该文物保护单位的人民政府批准，在批准前应当征得上一级人民政府文物行政部门同意；在全国重点文物保护单位的保护范围内进行其他建设工程或者爆破、钻探、挖掘等作业的，必须经省、自治区、直辖市人民政府批准，在批准前应当征得国务院文物行政部门同意。

9.5.2 根据《中华人民共和国文物保护法》的规定，在进行建设工程中发现的文物属于国家所有，任何单位或者个人不得哄抢、私分、藏匿。

10 路基整修与交工验收

10.1 路基整修

10.1.1 检查的项目、方法和频率根据《公路工程质量检验评定标准》确定。路基整修包括自检后的整修和交工验收后的整修。整修的目的是使路基工程达到或者优于设计文件和本规范规定的技术标准和质量标准。

10.1.2 一般情况下,由于路面与路基施工的不连续性,路基顶面表层在多种因素影响下会产生不同类型的局部质量缺陷。为保证路床与路面的整体性,防止出现“夹层”,故应有针对性的处理措施。

10.1.3 路堤超宽的部分在取得甲方、监理、设计单位批准后,可不完全切除,但应采取适当措施和工艺保持边坡平整顺适、稳定。在施工过程中,应及时测量路堤宽度,严防路堤压实后宽度不够。

10.1.4 交工前,应对所有结构物本身以及可能引起隐患的因素进行检查、排除。

10.2 交工验收

10.2.1 中间检查验收是保证工程质量的重要环节。出现的质量事故、质量问题要按规定程序进行处理,发现的质量缺陷根据规范要求或设计要求进行返工或者处理。

JTJ

中华人民共和国行业标准　　JTJ 034—2000

公路路面基层施工技术规范

Technical Specifications for Construction of Highway Roadbases

2

2000-06-02 发布　　2000-10-01 实施

中华人民共和国交通部发布

中华人民共和国交通部文

交公路发[2000]278号

关于发布《公路路面基层施工技术规范》(JTJ 034—2000)的通知

2

各省、自治区交通厅,北京市公路局,上海市市政工程管理局,天津市市政工程局,重庆市交通局,其它有关单位:

现批准发布《公路路面基层施工技术规范》(JTJ 034—2000),作为行业标准,自2000年10月1日起施行。1993年发布的《公路路面基层施工技术规范》(JTJ 034—93)同时废止。

该标准由交通部公路科学研究所主编并负责解释,人民交通出版社出版。请各单位在实践中注意积累资料,总结经验,及时将发现的问题和修改意见函告交通部公路科学研究所,以便修订时参考。

中华人民共和国交通部

二〇〇〇年六月二日

前　言

80 年代,我国公路建设开始进入以高速公路为代表的新历史时期。为满足新时期公路建设的需要,1985 年交通部发布了第一版《公路路面基层施工技术规范》(JTJ 034—85)。在总结我国初期高速公路和一级公路基层施工实践和路面使用性能的基础上,1993 年交通部又发布了第二版《公路路面基层施工技术规范》(JTJ 034—93)。五年的实践证明,凡认真贯彻该施工技术规范的不同等级公路路面的基层,都取得了良好的技术效果,路面的整体承载能力明显提高,避免了由于基层质量不好引起的路面早期损坏现象。同时,也积累了较多的基层施工经验。

随着国民经济持续高速增长,我国公路交通状况又产生了明显变化,交通量增长很快,重载卡车数量显著增加,超载车辆比较普遍。新交通状况对路面基层提出了更高的技术要求。

近几年施工的某些高速公路,为提高路面的整体质量,对于底基层,也用集中厂拌法和摊铺机摊铺半刚性材料;在半刚性基层养生结束后的不同时间,用路面钻机钻取试件,进一步检验基层的整体性,都取得了良好效果。

上述新情况是修订《公路路面基层施工技术规范》(JTJ 034—93)和制定本规范的主要依据。

木次修订的主要内容有:将术语单列一章;调整了材料筛分的筛孔尺寸,使之与《公路沥青路面施工技术规范》(JTJ 032)一致;基层分两层施工时,均用摊铺机摊铺混合料;提高了二级公路路面基层材料和工艺水平的要求;提高了基层材料强度标准,以适应重载车辆多的公路;增加了基层养生结束后用钻机钻取试件,以检验基层的整体性。

我国幅员辽阔,各地区的气候、交通、材料、施工技术和其他自然条件有很大差异,一本统一的施工技术规范难于适应各地区的具体条件,在执行本规范时,对本规范未作规定或未作明确规定的技术内容,应总结实践经验,作出补充规定。

请各有关单位将执行本规范中所发现的问题和意见函告交通部公路科学研究所(地址:北京西土城路 8 号,邮编:100088),以便下次修订时参考。

主 编 单 位: 交通部公路科学研究所

主要起草人: 沙庆林

目　次

1 总则

1.0.1 为适应我国公路建设需要,建成质量符合要求的公路路面基层,避免因基层质量不好而产生的面层过早破坏现象,特制定本规范。

1.0.2 本规范适用于新建和改建各级公路的刚性(水泥混凝土)路面、半刚性(半刚性基层沥青)路面或柔性(柔性基层沥青或中级)路面的基层和底基层施工。

1.0.3 本规范规定了水泥稳定土、石灰稳定土、石灰工业废渣稳定土、级配碎石、级配砾石和填隙碎石的施工和质量管理要求。

1.0.4 用沥青碎石混合料和沥青贯入式碎石做基层时,其技术要求、施工方法和质量管理应符合国家标准《沥青路面施工及验收规范》(GB 50092)。

1.0.5 用贫混凝土、碾压式混凝土做基层时,其技术要求、施工方法和质量管理应符合国家标准《水泥混凝土路面施工及验收规范》(GBJ 97)和本规范。

1.0.6 凡有可能改建提高等级的中级路面,都应采用本规范中的基层结构作为主要承重层,其上可用砂砾土、石屑土、砂土等材料做磨耗层。

1.0.7 垫层的技术要求、施工方法和质量管理应符合本规范对同类材料的底基层的规定。

1.0.8 本规范采用重型击实试验方法的最大干密度作为标准干密度。

1.0.9 本规范涉及的试验方法应符合交通部现行有关试验规程的规定。

2 术语

2.0.1 基层 base

直接位于沥青面层下、用高质量材料铺筑的主要承重层或直接位于水泥混凝土面板下、用高质量材料铺筑的一层称做基层。基层可以是一层或两层，可以是一种或两种材料。

2.0.2 底基层 subbase

在沥青路面基层下、用质量较次材料铺筑的次要承重层或在水泥混凝土路面基层下、用质量较次材料铺筑的辅助层称做底基层。底基层可以是一层或两层以上，可以是一种或两种材料。

2.0.3 细粒土 fine grained soil

颗粒的最大粒径小于9.5mm，且其中小于2.36mm的颗粒含量不少于90%（如塑性指数不同的各种黏性土、粉性土、砂性土、砂和石屑等）。

2.0.4 中粒土 midium grained soil

颗粒的最大粒径小于26.5mm，且其中小于19mm的颗粒含量不少于90%（如砂砾土、碎石土、级配砂砾、级配碎石等）。

2.0.5 粗粒土 coarse grained soil

颗粒的最大粒径小于37.5mm，且其中小于31.5mm的颗粒含量不少于90%（如砂砾石、碎石土、级配砂砾、级配碎石等）。

2.0.6 水泥稳定土 cement stabilized soil

用水泥做结合料所得混合料的一个广义的名称，它既包括用水泥稳定各种细粒土，也包括用水泥稳定各种中粒土和粗粒土。在经过粉碎的或原来松散的土中，掺入足量的水泥和水，经拌和得到的混合料在压实和养生后，当其抗压强度符合规定的要求时，称为水泥稳定土。

用水泥稳定细粒土得到的强度符合要求的混合料，视所用的土类而定，可简称为水泥土、水泥砂或水泥石屑等。

用水泥稳定中粒土和粗粒土得到的强度符合要求的混合料，视所用原材料而定，可简称为水泥碎石、水泥砂砾等。

2.0.7 综合稳定土 composite stabilized soil

同时用水泥和石灰稳定某种土得到的强度符合要求的混合料，简称为综合稳定土。

2.0.8 水泥改善土 cement improved soil

仅使用少量水泥改善级配砾石的塑性指数或提高级配砾石的强度，使其能适合做轻交通道路上沥青面层的基层，而达不到表3.3.1规定的强度要求时，这种材料称做水泥改善土。

2.0.9 土的均匀系数 coefficient of uniformity of soil

筛分土的颗粒组成时，通过量为60%的筛孔尺寸与通过量为10%的筛孔尺寸之比值，称做土的均匀系数。

2.0.10 集料 aggregate

由碎石（或砾石）、砂粒和粉粒（有时还可能有黏粒）组成的，并以碎石（或砾石）和砂粒为主的矿料混合料，统称其为集料。

粒径大于2.36mm的集料，称粗集料；粒径小于2.36mm的集料，称细集料。

2.0.11 石灰稳定土 lime stabilized soil

在粉碎的或原来松散的土（包括各种粗、中、细粒土）中，掺入足量的石灰和水，经拌和、压实及养生后得到的混合料，当其抗压强度符合规定的要求时，称为石灰稳定土。

用石灰稳定细粒土得到的强度符合要求的混合料，称为石灰土。

用石灰稳定中粒土和粗粒土得到的强度符合要求的混合料，视所用原材料而定，原材料为天然砂砾土或级配砂砾时，称为石灰砂砾土；原材料为碎石土或级配碎石时，称为石灰碎石土。

用石灰稳定原中级路面，使其适应做沥青路面和水泥混凝土路面的基层时，属于石灰砂砾土或石灰碎石土。

2.0.12 石灰改善土 lime improved soil

仅使用少量石灰改善级配砾石的塑性指数或提高级配砾石的强度，使其能适应做轻交通道路上沥青面层的基层，但达不到表 4.3.1 规定的强度要求时，这种材料称做石灰改善土。

2.0.13 石灰工业废渣稳定土 lime industrial waste stabilized soil

一定数量的石灰和粉煤灰或石灰和煤渣与其他集料相配合，加入适量的水（通常为最佳含水量），经拌和、压实及养生后得到的混合料，当其抗压强度符合规定的要求时，称为石灰工业废渣稳定土（简称为石灰工业废渣）。

一定数量的石灰和粉煤灰，一定数量的石灰、粉煤灰和土以及一定数量的石灰、粉煤灰和砂相配合，加入适量的水（通常为最佳含水量），经拌和、压实及养生后得到的混合料，当其抗压强度符合规定的要求时，分别简称为二灰、二灰土、二灰砂。

用石灰和粉煤灰稳定级配碎石或级配砾石得到的混合料，当其强度符合要求时，分别称为石灰、粉煤灰级配碎石和石灰、粉煤灰级配砾石。这两种混合料又统称为石灰、粉煤灰级配集料，或分别简称二灰级配碎石、二灰级配砾石、二灰级配集料。

用石灰、煤渣和土以及石灰、煤渣和集料得到的强度符合要求的混合料，分别称为石灰煤渣土和石灰煤渣集料。

2.0.14 级配碎石 graded crushed rock

粗、中、小碎石集料和石屑各占一定比例的混合料，当其颗粒组成符合规定的密实级配要求时，称做级配碎石。

2.0.15 级配砾石 graded gravel

粗、中、小砾石和砂各占一定比例的混合料，当其颗粒组成符合规定的密实级配要求且塑性指数和承载比均符合规定要求时，称为级配砾石。

2.0.16 未筛分碎石 crushed run rock

轧石机轧出来的粒径大小不一的碎石混合料，仅用一个筛孔尺寸与规定最大粒径相符的筛筛去超尺寸颗粒后得到的碎石混合料，称做未筛分碎石。它的理论颗粒组成为 $0 \sim D$（D 为最大粒径），并具有较好的级配。

2.0.17 石屑 screenings

轧石场通过筛分设备最小筛孔（通常为 5mm 或 3mm）的细筛余料，称做石屑。其理论颗粒组成为 $0 \sim d$mm（d 为轧石场用最小筛孔的尺寸）。实际上，石屑中常有部分粒径大于 d 的超尺寸颗粒。

2.0.18 填隙碎石 dry bound macadam

用单一尺寸的粗碎石做主骨料，形成嵌锁结构，起承受和传递车轮荷载的作用，用石屑做填隙料，填满碎石间的孔隙，增加密实度和稳定性，这种材料称做填隙碎石。

2.0.19 松铺厚度 thickness of uncompacted layer

用各种不同方法摊铺任何一种混合料时，其密实度经常显著小于碾压后达到的规定密实度。这种未经压实的材料层厚度称为松铺厚度。

2.0.20 松铺系数 coefficient of loose paving material

材料的松铺厚度与达到规定压实度的压实厚度之比值称为松铺系数，常精确到小数点后两位。

3 水泥稳定土

3.1 一般规定

3.1.1 按照土中单个颗粒的粒径大小和组成，将土分为细粒土、中粒土和粗粒土三种。

3.1.2 水泥剂量以水泥质量占全部粗细土颗粒（即砾石、砂粒、粉粒和黏粒）的干质量的百分率表示，即水泥剂量 = 水泥质量/干土质量。

3.1.3 水泥稳定土可适用于各级公路的基层和底基层，但水泥土不得用做二级和二级以上公路高级路面的基层。

3.1.4 水泥稳定中粒土和粗粒土用做基层时，水泥剂量不宜超过6%。必要时，应首先改善集料的级配，然后用水泥稳定。

在只能使用水泥稳定细粒土做基层时或水泥稳定集料的强度要求明显大于规定时，水泥剂量不受此限制。

3.1.5 水泥稳定土结构层宜在春末和气温较高季节组织施工。施工期的日最低气温应在5℃以上，在有冰冻的地区，并应在第1次重冰冻（-3～-5℃）到来之前半个月到一个月完成。

3.1.6 在雨季施工水泥稳定土，特别是水泥土结构层时，应特别注意气候变化，勿使水泥和混合料遭雨淋。降雨时应停止施工，但已经摊铺的水泥混合料应尽快碾压密实。路拌法施工时，应采取措施排除下承层表面的水，勿使运到路上的集料过分潮湿。

3.1.7 水泥稳定土结构层施工时，应遵守下列规定：

(1)土块应尽可能粉碎，土块最大尺寸不应大于15mm。

(2)配料应准确。

(3)路拌法施工时水泥应摊铺均匀。

(4)洒水、拌和应均匀。

(5)应严格控制基层厚度和高程，其路拱横坡应与面层一致。

(6)应在混合料处于或略大于最佳含水量（气候炎热干燥时，基层混合料可大1%～2%）时进行碾压，直到达到下列按重型击实试验法确定的要求压实度（最低要求）。

基层：

高速公路和一级公路　98%

二级和二级以下公路

水泥稳定中粒土和粗粒土　97%

水泥稳定细粒土　93%

底基层：

高速公路和一级公路

水泥稳定中粒土和粗粒土　97%

水泥稳定细粒土　95%

二级和二级以下公路

水泥稳定中粒土和粗粒土　95%

水泥稳定细粒土　93%

由于当前有多种大能量压路机，宜提高压实度1%～2%。

(7)水泥稳定土结构层应用12t以上的压路机碾压。用12～15t三轮压路机碾压时，每层的压实厚度不应超过15cm；用18～20t三轮压路机和振动压路机碾压时，每层的压实厚度不应超过20cm；对于水泥稳定中粒土和粗粒土，采用能量大的振动压路机碾压时，或对于水泥稳定细粒土，采用振动羊足碾与三轮压路机配合碾压时，每层的压实厚度可以根据试验适当增加；压实厚度超过上述规定时，应分层铺筑，每层的最小压实厚度为10cm，下层宜稍厚。对于稳定细粒土，以及用摊铺机摊铺的混合料，都应采用先轻型、后重型压路机碾压。

(8)路拌法施工时，必须严密组织，采用流水作业法施工，尽可能缩短从加水拌和到碾压终了的延迟时间，此时间不应超过3～4h，并应短于水泥的终凝时间。采用集中厂拌法施工时，延迟时间不应超过2h。

(9)水泥稳定土基层施工时，严禁用薄层贴补法进行找平。

(10)必须保湿养生，不使稳定土层表面干燥，也不应忽干忽湿。

(11)水泥稳定土基层上未铺封层或面层时，除施工车辆可慢速(不超过30km/h)通行外，禁止一切机动车辆通行。

3.1.8 水泥改善土的施工方法可参照本规范。

3.1.9 对于二级以下的公路，水泥稳定土基层和底基层可以采用路拌法施工。但对于二级公路，应采用专用的稳定土拌和机或使用集中拌和法制备混合料。

3.1.10 对于高速公路和一级公路，直接铺筑在土基上的底基层下层可以用稳定土拌和机进行路拌法施工，当土基上层已用石灰或固化剂处理时，底基层的下层也宜用集中拌和法拌制混合料。其上的各个稳定土层都应用集中厂拌法拌制混合料，并用摊铺机摊铺基层混合料。

3.1.11 基层分两层施工时，在铺筑上层前，应在下层顶面先撒薄层水泥或水泥净浆。

3.2 材料

3.2.1 对于二级和二级以下的公路，水泥稳定土所用的粗粒土、中粒土、细粒土应满足如下要求：

1 水泥稳定土用做底基层时，单个颗粒的最大粒径不应超过53mm①，水泥稳定土的颗粒组成应在表3.2.1-1所列范围内，土的均匀系数应大于5。细粒土的液限不应超过40，塑性指数不应超过17。对于中粒土和粗粒土，如土中小于0.6mm的颗粒含量在30%以下，塑性指数可稍大。实际工作中，宜选用均匀系数大于10、塑性指数小于12的土。塑性指数大于17的土，宜采用石灰稳定，或用水泥和石灰综合稳定。

注：①指方孔筛。如为圆孔筛，则最大粒径可为所列数值的1.2～1.25倍，下同。

表3.2.1-1 用做底基层时水泥稳定土的颗粒组成范围

筛孔尺寸(mm)	53	4.75	0.6	0.075	0.002
通过质量百分率(%)	100	50～100	17～100	0～50	0～30

注：本规范表中所列用筛均为方孔筛。在无相应尺寸方孔筛的情况下，可先将颗粒组成在半对数坐标纸上画出两根级配曲线，然后在对数坐标上查找所需筛孔的位置或点，从此点引一垂直线向上与两根曲线相交。从此两交点画水平线与垂直坐标相交，即可得到所需颗粒尺寸的通过百分率。

2 水泥稳定土用做基层时，单个颗粒的最大粒径不应超过37.5mm。水泥稳定土的颗粒组成应在表3.2.1-2范围内。集料中不宜含有塑性指数的土。对于二级公路宜按接近级配范围的下限组配混合料或采用表3.2.2中的2号级配。

表3.2.1-2 用做基层时水泥稳定土的颗粒组成范围

筛孔尺寸(mm)	通过质量百分率(%)	筛孔尺寸(mm)	通过质量百分率(%)
37.5	90～100	2.36	20～70
26.5	66～100	1.18	14～57
19	54～100	0.6	8～47
9.5	39～100	0.075	0～30
4.75	28～84		

3 级配碎石、未筛分碎石、砂砾、碎石土、砂砾土、煤矸石和各种粒状矿渣均适宜用水泥稳定。碎石

包括岩石碎石、矿渣碎石、破碎砾石等。

3.2.2 对于高速公路和一级公路，水泥稳定土所用的粗粒土和中粒土应满足如下要求：

1 水泥稳定土用做底基层时，单个颗粒的最大粒径不应超过 37.5mm。水泥稳定土的颗粒组成应在表 3.2.2 所列 1 号级配范围内，土的均匀系数应大于 5。细粒土的液限不应超过 40%，塑性指数不应超过 17。对于中粒土和粗粒土，如土中小于 0.6mm 的颗粒含量在 30% 以下，塑性指数可稍大。实际工作中，宜选用均匀系数大于 10、塑性指数小于 12 的土。塑性指数大于 17 的土，宜采用石灰稳定，或用水泥和石灰综合稳定。对于中粒土和粗粒土，宜采用表 3.2.2 中 2 号级配，但小于 0.075mm 的颗粒含量和塑性指数可不受限制。

2 水泥稳定土用做基层时，单个颗粒的最大粒径不应超过 31.5mm。水泥稳定土的颗粒组成应在表 3.2.2 所列 2 号级配范围内。

表 3.2.2 水泥稳定土的颗粒组成范围

项目 \ 通过质量百分率(%) \ 编号		1	2	3
筛孔尺寸(mm)	37.5	100	100	
	31.5		90~100	100
	26.5			90~100
	19		67~90	72~89
	9.5		45~68	47~67
	4.75	50~100	29~50	29~49
	2.36		18~38	17~35
	0.6	17~100	8~22	8~22
	0.075	0~30	0~7①	0~7①
液限(%)				<28
塑性指数				<9

注：①集料中 0.5mm 以下细粒土有塑性指数时，小于 0.075mm 的颗粒含量不应超过 5%；细粒土无塑性指数时，小于 0.075mm 的颗粒含量不应超过 7%。

3 水泥稳定土用做基层时，对所用的碎石或砾石，应预先筛分成 3~4 个不同粒级，然后配合，使颗粒组成符合表 3.2.2 所列级配范围。

3.2.3 水泥稳定粒径较均匀的砂时，宜在砂中添加少部分塑性指数小于 10 的黏性土或石灰土，也可添加部分粉煤灰，加入比例可按使混合料的标准干密度接近最大值确定，一般约为 20%~40%。

3.2.4 水泥稳定土中碎石或砾石的压碎值应符合下列要求：

基层：

高速公路和一级公路	不大于 30%
二级和二级以下公路	不大于 35%

底基层：

高速公路和一级公路	不大于 30%
二级和二级以下公路	不大于 40%

3.2.5 有机质含量超过 2% 的土，必须先用石灰进行处理，闷料一夜后再用水泥稳定。

3.2.6 硫酸盐含量超过 0.25% 的土，不应用水泥稳定。

3.2.7 普通硅酸盐水泥、矿渣硅酸盐水泥和火山灰质硅酸盐水泥都可用于稳定土，但应选用初凝时间 3h 以上和终凝时间较长(宜在 6h 以上)的水泥。不应使用快硬水泥、早强水泥以及已受潮变质的水泥。宜采用标号 325 或 425 的水泥。

3.2.8 综合稳定土中用的石灰应是消石灰粉或生石灰粉。

3.2.9 凡是饮用水(含牲畜饮用水)均可用于水泥稳定土施工。

3.3 混合料组成设计

3.3.1 一般规定

1 各级公路用水泥稳定土的7d浸水抗压强度应符合表3.3.1的规定。

2 水泥稳定土的组成设计应根据表3.3.1的强度标准，通过试验选取最适宜于稳定的土，确定必需的水泥剂量和混合料的最佳含水量，在需要改善混合料的物理力学性质时，还应确定掺加料的比例。

3 综合稳定土的组成设计应通过试验选取最适宜于稳定的土，确定必需的水泥和石灰剂量以及混合料的最佳含水量。

4 采用综合稳定时，如水泥用量占结合料总量的30%以上，应按本章的技术要求进行组成设计。水泥和石灰的比例宜取60∶40、50∶50或40∶60。

表3.3.1 水泥稳定土的抗压强度标准

公路等级 / 层位	二级和二级以下公路	高速公路和一级公路
基层(MPa)	2.5~3②	3~5①
底基层(MPa)	1.5~2.0②	1.5~2.5①

注：①设计累计标准轴次小于 12×10^6 的公路可采用低限值；设计累计标准轴次超过 12×10^6 的公路可用中值；主要行驶重载车辆的公路应用高限值。某一具体公路应采用一个值，而不用某一范围。

②二级以下公路可取低限值；行驶重载车辆的公路，应取较高的值；二级公路可取中值；行驶重载车辆的二级公路应取高限值。某一具体公路应采用一个值，而不用某一范围。

5 水泥稳定土的各项试验应按《公路工程无机结合料稳定材料试验规程》(JTJ 057)进行。

3.3.2 原材料的试验

1 在水泥稳定土层施工前，应取所定料场中有代表性的土样按《公路土工试验规程》(JTJ 051)进行下列试验：

(1)颗粒分析；

(2)液限和塑性指数；

(3)相对密度；

(4)击实试验；

(5)碎石或砾石的压碎值；

(6)有机质含量(必要时做)；

(7)硫酸盐含量(必要时做)。

2 对级配不良的碎石、碎石土、砂砾、砂砾土、砂等，宜改善其级配。

3 应检验水泥的标号和终凝时间。

3.3.3 混合料的设计步骤

1 分别按下列五种①水泥剂量配制同一种土样、不同水泥剂量的混合料：

(1)做基层用

中粒土和粗粒土：3%，4%，5%，6%，7%②

塑性指数小于12的细粒土：5%，7%，8%，9%，11%

其他细粒土：8%，10%，12%，14%，16%

(2)做底基层用

中粒土和粗粒土：3%，4%，5%，6%，7%

塑性指数小于12的细粒土：4%，5%，6%，7%，9%

其他细粒土：6%，8%，9%，10%，12%

注：①在能估计合适剂量的情况下，可以将五个不同剂量缩减到三或四个。

②如要求用做基层的混合料有较高强度时，水泥剂量可用4%，5%，6%，7%，8%。

2　确定各种混合料的最佳含水量和最大干(压实)密度,至少应做三个不同水泥剂量混合料的击实试验,即最小剂量、中间剂量和最大剂量。其他两个剂量混合料的最佳含水量和最大干密度用内插法确定。

3　按规定压实度分别计算不同水泥剂量的试件应有的干密度。

4　按最佳含水量和计算得的干密度制备试件。进行强度试验时,作为平行试验的最少试件数量应不小于表3.3.3-1的规定。如试验结果的偏差系数大于表中规定的值,则应重做试验,并找出原因,加以解决。如不能降低偏差系数,则应增加试件数量。

表3.3.3-1　最少试件数量

偏差系数 / 试件数量 / 土类	<10%	10%~15%	15%~20%
细粒土	6	9	
中粒土	6	9	13
粗粒土		9	13

5　试件在规定温度下保湿养生6d,浸水24h后,按《公路工程无机结合料稳定材料试验规程》(JTJ 057)进行无侧限抗压强度试验。

6　计算试验结果的平均值和偏差系数。

7　根据表3.3.1的强度标准,选定合适的水泥剂量,此剂量试件室内试验结果的平均抗压强度$\overline{R}$应符合公式(3.3.3)的要求:

$$\overline{R} \geqslant R_d/(1 - Z_\alpha C_v) \tag{3.3.3}$$

式中:R_d——设计抗压强度(表3.3.1);

C_v——试验结果的偏差系数(以小数计);

Z_α——标准正态分布表中随保证率(或置信度α)而变的系数,高速公路和一级公路应取保证率95%,即$Z_\alpha=1.645$;其他公路应取保证率90%,即$Z_\alpha=1.282$。

水泥改善土的塑性指数应不大于6,承载比应不小于240。

8　工地实际采用的水泥剂量应比室内试验确定的剂量多0.5%~1.0%。采用集中厂拌法施工时,可只增加0.5%;采用路拌法施工时,宜增加1%。

9　水泥的最小剂量应符合表3.3.3-2的规定。

表3.3.3-2　水泥的最小剂量

拌和方法 / 土类	路拌法	集中厂拌法
中粒土和粗粒土	4%	3%
细粒土	5%	4%

10　综合稳定土的组成设计与上述步骤相同。

3.4　路拌法施工

3.4.1　路拌法施工的工艺流程宜按图3.4.1的顺序进行。

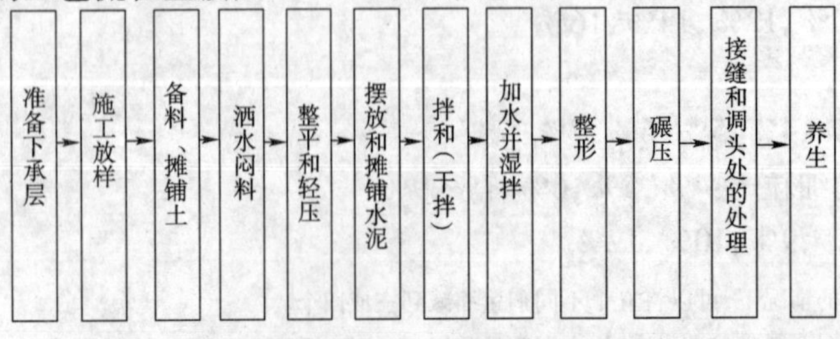

图3.4.1　路拌法施工水泥稳定土的工艺流程

3.4.2 准备下承层

1 水泥稳定土的下承层表面应平整、坚实，具有规定的路拱，下承层的平整度和压实度应符合本规范第9.5节的规定。

2 当水泥稳定土用做基层时，要准备底基层；当水泥稳定土用做老路面的加强层时，要准备老路面；当水泥稳定土用做底基层时，要准备土基。

（1）对土基不论是路堤还是路堑，必须用12～15t三轮压路机或等效的碾压机械进行3～4遍碾压检验。在碾压过程中，如发现土过干、表层松散，应适当洒水；如土过湿，发生"弹簧"现象，应采用挖开晾晒、换土、掺石灰或水泥等措施进行处理。

（2）对于底基层，应进行压实度检查，对于柔性底基层还应进行弯沉值检验。凡不符合设计要求的路段，必须根据具体情况，采取措施，使之达到规范规定的标准。

（3）对于老路面，应检查其材料是否符合底基层材料的技术要求，如不符合要求，应翻松老路面并采取必要的处理措施。

（4）底基层或老路面上的低洼和坑洞，应仔细填补及压实；搓板和辙槽应刮除；松散处，应耙松洒水并重新碾压，达到平整密实。

（5）新完成的底基层或土基，必须按本规范第9.5节的规定进行验收。凡验收不合格的路段，必须采取措施，使其达到标准后，方可铺筑水泥稳定土层。

（6）应按本规范第9.5节的规定逐个断面检查下承层标高。

3 在槽式断面的路段，两侧路肩上每隔一定距离（可为5～10m）交错开挖泄水沟（或做盲沟）。

3.4.3 施工放样

1 在底基层或老路面或土基上恢复中线，直线段每15～20m设一桩，平曲线段每10～15m设一桩，并在两侧路肩边缘外设指示桩。

2 在两侧指示桩上用明显标记标出水泥稳定土层边缘的设计标高。

3.4.4 备料

1 利用老路面或土基上部材料。

（1）必须首先清除干净老路面上或土基表面的石块等杂物。

（2）每隔10～20m挖一小洞，使洞底标高与预定的水泥稳定土层的底面标高相同，并在洞底做一标记，以控制翻松及粉碎的深度。

（3）用犁、松土机或装有强固齿的平地机或推土机将老路面或土基的上部翻松到预定的深度，土块应粉碎到符合要求。

（4）应经常用犁将土向路中心翻松，使预定处治层的边部成一个垂直面，防止处治宽度超过规定。

（5）用专用机械粉碎黏性土。在无专用机械的情况下，也可以用旋转耕作机、圆盘耙粉碎塑性指数不大的土。

2 利用料场的土（包括细粒土、中粒土和粗粒土）。

（1）采集土前，应先将树木、草皮和杂土清除干净。

（2）土中的超尺寸颗粒应予筛除。

（3）应在预定的深度范围内采集土，不应分层采集，不应将不合格的土采集一起。

（4）对于塑性指数大于12的黏性土，可视土质和机械性能确定土是否需要过筛。

（5）计算材料用量：

根据各路段水泥稳定土层的宽度、厚度及预定的干密度，计算各路段需要的干燥土的数量。

根据料场土的含水量和所用运料车辆的吨位，计算每车料的堆放距离。

根据水泥稳定土层的厚度和预定的干密度及水泥剂量，计算每一平方米水泥稳定土需要的水泥用量，并确定水泥摆放的纵横间距。

（6）在预定堆料的下承层上，在堆料前应先洒水，使其表面湿润，但不应过分潮湿而造成泥泞。

（7）土装车时，应控制每车料的数量基本相等。

（8）在同一料场供料的路段内，由远到近将料按上述计算距离卸置于下承层表面的中间或上侧。

卸料距离应严格掌握,避免有的路段料不够或过多。

(9)料堆每隔一定距离应留一缺口。

(10)土在下承层上的堆置时间不应过长。运送土只宜比摊铺土工序提前1~2d。

(11)当路肩用料与稳定土层用料不同时,应采取培肩措施,先将两侧路肩培好。路肩料层的压实厚度应与稳定土层的压实厚度相同。在路肩上,每隔5~10m应交错开挖临时泄水沟。

3.4.5 摊铺土

1 应事先通过试验确定土的松铺系数。人工摊铺混合料时,其松铺系数可按表3.4.5选用。

表3.4.5 混合料松铺系数参考表

材料名称	松铺系数	备注
水泥稳定砂砾	1.30~1.35	
水泥土	1.53~1.58	现场人工摊铺土和水泥,机械拌和,人工整平

2 摊铺土应在摊铺水泥的前一天进行。摊铺长度按日进度的需要量控制,满足次日完成掺加水泥、拌和、碾压成型即可。雨季施工,如第二天有雨,不宜提前摊铺土。

3 应将土均匀地摊铺在预定的宽度上,表面应力求平整,并有规定的路拱。

4 摊料过程中,应将土块、超尺寸颗粒及其他杂物拣除。

5 如土中有较多土块,应进行粉碎。

6 检验松铺土层的厚度,应符合预计要求。

7 除洒水车外,严禁其他车辆在土层上通行。

3.4.6 洒水闷料

1 如已整平的土(含粉碎的老路面)含水量过小,应在土层上洒水闷料。洒水应均匀,防止出现局部水分过多的现象。

2 严禁洒水车在洒水段内停留和调头。

3 细粒土应经一夜闷料;中粒土和粗粒土,视其中细土含量的多少,可缩短闷料时间。

4 如为综合稳定土,应先将石灰和土拌和后一起进行闷料。

3.4.7 整平和轻压

对人工摊铺的土层整平后,用6~8t两轮压路机碾压1~2遍,使其表面平整,并有一定的压实度。

3.4.8 摆放和摊铺水泥

1 按本章第3.4.4条计算出的每袋水泥的纵横间距,在土层上做安放标记。

2 应将水泥当日直接送到摊铺路段,卸在做标记的地点,并检查有无遗漏和多余。运水泥的车应有防雨设备。

3 用刮板将水泥均匀摊开,并注意使每袋水泥的摊铺面积相等。水泥摊铺完后,表面应没有空白位置,也没有水泥过分集中的地点。

3.4.9 拌和(干拌)

1 对二级及二级以上公路,应采用专用稳定土拌和机进行拌和并设专人跟随拌和机,随时检查拌和深度并配合拌和机操作员调整拌和深度。拌和深度应达稳定层底并宜侵入下承层5~10mm,以利上下层黏结。严禁在拌和层底部留有素土夹层。通常应拌和两遍以上,在最后一遍拌和之前,必要时可先用多铧犁紧贴底面翻拌一遍。直接铺在土基上的拌和层也应避免素土夹层。

2 对于三、四级公路,在没有专用拌和机械的情况下,可用农用旋转耕作机与多铧犁或平地机相配合进行拌和,但应注意拌和效果,拌和时间不能过长。

先用平地机或多铧犁(四铧犁或五铧犁)将铺好水泥的土翻拌两遍,使水泥分布到土中,但不应翻犁到底,防止水泥落到底部。第一遍由路中心开始,将混合料向中间翻,机械应慢速前进;第二遍应相反,从两边开始,将混合料向外侧翻。

接着用旋转耕作机拌和两遍。

再用多铧犁或平地机将底部料翻起。随时检查调整翻犁的深度,使稳定土层全部翻透。严禁在稳定土层与下承层之间残留一层素土,也应防止翻犁过深或过多破坏下承层的表面,通常应翻犁两遍。接着，再用旋转耕作机拌和两遍，用多铧犁或平地机再翻犁两遍。

3　对于三、四级公路，在没有专用拌和机械的情况下，也可以用缺口圆盘耙与多铧犁或平地机相配合，拌和水泥稳定细粒土和中粒土，但应注意拌和效果，拌和时间不可过长。用平地机或多铧犁在前面翻拌，用圆盘耙跟在后面拌和。圆盘耙的速度应尽量快，使水泥与土拌和均匀。应翻拌四遍，开始的两遍不应翻犁到底，以防水泥落到底部；后面的两遍应翻犁到底，随时检查调整翻犁的深度，要求同本条第2款。

3.4.10　加水并湿拌

1　在上述拌和过程结束时，如果混合料的含水量不足，应用喷管式洒水车（普通洒水车不适宜用作路面施工）补充洒水。水车起洒处和另一端调头处都应超出拌和段2m以上。洒水车不应在正进行拌和以及当天计划拌和的路段上调头和停留，以防局部水量过大。

2　洒水后，应再次进行拌和，使水分在混合料中分布均匀。拌和机械应紧跟在洒水车后面进行拌和，减少水分流失。

3　洒水及拌和过程中，应及时检查混合料的含水量。含水量宜略大于最佳值。对于稳定粗粒土和中粒土，宜较最佳含水量大0.5%～1.0%；对于稳定细粒土，宜较最佳含水量大1%～2%。

4　在洒水拌和过程中，应配合人工拣出超尺寸颗粒，消除粗细颗粒"窝"以及局部过分潮湿或过分干燥之处。

5　混合料拌和均匀后应色泽一致，没有灰条、灰团和花面，即无明显粗细集料离析现象，且水分合适和均匀。

3.4.11　整形

1　混合料拌和均匀后，应立即用平地机初步整形。在直线段，平地机由两侧向路中心进行刮平；在平曲线段，平地机由内侧向外侧进行刮平。必要时，再返回刮一遍。

2　用拖拉机、平地机或轮胎压路机立即在初平的路段上快速碾压一遍，以暴露潜在的不平整。

3　再用平地机按本条第1款进行整形，整形前应用齿耙将轮迹低洼处表层5cm以上耙松，并按本条第2款再碾压一遍。

4　对于局部低洼处，应用齿耙将其表层5cm以上耙松，并用新拌的混合料进行找平。

5　再用平地机整形一次。应将高处料直接刮出路外，不应形成薄层贴补现象。

6　每次整形都应达到规定的坡度和路拱，并应特别注意接缝必须顺适平整。

7　当用人工整形时，应用锹和耙先将混合料摊平，用路拱板进行初步整形。用拖拉机初压1～2遍后，根据实测的松铺系数，确定纵横断面的标高，并设置标记和挂线。利用锹耙按线整形，再用路拱板校正成型。如为水泥土，在拖拉机初压之后，可用重型框式路拱板（拖拉机牵引）进行整形。

8　在整形过程中，严禁任何车辆通行，并保持无明显的粗细集料离析现象。

3.4.12　碾压

1　根据路宽、压路机的轮宽和轮距的不同，制订碾压方案，应使各部分碾压到的次数尽量相同，路面的两侧应多压2～3遍。

2　整形后，当混合料的含水量为最佳含水量（±1%～±2%）时，应立即用轻型压路机并配合12t以上压路机在结构层全宽内进行碾压。直线和不设超高的平曲线段，由两侧路肩向路中心碾压；设超高的平曲线段，由内侧路肩向外侧路肩进行碾压。碾压时，应重叠1/2轮宽，后轮必须超过两段的接缝处，后轮压完路面全宽时，即为一遍。一般需碾压6～8遍。压路机的碾压速度，头两遍以采用1.5～1.7km/h为宜，以后宜采用2.0～2.5km/h。采用人工摊铺和整形的稳定土层，宜先用拖拉机或6～8t两轮压路机或轮胎压路机碾压1～2遍，然后再用重型压路机碾压。

3　严禁压路机在已完成的或正在碾压的路段上调头或急刹车，应保证稳定土层表面不受破坏。

4　碾压过程中，水泥稳定土的表面应始终保持湿润，如水分蒸发过快，应及时补撒少量的水，但严禁洒大水碾压。

5　碾压过程中，如有"弹簧"、松散、起皮等现象，应及时翻开重新拌和（加适量的水泥）或用其他方法处理，使其达到质量要求。

6　经过拌和、整形的水泥稳定土，宜在水泥初凝前并应在试验确定的延迟时间内完成碾压，并达到要求的密实度,同时没有明显的轮迹。

7 在碾压结束之前,用平地机再终平一次,使其纵向顺适,路拱和超高符合设计要求。终平应仔细进行,必须将局部高出部分刮除并扫出路外;对于局部低洼之处,不再进行找补,可留待铺筑沥青面层时处理。

3.4.13 接缝和调头处的处理

1 同日施工的两工作段的衔接处,应采用搭接。前一段拌和整形后,留 5~8m 不进行碾压,后一段施工时,前段留下未压部分,应再加部分水泥重新拌和,并与后一段一起碾压。

2 经过拌和、整形的水泥稳定土,应在试验确定的延迟时间内完成碾压。

3 应注意每天最后一段末端缝(即工作缝)的处理。工作缝和调头处可按下述方法处理:

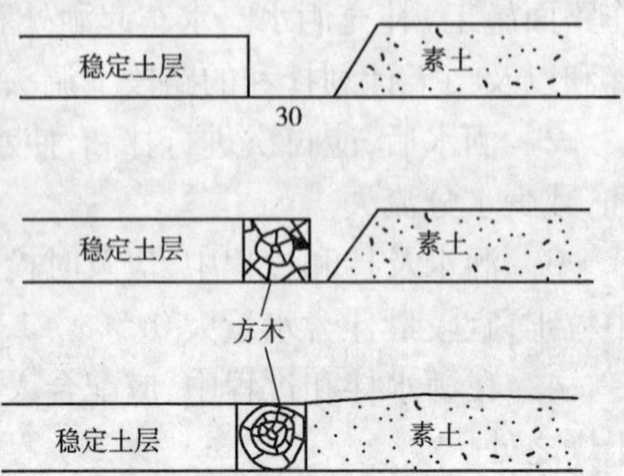

图 3.4.13 横向接缝处理示意图

(1)在已碾压完成的水泥稳定土层末端,沿稳定土挖一条横贯铺筑层全宽的宽约 30cm 的槽,直挖到下承层顶面。此槽应与路的中心线垂直,靠稳定土的一面应切成垂直面,并放两根与压实厚度等厚、长为全宽一半的方木紧贴其垂直面(见图 3.4.13)。

(2)用原挖出的素土回填槽内其余部分。

(3)如拌和机械或其他机械必须到已压成的水泥稳定土层上调头,应采取措施保护调头作业段。一般可在准备用于调头的约 8~10m 长的稳定土层上,先覆盖一张厚塑料布或油毡纸,然后铺上约 10cm 厚的土、砂或砂砾。

(4)第二天,邻接作业段拌和后,除去方木,用混合料回填。靠近方木未能拌和的一小段,应人工进行补充拌和。整平时,接缝处的水泥稳定土应较已完成断面高出约 5cm,以利形成一个平顺的接缝。

(5)整平后,用平地机将塑料布上大部分土除去(注意勿刮破塑料布),然后人工除去余下的土,并收起塑料布。

在新混合料碾压过程中,应将接缝修整平顺。

4 纵缝的处理

水泥稳定土层的施工应该避免纵向接缝,在必须分两幅施工时,纵缝必须垂直相接,不应斜接。

纵缝应按下述方法处理:

(1)在前一幅施工时,在靠中央一侧用方木或钢模板做支撑,方木或钢模板的高度与稳定土层的压实厚度相同;

(2)混合料拌和结束后,靠近支撑木(或板)的一部分,应人工进行补充拌和,然后整形和碾压;

(3)养生结束后,在铺筑另一幅之前,拆除支撑木(或板);

(4)第二幅混合料拌和结束后,靠近第一幅的部分,应人工进行补充拌和,然后进行整形和碾压。

3.5 中心站集中厂拌法施工

3.5.1 水泥稳定土可以在中心站用厂拌设备进行集中拌和,对于高速公路和一级公路,应采用专用稳定土集中厂拌机械拌制混合料。集中拌和时,应符合下列要求:

(1)土块应粉碎,最大尺寸不得大于 15mm;

(2)配料应准确,拌和应均匀;

(3)含水量宜略大于最佳值,使混合料运到现场摊铺后碾压时的含水量不小于最佳值;

(4)不同粒级的碎石或砾石以及细集料(如石屑和砂)应隔离,分别堆放。

3.5.2 当采用连续式的稳定土厂拌设备拌和时,应保证集料的最大粒径和级配符合要求。

3.5.3 在正式拌制混合料之前,必须先调试所用的设备,使混合料的颗粒组成和含水量都达到规定的要求。原集料的颗粒组成发生变化时,应重新调试设备。

3.5.4 在潮湿多雨地区或其他地区的雨季施工时,应采取措施,保护集料,特别是细集料(如石屑和砂等)应有覆盖,防止雨淋。

3.5.5 应根据集料和混合料含水量的大小，及时调整加水量。

3.5.6 应尽快将拌成的混合料运送到铺筑现场。车上的混合料应该覆盖，减少水分损失。

3.5.7 应采用沥青混凝土摊铺机或稳定土摊铺机摊铺混合料。如下承层是稳定细粒土，应先将下承层顶面拉毛，再摊铺混合料。

3.5.8 拌和机与摊铺机的生产能力应互相匹配。对于高速公路和一级公路，摊铺机宜连续摊铺，拌和机的产量宜大于400t/h。如拌和机的生产能力较小，在用摊铺机摊铺混合料时，应采用最低速度摊铺，减少摊铺机停机待料的情况。

3.5.9 在摊铺机后面应设专人消除粗细集料离析现象，特别应该铲除局部粗集料"窝"，并用新拌混合料填补。

3.5.10 宜先用轻型两轮压路机跟在摊铺机后及时进行碾压，后用重型振动压路机、三轮压路机或轮胎压路机继续碾压密实。

3.5.11 在二、三、四级公路上，没有摊铺机时，可采用摊铺箱摊铺混合料，也可以用自动平地机按以下步骤摊铺混合料：

(1)根据铺筑层的厚度和要求达到的压实干密度，计算每车混合料的摊铺面积；

(2)将混合料均匀地卸在路幅中央，路幅宽时，也可将混合料卸成两行；

(3)用平地机将混合料按松铺厚度摊铺均匀；

(4)设一个3～5人的小组，携带一辆装有新拌混合料的小车，跟在平地机后面，及时铲除粗集料"窝"和粗集料"带"，补以新拌的均匀混合料，或补撒拌匀的细混合料，并与粗集料拌和均匀。

3.5.12 用平地机摊铺混合料后的整形和碾压均与路拌法相同。

3.5.13 集中厂拌法施工时的横向接缝应符合下列要求：

(1)用摊铺机摊铺混合料时，不宜中断，如因故中断时间超过2h，应设置横向接缝，摊铺机应驶离混合料末端；

(2)人工将末端含水量合适的混合料弄整齐，紧靠混合料放两根方木，方木的高度应与混合料的压实厚度相同；整平紧靠方木的混合料；

(3)方木的另一侧用砂砾或碎石回填约3m长，其高度应高出方木几厘米；

(4)将混合料碾压密实；

(5)在重新开始摊铺混合料之前，将砂砾或碎石和方木除去，并将下承层顶面清扫干净；

(6)摊铺机返回到已压实层的末端，重新开始摊铺混合料；

(7)如摊铺中断后，未按上述方法处理横向接缝，而中断时间已超过2h，则应将摊铺机附近及其下面未经压实的混合料铲除，并将已碾压密实且高程和平整度符合要求的末端挖成与路中心线垂直并垂直向下的断面，然后再摊铺新的混合料。

3.5.14 应避免纵向接缝。高速公路和一级公路的基层应分两幅摊铺，宜采用两台摊铺机一前一后相隔约5～10m同步向前摊铺混合料，并一起进行碾压。

在不能避免纵向接缝的情况下，纵缝必须垂直相接，严禁斜接，并符合下列规定：

(1)在前一幅摊铺时，在靠中央的一侧用方木或钢模板做支撑，方木或钢模板的高度应与稳定土层的压实厚度相同；

(2)养生结束后，在摊铺另一幅之前，拆除支撑木(或板)。

3.5.15 用平地机摊铺混合料时，横向接缝和纵向接缝的处理方法同本规范3.4.13条第3款和3.4.13条第4款。

3.6 养生及交通管制

3.6.1 水泥稳定土底基层分层施工时，下层水泥稳定土碾压完后，在采用重型振动压路机碾压时，宜养生7d后铺筑上层水泥稳定土。在铺筑上层稳定土之前，应始终保持下层表面湿润。在铺筑上层稳定土时，宜在下层表面撒少量水泥或水泥浆。底基层养生7d后，方可铺筑基层。

水泥稳定级配碎石(或砾石)基层分两层用摊铺机铺筑时,下层分段摊铺和碾压密实后,在不采用重型振动压路机碾压时,宜立即摊铺上层,否则在下层顶面应撒少量水泥或水泥浆。

3.6.2 每一段碾压完成并经压实度检查合格后,应立即开始养生。

3.6.3 宜采用湿砂进行养生,砂层厚宜为7~10cm。砂铺匀后,应立即洒水,并在整个养生期间保持砂的潮湿状态。不得用湿黏性土覆盖。养生结束后,必须将覆盖物清除干净。

3.6.4 对于基层,也可采用沥青乳液进行养生。沥青乳液的用量按0.8~1.0kg/m^2(指沥青用量)选用,宜分两次喷洒。第一次喷洒沥青含量约35%的慢裂沥青乳液,使其能稍透入基层表层。第二次喷洒浓度较大的沥青乳液。如不能避免施工车辆在养生层上通行,应在乳液分裂后撒布3~8mm的小碎(砾)石,做成下封层。

3.6.5 无上述条件时,也可用洒水车经常洒水进行养生。每天洒水的次数应视气候而定。整个养生期间应始终保持稳定土层表面潮湿,应注意表层情况,必要时,用两轮压路机压实。

3.6.6 对于高速公路和一级公路,基层的养生期不宜少于7d。对于二级和二级以下的公路,如养生期少于7d即铺筑沥青面层,则应限制重型车辆通行。

3.6.7 对于二级和二级以下公路,如基层上为水泥混凝土面板,且面板是用小型机械施工的,则基层完成后可较早铺筑混凝土面层。

3.6.8 在养生期间未采用覆盖措施的水泥稳定土层上,除洒水车外,应封闭交通。在采用覆盖措施的水泥稳定土层上,不能封闭交通时,应限制重车通行,其他车辆的车速不应超过30km/h。

3.6.9 养生期结束后,如其上为沥青面层,应先清扫基层,并立即喷洒透层或黏层沥青。在喷洒透层或黏层沥青后,宜在上均匀撒布5~10mm的小碎(砾)石①,用量约为全铺一层用量的60%~70%。

在清扫干净的基层上,也可先做下封层,以防止基层干缩开裂,同时保护基层免遭施工车辆破坏,宜在铺设下封层后的10~30d内开始铺筑沥青面层的底面层。如为水泥混凝土面层,也不宜让基层长期暴晒,以免开裂。

注:①如喷洒的透层沥青能透入基层,且运料车辆和面层混合料摊铺机在上行驶不会破坏沥青膜时,可以不撒小碎(砾)石。在撒小碎(砾)石的情况下,应尽早铺筑沥青面层的底面层。

3.7 施工组织与作业段划分

3.7.1 水泥稳定土施工时,必须采用流水作业法,使各工序紧密衔接。特别是要尽量缩短从拌和到完成碾压之间的延迟时间。

3.7.2 应做水泥稳定土的延迟时间对其强度影响的试验,以确定合适的延迟时间。

3.7.3 确定路拌法施工每一作业段的合理长度时,应综合考虑下列因素:

(1)水泥的终凝时间;

(2)延迟时间对混合料密实度和抗压强度的影响;

(3)施工机械和运输车辆的效率和数量;

(4)操作的熟练程度;

(5)尽量减少接缝;

(6)施工季节和气候条件。

一般情况下,当稳定土层宽7~8m时,每一流水作业段以200m为宜,但每天的第一个作业段宜稍短,可为150m。如稳定土层较宽,则作业段应再缩短。

3.8 其他

3.8.1 路缘处理

如水泥稳定土层上为薄沥青面层,基层每边应较面层展宽20cm以上。在基层全宽上喷洒透层或黏层沥青或设下封层,沥青面层边缘向外侧做成三角形。

如设置路缘石,必须注意防止路缘石阻滞路面上表面水和结构层中水的排除。

4 石灰稳定土

4.1 一般规定

4.1.1 按照土中单个颗粒的粒径大小和组成,将土分为细粒土、中粒土和粗粒土三种。

4.1.2 石灰剂量以石灰质量占全部粗细土颗粒干质量的百分率表示,即石灰剂量=石灰质量/干土质量。

4.1.3 石灰稳定土适用于各级公路的底基层,以及二级和二级以下公路的基层,但石灰土不得用做二级公路的基层和二级以下公路高级路面的基层。

4.1.4 在冰冻地区的潮湿路段以及其他地区的过分潮湿路段,不宜采用石灰土做基层。当只能采用石灰土时,应采取措施防止水分浸入石灰土层。

4.1.5 石灰稳定土层应在春末和夏季组织施工。施工期的日最低气温应在5℃以上,并应在第一次重冰冻(-3~-5℃)到来之前一个月到一个半月完成。稳定土层宜经历半月以上温暖和热的气候养生。多雨地区,应避免在雨季进行石灰土结构层的施工。

4.1.6 在雨季施工石灰稳定中粒土和粗粒土时,应采用排除表面水的措施,防止运到路上的集料过分潮湿,并应采取措施保护石灰免遭雨淋。

4.1.7 石灰稳定土层施工时,应遵守下列规定:

(1)细粒土应尽可能粉碎,土块最大尺寸不应大于15mm。

(2)配料应准确。

(3)路拌法施工时,石灰应摊铺均匀。

(4)洒水、拌和应均匀。

(5)应严格控制基层厚度和高程,其路拱横坡应与面层一致。

(6)应在混合料处于最佳含水量或略小于最佳含水量(1%~2%)时进行碾压,直到达到下列按重型击实试验法确定的要求压实度:

基层:

二级和二级以下公路

石灰稳定中粒土和粗粒土　　97%

石灰稳定细粒土　　93%

底基层:

高速公路和一级公路

石灰稳定中粒土和粗粒土　　97%

石灰稳定细粒土　　95%

二级和二级以下公路

石灰稳定中粒土和粗粒土　　95%

石灰稳定细粒土　　93%

(7)石灰稳定土结构层应用12t以上的压路机碾压。用12~15t三轮压路机碾压时,每层的压实厚度不应超过15cm;用18~20t三轮压路机和振动压路机碾压时,每层的压实厚度不应超过20cm;对于石灰稳定土,采用能量大的振动压路机碾压时,或对于石灰土,采用振动羊足碾与三轮压路机配合碾压时,每层的压实厚度可以根据试验适当增加。压实厚度超过上述规定时,应分层铺筑,每层的最小压实厚度为10cm,下层宜稍厚。对于石灰土,应采用先轻型、后重型压路机碾压。

(8)石灰稳定土层宜在当天碾压完成,碾压完成后必须保湿养生,不使稳定土层表面干燥,也不应过分潮湿。

(9)石灰稳定土层上未铺封层或面层时,禁止开放交通;当施工中断,临时开放交通时,应采取保护措施,不使基层表面遭破坏。

4.1.8 石灰稳定土基层施工时,严禁用薄层贴补的办法进行找平。

4.1.9 在采用石灰土做基层时,必须采取措施防止表面水透入基层,同时应经历一个月以上的温暖和热的气候养生。作为沥青路面的基层时,还应采取措施加强基层与面层的联结。

4.1.10 石灰改善土的施工方法可按本规范执行。

4.1.11 对于二级以下的公路,石灰稳定土基层和底基层可以采用路拌法施工。对于二级公路,宜采用专用的稳定土拌和机路拌或用集中厂拌法拌制混合料。

4.1.12 对于高速公路和一级公路,直接铺筑在土基上的底基层下层可以用专用稳定土拌和机进行路拌法施工,如土基上层已用石灰或固化剂处理,则底基层的下层也应用集中拌和法拌制混合料。其上的各个稳定土层都应用集中厂拌法拌制混合料并宜用摊铺机摊铺混合料。

4.2 材料

4.2.1 塑性指数为15~20的黏性土以及含有一定数量黏性土的中粒土和粗粒土均适宜于用石灰稳定。

用石灰稳定无塑性指数的级配砂砾、级配碎石和未筛分碎石时,应添加15%左右的黏性土。

塑性指数在15以上的黏性土更适宜于用石灰和水泥综合稳定。

塑性指数在10以下的亚砂土和砂土用石灰稳定时,应采取适当的措施或采用水泥稳定。

塑性指数偏大的黏性土,应加强粉碎,粉碎后土块的最大尺寸不应大于15mm。可以采用两次拌和法,第一次加部分石灰拌和后,闷放1~2d,再加入其余石灰,进行第二次拌和。

使用石灰稳定土时,应遵守下列规定:

1 石灰稳定土用做高速公路和一级公路的底基层时,颗粒的最大粒径不应超过37.5mm,用做其他等级公路的底基层时,颗粒的最大粒径不应超过53mm。

2 石灰稳定土用做基层时,颗粒的最大粒径不应超过37.5mm。

级配碎石、未筛分碎石、砂砾、碎石土、砂砾土、煤矸石和各种粒状矿渣等均适宜用做石灰稳定土的材料。石灰稳定土中碎石、砂砾或其他粒状材料的含量应在80%以上,并应具有良好的级配。

3 石灰稳定土中碎石或砾石的压碎值应符合下列要求:

基层:

二级公路　　不大于30%

二级以下公路　　不大于35%

底基层:

高速公路和一级公路　　不大于35%

二级和二级以下公路　　不大于40%

4 硫酸盐含量超过0.8%的土和有机质含量超过10%的土,不宜用石灰稳定。

4.2.2 石灰技术指标应符合表4.2.2的规定。应尽量缩短石灰的存放时间。石灰在野外堆放时间较长时,应覆盖防潮。

使用等外石灰、贝壳石灰、珊瑚石灰等,应进行试验,如混合料的强度符合表4.3.1的标准,即可使用。

对于高速公路和一级公路,宜采用磨细生石灰粉。

4.2.3 凡饮用水(含牲畜饮用水)均可用于石灰土施工。

表 4.2.2　石灰的技术指标

项目 \ 指标 \ 类别	钙质生石灰			镁质生石灰			钙质消石灰			镁质消石灰		
	等级											
	I	II	III	I	II	III	I	II	III	I	II	III
有效钙加氧化镁含量(%)	≥85	≥80	≥70	≥80	≥75	≥65	≥65	≥60	≥55	≥60	≥55	≥50
未消化残渣含量(5mm圆孔筛的筛余,%)	≤7	≤11	≤17	≤10	≤14	≤20						
含水量(%)							≤4	≤4	≤4	≤4	≤4	≤4
细度 0.71mm方孔筛的筛余(%)							0	≤1	≤1	0	≤1	≤1
细度 0.125mm方孔筛的累计筛余(%)							≤13	≤20	—	≤13	≤20	—
钙镁石灰的分类界限,氧化镁含量(%)	≤5			>5			≤4			>4		

注：硅、铝、镁氧化物含量之和大于5%的生石灰,有效钙加氧化镁含量指标,I 等≥75%,II 等≥70%,III 等≥60%;未消化残渣含量指标与镁质生石灰指标相同。

4.3　混合料组成设计

4.3.1　一般规定

1　各级公路用石灰稳定土的7d浸水抗压强度应符合表4.3.1的规定。

表 4.3.1　石灰稳定土的抗压强度标准

层位 \ 公路等级	二级和二级以下公路	高速公路和一级公路
基　层(MPa)	≥0.8①	—
底　基　层(MPa)	0.5~0.7②	≥0.8

注：①在低塑性土(塑性指数小于7)地区,石灰稳定砂砾土和碎石土的7d浸水抗压强度应大于0.5MPa(100g平衡锥测液限)。

②低限用于塑性指数小于7的黏性土,且低限值宜仅用于二级以下公路。高限用于塑性指数大于7的黏性土。

2　石灰稳定土的组成设计应根据表4.3.1的强度标准,通过试验选取最适宜于稳定的土,确定必需的或最佳的石灰剂量和混合料的最佳含水量,在需要改善混合料的物理力学性质时,还应确定掺加料的比例。

3　采用综合稳定土时,如水泥用量占结合料总量的30%以下,则按本章的技术要求进行组成设计。

4　石灰稳定土的各项试验应按《公路工程无机结合料稳定材料试验规程》(JTJ 057)进行。

4.3.2　原材料试验

1　在石灰稳定土层施工前,应取所定料场中有代表性的土样进行下列试验:

(1)颗粒分析;

(2)液限和塑性指数;

(3)击实试验;

(4)碎石或砾石的压碎值;

(5)有机质含量(必要时做);

(6)硫酸盐含量(必要时做)。

2　如碎石、碎石土、砂砾、砂砾土等的级配不好,宜先改善其级配。

3　应检验石灰的有效钙和氧化镁含量。

4.3.3　混合料的设计步骤

1　按下列石灰剂量配制同一种土样、不同石灰剂量的混合料:

(1)做基层用

砂砾土和碎石土:3%,4%,5%,6%,7%

塑性指数小于12的黏性土:10%,12%,13%,14%,16%

塑性指数大于12的黏性土:5%,7%,9%,11%,13%

(2)做底基层用

塑性指数小于12的黏性土:8%,10%,11%,12%,14%

塑性指数大于12的黏性土:5%,7%,8%,9%,11%

2 确定混合料的最佳含水量和最大干(压实)密度,至少应做三个不同石灰剂量混合料的击实试验,即最小剂量、中间剂量和最大剂量,其余两个混合料的最佳含水量和最大干密度用内插法确定。

3 按规定的压实度,分别计算不同石灰剂量的试件应有的干密度。

4 按最佳含水量和计算得的干密度制备试件。进行强度试验时,作为平行试验的最少试件数量应不小于表4.3.3中的规定。如试验结果的偏差系数大于表中规定的值,则应重做试验,并找出原因,加以解决。如不能降低偏差系数,则应增加试件数量。

5 试件在规定温度下保湿养生6d,浸水24h后,按《公路工程无机结合料稳定材料试验规程》(JTJ 057)进行无侧限抗压强度试验。

6 计算试验结果的平均值和偏差系数。

表4.3.3 最少试件数量

偏差系数 / 试件数量 / 土类	<10%	10%~15%	15%~20%
细粒土	6	9	
中粒土	6	9	13
粗粒土		9	13

7 根据表4.3.1的强度标准,选定合适的石灰剂量。此剂量试件室内试验结果的平均抗压强度 $\overline{R}$ 应符合公式(4.3.3)的要求:

$$\overline{R} \geqslant R_d/(1 - Z_\alpha C_v) \tag{4.3.3}$$

式中:R_d——设计抗压强度(表4.3.1);

C_v——试验结果的偏差系数(以小数计);

Z_α——标准正态分布表中随保证率(或置信度 α)而变的系数,高速公路和一级公路应取保证率95%,即 $Z_\alpha = 1.645$;其他公路应取保证率90%,即 $Z_\alpha = 1.282$。

8 工地实际采用的石灰剂量应比室内试验确定的剂量多0.5%~1.0%。

采用集中厂拌法施工时,可只增加0.5%;采用路拌法施工时,宜增加1%。

9 石灰稳定不含黏性土的级配碎石、未筛分碎石和级配砂砾用做高级沥青路面的基层时,碎石和砂砾的颗粒组成应符合本规范级配碎石(6.2.4条)或未筛分碎石(6.2.7条)或级配砾石(7.2.3条)的级配范围,并应添加黏性土。石灰和所加土的总质量与碎石或砂砾的质量比宜为1:4~1:5,即碎石或砾石在混合料中的质量应不少于80%。

10 综合稳定土的组成设计与上述步骤相同。

4.4 路拌法施工

4.4.1 路拌法施工石灰稳定土的工艺流程宜按图4.4.1的顺序进行。

4.4.2 准备下承层,要求同3.4.2条。

4.4.3 施工放样,要求同3.4.3条。

4.4.4 备料

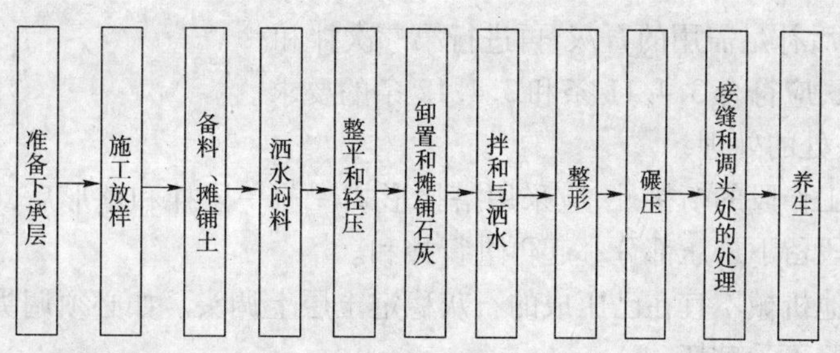

图 4.4.1 石灰稳定土路拌法施工的工艺流程

除应符合 3.4.4 条的要求外,还应符合下列规定:

(1)当需分层采集土时,应将土先分层堆放在一场地上,然后从前到后将上下层土一起装车运送到现场。

(2)对于塑性指数小于 15 的黏性土,机械拌和时,可视土质和机械性能确定是否需要过筛。人工拌和时,应筛除 15mm 以上的土块。

(3)石灰应选择公路两侧宽敞、临近水源且地势较高的场地集中堆放。当堆放时间较长时,应覆盖封存。石灰堆放在集中拌和场地时间较长时,也应覆盖封存。

(4)生石灰块应在使用前 7 ~ 10d 充分消解。消解后的石灰应保持一定的湿度,不得产生扬尘,也不可过湿成团。

(5)消石灰宜过孔径 10mm 的筛,并尽快使用。

4.4.5 摊铺土

应事先通过试验确定土的松铺系数。人工摊铺混合料时,其松铺系数可按表 4.4.5 选用。其他要求同 3.4.5 条第 2 ~ 7 款。

表 4.4.5 人工摊铺混合料松铺系数表

材料名称	松铺系数	备注
石灰土	1.53 ~ 1.58	现场人工摊铺土和石灰,机械拌和,人工整平
	1.65 ~ 1.70	路外集中拌和,运到现场人工摊铺
石灰土砂砾	1.52 ~ 1.56	路外集中拌和,运到现场人工摊铺

4.4.6 洒水闷料,要求同 3.4.6 条。

4.4.7 整平和轻压,要求同 3.4.7 条。

4.4.8 卸置和摊铺石灰

1 按计算所得的每车石灰的纵横间距,用石灰在土层上做标记,同时划出摊铺石灰的边线。

2 用刮板将石灰均匀摊开,石灰摊铺完后,表面应没有空白位置。量测石灰的松铺厚度,根据石灰的含水量和松密度,校核石灰用量是否合适。

4.4.9 拌和与洒水

1 对二级及二级以上公路,要求同 3.4.9 条第 1 款,只是当使用生石灰粉时,宜先用平地机或多铧犁将石灰翻到土层中间,但不能翻到底部。

2 对于三、四级公路的石灰稳定细粒土和中粒土,在没有专用拌和机械的情况下,可用农用旋转耕作机与多铧犁或平地机相配合拌和四遍。先用旋转耕作机拌和两遍,后用多铧犁或平地机将底部素土翻起,再用旋转耕作机拌和两遍,多铧犁或平地机将底部料再翻起,并随时检查调整翻犁的深度,使稳定土层全部翻透。严禁在稳定土层与下承层之间残留一层素土,但也应防止翻犁过深,过多破坏下承层的表面。也可以用缺口圆盘耙与多铧犁或平地机相配合,拌和石灰稳定细粒土、中粒土和粗粒土。要求同本规范 3.4.9 条第 3 款。

3 拌和过程中混合料的含水量及检查应符合 3.4.10 条第 1 ~ 5 款的规定。

4 如为石灰稳定级配碎石或砂砾时,应先将石灰和需添加的黏性土拌和均匀,然后均匀地摊铺在级配碎石或砂砾层上,再一起进行拌和。

5 用石灰稳定塑性指数大的黏土时,应采用两次拌和。第一次加 70% ~ 100% 预定剂量的石灰进行拌和，闷放1～2d，此后补足需用的石灰，再进行第二次拌和。

4.4.10 整形和碾压，应符合3.4.11条和3.4.12条的要求。

4.4.11 接缝和调头处的处理

1 同日施工的两工作段的衔接处，应采用搭接形式。前一段拌和整形后，留5～8m不进行碾压，后一段施工时，应与前段留下未压部分一起再进行拌和。

2 拌和机械及其他机械不宜在已压成的石灰稳定土层上调头。如必须调头，应采取措施保护调头部分，使石灰稳定土表层不受破坏。

3 纵缝的处理应符合本规范3.4.13条第4款的规定。

4.5 中心站集中厂拌法施工

按3.5节各条的规定执行。

4.6 人工沿路拌和法施工

4.6.1 二级以下公路的小工程可以采用人工沿路拌和法施工。

4.6.2 备料

1 将需稳定的土料按事先计算的数量运到路上分堆堆放，应每隔一定距离留一缺口。

2 将消石灰按事先计算的数量运到路上，直接卸在土堆上或卸在土堆旁。

4.6.3 拌和

1 筛拌法 将土和石灰混合或交替过孔径15mm的筛，筛余土块应随打碎随过筛。过筛以后，适当加水，拌和到均匀为止。

2 翻拌法 将过筛的土和石灰先干拌1～2遍，然后加水拌和，应不少于3遍，直到均匀为止。

3 为使混合料的水分充分均匀，可在当天拌和后堆放闷料，第二天再摊铺。

4.6.4 摊铺

将拌好的石灰土混合料按松铺厚度摊铺均匀。

4.6.5 整形和碾压

同本规范3.4.11条和3.4.12条。

4.7 养生及交通管制

4.7.1 石灰稳定土在养生期间应保持一定的湿度，不应过湿或忽干忽湿。养生期不宜少于7d。每次洒水后，应用两轮压路机将表层压实。石灰稳定土基层碾压结束后1～2d，当其表层较干燥（如石灰土的含水量不大于10%，石灰粒料土的含水量为5%～6%）时，可以立即喷洒透层沥青，然后做下封层或铺筑面层，但初期应禁止重型车辆通行。

4.7.2 在养生期间未采用覆盖措施的石灰稳定土层上，除洒水车外，应封闭交通。在采用覆盖措施的石灰稳定土层上，不能封闭交通时，应限制车速不得超过30km/h，禁止重型卡车通行。

4.7.3 养生期结束后，在铺筑沥青面层前，应清扫基层并喷洒透层沥青或做下封层。如面层是沥青混凝土，在喷洒透层沥青后，应撒布5～10mm的小碎（砾）石，小碎（砾）石应均匀撒布约60%的面积。如喷洒的透层沥青能透入基层，其上作业车辆不会破坏沥青膜时，可以不撒小碎（砾）石。

在喷洒沥青时，石灰稳定土层的上层应比较湿润。

4.7.4 石灰稳定土分层施工时，下层石灰稳定土碾压完成后，可以立即铺筑上一层石灰稳定土，不需专门的养生期。

4.8 其他

4.8.1 路缘处理

如石灰稳定土层上为薄沥青面层,基层每边应较面层宽 20cm 以上。在基层全宽上喷洒透层沥青或设下封层,沥青面层边缘向外侧做成三角形。

如设置路缘石时,必须注意防止路缘石阻滞路面上表面水和结构层中水的排除。

4.8.2 用石灰稳定低塑性土时,施工中应掌握下列要点:

(1)宜分两阶段碾压:第一阶段,洒较多水后用履带拖拉机先压 2 ~ 3 遍,达到初步稳定;第二阶段,待水分接近最佳含水量时,再用 12t 以上压路机压实。

(2)当缺少履带拖拉机时,洒水后,先用轻型压路机碾压两遍,然后覆盖一层素土,继续用 12t 以上压路机压实,养生后,将素土层清除干净。

5 石灰工业废渣稳定土

5.1 一般规定

5.1.1 可利用的工业废渣包括:粉煤灰、煤渣、高炉矿渣、钢渣(已经过崩解达到稳定),及其他冶金矿渣、煤矸石等。

5.1.2 石灰工业废渣稳定土可分为下列两大类:

(1)石灰粉煤灰类。

(2)石灰其他废渣类。

5.1.3 石灰工业废渣稳定土可适用于各级公路的基层和底基层,但二灰、二灰土和二灰砂不应用做二级和二级以上公路高级路面的基层。

5.1.4 石灰工业废渣混合料采用质量配合比计算,以石灰:粉煤灰:集料(或土)的质量比表示。

5.1.5 石灰工业废渣稳定土宜在春末和夏季组织施工。施工期的日最低气温应在5℃以上,并应在第一次重冰冻(-3~-5℃)到来之前一个月到一个半月完成。

5.1.6 石灰工业废渣稳定土结构层施工时,应遵守下列规定:

(1)配料应准确。

(2)石灰应摊铺均匀。

(3)洒水、拌和应均匀。

(4)应严格控制基层厚度和高程,其路拱横坡应与面层一致。

(5)应在混合料处于或略大于最佳含水量时进行碾压,直到达到下列按重型击实试验法确定的要求压实度:

基层:

高速公路和一级公路① 98%

二级和二级以下公路

稳定中粒土和粗粒土 97%

稳定细粒土 93%

底基层:

高速公路和一级公路①

稳定中粒土和粗粒土 97%

稳定细粒土 95%

二级和二级以下公路

稳定中粒土和粗粒土 95%

稳定细粒土 93%

注:①由于当前有多种能量大的压路机,宜提高压实度1%~2%。

(6)石灰工业废渣稳定土应用12t以上的压路机碾压。用12~15t三轮压路机碾压时,每层的压实厚度不应超过15cm;用18~20t三轮压路机和振动压路机碾压时,每层的压实厚度不应超过20cm。对于二灰级配集料,采用能量大的振动压路机碾压时,或对于二灰土,采用振动羊足碾与三轮压路机配合碾压时,每层的压实厚度可以根据试验适当增加。压实厚度超过上述规定时,应分层铺筑,每层的最小压实厚度为10cm,下层宜稍厚。对于石灰工业废渣稳定土,应采用先轻型、后重型压路机碾压。

(7)必须保湿养生,不使石灰工业废渣稳定土层表面干燥。

(8)石灰工业废渣稳定土基层上未铺封层或面层时,应封闭交通,保护表层不受破坏。当施工中断,临时开放交通时,必须采取保护措施。

5.1.7 石灰工业废渣基层施工时,严禁用薄层贴补的办法进行找平。

5.1.8 对于二级以下的公路,用石灰工业废渣做基层和底基层时,可以采用路拌法施工;对于二级公路,应采用专用的稳定土拌和机,或用集中厂拌法拌制混合料。

5.1.9 对于高速公路和一级公路,直接铺筑在土基上的底基层下层可以用专用的稳定土拌和机进行路拌法施工,如土基上层已用石灰或固化剂处理,则底基层的下层也应用集中拌和法拌制混合料。其上的各个稳定土层都应用集中厂拌法拌制混合料,并应用摊铺机摊铺基层混合料。

5.2 材料

5.2.1 石灰工业废渣稳定土所用石灰质量应符合本规范表 4.2.2 规定的 III 级消石灰或 III 级生石灰的技术指标,应尽量缩短石灰的存放时间,如存放时间较长,应采取覆盖封存措施,妥善保管。

有效钙含量在 20% 以上的等外石灰、贝壳石灰、珊瑚石灰、电石渣等,当其混合料的强度通过试验符合表 5.3.1 的标准时,可以应用。

5.2.2 粉煤灰中 SiO_2、Al_2O_3 和 Fe_2O_3 的总含量应大于 70%,粉煤灰的烧失量不应超过 20%;粉煤灰的比表面积宜大于 2 500cm^2/g(或 90% 通过 0.3mm 筛孔,70% 通过 0.075mm 筛孔)。

干粉煤灰和湿粉煤灰都可以应用。湿粉煤灰的含水量不宜超过 35%。

5.2.3 煤渣的最大粒径不应大于 30mm,颗粒组成宜有一定级配,且不宜含杂质。

5.2.4 宜采用塑性指数 12 ~ 20 的黏性土(亚黏土)。土块的最大粒径不应大于 15mm。

有机质含量超过 10% 的土不宜选用。

5.2.5 二灰稳定的中粒土和粗粒土不宜含有塑性指数的土。

5.2.6 用于二级及二级以下公路的二灰稳定土应符合下列要求:

1 二灰稳定土用做底基层时,石料颗粒的最大粒径不应超过 53mm。

2 二灰稳定土用做基层时,石料颗粒的最大粒径不应超过 37.5mm;碎石、砾石或其他粒状材料的质量宜占 80% 以上,并符合表 5.2.6-1 或表 5.2.6-2 的级配范围。

5.2.7 用于高速公路和一级公路的二灰稳定土应符合下列要求:

1 二灰稳定土用做底基层时,土中碎石、砾石颗粒的最大粒径不应超过 37.5mm。各种细粒土、中粒土和粗粒土都可用二灰稳定后用做底基层。

表 5.2.6-1 二灰级配砂砾中集料的颗粒组成范围

编号 / 通过质量百分率(%) / 筛孔尺寸(mm)	1	2
37.5	100	
31.5	85 ~ 100	100
19.0	65 ~ 85	85 ~ 100
9.50	50 ~ 70	55 ~ 75
4.75	35 ~ 55	39 ~ 59
2.36	25 ~ 45	27 ~ 47
1.18	17 ~ 35	17 ~ 35
0.60	10 ~ 27	10 ~ 25
0.075	0 ~ 15	0 ~ 10

2 二灰稳定土用做基层时,二灰的质量应占 15%,最多不超过 20%,石料颗粒的最大粒径不应超过 31.5mm,其颗粒组成宜符合表 5.2.6-1 或表 5.2.6-2 中 2 号级配的范围①,粒径小于0.075mm的颗粒

含量宜接近0。

注：①表中所列级配的颗粒组成范围是根据强度高、干缩性小和抗冲刷能力强提出的。此颗粒组成范围可做改变，但改变后的二灰级配集料的强度，特别是干缩性和抗冲刷能力，应优于按表列颗粒组成范围配合的二灰级配集料的性质。

3　对所用的砾石或碎石，应预先筛分成3～4个不同粒级，然后再配合成颗粒组成符合表5.2.6-1或表5.2.6-2所列级配范围的混合料。

5.2.8　碎石或砾石的压碎值应符合下列要求：

基层：

高速公路和一级公路	不大于30%
二级和二级以下公路	不大于35%

底基层：

高速公路和一级公路	不大于30%
二级和二级以下公路	不大于40%

表5.2.6-2　二灰级配碎石中集料的颗粒组成范围

编号 / 通过质量百分率(%) / 筛孔尺寸(mm)	1	2
37.5	100	
31.5	90～100	100
19.0	72～90	81～98
9.50	48～68	52～70
4.75	30～50	30～50
2.36	18～38	18～38
1.18	10～27	10～27
0.60	6～20	6～20
0.075	0～7	0～7

5.2.9　凡饮用水(含牲畜饮用水)均可使用。

5.3　混合料组成设计

5.3.1　一般规定

1　石灰工业废渣稳定土的7d浸水抗压强度应符合表5.3.1的规定。

表5.3.1　二灰混合料的抗压强度标准

公路等级 / 层位	二级和二级以下公路	高速公路和一级公路
基　层(MPa)	0.6～0.8	0.8～1.1①
底基层(MPa)	≥0.5	≥0.6

注：①设计累计标准轴次小于12×10^6的高速公路用低限值；设计累计标准轴次大于12×10^6的高速公路用中值；主要行驶重载车辆的高速公路用高限值。对于具体一条高速公路，应根据交通状况采用某一强度标准。

2　石灰工业废渣稳定土的组成设计应根据表5.3.1的强度标准，通过试验选取最适宜于稳定的土，确定石灰与粉煤灰或石灰与煤渣的比例，确定石灰粉煤灰或石灰煤渣与土的质量比例，确定混合料的最佳含水量。

3　对于CaO含量2%～6%的硅铝粉煤灰，采用石灰粉煤灰做基层或底基层时，石灰与粉煤灰的比例可以是1:2～1:9。

4　采用二灰土做基层或底基层时，石灰与粉煤灰的比例可用1:2～1:4(对于粉土，以1:2为宜)，石灰粉煤灰与细粒土的比例可以是30:70①～90:10。

注：①采用此比例时，石灰与粉煤灰之比宜为1:2～1:3。

5　采用二灰级配集料做基层时，石灰与粉煤灰的比例可用1:2～1:4，石灰粉煤灰与集料的比应是

20∶80 ~ 15∶85。

6 采用石灰煤渣做基层或底基层时,石灰与煤渣的比例可用20∶80 ~15∶85。

7 采用石灰煤渣土做基层或底基层时,石灰与煤渣的比例可选用1∶1 ~ 1∶4,石灰煤渣与细粒土的比例可以是1∶1 ~1∶4。混合料中石灰不应少于10%,或通过试验选取强度较高的配合比。

8 采用石灰煤渣集料做基层或底基层时,石灰∶煤渣∶集料可选用(7 ~9)∶(26 ~33)∶(67 ~58)。

9 为提高石灰工业废渣的早期强度,可外加1% ~2%的水泥。

10 各种混合料的各项试验应按《公路工程无机结合料稳定材料试验规程》(JTJ 057)进行。

5.3.2 原材料的试验

在石灰工业废渣稳定土施工前,应取有代表性的样品进行下列试验:

(1)土的颗粒分析;

(2)液限和塑性指数;

(3)石料的压碎值试验;

(4)有机质含量(必要时做);

(5)石灰的有效钙和氧化镁含量;

(6)收集或试验粉煤灰的化学成分、细度和烧失量。

5.3.3 混合料的设计步骤

1 制备不同比例的石灰粉煤灰混合料(如10∶90,15∶85,20∶80,25∶75,30∶70,35∶65,40∶60,45∶55和50∶50),确定其各自的最佳含水量和最大干密度,确定同一龄期和同一压实度试件的抗压强度,选用强度最大时的石灰粉煤灰比例。

2 根据上款所得的二灰比例,制备同一种土样的4 ~5 种不同配合比的二灰土或二灰级配集料。其配合比宜位于本章5.3.1 条第4 款或5.3.1 条第5 款所列范围内。

3 确定各种二灰土或二灰级配集料的最佳含水量和最大干密度(用重型击实试验法)。

4 按规定达到的压实度,分别计算不同配合比时二灰土、二灰级配集料试件应有的干密度。

5 按最佳含水量和计算得的干密度制备试件。进行强度试验时,作为平行试验的试件数量应符合表5.3.3 中的规定。如试验结果的偏差系数大于表中规定的值,则应重做试验,并找出原因,加以解决。如不能降低偏差系数,则应增加试件数量。

表5.3.3 最少试件数量

土类 \ 试件数量 \ 偏差系数	<10%	10% ~15%	15% ~20%
细粒土	6	9	
中粒土	6	9	13
粗粒土		9	13

6 试件在规定温度下保湿养生6d,浸水24h 后,按《公路工程无机结合料稳定材料试验规程》(JTJ 057)进行无侧限抗压强度试验。

7 计算试验结果的平均值和偏差系数。

8 根据表5.3.1 的强度标准,选定混合料的配合比。在此配合比下试件室内试验结果的平均抗压强度 $\overline{R}$ 应符合公式(5.3.3)的要求:

$$\overline{R} \geqslant R_d/(1 - Z_\alpha C_v) \quad (5.3.3)$$

式中:R_d——设计抗压强度(表5.3.1);

C_v——试验结果的偏差系数(以小数计);

Z_α——标准正态分布表中随保证率(或置信度 α)而变的系数,高速公路和一级公路应取保证率95%,即 $Z_\alpha = 1.645$;其他公路应取保证率90%,即 $Z_\alpha = 1.282$。

9 石灰煤渣混合料的设计可参照上述石灰粉煤灰混合料的设计步骤。

5.4 路拌法施工

5.4.1 石灰工业废渣稳定土的施工宜按图5.4.1的顺序进行。

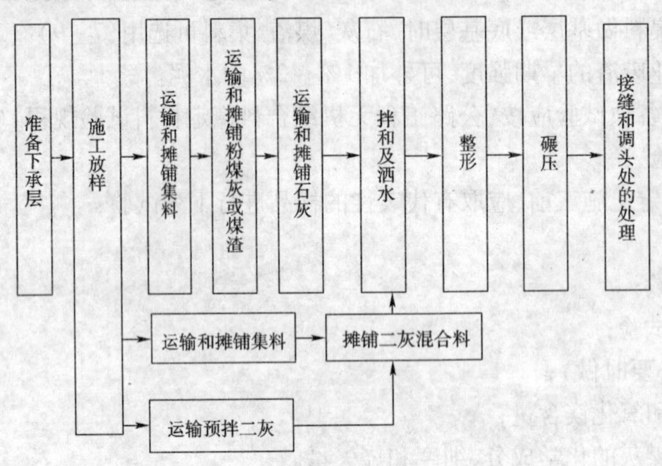

图5.4.1 路拌法施工石灰工业废渣稳定土的工艺流程图

5.4.2 准备下承层,要求同3.4.2条。

5.4.3 施工放样,要求同3.4.3条。

5.4.4 备料

1 运到现场的粉煤灰,应含有足够的水分,防止扬尘。在干燥和多风季节,应使料堆表面保持湿润,或者覆盖。如在堆放过程中,部分粉煤灰凝结成块,使用时应将灰块打碎。

场地集中堆放的粉煤灰,应予覆盖,避免雨淋过分潮湿。

2 集料和石灰的备料要求同4.4.4条。

3 计算材料用量

根据各路段石灰工业废渣稳定土层的宽度、厚度及预定的干密度,计算各路段需要的干混合料质量;根据混合料的配合比、材料的含水量以及所用运料车辆的吨位,计算各种材料每车料的堆放距离。

4 如路肩用料与石灰工业废渣稳定土层用料不同,应采取培肩措施,先将两侧路肩培好,路肩料层的压实厚度应与稳定土层的压实厚度相同。在路肩上,每隔5~10m应交错开挖临时泄水沟。

5 在预定堆料的下承层上,在堆料前应先洒水,使其表面湿润。

5.4.5 运输和摊铺

1 材料装车时,应控制每车料的数量基本相等。

2 采用二灰时,应先将粉煤灰运到现场;采用二灰稳定土时,应先将土运到现场。在同一料场供料的路段内,由远到近将料按本章5.4.4条第3款计算的距离卸置于下承层上,卸料距离应均匀。

3 料堆每隔一定距离应留一缺口。材料在下承层上的堆置时间不应过长。

4 应通过试验确定各种材料及混合料的松铺系数。

5 采用机械路拌时,应采用层铺法。即每种材料摊铺均匀后,宜先用两轮压路机碾压1~2遍,然后再运送并摊铺下一种材料。

摊铺每层材料时应力求平整,并具有规定的路拱。集料应较湿润,必要时先洒少量水。

5.4.6 拌和及洒水

1 对于二级和二级以上公路,应采用专用稳定土拌和机进行拌和,并应先干拌两遍。

2 用稳定土拌和机拌和时,拌和深度应直到稳定层底,并宜侵入下承层5~10mm(不应过多),以加强上下层黏结。应设专人跟随拌和机,随时检查拌和深度并配合拌和机操作员调整拌和深度。直接铺在土基上的拌和层宜避免素土夹层,其余各层严禁在拌和层底部留有素土夹层。通常拌和两遍以上,在进行最后一遍拌和之前,必要时先用多铧犁紧贴底面翻拌一遍。

3 对于三、四级公路,在没有专用拌和机械的情况下,如为二灰稳定细粒土和中粒土,也可用旋转耕作机与多铧犁或平地机相配合先干拌四遍。先用旋转耕作机拌和两遍，后用多铧犁或平地机将底部素土翻起，再用旋转耕作机拌和第二遍，用多铧犁或平地机将底部料再翻起，随时检查调整翻犁的深度，使稳定土层全部翻透。严禁在稳定土层与下承层之间残留一层素土，但也应防止翻犁过深，过多破坏下承层的表面。

4　对于三、四级公路，在没有专用拌和机械的情况下，如拌和二灰稳定中粒土和粗粒土，也可以用缺口圆盘耙与多铧犁或平地机相配合干拌。用平地机或多铧犁在前面翻拌，用圆盘耙跟在后面拌和，即采用边翻边耙的方法。圆盘耙的速度应尽量快，使二灰和集料拌和均匀。共翻拌四遍，开始的两遍不应翻犁到底，以防二灰落到底部，后面的两遍，应翻犁到底，随时检查调整翻犁的深度，要求同上款。

5　用喷管式洒水车将水均匀地喷洒在干拌后的混合料上，洒水距离应长些，水车起洒处和另一端调头处都应超出拌和段2m以上。洒水车不应在正进行拌和的以及当天计划拌和的路段上调头和停留，应防止局部水量过大。

6　拌和机械应紧跟在洒水车后面进行拌和，尤其在纵坡大的路段上应配合紧密，以减少水分流失。

7　在洒水拌和过程中，应及时检查混合料的含水量。水分宜大于最佳含水量1%左右。

8　拌和过程中，要及时检查拌和深度，要使石灰工业废渣层全深都拌和均匀。拌和完成的标志是：混合料色泽一致，没有灰条、灰团和花面，没有粗细颗粒“窝”或“带”，且水分合适和均匀。

9　对于二灰级配集料，应先将石灰和粉煤灰拌和均匀，然后均匀地摊铺在集料层上，再一起进行拌和。

5.4.7　整形

1　平地机整形

(1)混合料拌和均匀后，先用平地机初步整平和整形。在直线段及不设超高的平曲线段，平地机由两侧向路中心进行刮平；在设超高的平曲线段，平地机由内侧向外侧进行刮平。必要时，再返回刮一遍。

(2)用拖拉机、平地机或轮胎压路机快速碾压1~2遍，以暴露潜在的不平整。

(3)再用平地机按(1)所述进行整形，并用(2)所述机械再碾压一遍。整形过程中，应及时消除粗细集料离析现象。

(4)对于局部低洼处，应用齿耙将其表层5cm以上耙松，并用新拌的二灰级配集料找补平整。

(5)再用平地机整形一次。

(6)每次整形都要按照规定的坡度和路拱进行，并应特别注意接缝顺适平整。

2　人工整形

人工用锹和耙先将混合料摊平，用路拱板进行初步整形。用拖拉机初压1~2遍后，根据试验确定的松铺系数，确定纵横断面的标高，并钉桩、挂线。利用锹耙按线整形，并再用路拱板校正成型。

3　在整形过程中，必须禁止任何车辆通行。

4　初步整形后，检查混合料的松铺厚度，必要时应进行补料或减料。二灰土的松铺系数约为1.5~1.7；二灰集料的松铺系数约为1.3~1.5；人工铺筑石灰煤渣土的松铺系数约为1.6~1.8；石灰煤渣集料的松铺系数约为1.4。用机械拌和及机械整形时，集料松铺系数约为1.2~1.3。

5.4.8　碾压，要求同本规范3.4.12条。

5.4.9　接缝和调头处的处理，要求同本规范3.4.13条。

5.5　中心站集中厂拌法施工

5.5.1　石灰工业废渣混合料可以在中心站用多种机械进行集中拌和，也可用路拌机械或人工在现场进行分批集中拌和。对于高速公路和一级公路，应采用专用稳定土集中厂拌机械拌制混合料。集中拌和时，应符合下列要求：

(1)土块最大尺寸不应大于15mm；粉煤灰块不应大于12mm，且9.5mm和2.36mm筛孔的通过量应分别大于95%和75%。

(2)不同粒级的砾石或碎石以及细集料都应分开堆放。

(3)石灰、粉煤灰和细集料都应有覆盖,防止雨淋过湿。

(4)配料应准确,拌和应均匀。

(5)混合料的含水量应略大于最佳含水量,使混合料运到现场摊铺后碾压时的含水量能接近最佳值。

5.5.2 石灰工业废渣稳定土的集中拌和流程按图 5.5.2 进行。

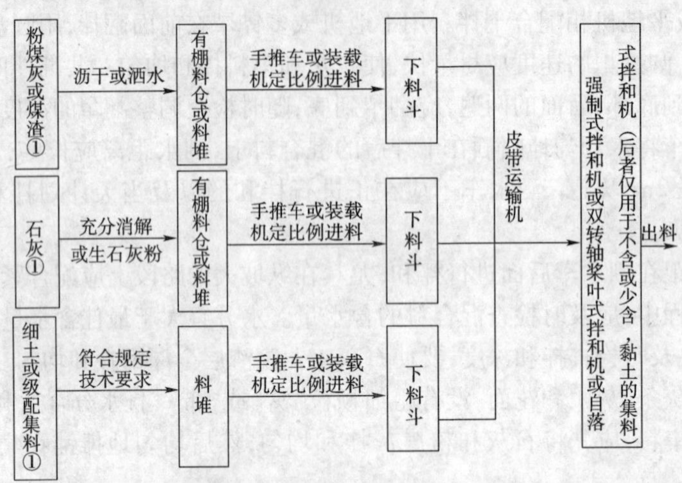

图 5.5.2 石灰工业废渣稳定土的集中拌和工艺流程②

注:①进入下料斗的粉煤灰、石灰、土和细集料都不应潮湿。

②如拌制基层用二灰级配集料,则至少应有三个集料下料斗,分装粗细集料。

5.5.3 除满足下列两款外,其他要求同本规范第 3.5 节。

1 拌成混合料的堆放时间不宜超过 24h,宜在当天将拌成的混合料运送到铺筑现场,不应将拌成的混合料长时间堆放。

2 关于横向接缝

如压实层末端未用方木作支撑处理,在碾压后末端成一斜坡,则在第二天开始摊铺新混合料之前,应将末端斜坡挖除,并挖成一横向(与路中心线垂直)垂直向下的断面。挖出的混合料加水到最佳含水量拌匀后仍可使用。

5.6 人工沿路拌和法施工

5.6.1 对于二级以下公路和不适宜采用机械施工的小工程,可以采用人工沿路拌和法施工。

5.6.2 备料

1 将细土或集料按事先计算的数量(或折算成体积)运到路上分堆堆放,且应每隔一定距离留一缺口。

2 将粉煤灰或煤渣按事先计算的数量(或折算成体积)运到路上,直接卸在细土堆上或集料堆旁。

3 将石灰按事先计算的数量(或折算成体积)运到路上,直接卸在粉煤灰或煤渣上。

5.6.3 拌和

1 筛拌法 将土、粉煤灰和石灰混合或交替过孔径 15mm 的筛,筛余土块、粉煤灰块随打碎随过筛。过筛以后,适当加水至比最佳含水量大 1% ~2%,并拌和均匀。

2 翻拌法 将过筛的土、粉煤灰或煤渣和石灰先干拌 1 ~2 遍,然后加水拌和均匀,不宜少于 3 遍。

3 对于二灰集料和石灰煤渣集料,应先将石灰和粉煤灰或煤渣拌和均匀,然后再与集料一起拌和均匀。

4 为使混合料的水分均匀,宜在当天拌和后堆放闷料,第二天再摊铺。

5.6.4 摊铺

将拌和好的混合料按松铺厚度摊铺均匀。

5.6.5 整形和碾压

同本规范5.4.7条和5.4.8条。

5.7 养生及交通管制

5.7.1 石灰工业废渣稳定土层碾压完成后的第二天或第三天开始养生,每天洒水的次数视气候条件而定,应始终保持表面潮湿,也可用泡水养生法。对于二灰稳定粗、中粒土的基层,也可用沥青乳液和沥青下封层进行养生,养生期一般为7d。

5.7.2 二灰层宜采用泡水养生法,养生期应为14d。

5.7.3 在养生期间,除洒水车外,应封闭交通。

5.7.4 对于二灰集料基层,养生期结束后,宜先让施工车辆慢速通行7~10d,磨去表面的二灰薄层,或用带钢丝刷的机械扫刷去表面的二灰薄层。清扫和冲洗干净后再喷洒透层或黏层沥青。在喷洒透层或黏层沥青后,宜撒布5~10mm的小碎(砾)石,小碎(砾)石均匀撒布约60%~70%的面积[①]。然后应尽早铺筑沥青面层的底面层。

在清扫干净的基层上,也可先做下封层,防止基层干缩开裂,同时保护基层免遭施工车辆破坏。宜在铺设下封层后的10~30d内开始铺筑沥青面层的底面层。如为水泥混凝土面层,也不宜让基层长期暴晒,以免开裂。

注:①如喷洒的透层沥青能透入基层,当运料车辆和面层混合料摊铺机在上行驶不会破坏沥青膜时,可以不撒小碎(砾)石。

5.7.5 石灰工业废渣底基层分层施工时,下层碾压完毕后,可以立即铺筑上一层,不需专门的养生期。也可以养生7d后再铺筑另一层。

5.8 其他

5.8.1 路缘处理

如石灰工业废渣层上为薄沥青面层,基层每边应较面层展宽20cm以上。在基层全宽上喷洒透层或黏层沥青或设下封层,沥青面层边缘向外侧做成三角形。

如设置路缘石,必须注意防止路缘石阻滞路面表面水和结构层中水的排除。

6 级配碎石

6.1 一般规定

6.1.1 用于二级和二级以上公路基层和底基层的级配碎石应用预先筛分成几组不同粒径的碎石(如37.5~19mm,19~9.5mm,9.5~4.75mm的碎石)及4.75mm以下的石屑组配而成。

6.1.2 在其他等级公路上,级配碎石可用未筛分碎石和石屑组配而成。

6.1.3 缺乏石屑时,可以添加细砂砾或粗砂。也可以用颗粒组成合适的含细集料较多的砂砾与未筛分碎石组配成级配碎砾石。

6.1.4 级配碎石可用于各级公路的基层和底基层。

6.1.5 级配碎石可用做较薄沥青面层与半刚性基层之间的中间层。

6.1.6 当级配碎石用做二级和二级以下公路的基层时,其最大粒径应控制在37.5mm以内;当级配碎石用做高速公路和一级公路的基层以及半刚性路面的中间层时,其最大粒径宜控制在31.5mm以下。

6.1.7 级配碎石层施工时,应遵守下列规定:

(1)颗粒组成应是一根顺滑的曲线。

(2)配料必须准确。

(3)塑性指数应符合规定。

(4)混合料必须拌和均匀,没有粗细颗粒离析现象。

(5)在最佳含水量时进行碾压,直到达到下列按重型击实试验法确定的要求压实度:

中间层　　100%

基层　　98%

底基层　　96%

(6)应使用12t以上三轮压路机碾压,每层的压实厚度不应超15~18cm。用重型振动压路机和轮胎压路机碾压时,每层的压实厚度可达20cm。

(7)级配碎石基层未洒透层沥青或未铺封层时,禁止开放交通,以保护表层不受破坏。

6.1.8 级配碎石用做半刚性路面的中间层以及用做二级以上公路的基层时,应采用集中厂拌法拌制混合料,并用摊铺机摊铺混合料。

6.2 材料

6.2.1 轧制碎石的材料可以是各种类型的岩石(软质岩石除外)、圆石或矿渣。圆石的粒径应是碎石最大粒径的3倍以上;矿渣应是已崩解稳定的,其干密度和质量应比较均匀,干密度不小于960kg/m^3。

6.2.2 碎石中针片状颗粒的总含量应不超过20%。碎石中不应有黏土块、植物等有害物质。

6.2.3 石屑或其他细集料可以使用一般碎石场的细筛余料,也可以利用轧制沥青表面处治和贯入式用石料时的细筛余料,或专门轧制的细碎石集料。也可以用天然砂砾或粗砂代替石屑。天然砂砾的颗粒尺寸应该合适,必要时应筛除其中的超尺寸颗粒。天然砂砾或粗砂应有较好的级配。

6.2.4 级配碎石或级配碎砾石用做二级和二级以下公路的基层时,其颗粒组成和塑性指数应满足表6.2.4中1号级配的规定。级配碎石用做高速公路和一级公路的基层时,其颗粒组成和塑性指数应满足表6.2.4中2号级配的规定。同时,级配曲线宜为圆滑曲线。

6.2.5 在塑性指数偏大的情况下，塑性指数与0.5mm以下细土含量的乘积应符合下列规定：

表6.2.4 级配碎石或级配碎砾石的颗粒组成范围

项目 \ 通过质量百分率(%) \ 编号		1	2
筛孔尺寸(mm)	37.5	100	
	31.5	90~100	100
	19.0	73~88	85~100
	9.5	49~69	52~74
	4.75	29~54	29~54
	2.36	17~37	17~37
	0.6	8~20	8~20
	0.075	0~7②	0~7②
液限(%)		<28	<28
塑性指数		<6(或9①)	<6(或9①)

注：①潮湿多雨地区塑性指数宜小于6，其他地区塑性指数宜小于9。

②对于无塑性的混合料，小于0.075mm的颗粒含量应接近高限。

(1) 在年降雨量小于600mm的地区，地下水位对土基没有影响时，乘积不应大于120；

(2) 在潮湿多雨地区，乘积不应大于100。

6.2.6 级配碎石用做中间层时，其颗粒组成和塑性指数应符合表6.2.4中2号级配的规定。

6.2.7 未筛分碎石用做二级和二级以下公路的底基层时，其颗粒组成和塑性指数应符合表6.2.7中1号级配的规定；用做高速公路和一级公路的底基层时，其颗粒组成和塑性指数应符合表6.2.7中2号级配的规定。

6.2.8 级配碎石或级配碎砾石所用石料的压碎值应满足下列规定：

基层：

高速公路和一级公路	不人于26%
二级公路	不大于30%
二级以下公路	不大于35%

底基层：

高速公路和一级公路	不大于30%
二级公路	不大于35%
二级以下公路	不大于40%

表6.2.7 未筛分碎石底基层颗粒组成范围

项目 \ 通过质量百分率(%) \ 编号		1	2
筛孔尺寸(mm)	53	100	
	37.5	85~100	100
	31.5	69~88	83~100
	19.0	40~65	54~84
	9.5	19~43	29~59
	4.75	10~30	17~45
	2.36	8~25	11~35
	0.6	6~18	6~21
	0.075	0~10	0~10
液限(%)		<28	<28
塑性指数		<6(或9①)	<6(或9①)

注：①在潮湿多雨地区，塑性指数宜小于6，其他地区塑性指数宜小于9。

6.3 路拌法施工

6.3.1 级配碎石路拌法施工的工艺流程应符合图6.3.1的顺序。

6.3.2 有关下承层

1 下承层不宜做成槽式断面。

2 准备下承层,有关要求同3.4.2条。

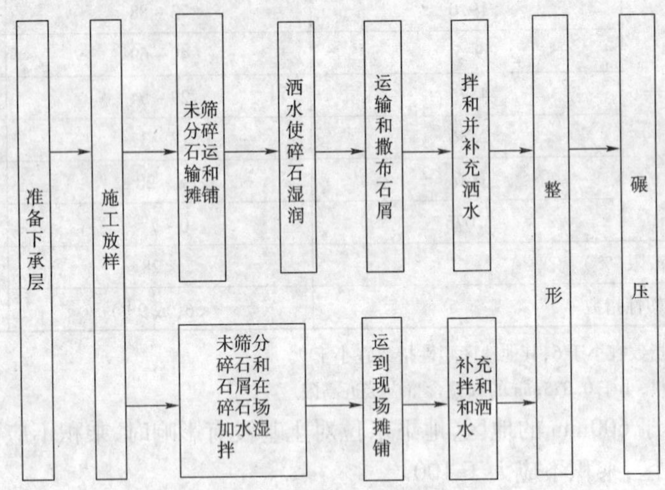

图6.3.1 级配碎石路拌法施工工艺流程图

6.3.3 放工放样,有关要求同3.4.3条。

6.3.4 备料

1 计算材料用量

(1)采用未筛分碎石和石屑组成级配碎石时,按表6.2.4的要求,计算未筛分碎石和石屑的配合比。

(2)采用不同粒级的单一尺寸碎石和石屑组成级配碎石时,按表6.2.4的要求,计算不同粒级碎石和石屑的配合比。

(3)根据各路段基层或底基层的宽度、厚度及规定的压实干密度并按确定的配合比分别计算各段需要的未筛分碎石和石屑的数量或不同粒级碎石和石屑的数量,并计算每车料的堆放距离。

2 未筛分碎石的含水量较最佳含水量宜大1%左右。

3 未筛分碎石和石屑可按预定比例在料场混合,同时洒水加湿,使混合料的含水量超过最佳含水量约1%。

6.3.5 运输和摊铺集料

1 集料装车时,应控制每车料的数量基本相等。

2 在同一料场供料的路段内,宜由远到近卸置集料。卸料距离应严格掌握,避免料不够或过多。未筛分碎石和石屑分别运送时,应先运送碎石。

3 料堆每隔一定距离应留一缺口。

4 集料在下承层上的堆置时间不应过长。运送集料较摊铺集料工序宜只提前数天。

5 应事先通过试验确定集料的松铺系数并确定松铺厚度。人工摊铺混合料时,其松铺系数约为1.40~1.50;平地机摊铺混合料时,其松铺系数约为1.25~1.35。

6 用平地机或其他合适的机具将料均匀地摊铺在预定的宽度上,表面应力求平整,并具有规定的路拱。应同时摊铺路肩用料。

7 检查松铺材料层的厚度,必要时,应进行减料或补料工作。

8 未筛分碎石摊铺平整后,在其较潮湿的情况下,将石屑按本规范6.3.4条第1款计算的距离卸置其上。用平地机并辅以人工将石屑均匀摊铺在碎石层上,并摊铺均匀。

9　采用不同粒级的碎石和石屑时，应将大碎石铺在下层，中碎石铺在中层，小碎石铺在上层。洒水使碎石湿润后，再摊铺石屑。

6.3.6　拌和及整形

1　对于二级及二级以上公路，应采用专用稳定土拌和机拌和级配碎石。对于二级以下的公路，在无稳定土拌和机的情况下，可采用平地机或多铧犁与缺口圆盘耙相配合进行拌和。

(1)用稳定土拌和机应拌和两遍以上。拌和深度应直到级配碎石层底。在进行最后一遍拌和之前，必要时先用多铧犁紧贴底面翻拌一遍。

(2)用平地机进行拌和，宜翻拌5～6遍，使石屑均匀分布于碎石料中。平地机拌和的作业长度，每段宜为300～500m。平地机刀片的安装角度宜符合表6.3.6和图6.3.6的要求。

拌和结束时，混合料的含水量应均匀，并较最佳含水量大1%左右，同时应没有粗细颗粒离析现象。

表6.3.6　平地机刀片安装角度

拌和条件	平面角α(°)	倾角β(°)	切角γ(°)
干　拌	30～50	45	3
湿　拌	35～40	45	2

(3)用缺口圆盘耙与多铧犁相配合拌和级配碎石时，用多铧犁在前面翻拌，圆盘耙紧跟在后面拌和，即采用边翻边耙的方法，共翻耙4～6遍。应随时检查调整翻耙的深度。用多铧犁翻拌时，第一遍由路中心开始，将混合料向中间翻，同时机械应慢速前进。第二遍从两边开始，将混合料向外翻。拌和过程中，应保持足够的水分。拌和结束时，混合料的含水量和均匀性应符合本款(2)的要求。

2　使用在料场已拌和均匀的级配碎石混合料时，摊铺后混合料如有粗细颗粒离析现象，应用平地机进行补充拌和。

3　用平地机将拌和均匀的混合料按规定的路拱进行整平和整形，在整形过程中，应注意消除粗细集料离析现象。

4　用拖拉机、平地机或轮胎压路机在已初平的路段上快速碾压一遍，以暴露潜在的不平整。

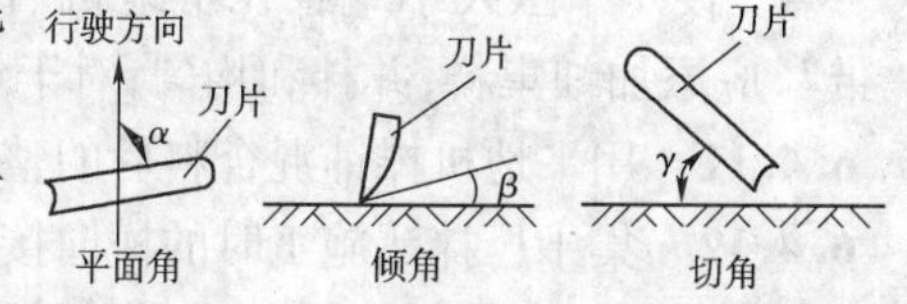

图6.3.6　平地机刀片安装示意图

5　再用平地机进行整平和整形。

6.3.7　碾压

1　整形后，当混合料的含水量等于或略大于最佳含水量时，立即用12t以上三轮压路机、振动压路机或轮胎压路机进行碾压。直线和不设超高的平曲线段，由两侧路肩开始向路中心碾压；在设超高的平曲线段，由内侧路肩向外侧路肩进行碾压。碾压时，后轮应重叠1/2轮宽；后轮必须超过两段的接缝处。后轮压完路面全宽时，即为一遍。碾压一直进行到要求的密实度为止。一般需碾压6～8遍，应使表面无明显轮迹。压路机的碾压速度，头两遍以采用1.5～1.7km/h为宜，以后用2.0～2.5km/h。

2　路面的两侧应多压2～3遍。

3　严禁压路机在已完成的或正在碾压的路段上调头或急刹车。

4　凡含土的级配碎石层，都应进行滚浆碾压，一直压到碎石层中无多余细土泛到表面为止。滚到表面的浆(或事后变干的薄土层)应清除干净。

6.3.8　横缝的处理

两作业段的衔接处，应搭接拌和。第一段拌和后，留5～8m不进行碾压，第二段施工时，前段留下未压部分与第二段一起拌和整平后进行碾压。

6.3.9　纵缝的处理

应避免纵向接缝。在必须分两幅铺筑时，纵缝应搭接拌和。前一幅全宽碾压密实，在后一幅拌和时，应将相邻的前幅边部约30cm搭接拌和，整平后一起碾压密实。

6.4　中心站集中厂拌法施工

6.4.1　级配碎石混合料可以在中心站用多种机械进行集中拌和，如强制式拌和机、卧式双转轴浆叶式拌和机、普通水泥混凝土拌和机等。

6.4.2 对用于高速公路和一级公路的级配碎石基层和中间层，宜采用不同粒级的单一尺寸碎石和石屑，按预定配合比在拌和机内拌制级配碎石混合料。

6.4.3 不同粒级的碎石和石屑等细集料应隔离，分别堆放。

6.4.4 细集料应有覆盖，防止雨淋。

6.4.5 在正式拌制级配碎石混合料之前，必须先调试所用的厂拌设备，使混合料的颗粒组成和含水量都能达到规定的要求。

6.4.6 在采用未筛分碎石和石屑时，如未筛分碎石或石屑的颗粒组成发生明显变化，应重新调试设备。

6.4.7 将级配碎石用于高速公路和一级公路时，应用沥青混凝土摊铺机或其他碎石摊铺机摊铺碎石混合料。

6.4.8 摊铺机后面应设专人消除粗细集料离析现象。

6.4.9 用振动压路机、三轮压路机进行碾压，碾压方法同本规范6.3.7条。

6.4.10 级配碎石用于二级和二级以下公路时，如没有摊铺机，也可用自动平地机（或摊铺箱）摊铺混合料。

1 根据摊铺层的厚度和要求达到的压实干密度，计算每车混合料的摊铺面积。

2 将混合料均匀地卸在路幅中央，路幅宽时，也可将混合料卸成两行。

3 用平地机将混合料按松铺厚度摊铺均匀。

4 设一个三人小组跟在平地机后面，及时消除粗细集料离析现象。对于粗集料“窝”和粗集料“带”，应添加细集料，并拌和均匀；对于细集料“窝”，应添加粗集料，并拌和均匀。

6.4.11 用平地机摊铺混合料后的整形和碾压均与路拌法施工相同。

6.4.12 集中厂拌法施工时的横向接缝按下述方法处理：

1 用摊铺机摊铺混合料时，靠近摊铺机当天未压实的混合料，可与第二天摊铺的混合料一起碾压，但应注意此部分混合料的含水量。必要时，应人工补充洒水，使其含水量达到规定的要求。

2 用平地机摊铺混合料时，每天的工作缝可按本规范6.3.8条处理。

6.4.13 应避免纵向接缝。如摊铺机的摊铺宽度不够，必须分两幅摊铺时，宜采用两台摊铺机一前一后相隔约5~8m同步向前摊铺混合料。在仅有一台摊铺机的情况下，可先在一条摊铺带上摊铺一定长度后，再开到另一条摊铺带上摊铺，然后一起进行碾压。

6.4.14 在不能避免纵向接缝的情况下，纵缝必须垂直相接，不应斜接，并按下述方法处理：

(1)在前一幅摊铺时，在靠后一幅的一侧应用方木或钢模板做支撑，方木或钢模板的高度与级配碎石层的压实厚度相同；

(2)在摊铺后一幅之前，将方木或钢模板除去；

(3)如在摊铺前一幅时未用方木或钢模板支撑，靠边缘的30cm左右难于压实，而且形成一个斜坡，在摊铺后一幅时，应先将未完全压实部分和不符合路拱要求部分挖松并补充洒水，待后一幅混合料摊铺后一起进行整平和碾压。

7 级配砾石

7.1 一般规定

7.1.1 天然砂砾符合规定的级配要求，而且塑性指数在 6 或 9 以下时，可以直接用做基层。

7.1.2 塑性指数偏大的砂砾，可加少量石灰降低其塑性指数，也可以用无塑性的砂或石屑进行掺配，使其塑性指数降低到符合要求，或塑性指数与细土（粒径小于 0.5mm 的颗粒）含量的乘积符合要求。

7.1.3 可在天然砂砾中掺加部分碎石或轧碎砾石，以提高混合料的强度和稳定性。天然砂砾掺加部分未筛分碎石组成的混合料的强度和稳定性介于级配碎石和级配砾石之间。

7.1.4 级配砾石可适用于轻交通的二级和二级以下公路的基层以及各级公路的底基层。

7.1.5 级配砾石层施工时，应遵守下列规定：

（1）颗粒级配应符合规定。

（2）配料应准确。

（3）塑性指数应符合规定。

（4）混合料应拌和均匀，没有粗细颗粒离析现象。

（5）在最佳含水量时进行碾压，直到达到下列按重型击实试验法确定的要求压实度：

基层　　98%

底基层　　96%

（6）级配砾石应用 12t 以上三轮压路机碾压，每层的压实厚度不应超过 15 ~ 18cm。用重型振动压路机和轮胎压路机碾压时，每层的压实厚度不应超过 20cm。

（7）级配砾石基层未洒透层沥青或未铺封层时，禁止开放交通，以保护表层不受破坏。

7.2 材料

7.2.1 级配砾石用做基层时，砾石的最大粒径不应超过 37.5mm；用做底基层时，砾石的最大粒径不应超过 53mm。

7.2.2 砾石颗粒中细长及扁平颗粒的含量不应超过 20%。

7.2.3 级配砾石基层的颗粒组成和塑性指数应满足表 7.2.3 的规定，同时级配曲线应为圆滑曲线。

表 7.2.3　级配砾石基层的颗粒组成范围

项目 ＼ 通过质量百分率（%）＼ 编号		1	2	3
筛孔尺寸（mm）	53	100		
	37.5	90 ~ 100	100	
	31.5	81 ~ 94	90 ~ 100	100
	19.0	63 ~ 81	73 ~ 88	85 ~ 100
	9.5	45 ~ 66	49 ~ 69	52 ~ 74
	4.75	27 ~ 51	29 ~ 54	29 ~ 54
	2.36	16 ~ 35	17 ~ 37	17 ~ 37
	0.6	8 ~ 20	8 ~ 20	8 ~ 20
	0.075	0 ~ 7②	0 ~ 7②	0 ~ 7②
液限（%）		<28	<28	<28
塑性指数		<6（或 9①）	<6（或 9①）	<6（或 9①）

注：①潮湿多雨地区塑性指数宜小于 6，其他地区塑性指数宜小于 9。

②对于无塑性的混合料，小于 0.075mm 的颗粒含量应接近高限。

在塑性指数偏大的情况下，塑性指数与0.5mm以下细土含量的乘积应符合下列规定：

(1)在年降雨量小于600mm的中干和干旱地区，地下水位对土基没有影响时，乘积不应大于120；

(2)在潮湿多雨地区，乘积不应大于100。

7.2.4 当用于基层的在最佳含水量下制备的级配砾石试件的干密度与工地规定达到的压实干密度相同时，浸水4d的承载比值应不小于160%。

7.2.5 用做底基层的砂砾、砂砾土或其他粒状材料的级配，应位于表7.2.5的范围内。液限应小于28%，塑性指数应小于9。

表7.2.5 砂砾底基层的级配范围

筛孔尺寸(mm)	53	37.5	9.5	4.75	0.6	0.075
通过质量百分率(%)	100	80~100	40~100	25~85	8~45	0~15

7.2.6 当用于底基层的在最佳含水量下制备的级配砾石试件的干密度与工地规定达到的压实干密度相同时，浸水4d的承载比值在轻交通道路上应不小于40%，在中等交通道路上应不小于60%。

7.2.7 级配砾石用做基层时，石料的集料压碎值应满足下列规定：

基层：

二级公路　　不大于30%

三级和四级公路　　不大于35%

底基层：

高速公路和一级公路　　不大于30%

二级公路　　不大于35%

二级以下公路　　不大于40%

7.3 施工

7.3.1 级配砾石施工的工艺流程按图7.3.1的顺序进行。

7.3.2 准备下承层，有关要求同3.4.2条。

7.3.3 施工放样，有关要求同3.4.3条。

7.3.4 计算材料用量

根据各路段基层或底基层的宽度、厚度及预定的干密度，计算各段需要的集料数量。如级配砾石系用两种集料合成时，分别计算两种集料的数量；根据料场集料的含水量以及所用运料车辆的吨位，计算每车材料的堆放距离。

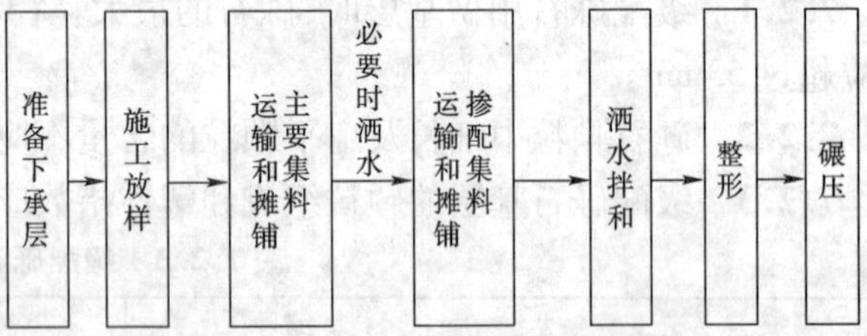

准备下承层 → 施工放样 → 主要集料运输和摊铺 → 必要时洒水 → 掺配集料运输和摊铺 → 洒水拌和 → 整形 → 碾压

图7.3.1 级配砾石施工工艺流程图

7.3.5 运输和摊铺集料

1 集料装车时，应控制每车料的数量基本相等。

2 同一料场供料的路段内，由远到近将料按本规范7.3.4条计算的距离卸置于下承层上。卸料距离应严格掌握，避免料不够或过多。采用两种集料时，应先将主要集料运到路上，待主要集料摊铺后，再运另一种集料并摊铺。如粗细两种集料的最大粒径相差很多，应在粗集料处于潮湿状态下摊铺细集料。

3 料堆每隔一定距离应留一缺口。

4 集料在下承层上的堆置时间不宜过长。运送集料较摊铺集料工序宜只提前数天。

5 应通过试验确定集料的松铺系数，并确定松铺厚度。人工摊铺混合料时，其松铺系数约为1.40~1.50；平地机摊铺混合料时，其松铺系数约为1.25~1.35。

6 用平地机或其他合适的机具将料均匀地摊铺在预定的宽度上，表面应力求平整，并有规定的路拱。应同时摊铺路肩用料。

7 检查松铺材料层的厚度是否符合预计要求，必要时，应进行减料或补料工作。

7.3.6 拌和及整形

1 用平地机拌和时,每一作业段的长度宜为300~500m。

(1)拌和时,平地机刀片的安装角度宜符合表6.3.6和图6.3.6的要求。

一般需拌和5~6遍。拌和过程中,用洒水车洒足所需的水分。

拌和结束时,混合料的含水量应均匀,并较最佳含水量大1%左右。应无粗细颗粒离析现象。

(2)使用符合级配要求的天然砂砾时,如摊铺后混合料有粗细颗粒离析现象,应用平地机进行补充拌和。

(3)用平地机将拌和均匀的混合料按规定的路拱进行整平和整形。

(4)用拖拉机、平地机或轮胎压路机在已初平的路段上快速碾压一遍,以暴露潜在的不平整。

(5)再用平地机进行整平和整形。

2 用拖拉机牵引四铧犁或五铧犁进行拌和时,每一作业段的长度宜为100~150m。第一遍由路中心开始,将混合料向中间翻,同时机械应慢速前进。第二遍则应从两边开始,将混合料向外翻。拌和过程中,用洒水车洒足所需的水分。拌和遍数以双数为宜,一般需拌6遍。

拌和结束时,混合料含水量应均匀,并较最佳含水量大1%左右,且无离析现象。

用平地机或用其他机具按规定的路拱进行整平和整形。在整形过程中,严禁任何车辆通行。

7.3.7 碾压,有关要求同6.3.7条。

7.3.8 横缝的处理,有关要求同6.3.8条。

7.3.9 纵缝的处理,有关要求同6.3.9条。

8 填隙碎石

8.1 一般规定

8.1.1 用单一粒径的粗碎石和石屑组成的填隙碎石可用干法施工，也可用湿法施工。干法施工的填隙碎石特别适宜于干旱缺水地区。

8.1.2 填隙碎石的一层压实厚度，可取碎石最大粒径的1.5~2.0倍。

8.1.3 缺乏石屑时，可以添加细砾砂或粗砂等细集料，但其技术性能不如石屑。

8.1.4 填隙碎石可用于各等级公路的底基层和二级以下公路的基层。

8.1.5 填隙碎石施工时，应遵守下列规定：

(1)细集料应干燥。

(2)应采用振动轮每米宽质量不小于1.8t的振动压路机进行碾压。填隙料应填满粗碎石层内部的全部孔隙。碾压后，表面粗碎石间的孔隙应填满，但不得使填隙料覆盖粗集料而自成一层，表面应看得见粗碎石。碾压后基层的固体体积率应不小于85%，底基层的固体体积率应不小于83%。

(3)填隙碎石基层未洒透层沥青或未铺封层时，禁止开放交通。

8.2 材料

8.2.1 填隙碎石用做基层时，碎石的最大粒径不应超过53mm；用做底基层时，碎石的最大粒径不应超过63mm。

8.2.2 粗碎石可以用具有一定强度的各种岩石或漂石轧制①，但漂石的粒径应为粗碎石最大粒径的3倍以上；也可以用稳定的矿渣轧制，矿渣的干密度和质量应比较均匀，且其干密度不小于960kg/m³。材料中的扁平、长条和软弱颗粒的含量不应超过15%。

注：①宜用石灰岩轧制。

8.2.3 填隙碎石、粗碎石的颗粒组成应符合表8.2.3的规定。

表8.2.3 填隙碎石、粗碎石的颗粒组成

编号	通过质量百分率(%) 标称尺寸(mm)	筛孔尺寸(mm)							
		63	53	37.5	31.5	26.5	19	16	9.5
1	30~60	100	25~60		0~15		0~5		
2	25~50		100		25~50	0~15		0~5	
3	20~40			100	35~70		0~15		0~5

8.2.4 采用表8.2.3中的1号粗集料时，填隙料的标称最大粒径可为9.5mm①。

注：①宜用轧制石灰岩碎石的石屑。

填隙料宜具有表8.2.4的颗粒组成。

表8.2.4 填隙料的颗粒组成

筛孔尺寸(mm)	9.5	4.75	2.36	0.6	0.075	塑性指数
通过质量百分率(%)	100	85~100	50~70	30~50	0~10	<6

8.2.5 粗碎石的压碎值应符合下列规定：

用做基层	不大于26%
用做底基层	不大于30%

8.3 施工

8.3.1 填隙碎石的施工工艺流程宜按图8.3.1的顺序进行。

8.3.2 准备下承层,有关要求同3.4.2条。

8.3.3 施工放样,有关要求同3.4.3条。

8.3.4 备料

根据各路段基层或底基层的宽度、厚度及松铺系数,计算各段需要的粗碎石数量;根据运料车辆的车厢体积,计算每车料的堆放距离。

填隙料的用量约为粗碎石质量的30%~40%。

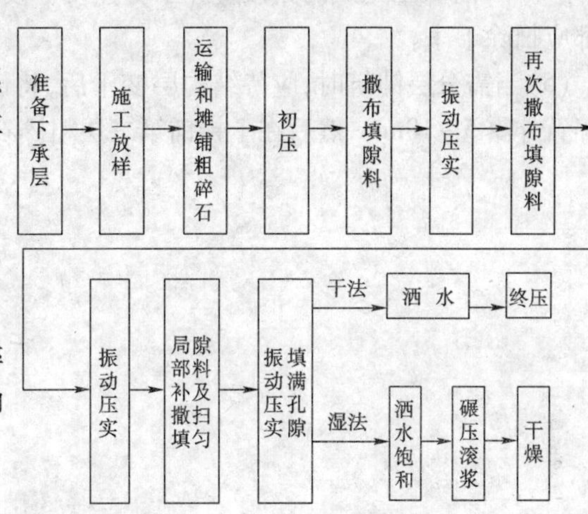

图8.3.1 填隙碎石工艺流程图

8.3.5 运输和摊铺粗碎石

1 碎石装车时,应控制每车料的数量基本相等。

2 在同一料场供料的路段内,由远到近将粗碎石按本规范8.3.4条计算的距离卸置于下承层上。卸料距离应严格掌握,避免有的路段料不够或料过多。

3 料堆每隔一定距离应留一缺口。

4 用平地机或其他合适的机具将粗碎石均匀地摊铺在预定的宽度上,表面应力求平整,并有规定的路拱。应同时摊铺路肩用料。

5 检查松铺材料层的厚度是否符合预计要求,必要时,应进行减料或补料工作。

8.3.6 撒铺填隙料和碾压

1. 干法施工

(1)初压:用8t两轮压路机碾压3~4遍,使粗碎石稳定就位。在直线和不设超高的平曲线段上,碾压从两侧路肩开始,逐渐错轮向路中心进行;在设超高的平曲线段上,碾压从内侧路肩开始,逐渐错轮向外侧路肩进行。错轮时,每次重叠1/3轮宽。在第一遍碾压后,应再次找平。初压终了时,表面应平整,并具有要求的路拱和纵坡。

(2)撒铺填隙料:用石屑撒布机或类似的设备将干填隙料均匀地撒铺在已压稳的粗碎石层上,松铺厚度约2.5~3.0cm。必要时,用人工或机械扫匀。

(3)碾压:用振动压路机慢速碾压,将全部填隙料振入粗碎石间的孔隙中。如没有振动压路机,可用重型振动板。碾压方法同本款(1)项,但路面两侧应多压2~3遍。

(4)再次撒布填隙料:用石屑撒布机或类似的设备将干填隙料再次撒铺在粗碎石层上,松铺厚度约2.0~2.5cm。用人工或机械扫匀。

(5)再次碾压:用振动压路机按本款(3)项进行碾压。在碾压过程中,对局部填隙料不足之处,人工进行找补。局部多余的填隙料应扫除。

(6)再次碾压后,如表面仍有未填满的孔隙,则应补撒填隙料,并用振动压路机继续碾压,直到全部孔隙被填满为止。同时,应将局部多余的填隙料铲除或扫除。填隙料不应在粗碎石表面自成一层。表面必须能看得见粗碎石。

如填隙碎石层上为薄沥青面层,应使粗碎石的棱角外露3~5mm。

(7)当需分层铺筑时,应将已压成的填隙碎石层表面粗碎石外露约5~10mm,然后在上摊铺第二层粗碎石,并按本款(1)项到(6)项要求施工。

(8)填隙碎石表面孔隙全部填满后,用12~15t三轮压路机再碾压1~2遍。在碾压过程中,不应有任何蠕动现象。在碾压之前,宜在表面先洒少量水,洒水量宜为3kg/m^{2}以上。

2. 湿法施工

(1)开始工序与本条第1款(1)项到(6)项要求相同。

(2)粗碎石层表面孔隙全部填满后,立即用洒水车洒水,直到饱和,但应注意避免多余水浸泡下承层。

(3)用12~15t三轮压路机跟在洒水车后进行碾压。在碾压过程中,将湿填隙料继续扫入所出现的孔隙中。需要时,再添加新的填隙料。洒水和碾压应一直进行到填隙料和水形成粉砂浆为止。粉砂浆应填塞全部孔隙,并在压路机轮前形成微波纹状。

(4)干燥:碾压完成的路段应让水分蒸发一段时间。结构层变干后,表面多余的细料以及细料覆盖层都应扫除干净。

(5)当需分层铺筑时,应待结构层变干后,将已压成的填隙碎石层表面的填隙料扫除一些,使表面粗碎石外露5~10mm,然后在上摊铺第二层粗碎石,并按本款(1)项到(4)项要求施工。

9　质量管理及检查验收

9.1　一般规定

9.1.1　二级和二级以上公路工程应按本章质量管理及检查验收内容和要求执行，其他等级公路工程可参照执行。

9.1.2　质量管理包括所用材料的标准试验、铺筑试验段、施工过程中的质量管理和检查验收（工序间）。

9.1.3　必须建立、健全工地试验，质量检查及工序间的交接验收等项制度。试验、检验应做到原始记录齐全，数据真实可靠。

9.1.4　工地试验室应能进行所用基层材料的各项试验，还应具备进行现场压实度和平整度检查的能力，应配备弯沉测量的仪具和路面钻机。

9.1.5　各个工序完结后，均应进行检查验收。经检验合格后，方可进行下一个工序。凡经检验不合格的段落，必须进行补救，使其达到要求。

9.2　材料的标准试验

9.2.1　在组织现场施工以前以及在施工过程中，原材料（包括土）或混合料发生变化时，必须对拟采用的材料进行规定的基本性质试验，评定材料质量和性能是否符合要求。

9.2.2　对用做底基层和基层的原材料，应进行表9.2.2所列的试验。

表9.2.2　底基层和基层原材料的试验项目

试验项目	材料名称	目的	频度	仪器和试验方法
含水量	土、砂砾、碎石等集料	确定原始含水量	每天使用前测2个样品	烘干法、酒精燃烧法、含水量快速测定仪
颗粒分析	砂砾、碎石等集料	确定级配是否符合要求，确定材料配合比	每种土使用前测2个样品，使用过程中每2 000m^3 测2个样品	筛分法
液限、塑限	土、级配砾石或级配碎石中0.5mm以下的细土	求塑性指数，审定是否符合规定	每种土使用前测2个样品，使用过程中每2 000m^3 测2个样品	液限塑限联合测定法测液限；滚搓法塑限试验测塑限
相对毛体积密度、吸水率	砂砾、碎石等	评定粒料质量，计算固体体积率	使用前测2个样品，砂砾使用过程中每2 000 m^3 测2个样品，碎石种类变化重做2个样品	网篮法或容积1 000ml以上的比重瓶法
压碎值	砂砾、碎石等	评定石料的抗压碎能力是否符合要求	同上	集料压碎值试验
有机质和硫酸盐含量	土	确定土是否适宜于用石灰或水泥稳定	对土有怀疑时做此试验	有机质含量试验，易溶盐试验

续上表

试验项目	材料名称	目　　的	频　　度	仪器和试验方法
有效钙、氧化镁	石灰	确定石灰质量	做材料组成设计和生产使用时分别测2个样品,以后每月测2个样品	石灰的化学分析
水泥标号和终凝时间	水泥	确定水泥的质量是否适宜应用	做材料组成设计时测1个样品,料源或标号变化时重测	水泥胶砂强度检验方法,水泥凝结时间检验方法
烧失量	粉煤灰	确定粉煤灰是否适用	做材料组成设计前测2个样品	烧失量试验

9.2.3　对初步确定使用的底基层和基层混合料,包括掺配后不用结合料稳定的材料,应进行表9.2.3所列的试验。

表9.2.3　底基层和基层混合料的试验项目

试验项目	目　　的
重型击实试验	求最佳含水量和最大干密度,以规定工地碾压时的合适含水量和应该达到的最小干密度,确定制备强度试验和耐久性试验的试件所应该用的含水量和干密度;确定制备承载比试件的材料含水量
承载比	求工地预期干密度下的承载比,确定材料是否适宜做基层或底基层
抗压强度	进行材料组成设计,选定最适宜于用水泥或石灰稳定的土(包括粒料);规定施工中所用的结合料剂量;为工地提供评定质量的标准
延迟时间	对已定水泥剂量的混合料,确定延迟时间对混合料密度和抗压强度的影响,并据此确定施工允许的延迟时间

9.3　铺筑试验段

9.3.1　在底基层和基层正式开工之前,应铺筑试验段。

9.3.2　应通过铺筑无结合料的集料基层试验段,确定以下主要项目:

(1)用于施工的集料配合比例。

(2)材料的松铺系数。

(3)确定标准施工方法:

①集料数量的控制;

②集料摊铺方法和适用机具;

③合适的拌和机械、拌和方法、拌和深度和拌和遍数;

④集料含水量的增加和控制方法;

⑤整平和整形的合适机具和方法;

⑥压实机械的选择和组合,压实的顺序、速度和遍数;

⑦拌和、运输、摊铺和碾压机械的协调和配合;

⑧密实度的检查方法,初定每一作业段的最小检查数量。

(4)确定每一作业段的合适长度。

(5)确定一次铺筑的合适厚度。

9.3.3　通过铺筑水泥稳定土、石灰稳定土和石灰工业废渣稳定土基层试验段,除确定9.3.2条所列者外,还应确定控制结合料数量和拌和均匀性的方法。

对于水泥稳定土基层,还包括通过严密组织拌和、洒水、整形、碾压等工序,缩短延迟时间,规定允许的拌和时间。

9.4　质量管理

9.4.1　施工过程中的质量管理包括外形尺寸的控制和检查以及质量控制和检查。

9.4.2 外形尺寸检查项目、频度和质量标准应符合表 9.4.2 的要求。

表 9.4.2 外形尺寸检查项目、频度和质量标准

工程类别	项目		频度	质量标准	
				高速公路和一级公路	一般公路
底基层	纵断高程(mm)		二级及二级以下公路每 20 延米 1 点;高速公路和一级公路每 20 延米 1 个断面,每个断面 3 ~ 5 个点	+5, −15	+5, −20
	厚度(mm)	均值	每 1 500 ~ 2 000m² 6 个点	−10	−12
		单个值		−25	−30
	宽度(mm)		每 40 延米 1 处	+0 以上	+0 以上
	横坡度(%)		每 100 延米 3 处	±0.3	±0.5
	平整度(mm)		每 200 延米 2 处,每处连续 10 尺(3m 直尺)	12	15
基层	纵断高程(mm)		二级及二级以下公路每 20 延米 1 点;高速公路和一级公路每 20 延米 1 个断面,每个断面 3 ~ 5 个点	+5, −10	+5, −15
	厚度(mm)	均值	每 1 500 ~ 2 000m² 6 个点	−8	−15
		单个值		−10	−20
	宽度(mm)		每 40 延米 1 处	+0 以上	+0 以上
	横坡度(%)		每 100 延米 3 处	±0.3	±0.5
	平整度(mm)		每 200 延米 2 处,每处连续 10 尺	8	12
			连续式平整度仪的标准差(mm)	3.0	

9.4.3 质量控制的项目、频度和质量标准应符合表 9.4.3 的要求。

表 9.4.3 质量控制的项目、频度和质量标准

工程类别	项目	频度	质量标准
无结合料底基层	含水量	据观察,异常时随时试验	在本规范规定范围内
	级配	据观察,异常时随时试验	在本规范规定范围内
	拌和均匀性	随时观察	无粗细集料离析现象
	压实度	每一作业段或不大于 2 000m² 检查 6 次以上	96% 以上,填隙碎石以固体体积率表示,不小于 83%
	塑性指数	每 1 000m² 1 次,异常时随时试验	小于本规范规定值
	承载比	每 3000m² 1 次,据观察,异常时随时增加试验	不小于本规范规定值
	弯沉值检验	每一评定段(不超过 1km)每车道 40 ~ 50 个测点	95%(二级及二级以下公路)或 97.7%(高速公路和一级公路)概率的上波动界限不大于计算得的容许值①

续上表

<table>
<tr><th>工程类别</th><th colspan="2">项目</th><th>频 度</th><th>质量标准</th></tr>
<tr><td rowspan="8">无结合料基层</td><td colspan="2">含水量</td><td>据观察,异常时随时试验</td><td>在本规范规定范围内</td></tr>
<tr><td colspan="2">级配</td><td>每 2 000m² 1 次</td><td>在本规范规定范围内</td></tr>
<tr><td colspan="2">拌和均匀性</td><td>随时观察</td><td>无粗细集料离析现象</td></tr>
<tr><td colspan="2">压实度</td><td>每一作业段或不超过 2 000m² 检查 6 次以上</td><td>级配集料基层 98%,中间层 100%,填隙碎石固体体积率 85%</td></tr>
<tr><td colspan="2">塑性指数</td><td>每 1 000m² 1 次,异常时随时试验</td><td>小于本规范规定值</td></tr>
<tr><td colspan="2">集料压碎值</td><td>据观察,异常时随时试验</td><td>不超过本规范规定值</td></tr>
<tr><td colspan="2">承载比</td><td>每 3 000m² 1 次,据观察,异常时随时增加试验</td><td>不小于本规范规定值</td></tr>
<tr><td colspan="2">弯沉值检验</td><td>每一评定段(不超过 1km)每车道 40 ~ 50 个测点</td><td>95%(二级及二级以下公路)或 97.7%(高速公路和一级公路)概率的上波动界限不大于计算得的容许值①</td></tr>
<tr><td rowspan="10">水泥或石灰稳定土及综合稳定土</td><td colspan="2">级配</td><td>每 2 000m² 1 次</td><td>在本规范规定范围内</td></tr>
<tr><td colspan="2">集料压碎值</td><td>据观察,异常时随时试验</td><td>不超过本规范规定值</td></tr>
<tr><td colspan="2">水泥或石灰剂量</td><td>每 2 000m² 1 次,至少 6 个样品,用滴定法或用直读式测钙仪试验,并与实际水泥或石灰用量校核</td><td>不小于设计值 -1.0%</td></tr>
<tr><td rowspan="2">含水量</td><td>水泥稳定土</td><td rowspan="2">据观察,异常时随时试验</td><td rowspan="2">在本规范规定范围内</td></tr>
<tr><td>石灰稳定土</td></tr>
<tr><td colspan="2">拌和均匀性</td><td>随时观察</td><td>无灰条、灰团,色泽均匀,无离析现象</td></tr>
<tr><td rowspan="2">压实度</td><td>稳定细粒土</td><td rowspan="2">每一作业段或不超过 2 000m² 检查 6 次以上</td><td>二级及二级以下公路 93% 以上,高速公路和一级公路 95% 以上</td></tr>
<tr><td>稳定中粒土和粗粒土</td><td>二级及二级以下公路的底基层 95%,基层 97%;高速公路和一级公路的底基层 96%,基层 98%</td></tr>
<tr><td colspan="2">抗压强度</td><td>稳定细粒土,每一作业段或每 2 000m² 6 个试件;稳定中粒土和粗粒土,每一作业段或每 2 000m² 6 个或 9 个试件</td><td>符合本规范规定要求</td></tr>
</table>

续上表

<table>
<tr><th>工程类别</th><th colspan="2">项目</th><th>频 度</th><th>质 量 标 准</th></tr>
<tr><td rowspan="8">石灰工业废渣稳定土</td><td colspan="2">延迟时间</td><td>每个作业段1次</td><td>不超过本规范规定</td></tr>
<tr><td colspan="2">配合比</td><td>每2 000m²1次</td><td>石灰剂量不小于设计值－1%（当石灰剂量少于4%时，为不小于设计值－0.5%）以内</td></tr>
<tr><td colspan="2">级配</td><td>每2 000m²1次</td><td>在本规范规定范围内</td></tr>
<tr><td colspan="2">含水量</td><td>据观察，异常时随时试验</td><td>最佳含水量±1%（二灰土为±2%）</td></tr>
<tr><td colspan="2">拌和均匀性</td><td>随时观察</td><td>无灰条、灰团，色泽均匀，无离析现象</td></tr>
<tr><td rowspan="2">压实度</td><td>二灰土</td><td rowspan="2">每一作业段或不大于2 000m² 检查6次以上</td><td>二级及二级以下公路93%以上，高速公路和一级公路95%以上</td></tr>
<tr><td>其他含粒料的石灰工业废渣</td><td>二级及二级以下公路底基层95%或93%，基层97%以上；高速公路和一级公路底基层97%或95%，基层98%以上</td></tr>
<tr><td colspan="2">抗压强度</td><td>稳定细粒土，每一作业段或每2 000m²6个试件；稳定中粒土和粗粒土，每一作业段或每2 000m²6个或9个试件</td><td>符合规定要求</td></tr>
</table>

注：①弯沉值按附录A计算。

9.4.4 对于无机结合料稳定基层，应取钻件（俗称路面芯样）检验其整体性。水泥稳定基层的龄期7～10d时，应能取出完整的钻件。二灰稳定基层的龄期20～28d时，应能取出完整的钻件。

如果路面钻机取不出水泥稳定基层或二灰稳定基层的完整钻件，则应找出不合格基层的界限，进行返工处理。

9.5 检查验收

9.5.1 检查验收的目的是判定完成的路面结构层是否满足设计文件与施工规范的要求。

检查内容包括工程竣工后的外形和质量。

9.5.2 判定路面结构层质量是否合格（即满足要求）时，以1km长的路段为评定单位。采用大流水作业法施工时，也可以每天完成的段落为评定单位。

9.5.3 检查施工原始记录，对上述检查内容进行初步评定。

9.5.4 进行抽样检查。抽样必须是随机的，不能带有任何倾向性。压实度、厚度、水泥（石灰）剂量检测样品、制强度试件样品等的现场随机取样位置的确定应按附录B的方法进行。

9.5.5 竣工工程外形的检查项目、频度和质量标准值应符合表9.5.5的要求。

表 9.5.5　竣工工程外形的检查项目、频度和质量标准值

工程类别	项　目		频　度	质量标准：高速公路和一级公路	质量标准：二级和二级以下公路
路基	高程（mm）		每 200m 4 点	+10，-15	+10，-20
	宽度（mm）		每 200m 4 个断面	不小于设计值	不小于设计值
	横坡度（%）		每 200m 4 个断面	±0.5	±0.5
	平整度（mm）		每 200m 2 处，每处连续 10 尺（3m 直尺）	≤15	≤20
底基层	高程（mm）		每 200m 4 点	+5，-15	+5，-20
	厚度（mm）	均值	每 200m 每车道 1 点	-10	-12
		单个值		-25	-30
	宽度（mm）		每 200m 4 个断面	+0 以上	+0 以上
	横坡度（%）		每 200m 4 个断面	±0.3	±0.5
	平整度（mm）		每 200m 2 处，每处连续 10 尺	12	15
基层	高程（mm）		每 200m 4 点	+5，-10	+5，-15
	厚度（mm）	均值	每 200m 每车道 1 点	-8	-10
		单个值		-15	-20
	宽度（mm）		每 200m 4 个断面	+0 以上	+0 以上
	横坡度（%）		每 200m 4 个断面	±0.3	±0.5
	平整度（mm）		每 200m 2 处，每处连续 10 尺	8	12
			连续式平整度仪的标准差（mm）	3.0	

厚度检查后，应按式(9.5.5-1)和式(9.5.5-2)分别计算其平均值 $\overline{X}$ 和标准差 S：

$$\overline{X}=\frac{X_1+X_2+\cdots+X_n}{n} \tag{9.5.5-1}$$

$$S=\sqrt{\frac{(X_1-\overline{X})^2+(X_2-\overline{X})^2+\cdots+(X_n-\overline{X})^2}{n-1}} \tag{9.5.5-2}$$

式中：X_1、X_2、…、X_n——每次检查得的厚度值；

n——检查数量。

按式(9.5.5-3)计算算术平均值的下置信限 $\overline{X}_L$：

$$\overline{X}_L=\overline{X}-t_\alpha\frac{S}{\sqrt{n}} \tag{9.5.5-3}$$

式中：t_α——t 分布表中随自由度和保证率(或置信度 α)而变的系数，对高速公路和一级公路应取保证

率99%，对其他公路可取保证率95%。

厚度平均值的下置信限（$\overline{X}_L$）应不小于设计厚度减去均值允许误差。

9.5.6 应按表9.5.6对工程质量进行检查验收。

表9.5.6 质量合格标准值

工程类别	检查项目	检查数量	标准值	极限低值
路基	压实度	200m 4处 （灌砂法）	重型压实标准，二级和二级以下公路93%以上，高速公路和一级公路不小于95%	二级和二级以下公路88%，高速公路和一级公路90%
	碾压检验①	全面，随时	无"弹簧"现象	
	弯沉值②	每一评定段（不超过1km） 每车道40~50个测点③	按附录A所得的弯沉标准值	
无结合料底基层	压实度	6~10③处	96%	92%
	弯沉值②	每车道40~50个测点③	按附录A所得的弯沉标准值	
级配碎石（或砾石）	压实度	6~10处③	基层98%	94%
			底基层96%	92%
	颗粒组成	2~3③	规定级配范围	
	弯沉值②	每车道40~50个测点③	按附录A所得的弯沉标准值	
填隙碎石	压实度（固体体积率）	6~10处③	基层85%	82%
			底基层83%	80%
	弯沉值②	每车道40~50个测点③	按附录A所得的弯沉标准值	
水泥土、石灰土、二灰、二灰土	压实度	6~10处③	93%（95%）	89%（91%）
	水泥或石灰剂量（%）	3~6处③	设计值	水泥1.0% 石灰2.0%
水泥稳定土、石灰稳定土、石灰工业废渣稳定土	压实度	6~10处③	基层98%（97%）	94%（93%）
			底基层96%（95%）	92%（91%）
	颗粒组成	2~3③	规定级配范围	
	水泥或石灰剂量（%）	3~6处③	设计值	设计值-1.0%

注：①对于路基，碾压检验是最重要的。用重型压路机在准备验收的路基上错轮碾压3~4遍，能暴露潜在的薄弱位置，以便及时进行必要的处理。

②按附录A计算得的弯沉值即是极限高值。

③以每天完成段落为评定单位时，检查数量可取低值，以1km为评定单位时，检查数量应取高值。

9.5.7 测量弯沉后，考虑一定保证率测量值的上波动界限按式(9.5.7)计算：

$$l_r = \bar{l} + Z_\alpha S \tag{9.5.7}$$

式中：l_r——测量值的上波动界限（即代表弯沉值）；

$\bar{l}$——标准车测得的弯沉的平均值；

Z_α——与要求保证率有关的系数，高速公路和一级公路可取$Z_\alpha=2.0$；二级公路取$Z_\alpha=1.645$；二级以下公路取$Z_\alpha=1.5$。

在计算观测值的平均值和标准差时，可将超出$[\bar{l}\pm(2\sim3)S]$的弯沉特异值舍弃。舍弃后，计算得的代表弯沉值应不大于容许的弯沉值。

对舍弃的弯沉值过大的点，应找出其周围界限，并进行局部处理。

压实度检查后，其下置信限$\overline{K}_L$应不小于标准值K_d[参看公式(9.5.5-3)]。

水泥或石灰剂量测定后，其下置信限应不小于设计值。对超出极限值的点，应找出其范围并进行局部处理。

附录 A　回弹弯沉值的计算与检验

A.0.1　土基回弹模量的调整

由于设计中采用的土基回弹模量计算值是针对不利季节的，而施工中的弯沉值检验往往是在非不利季节进行的，因此，需先将土基回弹模量计算值(E_0)按式(A.0.1)调整到相当于非不利季节的值(E_0')：

$$E_0' = K_1 E_0 \tag{A.0.1}$$

式中：K_1——季节影响系数，不同地区取值范围为1.2~1.4，各地可根据经验确定。

A.0.2　土基顶面的回弹弯沉计算值

土基顶面的回弹弯沉值按回归方程式(A.0.2)计算：

$$l_0 = 9308 E_0{}^{-0.938} \tag{A.0.2}$$

式中：E_0——土基回弹模量，单位为MPa；

l_0——土基顶面的回弹弯沉计算值，单位为0.01mm。

例如，土基回弹模量测量值$E_0 = 50$MPa，如该地区土基的季节影响系数为1.2，则土基回弹模量的调整值E_0'为60MPa，将此值代入式(A.0.2)，得相应的回弹弯沉计算值如下：

$$l_0 = 9308 \times 60^{-0.938} = 200 \times 10^{-2}\text{mm}$$

这个值就是对土基进行弯沉值检验时的标准值，也即土基应达到的标准值。进行弯沉测量后，路段的代表弯沉值$\bar{l}_0 + 2S$应小于此标准值(对于一级公路和高速公路)，或$\bar{l} + 1.645S$和$\bar{l}_0 + 1.5S$应小于此标准值(对于二级和二级以下的公路)。

A.0.3　底基层顶面回弹弯沉按如下步骤计算：

(1)利用土基和底基层材料的回弹模量计算值E_0和E_1以及底基层的厚度h_1(cm)，计算模量比$K_1E_0/(K_2E_1)$及比值h_1/δ[δ为单个轮迹当量圆的半径(cm)，对于黄河卡车，$\delta = 10.75$cm；K_2为底基层材料的季节影响系数，可取1.1~1.2]。

(2)查附图A.0.3，得底基层表面弯沉系数α_L。

(3)弯沉综合修正系数F按式(A.0.3-1)计算：

$$F = 3.643 \alpha_L{}^{1.8519} \tag{A.0.3-1}$$

(4)按式(A.0.3-2)计算底基层顶面的回弹弯沉计算值l_1，即标准值：

$$l_1 = \frac{2p\delta}{E_0 K_1} \alpha_L F \quad (\text{cm}) \tag{A.0.3-2}$$

式中：p——后轴重100kN卡车轮胎的单位压力，对于黄河卡车，可取0.7MPa；

K_1——季节影响系数，不同地区取值范围为1.2~1.4。

A.0.4　基层(厚度h_2)顶面弯沉值计算的步骤如下：

(1)按附图A.0.3查得底基层顶面的弯沉系数α_L。

(2)将具有回弹模量E_1和厚度h_1的底基层换算为与基层材料相当(即具有回弹模量E_2)的厚度h_2^1，为此，根据弯沉系数α_L和比值K_1E_0/K_3E_2(K_3为基层材料的季节影响系数，可取1.05~1.0，无塑性指数的级配碎石取低值，有塑性指数的级配碎石、级配砾石、填隙碎石取高值)由附图A.0.3查得相应的h_2^1/δ值。

(3)由h_2/δ与h_2^1/δ之和及K_1E_0/K_3E_2的值，从附图A.0.3查得相应的α_L。

(4)按式(A.0.3-1)计算相应于α_L的弯沉综合修正系数。

(5)按式(A.0.4-1)计算基层顶面应有的回弹弯沉计算值l_2，即标准值：

$$l_2 = \frac{2p\delta}{K_1 E_0}\alpha_L F \quad (\text{cm}) \tag{A.0.4-1}$$

上述计算当量厚度的方法,也可由下述简化方法代替:

即将厚度为 h_1 的底基层按公式(A.0.4-2)换算为与基层材料相当的厚度 h_2^1:

$$h_2^1 = h_1 \sqrt[3]{E_1/E_2} \tag{A.0.4-2}$$

当底基层和基层超过一层而且每层材料的回弹模量不同时,可同样按上述方法计算各层顶面应达到的回弹弯沉值,即标准值。

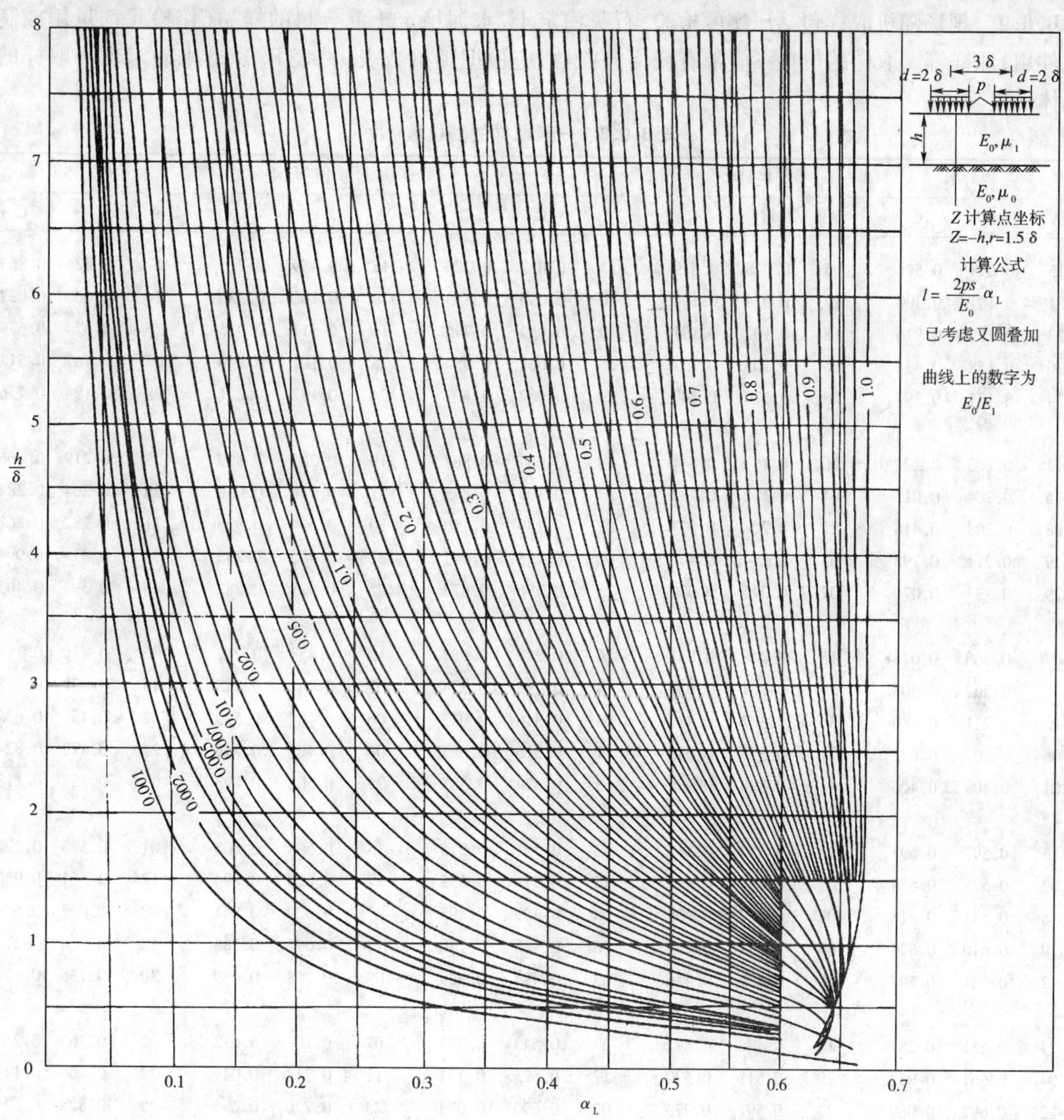

附图 A.0.3 双层体系表面弯沉系数图

附录B　现场随机取样位置的确定

B.0.1　作为一个检验评定对象，既可以是一个作业段，一天完成的路段，也可以是1km长的路段。

B.0.2　现场随机取样包括压实度检验，石灰稳定土、水泥稳定土混合料的样品（作检验剂量用或制试件用）取样等。取样的位置不应带有任何倾向性，应根据随机数表（见表B.0.2）来确定现场取样的具体位置。

表B.0.2　一般取样的随机数

栏号1			栏号2			栏号3			栏号4			栏号5		
A	B	C	A	B	C	A	B	C	A	B	C	A	B	C
15	0.033	0.578	05	0.048	0.879	21	0.013	0.220	18	0.089	0.716	17	0.024	0.863
21	0.101	0.300	17	0.074	0.156	30	0.036	0.853	10	0.102	0.330	24	0.060	0.032
23	0.129	0.916	18	0.102	0.191	10	0.052	0.746	14	0.111	0.925	26	0.074	0.639
30	0.158	0.434	06	0.105	0.257	25	0.061	0.954	28	0.127	0.840	07	0.167	0.512
24	0.177	0.397	28	0.179	0.447	29	0.062	0.507	24	0.132	0.271	28	0.194	0.776
11	0.202	0.271	26	0.187	0.844	18	0.087	0.887	19	0.285	0.899	03	0.219	0.166
16	0.204	0.012	04	0.188	0.482	24	0.105	0.849	01	0.326	0.037	29	0.264	0.284
08	0.208	0.418	02	0.208	0.577	07	0.139	0.159	30	0.334	0.938	11	0.282	0.262
19	0.211	0.798	03	0.214	0.402	01	0.175	0.647	22	0.405	0.295	14	0.379	0.994
29	0.233	0.070	07	0.245	0.080	23	0.196	0.873	05	0.421	0.282	13	0.394	0.405
07	0.260	0.073	15	0.248	0.831	26	0.240	0.981	13	0.451	0.212	06	0.410	0.157
17	0.262	0.308	29	0.261	0.037	14	0.255	0.374	02	0.461	0.023	15	0.438	0.700
25	0.271	0.180	30	0.302	0.883	06	0.310	0.043	06	0.487	0.539	22	0.453	0.635
06	0.302	0.672	21	0.318	0.088	11	0.316	0.653	08	0.497	0.396	21	0.472	0.824
01	0.409	0.406	11	0.376	0.936	13	0.324	0.585	25	0.503	0.893	05	0.488	0.118
13	0.507	0.693	14	0.430	0.814	12	0.351	0.275	15	0.594	0.603	01	0.525	0.222
02	0.575	0.654	27	0.438	0.676	20	0.371	0.535	27	0.620	0.894	12	0.561	0.980
18	0.591	0.318	08	0.467	0.205	08	0.409	0.495	21	0.629	0.841	08	0.652	0.508
20	0.610	0.821	09	0.474	0.138	16	0.445	0.740	17	0.691	0.583	18	0.668	0.271
12	0.631	0.597	10	0.492	0.474	03	0.494	0.929	09	0.708	0.689	30	0.736	0.634
27	0.651	0.281	13	0.498	0.892	27	0.543	0.387	07	0.709	0.012	02	0.763	0.253
04	0.661	0.953	19	0.511	0.520	17	0.625	0.171	11	0.714	0.049	23	0.804	0.140
22	0.692	0.089	23	0.591	0.770	02	0.699	0.073	23	0.720	0.695	25	0.828	0.425
05	0.779	0.346	20	0.604	0.730	19	0.702	0.934	03	0.748	0.413	10	0.843	0.627
09	0.787	0.173	24	0.654	0.330	22	0.816	0.802	20	0.781	0.603	16	0.858	0.849
10	0.818	0.837	12	0.728	0.523	04	0.838	0.166	26	0.830	0.384	04	0.903	0.327
14	0.905	0.631	16	0.753	0.344	15	0.904	0.116	04	0.843	0.002	09	0.912	0.382
26	0.912	0.376	01	0.806	0.134	28	0.969	0.742	12	0.884	0.582	27	0.935	0.162
28	0.920	0.163	22	0.878	0.884	09	0.974	0.046	29	0.926	0.700	20	0.970	0.582
03	0.945	0.140	25	0.939	0.162	05	0.977	0.494	16	0.951	0.601	19	0.975	0.327

栏号6			栏号7			栏号8			栏号9			栏号10		
A	B	C	A	B	C	A	B	C	A	B	C	A	B	C
30	0.030	0.901	12	0.029	0.386	09	0.042	0.071	14	0.061	0.935	26	0.038	0.023
21	0.096	0.198	18	0.112	0.284	17	0.141	0.411	02	0.065	0.097	30	0.066	0.371
10	0.100	0.161	20	0.114	0.848	02	0.143	0.221	03	0.094	0.228	27	0.073	0.876
29	0.133	0.388	03	0.121	0.656	05	0.162	0.899	16	0.122	0.945	09	0.095	0.568
24	0.138	0.062	13	0.178	0.640	03	0.285	0.016	18	0.158	0.430	05	0.180	0.741
20	0.168	0.564	22	0.209	0.421	28	0.291	0.034	25	0.193	0.469	12	0.200	0.851
22	0.232	0.953	16	0.221	0.311	08	0.369	0.557	24	0.224	0.672	13	0.259	0.327
14	0.259	0.217	29	0.235	0.356	01	0.436	0.386	10	0.225	0.223	21	0.264	0.681
01	0.275	0.195	28	0.264	0.941	20	0.450	0.289	09	0.233	0.338	17	0.283	0.645
06	0.277	0.475	11	0.287	0.199	18	0.455	0.789	20	0.290	0.120	23	0.363	0.063
02	0.296	0.497	02	0.336	0.992	23	0.488	0.715	01	0.297	0.242	20	0.364	0.366
27	0.311	0.144	15	0.393	0.488	14	0.498	0.276	11	0.337	0.760	16	0.395	0.363
05	0.351	0.141	19	0.437	0.655	15	0.503	0.342	19	0.389	0.064	02	0.423	0.540
17	0.370	0.811	24	0.466	0.773	04	0.515	0.693	13	0.411	0.474	08	0.432	0.736
09	0.388	0.484	14	0.531	0.014	16	0.532	0.112	30	0.447	0.893	10	0.475	0.468
04	0.410	0.073	09	0.562	0.678	22	0.557	0.357	22	0.478	0.321	03	0.508	0.774
25	0.471	0.530	06	0.601	0.675	11	0.559	0.620	29	0.481	0.993	01	0.601	0.417
13	0.486	0.779	10	0.612	0.859	12	0.650	0.216	27	0.562	0.403	22	0.687	0.917
15	0.515	0.867	26	0.673	0.112	21	0.672	0.320	04	0.566	0.179	29	0.697	0.862
23	0.567	0.798	23	0.738	0.770	13	0.709	0.273	08	0.603	0.758	11	0.701	0.605
11	0.618	0.502	21	0.753	0.614	07	0.745	0.687	15	0.632	0.927	07	0.728	0.498
28	0.636	0.148	30	0.758	0.851	30	0.780	0.285	06	0.707	0.107	14	0.745	0.679
26	0.650	0.741	27	0.765	0.563	19	0.845	0.097	28	0.737	0.161	24	0.819	0.444
16	0.711	0.508	07	0.780	0.534	26	0.846	0.366	17	0.846	0.130	15	0.840	0.823
19	0.778	0.812	04	0.818	0.187	29	0.861	0.307	07	0.874	0.491	25	0.863	0.568
07	0.804	0.675	17	0.837	0.353	25	0.906	0.874	05	0.880	0.828	06	0.878	0.215
08	0.806	0.952	05	0.854	0.818	24	0.919	0.809	23	0.931	0.659	18	0.930	0.601
18	0.841	0.414	01	0.867	0.133	10	0.952	0.555	26	0.960	0.365	04	0.954	0.827
12	0.918	0.114	08	0.915	0.538	06	0.961	0.504	21	0.978	0.194	28	0.963	0.004
03	0.992	0.399	25	0.975	0.584	27	0.969	0.811	12	0.982	0.183	19	0.988	0.020

续上表

栏号 11			栏号 12			栏号 13			栏号 14			栏号 15		
A	B	C	A	B	C	A	B	C	A	B	C	A	B	C
27	0.074	0.779	16	0.078	0.987	03	0.033	0.091	26	0.035	0.175	15	0.023	0.979
06	0.084	0.396	23	0.087	0.056	07	0.047	0.391	17	0.089	0.363	11	0.118	0.465
24	0.098	0.524	17	0.096	0.076	28	0.064	0.113	10	0.149	0.681	07	0.134	0.172
10	0.133	0.919	04	0.153	0.163	12	0.066	0.360	28	0.238	0.075	01	0.139	0.230
15	0.187	0.079	10	0.254	0.834	26	0.076	0.552	13	0.244	0.767	16	0.145	0.122
17	0.227	0.767	06	0.284	0.628	30	0.087	0.101	24	0.262	0.366	20	0.165	0.520
20	0.236	0.571	12	0.305	0.616	02	0.127	0.187	08	0.264	0.651	06	0.185	0.481
01	0.245	0.988	25	0.319	0.901	06	0.144	0.068	18	0.285	0.311	09	0.211	0.316
04	0.317	0.291	01	0.320	0.212	25	0.202	0.674	02	0.340	0.131	14	0.248	0.348
29	0.350	0.911	08	0.416	0.372	01	0.247	0.025	29	0.353	0.478	25	0.249	0.890
26	0.380	0.104	13	0.432	0.556	23	0.253	0.323	06	0.359	0.270	13	0.252	0.577
28	0.425	0.864	02	0.489	0.827	24	0.320	0.651	30	0.387	0.248	30	0.273	0.088
22	0.487	0.526	29	0.503	0.787	10	0.328	0.365	14	0.392	0.694	18	0.277	0.689
05	0.552	0.571	15	0.518	0.717	27	0.338	0.412	03	0.408	0.077	22	0.372	0.958
14	0.564	0.357	28	0.524	0.998	13	0.356	0.991	27	0.440	0.280	10	0.461	0.075
11	0.572	0.306	03	0.542	0.352	16	0.401	0.792	22	0.461	0.830	28	0.519	0.536
21	0.594	0.197	19	0.585	0.462	17	0.423	0.117	16	0.527	0.003	17	0.520	0.090
09	0.607	0.524	05	0.695	0.111	21	0.481	0.838	20	0.531	0.486	03	0.523	0.519
19	0.650	0.572	07	0.733	0.838	08	0.560	0.401	25	0.678	0.360	26	0.573	0.502
18	0.664	0.101	11	0.744	0.948	19	0.564	0.190	21	0.725	0.014	19	0.634	0.206
25	0.674	0.428	18	0.793	0.748	05	0.571	0.054	05	0.787	0.595	24	0.635	0.810
02	0.697	0.674	27	0.802	0.967	18	0.587	0.584	15	0.801	0.927	21	0.679	0.841
03	0.767	0.928	21	0.826	0.487	15	0.604	0.145	12	0.836	0.294	27	0.712	0.368
16	0.809	0.529	24	0.835	0.832	11	0.641	0.298	04	0.854	0.982	05	0.780	0.497
30	0.838	0.294	26	0.855	0.142	22	0.672	0.156	11	0.884	0.928	23	0.861	0.106
13	0.845	0.470	14	0.861	0.462	20	0.674	0.887	19	0.886	0.832	12	0.865	0.377
08	0.855	0.524	20	0.874	0.625	14	0.752	0.881	07	0.929	0.932	29	0.882	0.635
07	0.867	0.718	30	0.929	0.056	09	0.774	0.560	09	0.932	0.206	08	0.902	0.020
12	0.881	0.722	09	0.935	0.582	29	0.921	0.752	01	0.970	0.692	04	0.951	0.482
23	0.937	0.872	22	0.947	0.797	04	0.959	0.099	23	0.973	0.082	02	0.977	0.172

续上表

栏号16			栏号17			栏号18			栏号19			栏号20		
A	B	C	A	B	C	A	B	C	A	B	C	A	B	C
19	0.062	0.588	13	0.045	0.004	25	0.027	0.290	12	0.052	0.075	20	0.030	0.881
25	0.080	0.218	18	0.086	0.878	06	0.057	0.571	30	0.075	0.493	12	0.034	0.291
09	0.131	0.295	26	0.126	0.990	26	0.059	0.026	28	0.120	0.341	22	0.043	0.893
18	0.136	0.381	12	0.128	0.661	07	0.105	0.176	27	0.145	0.689	28	0.143	0.073
05	0.147	0.864	30	0.146	0.337	18	0.107	0.358	02	0.209	0.957	03	0.150	0.937
12	0.158	0.365	05	0.169	0.470	22	0.128	0.827	26	0.272	0.818	04	0.154	0.867
28	0.214	0.184	21	0.244	0.433	23	0.156	0.440	22	0.299	0.317	19	0.158	0.359
14	0.215	0.757	23	0.270	0.849	15	0.171	0.157	18	0.306	0.475	29	0.304	0.615
13	0.224	0.846	25	0.274	0.407	08	0.220	0.097	20	0.311	0.653	06	0.369	0.633
15	0.227	0.809	10	0.290	0.925	20	0.252	0.066	15	0.348	0.156	18	0.390	0.536
11	0.280	0.898	01	0.323	0.490	04	0.268	0.576	16	0.381	0.710	17	0.403	0.392
01	0.331	0.925	24	0.352	0.291	14	0.275	0.302	01	0.411	0.607	23	0.404	0.182
10	0.399	0.992	15	0.361	0.155	11	0.297	0.589	13	0.417	0.715	01	0.415	0.457
30	0.417	0.787	29	0.374	0.882	01	0.358	0.305	21	0.472	0.484	07	0.437	0.696
08	0.439	0.921	08	0.432	0.139	09	0.412	0.089	04	0.478	0.885	24	0.446	0.546
20	0.472	0.484	04	0.467	0.266	16	0.429	0.834	25	0.479	0.080	26	0.485	0.768
24	0.498	0.712	22	0.508	0.880	10	0.491	0.203	11	0.566	0.104	15	0.511	0.313
04	0.516	0.396	27	0.632	0.191	28	0.542	0.306	10	0.576	0.859	10	0.517	0.290
03	0.548	0.688	16	0.661	0.836	12	0.563	0.091	29	0.665	0.397	30	0.556	0.853
23	0.597	0.508	19	0.675	0.629	02	0.593	0.321	19	0.739	0.298	25	0.561	0.837
21	0.681	0.114	14	0.680	0.890	30	0.692	0.198	14	0.748	0.759	09	0.574	0.699
02	0.739	0.298	28	0.714	0.508	19	0.705	0.445	08	0.758	0.919	13	0.613	0.762
29	0.792	0.038	06	0.719	0.441	24	0.709	0.717	07	0.798	0.183	11	0.698	0.783
22	0.829	0.324	09	0.735	0.040	13	0.820	0.739	23	0.834	0.647	14	0.715	0.179
17	0.834	0.647	17	0.741	0.906	05	0.848	0.866	06	0.837	0.978	16	0.770	0.128
16	0.909	0.608	11	0.747	0.205	27	0.867	0.633	03	0.849	0.964	08	0.815	0.385
06	0.914	0.420	20	0.850	0.047	03	0.883	0.333	24	0.851	0.109	05	0.872	0.490
27	0.958	0.356	02	0.859	0.356	17	0.900	0.443	05	0.859	0.835	21	0.885	0.999
26	0.981	0.976	07	0.870	0.612	21	0.914	0.483	17	0.863	0.220	02	0.958	0.177
07	0.983	0.624	03	0.916	0.463	29	0.950	0.753	09	0.883	0.147	27	0.961	0.980

续上表

栏号21			栏号22			栏号23			栏号24		
A	B	C	A	B	C	A	B	C	A	B	C
01	0.010	0.946	12	0.051	0.032	26	0.051	0.187	08	0.015	0.521
10	0.014	0.939	11	0.068	0.980	03	0.053	0.256	16	0.068	0.994
09	0.032	0.346	17	0.089	0.309	29	0.100	0.159	11	0.118	0.400
06	0.093	0.180	01	0.091	0.371	13	0.102	0.465	21	0.124	0.565
15	0.151	0.012	10	0.100	0.709	24	0.110	0.316	18	0.153	0.158
16	0.185	0.455	30	0.121	0.744	18	0.114	0.300	17	0.190	0.159
07	0.227	0.277	02	0.166	0.056	11	0.123	0.208	26	0.192	0.676
02	0.304	0.400	23	0.179	0.529	09	0.138	0.182	01	0.237	0.030
30	0.316	0.074	21	0.187	0.051	06	0.194	0.115	12	0.283	0.077
18	0.328	0.799	22	0.205	0.543	22	0.234	0.480	03	0.286	0.318
20	0.352	0.288	28	0.230	0.688	20	0.274	0.107	10	0.317	0.734
26	0.371	0.216	19	0.243	0.001	21	0.331	0.292	05	0.337	0.844
19	0.448	0.754	27	0.267	0.990	08	0.346	0.085	25	0.441	0.336
13	0.487	0.598	15	0.283	0.440	27	0.382	0.979	27	0.469	0.786
12	0.546	0.640	16	0.352	0.089	07	0.387	0.865	24	0.473	0.237
24	0.550	0.038	03	0.377	0.648	28	0.411	0.776	20	0.475	0.761
03	0.604	0.780	06	0.397	0.769	16	0.444	0.999	06	0.557	0.001
22	0.621	0.930	09	0.409	0.428	04	0.515	0.993	07	0.610	0.238
21	0.629	0.154	14	0.465	0.406	17	0.518	0.827	09	0.617	0.041
11	0.634	0.908	13	0.499	0.651	05	0.539	0.620	13	0.641	0.648
05	0.696	0.459	04	0.539	0.972	02	0.623	0.271	22	0.664	0.291
23	0.710	0.078	18	0.560	0.747	30	0.637	0.374	04	0.668	0.856
29	0.726	0.585	26	0.575	0.892	14	0.714	0.364	19	0.717	0.232
17	0.749	0.916	29	0.756	0.712	15	0.730	0.107	02	0.776	0.504
04	0.802	0.186	20	0.760	0.920	19	0.771	0.552	29	0.797	0.548
14	0.835	0.319	05	0.847	0.925	23	0.780	0.662	14	0.823	0.223
08	0.870	0.546	25	0.872	0.891	10	0.924	0.888	23	0.848	0.264
28	0.871	0.539	24	0.874	0.135	12	0.929	0.204	30	0.892	0.817
25	0.971	0.369	08	0.911	0.215	01	0.937	0.714	28	0.943	0.190
27	0.984	0.252	07	0.946	0.065	25	0.974	0.398	15	0.975	0.962

续上表

栏号25			栏号26			栏号27			栏号28		
A	B	C	A	B	C	A	B	C	A	B	C
02	0.039	0.005	16	0.026	0.102	21	0.050	0.952	29	0.042	0.039
16	0.061	0.599	01	0.033	0.886	17	0.085	0.403	07	0.105	0.293
26	0.068	0.054	04	0.088	0.686	10	0.141	0.624	25	0.115	0.420
11	0.073	0.812	22	0.090	0.602	05	0.154	0.157	09	0.126	0.612
07	0.123	0.649	13	0.114	0.614	06	0.164	0.841	10	0.205	0.144
05	0.126	0.658	20	0.136	0.576	07	0.197	0.013	03	0.210	0.054
14	0.161	0.189	05	0.158	0.228	16	0.215	0.363	23	0.234	0.533
18	0.166	0.040	10	0.216	0.565	08	0.222	0.520	13	0.266	0.799
28	0.248	0.171	02	0.233	0.610	13	0.269	0.477	20	0.305	0.603
06	0.255	0.117	07	0.278	0.357	02	0.288	0.012	05	0.372	0.223
15	0.261	0.928	30	0.405	0.273	25	0.333	0.633	26	0.385	0.111
10	0.301	0.811	06	0.421	0.807	28	0.348	0.710	30	0.422	0.315
24	0.363	0.025	12	0.426	0.583	20	0.362	0.961	17	0.453	0.783
22	0.378	0.792	08	0.471	0.708	14	0.511	0.989	02	0.460	0.916
27	0.389	0.959	18	0.473	0.738	26	0.540	0.903	27	0.467	0.841
19	0.420	0.557	19	0.510	0.207	27	0.587	0.643	14	0.483	0.095
21	0.467	0.943	03	0.512	0.329	12	0.603	0.745	12	0.507	0.375
17	0.494	0.225	15	0.640	0.329	29	0.619	0.895	28	0.509	0.748
09	0.620	0.081	09	0.665	0.354	23	0.623	0.333	21	0.583	0.804
30	0.623	0.106	14	0.680	0.884	22	0.629	0.076	22	0.587	0.993
03	0.625	0.777	26	0.703	0.622	18	0.670	0.904	16	0.689	0.339
08	0.651	0.790	29	0.739	0.394	11	0.711	0.253	06	0.727	0.298
12	0.715	0.599	25	0.759	0.386	01	0.790	0.392	04	0.731	0.814
23	0.782	0.093	24	0.803	0.602	04	0.813	0.611	08	0.807	0.983
20	0.810	0.371	27	0.842	0.491	19	0.843	0.732	15	0.833	0.757
01	0.841	0.726	21	0.870	0.435	03	0.844	0.511	19	0.896	0.464
29	0.862	0.009	28	0.906	0.367	30	0.858	0.289	18	0.916	0.384
25	0.891	0.873	23	0.948	0.367	09	0.929	0.199	01	0.948	0.610
04	0.917	0.264	11	0.956	0.142	24	0.931	0.263	11	0.976	0.799
13	0.958	0.990	17	0.993	0.989	15	0.939	0.947	24	0.978	0.633

B.0.3 确定现场取样或试验位置时,需按下列程序:

(1)选定表中随机数栏号。表 B.0.2 中共有 28 个栏号,为此,事先用 28 块边长 2.5cm 的方硬纸块编上 1~28 号,将这 28 块有号的硬纸块放在一容器(如碗)内,摇动容器使纸块彻底打乱次序,从中取出一块,纸块上的号即为所要的栏号。

(2)找出相应栏号内子栏 A 中的取样位置数。每个栏号下均有 A、B、C 三个子栏,根据预定的检验数量(例如 6 个),在所定栏号的子栏 A 中,找出等于所需取样位置数的全部数(即找出小于和等于 6 的各个数,如 01、02、…、06)。

(3)确定取样或检验位置的纵向距离或桩号。将该检查段的总长度乘以子栏 B 中的小数,此小数应与(2)找出的子栏 A 中的数相对应,将所得结果加到该段的起点桩号上,即得出检验位置的桩号(此结果也就是距该段起点的距离)。

(4)确定取样或检验位置的横向距离。将检查对象(路基或某一路面结构层)的宽度乘以子栏 C 中的小数,此小数也应与(2)找出的子栏 A 中的数相对应。从所得乘积中减去检查对象宽度的一半,就得到取样位置离路面中心线的距离。如差值是正(+),表示在中心线的右侧;如差值是负(-),表示在中心线左侧。

例如,选定的随机数栏为栏号 3。在预定检验数为 6 时,栏号 3 从上至下的 6 个数是 01、06、03、02、04 和 05。子栏 B 中与这 6 个数相应的 6 个小数是 0.175、0.310、0.494、0.699、0.838 和 0.977。检查段的总长度是 150m,计算得 6 个乘积(检查位置与该段起点的距离)分别为 26.3m、46.5m、74.1m、104.9m、125.7m 和146.6m。子栏 C 中与这 6 个数相应的 6 个小数是 0.647、0.043、0.929、0.073、0.166 和 0.494。路面宽度为 10m,计算得 6 个乘积分别是6.47、0.43、9.29、0.73、1.66 和 4.94。因此,6 个检查点的横向位置分别是:右 1.47m、左 4.57m、右 4.29m、左 4.27m、左 3.34m 和左0.06m。

附件

《公路路面基层施工技术规范》

（JTJ 034—2000）

条 文 说 明

修订说明

原中华人民共和国行业标准《公路路面基层施工技术规范》(JTJ 034—93,以下简称原规范)是1993年12月1日由交通部发布并批准实施的,实行5年来,对指导我国公路路面基层施工,保证路面质量起到了很大作用。1997年交通部决定对原规范进行修订,由交通部公路科学研究所负责修订工作。

为了适应我国高速公路和一级公路建设迅速发展的需要,以及为了进一步提高公路路面基层质量,在总结原规范实施经验的基础上,本规范对原规范作了某些必要的补充和修改。其主要修改内容如下:

(1)将原规范中涉及术语的内容抽出并单列一章术语。

(2)近几年来,部分高速公路的基层设计成两层,为了保证基层的质量和平整度,两层基层都采用摊铺机摊铺混合料,取得了较好的效果。基层的质量和平整度对路面的使用性能和使用寿命有至关重要的作用。因此,建议基层分两层施工时,上下两层都用摊铺机摊铺混合料。

(3)由于二级公路常是干线公路中的一部分,往往交通量较大,为使二级公路的路面能适应较大交通量和车辆载质量明显增加的客观情况,对于二级公路路面基层的材料和施工工艺都提出了较高要求。

(4)原规范中对集料的颗粒组成都是采用了方孔筛,且采用了整数筛孔尺寸,如40mm、30mm、20mm、10mm等,而后续发布的《公路沥青路面施工技术规范》(JTJ 032)也采用了方孔筛,但采用了带小数的筛孔尺寸,如37.5mm、31.5mm、9.5mm、4.75mm等,两个规范的筛孔尺寸有明显差别,不利于使用。

对于某种适宜应用的集料颗粒组成,既可以用整数筛孔表示,也可以用非整数筛孔表示,还可以用圆孔筛表示,并无任何实质性差别,而且它们之间是可以互相转换的。

为使大家使用方便和避免使用两套不同规格的方孔筛,本规范将原用整数方孔筛改为与《公路沥青路面施工技术规范》(JTJ 032)所用方孔筛的尺寸相同。

(5)一些实际上属专用路线的公路(例如运煤公路)上重载车辆很多,这些车辆通常严重超载,轮胎充气压力高达1MPa左右,轴载达到160kN左右。为适应这种特殊交通,本规范建议提高基层材料的强度标准。同时它有利于减轻基层冲刷。

(6)对原规范中的条文说明作了必要的补充。

为使各单位在使用本规范时,正确理解条文的意义,便于根据实际情况灵活运用,按本规范的条款顺序对某些条款作必要的条文说明。

1 总则

1.0.1 实践证明,无论是对于沥青路面还是水泥混凝土路面,影响其使用性能和使用寿命的最关键因素是基层的材料和质量。新建高速公路和其他公路产生的一些早期破坏常与基层质量不好有关。

1.0.2 在沥青路面结构层中有一层强度满足规定要求的无机结合料稳定材料层,当其厚度大于或等于 15cm 时,称半刚性路面。其特性明显不同于全是柔性材料层的沥青路面。

1.0.4 用沥青碎石混合料和沥青贯入式碎石做基层时,其技术要求、施工方法和质量管理均与《公路沥青路面施工技术规范》(JTJ 032)中的热拌沥青混合料和上拌下贯式路面中的下贯部分相同,所以在本规范中不再列出。

国内以往习用的手摆片石、拳石和干压碎石等基层或底基层的技术性能不好,容易引起沥青面层出现不规则裂缝和形变以及平整度不好,影响路面使用质量和使用寿命,因此,在等级公路上不应使用,本规范也不列出。

1.0.5 贫混凝土为以往的习惯名称。在 1986 年版的英国《公路工程技术规范》中称做湿贫混凝土,并分成四个等级,其相应的立方体试件(150mm×150mm×150mm)的 7d 龄期无侧限抗压强度如下:

标号	7d 抗压强度(MPa)	水灰比
C7.5	4.5	0.6
C10	7.5	0.6
C15	12	0.6
C20	15	0.6

湿贫混凝土的施工与混凝土相同,其技术要求、施工方法和质量管理应符合国家标准《水泥混凝土路面施工及验收规范》(GBJ 97)。

强度与上述湿贫混凝土相似的水泥稳定级配集料,有的国家称其为干贫混凝土,在上述英国规范中称水泥结材料,其施工方法和质量管理与本规范相同,英国水泥结材料也分成下列四个等级:

标号	立方体试件 7d 抗压强度(MPa) 平均值	单个值	拌和方法
CBM1	4.5	>2.5	就地拌和或厂拌
CBM2	7	>4.5	同上
CBM3	10	>6.5	厂拌
CBM4	15	>10	厂拌

在英国运输部 1987 年的部标准 HD 14/87《新路面结构设计》中,CBM1 与 C7.5 湿贫混凝土可以互换用做底基层,CBM3 与湿贫混凝土 C15 可以互换用做水泥混凝土面板的基层。

1.0.6 考虑到某些中级路面过若干年后可能改建成沥青路面或水泥混凝土路面,为使当前施工的中级路面的主要承重层在今后改建路面时可以直接用做基层或底基层,避免将整个路面翻起重新处治,所以中级路面的主要承重层应按本规范的规定实施。对这种中级路面进行改建时,仅需将表面磨耗层铲除。

3 水泥稳定土

3.1 一般规定

3.1.1 土中单个颗粒指碎石、砾石或砂颗粒,不包括土块或土团。

3.1.3 水泥稳定土有良好的板体性,它的水稳性和抗冻性都较石灰稳定土好。水泥稳定土的初期强度高并且强度随龄期增长,它的力学强度还可视需要而调整。它的7d龄期抗压强度小可小到1MPa以下,大可大到30MPa以上(如水泥混凝土)。因此,水泥稳定土可以在各种等级的公路上用做基层或底基层。暴露的水泥稳定土易干缩和冷缩而产生裂缝。

由于水泥土(含水泥石灰综合稳定土)有下述三个不利特征,因此禁止用做高级沥青路面的基层。实际上,在水泥混凝土面板下也不宜应用,而只能用做底基层。

1. 水泥土的干缩系数和干缩应变以及温缩系数都明显大于水泥砂砾和水泥碎石,水泥土容易产生严重的收缩裂缝,并影响沥青面层,使沥青路面增加不少裂缝。试验表明,各自在最佳含水量下制成试件后,在空气中风干所达到的最大干缩应变 ε_d,水泥土为2 780~3 950μ,而水泥砂砾只有110~200μ。

2. 水泥土的强度没有充分形成时,如表面水由沥青面层渗入,水泥土基层的表层会发生软化。即使是几毫米厚的软化层也会导致沥青面层龟裂破坏。

3. 水泥土的抗冲刷能力明显小于水泥级配集料(简称水泥粒料)。一旦表面水由沥青面层的裂缝或由水泥混凝土面板的接缝透入,容易产生冲刷现象。在沥青面层较薄的情况下,冲刷成的浆被唧出到表面,冲刷唧浆的结果是裂缝下陷和路面变形,裂缝两侧产生新裂缝,见附图3.1.3。在水泥混凝土面板下,冲刷唧浆的结果是混凝土板边角断裂。

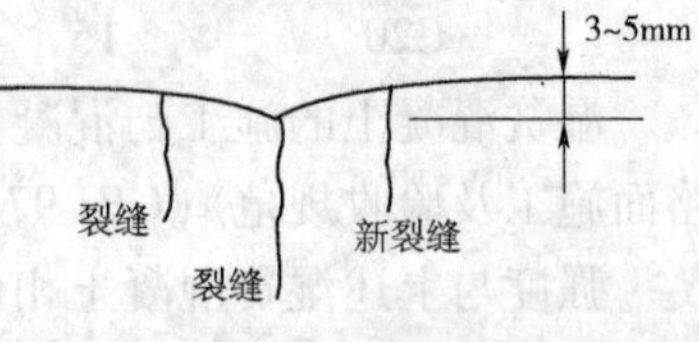

附图3.1.3 唧浆造成裂缝处沉陷示意图

3.1.4 水泥级配集料和水泥级配集料土[①]的水泥剂量在5%~6%时,其收缩系数最小,超过6%后,混合料的收缩系数增大。为减少混合料的收缩性,应控制水泥剂量不超过6%。改善集料的级配可以明显增加混合料的强度和耐久性。例如,对于天然砂砾(往往级配不好),要用6%~8%的水泥稳定,才能达到规定的强度要求;而添加部分细料使其达到最佳级配后,只要加3%~4%的水泥稳定,就可以达到要求的强度。水泥稳定最佳级配砂砾的强度比稳定天然砂砾的强度高50%~100%。为了满足冻融试验的要求,最佳级配砂砾只要用2%的水泥,而天然砂砾要用5%~6%的水泥。但是要求水泥粒料有较高强度(如大于4MPa)时,水泥剂量可能会超过6%。

注:①集料指级配碎石和级配砾石等,集料土指在上述级配集料中含有黏性土,下同。

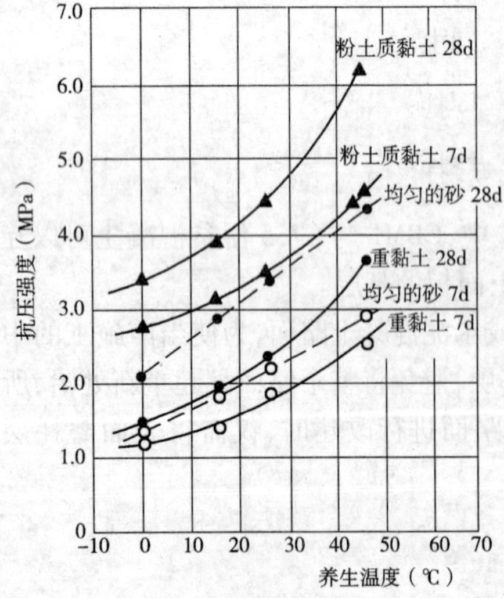

附图3.1.5 养生温度对水泥稳定土抗压强度的影响

3.1.5 养生温度对水泥稳定土的强度有很明显的影响。养生温度越高,水泥稳定土的强度也越高,如附图3.1.5所示。

3.1.7、3.2.7和3.7.2 从加水拌和到碾压终了的延迟时间对水泥稳定土混合料的强度和所能达到的干密度有明显的影响。延迟时间愈长,混合料强度和干密度的损失愈大,见附图3.1.7。

从附图3.1.7可以看到,延迟时间4h,水泥砂砾混合料能达到的干密度只有2.18g/cm³,仅为无延迟时间时的92%(2.37g/cm³),其强度则从无延迟时间时的5.2MPa降到2.1MPa,降低了60%。

延迟时间对混合料强度的影响取决于两个因素,即水泥品种和土质。在土质不变的情况下,用终凝时间短的水泥时,延迟时间对混合料强度损失的影响大;在水泥不变的情况下,延迟2h,用某些土制的混合料的强度可损失60%,而用另一些土制的混合料的强度损失可能只有20%左右,甚至没有损失,见附表3.1.7。

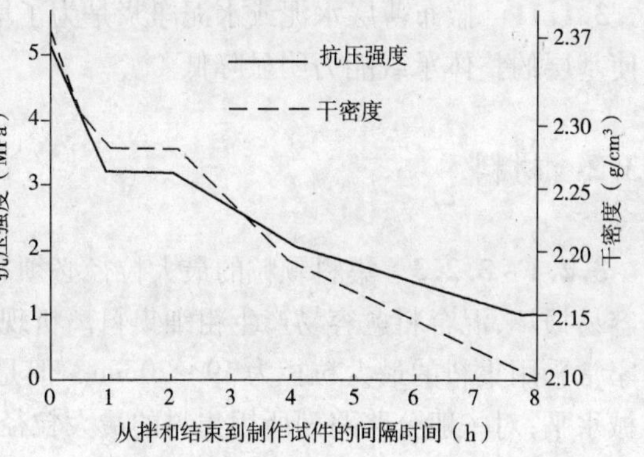

附图3.1.7 延迟时间对水泥砂砾的强度和干密度的影响

因此,既应采用终凝时间长的水泥,又应规定施工的延迟时间。国外通常规定延迟时间为2h。考虑到我国公路施工中采用路拌法的实际情况,规定了延迟时间3~4h。为了能合适地确定延迟时间,3.7.2条规定在施工前必须做延迟时间对混合料强度影响的试验,并通过试验确定应该控制的延迟时间。

3.1.7 (9)薄层贴补在使用过程中容易脱落压碎,引起沥青面层推移、碎裂、唧浆、网裂和形变。

3.1.10 路拌法施工,容易在拌和层底部产生素土夹层,导致沥青面层过早破坏,这种早期破坏对一级公路和高速公路造成的直接经济损失和间接经济损失甚大,为消除素土夹层,首先规定在高速公路和一级公路上,除最下面的一层外必须采用集中厂拌法拌制混合料。此外,路拌法施工的混合料的均匀性较差。

附表3.1.7 从拌和到压实的延迟时间为2h时对水泥稳定土强度的影响

序号	土的名称	颗粒组成,通过下列筛孔(mm)的质量百分率								强度损失(%)
		60	20	6	2	0.6	0.2	0.06	0.002	
1	砾质砂	—	100	85	79	65	15	3	3	60
2	中等黏土	—	—	—	—	—	100	95	30	50
3	中砂	—	—	—	100	85	15	5	5	0
4	原状砂砾	100	65	35	28	24	7	2	2	22
5	破碎砂砾	100	94	60	44	34	9	0	—	9
6	矿渣	100	80	46	18	8	4	0	0	—
7	细石灰石	—	—	100	77	37	22	10	10	17
8	粗石灰石	100	72	32	14	8	5	0	—	29
9	石灰石	—	—	100	85	45	23	12	12	6
10	中砂	—	—	100	85	15	5	5		0
11	砂砾	100	90	60	43	38	18	4	4	14
12	砾石—砂—黏土	100	95	72	63	55	21	10	10	12
13	砾石—砂—黏土	100	97	82	67	54	20	8	8	16
14	碎石	—	100	85	70	35	20	12	12	12
15	级配好的砂	—	—	100	86	70	30	12	12	12

一级公路和高速公路对路面平整度的要求高,对面层厚度和路面高程给的容许误差小,只有采用摊铺机摊铺水泥稳定土混合料,才能满足这些要求,否则会形成用昂贵的面层材料来找补高程和平整度的情况,其结果是既增加投资,沥青面层的平整度还不一定得到保证。例如,某高速公路工地,用平地机摊铺和整平水泥稳定砂砾基层,在用摊铺机铺筑粗粒式沥青混合料后,钻孔取出试件38个,测量得厚度变化在3.6~10.8cm之间,偏差系数达21.2%,而设计厚度是7cm。用摊铺机摊铺水泥混合料,还可使基层表面结构均匀,显著减少粗细颗粒离析现象,减少基层表层的薄弱点,全面提高基层质量。

3.1.11 撒布薄层水泥或水泥净浆是为了增强上下层间的黏结,以提高整个基层的承载能力,否则将使基层的整体承载能力明显降低。

3.2 材料

3.2.1~3.2.3 集料颗粒的最大粒径必须有限制。粒径愈大,拌和机、平地机和摊铺机等施工机械愈容易损坏,混合料愈容易产生粗细集料离析现象,铺筑层的平整度也愈难达到高的要求。因此,不少国家常采用集料的最大粒径为19~20mm。但是,最大粒径愈小,石料的加工量愈大,根据我国目前的机械水平,对一般公路路面所用集料的最大粒径规定得较宽。实际工作中,应创造条件采用最大粒径较小的集料。

对于高速公路和一级公路,由于投资大,对其使用性能的要求高,必须采用最大粒径较小的集料,以适宜于用机械施工。

表3.2.2中的2号级配与原规范中的级配相比,增加了9.5mm以上中碎石的含量,有利于提高水泥粒料的强度。

无论是采用碎石还是砾石,用于高速公路和一级公路的基层时,都应事先筛分成3~4个大小不同的粒级,然后再与水泥一起用集中厂拌机械拌和。因为只有这样才能保证碎石或砾石具有应有的级配,并保证水泥粒料的强度不产生大的变化。

粒料中含有塑性指数的土时,其收缩性大,反之,则收缩性小。为减少基层材料的收缩性和减轻基层裂缝,集料中不宜含有塑性指数的土。

水泥稳定粒径较均匀的砂时,难于碾压密实,为解决这个问题,可在砂中添加少部分塑性指数小于12的黏性土(亚砂土)或石灰土(土的塑性指数较大时),添加哪种土的效果较好且比较经济,需通过试验确定。在有粉煤灰的情况下,添加20%~40%粉煤灰的效果更好。

3.2.4 集料压碎值是一种较简单、方便和易于操作的试验。集料压碎值的标准试验只需要一台能量400kN的压力机。在不具备400kN压力机的工地,也可以用非标准试验,它只需要100kN的压力。集料压碎值的试验精度高,通常只需要做两次试验,并取其平均值。应采用检验沥青面层用碎石的压碎值的试验方法。即在10min内将总荷载均匀地增加到400kN。

3.3 混合料组成设计

3.3.1 1 用于高速公路和一级公路的水泥稳定土的强度标准中,3~5MPa意指低限为3MPa,高限为5MPa,根据当前公路上的交通情况,一般情况下可以采用3~4MPa,并按累计标准轴次的多少选用接近高限(如累计标准轴次大于12×10^6)或接近低限(如累计标准轴次小于12×10^6)的值。但对主要通行重型卡车和设计交通量特别大的(如累计标准轴次超过40×10^6)高速公路和一级公路,宜采用强度5MPa类似贫混凝土的水泥稳定级配集料。对于底基层材料,通常按就地取材原则,采用较次的材料。基层材料强度用高限时,底基层材料强度也用高限。

水泥稳定土用于二级和二级以下公路的基层和底基层时,强度标准都有个范围。高限值用于二级公路,低限值用于二级以下的公路。

3.3.3 3 做材料组成设计确定混合料的水泥用量时,试件不应按击实试验所得的最大干密度制作,而应按与规定的现场压实度相应的干密度制作,例如,水泥砂砾的最大干密度为2.36g/cm³,现场要求的压实度为97%,则试件的干密度应为:

$$2.36\times0.97=2.29\text{g/cm}^3$$

3.3.3 4 最少试件数量n与试验结果的变异性(以偏差系数C_v表示),平均值的容许误差e和要求的可靠度(或概率)有关,并可按式(附3.3.3)计算:

$$n=\left[t_{1-\alpha/2}\frac{C_v}{e}\right]^2 \qquad (附3.3.3)$$

式中：$t_{1-\alpha/2}$——与要求可靠度 α 有关的系数，它是 t 分布表中与 α 和自由度 $v(=n-1)$ 有关的分位值。

由于 t 分布表中的分位值与 n 有关，需事先假设一个 n_1 值，查 t 分布表中的 $t_{1-\alpha/2}$ 值，并用式（附 3.3.3）计算得 n。如 n_1 不等于 n，则需重新假定一个 n_2 值，再查 t 分布表中的分位值并计算得 n，直到假定的 n_1 与计算得的 n 相等为止。为简单起见，可先用正态分布表中相同概率的分位值 $Z_{1-\alpha/2}$（90% 概率时，$Z_{1-\alpha/2}=1.645$；95% 概率时，$Z_{1-\alpha/2}=1.96$）代入式（附 3.3.3）计算得 n' 值，然后再加 2（90% 概率为主）或 3（95% 概率为主），即可得要求的试件数量。

表 3.3.3-1 中的最少试件数量是采用容许误差 10% 和 90% 概率得出的。

3.3.3 5　由于温度对水泥稳定土的强度影响很大，原本不合格的材料，可能因为养生温度过高而变得合格；原本合格的材料，也可能因为养生温度过低而被认为是不合格。因此，必须在规定的温度下对试件进行养生，在热天可用窗式空调机调节封闭养生室的温度；在冷天可用空调机或用电炉加温度控制器调节温度。

在养生期间，应保持试件的含水量，含水量的变化幅度不应超过《公路工程无机结合料稳定材料试验规程》(JTJ 057)所容许的值，可用密封水箱进行保湿养生，或在湿度达 95% 的保温室中养生。

3.3.3 7　式(3.3.3)就是观测值的下波动限($\bar{R}-Z_{\alpha/2}S$)，应大于或等于设计抗压强度 R_d。

3.3.3 9　表 3.3.3-2 中水泥的最小剂量是根据拌和均匀性规定的。意为如材料组成设计所得水泥剂量少于表 3.3.3-2 中的最小剂量，则应按表 3.3.3-2 中采用最小剂量，但如材料组成设计所得水泥剂量大于表 3.3.3-2 中的最小剂量，则应采用材料组成设计的结果。

3.4　路拌法施工

3.4.2　所述准备工作是针对已破坏的土基、底基层或老路面的。新路施工时，如路基、底基层、基层及面层的施工采用大流水作业法，一个工种跟一个工种顺序推进，则准备工作可以大为缩减。

3.4.6　洒水闷料的目的是使水分在集料层内分布均匀并透入颗粒和大小土团的内部。洒水闷料还可以减少拌和过程中的洒水次数和数量，从而缩短延迟时间，这对稳定细粒土特别重要。在采用高效率的路拌机械（如宝马拌和机）时，由于通常只需拌和两遍，为缩短延迟时间，闷料时可一次将水洒够。但在采用普通路拌机械特别是农业机械拌和时，由于拌匀需要的时间长，闷料时所洒的水量宜较最佳含水量少 2% ~3%（主要对细粒土和含细土较多的粒料土）。因为水泥与潮湿土相接触，就要发生水化作用。

3.4.7　水泥摊铺均匀是水泥在混合料中分布均匀的前提。只有在平整和具有一定密度的集料层上，人工摊铺水泥才能均匀。因此，集料必须先摊平并用两轮压路机碾压 1 ~2 遍，这一条对稳定细粒土和人工摊铺粒料时尤为重要。

3.4.9　路拌法施工稳定土时，很关键的一点是拌和层底部不能留有素土夹层，特别在两层稳定土之间不能有素土夹层。素土夹层不单使上下层间没有黏结，减少上层稳定土的厚度，明显减弱路面整体抵抗行车荷载的能力。在稳定细粒土的情况下，素土夹层还会由于含水量增大而变成软夹层，导致其上的沥青面层过早破坏。

实践证明，即使使用进口的宝马拌和机，也难于避免在拌和层底部出现素土夹层，为消除素土夹层，某些工地在宝马拌和机后面跟着用多铧犁翻犁一遍，然后再用宝马拌和机拌和一遍，但也不能保证清除素土夹层。如路基上层已用石灰或固化剂处理，则底基层的各层都要用集中拌和法拌制混合料，以保证已处理的土基发挥较好的作用。

用农用机械拌和时，既需要有拌和机械，又需要有从底部将料翻起的机械。由于农用机械的转速低，拌和深度浅，需特别注意拌和的均匀性。用农用机械时，通常需要较多拌和遍数，因此还需特别注意延迟时间。实践证明，用农用机械拌和的效果远不如用专用拌和机拌和的效果好。

3.4.10　应严格掌握混合料的含水量，碾压时混合料的含水量可以略大于(0.5% ~1.0%)最佳含水量，是为了弥补碾压过程中水分的损失。含水量过大，既会影响混合料可能达到的密度和强度，又会明显增大混合料的干缩性，使结构层容易产生干缩裂缝；含水量过小，也会影响混合料可能达到的密度和强度。

3.4.11 平地机整形易将粗集料刮到表面,造成离析和粗细集料"窝"(或"带"),而且平地机来回刮平的次数愈多,离析现象可能愈严重。形成的粗集料"窝"或"带"不能黏结成一个整体,通车后容易引起沥青面层局部破坏,其危害较细集料"窝"更严重。应设一小组负责消除平地机整形后的粗细集料"窝"或"带"的现象,例如,将粗集料铲除,换以新鲜的拌和均匀的混合料。

在整形过程中,严禁形成薄层贴补现象。薄层贴补容易脱落和被推移,也容易被压碎和产生唧浆现象,导致其上面层破坏。因此,不能在表面光滑的低洼处填补新料。

3.4.13 稳定土施工中很重要的一环是处理好接缝。接缝一定要垂直对接,不能斜接。如果不按照规定做成垂直相接,接缝处就会成为一条薄弱带。该薄弱带上沥青面层会很快龟裂破坏。这种现象常见之于分两幅施工的半刚性路面沥青面层的纵向接缝处和某些横向接缝处。

3.5 中心站集中厂拌法施工

3.5.2 用连续式拌和机拌和水泥混合料时,所得混合料的颗粒组成取决于喂料斗中原集料的最大粒径和颗粒组成。如原集料的最大粒径和颗粒组成不符合要求,则混合料的颗粒组成不可能符合要求。

3.5.4 如果细集料遭雨淋而含水量过大,细集料就不能顺利地从喂料斗中流出,直接影响配料的准确性及拌和机的准确性。

3.5.12 同本条文说明3.4.11。

3.6 养生及交通管制

3.6.1 水泥稳定土碾压结束后,通常应养生7d,待其达到一定强度后再开始下一道工序。但在分层施工时,在上下层都采用相同压路机碾压的情况下,下层完工后的第二天就可以铺筑上层水泥稳定土,利用上层水泥稳定土对下层进行养生,而且上层混合料不宜用强力振动压路机碾压,以免破坏下层混合料已初步形成的强度。

3.6.4 在用乳液养生之前,必须将基层清扫干净,必要时用水冲洗。实践证明,在水泥碎石基层上喷洒浓度50%以上的沥青乳液后,沥青难于渗入基层。喷洒浓度为35%的沥青乳液后,如沥青也难于渗入基层,则喷洒的乳液相当于黏层沥青。由于稀沥青乳液容易在基层表面顺横坡或纵坡流淌,所以一次喷洒不宜多于1.0kg/m^2。撒小碎(砾)石是为了防止摊铺沥青面层时运料车和摊铺机破坏形成的沥青膜,不满撒小碎(砾)石是为了增加与面层的黏结。作为养生用的沥青乳液的用量应不少于1.0kg/m^2(以沥青的质量计)。

3.6.6 养生期仅一两天就铺筑沥青面层,仅在用小型机械施工的情况下可以。用现代化的重型车辆和铺筑机械施工沥青面层时,容易在基层顶面形成辙槽形变,影响而后沥青面层的平整度。

3.6.7 利用重型卡车运送混凝土时,仍应保持7d养生期。

3.6.9 喷洒沥青乳液或稀释沥青做透层或做下封层前,应扫除基层表面的松散颗粒和尘土。如表面过分干燥,应先喷洒少量水,再喷洒沥青乳液。如用稀释沥青,则应待表面略干时再喷洒沥青。喷洒透层或做下封层的主要目的之一是增加沥青面层与稳定基层之间的黏结,减轻表面水透入后可能形成的冲刷现象,它对半刚性路面的使用性能和使用寿命有很大影响。特别在稳定细粒土基层上的沥青面层,如层间黏结不好,在重车作用下,容易产生面层推移现象,如雨水易透入基层,基层表层易软化,也易产生冲刷唧浆现象。对于高等级公路,养生期结束后,视当地的气候条件可在3~7d内喷洒透层沥青或做下封层,避免基层暴晒开裂。在仅做透层的情况下,可延长铺筑面层的间隔时间,但视气候情况不应超过10~30d。

3.8 其他

3.8.1 实践证明,一些公路设置混凝土预制块路缘石后,阻碍了透入沥青面层和基层水的排除,导致沥青面层较快破坏。

4 石灰稳定土

4.1 一般规定

4.1.3 石灰土禁止用做高级路面的基层，其原因同本规范条文说明 3.1.3 条，而且石灰土的这些不良性质比水泥土更严重。例如，在最佳含水量下制成的石灰土梁式试件，在空气中自然风干产生的最大干缩应变为 3 120 ~6 030μ。它是各种半刚性材料中收缩性最大的材料，也是最容易受水影响产生表层软化的材料。在一般公路上，也不宜采用砂砾或碎石含量仅占 50% 左右的悬浮式石灰土粒料做高级沥青路面的基层。因为这种混合料与石灰土比，除收缩性较小外，同样具有遇水表层易软化和抗冲刷能力差的缺点。

4.1.4 在冰冻地区，当石灰土用于潮湿路段时，冬季石灰土层中可能产生聚冰现象，从而使石灰土的结构遭受破坏，强度明显下降，使沥青路面产生过早破坏。在非冰冻地区，如石灰土经常处于过分潮湿状态，也不易形成较高强度的板体。因此，在这些情况下应采取隔水措施，防止水分浸入石灰土层。

4.1.5 养生温度对石灰稳定土的抗压强度有明显的影响。养生温度愈高，石灰稳定土的抗压强度也愈高；在温度低于 5℃时，石灰稳定土的强度几乎没有什么增长，见附图 4.1.5。

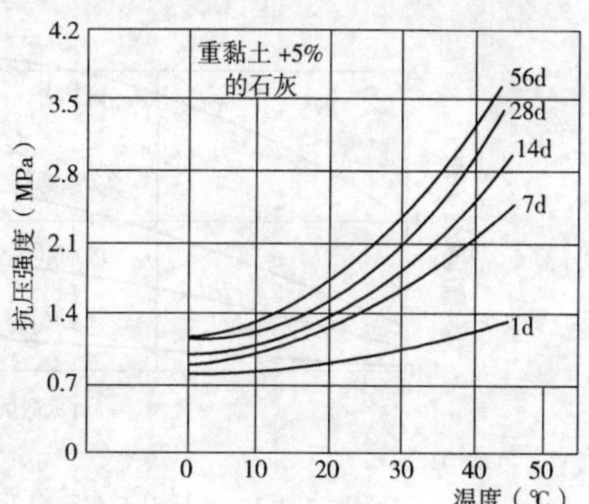

附图 4.1.5 养生温度对石灰稳定土抗压强度的影响

4.1.7 (8)石灰土混合料属于缓凝材料，施工延迟时间对其强度的影响不大，但也宜在当天碾压完成。如由于某种特殊原因当天不能完成碾压的，也应在 3 ~4d 内完成碾压。石灰与土拌和后，如堆置较长时间不进行摊铺碾压，也会影响其可能达到的强度。

4.1.8 同本规范条文说明 3.1.7(9)。

4.1.9 石灰土基层一旦受水浸泡，其表层数毫米以上就会软化，导致沥青面层龟裂破坏。及时将透入面层的水排出路外，实际上对各种基层都很重要。

4.1.12 同本规范条文说明 3.1.10 条。

4.2 材料

4.2.1 塑性指数为 15 ~20 的黏性土，易于粉碎和拌和，便于碾压成型，施工和使用效果都较好。

对于无塑性指数的级配砂砾和级配碎石，用石灰稳定的效果远不如用石灰土稳定的效果。例如，对于同一种级配砂砾，用石灰稳定后（石灰剂量 5%）的回弹模量只有 1 919MPa，而用石灰土稳定后（配合比为 2.7∶17.3∶80）的回弹模量高达 5 537MPa，后者为前者的 2.89 倍。

试验证明，不同塑性指数的土适宜于用不同的结合料进行稳定。对三种不同塑性指数的土，用五种不同方式稳定的结果列在附表 4.2.1 中。表中数值均指 7d 龄期的抗压强度（R_7）。从表列结果可以看到，塑性指数小于 12 的土不适宜用石灰来稳定，而适宜用水泥来稳定；塑性指数 15 以上的黏性土更适宜于用水泥石灰综合稳定。

土质对石灰稳定土抗压强度的影响见附图4.2.1。

关于最大粒径同本规范条文说明 3.2.1 条。

附表 4.2.1　不同方式稳定土的结果

结合料 性　质 土的塑性指数	生石灰粉 剂量(%)	生石灰粉 R_7 (MPa)	消石灰粉 剂量(%)	消石灰粉 R_7 (MPa)	生石灰粉+水泥 剂量(%)	生石灰粉+水泥 R_7 (MPa)	消石灰粉+水泥 剂量(%)	消石灰粉+水泥 R_7 (MPa)	水泥 剂量(%)	水泥 R_7 (MPa)
15.2	6	0.82	6	1.11	4+4 5+5	1.23 1.63	3+3	1.64	6	1.89
19.5	6	1.28	6	1.20	3+3	2.08	3+3	2.04	8 10	1.48 1.62
12	14	0.72	12 14	0.76 0.95	7+7	1.38	4+4 5+5	1.41 1.66	6	1.68

4.2.2　石灰放置时间过久,其有效钙和氧化镁的含量会有很大损失。石灰堆放在野外无覆盖时,遭受风吹雨淋和日晒,其有效钙和氧化镁的含量降低很快,放置3个月可从原来的80%以上降到约40%左右,放置半年可降到仅30%左右,见附图4.2.2。因此,石灰应堆放成高堆并用篷布和土覆盖,然后,边使用边揭盖。

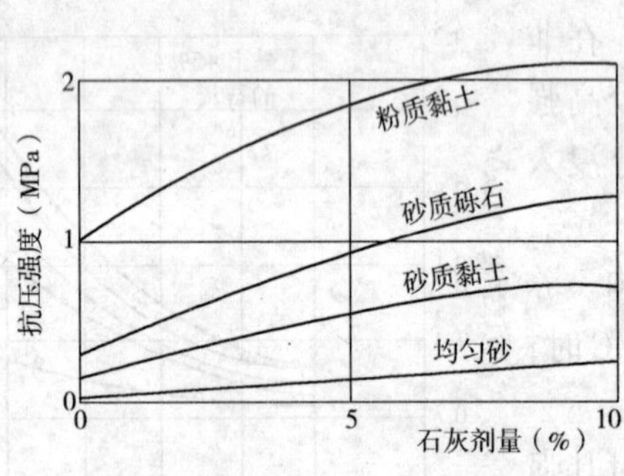

附图 4.2.1　土质对石灰稳定土抗压强度的影响

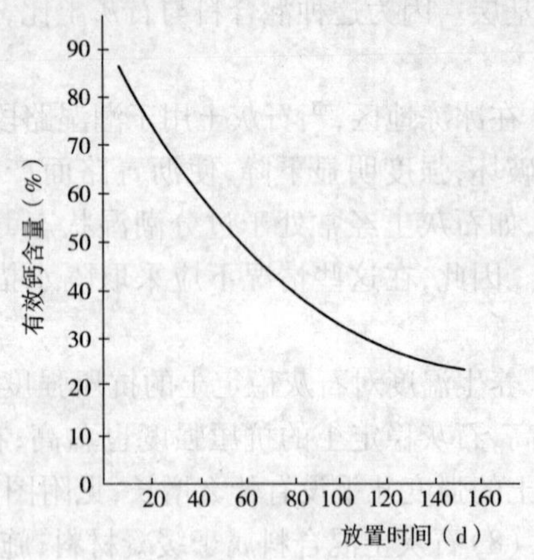

附图 4.2.2　放置时间对石灰有效钙含量的影响

4.3　混合料组成设计

4.3.3　工地使用的石灰可能是消石灰粉,也可能是磨细生石灰粉,进行混合料的击实试验和抗压强度试验时,使用的石灰应与工地所用的石灰相同。

4.3.3　3　同本规范条文说明3.3.3条第3款。

4.3.3　4　同本规范条文说明3.3.3条第4款。

4.3.3　5　同本规范条文说明3.3.3条第5款。

4.3.3　6　如石灰土混合料的强度达不到表4.3.1规定的抗压强度标准,应添加部分水泥,或改用另一种土。塑性指数过小的土,通常不适宜用石灰稳定,宜改用水泥稳定。

4.3.3　7　同本规范条文说明3.3.3条第7款。

4.3.3　9　由于1∶4的石灰土集料的7d抗压强度往往较小,而实际道路路面的承载能力却并不差,为便于做试验,可仅对石灰土做组成设计,此时石灰土的7d抗压强度应大于0.8MPa。在选定配合比后,应再做石灰土集料的7d抗压强度试验,以积累资料。在确定石灰砂砾(或碎石)土的计算回弹模量和强度时,也应用选定配合比的石灰集料土混合料制备试件。

4.4　路拌法施工

4.4.2　同本规范条文说明3.4.2条。

4.4.4 (3)石灰堆放时间长时,特别在没有覆盖的情况下,其有效钙和氧化镁的含量会大幅度下降,原先质量符合三级的石灰在无覆盖情况下堆放几个月,可使其质量降到如等外石灰。一些施工工地常采用堆放半年以上已变成等外的石灰来稳定土,使混合料的强度和稳定性都受到明显影响。如消石灰的含水量过大,喂料斗就不可能均匀准确喂料,直接影响石灰剂量。

如材料组成设计与现场实际施工的时间间隔长,石灰的质量可能明显降低。为保证石灰土具有规定的强度,应重新做材料组成设计。

4.4.4 (4)石灰在使用前必须充分消解。使用消解不充分的石灰稳定土,碾压完成后,在养生过程中,未充分消解的石灰继续吸水消解会引起局部胀松鼓包,影响稳定土层的强度和平整度。

4.4.6 洒水闷料的目的是使水分在集料层内分布均匀并透入颗粒和大小土团的内部。

4.4.7 石灰摊铺均匀是石灰在混合料中分布均匀的前提。只有在平整和具有一定密度的集料层上,人工摊铺石灰才能均匀。因此,集料必须先摊平并用两轮压路机碾压1~2遍。这一条对稳定细粒土和人工摊铺粒料尤为重要。

4.4.9 同本规范条文说明3.4.10条。

4.4.10 同本规范条文说明3.4.11条。

4.4.11 同本规范条文说明3.4.13条。

4.7 养生及交通管制

4.7.3 同本规范条文说明3.6.9条。

4.8 其他

4.8.1 同本规范条文说明3.8.1条。

5　石灰工业废渣稳定土

5.1　一般规定

5.1.2　除这两类外,还可以有其他类型的石灰工业废渣。由于使用最广的石灰工业废渣是石灰粉煤灰类,所以本章以石灰粉煤灰类混合料为主要对象。

5.1.3　石灰工业废渣稳定土,特别是二灰稳定土,具有良好的力学性能、板体性、水稳性和一定的抗冻性,其抗冻性较石灰土高得多。石灰工业废渣的初期强度低,但随龄期的增长强度的增长幅度大。二灰土中粉煤灰用量越多,初期强度越低,3 个月龄期的强度增长幅度也越大。在二灰土中加入粒料或少量水泥可提高其早期强度,但由于干缩、冷缩易产生裂缝,二灰土的收缩性小于水泥土和石灰土。在最佳含水量下用二灰土混合料制成梁式试件后,在空气中自然风干产生的最大干缩应变,二灰土为 340 ~ 2 630μ,密实式二灰砂砾为 233 ~ 273μ,悬浮式二灰砂砾大于 827μ。二灰土禁止用做高级路面的基层,其原因同本规范条文说明 3.1.3 条。

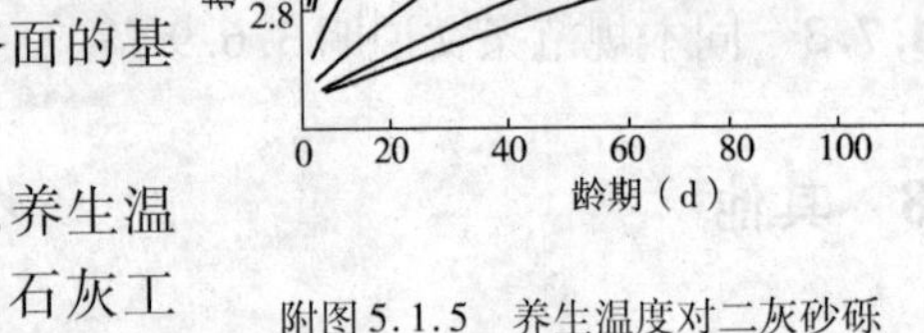

附图 5.1.5　养生温度对二灰砂砾抗压强度的影响

5.1.5　养生温度对石灰工业废渣的抗压强度有明显影响,养生温度越高,石灰工业废渣的抗压强度越大,在气温低于 4℃时,石灰工业废渣的抗压强度几乎没有增长,见附图 5.1.5。

5.1.9　同本规范条文说明3.1.10 条。

5.2　材料

5.2.2　粉煤灰是火力发电厂燃烧煤粉产生的粉状灰渣。绝大多数粉煤灰的主要成分是二氧化硅(SiO_2)和三氧化二铝(Al_2O_3),其总含量常超过 70%,氧化钙(CaO)含量一般在 2% ~6%,这种粉煤灰可称做硅铝粉煤灰。个别地方的粉煤灰含有 10% ~40% 的氧化钙,这种粉煤灰可称做高钙粉煤灰。粉煤灰的烧失量一般小于 10%,有的则在 20% 以上。烧失量过大将明显降低混合料的强度。

粉煤灰的粒径变化在 0.001 ~ 0.3mm之间,但大部分在 0.01 ~ 0.1mm 之间,其比表面积一般在 2 000 ~ 3 500cm^2/g 之间。

国外有些标准常限制粉煤灰的含碳量(或以烧失量表示)不超过 8% ~10%。试验证明,即使粉煤灰的烧失量达 20%,也能组成强度符合要求的二灰集料(或二灰土)混合料。只有当烧失量超过 30% 时,混合料的强度才有明显下降,因此,本条对烧失量作了较宽的规定。

粉煤灰的含水量不应过大。含水量过大时,粉煤灰颗粒会凝聚成团。用集中厂拌法拌制混合料时,过湿的粉煤灰不易通过下料斗的开口,直接影响预先设置的配合比和拌和机的产量。

5.2.6　关于最大粒径和粒料应尽可能少含或不含有塑性指数的土的原因同本规范条文说明 3.2.1 条。例如 4∶12∶84 的石灰粉煤灰碎石(不含土)的最大干缩应变为 668μ,而 4∶12∶60∶24 的石灰粉煤灰碎石土(含土 24%)的最大干缩应变为 1 784μ,为前者的 2.67 倍。

5.2.7　原规范表 4.2.4 集料颗粒组成范围,主要来源于砂砾,所以 5mm 以下细集料含量较多。实际应用时,可采用上限、中限或下限作为目标配合比的依据。用碎石集料时,集料中 5mm 以下细料常较少,可以采用组成范围的下限值设计,并给以一定的波动范围。为便于应用,原规范第 6 次印刷时,给了一个用于碎石的 3 号级配,此级配范围的中值就是 2 号级配范围的下限。本规范为级配碎石集料另列一表，其级配范围与3号级配相同。使用时，宜用中值为目标配合比。

5.3 混合料组成设计

5.3.1 石灰粉煤灰与粒料之比为15∶85～20∶80时，在混合料中，粒料形成骨架，石灰粉煤灰起填充孔隙和胶结作用。这种混合料称密实式二灰粒料（参看本条文说明3.1.4注①）。

5.3.1 1 原规范规定二灰混合料的强度标准大于表5.3.1中的值。例如，对于高速公路和一级公路，原规范规定二灰混合料7d龄期的抗压强度大于1.0MPa。根据"七·五"期间在河北正定和陕西西安的试验路，虽然所用二灰粒料7d龄期的抗压强度只有0.6～0.7MPa，半刚性路面的整体承载能力（表面代表弯沉值）却不小于强度满足要求的水泥粒料半刚性路面。为了充分利用工业废渣粉煤灰，将二灰混合料的标准强度调整成表5.3.1中的值。某些高速公路路段采用了强度偏低的二灰粒料，使沥青面层局部发生了唧浆、早期龟裂和形变，甚至出现坑洞。因此，表5.3.1中的值应作为最低要求。如二灰混合料的强度达不到要求，应添加少量水泥（如1%～2%）。

由于公路上卡车数量和载质量明显增加，且超载现象严重，所以加一强度标准的高值，它适用于特殊重载交通道路。

石灰粉煤灰与粒料之比为50∶50左右时，在混合料中粒料形不成骨架，而是悬浮在石灰粉煤灰混合料中，因此常称悬浮式二灰粒料。悬浮式二灰粒料的收缩性大，容易产生干缩裂缝。例如，其最大干缩应变约为密实式二灰粒料的3倍以上。实践证明，在其他条件相同的情况下，悬浮式二灰粒料基层上沥青面层的裂缝较密实式二灰粒料基层上沥青面层的裂缝多很多。试验证明，悬浮式二灰粒料的抗冲刷性能明显次于密实式。因此，在一级公路和高速公路上，应采用密实式二灰粒料，以保证其上沥青面层有较好的使用性能和延长其使用寿命。在缺乏砂石材料地区，为减少远运粒料，可以采用悬浮式二灰粒料，但混合料易产生干缩裂缝，不宜用做基层上层。

5.3.1 9 如二灰粒料的7d龄期抗压强度小于规定的值，也应添加少量水泥以提高混合料的强度。

5.3.3 3 同本规范条文说明3.3.3条第3款。

5.3.3 4 同本规范条文说明3.3.3条第4款。

5.3.3 6 同本规范条文说明3.3.3条第5款。

5.4 路拌法施工

5.4.6 2 同本规范条文说明3.4.9条。

5.4.6 8 对于二灰粒料来说，拌和均匀特别是没有粗集料"窝"（或"带"）是很重要的，粗集料"窝"（或"带"）不能形成整体，其上沥青面层容易产生荷载型网裂，一旦雨水进入，会造成局部早期破坏（唧浆、变形）。因此，在拌和和整形过程中都要注意消除粗细集料"窝"（或"带"）。

5.4.7 1 （3）同本规范条文说明5.4.6条第8款。

5.4.7 1 （4）在整形过程中，严禁形成薄层贴补现象。薄层贴补容易脱落和被推移或易被压碎，导致其上面层破坏。因此，不能在表面光滑的低洼处填补新料。

5.4.9 同本规范条文说明3.4.13条。

5.5 中心站集中厂拌法施工

5.5.1 （3）为保证拌和机的产量和混合料的配合比，对这三种材料采取覆盖措施，防止雨淋，特别在雨量较多地区的雨季，更需重视。

5.5.1 （5）同本规范条文说明3.4.10条。

5.5.3 1 二灰稳定混合料是一种缓凝材料，延迟压实的时间稍长对其所能达到的密实度和强度的影响不大，但延迟时间过长仍会明显影响其密实度和强度。因此，摊铺混合料中断时间超过一天后，挖出的二灰稳定混合料不宜再重复使用。

5.7 养生及交通管制

5.7.4 同本规范条文说明3.6.9条。

5.8 其他

5.8.1 同本规范条文说明3.8.1条。

6 级配碎石

6.1 一般规定

6.1.1 由各种大小不同粒级集料组成的混合料，当其级配符合技术规范的规定时，称其为级配型集料。级配型集料中，没有水泥、石灰等水硬性结合料，也没有沥青，所以在国外常称其为无结合料粒料或无结合料材料。级配型集料中常含有一定数量的细土（指粒径小于0.5mm的颗粒，国外有不少国家常用0.425mm），细土中有时有一定数量的粉粒（粒径小于0.05mm的颗粒，有不少国家用小于0.075mm）和黏粒（粒径小于0.002mm的颗粒），并具有或大或小的塑性指数。

6.1.2 级配碎石宜用几种不同粒级的碎石组配而成。用做中间层的级配碎石更应用几种不同粒级的碎石组配而成。它能更好地保证碎石的颗粒组成符合规定的要求，并达到高的强度和稳定性。

6.1.4、6.1.5 级配型集料包括级配碎石、级配碎砾石（碎石和砂砾的混合料，也常将砾石中的超尺寸颗粒轧碎后与砂砾一起组成碎砾石）和级配砾石（或称级配砂砾）。

级配型集料可以用做沥青路面和水泥混凝土路面的基层和底基层，也可用做路基改善层。在排水良好的前提下，级配型集料可在不同气候区用于不同交通等级的道路上。在潮湿多雨地区使用级配型集料特别有利。

级配型集料用做路面的不同层次或用于路面中的不同位置，取决于材料本身的特性、材料的质量、气候条件、交通组成和交通量以及每个国家的使用经验。

一般而言，在路面结构中使用级配集料有三种方法：

1. 在轻交通道路上用在薄沥青面层下。几乎所有的国家都采用这种结构。

2. 在重交通道路上用在厚沥青面层下。在这种情况下，可能有两种方式：一种是施工质量很好的高质量的级配碎石，直接用在厚沥青面层下作为基层；另一种是施工质量略次的级配集料用于较深的位置，通常用于有结合料基层的下面。

3. 不少国家常将级配碎石用做沥青面层与水硬性结合料处治基层（有的国家称为底基层）之间的中间层，以减轻水硬性结合料处治层的干缩裂缝反射到沥青面层上，即减轻反射裂缝。也有利于排除路面结构层中的水，减少甚至消除基层的冲刷现象。这种路面结构，又常称之为“倒装结构”。用做中间层时，级配碎石中不应加砂或砂砾。

使用级配型集料的两个决定性因素是施工质量和轴载。当这两个条件有利时，级配碎石即使在薄沥青面层或沥青表面处治下也会工作得很好。当轴载较大时，在某一交通水平以上，这种路面结构就不合适了。

一些国家使用级配集料做基层时对重车交通的限制列在附表6.1.4中。

根据一些国家的统计资料，在高速公路和一级公路上，使用级配碎石做沥青路面的基层时，基层上沥青结合料层的总厚度在22~31cm内变化。在英国1987年的新路面设计规范中，沥青混合料层的总厚度达42cm。国外对用级配型集料做的基层或底基层，常称做无结合料基层或无结合料底基层。

级配型集料还可用做低等级道路上的面层，即用做中级路面。此时，级配型集料中的细土含量和塑性指数都较高。因此，适宜用做面层的级配集料不适宜用做沥青路面和水泥混凝土路面的基层和底基层。

细土含量和塑性指数都较高的级配型集料虽然可以用做中级路面，直接承受行车荷载的作用，但考虑到过一定时间后，中级路面会被改善成沥青路面，为了避免在铺筑沥青面层时，将原中级路面挖翻处治（在我国以往常用石灰），对于中级路面也宜采用本规范中规定的级配集料做承重层。另外采用细土含量和塑性指数都较高的细级配集料做磨耗层,例如,砂土磨耗层、细砂砾磨耗层或细碎石磨耗层等。

附表 6.1.4　使用级配型集料层的限制

国　家	气候条件 冻深(m)或无	轴载重力		使用范围:每个方向每天的重车数量		
		单轴 (kN)	双轴 (kN)	表面处治 下的基层	100mm 厚沥 青层的基层	厚沥青层 下的基层
瑞士	冰冻	100	180	不用,仅用 30～40mm 的预 拌材料,小于 30	<100	<2 500
芬兰	冻深 1.6～2.3	100	160	<500	>500	—
法国	冰冻或无	130	210	<50	<100	<750
澳大利亚	无	82	150	无限制,每一具体情况分别进行检验		
德国	冻深 0.5～1.5	100	160	很小	>10	无限制
意大利	无	120	200	—	<50	50～1 000
荷兰	冰冻	100	160	<50	无限制,但很少使用	
捷克	冻深 0.8～1.2	100	130	<25	<50	<250
葡萄牙	无	120	200	<60	<200	<1 000
波兰	冻深 0.8～1.4	100	160	<4	<70	70～335
		80	145	<12	<200	200～1 000
加拿大	冰冻	80	142	无限制		

就力学性质和稳定性而言,级配碎石是级配集料中最好的材料,也是无结合料材料中最好的材料;级配砾石则是级配集料中最次的集料;级配碎砾石则处于前两者之间。级配碎石可用做高速公路和一级公路路面的基层,级配碎砾石可用做一般道路路面的基层,级配砾石可用做轻交通道路路面的基层。

决定级配集料层力学性质的主要参数是弹性模量(或回弹模量)、抗剪强度和抗永久形变能力。级配集料层的理想性质是,它应有高的劲度(相当于弹性模量),以提供良好的荷载分布性质;应该有高的抗剪强度,以减轻车辆(包括施工车辆)作用下的辙槽;应该有高的透水性,以使进入的自由水能快速排出;其中细土应该没有塑性,以保证良好的水稳性,并应该是无冰冻敏感性。

决定级配集料层力学性质的参数主要与集料的摩阻作用、嵌锁作用和黏结作用有关。摩阻作用本身则与所产生的应力以及颗粒接触面上能达到的摩阻力有关。应力与集料层的密实度和所处的位置有关,而集料层的密实度则与颗粒的级配和形状有关。颗粒接触面上能达到的摩阻力与颗粒的强度和颗粒的表面纹理有关。

影响级配集料结构层力学性质的其他重要因素有集料的含水量、加工和摊铺集料的均匀性、碾压密实度以及下承层的承载能力。

级配集料的强度和抗形变能力与集料的类型(指碎石、碎砾石或砾石)、集料的级配,特别是其中的最大粒径、集料中 5mm 以下颗粒的含量、集料中小于 0.075mm 的颗粒含量有关。而其水稳性和冰冻稳定性又与 0.5mm 以下颗粒的含量及其塑性指数有关。此外,这类材料的劲度、强度、抗形变能力和稳定性都与集料的密实度成正比。

在实际工作中,对于级配集料,主要要控制颗粒的级配组成,特别是其中的最大粒径,5mm 以下、0.5mm以下和 0.075mm 以下的颗粒含量以及塑性指数。同时,在施工中要严格控制级配集料的均匀性(它包括级配组成和含水量)和压实度(或密实度)。

澳大利亚维多利亚州约有 70% 的沥青路面是级配碎石基层上铺筑沥青表面处治,这种路面结构不单在一般干线公路上用,甚至在墨尔本至悉尼的高速公路的郊外路段上也用,有的路段已使用了 8～9 年,使用性能仍然很好,路面平整无形变。通常,每过 8～9 年再做一次封层(单层表面处治),以恢复表面的抗滑性能。维多利亚州公路局称这种路面为"重负荷的柔性路面"。

在维多利亚州,在单向一个车行道上的标准轴载(80kN)数为1 000～1 500(包括上述高速公路的郊外路段）的公路上常采用这种路面结构。在设计期为 30 年、累计标准轴次为 $2 \times 10^7 \sim 3 \times 10^7$ 的公路上，采用的典型路面结构是总厚 570mm，包括 2×100mm（两层，每层厚 100mm）高质量中粒式级配碎石、2×100mm 质量较次的中粒式级配碎石、170mm 可挖掘压碎的软质石料（无严格的级配要求）垫层，见附图 6.1.5-1。

他们总结这种路面结构有两个优点：一是初期费用低，只有"碎石基层、沥青混凝土面层"结构的 70%；二是路面结构中的材料不遭受疲劳。

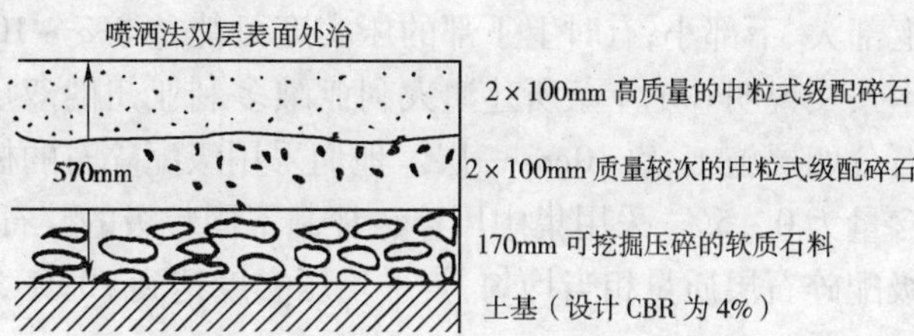

附图 6.1.5-1　维多利亚州重负荷柔性路面的典型结构

要做好这种路面，在设计和施工两方面都要做好，特别是施工十分重要。根据他们的经验，如何保证级配碎石的级配和塑性指数符合要求，如何保证拌和均匀、含水量合适和均匀，摊铺均匀以及压实到规定的密实度，是施工过程中的几个重要环节，也是保证这种路面结构具有良好使用性能和长期使用寿命的重要环节。

他们认为，注意横断面设计、排水设计和材料选择，以预防水进入或滞留在路面结构层内，可以明显提高路面的使用性能和延长其使用寿命。

高速公路和一级公路采用的典型横断面（一个方向）如附图6.1.5-2。

在此路面上的加速加载试验表明，随作用次数增加，弯沉值渐趋稳定，大致与初期弯沉值相同，见附图 6.1.5-3。

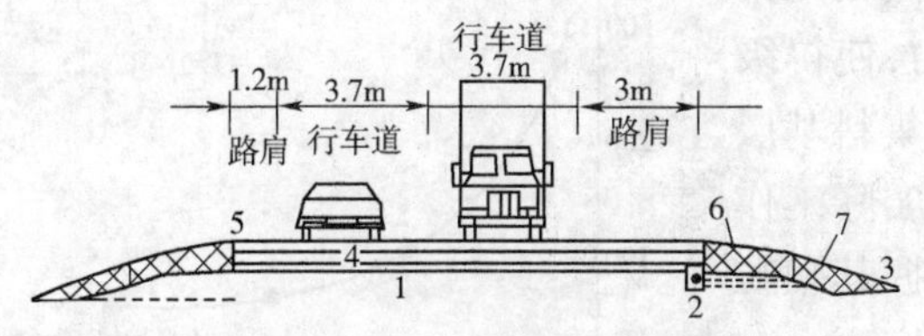

附图 6.1.5-2　路面典型横断面

1-软弱路基或膨胀性土路基用结合料稳定或用外运材料填筑；2-路面下（结构层）排水；3-路面结构下排水管的最低点；4-高质量的碎石；5-全宽双层表面处治；6-封闭的路肩；7-不透水的材料

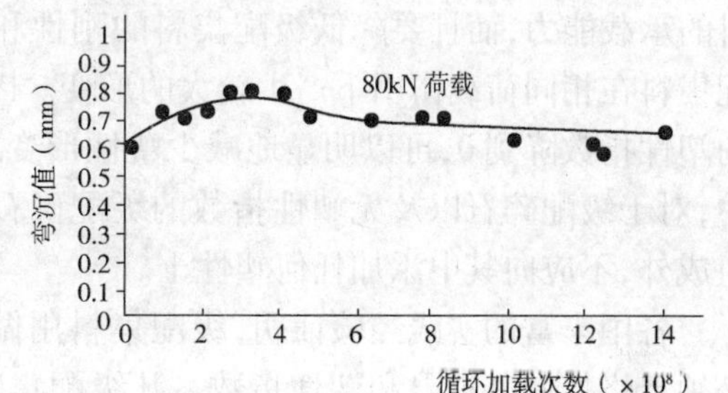

附图 6.1.5-3　级配碎石沥青表面处治弯沉演变图

用级配碎石做薄或较薄沥青面层与半刚性基层之间的中间层在国外常称做"倒装结构"或夹层式路面。这种结构在美国、澳大利亚、南非等使用较为普遍。由于此中间层能减少半刚性基层裂缝向上反射，所以级配碎石中间层又称应力消减中间层。在南非的高等级公路上常用的路面结构为 5cm 沥青混凝土面层、15cm 级配碎石中间层、30cm 水泥碎石基层和路基改善层，并认为这种路面结构能承担 $12 \times 10^6 \sim 50 \times 10^6$ 标准轴次。在南非的一般公路上，在 15cm 级配碎石中间层上只做 3cm 沥青面层。

南非一国际机场预计通行波音 747 超级 B 飞机 500 000 次，该飞机最大质量 336 500kg，起落架上每个主要轮胎上的荷载约 220kN，轮胎接触压力为 1.463MPa，一个轮胎着地面积当量圆的半径为21.88 cm，采用的路面结构为 7cm 沥青混凝土面层、10cm 级配碎石中间层、30cm 水泥碎石基层、45cm 水泥碎石底基层，此路面经过用荷重 200kN 的飞机轮胎做加速加载试验，作用 100 000 次，除产生 6mm 辙槽外，无其他损坏现象。

美国维吉尼亚州多年来将夹层式路面结构作为其主要路面结构之一。它包括 160mm 水泥土或水泥砂砾底基层、100～200mm 集料基层和 100mm 及 100mm 以上的沥青混凝土面层。

1988 年 10 月建成的京石高速公路正定试验路中有三段采用了级配碎石中间层，沥青混凝土面层的厚度两段为 6cm，一段为 9cm，级配碎石中间层厚 10cm，二灰碎石或水泥碎石基层厚 10cm，石灰土底基层，路面总厚度为 63cm，1992 年 3 月测得此三段的路表平均弯沉值分别为 0.14mm、0.16mm 和 0.21mm，其他路段最大弯沉值为0.19mm，17 个路段中弯沉值大于 0.14mm 的有 6 个。可见级配碎石中间层并没有明显增大路面的弯沉值。加速加载试验证明，6cm 沥青面层、10cm 级配碎石中间层这种夹层式路面的抗永久形变能力大于15cm沥青面层、12cm水泥碎石基层和36cm石灰土底基层这种半刚性路面。

6.1.6 同本规范条文说明3.2.1条。

6.1.7 (6)每层压实厚度15~18cm是从一般要求出发考虑的。由于材料层压实后，其密实度总是上部大、下部小，有时上下部的压实度可能差8%~10%，为达到高的压实度，宜将一次压实厚度减小。本条文说明6.1.4条所述澳大利亚维多利亚州的双层表面处治级配碎石路面，施工时40cm厚级配碎石分四层施工，每10cm一层。他们采用级配碎石的标称最大粒径19mm，19~26.5mm(方孔筛)颗粒的含量为0~5%，采用集中厂拌法拌制不同粒级的碎石和用摊铺机摊铺混合料，用振动压路机压实，所得级配碎石层质量相当均匀，其平均压实度达到102%，标准差为2%。

6.2 材料

6.2.5 各国对级配集料中粒径小于0.5mm的颗粒含量的规定有很大差异，前苏联规定的含量最少，小于15%，有的国家多达40%。这种细土的液限和塑性指数对级配集料的水稳性有很大影响。液限和塑性指数愈大，集料的水稳性愈不好。用不同塑性指数的0~40mm的相同级配的集料，在最佳含水量下用重型击实试验法制成的试件，经浸水96h后进行承载比试验，试验结果见附图6.2.5。由图中可以看到，虽然各个试件集料的级配相同，仅小于0.5mm颗粒的塑性指数不同，少量塑性细土对集料的承载比产生了很明显的影响，塑性指数愈大，承载比愈小，或水稳性愈不好。

试验证明，级配集料中加入少量塑性细土，不单要降低级配集料的承载能力，而且要降低级配集料的刚性和抗形变能力，使得级配集料在相同荷载作用下产生较大的形变。因此，使级配集料基层的塑性指数降到0，可以明显地减少塑性形变或辙槽。在实际工作中，对于级配碎石以及无塑性指数的级配砾石，除严格掌握其颗粒组成外，不应向其中添加任何塑性土。

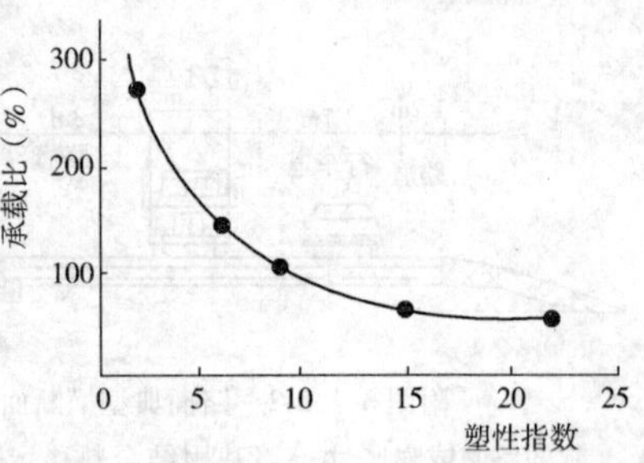

附图6.2.5 塑性指数对级配集料承载比的影响

各国丰富的实践经验证明，级配集料用做沥青路面的基层时，必须严格控制其液限和塑性指数。凡级配集料基层的塑性指数超过一定数值的路段，沥青面层往往过早破坏。在不同情况下的低塑性的级配集料基层经常使用得很好。限制级配集料中细土的液限和塑性指数，是为了在集料的含水量增加时，仍能保持集料有足够的强度。一般说来，同样用做基层的级配集料，在冰冻地区和非冰冻地区，在潮湿地区和干旱地区，对于其中细土的液限和塑性指数的规定可以有所不同。最先由美国和欧洲国家(主要是冰冻地区)对这两个指标作了规定，一般要求液限不大于28%，塑性指数不大于6。但是，近30年来，随着交通量的发展，对用做沥青路面基层的级配集料的塑性指数的规定渐趋向于更严格。例如，有的国家已规定基层级配集料的塑性指数不大于3或4，甚至有的主张级配集料最好是无塑性的。例如，1986年英国运输部的规范《新路面结构设计》中，对用做柔性路面和半刚性路面底基层的级配集料，规定应是无塑性的。

实践证明，如级配集料的塑性指数偏大，可以控制塑性指数与0.5mm(或0.425mm)以下颗粒含量的乘积不超过一定数值，以保证级配集料的稳定性。对于这个乘积，不同国家有不同的规定。本规范中规定：在年降雨量小于600mm的中干和干旱地区，地下水位对土基没有影响时，乘积不应大于120；在潮湿多雨地区，乘积不应大于100。

6.2.6 级配碎石用作中间层很有利于减少其上沥青面层的裂缝。级配碎石中间层成功的关键有两条：一是要严格掌握碎石的颗粒组成，使其符合要求且含水量合适并拌和均匀；二是要碾压到高密实度。符合6.1.1条的级配碎石，用振动压路机碾压，不难达到100%压实度。

原规范中还列有固体体积率的要求，考虑到级配碎石可以通过击实试验来确定其标准干密度，而在压实度与所定固体体积率之间又无等同关系，因此在本规范中不再并列固体体积率。

6.3 路拌法施工

6.3.2 1 级配集料(含未筛分碎石)底基层不宜做成槽式,宜做成满铺式,以利排除进入路面结构层的水。否则两侧要设纵向盲沟。

6.3.4 1 在石屑的颗粒组成符合 0~10mm 的情况下,通常未筛分碎石与石屑的配合比为 65∶35~60∶40,但不同料场的石屑可能差别较大,有的石屑的最大粒径甚至达 25mm。

6.3.5 4 碎石集料不宜过早运送到路上。原先含水量合适的集料过早运到路上,水分会蒸发;集料变干。在雨季施工时,碎石过早堆放在路上,下雨时,料堆会变成滞水堆,使堆下下承层的含水量明显增大,影响下承层的强度均匀性,在而后的施工碾压过程中,甚至会产生局部弹软现象。

6.3.5 8 未筛分碎石一定要在较潮湿情况下才能往上铺撒石屑,否则一旦开始拌和,石屑就会落到底部。

7 级配砾石

7.1 一般规定

7.1.3 同本规范条文说明6.1.4和6.1.5。

7.1.5 同本规范条文说明6.1.7(6)。

7.2 材料

7.2.1 同本规范条文说明6.1.6条。

7.2.3 同本规范条文说明6.2.5和6.2.6。

7.2.4 由于级配砾石的颗粒形状、颗粒组成和塑性指数的变异性较大,其强度的变化也可能较大,因此,在确定使用前,必须做承载比试验。国外对无结合料粒料基层材料要求其承载比最低为80%,有的国家为100%。由于以前定此标准时,试件是采用轻型击实试验法制作的,而现在试件采用重型击实试验法制作,同样材料的承载比可增加1倍以上。因此,将原规范中的承载比100%改为160%。

7.3 施工

7.3.2 同本规范条文说明3.4.2条。

8 填隙碎石

8.1 一般规定

8.1.1、**8.1.3**、**8.1.4** 和 **8.1.5** 50年代前盛行的嵌锁型碎石基层，是用筛分成几种不同规格的大、中、小单一尺寸碎石分层摊铺、分层碾压而成的。通常首先铺大碎石，大碎石经碾压稳定后，撒铺嵌缝碎石，继续碾压稳定，然后再撒铺小碎石，并碾压稳定。我国某些地区使用的干压碎石或水结碎石也属于这种类型。

国外常使用另一种嵌锁型碎石基层，它使用单一尺寸的粗碎石，例如20～40mm、25～50mm或30～60mm的碎石作主骨料，经初步碾压稳定后，撒铺0～5(或10)mm的石屑，并用振动压路机碾压，借振动压路机的振动力使石屑填塞到主骨料的孔隙中，直到把孔隙填满为止。这种型式的碎石结构在国外称干结碎石。最后碾压时，采用湿法施工的，称水结碎石。这两种类型的嵌锁型碎石，本规范统一称之为填隙碎石。

填隙碎石的强度主要依靠粗碎石间的嵌锁作用。用石屑或相当的天然砂砾和粗砂填塞粗碎石间的孔隙，使其变成一种密实结构，进一步增加其强度和稳定性。

实践证明，靠使用两种分开的不同尺寸的集料，可使堆放和运输过程中的集料离析现象降到最小。填隙碎石的稳定性靠专门的压实得到保证。压实良好的填隙碎石的密实度通常约为固体体积率的85%～90%。填隙碎石的密实度和强度与良好的级配碎石相同。作为中等交通道路，甚至重交通道路沥青面层的基层，它与级配碎石一样可具有良好的效果。

填隙碎石层上不能直接通车，它上面必须有面层。填隙碎石基层质量好坏的两个关键是：从上到下粗碎石间的孔隙一定要填满，也就是说，达到规定的密实度非常重要；表面粗碎石间的孔隙既要填满，填隙料又不能覆盖粗碎石而自成一层，表面应看得见粗碎石，粗碎石的棱角可外露3～5mm。后一点对薄沥青面层非常重要，它可保证薄沥青面层与基层黏结良好，避免薄沥青面层在基层顶面发生推移破坏。

如面层为沥青表面处治，在轧制面层用料时，产生两种筛余料：一种是粗的，如粒径25～50mm的粗碎石；另一种是细的，通常是粒径5mm或3mm以下的石屑。这两种筛余料正好用于铺筑填隙碎石基层。粗碎石用作主骨料，石屑用作填隙料。因此，面层为喷洒型沥青表面处治，基层为填隙碎石时，碎石机轧制的全部粗细集料都可得到充分的利用。

由于干法施工填隙碎石不需要用水，在缺水地区，采用这种基层结构，特别显示其优越性。

填隙碎石的主要缺点是，潮湿的填隙料实际上不可能靠振动压路机将孔隙填满。如企图用过多遍数的振动碾压使潮湿填隙料下移，往往可能使主骨料浮到填料层上并严重丧失稳定性。

8.2 材料

8.2.2 用漂石轧制碎石时，漂石的粒径应为所需碎石最大粒径的3倍以上，是为了增加碎石的破裂面，从而提高内摩阻角。

8.2.4 表8.2.4为适用于表8.2.3中2号和3号碎石的填隙料，标称尺寸为5mm。标称尺寸10mm的石屑，最大粒径可到15mm。

8.3 施工

8.3.2 同本规范条文说明7.3.2。

8.3.6 1 使下层表面粗碎石外露5~10mm,再铺筑上一层,可以使上下层良好的结合在一起,不会产生分层现象,有利于提高整个填隙碎石的力学性能。

8.3.6 2 在马来西亚曾有利用大雨将填隙料填满孔隙的成功报导,并报导实际碎石基层中的孔隙小于所预料的。

9 质量管理及检查验收

9.4 质量管理

9.5 检查验收

9.4.2、9.4.3、9.5.5 和 9.5.7 由于路基和路面各个结构层的材料（含混合料）、施工工艺以及测量仪器和试验方法等多方面的原因，竣工的路基和路面各个结构层以及路面整体都是不均匀的。因此，工程质量控制的各个指标的实际（或观测）值都有变异性。有的指标变异性小，有的指标变异性就相当大。同一个指标的观测值的变异性也会随生产设备的改进而降低。变异性小表示质量比较均匀或不均匀性小，变异性大表示质量的不均匀性大。

如果质量是绝对均匀的，质量检验就非常简单，只要检验一次就足够，所得的一个观测值也足以代表某项产品的质量，但实际上不存在这种情况。任何产品质量都是不均匀的，特别是路基路面工程质量的不均匀性更大。质量不均匀、有变异性，就给质量管理和检验带来了一系列重要问题。例如，进行质量检验或做某项试验时，到底需要检验多少次或做多少个平行试验，所得观测值才具有代表性。如果仅做1、2个或少数几个检验，检验结果必然带有偶然性而无代表性。显然，不均匀性或变异性越大，所需要检验的数量越多。

在工程质量管理和质量检验中，经常遇到的另一个很重要的问题是如何利用若干次试验的结果来评定某一质量指标是否符合要求。技术规范对不同的质量指标所做的规定是不相同的。例如，对于路面材料强度，如水泥混凝土的抗折强度和抗压强度或各种水硬性结合料稳定材料的抗压强度等，常规定一个作为低限的设计标准值，而把小于设计值的强度看作是不符合要求的；对于路面，通常规定有容许弯沉值，而把此容许弯沉值看作是路面弯沉值的高限；对于某个指标可能规定一个容许误差，例如±0.3%或-5～+15。在某些情况下，规范仅规定质量检验指标的均值或甲方仅对某质量指标的均值提出要求；在另一些情况下，也可能对某一指标在总体中的不合格率（或称缺陷比例）作出规定。在实际工作中，对某些质量指标（例如弯沉值）的测点个数可能较多，而对另一些质量指标的检验个数可能较少，因此，需要针对不同的情况，拟定相应的质量评定方法，并将不同的评定方法进行公式化。

1. 抽样检验

抽样检验时需要知道某个指标的观测值的分布形式，而分布形式需要由较多的试验数据来判断和检验，但是，从实用观点，路面和材料性质的观测值可认为是符合正态分布（或对数正态分布），因此本规范中规定的不同评定方法都以正态分布为基础。

2. 变量观测值或试验结果的波动范围

对某一变量的样本进行 n 次观测后，可以得到此变量的平均值（样本均值）$\overline{X}$ 和标准差（样本标准差）S：

$$\overline{X}=\frac{X_1+X_2+X_3+\cdots+X_n}{n} \tag{1}$$

$$S=\sqrt{\sum_{i=1}^{n}(\overline{X}-X_i)^2/(n-1)} \tag{2}$$

利用样本的均值 $\overline{X}$ 和标准差 S 可以估计总体的均值 μ 和标准差 σ。

由于观测次数 n（抽样观测或室内试件的试验数量）通常是有限的，如反复进行观测或试验，所得的结果完全可能超出原先 n 个观测值的变化范围。利用样本均值 $\overline{X}$ 和样本标准差 S,可以计算出不同概率下观测值的波动范围,也就是观测值将以某一概率落在所定的范围内。波动范围分为双边和单边两类。

(1)双边波动范围

双边波动范围由公式(3)求出:

$$\overline{X} - Z_{\alpha/2}S \leqslant X \leqslant \overline{X} + Z_{\alpha/2}S \tag{3}$$

式中:$Z_{\alpha/2}$——与规定概率有关的正态分布表中的分位值,例如当概率为90%(即 $\alpha=10\%$ 或0.10)时,$Z_{0.05}=1.645$;当概率为95%($\alpha=5\%$ 或0.05)时,$Z_{0.025}=1.96$。

观测值或相同条件下的试验结果将以给定的概率落在公式(3)所限定的范围内。式(3)左侧决定范围的下限,称(双边)波动下限;右侧决定范围的上限,称(双边)波动上限。观测试验值落在上限和下限外面的概率相等,各为 $\alpha/2$。

(2)单边波动范围

单边波动范围有两种情况,一是限定下限直到正无穷大的范围;另一是限定上限直到负无穷大的范围。这两种情况的界限分别称(单边)下波动限和(单边)上波动限。

单边波动范围(下限) $X>\overline{X}-Z_{\alpha}S$ (4)

单边波动范围(上限) $X<\overline{X}+Z_{\alpha}S$ (5)

式中: Z_{α}——与规定概率 α 有关的系数,当概率为90%(即 $\alpha=0.10$)时,$Z_{0.10}=1.282$;当概率为95%(即 $\alpha=0.05$)时,$Z_{0.05}=1.645$。

观测值或相同条件下的试验结果将以给定的概率落在下波动限(当限定低值时)或上波动限(当限定高值时)之内。落在外面的比例为 α,就评定质量而言,也就是质量达不到要求的比例或称缺陷比例,亦即不合格品比例。

假定对某一质量指标已经规定了一个低限 L,并规定了缺陷比例 P,则抽样检验或试件试验结果如能满足评定标准(1)的要求,则这批产品或这种混合料就可以接收,否则就不接收(拒收)。

$$\overline{X} - Z_{P}S \geqslant L \qquad \text{标准(1)}$$

式中:Z_{P}——正态分布表中与规定概率或缺陷比例有关的分位值,也就是观测试验结果的下波动限应该大于规定的低限。

一些规范和验收评定标准常根据规定的强度采用标准(1)来设计水硬性结合料稳定材料和水泥混凝土等材料的组成。例如,本规范中规定用做高速公路路面基层的水泥粒料的标准强度为 $R_7=3\text{MPa}$,同时要求 n 个混合料试件的平均抗压强度 $\overline{R}_n \geqslant R_d/(1-Z_{\alpha}C_v)$,并采用 $Z_{\alpha}=1.645$。也就是要求这种混合料的抗压强度有95%概率大于3MPa,强度小于3MPa的概率只有5%,或这种混合料的缺陷(不合格品)比例只有5%。

如果对某个质量指标规定的不是低限而是高限 U,则试验结果应该满足评定标准(2)的要求:

$$X + Z_{P}S \leqslant U \qquad \text{标准(2)}$$

也就是观测试验结果的上波动限应该小于规定的高限。

路基路面的弯沉值检验或测定,通常用上波动限来确定代表弯沉值 l_r,并使代表弯沉值小于设计弯沉值 l_d(未计季节系数等),即

$$l_r = \bar{l} + Z_{\alpha}S \leqslant l_d$$

对于高速公路的路面,国内外常采用 $Z_{\alpha}=2$,此时,将有97.7%路面的弯沉值小于 l_r,只有2.3%的路面的弯沉值大于 l_r。也就是路面的缺陷(或不合格)比例只有2.3%。

如果对某个质量指标既规定了高限 U,又规定了低限 L,而且规定超出 U 的缺陷比例与低于 L 的缺陷比例相等,则观测试验结果的波动上限应该小于 U,同时其波动下限应该大于 L,也就是应满足标准(3)的要求(双边):

$$\left.\begin{aligned} \overline{X} + Z_{P/2}S \leqslant U \\ \overline{X} - Z_{P/2}S \geqslant L \end{aligned}\right\} \qquad \text{标准(3)}$$

式中：$Z_{P/2}$——正态分布表中与规定概率或缺陷比例有关的分位值。

如果规定超出 U 的比例为 P_1，而低于 L 的比例为 P_2，则检验结果应该满足标准(4)的要求：

$$\left.\begin{aligned}\overline{X}+Z_{P_1}S\leqslant U\\ \overline{X}-Z_{P_2}S\geqslant L\end{aligned}\right\} \qquad \text{标准(4)}$$

例如，我国《沥青路面施工及验收规范》(GB 50092)中规定沥青混合料中沥青含量的容许误差为±0.5%，如沥青的设计用量为6%，则沥青混合料中沥青的容许上限为 U=6.5%，容许下限为 L=5.5%。规范同时规定 $\overline{X}-2S\geqslant L$，$\overline{X}+2S\leqslant U$，也就是沥青含量应有95.4%的概率位于5.5%～6.5%之间。沥青含量大于 U 或小于 L 都被认为是不合格的(实际上，大于 U 和小于 L 的沥青含量都各有2.3%)。

上述从标准(1)到标准(4)的评定方法的精度与总体参数的估计有关。因此，为了有效地使用上述诸标准，需要试件或测点数 n 足够大，以减少总体缺陷估计值的误差。通常要求 $n>30$。如果总体分布偏向于均值的右侧或左侧，则总体缺陷估计中的误差可能导致接收质量较次的产品或拒绝接收质量较好的产品(与由 Z_P 和 L 或 U 确定的要求质量相比)。因此，在采用这种评定标准时，保证指标观测值分布的正态性变得更为重要。

对个数 n 相对小(例如小于30)的情况，有的学者建议采用 t 公布表中的 t_P 或 $t_{P/2}$ 代替上述4个标准中相应的 Z_P 或 $Z_{P/2}$，即标准(1)到标准(4)将分别变成：

$$\overline{X}+t_PS\geqslant L \qquad \text{标准(1')}$$

$$\overline{X}-t_PS\leqslant U \qquad \text{标准(2')}$$

$$\left.\begin{aligned}\overline{X}+t_{P/2}S\leqslant U\\ \overline{X}-t_{P/2}S\geqslant L\end{aligned}\right\} \qquad \text{标准(3')}$$

$$\left.\begin{aligned}\overline{X}+t_{P_1}S\leqslant U\\ \overline{X}-t_{P_2}S\geqslant L\end{aligned}\right\} \qquad \text{标准(4')}$$

如果样本参数能满足上述标准，就接收，否则就拒绝接收。

在上述两类接收标准中，分位值 Z_P 仅与缺陷比例 P 有关，t_P 则与 P 和 n 有关。在有的文章中称这两个值为接收常数或标准差的乘数。

标准(1')～(4')中的 t_P 值(P 不变时)随 n 的增大而减小，并逐渐与 Z_P 值接近。当 $n>30$ 后，t_P 值与 Z_P 值之差就不很明显了。也就是观测试验个数愈多，接收常数愈小(同一概率情况下，n 愈大 t_P 值愈小，直到与 Z_P 值相等)。

3. 平均值的置信区间

实际抽样检验或制备试件进行某种试验的个数 n 总是有限的，因此，一次抽样检验所得的均值不会等于真值，在同一总体中重新抽取 k 次样本所得的 k 个均值，相互间都会有一定的差异。试验和理论都已证明，样本均值的频度分布曲线为对称的钟形曲线，也按正态分布或 t 分布。一次抽样检验的样本均值会以一定的概率在某一范围内变化，或者说，根据此均值可以给出两个界限，使此两界限以一定的概率包括真值在内。这两个界限所包括的值的范围称为平均值的置信区间。平均值的置信区间有双边的也有单边的。

(1)双边置信区间

双边置信区间用公式(6)计算：

$$\overline{X}-t_{\alpha/2}S/\sqrt{n}\leqslant\mu\leqslant\overline{X}+t_{\alpha/2}S/\sqrt{n} \qquad (6)$$

式中：$S/\sqrt{n}$——算术平均值的标准差，或称标准误差；

$t_{\alpha/2}$——t 分布表中与观测个数 n 和置信度 α 有关的分位值。

式(6)的左侧限定双边置信区间的下限，可简称置信下限；右侧限定双边置信区间的上限，简称置信上限。

(2)单边置信区间(参看注①)

限制下限时，　　$\mu>\overline{X}-t_{\alpha/2}S/\sqrt{n}$ 　　(7)

式(7)右侧可称下置信限。

限制上限时，　　$\mu > \overline{X} + t_{\alpha/2}S/\sqrt{n}$　　(8)

注：①指标准差未知情况。如已知标准差或 n 大，在式(6)～式(8)中用 $Z_{\alpha/2}$ 或 Z_{α} 代替 $t_{\alpha/2}$ 或 t_{α}。

如果对某项指标只要求其均值符合规定的标准(此时指标的各观测值会有50%大于均值和50%小于均值)，则也有以下两种情况：

①要求限制的是平均值的低值 $L_{\overline{X}}$，此时

$$\overline{X} - t_{\alpha/2}S/\sqrt{n} \geqslant L_{\overline{X}} \qquad \text{标准(5)}$$

也就是观测试验结果平均值的下置信限应该大于规定的平均值下限。

在本规范中，对压实度的检验就采用了标准(5)的评定方法。例如，规定路基的压实度为95%，对压实度检验 n 次后，如统计结果满足 $\overline{X} - t_{\alpha/2}S/\sqrt{n} \geqslant 95\%$，则压实度就可判为合格，否则就不合格。

②要求限制的是平均值的高值 $U_{\overline{X}}$，此时

$$\overline{X} + t_{\alpha}S/\sqrt{n} \leqslant U_{\overline{X}} \qquad \text{标准(6)}$$

如果对某项指标要求检验其均值(或把设计标准作为均值)，并规定一个接收低限 LL 和一个接收高限 UL，在此情况下，评定方法应以标准(7)为基础：

$$LL \leqslant \overline{X} \leqslant UL$$

或

$$\left.\begin{array}{l}\overline{X} - t_{\alpha/2}S/\sqrt{n} \geqslant LL \\ \overline{X} + t_{\alpha/2}S/\sqrt{n} \leqslant UL\end{array}\right\} \qquad \text{标准(7)}$$

在此我们可以看到，在采用平均值的置信限评定检验结果时，仍会有20%～40%的单个检验值小于规定的低限或大于规定的高限，也就是缺陷比例仍可达20%～40%。

以标准(6)为例，如 $n=9$，$\alpha=0.05$ 时，$t_{\alpha}=1.860$，$t_{\alpha}/\sqrt{n}=0.62$，标准(6)的左侧就变为 $\overline{X}+0.62S$，此式相当于上波动限[标准(2)]，按正态分布表，系数0.62相应的概率为0.732 4，即超出此波动限的单个检验值将达26.76%。$\alpha=0.05$，不同 n 时，单个检验值超过此界限的百分率如下：

n	6	9	12	16	20	25	40
$t_{0.05}/\sqrt{n}$	0.823	0.620	0.518	0.438	0.387	0.342	0.263
相应概率	0.7947	0.7324	0.6978	0.6693	0.6506	0.6338	0.6037
超出百分率(%)	20.53	26.76	30.22	33.07	34.94	36.62	39.63

如用 $\alpha=0.10$，则超出百分率将更大。

本规范对压实度检验，采用观测值的下置信限[标准(5)]作为衡量标准，实际上是采用平均值来衡量。

为什么采用平均值而不用单个观测值来衡量呢？有的国家曾采用单个观测值衡量，我国前《公路工程质量检验评定标准》也是采用单个观测值衡量的，而且不允许出现小于规定值的观测值，一旦出现一个，即认为是不合格。也就是采用观测值的下波动限衡量[标准(1)]，而且要采用相当于3倍标准差的概率，即 $\overline{X}-3S$ 大于等于规定值。因为只有在此时，才能说不会有小于规定值的观测值。根据实际观测，施工质量好的路基压实度的偏差系数 C_v 约3%，一般 C_v 为4%，有时甚至超过5%。标准(1)可变换为式(9)：

$$\overline{X}(1 - Z_{\alpha}C_v) \geqslant \text{规定值} \qquad (9)$$

如采用 $Z_{\alpha}=2$，$C_v=0.04$ 和压实度规定值 $K_d=93\%$，则

$$\overline{X} \geqslant 93\%(1 - 2 \times 0.04)$$

$$\overline{X} \geqslant 101.1\%$$

也就是说，如平均压实度达到101.1%，则观测值大于93%的概率是97.7%，此时观测值还有2.3%的可能性小于93%，或还可能有2.3%的观测值小于95%。如果检查时恰巧碰上一个小于93%的点，则就会被判为压实度不合格。要想不会碰到小于93%的点，则就要用 $Z_{\alpha}=3$，此时

$$\overline{X} \geqslant 93\%(1 - 3 \times 0.04)$$

$$\overline{X} \geqslant 105.7\%$$

也就是说，只有压实度的平均值达到105.7%，才能保证路段上不会有小于93%的值。如 K_d = 95%，则 $\overline{X}$ 要大于或等于108.0%，才能保证路段上不会有小于95%的值。

以上是 $C_v = 4\%$ 的情况。如路基施工质量不大好，$C_v = 5\%$，则 $K_d = 93\%$ 时相当于 $Z_\alpha = 2$ 的 $\overline{X} \geqslant 103.3\%$，相当于 $Z_\alpha = 3$ 的 $\overline{X} \geqslant 109.4\%$。显然，要求平均压实度达到这样高是不可能的。例如，前苏联一干线公路施工中得出压实度的平均值为95.5%～98.9%，最大标准差4.2%～6.0%，约有40%～50%的测点不符合技术规范的要求。根据前民主德国1972年的公路调查资料，整理得路基压实度的统计特性列在附表9-1中。

附表 9-1　前民主德国路基压实度的统计特性

K_d(%)	实际观测值					
	n	X (%)	S (%)	范围 (%)	C_v (%)	满足要求的试验点 (%)
≥100	64	99.0	1.33	7	1.34	25

应该说，附表9-1中相应的路基施工质量是较好的，因为它的偏差系数只有1.34%。

又如，1980年交通部公路科学研究所与广西玉林公路总段合作铺筑的一段2m高的试验路堤，施工时分10层施工，每层20cm，在施工过程中分层检查了压实度，现将上部6层的检验结果列在附表9-2中。

附表 9-2　玉林试验路堤的压实度统计特性

特性 \ 深度(cm)	0～15	15～30	30～50	50～70	70～90	90～110	合计
n	20	41	26	21	39	15	162
$\overline{K}$(%)	94.75	93.66	93.65	93.57	93.38	95.60	93.93
S(%)	3.68	2.88	4.10	2.87	3.02	5.07	3.48
C_v(%)	3.89	3.07	4.38	3.07	3.24	5.30	3.70
范围(%)	87～100	87～101	86～109	86～98	87～98	88～102	86～102
下置信限(%)	93.58	92.90	92.28	92.49	92.56	93.29	93.46

该段路堤竣工后，用后轴重100kN的黄河车测得平均回弹弯沉值为0.77mm，97.7%概率的代表弯沉值为1.02mm。用直径304mm承载板测得的回弹模量平均值高达127MPa。应该说，这段路基的压实结果是满意的。但从附表9-2中可以看到，该段各层压实度的平均值是93.38%～95.60%。综合在一起看，162个观测值的平均值为93.93%，下置信限为93.46%，达到要求压实度93%的要求。在这162个测点中压实度小于90%的测点有14个，其中89%的点6个，88%的点2个，87%的点4个，86%的点2个。按表中值推算，小于93%的测点应占40.07%，实际检查得92%以下的点占34.6%。可以说，数理统计的推断结果与实际检查结果很接近。

为什么不直接用平均值衡量而要用平均值的单边下置信限衡量呢？由于每次检验不可能测很多点，一人根据少数测点算得的平均值与另一人再去检验一些点算得的平均值不可能相同。如施工单位检验得的平均值合格，监理部门检验得的平均值不合格，就会产生矛盾，发生问题。而发生这种问题的可能性达50%。为了避免产生这种矛盾，本规范采用平均值的下置信限衡量。如采用95%的置信水平，则不管谁来检测，所得的平均值将有95%的概率在所定下置信限之上，发生矛盾的可能性最多只有5%。

9.4.4　多条高速公路的实践证明，质量符合要求的水泥碎(砾)石基层养生3d后，无论用进口或国产路面钻机都能取出完整的钻件。

通过对多条已通车高速公路沥青路面的调查表明，面层的局部网裂、形变，甚至坑洞常与基层不成整体有关。检查基层整体性的最好办法是取钻件。

附录 A　回弹弯沉值的计算与检验

A.0.2　经验公式(A.0.2)是在几段竣工土基上的近 100 个点先用后轴重 100kN 卡车测量其回弹弯沉值,然后在同一点用 D304mm 的刚性承载板测量其回弹弯沉值,对所得的配对数据,用回归分析得出。

按式(A.0.2),不同 E_0 值时的 l_0 如下:

E_0(MPa):	30	35	40	45	50	55	60	65	
l_0(0.01mm):	383	332	292	262	237	217	200	185	
E_0(MPa):	70	75	80	85	90	100	110	120	140
l_0(0.01mm):	173	162	153	144	137	124	113	104	90

对于里程较长的高速公路和一级公路工程,应先进行类似的对比试验,并用回归分析得出适合于本工程的关系式。

A.0.3　综合修正系数 F 的计算式(A.0.3-1)是根据我国"八·五"国家攻关课题《高等级公路半刚性基层沥青路面典型结构的研究》所得综合修正系数公式推演得出的。

典型结构的公式

$$F=2.01\left(\frac{l_s E_0}{2p\delta}\right)^{0.46} \quad \text{(附 A.0.3-1)}$$

根据弹性层状体系理论,路面结构层表面的理论弯沉值 l_L 为:

$$l_L=\frac{2p\delta}{E_0}\alpha_L \quad \text{(附 A.0.3-2)}$$

路面表面的实际弯沉值 l_s 为:

$$l_s=l_L F$$

因此

$$l_s=\frac{2p\delta}{E_0}\alpha_L F$$

$$l_s=\frac{2p\delta}{E_0}\alpha_L\times 2.01\left(\frac{l_s E_0}{2p\delta}\right)^{0.46}$$

$$l_s^{0.54}=\left(\frac{2p\delta}{E_0}\right)^{0.54}\times 2.01\alpha_L$$

$$l_s=\frac{2p\delta}{E_0}\times 2.01^{1.8519}\alpha_L^{1.8519}$$

$$=\frac{2p\delta}{E_0}\alpha_L\times 3.643\alpha_L^{1.8519}$$

由此得:

$$F=3.643\alpha_L^{1.8519} \quad \text{(附 A.0.3-3)}$$

式(附 A.0.3-3)即式(A.0.3-1)。

JTG

中华人民共和国行业标准 JTG F30—2003

公路水泥混凝土路面施工技术规范

chnical Specifications for Construction of Highway Cement Concrete Pavements

2003-03-28 发布 2003-07-01 实施

中华人民共和国交通部发布

中华人民共和国交通部公告

第5号

关于发布《公路水泥混凝土路面施工技术规范》(JTG F30—2003)的公告

现发布《公路水泥混凝土路面施工技术规范》(JTG F30—2003),自2003年7月1日起施行。

该《规范》由交通部公路科学研究所主编并负责解释,人民交通出版社出版。请各单位在实践中注意积累资料,总结经验,及时将发现的问题和修改意见函告交通部公路所(北京西土城路8号,邮编100088,电话:010-62079687)与中建标公路工程委员会秘书处(北京西土城路8号,邮编100088,电话:010-62079195),以便修订时参考。

特此公告。

中华人民共和国交通部

二○○三年三月二十八日

前　言

根据交通部交公路发(1999)739号《关于下达1999年度公路建设标准、规范、定额等编制、修订工作计划的通知》,由交通部公路科学研究所作为《公路水泥混凝土路面施工技术规范》的主编单位,湖南省、广西壮族自治区、广东省、黑龙江省交通厅作为参编单位进行该规范的修订工作。

在本规范编制过程中,开展了专题研究,进行了广泛调查研究,总结了自1987年以来我国水泥混凝土路面已经发展和成熟的5种施工方式,以及多种新型水泥混凝土路面结构形式,参考ISO/IEC标准及发达国家的水泥混凝土路面施工技术规范,提出征求意见稿,并以多种方式广泛征求了全国各有关单位意见,进行了反复修改、审查,中建标公路委员会组织总校,由交通部审批定稿。

本规范规定的主要内容有:

1. 水泥混凝土路面原材料、配合比及所用辅助材料的技术要求;

2. 路面混凝土搅拌和运输技术要求;

3. 目前我国水泥混凝土路面施工采用的5种施工方式(滑模、轨道、碾压、三辊轴、小型机具施工)的各工艺环节;

4. 新型水泥混凝土路面结构形式(钢筋混凝土、钢纤维混凝土路面及桥面等)的施工方式和技术;

5. 接缝施工、抗滑构造施工及特殊气候条件下的施工技术要求;

6. 水泥混凝土路面施工质量管理与检查验收、安全生产。

为了提高规范质量,并将新技术、新材料、新工艺及时地反映在规范中,请各单位在执行本规范的过程中,注意总结经验、积累资料,对使用过程中发现的问题和修改建议,随时函告交通部公路科学研究所(地址:北京西土城路8号,邮政编码:100088),以便今后修订时参考。

主 编 单 位:交通部公路科学研究所

参 编 单 位:湖南省交通厅

广西壮族自治区交通厅

广东省交通厅

黑龙江省交通厅

主要起草人:傅智、刘清泉、牛开民、喻波、梁军林、徐加绛、杨泽涛

目　次

1 总则

1.0.1 为适应公路建设和交通运输发展的需要，提高我国公路水泥混凝土路面（简称混凝土路面）工程的施工技术水平，保证其施工质量，制定本规范。

1.0.2 本规范适用于采用滑模摊铺机、轨道摊铺机、三辊轴机组、小型机具施工的各级新建或改建公路混凝土路面工程，也适用于采用沥青摊铺机摊铺的碾压混凝土路面工程。

1.0.3 混凝土路面的施工应根据合同及设计文件、施工现场所处的气候、水文、地形等环境条件，选择满足质量指标要求、性能稳定的原材料，确定配合比、设备种类和施工工艺，进行详细的施工组织设计，建立完备的施工质量保障体系。

1.0.4 混凝土路面施工应积极采用新材料、新装备、新工艺和新技术，不断提高混凝土路面工程质量和施工技术水平。

1.0.5 混凝土路面施工除应符合本规范外，尚应符合国家现行有关标准的规定。

2 术语

2.0.1 路面水泥混凝土 Paving Cement Concrete

满足路面摊铺工作性、弯拉强度、表面功能、耐久性及经济性等要求的水泥混凝土材料。

2.0.2 滑模铺筑 Slipform Paving

采用滑模摊铺机铺筑混凝土路面的施工工艺。其特征是不架设边缘固定模板，能够一次完成布料摊铺、振捣密实、挤压成形、抹面修饰等混凝土路面摊铺功能。

2.0.3 轨道铺筑 Trailform Paving

采用轨道摊铺机铺筑混凝土路面的施工工艺。

2.0.4 三辊轴机组铺筑 Paving By Vibrator and Triple-roller-tube Combination

采用振捣机、三辊轴整平机等机组铺筑混凝土路面的施工工艺。

2.0.5 小型机具铺筑 Simple Machine Paving

采用固定模板，人工布料，手持振捣棒、振动板或振捣梁振实，棍杠、修整尺、抹刀整平的混凝土路面施工工艺。

2.0.6 碾压混凝土路面铺筑 Paving by Roller Compacted Concrete Pavement

采用特干硬性水泥混凝土拌合物，使用沥青摊铺机摊铺、压路机械碾压密实成形的混凝土路面施工工艺。

2.0.7 真空脱水工艺 Vacuum Pumping Technique

混凝土路面摊铺后，随即使用真空泵及真空垫等专用吸水装置，将新铺筑路面混凝土中多余水分吸除的一种面层施工工艺。

2.0.8 工作性 Workability

混凝土拌合物在浇注、振捣、成形、抹平等过程中的可操作性。它是拌合物流动性、可塑性、稳定性和易密性的综合体现。

2.0.9 振动黏度系数 Vibrating Viscosity Coefficient

在特定振动能量作用下，混凝土拌合物内部阻碍水泥、粗细集料、气泡等质点相对运动的摩阻能力。它反映了振捣时混凝土拌合物中气体上升排除、集料下沉稳固的难易程度，用于测定混凝土拌合物的振捣易密性。

2.0.10 碾压混凝土压实度 Compacting Ratio of Roller Compacted Concrete

干硬性混凝土拌合物现场压实后的湿密度与配合比设计时标准压实（空隙率为4%）下湿密度之比。

2.0.11 改进VC值 Modified VC Value

用于测定碾压混凝土拌合物稠度的一种改进的维勃工作度。

2.0.12 振捣棒的有效作用半径 Vibrator Effective Radius

插入式振捣棒在混凝土拌合物中能振实该拌合物的作用距离。

2.0.13 构造深度 Texture Depth

使用拉毛、塑性刻槽或硬性刻槽等工艺制作的沟槽或纹理的平均深度。

2.0.14 基准水泥混凝土 Reference Cement Concrete

不掺掺合料或外加剂的水泥混凝土。在对比掺合料的使用效果时，为不掺掺合料但掺有外加剂的混凝土；在比较外加剂的使用效果时，为无掺合料和外加剂、用基准水泥配制的混凝土。

2.0.15 粉煤灰超量取代法 Over Substitute Method of Fly Ash

通过超量取代水泥使粉煤灰混凝土与基准混凝土在相同龄期时获得同等强度的掺配方法。

2.0.16 粉煤灰超量取代系数 Over Substitute Coefficient of Fly Ash

粉煤灰掺入量与其所取代水泥量的比值。

2.0.17 填缝料形状系数 Fillers' Shape Coefficient

填缝料灌缝时的深度与宽度之比。

2.0.18 前置钢筋支架法 Pre-located Steel Guesses Method

混凝土路面铺筑过程中,布料前在基层上预先安置胀缝或缩缝传力杆钢筋支架的一种施工方法。

2.0.19 传力杆插入装置 Dowel Bar Inserter (DBI)

滑模摊铺机配备的一种可自动插入缩缝传力杆的装置。

2.0.20 碱集料反应 Alkali Aggregate Reaction

指混凝土中的碱和环境中可能渗入的碱与集料中的碱活性矿物成分在混凝土固化后缓慢发生导致混凝土破坏的化学反应。

2.0.21 亚甲蓝 MB 值 MB Value

用于判定机制砂中粒径小于 75μm 的颗粒主要是泥土还是石粉的指标。

2.0.22 砂浆磨光值 Polished Mortar Value(PMV)

经磨光后砂浆表面的摩擦系数。

2.0.23 填充体积率 Filling Volume Radio

混凝土中粗集料的体积占有率。用 1 m^3 混凝土中粗集料用量除以其视密度计算。

2.0.24 轻物质 Light Materials

表观密度小于 2000kg/m^3 的物质。

3 原材料技术要求

3.1 水泥

3.1.1 特重、重交通路面宜采用旋窑道路硅酸盐水泥,也可采用旋窑硅酸盐水泥或普通硅酸盐水泥;中、轻交通的路面可采用矿渣硅酸盐水泥;低温天气施工或有快通要求的路段可采用R型水泥,此外宜采用普通型水泥。各交通等级路面水泥抗折强度、抗压强度应符合表3.1.1的规定。

表3.1.1 各交通等级路面水泥各龄期的抗折强度、抗压强度

交通等级	特重交通		重交通		中、轻交通	
龄期(d)	3	28	3	28	3	28
抗压强度(MPa),≥	25.5	57.5	22.0	52.5	16.0	42.5
抗折强度(MPa),≥	4.5	7.5	4.0	7.0	3.5	6.5

3.1.2 水泥进场时每批量应附有化学成分、物理、力学指标合格的检验证明。各交通等级路面所使用水泥的化学成分、物理性能等路用品质要求应符合表3.1.2的规定。

表3.1.2 各交通等级路面用水泥的化学成分和物理指标

水泥性能	特重、重交通路面	中、轻交通路面
铝酸三钙	不宜>7.0%	不宜>9.0%
铁铝酸四钙	不宜<15.0%	不宜<12.0%
游离氧化钙	不得>1.0%	不得>1.5%
氧化镁	不得>5.0%	不得>6.0%
三氧化硫	不得>3.5%	不得>4.0%
碱含量	$Na_2O+0.658K_2O \leqslant 0.6\%$	怀疑有碱活性集料时,≤0.6%; 无碱活性集料时,≤1.0%
混合材种类	不得掺窑灰、煤矸石、火山灰和黏土,有抗盐冻要求时不得掺石灰、石粉	不得掺窑灰、煤矸石、火山灰和黏土,有抗盐冻要求时不得掺石灰、石粉
水泥性能	特重、重交通路面	中、轻交通路面
出磨时安定性	雷氏夹或蒸煮法检验必须合格	蒸煮法检验必须合格
标准稠度需水量	不宜>28%	不宜>30%
烧失量	不得>3.0%	不得>5.0%
比表面积	宜在300~450m^2/kg	宜在300~450m^2/kg
细度(80μm)	筛余量不得>10%	筛余量不得>10%
初凝时间	不早于1.5h	不早于1.5h
终凝时间	不迟于10h	不迟于10h
28d干缩率*	不得>0.09%	不得>0.10%
耐磨性*	不得>3.6kg/m^2	不得>3.6kg/m^2

注:*28d干缩率和耐磨性试验方法采用《道路硅酸盐水泥》(GB 13693)标准。

3.1.3 选用水泥时,除满足表3.1.1、3.1.2的各项规定外,还应通过混凝土配合比试验,根据其配制弯拉强度、耐久性和工作性优选适宜的水泥品种、强度等级。

3.1.4 采用机械化铺筑时，宜选用散装水泥。散装水泥的夏季出厂温度：南方不宜高于65℃，北方不宜高于55℃；混凝土搅拌时的水泥温度：南方不宜高于60℃，北方不宜高于50℃，且不宜低于10℃。

3.1.5 当贫混凝土和碾压混凝土用做基层时，可使用各种硅酸盐类水泥。不掺用粉煤灰时，宜使用强度等级32.5级以下的水泥。掺用粉煤灰时，只能使用道路水泥、硅酸盐水泥、普通水泥。水泥的抗压强度、抗折强度、安定性和凝结时间必须检验合格。

3.2 粉煤灰及其他掺合料

3.2.1 混凝土路面在掺用粉煤灰时，应掺用质量指标符合表3.2.1规定的电收尘I、II级干排或磨细粉煤灰，不得使用III级粉煤灰。贫混凝土、碾压混凝土基层或复合式路面下面层应掺用符合表3.2.1规定的III级或III级以上粉煤灰，不得使用等外粉煤灰。

表3.2.1 粉煤灰分级和质量指标

粉煤灰等级	细度①(45μm气流筛，筛余量)(%)	烧失量(%)	需水量比(%)	含水量(%)	Cl^-(%)	SO_3(%)	混合砂浆活性指数②	
							7d	28d
I	≤12	≤5	≤95	≤1.0	<0.02	≤3	≥75	≥85(75)
II	≤20	≤8	≤105	≤1.0	<0.02	≤3	≥70	≥80(62)
III	≤45	≤15	≤115	≤1.5	—	≤3	—	—

注：①45μm气流筛的筛余量换算为80μm水泥筛的筛余量时换算系数约为2.4；

②混合砂浆的活性指数为掺粉煤灰的砂浆与水泥砂浆的抗压强度比的百分数，适用于所配制混凝土强度等级大于等于C40的混凝土；当配制的混凝土强度等级小于C40时，混合砂浆的活性指数要求应满足28d括号中的数值。

3.2.2 粉煤灰宜采用散装灰，进货应有等级检验报告。应确切了解所用水泥中已经加入的掺合料种类和数量。

3.2.3 路面和桥面混凝土中可使用硅灰或磨细矿渣，使用前应经过试配检验，确保路面和桥面混凝土弯拉强度、工作性、抗磨性、抗冻性等技术指标合格。

3.3 粗集料

3.3.1 粗集料应使用质地坚硬、耐久、洁净的碎石、碎卵石和卵石，并应符合表3.3.1的规定。高速公路、一级公路、二级公路及有抗(盐)冻要求的三、四级公路混凝土路面使用的粗集料级别应不低于II级，无抗(盐)冻要求的三、四级公路混凝土路面、碾压混凝土及贫混凝土基层可使用III级粗集料。有抗(盐)冻要求时，I级集料吸水率不应大于1.0%；II级集料吸水率不应大于2.0%。

表3.3.1 碎石、碎卵石和卵石技术指标

项目	技术要求		
	I级	II级	III级
碎石压碎指标(%)	<10	<15	<20①
卵石压碎指标(%)	<12	<14	<16
坚固性(按质量损失计%)	<5	<8	<12
针片状颗粒含量(按质量计%)	<5	<15	<20②
含泥量(按质量计%)	<0.5	<1.0	<1.5
泥块含量(按质量计%)	<0	<0.2	<0.5
有机物含量(比色法)	合格	合格	合格
硫化物及硫酸盐(按SO_3质量计%)	<0.5	<1.0	<1.0
岩石抗压强度	火成岩不应小于100MPa；变质岩不应小于80MPa；水成岩不应小于60MPa		
表观密度	>2500kg/m³		
松散堆积密度	>1350kg/m³		
空隙率	<47%		
碱集料反应	经碱集料反应试验后，试件无裂缝、酥裂、胶体外溢等现象，在规定试验龄期的膨胀率应小于0.10%		

注：①III级碎石的压碎指标，用做路面时，应小于20%；用做下面层或基层时，可小于25%；

②III级粗集料的针片状颗粒含量，用做路面时，应小于20%；用做下面层或基层时，可小于25%。

3.3.2 用做路面和桥面混凝土的粗集料不得使用不分级的统料，应按最大公称粒径的不同采用2～4个粒级的集料进行掺配，并应符合表3.3.2合成级配的要求。卵石最大公称粒径不宜大于19.0mm；碎卵石最大公称粒径不宜大于26.5mm；碎石最大公称粒径不应大于31.5mm。贫混凝土基层粗集料最大公称粒径不应大于31.5mm；钢纤维混凝土与碾压混凝土粗集料最大公称粒径不宜大于19.0mm。碎卵石或碎石中粒径小于75μm的石粉含量不宜大于1%。

表3.3.2 粗集料级配范围

类型＼级配＼粒径		方筛孔尺寸（mm）							
		2.36	4.75	9.50	16.0	19.0	26.5	31.5	37.5
		累计筛余（以质量计）（%）							
合成级配	4.75～16	95～100	85～100	40～60	0～10				
	4.75～19	95～100	85～95	60～75	30～45	0～5	0		
	4.75～26.5	95～100	90～100	70～90	50～70	25～40	0～5	0	
	4.75～31.5	95～100	90～100	75～90	60～75	40～60	20～35	0～5	0
粒级	4.75～9.5	95～100	80～100	0～15	0				
	9.5～16		95～100	80～100	0～15	0			
	9.5～19		95～100	85～100	40～60	0～15	0		
	16～26.5			95～100	55～70	25～40	0～10	0	
	16～31.5			95～100	85～100	55～70	25～40	0～10	0

3.4 细集料

3.4.1 细集料应采用质地坚硬、耐久、洁净的天然砂、机制砂或混合砂，并应符合表3.4.1的规定。高速公路、一级公路、二级公路及有抗（盐）冻要求的三、四级公路混凝土路面使用的砂应不低于II级，无抗（盐）冻要求的三、四级公路混凝土路面、碾压混凝土及贫混凝土基层可使用III级砂。特重、重交通混凝土路面宜使用河砂，砂的硅质含量不应低于25%。

表3.4.1 细集料技术指标

项目	技术要求		
	I级	II级	III级
机制砂单粒级最大压碎指标（%）	<20	<25	<30
氯化物（氯离子质量计%）	<0.01	<0.02	<0.06
坚固性（按质量损失计%）	<6	<8	<10
云母（按质量计%）	<1.0	<2.0	<2.0
天然砂、机制砂含泥量（按质量计%）	<1.0	<2.0	<3.0①
天然砂、机制砂泥块含量（按质量计%）	0	<1.0	<2.0
机制砂MB值<1.4或合格石粉含量②（按质量计%）	<3.0	<5.0	<7.0
机制砂MB值≥1.4或不合格石粉含量（按质量计%）	<1.0	<3.0	<5.0
有机物含量（比色法）	合格	合格	合格
硫化物及硫酸盐（按SO_3质量计%）	<0.5	<0.5	<0.5
轻物质（按质量计%）	<1.0	<1.0	<1.0
机制砂母岩抗压强度	火成岩不应小于100MPa；变质岩不应小于80MPa；水成岩不应小于60MPa		
表观密度	>2500kg/m³		
松散堆积密度	>1350kg/m³		
空隙率	<47%		
碱集料反应	经碱集料反应试验后，由砂配制的试件无裂缝、酥裂、胶体外溢等现象，在规定试验龄期的膨胀率应小于0.10%		

注：①天然III级砂用做路面时，含泥量应小于3%；用做贫混凝土基层时，可小于5%；

②亚甲蓝试验MB试验方法见附录B。

3.4.2 细集料的级配要求应符合表3.4.2的规定，路面和桥面用天然砂宜为中砂，也可使用细度模数在2.0~3.5之间的砂。同一配合比用砂的细度模数变化范围不应超过0.3，否则，应分别堆放，并调整配合比中的砂率后使用。

表3.4.2 细集料级配范围

砂分级	方筛孔尺寸(mm)					
	0.15	0.30	0.60	1.18	2.36	4.75
	累计筛余（以质量计）(%)					
粗砂	90~100	80~95	71~85	35~65	5~35	0~10
中砂	90~100	70~92	41~70	10~50	0~25	0~10
细砂	90~100	55~85	16~40	0~25	0~15	0~10

3.4.3 路面和桥面混凝土所使用的机制砂除应符合表3.4.1和表3.4.2规定外，还应检验砂浆磨光值，其值宜大于35，不宜使用抗磨性较差的泥岩、页岩、板岩等水成岩类母岩品种生产机制砂。配制机制砂混凝土应同时掺引气高效减水剂。

3.4.4 在河砂资源紧缺的沿海地区，二级及二级以下公路混凝土路面和基层可使用淡化海砂，缩缝设传力杆混凝土路面不宜使用淡化海砂；钢筋混凝土及钢纤维混凝土路面和桥面不得使用淡化海砂。淡化海砂除应符合表3.4.1和表3.4.2要求外，尚应符合下述规定：

1 淡化海砂带入每立方米混凝土中的含盐量不应大于1.0kg。

2 淡化海砂中碎贝壳等甲壳类动物残留物含量不应大于1.0%。

3 与河砂对比试验，淡化海砂应对砂浆磨光值、混凝土凝结时间、耐磨性、弯拉强度等无不利影响。

3.5 水

3.5.1 饮用水可直接作为混凝土搅拌和养护用水。对水质有疑问时，应检验下列指标，合格者方可使用。

1 硫酸盐含量（按SO_4^{2-}计）小于0.0027mg/mm^3。

2 含盐量不得超过0.005mg/mm^3。

3 pH值不得小于4。

4 不得含有油污、泥和其他有害杂质。

3.6 外加剂

3.6.1 外加剂的产品质量应符合表3.6.1的各项技术指标。供应商应提供有相应资质外加剂检测机构的品质检测报告，检验报告应说明外加剂的主要化学成分，认定对人员无毒副作用。

表3.6.1 混凝土外加剂产品的技术性能指标

试验项目	普通减水剂	高效减水剂	早强减水剂	缓凝高效减水剂	缓凝减水剂	引气减水剂	早强剂	缓凝剂	引气剂
减水率(%)，≮	8	15	8	15	8	12	—	—	6
泌水率比(%)，≯	95	90	95	100	100	70	100	100	70
含气量(%)	≤3.0	≤4.0	≤3.0	<4.5	<5.5	>3.0	—	—	>3.0

续上表

试验项目		普通减水剂	高效减水剂	早强减水剂	缓凝高效减水剂	缓凝减水剂	引气减水剂	早强剂	缓凝剂	引气剂
凝结时间(min)	初凝	-90 ~ +120	-90 ~ +120	-90 ~ +90	> +90	> +90	-90 ~ +120	-90 ~ +90	> +90	-90 ~ +120
	终凝				—	—			—	
抗压强度比(%)≮	1d	—	140	140	—	—	—	135	—	—
	3d	115	130	130	125	100	115	130	100	95
	7d	115	125	115	125	110	110	110	100	95
	28d	110	120	105	120	110	100	100	100	90
收缩率比(%)28d,≯		120	120	120	120	120	120	120	120	120
抗冻标号		50	50	50	50	50	200	50	50	200
对钢筋锈蚀作用		应说明对钢筋无锈蚀危害								

注:(1)除含气量外,表中数据为掺外加剂混凝土与基准混凝土差值或比值;

(2)凝结时间指标"-"表示提前,"+"表示延缓。

3.6.2 引气剂应选用表面张力降低值大、水泥稀浆中起泡容量多而细密、泡沫稳定时间长、不溶残渣少的产品。有抗冰(盐)冻要求地区,各交通等级路面、桥面、路缘石、路肩及贫混凝土基层必须使用引气剂;无抗冰(盐)冻要求地区,二级及二级以上公路路面混凝土中应使用引气剂。

3.6.3 各交通等级路面、桥面混凝土宜选用减水率大、坍落度损失小、可调控凝结时间的复合型减水剂。高温施工宜使用引气缓凝(保塑)(高效)减水剂;低温施工宜使用引气早强(高效)减水剂。选定减水剂品种前,必须与所用的水泥进行适应性检验。

3.6.4 处在海水、海风、氯离子、硫酸根离子环境的或冬季洒除冰盐的路面或桥面钢筋混凝土、钢纤维混凝土中宜掺阻锈剂。

3.7 钢筋

3.7.1 各交通等级混凝土路面、桥面和搭板所用钢筋网、传力杆、拉杆等钢筋应符合国家有关标准的技术要求。

3.7.2 各交通等级混凝土路面、桥面和搭板所用钢筋应顺直,不得有裂纹、断伤、刻痕、表面油污和锈蚀。传力杆钢筋加工应锯断,不得挤压切断;断口应垂直、光圆,用砂轮打磨掉毛刺,并加工成2~3mm圆倒角。

3.8 钢纤维

3.8.1 用于公路混凝土路面和桥面的钢纤维除应满足《混凝土用钢纤维》(YB/T 151)的规定外,还应符合下列技术要求:

1 单丝钢纤维抗拉强度不宜小于600MPa。

2 钢纤维长度应与混凝土粗集料最大公称粒径相匹配,最短长度宜大于粗集料最大公称粒径的1/3;最大长度不宜大于粗集料最大公称粒径的2倍;钢纤维长度与标称值的偏差不应超过±10%。

3.8.2 路面和桥面混凝土中，宜使用防锈蚀处理的钢纤维；宜使用有锚固端的钢纤维。不得使用表面磨损前后裸露尖端导致行车不安全的钢纤维；不宜使用搅拌易成团的钢纤维。

3.9 接缝材料

3.9.1 应选用能适应混凝土面板膨胀和收缩、施工时不变形、弹性复原率高、耐久性好的胀缝板。高速公路、一级公路宜采用塑胶、橡胶泡沫板或沥青纤维板；其他公路可采用各种胀缝板。其技术要求应符合表3.9.1的规定。

表3.9.1 胀缝板的技术要求

试验项目	胀缝板种类		
	木材类	塑胶、橡胶泡沫类	纤维类
压缩应力(MPa)	5.0~20.0	0.2~0.6	2.0~10.0
弹性复原率(%)	≥55	≥90	≥65
挤出量 (mm)	<5.5	<5.0	<3.0
弯曲荷载 (N)	100~400	0~50	5~40

注：各类胀缝板吸水后的压缩应力不应小于不吸水的90%，木板应去除结疤，沥青浸泡后木板厚度应为(20~25)±1mm。

3.9.2 填缝材料应具有与混凝土板壁黏结牢固、回弹性好、不溶于水、不渗水，高温时不挤出、不流淌、抗嵌入能力强、耐老化龟裂，负温拉伸量大，低温时不脆裂、耐久性好等性能。填缝料有常温施工式和加热施工式两种，其技术指标应分别符合表3.9.2-1、表3.9.2-2的规定。常温施工式填缝料主要有聚(氨)酯、硅树脂类，氯丁橡胶、沥青橡胶类等。加热施工式填缝料主要有沥青玛蹄脂类、聚氯乙烯胶泥类、改性沥青类等。高速公路、一级公路应优选使用树脂类、橡胶类或改性沥青类填缝材料，并宜在填缝料中加入耐老化剂。

表3.9.2-1 常温施工式填缝料技术要求

试验项目	低弹性型	高弹性型
失黏(固化)时间(h)	6~24	3~16
弹性复原率(%)	≥75	≥90
流动度(mm)	0	0
(-10℃)拉伸量(mm)	≥15	≥25
与混凝土黏结强度(MPa)	≥0.2	≥0.4
黏结延伸率(%)	≥200	≥400

注：低弹性型适宜在气候严寒、寒冷地区使用；高弹性型适宜在炎热、温暖地区使用。

表3.9.2-2 加热施工式填缝料技术要求

试验项目	低弹性型	高弹性型
针入度(0.01mm)	<50	<90
弹性复原率(%)	≥30	≥60
流动度(mm)	<5	<2
(-10℃)拉伸量 (mm)	≥10	≥15

3.9.3 填缝时应使用背衬垫条控制填缝形状系数。背衬垫条应具有良好的弹性、柔韧性、不吸水、耐酸碱腐蚀和高温不软化等性能。背衬垫条材料有聚氨酯、橡胶或微孔泡沫塑料等，其形状应为圆柱形，直径应比接缝宽度大2~5mm。

3.10 其他材料

3.10.1 当使用油毡、玻纤网和土工织物做防裂层及修补基层裂缝时，油毡的物理力学性能应符合《石油沥青玻璃纤维胎油毡》（GB/T 14686）或《石油沥青玻璃布胎油毡》（JC/T 84）的规定；玻纤网和土工织物的技术性能应满足《公路土工合成材料应用技术规范》（JTJ/T 019）的规定。

3.10.2 传力杆套（管）帽、沥青及塑料薄膜应符合下列要求：

1 用于滑模摊铺的传力杆自动插入装置（DBI）缩缝传力杆塑料套管，其管壁厚度不应小于0.5mm，套管与传力杆应密切贴合，套管长度应比传力杆一半长度长30mm。

2 用于胀缝传力杆端部的套帽宜采用镀锌管或塑料管，厚度不应小于2.0mm；要求端部密封不透水，内径宜较传力杆直径大1.0～1.5mm，塑料套帽长度宜为100mm左右，镀锌套帽长度宜为50mm左右，顶部空隙长度均不应小于25mm。

3 用于滑动封层的石油沥青、改性沥青和乳化沥青，应符合《公路沥青路面施工技术规范》（JTJ 032）和《公路改性沥青路面施工技术规范》（JTJ 036）的规定。

4 用于滑动封层的软聚氯乙烯吹塑或压延塑料薄膜厚度不应小于0.12mm，拉伸强度不应小于12.0MPa，直角撕裂强度不应小于400N/mm。用于混凝土路面养生的塑料薄膜可为聚氯乙烯、聚乙烯、聚丙烯等品种，厚度不宜小于0.05mm。

3.10.3 用于混凝土路面养护的养生剂性能应符合表3.10.3的规定。

表3.10.3 混凝土路面施工用养生剂的技术指标

检验项目		一级品	合格品
有效保水率①，不小于（%）		90	75
抗压强度比②，不小于（%）	7d	95	90
	28d	95	90
磨损量③，不大于（kg/m²）		3.0	3.5
含固量，不小于（%）		20	
干燥时间，不短于（h）		4	
成膜后浸水溶解性④		应注明不溶或可溶	
成膜耐热性		合格	

注：①有效保水率试验条件：温度38℃±2℃；相对湿度32%±3%；风速0.5±0.2m/s；失水时间72h；

②抗压强度比也可为弯拉强度比，指标要求相同，可根据工程需要和用户要求选测；

③在对有耐磨性要求的表面上使用养生剂时为必检项目；

④露天养生的永久性表面，必须为不溶；在要求继续浇筑的混凝土结构上使用，应使用可溶，该指标由供需双方协商。

公路工程标准规范汇编全书·公路施工卷

10

4 混凝土配合比

4.1 普通混凝土配合比设计

4.1.1 普通混凝土配合比设计适用于滑模摊铺机、轨道摊铺机、三辊轴机组及小型机具四种施工方式。

4.1.2 普通混凝土路面的配合比设计在兼顾经济性的同时应满足下列三项技术要求：

1 弯拉强度

(1)各交通等级路面板的28d设计弯拉强度标准值f_r应符合《公路水泥混凝土路面设计规范》(JTG D40)的规定。

(2)应按式(4.1.2)计算配制28d弯拉强度的均值。

$$f_c = \frac{f_r}{1 - 1.04c_v} + ts \tag{4.1.2}$$

式中：f_c——配制28d弯拉强度的均值(MPa)；

f_r——设计弯拉强度标准值(MPa)；

s——弯拉强度试验样本的标准差(MPa)；

t——保证率系数，应按表4.1.2-1确定；

表4.1.2-1 保证率系数t

公路技术等级	判别概率p	样本数n(组)				
		3	6	9	15	20
高速公路	0.05	1.36	0.79	0.61	0.45	0.39
一级公路	0.10	0.95	0.59	0.46	0.35	0.30
二级公路	0.15	0.72	0.46	0.37	0.28	0.24
三、四级公路	0.20	0.56	0.37	0.29	0.22	0.19

c_v——弯拉强度变异系数，应按统计数据在表4.1.2-2的规定范围内取值；在无统计数据时，弯拉强度变异系数应按设计取值；如果施工配制弯拉强度超出设计给定的弯拉强度变异系数上限，则必须改进机械装备和提高施工控制水平。

表4.1.2-2 各级公路混凝土路面弯拉强度变异系数

公路技术等级	高速公路	一级公路		二级公路	三、四级公路	
混凝土弯拉强度变异水平等级	低	低	中	中	中	高
弯拉强度变异系数c_v允许变化范围	0.05~0.10	0.05~0.10	0.10~0.15	0.10~0.15	0.10~0.15	0.15~0.20

2 工作性

(1)滑模摊铺机前拌合物最佳工作性及允许范围应符合表4.1.2-3的规定。

表4.1.2-3 混凝土路面滑模摊铺最佳工作性及允许范围

指标 界限	坍落度 S_L(mm)		振动黏度系数 η(N·s/m²)
	卵石混凝土	碎石混凝土	
最佳工作性	20~40	25~50	200~500
允许波动范围	5~55	10~65	100~600

注:(1)滑模摊铺机适宜的摊铺速度应控制在0.5~2.0m/min之间;

(2)本表适用于设超铺角的滑模摊铺机;对不设超铺角的滑模摊铺机,最佳振动黏度系数为250~600N·s/m²;最佳坍落度,卵石为10~40mm,碎石为10~30mm;

(3)滑模摊铺时的最大单位用水量,卵石混凝土不宜大于155kg/m³,碎石混凝土不宜大于160kg/m³。

(2)轨道摊铺机、三辊轴机组、小型机具摊铺的路面混凝土坍落度及最大单位用水量,应满足表4.1.2-4的规定。

表4.1.2-4 不同路面施工方式混凝土坍落度及最大单位用水量

摊铺方式	轨道摊铺机摊铺		三辊轴机组摊铺		小型机具摊铺	
出机坍落度(mm)	40~60		30~50		10~40	
摊铺坍落度(mm)	20~40		10~30		0~20	
最大单位用水量 (kg/m³)	碎石 156	卵石 153	碎石 153	卵石 148	碎石 150	卵石 145

注:(1)表中的最大单位用水量系采用中砂、粗细集料为风干状态的取值,采用细砂时,应使用减水率较大的(高效)减水剂;

(2)使用碎卵石时,最大单位用水量可取碎石与卵石中值。

3 耐久性

(1)根据当地路面无抗冻性、有抗冻性或有抗盐冻性要求及混凝土最大公称粒径,路面混凝土含气量宜符合表4.1.2-5的规定。

表4.1.2-5 路面混凝土含气量及允许偏差(%)

最大公称粒径(mm)	无抗冻性要求	有抗冻性要求	有抗盐冻要求
19.0	4.0±1.0	5.0±0.5	6.0±0.5
26.5	3.5±1.0	4.5±0.5	5.5±0.5
31.5	3.5±1.0	4.0±0.5	5.0±0.5

(2)各交通等级路面混凝土满足耐久性要求的最大水灰(胶)比和最小单位水泥用量应符合表4.1.2-6的规定。最大单位水泥用量不宜大于400kg/m³;掺粉煤灰时,最大单位胶材总量不宜大于420kg/m³。

表4.1.2-6 混凝土满足耐久性要求的最大水灰(胶)比和最小单位水泥用量

公路技术等级	高速公路、 一级公路	二级公路	三、四级公路
最大水灰(胶)比	0.44	0.46	0.48
抗冰冻要求最大水灰(胶)比	0.42	0.44	0.46
抗盐冻要求最大水灰(胶)比	0.40	0.42	0.44

续上表

公路技术等级		高速公路、一级公路	二级公路	三、四级公路
最小单位水泥用量(kg/m^3)	42.5 级	300	300	290
	32.5 级	310	310	305
抗冰(盐)冻时最小单位水泥用量(kg/m^3)	42.5 级	320	320	315
	32.5 级	330	330	325
掺粉煤灰时最小单位水泥用量(kg/m^3)	42.5 级	260	260	255
	32.5 级	280	270	265
抗冰(盐)冻掺粉煤灰最小单位水泥用量(42.5 级水泥)(kg/m^3)		280	270	265

注:(1)掺粉煤灰,并有抗冰(盐)冻性要求时,不得使用32.5 级水泥;

(2)水灰(胶)比计算以砂石料的自然风干状态计(砂含水量≤1.0%;石子含水量≤0.5%);

(3)处在除冰盐、海风、酸雨或硫酸盐等腐蚀性环境中,或在大纵坡等加减速车道上的混凝土,最大水灰(胶)比可比表中数值降低0.01~0.02。

(3)严寒地区路面混凝土抗冻标号不宜小于F250,寒冷地区不宜小于F200。

(4)在海风、酸雨、除冰盐或硫酸盐等腐蚀环境影响范围内的混凝土路面和桥面,在使用硅酸盐水泥时,应掺加粉煤灰、磨细矿渣或硅灰掺合料,不宜单独使用硅酸盐水泥,可使用矿渣水泥或普通水泥。

4.1.3 外加剂的使用应符合下列要求:

1 高温施工时,混凝土拌合物的初凝时间不得小于3h,否则应采取缓凝或保塑措施;低温施工时,终凝时间不得大于10h,否则应采取必要的促凝或早强措施。

2 外加剂的掺量应由混凝土试配试验确定。引气剂的适宜掺量可由搅拌机口的拌合物含气量进行控制。实际路面和桥面引气混凝土的抗冰冻、抗盐冻耐久性,宜采用本规范附录 F.1、F.2 规定的钻芯法测定,测定位置:路面为表面和表面下 50mm;桥面为表面和表面下 30mm;测得的上下两个表面的最大平均气泡间距系数不宜超过表 4.1.3 的规定。

表 4.1.3 混凝土路面和桥面最大平均气泡间距系数(μm)

环境 \ 公路技术等级		高速公路、一级公路	其他公路
严寒地区	冰冻	275	300
	盐冻	225	250
寒冷地区	冰冻	325	350
	盐冻	275	300

3 引气剂与减水剂或高效减水剂等其他外加剂复配在同一水溶液中时,应保证其共溶性,防止外加剂溶液发生絮凝现象。如产生絮凝现象,应分别稀释、分别加入。

4.1.4 配合比参数的计算应符合下列要求:

1 水灰(胶)比的计算和确定

(1)根据粗集料的类型,水灰比可分别按下列统计公式计算:

碎石或碎卵石混凝土:

$$\frac{W}{C}=\frac{1.5684}{f_c+1.0097-0.3595f_s} \tag{4.1.4-1}$$

卵石混凝土：

$$\frac{W}{C}=\frac{1.2618}{f_c+1.5492-0.4709f_s} \tag{4.1.4-2}$$

式中：$\frac{W}{C}$——水灰比；

f_s——水泥实测28d抗折强度(MPa)。

(2)掺用粉煤灰时，应计入超量取代法中代替水泥的那一部分粉煤灰用量(代替砂的超量部分不计入)，用水胶比$\frac{W}{C+F}$代替水灰比$\frac{W}{C}$。

(3)应在满足弯拉强度计算值和耐久性(表4.1.2-6)两者要求的水灰(胶)比中取小值。

2 砂率应根据砂的细度模数和粗集料种类，查表4.1.4取值。在软做抗滑槽时，砂率在表4.1.4基础上可增大1%~2%。

表4.1.4 砂的细度模数与最优砂率关系

砂细度模数		2.2~2.5	2.5~2.8	2.8~3.1	3.1~3.4	3.4~3.7
砂率 S_P(%)	碎石	30~34	32~36	34~38	36~40	38~42
	卵石	28~32	30~34	32~36	34~38	36~40

注：碎卵石可在碎石和卵石混凝土之间内插取值。

3 根据粗集料种类和表4.1.2-3、4.1.2-4中适宜的坍落度，分别按下列经验式计算单位用水量(砂石料以自然风干状态计)：

碎石：$W_o=104.97+0.309S_L+11.27\frac{C}{W}+0.61S_P$ (4.1.4-3)

卵石：$W_o=86.89+0.370S_L+11.24\frac{C}{W}+1.00S_P$ (4.1.4-4)

式中：W_o——不掺外加剂与掺合料混凝土的单位用水量(kg/m³)；

S_L——坍落度(mm)；

S_P——砂率(%)；

$\frac{C}{W}$——灰水比，水灰比之倒数。

掺外加剂的混凝土单位用水量应按式(4.1.4-5)计算：

$$W_{ow}=W_o\left(1-\frac{\beta}{100}\right) \tag{4.1.4-5}$$

式中：W_{ow}——掺外加剂混凝土的单位用水量(kg/m³)；

β——所用外加剂剂量的实测减水率(%)。

单位用水量应取计算值和表4.1.2-3或4.1.2-4的规定值两者中的小值。若实际单位用水量仅掺引气剂不满足所取数值，则应掺用引气(高效)减水剂，三、四级公路也可采用真空脱水工艺。

4 单位水泥用量应由式(4.1.4-6)计算，并取计算值与表4.1.2-6规定值两者中的大值。

$$C_o=\left(\frac{C}{W}\right)W_o \tag{4.1.4-6}$$

式中：C_o——单位水泥用量 (kg/m³)。

5 砂石料用量可按密度法或体积法计算。按密度法计算时，混凝土单位质量可取2400~2450kg/m³；按体积法计算时，应计入设计含气量。采用超量取代法掺用粉煤灰时，超量部分应代替砂，并折减用砂量。经计算得到的配合比,应验算单位粗集料填充体积率,且不宜小于70%。

6 重要路面、桥面工程应采用正交试验法进行配合比优选。

4.1.5 采用真空脱水工艺时,可采用比经验式(4.1.4-3、4.1.4-4)计算值略大的单位用水量,但在真空脱水后,扣除每立方米混凝土实际吸除的水量,剩余单位用水量和剩余水灰(胶)比分别不宜超过表4.1.2-4最大单位用水量和表4.1.2-6最大水灰(胶)比的规定。真空脱水混凝土抗压强度试件成型方法可参考附录E.1。

4.1.6 路面混凝土掺用粉煤灰时,其配合比计算应按超量取代法进行。粉煤灰掺量应根据水泥中原有的掺合料数量和混凝土弯拉强度、耐磨性等要求由试验确定。I、II级粉煤灰的超量系数可按表4.1.6初选。代替水泥的粉煤灰掺量:I型硅酸盐水泥宜≤30%;II型硅酸盐水泥宜≤25%;道路水泥宜≤20%;普通水泥宜≤15%;矿渣水泥不得掺粉煤灰。

表4.1.6 各级粉煤灰的超量取代系数

粉煤灰等级	I	II	III
超量取代系数 k	1.1~1.4	1.3~1.7	1.5~2.0

4.2 钢纤维混凝土配合比设计

4.2.1 本配合比设计适用于采用滑模摊铺机、轨道摊铺机、三辊轴机组及小型机具铺筑的钢纤维混凝土路面。

4.2.2 钢纤维混凝土的配合比设计在兼顾经济性的同时应满足下列三项技术要求:

1 弯拉强度

(1)钢纤维混凝土路面板28d设计弯拉强度标准值f_{rf}应符合设计规范的规定。

(2)钢纤维混凝土配制28d弯拉强度的均值应按式(4.1.2)计算,以f_{cf}和f_{rf}代替f_c和f_r。

2 工作性

(1)钢纤维混凝土的坍落度可比表4.1.2-3或4.1.2-4的规定值小20mm。

(2)钢纤维混凝土掺高效减水剂时的单位用水量可按表4.2.2-1初选,再由拌合物实测坍落度确定。

表4.2.2-1 钢纤维混凝土单位用水量选用表

拌合物条件	粗集料种类	粗集料最大公称粒径 D_m(mm)	单位用水量(kg/m^3)
长径比 $L_f/d_f=50$ $\rho_f=0.6\%$ 坍落度20mm 中砂,细度模数2.5 水灰比0.42~0.50	碎石	9.5、16.0	215
		19.0、26.5	200
	卵石	9.5、16.0	208
		19.0、26.5	190

注:(1)钢纤维长径比每增减10,单位用水量相应增减10kg/m^3;

(2)钢纤维体积率每增减0.5%,单位用水量相应增减8kg/m^3;

(3)坍落度为10~50mm变化范围内,相对于坍落度20mm每增减10mm,单位用水量相应增减7kg/m^3;

(4)细度模数在2.0~3.5范围内,砂的细度模数每增减0.1, 单位用水量相应减增1kg/m^3。

3 耐久性

(1)钢纤维混凝土满足耐久性要求最大水灰(胶)比和最小单位水泥用量应符合表4.2.2-2的规定。

(2)钢纤维混凝土严禁采用海水、海砂,不得掺加氯盐及氯盐类早强剂、防冻剂等外加剂。

(3)处在海风、酸雨、硫酸盐及除冰盐等环境中的钢纤维混凝土路面宜掺用表3.2.1中I、II级粉煤灰，桥面宜掺用硅灰与 S95 和 S105 级磨细矿渣。

表 4.2.2-2　钢纤维混凝土满足耐久性要求最大水灰(胶)比和最小单位水泥用量

公路等级		高速、一级公路	二级公路	三、四级公路
最大水灰(胶)比		0.47	0.49	0.50
抗冰冻要求最大水灰(胶)比		0.45	0.46	0.48
抗盐冻要求最大水灰(胶)比		0.42	0.43	0.46
最小单位水泥用量(kg/m^3)	42.5 级	360	360	350
	32.5 级	370	370	365
抗冰(盐)冻要求最小单位水泥用量(kg/m^3)	42.5 级	380	380	375
	32.5 级	390	390	385
掺粉煤灰时最小单位水泥用量(kg/m^3)	42.5 级	320	320	315
	32.5 级	340	340	335
抗冰(盐)冻掺粉煤灰最小单位水泥用量(42.5 级水泥)(kg/m^3)		330	330	325

4.2.3　钢纤维混凝土配合比设计应按以下步骤进行：

1　计算和确定水灰比

(1)以钢纤维混凝土配制 28d 弯拉强度 f_{cf} 替换 f_c，按式(4.1.4-1)或(4.1.4-2)计算出基体混凝土的水灰比。

(2)取钢纤维混凝土基体的水灰比计算值与表 4.2.2-2 规定值两者中的小值。

2　钢纤维掺量体积率宜在 0.60% ~1.0% 范围内初选，当板厚折减系数小时，体积率宜取上限；当长径比大时，宜取较小值；有锚固端者宜取较小值。

3　查表 4.2.2-1，初选单位用水量 W_{of}。

4　掺用粉煤灰时应符合 4.1.6 条的规定。

5　钢纤维混凝土的单位水泥用量应按式(4.2.3-1)计算

$$C_{of} = \left(\frac{C}{W}\right) W_{of} \tag{4.2.3-1}$$

式中：C_{of}——钢纤维混凝土的单位水泥用量(kg/m^3)；

W_{of}——钢纤维混凝土的单位用水量(kg/m^3)。

取计算值与表 4.2.2-2 规定值两者中的大值。但不宜大于 $500kg/m^3$。

6　砂率可按式(4.2.3-2)计算，也可按表 4.2.3 初选。钢纤维混凝土砂率宜在 38% ~50% 之间。

$$S_{pf} = S_p + 10\rho_f \tag{4.2.3-2}$$

式中：S_{pf}——钢纤维混凝土砂率(%)；

ρ_f——钢纤维掺量体积率(%)。

表 4.2.3　钢纤维混凝土砂率选用值(%)

拌合物条件	最大公称粒径 19mm 碎石	最大公称粒径 19mm 卵石
$L_f/d_f = 50$；$\rho_f = 1.0\%$；$W/C = 0.5$；砂细度模数 $M_x = 3.0$	45	40
L_f/d_f 增减 10	±5	±3
ρ_f 增减 0.10%	±2	±2
W/C 增减 0.1	±2	±2
砂细度模数 M_x 增减 0.1	±1	±1

7　砂石料用量可采用密度法或体积法计算。按密度法计算时，钢纤维混凝土单位质量可取2450 ~ $2580kg/m^3$；按体积法计算时，应计入设计含气量。

8　重要路面、桥面工程应采用正交试验法进行钢纤维混凝土配合比优选。

4.3　碾压混凝土配合比设计

4.3.1　碾压混凝土的配合比设计在兼顾经济性的同时应满足下列三项技术要求：

1　弯拉强度

(1)碾压混凝土设计弯拉强度 f_r 应符合 4.1.2 条的规定。

(2)碾压混凝土配制 28d 弯拉强度均值 f_{cc} 可按式(4.3.1-1)计算。

$$f_{cc}=\frac{f_r+f_{cy}}{1-1.04c_v}+ts \tag{4.3.1-1}$$

式中：f_{cc}——碾压混凝土配制 28d 弯拉强度均值(MPa)；

f_{cy}——碾压混凝土压实安全弯拉强度，可按式(4.3.1-2)计算。

$$f_{cy}=\frac{\alpha}{2}(\gamma_{c1}+\gamma_{c2}) \tag{4.3.1-2}$$

式中：γ_{c1}——弯拉强度试件标准压实度(95%)；

γ_{c2}——路面芯样压实度下限值(由芯样压实度统计得出)；

α——相应于压实度变化 1% 的弯拉强度波动值(通过试验得出)。

2　工作性

碾压混凝土出搅拌机口的改进 VC 值宜为 5～10s；碾压时的改进 VC 值宜控制在(30±5)s。试验中的试样表面出浆评分应为 4～5 分。

3　耐久性

(1)处于严寒和寒冷地区的碾压混凝土面层或基层，应掺引气剂，其含气量宜符合表 4.1.2-5 的规定。

(2)面层碾压混凝土满足耐久性要求的最大水灰(胶)比和最小单位水泥用量应符合表 4.3.1 的规定。

表 4.3.1　面层碾压混凝土耐久性要求的最大水灰(胶)比和最小单位水泥用量

公路等级		二级公路	三、四级公路
最大水灰(胶)比		0.40	0.42
抗冰冻要求最大水灰(胶)比		0.38	0.40
抗盐冻要求最大水灰(胶)比		0.36	0.38
最小单位水泥用量(kg/m³)	42.5 级	290	280
	32.5 级	305	300
抗冰(盐)冻要求最小单位水泥用量(kg/m³)	42.5 级	315	310
	32.5 级	325	320
掺粉煤灰时最小单位水泥用量(kg/m³)	42.5 级	255	250
	32.5 级	265	260
抗冰(盐)冻掺粉煤灰最小单位水泥用量(42.5 级水泥)(kg/m³)		260	265

4.3.2　面层碾压混凝土粗、细集料合成级配宜符合表 4.3.2 的要求，基层应符合《公路路面基层施工技术规范》(JTJ 034)水泥稳定粒料的级配规定。

表 4.3.2　面层碾压混凝土粗细集料合成级配范围

筛孔尺寸(mm)	19.0	9.50	4.75	2.36	1.18	0.60	0.30	0.15
通过百分率(%)	90~100	50~70	35~47	25~38	18~30	10~23	5~15	3~10

4.3.3　碾压混凝土中所掺粉煤灰的技术要求应符合 3.2.1 条的规定。代替水泥的粉煤灰掺量应符合 4.1.6 条的规定。粉煤灰超量取代系数 k:I 级灰可取 1.4~1.8;II 级灰可取 1.6~2.0;碾压混凝土基层和复合式路面下面层用 III 级灰宜取 1.8~2.2。

4.3.4　碾压混凝土中外加剂的使用要求除满足 4.1.3 条的规定外,应预先通过碾压混凝土性能试验优选品种和掺量,确认满足各项性能要求后方可使用。

4.3.5　重要工程碾压混凝土的配合比确定应使用正交试验法,一般工程可采用简捷法。

1　正交试验法

(1)不掺粉煤灰的碾压混凝土正交试验可选用水量、水泥用量、粗集料填充体积率 3 个因素;掺粉煤灰的碾压混凝土可选用水量、基准胶材总量、粉煤灰掺量、 粗集料填充体积率 4 个因素。每个因素选定三个水平,选用 $L_9(3^4)$ 正交表安排试验方案。

(2)对正交试验结果进行直观及回归分析,回归分析的考察指标:VC 值及抗离析性、弯拉强度或抗压强度、抗冻性或耐磨性。根据直观分析结果并依据所建立的单位用水量及弯拉强度推定经验公式,综合考虑拌合物工作性,确定满足 28d 弯拉强度或抗压强度、抗冻性或耐磨性等设计要求的正交初步配合比。

2　简捷法

(1)不掺粉煤灰的碾压混凝土配合比计算宜按下述步骤进行:

①按式(4.3.5-1)计算单位用水量。

$$W_{oc} = 137.7 - 20.55\lg \text{VC} \tag{4.3.5-1}$$

式中:W_{oc}——碾压混凝土的单位用水量(kg/m^3);

VC——碾压混凝土拌合物改进 VC 值(s)。

②按式(4.3.5-2)计算灰水比,并取计算值与表 4.3.1-1 中规定值两者中的小值。

$$\frac{C}{W} = \frac{f_{cc}}{0.2156 f_s} - 0.798 \tag{4.3.5-2}$$

③按式(4.3.5-3)计算单位水泥用量,并取计算值与表 4.3.1-1 规定值两者中的大值。

$$C_{oc} = W_{oc} \times \frac{C}{W} \tag{4.3.5-3}$$

式中:C_{oc}——碾压混凝土单位水泥用量(kg/m^3)。

④按表 4.3.5 选定配合比中粗集料填充体积率。

表 4.3.5　粗集料填充体积率表

砂细度模数 M_x	2.40	2.60	2.80	3.00
粗集料填充体积率 V_g(%)	75	73	71	69

⑤按式(4.3.5-4)计算粗集料用量。

$$G_{oc} = \gamma_{cc} \frac{V_g}{100} \tag{4.3.5-4}$$

式中:G_{oc}——碾压混凝土粗集料单位体积用量(kg/m^3);

γ_{cc}——碾压混凝土单位质量(kg/m^3);

V_g——粗集料填充体积率(%)。

⑥根据 G_{oc}、C_{oc}、W_{oc} 及相应原材料密度,按体积法计算用砂量 S_{oc},计算时应计入设计含气量。

⑦按式(4.3.5-5)计算单位外加剂用量。

$$Y_{oc} = y \times C_{oc} \tag{4.3.5-5}$$

式中：Y_{oc}——碾压混凝土中单位外加剂用量（kg/m³）；

y——外加剂掺量。

（2）掺粉煤灰的碾压混凝土配合比计算宜按下述步骤进行：

①按表 4.3.5 选定粗集料填充体积率 V_g，由式（4.3.5-4）计算单位体积粗集料用量 G_{oc}。

②按 4.3.3 条初选粉煤灰超量取代系数 k，并按经验或正交试验分析结果选定代替水泥的粉煤灰掺量 F_c。

③按式（4.3.5-6）计算单位用水量。

$$W_{ofc} = 135.5 - 21.1\lg \mathrm{VC} + 0.32F_c \quad (4.3.5\text{-}6)$$

式中：W_{ofc}——掺粉煤灰的碾压混凝土单位用水量（kg/m³）；

F_c——代替水泥的粉煤灰掺量（%）。

④按式（4.3.5-7）计算基准胶材总量。

$$J = 200(f_{cc} - 7.22 + 0.025F_c + 0.023V_g) \quad (4.3.5\text{-}7)$$

式中：J——碾压混凝土中单位体积基准胶材总量（kg/m³）。

⑤按式（4.3.5-8）计算单位水泥用量，并应取计算值与表 4.3.1-1 规定值两者中大值。

$$C_{ofc} = J\left(1 - \frac{F_c}{100}\right) \quad (4.3.5\text{-}8)$$

⑥按式（4.3.5-9）计算单位粉煤灰总用量。

$$F_{cc} = C_{ofc} \times F_c \times k \quad (4.3.5\text{-}9)$$

式中：C_{ofc}——掺粉煤灰的碾压混凝土单位水泥用量（kg/m³）；

F_{cc}——单位粉煤灰总用量（kg/m³）；

k——粉煤灰超量取代系数。

⑦按式（4.3.5-10）计算总水胶比，应取计算值与表 4.3.1-1 规定值两者中小值。

$$J_z = \frac{W_{ofc}}{C_{ofc} + F_{cc}} \quad (4.3.5\text{-}10)$$

式中：J_z——碾压混凝土中总水胶比。

⑧根据 G_{oc}、C_{ofc}、F_{cc}、W_{ofc} 及相应原材料密度，按体积法计算单位用砂量 S_{oc}，计算时应计入设计含气量。

⑨按式（4.3.5-11）计算单位外加剂用量。

$$Y_{ofc} = y_f(C_{ofc} + F_{cc}) \quad (4.3.5\text{-}11)$$

式中：Y_{ofc}——掺粉煤灰的碾压混凝土单位外加剂用量（kg/m³）；

y_f——掺粉煤灰的碾压混凝土外加剂掺量。

4.4 贫混凝土配合比设计

4.4.1 基层贫混凝土配合比设计应符合下列三项技术要求：

1 强度

基层贫混凝土设计强度应符合表 4.4.1-1 的规定。

表 4.4.1-1 贫混凝土基层的设计强度标准值（MPa）

交通等级	特重	重	中等
7d 施工质检抗压强度 f_{cu7}	10.0	7.0	5.0
28d 设计抗压强度标准值 $f_{cu,k}$	15.0	10.0	7.0
28d 设计弯拉强度标准值 $f_{c,k}$	3.0	2.0	1.5

2 工作性

贫混凝土的坍落度应满足表 4.1.2-3 或表 4.1.2-4 的要求。基层贫混凝土中应掺粉煤灰，粉煤灰的品质、掺量和超量取代系数应符合4.3.3条的规定。

3　耐久性

(1)满足耐久性要求的贫混凝土最大水灰(胶)比宜符合表4.4.1-2的规定。

表4.4.1-2　满足耐久性要求的贫混凝土最大水灰(胶)比

交通等级	特　重	重	中　等
最大水灰(胶)比	0.65	0.68	0.70
有抗冻要求的最大水灰(胶)比	0.60	0.63	0.65

(2)在基层受冻地区,贫混凝土中应掺引气剂,并控制贫混凝土含气量为4% ±1%。当水灰(胶)比不能满足抗冻耐久性要求时,宜使用引气减水剂。当高温摊铺坍落度损失较大时,可使用引气缓凝减水剂。

4.4.2　贫混凝土配合比可按下述步骤进行计算:

1　配制28d抗压强度$f_{cu,o}$可按式(4.4.2-1)计算。

$$f_{cu,o} = f_{cu,k} + t_l s_l \tag{4.4.2-1}$$

式中:$f_{cu,o}$——贫混凝土配制28d抗压强度(MPa);

$f_{cu,k}$——混凝土28d设计抗压强度标准值(MPa),按表4.4.1-1取值;

t_l——抗压强度保证率系数,高速公路应取1.645;一级公路应取1.28;二级公路应取1.04;

s_l——抗压强度标准差,宜按不小于6组统计资料取值;无统计资料或试件组数小于6组时,可取1.5(MPa)。

2　水灰比应按式(4.4.2-2)计算,并取计算值与表4.4.1-2规定值两者中的小值。

$$\frac{W}{C} = \frac{A \cdot f_{ce}}{f_{cu,o} + A \cdot B \cdot f_{ce}} \tag{4.4.2-2}$$

式中:f_{ce}——水泥实测28d抗压强度(MPa);无实测值时,也可按式(4.4.2-3)计算;

A、B——回归系数,碎石及碎卵石$A = 0.46$、$B = 0.07$;卵石$A = 0.48$、$B = 0.33$。

$$f_{ce} = \gamma \times f_{cek} \tag{4.4.2-3}$$

式中:f_{cek}——水泥抗压强度等级(MPa);

γ——水泥抗压强度富余系数,应按统计资料取值;无统计资料时可在1.08~1.13范围内取值。

3　贫混凝土单位水泥用量可按式(4.4.2-4)计算。

$$C_p = 0.5\zeta C_o \tag{4.4.2-4}$$

式中:C_p——贫混凝土的单位水泥用量(kg/m^3);

ζ——工作性及平整度放大系数,可取1.1~1.3;

C_o——路面混凝土单位水泥用量(kg/m^3)。

4　掺用粉煤灰时,单位胶材总量可按式(4.4.2-5)计算

$$J_z = 0.5C_o(1 + F_p k) \tag{4.4.2-5}$$

式中:J_z——单位胶材总量(kg/m^3);

F_p——代替水泥的粉煤灰掺量,可取0.15~0.30;

k——粉煤灰超量取代系数,可按4.3.3条取值。

5　不掺粉煤灰贫混凝土的单位水泥用量宜控制在160~230kg/m^{3}之间;在基层受冻地区最小单位水泥用量不宜低于180kg/m^3。掺粉煤灰时,单位水泥用量宜在130~175kg/m^{3}之间;单位胶材总量宜在220~270kg/m^{3}之间;基层受冻地区最小单位水泥用量不宜低于150kg/m^3。

6　根据水灰(胶)比和单位水泥(胶材)用量,计算单位用水量。

7　砂率可按表 4.4.2 初选。

表 4.4.2　基层贫混凝土的砂率

砂细度模数		2.2~2.5	2.5~2.8	2.8~3.1	3.1~3.4	3.4~3.7
砂率 S_p(%)	碎石混凝土	24~28	26~30	28~32	30~34	32~36
	卵石混凝土	22~26	24~28	26~30	28~32	30~34

注：碎卵石可在碎石和卵石混凝土之间内插取值。

8　砂、石料用量可用密度法或体积法计算。在采用体积法计算时，应计入含气量。

4.5　配合比确定与调整

4.5.1　由上述各经验公式推算得出的普通混凝土、钢纤维混凝土、碾压混凝土和贫混凝土配合比，应在实验室内按下述步骤和《公路工程水泥混凝土试验规程》(JTJ 053)规定方法进行试配检验和调整：

1　首先检验各种混凝土拌合物是否满足不同摊铺方式的最佳工作性要求。检验项目包括含气量、坍落度及其损失、振动黏度系数、改进 VC 值、外加剂品种及其最佳掺量。在工作性和含气量不满足相应摊铺方式要求时，可在保持水灰(胶)比不变的前提下调整单位用水量、外加剂掺量或砂率，不得减小满足计算弯拉强度及耐久性要求的单位水泥用量、钢纤维体积率。

2　对于采用密度法计算的配合比，应实测拌合物视密度，并应按视密度调整配合比，调整时水灰比不得增大，单位水泥用量、钢纤维掺量不得减小，调整后的拌合物视密度允许偏差为 ±2.0%。实测拌合物含气量 a(%)及其偏差应满足表 4.1.2-5 的规定，不满足要求时，应调整引气剂掺量直至达到规定含气量。

3　以初选水灰(胶)比为中心，按 0.02 增减幅度选定 2~4 个水灰(胶)比，制作试件，检验各种混凝土 7d 和 28d 配制弯拉强度、抗压强度、耐久性等指标(有抗冻性要求的地区，抗冻性为必测项目，耐磨性及干缩为选测项目)。也可保持计算水灰(胶)比不变，以初选单位水泥用量为中心，按 15~20kg/m^3 增减幅度选定 2~4 个单位水泥用量；钢纤维混凝土还应以选定的钢纤维掺量为中心，按 0.1% 增减幅度选定 2~4 个钢纤维掺量，制作试件并做上述各项检验。

4　施工单位通过上述各项指标检验提出的配合比，在经监理或建设方中心实验室验证合格后，方可确定为实验室基准配合比。

4.5.2　实验室的基准配合比应通过搅拌楼实际拌和检验和不小于 200m 试验路段的验证，并应根据料场砂石料含水量、拌合物实测视密度、含气量、坍落度及其损失，调整单位用水量、砂率或外加剂掺量。调整时，水灰(胶)比、单位水泥用量、钢纤维体积率不得减小。考虑施工中原材料含泥量、泥块含量、含水量变化和施工变异性等因素，单位水泥用量应适当增加 5~10kg。满足试拌试铺的工作性、28d(至少 7d)配制弯拉强度、抗压强度和耐久性等要求的配合比，经监理或建设方批准后方可确定为施工配合比。

4.5.3　施工期间配合比的微调与控制应符合下列要求：

1　根据施工季节、气温和运距等的变化，可微调缓凝(高效)减水剂、引气剂或保塑剂的掺量，保持摊铺现场的坍落度始终适宜于铺筑，且波动最小。

2　降雨后，应根据每天不同时间的气温及砂石料实际含水量变化，微调加水量，同时微调砂石料称量，其他配合比参数不得变更，维持施工配合比基本不变。雨天或砂石料变化时应加强控制，保持现场拌合物工作性始终适宜摊铺和稳定。

5 施工准备

5.1 施工机械选择

5.1.1 根据公路等级的不同,混凝土路面的施工宜符合表5.1.1规定的机械装备要求。

表5.1.1 与公路等级相适应的机械装备

摊铺机械装备	高速公路	一级公路	二级公路	三级公路	四级公路
滑模摊铺机	√	√	√	▲	○
轨道摊铺机	▲	√	√	√	○
三辊轴机组	○	▲	√	√	√
小型机具	×	○	▲	√	√
碾压混凝土机械	×	○	√	√	▲
计算机自动控制强制搅拌楼(站)	√	√	√	▲	○
强制搅拌楼(站)	×	○	▲	√	√

注:(1)符号含义:√应使用;▲有条件使用;○不宜使用;×不得使用;

(2)各等级公路均不得使用体积计量、小型自落滚筒式搅拌机,严禁使用人工控制加水量;

(3)碾压混凝土亦可用于高速公路、一级公路复合式路面的下面层和贫混凝土基层。

5.2 施工组织

5.2.1 开工前,建设单位应组织设计、施工、监理单位进行技术交底。

5.2.2 施工单位应根据设计图纸、合同文件、摊铺方式、机械设备、施工条件等确定混凝土路面施工工艺流程、施工方案,进行详细的施工组织设计。

5.2.3 开工前,施工单位应对施工、试验、机械、管理等岗位的技术人员和各工种技术工人进行培训。未经培训的人员不得单独上岗操作。

5.2.4 施工单位应根据设计文件,测量校核平面和高程控制桩,复测和恢复路面中心、边缘全部基本标桩,测量精确度应满足相应规范的规定。

5.2.5 施工工地应建立具备相应资质的现场实验室,能够对原材料、配合比和路面质量进行检测和控制,提供符合交工检验、竣工验收和计量支付要求的自检结果。

5.2.6 各种桥涵、通道等构造物应提前建成，确有困难不能通行时，应有施工便道。施工时应确保运送混凝土的道路基本平整、畅通，不得延误运输时间或碾坏基层或桥面。施工中的交通运输应配备专人进行管制，保证施工有序、安全进行。

5.2.7 摊铺现场和搅拌场之间应建立快速有效的通信联络,及时进行生产调度和指挥。

5.3 搅拌场设置

5.3.1 搅拌场宜设置在摊铺路段的中间位置。搅拌场内部布置应满足原材料储运、混凝土运输、供水、供电、钢筋加工等使用要求,并尽量紧凑,减少占地。

5.3.2 搅拌场应保障搅拌、清洗、养生用水的供应,并保证水质。供水量不足时,搅拌场应设置与日搅拌量相适应的蓄水池。

5.3.3 搅拌场应保证充足的电力供应。电力总容量应满足全部施工用电设备、夜间施工照明及生活用电的需要。

5.3.4 应确保摊铺机械、运输车辆及发电机等动力设备的燃料供应。离加油站较远的工地宜设置油料储备库。

5.3.5 水泥、粉煤灰储存和供应要求

1 每台搅拌楼应至少配备2个水泥罐仓,如掺粉煤灰还应至少配备1个粉煤灰罐仓。当水泥的日用量很大,需要两家以上的水泥厂供应水泥时,不同厂家的水泥,应清仓再灌,并分罐存放。严禁粉煤灰与水泥混罐。

2 应确保施工期间的水泥和粉煤灰供应。供应不足或运距较远时,应储备和使用吨包装水泥或袋装粉煤灰,并准备水泥仓库、拆包及输送入灌设备。水泥仓库应覆盖或设置顶篷防雨,并应设置在地势较高处,严禁水泥、粉煤灰受潮或浸水。

5.3.6 砂石料储备

1 施工前,宜储备正常施工10~15d的砂石料。

2 砂石料场应建在排水通畅的位置,其底部应作硬化处理。不同规格的砂石料之间应有隔离设施,并设标志牌,严禁混杂。

3 在低温天、雨天、大风天及日照强烈的条件下,应在砂石料堆上部架设顶篷或覆盖,覆盖砂石料数量不宜少于正常施工一周的用量。

5.3.7 原材料与混凝土运输车辆不应相互干扰。搅拌楼下宜采用厚度不薄于200mm的混凝土铺装层,并应设置污水排放管沟、积水坑或清洗搅拌楼的废水处理回收设备。

5.4 摊铺前材料与设备检查

5.4.1 在施工准备阶段,应依据混凝土路面设计要求、工程规模,对当地及周边的水泥、钢材、粉煤灰、外加剂、砂石料、水资源、电力、运输等状况进行实地调研,确认符合铺筑混凝土路面的原材料质量、品种、规格、原材料的供应量、供应强度和供给方式、运距等。通过调研优选,初步选择原材料供应商。

5.4.2 开工前,工地实验室应对计划使用的原材料进行质量检验和混凝土配合比优选,监理应对原材料抽检和配合比试验验证,报请业主正式审批。

5.4.3 应根据路面施工进度安排,保证及时地供给符合第3章原材料技术指标规定的各种原材料,不合格原材料不得进场。所有原材料进出场应进行称量、登记、保管或签发。

5.4.4 应将相同料源、规格、品种的原材料作为一批,分批量检验和储存。原材料的检验项目和批量应符合表5.4.4的规定。

5.4.5 施工前必须对机械设备、测量仪器、基准线或模板、机具工具及各种试验仪器等进行全面地检查、调试、校核、标定、维修和保养。主要施工机械的易损零部件应有适量储备。

表 5.4.4 混凝土原材料的检测项目和频率

材料	检查项目	检查频度	
		高速公路、一级公路	其他公路
水泥	抗折强度、抗压强度，安定性	机铺 1500t 一批	机铺 1500t、小型机具 500t 一批
	凝结时间，标稠需水量，细度	机铺 2000t 一批	机铺 3000t、小型机具 500t 一批
	f-CaO、MgO、SO_3 含量，铝酸三钙、铁铝酸四钙，干缩率、耐磨性、碱度，混合材料种类及数量	每标段不少于 3 次，进场前必测	每标段不少于 3 次，进场前必测
	温度、水化热	冬、夏季施工随时检测	冬、夏季施工随时检测
粉煤灰	活性指数、细度、烧失量	机铺 1500t 一批	机铺 1500t、小型机具 500t 一批
	需水量比、SO_3 含量	每标段不少于 3 次，进场前必测	每标段不少于 3 次，进场前必测
粗集料	针片状、超径颗粒含量，级配，表观密度，堆积密度，空隙率	机铺 2500m^3 一批	机铺 5000m^3、小型机具 1500m^3 一批
	含泥量、泥块含量	机铺 1000m^3 一批	机铺 2000m^3、小型机具 1000m^3 一批
	坚固性、岩石抗压强度、压碎指标	每种粗集料每标段不少于 2 次	每种粗集料每标段不少于 2 次
	碱集料反应	怀疑有碱活性集料进场前测	怀疑有碱活性集料进场前测
	含水量	降雨或湿度变化随时测	降雨或湿度变化随时测
砂	细度模数，表观密度，堆积密度，空隙率，级配	机铺 2000m^3 一批	机铺 4000m^3、小型机具 1500m^3 一批
	含泥量，泥块、石粉含量	机铺 1000m^3 一批	机铺 2000m^3、小型机具 500m^3 一批
	坚固性	每种砂每标段不少于 3 次	每种砂每标段不少于 3 次
	云母含量，轻物质与有机物含量	目测，有云母或杂质时测	目测，有云母或杂质时测
	含盐量(硫酸盐、氯盐)	必要时测，淡化海砂每标段 3 次	必要时测，淡化海砂每标段 2 次
	含水量	降雨或湿度变化随时测	降雨或湿度变化随时测
外加剂	减水剂减水率，液体外加剂含固量和相对密度，粉状外加剂的不溶物含量	机铺 5t 一批	机铺 5t、小型机具 3t 一批
	引气剂引气量、气泡细密程度和稳定性	机铺 2t 一批	机铺 3t、小型机具 1t 一批
钢纤维	抗拉强度、弯折性能、长度、长径比、形状	开工前或有变化时，每标段 3 次	开工前或有变化时，每标段 3 次
	杂质、质量及其偏差	机铺 50t 一批	机铺 50t、小型机具 30t 一批
养生剂	有效保水率、抗压强度比、耐磨性、耐热性、膜水溶性	开工前或有变化时，每标段 3 次	开工前或有变化时，每标段 3 次
	含固量、成膜时间	试验路段测，施工每 5t 测 1 次	试验路段测，施工每 5t 测 1 次
水	pH 值、含盐量、硫酸根及杂质含量	开工前和水源有变化时	开工前和水源有变化时

注：(1) 开工前，所有原材料项目均应检验；当原材料规格、品种、生产厂、来源变化时，必检；

(2) 机铺是指滑模、轨道、三辊轴机组和碾压混凝土摊铺，数量不足一批时，按一批检验。

5.5 路基、基层和封层的检测与修整

5.5.1 路基应稳定、密实、均质，对路面结构提供均匀的支承。对桥头、软基、高填方、填挖方交界等处的路基段，应进行连续沉降观测，并采取切实有效的措施保证路基的稳定性。

5.5.2 垫层、基层除应符合《公路水泥混凝土路面设计规范》(JTG D40)和《公路路面基层施工技术规范》(JTJ 034)的规定外，尚应符合下列技术要求：

1 (上)基层纵、横坡一般可与面层一致，但横坡可略大0.15%～0.20%，并不得小于路面横坡。

2 硬路肩厚度薄于面板时，应设排水基层或排水盲沟。缘石和软路肩底部应有渗透排水措施。

3 面层铺筑前，宜至少提供足够机械连续施工10d以上的合格基层。

5.5.3 面板铺筑前，应对基层进行全面的破损检查，当基层产生纵、横向断裂、隆起或碾坏时，应采取下述有效措施进行彻底修复：

1 所有挤碎、隆起、空鼓的基层应清除，并使用相同的基层料重铺，同时设胀缝板横向隔开，胀缝板应与路面胀缝或缩缝上下对齐。

2 当基层产生非扩展性温缩、干缩裂缝时，应灌沥青密封防水，还应在裂缝上粘贴油毡、土工布或土工织物，其覆盖宽度不应小于1000mm；距裂缝最窄处不得小于300mm。

3 当基层产生纵向扩展裂缝时，应分析原因，采取有效的路基稳固措施根治裂缝，且宜在纵向裂缝所在的整个面板内，距板底1/3高度增设补强钢筋网，补强钢筋网到裂缝端部不宜短于5m。

4 基层被碾坏成坑或破损面积较小的部位，应挖除并采用贫混凝土局部修复。对表面严重磨损裸露粗集料的部位，宜采用沥青封层处理。

5.5.4 在高速公路和一级公路的半刚性上基层表面，宜喷洒热沥青和石屑($2\sim3m^3/100m^2$)做滑动封层，或做乳化沥青稀浆封层。沥青封层或乳化沥青稀浆封层的厚度不宜小于5mm。

5.5.5 在各交通等级有可能被水淹没浸泡路面的路段，可采用较厚的坚韧塑料薄膜或密闭土工膜覆盖基层防水。

5.5.6 当封层出现局部损坏时，摊铺前应采用相同的封层材料进行修补，经质量检验合格，并由监理签认后，方可铺筑水泥混凝土面层。

5.6 贫混凝土基层铺筑与质量检验

5.6.1 贫混凝土上基层宜采用与面板相同机械铺筑；可采用普通混凝土面层四种施工方式中的任一种。

5.6.2 贫混凝土基层的铺筑除应满足第7章的技术要求外，尚应符合下列规定：

1 贫混凝土基层应锯切与面板接缝位置和尺寸相对齐的纵、横向接缝，切缝深度不宜小于1/4板厚，最浅不宜小于50mm，并使用沥青灌缝。基层设封层时，混凝土面板的横向缩缝在行车前进方向可前错300～500mm。

2 贫混凝土基层纵、横向缩缝中可不设拉杆和传力杆，胀缝中应设传力杆和胀缝板，胀缝位置应与面层胀缝对齐，板顶宜与贫混凝土基层表面齐平，传力杆、胀缝板设置精确度应符合表9.1.5的规定。

3 若一块贫混凝土板上纵、横向断板缝仅为一条，可不挖除重铺，宜按5.5.3条第2款规定处理；但当一块板上的断板缝多于2条或分岔，则应挖除重铺。

5.6.3 贫混凝土基层的施工质量要求应符合表5.6.3的规定。

表 5.6.3　贫混凝土基层质量要求

<table>
<tr><th>项次</th><th colspan="4">检　查　项　目</th><th>规定值或允许值</th><th>检查方法和频率</th></tr>
<tr><td rowspan="4">1</td><td colspan="4">7d 抗压强度　(MPa)
28d 试件或 28d ~ 56d
钻芯抗压强度(MPa)</td><td rowspan="4">$f_{cue}-K_1S_n\geqslant 0.9f_{cuk}$
$f_{min}\geqslant K_2f_{cue}$
f_{cue}——统计平均抗压强度(MPa);
f_{cuk}——设计抗压强度(MPa);
f_{min}——统计最小抗压强度(MPa);
S_n——抗压强度标准差(MPa);
小于 $0.06f_{cuk}$,取 $0.06f_{cuk}$</td><td rowspan="4">标准立方体 7d 抗压强度用于施工期间的质量控制。28d 弯拉强度试件或 28d ~ 56d 钻芯抗压强度用于质量验收,以钻芯抗压强度作为最终判定质量的标准。当要求返工时每车道每公里不少于 3 个芯样</td></tr>
<tr><td>n</td><td>10 ~ 14</td><td>15 ~ 24</td><td>≥25</td></tr>
<tr><td>K_1</td><td>1.70</td><td>1.65</td><td>1.60</td></tr>
<tr><td>K_2</td><td>0.90</td><td colspan="2">0.85</td></tr>
<tr><td>2</td><td colspan="4">每块板平均板厚(mm)</td><td>代表值:-5;极值:-10</td><td>尺测:每 100m 左右各 1 处,参考芯样</td></tr>
<tr><td>3</td><td colspan="4">平整度最大间隙(mm)</td><td>高速公路和一级公路≤4mm,合格率应≥85%;二级公路≤6mm,合格率应≥85%</td><td>3m 直尺:每车道 200m2 处 10 尺</td></tr>
<tr><td>4</td><td colspan="4">纵断高程(mm)</td><td>代表值:±5;极值:±10</td><td>水准仪:每 200m4 点</td></tr>
<tr><td>5</td><td colspan="4">相邻板高差(mm)</td><td>≤4</td><td>3m 直尺测:每条横向胀缝、工作缝 3 点,每 200m 纵横缝 2 条,每条 3 点</td></tr>
<tr><td>6</td><td colspan="4">连接摊铺纵缝高差(mm)</td><td>代表值≤5;极值≤7</td><td>3m 直尺测:200m2 处,每处 3 尺</td></tr>
<tr><td>7</td><td colspan="4">接缝顺直度(mm)</td><td>≤10</td><td>每 500m,20m 拉线测 2 处</td></tr>
<tr><td>8</td><td colspan="4">中线平面偏位(mm)</td><td>≤20</td><td>经纬仪:每 200m4 点</td></tr>
<tr><td>9</td><td colspan="4">路面宽度(mm)</td><td>±20mm</td><td>尺测:每 200m4 点</td></tr>
<tr><td>10</td><td colspan="4">横坡度(%)</td><td>代表值≤+0.20;极值≤+0.25</td><td>水准仪:每 200m4 个断面</td></tr>
<tr><td>11</td><td colspan="4">断板率(‰)</td><td>≤2</td><td>数断板量,计算占总板块‰</td></tr>
<tr><td>12</td><td colspan="4">坑穴、拱包、接缝缺边掉角</td><td>≤20mm/m²</td><td>尺测:每 200m 随机测 4m²</td></tr>
<tr><td>13</td><td colspan="4">切缝深度(mm)</td><td>≥50 或≥1/4h</td><td>尺测:每 200m 接缝 4 处</td></tr>
<tr><td>14</td><td colspan="4">胀缝板连浆(mm)</td><td>≤30</td><td>尺测:每条胀缝板安装时测</td></tr>
<tr><td>15</td><td colspan="4">胀缝传力杆偏斜(mm)</td><td>≤13</td><td>钢筋保护层仪:每 5 条胀缝抽测 1 条</td></tr>
</table>

6 混凝土拌合物搅拌与运输

6.1 搅拌设备

6.1.1 搅拌场的拌和能力配置应符合下列规定：

1 采用滑模、轨道、碾压、三辊轴机组摊铺时，搅拌场配置的混凝土总拌和生产能力可按式(6.1.1)计算，并按总拌和能力确定所要求的搅拌楼数量和型号。

$$M = 60\mu \cdot b \cdot h \cdot v_t \tag{6.1.1}$$

式中：M——搅拌楼总拌和能力(m^3/h)；

b——摊铺宽度(m)；

v_t——摊铺速度(m/min)(≥1m/min)；

h——面板厚度(m)；

μ——搅拌楼可靠性系数，1.2～1.5，根据下述具体情况确定：搅拌楼可靠性高，μ 可取较小值；反之，μ 取较大值；拌和钢纤维混凝土时，μ 应取较大值；坍落度要求较低者，μ 应取较大值。

2 不同摊铺方式所要求的搅拌楼最小生产容量应满足表6.1.1的规定。一般可配备2～3台搅拌楼，最多不宜超过4台。搅拌楼的规格和品牌尽可能统一。

表6.1.1 混凝土路面不同摊铺方式的搅拌楼最小配置容量(m^3/h)

摊铺宽度 \ 摊铺方式	滑模摊铺	轨道摊铺	碾压混凝土	三辊轴摊铺	小型机具
单车道3.75～4.5m	≥100	≥75	≥75	≥50	≥25
双车道7.5～9m	≥200	≥150	≥150	≥100	≥50
整幅宽≥12.5m	≥300	≥200	≥200	—	—

6.1.2 搅拌楼的配备应符合表5.1.1的规定。应优先选配间歇式搅拌楼，也可使用连续式搅拌楼。

6.2 拌和技术要求

6.2.1 每台搅拌楼在投入生产前，必须进行标定和试拌。在标定有效期满或搅拌楼搬迁安装后，均应重新标定。施工中应每15d校验一次搅拌楼计量精确度。搅拌楼配料计量偏差不得超过表6.2.1的规定。不满足时，应分析原因，排除故障，确保拌和计量精确度。采用计算机自动控制系统的搅拌楼时，应使用自动配料生产，并按需要打印每天(周、旬、月)对应路面摊铺桩号的混凝土配料统计数据及偏差。

表6.2.1 搅拌楼的混凝土拌和计量允许偏差(%)

材料名称	水泥	掺合料	钢纤维	砂	粗集料	水	外加剂
高速公路、一级公路每盘	±1	±1	±2	±2	±2	±1	±1
高速公路、一级公路累计每车	±1	±1	±1	±2	±2	±1	±1
其他公路	±2	±2	±2	±3	±3	±2	±2

6.2.2 应根据拌合物的黏聚性、均质性及强度稳定性试拌确定最佳拌和时间。一般情况下，单立轴式搅拌机总拌和时间宜为80～120s，全部原材料到齐后的最短纯拌和时间不宜短于40s；行星立轴和双卧轴式搅拌机总拌和时间为60～90s，最短纯拌和时间不宜短于35s；连续双卧轴搅拌楼的最短拌和时

间不宜短于40s。最长总拌和时间不应超过高限值的2倍。

6.2.3 混凝土拌和过程中,不得使用沥水、夹冰雪、表面沾染尘土和局部曝晒过热的砂石料。

6.2.4 外加剂应以稀释溶液加入,其稀释用水和原液中的水量,应从拌和加水量中扣除。使用间歇搅拌楼时,外加剂溶液浓度应根据外加剂掺量、每盘外加剂溶液筒的容量和水泥用量计算得出。连续式搅拌楼应按流量比例控制加入外加剂。加入搅拌锅的外加剂溶液应充分溶解,并搅拌均匀。有沉淀的外加剂溶液,应每天清除一次稀释池中的沉淀物。

6.2.5 拌和引气混凝土时,搅拌楼一次拌和量不应大于其额定搅拌量的90%。纯拌和时间应控制在含气量最大或较大时。

6.2.6 粉煤灰或其他掺合料应采用与水泥相同的输送、计量方式加入。粉煤灰混凝土的纯拌和时间应比不掺的延长10~15s。当同时掺用引气剂时,宜通过试验适当增大引气剂掺量,以达到规定含气量。

6.2.7 拌合物质量检验与控制应符合下列要求:

1 搅拌过程中,拌合物质量检验与控制应符合表6.2.7的规定。低温或高温天气施工时,拌合物出料温度宜控制在10℃~35℃。并应测定原材料温度、拌合物的温度、坍落度损失率和凝结时间等。

表6.2.7 混凝土拌合物的质量检验项目和频率

检查项目	检查频度	
	高速公路、一级公路	其他公路
水灰比及稳定性	每5000m³ 抽检1次,有变化随时测	每5000m³ 抽检1次,有变化随时测
坍落度及其均匀性	每工班测3次,有变化随时测	每工班测3次,有变化随时测
坍落度损失率	开工、气温较高和有变化随时测	开工、气温较高和有变化随时测
振动黏度系数	试拌、原材料和配合比有变化时测	试拌、原材料和配合比有变化时测
钢纤维体积率	每工班测2次,有变化随时测	每工班测1次,有变化随时测
含气量	每工班测2次,有抗冻要求不少于3次	每工班测1次,有抗冻要求不少于3次
泌水率	必要时测	必要时测
视密度	每工班测1次	每工班测1次
温度、凝结时间、水化发热量	冬、夏季施工,气温最高、最低时,每工班至少测1~2次	冬、夏季施工,气温最高、最低时,每工班至少测1次
离析	随时观察	随时观察
VC值及稳定性、压实度、松铺系数	碾压混凝土做复合式路面底层时,检查频率与其他公路相同	每工班测3~5次,有变化随时测

注:(1)混凝土拌合物振动黏度系数试验方法见《公路水泥混凝土路面滑模施工技术规程》(JTJ/T 037.1)附录A;

(2)钢纤维混凝土拌合物钢纤维体积率试验方法见附录D.2。

2 拌合物应均匀一致,有生料、干料、离析或外加剂、粉煤灰成团现象的非均质拌合物严禁用于路面摊铺。一台搅拌楼的每盘之间,各搅拌楼之间,拌合物的坍落度最大允许偏差为±10mm。拌和坍落度应为最适宜摊铺的坍落度值与当时气温下运输坍落度损失值两者之和。

6.2.8 钢纤维混凝土的拌和,除应满足上述规定外,尚应符合下列规定:

1 当钢纤维体积率较高,拌合物较干时,搅拌楼一次拌和量不宜大于其额定搅拌量的80%。拌合物中不得有钢纤维结团现象。

2 钢纤维混凝土搅拌的投料次序和方法应以搅拌过程中钢纤维不产生结团和保证一定的生产率为原则,并通过试拌或根据经验确定。宜采用将钢纤维、水泥、粗细集料先干拌后加水湿拌的方法;也可采用钢纤维分散机在拌和过程中分散加入钢纤维。

3　钢纤维混凝土的拌和时间应通过现场搅拌试验确定，并应比普通混凝土规定的纯拌和时间延长20～30s，采用先干拌后加水的搅拌方式时，干拌时间不宜少于1min。

4　钢纤维混凝土严禁用人工拌和。当桥梁伸缩缝等零星工程使用少量的钢纤维混凝土时，可采用容量较小的搅拌机拌和，每种原材料应准确称量后加入，不得使用体积计量。采用小容量搅拌机拌和时，钢纤维混凝土总拌和时间应较搅拌楼拌和时间延长1～2min，采用先干拌后加水的搅拌方式时，干拌时间不宜少于1.5min。

5　应保证钢纤维在混凝土中的分散性及均匀性，水洗法检测的钢纤维含量偏差不应大于设计掺量的±15%，检测方法见附录D.2。

6.2.9　碾压混凝土拌和除应满足上述有关规定外，尚应符合下列规定：

1　砂石料堆应全部覆盖防雨，堆底严防浸水。必要时，还应对砂石料仓、粉煤灰料斗、外加剂溶液池等作防雨覆盖。在装载机料斗和料仓内的砂石料不应有明显的湿度差别，严禁雨天拌和碾压混凝土。

2　拌和时，应精确检测砂石料的含水率，根据砂石料含水率变化，快速反馈并严格控制加水量和砂石料用量。除搅拌楼应配备砂(石)含水率自动反馈控制系统外，每台班至少应监测3次砂石料含水率。

3　碾压混凝土的最短纯拌和时间应比普通混凝土延长15～20s。

6.3　运输车辆

6.3.1　机械摊铺系统配套的运输车数量，可按式(6.3.1)计算。

$$N = 2n\left(1 + \frac{S\gamma_c m}{v_q g_q}\right) \tag{6.3.1}$$

式中：N——汽车辆数(辆)；

n——相同产量搅拌楼台数；

S——单程运输距离(km)；

γ_c——混凝土密度(t/m^3)；

m——一台搅拌楼每小时生产能力(m^3/h)；

v_q——车辆的平均运输速度(km/h)；

g_q——汽车载重能力(t/辆)。

6.3.2　可选配车况优良、载重量5～20t的自卸车，自卸车后挡板应关闭紧密，运输时不漏浆撒料，车厢板应平整光滑。远距离运输或摊铺钢筋混凝土路面及桥面时，宜选配混凝土罐车。

6.4　运输技术要求

6.4.1　应根据施工进度、运量、运距及路况，选配车型和车辆总数。总运力应比总拌和能力略有富余。确保新拌混凝土在规定时间内运到摊铺现场。

6.4.2　运输到现场的拌合物必须具有适宜摊铺的工作性。不同摊铺工艺的混凝土拌合物从搅拌机出料到运输、铺筑完毕的允许最长时间应符合表6.4.2的规定。不满足时应通过试验、加大缓凝剂或保塑剂的剂量。

表6.4.2　混凝土拌合物出料到运输、铺筑完毕允许最长时间

施工气温*(℃)	到运输完毕允许最长时间(h)		到铺筑完毕允许最长时间(h)	
	滑模、轨道	三轴、小机具	滑模、轨道	三轴、小机具
5～9	2.0	1.5	2.5	2.0
10～19	1.5	1.0	2.0	1.5
20～29	1.0	0.75	1.5	1.25
30～35	0.75	0.50	1.25	1.0

注：*指施工时间的日间平均气温，使用缓凝剂延长凝结时间后，本表数值可增加0.25～0.5h。

6.4.3 混凝土拌合物的运输除应满足上述规定外，尚应符合下列技术要求：

1 运送混凝土的车辆装料前，应清净厢罐，洒水润壁，排干积水。装料时，自卸车应挪动车位，防止离析。搅拌楼卸料落差不应大于2m。

2 混凝土运输过程中应防止漏浆、漏料和污染路面，途中不得随意耽搁。自卸车运输应减小颠簸，防止拌合物离析。车辆起步和停车应平稳。

3 超过表6.4.2规定摊铺允许最长时间的混凝土不得用于路面摊铺。混凝土一旦在车内停留超过初凝时间，应采取紧急措施处置，严禁混凝土硬化在车厢(罐)内。

4 烈日、大风、雨天和低温天远距离运输时，自卸车应遮盖混凝土，罐车宜加保温隔热套。

5 使用自卸车运输混凝土最远运输半径不宜超过20km。

6 运输车辆在模板或导线区掉头或错车时，严禁碰撞模板或基准线，一旦碰撞，应告知测工重新测量纠偏。

7 车辆倒车及卸料时，应有专人指挥。卸料应到位，严禁碰撞摊铺机和前场施工设备及测量仪器。卸料完毕，车辆应迅速离开。

8 碾压混凝土卸料时，车辆应在前一辆车离开后立即倒向摊铺机，并在机前10~30cm处停住，不得撞击沥青摊铺机。然后换成空挡，并迅速升起料斗卸料，靠摊铺机推动前进。

7 混凝土面层铺筑

7.1 滑模机械铺筑

7.1.1 机械配备

1 高速公路、一级公路施工,宜选配能一次摊铺2~3个车道宽度(7.5~12.5m)的滑模摊铺机;二级及二级以下公路路面的最小摊铺宽度不得小于单车道设计宽度。硬路肩的摊铺宜选配中、小型多功能滑模摊铺机,并宜连体一次摊铺路缘石。滑模摊铺机可按表7.1.1-1的基本技术参数选择。

表7.1.1-1 滑模摊铺机的基本技术参数表

项目	发动机功率(kW)	摊铺宽度(m)	摊铺厚度(mm)	摊铺速度(m/min)	空驶速度(m/min)	行走速度(m/min)	履带数(个)	整机自重(t)
三车道滑模摊铺机	200~300	12.5~16.0	0~500	0~3	0~5	0~15	4	57~135
双车道滑模摊铺机	150~200	3.6~9.7	0~500	0~3	0~5	0~18	2~4	22~50
多功能单车道滑模摊铺机	70~150	2.5~6.0	0~400 护栏高度 800~1900	0~3	0~9	0~15	2,3,4	12~27
路缘石滑模摊铺机	≤80	<2.5	<450	0~5	0~9	0~10	2,3	≤10

2 滑模摊铺路面时,可配备1台挖掘机或装载机辅助布料。采用前置钢筋支架法设置缩缝传力杆的路面、钢筋混凝土路面、桥面和桥头搭板时,应选配下列适宜的布料机械:

(1)侧向上料的布料机。

(2)侧向上料的供料机。

(3)带侧向上料机构的滑模摊铺机。

(4)挖掘机加料斗侧向供料。

(5)吊车加短便桥钢凳,车辆直接卸料。

(6)吊车加料斗起吊布料。

3 可采用拉毛养生机或人工软拉槽制作抗滑沟槽。工程规模大、日摊铺进度快时,宜采用拉毛养生机。高速公路、一级公路宜采用刻槽机进行硬刻槽,其刻槽作业宽度不宜小于500mm,所配备的硬刻槽机数量及刻槽能力应与滑模摊铺进度相匹配。

4 滑模摊铺混凝土路面的切缝,可使用软锯缝机、支架式硬锯缝机和普通锯缝机。配备的锯缝机数量及切缝能力应与滑模摊铺进度相适应。

5 滑模摊铺系统机械配套宜符合表7.1.1-2的要求。

表 7.1.1-2　滑模摊铺机施工主要机械和机具配套表

工作内容	主要施工机械设备	
	名　称	机型及规格
钢筋加工	钢筋锯断机、折弯机、电焊机	根据需要定规格和数量
测　量 基准线	水准仪、经纬仪、全站仪*	根据需要定规格和数量
	基准线、线桩及紧线器	300 个桩、5 个紧线器、3000m 基准线
搅　拌	强制式搅拌楼	≥50(m^3/h)，数量由计算确定
	装载机	2～3m^3
	发电机	≥120kW
	供水泵和蓄水池	≥250m^3
运　输	运输车*	4～6m^3，数量由匹配计算确定
	自卸车	4～24m^3，数量由匹配计算确定
摊　铺	布料机*、挖掘机、吊车等布料设备	根据需要定规格和数量
	滑模摊铺机 1 台	技术参数见表 7.1.1-1
	手持振捣棒、整平梁、模板	根据人工施工接头需要定
抗　滑	拉毛养生机* 1 台	与滑模摊铺机同宽
	人工拉毛齿耙、工作桥	根据需要定规格和数量
	硬刻槽机* 刻槽宽度≥500mm，功率≥7.5kW	数量与摊铺进度匹配
切　缝	软锯缝机	根据需要定规格和数量
	常规锯缝机或支架锯缝机	根据需要定规格和数量
	移动发电机	12～60kW，数量由施工需要定
磨　平	水磨石磨机	需要处理欠平整部位时
灌　缝	灌缝机或插胶条工具	根据需要定规格和数量
养　生	压力式喷洒机或喷雾器	根据需要定规格和数量
	工地运输车	4～6t，按需要定数量
	洒水车	4.5～8t 按需要定数量

注：* 可按装备、投资、施工方式等不同要求选配。

7.1.2　基准线设置

1　滑模摊铺混凝土路面的施工应设置基准线。基准线设置形式有单向坡双线式、单向坡单线式和双向坡双线式三种。

2　基准线宽度除应保证摊铺宽度外，尚应满足两侧 650～1000mm 横向支距的要求。

3　基准线桩纵向间距：直线段不应大于 10m，竖、平曲线路段视曲线半径大小应加密布置，最小 2.5m。

4　线桩固定时，基层顶面到夹线臂的高度宜为 450～750mm。基准线桩夹线臂夹口到桩的水平距离宜为 300mm。基准线桩应钉牢固。

5　单根基准线的最大长度不宜大于 450m。

6　基准线拉力不应小于 1000N。

7　基准线的设置精确度应符合表 7.1.2 规定。

表 7.1.2　基准线设置精确度要求

项　目	中线平面偏位(mm)	路面宽度偏差(mm)	面板厚度(mm)		纵断高程偏差(mm)	横坡偏差(%)	连接纵缝高差(mm)
			代表值	极　值			
规　定　值	≤10	≤+15	≥-3	≥-8	±5	±0.10	±1.5

注：在基准线上单车道一个横断面测 3 点、双车道测 5 点测定板厚，其平均值为该断面平均板厚。断面平均板厚不应薄于其代表值；极小值不应薄于极值。每 200m 测 10 个断面，其均值为该路段平均板厚，路段平均板厚不应小于设计板厚。不满足上述要求，不得摊铺面板。

8　基准线设置后，严禁扰动、碰撞和振动。一旦碰撞变位，应立即重新测量纠正。多风季节施工，应缩小基准线桩间距。

7.1.3　摊铺准备

1　所有施工设备和机具均应处于良好状态，并全部就位。

2　基层、封层表面及履带行走部位应清扫干净。摊铺面板位置应洒水湿润，但不得积水。

3　横向连接摊铺时，前次摊铺路面纵缝的溜肩胀宽部位应切割顺直。侧边拉杆应校正扳直，缺少的拉杆应钻孔锚固植入。纵向施工缝的上半部缝壁应满涂沥青。

7.1.4　布料

1　滑模摊铺机前的正常料位高度应在螺旋布料器叶片最高点以下，亦不得缺料。卸料、布料应与摊铺速度相协调。

2　当坍落度在10～50mm时，布料松铺系数宜控制在1.08～1.15之间。布料机与滑模摊铺机之间施工距离宜控制在5～10m。

3　摊铺钢筋混凝土路面、桥面或搭板时，严禁任何机械开上钢筋网。

7.1.5　滑模摊铺机的施工参数设定及校准

1　振捣棒下缘位置应在挤压板最低点以上，振捣棒的横向间距不宜大于450mm，均匀排列；两侧最边缘振捣棒与摊铺边沿距离不宜大于250mm。

2　挤压底板前倾角宜设置为3°左右。提浆夯板位置宜在挤压底板前缘以下5～10mm之间。

3　两边缘超铺高程根据拌合物稠度宜在3～8mm间调整。搓平梁前沿宜调整到与挤压板后沿高程相同，搓平梁的后沿比挤压底板后沿低1～2mm，并与路面高程相同。

4　滑模摊铺机首次摊铺路面，应挂线对其铺筑位置、几何参数和机架水平度进行调整和校准，正确无误后，方可开始摊铺。

5　在开始摊铺的5m内，应在铺筑行进中对摊铺出的路面标高、边缘厚度、中线、横坡度等参数进行复核测量。所摊铺的路面精确度应控制在表7.1.2的规定值范围内。

7.1.6　铺筑作业技术要领

1　操作滑模摊铺机应缓慢、匀速、连续不间断地作业。严禁料多追赶，然后随意停机等待，间歇摊铺。摊铺速度应根据拌合物稠度、供料多少和设备性能控制在0.5～3.0m/min之间，一般宜控制在1m/min左右。拌合物稠度发生变化时，应先调振捣频率，后改变摊铺速度。

2　应随时调整松方高度板控制进料位置，开始时宜略设高些，以保证进料。正常摊铺时应保持振捣仓内料位高于振捣棒100mm左右，料位高低上下波动宜控制在±30mm之内。

3　正常摊铺时，振捣频率可在6000～11000r/min之间调整，宜采用9000r/min左右。应防止混凝土过振、欠振或漏振。应根据混凝土的稠度大小，随时调整摊铺的振捣频率或速度。摊铺机起步时，应先开启振捣棒振捣2～3min，再缓慢平稳推进。摊铺机脱离混凝土后，应立即关闭振捣棒组。

4　滑模摊铺机满负荷时可铺筑的路面最大纵坡为：上坡5%；下坡6%。上坡时，挤压底板前仰角宜适当调小，并适当调轻抹平板压力；下坡时，前仰角宜适当调大，并适当调大抹平板压力。板底不小于3/4长度接触路表面时抹平板压力适宜。

5　滑模摊铺机施工的最小弯道半径不应小于50m；最大超高横坡不宜大于7%。

6　单车道摊铺时，应视路面设计要求配置一侧或双侧打纵缝拉杆的机械装置。2个以上车道摊铺时，除侧向打拉杆的装置外，还应在假纵缝位置配置拉杆自动插入装置。

7　软拉抗滑构造时表面砂浆层厚度宜控制在4mm左右，硬刻槽路面的砂浆表层厚度宜控制在2～3mm。

8　养护5～7d后，方允许摊铺相邻车道。

7.1.7　问题处置

1　摊铺中应经常检查振捣棒的工作情况和位置。路面出现麻面或拉裂现象时，必须停机检查或更换振捣棒。摊铺后，路面上出现发亮的砂浆条带时，必须调高振捣棒位置，使其底缘在挤压底板的后缘高度以上。

2 摊铺宽度大于7.5m时,若左右两侧拌合物稠度不一致,摊铺速度应按偏干一侧设置,并应将偏稀一侧的振捣棒频率迅速调小。

3 应通过调整拌合物稠度、停机待料时间、挤压底板前仰角、起步及摊铺速度等措施控制和消除横向拉裂现象。

4 摊铺中的滑模摊铺机停机等料最长时间超过当时气温下混凝土初凝时间的4/5时,应将滑模摊铺机迅速开出摊铺工作面,并做施工缝。

7.1.8 滑模摊铺过程中应采用自动抹平板装置进行抹面。对少量局部麻面和明显缺料部位,应在挤压板后或搓平梁前补充适量拌合物,由搓平梁或抹平板机械修整。滑模摊铺的混凝土面板在下列情况下,可用人工进行局部修整:

1 用人工操作抹面抄平器,精整摊铺后表面的小缺陷,但不得在整个表面加薄层修补路面标高。

2 对纵缝边缘出现的倒边、塌边、溜肩现象,应顶侧模或在上部支方铝管进行边缘补料修整。

3 对起步和纵向施工接头处,应采用水准仪抄平并采用大于3m的靠尺边测边修整。

7.1.9 滑模摊铺结束后,必须及时清洗滑模摊铺机,进行当日保养等。并宜在第二天硬切横向施工缝,也可当天软作施工横缝。应丢弃端部的混凝土和摊铺机振动仓内遗留下的纯砂浆,两侧模板应向内各收进20~40mm,收口长度宜比滑模摊铺机侧模板略长。施工缝部位应设置传力杆,并应满足路面平整度、高程、横坡和板长要求。

7.2 模板及其架设与拆除

7.2.1 模板技术要求

1 公路混凝土路面板、桥面板和加铺层的施工模板应采用刚度足够的槽钢、轨模或钢制边侧模板,不应使用木模板、塑料模板等其他易变形的模板。模板的精确度应符合表7.2.1的规定。钢模板的高度应为面板设计厚度,模板长度宜为3~5m。需设置拉杆时,模板应设拉杆插入孔。每米模板应设置1处支撑固定装置,见图7.2.1-1a)、b)。模板垂直度用垫木楔方法调整。

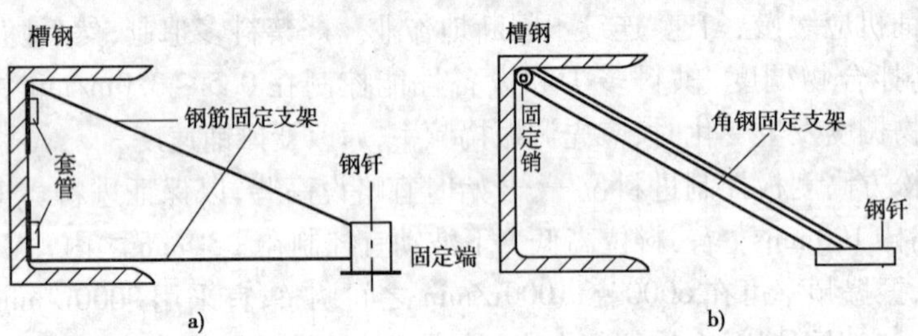

图7.2.1-1 (槽)钢模板焊接钢筋或角钢固定示意图

a)焊接钢筋固定支架;b)焊接角钢固定支架

表7.2.1 模板(加工矫正)允许偏差

施工方式	高度偏差(mm)	局部变形(mm)	垂直边夹角(°)	顶面平整度(mm)	侧面平整度(mm)	纵向变形(mm)
三辊轴机组	±1	±2	90±2	±1	±2	±2
轨道摊铺机	±1	±2	90±1	±1	±2	±1
小型机具	±2	±3	90±3	±2	±3	±3

2 横向施工缝端模板应按设计规定的传力杆直径和间距设置传力杆插入孔和定位套管。两边缘传力杆到自由边距离不宜小于150mm。每米设置1个垂直固定孔套。工作缝端模侧立面见图7.2.1-2。

3 模板或轨模数量应根据施工进度和施工气温确定,并应满足拆模周期内周转需要。一般情况下,模板或轨模总量不宜少于3~5d摊铺的需要。

7.2.2 模板安装

1 支模前在基层上应进行模板安装及摊铺位置的测量放样，每20m应设中心桩；每100m宜布设临时水准点；核对路面标高、面板分块、胀缝和构造物位置。测量放样的质量要求和允许偏差应符合相应规范的规定。

2 纵横曲线路段应采用短模板，每块模板中点应安装在曲线切点上。

3 轨道摊铺应采用长度为3m的专用钢制轨模，轨模底面宽度宜为高度的80%，轨道用螺栓、垫片固定在模板支座上，模板应使用钢钎与基层固定。轨道顶面应高于模板20～40mm，轨道中心至模板内侧边缘距离宜为125mm，见图7.2.2。

4 模板应安装稳固、顺直、平整，无扭曲，相邻模板连接应紧密平顺，不得有底部漏浆、前后错茬、高低错台等现象。模板应能承受摊铺、振实、整平设备的负载，行进、冲击和振动时不发生位移。严禁在基层上挖槽，嵌入安装模板。

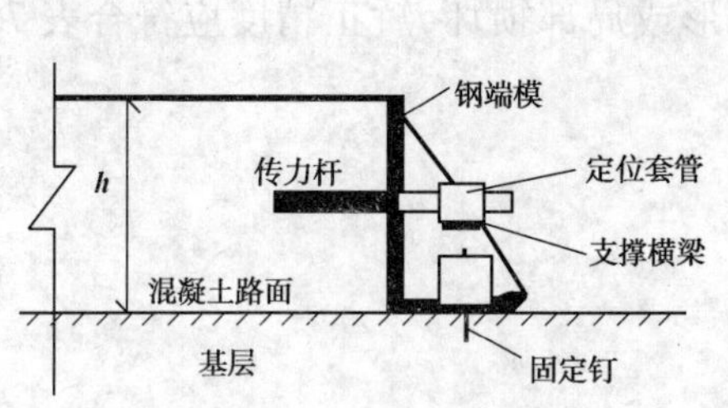

图7.2.1-2 工作缝端模侧立面

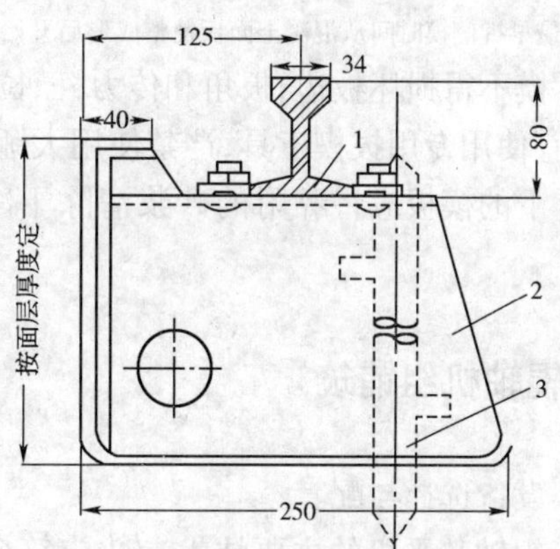

图7.2.2 轨道模板（尺寸单位：mm）

1-轨道；2-模板；3-钢钎

5 模板安装检验合格后，与混凝土拌合物接触的表面应涂脱模剂或隔离剂；接头应粘贴胶带或塑料薄膜等密封。

7.2.3 模板安装完毕，应经过测量人员使用与设计板厚相同的测板作全断面检验，其安装精确度应符合表7.2.3的规定。

表7.2.3 模板安装精确度要求

检测项目 \ 施工方式		三辊轴机组	轨道摊铺机	小型机具
平面偏位(mm)，≤		10	5	15
摊铺宽度偏差(mm)，≤		10	5	15
面板厚度(mm)，≥	代表值	-3	-3	-4
	极值	-8	-8	-9
纵断高程偏差(mm)		±5	±5	±10
横坡偏差(%)		±0.10	±0.10	±0.20
相邻板高差(mm)，≤		1	1	2
顶面接茬3m尺平整度(mm)，≤		1.5	1	2
模板接缝宽度(mm)，≤		3	2	3
侧向垂直度(mm)，≤		3	2	4
纵向顺直度(mm)，≤		3	2	4

7.2.4 模板拆除及矫正

1 当混凝土抗压强度不小于8.0MPa方可拆模。当缺乏强度实测数据时，边侧模板的允许最早拆模时间宜符合表7.2.4的规定。达不到要求，不能拆除端模时，可空出一块面板，重新起头摊铺，空出的面板待两端均可拆模后再补做。

表7.2.4 混凝土路面板的允许最早拆模时间(h)

昼夜平均气温(℃)	-5	0	5	10	15	20	25	≥30
硅酸盐水泥、R型水泥	240	120	60	36	34	28	24	18
道路、普通硅酸盐水泥	360	168	72	48	36	30	24	18
矿渣硅酸盐水泥	—	—	120	60	50	45	36	24

注：允许最早拆侧模时间从混凝土面板精整成形后开始计算。

2 拆模不得损坏板边、板角和传力杆、拉杆周围的混凝土，也不得造成传力杆和拉杆松动或变形。模板拆卸宜使用专用拔楔工具，严禁使用大锤强击拆卸模板。

3 拆下的模板应将黏附的砂浆清除干净，并矫正变形或局部损坏，矫正精度应符合表7.2.1的要求。

7.3 三辊轴机组铺筑

7.3.1 设备选择与配套

1 三辊轴整平机的主要技术参数应符合表7.3.1的规定。板厚200mm以上宜采用直径168mm的辊轴；桥面铺装或厚度较小的路面可采用直径为219mm的辊轴。轴长宜比路面宽度长出600~1200mm。振动轴的转速不宜大于380r/min。

表7.3.1 三辊轴整平机的主要技术参数

型号	轴直径(mm)	轴 速(r/min)	轴 长(m)	轴质量(kg/m)	行走机构质量(kg)	行走速度(m/min)	整平轴距(mm)	振动功率(kW)	驱动功率(kW)
5001	168	300	1.8~9	65±0.5	340	13.5	504	7.5	6
6001	219	300	5.1~12	77±0.7	568	13.5	657	17	9

2 三辊轴机组铺筑混凝土面板时，必须同时配备一台安装插入式振捣棒组的排式振捣机，振捣棒的直径宜为50~100mm，间距不应大于其有效作用半径的1.5倍，并不大于500mm。插入式振捣棒组的振动频率可在50~200Hz之间选择，当面板厚度较大和坍落度较低时，宜使用100Hz以上的高频振捣棒。该机宜同时配备螺旋布料器和松方控制刮板，并具备自动行走功能。

3 当桥面铺装厚度小于150mm时，可采用振捣梁。振捣频率宜为50~100Hz，振捣加速度宜为4~5g(g为重力加速度)。

4 当一次摊铺双车道路面时应配备纵缝拉杆插入机，并配有插入深度控制和拉杆间距调整装置。

5 其他施工辅助配套设备可参照表7.1.1-2选配。

7.3.2 工艺流程：布料⇨密集排振⇨拉杆安装⇨人工补料⇨三辊轴整平⇨(真空脱水)⇨(精平饰面)⇨拉毛⇨切缝⇨养生⇨(硬刻槽)⇨填缝。

7.3.3 铺筑作业技术要求：

1 应有专人指挥车辆均匀卸料。布料应与摊铺速度相适应，不适应时应配备适当的布料机械。坍落度为10~40mm的拌合物，松铺系数为1.12~1.25。坍落度大时取低值，坍落度小时取高值。超高路段，横坡高侧取高值，横坡低侧取低值。

2 混凝土拌合物布料长度大于10m时，可开始振捣作业。密排振捣棒组间歇插入振实时，每次移动距离不宜超过振捣棒有效作用半径的1.5倍，并不得大于500mm，振捣时间宜为15～30s。排式振捣机连续拖行振实时，作业速度宜控制在4m/min以内。具体作业速度视振实效果，可由式(7.3.3)计算。

$$V = 1.5\frac{R}{t} \tag{7.3.3}$$

式中：V——排式振捣机作业速度(m/s)；

t——振捣密实所必需的时间(s)，一般为15～30s；

R——振捣棒的有效作用半径(m)。

排式振捣机应匀速缓慢、连续不间断地振捣行进。其作业速度以拌合物表面不露粗集料，液化表面不再冒气泡并泛出水泥浆为准。

3 面板振实后，应随即安装纵缝拉杆。单车道摊铺的混凝土路面，在侧模预留孔中应按设计要求插入拉杆；一次摊铺双车道路面时，除应在侧模孔中插入拉杆外，还应在中间纵缝部位，使用拉杆插入机在1/2板厚处插入拉杆，插入机每次移动的距离应与拉杆间距相同。

4 三辊轴整平机作业

(1)三辊轴整平机按作业单元分段整平，作业单元长度宜为20～30m，振捣机振实与三辊轴整平两道工序之间的时间间隔不宜超过15min。

(2)三辊轴滚压振实料位高差宜高于模板顶面5～20mm，过高时应铲除，过低应及时补料。

(3)三辊轴整平机在一个作业单元长度内，应采用前进振动、后退静滚方式作业，宜分别2～3遍。最佳滚压遍数应经过试铺确定。

(4)在三辊轴整平机作业时，应有专人处理轴前料位的高低情况，过高时，应辅以人工铲除，轴下有间隙时，应使用混凝土找补。

(5)滚压完成后，将振动辊轴抬离模板，用整平轴前后静滚整平，直到平整度符合要求，表面砂浆厚度均匀为止。

(6)表面砂浆厚度宜控制在(4±1)mm，三辊轴整平机前方表面过厚、过稀的砂浆必须刮除丢弃。

5 应采用3～5m刮尺，在纵、横两个方向进行精平饰面，每个方向不少于两遍。也可采用旋转抹面机密实精平饰面两遍。刮尺、刮板、抹面机、抹刀饰面的最迟时间不得迟于表6.4.2规定的铺筑完毕允许最长时间。

7.4 轨道摊铺机铺筑

7.4.1 机械选型与配套

1 轨道摊铺机的选型应根据路面车道数或设计宽度按表7.4.1的技术参数选择。最小摊铺宽度不得小于单车道3.75m。

表7.4.1 轨道摊铺机的基本技术参数表

项目	发动机功率(kW)	最大摊铺宽度(m)	摊铺厚度(mm)	摊铺速度(m/min)	整机质量(t)
三车道轨道摊铺机	33～45	11.75～18.3	250～600	1～3	13～38
双车道轨道摊铺机	15～33	7.5～9.0	250～600	1～3	7～13
单车道轨道摊铺机	8～22	3.5～4.5	250～450	1～4	≤7

2 轨道摊铺机按布料方式不同，可选用刮板式、箱式和螺旋式。

3　其他设备可参照表7.1.1-2配套。

7.4.2　铺筑作业

1　布料

(1)使用轨道摊铺机前部配备的螺旋布料器或可上下左右移动的刮板布料，料堆不得过高过大，亦不得缺料。可使用挖掘机、装载机或人工辅助布料。螺旋布料器前的拌合物应保持在面板以上100mm左右，布料器后宜配备松铺高度控制刮板。也可使用有布料箱的轨道摊铺机精确布料，箱式轨道摊铺机的料斗出料口关闭时，装进拌合物并运到布料位置后，轻轻打开料斗出料口，待拌合物堆成"堤状"，左右移动料斗布料。

(2)轨道摊铺时的适宜坍落度按振捣密实情况宜控制在20～40mm之间。不同坍落度时的松铺系数K可参考表7.4.2确定，并按此计算出松铺高度。

表7.4.2　松铺系数K与坍落度S_L的关系

坍落度S_L(mm)	5	10	20	30	40	50	60
松铺系数K	1.30	1.25	1.22	1.19	1.17	1.15	1.12

(3)当施工钢筋混凝土路面时，宜选用(两台)箱型轨道摊铺机分两层两次布料，可在第一层布料完成后，将钢筋网片安装好，再进行表面第二层布料，然后一次振实；也可两次布料两次振实，中间安装钢筋网。采用双层两遍摊铺钢筋混凝土路面时，下部混凝土的布料与摊铺长度应根据钢筋网片长度和第一层混凝土凝结情况而定，且不宜超过20m。

2　振实作业

(1)轨道摊铺机应配备振捣棒组，振捣方式有斜插连续拖行及间歇垂直插入两种，当面板厚度超过150mm坍落度小于30mm时，必须插入振捣；连续拖行振捣时，宜将作业速度控制在0.5～1.0m/min之间，并随着坍落度的大小而增减。间歇振捣时，当一处混凝土振捣密实后，将振捣棒组缓慢拔出，再移动到下一处振实，移动距离不宜大于500mm。

(2)轨道摊铺机应配备振动板或振动梁对混凝土表面进行振捣和修整，振动梁的振捣频率宜控制在50～100Hz，偏心轴转速调节到2500～3500r/min。经振捣棒组振实的混凝土，宜使用振动板振动提浆，并密实饰面，提浆厚度宜控制在(4±1)mm。

3　整平饰面

(1)往复式整平滚筒前的混凝土堆积物应涌向横坡高的一侧，保证路面横坡高端有足够的料找平。

(2)及时清理因整平推挤到路面边缘的余料，以保证整平精度和整平机械在轨道上的作业行驶。

(3)轨道摊铺机上宜配备纵向或斜向抹平板。纵向抹平板随轨道摊铺机作业行进可左右贴表面滑动并完成表面修整；斜向修整抹平板作业时，抹平板沿斜向左右滑动，同时随机身行进，完成表面修整。

4　精平饰面操作要求与7.3.3条第5款相同。

7.5　小型机具铺筑

7.5.1　小型机具性能应稳定可靠，操作简易，维修方便，机具配套应与工程规模、施工进度相适应。选配的成套机械、机具应符合表7.5.1的要求。

7.5.2　摊铺、振实与整平

1　摊铺

(1)混凝土拌合物摊铺前，应对模板的位置及支撑稳固情况，传力杆、拉杆的安设等进行全面检查。修复破损基层，并洒水润湿。用厚度标尺板全面检测板厚与设计值相符，方可开始摊铺。

表 7.5.1 小型机具施工配套机械、机具配置

工作内容	主要施工机械机具	
	机械机具名称、规格	数量、生产能力
钢筋加工	钢筋锯断机、折弯机、电焊机	根据需要定规格和数量
测　量	水准仪、经纬仪	根据需要定规格和数量
架设模板	与路面厚度等高 3m 长槽钢模板、固定钢钎	数量不少于 3d 摊铺用量
搅　拌	强制式搅拌楼，单车道≥25(m^3/h)，双车道≥50 (m^3/h)	总搅拌生产能力及搅拌楼数量，根据施工规模和进度由计算确定
	装载机	2～$3m^3$
	发电机	≥120kW
	供水泵和蓄水池	单车道≥$100m^3$，双车道≥$200m^3$
运　输	5～10t 自卸车	数量由匹配计算确定
振　实	手持振捣棒，功率≥1.1kW	每 2m 宽路面不少于 1 根
	平板振动器，功率≥2.2kW	每车道路面不少于 1 个
	振捣整平梁，刚度足够，2 个振动器功率≥1.1kW	每车道路面不少于 1 个振动器 每车道路面不少于 1 根振动梁
	现场发电机功率≥30kW	不少于 2 台
提浆整平	提浆滚杠直径 15～20mm，表面光滑无缝钢管，壁厚≥3mm	长度适应铺筑宽度，一次摊铺单车道路面 1 根，双车道路面 2 根
	叶片式或圆盘式抹面机	每车道路面不少于 1 台
	3m 刮尺	每车道路面不少于 2 根
	手工抹刀	每米宽路面不少于 1 把
真空脱水	真空脱水机有效抽速≥15L/s	每车道路面不少于 1 台
	真空吸垫尺寸不小于 1 块板	每台吸水机应配 3 块吸垫
抗滑构造	工作桥	不少于 3 个
	人工拉毛齿耙、压槽器	根据需要定数量
切　缝	软锯缝机	根据需要定数量
	手推锯缝机	根据进度定数量
磨　平	水磨石磨机	需要处理欠平整部位时
灌　缝	灌缝机具	根据需要定规格和数量
养　生	洒水车 4.5～8.0t	按需要定数量
	压力式喷洒机或喷雾器	根据需要定规格和数量
	工地运输车 4～6t	按需要定数量

(2)专人指挥自卸车，尽量准确卸料。

(3)人工布料应用铁锹反扣，严禁抛掷和楼耙。人工摊铺混凝土拌合物的坍落度应控制在 5～20mm 之间，拌合物松铺系数宜控制在 K = 1.10～1.25 之间，料偏干，取较高值；反之，取较低值。

(4)因故造成1h以上停工或达到2/3初凝时间,致使拌合物无法振实时,应在已铺筑好的面板端头设置施工缝,废弃不能被振实的拌合物。

2　插入式振捣棒振实

(1)在待振横断面上,每车道路面应使用2根振捣棒,组成横向振捣棒组,沿横断面连续振捣密实,并应注意路面板底、内部和边角处不得欠振或漏振。

(2)振捣棒在每一处的持续时间,应以拌合物全面振动液化,表面不再冒气泡和泛水泥浆为限,不宜过振,也不宜少于30s。振捣棒的移动间距不宜大于500mm;至模板边缘的距离不宜大于200mm。应避免碰撞模板、钢筋、传力杆和拉杆。

(3)振捣棒插入深度宜离基层30~50mm,振捣棒应轻插慢提,不得猛插快拔,严禁在拌合物中推行和拖拉振捣棒振捣。

(4)振捣时,应辅以人工补料,应随时检查振实效果、模板、拉杆、传力杆和钢筋网的移位、变形、松动、漏浆等情况,并及时纠正。

3　振动板振实

(1)在振捣棒已完成振实的部位,可开始振动板纵横交错两遍全面提浆振实,每车道路面应配备1块振动板。

(2)振动板移位时,应重叠100~200mm,振动板在一个位置的持续振捣时间不应少于15s。振动板须由两人提拉振捣和移位,不得自由放置或长时间持续振动。移位控制以振动板底部和边缘泛浆厚度(3±1)mm为限。

(3)缺料的部位,应辅以人工补料找平。

4　振动梁振实

(1)每车道路面宜使用1根振动梁。振动梁应具有足够的刚度和质量,底部应焊接或安装深度4mm左右的粗集料压实齿,保证(4±1)mm的表面砂浆厚度。

(2)振动梁应垂直路面中线沿纵向拖行,往返2~3遍,使表面泛浆均匀平整。在振动梁拖振整平过程中,缺料处应使用混凝土拌合物填补,不得用纯砂浆填补;料多的部位应铲除。

5　整平饰面

(1)每车道路面应配备1根滚杠(双车道两根)。振动梁振实后,应拖动滚杠往返2~3遍提浆整平。第一遍应短距离缓慢推滚或拖滚,以后应较长距离匀速拖滚,并将水泥浆始终赶在滚杠前方。多余水泥浆应铲除。

(2)拖滚后的表面宜采用3m刮尺,纵横各1遍整平饰面,或采用叶片式或圆盘式抹面机往返2~3遍压实整平饰面。抹面机配备每车道路面不宜少于1台。

(3)在抹面机完成作业后,应进行清边整缝,清除黏浆,修补缺边、掉角。应使用抹刀将抹面机留下的痕迹抹平,当烈日暴晒或风大时,应加快表面的修整速度,或在防雨篷遮阴下进行。精平饰面后的面板表面应无抹面印痕,致密均匀,无露骨,平整度应达到规定要求。

7.5.3　真空脱水工艺要求

1　小型机具施工三、四级公路混凝土路面,应优先采用在拌合物中掺外加剂,无掺外加剂条件时,应使用真空脱水工艺,该工艺适用于面板厚度不大于240mm混凝土面板施工。

2　使用真空脱水工艺时,混凝土拌合物的最大单位用水量可比不采用外加剂时增大3~12kg/m^3;拌合物适宜坍落度:高温天30~50mm;低温天20~30mm。

3　真空脱水机具

(1)真空度稳定、有自动脱水计量装置,有效抽速不小于15L/s的脱水机。

(2)真空度均匀,密封性能好,脱水效率高、操作简便、铺放容易、清洗方便的真空吸垫。每台真空脱水机应配备不少于3块吸垫。

4　真空脱水作业

(1)脱水前,应检查真空泵空载真空度不小于0.08MPa,并检查吸管、吸垫连接后的密封性,同时应检查随机工具和修补材料是否齐备。

(2)吸垫铺放应采取卷放，避免皱折；边缘应重叠已脱水的面板50～100mm。

(3)开机脱水，真空度应逐渐升高，最大真空度不宜超过0.085MPa。脱水量应经过脱水试验确定，但剩余单位用水量和水灰比不得大于表4.1.2-4和表4.1.2-6最大值的规定。混凝土拌合物真空脱水量(率)测定方法可参考附录E.2。

(4)最短脱水时间不宜短于表7.5.3的规定。当脱水达到规定时间和脱水量要求后(双控)，应先将吸垫四周微微掀起10～20mm，继续抽吸15s，以便吸尽作业表面和吸管中的余水。

表7.5.3　最短脱水时间(min)

面板厚度 h(mm)	昼夜平均气温 T(℃)					
	3～5	6～10	11～15	16～19	10～25	>25
18	26	24	22	20	18	17
22	30	28	26	24	22	21
25	35	32	30	27	25	24

5　真空脱水后，应采用振动梁、滚杠或叶片、圆盘式抹面机重新压实精平1～2遍。

6　真空脱水整平后的路面，应采用硬刻槽方式制作抗滑构造。

7　真空脱水混凝土路面切缝时间可比规定时间适当提前。

7.6　碾压混凝土面层施工

7.6.1　碾压铺筑工艺流程为：碾压混凝土拌和⇨运输⇨卸入沥青摊铺机⇨沥青摊铺机摊铺⇨打入拉杆⇨钢轮压路机初压⇨振动压路机复压⇨轮胎压路机终压⇨抗滑构造处理⇨养生⇨切缝⇨填缝。

7.6.2　机械选型与配套

1　宜选用预压密实度高的沥青摊铺机，根据路面摊铺宽度可选用1～2台。

2　自重10～12t振动压路机1～2台；15～25t轮胎压路机1台；1～2t小型振动压路机1台。

3　其他施工设备可参照表7.1.1-2选配。

7.6.3　基准线设置要求应符合7.1.2条的规定。

7.6.4　碾压混凝土路面铺筑松铺系数应根据混凝土配合比、施工机械由试铺确定。采用高密实度摊铺机时，松铺系数宜控制在1.05～1.15之间。

7.6.5　摊铺作业

1　摊铺前应洒水湿润基层。

2　摊铺作业应均匀、连续，摊铺过程中不得随意变换速度或停顿。

3　摊铺速度可按式(7.6.5)计算确定，并宜控制在0.6～1.0m/min范围内。

$$V=\frac{MK}{60bh} \tag{7.6.5}$$

式中：V——摊铺速度(m/min)；

M——搅拌机产量(m^3/h)；

b——摊铺宽度(m)；

h——成形后的路面厚度(m)；

K——效率系数，一般为0.85～0.95，搅拌机为1台选低值，多台可取高值。

4　螺旋分料器转速应与摊铺速度相适应，保证两边缘料位充足。

5　拉杆设置应与摊铺同步进行，并根据设计间距设醒目的定位标记，保证准确打入拉杆。

6　铺筑弯道路段时，应及时调整左右两侧分料器的转速，保证两侧供料均衡；弯道超高路面摊铺应确保超高部位的供料充足。

7　摊铺过后，应立即对所摊铺混凝土表面进行检查，局部缺料部位，应及时补料。局部粗料集中的部位，应采用湿筛砂浆进行弥补。

7.6.6 碾压段长度以 30 ~ 40m 为宜。直线段碾压时，压路机应从外侧向路中心碾压；平曲线有超高路段，由低侧向高侧、自内向外碾压，压完全宽为 1 遍；碾压作业应均匀、速度稳定；并按初压、复压和终压三个阶段进行。

1 初压应采用钢轮压路机或振动压路机静压，静压重叠量宜为 1/3 ~ 1/4 钢轮宽度，初压遍数宜为 2 遍。

2 复压应采用振动压路机振动碾压，重叠量宜为 1/3 ~ 1/2 振动碾宽度。振动压路机起步、倒车和转向均应缓慢柔顺，严禁振动压路机中途急停、急拐、紧急起步及快速倒车。复压遍数按检测达到规定压实度进行控制，一般宜为2 ~ 6遍。

3 终压应采用轮胎压路机静压。终压遍数应以弥合表面微裂纹和消除轮迹为停压标准，一般宜为 2 ~ 8 遍。

4 初压、复压和终压作业应密切衔接配合、一气呵成；中间不应停顿、等候和拖延，也不得相互干扰。宜尽量缩短全部碾压作业完成时间。如有局部晒干和风干迹象，应及时喷雾。压实后表面应及时覆盖，并洒水养生。

7.6.7 横向施工缝设置形式宜为“台阶式”。其施工工序如下：

1 在施工终点处设纵向斜坡，作为压路机碾压过渡段；碾压结束后，将平整度合格部位以外斜坡刨除。

2 第二天摊铺开始，后退 150 ~ 200mm 切割施工缝，切割深度宜为 80 ~ 100mm，将切缝外侧混凝土刨除，形成台阶。

3 涂刷水泥浆后，纵向连接摊铺新路面。硬化后切施工缝。

7.6.8 在邻近构造物、小半径平曲线两端和凹形竖曲线纵坡变换处应至少各设 2 条胀缝。其余路段可不设置胀缝。胀缝形式可为混凝土枕垫式（见图 7.6.8-1）或钢板枕垫式（见图 7.6.8-2）两种。

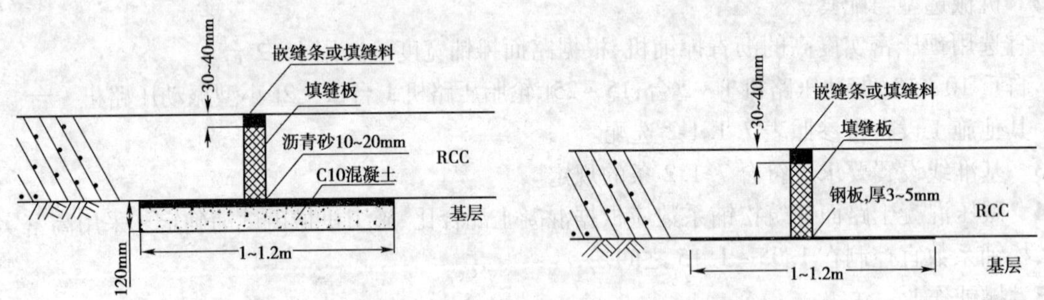

图 7.6.8-1 混凝土枕垫式胀缝　　图 7.6.8-2 钢板枕垫式胀缝

7.6.9 碾压混凝土路面纵向缩缝中应设拉杆，面板尺寸可与普通混凝土路面相同，也可略大，但最大不宜超过 6m × 8m。纵、横向缩缝应采用硬切缝，硬切缝及填缝要求与普通混凝土路面相同。面层抗滑构造可采用硬刻槽或缓凝裸露集料法制作，三、四级公路和基层可不作抗滑处理。

7.6.10 碾压混凝土路面铺筑质量除应符合表 6.2.7、表 11.3.1 和表 11.3.3 的规定外，尚应符合下列要求：

1 应严格控制 VC 值、松铺系数、离析和碾压遍数，保证碾压作业完成后的整个混凝土路面板厚度一致、均匀密实，密实度必须达到配合比设计的规定值。板厚和匀质性可用钻芯检验。

2 碾压成形后的面板应达到公路等级所规定的平整度。

3 碾压终了后的面板表面不应有可见微裂纹或轮迹。

8　钢筋及钢纤维混凝土路面和桥面铺筑

8.1　钢筋混凝土路面铺筑

8.1.1　铺筑前,应按设计图纸准确放样钢筋网设置位置、路面板块、地梁和接缝位置等。

8.1.2　钢筋网加工与安装应符合下列要求:

1　钢筋网加工

(1)钢筋网所采用的钢筋直径、间距,钢筋网的设置位置、尺寸、层数等应符合设计图纸的要求。

(2)钢筋网焊接和绑扎应符合国家相关标准的规定。

(3)可采用工厂焊接好的冷轧带肋钢筋网,其质量应符合国家相关标准的规定。钢筋直径和间距应按设计的非冷轧钢筋等强互换为冷轧带肋钢筋。

2　钢筋网安装

(1)钢筋网应采用预先架设安装方式。单层钢筋网的安装,在确保精度的条件下,可采用两次摊铺,中间摆设钢筋网的安装方式。

(2)单层钢筋网的安装高度应在面板下(1/3 ~ 1/2)h 处,外侧钢筋中心至接缝或自由边的距离不宜小于100mm,并应配置4 ~6个/m^2 焊接支架或三角形架立钢筋支座,保证在拌合物堆压下钢筋网基本不下陷、不移位。单层钢筋网不得使用砂浆或混凝土垫块架立。

(3)钢筋网的主受力钢筋应设置在弯拉应力最大的位置。单层钢筋网纵筋应安装在底部,双层钢筋网纵筋应分别安装在上层顶部、下层底部。双层钢筋网上、下层之间不应少于4 ~6个/m^2 焊接支架或环形绑扎箍筋。双层钢筋网底部可采用焊接架立钢筋或用30mm厚的混凝土垫块支撑,数量不少于4 ~6个/m^2。

(4)双层钢筋网底部到基层表面应有不小于30mm的保护层,顶部离面板表面应有不小于50mm的耐磨保护层。

(5)横向连接摊铺的钢筋混凝土路面之间的拉杆数量应比普通混凝土路面加密1倍。双车道整体摊铺的路面板钢筋网应整体连续,可不设纵缝。

8.1.3　边缘补强和角隅钢筋的安装

1　边缘补强钢筋

(1)在平面交叉口和未设置钢筋网的基础薄弱路段,混凝土面板纵向边缘应安装边缘补强钢筋;横缝为未设传力杆的平缝时应安装横向边缘补强钢筋。

(2)预先按设计图纸加工焊接好边缘补强钢筋支架,在距纵缝和自由边100 ~150mm处的基层上钻孔,钉入支架锚固钢筋,然后将边缘补强钢筋支架与锚固钢筋焊接,两端弯起处应各有2根锚固钢筋交错与支架相焊接,其他部位每延米不少于1根焊接锚固钢筋。边缘补强钢筋的安装位置在距底面1/4厚度处,且不小于30mm,间距为100mm。

2　角隅补强钢筋

(1)发针状角隅钢筋应由两根直径为12 ~16mm的螺纹钢筋按 $\alpha/3$ 的夹角焊接制成(α 为补强锐角角度),其底部应焊接5根支撑腿,安装位置距板顶不小于50mm,距板边100mm。

(2)角隅钢筋在混凝土路面上应补强锐角,但在桥面及搭板上应补强钝角。双层钢筋混凝土路面、桥面及搭板需进行角隅补强时,可等强互换成与钢筋网等直径的钢筋数量,按需补强。

8.1.4　钢筋网及钢筋骨架的质量检验

1　路面钢筋网及钢筋骨架的焊接和绑扎的精确度应符合表8.1.4-1规定。

表 8.1.4-1　路面钢筋网焊接及绑扎的允许偏差

项　目		焊接钢筋网及骨架允许偏差(mm)	绑扎钢筋网及骨架允许偏差(mm)
钢筋网的长度与宽度		±10	±10
钢筋网眼尺寸		±10	±20
钢筋骨架宽度及高度		±5	±5
钢筋骨架的长度		±10	±10
箍　筋　间　距		±10	±20
受力钢筋	间　距	±10	±10
	排　距	±5	±5

2　搭接焊和帮条焊时钢筋的搭接长度:双面焊不小于 $5d$(钢筋直径);单面焊不小于 $10d$,钢筋绑扎搭接长度不应小于 $35d$。同一垂直断面上不得有 2 个焊接或绑扎接头,相邻钢筋的焊接或绑扎接头应分别错开 500mm 和 900mm 以上。连续钢筋网每隔 30m 宜采用绑扎方式安装。

3　摊铺前应检验绑扎或焊接安装好的钢筋网和钢筋骨架,不得有贴地、变形、移位、松脱和开焊现象。路面钢筋网及钢筋骨架安装位置的允许偏差应符合表 8.1.4-2 的规定。

表 8.1.4-2　路面钢筋网及钢筋骨架安装位置的允许偏差

项　目		允许偏差(mm)
受　力　钢　筋　排　距		±5
钢　筋　弯　起　点　位　置		20
箍筋、横向钢筋间距	绑扎钢筋网及钢筋骨架	±20
	焊接钢筋网及钢筋骨架	±10
钢　筋　预　埋　位　置	中　心　线　位　置	±5
	水　平　高　差	±3
钢　筋　保　护　层	距　表　面	±3
	距　底　面	±5

4　开铺前必须按上述要求对所有在路面中预埋及后安装的钢筋结构作质量检验,验收合格后,方可开始铺筑。

8.1.5　钢筋混凝土路面铺筑

1　布料

(1)机械化铺筑必须配备相应的布料设备,可在 7.1.1 条第 2 款 6 种布料机械中选用适宜的一种。安装完毕的钢筋网,不得被混凝土或机械压垮、压坏或发生变形。摊铺好的拌合物上严禁任何机械碾压。

(2)采用滑模摊铺机、箱式轨道摊铺机和三辊轴机组摊铺时,钢筋混凝土路面可采用两次布料,以便在其中摆放间断钢筋网。连续配筋混凝土路面应采用钢筋网预设安装,整体一次布料。

(3)混凝土应卸在料斗或料箱内,再由机械从侧边运送到摊铺位置。钢筋网上的拌合物堆不宜过分集中,应尽快布匀。

(4)坍落度相同时的布料松铺高度,宜比相应机械施工方式普通混凝土路面大 10mm 左右。

2　钢筋混凝土路面摊铺作业除应符合第 7 章中相应铺筑方式有关规定外,尚应符合下列规定:

(1)拌合物的坍落度可比相应铺筑方式普通混凝土路面(表 4.1.2-3、4.1.2-4)规定大 10~20mm。

(2)振捣棒组横向间距宜比普通混凝土路面适当加密。采用插入振捣时,振捣棒组不应碰撞和扰动钢筋。插入振捣时不得拖行振捣棒组,应依次逐条分别振捣。振捣棒组应轻插慢提,不得猛插急提。

(3)滑模或轨道摊铺机摊铺钢筋混凝土路面时应适当增大振捣频率或减速摊铺。拌合物坍落度相同时,钢筋混凝土路面的振捣密实持续时间应比普通混凝土路面的规定时间延长 5~10s。

(4)在一块钢筋网连续面板内,应防止摊铺中断,每块板内不应留施工缝,必须摊铺到达横缝位置或钢筋网片的端部,方可停止。应加强对机械装备的维修保养,将故障率降到最低。

(5)摊铺被迫中断时，必须设置横向施工缝，纵向钢筋应保持连续，穿过接缝，并应用1倍数量的长度不小于2m的纵向钢筋作加密处理，横向施工缝距最近横缝的距离不应小于5m。

3 设接缝的钢筋混凝土路面在摊铺面板时，每张钢筋网片边缘100mm须作标记，以便准确对位切纵、横缩缝。纵、横向接缝部位的传力杆、拉杆、钢筋网表面应涂防锈涂层或包裹防锈塑料套管。

8.1.6 连续配筋混凝土路面的端部锚固结构施工

1 施工前应按设计图纸对锚固结构位置、尺寸进行测量放样。

2 端部锚固结构应按设计尺寸和配筋要求施工，确保锚固效果。

(1)地梁施工应按设计位置和尺寸开挖地槽，并应尽量避免扰动和超挖两侧基层、垫层及路基，尺寸较规矩、超挖较少时，可不设侧模；否则应设侧模。拆模后应回填超挖部位并夯实路基和垫层，基层应采用贫混凝土修复。岩石路基上可直接将钢筋锚固在岩基中。地梁钢筋应与路面钢筋相焊接，地梁混凝土采用振捣棒分层振实，并应与面板浇筑成整体。地梁与路面混凝土合拢温度宜控制在20~25℃，或在当地年平均气温时合拢。

(2)宽翼缘工字钢梁施工应按设计枕垫板尺寸在基层上挖槽，再安装钢筋骨架，并浇筑钢筋混凝土枕垫板。枕垫板表面应预留与工字钢梁的焊接锚固钢筋，并铺设滑动隔离层。安装并焊接宽翼缘工字钢后，再摊铺面板。应确保搁置在枕垫板上的连续配筋混凝土路面板端部可自由滑动，面板端部与工字钢槽内连接部位应以胀缝填缝料填塞。

8.2 钢筋混凝土桥面铺装

8.2.1 桥面和搭板钢筋网的加工、焊接和安装的质量要求，除应符合本规范8.1.4条的各项要求外，尚应符合下列规定：

1 所有桥梁、通道钢筋混凝土桥面铺装层均应在梁板混凝土顶面安装锚固架立钢筋，再将钢筋网与锚固架立钢筋相焊接，锚固架立钢筋应有4~8根/m^2。在梁端或支座部位剪应力较大处取大值；反之，可取小值。桥面铺装层钢筋网应使用焊接网或预制冷轧带肋钢筋网，不宜使用绑扎钢筋网。

2 钢筋混凝土桥面极限最薄厚度不得小于90mm。桥面铺装层钢筋网不得贴梁板顶面，也不得使用非锚固钢筋网支架和砂浆垫块。

3 采用双层钢筋网一次铺装时，除底层钢筋网应与梁板锚固焊接外，上下层钢筋网亦应焊接。分双层两次铺装的钢筋混凝土桥面，防水找平层中应设置一层钢筋网，横向钢筋位于纵向钢筋之下，横向钢筋直径、数量和间距不宜小于纵向，并应与梁板锚固筋相焊接，上层钢筋网可不与下层钢筋网焊接，但应与锚固在找平层混凝土中的架立钢筋相焊接。上层钢筋网设置应满足抗裂要求，钢筋直径宜细不宜粗；间距宜密不宜疏。

4 桥面板应在梁端或负弯矩欲切缝部位，按设计要求使用接缝钢筋补强。桥面接缝补强钢筋的直径不宜小于12mm；长度不宜短于1.2m或按负弯矩影响范围确定。

5 桥面钢筋网应在整个桥面铺装层内连续，不得因铺装宽度不足或停工而切断纵、横向钢筋。

6 路面与桥涵相接的两条胀缝，一条应位于搭板与过渡板之间；另一条应设在过渡板与普通混凝土路面之间。钢筋混凝土搭板及过渡板端部钢筋应与胀缝钢筋支架相焊接，焊接点不应少于4个/m。也可在双层钢筋混凝土搭板一侧取消胀缝支架，直接利用双层钢筋网，并增加箍筋，箍筋数量不得少于胀缝钢筋支架。

8.2.2 桥面及搭板的机械铺装

1 铺装前应做如下施工准备：

(1)桥面铺装层厚度和配筋应根据设计或经验确定。桥头双层钢筋混凝土搭板在高速公路、一级公路上与路面相接时，应设置不短于10m的单层钢筋混凝土过渡板。

(2)桥头沉降应基本稳定，桥头搭板可采用双层钢筋网搭板或设枕梁及加强肋的单层钢筋网搭板。前者厚度宜为300~450mm，后者宜与路面厚度相同，但枕梁和加强肋均应按设计计算配置受力钢筋，其厚度不宜薄于上基层。

(3)桥面铺装层和搭板混凝土强度等级不应低于主梁翼缘板。在桥面与路面机械连续摊铺条件下，路面混凝土强度等级不低于桥面铺装层要求时，桥面混凝土配合比可与路面混凝土相同，反之，应按桥面铺装层抗压强度要求设计桥面混凝土配合比。用于桥面铺装的混凝土中不宜掺粉煤灰，但应掺高效减水剂；有抗冰(盐)冻要求时应掺引气(缓凝)高效减水剂；腐蚀环境下宜掺硅灰或磨细矿渣。

(4)待铺装的裸梁表面应清洗干净，并具有足够的粗糙度，防水找平层的表面应进行凿毛或表面缓凝粗糙处理。

(5)用滑模或轨道摊铺机连续铺装桥面前，应验算桥板、翼缘承载能力和桥梁挠度是否满足摊铺机上桥铺装作业的要求。大吨位摊铺机上桥摊铺的挠度及下桥反弹量不宜大于3mm。

(6)桥梁护栏宜在滑模或轨道摊铺机铺装桥面后施工。履带行走或轨道架设在分幅桥梁中空部位、通信井口或裸梁板上时，应采用可靠的加固保护措施。可将滑模摊铺机的履带延伸至另一幅桥面上行走。

(7)滑模摊铺机履带上下桥的台阶部位应提前2~3d铺设混凝土坡道，长度不宜短于钢筋混凝土搭板。

(8)桥上的基准线桩可与桥梁上的锚固钢筋暂时焊接固定，间距不大于10m。滑模连续铺装路面、搭板和桥面时，基准线应连接顺直，精确度应满足表7.1.2的规定。

(9)轨道摊铺机、三辊轴机组或小型机具铺装桥面时，轨模或模板应采用特制的低矮(轨)模板。不能整幅铺装桥面时，接续摊铺一侧的模板宜使用中空型，以利钢筋穿过，不得用模板将钢筋网压贴到梁板上。搭板的模板可采用路面模板，高程不足时，可提前铺设混凝土底座。路面、搭板和桥面连续铺装时，(轨)模板应连续顺直，其安装精确度应符合表7.2.3的规定。

2 连续机械铺装

(1)钢筋混凝土桥面及搭板机械铺装的布料要求，应符合8.1.5条第1款的各项规定。

(2)滑模和轨道摊铺机应缓慢、匀速、连续不间断地摊铺路面、胀缝、搭板、桥面。设钢筋网的涵洞顶面层的摊铺应与相应钢筋混凝土路面相同。滑模摊铺机上、下桥面，应及时调整侧模高度，使边缘尽量少振动漏料。三辊轴机组铺装桥面时，应与钢筋混凝土路面摊铺要求相同。

(3)钢筋混凝土桥面铺装层的铺装厚度应采取双控措施：厚度代表值应满足设计要求；极限最小厚度不应小于设计厚度20mm。不能同时满足两者要求时，应在保证翼缘板厚度的前提下，凿除凸起部分。

(4)整体摊铺钢筋混凝土搭板(加枕梁或肋梁)的总厚度不得大于400mm。超厚部分应人工浇注并振实底部。

(5)应精确放样桥台接缝和伸缩缝位置。铺装前宜在伸缩缝、桥台接缝底部设隔离层，应在桥台接缝处安装稳固的胀缝板。待桥面铺装后，剔除伸缩缝位置未硬化混凝土，然后按规定安装伸缩缝。浇注伸缩缝的混凝土中应加入不少于体积掺量0.8%的钢纤维。伸缩缝部位钢纤维混凝土强度等级不宜低于C40，应采用机械强制拌和，并掺加高效减水剂。

8.2.3 接缝施工

1 斜交桥涵异形混凝土板应全部在桥头搭板内调整。正交和斜交搭板最短边长不宜小于10m。搭板应切缝防开裂，纵、横向切缝距离不宜大于6m。横缝位置应按搭板长短边均分，纵缝宜按路面板宽划分。

2 支座和桥面负弯矩部位必须切缝，桥面横向缩缝应以支座或桥台为界，在每跨内均分缩缝间距，最大长度不宜大于6m，最短长度不宜小于4.5m；桥面除停车带外，纵缝宜按路面板宽划分。桥面和搭板钢筋防锈及填缝要求与8.1.5条第3款相同。

8.3 钢纤维混凝土路面和桥面铺筑

8.3.1 钢纤维混凝土路面和桥面的厚度、平面尺寸和钢纤维掺量等应符合《公路水泥混凝土路面设计规范》(JTG D40)和设计图纸的规定。

8.3.2 钢纤维混凝土路面的布料与摊铺除应满足滑模、轨道和三辊轴机组摊铺普通混凝土路面的规定外,尚应符合下列规定:

1 所采用的各种机械布料与摊铺方式,应保证面板内钢纤维分布的均匀性及结构连续性,在一块面板内的浇筑和摊铺不得中断。

2 布料松铺高度应通过试铺确定。拌合物坍落度相同时,宜比相同机械施工方式的普通混凝土路面松铺高度高10mm左右。

3 钢纤维混凝土拌合物应与所选定的摊铺方式相适应,其工作性宜符合4.2.2条第2款的要求。

8.3.3 钢纤维混凝土路面的振捣与整平

1 所采用的振捣机械和振捣方式除应保证钢纤维混凝土密实性外,尚应保证钢纤维在混凝土中分布的均匀性。

2 除应满足各交通等级路面平整度要求外,整平后的面板表面不得裸露上翘的钢纤维,表面下10~30mm深度内的钢纤维应基本处于平面分布状态。

3 采用滑模摊铺机、轨道摊铺机铺筑钢纤维混凝土路面时,振捣棒组的振捣频率不宜低于10 000 r/min,振捣棒组底缘应严格控制在面板表面位置,不得将振捣棒组插入路面钢纤维混凝土内部振捣。

4 采用三辊轴机组摊铺钢纤维混凝土路面时,不得将振捣棒组插入路面钢纤维混凝土内部振捣,也不得使用人工插捣。可采用大功率平板式振捣器振捣密实,再采用振动梁压实整平。振动梁底面应设凸棱以利表层钢纤维和粗集料压入。然后用三辊轴整平机将表面滚压平整。再用3m以上刮尺、刮板或抹刀纵横向精平表面。

8.3.4 钢纤维混凝土路面施工的特殊工艺要求

1 钢纤维混凝土拌合物从出料到运输、铺筑完毕的允许最长时间不宜超过表8.3.4的规定。在浇筑和摊铺过程中严禁因拌合物干涩而加水,但可喷雾防止表面水分蒸发。

表8.3.4 钢纤维混凝土拌合物从出料到运输、铺筑完毕允许最长时间

施工气温*(℃)	到运输完毕允许最长时间(h)		到铺筑完毕允许最长时间(h)	
	滑模、轨道	三辊轴机组	滑模、轨道	三辊轴机组
5~9	1.25	1.0	1.5	1.25
10~19	0.75	0.5	1.0	0.75
20~29	0.5	0.35	0.75	0.5
30~35	0.35	0.25	0.50	0.35

注:*指施工时间的日间平均气温,使用缓凝剂延长凝结时间后,本表数值可增加0.20~0.35h。

2 必须使用硬刻槽方式制作抗滑沟槽,不得使用粗麻袋、刷子和扫帚制作抗滑构造。

3 钢纤维混凝土路面的板长宜为6~10m,钢纤维掺量较大,可用大值;掺量小,取小值。面板长宽比应符合设计要求。

8.3.5 设钢筋网的钢纤维混凝土桥面铺装时,其钢筋网焊接、锚固与安装应符合8.1、8.2节有关规定;布料与摊铺应分别符合8.2.2条和8.3.2条的规定;振捣、整平、接缝与抗滑构造施工应符合本节规定。

9 面层接缝、抗滑与养生

9.1 接缝施工

9.1.1 纵缝施工

1 当一次铺筑宽度小于路面和硬路肩总宽度时，应设纵向施工缝，位置应避开轮迹，并重合或靠近车道线，构造可采用平缝加拉杆型。当所摊铺的面板厚度大于等于260mm时，也可采用插拉杆的企口型纵向施工缝。采用滑模施工时，纵向施工缝的拉杆可用摊铺机的侧向拉杆装置插入。采用固定模板施工方式时，应在振实过程中，从侧模预留孔中手工插入拉杆。

2 当一次铺筑宽度大于4.5m时，应采用假缝拉杆型纵缝，即锯切纵向缩缝，纵缝位置应按车道宽度设置，并在摊铺过程中用专用的拉杆插入装置插入拉杆。

3 钢筋混凝土路面、桥面和搭板的纵缝拉杆可由横向钢筋延伸穿过接缝代替。钢纤维混凝土路面切开的假纵缝可不设拉杆，纵向施工缝应设拉杆。

4 插入的侧向拉杆应牢固，不得松动、碰撞或拔出。若发现拉杆松脱或漏插，应在横向相邻路面摊铺前，钻孔重新植入。当发现拉杆可能被拔出时，宜进行拉杆拔出力（握裹力）检验，混凝土与拉杆握裹力试验方法可参照附录C。

9.1.2 每天摊铺结束或摊铺中断时间超过30min时，应设置横向施工缝，其位置宜与胀缝或缩缝重合，确有困难不能重合时，施工缝应采用设螺纹传力杆的企口缝形式。横向施工缝应与路中心线垂直。横向施工缝在缩缝处采用平缝加传力杆型，见图9.1.2。在胀缝处其构造与胀缝相同，见图9.1.4。

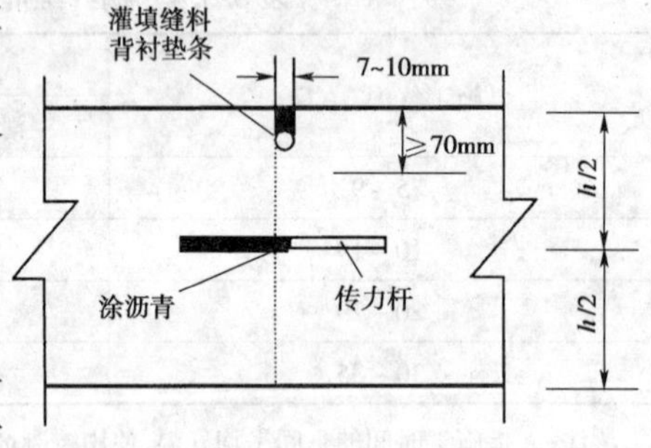

图9.1.2 横向施工缝构造示意图

9.1.3 横向缩缝施工

1 普通混凝土路面横向缩缝宜等间距布置。不宜采用斜缝。不得不调整板长时，最大板长不宜大于6.0m；最小板长不宜小于板宽。

2 在中、轻交通的混凝土路面上，横向缩缝可采用不设传力杆假缝型，如图9.1.3a)。

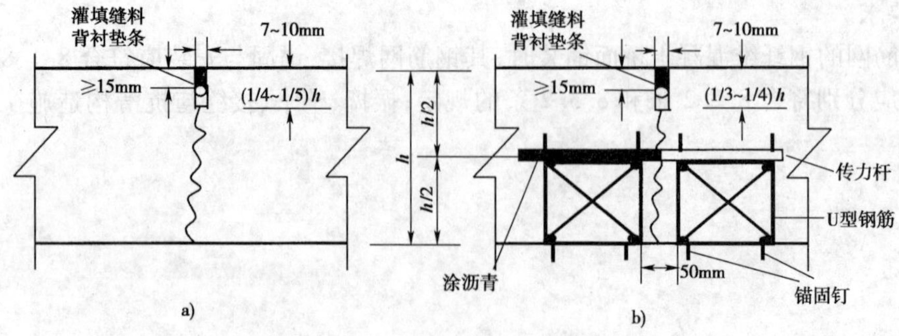

图9.1.3 横向缩缝构造

a)假缝型；b)假缝加传力杆型

3 在特重和重交通公路、收费广场、邻近胀缝或路面自由端的3条缩缝应采用假缝加传力杆型。缩缝传力杆的施工方法可采用前置钢筋支架法或传力杆插入装置（DBI）法，支架法的构造见图9.1.3b)。钢筋支架应具有足够的刚度，传力杆应准确定位，摊铺之前应在基层表面放样，并用钢钎锚固,宜使用手持振捣棒振实传力杆高度以下的混凝土,然后机械摊铺。传力杆无防粘涂层一侧应焊接,有涂料一侧应绑扎。用 DBI 法置入传力杆时,应在路侧缩缝切割位置作标记,保证切缝位于传力杆中部。

9.1.4 胀缝设置与施工

1 普通混凝土路面、钢筋混凝土路面和钢纤维混凝土路面的胀缝间距视集料的温度膨胀性大小、当地年温差和施工季节综合确定:高温施工,可不设胀缝;常温施工,集料温缩系数和年温差较小时,可不设胀缝;集料温缩系数或年温差较大,路面两端构造物间距大于等于 500m 时,宜设一道中间胀缝;低温施工,路面两端构造物间距大于等于 350m 时,宜设一道胀缝。邻近构造物、平曲线或与其他道路相交处的胀缝应按《公路水泥混凝土路面设计规范》(JTG D40)的规定设置。

2 普通混凝土路面的胀缝应设置胀缝补强钢筋支架、胀缝板和传力杆,胀缝构造如图 9.1.4。钢筋混凝土和钢纤维混凝土路面可不设钢筋支架。胀缝宽 20 ~ 25mm,使用沥青或塑料薄膜滑动封闭层时,胀缝板及填缝宽度宜加宽到 25 ~ 30mm。传力杆一半以上长度的表面应涂防粘涂层,端部应戴活动套帽,套帽材料与尺寸应符合 3.10.2 条第 2 款的要求。胀缝板应与路中心线垂直,缝壁垂直;缝隙宽度一致;缝中完全不连浆。

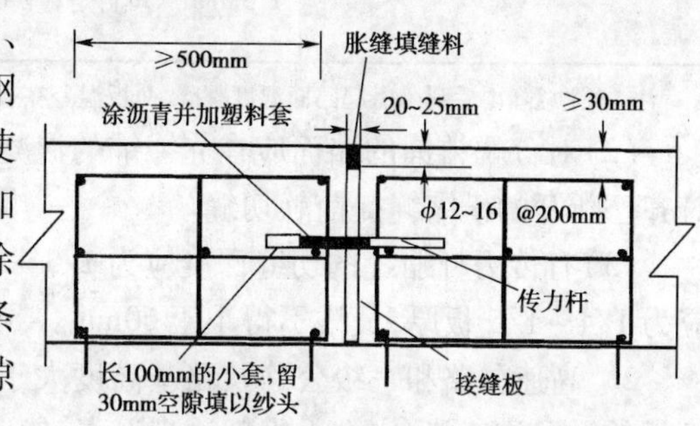

图 9.1.4 胀缝构造示意图

3 胀缝应采用前置钢筋支架法施工,也可采用预留一块面板,高温时再铺封。前置法施工,应预先加工、安装和固定胀缝钢筋支架,并在使用手持振捣棒振实胀缝板两侧的混凝土后再摊铺。宜在混凝土未硬化时,剔除胀缝板上部的混凝土,嵌入(20 ~ 25)mm × 20mm 的木条,整平表面。胀缝板应连续贯通整个路面板宽度。

9.1.5 拉杆、胀缝板、传力杆及其套帽、滑移端设置精确度应符合表 9.1.5 的要求。

表 9.1.5 拉杆、胀缝板、传力杆及其套帽、滑移端设置精确度

项 目	允许偏差(mm)	测 量 位 置
传力杆端上下左右偏斜偏差	10	在传力杆两端测量
传力杆在板中心上下左右偏差	20	以板面为基准测量
传力杆沿路面纵向前后偏位	30	以缝中心线为准
拉杆深度偏差及上下左右偏斜偏差	10	以板厚和杆端为基准测量
拉杆端及在板中上下左右偏差	20	杆两端和板面测量
拉杆沿路面纵向前后偏位	30	纵向测量
胀缝传力杆套帽长度不小于 100mm	10	以封堵帽端起测
缩缝传力杆滑移端长度大于 1/2 杆长	20	以传力杆长度中间起测
胀缝板倾斜偏差	20	以板底为准
胀缝板的弯曲和位移偏差	10	以缝中心线为准

注:胀缝板不允许混凝土连浆,必须完全隔断。

9.1.6 贫混凝土基层、各种混凝土面层、加铺层、桥面和搭板的纵、横向缩缝均应采用切缝法施工。切缝作业应符合下列规定:

1 横向缩缝

(1)横向缩缝的切缝方式有全部硬切缝、软硬结合切缝和全部软切缝三种,切缝方式的选用,应由施工期间该地区路面摊铺完毕到切缝时的昼夜温差确定,宜参照表 9.1.6 选用。

表 9.1.6　根据施工气温所推荐的切缝方式

昼夜温差*(℃)	切缝方式	缩缝切深
<10	最长时间不得超过 24h	硬切缝 1/4 ~ 1/5 板厚
10 ~ 15	软硬结合切缝,每隔 1 ~ 2 条提前软切缝,其余用硬切缝补切	软切深度不应小于 60mm;不足者应硬切补深到 1/3 板厚,已断开的缝不补切
>15	宜全部软切缝,抗压强度约为 1 ~ 1.5MPa,人可行走。软切缝不宜超过 6h	软切缝深大于等于 60mm,未断开的接缝,应硬切补深到不小于 1/4 板厚

注:*注意降雨后刮风引起路面温度骤降,面板温差在表中规定范围内,应按表中方法,提早切缝。

(2)对分幅摊铺的路面应在先摊铺的混凝土板横缩缝已断开的部位作标记。在后摊铺的路面上应对齐已断开的横缩缝提前软切缝。

(3)有传力杆缩缝的切缝深度应为 1/3 ~ 1/4 板厚,最浅不得小于 70mm;无传力杆缩缝的切缝深度应为 1/4 ~ 1/5 板厚,最浅不得小于 60mm。

2　高速公路和一级公路及路基高度大于等于 10m 的高边坡、软基及填挖交界路段、桥头搭板、桥面板的纵向施工缝,应在上半部涂满沥青,然后硬切缝,并填缝。二级及其以下公路一般路段的纵向施工缝在上半部涂满沥青后,可不切缝。

3　对已插入拉杆的纵向假缩缝,切缝深度不应小于 1/3 ~ 1/4 板厚,最浅切缝深度不应小于 70mm,纵、横缩缝宜同时切缝。

4　缩缝切缝宽度宜控制在 4 ~ 6mm,切缝时锯片晃度不应大于 2mm。可先用薄锯片锯切到要求深度,再使用 6 ~ 8mm厚锯片或叠合锯片扩宽填缝槽,填缝槽深度宜为 25 ~ 30mm,宽度宜为 7 ~ 10mm。见图 9.1.6。

5　在变宽度路面上,宜先切缝划分板宽。匝道上的纵缝宜避开轮迹位置。横缝应垂直于每块面板的中心线。变宽度路面缩缝,允许切割成小转角的折线,相邻板的横向缩缝切口必须对齐,允许偏差不得大于 5mm。

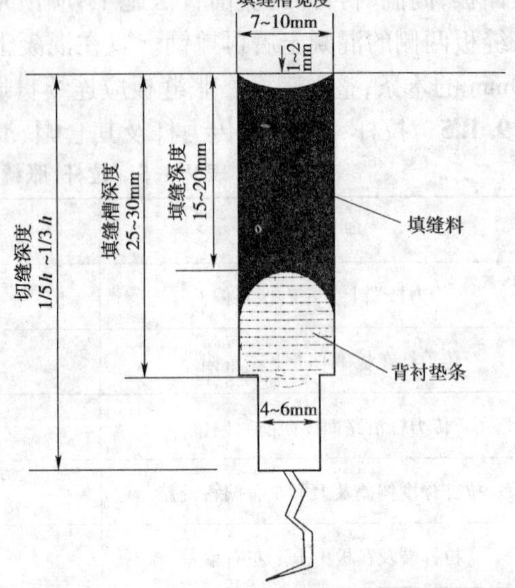

图 9.1.6　缩缝切缝、填缝(槽)、垫条细部尺寸

9.1.7　灌缝

1　混凝土板养生期满后,应及时灌缝。

2　灌缝技术要求

(1)应先采用切缝机清除接缝中夹杂的砂石、凝结的泥浆等,再使用压力大于等于 0.5MPa 的压力水和压缩空气彻底清除接缝中的尘土及其他污染物,确保缝壁及内部清洁、干燥。缝壁检验以擦不出灰尘为灌缝标准。

(2)使用常温聚氨酯和硅树脂等填缝料时,应按规定比例将两组分材料按 1h 灌缝量混拌均匀后使用。

(3)使用加热填缝料时应将填缝料加热至规定温度。加热过程中应将填缝料融化,搅拌均匀,并保温使用。

(4)灌缝的形状系数宜控制在 2 左右,灌缝深度宜为 15 ~ 20mm,最浅不得小于 15mm 见图 9.1.6。先挤压嵌入直径 9 ~ 12mm 多孔泡沫塑料背衬条,再灌缝。灌缝顶面热天应与板面齐平;冷天应填为凹液面,中心低于板面 1 ~ 2mm。填缝必须饱满、均匀、厚度一致并连续贯通,填缝料不得缺失、开裂和渗水。

(5)常温施工式填缝料的养生期,低温天宜为 24h,高温天宜为 12h。加热施工式填缝料的养生期,低温天宜为2h,高温天宜为6h。在灌缝料养生期间应封闭交通。

3　路面胀缝和桥台隔离缝等应在填缝前,凿去接缝板顶部嵌入的木条,涂黏结剂后,嵌入胀缝专用多孔橡胶条或灌进适宜的填缝料,当胀缝的宽度不一致或有啃边、掉角等现象时,必须灌缝。

9.2　抗滑构造施工

9.2.1　抗滑构造技术要求

1　各交通等级混凝土面层竣工时的表面抗滑技术要求应符合表11.3.3的规定。

2　构造深度应均匀,不损坏构造边棱,耐磨抗冻,不影响路面和桥面的平整度。

9.2.2　抗滑构造施工

1　摊铺完毕或精整平表面后,宜使用钢支架拖挂1~3层叠合麻布、帆布或棉布,洒水湿润后作拉毛处理。布片接触路面的长度以0.7~1.5m为宜,细度模数偏大的粗砂,拖行长度取小值;砂较细,取大值。人工修整表面时,宜使用木抹。用钢抹修整过的光面,必须再拉毛处理,以恢复细观抗滑构造。

2　当日施工进度超过500m时,抗滑沟槽制作宜选用拉毛机械施工,没有拉毛机时,可采用人工拉槽方式。在混凝土表面泌水完毕20~30min内应及时进行拉槽。拉槽深度应为2~4mm,槽宽3~5mm,槽间距15~25mm。可施工等间距或非等间距抗滑槽,为减小噪声,宜采用后者。衔接间距应保持一致。

3　特重和重交通混凝土路面宜采用硬刻槽,凡使用圆盘、叶片式抹面机精平后的混凝土路面、钢纤维混凝土路面必须采用硬刻槽方式制作抗滑沟槽。可采用等间距刻槽,其几何尺寸与上款相同;为降低噪声宜采用非等间距刻槽,尺寸宜为:槽深3~5mm,槽宽3mm,槽间距在12~24mm之间随机调整。路面结冰地区,硬刻槽的形状宜使用上宽6mm下窄3mm的梯形槽;硬刻槽机重量宜重不宜轻,一次刻槽最小宽度不应小于500mm,硬刻槽时不应掉边角,亦不得中途抬起或改变方向,并保证硬刻槽到面板边缘。抗压强度达到40%后可开始硬刻槽,并宜在两周内完成。硬刻槽后应随即将路面冲洗干净,并恢复路面的养生。

4　一般路段可采用横向槽或纵向槽,在弯道或要求减噪的路段宜使用纵向槽。

5　年降雨量小于250mm地区的各级公路混凝土路面,可不拉毛和刻槽;年降雨量为250~500mm的地区,当组合坡度小于3%时,可不拉毛与刻槽;组合坡度大于等于3%时,宜执行表11.3.3一般路段的抗滑构造规定。高寒和寒冷地区混凝土路面的停车带边板和收费站广场,可不制作抗滑沟槽。

9.2.3　新建路面或旧路面抗滑构造不满足要求时,可采用硬刻槽或喷砂打毛等方法加以恢复。

9.3　混凝土路面养生

9.3.1　混凝土路面铺筑完成或软作抗滑构造完毕后应立即开始养生。机械摊铺的各种混凝土路面、桥面及搭板宜采用喷洒养生剂同时保湿覆盖的方式养生。在雨天或养生用水充足的情况下,也可采用覆盖保湿膜、土工毡、土工布、麻袋、草袋、草帘等洒水湿养生方式,不宜使用围水养生方式。

9.3.2　混凝土路面采用喷洒养生剂养生时,喷洒应均匀、成膜厚度应足以形成完全密闭水分的薄膜,喷洒后的表面不得有颜色差异。喷洒时间宜在表面混凝土泌水完毕后进行。喷洒高度宜控制在0.5~1m。使用一级品养生剂时,最小喷洒剂量不得少于0.30kg/m^2;合格品的最小喷洒剂量不得少于0.35kg/m^2。不得使用易被雨水冲刷掉的和对混凝土强度、表面耐磨性有影响的养生剂。当喷洒一种养生剂达不到90%以上有效保水率要求时,可采用两种养生剂各喷洒一层或喷一层养生剂再加覆盖的方法。

9.3.3　覆盖塑料薄膜养生的初始时间,以不压坏细观抗滑构造为准。薄膜厚度(韧度)应合适,宽度应大于覆盖面600mm。两条薄膜对接时,搭接宽度不应小于400mm,养生期间应始终保持薄膜完整盖满。

9.3.4 覆盖养生

1 宜使用保湿膜、土工毡、土工布、麻袋、草袋、草帘等覆盖物保湿养生并及时洒水，保持混凝土表面始终处于潮湿状态，并由此确定每天的洒水遍数。

2 昼夜温差大于10℃的地区或日平均温度小于等于5℃施工的混凝土路面应采取保温保湿养生措施。

9.3.5 养生时间应根据混凝土弯拉强度增长情况而定，不宜小于设计弯拉强度的80%，应特别注重前7d的保湿(温)养生。一般养生天数宜为14～21d，高温天不宜少于14d，低温天不宜少于21d。掺粉煤灰的混凝土路面，最短养生时间不宜少于28d，低温天应适当延长。

9.3.6 混凝土板养生初期，严禁人、畜、车辆通行，在达到设计强度40%后，行人方可通行。在路面养生期间，平交道口应搭建临时便桥。面板达到设计弯拉强度后，方可开放交通。

10 特殊气候条件下的施工

10.1 一般规定

10.1.1 混凝土路面铺筑期间,应收集月、旬、日天气预报资料,遇有影响混凝土路面施工质量的天气时,应暂停施工或采取必要的防范措施,制订特殊气候的施工方案。

10.1.2 混凝土路面施工如遇下述条件之一者,必须停工:

1 现场降雨;

2 风力大于6级,风速在10.8m/s以上的强风天气;

3 现场气温高于40℃或拌合物摊铺温度高于35℃;

4 摊铺现场连续5昼夜平均气温低于5℃,夜间最低气温低于-3℃。

10.2 雨季施工

10.2.1 防雨准备

1 地势低洼的搅拌场、水泥仓、备件库及砂石料堆场,应按汇水面积修建排水沟或预备抽排水设施。搅拌楼的水泥和粉煤灰罐仓顶部通气口、料斗及不得遇水部位应有防潮、防水覆盖措施,砂石料堆应防雨覆盖。

2 雨天施工时,在新铺路面上,应备足防雨篷、帆布和塑料布或薄膜。

3 防雨篷支架宜采用可推行的焊接钢结构,并具有人工饰面拉槽的足够高度。

10.2.2 防雨水冲刷

1 摊铺中遭遇阵雨时,应立即停止铺筑混凝土路面,并紧急使用防雨篷、塑料布或塑料薄膜等覆盖尚未硬化的混凝土路面。

2 被阵雨轻微冲刷过的路面,视平整度和抗滑构造破损情况,采用硬刻槽或先磨平再刻槽的方式处理。对被暴雨冲刷后,路面平整度严重劣化或损坏的部位,应尽早铲除重铺。

3 降雨后开工前,应及时排除车辆内、搅拌场及砂石料堆场内的积水或淤泥。运输便道应排除积水,并进行必要的修整。摊铺前应扫除基层上的积水。

10.3 风天施工

10.3.1 风天应采用风速计在现场定量测风速或观测自然现象,确定风级,并按表10.3.1的规定采取防止塑性收缩开裂的措施。

表10.3.1 刮风天混凝土路面防止塑性收缩开裂措施

风力	相应自然现象	风速(m/s)	防止路面塑性收缩开裂措施
1级软风	烟能表示风向,水面有鱼鳞波	≤1.5	正常施工,喷洒一遍养生剂,原液剂量0.30kg/m²
2级轻风	人面有感,树叶沙沙响,风标转动,水波显著	1.6~3.3	应加厚喷洒一遍养生剂,剂量0.45kg/m²
3级微风	树叶和细枝摇晃,旗帜飘动,水面波峰破碎,产生飞沫	3.4~5.6	路面摊铺完成后,立即喷洒第一遍养生剂,拉毛后,再喷洒第二遍养生剂。两遍剂量共0.60kg/m²

续上表

风　力	相应自然现象	风速(m/s)	防止路面塑性收缩开裂措施
4级和风	吹起尘土和纸片,小树枝摇动,水波出白浪	5.7~7.9	除拉毛前后喷两遍养生剂外(两遍剂量共0.60kg/m^2),还需覆盖塑料薄膜
5级清劲风	有叶小树开始摇动,大浪明显,波峰起白沫	8.0~10.7	使用抹面机械抹面,加厚喷一遍剂量0.45kg/m^{2}的养生剂并覆盖塑料薄膜或麻袋草袋,使用钢刷做细观抗滑构造,使用硬刻槽机刻出抗滑沟槽。无机械抹面措施时,应停止施工
6级强风	大树枝摇动,电线呼呼响,出现长浪,波峰吹成条纹	10.8~13.8	必须停止施工

10.4　高温季节施工

10.4.1　施工现场的气温高于30℃,拌合物摊铺温度在30~35℃,同时,空气相对湿度小于80%时,混凝土路面和桥面的施工应按高温季节施工的规定进行。

10.4.2　高温天铺筑混凝土路面和桥面应采取下列措施:

1　当现场气温大于等于30℃时,应避开中午高温时段施工,可选择在早晨、傍晚或夜间施工,夜间施工应有良好的操作照明,并确保施工安全。

2　砂石料堆应设遮阳篷;抽用地下冷水或采用冰屑水拌和;拌合物中宜加允许最大掺量的粉煤灰或磨细矿渣,但不宜掺硅灰。拌合物中应掺足够剂量的缓凝剂、高温缓凝剂、保塑剂或缓凝(高效)减水剂等。

3　自卸车上的混凝土拌合物应加遮盖。

4　应加快施工各环节的衔接,尽量压缩搅拌、运输、摊铺、饰面等各工艺环节所耗费的时间。

5　可使用防雨篷作防晒遮阴篷。在每日气温最高和日照最强烈时段遮阴。

6　高温天气施工时,混凝土拌合物的出料温度不宜超过35℃,并应随时监测气温、水泥、拌和水、拌合物及路面混凝土温度。必要时加测混凝土水化热。

7　在采用覆盖保湿养生时,应加强洒水,并保持足够的湿度。

8　切缝应视混凝土强度的增长情况或按250温度小时计,宜比常温施工适当提早切缝,以防止断板。特别是在夜间降温幅度较大或降雨时,应提早切缝。

10.5　低温季节施工

10.5.1　当摊铺现场连续5昼夜平均气温高于5℃,夜间最低气温在-3~5℃之间,混凝土路面和桥面的施工应按下述低温季节施工规定的措施进行:

1　拌合物中应优选和掺加早强剂或促凝剂。

2　应选用水化总热量大的R型水泥或单位水泥用量较多的32.5级水泥,不宜掺粉煤灰。

3　搅拌机出料温度不得低于10℃,摊铺混凝土温度不得低于5℃。在养生期间,应始终保持混凝土板最低温度不低于5℃。否则,应采用热水或加热砂石料拌和混凝土,热水温度不得高于80℃;砂石料温度不宜高于50℃。

4　应加强保温保湿覆盖养生,可先用塑料薄膜保湿隔离覆盖或喷洒养生剂,再采用草帘、泡沫塑料垫等保温覆盖初凝后的混凝土路面。遇雨雪必须再加盖油布、塑料薄膜等。

5　应随时检测气温、水泥、拌和水、拌合物及路面混凝土的温度,每工班至少测定3次。

10.5.2　混凝土路面或桥面弯拉强度未达到1.0MPa或抗压强度未达到5.0MPa时,应严防路面受冻。

10.5.3　低温天施工,路面或桥面覆盖保温保湿养生天数不得少于28d,拆模时间应符合表7.2.4的规定。

11 施工质量检查与验收

11.1 一般规定

11.1.1 施工质量的控制、管理与检查应贯穿整个施工过程,应对每个施工环节严格控制把关,对出现的问题,立即进行纠正直至停工整顿。

11.1.2 施工过程中的质量管理要求

1 各级公路各种混凝土路面铺筑方式的施工均应建立健全质量检测、管理和保证体系。应按铺筑进度做出质检仪器和人员数量动态计划。施工中应按计划落实质检仪器和人员，对施工各阶段的各项质量指标应做到及时检查、控制和评定，以达到所规定的质量标准，确保施工质量及其稳定性。

2 施工全过程的质量动态检测、控制和管理内容应包括施工准备、铺筑试验路段和施工过程中的各项技术指标的检验,出现施工技术问题的报告、论证和解决等。

11.2 铺筑试验路段

11.2.1 二级及其以上公路混凝土路面工程,使用滑模、轨道、碾压、三辊轴机组机械施工时,在正式摊铺混凝土路面前,必须铺筑试验路段。试验路段长度不应短于200m,高速公路、一级公路宜在主线路面以外进行试铺。路面厚度、摊铺宽度、接缝设置、钢筋设置等均应与实际工程相同。

11.2.2 试验路段分为试拌及试铺两个阶段,通过试验路段应达到下述目的:

1 通过试拌检验搅拌楼性能及确定合理搅拌工艺,检验适宜摊铺的搅拌楼拌和参数:上料速度,拌和容量,搅拌均匀所需时间,新拌混凝土坍落度、振动黏度系数、含气量、泌水性、VC 值和生产使用的混凝土配合比等。

2 通过试铺检验主要机械的性能和生产能力,检验辅助施工机械组配合理性,检验路面摊铺工艺和质量:模板架设固定方式或基准线设置方式,摊铺机械(具)的适宜工作参数,包括:松铺高度、摊铺速度、振捣时间与频率、滚压遍数、碾压遍数、压实度、中间和侧向拉杆置入情况等。检验整套施工工艺流程。

3 使工程技术及工作人员熟悉并掌握各自的操作要领。

4 按施工工艺要求检验施工组织形式和人员编制。

5 建立混凝土原材料、拌合物、路面铺筑全套技术性能检验手段,熟悉检验方法。

6 检验通信联络和生产调度指挥系统。

11.2.3 试铺中,施工人员应认真做好纪录,监理工程师或质监部门应监督检查试验段的施工质量,及时与施工单位商定并解决问题。试验段铺筑后,施工单位应提出试验路段总结报告,上报监理和业主批复,取得正式开工认可。

11.3 施工质量管理与检查

11.3.1 施工中的质量管理

1 混凝土路面铺筑必须得到正式开工令后方可开工。

2 施工单位应随时对施工质量进行自检。自检项目和频率:原材料应按表 5.4.4 规定进行;拌合物应按表 6.2.7 规定进行;混凝土路面应按表 11.3.1 规定进行。当施工、监理、监督人员发现异常情况,应加大检测频率,找出原因,及时处理。高速公路、一级公路应利用计算机实行动态质量管理,并宜按照附录 A.2 的规定进行。

3 每台搅拌楼所生产的拌合物,除应满足所用施工机械的可摊铺性外,还应着重控制拌合物的匀质性和各质量参数的稳定性。现场混凝土路面铺筑的关键设备如摊铺机、压路机、布料机、三辊轴整平机、刻槽机、切缝机等的操作应规范稳定。

表 11.3.1 混凝土路面的检验项目、方法和频率

项次	检查项目	检验方法和频率	
		高速公路、一级公路	其他公路
1	弯拉强度	每班留 2~4 组试件,日进度<500m 取 2 组;≥500m 取 3 组;≥1000m 取 4 组,测f_{cs}、f_{min}、c_v	每班留 1~3 组试件,日进度<500m 取 1 组;≥500m 取 2 组;≥1000m 取 3 组,测f_{cs}、f_{min}、c_v
	钻芯劈裂强度	每车道每 3km 钻取 1 个芯样,硬路肩为 1 个车道,测平均f_{cs}、f_{min}、c_v、板厚 h	每车道每 3km 钻取 1 个芯样,硬路肩为 1 个车道,测平均f_{cs}、f_{min}、c_v、板厚 h
2	板厚度	路面摊铺宽度内每 100m 左右各 2 处,连接摊铺每 100m 单边 1 处,参考芯样	路面摊铺宽度内每 100m 左右各 1 处,连接摊铺 100m 单边 1 处,参考芯样
3	3m 直尺平整度	每半幅车道 100m2 处 10 尺	每半幅车道 200m2 处 10 尺
	动态平整度	所有车道连续检测	所有车道连续检测
4	抗滑构造深度	铺砂法:每幅 200m2 处	铺砂法:每幅 200m1 处
5	相邻板高差	尺测:每 200m 纵横缝 2 条,每条 3 处	尺测:每 200m 纵横缝 2 条,每条 2 处
6	连接摊铺纵缝高差	尺测:每 200m 纵向工作缝,每条 3 处,每处间隔 2m3 尺,共 9 尺	尺测:每 200m 纵向工作缝,每条 2 处,每处间隔 2m3 尺,共 6 尺
7	接缝顺直度	20m 拉线测:每 200m6 条	20m 拉线测:每 200m4 条
8	中线平面偏位	经纬仪:每 200m6 点	经纬仪:每 200m4 点
9	路面宽度	尺测:每 200m6 处	尺测:每 200m4 处
10	纵断高程	水准仪:每 200m6 点	水准仪:每 200m4 点
11	横坡度	水准仪:每 200m6 个断面	水准仪:每 200m4 个断面
12	断板率	数断板面板块占总块数比例	数断板面板块占总块数比例
13	脱皮、裂纹、露石、缺边、掉角	量实际面积,并计算与总面积比	量实际面积,并计算与总面积比
14	路缘石顺直度和高度	20m 拉线测:每 200m4 处	20m 拉线测:每 200m2 处
15	灌缝饱满度	尺测:每 200m 接缝测 6 处	尺测:每 200m 接缝测 4 处
16	切缝深度	尺测:每 200m6 处	尺测:每 200m4 处
17	胀缝表面缺陷	每条观察填缝及啃边断角	每条观察填缝及啃边断角
18	胀缝板连浆	每条胀缝板安装时测量	每条胀缝板安装时测量
	胀缝板倾斜	尺测:每块胀缝板每条两侧	尺测:每块胀缝板每条两侧
	胀缝板弯曲和位移	尺测:每块胀缝板每条 3 处	尺测:每块胀缝板每条 3 处
19	传力杆偏斜	钢筋保护层仪:每车道 4 根	钢筋保护层仪:每车道 3 根

注:(1)路面钻芯劈裂强度应换算为实际面板弯拉强度进行质量评定;

(2)钢纤维混凝土弯拉强度试验见附录 D。

11.3.2 混凝土路面除应按表 11.3.1 规定的检查项目和频率检测外,其中平整度、弯拉强度和板厚三大关键质量指标的自检要求尚应符合下列规定:

1　用3m直尺检测平整度作为施工过程中质量控制检测项目;用平整度仪检测动态平整度作为二级及二级以上公路交工验收时工程质量的评定依据。平整度合格标准应符合表11.3.3的规定。

2　应从搅拌楼生产的拌合物中随机取样,并按《公路工程水泥混凝土试验规程》(JTJ 053)规定的标准方法检测混凝土路面弯拉强度,检测频率宜符合表11.3.1的规定。弯拉强度应采用三参数评价:平均弯拉强度合格值、最小值和统计变异系数。各级公路弯拉强度合格标准规定应按附录A.1进行,统计变异系数应符合设计规定。检测小梁弯拉强度后的断块宜测抗压强度,作为混凝土强度等级的参考。

3　应在面层摊铺前通过基准线或模板严格控制板厚,检验标准为:行车道横坡低侧面板厚度和厚度平均值两项指标均应满足设计厚度允许偏差。同时,板厚统计变异系数应符合设计规定。

11.3.3　在混凝土路面铺筑过程中,路面各技术指标的质量检验评定标准应符合表11.3.3的规定。

表11.3.3　各级公路混凝土路面铺筑质量要求

项　次	检查项目		允许值	
			高速公路、一级公路	其他公路
1	弯拉强度①　(MPa)		100%符合附录A.1的规定	
2	板厚度(mm)		代表值≥-5;极值≥-10,c_v值符合设计规定	
3	平整度	σ(mm)	≤1.2	≤2.0
		IRI(m/km)	≤2.0	≤3.2
		3m直尺最大间隙Δh(mm)	≤3(合格率应≥90%)	≤5(合格率应≥90%)
4	抗滑构造深度(mm)	一般路段	0.70~1.10	0.50~0.90
		特殊路段②	0.80~1.20	0.60~1.00
5	相邻板高差(mm)		≤2	≤3
6	连接摊铺纵缝高差(mm)		平均值≤3;极值≤5	平均值≤5;极值≤7
7	接缝顺直度(mm)		≤10	
8	中线平面偏位(mm)		≤20	
9	路面宽度(mm)		≤±20	
10	纵断高程(mm)		±10	±15
11	横坡度(%)		±0.15	±0.25
12	断板率(‰)		≤2	≤4
13	脱皮、印痕、裂纹、露石、缺边、掉角(‰)		≤2	≤3
14	路缘石顺直度和高度(mm)		≤20	≤20
15	灌缝饱满度(mm)		≤2	≤3
16	切缝深度(mm)		≥50	≥50
17	胀缝表面缺陷		不应有	不宜有
18	胀缝板连浆(mm) 胀缝板倾斜(mm) 胀缝板弯曲和位移(mm)		≤20 ≤20 ≤10	≤30 ≤25 ≤15
19	传力杆偏斜(mm)		≤10	≤13

注:①路面钻芯劈裂强度应换算为实际面板弯拉强度进行质量评定;

②特殊路段指高速公路、一级公路的立交、平交、变速车道等处;其他公路系指急弯、陡坡、交叉口或集镇附近。

11.3.4　施工单位的质检结果应按表11.3.3的规定,以1km为单位进行整理。对于滑模、轨道、碾压和三辊轴机组机械铺筑混凝土路面的关键工序宜拍摄照片或进行录像,作为现场记录保存。

11.4　交工质量检查验收

11.4.1　混凝土路面完工后,施工单位应提交全线检测结果、施工总结报告及全部原始记录等齐全资料,申请交工验收。

11.4.2 质量问题处理

1 路面混凝土弯拉强度应采用小梁标准试件和路面钻芯取样圆柱体劈裂强度折算的弯拉强度综合评定。当弯拉强度不足时,每公里每车道应取3个以上芯样。二级及二级以下路面混凝土弯拉强度可按公式(11.4.2-1)或(11.4.2-2)计算,满足则可通过;不满足时,应通过试验得到各自工程的统计公式,试验组数不宜小于10组。

石灰岩、花岗岩碎石混凝土:

$$f_c = 1.868 f_{sp}^{0.871} \tag{11.4.2-1}$$

式中:f_c——混凝土标准小梁弯拉强度(MPa);

f_{sp}——混凝土直径150mm圆柱体的劈裂强度(MPa)。

玄武岩碎石混凝土:

$$f_c = 3.035 f_{sp}^{0.423} \tag{11.4.2-2}$$

高速公路、一级公路应通过试验得到各自工程的统计公式,试验组数不宜小于15组。

2 平整度不合格的部位应进行处理,并硬刻槽恢复抗滑构造。

3 板厚不足时,应判明区段,返工重铺。

11.5 工程施工总结

11.5.1 施工单位应根据国家竣工文件编制规定,提出施工总结报告、质量测试报告或采用新材料新技术研究报告,连同竣工图表,形成完整的施工资料档案。

11.5.2 施工总结报告应包括工程概况、设计图纸及变更、基层、原材料、施工组织、机械及人员配备、施工工艺、进度、工程质量评价、工程预决算等。

11.5.3 施工质量管理与测试报告应包括施工组织设计、质量保证体系、试验段铺筑报告、施工质量达到或超过现行规范规定情况、原材料和混凝土检测结果、施工中路面质量自检结果、交工复测结果、工程质量评价、原始记录相册和录像资料等。

11.5.4 首次采用滑模、轨道、碾压、三辊轴机组施工或首次铺筑钢筋混凝土路面、钢纤维混凝土路面等路面结构时,应同时提交试验总结报告。

12　安全生产及施工环保

12.1　一般规定

12.1.1　应根据机械化施工特点，做好安全生产工作。施工前，施工单位应对员工进行安全生产教育，树立安全第一的思想，落实安全生产责任制度。

12.1.2　路面施工期间应加强施工环保的教育，增强环保意识，并加强施工场地环境卫生管理、监督和检查。

12.2　安全生产

12.2.1　施工安全

施工过程中，应制订搅拌楼、发电(机)站、运输车、滑模摊铺机、轨道摊铺机、沥青摊铺机、三辊轴机组等大型机械设备及其辅助机械(具)的安全操作规程，并在施工中严格执行。

1　在搅拌楼的拌和锅内清理黏结混凝土时，无电视监控的搅拌楼必须有两人以上方可进行，一人清理，一人值守操作台。有电视监控的搅拌楼，必须打开电视监控系统，关闭主电机电源，并在主开关上挂警示红牌。搅拌楼机械上料时，在铲斗及拉铲活动范围内，人员不得逗留和通过。

2　运输车辆应鸣笛倒退，并有人指挥和查看车后。

3　施工中，布料机、滑模摊铺机、轨道摊铺机、沥青摊铺机、三辊轴机组、拉毛养生机等机械设备严禁非操作人员登机。夜间施工，在布料机、摊铺机、拉毛养生机上均应有照明设备和明显的示警标志。

4　施工中严禁所有机械设备的机手擅离操作台，严禁用手或工具触碰正在运转的机件。

12.2.2　交通安全

1　施工现场必须做好交通安全工作。交通繁忙的路口应设立标志，并有专人指挥。夜间施工，路口、模板及基准线桩附近应设置警示灯或反光标志，专人管理灯光照明。

2　摊铺机械停放在通车道路上，周围必须设置明显的安全标志，正对行车方向应提前200m引导车辆转向，夜间应以红灯示警。

12.2.3　施工机电设备应有专人负责保养、维修和看管，施工现场的电机、电线、电缆应尽量放置在无车辆、人、畜通行部位，确保用电安全。

12.2.4　现场操作人员必须按规定配戴防护用具。使用有毒、易燃的燃料、填缝料、外加剂、水泥或粉煤灰时，其防毒、防火、防尘等应按有关规定严格执行。

12.2.5　所有施工机械、电力、燃料、动力等的操作部位，严禁吸烟和有任何明火。摊铺机、搅拌楼、储油站、发电站、配电站等重要施工设备上应配备消防设施，确保防火安全。

12.2.6　停工或夜间必须有专人值班保卫，严防原材料、机械、机具及零件等失窃。

12.3　施工环境保护

12.3.1　在搅拌场、生活区、路面施工段应经常清理环境卫生，排除积水，并及时整治运输道路和停车场地，做到文明施工。

12.3.2 污染物处理排放应符合下列规定：

1 搅拌楼、运输车辆和摊铺机的清洗污水不得随处排放；每台搅拌楼宜设置清洗污水的沉淀池或净化设备，车辆应在有污水沉淀或净化设备的清洗场进行清洗。

2 废弃的水泥混凝土、基层残渣和所有机械设备的修理残渣和油污等废弃物应分类集中堆放或掩埋。

12.3.3 搅拌场原材料和施工现场临时堆放的材料均应分类、有序堆放。施工现场的钢筋、工具、机械设备等应摆放整齐。

附录 A　施工质量管理方法

A.1　混凝土弯拉强度评定方法

A.1.1　混凝土弯拉强度试验方法应使用标准小梁法或钻芯劈裂法，试件使用标准方法制作，标准养生时间 28d，路面钻芯劈裂时间宜控制在 28 ~ 56d 以内，不掺粉煤灰宜用前者，掺粉煤灰宜用后者。不同等级公路路面混凝土弯拉强度应按表 11.3.1 所列检查频率取样，每组 3 个试件的平均值作为一个统计数据。

A.1.2　混凝土弯拉强度的合格标准

1　试件组数大于 10 组时，平均弯拉强度合格判断式为：

$$f_{cs} = f_r + K\sigma \tag{A.1.2-1}$$

式中：f_{cs}——合格判定平均弯拉强度(MPa)；

f_r——设计弯拉强度标准值(MPa)；

K——合格判定系数，按试件组数查附表 A.1.2；

σ——弯拉强度统计均方差，可按式(A.1.2-2)计算：

$$\sigma = c_v \bar{f}_c \tag{A.1.2-2}$$

c_v——实测弯拉强度统计变异系数；

$\bar{f}_c$——实测弯拉强度统计平均值(MPa)。

附表 A.1.2　合格判定系数

试件组数 n	11 ~ 14	15 ~ 19	≥20
K	0.75	0.70	0.65

当试件组数为 11 ~ 19 组时，允许有 1 组最小弯拉强度小于 $0.85f_r$，但不得小于 $0.75f_r$。

当试件组数大于 20 组时，高速公路和一级公路最小弯拉强度 f_{min} 不得小于 $0.85f_r$，其他公路允许有一组最小弯拉强度 f_{min} 小于 $0.85f_r$，但不得小于 $0.75f_r$。

2　实测弯拉强度统计变异系数 c_v 值应符合设计要求。

A.1.3　当标准小梁合格判定平均弯拉强度 f_{cs}、最小弯拉强度 f_{min} 和统计变异系数 c_v 中有一个数据不符合上述要求时，应在不合格路段每车道每公里钻取 3 个以上 ϕ150mm 的岩芯，实测劈裂强度，通过各自工程的经验统计公式换算弯拉强度，其合格判定平均弯拉强度 f_{cs} 和最小值 f_{min} 必须合格，否则，应返工重铺。对二级及二级以下公路也可按式(11.4.2-1)或式(11.4.2-2)进行换算。

A.2　施工质量动态管理方法

A.2.1　施工方应以试验检测质量指标变异系数(或标准差)作为施工水平的主要评价指标，应总结施工经验，按本规范的要求建立各项施工质量指标变异系数的允许界限值，作为企业管理的目标。施工方的施工目标，不应低于本规范第 4 章表 4.1.2-3 和第 11 章表 11.3.3 规定的要求。

A.2.2　高速公路、一级公路施工宜利用计算机建立工程质量数据库，随时将检测结果输入数据库，同时分阶段(一定日期或桩号)计算出平均值 $\bar{E}$、极差 R、标准差 S 及变异系数 c_v，汇总整理。记录的内容应包括取样地点、试验员、试验项目、试验方法、试验结果及合格与否的评定等。

A. 2. 3 施工质量宜采取平均值和极差管理图($\bar{E}$—R 图，如图 A. 2. 3-1)的方法，将试验结果逐次绘制管理图，同时随着施工的进展，绘制施工质量直方图或正态分布曲线(图 A. 2. 3-2)。管理图可供有关人员随时检查。当发现标准差和变异系数有增大时，应分析原因，研究对策。

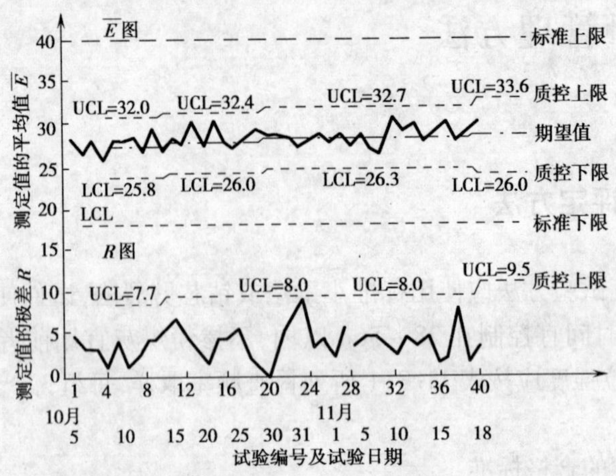

图 A. 2. 3-1 工程质量指标管理图示例(抗压强度，MPa)
(图中每一个点为每次测定的三个试件的平均值 $\bar{E}$ 或极差 R)

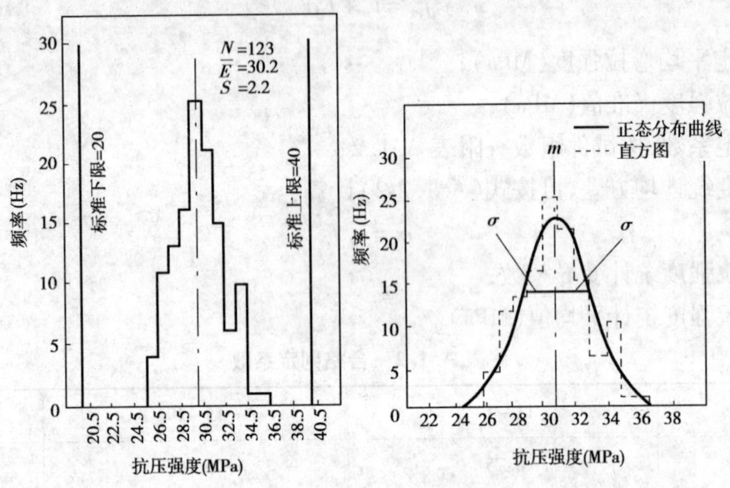

图 A. 2. 3-2 工程质量检测结果的直方图及正态分布曲线示例

A. 2. 4 在 $\bar{E}$—R 管理图中应以平均值 $\bar{E}$ 作为中心线 CL，并标出质控上限 UCL 和质控下限 LCL，表示允许的施工正常波动范围。当有超出质控上、下限范围时，应视为施工异常或试验数据异常。中心线、质控上限、质控下限按下述公式计算。

$\bar{E}$ 图中：

$$\mathrm{CL} = \bar{E} \tag{A. 2. 4-1}$$

$$\mathrm{UCL} = \bar{E} + A_2 R \tag{A. 2. 4-2}$$

$$\mathrm{LCL} = \bar{E} - A_2 R \tag{A. 2. 4-3}$$

R 图中：

$$\mathrm{CL} = R \tag{A. 2. 4-4}$$

$$\mathrm{UCL} = D_4 R \tag{A. 2. 4-5}$$

$$\mathrm{LCL} = D_3 R \tag{A. 2. 4-6}$$

式中：CL——$\bar{E}$—R 管理图中的中心线；

UCL——$\bar{E}$—R 管理图中的质控上限；

LCL——$\bar{E}$—R 管理图中的质控下限；

$\bar{E}$——一个阶段各组检测结果平均值 E 的平均值；

$\bar{R}$——一个阶段各组检测结果的极差 R 的平均值；

A_2、D_3、D_4——由检测结果的试验组数决定的管理图用的系数，见表 A.2.4。

表 A.2.4 管理用图系数表

一次检测结果的试验次数 n	d_2	d_3	A_2	D_4	D_3
2	1.128	0.853	1.880	3.267	—
3	1.693	0.888	1.023	2.575	—
4	2.059	0.880	0.729	2.282	—
5	2.326	0.864	0.577	2.115	—
6	2.534	0.848	0.483	2.004	—
7	2.704	0.833	0.419	1.924	0.076
8	2.847	0.820	0.373	1.864	0.136
9	2.970	0.808	0.337	1.816	0.184
10	3.078	0.797	0.308	1.777	0.223
∞	—	—	$3/(d_2n^{1/2})$	$1+3d_3/d_2$	$1-3d_3/d_2$

A.2.5 在 $\bar{E}$—R 管理图和直方图中可标出规定的质量标准或允许差范围。当超出此范围时，即施工不合格时，应予处理。

A.2.6 在 $\bar{E}$—R 管理图和直方图中可标出企业管理目标的允许范围。当超出此范围时，即施工水平下降，应研究对策。

A.2.7 施工结束后，施工方宜汇总全部数据，计算出平均值、标准差及变异系数，绘制整个工程的施工质量直方图或正态分布曲线，作为下一个工程的企业管理目标。

附录 B　亚甲蓝 MB 值测定方法

B.1　试验目的

B.1.1　MB 值试验目的在于检测含泥量和石粉含量,并区分机制砂中的土和石粉。

B.2　含泥量测定

B.2.1　仪器设备

1　鼓风烘箱:温度控制在(105 ±5)℃。

2　天平:称量 1000g,感量 0.1g。

3　方孔筛:孔径 75μm、1.18mm 和 9.5mm 筛各一只。

4　容器:要求淘洗试样时,保持试样不溅出(深度大于 250mm)。

5　其他:搪瓷盘、毛刷等。

B.2.2　试验步骤

1　取样方法:在料堆均匀取样,先铲除表层,从不同部位抽取等量 8 份为一组试样,总和不少于 6kg。

2　试样制备:将试样缩分至 1100g,放在烘箱中于(105 ±5)℃烘干至恒量(恒量指试样在烘干 1 ~ 3h 情况下,其前后质量之差不大于该项试验所要求的称量精度),待冷却至室温后,筛除大于 9.5mm 的颗粒(并算出筛余百分数),分为大致相等的两份备用。

3　淘洗:称取试样 500g,精确至 0.1g。将试样倒入淘洗容器中,注入清水,使水面高于试样面约 150mm,充分搅拌均匀后,浸泡 2h,然后用手在水中淘洗试样,使尘屑、淤泥和黏土与砂粒分离,把浑水缓缓倒入 1.18mm(上)及 75μm(下)的套筛上,滤去大于 75μm 的颗粒。试验前筛子的两面应先用水湿润,在整个过程中应小心防止砂粒流失。

4　重复淘洗:再向容器中注入清水,重复上述操作,直至容器中的水目测清澈为止。用水淋洗剩余在筛上的细颗粒,并将 75μm 筛放在水中(使水面略高出筛中砂粒的上表面)来回摇动,以充分洗掉小于 75μm 的颗粒。

5　烘干并称量:将两只筛的筛余颗粒和清洗容器中已经洗净的试样一并倒入搪瓷盘,放入烘箱中于(105 ±5)℃下烘干至恒量,待冷却至室温后,称出其质量,精确到 0.1g。

B.2.3　结果计算与评定

1　计算:含泥量按下式计算(精确到 0.1%)

$$Q_n = \frac{G_0 - G_1}{G_0} \times 100 \qquad (B.2.3)$$

式中:Q_n——含泥量(%);

G_0——试验前烘干试样的质量(g);

G_1——试验后烘干试样的质量(g)。

2　取值:含泥量取两个试样的试验结果算术平均值作为测定值。

B.3 石粉含量测定

B.3.1 仪器设备

1 鼓风烘箱：温度控制在(105 ±5)℃。

2 天平：称量1000g，感量0.1g及称量100g，感量0.01g各一台。

3 方孔筛：孔径75μm、1.18mm和2.36mm筛各一只。

4 滴定管：容量100mL或50mL，精度1mL一支；或5mL、2mL移液管各一支。

5 三或四片式叶轮搅拌器：转速可调[最高达(600 ±60)r/min]，直径(75 ±10)mm；定时装置：精度1s。

6 其他：快速定量滤纸；玻璃容量瓶：1L；温度计：精度1℃。

B.3.2 试剂和材料

1 亚甲蓝：纯度≥95%。

2 制备亚甲蓝溶液(10g/L亚甲蓝溶液)：将亚甲蓝粉末在(100 ±5)℃下烘干至恒量(若烘干温度超过105℃，亚甲蓝粉末会变质)，称取烘干亚甲蓝粉末10g，精确至0.01g，倒入盛有约600mL蒸馏水(水温加热至35 ~40℃)的烧杯中，用玻璃棒持续搅拌40min，直至亚甲蓝粉末完全溶解，冷却至20℃。将溶液倒入1L容量瓶中，用蒸馏水淋洗烧杯等，使所有亚甲蓝溶液全部移入容量瓶，容量瓶和溶液的温度应保持在(20 ±1)℃，加蒸馏水至容量瓶1L刻度。振荡容量瓶以保证亚甲蓝粉末完全溶解。将容量瓶中溶液移入深色储藏瓶中，标明制备日期、失效日期(亚甲蓝溶液保持期应不超过28d)，并置于阴暗处保存。

B.3.3 试验步骤

1 亚甲蓝MB值的测定

(1)按B.2.2条规定取样，将试样缩分至400g，放在烘箱中于(105 ±5)℃下烘干至恒量，待冷却至室温后，筛除大于2.36mm的颗粒备用。

(2)称取试样200g，精确至0.1g，将试样倒入盛有(500 ±5)mL蒸馏水的烧杯中，用叶轮搅拌机以(600 ±60)r/min转速搅拌5min，使溶液成悬浮液，然后持续以(400 ±40)r/min转速搅拌，直至试验结束。

(3)悬浮液中加入5mL亚甲蓝染料溶液，以(400 ±40)r/min转速搅拌至少1min后，用玻璃棒沾取一滴悬浮液(所取悬浮液滴应使沉淀物直径在8 ~12mm内)，滴于滤纸(置于空烧杯或其他合适的支撑物上，以使滤纸表面不与任何固体或液体接触)上。若沉淀物周围未出现色晕，再加入5mL染料，继续搅拌1min，再用玻璃棒沾取一滴悬浮液，滴于滤纸上，若沉淀物周围仍未出现色晕，则重复上述步骤，直到沉淀物周围出现约1mm的稳定浅蓝色色晕。此时，继续搅拌，不加染料溶液，每1min进行一次沾染试验。若色晕在4min内消失，再加入5mL染料溶液；若色晕在5min内消失，再加入2mL染料溶液。两种情况下，均应继续进行搅拌和沾染试验，直至色晕可持续5min。

(4)记录色晕持续5min时所加入的染料溶液总体积，精确至1mL。

2 亚甲蓝的快速试验

(1)按本条上款第1项制样。

(2)按本条上款第2项搅拌。

(3)一次性向烧杯中加入30mL亚甲蓝染料溶液，在(400 ±40)r/min转速持续搅拌8min，然后用玻璃棒沾取一滴悬浮液，滴于滤纸上，观察沉淀物周围是否出现明显色晕。

3 测定人工砂中含泥量或石粉含量的试验步骤按照B.2.2条所述进行。

B.3.4 结果计算与评定

1 亚甲蓝MB值结果计算

亚甲蓝值按公式(B.3.4)计算，精确至0.1。

$$MB = 10V/G \tag{B.3.4}$$

式中：MB——亚甲蓝值(g/kg)，表示每千克 0～2.36mm 粒级试样所消耗的亚甲蓝克数；

G——试样质量(g)；

V——所加入的亚甲蓝染料溶液的总量(mL)。

系数 10 用于将每千克试样消耗的亚甲蓝溶液体积换算成亚甲蓝质量。

2　亚甲蓝快速试验结果评定

若沉淀物周围出现明显色晕，则判定亚甲蓝快速试验为合格；若沉淀物周围未出现明显色晕，则判定亚甲蓝快速试验为不合格。

3　人工砂中含泥量或石粉含量计算和评定：按 B.2.3 所述进行。

附录 C　混凝土与钢筋握裹力试验方法

C.0.1　目的及适用范围

检验拉杆钢筋与混凝土的握裹力；相对比较不同混凝土与相同钢筋间握裹力的大小。

C.0.2　试验设备

1　试模尺寸：150mm×150mm×150mm，如图 C.0.2-1 所示，水平钢筋轴线距离模底 75mm。埋入的一端嵌入模壁，予以固定、防止钢筋下沉，另一端由模壁伸出。

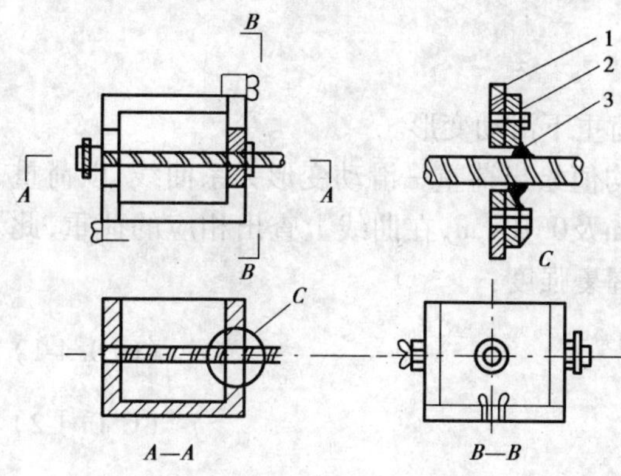

图 C.0.2-1　握裹力试验用试模

1-模壁；2-固定圈；3-橡皮圈

2　试件夹头：两块厚度为 30mm 的长方形钢板（250mm×150mm、45 号钢），用 4 根直径为 18mm 的钢杆相连。下端钢板中央开有直径为 40mm 的圆孔，供试件中钢筋穿入。上端钢板附有直径为 25mm 的拉杆，拉杆下端套入钢板并成球面相连接，上端供万能试验机夹持。另附 150mm×150mm×10mm 的钢垫板一块，中心开有直径为 40mm 的圆孔，垫于试件下端与夹头的下端钢板之间，如图 C.0.2-2 所示。

3　千分表：精度 0.001mm。

4　量表固定架：金属制成，横跨试件表面，并可用止动螺钉固定在试件上。上部中央有孔，可夹持千分表，使之直立，量杆朝下。

5　万能试验机：示值的相对误差不应大于 ±1%；试件的预期破坏荷载值应在全量程的 20%～80% 内。

6　钢筋：检测拉杆拔除握裹力时，直接使用路面拉杆钢筋，直径与路面拉杆相同，长度 500mm；比较混凝土握裹力时，应采用质量符合《钢筋混凝土用热轧带肋钢筋》（GB 1499）、《钢筋混凝土用热轧光圆钢筋》（GB 13013）的钢筋，钢筋尺寸为 ϕ20mm×500mm 的带肋钢筋或光圆钢筋。

C.0.3　试验步骤

1　成型前将尺寸、形状和螺纹均相同的试验所用钢筋用钢钉刷刷净，并用丙酮擦试，不得有锈屑和油污存在，钢筋的自由端顶面应光滑平整，并与试模预留的凹洞吻合。

2　混凝土的拌和应按规定的标准方法进行。每一试验龄期制作 6 个试件。

3　安装钢筋时，钢筋自由端应嵌入模壁，穿钢筋的模壁孔应用橡皮圈和固定圈填塞固定钢筋，并不得漏浆、漏水（当需模拟扰动和松动拉杆的拔出力时，可在混凝土初凝时间前后晃动钢筋。）

4　混凝土成型和养护除应按规定标准方法执行外，还应符合下列规定：

（1）混凝土集料最大粒径不应超过 31.5mm；

（2）对于干稠混凝土，应采用振动台振实，试样仍应分两层装入；

（3）试验成型后直至试验龄期，不得碰动钢筋，拆模时间宜延长至两昼夜。拆模时，应先取下橡皮圈和固定圈，再将套在钢筋上的试模壁小心取下。

5　试件从养护地点取出后，应及时进行试验，避免试件湿度和温度发生显著变化。

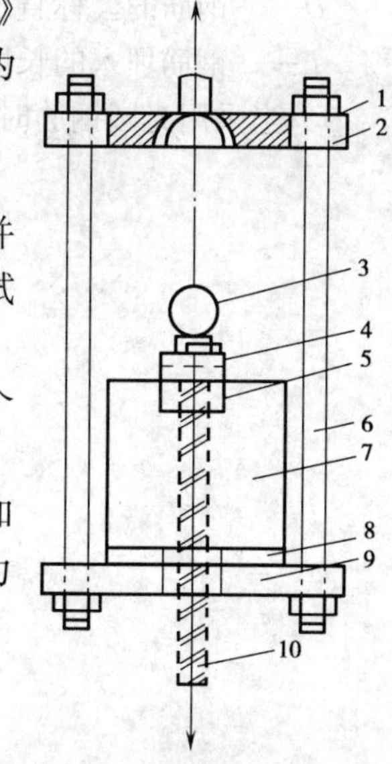

图 C.0.2-2　握裹力试验装置示意

1-带球座拉杆；2-上端钢板；3-千分表；4-量表固定架；5-止动螺钉；6-钢杆；7-试件；8-垫板；9-下端钢板；10-埋入试件中的钢筋

6　试验时，先将试件擦试干净，检查外观，试件不得有明显缺损或钢筋松动、歪斜。

7　将试件套上中心有洞孔的垫板，然后装入已安装在万能试验机上的试验夹头中，使万能试验机的下夹头将试件的钢筋夹牢。

8　在试件上安装量表固定架，并装上千分表，使千分表杆尖端垂直朝下，与略伸出混凝土试件表面的钢筋顶面相接触。

9　加荷前应检查千分表量杆与钢筋顶面接触是否良好，千分表是否灵活，并进行适当调整。

10　记下千分表的初始读数后，即开动万能试验机，以不超过400N/s的加荷速度拉拔钢筋。每加一定荷重（1000~5000N）记录相应千分表读数。

11　发生下列任一情况时，应停止加荷：

（1）钢筋达到屈服点；

（2）混凝土发生破裂；

（3）钢筋已从混凝土拔出。

C.0.4　试验结果计算

1　将各级荷重下千分表读数减去初始读数，即得该级荷重下滑动变形。

2　当采用带肋钢筋时，以6个试件滑动变形的算术平均值绘出荷重—滑动变形关系曲线，以荷重为纵坐标，滑动变形为横坐标。取滑动变形0.01mm、0.05mm及0.10mm，在曲线上查出相应的荷重，此三级荷重的平均值，除以钢筋埋入混凝土中的表面积，而得握裹强度：

$$\tau = \frac{P_1 + P_2 + P_3}{3A} \tag{C.0.4-1}$$

$$A = \pi DL \tag{C.0.4-2}$$

式中：τ——钢筋握裹强度（MPa）；

P_1——滑动变形为0.01mm时的荷重（N）；

P_2——滑动变形为0.05mm时的荷重（N）；

P_3——滑动变形为0.10mm时的荷重（N）；

A——埋入混凝土中的钢筋表面积（mm^2）；

D——钢筋的公称直径（mm）；

L——钢筋埋入的长度（mm）。

3　当采用光圆钢筋时，可取6个试件拔出试验时的最大荷重的平均值进行计算。

附录 D 钢纤维混凝土试验方法

D.1 钢纤维混凝土弯曲韧性和弯曲初裂强度试验

D.1.1 适用范围

本方法适用于测定钢纤维混凝土试件弯曲时的韧度指数和弯曲初裂强度。

D.1.2 试件尺寸

当纤维长度不大于 40mm 时，采用截面为 100mm × 100mm 的梁式试件；当纤维长度大于 40mm 时，采用截面 150mm × 150mm 试件。试件跨度为截面边长的 3 倍，试件长度应比试件跨度大 100mm。每组四个试件，其制作及养护应符合钢纤维混凝土标准试验有关的规定。

D.1.3 试验设备

本试验的设备应符合下列规定：

1 试验机：宜采用由变形控制的刚性试验机。试验机的卸载刚度应大于试件荷载—挠度曲线下降段的最大斜率（绝对值），其示值相对误差应不大于 ±1%，试件的预期破坏荷载应处在全量程的 20% ~ 80%。也可采用 1000kN 普通液压试验机附加刚性组件（千斤顶、弹簧或玻璃钢圆筒等），其装置示于图 D.1.3-1。刚性组件应符合下列规定：

（1）刚性组件与试件共同的荷载—变形曲线的斜率大于零，或试验机卸载刚度和刚性组件刚度之和，应大于试件荷载—挠度曲线下降段的最大斜率（绝对值）。

（2）刚性组件在弹性范围内的可压缩值，应大于试件的变形量。

2 加载装置：按三分点加荷，试验机应带有两个能同时作用在小梁跨度三分点处相等荷载的装置。与试件接触的两个支座和两个加压头应具有直径为 20 ~ 40mm 的弧形端面，并应比试件宽度长 10mm，其中一个支座和两个加压头宜做成能滚动并前后可倾斜。试验机上、下压板与刚性组件及测力计之间均应加钢垫板，其不平度为 100mm 应不大于 0.02mm。

3 挠度测量装置：示于图 D.1.3-2，应将安装位移传感器的铝板（或钢板）用螺钉固定在支座垂线与试件中和轴的交点上，采用精度为 0.01mm 的位移传感器（或机械式位移计），抵承在黏结于加荷点下侧的角型支承上。

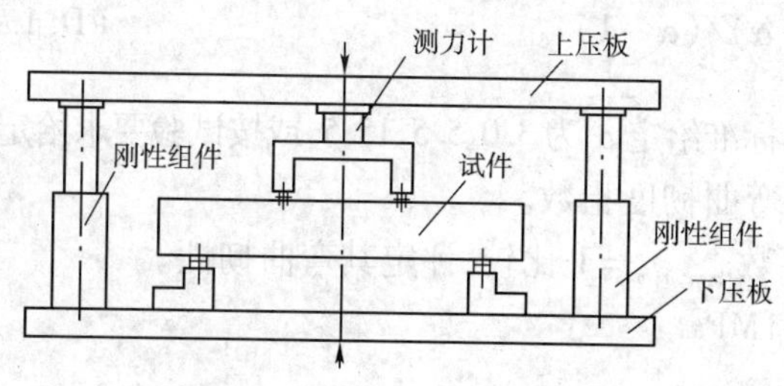

图 D.1.3-1 刚性组件装置

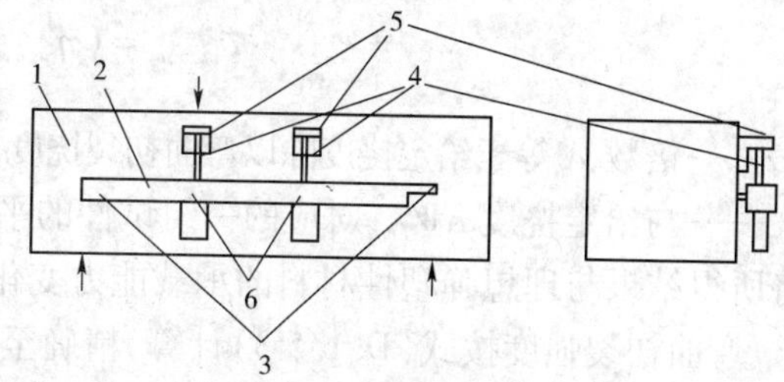

图 D.1.3-2 挠度测量装置示意图

1-试件；2-金属板；3-固定板螺钉；4-位移传感器；5-角形支撑；6-固定传感器螺钉

可将荷载与挠度输出信号经放大器与 $X—Y$ 记录仪相连，直接绘出荷载—挠度曲线。

D.1.4 试验步骤

1 从养护地点取出试件，检查外观和测量尺寸。

2 安放试件，并安装测量传感器。

3 对试件连续、均匀加荷。初裂前的加荷速度取 0.05 ~ 0.08MPa/s；初裂后取每分钟 $l/3000$，使挠度增长速度相等。

若试件在受拉面跨度(l)三分点以外断裂,则该试件试验结果无效。

4 采用千斤顶做刚性组件时,应使活塞顶升至稍高出传感器顶面,然后开动试验机,使千斤顶刚度达到稳定状态,随即对试件连续均匀加荷。初裂前的加荷速度与本条第 3 款相同,初裂后减小加荷速度,使试件处于"准等应变"状态,其条件是:

$$V_{\Delta w\,max}/V_m \leqslant 5 \tag{D. 1. 4-1}$$

式中:$V_{\Delta w\,max}$——挠度增量最大时的相应速度(μm/s);

V_m——挠度由零到 3 倍最大荷载挠度时段内相应速度平均值(μm/s)。在加荷过程中记录挠度变化速度。

5 绘出荷载—挠度曲线。

D. 1. 5 结果计算

钢纤维混凝土试件的弯曲韧度指数、承载能力变化系数、弯曲初裂强度的计算步骤如下:

1 将直尺与荷载—挠度曲线的线性部分重叠放置确定初裂点 A,见图 D. 1. 5。A 点的纵坐标为弯曲初裂荷载 F_{cra},横坐标为弯曲初裂挠度 W_{Fcra},面积 OAB 为弯曲初裂韧度。

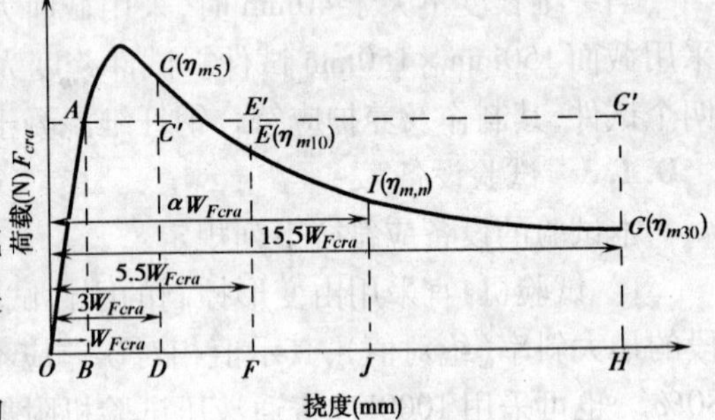

图 D. 1. 5 荷载—挠度曲线及弯曲韧度指数

2 以 O 为原点,按 3. 0、5. 5 和 15. 5 或试验要求的初裂挠度的倍数,在横轴上确定 D、F 和 H 点或其他给定点(J)。用求积仪测得 OAB、$OACD$、$OAEF$ 和 $OAGH$ 或其他给定变形的面积,即为弯曲初裂韧度和各给定挠度的韧度实测值。按下列公式求得每个试件的弯曲韧度指数,精确至 0. 01。

$$\left.\begin{aligned}\eta_{m5} &= OACD \text{ 面积}/OAB \text{ 面积}\\ \eta_{m10} &= OAEF \text{ 面积}/OAB \text{ 面积}\\ \eta_{m30} &= OAGH \text{ 面积}/OAB \text{ 面积}\end{aligned}\right\} \tag{D. 1. 5-1}$$

以四个试件计算值的算术平均值作为该组试件的韧度指数。

3 每组试件的承载能力变化系数 $\zeta_{m,n,m}$ 按式(D. 1. 5-2)计算:

$$\zeta_{m,n,m} = (\eta_{m,n,m} - \alpha)/(\alpha - 1) \tag{D. 1. 5-2}$$

式中:α——倍数,α 等于给定挠度除以弯曲初裂挠度,本标准给定 α 为 3. 0、5. 5、15. 5,或按试验要求给定;

$\eta_{m,n,m}$——与给定挠度 αW_{Fcra} 对应的一组试件的平均弯曲韧度指数。

将所得结果与理想弹塑性材料的承载能力变化系数 $\zeta_{m,n,m}=1$ 比较,评定其弯曲韧性。

4 弯曲初裂强度按式(D. 1. 5-3)计算,精确至 0. 1MPa。

$$f_{fc,cra} = F_{cra} \times \frac{l}{bh^2} \tag{D. 1. 5-3}$$

式中:$f_{fc,cra}$——钢纤维混凝土弯曲初裂强度(MPa);

F_{cra}——钢纤维混凝土弯曲初裂荷载(N);

l——支座间距(mm);

b——试件截面宽度(mm);

h——试件截面高度(mm)。

以四个试件计算值的算术平均值作为该组试件的弯曲初裂强度。

D.2 拌合物钢纤维体积率试验

D.2.1 适用范围

本方法适用于测定钢纤维混凝土拌合物中钢纤维所占的体积百分率，即钢纤维体积率。

D.2.2 试验设备

测定钢纤维体积率所用设备应符合下述规定：

1 容量筒：钢制，容积5L；直径和筒高均为(186±2)mm，壁厚3mm。

2 托盘天平：称量2kg，感量2g。

3 台秤：称量100kg，感量50g。

4 振动台：频率(50±3)Hz，空载振幅(0.5±0.1)mm。

5 震槌：质量1kg的木槌。

D.2.3 检测步骤

钢纤维体积率应测定两次，测定步骤如下：

1 按下述规定装料并振实：

(1)拌合物坍落度小于50mm时，用振动台振实。

(2)拌合物坍落度大于等于50mm时，分两层装料，每层沿侧壁四周均匀敲振30次；敲毕，底部垫直径16mm钢棒，左右交错颠击地面15次。

2 倒出拌合物，边水洗边用磁铁搜集钢纤维。

3 将搜集的钢纤维在(105±5)℃的温度下烘干至恒重，冷却至室温后称其质量，精确至2g。

D.2.4 结果计算

钢纤维体积率按式(D.2.4)计算：

$$V_{sf}=\frac{m_{sf}}{\rho_{sf}V}\times 100 \tag{D.2.4}$$

式中：V_{sf}——钢纤维体积率(%)；

m_{sf}——容量筒中钢纤维质量(g)；

V——容量筒容积(L)；

ρ_{sf}——钢纤维质量密度(kg/m^3)。

D.2.5 试验结果处理

1 两次测定值的平均值即为钢纤维体积率。若测定值不符合下列条件，则试验结果无效。

$$|V_{sf1}-V_{sf2}|\leqslant 0.05V_{sf,m} \tag{D.2.5}$$

式中：$V_{sf,m}$——两次测定钢纤维体积率的平均值(%)；

V_{sf1}，V_{sf2}——两次测得的钢纤维体积率(%)。

2 钢纤维的称量每一工作班至少检验二次；同时，应采用水洗法在浇筑地点取样检验钢纤维体积率，每一工作班至少二次；水洗法检验钢纤维体积率的误差不应超过配合比要求的钢纤维体积率的±15%。

附录E　真空脱水混凝土试验方法

E.1　真空脱水混凝土强度试件成型方法

E.1.1　目的及适用范围

制作室内真空脱水混凝土性能试验的试件。

E.1.2　仪器设备

1　试模：抗压强度试模采用150mm×150mm×150mm立方体标准试模，并配以真空吸盘固定架（如图E.1.2-1所示）。

2　真空吸盘：真空吸盘采用硬吸垫，大小应与试模尺寸相配。真空吸盘由尼龙布，两层塑料网格，薄镀锌铁板分别作为过滤层、骨架层和密封层，并在密封层上装吸水嘴（如图E.1.2-2）。吸盘四周设橡胶封圈。

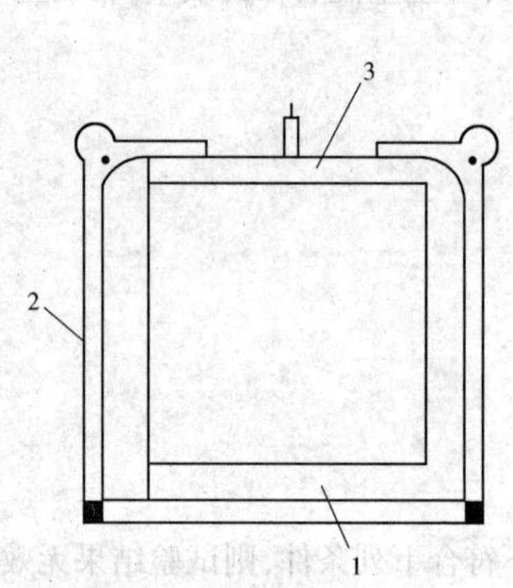

图E.1.2-1　真空吸盘固定架
1-试模；2-吸盘固定架；3-吸盘

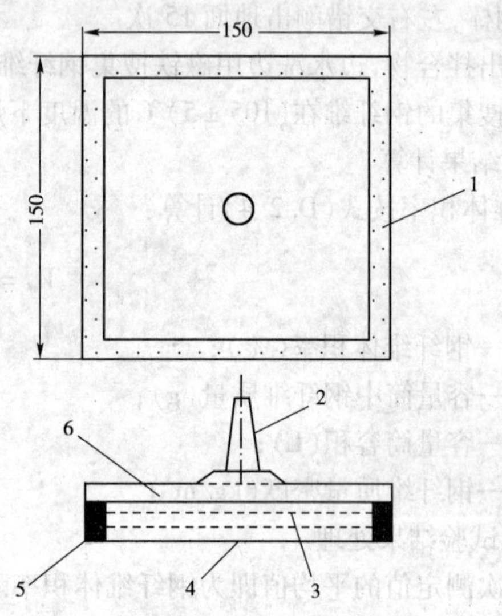

图E.1.2-2　真空吸盘（尺寸单位：mm）
1-橡胶封圈；2-吸水嘴；3-骨架层；4-过滤层；5-封圈；6-密封层

3　真空集水瓶：试模尺寸为150mm×150mm×150mm时，宜采用500mL容量的真空瓶。

4　真空橡胶管：宜采用适宜直径的耐压橡胶管。亦可采用工业氧气管或乙炔管代替。

5　真空脱水机组：宜采用抽气速率为28L/s的符合国家标准的产品。

E.1.3　试验步骤

1　混凝土拌和、成型应符合本规范有关规定。

2　试件成型后，立即在表面覆盖真空吸盘。固定吸盘后，用少量水泥浆封闭吸盘四周。用耐压橡胶管连接吸盘吸水嘴和真空集水瓶及真空脱水机组（如图E.1.3所示），开机脱水处理。试件断面尺寸为100mm×100mm时，脱水时间宜为10～15min。断面尺寸为150mm×150mm时，脱水时间宜为15～20min。真空度控制为0.08MPa。脱水结束时，先掀开吸盘的一角，将管路中水分全部抽至集水瓶

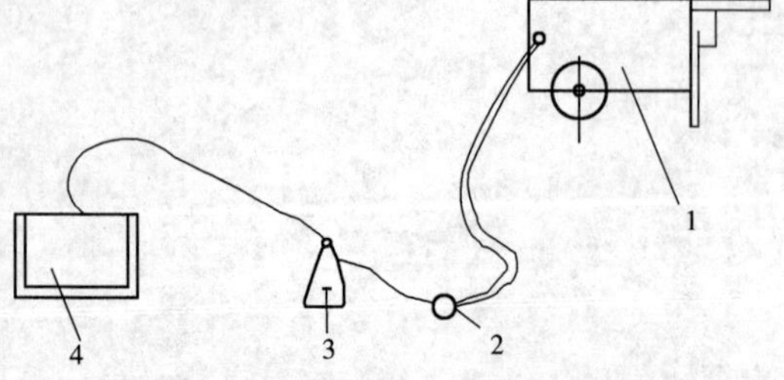

图E.1.3　混凝土真空脱水系统连接图
1-真空脱水机组；2-连通器；3-集水瓶；4-试件

中，然后切断集水瓶与脱水泵之间的连接管路再关机，防止脱水泵中冷却水回冲到集水瓶中。

对混凝土进行脱水时，宜采取先低真空度，而后逐渐升高的操作方法。

对于抗磨、抗渗试件，以试模的上口尺寸（ϕ175mm）制一副模托，将试模的上口翻转朝下成型试件。真空脱水在试件的下口（ϕ185mm）面进行，测定抗渗标号时保持抗渗水压作用于真空处理面。抗磨性试验时，应保持磨损面为真空处理面。处理时间约为20～25min。

3 试件脱水处理后，用湿布覆盖，并在（20±5）℃的室内静置24h，拆模编号。根据需要也可立即拆模进行试验。

4 试件养护应符合本规范标准养护规定。

E.2 混凝土拌合物真空脱水率测定

E.2.1 目的及适用范围

测定混凝土拌合物真空脱水率，计算剩余水灰比，为设计真空脱水混凝土配合比提供试验数据。不适合于水灰比小于0.35的混凝土拌合物。

E.2.2 仪器

应符合本规范E.1.2条的规定。试模尺寸为150mm×150mm×150mm。

E.2.3 试验步骤

1 按本规范E.1.3条的规定制作试件。

2 试件成型后即进行脱水处理。脱水处理方法应符合本规范E.1.3条的规定。

3 将脱出的水分集于真空瓶中，然后倒入量筒中计量得ΔW，计量准确至1.0mL。

E.2.4 试验结果处理

1 脱水率按式（E.2.4）计算：

$$Q = \frac{\Delta W \cdot \rho_W}{\dfrac{3.375W}{1000\rho_W}} \times 100 \tag{E.2.4}$$

式中：Q——脱水率（%）；

W——每立方米混凝土的拌和水量（kg）；

ΔW——试件脱出水量（g）；

ρ_W——水的密度（g/mL），取1.00。

2 取三个试件测值的平均值为该组试件脱水率的试验结果。当单个试件的测值与中间值之差超过中间值的±15%时，取中间值作为试验结果。当有两个试件的测值与中间值之差均超过中间值的±15%时，该组试件作废。

附录F 混凝土抗冻性现场测试方法

F.1 取芯法测定混凝土抗冻性

F.1.1 目的及适用范围

从混凝土结构或构件上钻取芯样，制备抗冻试样，用于测定和评价实际混凝土结构物的抗冻性。

F.1.2 仪器设备

1 取芯机：宜采用轻便型混凝土取芯机；

2 取芯钻头：宜选用人造金刚石薄壁钻头；

3 切割机：可选用岩石切割机，切割方式有手动和自动两种形式。

F.1.3 试件制备

1 制备混凝土抗冻性芯样试件，其直径不宜小于100mm，长度应为：

(1)标准芯样试件长度与直径比，不宜小于4；

(2)非标准芯样试件长度与直径比，不宜小于1。

2 在制取抗冻性芯样试件时，还应在同一芯样上制备3个直径70mm，高度70mm的抗压强度试件。

3 测量芯样试件的几何尺寸：

(1)直径：用游标卡尺测量试件中部，在相互垂直的两个位置上测量两次，计算其算术平均值，精确至0.5mm。沿试件高度任一直径与试块直径相差不宜大于2.0mm。

(2)高度：用钢板尺测量，精确至1.0mm，高度为路面板厚度。

(3)垂直度：用游标量角器测量两个端面与轴线的夹角，精确至0.10°，试件端面与轴线的不垂直度超过2°。

(4)平整度：用钢板尺或角尺紧靠在试件端面上，用塞尺测量钢板尺或角尺与试件端面的间隙。

F.1.4 试验步骤

1 测量标准芯样试件长度、质量、动弹性模量及进行外观描述，必要时测定声速。

2 测量非标准芯样试件质量及进行外观描述，必要时测定声速。

3 按《公路工程水泥混凝土试验规程》(JTJ 053)中“混凝土抗冻性试验(快冻法)”T0525进行抗冻性试验。

4 标准芯样试件的抗冻性评定按相对动弹性模量和质量损失率进行；非标准芯样试件的抗冻性以质量损失率进行评定。

5 在试验完毕的试件上，钻取3个直径70mm高径比为1的抗压强度试件，与F.1.3条第2款制备的抗压强度试件同时进行抗压强度试验，计算抗压强度损失率。

F.2 取芯法测定混凝土气泡参数

F.2.1 目的及适用范围

从混凝土结构或构件上钻取芯样，制备试样，测定混凝土芯样的气泡参数：空气含量、气泡比表面积和间距系数等。用于评定混凝土结构的抗冰冻、抗盐冻性能和鉴定引气剂性能等，也适用于实际结构物的抗冻性调查。

F.2.2 仪器设备

1 钻芯取样设备:与 F.1.2 规定相同。

2 测孔显微镜:放大 80~128 倍,具有目镜测微尺和物镜测微尺。目镜测微尺最小读数为 10μm,载物台能横向、纵向移动;配有显微镜照明灯、聚光型灯。

3 其他:切片机、磨片机、抛光机。

F.2.3 试件制备

芯样试件应在制取抗冻性试验的同一芯样切片上制取。

F.2.4 试验步骤

1 每组试样至少 3 个,最小观测总面积和最小总导线长度应符合表 F.2.4 的规定。

表 F.2.4 最小观测总面积和最小总导线长度

粗集料最大粒径(mm)	最小观测总面积(mm^2)	最小总导线长度(mm)
40	17000	2600
31.5	11000	2500
19.0	7000	2300
9.5	6000	1000

注:如混凝土内集料或大孔隙分布很不均匀,应适当增大观测面积。当在 1 个芯样中取 2 个试样时,截取 2 个试样的间距应大于集料最大粒径的 1/2。

2 将硬化混凝土片锯下后,刷洗干净,分别采用 400 号或 800 号金刚砂仔细研磨。每次磨完后刷洗干净,再进行下次研磨。最后在固定呢毡的抛光机转盘上,涂刷三氧化二铬进行抛光,再刷洗干净,在(105±5)℃的烘箱中烘干,然后置于测孔显微镜下试测,当强光以低入射角照射在观测面上,观测到在表面除了气孔截面和集料孔隙外,基本是平的,且气泡边缘清晰并能测出尺寸为 10μm 的气泡截面,即认为该观测面已处理完毕。

3 观测应与浇筑面垂直。观测前用物镜测微尺校准目镜测微尺刻度,在观测面两端,附贴导线间距标志,使选定的导线长度均匀分布在观测面范围内。调整目镜位置,使十字丝的横丝与导线重合,然后用目镜测微尺截取每个气泡的弦长刻度值,亦可增测气泡截面直径,当测完第 1 条导线后,按测线间距,相继观测第 2、3、4……条导线,直至测完规定的总导线长度。

F.2.5 试验结果计算

根据直线导线法观测的数据,按下列公式计算各参数:

气泡平均弦长:

$$m_l = \Sigma l/N \qquad (F.2.5\text{-}1)$$

气泡比表面积:

$$\alpha = 4/m_l \qquad (F.2.5\text{-}2)$$

气泡平均半径:

$$m_r = 3m_l/4 \qquad (F.2.5\text{-}3)$$

硬化混凝土中的空气含量:

$$a = \Sigma l/T \qquad (F.2.5\text{-}4)$$

$1000mm^3$ 混凝土中的气泡个数:

$$n_v = (3/4\pi)a/m_r^3 \qquad (F.2.5\text{-}5)$$

10mm 导线切割的气泡个数:

$$n_l = 10N/T \qquad (F.2.5\text{-}6)$$

气泡间距系数:

当混凝土中浆气比 P/a 大于 4.33 时,按下式计算:

$$L = 3a[1.49(P/a+1)^{1/3}-1]/n_l \qquad (F.2.5\text{-}7)$$

当混凝土中浆气比 P/a 小于 4.33 时,按下式计算:

$$L = P/(4n_l) \quad (F.2.5-8)$$

式中：m_l——气泡平均弦长(mm)；

Σl——全导线切割的气泡弦长总和(mm)；

N——全导线切割的气泡总个数；

α——气泡比表面积(mm^2/mm^3)；

m_r——气泡平均半径(mm)；

n_v——$1000mm^3$ 混凝土中的气泡个数；

a——硬化混凝土中的空气含量(体积比%)；

T——导线总长(mm)；

P——混凝土中水泥净浆含量(体积比，不包括空气含量)；

n_l——平均每 10mm 导线切割的气泡个数；

L——气泡间距系数(mm)。

计算结果取三位有效数字。

附录G　本规范用词说明

G.0.1　对规范条文执行严格程度的用词，采用以下写法：

1　表示很严格，非这样做不可的用词：

正面词采用“必须”；反面词采用“严禁”。

2　表示严格，在正常情况下均应这样做的用词：

正面词采用“应”；反面词采用“不应”或“不得”。

3　表示允许稍有选择，在条件许可时，首先应这样做的用词：

正面词采用“宜”或“可”；反面词采用“不宜”。

G.0.2　条文中应按指定的其他有关标准、规范的规定执行，其写法为“应按……执行”或“应符合……要求（或规定）”。

如非必须按指定的其他有关标准、规范的规定执行，其写法为“可参照……”。

附件

《公路水泥混凝土路面施工技术规范》

(JTG F30—2003)

条　文　说　明

编制说明

我国公路水泥混凝土路面(以下简称水泥路面)建设发展速度很快,截止2002年底已经建成各级公路水泥路面167 517km。目前,每年在建水泥路面里程2.5万公里以上,建设规模巨大。我国《水泥混凝土路面施工及验收规范》(GBJ 97—87)已经使用了16年,20世纪90年代中期进行的修订,未能颁布执行。

16年以来,水泥路面施工技术在交通部、国家计委、国家经贸委、建设部等部委的领导和支持下,大、中型机械化施工工艺和技术,如滑模摊铺、轨道摊铺、碾压施工、三辊轴机组等技术取得了实质性的进步,而且已经在我国高速公路、一级公路和二级公路的水泥路面铺筑施工中得到广泛应用,使我国的水泥路面施工质量和技术水平得到了稳步提高,积累了丰富的施工经验;另一方面,我国所使用的水泥路面面层结构形式越来越丰富,水泥路面适应范围越来越广,如缩缝设传力杆的水泥路面、钢筋水泥路面、连续配筋水泥路面及桥面、钢纤维混凝土路面、双钢混凝土桥面等均已得到大规模采用,这些新型水泥路面的结构设计与机械化施工技术也已经逐步成熟。

在这种状况下,仅规定小型机具施工方法的《水泥混凝土路面施工及验收规范》(GBJ 97—87)显然已经落后,远远不能适应当前水泥路面施工装备、工艺和技术水平的要求。因此,我国公路水泥路面建设迫切需要一部完善的施工技术规范来保障和提高其施工质量,保证所铺筑的水泥路面具备密实、平整、耐久和安全的性能,并大幅度减小水泥路面维修养护的难度和工程量。

本规范修订的主要技术依据如下:

1 滑模铺筑技术,中华人民共和国行业标准《公路水泥混凝土路面滑模施工技术规程》(JTJ/T 037.1—2000);

2 轨道铺筑技术,025课题编制的《轨道式摊铺机修建水泥路面施工须知》(1990年11月)以及其后积累的轨道摊铺施工经验;

3 三辊轴机组铺筑技术,研究报告《公路水泥路面三辊轴机组施工技术指南》;

4 碾压混凝土施工技术,(85-403-01)课题组编制的《高等级公路碾压混凝土路面施工技术指南》;

5 小型机具铺筑技术,《水泥混凝土路面施工及验收规范》(GBJ 97—87)修订送审稿。

我国幅员辽阔,各地经济发展不平衡,习惯采用的水泥路面施工机械、工艺有所不同,本规范提出了滑模、轨道、碾压、三辊轴机组、小型机具五种施工工艺适用的公路等级、机械装备和材料要求,并留有一定的选择余地。编写组力图做到既保证水泥路面铺筑质量,又尽量符合各地施工实际。

本规范采用的修订编写方法为:凡与现行技术标准、规范、规程一致的内容,均不作引用,仅指明"应符合有关规定";凡与国家和行业现行标准、规范、规程不同的内容均有试验研究和施工经验作为基础,并在说明中指出;对我国尚无技术规范、施工中又必须使用的内容,参照国外有关规定,并结合我国在工程中发现的问题,进行原则编写。这样编制的目的是使资料和规定尽量齐全完备。认真贯彻本规范的规定,严格操作、善于总结,可以施工出高质量的水泥路面。

本规范共分12章,其中第3、4、5、6、7、9章分别提出了水泥路面施工的原材料、配合比、施工准备、搅拌和运输、五种混凝土面层铺筑工艺、接缝抗滑与养生的施工技术等要求;第8章为钢筋及钢纤维混凝土路面和桥面等特殊结构的铺筑;第10章为特殊气候条件下的施工;第11章为施工质量检查与验收;第12章为安全生产及施工环保。

本次水泥路面施工技术规范的修订,内容较为丰富,其目的是无论采用哪种施工工艺铺筑何种结构的水泥路面,都将使建设、质检、监理及施工单位均可在具体施工环节上有章可循、有据可依。只有将每个施工质量细节的控制与管理落到实处,才能从整体上稳步提高和改善水泥路面施工质量。由于各地的技术细节差异较大,最具有当地特色、灵活变通余地最大的内容,也是最难编写的内容,本规范对那些已经发现的东西(南北)地域差异较大的技术细节,采取了既严格要求又防止僵化、并提倡创新和技术进步的编写方法,尽量降低用语要求的强调层次,力图做到统一与灵活辩证关系的"适度"。在不违背基本原则的基础上，最大限度地调动广大工程技术人员的积极性和创新精神。统一要求与灵活变通的共同目标只有一个，即有利于使用最先进和最适宜的施工技术，达到最佳的水泥路面工程质量要求。

在本规范执行过程中，施工技术及管理人员除按本规范要求进行施工作业和质量控制外，还应结合当地具体情况，不断总结经验，研究新问题，注意吸收国内外最新的施工装备、工艺、技术、成果和经验，使水泥路面施工技术不断进步、完善和发展。

本规范的解释权在交通部公路科学研究所，对本规范及其条文说明的意见和在使用过程中发现的问题，请各单位和施工技术、管理人员随时函告交通部公路科学研究所（地址：北京市海淀区西土城路8号，邮编：100088），以便修订时参考。

由于本规范修订是按照我国水泥路面施工的现实需求和目前具备的施工技术水平进行编写的，不足之处，在所难免，恳请各位专家和广大工程技术人员提出宝贵修改意见。

修订编制组

2003年1月

1 总则

1.0.1～1.0.2 在总则中按规定编写了本规范的编制目的和适用范围。制定本规范的目的是提高我国公路水泥混凝土路面(以下简称水泥路面)工程的施工技术水平,保证水泥路面工程的施工质量及运营的安全可靠性。运营安全性主要体现在对路面平整度及抗滑等指标的严格要求上。运营可靠性体现在此次规范的修订始终贯穿了公路工程可靠度的新标准,即按不同公路等级规定的可靠度要求来规范施工全过程,特别是对面板配制弯拉强度要求执行了可靠度新标准和新规定。

1.0.3 贯彻质量第一的原则:以往的水泥路面施工规范对原材料、配合比和施工设备往往强调了就地取材,经济合理的原则。本次规范修订则着重强调原材料、配合比的质量指标及其稳定性,强调使用满足不同等级公路路面的设备种类和施工工艺。因此编写为"选择满足质量指标要求、性能稳定的原材料,确定配合比、设备种类和施工工艺,进行详细的施工组织设计,建立完备的施工质量保障体系。"首先,从材料和设备两方面贯彻质量第一的原则;其次,才是就近取材和经济合理性。这意味着材料和设备选择的指导思想有所改变。实际工程在应用这个原则时,可能会遇到远运原材料,机械设备要求提高,增加施工费用等一系列问题。尽管如此,从保障水泥路面设计基准期30年来看,依然应该将大宗原材料质量保障和路面施工工艺水平的逐步提高放在首要地位,应该明确的是原材料和混凝土质量包含着工程的长远经济性;装备水平的提高不仅可以提升我国水泥路面施工技术水平,而且能够大幅度提高水泥路面的施工质量及其稳定性、使用年限和耐久性。

1.0.4 鼓励施工技术创新:针对目前在招投标体制下,各施工单位过分强调经济效益,而较为忽视新技术应用的现状,特编写本条。

3 原材料技术要求

由于水泥路面是在露天环境下承受车轮冲击、振动、疲劳的动载结构物，同时又要求达到20~30年的设计基准期，因此，原材料要求应比一般静载结构更高、更严格，原则上路面混凝土所使用的原材料应是目前国内市场上能够供应的一等品或优等品。

3.1 水泥

按照本规范与《公路水泥混凝土路面设计规范》(JTG D40)的分工，关于混凝土路面对水泥路用品质的技术要求，仅在本规范中进行详细规定。

3.1.1 路用水泥的基本要求

1 水泥品种与生产方式：首先，按照本规范规定的水泥品种顺序，特重、重交通水泥路面应优先采用道路硅酸盐水泥，没有道路水泥的情况下，可采用硅酸盐水泥或普通硅酸盐水泥。其次，明确各级公路均宜采用旋窑生产的水泥，其含义是特重、重交通水泥路面应优先采用旋窑水泥，确有困难时或中、轻交通路面方可使用立窑水泥。主要理由是立窑水泥的游离氧化钙和氧化镁含量较高、水泥体积稳定性较差。立窑水泥在烧成过程中，窑中间和边缘、窑上部与下部的烧成温度不同。研究表明：即使安定性合格的水泥，当水泥中的游离氧化钙含量在1%~1.8%之间变化时，其对路面混凝土在动载交通条件下的疲劳循环周次有3~5倍的影响，构成影响水泥路面使用寿命能否达到20~30年的关键因素。因此规定用于特重和重交通路面的水泥f-CaO≤1.0%。对此，要充分认识和理解静载结构与承受动载作用的公路水泥混凝土结构之间对水泥要求的实质性差别。

2 R型早强水泥：本规范从防止路面发生温度裂缝出发，规定除低温天气、有快通要求的路段可采用R型水泥外，一般情况均宜使用普通型水泥。在实际工程中发现，热天气温较高的情况下，运到搅拌场的水泥温度有时高达70~90℃，再加上使用水化热高的R型水泥，由于其铝酸三钙含量偏高，不仅收缩很大，而且水化热峰值很高，造成了严重的温度裂缝。温度裂缝为板中裂缝，严重时才会上下贯通，反映到表面上，而轻微时是潜在板中不易发现的裂缝，危害很大，应进行限制。低温天气施工或有快通要求的路面可使用水化热高的R型水泥，这主要是从低温施工的蓄热早强出发，有利于水泥路面尽早达到抗冻临界强度和尽快开放交通的需要。

3 水泥品种与抗折强度：表3.1.1给出了各交通等级路面所用水泥3d、28d抗压强度和抗折强度要求，水泥的3d强度要求是从施工便利角度提出的，水泥路面铺筑前，必须了解所用水泥的3d强度特性。特别要强调的是，无论水泥强度等级为多少，路面混凝土均应以实测水泥抗折强度为准来选择和使用。首先，现行水泥规范中所规定的强度等级是由抗压强度确定，并不完全代表水泥的抗折强度，而水泥路面的第一力学指标是混凝土弯拉强度。例如，32.5级普通水泥，有的抗折强度高达8MPa，可否在高等级公路上使用？其次，在相同水灰比条件下，水泥的抗折强度是混凝土弯拉强度不可逾越的上限。水泥的抗折强度不高，即使强度等级满足要求，也可能做不到按可靠度理论要求的配制28d弯拉强度均值的要求。

1999年底，国家质量技术监督局发布了由中国建筑材料科学研究院编制的向ISO国际标准靠拢的新标准，新标准有如下重要改变：

(1)水泥胶砂水灰比由原来的0.44~0.46增大到0.50；

(2)水泥胶砂用标准砂改变，由过去基本是单一粒径砂改变为级配石英砂；

(3)水泥胶砂搅拌、振动成型机具及模具进行了修改。

编写组使用中国建材研究院《ISO水泥胶砂强度检验方法宣贯技术资料汇编》中所做的新老标准对

比试验结果，进行了44组28d抗折强度数据的统计分析，结果表明：尽管新标准使水泥的抗压强度降低约9.7MPa左右，水泥原强度等级将全部依次降低一级，425号降低为32.5级，525号降低为42.5级，但抗折强度降低较小，新老标准的平均抗折强度仅相差0.22～0.33MPa，因此，本规范维持表3.1.1中水泥抗折强度要求不变，这将意味着抗折强度无形中提高了0.22～0.33MPa，特重交通为7.72～7.73MPa；重交通为7.22～7.33MPa；中轻交通为6.72～6.83MPa。从我国正在建设和已经建成的高等级公路水泥路面来看，所用的水泥抗折强度基本都大于8.0MPa，同时，在本规范征求意见过程中，有几个省区提出应将高速公路、一级公路水泥路面用水泥的抗折强度规定为不小于8.0MPa，这证明按新标准执行时，本规范对路面水泥抗折强度不小于7.5MPa的要求，在实践中是可行的。

3.1.2 满足公路路面工程使用品质的水泥化学成分、物理性能列入表3.1.2中。现将路面常用四种水泥的化学成分、物理性能汇总在表1中，供业内人士全面了解其性能及路用品质。本条对水泥的化学品质，特别是对水泥中的游离氧化钙、氧化镁和碱度提出明确要求。这三项指标不合格，或超出过多，水泥路面即使不行车也会自动崩溃。对水泥的安定性，本规范在蒸煮法的基础上还首次提出高速公路、一级公路要用雷氏夹进行检验，这不仅检验了水泥安定与否，同时还通过试验了解水泥的胀缩与开裂特性。

表1 路面常用水泥的化学成分和物理指标汇总

水泥性能	道路水泥 GB 13693	硅酸盐水泥 GB 175	普通水泥 GB 175	矿渣水泥 GB 1344
铝酸三钙	不得>5.0%②	—	—	—
铁铝酸四钙	不得<16.0%②	—	—	—
游离氧化钙	旋窑不得>1.0%② 立窑不得>1.8%②	—	—	—
氧化镁	不得>5.0%①	不宜>5%～6%①	不宜>5%～6%①	不宜>5%～6%①
三氧化硫	不得>3.5%①	不得>3.5%①	不得>3.5%①	不得>4.0%①
碱含量	供需双方商定	双方商定或有活性集料不得>0.6%	双方商定或有活性集料不得>0.6%	供需双方商定
混合材种类掺量	0～10%活性②	Ⅰ不掺②，Ⅱ≤5%石灰石或矿渣②	6%～15%活性混合材，5%窑灰，≤10%非活性混合材	20%～70%矿渣②
烧失量	不得>3.0%②	Ⅰ≤3.0%② Ⅱ≤3.5%②	不得>5.0%②	—
细度 (80μm)	筛余量② 不得>10%	比表面积② >300m²/kg	筛余量② 不得>10%	筛余量② 不得>10%
初凝时间	不早于1h①	不早于45min①	不早于45min①	不早于45min①
终凝时间	不迟于10h②	不迟于390min②	不迟于10h②	不迟于10h②
安定性	蒸煮必须合格①	蒸煮必须合格①	蒸煮必须合格①	蒸煮必须合格①
28d干缩率	不得>0.10%②	—	—	—
耐磨性	不得>3.6kg/m²②	—	—	—

注：①任一项不符合标准指标者，为废品；

②任一项不符合标准指标者或强度低于商品强度等级时，为不合格品。

路面工程用水泥对掺合料的限制是为了满足变形小、抗开裂、耐疲劳、抗磨性等的要求。当水泥熟料确定后，影响这几项性能的主要因素在于水泥中掺入的混合材，特别是非活性混合材。在广东和湖南高速公路水泥路面滑模施工质量相当好的局部路段上，发现了大量表面微细收缩裂缝，下雨时会看得很清楚，其原因是水泥变形过大，收缩量大、不耐磨的混合材将严重影响水泥的抗开裂、耐疲劳和耐磨性能。所以，本规范增加了对五种混合材的限制性条款。水泥中掺入的黏土、煤矸石、火山灰将引起混凝土严重收缩和磨损，窑灰不仅收缩大，而且是水泥碱度的主要来源，高速公路、一级公路均不得掺入。水泥磨细中加入的生石灰石粉是造成水泥抗盐冻性差的根源，有抗盐冻性要求时，路面用水泥不得掺石灰石粉，即不得使用Ⅱ型硅酸盐水泥。

路用水泥中的三氧化硫含量，我国一贯控制较严，在道路水泥、硅酸盐水泥和普通水泥中均要求 $SO_3 \leqslant 3.5\%$；矿渣水泥 $SO_3 \leqslant 4.0\%$。水泥学术界对此有不同看法，首先，我国使用的补偿收缩水泥、膨胀水泥及膨胀剂中均掺有大量的三氧化硫。其次，我国同济大学研制的道路混凝土增折剂主要靠增加三氧化硫成分提高抗折性能。迄今为止，没有在实际工程上观察到膨胀剂和增折剂带来的硫酸盐侵蚀问题。同时，三氧化硫是粉煤灰等活性混合材或掺合料（在水泥中加入共同磨细的习惯上称混合材，在混凝土中外掺的称掺合料）的激发剂，它的含量偏少，对混合材发挥活性和增长强度都不利。由此，有专家提出：不用掺合料的混凝土可控制 $SO_3 \leqslant 3.5\%$；水泥或混凝土中使用混合材，可控制 $SO_3 \leqslant 5.0\%$。按现代混凝土材料科学观点，不掺掺合料，对抗碱集料反应、酸雨、除冰盐等化学侵蚀性等均不利。尽管如此，在没有更深入的研究以前，本规范维持原有的三氧化硫限制条件。

水泥的碱度，现行水泥国标 GB 175 规定由供需双方商定。若使用活性集料，不得大于0.6%。本规范表3.1.2规定"特重、重交通路面，$Na_2O + 0.658K_2O \leqslant 0.6\%$；中、轻交通路面，怀疑有碱活性集料时，$Na_2O + 0.658K_2O \leqslant 0.6\%$；无碱集料时，$Na_2O + 0.658K_2O \leqslant 1.0\%$，"并在粗细集料中规定应对怀疑有碱活性的粗、细集料进行碱活性检验。这条规定对于我国三北地区使用大量的较高碱度的水泥修建路面具有重要经济价值。碱集料反应中，有碱活性集料是必备条件之一，无碱活性集料，不会发生此反应。国内其他行业如水利工程，四十多年来一直遵循此规定，没有在最容易发生碱集料反应的水工混凝土结构上发生此类问题。但目前国际上和国内有的行业限制很严，如民航机场工程，规定水泥碱度必须小于等于0.6%。我国公路行业根据实际情况，在保证不出现碱集料反应破坏的前提下，仅对中、轻交通路面适度放宽了限制。

本规范表3.1.2与《公路水泥混凝土路面滑模施工技术规程》（JTJ/T 037.1—2000）相比有几处改动：

①铝酸三钙含量的要求，适度放大了2%，原因是原全国各地相当数量的水泥厂做不到，而此项指标对水泥和混凝土早强性能、水化热、凝结时间、需水量及外加剂掺量影响较大，这些性能在混凝土中均可使用减水剂和缓凝剂来调整和控制；铝酸三钙与石膏一起，初期反应生成针状钙矾石（高硫型水化硫铝酸钙）的原料，钙矾石含量增大，有利于提高水泥的抗折强度。

②增加了水泥标准稠度需水量，要求特重、重交通路面不宜大于28%，中、轻交通路面不宜大于30%的限制条件，其主要原因是：如果不限制，往往难于做到将路面混凝土的水灰比压低到耐久性要求的0.44～0.40。

③水泥的初凝时间均要求不早于1.5h，不再使用3h。3h过长，全国各地绝大多数水泥厂生产的水泥都达不到。水泥路面铺筑时混凝土拌合物的初凝时间应为3h。

在执行《公路水泥混凝土路面滑模施工技术规程》（JTJ/T 037.1）的过程中有水泥要求时，可按本规范要求执行。

3.1.3 路面工程的水泥选用：除各项路用品质必须合格外，强调"应通过混凝土配合比试验，根据其配制弯拉强度、耐久性和工作性优选适宜的水泥品种、强度等级"，路面混凝土各项技术指标满足要求方可使用。而且，水泥种类一旦选定，不得随意变更。

3.1.4 水泥包装：本规范规定机械摊铺"宜选用散装水泥"，在散装水泥供应不上时，可采用吨包装或大袋装水泥或粉煤灰，但应配备拆包和泵送水泥、粉煤灰的设备。远距离运输，允许使用吨包装水泥和袋装水泥。机械摊铺时，50kg一袋小包装水泥往往因用量过大，拆包不及，一般不能满足使用要求。小型机具及三辊轴机组铺筑路面时，工程规模小进度慢，可使用袋装水泥。

本规范限制水泥温度的主要目的是为了降低水化反应速度，严防温差开裂。温差裂缝出现与否，不仅与水泥温度有关，而且取决于当地的基础平均气温及降温速率，即取决于温差值的大小，因此水泥温度宜按南北不同的基础气温分别加以控制。《公路水泥混凝土路面滑模施工技术规程》（JTJ/T 037.1）硬性规定拌和时的水泥温度不得高于50℃，在我国南方夏季施工时实际上很难做到。按南北方不同基础气温分别控制时，首先是防止了温度裂缝的发生；其次，照顾到了水泥厂热天降低水泥温度的难度。

在南方如海南、广东、广西、云南、福建等省区,基础平均气温高而稳定,基本没有夜间冷冲击,即使水泥温度较高,比如60℃,但温差不高,不足以引起温差开裂,可以适度放宽要求,但在长江流域以北地区,应按本规范的规定温度执行,严防形成潜在的板内温差裂缝。

低温条件下混凝土搅拌时,水泥温度"不宜低于10℃"。这是国际上对低温和负温条件下混凝土路面施工公认的水泥控制温度。一是要保证水泥尽快达到抗冻临界强度;二是低于此温度,水泥的水化反应过慢,凝结时间过长,不便于水泥路面铺筑后抗滑构造制作及养生工序等的进行。

3.1.5 基层用水泥:贫混凝土和碾压混凝土做基层时可以选用六种硅酸盐水泥种类:道路水泥、普通水泥、矿渣水泥、粉煤灰水泥、火山灰水泥和复合水泥。不掺粉煤灰时,从防止基层开裂出发,提出宜使用强度等级较低(≤32.5级)的水泥;如果掺粉煤灰,只能使用道路水泥、硅酸盐水泥和普通水泥。工程上曾经发现使用小厂生产的普通水泥或矿渣水泥铺筑水泥稳定基层时,由于安定性和凝结时间不合格,基层摊铺一周后都无法形成板体,不得不返工重铺的情况,特规定"水泥的抗压强度、抗折强度、安定性和凝结时间必须检验合格"。

3.2 粉煤灰及其他掺合料

3.2.1 粉煤灰品质:粉煤灰是一种活性掺合料,掺在路面混凝土中,必须满足活性高的要求,只能使用I、II级干排灰,也只有静电除尘装置中2、3、4级电场的干灰及磨细粉煤灰才符合路面的使用要求。施工经验表明,结块或湿粉煤灰在新拌混凝土中会发生搅拌不开的粉煤灰小团块,这与泥块和高风化岩石集料一样,严重影响混凝土的强度,并使路面出现许多坑洞,影响行驶质量和路面耐久性,因此不得使用结块灰和湿灰。III级灰不得使用在水泥路面工程中。贫混凝土基层中可使用III级灰,但不得使用等外灰。

表3.2.1对粉煤灰的分级和质量指标与《公路水泥混凝土路面滑模施工技术规程》(JTJ/T 037.1)采用的不同,原表引自《粉煤灰混凝土应用技术规范》(GBJ 146),新表引自最新的《高强高性能混凝土用矿物外加剂》(GB/T 18736)。新表增加的项目有:混合砂浆活性指数、氯离子和含水量的要求。其中最重要的是活性指数,它是表示粉煤灰对强度的贡献率,实质上是对以往粉煤灰的化学成分及活性没有规定的缺陷进行了弥补。氯离子、硫酸根离子对于钢筋混凝土、钢纤维混凝土路面和桥面的抗锈蚀和硫酸盐腐蚀等耐久性极为关键。含水量表达的是粉状粉煤灰的吸湿性能,这对于粉煤灰结团与否与拌和影响较大。

3.2.2 粉煤灰的使用要求

要求在路面混凝土、贫混凝土基层中掺用粉煤灰时,应了解清楚水泥中已经掺用的混合料种类和数量,路面混凝土有最大30%的粉煤灰掺量限制,这是水泥及外掺粉煤灰能够全部水化的最高掺量要求,同时也是路面抗冲、耐磨和耐疲劳性能的要求。粉煤灰进货应有等级检验报告,并宜采用散装灰。粉煤灰的储存、运输等要求与水泥相同,在搅拌楼上需要增加一个罐仓,计量时,先称水泥,然后,累计计量粉煤灰。

在水泥路面和贫混凝土基层工程中使用粉煤灰的基本原则是扬其长而避其短。首先,必须保证水泥路面的28d强度要求;而后,利用其长期强度高的特点增加抵抗超载的强度储备,以利延长路面使用寿命,保障水泥路面弯拉强度、耐疲劳性和耐久性。

3.2.3 硅灰与磨细矿渣

在水泥路面和混凝土桥面中使用时应参照《公路工程水泥混凝土外加剂与掺合料应用技术指南》的规定。本节中,我们没有在粉煤灰的条款中编入有关桥面的内容,而硅灰和磨细矿渣可用于桥面。根本原因是粉煤灰水化过慢,粉煤灰与水泥的水化反应要求充足的水分、足够的湿度和温度,路面有足够的厚度及基层洒水作为粉煤灰缓慢水化的湿度条件;而在桥面上,不仅铺装层较薄,而且由于上下两个表面都是临空面,在有风条件下,极易干透,粉煤灰将很快失去继续水化之可能。若粉煤灰停止了水化,如同土和石粉一样,不仅不能提供后期强度,只能增加收缩和开裂的几率。但不排除水化较快的高质量(超)磨细粉煤灰,譬如I级超细粉煤灰可用于桥面铺装层。实际桥面铺装工程中已经有成功使用I级磨细粉煤灰的实例,但一定要加强保湿和保温养护。而硅灰和磨细矿渣本身具有自硬化能力,水化反应速度快得多。在我国,硅灰和磨细矿渣很少用于路面,绝大多数用于桥面或桥梁主要构件,制作高强混凝土。本规范编入硅灰和磨细矿渣的目的是表明硅灰、磨细矿渣和高质量粉煤灰是制作高性能道路混凝土的必备原材料,路面和桥面均可积极采用。

3.3 粗集料

3.3.1 种类和技术要求:按照新颁布的国标《建筑用卵石、碎石》(GB/T 14685)的规定,根据所配制的混凝土强度等级将粗集料分为三个级别:C60以上高强混凝土应使用I级集料;C30~C60中强混凝土使用II级;强度等级低于C30的低强度混凝土使用III级。本规范规定"高速公路、一级公路、二级公路及有抗(盐)冻要求的三、四级公路水泥路面使用的粗集料级别应不低于II级,无抗(盐)冻要求的三、四级公路水泥路面、碾压混凝土及贫混凝土基层可使用III级粗集料。"并将III级集料的压碎指标及针片状颗粒含量按用于面层或基层而分别要求。

大量的施工试验表明,当水灰比已经压低到0.40~0.44时,路面混凝土的抗压强度等级已经达到了C35~C50级,只有三、四级公路面层混凝土抗压强度等级在C25~C35之间。从实际达到的强度等级与国标规定对比,可见路面对于粗(细)集料的等级规定是对应的、适宜的。对路面而言,III级集料压碎指标小于30%及针片状颗粒含量小于25%,显然要求过大,要达到路面所要求试配弯拉强度4.5~5.0MPa有相当困难,因此进行了必要调整。有抗冰冻和抗盐冻要求时,规定"I级集料吸水率不应大于1.0%;II级集料吸水率不应大于2.0%。"是保证混凝土路面粗集料本身不被冻裂的抗(盐)冻性的补充规定。

3.3.2 粗集料级配要求

1 国标《建筑用卵石、碎石》(GB/T 14685)规定的级配要求过宽,最大公称粒径19mm级配曲线对比见图1,最大公称粒径31.5mm级配曲线对比见图2。本规范采用025课题研究得到的级配范围,并进行了圆孔筛与方孔筛粒径转换,重新从严制订各级最大公称粒径时的级配曲线。处理过后,新的级配要求见条文表3.3.2。将该表中最大公称粒径分别为16、19、26.5、31.5mm粗集料级配曲线区绘制在图3中,供使用者直观参照。

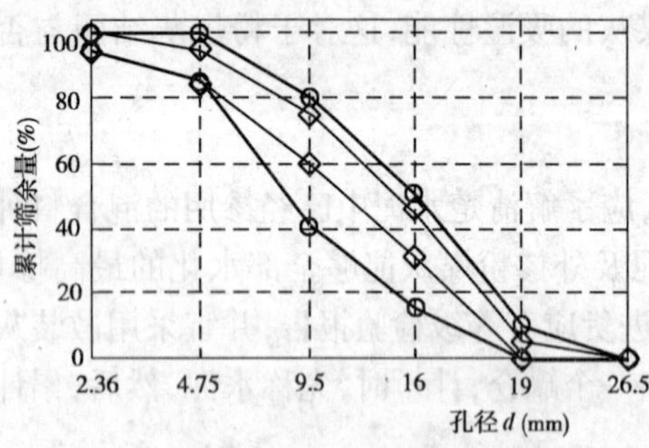

图1 方孔筛4.75~19mm粗集料累计筛余对比

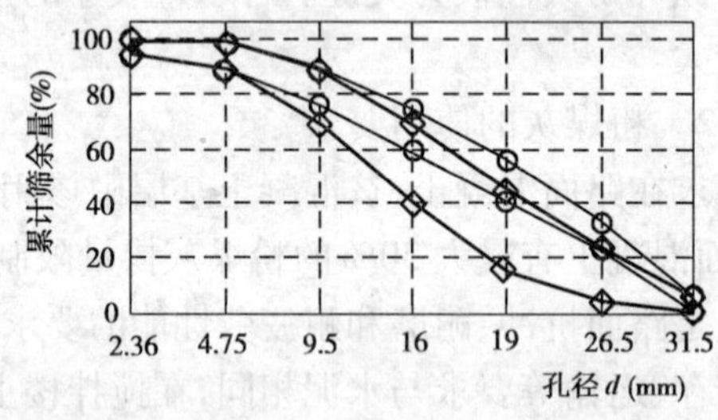

图2 方孔筛孔径4.75~31.5mm与国际的对比

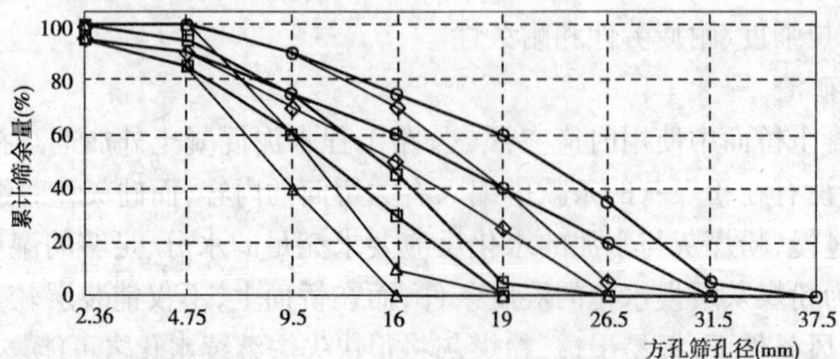

图3 最大粒径16、19、26.5、31.5mm粗集料级配曲线区

从严要求级配曲线范围的原因有：首先，路面混凝土级配对弯拉强度的影响很大，主要表现在其振实后，能否达到逐级充填密实结构，形成高弯拉强度所要求的嵌锁力；其次，粗集料的级配对于路面的干缩和温缩，即接缝开口位移量影响相当大，逐级充填的良好级配有利于减小收缩及接缝开口位移量；再者，《公路水泥混凝土路面设计规范》(JTG D40)是025课题按照级配理论计算过的已在水泥路面上使用了10多年的级配，有坚实的理论和实践基础，不宜轻易变动。国标这样宽松的级配要求适用于建筑用的混凝土，它可以不是骨架密实结构，而是悬浮结构或任何其他集料结构。而路面混凝土振捣密实后，应坚持密实充填理论和保证振实后的粗集料骨架密实结构。

2　路面和桥面混凝土不得使用不分级的统料。国内某些地方在高速公路、一级公路路面上使用统料，导致装载机每铲砂石料粒径差别过大，拌合物的稠度变化大到已经不能使用滑模摊铺机正常摊铺的程度，路面上频繁出现大面积麻面、倒边及大量塌边病害现象。这主要是由于统料在大堆上离析，边缘全是大料，中间全是小料，即使水灰比不变，也会出现大料塌边，小料大面积麻面，这是不允许的。此规定的含义是即使统料的试验级配合格也不允许在路面和桥面工程中使用。因为在堆放和倒运过程中的离析无法克服，必须在搅拌楼的分料仓上按设计分别量重，新称量并合成粗集料的级配。

3　粗集料最大公称粒径的规定：碎石31.5mm；碎卵石26.5mm；卵石19.0mm。贫混凝土基层31.5mm；钢纤维混凝土与碾压混凝土19.0mm。这与《水泥混凝土路面施工及验收规范》(GBJ 97—87)相比，面层的最大公称粒径有所降低。理由是：有利于得到较高的混凝土弯拉强度；有利于防止混凝土离析和塌边；有利于减少摊铺机的振捣棒、螺旋布料器、挤压底板和侧模的磨损；有利于提高混凝土的抗冻性、耐磨性和耐疲劳性。参照国外标准，几乎所有发达国家对水泥路面粗集料最大公称粒径的规定均为方孔筛20~25mm。同时，参照现行《公路路面基层施工技术规范》(JTJ 034)规定，水泥稳定碎石的最大公称粒径为方孔筛31.5mm。没有理由将路面混凝土用粗集料的最大公称粒径规定得比基层还大。

最大公称粒径31.5mm的碎石粗集料的级配要求可采用2~4级级配集料，当2级级配石料不符合级配要求，应当采用3级或4级级配集料。

3.4　细集料

3.4.1　种类和技术要求：本规范比以往规范扩展了淡化海砂、机制砂和混合砂。规定"特重、重交通高速公路、一级公路水泥路面宜使用河砂，砂的硅质含量不应低于25%"。这主要是从抗滑安全和耐磨性出发提出的砂硬度规定，实际水泥路面上横向力系数是通过水泥浆磨损后的凸起的砂颗粒来提供的。砂的硬度对行车安全和耐磨有很大的影响。砂按所配制混凝土强度等级的三级分类：C60混凝土使用Ⅰ级砂；C30~C60使用Ⅱ级砂；C30以下使用Ⅲ级砂。砂按其所配制的混凝土强度等级的三级分类及表3.4.1的技术指标均引自国标《建筑用砂》(GB/T 14684)。关于砂等级与公路等级对应的解释见粗集料。

3.4.2　细度模数及级配：砂按细度模数(M_x)分为三个区：1区粗砂(M_x=3.1~3.7)、2区中砂(M_x=2.3~3.0)、3区细砂(M_x=1.6~2.2)。与以往规范不同的是规定"路面及桥面用砂的适宜细度模数应在2.0~3.5"，这项规定主要是从提高混凝土路表面的抗滑、抗磨性提出的，并不是讲3区细砂都不能用于水泥路面，细砂尽管比表面积较大，需水量较大，水灰比较高，但在目前广泛使用高效减水剂的技术条件下，使用引气高效减水剂，减少用水量，降低水灰比，完全能够做到低水灰比和弯拉强度满足要求的水泥路面。尽管如此，由于砂过细，表面水泥浆磨损后，细砂所能提供的路面安全性指标(横向力系数)仍较低。实质上在水泥路面通车运行1~2年后，路面轮迹部位的抗滑性能与横向力系数关键取决于砂的硬度及细度模数，因为水泥浆总归是先于砂被磨损掉的，暴露的凸起物将是砂颗粒。正是凸起的砂颗粒为路表面提供了足够的横向力系数和抗滑性能。道理很清楚，当砂的细度模数小于2.0时，特别是小于1.6的特细砂，即使使用较低的水灰比，也难以提供足够的横向力系数和抗滑性能。也就是说，本规范从保证行车安全角度出发，将特细砂和大多数细砂排斥在外；目前，特细砂和细度模数小于2.0的大多数细砂在水泥路面上并未被接受或认可，除非专门制作另外的抗滑表层。目前已经发现国内某些地区因使用嘉陵江或黄河特细砂、粉砂或淤泥土当砂建造水泥路面，通车后雨天交通事故不断的事实，实测路面摩擦系数仅有0.12~0.20，这是很不安全的。保证行车安全的摩擦系数，新建路面应不小于0.40~0.45，实际运营中应不小于0.30~0.35。

本规范规定粗砂细度模数不应大于3.5，实践证明偏细粗砂，即砂的细度模数在3.5以内，除了静态3m直尺平整度指标的合格率不高外，使用上没有问题。粗砂的主要问题是拌合物泌水较严重，静态平整度不佳。但泌水问题可通过使用引气剂，达到足够的含气量来解决的。平整度不佳的问题，则难以解决，粗砂中，毫米级以上的砂数量较多，表面上的一个3mm以上砂粒，就足以影响到3m直尺3mm平整度。山区高速公路水泥路面用粗砂的施工实践表明，在没有中砂的条件下，使用细度模数不大于3.5的粗砂，尽管3m直尺静态平整度不佳，较难达到不大于3mm90%的合格率，但达到85%以上，不成问题。若使用动态平整度指标来衡量，也能有效地做到$\delta \leqslant 1.0 \sim 1.2$的要求。

本规范首次提出对砂细度模数变异范围的要求不应大于0.3。路面施工中砂源不同时，由于砂的细度模数变化超过0.3，导致混凝土拌合物的稠度变异较大，有时会达到失控的程度，经常出现振捣不密实、麻面或水泥浆薄厚不均、塌边等现象。因为目前国内外所使用的各种搅拌楼，均没有针对细度模数变异采取调整配合比中砂率的方法，因此需要加以限制。施工中应将细度模数变异超过0.3的、来源或产地不同的砂，分别堆放，并按不同细度模数调整配合比砂率后再使用。

3.4.3 机制砂的耐磨要求

1 机制砂的磨光值：本规范按沥青路面集料中的最低要求提出砂浆磨光值（PMV）宜大于35，同时，对强度较低、抗磨性较差的机制砂母岩的岩石品种亦加以适当限制，目的是提高机制砂水泥路面的抗滑性能与横向力系数，保证路面运营安全性。母岩的强度及耐磨性提高后，机制砂的破碎生产效率会降低，砂的成本会有所提高，这是无法避免的，而如果做加铺层，成本会更高。

2 机制砂中的含泥量与石粉含量控制一直是公路界面临的难题。显然，石粉不能与土等同对待，石粉的化学活性与表面物理特性比土强得多。在我国II型硅酸盐水泥中，允许掺入5%以内的生石灰岩石粉。试验表明，即使将生石灰岩石粉掺入混凝土，同样具有一定化学反应活性。国标《建筑用砂》（GB/T 14684）已经提出了用于区分石粉和土的亚甲蓝试验方法。本规范中的表3.4.1已对石粉、泥和泥块分别对待。小于75μm细颗粒总含量限制要求被适度放宽：II级砂石粉含量5%，加上含泥量和泥块含量总和8%；III级砂石粉含量7%，加上含泥量和泥块含量总和12%。放宽的根据是在其化学活性5%基础上，再加3%~7%。II级砂必须采用湿法生产；III级砂可采用干法生产。当石粉和土总量不大于12%时，应掺引气高效减水剂达到压低单位用水量和水灰比，有效控制拌合物工作性、稠度，提高抗滑、耐磨，保证强度及耐久性之目的。

3.4.4 淡化海砂：其含义为：使用淡水冲洗或被雨水冲淋过的海砂、海水浸湿时间有限的河口附近的海砂。从防止钢筋锈蚀要求："缩缝设传力杆水泥路面不宜使用淡化海砂；钢筋混凝土及钢纤维混凝土路面和桥面不得使用淡化海砂"。淡化海砂的技术要求除应符合表3.4.1的规定、级配满足表3.4.2要求外，还应符合淡化海砂带入混凝土的总含盐量应不大于1.0kg/m³和贝壳含量不大于1%两项规定。

总含盐量不大于1.0kg/m³的数值是如何给定的呢？从防止碱集料反应的角度限制外加剂带入混凝土中的总碱量不得大于1.0kg/m³。海水盐中除了碱性离子外，还包括引起钢筋锈蚀的氯离子和可能造成硫酸盐侵蚀的硫酸根离子。如果将总含盐量限制在1.0kg/m³以内，则根据海水盐中离子含量估算K、Na、Ca离子总量大致为0.45kg/m³左右，氯离子大约0.25kg/m³，硫酸根离子大致0.20kg/m³，其他为微量成分，无论从防止钢筋锈蚀、碱集料反应及硫酸盐侵蚀，均不足以对路面混凝土造成化学破坏。

从国际上的资料看，日本及西欧各国，均是河砂资源相对短缺的国家，在建设项目中大量使用了海砂，甚至在钢筋混凝土建筑结构中允许使用，不仅有上述相近的限制条件，而且在钢筋、钢纤维混凝土中规定使用海砂必须同时掺用阻锈剂。

3.5 水

3.5.1 拌和及养生用水：关于混凝土搅拌和养生用水规定的四项技术要求，进行过校核试验，证明了这些规定的正确性。实际上，由于水泥本身的pH值很高，为13～14，一般的中、弱酸和盐类对水泥水化凝结时间和弯拉强度等的影响均很小。对化学有害杂质的规定主要是从耐久性要求提出的限制。海水及严重污染的河水、湖水其有害成分已经超出了上述规定的，明确规定不得使用。

3.6 外加剂

3.6.1 外加剂的质量等级：鉴于水泥路面工程的重要性，本规范规定外加剂的产品质量应达到一等品的要求，一般公路路面不允许使用合格品。因此，即使是一般公路，当设计弯拉强度4.5MPa，达到配制弯拉强度5.0MPa以上时，对应的抗压强度等级至小为C30～C35，而高速公路和一级公路，当设计弯拉强度5.0MPa，加上施工保证率达到5.75MPa以上，对应的抗压强度为C35～C50级，均已达到较高强度等级的混凝土要求。另一方面，目前国内外加剂市场相当混乱，此规定对保证水泥路面和桥面工程质量有利。

规范制订的表3.6.1与现行国标《混凝土外加剂》(GB 8076)有下列三点不同：

1 高效减水剂减水率提高：本规范参照国外及我国电力行业规范《水工混凝土外加剂技术规程》(DL/T 5100)，比《混凝土外加剂》(GB 8076—1997)提高了所有高效减水剂的减水率，由12%提高到15%。大量的工程实践证明：原有高效减水剂12%减水率是偏低的。首先，普通减水剂大多可达到，致使有些普通减水剂在市场上冒充高效减水剂出售。其次，几乎所有高效减水剂，特别是复合高效减水剂均可达到或超过15%减水率。同时，将引气减水剂的减水率由10%提高到12%，这是由于普通减水剂有8%的减水率，复合减水率6%的引气剂后，至少能保证不小于12%的减水率。

此处所讲的减水率是用基准水泥并按基准混凝土配合比的检测结果，与实际工程所使用的水泥和减水剂测得的减水率有差别。这是由于实际工程的混凝土采用的原材料和配合比与检验减水率时的基准配合比不同，其减水率亦不同。检验外加剂产品等级，使用的是基准水泥、原材料和基准配合比，此时测得的减水率为产品减水率；按实际工程原材料和配合比测得的减水率是工程实际减水率。外加剂在化学适应的前提下，其产品的减水率并不代表实际减水率，这里还有剂量适应性问题。实际减水率远小于产品减水率的外加剂，证明该减水剂与工程使用的水泥剂量适应性不佳，一般应更换外加剂或水泥。

2 收缩率比减小：《混凝土外加剂》(GB 8076)中规定的外加剂的28d收缩率比为135%；《水工混凝土外加剂技术规程》(DL/T 5100)规定的外加剂的28d收缩率比为125%；本规范规定的所有外加剂的28d收缩率比为120%。据查国外资料，有的国家按相对收缩值规定28d收缩率比为135%，有的国家规定120%，也有按绝对收缩差值规定不大于1×10^{-4}。

GB 8076的规定是对外加剂产品而言，本规范的规定针对的是公路混凝土结构，公路混凝土结构和构件的一个显著特点是：薄壁结构占主导地位，例如T梁、箱梁、薄壁桥墩、薄壁挡土墙、涵(管)洞、隧道衬砌、路面、桥面铺装层等都是。薄壁结构混凝土的抗裂问题始终是困扰公路行业的一大难题，而《混凝土外加剂》(GB 8076)的规定对公路薄壁结构而言是过大的，是不能接受的。135%的28d收缩率比导致常见的现象：不用外加剂不裂，一用就裂。掺用了外加剂的混凝土，比不掺的混凝土收缩大35%，意味着28d收缩率大1/3还多。因此，此项技术指标要求必须按公路薄壁混凝土结构修改为120%，在实际工程中使用过的最好的外加剂28d收缩率仅有108%，一般为115%左右，最大的不大于120%。只有这样，才能保证我国绝大多数地区薄壁混凝土结构在施工期间不发生干缩开裂。

根据掺外加剂的水泥水化理论，凡是有利于水泥水化更完全、更彻底的外加剂特别是减水剂，均会一定程度地增大收缩，这是由于水化更充分的水泥石中会生成更多的水化硅酸钙凝胶，在其贡献更高强度的同时，也产生了更大的干缩。混凝土的干缩来源于水泥石，而水泥石的干缩来源于水化硅酸钙凝胶的层间结构脱水干燥收缩。由此可见，减少收缩型的外加剂研制难度是较大的，但目前已有减缩型减水剂问世。

应当指出的是，尽管外加剂有增大干缩导致混凝土结构开裂的不利方面，但其有利方面更多、更大，再者，外加剂引起开裂仅仅是结构开裂的原因之一，并非所有的薄壁结构开裂都是外加剂为主要诱发原因。目前来看，只要外加剂造成的收缩足够小，再加上抗裂混凝土配合比设计、以及采取积极有效的保湿养生措施等，就能够防治和控制薄壁混凝土结构在施工期间的早期开裂问题。

3　相对耐久性指标修改为抗冻标号：鉴于公路混凝土结构抗冻的重要性，本规范与《水工混凝土外加剂技术规程》(DL/T 5100)规定相同，将《混凝土外加剂》(GB 8076)中规定的相对耐久性指标修改为抗冻标号，凡引气剂和复合有引气剂的外加剂均规定抗冻标号不小于200次，其他外加剂一般不小于50次。《混凝土外加剂》(GB 8076)中规定引气剂和复合有引气剂的外加剂相对耐久性指标均为200次不小于80%(比规定抗冻标号要宽松)，其他外加剂对抗冻性无规定，这不适用于公路桥梁、隧道、涵洞、路面和桥面等绝大多数混凝土结构，不利于提高其抗渗性、抗冻性等耐久性能。

3.6.2　引气剂：规定"应选用表面张力降低值大、起泡容量多而细密、泡沫稳定时间长、不溶残渣少的引气剂品种"。建议引气剂质量检验的摇泡试验不应采用简单清水或蒸馏水摇泡方法，而推荐在水泥浆条件下的摇泡，这是因为不同的引气剂在水泥稀浆和水中气泡的产率、细密度和稳定性差别较大，有时会产生误判。显然，水泥稀浆比水中更符合混凝土中的真实情况。

规定"有抗冰(盐)冻性要求的各级公路路面、桥面、路缘石、路肩及贫混凝土基层必须使用引气剂；无抗冻性要求的二级及二级以上公路应使用引气剂"。这是由于在我国北方地区的桥面、护栏、路缘石、路肩石遭受冰冻、盐冻破坏与路面一样严重，所以除路面外上述表面结构与贫混凝土基层中规定必须使用引气剂，其他外加剂视工程的需要选用。引气剂不仅引气而且具有普通减水剂的减水率，它可增大新拌混凝土的黏聚性，防止泌水离析，提高了混凝土的匀质性；引气剂所引含气量增大了混凝土中水泥浆的体积，使施工出的混凝土结构表面光滑密实、平整度高、外观规矩；适宜含气量的引气混凝土，弯拉强度提高10%～15%，降低了抗弯弹性模量，减小了干缩和温缩变形，提高了抗冻性和抗渗性，缓解了碱集料反应和化学侵蚀膨胀，改善了路面混凝土的耐候性，增强了耐久性。此规定与国际上发达国家的要求一致，是与国际标准接轨的。

3.6.3　此条规定有下述两层含义：

1　按施工条件规定了路面、桥面适宜使用的减水剂品种。由于桥面铺装层的混凝土是以抗压强度作为其设计指标，引气剂对抗压强度有降低作用，如果没有抗(盐)冻耐久性要求，可不掺加或复配引气剂。但在有抗(盐)冻耐久性要求时，应按上述路面所规定外加剂品种使用。此时，应(采用)同时掺加或复配高效减水剂，以补偿桥面混凝土抗压强度因掺用引气剂导致的损失。实践证明，引气剂本身减水率加上高效减水剂的减水率，肯定能将含气量造成的抗压强度损失补偿回来，甚至还可能提高抗压强度。

2　减水剂的适应性必须检验：主要原因是，对于工程所使用的某种非基准水泥而言，即使符合《混凝土外加剂》(GB 8076)一等品的减水剂，同样存在化学成分定性和剂量定量的不适应问题。目前已经知道，所有的普通减水剂，如木钙、木镁、木钠、糖蜜、糖钙、糖镁等对水泥所使用的石膏调凝剂中的无水石膏、硬石膏、萤石膏、镁石膏、工业石膏渣、半水石膏、脱水石膏均存在化学上的不适应问题，使用后不是减少单位用水量，而是增加了用水量。其次，剂量适应性则主要取决于铝酸三钙的含量大小，铝酸三钙越高外加剂剂量适应性越差。不同产地的水泥中所含铝酸三钙含量差别较大。由于其强大的吸附能力，几乎对所有的(高效)减水剂都存在剂量不适应问题。外加剂化学适应性检验方法见《公路水泥混凝土外加剂和掺合料应用技术指南》附录D。适应性的定量检验应按本规范正文的规定进行，实测出所用的水泥在混凝土中的减水率与减水剂的掺量的关系见图4。所谓最优掺量是指图4中曲线的拐点，即饱和掺量。超过饱和掺量，掺再多的外加剂也将不起减水作用，反而可能带来副作用。按最优(饱和)掺量的

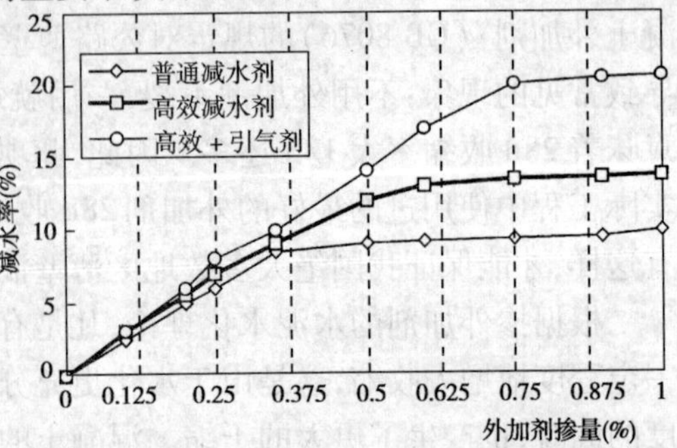

图4　外加剂掺量与混凝土减水率关系曲线

要求使用,是使用好减水剂的重要保证。

3.6.4 阻锈剂:尽管我国公路行业钢筋混凝土结构和路面中使用阻锈剂的数量相对较少,但为了在大规模建设期间,防止隐患,减少将来大量的锈蚀修复,按照我国冶金、铁路等行业的规定,在本规范中首次提出"处在海水、海风、氯离子、硫酸根离子环境的或冬季洒除冰盐的路面、桥面钢筋、钢纤维混凝土中宜掺阻锈剂"的规定。钢筋防锈有多种方式:使用环氧涂层钢筋、不锈钢筋、电化学防护、阴极保护、结构表面涂层等均有积极的效果,但在混凝土中加入钢筋阻锈剂是其中较为便捷的防锈方式之一。

3.7 钢筋

3.7.1 钢筋的质量标准:各级公路水泥路面、桥面和搭板所用钢筋网、传力杆、拉杆等钢筋应符合下列国家标准:《钢筋混凝土用焊接钢筋网》(YB/T 076)、《钢筋混凝土用热轧带肋钢筋》(GB 1499)、《冷轧带肋钢筋》(GB 13788)和《钢筋混凝土用热轧光圆钢筋》(GB 13013)。

3.7.2 钢筋的质量和使用要求:着重强调两点:一是传力杆钢筋现场加工,必须是圆截面。由于传力杆在路面使用过程中,是要随着面板伸缩和接缝的开合而抽动的,挤压切割的非圆截面会损坏接缝两侧的混凝土。二是钢筋外观"应顺直,不得有裂纹、断伤、刻痕、表面油污和锈蚀。"

3.8 钢纤维

3.8.1 路用钢纤维的特殊性能指标要求

1 抗拉强度:本规范规定抗拉强度不宜小于600MPa是基于下述理由:

(1)满足钢纤维拔出强度的要求:钢纤维混凝土结构要保证其破坏即断裂时是韧性破坏而不是脆性破坏,要求掺加的钢纤维能够承担混凝土基体开裂所增加的应力,按大连理工大学赵国藩院士等编著的《钢纤维混凝土》中的分析,钢纤维的强度与掺量应该满足如下关系:

$$\eta_f f_{fu} \rho_f = \eta_f \varepsilon_{cu} E_f \rho_f + f_{cu}(1-\rho_f) \tag{1}$$

式中:η_f——乱向钢纤维的增强效率,对于三维乱向钢纤维,$\eta_f = 0.5(1 - l_{fcrit}/2l_f)$,一般情况下使用的钢纤维,$l_f \gg l_{fcrit}$,$\eta_f = 0.5$;

f_{fu}——钢纤维的抗拉强度;

ρ_f——钢纤维的体积掺量;

ε_{cu}——混凝土基体的极限应变;

E_f——钢纤维的弹性模量;

f_{cu}——混凝土基体的抗拉强度,整理后可得

$$f_{fu} = \varepsilon_{cu} E_f + f_{cu} \frac{1-\rho_f}{0.5\rho_f} \tag{2}$$

钢纤维的弹性模量基本上与钢筋一致,取为2.0×10^5MPa进行分析;取混凝土的极限应变为2×10^{-4},钢纤维体积率0.6%、0.8%、1.0%、1.2%,C30、C40、C50混凝土的设计抗拉强度分别为1.75MPa、2.15MPa、2.45MPa,计算钢纤维的抗拉强度,见表2。

表2 钢纤维掺量与强度的关系

体积百分率(%)	混凝土强度等级对应的钢纤维强度(MPa)		
	C30	C40	C50
0.6	620	752	852
0.8	474	573	608
1.0	387	466	525
1.2	328	394	443

厂家生产的钢纤维一般分为三个等级:380MPa、600MPa、1000MPa。通过计算可以发现,对于常用钢纤维体积百分率为0.8%~1.0%、基体为C30、C40、C50的钢纤维混凝土而言,在实际应用中应该选

用不低于600MPa级的钢纤维。

(2)为了满足钢纤维混凝土路面和桥面方便机械摊铺、避免成团等要求,必须降低钢纤维掺量,由上述分析可见,掺量降低得越多,要求的钢纤维抗拉强度就应越高。新修订的《公路水泥混凝土路面设计规范》(JTG D40)规定其适宜的体积掺量由不低于1.2%降低为$\rho_f=0.6\% \sim 1.0\%$,掺量降低后,钢纤维承担的应力大幅度提高,尽管同时加大了钢纤维混凝土路面的板厚折减系数,但钢纤维承担的拉应力仍然较大。

(3)降低钢纤维掺量后,满足面板中应力转换要求的钢纤维抗拉强度相应提高。在水泥路面和桥面开裂时,裂缝中的钢纤维将承受从混凝土面板卸载的全部弯拉应力,分析表明:当面板内弯拉应力为3.0MPa,钢纤维掺量0.6%时,在断裂混凝土截面上转换到钢纤维承担的应力为500MPa;当面板内弯拉应力为4.0MPa,钢纤维掺量0.8%时,在断裂混凝土截面上转换到钢纤维承担的应力为500MPa;当面板内弯拉应力为5.0MPa,钢纤维掺量1.0%时,在断裂混凝土截面上转换到钢纤维承担的应力为500MPa;当面板内弯拉应力为5.0MPa,钢纤维掺量0.8%时,在断裂混凝土截面上转换到钢纤维承担的应力为625MPa。同时说明:从断裂混凝土截面上转换到钢纤维承担的应力值不仅与钢纤维抗拉强度密切相关,而且受钢纤维掺量控制。高应力低掺量条件下,从断裂混凝土截面上转换到钢纤维承担的应力值均大于500MPa。面板内的设计弯拉应力从承受疲劳和延长使用寿命考虑,一般不大于3.0MPa,同时满足钢纤维最低掺量0.6%的规定,钢纤维抗拉强度最低值应大于等于600MPa。

由此可见,路面和桥面中使用的钢纤维抗拉强度规定为应大于等于600MPa,是同时考虑了钢纤维拔出应力、设计应力、施工便利和疲劳寿命后的综合结果。其次,使用抗拉强度不小于600MPa的钢纤维还具有延长锈蚀年限、防止使用不耐疲劳的钢纤维和阻止使用劣质钢纤维等作用。

2 钢纤维长度与混凝土最大公称粒径的匹配性规定:钢纤维在混凝土中要真正起到提高弯拉强度、抗拉强度、抗裂和增加韧性等作用,其长度必须大于粗集料的最大公称粒径,使钢纤维越过混凝土最大公称粒径的粗集料建立起搭接的微桥梁,方可奏效。因此,钢纤维长度必须与混凝土的最大公称粒径相匹配。混凝土最大公称粒径应为钢纤维长度的2/3~1/2。即跨越最大公称粒径的锚固长度不应小于1/3。同时钢纤维长度也不可过长,过长的钢纤维搅拌不均匀或搅拌困难,钢纤维长度不应超过最大公称粒径2倍。

3.8.2 路面和桥面适宜使用的钢纤维形状:本条是从长期行车的安全性提出的特殊规定。钢丝切断形、两端带直角或弯钩形等钢纤维有轧轮胎的可能,一般不得使用。摊铺完后,表面30~50mm深度内的钢纤维应基本上为平面分布。波浪状钢纤维在搅拌时自动挂接成团,其他易成团的钢纤维也不宜使用。成团钢纤维影响路面的平整度、密实度及钢纤维分布的匀质性。但是推荐使用不锈钢或经过抛兰等防锈处理的钢纤维和两端带锚固端的钢纤维,试验证明其对防锈蚀、增强其黏结力和锚固的效果显著。

3.9 接缝材料

3.9.1 胀缝接缝板:在目前使用的各类胀缝板材当中,泡沫橡胶胀缝板是性能和使用效果较理想的高速公路胀缝板材料。泡沫橡胶胀缝板从实测数据来看,在塑料泡沫板规定的指标范围内,归为一类。

3.9.2 填缝材料

表3.9.2-1为常温施工式填缝料技术要求:除了列出《公路水泥混凝土路面接缝材料》(JT/T 203)的技术要求外,亦列举了实际高速公路工程已经采用的高弹型的填缝材料的技术指标。与《公路水泥混凝土路面滑模施工技术规程》(JTJ/T 037.1)相比,有如下更改:

1 取消了灌入稠度:删除了灌入稠度要求。无压自流灌入时,可按《公路水泥混凝土路面接缝材料》(JT/T 203)要求的20s执行;而使用压力灌入工具和机具时,可将灌入稠度放宽到100s。使用有压灌入机具,灌满填缝料即可。这里不仅是灌入施工的问题,而且影响到填缝料的使用性能:一是填缝料的抗嵌入能力要求:我国公路路面上行驶的货车多是不密封的车厢板卡车,漏洒杂物较多,特别是硬度较大的砂石料,嵌入接缝的几率很大。一般而言,灌入稠度大的填缝料,抗硬颗粒嵌入的能力较强;二是灌入稠度与填缝料的含固量有关:灌入稠度过小、过稀的填缝料,溶剂用量过大,含固量即有效成分偏少,而这些溶剂,大多易于挥发,挥发后厚度沉缩过大,同时造成过大拉裂初始内应力,填缝料易断开,较快失去防水密封能力;三是溶剂用量过大、含固量偏少、填缝料过稀,抗老化能力较差。

2　调整了失黏固化时间、与混凝土黏结强度和黏结延伸率:按2002年5月广州新白云机场所做的国内外15种常温灌缝材料平行试验结果,检测的材料有:有机硅、甲基硅、硫化橡胶、聚氨酯、改性聚氨酯、三组分聚氨酯等,失黏固化时间在3~16h之间的8种;与混凝土黏结强度不小于0.40MPa的8种;黏结延伸率不小于400%的10种,筛选出全部技术指标均满足表3.9.2-1的国内外高弹性型填缝材料6种,低弹性型填缝材料11种。

《公路水泥混凝土路面滑模施工技术规程》(JTJ/T 037.1)中规定的失黏固化时间1~3h,15种材料仅有4种做到;与混凝土黏结强度大于1.0MPa,仅有2种材料;黏结延伸率大于1000%,仅有1种材料,表明原定技术指标过高,应按大量试验检测结果进行调整。

表3.9.2-2为加热施工式填缝料技术要求:根据缩缝张开变形量的研究计算,本规范将加热施工式填缝料中的低弹性型的低温拉伸率(表3.9.2-2)由大于5mm提高到大于等于10mm。否则,肯定会拉裂。

3.9.3　背衬垫条:本规范参照美国ACPA的接缝技术指南,增加了灌缝背衬条性能要求。我国近年来采用大型机械施工的高速公路、一级公路已经成功地大量使用背衬垫条控制均匀的填缝深度及填缝料形状系数。有效地提高了接缝的灌缝质量。但此前背衬垫条却未被任何一部规范认可。此条规定各级公路路面均应使用背衬垫条,即使是三、四级公路水泥路面亦不例外,保持均一的填缝深度是保证接缝密封不透水,并使用到同期寿命的先决条件。水泥路面无论在哪级公路上,均属于高级路面。做好接缝的防水密封是防止面板唧泥错台、水冲刷破损,延长使用寿命的前提。另一方面,背衬垫条的投资很少,施工很方便,作用却很大,其投入产出比较显著。

本规范与《公路水泥混凝土路面滑模施工技术规程》(JTJ/T 037.1)相比,删除了缩缝预制橡胶嵌缝条及其润滑黏结剂。大量的施工实践证明,无论何种形状的缩缝预制橡胶嵌缝条,其使用效果均欠佳,主要问题是镶嵌不牢固,要么压入缩缝下部,要么被车轮吸出或被人拔出。从规范规定的技术成熟性而言,多数专家认为是不够的。胀缝预制多孔宽橡胶条,由于胀缝的位移量较大,一般实体填缝材料会大量挤出,影响行驶平整度,又会被带走和磨损。另一方面,胀缝胶条底部有胀缝板支撑,不会压入。其使用效果较缩缝胶条好,因此,胀缝可使用多孔橡胶条。

3.10　其他材料

3.10.1　防裂层及基层裂缝修补材料:主要品种有油毡、玻纤网及土工织物。

1　油毡:主要品种有:石油沥青纸胎油毡、玻纤胎和玻纤布胎油毡,纸胎油毡的抗拉强度、耐热性等指标不及玻纤胎和玻纤布胎油毡,不推荐使用。本规范推荐使用玻纤胎和玻纤布胎油毡。

2　玻纤网及土工织物:宜符合《公路土工合成材料应用技术规范》(JTJ/T 019)第7章表7.2.1-1和表7.2.1-2的规定。

3.10.2　传力杆塑料套(管)帽、沥青及塑料薄膜的技术要求:

1　缩缝传力杆套管:适用于滑模摊铺缩缝传力杆自动插入装置(DBI),其技术指标由河北省宣大高速公路和广东省汕汾高速公路两段路反复试验总结出来,已经成熟,被本规范采用,希望将来在高速公路、一级公路大量采用DBI技术时,成为定型的施工方法。

2　胀缝传力杆套帽:用于胀缝传力杆端部的套帽宜采用镀锌管或塑料管,其技术要求编写得相当详细和完备,是期望在今后的胀缝传力杆套帽加工及安装中,避免虽有传力杆套帽但未封口或极不规矩的情况。否则,浇筑时,套帽中依然灌满了混凝土,照样导致早期破损。

3　沥青:符合《沥青路面施工及验收规范》(GB 50092)和《公路改性沥青路面施工技术规范》(JTJ 036)的规定即可。

4　塑料薄膜:路面施工使用时,塑料薄膜有两种使用场合:一是下穿路面局部混凝土面板底部的防水封层；二是用于水泥路面覆盖养生。前者的技术指标结合路面防水工程的实际，有重点地选摘自《道路建筑工程材料手册》第十一章化轻产品第3节塑料制品。采用塑料薄膜防水方式的试验工程有：京沪高速公路山东泰化段及广西钦防高速公路下穿铁路各1km多局部路段等。

3.10.3 养生剂技术要求

长期以来，我国没有自己的养生剂产品标准，致使我国公路水泥路面养生剂的使用一直都难于提出具体技术指标，有鉴于此，交通部公路科学研究所与中国建筑材料研究院合作，于本规范修订的同时，编制了《水泥混凝土养护剂》，已于2002年3月完成报批稿，本规范表3.10.3摘录自该养生剂新编制的产品标准。

养生剂有效保水率的检验条件：温度38±2℃；相对湿度32%±3%；风速0.5±0.2m/s；失水时间72h。这些数据摘引自《水泥混凝土养生剂》报批稿，要强调的是水泥路面施工对养生剂的检验必须实现标准化。

本规范规定"用于混凝土路面的养生剂必须检验磨损量和成膜后浸水溶解性。"路面是车轮直接磨损的结构，耐磨性是耐久性中首要指标。成膜后的浸水溶解性对于水泥路面这种露天施工并养生的永久性结构表面相当重要，否则，下雨后，养生剂全部溶解流失，失去养生效能。此时，若养生期不到，水泥路面将完全没有养生。但在要求继续浇筑的混凝土结构上，应使用可溶性养生剂，便于继续浇筑前，用水冲刷干净。因此，分两种情况对养生剂的可溶性提出不同的要求，规定"露天养生的永久性表面，必须为不溶；在要求继续浇筑的混凝土结构上使用，应使用可溶，该指标由供需双方协商。"

4 混凝土配合比

4.1 普通混凝土配合比设计

4.1.1 适用范围:满足滑模、轨道、三辊轴机组和小型机具四种施工方式的塑性振捣密实的各种水泥路面,本节配合比设计均适用。对于桥面铺装层,当检测路面混凝土的抗压强度满足桥面设计要求,可不更换配合比,直接使用。当桥面抗压强度比路面高时,必须对配合比进行切换,事先需要专门按桥面的要求,准备好桥面所需要的配合比,桥面按抗压强度计算配合比可按照《普通混凝土配合比设计规程》(JGJ 55)的要求进行设计,本规范4.4节中列出的贫混凝土配合比计算公式(4.4.2-1 ~3)摘引自《普通混凝土配合比设计规程》(JGJ 55),可以用来计算。

现实当中的路面与桥面连续机械铺筑的工程,一般都能满足不切换配合比的要求,这是因为本规范规定的路面水灰比并非按计算所需要的弯拉强度控制,而主要取决于满足耐久性要求的最大水灰比。通过使用引气剂复合高效减水剂技术,已经可以很方便地将路面水灰比压低到最大0.35 ~0.44。若使用水灰比为0.40,由公式(4.1.4-1 ~2),用42.5级水泥用量、碎石计算得到的抗压强度为53.4MPa;水灰比0.44时,抗压强度为48.3MPa。桥面铺装层混凝土抗压强度不低于主梁上翼缘板,或不小于C40,已经毫无问题。仅有当桥面设计为C50以上时,需要重新设计混凝土配合比。

4.1.2 配合比设计三项基本要求

1 路面混凝土28d设计弯拉强度标准值应符合《公路水泥混凝土路面设计规范》(JTG D40)的规定。为了便于工程技术人员做配合比设计时使用,特将设计规范普通混凝土和钢纤维混凝土28d设计弯拉强度标准值和弹性模量的数据列在表3中。

表3注中,按照近年来我国高速公路水泥路面建设的工程实际情况,补充了弯拉弹性模量和超轴载严重的特重交通特殊路段,允许使用设计弯拉强度标准值5.5MPa,如山西(北)京大(同)高速公路、河北宣大高速公路及湖南湘耒高速公路等。这时,弯拉强度的最小值为5.0MPa,施工配制弯拉强度6.3MPa,实际做到的路面混凝土钻芯弯拉强度平均值为6.5 ~7.4MPa。在使用高效减水剂和高活性掺合料的条件下,做到设计弯拉强度6.0MPa以上的高强混凝土并使用于路面,已经没有任何问题。

表3 混凝土路面板设计强度标准值和弹性模量

交通等级	特重	重	中等	轻
混凝土设计弯拉强度标准值f_r(MPa)	5.0*	5.0	4.5	4.0
钢纤维混凝土设计弯拉强度标准值f_{rf}(MPa)	6.0	6.0	5.5	5.0
混凝土和钢纤维混凝土弯拉弹性模量E_c(MPa)	31 000	30 000	29 000	27 000

注:*在特重交通的特殊路段,通过论证,可使用设计弯拉强度标准值5.5MPa,弯拉弹性模量33 000MPa。

本规范在此款中,与此前规范最大的不同是表4.1.2-1 ~2中贯彻了按各级公路规定的可靠度来计算配制弯拉强度。就是按公路等级确定⇨(路面安全等级⇨目标可靠指标⇨目标可靠度⇨施工要求达到管理水平⇨)弯拉强度变异水平等级⇨弯拉强度变异系数允许变化范围。

唯一有余地的是按公路等级所要求达到的不同管理水平范围内,对弯拉强度变异系数有一点可选择的余地。高速公路变异系数的可取范围为5% ~10%;一级公路变异系数的可取范围为5% ~10%或10% ~15%;二级公路10% ~15%;三、四级公路10% ~15%或15% ~20%。在这些变异系数中,前者为其最小可取值,后者为最大允许值。

本条还规定:“如果施工配制弯拉强度超出设计弯拉强度变异系数上限,则必须改进机械装备和提高施工控制水平”。否则,建设单位有权取消该施工单位在本等级公路水泥路面标段的施工资格。这项新规定不仅是遵循和满足了可靠度要求,同时是要提倡使用能够保证路面质量及匀质性的大、中型机械铺筑方式,扶持那些有大、中机械装备的专业化施工单位。

2　工作性

塑性振捣式混凝土拌合物在滑模、轨道、三辊轴机组和小型机具四种施工方式的工作性规定见表4.1.2-3~4。

3　耐久性

(1)路面混凝土应使用引气剂,其含气量控制标准及允许偏差见表4.1.2-5。

混凝土含气量的控制,长期以来,虽有很多研究成果,但实际工程推行起来仍有难度。引气剂的适宜掺量应通过搅拌机口的拌合物含气量测定反向控制,见表4.1.2-5。表中所规定的含气量是搅拌机出口的检测值。国内外所有行业混凝土含气量均依此为控制基准。

长期以来,工程技术人员一直被搅拌机口和实际路面的含气量差别所困扰,机口拌合物的含气量绝不代表已施工完成的路面混凝土含气量,而且它随着气温、运距、浇筑、振捣、饰面等工艺环节的变化而改变着。需要控制的不是机口含气量,而是施工完成的路面混凝土含气量。例如,水泥路面在滑模施工中,由于运距较远,运输过程中含气量有损失,加上滑模摊铺机上使用的是超高频振捣棒,摊铺中含气量损失也较大,而真正能够提供抗冻性的关键,在于混凝土振捣后稳定下来的气泡,其评价指标是气泡平均间距系数,该系数可用显微镜测得,一般满足抗冻性要求的气泡平均间距系数应为200~250μm,抗冻性同时还与气泡平均尺寸和级配有关。

有一个做法是用含气量测定仪检测施工完成的路面混凝土含气量,此时测得的含气量比机口含气量小近一倍,有人认为应按实际结构测得的含气量控制。这也不妥,因为后扰动再振捣过的含气量显然也不是结构混凝土中的实际含气量,它一定偏小得很多。

为解决这个矛盾,本规范提出了从实际已硬化的路面(50mm)和桥面(30mm)上钻芯取一定深度的切片,用气孔显微镜测定硬化混凝土的上、下两个表面的平均气泡间距系数,控制其最大平均气泡间距系数的方法,作为高寒和寒冷地区对已施工完成的混凝土实际路面和桥面抗(盐)冻性的评价方法。从实际路面混凝土的冰冻和盐冻破坏来看,当水、海水或盐碱水从表面渗透到哪个深度,这个深度以上混凝土表层砂浆冻害脱落,就是说,表层的含气量和抗渗性、抗冻标号至关重要。那么,我们应该在路面和桥面中重点检测表层混凝土的含气量和抗(盐)冻性,这个难题通过控制表面一定深度最大平均气泡间距系数的方法可得到有效地解决。

试验研究表明,掺粉煤灰的混凝土,由于粉煤灰中碳的强吸附作用,引气剂掺量加倍,方可达到不掺粉煤灰混凝土的含气量,这在有抗冻性要求的水泥路面中特别重要,应给予足够的重视。水泥中混合材和混凝土掺合料含量越高,达到相同混凝土含气量的引气剂掺量增加得越多。

水泥路面掺用引气剂,除了提高弯拉强度、工作性和平整度外,仅从耐久性来看,不只是抗(盐)冻性、减小面板伸缩变形、提高抗风化能力,满足耐候性的需要,而且是减少上表面泌水,提高表面的耐磨性和抗海水、海风、酸雨、硫酸盐渗透等腐蚀环境介质的重要措施之一。

(2)耐久性所要求的最大水灰(胶)比及最小水泥用量,见表4.1.2-6。

耐久性在水泥路面上所包含的内容主要有:

①抗(盐)冻性:除了引气外,混凝土本身应有足够的抗冻破坏能力,要求低水灰比和较大水泥用量。同时,表面要有足够的抗渗性和防水性,而防水抗渗性混凝土表面必须有足够厚度的水泥砂浆,同样也要求较大水泥用量及低水灰比。

②抗滑性:普通混凝土的抗滑性不依赖于粗集料,而依靠表面足够低水灰比的水泥浆、砂的硬度及其磨光值。水泥用量少,表面砂浆偏少,很快就露骨,而路面和桥面混凝土粗集料没有磨光值要求,很不安全。需要罩面改善抗滑性,普通混凝土对粗集料不便提出磨光值要求,因为面板厚度220~330mm,不可能像沥青路面抗滑表层(50mm)一样来要求这样巨大数量的粗集料均具有高砂浆磨光值(PMV)。否则,水泥路面将在大多数地方因建设费用过高或找不到合格的粗集料而无法建设。

③抗磨性:普通混凝土的抗磨性是抗滑性能保持的前提,就抗磨性本身而言,一是需要表面高硬度

及高强度；二是需要表面有一层厚度适宜的全封闭砂浆包裹层；三是需要表面不脱层、脱皮，不成坑。这些均要求较大水泥用量及低水灰比来保证。

④抗冲击性：抗冲击韧性也要求较大水泥用量及低水灰比。否则，集料未被水泥浆封闭起来，孔隙及尖锐的裂缝尖端多，抗冲击韧性会很差。

⑤耐疲劳性：除了水泥成分中体积不安定的游离氧化钙，碎石尖角具有较大的影响外，水泥用量低、水灰比较大时，集料未被水泥浆封闭起来，界面孔隙及内部尖锐的裂缝引发尖端多，耐疲劳循环周次会大幅度下降。

由此看来，路面混凝土仅仅满足弯拉强度的要求，对其20~30年耐久性和使用寿命而言是远远不够的。从保证耐久性的观点而言，本规范所规定的水灰比不仅满足弯拉强度要求，而且在更大程度上受耐久性控制。

(3)抗冻标号：严寒和寒冷地区，要求配合比确定前，检验抗冻性，并要求严寒地区抗冻标号F250；寒冷地区抗冻标号F200。同时，试验路段完成后，宜钻芯检验路面上的气泡间距系数。

要求达到一定的冻融循环次数及检测气泡间距系数是本规范首次提出，其表层最大平均气泡间距系数(τ)的控制数据，来源于中国水利水电科学研究院"九五"国家科技攻关项目《混凝土抗冻性的定量化设计》研究报告。该报告按道路、桥梁抗冻安全运行年限30~50年，提出的抗冻标号为东北、西北D300；华北D200~D300(对应此抗冻标号的$\tau \leqslant 350\mu m$)；华东D50~D150；华南D50(对应此抗冻标号的$\tau \leqslant 400\mu m$)。表4.1.3给出的数据是在这个研究成果基础上的细化。

表层切片实测最大平均气泡间距系数(τ)数据表明：在路面和桥面等上表面要求抗冻标号的结构，其含气量在用表4.1.2-5来控制能够满足表4.1.3中最大平均气泡间距系数数据τ值的规定。显然，振捣等施工操作带来的气泡损失是一个通过上表层的上浮、合并并排除的过程，因此，除非超振捣严重，表层气泡的聚集数量多于本体，尤其多于中间和下层混凝土。恰好满足我们对表层较大、较多含气量抵抗冻坏的需要。

(4)抗各种化学侵蚀性：抗海水、海洋大气、酸雨、除冰盐和硫酸盐环境要求水泥具有高化学稳定性，通过硅酸盐水泥加掺合料和提高密实度来保证，规定不得单独使用硅酸盐水泥，要求水泥路面掺用粉煤灰、磨细矿渣和硅灰；要求桥面宜掺用高活性的磨细矿渣和硅灰。此款规定是按照清华大学陈肇元院士提出的修改意见进行的增补。路面和桥面耐久性要求中不能只有抗(盐)冻性和抗磨性条款，也应规定防腐蚀条款。

4.1.3 外加剂的使用问题中要求解决好三个问题：

1 拌合物凝结时间的控制：在任何气温下，均要求将拌合物的初凝时间控制在施工铺筑所必需的3h，终凝不晚于10h。夏季要求缓凝或保塑，低温施工要求早强，负温施工要求防冻。

2 提出实际工程结构混凝土含气量的检验方法和要求。

3 提出外加剂沉淀、絮凝现象的防止办法。

4.1.4 配合比参数的计算和确定

1 水灰(胶)比

(1)要求由弯拉强度计算水灰比：经验公式(4.1.4-1~2)是由025课题提出的统计公式，经过多年滑模摊铺水泥路面配合比计算验证，认为其精确度基本满足使用要求。在我国已经按ISO标准修改了水泥实测抗折强度后，本规范再次引用这个计算公式时对其适用性进行了分析研究。

使用中国建材研究院《ISO水泥胶砂强度检验方法宣贯技术资料汇编》中所做的新老标准对比试验数据，进行了32组28d抗折强度数据的统计分析研究，得出了如下统计换算公式：

$$f_s = \Psi f_s' = 1.0316 f_s' \tag{3}$$

相关系数：$R=0.7577$ 对比试验组数：$n=32$

式中：f_s——原国标GB 175—92、GB 1344—92试验方法测得的水泥抗折强度(MPa)；

Ψ——新老水泥国标不同试验方法的统计转换系数，老试验方法不转换，则$\Psi=1$；新试验方法，$\Psi=1.0316$；

f_s'——新国标 GB 175—1999、GB 1344—1999(ISO)试验方法测得的水泥抗折强度(MPa)。

公式(3)统计线性关系见图5。本规范普通混凝土水灰比计算经验公式(4.1.4-1 ~2)已代入了(3)式，对系统误差进行了修正，以提高这些经验统计公式计算结果的精确度、可信度和可靠性。

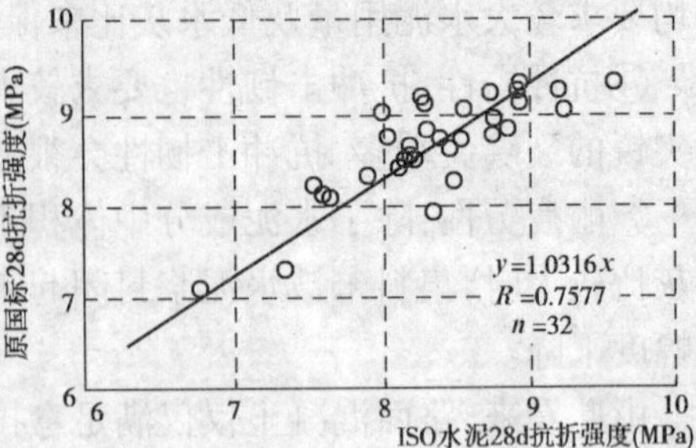

图5 原国际与 ISO 水泥抗折强度关系图

(2)规定掺用粉煤灰时用弯拉强度计算水灰比代替水胶比，计入水胶比的粉煤灰采用超掺法，代替砂的部分不计入水胶比。

(3)水灰(胶)比取值：规定从满足弯拉强度及耐久性要求的两个水灰(胶)比中取小值，其含义是水灰(胶)比应同时满足两者共同要求。

2 按表 4.1.4 选取砂率：国内外无相同的规定。该表的基本思想是路面混凝土的砂率必须按照其粗细程度或总表面积来选择。经过"八五"攻关课题深入的研究，砂的粗细程度，即细度模数与吸附法测得的比表面积之间成反比线性关系。不同施工方式的路面混凝土的工作性要求是确定的，维持工作性稳定的前提是包裹砂石料的水泥浆厚度要基本保持不变，则相同工作性要求保持混凝土集料的总表面积基本不变，粗集料的表面积差别远小于砂，但碎石与砾石之间有差别，分别表示；主要影响因素是砂，砂粗时，比表面积小，应采用大砂率，提高偏小的总表面积，保持水泥浆厚度不变，并能够防止泌水；砂细时，应采用小砂率，降低偏大的总表面积。表 4.1.4 所框定的较低坍落度路面混凝土的砂率，基本上是给定细度模数时的最优砂率。砂率在该表细度模数范围内，全部经过实际工程使用检验，效果良好，超出此范围，会出现使用过细砂水灰比过大，弯拉强度和抗磨性不足；过粗砂表面细观抗滑构造过深和平整度不佳等问题。

3 单位用水量计算与确定：计算公式(4.1.4-3 ~4)为 025 课题的经验公式，其中要解决的问题是没有使用外加剂，使用了外加剂后，按实测外加剂的减水率 β 由公式(4.1.4-5)计算掺外加剂的用水量。计算出的用水量应满足不同施工方式表 4.1.2-3 ~4 的规定，此表的规定是既满足摊铺工作性，又满足耐久性的要求。也就是说，最终选定的单位用水量是同时满足摊铺工作性、耐久性和计算弯拉强度三项要求的用水量。如果不能满足应使用外加剂或真空吸水技术。

4 单位水泥用量计算与确定：由同时满足弯拉强度、耐久性和工作性三者要求的水灰比确定，满足弯拉强度和工作性要求的单位水泥用量通过公式(4.1.4-6)计算。按耐久性表 4.1.2-6 进行校核。

5 砂石料用量计算：可按密度法或体积法计算。需要解释的是：经计算得到的配合比，应验算粗集料充填体积率不小于 70%。粗集料充填体积率 =1 立方米混凝土粗集料用量除以其视密度。

路面混凝土保证弯拉强度要求时，振捣密实形成了混凝土骨架密实结构以后，粗集料提供强有力的嵌锁作用相当重要。因此，本规范参考日本《水泥混凝土路面设计施工指南》，要求在配合比计算完成后，验算粗集料充填体积率不小于 70%。一般应在 70% ~80% 范围内，并与粗集料最大公称粒径和砂的细度模数有关，最大公称粒径越大，充填份数将增大；砂的细度模数增大，砂率增大，粗集料充填份数将减小。

6 重要路面、桥面工程应采用正交试验法对配合比进行优选：重要路面、桥面工程一是指工程规模较大的高等级公路，二是指预计有特重或重交通的一般公路，规定应采用正交试验法进行混凝土配合比优选。但应该注意正交试验法对试验人员的试验技能和试验精确度要求很高，不允许在正交表的每个试验中出现任何试验偏差，有一个试验数据出了问题，全部试验将报废，采用正交试验法减少工作量企图将告失败。一般工地试验室做正交试验，难度较大，成功率亦不高。重要的高速公路、一级公路水泥路面工程可委托正规试验室进行正交试验。

4.1.5 使用真空脱水工艺，可使用略大的单位用水量，但应核算脱水后的剩余用水量不应超过满足耐久性的最大单位用水量及水灰比规定。

4.1.6 路面混凝土中使用粉煤灰有掺量限制：基本原则是要保证其全部水化并发挥强度及其他效益。路面混凝土中的掺量不可超过水泥中已有的混合材加上混凝土中外掺粉煤灰总量 30% 的要求。

这是基于目前研究得到的粉煤灰和水泥体系的胶凝材料水化理论，粉煤灰水化靠水泥水化后释放出的氢氧化钙，产生二次水化，才能生成具有胶凝性能并提供后期强度的水化硅酸钙和水化铝酸钙，水泥当中能够产生的氢氧化钙是有限的，两者之间必定有一个最大或最优的匹配关系存在，国内外的研究已经确认，粉煤灰能够全部水化的最大量为纯硅酸盐水泥的28%。超出的部分不仅不会对后期强度有贡献，而且与土和石粉一样有害无益：收缩大、开裂多、易断板。本规范规定最大粉煤灰用量同时应考虑水泥中已掺的混合材量，两者之和最大不宜超过30%。粉煤灰混凝土使用超掺法时胶材总量大于纯水泥混凝土，其变形大，抗裂性较差；早期强度偏低，断板几率大增，养生不佳，影响耐磨性。大面积路面露天养生条件比试验室差，尽管内部强度较高，但表面易失水干燥，强度、耐磨性不足。

规定使用较低的粉煤灰掺量另一理由是充分注意到我国使用最多的是普通水泥，其中在水泥厂已经掺有15%以内的混合材。这与国外的波特兰(纯熟料)水泥使用高掺量粉煤灰有很大差别，中国建材研究院最近按ISO标准对我国水泥进行的试验表明，我国的525号(42.5级)水泥强度仅相当于国外的42.5MPa水泥，国际上发达国家的波特兰水泥强度一般不小于60MPa，可见，中国水泥的活性和强度与国外有较大差距。因此，在我国公路路面工程上不主张使用或追求高掺量粉煤灰。我国已有在普通水泥中掺45%的粉煤灰将某二级公路路面做坏的实例。高掺量的粉煤灰无论理论和实践上都存在问题，使用时必须慎重对待。

主张在路面混凝土中使用高掺量粉煤灰除了物理充填外的另一个观点是：掺入混凝土中的粉煤灰不可能全部水化。如果低于0.38这个水泥和粉煤灰全部水化的临界水(胶)灰比，两者均不可能全部水化，但路面混凝土目前实际使用的水(胶)灰比在0.40以上，即使是高弯拉强度的混凝土，也不低于0.38这个临界值，水泥和粉煤灰两者全部水化是可能的，即使不能全部水化，两者的水化深度基本是相等的。同时，我们不主张在路面混凝土中使用低于0.38的水灰(胶)比，这对胶凝材料的使用无疑是不经济的。物理充填和水泥粉煤灰不可能全部水化的观点，在水灰(胶)比不大于0.35，抗压强度不小于60MPa的高强混凝土中是成立的，但在抗压强度30~50MPa，弯拉强度在4.0~7.0MPa，水灰(胶)比在0.38~0.48的中等或略高强度的路面混凝土中，基本上不能成立。

此外，粉煤灰掺量过小，1/10以下，微珠含量太少，增加和易性、降低碱度、后期强度增长等的作用不显著，而且占用一个水泥罐仓，影响施工效率发挥。大型机械施工亦不宜采用过小掺量，滑模摊铺高速公路水泥路面工程使用42.5级普通水泥时，正常粉煤灰掺量宜在10%~15%。实际掺用粉煤灰的水泥路面长期运营表明，在普通水泥(已掺12%左右掺合料)中，粉煤灰掺量超过20%时，路面的6~8年以上长期耐磨性将无法保证，室内试验耐磨性降低的最大掺量大致为25%。两者不相同是由于实际路面上的保湿养生条件要差一些。仅从保证耐磨性考虑，外掺粉煤灰和水泥中的掺合料总量不宜超过30%。

4.2 钢纤维混凝土配合比设计

4.2.1 适用范围：钢纤维混凝土有塑性、半干硬性及分层洒布等三种，本节的配合比设计仅适用于第一种：塑性振捣密实型拌和钢纤维混凝土，不适用于后两种，既然是塑性钢纤维混凝土，则滑模、轨道、三辊轴机组和小型机具四种施工方式均可用于铺筑钢纤维混凝土路面或桥面。

采用沥青摊铺机铺筑，碾压密实的(半)干硬性钢纤维混凝土路面正处在研究中；采用分层洒布法施工的钢纤维混凝土路面，已经通过省级鉴定，目前处在试用阶段，其混凝土配合比与4.1节相同，它是将钢纤维直接用于面板结构补强，性能接近钢筋网混凝土，不是拌和钢纤维混凝土复合材料。层铺钢纤维混凝土路面是一个有前途的重要的水泥路面补强发展方向，其优点：一是钢纤维的有效利用率大为提高，钢纤维掺量较低，但补强效果更加显著；二是层铺钢纤维混凝土表面有足够的素混凝土保护层厚度，即使表面混凝土磨损后，无须担忧钢纤维裸露扎轮胎等不安全问题。目前它有两个问题需要解决：一是工艺复杂，三层混凝土两层钢纤维，要保证五层的层铺精确度有一定难度；二是层铺3~5层，目前的大型机械化施工装备不适应，手工的施工质量和效率难于保证。所以，本次规范暂未编入。层铺钢纤维应在试用中努力开发配套施工机械装备,待成熟后再编入本规范。

4.2.2 钢纤维混凝土配合比设计三项要求

1 弯拉强度:钢纤维混凝土弯拉强度的提高程度与钢纤维种类、长径比及体积率有关。其试配弯拉强度特重、重交通应符合本条文说明表4.1.2的规定。弯拉强度变异系数按公路等级规定的可靠度要求与普通混凝土路面相同。

2 工作性

(1)由于塑性钢纤维混凝土的振实性能比普通混凝土小20mm,可按表4.1.2-3~4减小20mm来要求。

(2)此处强调两层含义:一是特别规定路面桥面用钢纤维混凝土应掺高效减水剂,二是本规范表4.2.2-1规定的单位用水量仅指使用高效减水剂时的用水量。大量工程实践表明:如果钢纤维混凝土不掺高效减水剂,不提高基体混凝土的强度和耐磨性,一旦路面桥面磨损成坑,钢纤维裸露后,掺钢纤维是无效果的。

3 耐久性

(1)钢纤维混凝土的最大特点是水泥用量较大,若没有充足水泥用量和用砂量,钢纤维难于被砂浆包裹,表面会暴露钢纤维和粗集料,因此,本规范规定的最大水(胶)灰比和最小水泥用量应符合表4.2.2-2的要求,一般比普通水泥路面的水泥用量高。

(2)防锈蚀:钢纤维混凝土严禁采用海水、海砂,不得掺加氯盐及氯盐类早强剂、防冻剂等外加剂的规定是为了严防氯离子造成钢纤维锈蚀破坏。

(3)防侵蚀:海风、酸雨、硫酸盐及除冰盐等环境中的钢纤维混凝土路面宜掺用符合本规范表4.1.6规定的粉煤灰,双钢混凝土桥面宜掺用符合本规范3.2.3条规定的硅灰和磨细矿渣。

本规范对钢纤维混凝土含气量没有提出要求。实践证明,水泥路面掺钢纤维是目前已知的最有效的主要抗冻及抗盐冻措施,可以不对含气量提出规定。钢纤维混凝土与普通混凝土相比有如下特征差异:

①水灰比明显大;

②单位水泥用量显著大;

③砂率显著大;

④最大公称粒径较小。

从耐久性的角度看,高抗冲击韧性、十倍以上的耐疲劳极限是钢纤维混凝土特有的优势。这里对耐久性进行的限制主要从表面不暴露钢纤维、保证平整度、抗氯离子腐蚀、抗酸碱、耐磨性等出发提出的。同时考虑的因素有钢纤维混凝土在表面振捣条件下的密实度和满足摊铺要求的工作性。

4.2.3 钢纤维混凝土配合比设计步骤

与普通混凝土配合比设计步骤主要区别有:

1 水灰比计算和确定中,通过无钢纤维的普通混凝土弯拉强度来计算,这是国内各行业或地方规范、规程中规定的通行方法;再参照满足耐久性要求的水灰比,两者当中,取小值。

2 钢纤维体积率:按设计面板折减系数和实际使用的钢纤维经验取值。最终由试验确定。实际工程中,多在设计规定范围内,按工程投资承受能力进行钢纤维掺量确定。

3 单位用水量:按不同摊铺方式要求的钢纤维混凝土拌合物坍落度查表4.2.2-1,由粗集料种类、最大公称粒径查出单位用水量。

4 掺粉煤灰时,应将水灰比换为水胶比。

5 单位水泥用量:计算值和满足耐久性要求表4.2.2-2的规定值两者当中,取大值,保证弯拉强度和耐久性同时满足。

6 砂率:通过公式(4.2.3-2)计算或查表4.2.3-1取值均可。

7 砂石料用量计算:与普通混凝土基本相同,仅多钢纤维单方用量 F_o。为了便于参照,特在此处列出密度法与体积法的砂石料用量计算公式。

(1)密度法可按下列两公式联立计算:

$$\left.\begin{aligned} C_{of} + F_o + W_{of} + S_{of} + G_{of} = \gamma_{cf} \\ S_{pf} = \frac{S_{of}}{S_{of} + G_{of}} \times 100 \end{aligned}\right\} \tag{4}$$

式中：C_{of}、F_o、W_{of}、S_{of}、G_{of}——分别为水泥、钢纤维、水、砂和石子的单方用量(kg)；

γ_{cf}——假定钢纤维混凝土的单位质量，可取 2450 ~ 2580(kg)。

(2)体积法可按下式与式(4)联立计算：

$$\frac{C_{of}}{\gamma_c} + \frac{F_o}{\gamma_f} + \frac{W_{of}}{\gamma_w} + \frac{S_{of}}{\gamma_s} + \frac{G_{of}}{\gamma_g} + 10a = 1000 \tag{5}$$

式中：γ_c、γ_f、γ_w、γ_s、γ_g——分别为水泥、钢纤维、水、砂和石子单位质量(kg)；

a——含气量(%)。

4.3 碾压混凝土配合比设计

碾压混凝土配合比设计引用国家"八五"重点科技攻关成果《高等级公路碾压混凝土施工技术指南》(以下简称指南)。

4.3.1 碾压混凝土配合比设计要求：

1 配制弯拉强度：公式(4.3.1-1)与普通混凝土算式(4.1.2)相比，增加了一个压实安全弯拉强度，它取决于芯样与标准压实度及其变异大小。碾压混凝土给出一个压实安全弯拉强度是必要的，因为碾压混凝土弯拉强度、抗压强度等性能在很大程度上受压实度控制，如果压实度没有达到标准试件所要求的95%，其弯拉强度将肯定失控。

2 工作性：碾压混凝土属于特干硬性混凝土，工作性指标的选择、检验与控制对于其压实度、弯拉强度及平整度至关重要，这里对指南中给定的数值和实测方法作出了必要的修正。

在碾压混凝土路面施工工艺要求中，有一对必须协调解决好的本质工艺矛盾：平整度要求拌合物更干硬与密实度要求其更湿软，两者对拌合物工作性的要求正好相反。这对矛盾，在平整度要求很高的高速公路和一级公路上很难协调到两者同时都满足。又由于我国砂石料露天堆放，不可能像发达国家那样，实现封闭罐装，砂石料含水量波动很大，更增加了协调两者同时满足的难度。再加上特干硬碾压混凝土离析问题的困扰，粗集料极易离析成堆、成片。所以在高速公路、一级公路路面上广泛使用碾压混凝土，不是做不到，是目前不具备做到砂石料含水量控制精确及有效防止离析的条件。

在协调解决这对工艺矛盾中，方法之一是降低对平整度的苛刻要求，首先保证密实度及强度要求，譬如在二级及其以下公路路面或高速公路、一级公路复合式路面底层，在平整度要求较为宽松的条件下，就好办得多。本规范对指南作了一项重要的修正，要求碾压混凝土出搅拌机口改进 VC 值宜取 5 ~ 10s，碾压时的改进 VC 值宜控制在(30 ±5)s。在二级公路平整度要求 3m 直尺不大于 5mm 的情况下，适度降低对干硬度的要求(减小稠度)，首先满足碾压密实度和抗离析的规定，再满足 5mm 平整度的要求。实践已证明：能够协调解决好。碾压混凝土路面在二级公路上能够显示出优越性：使用沥青路面摊铺设备较为节省水泥。这就是本规范将碾压混凝土做面板，按目前条件和施工控制水平，基本上限定在二级公路及其以下公路的原因。高速公路、一级公路可做成复合式路面，其上面层或表层可为沥青混合料，也可加铺为普通混凝土表层。

3 耐久性：指南中没有。本规范增补了含气量与满足耐久性要求的最大水灰(胶)比及最小水泥用量要求，理由：一是碾压混凝土没有耐久性要求是不行的，否则可能不敢使用碾压混凝土做路面；二是从完整的配合比技术要求来看，耐久性不可缺少，否则将无法保证碾压混凝土路面的使用年限。

在严寒和寒冷地区，碾压混凝土含气量要求与普通混凝土相同，实践证明是有一定难度的，不仅引气剂掺量要大大增加，而且波动也比普通混凝土大。所以除严寒和寒冷地区外，不对碾压混凝土提出含气量要求。在严寒和寒冷地区，实践证明：碾压混凝土路面同样有较严重的冻坏及盐冻脱皮破坏。因此，不宜降低要求。可掺用高效减水剂，适当降低出机初始稠度来满足含气量要求，这样，平整度会有所降低，但不要求 3m 直尺 3mm，二级公路或复合式路面底层达到 3m 直尺 5mm，实践也已证明无问题。

面层碾压混凝土满足耐久性要求的最大水灰(胶)比及最小水泥用量见表4.3.1-1。实际上,碾压混凝土水灰(胶)比相对较低,与普通混凝土相同弯拉强度时水泥用量可减少20~50kg/m³。由于碾压混凝土使用的振动压路机,其压实能量较普通混凝土振捣棒高得多,密实后在相同水泥用量下,达到的弯拉强度较高。因此,在达到相同配制弯拉强度时,碾压混凝土水泥用量一般较普通混凝土低20~50kg/m³。做基层或下面层的碾压混凝土,其最大水灰(胶)比及最小水泥用量可不受表4.3.1-1限制,应通过试验确定。

4.3.2 碾压混凝土粗、细集料的合成级配:本规范按指南规定,给出了表4.3.2合成级配的要求,这是其他混凝土所没有的要求。但仅从最大公称粒径19mm粗集料的级配看,表4.3.2中显示比普通混凝土粗集料的级配要求严格,更接近于沥青混合料合成级配的设计要求。表明碾压密实的沥青混合料与水泥混凝土级配均服从于不同粒径粗细集料逐级充填密实理论。表4.3.2合成级配的要求,实质上是要求粗、细两种集料同时服从于全部粒径逐级充填密实理论。也就是说,碾压混凝土与沥青混合料一样,要求混凝土振动碾压密实后的粗、细集料构成骨架结构强度。这是保证碾压密实度的必然结果。须知,碾压混凝土在碾压时,水泥尚不具有强度,一定要使各级集料形成骨架密实结构,才能支撑压路机荷载作用,也才能达到高压实度,这一点与普通混凝土集料依赖振捣棒作用克服振动黏度由自重下沉形成密实结构有较大区别。

4.3.3 碾压混凝土中粉煤灰的使用要求:本条规定各种碾压混凝土可使用的粉煤灰品级和碾压混凝土各级粉煤灰取代水泥的超量系数,其超量取代系数比塑性混凝土表4.1.6的规定大一些。其理由是:较大掺量粉煤灰的碾压混凝土更容易压实,压实度更高,弯拉强度也更高。

这与上述普通混凝土掺加粉煤灰的胶凝材料理论并不矛盾。多掺的粉煤灰有利于混凝土振动碾压密实后形成粗、细集料的骨架结构,多掺部分只起到充填密实微细集料作用,一旦碾压形成了骨架密实结构,就不会对混凝土收缩、强度等带来危害。超掺粉煤灰主要缺点已被高压实功能的骨架密实结构在某种程度上克服。考虑到碾压混凝土中超掺粉煤灰有一小部分是永远也不可能水化的,这会影响到表面耐磨性及抗滑性等耐久性,所以,其超掺量不宜突破本规范对各级粉煤灰超量取代系数的规定。

4.3.4 碾压混凝土外加剂的使用:绝大多数外加剂仅在普通混凝土中经过各种性能的试验检验,而市场上无专用于碾压混凝土的外加剂。所以,在碾压混凝土中使用时,必须通过试配试验来认可或选优。

4.3.5 碾压混凝土配合比确定:重大工程使用正交试验法,其他采用简捷法。本规范在普通混凝土和钢纤维混凝土配合比设计的4.1节和4.2节中,均规定重大工程应采用正交试验法,但正交试验法的试验具体如何做?没有规定,可参照这里的要求来做。普通混凝土可将粗集料填充体积率换为砂率,钢纤维混凝土则宜将粗集料填充体积率换为钢纤维体积率,其他不变化,进行直观或回归分析。

(1)掺外加剂的碾压混凝土。

(2)同时掺粉煤灰和外加剂的碾压混凝土。

其中统计经验公式来自指南,已通过专家鉴定认可。公式(4.3.5-2)中的水泥实测抗折强度已经转换为新标准。

在掺粉煤灰并使用超掺法计算时,代替水泥的粉煤灰掺量和单位粉煤灰总用量有很大区别,代替水泥的粉煤灰掺量加上水泥用量为基准胶材总量,定义为与无粉煤灰的对比混凝土在28d龄期达到同等强度的胶材总量,此时,粉煤灰尚未全部水化,代替水泥的粉煤灰掺量较低。若大体积混凝土换为60或90d龄期,此值则高得多。水胶比也由于两者的不同,分为基准水胶比和总水胶比。在计算28d强度时,应使用基准水胶比,在评定耐久性、工作性和掺外加剂时,一般宜使用总水胶比。

4.4 贫混凝土配合比设计

4.4.1 基层贫混凝土配合比设计的三项技术要求:

1 强度:表4.4.1-1中列出了三种强度:7d抗压强度、28d抗压强度和28d弯拉强度。7d抗压强度用于施工质量检验;28d抗压强度用于配合比设计计算,也可用于质量控制和验收检验;28d弯拉强度主要用于双面层路面结构设计计算。在使用7d和28d抗压强度控制住贫混凝土基层质量的前提下,对相同原材料和同一个配合比,所对应的弯拉强度波动并不大。试验表明:低弯拉强度的小梁试验难度较大,数据稳定性较差,波动较大。另一方面,低弯拉强度贫混凝土积累的经验和试验数据偏少,无法给出直接按弯拉强度的配合比计算公式。因此,规定用28d抗压强度作为其配合比设计依据,钻芯抗压强度用做质量检验验收的依据。贫混凝土基层必须切纵、横缩缝,并灌缝。注意表4.4.1-1中等交通的强度数据,基本上与国内高速公路水泥稳定碎石或水泥稳定砂砾基层实际达到的强度相当。

2 工作性:与面层铺筑所使用的施工方式要求相同。

3 耐久性

(1)规定最大水灰(胶)比宜符合表4.4.1-2,贫混凝土基层在国内刚开始使用,积累的数据不多,表中数据有待更多的工程充实,规定为宜。由于其强度要求比路面低得多,因此将路面混凝土的最大水灰(胶)比和最大单位用水量双参数控制改变为贫混凝土基层的最大水灰(胶)比单参数控制,对基层贫混凝土而言已经足够。

(2)有抗冻性要求时,应掺引气剂,并控制含气量为4% ±1%。贫混凝土基层处在面板下部,一般较少直接接触冰雪水或盐碱水,所以含气量比面板规定略宽松。

4.4.2 基层贫混凝土配合比

1~2 配制抗压强度和水灰比按照《普通混凝土配合比设计规程》(JGJ 55)中规定的公式及系数计算。

3~6 单位水泥用量(及最大胶材总量)和单位用水量:本规范新提出用公式(4.4.2-4)计算水泥用量和公式(4.4.2-5)计算胶材总量,并给出了一般贫混凝土基层水泥用量(及胶材总量)的大致经验范围。供工程参照选用。贫混凝土又称经济混凝土,为了保证其摊铺工作性和平整度要求,十分有必要掺较大掺量的粉煤灰(≤40%),其经济性通过低强度等级要求较小的水泥用量来保证。

7 砂率:贫混凝土基层由于所使用的水泥用量较低,无面层抗滑的要求,但有表面抗冲刷性要求,因此,其砂率比面层小一些,但也不能小得过多,致使基层表面麻面,而影响基层表面的平整度,表4.4.2中的砂率比普通水泥路面平均小4%左右。

8 砂石料用量:按普通混凝土密度法或体积法计算。

4.5 施工配合比确定与调整

4.5.1 试验室基准配合比调整及验证

1 按工作性要求,优选外加剂品种和掺量;调整单位用水量和砂率等。

2 按拌合物试拌试验得出的混凝土视密度及含气量,调整配合比。

3 按水灰比、单位水泥用量或钢纤维掺量的规定增减幅度,制作试件,进行强度及耐久性检验。

4 规定试验室基准配合比的确定程序。

实践证明:这样做十分有必要,这是施工技术准备充分与否的标志之一,是保障混凝土能否成功地进行摊铺,且技术指标满足要求的前提。

4.5.2 搅拌楼试拌配合比:室内配合比确定后,实际路面铺筑前,还应进行大型搅拌楼配合比试拌检验,检验通过,其配合比方可用于摊铺。其主要原因是室内所使用的是小型搅拌机,与大搅拌楼相比,不仅搅拌方式有差异,而且容积大小差别很大,对加水量、含气量、弯拉强度等均有一定影响;按试验标准:室内为单卧轴强制搅拌机,现场大搅拌楼多为双卧轴型;拌和时间不同,室内拌和不好,可以延长时间,直到拌和好为止,现场大搅拌楼有小时产量的限制,拌和时间通过控制计算机程序须提前设定,这对于相同引气剂掺量时的含气量、拌合物容重影响较大;加上原材料的含水量、清洁度等均有变异,含水量影响加水量、砂石料称量,砂石料的清洁度对混凝土弯拉强度、收缩性、耐久性影响较大。因此,试铺前搅拌楼试拌试验不仅是必要的,而且应根据集料的清洁状态和变异情况,增大单位水泥用量5~10kg。

搅拌楼试拌可按上述要求与试铺分成两个阶段分别进行。在摊铺机械已经准备好的条件下,允许与摊铺试验路段合并进行。试拌调整完毕拌合物的有关参数后,即可投入试验路段试铺。这样无须再调整加水量，同时可以得到路面上的技术指标合格与否的重要信息，并缩短了施工准备所耗费的时间。

4.5.3 施工配合比微调与控制：

1 微调外加剂掺量：按施工季节、气温和运距进行微调，但不允许大调整。

2 微调加水量：雨后必须进行加水量、砂石料称量的微调，如果严格按本规范覆盖砂石料，加上计算机控制搅拌楼的自动反馈控制，本来是不需要的。但实际施工当中，覆盖砂石料往往未做到，加上含水量较大时的湿砂包裹检测探头，砂含水量检测误差往往超过一倍，反馈的结果不是误差变小，而可能更大，不得已而为之。微调工作应在实验室检测人员协助下由搅拌楼机手进行。微调是施工当天不同气温时蒸发量变化或砂石料堆内外含水量不同所采取的必要控制及稳定措施。微调时，应保持水灰比、水泥用量或钢纤维掺量不变。

5 施工准备

5.1 施工机械选择

5.1.1 不同等级公路对施工工艺及机械装备要求：可按表5.1.1规定的"√"应采用的施工方式及设备要求来组织水泥路面的施工。碾压混凝土路面做高速、一级公路复合式路面底面层或其他四种塑性振捣摊铺方式做贫混凝土上基层，其施工方式将不受表5.1.1规定的限制。

这一条是本规范首次编写进的极其重要的规定，也是当前公路技术界认识上尚未完全统一的内容。阐述理由如下：

现代高等级公路建设必须具备大型成套摊铺装备和依靠高新施工技术：高等级公路水泥路面的内在质量、表面的行驶功能和耐久性技术指标要求这样做。

问题的关键是改革开放二十多年来，我国的公路交通运输状况已经发生了质的变化，实践已经证明：采用小型机具施工的高速公路、一级公路水泥路面适应不了目前的超大交通流量、高车速及超轴载现状。例如，华东各省，在改革开放之初，就使用小型机具铺筑了不少高速公路、一级公路水泥路面，结果破坏得相当快和严重，维修又很困难。

滑模摊铺与小型机具相比，主要有以下优点：

①内在质量高：密实度高，弯拉强度高而稳定，滑模摊铺由于有超高频率密集排列的振捣棒及整机强大的挤压力，其相同配合比时的弯拉强度要高10%～15%，滑模摊铺高速公路水泥路面上的岩芯实测平均弯拉强度已经达到6.5～7.5MPa，这表明其断裂韧性高，抵抗超载、断板能力强，见图6弯拉强度与断裂韧性的线性统计关系。加上所配备计算机控制的大型搅拌楼，可将弯拉强度的变异系数降低到5%～10%之间，强度匀质性好、色泽均一。这是小型机具无法做到的，甚至连轨道摊铺机和三辊轴机组也做不到。

②表面功能及表观质量好：弯拉强度高同时意味着其抗渗、抗冻、抗磨等耐久性能也很优越。三辊轴机组和小型机具在饰面过程中，有一个不可回避的问题：在饰面作业的同时拌合物恰好处在泌水期，大量泌水导致表层水泥砂浆的水灰比很大，高水灰比的砂浆饰面后，其抗磨耐久性将很差，而滑模机械摊铺过后，拌合物即使泌水也不会与砂浆混合，是单独会流失或蒸发的水分，不影响表面砂浆的水灰比，其耐磨性就明显高，耐磨性高有利于抗滑构造长期保持，滑模摊铺水泥路面行车更安全、更可靠。

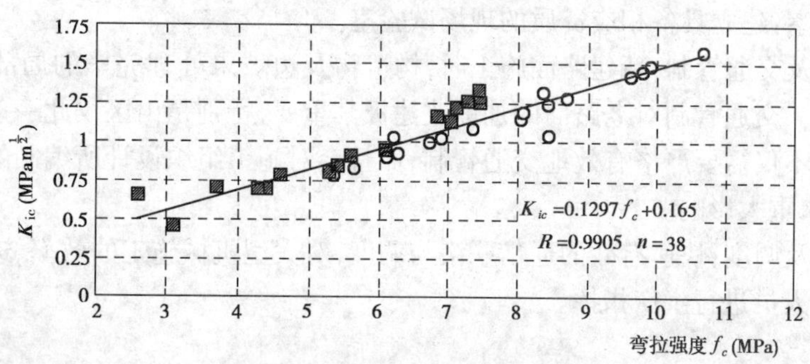

图6 弯拉强度f_c与断裂韧性K_{ic}关系

③动态平整度好：滑模摊铺机是沿着基准线铺筑路面的，除了其顺直度更便于调整外，其铺筑水泥路面的动态平整度好，我国已经可以将滑模摊铺高速公路水泥路面的平整度做到δ=0.7～1.0之间，最好路段δ=0.45，与沥青路面相当或接近。尽管立模铺筑路面的静态3m直尺平整度也可由人工精整做

得相当好，但其大波长的动态平整度、行车流畅程度、舒适性远不及滑模摊铺的路面。

④拌合物均匀稳定：滑模摊铺要求拌合物高度稳定，原材料称量误差小，水灰比和水泥用量变化极小，总用水量基本不变化，才不至于造成路面麻面或塌边，这是所有的定模摊铺方式所不及的，满足滑模施工要求的混凝土稳定性极高，加上摊铺机完全一致的振捣和挤压，切实保证了路面的匀质性，滑模摊铺的路面几乎没有颜色差别，无水泥浆或水分在表面集中的现象，大大延长了使用寿命。

⑤适应的路面结构种类齐全：经过八五的攻关研究及九五的推广，目前我国已经使用滑模摊铺技术成功施工的新型路面结构有：用预制钢筋支架和 DBI 两种方式铺筑的全缩缝带传力杆的水泥路面、钢纤维混凝土路面、聚丙烯纤维水泥路面、耐碱玻璃纤维水泥路面、钢筋水泥路面、连续配筋水泥路面、双钢混凝土特大桥桥面、特大型隧道钢纤维混凝土路面；最小弯道半径 25m、最大超高 9%，最陡纵坡坡度 7% 的山区及匝道水泥路面、贫混凝土基层、混凝土路缘石、与硬路肩连体路缘石、混凝土护栏等。除了滑模摊铺排水边沟外，发达国家在公路上使用的各种带状混凝土结构，我国均进行了成功的滑模实践，并积累了丰富的施工经验。

⑥生产效率高、施工进度快：目前，我国使用滑模摊铺技术，每天最高可完成8.5m 宽、260mm 厚的高速公路水泥路面 1800m；正常情况下每天平均摊铺 600 ~ 1000m。而劳动力和操作工仅 80 人左右。相同数量劳动力使用三辊轴机组或小型机具绝对完成不了这样大的工作量，劳动生产率和施工速度无法同日而语。

⑦提高科技和管理水平：大型滑模机械摊铺技术的科技含量高，使用的是世界各发达国家通行的高新施工技术，提高了我国筑路队伍的施工技术水平及管理水平，培养了一批掌握现代装备、技术和管理的人才。

⑧水泥路面的使用寿命大大延长：黑龙江高管局养护的哈大高速公路 13 年使用得出的结论是：在相同交通量、路基和断裂破坏的条件下，滑模摊铺的水泥路面比小型机具施工的高速公路水泥路面使用寿命能够延长 6 年。

另一方面，大型自动化滑模摊铺机械施工中的人为因素干扰少，主体路面工程的高质量及匀质性是由机械完成的，人工仅做辅助工作，劳动强度小，无人工劳累后，质量变差的问题。

5.2 施工组织

5.2.1 技术交底：开工前，应由建设方组织设计部门向施工单位、监理单位进行技术交底。

5.2.2 编制切实可行的施工组织设计，并确定施工实施方案。

5.2.3 人员技术培训：规定未经培训的人员不得上岗单独操作主要机械。

5.2.4 施工测量：路面工程开工时，路基、桥涵、基层已做过详细测量，并已经完工，因此，需要进行的测量是为了恢复桩位与桩号而进行的校核测量。

5.2.5 现场试验室：建立具备相应资质的现场试验室。

5.2.6 运输道路及交通管制：新建路面施工时，构造物及边坡未处理完毕的局部不能通行车辆的路段，应准备施工便道。交通管制对老路面的加铺改建极其重要，特别是山区仅此一条路，或改建工程，必须边改建边通车时，不仅需要严格有效地交通管制，而且会对施工组织设计所编制的施工程序甚至施工设备选择等方面带来重大影响。

5.2.7 施工通信及调度：快速有效的通信联络与调度，对大型机械施工的效率、进度及劳动生产率影响很大，必须有专职人员进行生产指挥。

5.3 搅拌场设置

5.3.6 砂石料储备规定：1 款是数量要求；2 款是底部硬化和防止混杂；3 款是覆盖要求。实践证明，这些是做好水泥路面施工质量的必要措施，必须防止混凝土原材料在搅拌场发生积水、二次污染或混杂；防止使用淌水、夹雪、局部温度过高或表面尘土污染的砂石料配制混凝土，它将严重影响新拌混凝土的匀质性和弯拉强度,例如,装载机铲运刚淋过雨正在淌水的砂石料,在正常的拌和工艺下,首先,存在非吸附的自由水,根本无法测准砂石料含水量,搅拌加水量会失控;其次,表面厚吸附水膜中拌和不进水泥,或因吸水率过高,在摊铺机超高频振动下,会产生板底大量流浆现象,将严重降低混凝土的弯拉强度。对比国外滑模摊铺混凝土砂石料采用与水泥一样的罐装措施,国内沥青路面施工规范有相同的要求。有鉴于此,有必要严格规定,确保混凝土原材料质量。

5.3.7 场内道路与排水:目的是提高运输效率,防止水淹砂石料及施工污染。

5.4 摊铺前材料与设备检查

5.4.1 当地原材料调研:这是在首先满足路面工程质量的前提下,积极利用地方材料,降低原材料价格,节省运费及土地占用费等,最终节省和控制工程造价的基础条件,也是带动地方经济发展的基本途径。

5.4.2 原材料确定和配合比优化:规定原材料、配合比试验、检验和审批程序和订货要求等。应投标确定原材料供应商,并签订原材料供应合同。重要的原材料供应合同,如水泥、粉煤灰、外加剂等不仅应签署供应总量、方式及日供给量,而且应明确签订质量技术指标、退货条件等。

5.4.3 原材料进场规定:规定原材料进场要称量过磅,不合格的原材料不得进场,并做好登记、储存、保管与签发管理。

5.4.4 原材料检验: 检验项目、批量等应符合表5.4.4的规定。保证工程质量的物质基础是具有符合路用品质的原材料, 把好原材料的质量检验关是首要环节。

5.4.5 施工设备机具的全面检查:是能否开工的前提,设备机具缺一不可。强调对主要设备易损零部件有适量储备。

5.5 路基、基层和封层的检测与修整

5.5.1 路基稳定性要求:国内外水泥路面施工规范以往一般不提及对路基的技术要求,面板是坐落在基层上的,似乎与路基无关,根据我国十多年的施工实践,表明水泥路面通车3年之内,因路基不稳定、不均匀沉降造成的断板及沉陷破坏比例占多数,水泥路面必须有稳定、密实、均质的路基,甚至比柔性路面对路基的要求还要高,已经逐渐成为公路界的共识。

1 路基稳固措施:高速公路、一级公路和国、省道主干线二级公路,对在桥头、软弱路基段、高填方路段、填挖方交界路段的路基填筑,规定"应进行连续沉降观测,并采取切实有效的措施保证路基的稳固性。"我国近年来建设的一些高速公路、一级公路已经进行了连续沉降观测,也能够做到,例如湖南省湘耒、耒宜高速公路等。"应采取切实有效的措施"主要有:

(1)提高压实标准:这些特殊部位的路基填筑的压实度可比《公路路基设计规范》(JTJ 013)的要求提高一级:即将规定的93%区提高到95%;95%区提高到96%;97%区提高到98%。

(2)冲击强夯:使用冲击式压路机或强夯击实颗粒大于粉质土的土路基,注意:一是中、高塑性黏土不能采用这两种方式,一般而言低塑性黏土、粉土、砂砾土方能够冲击或夯实;二是采用冲击式压路机要提防将一定覆盖土深度的通道和涵洞打裂或将周围建筑物振裂。

(3)改善土路床:我国各省高速公路、一级公路上路床中已经在大量使用石灰改善土或水泥改良土,最厚的安徽省阜蚌高速公路已经做到了800mm厚的石灰改善土,注意:石灰改善土或水泥改良土不能按石灰土或水泥土基层的剂量掺用,要低得多,有1/2~1/3基层剂量已足够,具体数据应通过试验确定,改善土的关键是要将胶凝材料与土拌和均匀。

另外,对于路基稳定性即沉降量的数值要求,我国南、北各省、区、市差异较大。北方相当多的省区路基较干燥,认为征求意见稿中"每月不均匀沉降量不大于2mm;每月均匀沉降量不大于3mm;或10m范围内上路床测得的最小强度(CBR)差别不大于1%;10m范围内弯沉差不大于1%"要求过松,依然会发生早期断板。而东部和南方各省区,路基含水量较大、软基较多,则认为要求偏严。经反复斟酌后,认

为原则地提保证路基稳固性，请各地工程技术人员按当地路基情况和经验自行决定。当缺乏经验，月沉降量和 CBR 可参考本说明给定数值。

2　其他技术措施：

(1)过渡路面：为了避免和减少早期破损，送审稿中曾规定不稳定路段，当要求必须通车时，应做沥青路面或混凝土砌块过渡路面。等待路基稳定后再做水泥混凝土永久路面结构层。这是绝大多数工程技术人员持有的观点，但不符合加快建设速度的政治需求和现有建设及投资程序的要求，这种做法在我国目前扩大内需的环境下，实际上难于实现。因此，删去了此规定。经过高速公路的建设实践，证明可在路面结构上使用下述两种技术措施。

(2)局部补强钢筋混凝土路面：此要求是根据路基稳定情况，增加水泥混凝土路面的施工图阶段的细化及深化设计，不可一张路面标准断面图管了几十乃至上百公路路面，我国近年来在高速公路水泥路面建设中，绝大多数进行了路面结构的钢筋补强细化设计，效果良好。

(3)预裂小块"活"路面：在几十或上百米的高填方或软基路段，沉降观测或计算表明，未来 3 ~ 5 年达到路基基本稳定的沉降值仍相当大，即使钢筋混凝土路面也难于承受。最后一招就是使用滑模摊铺机摊铺普通混凝土薄路面(厚度按面板尺寸经过计算确定)，切(填)缝制作预裂 1 ~ 2.5m 见方的小块"活"路面，以"活"路面对付活动路基，这种路面平整度较砌块路面优良，不仅可适应不均匀垂直沉降变形，也适应于较大水平位移。当沉降或位移影响行车时，将小块拔出，板底垫砂砾，再铺砌上，直至路基稳定，再重新铺筑大板混凝土永久路面。

5.5.2　垫层、基层除《公路水泥混凝土路面设计规范》(JTG D40)和《公路路面基层施工技术规范》(JTJ 034)外的特殊要求主要有：

1　基层厚度、横坡与路拱控制：基层厚度一般为等厚形式，但基层横坡可与路面相同，也可比路面稍大 0.15% ~0.20%，并不得小于路面横坡。这样就是允许将面板做成边缘行车道位置为加厚形式，面板设计厚度为内侧最薄部位的厚度。这实质上是要求将上基层顶面做成加大横坡形式。这是针对我国各级公路面板的正常破坏最先从行车道低侧边缘开始断板的现状提出的做法，美国一些州及欧盟国家规范也允许这样做，从绝大多数重车行驶位置，交通量及超轴载的作用大小，面板横向使用等寿命的观点来看，这无疑是正确的新做法，并与板厚双指标控制相统一。

2　排除渗水：当硬路肩厚度比面层厚度薄时，路肩底部应设置排水基层或排水盲沟，缘石底部应留排水孔，软路肩底部应铺设粒料排水层等措施。确保渗入基层表面的水分顺利排出。硬路肩和土路肩切忌不可使面板下部横断面形成"蓄水槽"。这一点对水泥路面使用年限极其重要，一旦水泥路面形成了渗漏水的"蓄水槽路"，在交通量较大的高速公路、一级公路上，即使相当抗冲刷的 6.5% 水泥稳定级配碎石基层也已经发生了严重的水冲刷性断板破坏，且集中在凹曲线的下凹点及大纵坡的底部，此处的承压水能够将粒径 20mm 的石子冲出来。因此，一定不可等闲视之，要保证在水泥路面横向断面结构内，消除渗透水的"蓄水槽路"。对此，应特别关注下述各项：

(1)水泥稳定类上基层的水泥用量不得小于 4%(抗冲刷)，亦不得大于6.5%(防开裂)。其实，水泥粉煤灰和石灰粉煤灰稳定粒料半刚性基层的抗冲刷性，由于胶材总量偏大，是不理想的。但是国内使用得很多，主要是经济性好，在特重、重交通的水泥路面上，是抵抗不了冲刷性破坏的，目前的解决办法是在其上做沥青封层。

(2)水泥路面上基层不宜采用抗冲刷性较差的石灰土、石灰粉煤灰土、水泥土、水泥粉煤灰土，但可用于底基层。长期观测表明，在我国高速公路和一级公路上，从产生唧泥到脱空断板破坏的时间一般仅有 2 ~3 年。路面结构的渗透排水和上基层的抗冲刷能力必须引起高度重视。

(3)未设置排水垫层和排水渗(盲)沟体系的各级公路水泥路面，不宜使用沥青表处、沥青贯入式和薄层沥青混合料硬路肩，形成"两黑一白"的路面横向结构。防止路槽拦水形成"蓄水槽路"。已经产生了冲刷性破坏的沥青硬路肩的旧水泥路面在维修当中，应补设排水渗(盲)沟体系，当年见效，因冲刷脱空的断板率将大为减少。

3　基层作业面：至少提供 10d 以上的合格基层的规定，是保证机械摊铺路面和基层实施流水作业的要求。无法实现流水作业或边通车边改建的路面，基层可短一些，亦可摊铺路面，但基层必须检验为合格,方可开铺路面。

5.5.3 基层破损检查与修复:面层摊铺前,要求对基层进行全面破损检查与修复。特别应注重对基层裂缝的修复处置。现实施工中遇到的此类问题很多,以往由于施工规范没有规定,工程技术人员无所适从,即使认识到不处理有问题,要处理时,既无依据,也无适宜的处理办法。本规范专门对此作出增补规定:

1 挤碎、隆起的半刚性基层,应清除重铺,并夹胀缝板修复。注意基层夹有胀缝板的部位,路面板胀缝或缩缝位置应对齐。这主要是为了防止面层对应部位的断板。基层拱胀的原因有两个:一是基层施工气温相当低,到高温时,才摊铺面板,由于温度应力造成基层膨胀;二是基层水泥用量或胶材总量过大,基层强度过高,此时,半刚性基层已经达到或接近贫混凝土基层强度及温度变形量,但贫混凝土基层是要求切缝的。

2 指出基层产生温缩和干缩裂缝后的处理办法,其目的是为了防止施工期间,面板强度正在发展过程中产生反射断板。

3 基层纵向裂缝:这是无论沥青路面还是水泥路面都最棘手的难点问题,国内多段高速公路此问题没有处理好,结果路面铺筑完成后,路面纵向裂缝蔓延几百米甚至数公里,必须引起高度重视。导致基层纵向开裂的原因很多、很复杂,处理基层纵向裂缝的原则是:

(1)首先要判断裂缝是扩展裂缝还是非扩展型裂缝,是单纯基层开裂还是路基引发的开裂,仅基层开裂,可粘覆防裂层或设置防裂钢筋网。

(2)若判断为路基持续扩展开裂,情况较复杂,原则上必须先处理并稳固路基:

①对于高填方湿软路基不均匀沉降引起的拉开型正在扩展的纵向裂缝,首先,采用与基层等厚的(贫)混凝土横梁截断裂缝前端,阻止裂缝继续延伸;然后,采用旋孔灌注桩、碎石桩、砂桩、反压护坦等措施处置到路基稳定。

②对于过湿土高填方路堤,纵向裂缝两端向外弯曲的,可判断为已经形成了滑移面,应采用打桩、铆栓或高压灌浆等方式锚固处置稳定。

(3)对于扩展缓慢,不处理不放心的路段,提出了既粘覆防裂层,同时又在面板中配防裂钢筋网的做法,已被近年来高速公路的实践证明其行之有效。

4 被施工车辆碾坏成坑部位,挖除用贫混凝土修补。表面粗糙度过大,可能引发断板的部位采用沥青封层降低摩阻系数,防止早期断板。

5.5.4 沥青滑动封层:规定高速公路、一级公路半刚性基层表面需作沥青表处或乳化沥青稀浆滑动封层。沥青表处时,宜洒热沥青和2 ~ $3m^3/100m^2$ 的石屑,并按规定压实处理,两者的最薄厚度均不宜小于5mm。封层可起到防断板、防水冲刷、延长疲劳寿命、保护基层和养生等多种有益作用,在近5年来我国新建高速公路和一级公路水泥路面上已经全面普及使用,达到了预期使用效果。

5.5.5 塑料薄膜封层:过水、浸水或排水不畅的局部路段可使用塑料薄膜作防水封层。此做法是西班牙等国家在一般水泥路面上的常规方法。膜两侧边缘宜与路基同宽,纵、横搭接宽度不应小于200mm,并采用黏结剂粘牢固。在路面铺筑卸料过程中,应及时清扫遗漏在薄膜表面的混凝土或砂石颗粒,防止薄膜被车轮碾破。

5.5.6 封层交验:封层必须是完好的,或经过修复,并确认质量合格,方可开工铺筑面层。

5.6 贫混凝土基层铺筑与质量检验

5.6.1 规定塑性贫混凝土基层的铺筑方式。

本规范按《公路路面基层施工技术规范》(JTJ 034)的1.0.5条的要求增设贫混凝土基层规定。贫混凝土是水泥用量很低的经济混凝土,实质上就是低强度等级混凝土,贫混凝土基层是刚性基层,在材料选择、配合比和施工技术要求等方面,均与半刚性基层差异较大,而更接近于水泥混凝土,并沿用水泥混凝土现有的原材料检验、配合比设计、施工设备、铺筑技术及所有的试验检测方法和手段。因此,目前我国公路行业标准,将贫混凝土基层划归水泥路面设计和施工两个规范中。贫混凝土基层的设计计算是按照双层面板体系进行的。贫混凝土基层的原材料选择、配合比设计和施工技术及质量检验要求则应遵循本规范的各项规定。

严格地讲,贫混凝土基层类型有:插入振捣式塑性贫混凝土基层、表面振动式无砂或少砂透水塑性贫混凝土基层、碾压式贫混凝土基层三种。本规范仅指第一种;第二种正在研究中,尚不成熟,未列入;第三种需要按 10 ~ 15m 切缝,施工方式可用灰土摊铺机摊铺、碾压混凝土要求进行;采用下碾压混凝土、上沥青路面或水泥路面的复合式路面时,应按碾压混凝土面层要求进行。本规范对碾压式贫混凝土基层也未专门列入。

5.6.2 贫混凝土基层的铺筑补充规定

1 设接缝:贫混凝土基层需要设接缝,纵、横缩缝应切缝并填缝,一般公路贫混凝土基层横缝应与面板对齐;高速公路、一级公路可前错 300 ~ 500mm,前者用于混向车辆防断板,后者用于定向车流时,改善面板受力特性,当车辆作用在一块面板上时,贫混凝土基层两块板同时受力,但注意:为了防止前错 300 ~ 500mm 的断板,此时应在贫混凝土基层表面设置滑动封层、防裂层或在相对滑动范围内采取防裂措施。

2 接缝钢筋:贫混凝土基层纵、横缩缝中可不设传力杆、拉杆钢筋,但在胀缝处应设置胀缝板与传力杆,且与面板胀缝位置重合。

3 挖补要求:贫混凝土基层中的单一裂缝断板可不挖除,但须粘贴防裂层处理;两条断板缝、分叉或破碎板必须挖除重铺。

5.6.3 贫混凝土基层施工质量要求

1 抗压强度:施工期按 7d 抗压强度控制施工质量,验收时按 28d 或 56d 以内钻芯抗压强度进行。以 7d 抗压强度进行施工控制,一方面沿用了基层 7d 抗压强度传统,也是施工进度的要求;另一方面,贫混凝土基层 28d 弯拉强度较低,仅有 1.5 ~ 3.0MPa,7d 弯拉强度更小,7d 标准小梁试件极易受损,离差较大,不便于作为质量控制指标。28d 标准小梁弯拉强度和 28d ~ 56d 钻芯抗压强度作为质量检查和验收标准。

2 板厚:由于贫混凝土基层设计上采用双层面板,施工工艺和设备与面板相同,规定板厚允许偏差与面板相同。

3 平整度:仅比相同等级面板的要求降低 1mm,高速公路、一级公路 3m 直尺 4mm;其他公路 3m 直尺 6mm。

4 横坡与高程:要求与面板相同。

5 表面坑穴、拱包,接缝缺边、掉角:贫混凝土基层表面坑穴,鼓包,接缝缺边、掉角要加以限制,规定不大于 $20mm/m^2$,否则面板砂浆或混凝土将嵌入基层,影响面板膨胀位移和收缩,可能导致断板或隆起。面板摊铺前应对这些表面缺陷进行修补。

6 贫混凝土基层铺筑的其他几何参数和接缝要求应与面板一致。

6 混凝土拌合物搅拌与运输

6.1 搅拌设备

6.1.1 搅拌场生产能力：

1 总拌和生产能力计算按公式(6.1.1)进行；

2 容量配套按表6.1.1的要求进行。

6.1.2 搅拌楼选配：混凝土搅拌楼选配应以强制双卧轴或行星立轴为主要机型。这是国际公认搅拌速度和效率最高、搅拌效果最好的机型。每台搅拌楼应配备齐全自动供料、称量、计量、砂石料含水率反馈控制、有外加剂加入装置和计算机控制自动配料操作系统设备和打印设备。从间歇搅拌楼和连续楼比较来看，间歇楼搅拌精确度高于连续楼，弃料少，宜优先选配间歇楼。连续搅拌楼应配备两个搅拌锅或一个长度足以搅拌均匀的搅拌锅，并应在搅拌锅上配备电视监控设备。前者是为了保证拌合物匀质性和熟化程度，后者是为了保障安全。每台搅拌楼还应配齐生产所必需的外置设备：3～4个砂石料仓，1～2个外加剂池，3～4个水泥及粉煤灰罐仓。使用袋装水泥时应配备拆包和水泥输送设备。搅拌场应配备适量装载机或推土机供应砂石料。

6.2 拌和技术要求

6.2.1 配料精确度：应满足表6.2.1的规定，对高速公路、一级公路不仅给出了每盘精确度，而且规定了累计每车的精确度规定。搅拌楼应按规定进行标定，并定期校验。自动化搅拌楼在拌和过程中，应使用自动配料称量系统来生产，不得使用手动操作和配料生产。

6.2.2 拌和时间：从控制拌合物的黏聚性、匀质性及强度稳定性出发，规定不同搅拌楼的总拌和时间及纯拌和时间。搅拌均匀的核心问题并非取决于时间，而是依赖于叶片总行程。时间控制只有在额定容量时才正确，所以也可控制叶片总行程即叶片搅拌总周长。匀质性要求是拌合物最基本的搅拌要求，实践证明要提高水泥路面的平整度和密实性，仅搅拌均匀还不够，还应搅"熟"，熟的涵义是拌合物应有足够的黏聚性和内聚力，这是水泥颗粒溶液的包覆层打开后，溶液所带来的分子力。搅拌熟化所要求的时间比拌和均匀需要的时间长。这就是最短纯搅拌时间不宜短于35s的由来。最长总拌和时间是保证搅拌楼产量，提高生产效率的规定。

6.2.3 砂石料要求：为混凝土拌和物使用的砂石料中自由水、冰雪、灰尘和局部过热作出的规定。

6.2.4 外加剂的使用：外加剂应以溶液方式使用，并防止沉淀和絮凝。但也有例外，如掺量大于10%的膨胀剂，严格地讲它是特种水泥，遇水即开始水化，不得使用溶液；某些掺量很大，不能溶解在全部拌和水中，如掺量5%的早强剂、防冻剂等可使用粉剂掺入。为了保证其均匀性，应适当延长搅拌时间。

6.2.5 引气混凝土拌和：不得使用搅拌锅满容量拌和引气混凝土，最大容量为额定的90%。须知，拌合物的含气量是在拌和过程中，从空气中裹携进去的，如果搅拌锅是满的、密封的，没有给出空间让空气进入，即使掺用引气剂，也裹携不进空气，达不到要求的含气量。纯拌和时间应控制在拌合物含气量最大或较大时。

6.2.6 粉煤灰混凝土拌和：要求粉煤灰与水泥一样输送和计量。引气粉煤灰混凝土，引气剂掺量应通过试验加倍剂量使用，方可达到规定含气量。要求适当延长粉煤灰混凝土的拌和时间，以利外加剂、粉煤灰和水泥同时均化。

6.2.7 拌合物的质量检验与控制

1 检测项目和频率应符合表6.2.7的规定。在低温或高温条件下,要求出搅拌机的拌合物温度控制在10℃~35℃,即冷天不低于10℃;热天不高于35℃。这是从水泥水化、热天防止温度裂缝、冷天防止混凝土受冻角度而沿用了国际上通用的规定。

表6.2.7中出现了水泥路面施工中几项从未规定的项目:

(1)水灰比及其稳定性:按本规范关于搅拌楼计算机自动称量控制操作的要求,本不必对此再提出反向控制的苛刻要求,但是在实际生产中发现拌合物亦有脱离施工配合比的现象出现,也就是说,不能唯一依赖搅拌楼计算机自动称量控制系统,我们要求抽检水灰比是希望建立更客观真实的控制基准,防止拌合物出问题。同时水灰比是控制拌合物弯拉强度、耐久性等所有路用性能的基础,可仅抽检水灰比这项最重要的配合比控制性指标。此项要求与沥青路面进行混合料中的沥青抽提相仿。由于此项检验较复杂,频率规定的很低,5000立方米测一次,连续施工不足方量时,亦应抽检一次。目前国内外有拌合物水灰比快速检测的仪器可方便测出水灰比数值。

(2)拌合物视密度的检测:是为了控制配合比中砂石料的称量准确性。也是反向控制的客观基准之一,防止由于砂石料含水量的波动造成过大的称量误差。拌合物视密度在制作强度试件时进行,十分便捷。发现拌合物视密度发生了变化,且误差大于2%,应调整砂石料用量。

(3)过去仅在寒冷或高寒地区有抗(盐)冻性要求的混凝土测定含气量,本规范从水泥路面提高弯拉强度和耐候性的观点出发,规定在全国各地均掺引气剂。与此项规定一致,全国各地的水泥路面均应检测含气量,仅含气量数值分三种情况分别控制,见表4.1.2-5。

(4)钢纤维体积率在钢纤维混凝土配合比设计中有,也是按配合比要求添加的,为了防止钢纤维掺量出错和防止施工中随意减少钢纤维掺量,提出钢纤维反向控制的检验规定。

(5)VC值及其稳定性、压实度、松铺系数是碾压混凝土路面的特殊规定。

2 匀质性达到规定要求;不得有生料、干料和离析现象;也不得有外加剂、粉煤灰或钢纤维成团现象,有这些现象的拌合物不得用于路面摊铺。拌合物的坍落度误差不得大于±10mm。

6.2.8 钢纤维混凝土拌和特殊要求

1 防止钢纤维搅拌结团:容量不宜大于额定拌和量的80%,同时也保护搅拌机叶片,并防止钢纤维搅断。

2 投料:控制投料顺序:先干拌,后加水拌和,或使用钢纤维分散机。

3 按钢纤维混凝土匀质性要求,延长拌和时间。

4 拌和方式:可使用强制式或自落式搅拌楼(机)拌和,严禁使用手工拌和。这里关于搅拌机的规定与普通混凝土不同,实践证明,钢纤维混凝土使用的搅拌机形式既可为强制式也可为自落滚筒式,前者的生产效率高,相同拌和时间的拌合物匀质性和工作性更好;后者不至于损伤或搅断钢纤维,但搅拌时间长。因此为了保证钢纤维在拌合物中的均匀分散性,无论采用哪种搅拌机型,均需要数倍地延长拌和时间。

5 钢纤维分散性要求:水洗法检测钢纤维含量最大误差不大于理论计算掺量的±15%。这个误差要求引用建设部标准《钢纤维混凝土》(JG/T 3064)的规定。

上述要求的目的是为了钢纤维能在拌合物中充分分散,并分布均匀。由于硬度很大的钢纤维阻止和顶托,钢纤维混凝土拌和均匀比普通混凝土难度大,生产效率有所降低,尽管如此,严格按本规范的上述要求拌和,实践证明,拌和出优质的钢纤维混凝土没有问题。

6.2.9 碾压混凝土拌和特殊要求

1 砂石料应防水防湿:碾压混凝土稠度对砂石料的含水量非常敏感,必须对料堆、料斗等进行防雨覆盖。如其不然,雨后砂石料的含水量甚至可以超过加水量,一点都不加水,碾压混凝土会过于湿软,达到不能摊铺,更不能碾压的程度。因此,比普通混凝土更应重视砂石料防雨水和防潮。

2 应密切监测和及时反馈砂石料含水量的变化。

3 适当延长拌和时间:碾压混凝土过于干硬,拌和难度较大,出料时的碾压混凝土拌合物外观与水泥稳定粒料基层材料相当,需要比普通混凝土延长拌和时间,才能达到所要求的匀质性。

6.3 运输车辆

6.3.1 运输车辆配置:施工所需要的混凝土运输车数量可按公式(6.3.1)计算。该计算公式的链式模型推导详见《公路水泥混凝土路面滑模施工技术规程》(JTJ/T 037.1—2000),按照这个公式算得的运距最近需要的车数最少为3辆。运输车辆计算公式也可按概率论中的排队论模型推导。这有现成的计算公式可以使用,但因其计算过于复杂,普通工程技术人员难于理解和掌握,本规范未列出。

6.3.2 车况和车型要求:车况要好,并按施工运距或施工路面结构需要配置车型。

6.4 运输技术要求

6.4.1 总运力要求:按运距、路况等调整运力,运距远,路况差,应增加车数;反之,减少车数。

6.4.2 运输时间:混凝土运输的最基本要求是:运输到摊铺机前的拌合物必须适宜摊铺。表6.4.2是按此基本要求同时考虑水泥在特定温度下的初凝时间作出的规定。按施工方式不同,进行了分别要求。

6.4.3 拌合物运输技术要求:分别对装料、运输、应急措施、覆盖、最远运输半径、防碰撞、卸料及碾压混凝土卸料提出详细要求。

7 混凝土面层铺筑

7.1 滑模机械铺筑

各条详见《公路水泥混凝土路面滑模施工技术规程》(JTJ/T 037.1)的条文说明。

7.2 模板及其架设与拆除

本节是专为轨道摊铺机、三辊轴机组、小型机具三种固定模板施工水泥路面方面编写的有关模板、架设、检验及拆除的技术内容。对这三种铺筑方式而言,模板比滑模摊铺中的基准线还要重要,它不仅是路面摊铺的几何基准,而且是铺筑设备作业和拌合物所依托的支撑条件。关系到定模摊铺的几何线形顺直度、厚度、平整度及其稳定性等关键质量指标。

7.2.1 模板技术要求

1 边侧模板:定模摊铺,使用量最大、最多的是边缘侧向模板。首先规定的是模板的材质:要求为钢模板,这一条与《水泥混凝土路面施工及验收规范》(GBJ 97—87)规定的木模板不同,原因是木模的刚度偏小,作为平整度的表面基准,3m 直尺 5mm 尚可,作为高速公路、一级公路平整度要求达到 3m 直尺不大于 3mm 显然难于满足,其次,木模吸水易于变形,周转率低。因此,本规范规定不应使用木模、塑料模板或其他易于变形的模板。

其次是规定模板的几何尺寸:高度、长度、模板的固定装置等。其中强调模板的高度应为面板设计厚度,否则,面板厚度无法保证。长度以人工便于架设为准,一般不宜短于 3m。本规范规定的模板固定装置有钢筋三角支撑和角钢斜支撑两种形式,见图 7.2.1-1a)、b)。均为实践中成功使用的固定方式,为了提高模板的架设稳固性,要求每延米模板设一处固定装置。用钢钎木楔固定模板。

模板的加工及矫正精确度应符合表 7.2.1 的规定。按不同施工方式进行要求,本规范已经对不同施工方式规定了可施工的公路等级,一方面考虑平整度要求;另一方面,参考实际施工时所使用的模板已有精确度,综合确定。要求插拉杆一侧设插入孔。

2 端头模板:要求为焊接钢制或槽钢模板,并焊接传力杆定位套管及固定孔套。横向施工缝端头模板上的传力杆设置精确度要求较高,施工定位精确度不足时,传力杆将顶坏水泥路面。应认真对待。

3 模板的数量:足够施工周转的需要。

7.2.2 模板架设与安装

1 测量:对模板架设位置应进行测量放样。

2 模板架设:模板架设最主要的要求是稳固,在上部机械和机具的摊铺、振捣、整平及饰面作业下不位移且不妨碍各项作业。规定每米一个固定拴杆,小型机具作业时,稳固要求低一些,而轨道与三辊轴机组要求得高些。平、纵曲线路段,应使用短模板,并将模板中点安装在曲线的切点上,以便顺畅过渡曲线,并使混凝土用量最省。

3 轨模及其架设:轨道摊铺机使用的是轨道与模板合一的专用轨模。其尺寸往往由厂家提供。一般为本规范所提供的图 7.2.2 的断面形式。

4 模板的安装要求:见表 7.2.3 三种铺筑方式的安装规定偏差。其中安装规定偏差是施工机械或机具所要求的偏差,不同施工方式应满足各自的规定偏差;只有规定偏差在任何情况下均满足要求,方可在交工和竣工验收时,最大允许偏差(极值)满足《公路工程质量检验评定标准》(JTJ 071)的规定,顺利通过验收。

5　模板防粘措施：满足拆模的需要。

7.2.3　模板的安装质量检验：尺寸误差应满足表7.2.3的规定。本规范此处提出了一项很严格的面板厚度检验规定：要求采用与设计板厚等厚的测板，两端滚动轴依托在模板顶面，全摊铺路段拖过，不被托起，方可开工摊铺。

此项规定的来源一是法国规范对定模摊铺水泥路面的规定，其实际工程也是这样执行的。二是根据我国水泥路面施工的具体现实，认为水泥路面质量最大问题是面板厚度没有被控制住。尽管《公路工程质量检验评定标准》（JTJ 071）中规定的板厚代表值不小于－5mm，极值不小于－10mm。但是从实际水泥路面早期破损后挖开修复的情况看，远未达到此项要求。在水泥路面设计中，经过一套复杂的设计计算，得到的结果就是面板厚度，如果板厚不符合要求，任何质量和使用年限等都无从谈起。

所以，施工上保证板厚是水泥路面的重要质量问题，从许厚不许薄的指导思想出发，移植了法国的板厚控制方式及要求。目的是将板厚控制在摊铺前，定模摊铺在两侧模板架设好后，用测板全面检测，滑模摊铺在基准线设置好后，跨线量测，杜绝面板摊铺完后的返工现象。

7.2.4　模板拆除：最早拆模时间表7.2.4规定主要目的是在拆模时，不得损伤或撬坏路面，同时不得敲打和损坏模板。

7.3　三辊轴机组铺筑

7.3.1　设备选型与配套：三辊轴机组铺筑水泥路面的主要设备有：

1　三辊轴整平机：三辊轴整平机实质上属于小型机具的改造形式，是将小型机具施工时的振动梁和滚杠合并安装在有驱动力轴的设备上。所以，在高等级公路的施工中，仅靠三辊轴整平机是不能保证面板中下部路面混凝土振捣密实的。因此必须同时配备密集排式振捣机施工。

2　振捣机：是在密集排振的观点指导下开发的配套设备，目前有仅安装一排振捣棒的形式；也有同时安装有辅助摊铺的螺旋布料器和松方控制刮板的形式，本规范推荐采用后一种形式。

3　振捣梁：桥面铺装时（厚度不超过150mm）可使用振捣梁。

4　拉杆插入机：是摊铺双车道路面时，在中间纵缝中插入拉杆的专用装置。

5　其他辅助设备可按照表7.1.1-2选配。

7.3.2　三辊轴机组的施工工艺流程：其施工程序与小型机具施工接近。不同之处有两点：一是使用排式振捣机代替手持式振捣棒；二是将振动梁与滚杠两步工序合成为三辊轴整平机一步。三辊轴机组施工时，推荐使用真空脱水工艺和硬刻槽来保证表面的耐磨性和抗滑性。

7.3.3　三辊轴机组铺筑

1　卸、布料：布料的关键是掌握好松铺系数，松铺高度与横坡满足要求。

2　密排振实：有间歇插入振实与连续拖行振实两种，拖行振实的缺点是振捣棒会拖出粗集料偏少的砂浆条带，而这种砂浆条带很容易导致面板塑性收缩开裂，好在后道工序有振动辊轴，可以一定程度得到弥补。振实要领在于必须首先使拌合物振捣为连续介质，然后将拌合物中的气泡排除干净。振捣速度应缓慢而均匀，连续不间断行进。

3　拉杆安装：除单车道在侧面插入拉杆外，双车道还应注意使用插入机插入中间假纵缝拉杆的位置符合表9.1.5的规定。以往无论哪种施工方式，均对拉杆的插入精确度要求不严，倾斜及插入不到位的情况居多，其结果高速公路、一级公路高填方路基由于边缘沉降大于中间，横向弯矩造成了行车道拉杆端部纵向开裂，而且，由于横向缩缝中的集料嵌锁作用，纵向裂缝传递和发展得很快。此种破坏现象必须通过提高拉杆插入精确度及其接缝的切缝深度（1/3～1/4）h 来解决。

4　三辊轴整平机作业：应按照本规范规定的作业单元、料位高差、振动滚压遍数、补料、静滚、表面质量控制的要求进行，其中最关键的是料位高差和振动滚压遍数的控制。料位高差与坍落度、整平机的重量和振捣烈度有关，坍落度大，高差小；整平机重量大或振捣烈度大，高差大，反之反是。这要靠经验摸索出来。另一方面，振动滚压遍数并非越多越好，一般需要2～3遍。滚压遍数与三辊轴机型、坍落度及物料松铺高差的关系可参见表4。

表4　整平混凝土表面所需的三辊轴振动滚压遍数

布料高差(mm) 坍落度 S_L(mm)	进口 5001 型 $L=9m$, $M=2095kg$			国产 $L=12m, d=21.90mm$, $M=3800kg$		
	2	4	6	2	4	6
1.5	3	5	8	1	2	2
4.0	2	3	5	1	1	2
6.0	1	2	3	1	1	1

5　饰面:三辊轴机组摊铺时,饰面相当重要,若无饰面工具(刮尺和刮板人工纵横向认真反复刮平),直接使用三辊轴整平机滚过的表面,实践证明:平整度是达不到3m 尺不大于3mm 要求的,因此,必须配备饰面工具,并认真操作。

7.4　轨道摊铺机铺筑

7.4.1　轨道摊铺机选型:根据一次摊铺的宽度,参照表7.4.1 选择。

7.4.2　轨道摊铺机作业要领:

1　布料:按配置的螺旋布料机、布料刮板或箱式布料机三种方式进行。后者适用于摊铺连续配筋或钢筋水泥路面。布料的关键是按坍落度不同,按表7.4.2 控制松铺系数。

2　振实作业:振捣棒组操作与三辊轴机组的振捣机一致,有间歇插入振实与连续拖行振实两种。

(1)轨道摊铺机的振捣棒组应配备超高频振捣棒,最高11 000 次/min,工作频率6 000 ~10 000 次/min,如果配备的是手持式振捣棒,其振捣频率仅1 500 ~3 000 次/min,优越性就不大了,不能用超高频振捣来激发水泥的活性,只有三辊轴和小型机具的弯拉强度。

(2)振动梁:轨道摊铺机上的振动梁与滑模摊铺机搓平梁不同,振动梁的振捣频率在3 000 ~6 000 次/min(50 ~100Hz)之间可调。

3　整平饰面:轨道摊铺机上可配备往复式滚筒、纵向抹平板或斜向抹平板。

4　精平饰面:与三辊轴机组要求相同。

7.5　小型机具铺筑

7.5.1　机具选型与配套:贯彻因地制宜的原则,按表7.5.1 的要求配齐全。

7.5.2　摊铺、振实与整平

1　摊铺:主要是控制好卸料及松铺系数,摊铺所制订的要求,是防止混凝土离析,保证混凝土均匀的措施。

2　振实:这是摊铺中的关键工序,本规范按振捣密实要求,规定:

(1)振捣棒:每2m 宽度应配备一根,4m 宽配2 根;8m 宽配4 根,并排全断面连续振实。

(2)每4m 宽度配备1 个振动板;8m 宽度配备2 个振动板,纵横交错两遍振实。

(3)4m 宽路面采用1 根振捣梁;8m 宽度采用2 根振捣梁。

(4)滚杠:4m 宽路面采用1 根滚杠;8m 宽度采用2 根。

这就是4m 宽路面小型机具摊铺时的"2-1-1-1"机具配置,采用2 个振捣棒、1 块振动板、1 根振捣梁和1 根滚杠;8m 宽路面小型机具摊铺的"4-2-2-2"机具配置,采用4 根振捣棒、2 块振动板、2 根振捣梁和2 根滚杠。这是以往规范没有的规定,从保证路面的密实度和匀质性来看,是必要的。本规范不允许无论施工路面多宽,只使用1 根振捣棒、1 块振动板、1 根振动梁、1 根滚杠的做法。大量施工实践表明,单一振捣棒漏振和欠振的部位过多,而漏振和欠振从表面外观很难发现,但对路面弯拉强度、密实度和匀质性影响很大。因此,一般小型机具施工的路面在高等级公路上顶不住使用,这是限制小型机具在高等级公路水泥路面上采用的重要原因之一。即使小型机具施工一般公路水泥路面,它也是高级路面,也需要按上述要求确保内在质量。

5　整平饰面：包括滚杠提浆整平、抹面机压浆整平饰面、精整饰面三道工序，这里需强调的是三道整平工序缺一不可，并给出了具体操作要求。

7.5.3　真空脱水工艺要求

本规范在一般规定中限定了真空脱水工艺所使用的公路等级，在不使用外加剂时，三、四公路可以使用真空脱水工艺。其目的是希望能够在没有采取减水剂措施降低水灰比时，保留其真空脱水后混凝土拌合物水灰比小、耐磨性得以提高的优点。

真空脱水工艺的缺点也是很明显的，最主要的问题是真空脱水后，面板内形成了众多上下贯通的毛细管通道，有损于面板的实际弯拉强度及其在一块面板内的均匀性，且影响平整度。因此，有专家提议将真空脱水工艺从各等级公路水泥路面上全部排斥出去。但上面已经谈到，即使是三辊轴机组施工，也可以使用真空脱水工艺技术来解决泌水带来的表面水灰比较大、耐磨性不足问题。真空脱水工艺的缺点，是可以在真空脱水后使用较重型的抹面机或三辊轴整平机，再一次反复压实抹面，得到一定程度的弥补或修复的。真空脱水工艺是一种手段，只要我们明确其利弊，能够正确趋利避害地来使用，比不采用任何措施的效果要好。真空脱水工艺实行20多年来，大量的工程实践已证明：使用了真空脱水工艺的路段，面板的使用年限确实比不使用外加剂也不使用真空脱水工艺的路段要长。

本规范详细规定了真空脱水工艺的各项施工环节及其技术指标，其目的是要求在使用该技术时，应尽量按本规范要求制作，保证其施工效果和质量。要做好真空脱水工艺，除了设备和操作外，最重要的是满足表7.5.3最短脱水时间的规定。本规范规定应采用最短脱水时间和脱水量双控措施，其目的是为了保证使用真空脱水工艺施工的每块面板的质量匀质性，特别是不同面板的水灰比、密实度及平整度的一致性。

真空脱水工艺推荐采用（重型）叶片式、圆盘式抹面机或三辊轴机压实整平，使上下贯通的毛细管得到一定程度的修复，同时改进真空脱水后中间低四周高的吸水盆不平整现象。采用重型抹面机压实整平后，已经不可能软拉抗滑构造了，只能硬刻槽。真空脱水后的路面一般可略提前切缝。

7.6　碾压混凝土面层施工

7.6.1　简述碾压混凝土路面铺筑工艺流程。

7.6.2　碾压混凝土机械选型与配套

1　沥青摊铺机：碾压混凝土路面施工最好选择带自动找平系统和高密实度熨平板的大型沥青摊铺机1至2台，最大摊铺厚度可达到30cm，摊铺预压密实度可达到大于等于85%以上。

2　压实机械：自重10～12t振动压路机1～2台；15～25t轮胎压路机1台，用于路面碾压。1～2t小型振动压路机1台，用于边缘压实。

3　通用机械选配：搅拌与其他施工辅助设备可参照本规范表7.1.1-2要求选配。

7.6.3　基准线设置说明与本规范滑模摊铺7.1.2条相同。

7.6.4　松铺系数一般在1.05～1.15之间；摊铺参数确定：熨平板的夯锤行程宜调整到最大值，调整初始工作角、振捣器振幅、频率或液压梁压力等在适宜的摊铺状态，一般不宜超过最大值的80%。培肩宽度应超出路面设计宽度10～20cm，培肩后应用小型压路机或其他夯实工具压实。与摊铺水稳基层一样，碾压混凝土也可使用边缘支槽钢模板或方木。

7.6.5　面层摊铺

摊铺面层作业与沥青路面摊铺基本一致，不同点有：

①开铺前，应洒水湿润基层。

②拉杆设置应与摊铺同步，保证拉杆在准确的位置打入。

③摊铺中应努力防止混合物离析，无论摊铺直线或弯道路段，均应保证两侧供料均衡。摊铺过后，应检查表面，并及时使用湿筛砂浆补料，再碾压。

7.6.6　碾压作业：碾压段长度30～40m为宜，蒸发率大，取小值；反之，取大值。碾压作业应均匀、速度稳定；并应按初压、复压和终压三个阶段进行。关键是碾压配合：初压、复压和终压作业应环环紧扣、密切衔接、紧密配合，一气呵成；中间不应停顿、等候和拖延，也不得相互干扰。摊铺后表面应及时覆盖，防止水分蒸发影响压实度或污染。

7.6.7 横向施工缝设置与施工：形式宜为“台阶式”。叙述制作横向施工缝施工工序。

碾压混凝土路面的特殊“台阶式”横向施工缝，是其工艺特色，如果彻底将缝切齐，不便于插入传力杆，传荷能力较差，也不利于接头处碾压密实。上搭台阶缝有可能推挤上抬，但碾压混凝土干缩变形较小，上抬可能性比普通水泥路面小。碾压混凝土路面不同于普通混凝土路面，其无法准确配置传力杆钢筋，采用“台阶式”横向施工缝的施工工序是不得已而为之的方式。

7.6.8 胀缝设置与施工应符合下述要求：

1 设置胀缝：邻近构造物两端、小半径平曲线两端和凹形竖曲线处应设2条胀缝。其余可不设置胀缝。

2 形式：胀缝可设置成枕梁（垫）式和钢板枕垫式两种形式：

（1）混凝土枕垫式胀缝施工工序如下：

①挖枕垫槽：按其断面尺寸120mm×1200mm在基层胀缝部位挖枕垫槽。

②浇筑枕垫：浇筑并振实或夯实C15混凝土枕垫，整平表面。

③铺设滑动垫层：枕垫混凝土硬化后，铺沥青砂或垫油毡做滑动垫层。

④摊铺路面：按正常碾压混凝土路面施工工艺连续过胀缝。

⑤全深度切胀缝槽：使用与面板厚度相同的切缝机，全深度锯两刀，宽度250nm等宽完全切开路面板，并挖除胀缝槽内的混凝土。

⑥夹入胀缝板并灌缝：在胀缝槽内插入厚度不大于25mm的路面全宽贯通的胀缝板，板顶离路面20~30mm，灌注胀缝填缝料。

（2）钢板枕垫式胀缝施工工序如下：

①挖浅槽铺钢板：按钢板枕垫断面尺寸（厚度3~5mm，宽度600~1200mm）在基层上设置胀缝部位挖浅槽。

②铺设滑动垫层：整平钢板枕垫，表面涂一层沥青或黄油作滑动垫层。

③其他工序：与混凝土枕垫式胀缝相同。

碾压混凝土路面的枕垫式与钢板式胀缝是其又一工艺特色，意图很明显：是使用枕垫和钢板消除错台。由于在碾压混凝土路面胀缝中无法插入传力杆，因此，碾压混凝土可不设传力杆。但是碾压混凝土面板在热天高温季节向上隆起是无约束的，这样设置的胀缝实质上与普通水泥路面上设置的带枕梁的隔离式胀缝相同。

7.6.9 碾压混凝土纵缝中应设拉杆。面板尺寸可比普通水泥路面略大，最大不超过6m×8m。碾压混凝土路面亦有横坡，会产生侧向滑移，由此也需要在纵缝中设置拉杆。碾压混凝土表面一般采用硬刻槽做抗滑构造，若可采用裸露集料法，粗集料的磨光值应大于等于35PSV，磨耗值应小于等于16%。

7.6.10 碾压质量检查应符合下列要求：

1 密实度、板厚和匀质性检查：碾压作业必须达到配合比设计时所规定的密实度，检测可采用核子密度仪和钻芯取样两种方法。碾压混凝土路段的面板厚度和材料应均匀一致，并防止离析造成粗集料富集成堆。板厚可用尺测，板厚和匀质性可用钻芯检验。

2 平整度检测：碾压混凝土路面平整度，应达到所摊铺公路等级所规定数值，平整度的现场检测可使用3m直尺。

3 表面微裂缝与轮迹检查：碾压终了后的碾压混凝土面板表面不应有可见微裂纹、碾压楞槽、台阶、轮迹或印迹。

8 钢筋及钢纤维混凝土路面和桥面铺筑

8.1 钢筋混凝土路面铺筑

8.1.1 为钢筋混凝土路面施工测量放样要求。

8.1.2 钢筋网加工与安装要求

1 钢筋网焊接与绑扎技术要求应遵循现行国家或行业相应技术标准和规范的规定，首次提出可在公路水泥路面及桥面上直接使用冷轧带肋钢筋网，与普通钢筋网等强互换后使用。

2 详细规定了钢筋网架设、分层摊铺、安装、保护层及其纵横连接的技术要求。

8.1.3 边缘补强和角隅钢筋的安装

1 边缘补强：首先明确其设置位置应在交叉口和基础薄弱路段。国内有的高速公路在全线每块面板的外侧均设计有边缘补强钢筋，大大增加了滑模等大型机械施工的难度，由于高速公路有护栏，几乎没有车轮能够达到边缘，除了本规范规定的位置外，没有必要全线设置。正常情况下，在二级以下公路的平面交叉口，车轮上、下或进、出面板路段，高速公路立交处车道合并或分离的部位、高填方路段或桥头、软基路段，必须设置边缘补强，否则一定会提前断板。

2 角隅钢筋：由于发针状角隅钢筋只有一个连接点，所以规定应焊接牢固，不得绑扎，也可并入整体钢筋网。角隅钢筋的补强位置：路面应补强锐角，桥面应补强钝角。其理由是路面补强是为了防止锐角断角；而桥面上，钝角处的弯矩及拉应力最大，应补强钝角。其实，路面和桥面均按照应力最大原则，在最易于破坏的位置进行补强。

为防止路面早期破损而增加的边缘补强和角隅钢筋，在路面设计阶段，并不了解路基和基层的实际填挖及沉降状态，一般考虑不了这样详细，可通过铺筑前路面施工图阶段的细化和深化补充设计来实现。实践证明，这是建设高质量高速公路、一级公路水泥路面必须做的事，几十乃至上百公里高速公路只有一张标准断面设计图纸，肯定会在短期内出问题。

8.1.4 钢筋网及其骨架的质量检验

首次制订了路面钢筋网的加工精确度、搭接长度、安装精确度和质量控制等要求，其中的表 8.1.4-1 和表 8.1.4-2 的规定，是按照国标《混凝土结构工程施工及验收规范》(GB 50204)的要求，并结合路面钢筋混凝土的具体情况制订的。钢筋网质检合格后，方可允许铺筑钢筋混凝土路面。

8.1.5 钢筋混凝土路面铺筑

1 布料：其中关键是选用合适的布料及供料设备，保证钢筋网不被混凝土或机械压变形、变位。

2 摊铺作业：与普通水泥路面摊铺的主要区别在于：

(1)摊铺坍落度：可略大 10 ~ 20mm，钢筋网阻隔对振实有一定影响，为了保证振捣密实度而采取的减小稠度措施，坍落度增大后，由于有钢筋网约束，即使没有模板的滑模摊铺，也不会发生塌边现象。

(2)振捣的核心问题是在保证振捣密实效果前提下，不使路表面遗留下易于收缩开裂的砂浆暗槽。

(3)振实时间宜适当延长：滑模摊铺机和轨道摊铺机的推进速度应适当减慢。不减慢推进速度时，应提高振捣棒的振捣频率。

(4)连续配筋和钢筋混凝土路面最忌摊铺过程中断，尽管可采取中断部位加强配筋，但毕竟是混凝土面板的冷接头，在冷接头位置肯定开裂，而且裂缝宽度较大，因此，要尽量避免。

(5)设置横向施工缝：为施工中因不可抗拒因素中断摊铺时，不得不采取的加强配筋措施。

3 防锈措施：设接缝钢筋混凝土路面的切缝位置需要提前放样，并对切缝部位的钢筋采取必要的防锈措施。切缝后的槽口，必须及时填缝。

8.1.6 连续配筋混凝土路面端部锚固结构施工

1 位置、形式与施工放样：连续配筋混凝土路面端部锚固装置的位置在与构造物相接处形式有：矩形地梁、宽翼缘工字钢梁接缝、混凝土灌注桩、连续设置胀缝等。目前新修订《公路水泥混凝土路面设计规范》(JTG D40)仅规定了前两种，本规范与 JTG D40 一致，只规定这两种的施工要求。应明确在连续配筋水泥路面端部设计锚固装置的基本目的是：限制或释放很长的连续配筋混凝土路面累积的干燥收缩与温度收缩变形。同时，也有利于钢筋承受拉应力，如果允许其自由收缩，除了接缝宽度过大，影响行车和易于破坏以外，钢筋应力不高，将用不上劲，起不到配筋的作用。

2 施工：作为一般性钢筋混凝土结构，应根据设计图纸施工端部锚固结构。按照限制变形理论，使用端部锚固装置的连续配筋混凝土路面，允许面板开裂，问题是如何有效地将面板上的裂缝间距，通过混凝土原材料、配合比控制，达到我们所要求的0.5～2.5m的范围之间。裂缝间距过小，达到钢筋网孔尺寸，长期运营的水泥路面将产生块状剪切破坏；间距过大，变形积累，冬季裂缝宽度达到0.6～1mm，一方面会透水，另一方面宽裂缝边角很容易被破坏。目前控制裂缝宽度和间距尚无有效、明确的方法，需要今后深入研究。

8.2 钢筋混凝土桥面铺装

8.2.1 桥面、搭板钢筋网焊接、锚固与安装的质量要求：

1 焊接与锚固：首先是要求将裸梁之间的后浇带钢筋横向连接成整体（这属于桥梁内容），其次是按桥梁剪应力分布和大小，加强层间抗剪钢筋的锚固。众多桥面铺装实践表明：如果不设抗剪锚固钢筋，铺装层与翼缘板脱离，形成两张皮，必定提早破坏。

2 铺装层厚度与保护层：桥面钢筋混凝土铺装厚度受到铺装层本身耐用年限和主梁恒载两方面的制约。根据交通部进行的钢筋混凝土桥面铺装课题的研究成果，从铺装层的应力计算结果看，一般钢筋混凝土桥面的厚度宜在80～120mm之间已能满足要求，考虑超载、偏载和高应力疲劳等对桥面使用年限的影响，桥面钢筋混凝土铺装层的厚度一般应在90～150mm之间，极限最薄厚度不得小于90mm。另外从保护层考虑，上部钢筋防锈同时考虑磨损，不应小于50mm，下部保护层不小于30mm，钢筋网本身10mm，三者之和，仅满足保护层要求的最薄厚度为90mm，两者正好一致。

3 双层钢筋网：整体铺筑应上下焊接。分层铺装时，应分别锚固在各自下层的混凝土中。这仍是两层之间的抗剪要求。下层钢筋网应以主梁肋为横向支点，将荷载分担到主梁上，并增强横向刚度。因此，下层防水找平层钢筋网横向为主筋，纵向为次配筋。横向配筋宜强不宜弱，钢筋宜粗密不宜细疏。位置宜低不宜高。纵向钢筋除非加强受拉区，在正弯矩受压区，主要应由主梁承担拉应力，受压区增加纵向配筋不仅不必要，而且钢筋自重和压应变比混凝土大得多，有增大挠度之可能。上层钢筋网的配筋目的是为了防止混凝土表面开裂，因此，上层钢筋网的纵横钢筋均宜细不宜粗，间距宜密不宜疏。

4 切缝部位补强：梁端或负弯矩部位一定要切缝，此处需要增加接缝补强钢筋，对张开型缩缝进行补强，目的是限制接缝的张开位移量，保持接缝的长期使用性能，并减缓破损。

5 网片连续：桥面钢筋网应在整个桥面内纵、横向连成整体。即使不能整体全宽铺装，也应将钢筋网焊接成全桥面宽度内整体连续，不得中断或切断纵、横钢筋网。这是保证钢筋混凝土桥面的整体受力、刚度和耐久性对桥面铺装提出的技术要求。

6 胀缝连接：双层钢筋混凝土搭板与过渡板，过渡板与路面应采用胀缝相连接。胀缝补强支架与钢筋网应焊接成整体，或直接利用双层钢筋网，但钢筋数量不得少于胀缝支架钢筋。

8.2.2 桥面及搭板的机械铺装：

1 铺装准备：

(1)搭板与路面间过渡板：高速公路、一级公路双层钢筋混凝土搭板与普通水泥路面相接时，应设置长度不小于10m的单层钢筋混凝土过渡板。实际运营的路面观测表明：路面总有沉降，而桥台不沉降，此处是车轮上下桥梁冲击荷载较大、较集中，也是最早、最容易破坏的部位，因此需要设钢筋补强过渡板。

(2)桥头搭板的形式与厚度:有双层钢筋混凝土平厚搭板,厚度一般为300~400mm;设枕梁和加强肋梁的单层钢筋混凝土薄搭板,薄搭板厚度一般与路面相同,枕梁和肋梁一般与上基层等深。搭板加枕(肋)梁总厚度一般为450mm左右。

(3)桥面铺装层和搭板混凝土强度等级:不应低于主梁翼缘板,路面混凝土抗压强度满足要求时,可直接采用,不符合此要求应使用符合桥面要求的配合比。这项规定是最新要求,桥面与主梁在荷载作用下共同联合动作产生挠度时,桥面是受压区最上缘,其拉、压应力是最大的部位。当桥面混凝土强度等级低于主梁翼缘板时,桥面将首先被压碎或拉裂。

除了上述要求外,桥面铺装前的准备工作还有铺装层表面处理、承载力验算、预留和加固机械行走位置、上下桥坡道、桥面基准线设置、桥面铺装模板要求等项内容,视所采用的铺装机械和施工方式,按需要应分别满足各自的要求。本规范提倡使用大型滑模摊铺机铺装桥面,其优势在于:

①桥面平整度与路面一样优良,防止了桥头及桥面上的跳车现象,车辆高速行驶过桥时,感觉不到正在过桥。平整度好的另一个重要优点是车辆荷载对桥梁主梁板的冲击和振动将大幅度减小,这有利于延长桥梁主要结构和构件的使用寿命。

②钻芯检测表明:滑模连续铺装的桥面混凝土与主梁翼缘板混凝土的黏结相当良好,在一般性凿毛处理的条件下,铺装层与翼缘板的黏结抗剪强度比其他施工方式高得多,这主要归结为滑模摊铺机的超高频振捣功能,它在机场道面及搭板上,足以将450mm的混凝土厚板振捣密实,对于桥面100~150mm厚的钢筋混凝土,会带来黏结力相当优异的振实连接效果。

③在桥面铺装层厚度、桥梁跨径特别是挠度适宜的条件下,滑模连续铺装的桥面与路面一样,具有相同断板破坏数量时,使用寿命能够延长5~7年。

2 桥面与搭板的连续机械铺装

(1)桥面布料:桥面及搭板机械铺装的布料要求,应符合本规范8.1.5条第1款布料的规定。保证钢筋网不变形、变位是关键。

(2)桥面铺装:原则上是要保证所铺装桥面混凝土的均匀密实、平整连续。因此,作业要求为:滑模和轨道摊铺机应缓慢、匀速、连续不断地摊铺胀缝、搭板、桥面。通道或涵洞盖板钢筋混凝土摊铺与钢筋混凝土路面相同。连续滑模摊铺时,应旋转或提升振捣棒组底缘在路表面位置振捣摊铺。滑模摊铺机上、下桥面,应及时调整侧模高度,使边缘尽量少振动漏料。三辊轴机组铺装桥面时,与钢筋混凝土路面摊铺要求相同,宜采用间歇插入振捣。

(3)铺装厚度双控:对桥面铺装厚度实行平均厚度代表值和极限最薄厚度两项指标双控措施,实际上,我国水泥混凝土桥面铺装的最主要及最常见的质量问题是极限最薄厚度没有得到有效控制,铺装最薄(有的仅50mm)的局部出现提前破损。根据桥梁反拱和横向梁间的实际措台情况,提出极限最薄厚度不应小于设计厚度20mm的要求,不满足要求时,一般需要凿平或经过设计单位认可,上调铺装高程线,调坡线应在搭板以外的路面上进行,规定坡降比不大于1/500。

(4)搭板摊铺:厚度超过400mm时,必须先用人工浇注、振实厚搭板、枕梁和加强肋梁,再摊铺搭板上部。

(5)预留伸缩缝:用事先隔离、事后软剔除或硬凿除的方法施工桥梁伸缩缝和台背接缝。然后按规定安装伸缩缝或加强台背接缝,并应在其中加入体积掺量0.8%以上的钢纤维。钢纤维混凝土抗压强度应大于等于40MPa。此处强制规定使用钢纤维混凝土的目的是充分利用其优越的抗冲击韧性,使车轮冲击破坏力最大、破损最快的伸缩缝或台背接缝更经久耐用,所投入的钢纤维与翻修伸缩缝钢结构相比,前者更经济。注意:抗压强度大于等于40MPa,强度等级C40级以上钢纤维混凝土的配合比设计应符合本规范4.2节的要求;钢纤维质量应符合3.8节的要求。制作伸缩缝时,混凝土数量较少,严禁使用手工拌和,必须使用搅拌机拌和,而且必须掺用高效减水剂,延长拌和时间,方能达到其强度等级C40的要求。

8.2.3 钢筋混凝土桥面及桥头搭板接缝施工

1 桥头搭板尺寸与切缝:桥涵与路面斜交时,应全部在双层钢筋混凝土搭板内解决斜交板问题,路面上不出现斜交异形面板,既方便路面摊铺,延长其使用寿命,又将斜交异形板置于配筋最强的双层钢筋混凝土搭板。此处是整个线路面层中钢筋用量最大,补强最充分的部位。搭板的最短长度10m的要求比以往6m的要求长,目的是为了在桥头沉降时,减缓桥头跳车。桥头搭板纵横向最大边长小于等于6m,可不切缩缝;边长大于6m应切缝。斜交搭板应均分短边长边,在两边的中间点划线,并切缝、填缝。

2 桥面切缝:简支梁支座部位、连续刚构等桥面反弯矩部位必须按此款的规定切缝。其目的是将连续配筋混凝土桥面的裂缝由任意裂缝转变为可控、可灌填的接缝,延长其使用寿命。

8.3 钢纤维混凝土路面和桥面铺筑

8.3.1 钢纤维混凝土路面的厚度、尺寸、形状、掺量等应满足设计图纸和《公路水泥混凝土路面设计规范》(JTG D40)的规定。

8.3.2 布料与摊铺

1 布料与摊铺:为了保证面板中钢纤维分布的均匀性及结构的连续性,规定在一块面板内的浇筑施工过程不得中断。

2 松铺高度:由于钢纤维的顶托,规定其松铺高度宜略高10mm左右。

3 拌合物:由于钢纤维的顶托,相同坍落度的钢纤维混凝土振实略容易些,因此规定钢纤维混凝土拌合物宜使用较低坍落度的拌合物,不得使用钢纤维"结团"的拌合物。

8.3.3 振捣与整平

1 振实要求:从钢纤维混凝土路面匀质性和抗裂性考虑,规定已振实的钢纤维混凝土面板中,不得遗留下振捣棒插振后局部无钢纤维的暗空洞、坑穴或沟槽。

2 整平要求:从钢纤维混凝土路面运营安全性和可靠性考虑,规定钢纤维混凝土路面整平后的面板表面10~30mm深度内还应保证钢纤维不直立、不翘头,保证路面磨损后裸露的钢纤维不扎轮胎,以保证运营安全性。

3 摊铺:无论采用滑模摊铺、轨道摊铺或三辊轴机组摊铺钢纤维混凝土路面,均要求保证钢纤维分布的均匀性,均不得将振捣棒组插入面板内或在面板内拖行振捣,滑模、轨道摊铺机振捣棒底缘应严格控制在面板表面位置;三辊轴机组摊铺仅允许采用大功率平板式振捣器和振动梁振捣密实及整平。精平后的表面不得裸露钢纤维,也不应留浮浆。

8.3.4 钢纤维混凝土路面施工的特殊工艺要求

1 运输、摊铺最长时间:由于钢纤维混凝土的凝结时间短、硬化快,因此,钢纤维混凝土拌合物运输、浇筑至摊铺完毕的时间应符合表8.3.4的规定。钢纤维混凝土必须尽量加快施工速度,否则,很快会凝结导致难以摊铺。

2 抗滑构造制作:必须使用硬刻槽方式,不得使用粗麻袋、刷子和扫帚制作细观抗滑构造。这是保证抗滑构造施工不对表面造成损伤及钢纤维拖出所采取的措施。

3 切缝:钢纤维混凝土路面的板长,即缩缝切缝间距宜在6~10m之间,最大面板尺寸不宜超过8m×12m。这与设计规范的要求一致。钢纤维路面应先试切缝,在钢纤维不挂坏边缘时,才允许开始切缝。注意:此次新修订的水泥路面设计和施工两部规范所采用的钢纤维混凝土路面的面板尺寸比其应力计算结果和教科书中都要小(最大10m×20m),面板尺寸划分较为保守。原因一是考虑我国实际路面上的超载和偏载严重,强度储备不足;二是钢纤维掺量体积率由1.2%降低到0.6%~1.0%,尽管板厚的折减系数略有加大,但在长期高应力强度比的疲劳荷载作用下,疲劳强度和使用寿命仍嫌不足;三是尽管钢纤维路面允许在使用后期带裂缝工作,处在裂而不离,离而不开的状态,但这不是正常的设计工作状态,而属于破坏状态,开裂后的钢纤维路面平整度很差,行车既不舒适,也不安全,只具有路面残值,而不满足使用要求。

8.3.5 钢筋网钢纤维(双钢)混凝土桥面铺装:钢筋网加工、安装、布料和摊铺应符合钢筋混凝土路面和桥面的共同规定;双钢混凝土桥面振捣、整平、接缝与抗滑构造应符合钢纤维混凝土路面的规定。

近年来,双钢混凝土已经大量在我国特大桥和大桥桥面铺装层使用,双钢混凝土的国外资料极少,本规范主要是在总结我国实际使用经验基础上首次编写而成,希望在今后双钢混凝土桥面铺装中,更加严格和规范。使这种高度强化和增韧的桥面铺装形式使用得更好,工程质量更优异,使用年限更长。

钢纤维混凝土桥面应使用钢筋网,原因:一是仅有钢纤维混凝土无法也不能提供桥面足够的抗剪和抗分层能力;二是钢纤维的分布投影到水平面应力方向的毕竟有限,钢筋网直接加强的是水平面应力方向和垂直锚固抗剪方向,钢筋网的钢材有效利用率显然高于钢纤维。所以,桥面可用钢筋网混凝土,而不可仅使用钢纤维混凝土。否则,抗剪能力不足,很快就会分层。桥面铺装层一旦分层,必破坏无疑。

9 面层接缝、抗滑与养生

9.1 接缝施工

普通混凝土、接缝钢筋混凝土、钢纤维混凝土路面无论采用滑模、轨道、三辊轴机组或小型机具哪种工艺方式施工，其接缝的设置原则和施工方式是相同的。

9.1.1 接缝施工

1 纵向施工缝：机械摊铺宽度小于路面总宽度时，连接摊铺纵向施工缝为平缝加拉杆型，拉杆由人工或机械装置插入。规定当面板厚度大于等于260mm，可使用设拉杆的企口纵缝，一方面设计规范有此规定；另一方面，国内外有此成功的做法。实践证明，企口中间宽度不应小于100mm，加上传力杆的固定作用，在板厚大于等于260mm时，能够保证纵缝不发生剪切破坏。德国的实践表明，板厚较薄时，长期使用的企口纵缝会发生剪切破坏，形成破碎带。因此，板厚薄于260mm不宜使用企口纵缝。企口纵缝在滑模或模板上很容易制作。

2 纵向缩缝：当机械一次摊铺宽度大于2个以上车道有纵向假缩缝，用机械自动插入拉杆，切缝法施工假纵缝。

3 钢筋混凝土、钢纤维混凝土路面纵向缩缝：钢筋混凝土路面、桥面和搭板拉杆可由连续钢筋网片延伸过纵缝代替。整体网片钢筋比拉杆密度大得多，完全可以代替拉杆拔出力。经过计算分析，表明假纵缝切开后剩余的裂开断面内，锚固在一块面板裂缝两侧的平直钢纤维拔出力的总和是其拉杆拔出力总和的2倍以上，两端带锚固端的钢纤维拔出力是拉杆的5倍以上。因此，钢纤维混凝土路面切开的假纵缝中完全可不设拉杆，施工真纵缝中没有钢纤维提供拔出力，所以应与普通水泥路面一样设拉杆。

4 拉杆的施工保护和重置要求。

9.1.2 横向施工缝：混凝土已经初凝、中断或结束摊铺应使用端头钢模板设横向施工缝。位置宜与横缝重合，不能重合时应做带螺纹传力杆的企口缝。这样做的目的是在横向施工缝中不仅保证优良的荷载传递，而且拉成整体板。这种板中施工缝也会由于面板混凝土干缩形成微细裂缝，所以也需要切缝和灌缝。

9.1.3 横向缩缝：

1 缩缝间距：本规范规定缩缝应按5m板长等间距布置，不推荐1/6斜缩缝和不等间距的缩缝形式。1991年，在河北高碑店试验路上进行过尝试，12年观察表明，斜缩缝锐角很容易断角，按设计规范要求，锐角应加角隅钢筋补强，大量的不补强的素水泥路面斜缩缝，必然在几年内会出问题。钢筋混凝土路面锐角可不加角隅钢筋，只在锐角加强钢筋网。不等间距缩缝，短板弯拉应力小，长板弯拉应力大，疲劳应力亦如此，长板易断，且使用寿命明显缩短，达不到相同的使用期限，由此从防止断角，保持面板的相同应力水平、达到同样的耐疲劳断裂寿命和耐久性考虑，这两种形式以不设为好。国外设置这两种切缝形式主要从减小行车共振，提高舒适性出发，也决非全设。因此，目前在我国，舒适性和路面结构断角、断板和破坏相比，显然保证路面结构的完好性比舒适性更重要。我国特重、重交通混凝土路面上采取的消灭错台，提高舒适性的主要方式是每条缩缝均插传力杆，在这种路面上，是通过传力杆来解决共振和消灭"咯噔"路问题的。

对于不得已必须在接近构造物部位的路面上调整缩缝间距时，提出最大板长不大于6m（从延长使用寿命考虑一般不宜超过5.5m）；最短板长不小于板宽的要求，这一点很重要，当板宽大于等于板长，最不利荷载位置已经改变到横缝边缘，现有的路面结构应力和板厚计算图式全部失效，不能使用。要尽量保持面板内的低应力水平，保证板厚设计计算时的最不利荷载位置不变化。板长应以5m均匀布置为妥，当面板设计厚度受到投资限制，明显不足时，可采用4.5m的等长缩缝来降低应力水平，增强其抵抗特重、重交通量和超重载破坏能力。

2 不设传力杆缩缝：适用于中、轻交通公路水泥路面。

3 设传力杆缩缝：在超轴载或特重、重交通的高速公路、一级公路水泥路面上或渠化交通严重的收费站广场，全部缩缝应设传力杆。传力杆设置方式有两种：一是用滑模摊铺机配备的传力杆自动插入装置（DBI）在摊铺时置入；二是使用前置钢筋支架法施工。后者传力杆设置精确度有保证，但没有布料机的情况下，影响摊铺速度，且投资增大。使用传力杆自动插入装置DBI时，最大坍落度不得大于50mm，在过稀的料中，传力杆有可能因自重移位，最小坍落度不宜小于10mm，过硬的路面，整机重量不足以将整排传力杆振压到位。传力杆插入造成的上部破损缺陷应由振动搓平梁进行彻底修复。

9.1.4 胀缝设置与施工

1 胀缝间距：设计规范仅对临近构造物、与其他道路平交、平曲线等处的胀缝设置有明确的规定，而对上述位置以外的路面中间胀缝规定得很灵活，但不确切，施工中难掌握。本规范补充了按集料的温度膨胀性大小、当地年温差和施工季节气温综合确定的具体操作要求。一般而言，集料的温缩系数随集料品种及其酸碱性变化，数值可相差2倍多。碱性石灰岩集料温缩系数最小；酸性石英岩温缩系数最大。在年温差确定的条件下，集料的温缩系数控制着面板的胀缩量和接缝开口位移量，关系接缝的使用寿命。各种岩石品种集料的温缩系数可在《混凝土实用手册》（中国建筑工业出版社）中查到。多年实践证明，这样的规定确切，且效果良好。

胀缝是用于释放面板累积的膨胀变形量而设置的，是为了防止热天面板的膨胀隆起所采取的措施。胀缝的膨胀量还取决于面板施工当时气温与来年最高温度的温差值，以及面板底部的摩擦约束阻力。热天施工，当时气温与来年最高气温接近，在面板整个使用期间，面板只有收缩，而无膨胀，因此，可以不设胀缝；冬季施工，与来年夏季温差值较大，应加密设置胀缝。本规范规定的最短胀缝间距350m较自由无约束计算的间距200m要长，是考虑了板底摩阻力。这与我国绝大多数路面的实际情况相符，但也有例外，如四季如春的云南、年温差很小的广东、广西、福建等省区，胀缝最短间距可使用到500m以上，规定为“宜”，是允许特殊气温地区，可以通过试验，使用适合当地气温、填缝等条件的胀缝间距，留有变通的余地。

2 胀缝构造：采用补强钢筋支架，这不仅是机械连续施工胀缝的需要，而且是胀缝两侧增强抗拉强度，抵抗胀缝拉应力破坏所必需的。“八五”攻关对胀缝结构的有限元计算表明，水泥路面胀缝很容易早期破坏的重要原因之一是在胀缝板两侧300～400mm范围内的温差应力和荷载拉应力已经超过了混凝土的抗拉强度，因此，水泥路面无论采用何种施工方式，均应按此要求设置胀缝，胀缝在使用中的内应力与施工方式无关。胀缝构造采用加强钢筋环箍支架夹胀缝板和传力杆型，尽管拉应力超过混凝土抗拉强度的作用宽度为300～400mm，为保险起见，每侧规定为大于等于500mm，当摊铺宽度大于等于7.5m以上时，胀缝钢筋支架可以从中间断开加工，但安装时，必须保证胀缝板连续，将混凝土完全分隔开。胀缝的有限元计算，不是每个设计单位都能够进行的，所以将胀缝支架环箍钢筋的尺寸和数量进行了规定：ϕ12～16mm@200mm。采用沥青或塑料薄膜作滑动封层和防水封层的路段，面板胀缝应加宽到25～30mm，防止摩阻系数减小后，胀缝在热天隆起。

3 胀缝施工：胀缝施工的技术关键有两条：一是保证钢筋支架和胀缝板准确定位，使机械或人工摊铺时不推移，支架不弯曲，胀缝板不倾斜。要求支架和胀缝板较有力地固定。二是胀缝板上部软嵌入临时木条。胀缝板顶部会提前开裂，来不及硬切（双）缝，已经弯曲断开，缝宽不一致，很难处理。解决办法是临时软嵌（20～25）mm×20mm木条，保持均匀缝宽和边角完好性，直到填缝，剔除木条（施工车辆通行期间不剔除），再粘胀缝多孔橡胶条或填缝。

9.1.5 拉杆、胀缝板、传力杆及其套帽、滑移端设置精确度

对于胀缝、施工缝和缩缝中的传力杆和胀缝板设置精确度，结合美国ACPA指南和我国的研究，提出表9.1.5的规定。观察表明，传力杆设置精确度不符合要求时，接缝半年内将被传力杆顶坏。这一条现行施工规范中没有。胀缝快速破坏的原因有两个：一是拉应力超过混凝土的抗拉强度，因此，需设钢筋笼补强；二是传力杆设置精确度不够，通过钢筋支架加强固定和严格控制传力杆和胀缝板设置精确

度，使其经久耐用，达到减少早期破坏之目的。

本规范表 9.1.5 特别列出了拉杆设置允许误差要求，要求最严的是拉杆设置深度及上下左右偏斜，仅允许 10mm。近年来发现，拉杆的设置深度及偏斜对于路面的纵向断裂有重大影响，广东某高速公路水泥路面上发生了较严重的纵向断裂，经过工后 1 年沉降观测表明，在相对较软弱的填方路基段，高速公路中央分隔带的沉降 2 ~ 3mm，但在行车道边缘位置的沉降最大可达到 20 ~ 30mm，两侧路基边缘部位的横向沉降差别是中间的 10 倍，面板承受相当大的横向弯矩和弯曲应力。在此条件下，拉杆设置的深度及偏斜对防止面板纵向断裂而言，就相当重要了。也就是说，拉杆不能设置得过浅，亦不得有过大偏斜，否则会给拉杆端带来更大的横向弯拉应力，拉杆端部的行车道轮迹位置很容易断裂破坏。此外，在横向差异沉降量这么大的高速公路水泥路面上，通过沉降观测，应使用钢筋混凝土路面。

9.1.6 切缝技术要求

1 横向缩缝切缝

(1)切缝方式选择：目前水泥路面切缝技术有很大进展，设备有软切缝机、普通切缝机、支架切缝机等；切缝方式有：全部硬切缝、软硬结合切缝和全部软切缝三种。根据我国南北方各地的施工经验，给出了在当地日温差条件下适宜的切缝方法和深度。

(2)连接路面切缝：分幅横向连接摊铺纵缝有拉杆的水泥路面，对先铺路面已经断开的缩缝，由于拉杆会传递拉应变，导致后铺路面在硬切缝之前就断板了，应特别注意提前软切缝防止断板。

(3)纵向带拉杆假缩缝及横向带传力杆缩缝的切缝应引起高度重视。近年来，采用滑模摊铺机和三辊轴机组一次摊铺两个车道大于等于 7.5m 的路面上，由于假纵缝和传力杆缩缝切缝深度过浅和切缝时间太迟，引起了一些拉杆和传力杆端部的纵向开裂现象，因此本规范规定已设置拉杆的假纵缝和设有传力杆的缩缝，切缝深度不应小于 1/3 ~ 1/4 板厚，最浅不小于 70mm，最迟切缝时间不宜超过 24h。

2 施工纵缝处置：纵向缩缝的切缝要求应与横向缩缝相同。各级公路高填方(路基高度大于等于 10m)路段、软基路段、填挖方交界路段、桥面、桥头搭板部位的纵向施工缝在涂沥青的基础上，还应切缝并灌缝。这是对特殊路段的双重防水保护措施。其目的是要防止水从这些部位的纵缝渗到桥面、易沉降变形的高填方、桥头等基层中去。施工观察表明，桥面铺装渗水，会造成主梁翼缘板混凝土冲刷、溶蚀、冰冻、盐冻、碱集料反应和钢筋锈蚀等，危害很大；高填方路基和桥头渗水，会加速和加大这些部位的工后不均匀沉降变形，促使纵横缝张开位移量增大。所以，要求更严格的双重防水密封措施。在年降雨量 1000mm 的潮湿地区，高等级公路全路段纵缝推荐采用上述双重防水密封措施；在年降雨量 500 ~ 1000mm 的地区，高速公路和一级公路全路段纵缝推荐采用上述双重防水密封措施，二级及其以下公路上半部已饱涂沥青纵向施工缝可不切缝不填缝。年降雨量小于等于 500mm 的干旱、半干旱地区的各级公路路面一般路段，上半部已饱涂沥青纵向施工缝可不切缝不填缝，特殊路段根据当地路面冲刷破坏程度自定。

3 切纵缝：已插入拉杆的假纵缝必须加深切缝以防止传力杆端部混凝土路面断裂。

4 切缝宽度：以往切缝宽度没有控制，总认为缩缝宽度越窄，对面板结构越好，编写组从一些高速公路老路面上发现缩缝仅 2mm 的宽度，2mm 缝口无法填灌，同时也很难控制填缝形状系数，即使灌缝后，填缝料的性能承受不了数倍的拉裂变形，因此规定：切缝宽度应控制在 4 ~ 6mm。当切缝宽度小于 4mm，可采用二次扩填缝槽或台阶锯片切缝，这将有利于控制 2 左右的填缝料形状系数，接缝断开后适宜的填缝槽宽度应为 7 ~ 10mm，最宽不宜大于 10mm，填缝槽深度 25 ~ 30mm。这样既保证了接缝不因嵌入较大粒径的坚硬石子而崩边角；又兼顾了填缝材料不致因拉应变过大而过早拉裂失去密封防水效果。施工中应注意区分切缝、断开缝与填缝槽的宽度与深度，见本规范图 9.1.6。

5 变宽路段切缝：在弯道加宽段、渐变段、平面交叉口和匝道进出口横向加宽或变宽路面上，横向缩缝切缝必须缝对缝，对不上时，可采用小转角折线缩缝。其原因是纵缝有拉杆传递拉开变形，将未对缝的面板拉断。若不对缝，又不允许拉断，变宽路面纵缝两侧应采用钢筋混凝土或配边缘补强钢筋。

上述规定将有效地减少水泥路面的断板率。实践已经证明，按此要求严加控制，可以将断板率控制在 1‰以内，《公路工程质量检验评定标准》(JTJ 071)规定的允许值为 2‰。

9.1.7 灌缝

1 各级公路的水泥路面接缝必须及时灌缝:美国加州规定缩缝宽度小于等于3mm时不填缝,并有不少专家到中国来宣讲不填缝的做法。根据我国车辆的敞开运输方式,从车上掉下来的杂物很多,其中坚硬砂石、玻璃、煤炭等将嵌入灌入接缝,可使水泥路面缩缝张开到20~25mm。另一方面,国外不填缝的结构基础是基层采用最耐水冲刷的贫混凝土,我国所采用的半刚性基层,其耐水冲刷性能较差,将引起严重的水冲刷性破坏。所以,在我国必须使用填缝来保证接缝不透水,并维持其宽度,控制板底水冲刷破坏和接缝口破坏,提高面板防水密封性、板间嵌锁和荷载传递能力。

2 灌缝技术要求

(1)清缝:保证填缝前接缝清洁干燥:本规范参照国外ACPA和欧盟采用0.50MPa压力水或压缩空气清除接缝中砂石杂物和清洗缝槽的做法。强调接缝槽清洗清洁程度,具体要求是缝壁上擦不出灰尘。有灰尘的缝壁填缝料黏结不住,达不到防水密封效果。

(2)常温灌缝:填缝料配制要求随配随用。

(3)加热灌缝:填缝料应彻底熔化、搅拌均匀,并保温使用。

(4)灌缝质量控制:本规范提出的利用背衬条控制灌缝料的形状系数与国外不同,美国ACPA提出的灌缝形状系数等于1,又要达到防水密封效果,所以推荐使用双面台阶锯片将缝口扩成台阶形状,口宽7~10mm,这主要是从填缝料老化后变形能力不够,防止开裂透水角度出发。一方面,由于我国路面上杂物过多,扩大缝口会嵌进更大更硬的石子,造成更宽大的接缝并顶坏缝口,同时嵌牢缩缝的长期徐变大大地削弱了面板间嵌锁和荷载传递能力。另一方面,实践也证明,过窄的填缝槽,填缝材料承受的拉应变过大,填缝料性能满足不了这样苛刻的拉开变形条件。所以,应同时兼顾路面接缝的结构完好性与填缝料的最大拉应变两个方面,并在两者中取得协调平衡。由此提出我国水泥路面缩缝灌缝槽的形状系数宜控制在2左右,适宜的填缝槽宽度应为7~10mm;积压挤压嵌入直径9~12mm的泡沫塑料背衬条,灌缝深度宜为15~20mm,最浅不得小于15mm,见图9.1.6。使用单锯片切缝,不断开时缝宽为6~8mm,断开后7~10mm。若填缝时,达不到6mm,可扩缝,亦可直接使用台阶锯片切缝。

高速公路、一级公路推荐使用树脂、橡胶和改性沥青类填缝材料,二、三级公路可用热灌沥青和胶泥类填缝材料。

(5)灌缝料养生:常温反应固化型及加热施工填缝料均需要封闭交通养生。

3 胀缝填缝:路面胀缝、无传力杆的隔离缝应先凿去接缝板顶部软嵌入的木条,涂黏结剂后,嵌入胀缝专用多孔橡胶条或灌进适宜的填缝料。从胀缝很大的变形量来看,胀缝中的填缝料不宜使用各种密实型填缝材料,因为,热天一定会被挤出、带走或磨掉,而冬季会收缩成槽,还是上表面较厚的几重防护的多孔橡胶条较好。桥面伸缩缝应按伸缩缝厂商提供的配套填缝材料(一般为特种橡胶带)和要求填缝。

9.2 抗滑构造施工

9.2.1 抗滑构造应满足表11.3.3技术要求。

表11.3.3中的抗滑构造深度TD,采用铺砂法量测,按式(6)计算:

$$TD = 40V/(\pi d^2) \qquad (6)$$

式中:TD——构造深度(mm);

V——填满圆面积内凹下部分所用砂量(mm^3);

d——圆面积的直径(mm)。

注意表11.3.3中的技术要求与现行《公路工程质量检验评定标准》(JTJ 071)中抗滑构造深度规定高速公路和一级公路TD≥0.8mm;其他公路TD≥0.6mm有如下修改:

①抗滑构造深度TD既应有最低下限,也应有最高上限,不是单边控制,而是双边控制。我们在施工中发现,抗滑构造深度除了最浅的规定外,还应该有最深的规定。当摊铺机施工操作不正常或混合料过稀时,表层砂浆厚度过大,软拉出的宏观抗滑构造最深可达TD=22mm,这种局部过深的抗滑构造在

路面上实际使用半年左右,会整体剪断脱落,这将严重丧失路面平整度,促使冲击坑穴的产生。所以,应该将 TD 控制在既满足深度要求,又保证经久耐用的合适范围之内。

②对各级公路水泥路面均提出了一般路段和特殊路段两级控制标准,实质上是除了变速、陡坡、弯道等特殊路段维持原有较高抗滑标准外,适度降低了各级公路一般路段的抗滑标准。有些地区反映,TD≥0.8mm 时,刻槽深度须达 4mm 左右,槽口易受硬质粒料损坏,认为槽深 3mm,TD≥0.6mm,可显著减少此种损坏并保证抗滑要求。针对此问题,查阅了多个国家资料,TD 这项指标与设计车速、降雨强度、弯道、坡度大小及公路等级有关,英国为 0.65~1.35mm;法国为 1.0mm;德国为 0.5~0.8mm;西班牙为 0.7~1.0mm;美国 APCA 规定平均值为 0.8mm,最小值 0.5mm 等。对比看来,我国原定的抗滑标准略偏高一点。本规范综合国外资料和专家的意见后,提出了表 11.3.3 的抗滑标准。

③表 11.3.3 中未提出横向力系数要求,仅有构造深度的规定。原因主要是由于目前国内横向力系数检测车不普及,全面推行有较大难度。对于横向力系数,本规范 3.4.2 条对砂的细度模数规定和 3.4.3 条对机制砂的砂浆磨光值及母岩品种的规定,已经从砂的粗细和砂的硬度两方面给予潜在的保障作用,水泥路面在行车数月后,轮迹部位的表面水泥浆就会被磨损掉,横向力系数主要靠凸起足够坚硬和适宜粒径的砂来保障。各级公路只要符合了这些要求,行车安全性是有保障的。

9.2.2 抗滑构造施工

1 拉毛处理:规定在以四种路面施工方式摊铺后,应软拖麻袋等作拉毛处理。

2 塑性拉槽:软拉抗滑沟槽的要求:槽深 2~4mm,槽宽 3~5mm,槽间距 15~25mm。每耙之间距离与槽间距相同,槽深基本均匀。工程量较大,施工速度较快时,宜采用拉毛机施工。

3 硬刻槽:硬刻槽在我国高速公路、一级公路上近些年来使用得越来越普遍,硬刻槽机有普通手推式、支架式及自行式三种,刻槽方法也有等间距和不等间距两种。不等间距槽适用于有降噪要求时。在我国北方高寒和寒冷地区,冬季有可能积水结冰的路面上,深槽或矩形槽有明显冻胀破坏问题,又发展了梯形槽。

4 纵向槽:对于一些安全性要求较高或以降噪要求为主的特殊路段,如弯道、减小噪声路段,可优先使用纵向槽。纵向槽的侧向力系数大,安全性高,噪声小。

5 无需作抗滑构造的条件:本规范首次明确了我国年降雨量小于 250mm 的干旱区或年降雨量 250~500mm 中干区无需作抗滑构造的条件。理由是抗滑构造是为了在雨天防滑、防漂而专设的。任何地区,在晴天干燥的路面上,都不需要抗滑构造,有了反而加快轮胎磨损或高速时的轮胎过热。所以,在我国西北过干区,无需作抗滑构造;中干区各级公路水泥路面组合坡度大于等于 3% 时,宜执行本规范表 11.3.3 一般路段的抗滑构造规定。水泥路面上即使没有抗滑构造,车轮也会磨损表面,水泥石磨损较快,而砂颗粒磨损较慢,有磨损突出的砂颗粒,就足以保证横向力系数和小雨天的抗滑、防漂要求。

本规范规定"高寒和寒冷地区各级公路水泥路面的停车带边板和收费站广场,可不制作宏观抗滑沟槽。"这条规定主要是从抗(盐)冻耐久性出发作出的,停车带及收费广场车速较低,由于盐水、冰水会滞留在抗滑沟槽内,结冰会胀坏沟槽的边棱。因此既安全又耐久的方式是这些部位不做抗滑沟槽。

9.2.3 抗滑构造的恢复:提出新旧路面抗滑不足时,使用磨平后恢复粗细抗滑构造的方法。

9.3 混凝土路面养生

9.3.1 养生方式选择:滑模、轨道施工的水泥路面要求养生的面积过大,不适宜使用围水养生。

9.3.2 喷洒养生剂的要求:现有的养生剂保水率不高,推荐加大喷洒养生剂剂量、喷洒双层养生剂或一层养生剂再覆盖塑料薄膜等养生方式,保证养生效果。

9.3.3 覆盖养生要求:保湿膜是国内 2002 年研制出的新型养生材料和方式,底部是吸水保湿膜,上部为黑色吸热隔水塑料薄膜,保温、保湿效果较好。

9.3.5 养生时间规定及初期保护:粉煤灰水泥路面更要加强养生,延长养生天数不少于 28d。这项养生要求是针对粉煤灰水泥路面只有长期保持湿度,才能获得较高的后期弯拉强度而提出的。

10　特殊气候条件下的施工

10.1　一般规定

10.1.1　要求路面摊铺期间，有专人从国家、省、当地气象局或新闻媒体及时准确接收、汇总和记录气象预报，异常天气应采取暂停施工或采取必要的防范措施，并调整施工方案。

10.1.2　规定必须停工和不得开工摊铺水泥路面的恶劣天气条件，待建工程不得开工。

1　现场降雨：主要是为了防止软混凝土表面水泥浆被冲刷，垮边或平整度损失。

2　刮风天：为了防止软混凝土表面的塑性收缩开裂，并首次规定了强制停工的临界风速和风级。

3　高温季节：为了防止温缩开裂、塑性收缩开裂和接缝拉开量过大。给出了高温天气的临界数据。

4　低温季节：首次明确了水泥路面允许低温天施工，并给出了低临界数值。根据本规范评审专家的意见：水泥路面不允许负温施工。

10.2　雨季施工

10.2.1　防雨准备：雨季施工应提前做好场地防淹、预备覆盖材料及制作防雨篷等防雨准备工作。

10.2.2　防雨水冲刷

1　水泥路面铺筑过程中遭遇降雨，应即刻停工，并要求紧急覆盖刚摊铺的路面免遭雨水冲刷。

2　雨水冲刷路面的处理措施：规定已遭受降雨冲刷的路面，按平整度破坏程度不同，采取研磨平整、硬刻槽或铲除重铺等措施。

3　雨后摊铺：降雨后，应排除或清除料场、道路和基层积水，方可开工。

10.3　风天施工

10.3.1　刮风天：应采取表10.3.1规定的养生抹面措施，防止路面发生塑性收缩开裂。防止塑性收缩开裂的基本措施有三项：

(1)尽早喷足量养生剂阻止蒸发。

(2)在不压坏抗滑构造的前提下，既喷大量养生剂又尽快覆盖塑料薄膜，阻断蒸发。

(3)保证平整度的机械抹面，压缩掉因快速蒸发形成的水泥路面体积收缩量，略压低1~2mm左右表面厚度，即可消除平面开裂。再喷足量养生剂或覆盖塑料薄膜、麻袋、草袋等养生，并保证抗滑构造。

干热风对路面开裂的影响研究表明：经过水泥路面开裂蒸发率的实地测量，要采取防裂措施的开裂临界蒸发率应为0.5kg/(h·m^2)[实测开裂最小值为0.53kg/(h·m^2)]，风速5m/s左右。而不是国外标准的1.0kg/(h·m^2)，风速大于6m/s。前者是薄壁混凝土结构的开裂临界蒸发率，公路工程薄壁结构施工期防裂应按0.5kg/(h·m^2)进行控制；后者为一般结构开裂临界蒸发率。大风天，不允许使用人工重新抹面，以免丢失机械施工路面的优良平整度，但表10.3.1规定可使用机械抹面方式防裂。经过计算，路面发生塑性收缩开裂的混凝土路表面体积收缩量为0.5%~1.0%之间，只要能够将表面压低1~2mm，就可保证不再发生塑性收缩开裂。如果不管多大风速的天气强制施工，必须装备整个横断面的斜压辊或叶片式重型抹面机。这样抹面的结果致使水泥路表面刮风天迅速硬化，无法软做粗细两级抗滑构造，必须采取钢丝刷刷出细观抗滑构造和硬刻出宏观抗滑构造的措施来保证高等级公路所要求的粗、细两级抗滑粗糙度和沟槽。

10.4 高温季节施工

10.4.1 高温天施工:定义不宜进行混凝土面板施工的高温天气条件。高温施工的关键:一是控制拌合物的工作性能够顺利摊铺;二是保持混凝土拌合物摊铺温度不超过35℃,防止面板温差开裂;三是高温施工时,蒸发率很大,要加强洒水和覆盖养生,防止塑性收缩开裂及干缩开裂。

10.4.2 高温季节铺筑水泥路面应采取的措施

1 避开高温时段,选择在早晨、傍晚或夜间施工。

2 采用拌合物降温保塑措施:砂石料堆遮阳;用冷水或冰屑水;掺足量的粉煤灰或磨细矿渣;加足够的缓凝剂、保塑剂和缓凝减水剂。

原材料的降温作用可以通过混凝土配合比的热工计算得出。其中,砂石料堆遮阳覆盖防止不被太阳曝晒升温的作用最大。由于配合比中单位用水量较小,用冷水或冰屑水拌和降温作用有限,一般仅降1~3℃。实测表明:掺足量的粉煤灰有延缓拌合物初凝时间约半小时左右的效果,掺足量的磨细矿渣有缓凝拌合物初凝时间约一刻钟左右的效果,但热天施工不得掺硅灰,硅灰有促凝作用,热天使用硅灰初凝时间比纯水泥的初凝时间要短45min左右。加足够的缓凝剂、保塑剂和缓凝减水剂的含义有两层:一是热天施工,必须掺缓凝、保塑型外加剂;二是热天应加大到摊铺所要求的足够剂量,可比正常施工大,具体掺量应由当时气温下的拌和试验得出。

3 覆盖车内拌合物。

4 加快施工各环节的衔接,压缩各工艺环节所耗费的时间。

5 路面搭篷:高温时段遮阴施工。

6 温度检测:监控气温、水泥、拌和水、拌合物及路面温度。必要时加测混凝土水化热。

7 加强洒水养生:确保水泥路面表面不发白,并保持足够的湿度。

8 提早切缝防止断板。

其他高温施工措施,如降低水泥温度和水化热温升等措施,已在本规范3.1.1条和3.1.4条中进行了规定,如3.1.1条规定除低温天施工和有快通要求外,宜采用普通型水泥。从降低水泥的水化热温升来看,高温季节不应使用R型水泥,R型水泥热天的水化反应过快、温升值过高,在刮风、阵雨和夜间冷冲击情况下,极易产生温差裂缝。另一个原因是热天R型水泥凝结硬化很快,若不采用大剂量缓凝剂、保塑剂,运到摊铺机前混凝土已经没有坍落度,螺旋布料器布不动料,强行摊铺将严重影响路面密实度和平整度。

本规范3.1.4条中规定了水泥搅拌时的初始温度,按照水泥水化反应动力学,水泥初始温度对其反应速度其决定作用,当水泥初始温度高10℃,水泥水化反应速度将加快一倍,所以,高温水泥对其凝结硬化速度和可摊铺性能影响巨大,这就是《公路水泥混凝土路面滑模施工技术规程》(JTJ/T037.1)及国外规范硬性规定拌和时的水泥温度不得大于50℃的理由,但由于实现有相当困难,本规范才适度放宽了对南方的水泥搅拌初始温度规定,但是应明确,这对摊铺施工有不利影响,增大了拌合物凝结时间控制的难度。

10.5 低温季节施工

10.5.1 低温季节施工:规定气温区间和应采取的蓄热施工措施。在建筑工程中,低温施工方式有很多种,本规范考虑到水泥路面施工时的原材料用量巨大,除了水可加热外,砂石料几乎不可能加热使用;另外,水泥路面施工是野外流动作业,位置和地点都极不固定,所以建筑行业许多行之有效的方法,大多数不适用于水泥路面的野外流动施工。本规范对低温施工规定加早强剂、促凝剂的保温保湿蓄热施工法。这种方法实践证明是切实可行的水泥路面低温施工方法。

1 优选早强剂和促凝剂及其掺量。

2 选用总水化热量较大的水泥:应采用R型水泥或单位水泥用量较多的32.5级水泥。不宜掺粉煤灰。粉煤灰的持续水化需要两个条件:一是长期保持足够的湿度;二是要有足够的温度,两者缺一不可。否则,粉煤灰不能水化和提供长期强度,水化不了的粉煤灰在混凝土是有害无利的。

3 控制拌合物温度:搅拌机出料温度不得低于10℃,摊铺混凝土温度不得低于5℃。在养生期间,应始终保持混凝土板温度在5~10℃之间,最低不得低于5℃。因为混凝土只有在这样的最低水化温度下,才可能缓慢增长强度,并保持较高的后期强度增长率。

4 加强保温保湿覆盖养生。

5 测温:加测气温、水泥、拌和水、拌合物及路面的温度,每班至少测定3次。

10.5.2 抗冻临界强度:在水泥路面弯拉强度尚未达到1.0MPa,抗压强度尚未达到5.0MPa,路面严禁遭受冰冻。这些是公认的临界数值,参见《冬期施工手册》。

10.5.3 低温养生和拆模:

1 低温施工的水泥路面覆盖保温保湿养生的最少天数不得少于28d。

2 低温环境下采用立模施工方式施工的水泥路面拆模时间应符合表7.2.4的规定。

11 施工质量检查与验收

11.1 一般规定

11.1.1 施工质量的监控、管理与检查:对出现的问题或检验出的问题,立即进行纠正或停工整顿,问题不解决不得开工。确保工程质量,为施工质量验收与评定打好坚实的基础。

11.1.2 施工质量管理规定:1 款是按质量管理体系的规定,事先有检测计划,施工中从人力到设备仪器落实,并及时检测。2 款是施工质量检测、控制和管理的内容。

11.2 铺筑试验路段

11.2.1 铺筑试验路段:规定二级公路以上水泥路面工程,使用滑模、轨道、三辊轴机组、碾压混凝土机械施工时,在正式摊铺水泥路面前,均必须铺筑试验路段,并不短于 200m。高速公路、一级公路宜在主线外试摊铺,非在主线上摊铺不可的,应准备及时铲除不合格的路面。没有经验的施工单位无论摊铺任何等级公路都应做试验路段。有经验的施工单位,由于原材料和混凝土配合比发生了变化,需要检验,同时摊铺机上设定工作参数也必须依据新情况进行调整。

11.2.2 铺筑试验路段的目的:通过试拌和试铺全面检验整套施工工艺中的每个施工工艺环节:检验机械系统配套和生产能力、适宜摊铺的拌合物施工参数、工艺流程与质量、技术和操作实地培训、施工组织、掌握所有质量指标检验方法、检验生产调度指挥系统。

11.2.3 总结试铺效果:目的是发现问题,改进不足,为正式摊铺做好更充分准备。其次,进行试验路段的质量认可和正式开工审批。

11.3 施工质量管理与检查

11.3.1 施工中的质量管理

1 开工许可:必须得到开工令后,方可开工。

2 质量自检:规定原材料、拌合物、水泥路面的自检项目、频率及其技术指标。监理应按施工单位自检频率的 1/3 进行抽检或旁站,监理和质检部门应对施工单位的检验结果进行检查认定。当施工、监理、监督人员发现异常情况,应追加试验检查。

这里需要说明的问题有:

(1)原材料检验批量和频率:机械化施工的原材料批量规定比《水泥混凝土路面施工及验收规范》(GB 97—87)放大了很多,检验频率降低了不少。譬如水泥的抗折强度、抗压强度和安定性,机械摊铺由 200t 放大到了 1500t,小型机具也从 200t 放大到了 500t。原材料质量会不会失控?实际证明不会,水泥等原材料检验批量的放大,首先是大型机械施工的客观需要,检验批量似乎很大,频率似乎过小,实际上相当于滑模大型机械摊铺 8m 宽、日进度 800m 路面 2 ~ 3d 的水泥总用量,单幅路面 4 ~ 6d 的用量。另一方面,在我国高速公路、一级公路水泥路面施工中,一般情况下都由建设方指定了当地质量好、信誉高的大型旋窑水泥厂及砂石料场,并按路用品质要求在供货合同中签订了技术指标,其水泥质量稳定性和可靠程度较高。在此基础上,检验批量的规定既要确保质量,又要兼顾施工单位可实际做到的工作量。

(2)增补质检项目:表 11.3.1 水泥路面的检验大部分项目引自《公路工程质量检验评定标准》(JTJ 071),仅对部分质量指标作了适当增补,提出了更详细的要求,根据水泥路面工程质检需要增加的项目有:钻芯劈裂强度、切缝深度、填缝饱满度、连接摊铺纵缝高差、胀缝缺陷、胀缝板连浆、倾斜、弯曲和位移、传力杆偏斜。钻芯劈裂强度用于检测铺成路面的真实强度,小梁弯曲试验仅对检验配合比有效,试件处在标准养生条件中,并不能代表路面上实测强度。重要的是路面小梁弯拉强度不足时,返工命令只能按真实路面实测劈裂强度确定,才是公正合理、令人信服的。其他是水泥路面接缝应增加检测的项目,高质量的水泥路面必须做好接缝,没有检验要求不行。路面检验频率比质量评定的多,主要不是从评定,而是按控制住所要求的质量,又切实可行,来确定检验频率。

3　控制质量稳定性:混凝土拌合物的稳定性取决于原材料稳定及搅拌楼配料精确度;而路面铺筑的质量稳定性除满足上述条件外,还要求现场水泥路面的铺筑及关键设备如摊铺机、布料机、三辊轴整平机、刻槽机、切缝机等的操作应规范稳定。

11.3.2　三大关键质量指标的自检规定:水泥路面除应按表 11.3.1 规定的检查项目和频率自检外,其平整度、弯拉强度和板厚要求尚应符合下列规定:

1　平整度:本规范规定 3m 直尺平整度作为路面施工质量控制检测项目;动态平整度作为交工验收的质量评定依据。3m 直尺检测平整度,只反映小波长的不平整度,不反映大波长,只能作为施工过程中的质量控制检测项目。用平整度仪检测动态平整度,精确度较高,能较客观地反映路面在设计车速行驶中平整度的实际情况,可作为二级及二级以上公路交工验收时工程质量的评定依据。但在施工养护期中,为防止压坏路面,平整度检测车不能上路面检测。作为设计时速很高的高速公路、一级公路水泥路面施工技术的配套检测手段,确定用动态平整度仪检测的结果作为交工验收时工程质量的评定依据是合理的。本规范与质量评定标准不同的是提出了 3m 直尺检测平整度合格率的规定。

2　弯拉强度:本规范在检验弯拉强度上有下述明确规定:混合料是搅拌楼生产过程中随机取得的;试件振捣成型方式应为标准振动台,不得使用振捣棒或自制振动板;试件为标准尺寸;养生方式为标准养生;检验频率是高速公路、一级公路每工作班日进度小于等于 500m 留 2 组,500 ~ 1000m 取 3 组,大于等于 1000m 取 4 组,其他公路略少,见表 11.3.1。28d 先测弯拉强度,再测断头抗压强度,断块抗压强度仅做参考。断头抗压强度由于有两侧多余部分的支撑和抗剪切作用,一般认为比立方体试件抗压强度大得多,其实,弯拉强度试件的断头是受到损伤的,大量统计结果表明:断头抗压强度仅比立方体抗压强度大 5% ~ 8%,完全可以作为混凝土强度等级的参考值。在路面、桥面连续摊铺施工中,有对应的抗压强度将带来很大的便利。

3　板厚

(1)双指标控制返工板厚:摊铺后板厚可在侧面用尺测量,当板厚不足时,应以行车道横坡低侧面板钻芯厚度和面板平均厚度两项指标均满足设计厚度允许偏差(不薄于 10mm)作为返工判定依据。这里板厚返工时,要求按双参数控制,在面板平均板厚基础上增加了行车道横坡低侧面板钻芯厚度要求。也就是说,两项指标中有一项不合格者、或两项都不合格,即要求返工。对于行车道低侧边缘提早破损问题,新修订设计规范考虑了偏载系数,本施工规范也有意从板厚的检验标准进行设防,目的是努力提高行车道面板的使用寿命。

(2)板厚统计变异系数:按可靠度理论进行的混凝土路面设计要求严格控制板厚的变异系数,将板厚变异系数控制在不同等级公路的允许偏差范围内。

11.3.3　路面铺筑过程中的质量检验技术要求

在水泥路面铺筑过程中,施工单位自检水泥路面技术指标和质量评定标准应符合表 11.3.3 的规定。其中部分质量指标在《公路工程质量检验评定标准》(JTJ 071)的基础上作了适当增补,提出了更详细的要求,增加了连接机械摊铺纵缝高差、切缝深度、胀缝板连浆、倾斜、弯曲和位移、传力杆偏斜的检测要求,增加的实际路面钻芯劈裂强度应换算为弯拉强度进行评定。

11.3.4 施工技术资料的整理：为检测资料整理、管理和编制方式，同时要求保存照片和录像资料。

11.4 交工质量检查验收

11.4.1 申请交工验收：规定施工单位应提供齐全的交工验收检测结果、资料和总结报告。

11.4.2 质量问题处理

1 弯拉强度：规定二级及其以下公路，当弯拉强度偏小，每公里每车道取3个岩芯（正常情况，每公里每车道仅取1个岩芯），石灰岩、花岗岩碎石混凝土，测出劈裂强度后，用公式(11.4.2-1)估算弯拉强度，玄武岩碎石由公式(11.4.2-2)估算，用平均弯拉强度合格值、最小值和偏差系数三项指标进行最终评定。注意：当碎石的种类不是上述三类岩石，公式(11.4.2-1)、(11.4.2-2)不宜使用，只能作参考。在实际工程应用公式(11.4.2-1)、(11.4.2-2)时发现，该公式是十多年前的统计结果，当时的混凝土弯拉强度普遍偏小，最大公称粒径偏大，用其推算的弯拉强度结果偏大，平均比小梁弯拉强度偏高6%~10%（更容易通过评定），但比较接近滑模摊铺水泥路面切取的小梁弯拉强度。

当二级以下公路采用砾石混凝土时，用钻芯劈裂强度f_{sp}推估弯拉强度f_c时，可参考下式估计：

$$f_c = 1.607 + 1.035 f_{sp} \tag{7}$$

由于我国实际工程中水泥、集料、含泥量、外加剂、掺合料等原材料变化较大，如最大公称粒径由圆孔筛40mm减小为方孔筛31.5mm，允许采用机制砂和淡化海砂，特别是配合比中增加了双掺（外加剂、掺合料）要求，弯拉强度提高较多，用公式(11.4.2-1)、(11.4.2-2)和式(7)推算弯拉强度结果均会有相当的出入。注意本规范的提法，上述公式仅适用于公路等级为二级及其以下公路（因为统计出这些公式时，我国仅有二级及其以下公路），计算结果只能认为是估计，是用来判别面板弯拉强度有无问题的。无问题，二级及其以下公路可通过；估计的弯拉强度不足，通不过时，用上述公式要求施工单位返工，也不足以服人，宜执行高速公路、一级公路的规定。

本规范同时规定“高速公路、一级公路应通过试验得到各自工程的统计公式，试验组数不宜小于15组”。特别是当岩芯弯拉强度不足，要求返工时，最有说服力的是各自工程的统计公式计算结果或直接从路面上切取的小梁实测结果。

综上所述，不论是现在，还是将来，只宜采用本规范所规定的方法：二级及其以下公路将公式(11.4.2-1)、(11.4.2-2)和式(7)的计算结果当作估计判别值，高速公路、一级公路应按工程所用的原材料和配合比通过试验得到各自工程的统计公式。当各标段的原材料或配合比不同时，也应另行统计；当本路段原材料或配合比变化时，亦应另行统计。

2 平整度改善：提出动态平整度检测要求及平整度欠佳部位的处理措施。

3 板厚评判和返工标准：采用上述板厚双指标进行控制。

11.5 工程施工总结

11.5.1~11.5.4 规定水泥路面施工总结和质量管理检测报告的编写项目、要求、内容等细节。特别是对首次使用新技术的施工单位提出了认真总结经验和编写试验总结报告的要求。这将有利于不断提高使用新技术新工艺的水平。

12 安全生产及施工环保

12.1 一般规定

12.1.1 施工中,应树立安全第一的思想,增强员工的环保意识,建立健全安全生产和环保制度。

12.2 安全生产

12.2.1 施工安全与交通安全规定,特别应重视大型机械施工时的安全问题,杜绝人身伤亡事故的发生。

12.3 施工环境保护

12.3.1 ~ 12.3.3 分别提出施工现场的文明施工、污染物处理排放、材料堆放和设备停放的规定。

施工环境污染是造成整个社会环境和生态环境恶化的重要原因之一,随着我国对环境治理措施的逐渐加强,施工造成环境污染问题已经急迫地摆在公路建设者面前,本规范增加的这一节,是要求在可能的条件下,尽量减轻公路建设所带来的环境污染,造福人类,也造福我们自身。

JTJ

中华人民共和国行业推荐性标准　　JTJ/T 037.1—2000

路水泥混凝土路面滑模施工技术规程

Technical Specifications of Slipform Construction on Cement Concrete Pavement for Highway

4

2000-04-27 发布　　2000-09-01 实施

中华人民共和国交通部发布

中华人民共和国交通部文

交公路发〔2000〕222 号

关于发布《公路水泥混凝土路面滑模施工技术规程》的通知

各省、自治区交通厅，北京市公路局，上海市市政工程管理局，天津市市政工程局，重庆市交通局，其他有关单位：

现批准发布《公路水泥混凝土路面滑模施工技术规程》（JTJ/T 037.1—2000），作为推荐性行业标准，自 2000 年 9 月 1 日起施行。

该规程由交通部公路科学研究所主编并负责解释，人民交通出版社出版。请各单位在实践中注意积累资料，总结经验，及时将发现的问题和修改意见函告交通部公路科学研究所，以便修订时参考。

中华人民共和国交通部

二〇〇〇年四月二十七日

前　　言

1997 年交通部下达了交公路发〔1997〕731 号《关于下达 1997 年度公路建设标准、规范、定额等编制、修订工作计划的通知》第 24 项《公路水泥混凝土路面滑模施工技术规程》的编制任务。由交通部公路科学研究所负责编制。

本规程是在国家计委“八五”重点科技攻关项目(85—403—01)《高等级公路滑模摊铺水泥混凝土路面修筑成套技术研究》的研究成果、《滑模摊铺水泥混凝土路面施工指南》、正在试行的《广东省高等级公路水泥混凝土路面滑模施工技术规程》和总结 1990 年以来湖南、广东、湖北、河北、山东、新疆、贵州、吉林、福建、黑龙江等十多个省区 1 000km 高等级公路水泥混凝土路面滑模施工经验的基础上编写而成。

本规程对采用滑模摊铺机械工艺施工水泥混凝土路面全过程中的原材料、配合比、工艺流程、机械配套、施工操作、质量控制等每个环节进行了规定,使建设、设计、施工、科研、监督、监理单位有章可循,目的在于确保我国水泥混凝土路面建设质量稳步提高。

由于水泥混凝土路面滑模施工在我国是新型工艺技术,在本规程试行过程中,施工管理和工程技术人员除按本规程要求进行施工作业外,还应结合当地具体情况,不断总结经验,研究新问题,注意吸收国内外最新的装备、成果和经验,使这项新技术得以不断地进步、完善和发展。

对本规程在使用过程中发现的问题和修改意见,请随时函告交通部公路科学研究所(地址:北京市西土城路 8 号,邮编:100088),以便修订时参考。

主 编 单 位:交通部公路科学研究所
主要起草人:傅　智、何厚坤、刘正刚
吴逢衔、王彦莹、杨国华

目　次

1 总则

1.0.1 目的

为在我国公路水泥混凝土路面工程中采用滑模摊铺机械施工工艺，确保水泥混凝土路面施工质量，制定本规程。

1.0.2 适用范围

本规程适用于新建或改建公路采用滑模摊铺机械施工的水泥混凝土路面工程。

1.0.3 原材料选用原则

应在确保水泥混凝土路面工程质量的前提下，因地制宜地选择路用品质优良的水泥，技术指标合格、性能稳定的砂石材料及其他材料。

1.0.4 技术内容

本规程规定了水泥混凝土路面、路缘石、钢筋混凝土中小桥桥面、桥头搭板、通道及涵洞盖板的滑模摊铺机械施工技术、质量管理与验收标准。

1.0.5 施工组织

水泥混凝土路面的滑模施工必须有详细的施工组织设计和科学实用的工艺流程。

1.0.6 相关规范

水泥混凝土路面滑模施工除应符合本规程的规定外，尚应符合国家颁布的现行有关标准、规范、规程的规定。

2 术语、符号

2.1 术语

2.1.1 滑模水泥混凝土 slipform cement concrete

满足滑模机械工艺摊铺工作性、强度及耐久性等要求的较低塑性水泥混凝土材料。

2.1.2 水泥混凝土路面滑模施工 slipform construction of cement concrete pavement

一种采用滑模摊铺机摊铺水泥混凝土路面的施工工艺方式。其特征是不架设边缘固定模板,将布料、松方控制、高频振捣棒组、挤压成形滑动模板、拉杆插入、抹面等机构安装在一台可自行的机械上,通过基准线控制,能够一遍摊铺出密实度高、动态平整度优良、外观几何形状准确的水泥混凝土路面。

2.1.3 振动黏度系数 vibrating viscosity coefficient

在特定振动能量作用下,混凝土拌合物内部阻碍相对运动的摩阻能力,与内部质点的重力差成正比,与质点的运移速度成反比。它反映了振捣时混凝土拌合物中气体上升排除、集料下沉稳固的难易程度,用于测定混凝土拌合物的振捣易密性。

2.1.4 工作性 workability

混凝土拌合物在浇筑、振捣、挤压成形、抹平等一系列操作过程中,易于流动、塑形、抹面、达到稳定和密实的程度。它是拌合物流动性、可塑性、稳定性和易密性的综合体现。

2.1.5 可滑性 slipforming property

在滑模摊铺机各工作机构参数设定正确时,滑动摊铺出的混凝土路面表面平滑、尺寸稳定,不粗涩、不麻面、不拉裂,边缘不塌边、不溜肩,混凝土拌合物适宜滑模摊铺的性能。

2.1.6 基准水泥混凝土 reference cement concrete

不掺矿质混合材料或化学外加剂的水泥混凝土。在对比粉煤灰的使用效果时,为不掺粉煤灰但掺有化学外加剂的混凝土;在比较化学外加剂的使用效果时,为不掺矿质混合材料和化学外加剂,用基准水泥配制的混凝土。

2.1.7 超量取代法 over substitute method

粉煤灰混凝土与基准混凝土在等强度条件下,粉煤灰掺量超过其取代的水泥量,超过替代水泥量的粉煤灰数量扣除细集料含量的粉煤灰掺用方法。

2.1.8 超量取代系数 over substitute coefficient

粉煤灰掺入量与其所取代水泥量的比值。

2.1.9 填缝料形状系数 fillers´shape coefficient

填缝料填灌接缝时的深度与宽度之比。

2.1.10 前置(钢筋支架)法施工 front-located (reinforced guesses) construction method

水泥混凝土路面滑模摊铺过程中,在滑模摊铺机前方预先设置胀缝或带传力杆缩缝钢筋支架的一种施工方法。

2.2 符号

b——滑模摊铺机的摊铺宽度

C_o——混凝土拌合物单位体积水泥用量

C_v——混凝土弯拉强度变异系数、统计偏差系数

C/W——灰水比，其倒数为水灰比

E_c——混凝土设计弯拉弹性模量

f_{cm}——混凝土设计弯拉强度

f_{cs}——混凝土合格判定平均弯拉强度

f_{min}——混凝土最小弯拉强度

f_c——混凝土 15cm × 15cm × 55cm 小梁试配弯拉强度

f_{sp}——水泥混凝土路面钻芯圆柱体（$D = 15$cm）劈裂强度

f_s——水泥胶砂抗折强度

g_q——汽车载重能力

h——水泥混凝土路面板厚度，3m 直尺平整度最大间隙

M——搅拌站所有混凝土搅拌楼的每小时拌和总能力

m——一台搅拌楼的每小时拌和能力

N——运输车辆总数

n——相同产量的搅拌楼台数

S——单程运输距离

S_p——砂率

SL——混凝土拌合物的坍落度

SFC——路面洒水条件下的横向摩阻力系数

t——时间，保证率系数

TD——抗滑构造深度

v_t——滑模摊铺机的摊铺速度

v_q——车辆的运输平均速度

W_o——混凝土拌合物单位体积用水量

γ_c——新拌混凝土的容重

η——混凝土拌合物的振动黏度系数

3　施工准备

3.0.1　技术交底

施工前，建设单位应组织设计、施工、监理单位进行技术交底。

3.0.2　确定施工方案

施工单位应根据设计图纸、合同文件、施工条件和本规程编制滑模摊铺水泥混凝土路面施工工艺流程，确定施工方案，编制详细的施工组织设计。

3.0.3　人员培训

在滑模摊铺开始前，施工单位应对施工、试验、机械、管理等岗位的技术人员和各工种技术工人进行培训。未经培训的人员不得单独上岗操作。

3.0.4　搅拌站设置

1　搅拌站宜设置在摊铺路段的中间位置。搅拌站内部布置应满足原材料储运、混凝土运输、供水、供电、钢筋加工等使用要求，并尽量紧凑，减少占地。搅拌楼应安装在上风头。确因地形等条件限制，砂石料堆场面积不足时，可在搅拌站附近设置砂石料储备转运场。

2　混凝土搅拌站应解决搅拌、清洗、养生用水的供应，并保证水质。水源供水量不足时，搅拌站宜设置体积不小于250～500m^3的蓄水池，所蓄的水量应至少满足半天以上滑模施工的需要。

3　混凝土搅拌站应保证充足的电力供应。可采用就近从电网取用电力或自建发电站保证供电。电力总容量应考虑全部施工用电设备、夜间施工照明及生活用电。配电房或发电站应设在地势高处或架高设置。

4　施工单位应确保滑模摊铺机、运输车辆及发电机等动力设备的燃料供应。离加油站较远的工地应设置油罐或油料储备库，并保证其防火、防盗安全。

5　在施工前，应储备正常施工一个月以上的砂石料。料场应建在地势较高、排水通畅的位置，其底部应采用胶凝材料处理或水泥混凝土硬化处理，严禁料堆积水和泥土污染。不同规格的砂石料之间应有隔离设施，严禁混杂。

6　在冬季、雨季和热天施工条件下，应在砂石料堆上部架设防雨、防雪、隔晒顶篷或覆盖帆布，覆盖材料的数量不宜少于正常施工时10d的用量。不得直接使用淌水、夹冰雪和局部曝晒过热的砂石料搅拌混凝土。

7　搅拌站原材料运输与混凝土运输车辆不应相互干扰，应设置车辆进出道口的环形道路，每台或每两台安装在一起的搅拌楼应设相对独立的运料进出口，并有临时停车场。搅拌楼下装车部位应铺筑厚度20cm左右的混凝土路面，并应设置清洗污水排放管沟、积水渗水坑或清洗搅拌楼的废水处理回收设备。

3.0.5　运输道路

滑模摊铺前，施工道路上的各种桥涵、通道等构造物应提前建成。确有困难不能通行时，应有施工便道。施工时应确保运送混凝土的道路基本平整、畅通，不得延误运输时间或碾坏基层。

3.0.6　现场试验室

滑模摊铺水泥混凝土路面的施工工地应建立现场试验室。施工单位在备料和施工过程中，应对混凝土原材料调查取样、定期抽检和试验分析，提供符合要求的原材料和配合比试验报告，控制拌合物工作性，提供弯拉强度、钻芯劈裂强度、平整度、板厚、构造深度等自检结果。

3.0.7　原材料进场要求

应根据滑模摊铺施工进度安排，保证及时地供给各种合格的原材料。应批量检验原材料的品质，不合格的原材料不得进场。每个滑模施工工地宜设置地秤，对所有进场原材料进行称量。应做好所有原材料进出场的登记、储存、保管、签发等管理工作。

3.0.8 施工机械

施工前，必须对搅拌楼、运输车辆、布料机、滑模摊铺机、拉毛养生机、锯缝机等施工机械，经纬仪、水准仪或全站仪等测量基准线仪器和人工辅助施工的振捣棒、整平梁、模板等机具、工具及试验仪器进行全面地检查、调试、校核、标定、维修和保养，并试运行正常。对主要设备易损零部件如滑模摊铺机振捣棒等应有适量储备。

3.0.9 复桩

路面施工单位应根据设计文件，校核平面和高程控制桩，复测和恢复基层交出的路面中心线、边缘线等全部基本桩号，测量精度应满足相应公路等级路面施工测设规范的规定。

3.0.10 摊铺位置

滑模摊铺机的摊铺宽度和位置应尽可能与车道、路肩宽度和画线位置相重合，并保证设置施工基准线所需的宽度。滑模摊铺机履带应行走在基层、底基层或压实稳固的垫层上，不得行走在积水的中央分隔带或湿软土基上。

3.0.11 桥面或高架桥部位的铺装

滑模连续铺装中间分开的中小桥和通道桥面时，履带应避开或采取临时加固措施施工，护栏宜在桥面铺装完成后制作安装。在摊铺高架桥部位路面时，履带应避让高架桥的中墩，并采取加固措施通过通信井口。

3.0.12 硬路肩与路缘石

滑模摊铺机设置为悬臂式摊铺硬路肩或连体施工路缘石时，路肩底部基层位置应与摊铺路肩和缘石外侧边相重合或略宽，土路肩降雨冲刷沟槽必须回填平整并夯实。

3.0.13 通信调度

滑模摊铺水泥混凝土路面时，应建立摊铺现场和搅拌站之间快速有效的通信联络。在施工进行中，指挥台必须有专人不间断值班，随时联络，及时进行生产调度和指挥。

4 基层

4.0.1 一般规定

滑模摊铺水泥混凝土路面,基层的材料要求、施工工艺及质量指标应符合相应等级公路基层技术规范的规定。开始滑模摊铺前,基层须经质量检验合格。

4.0.2 滑模摊铺水泥混凝土路面,基层应符合下列要求:

(1)上基层宽度应比混凝土板每侧宽出65~80cm或与路基同宽。

(2)半刚性基层应具有足够的强度和耐冲刷性、适宜的刚度和防渗性;砾料基层应具有良好的稳固性、足够的渗透排水性。

(3)半刚性基层的干燥收缩和温度收缩变形较小,当上基层产生纵横向断裂时,应采取有效措施防止水泥混凝土路面施工初期断板。

(4)基层表面应平整、密实,并及时进行养生及保护,必要时可洒透层油或做沥青表处。

(5)路拱和纵坡与面层一致,高程符合要求。

(6)应至少提供足够滑模摊铺机连续施工10d以上的合格基层。

4.0.3 基层类型

新建水泥混凝土路面的基层可按有关基层规范的规定选用水泥、石灰粉煤灰和水泥粉煤灰等无机结合料稳定粒料的半刚性基层,级配碎石、级配砂砾、填隙碎石等粒料基层,也可采用沥青表处、沥青贯入式、贫水泥混凝土、透水混凝土、碾压水泥混凝土基层。水泥混凝土路面(上)基层不宜采用水泥土、水泥粉煤灰土、石灰土、石灰粉煤灰土,但可用于底基层。水泥稳定类上基层,水泥用量不得小于4%。各级公路水泥混凝土路面均不宜使用沥青表处和沥青贯入式路肩。使用了石灰土、二灰土上基层的水泥混凝土路面及沥青表处和沥青贯入式路肩的公路,路肩下部和边缘,应采用透水性好的材料做垫层或做渗水管沟。

4.0.4 旧沥青路面上加铺

原有旧沥青路面采用滑模摊铺混凝土面板加铺层,其顶面的当量回弹模量要求和补强层(最小)厚度应符合《公路水泥混凝土路面设计规范》(JTJ 012)的规定。应调查原有柔性路面质量,按旧路质量等级,分别采取下列加铺措施:

(1)状态较好、顶面当量回弹模量符合要求的旧沥青路面是优良的水泥混凝土路面基层,可直接滑模摊铺混凝土加铺层。

(2)状态较差但强度能达到设计要求的,必须铲除壅包、车辙及龟裂严重的部分,填补坑槽或补强调坡后,再摊铺加铺层。

(3)损坏严重、强度达不到设计要求的,不得直接作基层使用,应按有关规范重新设计并施工基层。

(4)热天施工加铺层时,应在旧沥青路面上采取喷熟石灰浆或喷水雾降温等措施。

4.0.5 旧水泥混凝土路面上加铺

旧水泥混凝土路面上设置加铺层时,应符合《公路水泥混凝土路面设计规范》(JTJ 012)的各项技术规定,并应按路况调查结果,确定采用结合式、直接式或分离式加铺层。施工前,先按其不同加铺层结构要求进行旧路面板块修复稳固、接缝填封、表面清理或处置,然后采用滑模摊铺水泥混凝土或纤维混凝土加铺层。高速公路、一级公路的路面直接式和分离式加铺层,其接缝可与旧路面接缝前错50~80cm;一般公路的加铺层,其接缝宜与老路面对齐。旧水泥混凝土路面的纵横坡不满足公路等级要求时,应采用适宜材料或混凝土调坡调拱后,等厚滑模摊铺混凝土面层。

5 原材料和配合比

5.1 原材料技术要求

5.1.1 水泥

1 特重、重交通水泥混凝土路面应采用旋窑生产的道路硅酸盐水泥、硅酸盐水泥或普通硅酸盐水泥。中、轻交通的路面，可采用旋窑生产的矿渣硅酸盐水泥。冬季施工、有快通要求的路段可采用快硬早强R型水泥，一般情况宜采用普通型水泥。各级交通路面适用的水泥的抗折强度不得低于表5.1.1-1的规定，水泥标号和水泥品种宜符合表5.1.1-1的要求。

表5.1.1-1 各级交通路面适用的水泥品种、标号和抗折强度

交通等级	水泥抗折强度(MPa)	水泥品种和标号	备注
特重	≥7.5	硅酸盐水泥625、普通水泥625、道路水泥525	硅酸盐水泥525、普通水泥525、道路水泥425实测抗折强度达到要求可以使用
重	≥7.0	硅酸盐水泥525、普通水泥525、道路水泥425	硅酸盐水泥425、普通水泥425实测抗折强度达到要求亦可用
中等、轻	≥6.5	硅酸盐水泥425、普通水泥425、矿渣水泥425	所有水泥无论标号大小，施工时均应以抗折强度满足要求为准

2 在高速公路、一级公路水泥混凝土路面使用掺有10%以内活性混合材料的道路硅酸盐水泥和掺有6%~15%活性混合材料或10%非活性混合材料的普通硅酸盐水泥时，不得再掺火山灰、煤矸石、窑灰和黏土四种混合材料。路面有抗盐冻要求时，不宜使用掺5%石灰石粉的II型硅酸盐水泥和普通水泥。

3 各级公路水泥混凝土路面所使用水泥的化学成分、物理性能等路用品质要求宜符合表5.1.1-2的规定。水泥进场时每批量应附有齐全的化学成分、物理、力学指标合格的检验证明。水泥的存放期不得超过3个月。

表5.1.1-2 各级交通路面用水泥的化学成分和物理指标

水泥性能	特重、重交通路面	中、轻交通路面
铝酸三钙	不大于5.0%	不宜大于7.0%
铁铝酸四钙	不小于15.0%	不宜小于12.0%
游离氧化钙	不大于1.0%	不大于1.0%
氧化镁	不得大于5.0%	不得大于6.0%
三氧化硫	不得大于3.5%	不得大于4.0%
碱含量	怀疑有碱活性集料不得大于0.6%，无碱活性集料不得大于1.0%	怀疑有碱活性集料不得大于0.6%，无碱活性集料不得大于1.0%
混合材种类	不得掺窑灰、煤矸石、火山灰和黏土，有抗盐冻要求时，不得掺生石灰石粉	不得掺窑灰、煤矸石、火山灰和黏土，有抗盐冻要求时不得掺生石灰石粉
烧失量	不得大于3.0%	不得大于5.0%
细度(80μm)	筛余量不得大于10%	筛余量不得大于10%

续上表

水泥性能	特重、重交通路面	中、轻交通路面
初凝时间 终凝时间	不早于3 h 不迟于10 h	不早于2.5 h 不迟于10 h
安定性	雷氏夹法或蒸煮法检验合格	蒸煮法检验合格
28d干缩率	不得大于0.09%	不得大于0.10%
耐磨性	不得大于3.6kg/m²	不得大于3.6kg/m²

4 施工单位选用水泥时，水泥的各项路用品质必须合格，并应通过混凝土配合比试验，根据其试配弯拉强度、耐久性和工作性确定可使用水泥的品种、标号及厂家。

5 滑模摊铺水泥混凝土路面宜采用散装水泥。在散装水泥供应不上时，可采用吨包装或袋装水泥。

6 无论气温多高，散装水泥的出厂温度均应限制在55℃以内，混凝土搅拌时的水泥温度不得高于50℃。冬季施工水泥温度不宜低于10℃。

5.1.2 粉煤灰

1 滑模摊铺水泥混凝土路面工程可掺用质量指标符合表5.1.2规定电收尘的I、II级干排或磨细粉煤灰。III级粉煤灰除非经过试验研究论证，可用于水泥混凝土路面，否则不得使用。

表5.1.2 粉煤灰分级和质量指标

粉煤灰等级	细度(45μm气流筛筛余量)(%)	烧失量(%)	需水量(%)	SO_3含量(%)
I	≤12	≤5	≤95	≤3
II	≤20	≤8	≤105	≤3
III	≤45	≤15	≤115	≤3

注：在没有气流筛的情况下，可使用0.08mm水泥筛，筛余量约为气流筛筛余量的2.4倍。

2 在水泥混凝土路面中使用I、II级粉煤灰时，应确切了解所用水泥中已经掺加混合材料的种类和数量。

3 粉煤灰进货应有等级检验报告。滑模施工宜采用散装干粉煤灰。使用粉煤灰的搅拌楼应增加1个水泥罐仓装粉煤灰。水泥混凝土路面工程不得使用湿排或潮湿粉煤灰，禁止使用已结块的湿排干燥粉煤灰。

5.1.3 粗集料

1 粗集料可使用碎石、破碎砾石和砾石。粗集料应质地坚硬、耐久、洁净。岩石的抗压强度一般不应小于所配混凝土的1.3倍。各级公路水泥混凝土路面使用的碎石、破碎砾石和砾石的技术要求应符合表5.1.3-1的规定。

2 粗集料应符合表5.1.3-2规定的级配要求。滑模施工水泥混凝土路面砾石最大粒径不得大于20mm，破碎砾石和碎石最大粒径不得大于30mm，超径、逊径含量均不得大于5%，粒径小于0.15mm的石粉含量不宜大于1%。

表5.1.3-1 碎石、破碎砾石和砾石技术要求

项目	技术要求
石料强度	≥3级
压碎值	≤16%
针片状颗粒含量	≤15%
泥土杂质含量(冲洗法)	≤1%
硫化物及硫酸根含量	≤1%
有机物含量(比色法)	不深于标准溶液的颜色

注：①石料强度分级应符合《公路工程石料试验规程》(JTJ 054)的规定。

②砾石软弱颗粒含量不大于5%，空隙率不大于45%。

③变质岩和火成岩允许压碎值不大于20%。超过时，应以混凝土试配弯拉强度达到相应等级公路的规定值与否决定取舍。

表5.1.3-2 粗集料级配范围

类型	级配 \ 粒径(mm)	筛孔尺寸(mm) 30	25	20	15	10	5	2.5
		通过百分率(以质量计)(%)						
连续	5~30	95~100	67~77	44~59	25~40	11~24	3~11	0~5
连续	5~20			95~100	55~69	25~40	5~15	0~5
间断	5~30	95~100	67~77	44~59	25~40	25~40	3~11	0~5
间断	5~20			95~100	25~40	25~40	5~15	0~5

注：该表为圆孔筛，也可使用方孔筛，但应符合相应的换算关系。

5.1.4 细集料

1 细集料可采用质地坚硬、耐久、洁净的河砂、机制砂、沉积砂和山砂，细集料的技术要求应符合表5.1.4-1的规定。机制砂、沉积砂和山砂宜控制通过0.15mm筛的石粉含量不大于1%，并应在混凝土工作性、单位用水量、弯拉强度和抗磨性等检验合格的前提下使用。

表5.1.4-1 细集料技术要求

项目	技术要求
颗粒级配	见表5.1.4-2
含泥量(冲洗法)	≤3%
硫化物及硫酸盐含量(折算为 SO_3)	≤1%
有机物含量(比色法)	不深于标准溶液的颜色
云母含量	≤2%

2 滑模水泥混凝土路面用砂的级配曲线应在Ⅰ、Ⅱ区，并符合表5.1.4-2的级配要求，宜为细度模数在2.3~3.2范围内的中砂或偏细粗砂。

表5.1.4-2 细集料级配范围

级配分区	筛孔尺寸(mm) 圆孔 10	圆孔 5	圆孔 2.5	方孔 1.25	方孔 0.60	方孔 0.30	方孔 0.15
	通过百分率(以质量计)(%)						
Ⅰ区	100	90~100	65~95	35~65	15~29	5~20	0~10
Ⅱ区	10	90~100	75~100	50~90	30~59	8~30	0~10

5.1.5 粗细集料中当怀疑有碱活性集料或夹杂有碱活性集料时，应进行碱集料反应检验，确认无碱集料反应后，方可使用。

5.1.6 水

1 经检验，搅拌及养护用水中的有害杂质含量应符合下述规定：

(1)硫酸盐含量(按 SO_4^{-2} 计)小于2.7mg/cm^3；

(2)含盐量不得超过5mg/cm^3；

(3)pH值不得小于4；

(4)不得含有油污。

2 海水不得作为混凝土拌和用水。

5.1.7 外加剂

1 外加剂的产品质量应符合表5.1.7的各项技术要求。施工单位在外加剂采购进场前,应有国家或省级外加剂检测机构认定的一等品质检报告。

表5.1.7 混凝土外加剂产品的技术性能指标

试验项目		普通减水剂	高效减水剂	早强减水剂	缓凝高效减水剂	缓凝减水剂	引气减水剂	早强剂	缓凝剂	引气剂
减水率(%)		≥8	≥12	≥8	≥12	≥8	≥10	—	—	≥6
泌水率(%)		≤95	≤90	≤95	≤100	≤100	≤70	≤100	≤100	≤70
含气量(%)		≤3.0	≤4.0	≤3.0	<4.5	<5.5	>3.0	—	—	>3.0
凝结时间(min)	初凝	-90~	-90~	-90~	>+90	>+90	-90~	-90~	>+90	-90~
	终凝	+120	+120	+90	—	—	+120	+90	—	+120
抗压强度比(%)	1d	—	≥140	≥140	—	—	—	≥135	—	—
	3d	≥115	≥130	≥130	≥125	≥100	≥115	≥130	≥100	≥95
	7d	≥115	≥125	≥115	≥125	≥110	≥110	≥110	≥100	≥95
	28d	≥110	≥120	≥105	≥120	≥110	≥100	≥100	≥100	≥90
28d收缩率比(%)		≤135	≤135	≤135	≤135	≤135	≤135	≤135	≤135	≤135
相对耐久性指标(200)(%)		—	—	—	—	—	≥80	—	—	≥80
对钢筋的锈蚀作用		应说明对钢筋无锈蚀危害								

注:①除含气量外,表中数据为掺外加剂的混凝土与基准混凝土的差值或比值。

②凝结时间指标"-"表示提前,"+"表示延缓。

③相对耐久性指标大于等于80%,表示掺外加剂的混凝土试件冻融循环200次后,动弹性模量保留值大于等于80%。

2 滑模摊铺水泥混凝土路面中应使用引气剂,其他外加剂品种视现场气温、运距和混凝土拌合物振动黏度系数、坍落度及其损失、可滑性、弯拉强度、耐磨性等需要选用。

3 引气剂应选用表面张力降低值大、水泥稀浆中气泡容量多而细密、泡沫稳定时间长、不溶残渣少的产品。引气剂的品种有松香热聚物、松香皂、皂角素和文松树脂等。

4 减水剂应采用拌合物的减水率较高、坍落度损失较小、损失速率较慢的复合型减水剂。滑模摊铺水泥混凝土路面可采用引气剂、引气缓凝减水剂、引气高效缓凝(保塑)减水剂、引气早强高效减水剂、引气防冻高效减水剂等。热天施工宜使用引气缓凝减水剂或引气高效缓凝(保塑)减水剂;冷天施工宜使用引气早强高效减水剂;负温施工宜使用引气防冻高效减水剂。

选定减水剂品种前,必须与所用的水泥进行化学成分和剂量适应性检验,化学成分不适应,不得使用,必须更换减水剂品种。剂量不适应,应进行减水剂不同掺量的混凝土试验。通过减水剂掺量与混凝土减水率关系曲线的拐点,即减水剂的饱和掺量(见图5.1.7),找到所用水泥的减水剂最佳掺量,当满

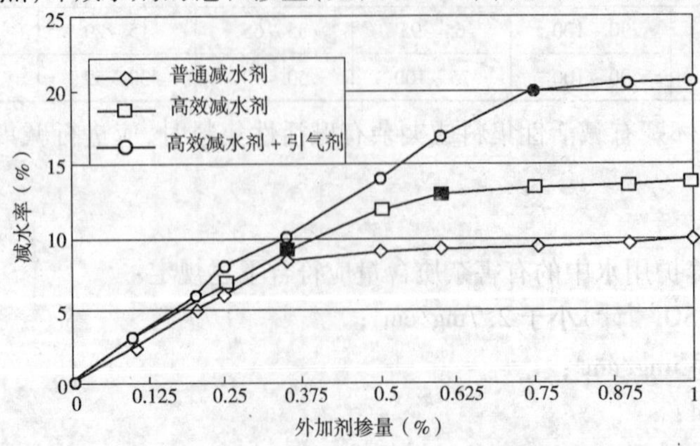

图5.1.7 外加剂掺量与混凝土减水率关系曲线

足路面滑模摊铺混凝土各项技术要求时，应按满足要求的掺量使用(应不大于最佳掺量)；若不满足要求，则应更换减水剂品种。

5.1.8 养生剂

用于水泥混凝土路面施工养护的养生剂，喷洒后薄膜应密封性好、保水率高、强度和耐磨性损失小、干燥快、储存时间长而稳定、耐雨水冲刷。不得使用易被雨水冲刷掉的和对混凝土强度有影响的养生剂。

养生剂的品种主要有水玻璃型、石蜡型和聚合物型三大类。乳化石蜡养生剂保水率较高，但不耐磨；聚合物型保水率居中，特点是易被雨水冲掉，属于易溶型养生剂；水玻璃型养生剂保水率较低，但可增强耐磨性，属于耐磨型养生剂。

5.1.9 钢筋

滑模摊铺水泥混凝土路面所用钢筋网、传力杆、拉杆等钢筋应符合《钢筋混凝土用热轧带肋钢筋》(GB 1499)和《钢筋混凝土用热轧光圆钢筋》(GB 13013)的技术要求。钢筋应顺直，不得有裂纹、断伤、刻痕、表面油污和锈蚀。传力杆钢筋加工时应锯断，而不得挤压切断。断口应垂直、光圆，用砂轮打磨掉毛刺，并加工成2~3mm圆角。

5.1.10 接缝材料

1 胀缝接缝板应选用能适应混凝土面板膨胀收缩、施工时不变形、弹性复原率高、耐久性良好的材料。可采用泡沫橡胶板、沥青纤维板、杉木板、纤维板、泡沫树脂板等，其技术要求应符合表5.1.10-1的规定。

表5.1.10-1 胀缝板的技术要求

试验项目	胀缝板种类		
	木材类	塑料(橡胶)泡沫类	纤维类
压缩应力(MPa)	5.0~20.0	0.2~0.6	2.0~10.0
弹性复原率(%)	>55	>90	>65
挤出量(mm)	<5.5	<5.0	<4.0
弯曲荷载(N)	100~400	0~50	5~40

注：①各类胀缝板吸水后的压缩应力：不应小于不吸水的90%，木板应去除结疤，沥青浸泡，厚度(2.0~2.5)cm±0.1cm。

②橡胶泡沫板实测参考值：压缩应力0.31MPa，弹性复原率99%，弯曲荷载27N。

2 填缝材料应具有与混凝土板壁黏结牢固，回弹性好，不溶于水、不渗水，高温时不挤出、不流淌，抗嵌入能力强，耐老化龟裂，负温拉伸量大，低温时不脆裂，耐久性好等性能。常用填缝材料有：常温施工式填缝料、加热施工式填缝料、预制多孔橡胶条制品等。高速公路、一级公路宜使用树脂类、橡胶类的填缝材料及其制品，二级及其以下公路可采用各种性能符合要求的填缝材料。

(1)常温施工式填缝料主要有聚(氨)酯、硅树脂类，氯丁橡胶、乳化沥青橡胶类等，其技术要求见表5.1.10-2。

表5.1.10-2 常温施工式填缝料技术要求

试验项目	一般技术要求	较高技术要求
灌入稠度(s)	<20	<10
失黏(固化)时间(h)	6~24	1~3
弹性复原率(%)	>75	>90
流动度(mm)	0	0
(-10℃)拉伸量(mm)	>15	>25
与混凝土黏结强度(MPa)	—	>1.0
黏结延伸率(%)	—	>1000

注：较高技术要求是已经在高速公路上使用的交链共混聚(氨)酯、硅树脂等填缝材料的实测数值。

(2)加热施工式填缝料主要有沥青玛蹄脂类、聚氯乙烯胶泥类和橡胶沥青类等,其技术要求见表5.1.10-3。

表 5.1.10-3 加热施工式填缝料技术要求

试验项目	低弹性型	高弹性型
针入度(0.01mm)	<50	<90
弹性复原率(%)	>30	>60
流动度(mm)	<5	<2
(-10℃)拉伸量(mm)	>10	>15

注:①按低温拉伸变形不断裂计算结果,将《公路水泥混凝土路面接缝材料》(JT/T 203)中低温-10℃拉伸量由5mm提高到10mm。
②低弹性型适宜在气候严寒、寒冷地区使用;高弹性型适宜在炎热、温暖地区使用。

3 使用常温和加热施工式灌注型填缝材料填缝时,宜使用背衬垫条控制填缝形状系数。背衬垫条应具有良好的弹性、柔韧性,不吸水、耐酸碱腐蚀和在热填缝时高温不软化等性能。背衬垫条材料有聚(氨)酯、橡胶或塑料微孔泡沫等,其形状应为圆柱形,直径应比接缝宽度大2~3mm。

4 用于制造预制橡胶嵌缝条的胶料性能应满足表5.1.10-4的技术要求。

表 5.1.10-4 预制橡胶嵌缝条胶料技术要求

性能	技术要求	
	I类	II类
公称硬度(IFCD)	60	70
公称硬度公差	±5	
最小拉伸强度(MPa)	12	
最小扯断伸长率(%)	250	200
(100℃,22h后)最大压缩永久变形(%)	40	
(100℃,72h热老化后)耐老化性能:		
硬度变化(IFCD)	0~+12	
最大拉伸强度变化(%)	-20	
最大扯断伸长率变化(%)	-25	
(40℃,96h后,伸长20%)耐臭氧性能: 一般条件:臭氧浓度 50×10^{-6} 苛刻条件:臭氧浓度 100×10^{-6}	不龟裂	
(-10℃,7h后)硬度(IFCD)增加	15	10
耐水性:标准室温,7h后的体积变化(%)	0~5	
(压缩50%后)成品填缝件压缩最小恢复率(%):		
-10℃,72h后	88	
-25℃,22h后	83	
100℃,72h后	85	

注:预制橡胶嵌缝条胶料分类按其最小扯断伸长率、公称硬度及其负温变化值进行分类,I类适宜在气候严寒和寒冷地区使用;II类适宜在气候炎热、温暖地区使用。

5 润滑黏结剂是安装预制橡胶嵌缝条专用材料,要求黏度适中,并有润滑作用,使橡胶嵌缝条和混凝土缝壁牢固黏结、不透水。可选用的黏结剂有氯丁胶黏剂、聚(氨)酯胶黏剂、改性环氧树脂胶黏剂等。

5.2 配合比设计

5.2.1 基本要求

滑模摊铺水泥混凝土路面的配合比设计应当满足弯拉强度、工作性、耐久性和经济性四项基本要求。其中，保证滑模施工的最佳工作性及其稳定性和可滑性是其独特工艺要求。

1　弯拉强度

(1)设计弯拉强度f_{cm}和弹性模量E_c应符合《公路水泥混凝土路面设计规范》(JTJ 012)的要求，见表5.2.1-1。

表5.2.1-1　水泥混凝土面板设计弯拉强度和弹性模量

交通等级	特　重	重	中　等	轻
设计弯拉强度f_{cm}(MPa)	5.0	5.0	4.5	4.0
弯拉弹性模量E_c($\times 10^3$MPa)	30	30	28	27

注：在特重交通的特殊路段，通过论证，可使用设计弯拉强度5.5MPa，弯拉弹性模量33×10^3MPa。

(2)试配弯拉强度f_c可按式(5.2.1-1)确定：

$$f_c = (1.10 \sim 1.15) f_{cm} \tag{5.2.1-1}$$

当系数取值1.13，相当于保证率85%及优秀的施工管理水平。亦可根据概率统计原理按式(5.2.1-2)确定试配弯拉强度f_c：

$$f_c = \frac{f_{cm}}{1 - tC_v} \tag{5.2.1-2}$$

式中：t——保证率系数，见表5.2.1-2；

C_v——混凝土弯拉强度变异系数，应按施工单位统计强度偏差系数取值，无统计数据的情况下可从表5.2.1-3中选取。

表5.2.1-2　保证率系数t

保证率(%)	80	85	90	95	98
保证率系数t	0.84	1.04	1.28	1.64	2.05

表5.2.1-3　混凝土弯拉强度变异系数C_v

施工管理水平	优　秀	良　好	一　般	差
变异系数C_v	<0.10	0.10~0.15	0.15~0.20	>0.20

2　工作性

(1)路面混凝土应振捣密实，不应产生蜂窝、麻面、拉裂和倒边现象。可通过限制混凝土拌合物最大振动黏度系数和最小坍落度予以保证。

(2)滑模摊铺后的混凝土面板边缘不应出现塌边、流角和溜肩现象，边部横向平整度和侧面垂直度保持良好。可通过限制混凝土拌合物的最大坍落度和最小振动黏度系数予以保证。

滑模摊铺机正常摊铺时，机前混凝土拌合物的最佳工作性及允许范围见表5.2.1-4，混凝土拌合物应稳定在最佳工作性范围内，不得超出。

表5.2.1-4　混凝土最佳工作性及允许范围

检测方法 / 界限	坍落度SL(mm)		振动黏度系数 η(N/m^2·s)	摊铺速度 v_t(m/min)
	砾石混凝土	碎石混凝土		
最佳工作性	20~40	30~60	150~500	1~2
允许范围	10~50	20~70	100~600	0.5~3
稳定性	30±20	40±20	300±200	正常1.5±0.5

注：①该表适用于设置超铺角的滑模摊铺机。对于不设超铺角的滑模摊铺机，适宜的振动黏度系数为300~500N/m^2·s，施工适宜的坍落度为15~40mm。

②新拌混凝土振动黏度系数的试验检测方法见附录A。

3　耐久性

(1)各级公路滑模摊铺路面混凝土应使用引气剂,视路面使用的环境要求,即无抗冻、有抗冻、有抗盐冻要求三种环境,混凝土含气量应分别达到表5.2.1-5中的推荐值,并宜控制在其允许偏差范围内。

表5.2.1-5　路面混凝土适宜含气量推荐值(%)

最大粒径(mm)	水泥混凝土路面无抗冻要求	水泥混凝土路面有抗冻要求	水泥混凝土路面有抗盐冻要求
15	5±1	6±1	7±0.5
20	4.5±1	5.5±1	6.5±0.5
25	4±1	5±1	6±0.5
30	3±1	4.5±1	5±0.5

(2)路面混凝土满足耐久性要求的最大水灰比:高速公路、一级公路不应大于0.44;二、三级公路不应大于0.48。有抗冰冻要求时的高速公路、一级公路不宜大于0.42,有抗盐冻要求时的高速公路、一级公路不宜大于0.40,有抗(盐)冻要求的二、三级公路不宜大于0.44。

(3)使用符合表5.1.1-1要求的水泥,无抗冻性要求时的最小水泥用量不应小于300kg/m^3,如掺用粉煤灰,最小水泥用量不应小于250kg/m^3。有抗冰冻性和抗盐冻性要求时的最小水泥用量不应小于320kg/m^3,如掺用粉煤灰,最小水泥用量不应小于270kg/m^3。对有抗冰冻和抗盐冻要求的高速公路、一级公路,宜进行混凝土抗冻试验,其冻融循环次数不宜小于200次。

4　经济性

在满足上述三项技术要求的前提下,配合比应尽可能经济。以单位质量水泥获得的弯拉强度最大为经济性评价标准。

5.2.2　外加剂的应用

1　混凝土拌合物热天施工时的初凝时间不得小于3h,小于3h时应采取缓凝措施,使用缓凝(保塑)型减水剂或适当加大其剂量;低温和负温施工时的终凝时间不得大于10h,可使用促凝剂、早强剂、防冻剂,大于10h时,亦应采取必要的促凝、防冻措施。

2　外加剂掺量应通过适应性检验,并由混凝土试配试验确定。引气剂的适宜掺量应通过测定搅拌机口拌合物的含气量进行控制。外加剂掺量不得超过水泥用量的5%。各种外加剂应以溶液加入,其稀释用水和原液中的水量,应从拌和时的加水量中扣除。除特殊情况外,外加剂带入混凝土的含碱量不宜大于1.0 kg/cm^3。

3　减水剂与引气剂或其他外加剂复合掺用或复配时,应注意它们的可共溶性,防止外加剂溶液发生絮凝、沉淀现象。如产生絮凝现象,应分别稀释并分别加入搅拌机。有沉淀的液体或粉末外加剂,应每1~3d清除一次稀释池中的沉淀物。

5.2.3　确定配合比计算参数

1　水灰比$\frac{W}{C}$:可依混凝土试配弯拉强度f_c(MPa)、水泥胶砂抗折强度f_s(MPa)和粗集料类型按下述统计经验公式估算:

碎石混凝土:
$$\frac{W}{C}=1.5684/(f_c+1.0097-0.3485f_s) \tag{5.2.3-1}$$

砾石混凝土:
$$\frac{W}{C}=1.2618/(f_c+1.5492-0.4565f_s) \tag{5.2.3-2}$$

按上式估算出的水灰比应计入外加剂的减水作用,同时,必须满足5.2.1条第3款第(2)项耐久性要求的最大水灰比的规定,两者当中取小值。

2　混凝土拌合物单位体积水泥用量C_o:采用525号道路硅酸盐水泥或普通硅酸盐水泥宜控制在320~370kg/m^3;采用425号道路硅酸盐水泥、普通硅酸盐水泥或矿渣硅酸盐水泥宜控制在340~400kg/m^3;加入粉煤灰时,最大胶材总量(水泥加粉煤灰)不宜大于420kg/m^3。

3　砂率 S_p：应根据砂的细度模数和粗集料的种类，查表5.2.3取值，在软拉抗滑构造的条件下，砂率在表5.2.3的基础上可增大1%～2%。硬刻槽时，则不必增大砂率。

表5.2.3　砂的细度模数与最优砂率的关系

砂的细度模数		2.2～2.5	2.5～2.8	2.8～3.1	3.1～3.4	3.4～3.7
砂率 S_p(%)	碎石混凝土	30～34	32～36	34～38	36～40	38～42
	砾石混凝土	28～32	30～34	32～36	34～38	36～40

注：该表的使用条件：

①水灰比在0.35～0.48之间，使用外加剂；砾石最大粒径20mm，碎石最大粒径30mm，级配良好。

②破碎砾石可在碎石和砾石混凝土之间内插取值。

4　混凝土拌合物单位体积用水量 W_o：可按下列公式估算（集料以饱和面干状态计）：

碎石：

$$W_o = 104.97 + 0.309SL + 11.27(C/W) + 0.61S_p \tag{5.2.3-3}$$

砾石：

$$W_o = 86.89 + 0.370SL + 11.24(C/W) + 1.00\,S_p \tag{5.2.3-4}$$

式中：SL——混凝土拌合物的坍落度(mm)；

S_p——砂率(%)；

C/W——灰水比，其倒数为水灰比，计入外加剂的减水作用。

碎石混凝土的单位体积用水量不宜大于160 kg/m^3，砾石混凝土不宜大于155 kg/m^3。

5.2.4　配合比计算

配合比计算可按假定容重法或绝对体积法计算，按绝对体积法计算必须计入含气量。经计算得到的配合比，宜验算粗集料的体积百分数并不小于70%。重要路面工程应采用正交试验法进行配合比优选。

混凝土拌合物掺粉煤灰时，其配合比计算按《粉煤灰混凝土应用技术规范》(GBJ 146)中的超量取代法进行。粉煤灰超量系数：I级灰应取1.2～1.4，II级灰应取1.5～1.7。不取代水泥的超掺部分粉煤灰应代替砂，并折减用砂量。I、II级粉煤灰的掺量应根据水泥中原有的混合材料数量和混凝土弯拉强度、耐磨性等要求由试验确定。一般情况下，水泥中已有的和混凝土中外加的混合材料总量不宜大于30%，I型硅酸盐（纯熟料）水泥，可加入最大掺量为水泥用量30%的粉煤灰；II型硅酸盐水泥最大掺量可为25%；道路水泥最大掺量可为20%～30%；普通水泥最大掺量可为15%～25%；矿渣水泥不得掺粉煤灰。

5.2.5　配合比调整

1　试验室试拌配合比

由上述各经验公式估算得出的配合比，必须在试验室内按《公路工程水泥混凝土试验规程》(JTJ 053)规定的方法进行如下各项试配检验和调整：

(1)按水泥适应性要求优选外加剂品种和掺量。由拌合物工作性试验得出其饱和减水率时的最佳掺量，并按最佳掺量使用。当所使用的水泥品种或生产厂改变时，应重新优选外加剂品种和最佳掺量。

(2)在有减水剂和引气剂的条件下，检验拌合物的最佳工作性和含气量，坍落度或振动黏度系数应满足表5.2.1-4的要求，含气量及其偏差值应满足表5.2.1-5的规定。优选外加剂品种和掺量。

(3)采用假定容重法计算的配合比，应实测拌合物容重，并应按实测容重调整配合比，调整时水泥用量不得减小，调整后的配合比复测拌合物容重偏差不应大于±2.5%。

(4)制作弯拉强度等试件，检验试配弯拉强度、耐久性等。

2　搅拌楼实拌配合比

滑模混凝土的试拌配合比应通过搅拌楼实际拌和检验，同时应满足滑模摊铺的工作性、混凝土耐久性和试配弯拉强度等要求。应根据料场砂石料含水量、拌合物实测容重、含气量、坍落度及其损失，调整单方混凝土粗集料用量、用砂量、加水量和外加剂掺量，但水泥用量不得减小。

3　施工配合比

经搅拌楼实拌调整好的配合比，在施工中，应根据天气、季节和运距等的变化，微调缓凝减水剂、引气剂或保塑剂的掺量，保证摊铺现场的振动黏度系数、坍落度等工作性适宜于滑模摊铺，且波动最小。同时，应根据当天不同时间的气温变化微调加水量，维持坍落度不变。其他配合比参数不得随意变更。

6 滑模摊铺工艺流程及机械设备配置

6.1 工艺流程

6.1.1 滑模摊铺应按图6.1.1所示施工工艺流程网络图精心组织,循序进行。

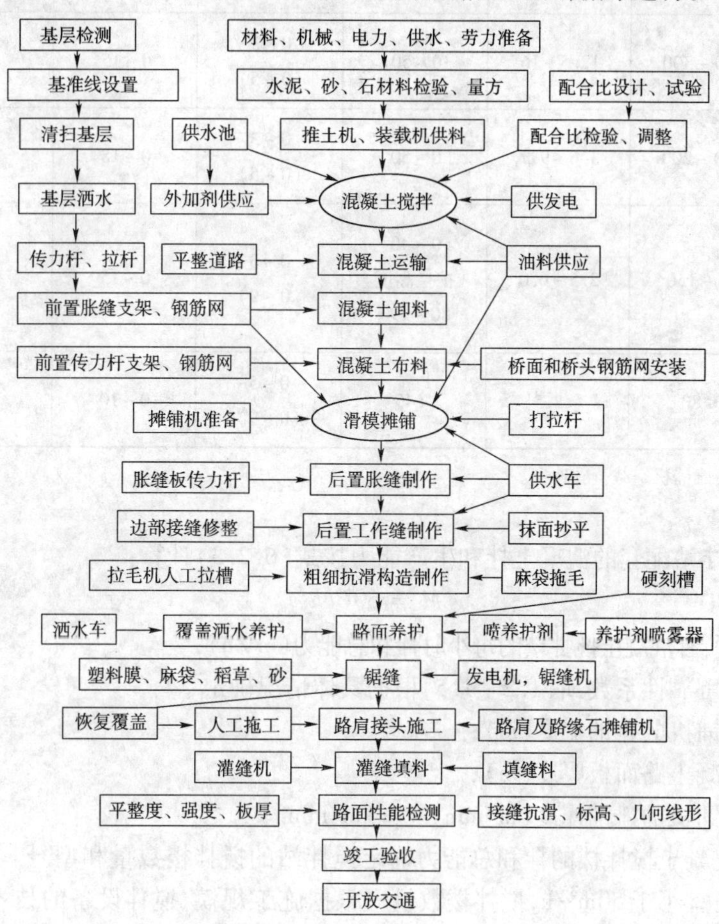

图6.1.1 滑模摊铺水泥混凝土路面施工工艺流程网络

6.2 机械设备配置

6.2.1 一般规定

1 机械设备的选配应满足“性能先进适用、生产能力匹配、施工稳定高效”的要求。施工单位应根据路面结构设计、工期要求、公路等级等条件,按本规程的要求选择和配齐滑模施工机械。

2 水泥混凝土搅拌楼容量应满足滑模摊铺机施工速度1m/min的要求。最小的搅拌能力为:一次摊铺一个车道时,应稳定可靠地供应100m^3/h以上的拌合物。一次摊铺两个车道时,应稳定可靠地供应200m^3/h拌合物。

3 高速公路、一级公路主车道施工,宜选配一次能同时摊铺2~3个车道宽度7.5~12.5m的大型或特大型滑模摊铺机。二级以下公路路面的最小摊铺宽度不得小于单车道宽度3.75m。硬路肩的摊铺宽度按设计确定。

6.2.2 滑模摊铺机选配

可按表6.2.2的基本技术参数选择。滑模摊铺机应配备螺旋或刮板布料器、松方高度控制板、振动排气仓、足够的振捣棒、夯实杆或振动搓平梁、自动抹平板、可提升边模板、侧向及中部打拉杆装置,需要时可配备自动传力杆插入装置。施工单位根据条件,可选择配备布料机、滑模摊铺机和拉毛养生机三台设备联合施工方式,也可只配备一台滑模摊铺机,其他由人工辅助施工。滑模连续摊铺规模较大的钢筋混凝土路面、桥面、桥头搭板时,宜配备侧向上料的布料机或自带侧向上料机构的滑模摊铺机。

表6.2.2 滑模摊铺机的基本技术参数表

项　　目	发动机功率(kW)	摊铺宽度(m)	摊铺厚度(cm)	摊铺速度(m/min)	行走速度(m/min)	履带数(个)	整机质量(t)
特大型三车道滑模摊铺机	200~300	12.5~16	0~50	0~3 (0~5)	0~15	4	57~135
大型双车道滑模摊铺机	150~200	3.6~9.7	0~50	0~3 (0~5)	0~18	2~4	22~50
中型多功能单车道滑模摊铺机	70~150	2.5~6.0	0~40 护拦高度 80~190	0~3 (0~9)	0~15	2,3,4	12~27
小型路缘石滑模摊铺机	≤80	<2.5	<45	0~5 (0~9)	0~10	2,3	≤10

注:括号内数据为滑模摊铺机空载行驶速度。

6.2.3 搅拌站配置

1　滑模摊铺搅拌站配套的混凝土拌和生产能力按式(6.2.3)计算:

$$M = 60Cbh\,v_t \tag{6.2.3}$$

式中:M——搅拌站所有混凝土搅拌楼的每小时拌和总能力(m^3/h);

C——搅拌楼可靠性系数,取1.2~1.5,根据具体情况确定;

b——滑模摊铺机的摊铺宽度(m);

h——水泥混凝土路面板厚度(m);

v_t——滑模摊铺机的摊铺速度(m/min)(≥1m/min)。

按搅拌站所有混凝土搅拌楼的拌和总能力确定搅拌站的搅拌楼数量和型号。滑模施工,每台搅拌楼的最小生产能力不宜小于$50m^3/h$,搅拌楼数量应根据施工规模、搅拌设备的技术水平和可靠性等确定,一般不宜超过4台。可采用1台大产量搅拌楼或2~3台大中产量的搅拌楼配套。搅拌楼的规格和品牌尽可能统一。搅拌站应配备适量的推土机或装载机供应砂石料。

2　搅拌楼应以强制双卧轴式或强制行星立轴式为主要机型,应优先选配间歇式搅拌楼,可使用连续式搅拌楼。连续式搅拌楼应配备两个搅拌锅或一个足够长度的搅拌锅,并应在搅拌锅上配备电视监控设备。每台搅拌楼应配备自动供料、称量、计量设备,砂含水率测量反馈控制装置,外加剂加入装置,计算机控制自动配料操作系统和数据打印设备。每台搅拌楼应配备3~4个砂石料仓,1~2个外加剂池,3~4个水泥及粉煤灰罐仓。使用袋装水泥时,还应配备水泥拆包、储存及输送设备。

6.2.4 运输车辆配置

1　滑模摊铺系统配套的运输车数量,按式(6.2.4)计算:

$$N = 2n[1 + S\gamma_c m/(v_q g_q)] \tag{6.2.4}$$

式中:N——运输车辆总数(辆)(不同产量搅拌楼分别计算再计其和);

n——相同产量的搅拌楼台数;

S——单程运输距离(km);

γ_c——新拌混凝土的容重(kN/m^3)；

m——一台搅拌楼的每小时拌和能力(m^3/h)；

v_q——车辆的运输平均速度(km/h)；

g_q——汽车载重能力(kN/辆)。

如果汽车装载质量不同，先按小吨位计算，再折合成大吨位的汽车数目。

2 运输车辆的要求

应选配车况好、装载质量大的自卸车，远距离运输宜选配罐送车，也可选用其他滑模混凝土专用特种大型运输车辆。自卸车后挡板应关闭紧密，运输时不漏浆撒料，卸料时抬升角度应大于45°，车箱板应平整光滑。

6.2.5 布料设备选配

滑模摊铺素混凝土路面时，可配备一台轮式挖掘机或装载机辅助布料。滑模连续摊铺通过前置式胀缝、缩缝传力杆支架，钢筋混凝土路面、桥面和桥头搭板时，严禁大型机械直接压钢筋网及其支架，必须配备适宜的布料机械。可因地制宜地选配如下布料机械：

(1)配备侧向上料的布料机。

(2)配备带侧向上料机构的滑模摊铺机。

(3)挖掘机加料斗布料。

(4)吊车加短便桥板凳布料。

(5)吊车加料斗起吊布料。

(6)混凝土罐车和汽车泵泵送混凝土布料。

6.2.6 抗滑构造施工设备

滑模摊铺水泥混凝土路面宏观抗滑构造的施工，可采用拉毛养生机和人工软拉槽制作。工程规模大、日摊铺进度快时，宜采用拉毛养生机。也可采用硬刻槽机制作，其刻槽宽度不宜小于50cm，所配备的硬刻槽机数量及生产能力应与滑模摊铺进度相匹配。

6.2.7 切缝设备

滑模摊铺水泥混凝土路面的接缝施工，可使用软锯缝机、支架式硬锯缝机和普通锯缝机。配备的锯缝机数量及生产能力应与滑模摊铺进度相适应。

6.2.8 施工系统机械配套

使用一台滑模摊铺机施工水泥混凝土路面时的主要机械设备、仪器、机具和工具配备，一般可参照表6.2.8的要求进行。

表6.2.8 一台滑模摊铺机施工主要机械和机具配套表

工作内容	主要施工机械设备	
	名称	机型及规格
钢筋加工	钢筋锯断机、折弯机、电焊机	根据需要定规格和数量
测量基准线	水准仪、经纬仪、全站仪*	根据需要定规格和数量
	基准线、线桩及紧线器	300个桩、5个紧线器、3 000m基准线
搅拌	强制式搅拌楼	≥50 (m^3/h)，数量由计算确定
	装载机	2～3m^3
	发电机	≥120kW
	供水泵和蓄水池	≥250 m^3
运输	运罐车*	4～6m^3，数量由匹配计算确定
	自卸车	4～24m^3，数量由匹配计算确定
摊铺	布料机*、挖掘机、吊车等布料设备	根据需要定规格和数量
	滑模摊铺机1台	技术参数见表6.2.2
	手持振捣棒、整平梁、模板	根据人工施工接头需要定

续上表

工作内容	主要施工机械设备	
	名　　称	机型及规格
抗滑	拉毛养生机*1台	与滑模摊铺机同宽
	人工拉毛齿耙、工作桥	根据需要定规格和数量
	硬刻槽机*	刻槽宽度大于等于50cm， 数量与摊铺匹配
切缝	软锯缝机	根据需要定规格和数量
	常规锯缝机或支架锯缝机	根据需要定规格和数量
	移动发电机	12~60kW，数量由施工需要定
磨平	水磨石磨机	需要处理欠平整部位时
灌缝	灌缝机或插胶条工具	根据需要定规格和数量
养生	压力式喷洒机或喷雾器	根据需要定规格和数量
	工地运输车	4~6t，按需要定数量
	洒水车	4.5~8t，按需要定数量

* 可按装备、投资、施工方式等不同要求选配。

7　滑模摊铺水泥混凝土路面施工

7.1　基准线设置

7.1.1　一般规定

滑模摊铺水泥混凝土路面的施工基准设置有基准线、滑靴、多轮移动支架和搬动方铝管等多种方式。根据我国的基层平整度现状，滑模摊铺水泥混凝土路面的施工基准线设置，当前宜采用基准线方式。

7.1.2　基准线形式

基准线设置形式视施工需要可采用单向坡双线式、单向坡单线式和双向坡双线式三种。单向坡双线式基准线的两根基准线间的横坡应与路面一致。单向坡单线式基准线必须在另一侧具备适宜的基准，路面横向连接摊铺，其横坡应与已铺路面一致。双向坡双线式的两根基准线直线段应平行，且间距相等，并对应路面高程，路拱靠滑模摊铺机调整自动铺成。滑模摊铺机应具备2侧4个水平传感器和1侧2个方向传感器，沿基准线滑行，摊铺出路面所要求的方向、平面、高程、横坡、板厚、弯道等。

7.1.3　基准线器具

1　基准线材料：应使用3～5mm的钢绞线，总长度不少于3 000m。

2　基准线桩具：基准线桩宜使用直径12mm的圆钢筋，总高度宜为120cm，一端打尖，每根桩应配备一个架臂扣和一个夹线臂。架臂扣在基准线桩上可上下移动并固定，并使夹线臂可左右移动并固定。基准线桩具不少于300套。

3　基准线安装器具：紧线器5个，固定扳手2把，大锤2把，水准仪或全站仪1台，水准尺2杆，钢卷尺2把。

7.1.4　基准线设置

1　基准线横向支距：基准线桩固定位置到摊铺面板边缘的横向支距应根据滑模摊铺机侧模到传感器的位置而定，一般2～4履带跨中摊铺，两侧路面边缘宜不小于1m宽度，最小不得小于0.65m。基准线上的标高应为其所在位置的路面边缘高程计入支距横坡高度后，加上设定的架设高度。

2　基准线横向间距：基准线的横向间距为摊铺宽度加一侧（单线）或两侧（双线）横向支距。双线式基准线的垂直横向线间距应相等，单线式基准线到摊铺边缘间距应相等。

3　基准线桩纵向间距：平面直线段应小于等于10m，圆曲线段视弯道半径大小，一般可为5～7m。在小半径弯道或山区极小半径回头弯道上，内侧宜加密到2.5～5m，外侧宜为3.5～7m；平面缓和曲线段和纵断面竖曲线段宜为5～10m。实际设置基准线桩距离可小于上述值，但不得大于给定尺寸。

4　基准线桩固定：基层顶面到夹线臂的高度宜为45～75cm，自基准线所在位置的路面边缘高程算起的基准线统一架设高度宜为25～50cm。基准线桩夹线臂夹口到桩的水平距离宜为30cm。夹线臂到桩顶垂直距离宜为15cm。基准线桩应牢固打入基层15～25cm。当打入困难时，应采用电钻钻孔后再钉牢固。

5　基准线长度：一根基准线的最大长度不得大于450m。超过此长度并需要继续摊铺时，应续接基准线，续接方式应通过同一个过渡桩的夹线臂口平顺连接。

6　基准线张紧：基准线两端应各设一个紧线器，并应偏置在基准线桩外侧30～50cm处。在第一根桩与紧线器之间，应设一根扯线桩，扯线桩的夹线臂应低于基准线桩夹线臂。扯线桩应钉牢固，不因弯道水平拉力而倾斜。基准线必须张紧,每侧基准线应施加大于等于1 000N的拉力。张紧后基准线上的垂度不应大于1.0mm,基准线应先张紧,再扣进夹线臂槽口。

7 已铺路面上设置基准线:连接摊铺路面或悬臂式连接摊铺硬路肩路缘石时,在已铺路面上设置基准线,可采用20cm×20cm混凝土底座锚固基准线桩或使用角钢焊接基准线桩。设置时,每5m插入路面已切割的缩缝槽内,用木楔别紧,在路面上基准线高度宜用15~30cm。

8 中央路拱:大型双车道滑模摊铺机有固定抛物线或折线路拱两种设置。在有中央路拱的平曲线及缓和曲线路段,除应在基准线上准确反映所在位置(含超高)的高程外,在每个基准线桩处还应标示出摊铺拱中垂直高度,便于机手调整渐变路拱和横坡。

9 最小弯道半径和最大纵坡:滑模摊铺机在山区公路上可施工带超高的最小弯道半径不应小于50m;带加长侧模板的滑模摊铺机可施工的最小弯道半径不应小于75m,否则,应使用其他方式摊铺。摊铺机满负荷施工的最大纵坡上坡宜为5%,下坡宜为6%;施工山区路面的极限纵坡为7%,如果大于7%,应缩窄摊铺,基准线桩桩距应加密到3.5~5m。

7.1.5 基准线精度

滑模摊铺水泥混凝土路面基准线设置精度应符合表7.1.5的要求。施工时宜达到规定值,验收时应满足最大允许偏差值的规定。基准线宜在摊铺前一天完成设置。基准线设置好以后,应进行校核复测,并注意防止弯道和渐变段出现差错。

表7.1.5 滑模摊铺水泥混凝土路面基准线设置精度要求

项目		规定值	最大允许偏差
中线平面偏位(mm)		10	20
路面宽度偏差(mm)		+15	+20
面板厚度(mm)	代表值	-3	-5
	极值	-8	-10
纵断高程偏差(mm)		±5	±10
横坡偏差(%)		±0.10	±0.15
左右幅连接纵缝高差(mm)		±1.5	±2

7.1.6 施工要求

基准线设置好以后,禁止扰动。摊铺时,严禁碰撞和振动。一旦碰撞变位,应立即重新测量设定。基准线接头不得大于1cm。每100m基准线不得多于2个接头。多风季节施工时,应缩小基准线桩间距。风力达到5~6级时,应停止施工。

7.2 混凝土搅拌

7.2.1 一般规定

搅拌站的配套容量和每台搅拌楼的配套设备应满足本规程6.2.3条的要求。水电供应应可靠,原材料应充足,最少不得少于当天施工用量。

7.2.2 配料精度

每台搅拌楼在投入生产前,必须通过法定计量部门标定,并试拌正常。标定有效期满或搅拌楼搬迁安装完毕,均应重新标定。搅拌楼配料计量误差不得超过表7.2.2的规定。施工中应经常校验搅拌楼计量精度。滑模混凝土应配备和采用有计算机自动称料和砂含水量自动反馈控制系统的搅拌楼进行生产,不得使用手动配料,禁止使用体积法计量的简易自落滚筒式搅拌机拌和。在搅拌过程中还应打印出每盘或连续称料的配料数据和误差,按需要,打印每天(周、旬、月)对应摊铺桩号混凝土配料的统计数据及误差。从打印数据发现配料误差大于表7.2.2计量精度要求时,应分析原因,排除故障,保证拌和计量精度。

表 7.2.2 搅拌楼的混凝土拌和计量精度要求

材料名称	水泥	粉煤灰	砂	粗集料	水	外加剂
允许误差(%)	±1	±1	±2	±2	±1	±2

7.2.3 外加剂使用

外加剂应以溶液掺加,外加剂溶液浓度,应根据配合比试验确定的外加剂掺量,在间歇搅拌楼上,按所配备的外加剂溶液筒的容量和每盘水泥用量计算得出。连续式搅拌楼应按流量比例控制加入外加剂。加入搅拌锅的外加剂应充分溶解,并防止不同的外加剂溶液因相对密度不同分层富集,外加剂溶液应于施工前一天配制好,并在施工中连续不断地搅拌均匀。

7.2.4 拌和质量检验与控制

1 施工开始及搅拌过程中都应按表 8.4.1 规定的频率检验坍落度、坍落度损失、含气量、泌水率、混凝土凝结时间、砂石料含水量及混凝土容重等。按标准方法预留规定数量的弯拉强度试件。在寒冷或炎热气候下施工,混凝土拌合物从搅拌机出料时的温度应分别控制在 10~35℃之间,并应加测原材料温度、拌合物的温度、坍落度损失率和凝结时间等。

2 混凝土拌合物应均匀一致,不得有未加水的干料、未拌匀的生料和离析等现象,干料和生料禁止用于路面摊铺。一台搅拌楼每盘之间和其他搅拌楼之间,混凝土拌合物的坍落度允许误差为 ±1cm。试拌及滑模摊铺时的坍落度,应按最适宜滑模摊铺的坍落度值加上当时气温下运料所耗时间的坍落度损失值确定。在雨天或阵雨后,应按砂石料实际含水率及时微调加水量。

7.2.5 最短搅拌时间

应根据拌合物的黏聚性(熟化度)、均质性及强度稳定性由试拌确定最短搅拌时间。一般情况下,单立轴式搅拌机总拌和时间为 80~120s;双卧轴式搅拌机总拌和时间为 60~90s。上述两种搅拌机原材料到齐后的纯拌和最短时间分别不短于 30s、35s,连续式(双锅)搅拌楼的最短搅拌时间不得短于 40s,最长搅拌时间不宜超过高限值 2 倍。在保证拌合物质量的前提下,应科学编制搅拌计算机程序,合理压缩搅拌时间,以增加滑模混凝土的产量。

7.3 混凝土运输

7.3.1 一般规定

应根据施工进度、运量、运距及路况,按照本规程 6.2.4 条的规定配备车型和车辆总数。总运力应比总拌和能力略有富余。

7.3.2 运输时间

运输到现场的混凝土拌合物的坍落度有所损失,但必须适宜滑模摊铺。摊铺完毕允许最长时间,应根据气温及摊铺现场拌合物达到表 5.2.1-4 中规定的工作性历时确定,并宜短于拌合物的初凝时间 1h。运输允许最长时间宜短于摊铺允许最长时间 0.5h。混凝土拌合物从搅拌机出料到运输、摊铺完毕的允许最长时间应符合表 7.3.2 的规定。

表 7.3.2 混凝土拌合物运输、摊铺完毕允许最长时间

施工气温(℃)	运输允许最长时间(h)	摊铺完毕允许最长时间(h)
5~10	2	2.5
10~20	1.5	2
20~30	1	1.5
30~35	0.75	1.25

注:施工气温指日平均气温。

7.3.3 运输技术要求

1 运送混凝土的车辆,在装料时,应防止混凝土离析,每装一盘料应挪动一下车位,卸料落差高度

不得大于2m。驾驶员必须了解拌合物的运输、摊铺完毕的允许最长时间,超过摊铺允许最长时间的混凝土不得用于路面摊铺。混凝土一旦在车内停留超过初凝时间,应采取紧急措施处置,防止混凝土硬化在车厢内或车罐内。

2 混凝土运输过程中要防止漏浆、漏料和污染路面。烈日、大风、雨天和冬季施工,应遮盖自卸车上的混凝土。运输车辆在每次装混凝土前,均应将车厢清洗干净并洒水湿润。

3 使用翻斗车运输混凝土时,最大运输半径不宜超过20km,超过时,宜采用搅拌罐车运输混凝土。

7.4 钢筋安装和混凝土布料

7.4.1 钢筋安装技术要求

滑模摊铺钢筋混凝土路面、桥面、双层钢筋网桥头搭板及连接胀缝支架,在使用6.2.5条中的某种方式布料时,钢筋网和支架刚度均必须焊接加强。

1 单层钢筋混凝土路面钢筋网应有4~6根/m^2焊接支架钢筋。

2 在铺装桥面钢筋网之前,应先焊接梁之间的横向连接钢筋,并不应少于3根/延米,后安装锚固钢筋,再将钢筋网与锚固钢筋焊接,数量应为4~6根/m^2。层间剪应力大处(如梁端)取大值,剪应力小处(如跨中)可取小值。

3 桥头搭板或通道上部双层钢筋网,不应少于4~6根/m^2焊接环形箍筋。

4 搭板端部钢筋必须与胀缝钢筋支架相焊接,焊接点不应少于4个/m。

5 钢筋混凝土路面和桥面单层钢筋网、桥头搭板双层钢筋网及连接胀缝钢筋支架的两侧宽度应小于摊铺宽度3cm,其纵向工作缝与后铺的横向连接路面应采用侧向加密拉杆形式。桥面钢筋网横向钢筋应连续。双车道摊铺的桥面板或搭板中间均不插拉杆,不切纵缝,钢筋网整体连续,桥面板宜在反弯矩部位切缝,并用接缝钢筋补强。斜交桥涵的变形板全部在钢筋混凝土搭板上调整,锐角加密焊接钢筋网补强。滑模施工的水泥混凝土路面均宜为矩形板,并取消边缘和角隅补强钢筋。

7.4.2 混凝土布料技术要求

1 滑模摊铺普通水泥混凝土路面,必须有专人指挥车辆均匀卸料。滑模摊铺时,机前的最高料位不得高于滑模摊铺机前松方控制板顶面,料位的正常高度应在螺旋布料器叶片最高点以下,亦不得缺料。机前缺料或料位过高时,宜采用装载机或挖掘机适当布料和送料,布料应与摊铺速度相协调。

2 采用布料机施工,松铺系数应视坍落度大小由试铺确定,当坍落度在1~5cm时,松铺系数宜在1.08~1.15之间。坍落度3cm,松铺系数宜控制在1.1左右。布料机与滑模摊铺机之间的施工距离应控制在5~10m。热天日照强,风大,取小值;阴天,湿度大,无风,可取大值。

3 采用布料机以外的布料方式摊铺钢筋混凝土路面、桥面或搭板时,禁止任何机械直接开上钢筋网。宜在钢筋网外侧使用挖掘机或吊斗均衡卸料布料,也可使用便桥板凳加吊车汽车直接卸料、挖掘机布料,但均不得缺料。

7.5 滑模摊铺水泥混凝土路面

7.5.1 滑模摊铺前,应对施工现场准备工作进行如下检查:

(1)检查板厚:每20m垂直于两侧基准线挂横线,用钢尺单车道测3点、双车道测5点垂直高度,减去基准线设定高度,即为单个板厚,3~5个值平均为该断面平均板厚。每200m10个断面的均值为该路段平均板厚。路段平均板厚不应小于设计板厚;断面平均板厚不应比设计板厚薄5mm;单个板厚极小值不应比设计板厚薄10mm。不满足上述要求时,应采取有效措施保证板厚。

(2)检查辅助施工设备机具:拉毛养生机、布料机械、发电机等应全部到场并试运转正常。端模板、手持振捣棒、抄平梁、传力杆定位支架、拉杆、拉毛耙、工作凳、拖行工具、养生剂及其喷洒工具等所有施工器具和工具应全部到位,状态良好。

(3)检查基层:基层局部破损应修补整平,基层上的裂缝应处理完毕,摊铺路面的基层及履带行走部位均应清扫干净并洒水湿润,积水应扫开。

(4)横向连接摊铺检查:前次摊铺路面纵缝的溜肩胀宽部位应切割顺直。前次摊铺安装的侧边拉杆应校正扳直,缺少的拉杆应钻孔锚固植入。纵向施工缝的上半部缝壁应涂饱满沥青。

7.5.2 滑模摊铺机工作参数初设

对滑模摊铺机所有机构工作部件应进行正确施工位置的初步设定,并将这些正确的施工参数通过试铺调整固定下来,正式摊铺时宜根据情况变化进行微调。

1 振捣棒下缘位置应在挤压板最低点以上,横向间距不宜大于45cm,均匀排列;两侧最边缘振捣棒与摊铺边缘距离不宜大于25cm。

2 挤压底板前倾角宜设置为3°左右。提浆夯板位置宜在挤压底板前缘以下5~10mm之间。无需设前仰角的滑模摊铺机可将挤压底板前后调水平。

3 设超铺角的滑模摊铺机两边缘超铺高程根据料的稠度应在3~8mm间调整。带振动搓平梁的滑模摊铺机应将搓平梁前沿调整到与挤压板后沿高程相同,搓平梁的后沿比挤压底板后沿低1~2mm,并与路面高程相同。

7.5.3 滑模摊铺机首次摊铺位置校准

首次摊铺前,应在直线路段采用钉桩或基准线法校准滑模摊铺机挤压底板4角点高程和侧模前进方向。4个水平传感器控制挤压底板4角高程;2个方向传感器进行导向控制。按路面设计高程、横坡度或路拱测量设定2~3根基准线或4~6个桩,将6个传感器全挂上两侧基准线,并检查传感器的灵敏度和反应方向,开动滑模摊铺机进入设好的桩位或线位,调整水平传感器立柱高度,使滑模摊铺机挤压底板恰好落在精确测量设置好的木桩或基准线上,同时,调整好滑模摊铺机机架前后左右的水平度。令滑模摊铺机挂线自动行走,再返回校核1~2遍,正确无误后,方可开始摊铺。

7.5.4 初始摊铺路面参数校正

在开始摊铺的5m内,必须对所摊铺出的路面高程、边缘厚度、中线、横坡度等技术参数进行复核测量。机手应根据测量结果及时缓慢地在滑模摊铺机行进中反向旋转滑模摊铺机上水平传感器立柱手柄,校准挤压底板摊铺路面的高程和横坡,误差应在表7.1.5的规定值范围内。及时调整拉杆打入深度及压力和抹平板的压力及边缘位置。检查摊铺中线时,应在设方向传感器的一侧,通过钢尺测量基准线到滑模摊铺机侧模前后的横向距离,有误差时,缓慢微调前后两个方向传感器架立横梁伸出的水平距离,消除误差。禁止停机剧烈调整高程、中线及横坡等,以免严重影响平整度等质量指标。从滑模摊铺机起步—调整—正常摊铺,应在10m内完成,并应将滑模摊铺机工作参数设置固定保护起来,不允许非操作手更改或撞动。第二天的连接摊铺,应先检查滑模摊铺机挤压底板4个角点的位置,再将滑模摊铺机后退到前一天做了侧向收口工作缝的路面内,到挤压底板前缘对齐工作缝端部,开始摊铺。

7.5.5 滑模摊铺机的操作要领

1 机手操作滑模摊铺机应缓慢、匀速,连续不间断地摊铺。滑模摊铺速度,根据拌合物稠度和设备性能可控制在0.5~2.0m/min之间,一般宜为1 m/min左右。当料的稠度发生变化时,先调振捣频率,后改变摊铺速度,参见表5.2.1-4,不得料多时追赶,然后随意停机等待,间歇摊铺。

2 摊铺中,机手应随时调整松方高度控制板进料位置,开始应略设高些,以保证进料。正常状态下应保持振捣仓内砂浆料位高于振捣棒10cm左右,料位高低上下波动宜控制在±4cm之内。

3 滑模摊铺机以正常摊铺速度施工时,振捣频率可在6 000~11 000r/min之间调整,宜采用9 000 r/min左右。应防止混凝土过振、漏振、欠振。机手应随时根据混凝土的稠度大小,调整摊铺的速度和振捣频率。当混凝土显得偏稀时,应适当降低振捣频率,加快摊铺速度,但最快不得超过3m/min,最小振捣频率不得小于6 000r/min;当新拌混凝土偏干时,应提高振捣频率,但最大不得大于11 000r/min,并减慢摊铺速度,最小摊铺速度宜控制在0.5~1m/min;滑模摊铺机起步时,应先开启振捣棒振捣2~3min,再推进。滑模摊铺机脱离混凝土后,应立即关闭振捣棒。

4 滑模摊铺纵坡较大的路面,上坡时,挤压底板前仰角宜适当调小,同时,适当调小抹平板压力;下坡时,前仰角宜适当调大,抹平板压力也宜调大。抹平板合适的压力宜为板底3/4长度接触路面抹面。

5　滑模摊铺弯道和渐变段路面时，单向横坡，使滑模摊铺机跟线摊铺，应随时观察并调整抹平板内外侧的抹面距离，防止压垮边缘。摊铺中央路拱时，计算机控制条件下，输入弯道和渐变段边缘及拱中几何参数，计算机自动控制生成路拱；手控条件下，机手应根据路拱消失和生成几何位置，在给定路段范围内分级逐渐消除或调成设计路拱。

6　摊铺单车道路面，应视路面的设计要求配置一侧或双侧打纵缝拉杆的机械装置。侧向拉杆装置的正确插入位置应在挤压底板的中下或偏后部。拉杆打入分手推、液压、气压几种方式，压力应满足一次打(推)到位的要求，不允许多次打入。同时摊铺2个以上车道时，除侧向打拉杆装置外，还应在假纵缝位置中间配置1个以上中间拉杆自动插入装置，该装置有机前插和机后插2种配置。前插时，应保证拉杆的设置位置；后插时，要保证其插入部位混凝土的密实度。带振动搓平梁和振动修复板的滑模摊铺机应选择机后插入式；其他滑模摊铺机可使用机前插入式。打入的拉杆必须处在路面板厚的中间位置。中间和侧向拉杆打入的高低误差不宜大于±3cm；倾斜及前后误差不宜大于±4cm。

7　机手应随时密切观察所摊铺的路面效果，注意调整和控制摊铺速度，振捣频率，夯实杆、振动搓平梁和抹平板位置、速度和频率。软拉抗滑构造表面砂浆层厚度宜控制在4mm，硬刻槽路面的砂浆表层厚度宜控制在2mm左右。

8　连接摊铺时，滑模摊铺机一侧履带上前次水泥混凝土路面的时间应控制在养护7d以后，最短不得少于5d。同时，钢履带底部应铺橡胶垫或使用有挂胶履带的滑模摊铺机。纵向连接摊铺路面时，应对连接纵缝部位人工进行修整，连接纵缝的横向平整度符合表8.4.3不同公路等级的要求。并用钢丝刷刷干净黏附在前幅路面上的砂浆，应刷出粗细抗滑构造。

7.5.6　滑模摊铺中出现问题的处置

滑模摊铺的表面应平滑，几何形状规矩，不应出现麻面、拉裂、塌边、溜肩等病害现象，出现问题应立即查找原因，迅速采取措施。

1　摊铺中应经常检查振捣棒的工作情况。发现路面上在横断面某处多次出现麻面或拉裂现象，表示该处的振捣棒出了问题，必须停机检查或更换该处的振捣棒。摊铺后，发现路面上留有发亮的振捣棒拖出的砂浆条带，则表明振捣棒位置过深，必须调整正确位置至振捣棒底缘在挤压底板的后缘高度以上。

2　在摊铺宽度大于等于8m的双(多)车道路面时，若左右卸了两车稠度不一致的混凝土时，摊铺速度应按偏干一侧设置，并应将偏稀一侧的振捣棒频率迅速调小。

3　滑模摊铺路面出现横向拉裂现象，应从如下几方面进行检查：

(1)拌合物局部或整体过干硬、离析，集料粒径过大，不适宜滑模摊铺，或在该部位摊铺速度过快，振捣频率不够，混凝土未振动液化而拉裂。应降低摊铺速度，提高振捣频率。

(2)挤压底板的位置和前仰角设置是否变化，前倒角时必定拉裂，前仰角过大，亦可能拉裂，应在行进中调整前2个水平传感器，即改变挤压底板为适宜的前仰角，消除拉裂现象。

(3)拌合物较干硬或等料停机时间较长，起步摊铺速度过快，也可能拉裂路面。等料停机时间较长时，应间隔15min开启振捣棒振动2～3min；起步摊铺时，宜先振捣2～3min，再缓慢推进。

4　当混凝土供应不上，或搅拌楼出现机械故障等情况时，停机等待时间不得超过当时气温下混凝土初凝时间的2/3，超过此时间，应将滑模摊铺机开出摊铺工作面，并做施工缝。当滑模摊铺机出现机械故障时，应紧急通知后方搅拌楼停止生产。在故障停机时间内，若滑模摊铺机内混凝土尚未初凝，能够排除故障，允许继续摊铺，否则，应尽快将滑模摊铺机拖出摊铺工作面。故障排除后，重新起步摊铺。

7.5.7　平面交叉口变宽段和匝道路面的滑模施工

遇到平面交叉口、收费站广场或匝道变宽段路面时，只要摊铺宽度小于滑模摊铺机固定宽度，可采用滑模摊铺机跨一侧或两侧模板施工方式，模板顶面应粘贴橡胶垫，模板顶面高程应低于路面高程3mm，滑模摊铺机的振捣仓在模板上部应加隔板，施工时应关闭隔板外侧的振捣棒。

7.5.8　滑模摊铺结束，必须及时地做下面两项工作：

(1)将滑模摊铺机驶离工作面。先将所有传感器从基准线上脱开，并解除滑模摊铺机上基准线自动跟踪控制，再升起机架，用水冲洗干净黏附的混凝土，已结硬在滑模摊铺机上的混凝土，应轻敲打掉。

清理干净后,应对与混凝土接触的机件喷涂废机油或吹(揩)干防锈。同时,对滑模摊铺机进行当日保养,加油加水,打润滑油等。

(2)设置横向施工缝。应先将从滑模摊铺机振动仓内脱出的厚砂浆铲除丢弃,然后设置施工缝端模和侧模,插入拉杆和传力杆,并用水准仪测量面板高程和横坡。为使下次摊铺能紧接着施工缝开始,两侧模板应向内各收进2~4cm,且宜小不宜大,长度与滑模摊铺机侧模板等长或略长。软做横向施工缝应符合本规程7.7.2条第1款的技术要求。可采用第二天硬切齐施工缝端部做法,切缝部位应满足平整度、高程和横坡要求,可使用缩缝传力杆钢筋支架,上部锯开,下部凿除混凝土,也可锯开后在端部垂直面上钻眼,插入传力杆,再连接施工。连接接头施工,除应测量高程和横坡外,辅以人工振捣密实,应采用长度3m以上抄平器保证端头和结合部位的平整度。

7.6 滑模摊铺中小桥(涵)面、桥头搭板及缘石

7.6.1 中小桥(涵)面和桥头搭板的连续铺装准备

使用滑模技术修建的公路,其水泥混凝土路面板、胀缝、钢筋混凝土搭板、中小桥、通道桥桥面和涵洞盖板的钢筋混凝土铺装层,应符合下述使用滑模摊铺机连续铺装的规定:

(1)桥面铺装层的厚度和配筋应根据设计或成功工程的经验确定,厚度宜厚不宜薄;配筋宜强不宜弱;切缝宜少不宜多。中小桥、通道桥桥面和涵洞盖板的钢筋混凝土可按设计设置单层或双层钢筋网,钢筋网、抗剪架立钢筋、胀缝的锚固、焊接和安装符合本规程7.4.1条的要求。

(2)桥头沉降应基本稳定,钢筋混凝土桥头搭板可采用厚搭板和设枕梁及加强肋双层钢筋网薄搭板。厚搭板可不设枕梁,常用厚度宜为35~45cm;设钢筋混凝土枕梁或加强肋薄搭板可与路面等厚度,但枕梁和加强肋均应按设计计算设受力钢筋。正交和斜交搭板最短边长度不宜小于10m。

(3)桥面、搭板与路面混凝土强度应一致,连续铺装的桥面和桥头搭板钢筋混凝土,当混凝土施工抗折强度大于等于5.5~5.75MPa时,对应的碎石混凝土抗压强度不应小于35MPa,砾石混凝土抗压强度不应小于40MPa,一般应在35~45MPa之间。用于桥面铺装的混凝土中不宜加粉煤灰。

(4)滑模连续铺装中桥桥面时,摊铺前应验算桥面板、翼缘承载能力和桥梁挠度是否满足所使用的大型滑模摊铺机上桥摊铺作业的要求。首先,应保证滑模摊铺机安全,其次,应满足桥面平整度要求。大吨位滑模摊铺机上桥摊铺的挠度及下桥反弹量不宜大于3mm。

(5)钢筋混凝土桥面及搭板应具备6.2.5条中规定的任意一种布料设备。

(6)桥梁护栏宜在滑模摊铺路面后施工,如果必须先施工,应保证不妨碍滑模摊铺机铺装桥面。高速公路、一级公路滑模摊铺机履带行走在分幅桥梁中空部位或通信井口时,应采用适当的加固保障措施。

(7)滑模摊铺机履带上桥台阶部位应提前2~3d铺设好混凝土坡道,长度不短于钢筋混凝土搭板,铺装的裸梁板上履带行进部位应铺适宜的垫层保护,或铺装好防水找平层,防止压漏翼缘板、破坏锚固钢筋或挂坏滑模摊铺机履带。

7.6.2 中小桥(涵)面和桥头搭板连续滑模铺装施工

1 桥面基准线设置:中小桥上的基准线桩可与桥梁上的锚固钢筋暂时焊接固定,间距不大于10m。

2 桥面连续滑模铺装:滑模摊铺机应缓慢、匀速、连续不断地摊铺胀缝、搭板、桥面、通道或涵洞盖板钢筋混凝土。上、下桥面,应及时调整侧模高度,使边缘尽量少振动漏料,并用人工适当修整平整度不足的边缘。离路面埋深超过1m以上的涵洞,设置单层钢筋网时,可先布下部的混凝土,然后摆放钢筋网,再布上部的料,最后滑模摊铺。连续摊铺时,胀缝板顶面位置最高,仅比路面低2cm,应旋转或提升振捣棒组在路表面以上位置振捣,并摊铺通过。

3 连续摊铺钢筋混凝土搭板:搭板加上枕梁或加强肋梁的总厚度不得大于45cm。大于此厚度必须先用人工浇捣、振实枕梁和加强肋梁,再摊铺双层钢筋混凝土搭板。桥面板和桥头搭板的钢筋混凝土按抗磨要求,上表面的钢筋保护层厚度不应小于5cm。

4 应精确放样桥面两端台背接缝和安装伸缩缝位置。摊铺前,宜在伸缩缝、台背接缝底部设隔离

层和在垂直面安装稳固的胀缝板，隔离材料可选用 1 ~ 2cm 的木板、纤维板或沥青纸毡。在桥面摊铺后，剔除未硬化混凝土或硬化后锯除并打毛，然后按规定安装伸缩缝或加强台背接缝。这些部位的混凝土抗压强度应保证大于等于 40MPa，并宜加入钢纤维。

7.6.3 路缘石滑模施工

中小型滑模摊铺机，可在边缘安装路缘石模具，整体一次摊铺路面及路缘石，并可采用悬臂式连体摊铺硬路肩及路缘石，最大可悬臂摊铺的路肩宽度不大于 2.75m。小型专用滑模摊铺机仅能摊铺路缘石。为保证路缘石的密实度，必须在路缘石模具前方 10 ~ 20cm 配备一根小直径的振捣棒。路缘石的高度高于路面，应经常开动螺旋布料器供料或人工补料，保证路缘石前方振动仓内料位充足。路缘石模具必须在垂直和平面上设置 3°左右的挤压喇叭口，保证挤压成形。施工路缘石应配备与其形状相同的抹面工具，局部料稀坍落部位，待混凝土稍硬后进行适当修整。在设计泄水槽部位应趁软挖掉路缘石，并抹成与泄水槽相接的平面喇叭口。

7.7 滑模摊铺混凝土路面接缝施工

7.7.1 纵向接缝

混凝土板的纵缝必须与路中线平行。纵缝间距（即板宽）应根据滑模摊铺机摊铺宽度、路面总宽、车道分隔线和硬路肩位置综合确定。钢筋混凝土路面、桥面、搭板纵缝由设计和滑模摊铺机摊铺宽度确定。

1 纵向缩缝

当水泥混凝土路面使用滑模摊铺机一次摊铺两个车道宽度时，应设置纵向缩缝，其位置宜按车道宽度设置。拉杆靠滑模摊铺机配备的中间拉杆插入装置在滑模摊铺过程中自动控制间距压入，其构造采用假缝拉杆型，见图 7.7.1-1。缩缝上部的槽口，应采用硬切缝法施工，切缝技术要求应符合本规程 7.7.3的规定。

2 纵向施工缝

当滑模摊铺机一次摊铺宽度小于路面总宽度时，有纵向施工缝。位置宜与车道线一致，其构造采用平缝加拉杆型，见图 7.7.1-2。纵向施工缝的拉杆，在前一次摊铺时，应采用滑模摊铺机的侧向拉杆装置插入。根据滑模摊铺机打拉杆装置的方式，插入时的拉杆或为直的或为“L”形的。L 形拉杆长度较短，应按拉杆长度和间距进行等拔出强度换算。连接摊铺前，应将 L 形拉杆扳直，再摊铺连接部分路面。

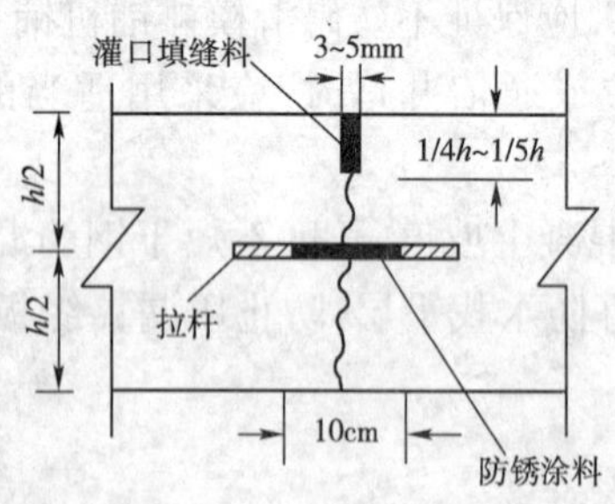

图 7.7.1-1 纵向缩缝构造

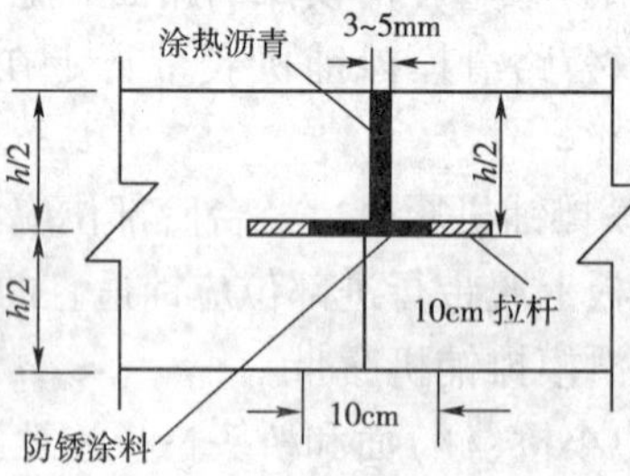

涂热沥青
3~5mm
h/2
h/2
10cm 拉杆
10cm
防锈涂料

图 7.7.1-2 纵向施工缝构造

7.7.2 横向接缝

1 横向施工缝

每天摊铺结束或摊铺中因故中断，且中断时间超过初凝时间的 2/3 时，应设置横向施工缝。横向施工缝的位置宜与胀缝或缩缝相重合。横向施工缝应与路中心线垂直。横向施工缝构造采用平缝加传力杆型，见图 7.7.2-1。横向施工缝应采用焊接牢固的钢制端头模板。每 1.5m 不应少于 1 个钉钢钎的垂直固定孔。端模上插入传力杆的水平孔间距为 30cm，内径 33mm，边侧传力杆到自由边距离不宜小于 15cm，每根传力杆必须在端模上离孔口外侧 10cm 处通过横梁焊接内径 33mm、长度 5cm 的短钢管进行水平位置固定，见图 7.7.2-2。其施工应符合本规程 7.5.8 条第 2 款的技术要求。

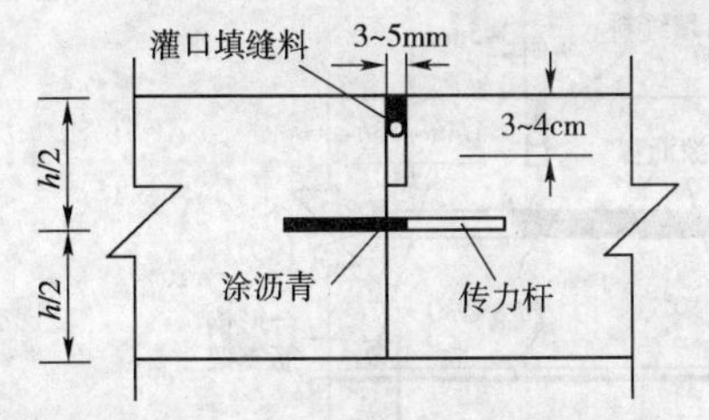

图 7.7.2-1　横向施工缝构造

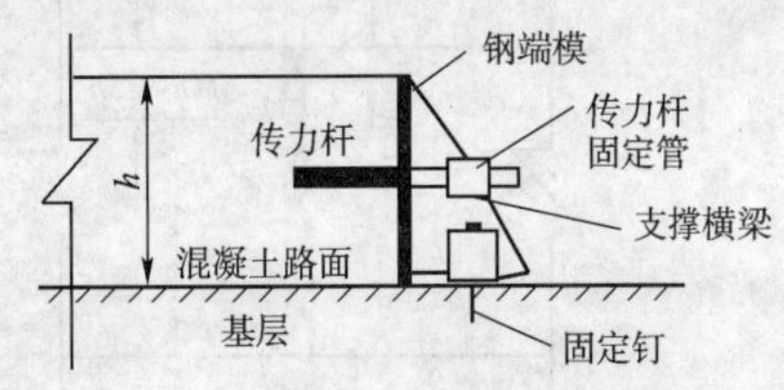

图 7.7.2-2　工作缝端模

2　胀缝设置

(1)胀缝间距:滑模摊铺水泥混凝土路面的胀缝设置间距视施工季节气温确定,热天施工,不宜设胀缝;春秋季节施工,宜在两个构造物间距大于等于 500m,冬季低温施工,宜在两个构造物间距大于等于 350m 时,在两个构造物之间的路面中间位置设一道胀缝。构造物、平纵曲线等处的胀缝按《公路水泥混凝土路面设计规范》(JTJ 012)的规定设置。

(2)滑模摊铺水泥混凝土路面胀缝钢筋支架:其构造应采用加强钢筋支架加传力杆型,加强钢筋支架一侧的宽度应大于等于 50cm,总宽度大于等于 100cm。支架纵向钢筋和箍筋直径为 12 ~ 16mm,箍筋间距为 20cm,见图 7.7.2-3。胀缝板应与路中心线垂直,缝壁垂直,缝隙宽度一致,缝中完全不连浆。

(3)连接桥头搭板位置的胀缝:其加强钢筋支架应与钢筋网一侧相焊接,焊接点不应少于 4 个/m。也可在钢筋混凝土搭板一侧取消胀缝支架,直接焊接在双层钢筋网上,并增加箍筋,数量不得少于原有支架。

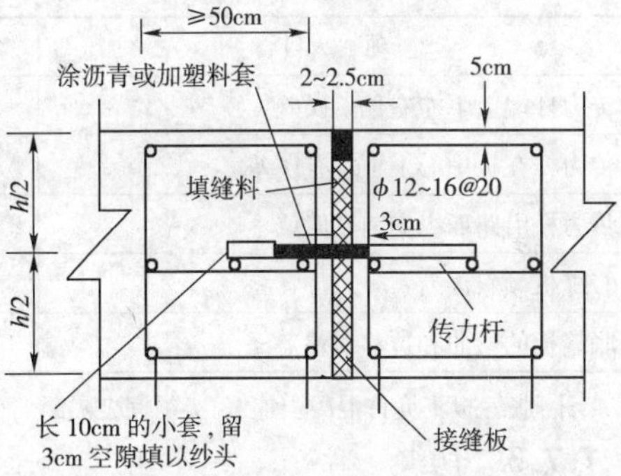

图 7.7.2-3　胀缝构造

3　胀缝施工

滑模摊铺水泥混凝土路面的胀缝宜采用前置法施工,也可采用预留胀缝位置,热天再施工胀缝,但应设胀缝加强传力杆钢筋支架。前置法施工时,应预先加工好胀缝钢筋支架,传力杆无沥青涂层的一端焊接在支架上,接缝板夹在两支架之间。施工前运至现场,无布料机(件)时,待摊铺至胀缝位置前方 1 ~ 2m处,将支架准确定位,用钢钎将支架和胀缝板锚固在基层上,保证支架不推移,胀缝板不倾斜,然后卸料或布料,用手持振捣棒振实胀缝板两侧的混凝土,滑模机摊铺通过;有布料机(件)时,应将带传力杆的缩缝支架和胀缝支架提前安装固定,采用侧向上料方式施工。中间胀缝位置宜与缩缝重合。连接搭板的胀缝,在滑模连续铺装搭板和桥面前,应与钢筋网同时加工安装好。胀缝宜不待混凝土硬化,即剔除胀缝板上部的混凝土,嵌入 2cm × 2cm 的木条,修整好表面。在填缝之前,凿去接缝板顶部的木条,涂黏结剂后,嵌入多孔橡胶条或灌填缝料。胀缝板及钢筋支架两侧,宜各短于摊铺宽度 3cm。胀缝板应连续贯通整个路面板宽度。

4　横向缩缝

缩缝应等间距布置,一般采用 5m 板长。不宜采用 1/6 斜缩缝和不等间距的缩缝。当不得不调整板长时,最大板长应小于等于 5.5m,最小板长不宜小于板宽。在路面上的平面交叉口横向变宽度处的缩缝,可以设计并切割成小转角的折线,在有拉杆的纵缝处,缩缝切口必须缝对缝。板锐角处,应设角隅钢筋补强。

在重、中、轻交通的公路水泥混凝土路面上,横向缩缝可采用假缝型,不设传力杆,见图 7.7.2-4a)。在邻近胀缝或路面自由端的 3 条缩缝内,横向缩缝采用假缝加传力杆型,前置式传力杆钢筋支架的构造见图 7.7.2-4b)。传力杆无涂料一侧焊接,有涂料一侧绑扎。

在特重交通量的水泥混凝土路面上或渠化交通严重的收费站广场,全部缩缝宜设传力杆。传力杆可用滑模摊铺机配备的传力杆自动插入装置在摊铺时植入,或使用图 7.7.2-4b)钢筋定位支架前置法施工。无论哪种方式,都应在路侧缩缝切割位置做标记,保证切缝在传力杆中间以上。前置式缩缝的钢筋定位支架必须有足够的刚度,传力杆应准确定位,应于摊铺之前在基层表面放样,并用钢钎将其锚固

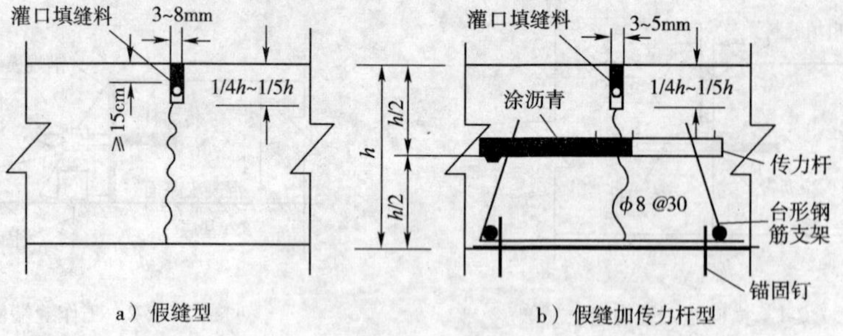

a）假缝型　　b）假缝加传力杆型

图 7.7.2-4　横向缩缝构造

在基层上，用手持振捣棒振实传力杆高度以下的混凝土，然后进行滑模摊铺。

5　传力杆及胀缝板设置精度

传力杆和胀缝板设置精度应符合表 7.7.2 的要求。

表 7.7.2　传力杆及胀缝板安装精度技术要求

项　　目	技术要求（mm）	测 量 位 置
传力杆端上下左右偏斜误差	≤10	在传力杆两端测量
传力杆在板中心上下左右误差	≤20	以板面为基准测量
传力杆沿路面纵向前后偏位	≤30	以缝中心线为准
胀缝板倾斜误差	≤20	以板底为准
胀缝板的弯曲和位移误差	≤10	以缝中心线为准

注：胀缝板不允许混凝土连浆，必须完全隔断。

7.7.3　切缝

横向缩缝、施工缝上部的槽口，应采用切缝法施工。切缝方式有全部硬切缝、软硬结合切缝和全部软切缝三种。采用哪种切缝方式视施工地区下午 1～3 时最高温度与凌晨 1～3 时最低温度的温差决定，见表 7.7.3。

表 7.7.3　施工气温与防止断板应采用的切缝技术

白天夜间温差（℃）	切 缝 方 式	缩 缝 切 深
<10	以 200 度时积控制硬切缝，最长时间不得超过 24h	硬切缝 1/4～1/5 板厚
10～15	每隔 1～2 条提前软切缝，其余用硬切缝补切，软硬结合	软切深度 4～5cm，补深 1/4 板厚，已断开的缝不补切
>15	宜全部软切缝，抗压强度约为 1～1.5MPa，人可行走	软切缝深大于等于 5cm，未断开的接缝，应硬切补深到不小于 1/4 板厚

注：①注意降雨后刮风引起路面温度骤降，面板温差在表中规定范围内，应按表中方法提前切缝。

②度时积：自拌和起算的混凝土平均温度与延续时间的乘积。

前后连接摊铺，对先摊铺好的混凝土板沿切缝已断裂的地方，应做上记号。后摊铺路面切缝时，已断开的缩缝应提前软切缝。

纵向缩缝可全部硬切缝，最长时间不宜超过 48h。

7.8　滑模摊铺混凝土路面修整

7.8.1　摊铺过程中的修整

滑模摊铺机应采用自动抹平板装置进行抹面，以消除表面气孔和石子移动带来的缺陷。自动抹平板的压力不可过大，应随摊铺的纵坡变化随时调整。适宜的抹平板压力是路面不出现影响平整度的“W”形砂浆楞。对表面上少量局部麻面和明显缺料部位，应在挤压板后或搓平梁前，最迟在抹平板前

表面补充适量砂浆,由搓平梁和抹平板机械修整。滑模摊铺的混凝土面板在下列情况下,可用人工进行局部少量修整:

(1)人工操作抹面抄平器修整摊铺机后表面的缺陷,禁止整个表面用加铺薄砂浆层修补路面标高。

(2)对打侧向拉杆时被挂坏的侧边;滑模摊铺机连续铺装桥面时上桥梁台阶,振捣漏料部位;抹平板未抹到的边缘;及出现倒边、塌边、溜肩现象处,应顶侧模或上部支方铝管,边缘补料修整。左右连接摊铺的纵缝处应进行适量修整。

(3)对滑模摊铺机起步摊铺段及施工接头,应采用水准仪抄平,采用大于3m的方铝管边测边修整。

7.8.2 路面硬化后的修整

如果混凝土路面已硬化,发现施工接头或局部平整度不满足要求,可在水泥混凝土路面摊铺后3~10d内,用最粗级磨头的水磨石机研磨到规定平整度。

7.9 抗滑构造施工

7.9.1 滑模摊铺水泥混凝土路面抗滑构造的技术要求

高速公路、一级公路竣工时的路面抗滑构造深度应为(铺砂法):抗滑构造深度 $TD \geq 0.8$mm,同时应满足 $TD \leq 1.2$mm;横向摩阻力系数 $SFC \geq 0.55$。其他公路竣工时 $0.6\text{mm} \leq TD \leq 1.0$mm。要求抗滑构造深度均匀,不损坏构造边棱,亦不影响施工好的路面平整度。

7.9.2 滑模摊铺水泥混凝土路面抗滑构造的施工制作应符合下述规定:

(1)滑模摊铺机后宜设钢支架,拖挂1~3层叠合麻布、帆布或棉布,洒水湿润后,软拖制作细观抗滑构造,布片接触路面的拖行长度以0.7~1.5m为宜,细度模数偏大的粗砂,拖行长度取小值,偏细中砂,取大值。人工修整过的路面,细观抗滑构造已被抹掉,必须再拖麻袋处理,以恢复细观抗滑构造。也可不拖毛,直接使用抹平板抹出的"鱼鳞"形细观抗滑构造,以增强耐磨性,前提是横向摩阻力系数应满足要求。修整表面时,应使用木抹。

(2)当日施工进度超过500m时,宏观抗滑构造制作宜选用拉毛机械施工,没有拉毛机时,可采用人工拉槽方式。在混凝土表面泌水完毕20~30min内应及时进行拉槽。拉槽深度应为2~3mm,槽宽3~5mm,槽间距15~25mm。可施工等间距和非等间距的抗滑槽,同时考虑减小噪声时,宜采用后者。每耙之间衔接间距应保持一致。

(3)采用硬刻槽方式制作宏观抗滑构造时,其几何尺寸与(2)款相同。硬刻槽机重量宜重不宜轻,最小整刻宽度不应小于50cm,硬刻槽时不应掉边角,路面摊铺3d后可开始硬刻槽,并宜在两周内完成。

(4)对平整度不佳的路面施工接头、桥面、桥头搭板,局部经磨平达标后,应采用人工凿毛或喷砂法做出细观抗滑构造,宏观抗滑构造可采用硬刻方式制作。

7.10 混凝土路面养生

7.10.1 养生方式选择

混凝土板抗滑构造软拉制作完毕后应立即养生。滑模摊铺水泥混凝土路面宜采用喷洒养生剂及保湿覆盖的方式养生。在雨季或养生用水充足的情况下,也可采用覆盖砂、旧麻袋、草袋、草帘、稻草等洒水湿养生方式。不宜使用围水养生方式。昼夜温差大的地区,路面摊铺后3d内宜采取覆盖保温措施防止发生裂缝和断板。

7.10.2 养生剂养生

水泥混凝土路面采用喷洒养生剂方式养生时,养生剂喷洒剂量、成膜厚度、适宜的喷洒时间应通过现场试验确定。喷洒养生剂的厚度应足以形成完全封闭的薄膜;喷洒应均匀,成膜厚度应一致;喷洒后的表面不得有颜色差异;喷洒时间宜在表面混凝土泌水完毕后进行;喷洒高度宜控制在0.5~1m。除喷洒上表面外,面板两侧也应喷洒。单独采用一种养生剂养生时,保水率应达到90%以上,一般不应小于300 ml/m^2 原液,也可采用两种养生剂喷洒两层或喷一层养生剂再加覆盖。当水泥混凝土路面泌水较多时,应延迟喷洒养生剂的时间,待泌水基本结束后再喷洒养生剂。

7.10.3 盖塑料薄膜养生

盖塑料薄膜的时间,以不压没细观抗滑构造为准。薄膜厚度(韧度)应合适,宽度应大于覆盖面60cm。两条薄膜对接时,搭接宽度不应小于40cm,薄膜在路面上应加细土或砂盖严实,并防止被钢筋挂烂及被风吹破或掀走。养生期间应始终保持薄膜完整,薄膜破裂时应立即补盖或修补。

7.10.4 覆盖洒水湿养生

使用麻袋、草袋等覆盖物养生,应及时洒水,在任何气候条件下,均应保证覆盖物底部在养生期间始终处于潮湿状态,并由此确定每天洒水遍数。

7.10.5 养生时间

养生时间应根据混凝土弯拉强度增长情况而定,当大于等于设计弯拉强度的80%时,可停止养生。一般养生天数宜为14~21d,不应少于14d。掺粉煤灰的水泥混凝土路面,最短养生时间不宜少于28d。

7.10.6 养生期保护

混凝土板在养生期间和填缝前,严禁人、畜、车辆通行,在达到设计强度40%,撤除养生覆盖物后,行人方可通行。在确需行人、牲畜、畜力车、人力车、汽车横穿平面道口时,在路面养生期间,应搭建临时便桥。

7.11 填缝

7.11.1 一般规定

混凝土板养生期满后,缝槽口应及时填缝。在填缝时,必须保持缝内清洁,防止砂石等杂物掉入缝内。填缝材料应符合本规程表5.1.10-2、表5.1.10-3和表5.1.10-4的技术要求。

7.11.2 采用常温施工式或加热施工式填缝料填缝,应符合下列规定:

(1)填缝前,应采用压缩水和压缩空气彻底清除接缝中砂石及其他污染物,确保缝壁及内部清洁、干燥。

(2)当使用常温施工式聚(氨)酯和硅树脂等填缝料时,按规定比例将两组分材料按1h所需灌缝量混合均匀,并应随拌随用。当使用加热施工式填缝料时,将填缝料加热至规定温度。加热过程中应不断搅拌均匀,将填缝料熔化并保温使用。

(3)灌注填缝料必须在缝槽口干燥清洁状态下进行,缝壁检验擦不出灰尘为可灌标准。适宜的缩缝填缝形状系数应在2~4之间,填缝灌注深度宜为2~3cm。高速公路、一级公路应使用专用工具,先挤压填入多孔泡沫塑料柔性背衬材料,再填缝。二、三级公路使用(聚氯乙烯)胶泥类、(改性)沥青类等灌缝料时,最浅灌入深度不得小于3cm。填缝料的灌注高度,夏天宜与板面齐平,冬天宜低于板面1~2mm。填缝必须饱满、均匀、连续贯通。填缝料应与缝壁黏结好,不开裂,不渗水。

(4)常温施工式填缝料的养生期,冬季宜为24h,夏季宜为12h;加热施工式填缝料的养生期,冬季宜为2h,夏季宜为6h。在填缝料养生期内(特别是反应型常温填缝料在固化前),应封闭交通。

7.11.3 采用预制嵌缝条填缝,应符合下列规定:

(1)嵌入嵌缝条必须在缝槽口干燥清洁状态下进行。

(2)黏结剂应均匀地涂在缝壁上部(1/2以上深度),形成一层连续的约1mm厚的黏结剂膜,以便黏结紧密,不渗水。

(3)嵌缝条在嵌入过程中应使用专用工具,在长度方向应既不拉伸也不压缩,保持自然状态;在宽度方向应压缩40%~60%嵌入。嵌缝条高度宜为2.5cm。

(4)填缝黏结剂固化后,应将胀缝两端多余的嵌缝条齐路面边缘裁掉。

(5)嵌缝条施工期间和黏结剂固化前,应封闭交通。

7.11.4 纵缝填缝

纵向缩缝填缝应与横向缩缝相同。各级公路高填方(路基高度大于等于10m)路段、桥面、桥头搭板部位的纵向施工缝在涂沥青的基础上,还应切缝并灌缝。一般路段,上半部已饱涂沥青的纵向施工缝可不切缝、填缝。

7.12 特殊气候条件下施工

7.12.1 一般规定

滑模摊铺水泥混凝土路面时，应有专人负责接收和报告气象预报工作，遇有降雨、大风和寒流侵袭时，不得进行滑模施工。

7.12.2 滑模摊铺混凝土路面特殊气候条件的施工应符合下述规定：

1 雨天施工

滑模摊铺过程中遭遇降雨，当降雨影响路表面质量时应停止施工。雨季施工时应准备足够的防雨篷或塑料薄膜。防雨篷支架宜采用焊接钢结构，材料宜使用帆布或编织布，以便在突发雷阵雨时，遮盖刚铺好的路面。严防路面和无模板支撑的低侧边缘冲垮破坏。已被阵雨轻微冲刷过的路面，平整度和细观抗滑构造满足要求者，宏观抗滑构造宜硬刻槽恢复。平整度经研磨能够符合要求的，或覆盖塑料薄膜，降雨压力将细观抗滑构造压没的，应先磨平，后凿出细观抗滑构造，再硬刻槽恢复宏观抗滑构造。对被暴雨冲刷后，路面平整度严重劣化的部位，应尽早铲除重铺。

2 刮风天施工

在日照较强，空气干燥的春秋多风季节或山区、沿海经常刮风地区，应采取表7.12.2的养生抹面措施防止路面发生塑性收缩开裂。影响塑性收缩开裂的首要因素是风速，当风速大于等于4～6m/s，日照较强，相对湿度小于等于50%时，摊铺2～3h内不养生的路面产生塑性收缩开裂的水分临界蒸发率为0.50 kg/(h·m^2)。刮风天，要用风速计在现场定量测风速或观测刮风引起的自然现象，确定风级，然后，按表7.12.2提供的养生或抹面措施防止塑性收缩开裂。

表7.12.2 刮风天水泥混凝土路面防止塑性收缩开裂养生措施

风力	相应自然现象	风速(m/s)	防路面塑性收缩开裂养生措施
1级软风	烟能表示风向，水面有鱼鳞波	≤1.5	正常施工，压力1～3MPa，喷洒一遍养生剂，原液剂量300ml/m^2
2级轻风	人面有感，树叶沙沙响，风标转动，水波显著	1.6～3.3	宜减小压力，喷头放低并加厚喷洒一遍养生剂，剂量450ml/m^2
3级微风	树叶和细枝摇晃，旗帜飘动，波峰破碎，产生飞沫	3.4～5.4	路面摊铺完成后，立即喷洒第一遍养生剂，拉毛后，再喷洒第二遍养生剂，两遍剂量共600ml/m^2
4级和风	吹起尘土和纸片，小树枝摇动，水波出白浪	5.7～7.9	除拉毛前后喷两遍养生剂外，还需覆盖塑料薄膜，两遍剂量共600ml/m^2
5级清劲风	有叶小树开始摇动，大浪明显，波峰起白沫	8.0～10.7	使用抹面机械抹面，加厚喷一遍剂量450ml/m^{2}的养生剂并覆盖塑料薄膜或麻袋、草袋，使用钢刷做细观抗滑构造，使用硬刻槽机刻出宏观抗滑构造，无机械抹面措施时，应停止施工
6级强风	大树枝摇动，电线呼呼响，出现长浪，波峰吹成条纹	10.8～13.8	无法正常操作，路面来不及采取任何防裂养生或抹面措施就开裂了，必须停止施工

注：该表的使用条件是日照较强，相对湿度小于等于50%。

3 热天施工

夏季，当现场气温高于30℃时，宜避开中午施工，可选择在早晨、傍晚或夜间施工。若不能避开，应采取对砂石料堆设遮阳篷，抽用地下冷水拌和，自卸车加遮盖，加缓凝剂、保塑剂或适当加大缓凝减水剂剂量等技术措施施工。无论在什么情况和条件下，混凝土拌合物的温度不得超过35℃。夏季高温季节施工时,应随时加测气温和水泥、拌和水、拌合物及路面温度。必要时加测混凝土水化热。

4　冬季施工

冬季负温施工，当最低温度为 -3℃以上时，应采用路面保温覆盖措施施工。最低气温 -10℃以上时，应同时使用保温覆盖和加防冻剂的冬季负温施工方式。搅拌机出料温度不得低于10℃，摊铺混凝土温度不得低于5℃。在养生期间，应始终保持混凝土板温度在5～10℃之间，最低不得低于5℃，否则，应采用热水拌和混凝土。冬季负温施工前，要优选防冻剂种类及其掺量，钢筋混凝土路面和桥面不宜采用氯盐类防冻剂，钢纤维混凝土路面和桥面不应使用氯盐防冻剂，不宜使用（亚）硝酸盐类防冻剂。不得不使用上述防冻剂时，应同时加阻锈剂。应通过试验得出使用防冻剂时混凝土表面结冰的最低临界负温值和达到抗冻临界弯拉强度(≥1.0MPa)时的覆盖保温养生天数。冬季负温施工覆盖保温养生的最少天数不得少于21d。养生方式为先洒养生剂,加盖塑料薄膜保湿,再盖保温材料保温。冬季施工,应采用R型水泥或单位体积水泥用量较多的425号水泥,不掺粉煤灰,应随时检测气温和水泥、拌和水、拌合物及路面的温度。

8 施工质量管理与检查验收

8.1 一般规定

8.1.1 质量管理

水泥混凝土路面滑模机械施工应根据全面质量管理的要求，建立健全有效的质量保证体系，实行严格的质量、工期和投资控制、工序管理与岗位责任制度，对施工各阶段的质量应进行检查、控制、评定，达到所规定的质量标准，确保施工质量及其稳定性。

8.1.2 监理制度

水泥混凝土路面滑模机械施工应实行监理制度，滑模摊铺现场和搅拌站应有旁站监理工程师，除施工企业应按规定项目、批量或频率进行自检外，工程监理应按有关规定进行质量抽查与认定，各级质量监督站及工程建设单位（业主）应对工程质量进行监督。

8.1.3 质量管理内容

施工质量管理与检查验收应包括施工准备、铺筑试验路段、施工过程中质量控制与管理、检查与交工验收和施工总结。滑模摊铺水泥混凝土路面新型施工技术在我国尚处在推广试行阶段，使用该技术时，应深入进行全员技术培训，提高施工管理水平，严格质量检查验收等关键控制环节。

8.2 施工前材料与设备采购检查

8.2.1 当地原材料调研

在施工准备阶段，应依据设计要求、施工经验和规模，对工程附近的水泥厂、钢铁厂、电厂粉煤灰、外加剂厂、砂石料场、施工沿线水源、电力供应状况等进行实地踏勘和调研。确认符合建设水泥混凝土路面的原材料质量、品种、规格，原材料的供应量、供应强度和供给方式、运距等。明确采用商品混凝土或自产混凝土以及施工沿线在何处适合建设大型混凝土搅拌站。通过调研优选，初步选定原材料供应厂商。并请这些厂商向试验室提供试验和检验原材料，并附产品合格证和出厂证明书。

8.2.2 原材料确定和配合比优化

路面开工前，试验室应对计划使用的原材料进行质量检验和混凝土配制试验，进一步优选原材料并优化配合比，出具原材料检验及配合比试验报告，并应通过监理对原材料抽检和配合比试验验证，报请业主正式审批。然后，通知材料供应厂商和施工单位。施工单位应对符合质量要求的原材料厂商进行招标，确定原材料供应厂商，并签订原材料供应合同。重要的原材料供应合同，如水泥、外加剂、养生剂等不仅应签署供应总量、方式及日供给量，而且应明确其检验技术指标、退货等要求，并应通过监理及业主认可。确定和处置好搅拌站场地后，开始供应和储备原材料。

8.2.3 原材料批量检验

原材料进场以及施工过程中发生材料来源或规格变化时，应将相同料源、规格、品种的原材料作为一批，分批量分别检验，并储存。原材料的检验项目和频率见表 8.2.3。大规模路面工程一般需要 2 个以上的水泥厂供应水泥，不同厂家的水泥或粉煤灰，即使品种标号等完全相同，也应分别存放，不得混装在 1 个水泥罐仓内，在水泥罐换装水泥时，必须清仓再灌。

8.2.4 设备采购和检查验收

大型滑模摊铺机和搅拌楼等应公开招标采购。新设备到场后，应逐项检查验收，在厂家售后服务技术人员现场指导下安装调试。搅拌楼应通过法定计量单位的计量标定，应对搅拌站及水泥混凝土路面滑模摊铺机械和设备的配套情况、性能、计量精度等进行全面检查。搅拌楼和滑模摊铺机经摊铺试验路段检验，达到生产能力和全部质量指标，方可验收通过，进行支付。

表 8.2.3 混凝土原材料的检测项目和频率

材料	检查项目	检查频率	
		高速公路、一级公路	二、三级公路
水泥	抗折强度、抗压强度及标号	1 500t，1 批	1 500t，1 批
	安定性	1 500t，1 批	1 500t，1 批
	凝结时间	2 000t，1 批	3 000t，1 批
	标准稠度用水量	2 000t，1 批	3 000t，1 批
	细度	2 000t，1 批	3 000t，1 批
	f-CaO 含量	必要时，每标段不少于 3 次	必要时，每标段不少于 3 次
	MgO 含量	必要时，每标段不少于 3 次	必要时，每标段不少于 3 次
	SO_3 含量	必要时，每标段不少于 3 次	必要时，每标段不少于 3 次
	铝酸三钙	必要时，每标段不少于 3 次	必要时，每标段不少于 3 次
	铁铝酸四钙	必要时，每标段不少于 3 次	必要时，每标段不少于 3 次
	干缩率	必要时，每标段不少于 3 次	必要时，每标段不少于 3 次
	耐磨性	必要时，每标段不少于 3 次	必要时，每标段不少于 3 次
	碱度	开工、施工、结束测 3 次	开工、施工、结束测 3 次
	混合材料种类及数量	开工、施工、结束测 3 次	开工、施工、结束测 3 次
	温度	冬、夏季施工随时检测	冬、夏季施工随时检测
	水化热	冬、夏季施工随时检测	冬、夏季施工随时检测
粗集料	颗粒外观（针片状、超径和逊径含量）	2 000m^3，1 批	4 000m^3，1 批
	颗粒级配	2 000m^3，1 批	4 000m^3，1 批
	含泥量	1 000m^3，1 批	2 000m^3，1 批
	压碎值	1 000m^3，1 批	2 000m^3，1 批
	含水量	随时	随时
	松方单位重	施工需要时	施工需要时
砂	颗粒外观（河砂、山砂、机制砂）	必要时	必要时
	颗粒粗细（细度模数）和级配	1 000m^3，1 批	2 000m^3，1 批
	含泥量	1 000m^3，1 批	2 000m^3，1 批
	含水量	随时	随时
	松方单位重	施工需要时	施工需要时
外加剂	减水剂（最优）减水率	10t，1 批	10t，1 批
	液体外加剂的含固量	10t，1 批	10t，1 批
	液体外加剂的相对密度	200kg，1 次	200kg，1 次
	粉状外加剂的不溶物含量	10t，1 批	10t，1 批
	引气剂引气量	2t，1 批	3t，1 批
	气泡细密程度和稳定性	随时	随时
养生剂	养生剂保水率	开工前或有变化时	开工前或有变化时
	弯拉强度保持率	开工前或有变化时	开工前或有变化时
	含固量	施工需要时	施工需要时
	成膜时间	随时	随时
	浸水软化性	随时	随时
水	pH 值	开工前和水源有变化时	开工前和水源有变化时
	含盐量	开工前和水源有变化时	开工前和水源有变化时
	硫酸根含量	开工前和水源有变化时	开工前和水源有变化时

注：①所有项目开工前，均应检验。

②数量不足一批时，按一批检验。

③当原材料规格、品种、生产厂、来源变化时，必检。

8.3 铺筑试验路段

8.3.1 一般规定

所有公路滑模摊铺水泥混凝土路面工程，在正式摊铺水泥混凝土路面前，均必须铺筑试验路段。试验路段长度不应小于200m，高速公路、一级公路宜在主线路面以外进行试验路段的摊铺。路面厚度、摊铺宽度、基准线设置、接缝设置、钢筋设置等均应与实际工程相同。

8.3.2 试验路段分为试拌及试铺两个阶段，通过试验路段应达到下述目的：

（1）试拌检验搅拌楼性能及确定合理搅拌制度；试铺检验滑模摊铺系统全部主要机械的性能和生

产能力,检验机械种类、数量、实际生产能力配套及组合的合理性。提供主要机械性能和生产能力检验结果和改进措施。

(2)通过试拌确定搅拌楼上料速度,拌和容量,搅拌均匀所需时间,新拌混凝土坍落度、振动黏度系数、含气量、泌水量、离析性和生产使用的混凝土配合比。

(3)通过试铺确定基准线设置方式,滑模摊铺机的适宜工作参数,包括摊铺速度、振捣频率调整范围、夯实杆深度和频率、挤压底板前仰角度设置、超铺角度设置、侧模板可调整方式和位置、中间和侧向拉杆打入情况、振动搓平梁的设置位置、自动抹平板位置和压力等。

(4)使全体工程技术、施工及设备操作人员熟悉并掌握各主要机械正确的操作要领和所有工序、工种正确的施工方法。检验全套施工工艺流程。

(5)检验确定人工辅助施工的修整机具、工具、模具种类和数量,发电机、电焊机、钢筋工、混凝土工、拉毛方式及劳动力数量和定员位置等。按施工工艺要求确定施工组织形式和人员编制。

(6)通过试铺应建立健全混凝土原材料,新拌混凝土坍落度、含气量、泌水量,路面弯拉强度、平整度、构造深度、板厚、接缝顺直度等全套技术性能检验手段,熟悉检验方法。建立滑模施工系统的全面质量管理体系。

(7)确定施工产量和进度,制订施工进度计划。

(8)检验无线通信和快速生产调度指挥系统。确定施工管理体系。

8.3.3 总结试铺效果

在试铺中,施工单位应认真做好记录,监理工程师或质监站应监督检查试验段的施工质量,及时与施工单位商定有关结果。试验段铺筑结束后,应由业主、施工单位和监理会商讨论试验结果,提出改进意见和注意事项,施工单位应就各项试验结果、改进措施和注意事项提出试验路段总结报告,上报监理和业主批复,取得正式开工资格。

8.4 施工中的质量管理与检查

8.4.1 一般规定

1 水泥混凝土路面滑模施工必须得到主管部门的开工令后,方可开工。

2 施工单位应随时对施工质量进行自检。自检混凝土原材料、拌合物和水泥混凝土路面项目和频率按表8.2.3和表8.4.1规定进行。监理工程师或质量监督人员应进行抽检或旁站监督,对施工单位的检验结果进行检查认定。当施工、监理、监督人员发现异常情况时,应加大检测频率,找出原因,及时处理。在恢复正常后,再降低检测频率。高速公路、一级公路应利用计算机实行动态质量管理,其方法见附录B的规定。

表8.4.1 混凝土拌合物及水泥混凝土路面的检验项目和频率

材料	检查项目	检查频率	
		高速公路、一级公路	其他公路
混凝土拌合物	坍落度及其均匀性	每天施工测3次,有变化时随测	每天施工测3次,有变化时随测
	坍落度损失率	开工、气温较高和有变化时随测	开工、气温较高和有变化时随测
	振动黏度系数	配合比试拌,原材料和配合比有变化时测	配合比试拌,原材料和配合比有变化时测
	含气量	每天测1~2次,有抗冻要求2~4次	每天测1~2次,有抗冻要求2~4次
	泌水率	必要时测	必要时测
	容重	每天施工测1次	每天施工测1次
	温度	必要时测,冬季、夏季每天1~2次	必要时测,冬季、夏季每天1次
	凝结时间	必要时测,冬季、夏季每天1~2次	必要时测,冬季、夏季每天1次
	水化热	冬季、夏季施工必要时测	冬季、夏季施工必要时测
	离析	随时观察	随时观察

材料	检查项目	检查频率	
		高速公路、一级公路	其他公路
混凝土路面	弯拉强度	每班留 2 ~ 4 组试件，日进度小于 500m 取 2 组，大于等于 500m 取 3 组，大于等于 1 000m 取 4 组，测 f_{cs}、f_{min}、C_v	每班留 1 ~ 3 组试件，日进度小于 500m 取 1 组，大于等于 500m 取 2 组，大于等于 1 000m 取 3 组，测 f_{cs}、f_{min}、C_v
	钻芯劈裂强度	每 3km 每车道钻取 1 个岩芯，硬路肩为 1 个车道，测平均 f_{cs}、f_{min}、C_v、板厚 h	每 3km 每车道钻取 1 个岩芯，硬路肩为 1 个车道，测平均 f_{cs}、f_{min}、C_v、板厚 h
	3m 直尺平整度	每半幅车道 100m 2 处 10 尺	每半幅车道 200m 2 处 10 尺
	动态平整度	所有车道连续检测	所有车道连续检测
	板厚	每 100m 路面摊铺宽度内左右各 2 处，连接摊铺每 100m 路面边缘 1 处并参考岩芯高度	每 100m 路面摊铺宽度内左右各 1 处，连接摊铺每 100m 路面边缘 1 处并参考岩芯高度
	抗滑构造深度	铺砂法：每幅 200m 2 处	铺砂法：每幅 200m 1 处
	横坡度	水准仪：每 200m 6 个断面	水准仪：每 200m 4 个断面
	接缝顺直度	20m 拉线测：每 200m 6 条	20m 拉线测：每 200m 4 条
	摊铺中线偏位	经纬仪：每 200m 6 点	经纬仪：每 200m 4 点
	纵断高程	水准仪：每 200m 6 点	水准仪：每 200m 4 点
	路面宽度	尺测：每 200m 6 处	尺测：每 200m 4 处
	切缝深度	尺测：切缝后每 200m 6 处	尺测：切缝后每 200m 4 处
	灌缝饱满度	尺测：每 200m 接缝测 6 处	尺测：每 200m 接缝测 4 处
	连接摊铺纵缝高差	尺测：每 200m 纵向工作缝，每条 3 处，每处间隔 2m 测 3 尺，共测 9 尺	尺测：每 200m 纵向工作缝，每条 2 处，每处间隔 2m 测 3 尺，共测 6 尺
	胀缝缺陷	每条观察填缝及啃边断角	每条观察填缝及啃边断角
	胀缝板连浆	每条胀缝板安装时测量	每条胀缝板安装时测量
	胀缝板倾斜	尺测：摊铺宽度内每块胀缝板的两侧	尺测：摊铺宽度内每块胀缝板的两侧
	胀缝板弯曲和位移	尺测：摊铺宽度内每块胀缝板 3 处	尺测：摊铺宽度内每块胀缝板 3 处
	胀缝、缩缝传力杆偏斜	钢筋保护层仪：每车道 4 根	钢筋保护层仪：每车道 3 根
	断板率	数断板面板的块数占总块数的比例	数断板面板的块数占总块数的比例

3　施工中，应由专门质量检验机构负责施工质量的检查与试验。除施工单位按下述规定自检外，监理、质检站必须按规定频率抽检。

4　桥面、桥头搭板及钢筋混凝土路面的钢筋应具有出厂质量证明书，焊接绑扎等钢筋加工的检验按《公路桥涵施工技术规范》(JTJ 041)的有关规定执行。

5　搅拌站对每台搅拌楼所拌拌合物按表 8.4.1 的要求检测，除了满足滑模可摊铺性外，应注意观察拌合物的匀质性和检验其坍落度的稳定性。

8.4.2　关键技术指标的检验

施工中，水泥混凝土路面应按表 8.4.1 规定的检查项目和频率检测，其平整度、弯拉强度和板厚三大质量指标要求为：

1　平整度：3m 直尺检测平整度，作为施工过程中质量控制的检测项目；平整度仪检测的动态平整度结果，作为竣工验收时工程质量的评定依据。施工时，当采用 3m 直尺测高速公路、一级公路纵向平整度时,应有90%以上的数据小于等于3mm,其他公路应有90%以上数据小于等于5mm。对局部不达标的部位,应按7.8.2条的规定研磨到符合要求。连接滑模摊铺路面纵向施工缝的横向平整度要求为:高速公路、一级公路3m直尺平均值应小于等于3mm,极值小于等于5mm。其他公路3m直尺平均值应小于等于5mm,极值小于等于7mm。

2　弯拉强度:滑模摊铺水泥混凝土路面弯拉强度的评价,以搅拌楼生产的混凝土在标准振动台上制作、标准养生的小梁弯拉强度为准。路面混凝土弯拉强度的施工检查频率见表8.4.1。应按照《公路工程水泥混凝土试验规程》(JTJ 053)规定的标准取样方式、模具、制作方法、养生和压断方式测弯拉强度和断块抗压强度。断块抗压强度仅作参考。弯拉强度宜采用三参数评价,即统计平均值(组数较少时为合格判定弯拉强度)、最小值和统计偏差系数。各级公路弯拉强度合格标准规定见附录C。弯拉强度的统计偏差系数不应大于12%。

3　板厚:滑模摊铺水泥混凝土路面在施工中应严格控制板厚,并应在设置基准线后滑模摊铺前进行测量控制。通过基准线检测板厚的方法见7.5.1条第(1)项。每天施工基准线设置好后,须在旁站监理工程师监督下测量待摊铺路面的板厚。监理工程师签字确认预计摊铺路段的板厚合格,方可开始当日摊铺。基层高程有误差部位,可在高程误差允许范围±1cm内调整基准线高程,调整最短长度不应小于50m。基层高程不足面板偏厚部位,应直接摊铺厚面板,不得在施工中设薄垫层或调低面板标高。摊铺后板厚测量可以侧面尺测为准,当板厚不足时,应以一块板内平均厚度(钻芯)作为返工判定依据。

8.4.3　质量检验技术要求

滑模摊铺混凝土路面施工过程中,施工单位自检的检查方法和频率应按表8.4.1的规定进行。路面全部技术指标的质量检验方法、频率和评定标准见表8.4.3,其中部分质量指标在《公路工程质量检验评定标准》(JTJ 071)中表5.2.2基础上作了适合滑模施工特点的增补。增加了连接滑模摊铺纵缝高差、切缝深度、胀缝板连浆、倾斜、弯曲和位移、传力杆偏斜的检测要求。

表8.4.3　各级公路滑模摊铺水泥混凝土路面质量要求

项次	检查项目		规定值或允许值		检查方法和频率
			高速公路、一级公路	其他公路	
1	弯拉强度(MPa)		100%符合附录C的规定		符合表8.4.1的规定
2	板厚度(mm)		代表值大于等于-5;极值大于等于-10		尺测:频率符合表8.4.1规定
3	平整度	σ(mm)	≤1.5	≤2.5	平整度仪:每车道连续检测每100m计算σ、*IRI* 3m直尺:频率符合表8.4.1规定
		IRI(m/km)	≤2.5	≤4.2	
		最大间隙h(mm)	≤3(≥90%)	≤5(≥90%)	
4	抗滑构造深度(mm)		0.8~1.2	0.6~1.0	铺砂法:频率符合表8.4.1规定
5	相邻板高差(mm)		≤2	≤3	3m直尺测:每条横向胀缝、工作缝3点,每200m纵横缝2条,每条3点
6	滑模连接摊铺纵缝高差(mm)		平均值小于等于3 极值小于等于5	平均值小于等于5 极值小于等于7	3m直尺测:频率符合表8.4.1规定
7	接缝顺直度(mm)		≤10		20m拉线测:频率符合表8.4.1规定
8	中线平面偏位(mm)		≤20		经纬仪:频率符合表8.4.1规定
9	路面宽度(mm)		≤±20		尺测:频率符合表8.4.1规定
10	纵断高程(mm)		≤±10	≤±15	水准仪:频率符合表8.4.1规定
11	横坡度(%)		≤±0.15	≤±0.25	水准仪:频率符合表8.4.1规定
12	断板率(‰)		≤2	≤4	
13	脱皮、印痕、裂纹、露石、缺边、掉角(‰)		≤2	≤3	

续上表

项　次	检 查 项 目	规定值或允许值		检查方法和频率
		高速公路、一级公路	其他公路	
14	路缘石顺直度和高度(mm)	≤20	≤20	20m 拉线测:每 200m 4 处
15	填缝饱满度(mm)	≤2	≤3	尺测:频率符合表 8.4.1 规定
16	切缝深度(mm)	≥50	≥50	尺测:频率符合表 8.4.1 规定
17	胀缝表面缺陷	不应有	不宜有	
18	胀缝板连浆(mm) 倾斜(mm) 弯曲和位移(mm)	≤20 ≤20 ≤10	≤30 ≥25 ≤15	尺测:每条胀缝板安装时测 尺测:频率符合表 8.4.1 规定 尺测:频率符合表 8.4.1 规定
19	传力杆偏斜(mm)	≤10	≤13	钢筋保护层仪:频率符合表8.4.1的平均值

8.4.4　资料整理

施工单位的质检结果应按 1km 为单位整理成表格,作为支付依据。当发现异常时,应停止施工,分析原因,并采取措施。经监理同意后方可复工。对于滑模机械施工水泥混凝土路面的关键工序宜拍摄照片或进行录像,作为现场记录保存。

8.5　交工验收阶段的工程质量检查验收

8.5.1　申请交工验收

水泥混凝土路面完工后,施工单位应将全线以每公里为一个评定路段,按表 8.4.3 的要求和本规程施工过程规定的检验项目、频率,提交检测结果、试验数据、施工总结报告及全部原始记录等齐全资料,申请交工验收。

8.5.2　交工验收要求

业主、监理和质监部门收到施工单位的申请交工验收报告并确认资料齐全后,首先对照施工单位交工自检报告数据和监理、质监检部门施工阶段进行的抽检数据是否吻合,然后按表 8.4.3 规定的检查项目和验收频率进行交工检查和验收。发现异常情况时,应按下述条款进行处理:

1　评定路面混凝土弯拉强度,除采用小梁试件弯拉强度作为评定依据外,还应进行路面钻芯取样,并以圆柱体劈裂强度折算的弯拉强度值作为路面强度不足的返工判定依据。石灰岩、花岗岩等碎石混凝土圆柱体($D=15\text{cm}$),劈裂强度 f_{sp} 与 15cm × 15cm × 55cm 小梁的弯拉强度 f_c 的关系,在无本工程的统计公式时,可参照式(8.5.2)计算:

$$f_c = 1.868 f_{sp}^{0.871} \tag{8.5.2}$$

高速公路、一级公路工程应通过试验得到各自工程的统计公式。

一般情况下,钻芯频率按表 8.4.1 规定。当小梁弯拉强度不足,有争议时,每公里每车道取 3 个以上岩芯,确定返工与否。

2　所有行车道均应连续检测动态平整度,标准见表 8.4.3。对局部路段、施工接头、桥面行车明显感到跳动的部位必须进行磨平处理,然后再恢复抗滑构造。

3　因上基层或桥梁上横坡不足,造成一侧板厚偏薄,另一侧偏厚时,要求返工重铺的标准为整块面板平均板厚与设计厚度之差大于等于 10mm。

8.6　工程施工总结

8.6.1　竣工文件

施工单位应根据国家竣工文件编制规定，提出施工总结报告和质量管理与测试报告或采用新材料、新技术的研究报告，连同竣工图表，形成完整的施工档案资料，一并交业主及档案管理部门。

8.6.2 施工总结报告

主要内容应包括工程概况、设计图纸及变更、基层资料、原材料、施工组织、机械及人员配备、施工工艺、进度、工程质量评价、工程预决算等。

8.6.3 施工质量管理与测试报告

主要内容应包括施工管理体制、质量保证体系、试验段铺筑报告、施工质量达到或超过现行规范规定情况、原材料和混凝土检测结果、施工中路面质量自检结果、交工复测结果、工程质量评价、原始记录相册和录像资料等。

8.6.4 滑模施工经验总结

在省内或当地首次采用滑模技术施工时，应同时提交试验研究报告。总结成功经验，失败的应分析原因，提出改进意见和措施。

9 安全生产

9.0.1 一般规定

应根据滑模机械化施工特点,做好安全生产和保卫工作。施工前,施工单位应对员工进行安全生产教育,树立安全第一的思想。

9.0.2 滑模施工安全生产规定

施工过程中,应制定搅拌楼、运输车辆、滑模摊铺机及其辅助机械设备的安全操作规程,并在施工中严格执行。

1 在搅拌楼的拌和锅内清理黏结混凝土,无电视监控的搅拌楼,必须有两人以上,方可进行,一人清理,一人值守操作台。有电视监控的搅拌楼,必须打开电视监控系统,关闭主电机电源,并在主开关上挂警示红牌。搅拌楼机械上料时,在铲斗及拉铲活动范围内,人员不得逗留和通过。

2 运输车辆倒退时,车辆应鸣后退警报,并有专人指挥和查看车后。

3 施工中,布料机支腿臂、松铺高度梁和滑模摊铺机支腿臂、搓平梁、抹平板上严禁站人及操作。夜间施工,在滑模摊铺机上应有明亮的照明和明显的示警标志。滑模摊铺机停放在通车道路上,周围必须设置明显的安全标志,夜间应以红灯示警。

4 施工中所有机械设备禁止机手擅离操作台,严禁用手触摸或用工具处理正在运转的机(构)件。

5 所有施工机械、电力、燃料、动力等的操作部位,严禁吸烟和任何明火。

9.0.3 交通安全

施工现场必须做好交通安全工作。交通繁忙的路口应设立标志,并有专人指挥。夜间施工,路口及基准线桩附近应设置警示灯或反光标志,专人管理灯光照明。

9.0.4 用电安全

施工机电设备应有专人负责保养、维修和看管,确保安全生产。施工现场的电线、电缆应尽量放置在无车辆、人、畜通行部位。

9.0.5 安全防护

现场操作人员必须按规定配戴防护用具。有毒、易燃的燃料、填缝材料操作时,其防毒、防火等应按有关规定严格执行。

9.0.6 其他

滑模摊铺机、搅拌楼、储油站、发电站、配电站等重要施工设备上应配备消防设施,确保防火安全。

工地所有施工设备和机具,在停工或夜间必须有专人值班保卫,严防原材料、机械、机具及零件等丢失。

附录 A　混凝土拌合物振动黏度系数试验方法

A.1　目的和适用范围

本方法用于测定最大粒径不大于 40mm 的混凝土拌合物振动状态黏度系数。它适用于测定坍落度小于 25cm，维勃工作度时间不大于 15s 的新拌砂浆和混凝土拌合物的振动黏度系数。不适用于无砂大孔混凝土、振碾混凝土和纤维混凝土。

A.2　仪器设备

A.2.1　振动器

1　标准振动台：负载下的振幅 0.35mm，空载时的振幅0.5mm，振动频率 3 000 ±200r/min。

2　维勃工作度仪振动台：工作频率 50Hz，空载振幅 0.5mm。

A.2.2　容器

1　金属圆筒，内径 300 ±3mm，高 250mm，壁厚 3mm，底厚7.5mm。容器应不漏水并有足够的刚度，上有两个把手。用于直接在标准振动台上测定。

2　金属圆筒，内径 240 ±3mm，高 200mm，壁厚 3mm，底厚7.5mm。容器应不漏水并有足够的刚度，上有两个把手，底部外伸部分可用螺母将其固定在维勃振动台上。用于维勃振动台测定。

A.2.3　捣实器

底部直径 80mm，厚度 6mm，其上开 10mm 孔洞 8 个；手柄直径 16mm，高度 280mm，固定为整体。

A.2.4　秒表

应能够掐出两个时间值。

A.2.5　游标卡尺

精度 0.01mm。钢尺，精确到 1mm，长度 300mm。

A.2.6　小球 10 只。

A.2.7　电子秤或磅秤：量程 100kg，精度 1g。

A.2.8　其他：馒刀、小铲、木尺、铁锹等。

A.3　试验步骤

A.3.1　用电子秤称出容器的质量 W_0（kg）。

A.3.2　在容器底部放入小球两只，间距 100mm，然后分三层装混凝土拌合物，每层用捣实器捣 25 次，第一层应不使小球位置变化，最后一层应抹平。捣实时，应防止拌合物及容器产生振动。

A.3.3　开启振动台，将装好混凝土拌合物的容器放在振动台中部，同时掐秒表，掐出两只小球完全振出混凝土拌合物的时间 T_1、T_2（s），精确到 0.01s，如用维勃振动台做，必须将容器与振动台的固定螺丝上紧，使振动台与容器联结成整体。

A.3.4　将装混凝土拌合物的容器从振动台上取下，称其质量 W_2（kg），测量混凝土拌合物距离上沿不同位置的高度 H_1、H_2、H_3、H_4、H_5（cm），精确到 1mm，计算平均值 $h=(H_1+H_2+H_3+H_4+H_5)/5$。

A.4 试验结果计算

A.4.1 求出容器内混凝土拌合物的高度 H(cm):

$$H = H_0 - h \tag{A.4.1}$$

式中:H_0——圆筒内高度(cm)。

A.4.2 计算混凝土拌合物的质量 W(kg)和密度 ρ_c(kg/cm^3):

$$W = W_2 - W_0 \tag{A.4.2-1}$$

$$\rho_c = \frac{W}{V} \tag{A.4.2-2}$$

其中

$$V = \pi R^2 H(\mathrm{cm}^3) \tag{A.4.2-3}$$

A.4.3 计算小球的密度 ρ_b(kg/cm^3):

小球的质量 $W_b = 2.45\ (\mathrm{g}) = 2.45 \times 10^{-3}(\mathrm{kg})$

小球直径 $D = 3.793\,6(\mathrm{cm})$

$$\rho_b = \frac{W_b}{V_b} \tag{A.4.3-1}$$

其中小球的体积

$$V_b = \pi D^3/6(\mathrm{cm}^3) \tag{A.4.3-2}$$

A.4.4 求出两只小球振动浮出的平均时间:

$$T = (T_1 + T_2)/2 \tag{A.4.4}$$

当两只小球的振动浮出时间相差15%时,应重做试验。

A.4.5 混凝土拌合物振动黏度系数计算公式:

$$\eta = \frac{2r^2 gT(\rho_c - \rho_b)}{9H}(\mathrm{N/cm^2 \cdot s}) \tag{A.4.5}$$

式中:r——小球半径(cm);

g——重力加速度,取 9.8m/s^2;

T——两只小球振动浮出混凝土拌合物的平均时间(s);

H——容器内混凝土拌合物的高度,即小球浮出通过混凝土拌合物的距离(cm);

ρ_c、ρ_b——分别为混凝土拌合物和小球的密度(kg/cm^3)。

A.5 试验结果处理

取相同配合比和试验条件的混凝土拌合物三次试验的平均值作为振动黏度系数的测量值,当其中单个试验结果的误差超过平均值的15%时,应剔除;当两个数据的误差均超过15%时,应重做试验。

如果用同一拌混凝土拌合物连续做三次试验时,应控制混凝土拌合物出搅拌机的时间不超过45min,超过45min,应重新拌和相同的混凝土拌合物,重做未完成的试验。

混凝土拌合物的拌和应采用搅拌机,不宜采用人工手工拌和;拌和好的混凝土拌合物应堆好并覆盖塑料布防止水分蒸发。

混凝土原材料的取样、称量、拌和、试验室温度和湿度等控制与《混凝土试件制作及养护方法》(T 0510—94)相同。

附录 B　施工质量动态管理方法

B.0.1　施工单位应以试验检测质量指标的变异系数(或标准差)作为施工水平的主要评价指标。任何施工单位都应总结施工经验,按本规程第 8 章的要求建立各项施工质量指标变异系数的允许界限值,作为企业管理的目标。施工单位的施工目标,应不低于本规程第 8 章表 8.4.3 的规定要求。

B.0.2　高速公路、一级公路施工过程中,施工单位宜利用计算机建立工程质量数据库,随时将检测结果输入数据库,同时分阶段(一定日期或桩号)计算出平均值 $\bar{X}$(期望值)、极差 R、标准差 S 及变异系数 C_v,汇总整理。记录的内容应包括取样地点、试验员、试验项目、试验方法、试验结果及合格与否的评定等。

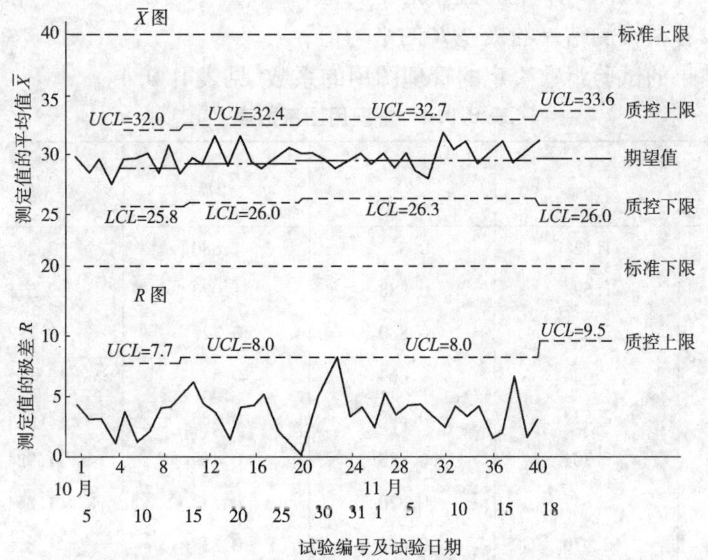

图 B.0.3-1　工程质量指标管理图示例[抗压强度(MPa)]
(图中每一个点为每次测定的三个试件的平均值 $\bar{X}$ 或极差 R)

B.0.3　施工质量宜采取平均值和极差管理图($\bar{X}$-R 图,如图B.0.3-1)的方法,将试验结果逐次绘制管理图,同时随着施工的进展,绘制施工质量直方图或正态分布曲线(图 B.0.3-2)。管理图可供有关人员随时检查。当发现标准差和变异系数有增大时,应分析原因,研究对策。

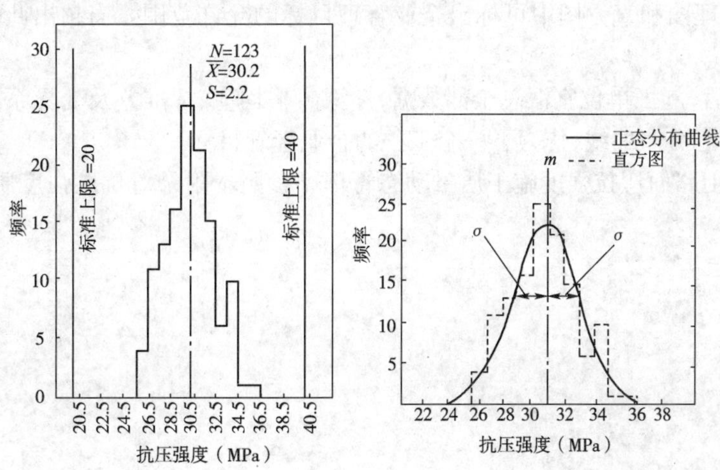

图 B.0.3-2　工程质量检测结果的直方图及正态分布曲线示例

B.0.4 在 $\bar{X}$-R 管理图中应以平均值 $\bar{X}$ 作为中心线 CL,并标出质控上限 UCL 和质控下限 LCL,表示允许的施工正常波动范围。当有超出质控上、下限范围时,应视为施工异常或试验数据异常。中心线、质控上限、质控下限按下述公式计算:

$\bar{X}$ 图中:

$$CL = \bar{X} \tag{B.0.4-1}$$

$$UCL = \bar{X} + A_2 R \tag{B.0.4-2}$$

$$LCL = \bar{X} - A_2 R \tag{B.0.4-3}$$

R 图中:

$$CL = \bar{R} \tag{B.0.4-4}$$

$$UCL = D_4 \bar{R} \tag{B.0.4-5}$$

$$LCL = D_3 \bar{R} \tag{B.0.4-6}$$

式中:CL——$\bar{X}$-R 管理图中的中心线;

UCL——$\bar{X}$-R 管理图中的质控上限;

LCL——$\bar{X}$-R 管理图中的质控下限;

$\bar{X}$——一个阶段各组检测结果平均值 X 的平均值;

$\bar{R}$——一个阶段各组检测结果的极差 R 的平均值;

A_2、D_3、D_4——由检测结果的试验组数决定的管理图用的系数,见表 B.0.4。

表 B.0.4 管理用图系数表

一组检测结果的试验次数 n	d_2	d_3	A_2	D_4	D_3
2	1.128	0.853	1.880	3.267	—
3	1.693	0.888	1.023	2.575	—
4	2.059	0.880	0.729	2.282	—
5	2.326	0.864	0.577	2.115	—
6	2.534	0.848	0.483	2.004	—
7	2.704	0.833	0.419	1.924	0.076
8	2.847	0.820	0.373	1.864	0.136
9	2.970	0.808	0.337	1.816	0.184
10	3.078	0.797	0.308	1.777	0.223
∞	—	—	$\frac{3}{d_2\sqrt{n}}$	$1+3\frac{d_3}{d_2}$	$1-3\frac{d_3}{d_2}$

B.0.5 在 $\bar{X}$-R 管理图和直方图中可标出本规程第 8 章表 8.4.3 规定的质量标准或允许差范围。当超出此范围,即施工不合格时,应予处理。

B.0.6 在 $\bar{X}$-R 管理图和直方图中可标出企业管理目标的允许范围。当超出此范围,即施工水平下降时,应研究对策。

B.0.7 施工结束后,施工单位宜汇总全部数据,计算出平均值、标准差及变异系数,绘制整个工程的施工质量直方图或正态分布曲线,作为下一个工程的企业管理目标。

B.0.8 水泥混凝土路面弯拉强度施工质量动态管理可参照本附录对抗压强度质量动态管理的方法进行。

附录 C　滑模摊铺水泥混凝土路面弯拉强度评定

C.0.1　滑模摊铺混凝土弯拉强度试验方法可使用标准小梁法或钻芯劈裂法，试件使用标准方法制作，标准养生时间28d（路面钻芯劈裂时间宜控制在28～56d以内，不掺粉煤灰宜用前者，掺粉煤灰宜用后者）。按表8.4.1所列检查频率，高速公路和一级公路每工作班留2～4组试件，日进度小于500m取2组，大于等于500m，取3组，大于等于1 000m，取4组。其他公路每工作班留1～3组试件，日进度小于500m取1组，大于等于500m，取2组，大于等于1 000m，取3组。每组3个试件的平均值作为一个统计数据。

C.0.2　混凝土弯拉强度的合格标准

1　试件组数大于10组时，混凝土平均弯拉强度合格判断式为：

$$f_{cs} = f_{cm} + K\sigma \qquad (C.0.2\text{-}1)$$

式中：f_{cs}——混凝土合格判定平均弯拉强度（MPa）；

f_{cm}——混凝土设计弯拉强度（MPa）；

K——合格判定系数（见附表C.0.2）；

σ——混凝土弯拉强度均方差。

表C.0.2　合格判定系数

试件组数 n	11～14	15～19	≥20
K	0.75	0.70	0.65

当试件组数大于20组时，高速公路和一级公路滑模摊铺水泥混凝土路面最小弯拉强度f_{min}不得小于$0.85f_{cm}$，其他公路允许有一组最小弯拉强度f_{min}小于$0.85f_{cm}$，但不得小于$0.75f_{cm}$。各级公路滑模摊铺水泥混凝土路面统计偏差系数C_v不应大于12%。

2　试件组数等于或小于10组时，试件平均弯拉强度不得小于$1.05f_{cm}$，任一组试件的最小弯拉强度f_{min}均不得小于$0.85f_{cm}$。

C.0.3　当标准小梁合格判定平均弯拉强度f_{cs}、最小弯拉强度f_{min}和统计偏差系数C_v中有一个数据不符合上述要求时，应在不合格路段每公里每车道钻取3个以上$D=15$cm的岩芯，实测其劈裂强度，通过式（8.5.2）换算弯拉强度，其平均弯拉强度f_{cs}和最小值f_{min}必须合格，否则，应返工重铺。

附录 D　本规程用词说明

D.0.1　对规程条文执行严格程度的用词,采用以下写法:

1　表示很严格,非这样做不可的用词:

正面词采用"必须";反面词采用"严禁"。

2　表示严格,在正常情况下均应这样做的用词:

正面词采用"应";反面词采用"不应"或"不得"。

3　表示允许稍有选择,在条件许可时,首先应这样做的用词:

正面词采用"宜"或"可";反面词采用"不宜"。

D.0.2　条文中应按指定的其他有关标准、规范的规定执行,其写法为"应按……执行"或"应符合……要求(或规定)"。

如非必须按指定的其他有关标准、规范的规定执行,其写法为"可参照……"。

附件

《公路水泥混凝土路面滑模施工技术规程》

(JTJ/T 037.1—2000)

条 文 说 明

编制说明

我国公路水泥混凝土路面建设规模巨大，发展速度很快，截止 1998 年底已经建成各级公路水泥混凝土路面 83 652km。目前，每年在建的水泥混凝土路面的里程约 15 000km 以上。因此，亟待采用大型滑模机械化的施工技术来进行混凝土路面工程施工，稳步提高水泥混凝土路面工程的施工质量，使铺筑的水泥混凝土路面密实、平整、耐久，并具有良好的抗滑性能。

滑模摊铺水泥混凝土路面施工技术，是国际上建设高质量高速公路水泥混凝土路面的现代化大型机械施工成熟技术。从 1990 年以来，我国为了建设高等级公路的水泥混凝土路面，从国外引进了大约 150 余台套滑模摊铺机及配套搅拌、运输设备。

国家计委"八五"重点科技攻关项目(85—403—01)《高等级公路滑模摊铺水泥混凝土路面修筑成套技术研究》的研究成果表明，水泥混凝土滑模摊铺施工技术，是适合我国国情、有广阔应用前景的新型施工技术。该技术在国家经贸委、交通部的大力支持下，正在全国近一半省区范围内推广使用。自 1991 年我国开始进行该技术的研究和推广以来，截止 1999 年底，已经使用滑模摊铺技术建设了 1 200 余公里的高等级公路，其中高速公路 700 余公里，从原材料、配合比、机械装备配套、工艺流程、滑模施工路面和路缘石、连续铺装钢筋混凝土中小桥(涵)桥面和桥头搭板，到施工质量管理与检查验收，均积累了丰富的施工经验。

为了使滑模摊铺水泥混凝土路面施工技术能够得到更加广泛的推广使用，彻底改变我国在高等级公路水泥混凝土路面施工中的落后工艺状况，提高和保障其施工质量，充分发挥我国水泥等资源丰富的优势，带动国民经济健康发展，急需制定《公路水泥混凝土路面滑模施工技术规程》，对其施工的每个环节进行规范，使设计、建设、质监、监理和施工单位有章可循，为此，交通部下达了交公路发(1997)731 号《关于下达 1997 年度公路建设标准、规范、定额等编制、修订工作计划的通知》第 24 项《公路水泥混凝土路面滑模施工技术规程》(试行)的编制任务。由交通部公路科学研究所负责编制。

本规程及其条文说明，主要根据交通部公路科学研究所、河北省交通厅、湖南省交通厅和重庆公路科学研究所完成的"八五"国家重点科技攻关项目(85—403—01)中《高等级公路滑模摊铺水泥混凝土路面施工成套技术研究》课题的科研成果和所编制的《滑模摊铺水泥混凝土路面施工指南》，结合湖南、广东、湖北、福建、吉林、山西、贵州、黑龙江、山东、新疆、河北等省区交通厅 9 年来推广滑模技术施工所积累的经验，特别是交通部公路科学研究所于 1994 年同广东省交通厅合作编制的《广东省高等级公路滑模摊铺水泥混凝土路面施工技术规程》(试行，该规程已于 1998 年颁布试行) 编写而成。

本规程重在编写多年来行之有效的成熟的滑模施工技术内容，对于正在试验研究中的内容，则留待以后成熟后增补。涉及到设计规范需要增补的内容，待设计规范修订时提出，本施工规程不作叙述。凡与现行技术标准、规范、规程一致的内容，均不作引用，仅指明"应符合有关规定"。对现行规范进行了适宜滑模施工修改的内容、表格列在规程中。在编制中，凡与国家和行业现行标准、规范、规程不同的内容均有研究和施工试验作为基础，并在说明中指出。对我国尚无技术规范，滑模施工中又必须使用的内容，参照国外有关规定，并结合我国在工程中发现的问题，进行原则编写，具体内容暂列条文说明中。这样编制的目的是使资料和规定尽量齐全完备，只要认真贯彻本规程，谨慎操作，善于总结，可以施工出较高质量的滑模混凝土路面。

本规程共分 9 章，其中第 5、第 6、第 7、第 8 章提出了水泥混凝土路面滑模施工的原材料、配合比、工艺流程、机械配套、滑模摊铺技术要点、操作要求和质量检验等尽量详细的规定。

在本规程试行过程中，施工管理人员和工程技术人员除按本规程要求进行施工作业外，还应结合当地具体情况，不断总结经验，研究新问题，注意吸收国外最新的装备、技术、工艺、成果和经验，使滑模摊铺水泥混凝土施工新技术不断进步、完善和发展。

本规程的解释权在交通部公路科学研究所，对本规程及其条文说明的意见和在使用过程中发现的问题，请各单位和施工技术人员随时函告交通部公路科学研究所，以便修订时参考。

由于本规程在我国为首次编写，不足之处，恳请各位专家和广大工程技术人员提出宝贵修改意见。

1 总则

1.0.1 目的

实践证明,采用大型滑模机械化施工,是提高我国高等级公路工程质量的有效途径。而水泥混凝土路面的大型滑模机械化施工技术的大量推广应用尚处于起步阶段,需要相应的施工技术规程来指导,使我国在采用滑模摊铺机施工水泥混凝土路面时,各设计、施工、建设、质监和监理单位有章可循。

1.0.2 适用范围

本规程适用于"新建和改建公路采用滑模摊铺机械工艺施工的水泥混凝土路面工程"。在编制过程中有两种意见:一种意见是适用于高等级公路(如广东);另一种意见适用于三级以上公路。实际上,我国期待滑模技术成为高等级公路可以依托的施工技术。但在发达国家,不少等外和乡村公路也采用小型滑模摊铺机施工。因此,以不提公路等级为好。编制中的质量技术指标评价只涉及到三级公路,三级以下公路可参照三级公路执行。

1.0.3 原材料选用原则

水泥混凝土路面以往的施工规范着重地强调了就地取材、经济合理的原则,本规程则着重强调原材料的质量品质、技术指标及其稳定性。编写为"应在确保水泥混凝土路面工程质量的前提下,因地制宜地选择路用品质优良的水泥,技术指标合格、稳定的砂石材料及其他材料。"首先,贯彻质量第一的原则,其次,才是就近取材和经济性,这意味着材料选择指导思想的变化。实际工程应用这个原则时,可能会遇到远运原材料,增加费用等一系列问题。尽管如此,从保障水泥混凝土路面设计使用寿命30年来看,依然应该将大宗原材料质量放在首要地位,应该明确的是原材料质量包含着工程的长远经济性。

1.0.4 技术内容

本规程限定的适用工程范围:"水泥混凝土路面、路缘石、钢筋混凝土中小桥桥面、桥头搭板、通道及涵洞盖板的滑模摊铺机械施工、质量管理与验收的标准。"大桥和特大桥的桥面连续铺装、滑模施工护栏等均有相当规模的施工实践,但欠成熟,本规程暂不编入,待修订时再增补。

1.0.5 施工组织

编写施工组织和工艺流程的要求。

1.0.6 相关规范

阐述与相关规范的关系。"水泥混凝土路面滑模施工除应符合本规程的规定外,尚应符合国家颁布的现行有关标准、规范、规程的规定。"具体相关规范按现行编制要求不列举。

2　术语、符号

2.1　术语

2.1.1～2.1.8　本规程条文中已作规定的或意义明确勿需解释的术语未列出。列举了滑模水泥混凝土、水泥混凝土路面滑模施工、振动黏度系数、工作性、可滑性、基准水泥混凝土、超量取代法、超量取代系数等关键术语。

2.1.9　填缝料形状系数为填缝时应控制的接缝深度和宽度之比。这个术语概念是从国外引进的。如果填缝料不控制形状系数，从填缝料所受的拉应变来讲，势必在过深部位先拉裂、过浅部位会被尖锐硬物切断而提前失效。严格讲，各级公路路面的填缝均应控制形状系数，方可保证填缝料经久耐用。

2.1.10　接缝钢筋支架的前置法施工是滑模施工特有的，其施工程序为：

(1)预先加工用于定位传力杆的钢筋支架，并将传力杆无沥青涂层的一端焊接在支架上；

(2)摊铺面板至离胀缝位置1～3m时，将支架定位，并锚固(固定)在基层上；

(3)卸混凝土混合料于支架上及周围，经手持振捣棒将传力杆下部振捣密实后，滑模摊铺机铺过(支架)；

(4)路面摊铺后，软嵌胀缝条或待混凝土硬化后，切割缩缝。

2.2　符号

本规程原则上采用正文中使用过的交通行业多数标准、规范所习用的符号、代号，同时符合《符号、代号标准编写规定》(GB 1.5)。

3 施工准备

3.0.1～3.0.3 技术交底、确定施工方案和人员培训

实践证明，施工前，进行详细技术交底、确定施工方案、加强人员培训是必需的。根据各施工单位的施工机械、现场条件，按滑模摊铺混凝土路面施工新工艺流程编制详细的施工组织设计和实施方案。对施工管理人员、试验技术人员和操作技术工人进行滑模摊铺施工的技术培训，规定未经培训的人员不允许单独上岗操作，从实践看是十分必要的。

3.0.4 搅拌站设置

混凝土路面滑模施工搅拌站设置，是施工准备工作的重点。本规程结合工程实践提出了占地、供水、供电、燃料、运输、场地处置等详细的技术指标和要求，特别规定砂石料堆场底部应采用（宜含胶凝材料）底基层、基层或混凝土进行硬化处置10～15cm，上部搭建防雨、防雪、隔晒顶篷的要求。实践证明，这些都是做好混凝土路面滑模施工质量的必要措施，必须防止混凝土原材料在搅拌站发生积水、二次污染和混杂；防止使用淌水、夹雪、局部温度过高或表面尘土污染的砂石料配制混凝土，它将严重影响新拌混凝土的匀质性和弯拉强度。例如，装载机铲运刚淋过雨正在淌水的砂石料，在正常的拌和制度下，首先，存在非吸附的自由水，根本无法测准砂石料含水量，搅拌加水量会失控；其次，表面厚吸附水膜中拌和不进水泥，或因吸水率过高，在摊铺机超高频振动下，会产生板底大量流浆现象，严重影响混凝土的弯拉强度。对比国外滑模摊铺混凝土砂石料采用与水泥一样的罐装措施，国内沥青混凝土路面施工规范有相同的要求。有鉴于此，有必要严格规定，确保混凝土原材料质量。

搅拌楼清洗废水的回收、澄清和利用，在我国环境保护要求越来越高的情况下，逐渐会提上议事日程。在北美和欧洲国家，所有混凝土搅拌楼清洗废水均要求必须加以回收、澄清，再拌和混凝土，不允许排入江河湖泊，也不允许建渗水坑，污染地下水。我国进口的发达国家的大部分搅拌楼均有此设备，而我国施工单位经常不予采购，实际上，这点钱是值得花的。

3.0.5 运输道路

实践证明，道路不平整会增大混凝土的离析程度和延长运输时间。施工运输车辆行驶在已完工的基层上，若不采取适当分流措施，将会碾坏基层。

3.0.6 现场试验室

规定每个进行混凝土路面滑模施工的工地应建立对原材料、新拌混凝土、混凝土路面检测设备齐全的现场试验室，混凝土试验全部采用标准条件，这对防止和及时发现弯拉强度不足等问题，保证施工质量是必不可少的。

3.0.7 原材料进场要求

规定设置磅站称量原材料，将使施工单位有效地实现对工程投资的控制。滑模施工速度快，使用的原材料数量和日供应强度很大。在我国的实践中，几乎所有滑模工地都发生过由于水泥或粉煤灰供应中断而不得不停工的现象，保证工地储备不多的原材料的及时供应、准确计量、验收、储备和保管，对保证工期，提高工效，充分发挥滑模摊铺技术强大的高速生产能力，提高施工单位的施工经济效益，意义重大。

3.0.8 施工机械

混凝土路面滑模施工的设备必须成龙配套，并始终处于良好的可施工状态。做好机械设备的检查、调试、标定、维修和保养十分重要。进口滑模摊铺机（以下简称摊铺机）应特别注意做好易损配件的储备，发生问题再从国外买进，工期将不允许，一般的经验是摊铺机振捣棒施工20km左右的高速公路，大部分将被磨坏，需要更换。

3.0.9 复桩

正确的测量放样是所有路面施工必须的，一是复测基层控制桩，二是恢复基层丢失的路面桩。并满

足相应公路等级混凝土路面施工测设和几何尺寸等质量控制的要求。

3.0.10 摊铺位置

指出确定摊铺平面位置的原则，保证履带行进位置的坚实度。目前摊铺机的摊铺宽度不可能达到所有路面全宽度施工的要求，摊铺机转移工点不易，分缝和施工顺序安排要慎重研究确定。

3.0.11 桥面或高架桥部位的铺装

规定桥面铺装的施工程序和履带位置的加固措施。这是能够进行桥面滑模铺装的基本前提。

3.0.12 硬路肩与路缘石

硬路肩与路缘石施工准备的要求。

3.0.13 通信调度

施工经验表明，缺乏有效的无线通信联络，将使施工各环节配合失调甚至使指挥系统失灵，将严重影响大型机械化滑模施工的速度和效率。

4 基层

4.0.1 一般规定

基层施工方式与质量必须符合有关规范的要求,方可开始面层施工。

4.0.2 基层技术要求

(1)基层宽度:为保证摊铺机施工作业,根据基准线和摊铺机履带行走宽度,规定基层宽度比混凝土板每侧宽出65~80cm或与路基同宽,中央分隔带底基层应连通。《公路水泥混凝土路面设计规范》(JTJ 012)中规定宽出50~60cm,从目前使用的大中型摊铺机来看宽度不足。除了履带行走宽度,还有架设基准线的宽度。不宜将基准线桩钉在松软路堤的斜坡上,基准线钉桩宽度一般需要1m左右。但是,不能由于钉桩宽度不足而增大路基宽度,大大增加路基工程量。钉桩宽度不足,应采用加长钢桩等措施克服。本规范未作限定。

(2)基层要求:根据水泥混凝土路面工程使用经验,特别强调半刚性基层的耐冲刷性、防渗性和粒料基层、透水基层的稳固性、透水性。

(3)基层防裂和裂缝处置:要求半刚性基层变形较小;当基层开裂时,应采取有效措施防止施工初期路面断板。具体做法可以用热沥青粘贴不小于1m宽度的油毛毡或土工布。水泥混凝土路面由于基层或路基断裂而引发断板,也属于反射裂缝性质,一般反映在施工早期,混凝土路面强度尚未达到足以抵抗断裂的程度,加上路面并非全断面铺满,温差造成的裂缝宽度的变化将产生横向传递,拉裂铺好的路面板。实践证明,粘贴油毛毡或土工布是减少施工早期断板的有效措施。另外一种使用过的方法是对应基层裂缝提前软切缝,也能够有效地防止混凝土路面反射裂缝,但这样做会带来路面板缩缝间距的调整和变化,短板应力小,长板应力大,各自的使用寿命不同,因此,除非不得已,不宜采用此方法。

(4)基层养生和防护:可在半刚性基层上采用各地已经成功使用的洒透层油或沥青封层的做法。首先,在施工期间,对半刚性基层进行了有效的保护;在使用过程中,对路基和基层进行了有效的防水防渗保护,有利于路基和基层的稳定,同时,减小基层和路面之间的摩阻力,有利于防止断板。

(5)对基层路拱、纵坡和高程的要求:如果基层路拱、纵坡和高程不符合要求,局部板厚、边缘板厚将大受影响,无法满足等厚度面板要求,面板的应力状态和使用年限就有较大差别。

(6)工作面要求:保证提供滑模摊铺机连续施工10d以上并检验合格的基层场面对于快速滑模施工是必要的。基层的生产能力和施工速度必须快于路面滑模施工的速度,若配合不好,会造成路面停工等窝工现象。另一方面,面层摊铺之前,基层必须合格,要求取得7d浸水抗压强度,交验基层有个过程,10d是合适的。其次,在基层强度不足时施工路面,滑模摊铺机履带会碾坏基层,应加以防止。

4.0.3 基层类型

用于混凝土路面的水泥稳定基层水泥用量不小于4%,在国内外的研究中已有定论。我国仍有不少高速公路基层使用3%的水泥用量。在《公路路面基层施工技术规范》(JTJ 034)中已明确规定高等级公路上基层不得使用石灰土,但仍然有采用的,特此强调。在二、三、四级公路上,我国不少地方采用"一白两黑"(中间是水泥混凝土路面,两侧路肩是很薄的沥青表处或沥青贯入式)的横断面结构,调查证明,这种渗透水的"蓄水槽"结构的混凝土路面损坏最快、断板最多、破坏最严重。应采取边沟和垫层排水措施加以改善,否则,不应使用。粒料基层具有良好的渗透排水性和扩散裂缝的作用,按《公路路面基层施工技术规范》(JTJ 034)规定可用于各级公路,但要求足够的压实度,防止履带打滑、啃破基层。我国有50cm厚粒料基层上的水泥混凝土路面使用40年以上的良好记录,是重要而有效的水泥混凝土路面基层结构类型。

4.0.4 旧沥青路面上加铺

旧沥青路面上水泥混凝土加铺层工程为数不少,而且会越来越多。不少地方将状态相当好的旧沥青路面刨掉重铺基层和新路面，不仅浪费资源，而且，新建路面结构层性能不及已经沉降稳定的老路面上加铺层，同时，老路面材料不加利用将无处堆放，造成较多的环境和公路两侧污染，社会影响也不好。《公路水泥混凝土路面设计规范》(JTJ 012)对旧沥青路面加铺层叙述较少，本规程按旧沥青路面承载力、强度和质量状态良好、中、差分别采取不同措施加铺。该写法与沥青路面施工规范相同。热天施工加铺层时，为保证加铺层水泥混凝土路面质量，参照美国 ACPA 的水泥罩面工程指南，要求采取在旧沥青路面上喷熟石灰浆或喷水降温措施，使水泥混凝土板底失水和凝结不致过快而形成板底开裂。

4.0.5 旧水泥混凝土路面上加铺

我国在旧水泥路面上加铺层的施工要求，在《公路水泥混凝土路面设计规范》(JTJ 012)中第9章有详细阐述，本规程笼统写，强调按路况调查结果采用结合式、直接式和分离式加铺层形式，强调旧路面板块修复稳固、接缝填封、表面清理或处置。

高速公路、一级公路路面的直接式和分离式加铺层，参照美国 ACPA 的水泥罩面工程指南规定其接缝与旧路面接缝前错 50～80cm，是为了在定向行驶的车轮作用下，使前后两块旧水泥混凝土路面板同时受力，改善应力状态和保证接缝的荷载传递。一般公路车辆走向交错，加铺层接缝宜与老路面对齐，与设计规范相同。

旧水泥混凝土路面的纵横坡采用适宜材料或混凝土调坡调拱后，应等厚滑模摊铺混凝土面层。加铺层调坡在摊铺机给定的最大厚度范围(≤45cm)内，可一次摊铺。但是，为了保持路面板的应力状态符合层状体系结构计算结果和保持面板厚度不致相差过大，规定等厚摊铺面层。只有在原有路面横坡偏大，即路拱中间面板薄(不小于设计板厚)两侧面板厚时，方可采用不等厚摊铺，做成受力状态良好的拱形加铺层。

5 原材料和配合比

5.1 原材料技术要求

5.1.1 水泥

1 抗折强度、窑形、R 型水泥

本规程对水泥抗折强度和标号的写法,比现行设计规范要细致,见表 5.1.1-1。特别强调,无论水泥标号多少,均应以其实测水泥抗折强度为准来选择和使用。首先是现行设计规范中所规定的标号由抗压强度确定,经常并不完全代表水泥的抗折强度,而混凝土路面的第一力学指标是其弯拉强度。例如,425 号普通水泥,有的抗折强度高达 8MPa,可否在高等级公路上使用? 其次,目前滑模摊铺水泥混凝土的水灰比在 0.35 ~0.46 之间,经常使用的是0.42 ~0.44 的水灰比,与水泥标准软练砂浆的水灰比基本一致,此时,水泥的抗折强度是混凝土弯拉强度不可逾越的上限。水泥的抗折强度不高,即使抗压强度和标号满足设计规范的要求,也可能做不到设计加施工保证率所要求的试配混凝土弯拉强度大于等于5.5 ~5.75MPa 的要求。

关于水泥的抗折强度,本规程在编写过程中使用的是 1992 年国家标准,1999 年底,中国建筑材料科学研究院编制,国家质量技术监督局发布了向 ISO 国际标准靠拢的新标准(过渡期 1 年)。新标准有如下重要改变:

(1)水泥胶砂水灰比由原来的 0.44 ~0.46 增大到 0.50。

(2)水泥胶砂用标准砂改变,由过去基本是单一粒径改变为级配石英砂。

(3)对水泥胶砂搅拌、振动成形机具及模具进行了修改。

我们关心的是水泥标准变化后对水泥的抗折强度影响有多大,本规程表 5.1.1-1 中给出的路面用水泥抗折强度是否合适,编者使用中国建材研究院《ISO 水泥胶砂强度检验方法宣贯技术资料汇编》中所做的新老标准对比试验结果,进行了 44 组 28d 抗折强度数据的统计分析,统计分析表明,尽管新标准使水泥的抗压强度降低约 9.7MPa 左右,水泥的标号将全部降低一级,525 号降低为 425 号,425 号降低为 325 号,但抗折强度降低较小,新老标准的平均抗折强度仅相差 0.22 ~0.33MPa,因此,维持表5.1.1-1中第二栏对水泥抗折强度要求不变,这将意味着抗折强度无形中提高了 0.22 ~0.33MPa,特重交通为7.72 ~7.73MPa;重交通为7.22 ~7.33MPa,中、轻交通为 6.72 ~6.83MPa。该表中第三、四栏完全按新标准要求。从我国正在建设和已经建成的高等级公路水泥混凝土路面来看,所用的水泥抗折强度基本都大于 8.0MPa,同时,在本规程征求意见过程中,有几个省区提出应将高速公路、一级公路水泥混凝土路面用水泥的抗折强度规定为不小于 8.0MPa。证明本规程对路面水泥抗折强度要求,按新标准执行时,在实践中仍然可行。

对特重和重交通水泥混凝土路面上特别规定应采用旋窑水泥,二、三级公路宜采用旋窑水泥。主要理由是立窑水泥的游离氧化钙和氧化镁含量较高,水泥性能稳定性较差。立窑水泥在烧成过程中,窑中间和边缘、上部与下部的烧成温度不同。

研究表明,即使安定性合格的水泥,水泥中的游离氧化钙和氧化镁含量对路面混凝土的耐动载交通条件下的疲劳循环周次有 3 ~5 倍的影响,构成影响混凝土路面使用寿命能否达到30 年的关键因素。因此规定用于特重和重交通路面的水泥,f-CaO≤1.0% ,MgO≤5.0% 。对此,要充分认识和理解静载结构与动载混凝土路面及钢筋混凝土桥梁对水泥要求的实质性差别。对水泥的安定性,本规程首次提出高速公路、一级公路要用雷氏夹进行检验,它不仅检验水泥安定与否,通过试验能同时了解水泥的变形和开裂特性。

本规程从防止路面发生温度裂缝出发,规定除冬季施工可采用 R 型水泥外,其他季节宜使用普通型水泥。散装水泥出厂温度无论气温多高,均应限制在 55℃以内。搅拌混凝土时的水泥温度不得大于 50℃。我们在实际工程中热天气温较高的情况下,发现运到搅拌站的水泥温度有时高达 70 ~90℃,再加上使用水化热高的R型快硬早强水泥,R型水泥的铝酸三钙偏高,不仅收缩很大,而且水化热峰值较高,造成了严重的温度裂缝,温度裂缝为板中裂缝,严重时才会上下贯通,反映到表面上,而轻微时是板中发现不了的潜在裂缝,危害很大。规定热天施工应使用普通型水泥,是考虑温度裂缝除了与水泥温度有关外,还与水泥水化发热量有关,亦应进行限制。规定冷天应使用放热大的R型快硬早强水泥,且宜使用水泥用量较大的425号水泥。主要从冬季低温或负温施工,蓄热早强出发,有利于混凝土路面尽早达到抗冻临界强度。

2 路面工程用水泥对混合材料的限制:混凝土路面用水泥要求变形小,耐磨性强,而影响这两项性能的主要因素在于水泥中掺入的混合材料,特别是非活性混合材料影响很大。编者在广东和湖南高速公路水泥路面滑模施工质量相当好的路段上,已经发现个别路段存在大量表面微细收缩裂缝,下雨时会看得很清楚,其原因是水泥变形过大,水泥的变形和耐磨性能取决于掺入了收缩很大、不耐磨的混合材料。所以,本规程增加了对五种混合材料的限制性条款。水泥中掺入的黏土、煤矸石、火山灰将引起混凝土严重收缩和磨损,窑灰是水泥碱度的主要来源,高速公路、一级公路均不得掺入。水泥磨细中加入的生石灰石粉是造成水泥抗盐冻性差的根源,有抗盐冻性要求时,路面用水泥不得掺石灰石粉。

3 水泥化学成分和物理指标:满足公路路面工程使用品质的水泥化学成分、物理性能列入表5.1.1-2中。为了对比现行水泥规范的要求,将路面常用四种水泥的化学成分、物理性能汇总在表5.1中,供业内人士全面了解其性能并与路用品质对比。许多施工单位对于水泥不合格品和废品的技术要求、项目、指标等知之甚少,一般仅对水泥标号有确切的了解。使用了废品水泥都不知道,工程质量和权益自然得不到保障。本规程从水泥的化学品质上,特别对水泥中的游离氧化钙、氧化镁和碱度提出明确要求。这三者不合格,超出过多,水泥混凝土路面即使不行车也会自动崩溃。

表5.1 路面常用水泥的化学成分和物理指标汇总表

水泥性能	道路水泥(GB 13693)	硅酸盐水泥(GB 175)	普通水泥(GB 175)	矿渣水泥(GB 1344)
铝酸三钙	不得大于5.0%#	—	—	—
铁铝酸四钙	不得小于16.0%#	—	—	—
游离氧化钙	旋窑不得大于1.0%# 立窑不得大于1.8%#	—	—	—
氧化镁	不得大于5.0%*	不宜大于5%~6%*	不宜大于5%~6%*	不宜大于5%~6%*
三氧化硫	不得大于3.5%*	不得大于3.5%*	不得大于3.5%*	不得大于4.0%*
碱含量	供需双方商定	双方商定或有活性集料不得大于0.6%	双方商定或有活性集料不得大于0.6%	供需双方商定
混合材种类及掺量	0~10%活性#	Ⅰ不掺#,Ⅱ小于等于5%石灰石粉或矿渣#	6%~15%活性混合材,5%窑灰,小于等于10%非活性混合材	20%~70%矿渣#
烧失量	不得大于3.0%#	Ⅰ≤3.0%# Ⅱ≤3.5%#	不得大于5.0%#	—
细度(80μm)	筛余量#不得大于10%	比表面积#大于300m²/kg	筛余量#不得大于10%	筛余量#不得大于10%
初凝时间 终凝时间	不早于1h* 不迟于10h#	不早于45min* 不迟于390min#	不早于45min* 不迟于10h#	不早于45min* 不迟于10h#
安定性	蒸煮必须合格*	蒸煮必须合格*	蒸煮必须合格*	蒸煮必须合格*
28d干缩率	不得大于0.10%#	—	—	—
耐磨性	不得大于3.6kg/m²	—	—	—

注:①*号项中,任一项不符合标准指标者,为废品。

②#号项中,任一项不符合标准指标者或强度低于商品标号时,为不合格品。

路用水泥中的三氧化硫含量，我国一贯控制较严，在道路水泥、硅酸盐水泥和普通水泥中均为 SO_3 含量不得大于3.5%，矿渣水泥 SO_3 含量不得大于4.0%。水泥学术界对此有不同看法，首先，我国使用的补偿收缩水泥、膨胀水泥及膨胀剂中均靠大量的三氧化硫；其次，我国研制的道路混凝土增折剂主要靠增加三氧化硫成分。迄今为止，没有在实际工程上观察到膨胀剂和增折剂带来的硫酸盐侵蚀问题。同时，三氧化硫是粉煤灰等活性混合材料的激发剂，它的含量偏少，对混合材料发挥活性和增长强度都不利。由此，有专家提出，不用混合材料的混凝土可控制三氧化硫含量小于等于3.5%；水泥或混凝土中使用混合材料，可控制三氧化硫含量小于等于5.0%。按现代混凝土材料科学观点，不用混合材料，对抗碱集料反应等化学侵蚀性是很不利的。尽管如此，在没有更深入的研究以前，本规程维持原有的三氧化硫限制条件。

水泥的碱度，现行标准《硅酸盐水泥和普通硅酸盐水泥》(GB 175)规定由供需双方商定，若使用活性集料，不得大于0.6%。本规程规定"当发现所用的集料有碱活性或怀疑有碱活性时，水泥的碱度不得大于0.6%，"并对怀疑有碱活性的粗细集料进行碱活性集料检验。"无碱活性集料时，水泥的碱度 $NaO_2+0.658K_2O$ 不得大于1.0%。"。这条规定对于我国三北地区使用大量的较高碱水泥建设水泥混凝土路面具有重要意义。碱集料反应中，有碱活性集料是必备条件之一，无碱活性集料，不会发生此反应。国内其他行业如水利工程，40多年来一直遵循此规定，没有在最容易发生碱集料反应的水工混凝土结构上发生此类问题。但目前国际上和国内有的行业限制很严，如民航机场工程，规定水泥碱度不得大于0.6%。我国公路行业根据实际情况，在保证不出现碱集料反应破坏的前提下，宜适当放宽限制。

我国的不少公路混凝土路面工程早期破损严重，除了施工质量而外，与对水泥的路用品质了解不多、重视不够、控制不严有很大关系，特别是高等级公路，这个问题已很严峻，到了非严格加以规范不可的时候。必须明确，不是任何一种水泥或任何规定品种的水泥，都能用来建路架桥的。对比高速公路沥青路面对沥青材料的要求：一般国产沥青不能用，要用重交通道路沥青，目前甚至对进口沥青也要求使用改性沥青。相比之下，我国高速公路对水泥的要求太宽松，这对发展高速公路水泥混凝土路面和保证工程质量十分不利。建设水泥路面应该花大力气研究水泥的路用品质。签订水泥供销合同时，不仅要求总数量和日供应强度，同时应明确签订有关水泥路用品质技术条款，分清法律和经济责任。本规程同时提出了施工单位对水泥技术指标按公路等级划分的检验项目和频率要求。目的是加强现场检验和控制。

4　规定路面工程选用的水泥，各项路用品质必须合格，强调应通过混凝土配合比试验，路面混凝土各项技术指标满足要求方可使用，而且，水泥一旦选定，不得随意变更。

5　本规程规定水泥宜使用散装水泥，在散装水泥和粉煤灰供应不上时，可采用吨包装或大袋装水泥或粉煤灰，但应配备拆包和泵送水泥、粉煤灰的设备。远距离运输，也允许使用吨包装水泥和袋装水泥，但50kg一袋小包装水泥往往因用量过大，实践证明，拆包不及，一般均供不上使用，规定不宜使用。

5.1.2　粉煤灰

1　粉煤灰品级：粉煤灰是一种活性混合材料，掺在路面混凝土中，必须满足两个条件：要求活性高，只能使用I、II级干排灰，只有静电除尘装置中2、3、4级电场的干灰及磨细粉煤灰才符合路面使用要求。III级灰除非经过试验研究，论证可用于水泥混凝土路面，原则上不得使用在混凝土路面工程中。

2　粉煤灰掺量(详细规定在5.2.4条中)：粉煤灰使用在路面混凝土中，基本原则是要保证其全部水化并发挥强度及其他效益。路面混凝土中的掺量不可超过水泥中的混合材加上混凝土掺的粉煤灰总量不大于30%的要求。那种认为粉煤灰作充填料的观点是非常有害的，试问泥土和石粉能否作充填料，为何要限制？这是基于目前研究得到的粉煤灰和水泥体系的胶凝材料理论，粉煤灰水化靠水泥水化后释放出的氢氧化钙，产生二次水化，才能生成具有胶凝性能并提供后期强度的水化硅酸钙和水化铝酸钙。水泥当中能够产生的氢氧化钙是有限的，两者之间必定有一个最大或称最优的配伍关系存在。国内外的研究已经确认，粉煤灰能够全部水化的最大量为纯硅酸盐水泥的28%，超出的部分不仅不会对后期强度有贡献，而且与土和石粉一样有害无益：收缩大、开裂多、易断板。本规程规定最大粉煤灰用量同时应考虑水泥中已掺的混合材料量，两者之和最大不得超过30%。粉煤灰水泥混凝土使用超掺法时胶材总量大于纯水泥混凝土，其变形大，抗裂性较差，早期强度偏低，断板几率大增，养生不佳，影响耐磨性。路面养生条件不比试验室。另外混凝土路面面积大，养生条件相对较差，尽管内部强度较高，但表面易失水干燥，造成耐磨性不足。完全失水干燥的路表面粉煤灰不可能水化，强度和耐磨性必定很差。

规定使用较低的粉煤灰掺量另一理由是充分注意到我国使用最多的是普通水泥，其中在水泥厂已经掺有15%以内的混合材料，这与国外的波特兰（纯熟料）水泥使用高掺量粉煤灰有很大差别。中国建材研究院最近按ISO标准对我国水泥进行的试验表明，我国的525号水泥强度仅相当于国外的42.5MPa水泥，国际上发达国家的波特兰水泥强度一般不小于60MPa，可见，中国水泥的活性和强度与国外有较大差距。因此，在我国公路路面工程上追求高掺量粉煤灰肯定会带来一系列问题。我国已有在普通水泥中掺45%的粉煤灰将一条二级公路路面做坏的实例。高掺量的粉煤灰无论在理论和实践上都存在问题，使用时必须慎重对待。此外，粉煤灰掺量过小（10%以下），粉煤灰提供微珠含量太少，增加和易性、降低碱度、后期强度增长等的作用不显著，而且占用一个水泥罐仓，影响施工效率发挥。滑模施工亦不宜采用过小掺量，实际滑模路面工程使用525号普通水泥时，正常粉煤灰掺量宜在10%～15%以内。

3　粉煤灰的使用：施工经验表明，使用湿粉煤灰时新拌混凝土中会有搅拌不开的粉煤灰小团块，它与泥块和高风化岩石集料一样，严重影响混凝土的强度，并使路面出现许多坑洞，影响行驶质量和路面耐久性，规定禁止使用。使用粉煤灰时，储存、运输等要求与水泥相同，同时，在搅拌楼上需要增加一个罐仓，计量时，先称水泥，然后，累计计量粉煤灰。

在混凝土路面工程中使用粉煤灰的基本原则是扬其长而避其短，首先，必须保证混凝土路面的28d强度要求，而后，利用其长期强度高的特点增加强度储备，延长使用寿命，以保障混凝土路面弯拉强度和耐久性质量为首要目标，不得本末倒置，为了环保和其他要求使用大掺量或高掺量粉煤灰。

5.1.3　粗集料

1　品质要求：本规程表5.1.3-1中对现行设计规范中混凝土路面使用的碎石压碎值进行了修改，设计规范中规定浅成或喷出火成岩的压碎值为21%～30%，施工实践证明，这么大的压碎值肯定达不到混凝土路面最低弯拉强度大于等于4.5MPa或对应的抗压强度大于等于30MPa的要求。在我国高速公路水泥混凝土路面上，显然更难于满足特重和重交通量高速公路、一级公路路面混凝土弯拉强度大于等于5.0MPa，抗压强度大于等于35MPa的要求。编者认为：高速公路、一级公路水泥混凝土路面粗集料，无论哪种岩石集料的压碎值均不得大于20%。

在承受很大破坏力的高等级公路水泥混凝土路面上，实践证明，当集料强度过低，风化程度过大，粗集料本身有微细裂缝时，再多的水泥和再低的水灰比对保障弯拉强度5.0MPa以上均无效，弯曲断裂破坏将首先从粗集料开始。编者1996年在312国道最西端新疆果子沟重山区路段进行二级公路水泥混凝土路面滑模摊铺时，全部果子沟50余公里基本上为石灰岩冲沟，但沟内任何一处的石灰岩无论碎石和砾石，均不能满足水泥混凝土路面4.5MPa的抗折强度要求。从抗折强度试件断口可见，岩石全部断裂，而弯拉强度最高值仅4.3MPa，平均值4.0MPa。仔细观察粗集料石灰岩，其中每块集料都充满微细裂缝，压碎试验得出的压碎值为23.6%。考察当地的气候风化条件，我们了解到，该地夏季山坡阳面太阳直接照射下的岩石表面温度55℃，冬季最低气温－43℃，表面岩石受到的年温差达98℃。岩石受到了强烈的自然风化作用，解理、裂隙和微裂纹强烈发育，满沟的岩石均无法达到制作水泥混凝土路面弯拉强度4.5MPa的要求，不得不在70km以外，赛里木湖边寻找合适的碎石料场，加工并远运粗集料。

鉴于我国高速公路水泥混凝土路面破坏较多，其中粗集料强度指标过低是原因之一，有必要在《公路水泥混凝土路面设计规范》（JTJ 012）中统一规定，提高高等级公路水泥混凝土路面粗集料的强度和降低其压碎值。本规程表5.1.3-1中规定，滑模摊铺水泥混凝土路面碎石、砾石的压碎值均不得大于16%，变质岩或火成岩的最大压碎值不得大于20%。当压碎值不满足此要求时，按试配混凝土弯拉强度试验结果达到相应公路等级的弯拉强度要求与否决定取舍，高速公路、一级公路则应按是否达到试配弯拉强度大于等于5.5MPa而定。

经查证，设计规范压碎值偏大的原因是套用了沥青路面的压碎值表，没有注意到沥青路面的压碎试验吨位比水泥路面大一倍。既然是水泥混凝土路面，压碎值的试验和标准应统一到《公路工程水泥混凝土试验规程》（JTJ 053）上。

高速公路、一级公路可使用砾石和破碎砾石，但应严格控制软弱颗粒含量。国际上使用寿命最长达60~80年的水泥混凝土路面均为砾石混凝土，砾石混凝土独特的优点是耐疲劳循环周次比碎石高2~3倍。在路面5MPa的设计弯拉强度中有2.3MPa是提供抗疲劳的。因此，砾石可用于修筑高速公路和一级公路，但砾石岩石品种较杂，不单一，必须控制软弱颗粒带来的不利影响。

从粗集料粒形考虑，高速公路、一级公路使用的碎石宜采用反击式、冲击式、锤式锥式碎石机生产的规格优良碎石，不宜使用单级颚式破碎机，路面混凝土的针片状含量要少，方正颗粒要多。碎石不应使用风化程度较高的岩石破碎，并不得在雨天生产。风化程度较高的表面附近的岩石，属于软弱颗粒，软弱颗粒在水泥混凝土路面上所起的作用与泥块近似，数年后会留下较多坑洞。所以，粗集料中的软弱颗粒与泥块一样均应严格加以限制。

另外，大量的实验研究表明，集料中的泥土和石粉含量对于混凝土弯拉强度降低较明显，更主要的是干缩大大增加，耐磨性变差，因此，必须严格加以控制。碎石生产中，有泥土和石粉筛分系统，晴天破碎，含泥量和石粉含量均无问题，两者超标的关键是雨天生产，它们粘在碎石上筛不掉所造成的，要控制含泥量和石粉含量就必须限制雨天生产。如果运进搅拌站再来清洗，几十万立方砂石料全部清洗，困难将很大。因此，本规范除了限制粗集料中的泥土含量不大于1%以外，同时限制粒径小于0.15mm的石粉含量不宜大于1%，这是因为石粉中这个粒径以下的细颗粒，其有害作用与土相似，降低混凝土弯拉强度，增大收缩，且降低耐磨性，有必要加以限制；大于此粒径的颗粒则危害很小，量较多时，可折算为用砂量。细石粉含量超过此标准，但不大于2%，且筛除确实有困难者，应根据试配混凝土弯拉强度达标与否决定取舍，可在施工中将水泥用量适当加大到5~10kg/m^3，抵消其有害作用，补偿弯拉强度之不足。这样做的前提是所施工的路面无塑性收缩裂缝及干缩裂缝；有开裂现象者，不得加大水泥用量。细石粉含量超过2%以及细石粉和土含量在集料中富积的（局部可达15%以上），必须坚决予以处理后才能再使用。

2　粗集料级配：本规程比《水泥混凝土路面施工及验收规范》（GBJ 97）中规定的粗集料最大粒径40mm小。规定粗集料碎石、破碎砾石最大粒径不超过30mm，砾石不大于20mm（均为圆孔筛）。理由是有利于得到较高的混凝土弯拉强度；有利于防止混凝土离析和塌边；有利于减少摊铺机部件如振捣棒、螺旋布料器、挤压底板和侧模的磨损；有利于提高混凝土的抗冻性、耐磨性和耐疲劳性。参照国外标准，几乎所有的发达国家在混凝土路面规定的粗集料最大粒径均为方孔筛20~25mm。同时，参照《公路路面基层施工技术规范》（JTJ 034），水泥稳定碎石的最大粒径为方孔筛30mm。没有理由将路面的最大粒径规定的比基层还大。

最大粒径30mm的碎石粗集料的级配要求可采用二级级配集料，当二级石料不符合级配要求时，应当采用三级级配集料。级配良好对于提供足够的嵌锁力，保障弯拉强度及减小混凝土路面变形收缩，改善接缝的使用状况是有益的。表5.1.3-2是按照《公路水泥混凝土路面设计规范》（JTJ 012—94）的要求编写的，实际上，其级配曲线的范围是相当宽松的。施工当中，可参照沥青路面级配要求，适当严格控制混凝土粗集料级配。在设计规范未修订前，暂维持设计规范和本施工规程的一致性。水泥混凝土级配要求比沥青路面宽松。有一种意见认为，水泥水化后是水泥石，水泥石照样提供强度。实际上，粗集料级配不好，对于控制混凝土变形，提高混凝土路面抗裂性，防止断板是相当不利的。

注意到我国各行各业的水泥混凝土粗集料筛分均采用圆孔筛，混凝土路面当然也不例外。而北美和欧盟的标准都是使用方孔筛，我国《公路沥青路面施工技术规范》（JTJ 032）中也规定为方孔筛。碎石厂在生产过程中，多使用方孔筛；砾石厂在边筛分边清洗过程中，多使用圆孔筛。若将方孔筛生产的碎石使用圆孔筛筛分，会发现筛分曲线发生了较大变化，最大粒径30mm就变成了26.5mm左右。圆孔筛与方孔筛的对应关系见表5.2。

表5.2　圆孔筛与方孔筛的对应关系

圆孔筛孔径（mm）	40	30	25	20	16	10	5	2.5
方孔筛孔径（mm）	31.5	26.5	19	16	13.2	9.5	4.75	2.36

在没有圆孔筛的情况下，经建设方批准，允许使用表5.2对应的方孔筛。使用方孔筛时，要注意对应的级配曲线发生了相当大的变化，对此可参考沥青路面施工规范的要求。

5.1.4 细集料

1 品质要求:强调沉积砂、山砂和机制砂应在符合要求的条件下使用。

2 细度和级配:本规范规定滑模混凝土路面用砂适宜的细度模数在2.3~3.2之间。当无法取得中砂和偏细的粗砂时,对细度模数小于2.2的细砂,在采用减水率较大的高效减水剂、较小的砂率的情况下,经混凝土配合比试验研究,混凝土的强度达到设计和施工要求,工作性符合表5.2.1-4要求时,也能够滑模摊铺。但试验表明,细砂混凝土表面砂浆的抗磨性较差,所以,除非没有可替代的砂,不宜使用。实践证明,当砂粒过粗,细度模数达3.3以上时,除了路表面会严重泌水外,表面过于粗糙,很难做到规定的路面平整度和抗滑构造,不宜使用。

5.1.5 碱集料反应控制

粗细集料当怀疑有碱活性集料,或夹杂有碱活性集料时,应进行碱集料反应检验,确认无碱集料反应后,方可使用。这是防止因混凝土路面碱集料反应而膨胀酥化破坏所采取的必要措施。

5.1.6 水

关于混凝土搅拌和养生用水规定的五项技术要求,编者曾进行过校核试验,证明了这些规定的正确有效性。实际上,由于水泥本身的pH值很高,为13~14,一般的中、弱酸和盐类对水泥水化凝结时间和弯拉强度等的影响均不大。对化学有害杂质的规定主要是从耐久性要求提出的限制,其中,油污和海水不利影响较大,限制也应更严格。

5.1.7 外加剂

1 外加剂的质量等级:鉴于混凝土路面工程的重要性,本规程规定外加剂的产品质量应达到一等品的要求。连一般公路路面都不允许使用合格品,似乎要求偏严,其实不然,即使一般公路,当设计弯拉强度4.5MPa,达到配制弯拉强度5.0MPa以上时,对应的抗压强度至少为C30~C35级,而高速公路和一级公路,当设计弯拉强度5.0MPa,加上施工保证率达到5.50~5.75MPa,对应的抗压强度为C35~C40级,均已达到较高标号的混凝土要求。另一方面,目前国内外加剂市场相当混乱,假冒伪劣产品较多,规定严些对保证水泥混凝土路面和桥面摊铺质量有利。

2 滑模摊铺混凝土路面规定应使用引气剂。引气剂不仅引气而且具有普通减水剂的减水率,它可增大新拌混凝土的黏聚性,防止泌水离析,首先提高了混凝土的匀质性;引气剂所引含气量增大了混凝土中水泥浆的体积,使滑模摊铺出的路面光滑密实、平整度高、外观规矩;适宜含气量的引气混凝土,弯拉强度提高10%~15%,降低了抗弯弹性模量,减小了干缩和温缩变形,提高了抗冻性和抗渗性,缓解了碱集料反应和化学侵蚀膨胀,改善了路面混凝土的耐候性,增强了耐久性。所以在滑模摊铺混凝土路面中应使用引气剂,其他外加剂视工程的需要选用。规定在路面混凝土中使用引气剂的要求与国际上发达国家的要求一致,是与国际标准接轨的。

3 引气剂要求:应选用表面张力降低值大、起泡容量多而细密、泡沫稳定时间长、不溶残渣少的引气剂品种。建议引气剂质量检验的摇泡试验不应采用简单清水或蒸馏水摇泡方法,而推荐在水泥浆条件下摇泡。这是因为我们已经发现,不同的引气剂在水泥稀浆和水中气泡的产率、细密度和稳定性差别较大,有时会产生误判。当然水泥稀浆比水中更符合混凝土中的真实情况。

引气剂的适宜掺量应通过搅拌机口的拌合物含气量测定进行控制(见5.2.2条第2款)。国内外所有行业混凝土含气量均以此为控制基准。水泥混凝土路面在滑模施工中,由于运距较远,运输过程中含气量有较大损失,加上滑模摊铺机上使用的是超高频振捣棒,摊铺中含气量损失也较大,所以就有一个问题,损失后的含气量对抗冻性而言是否足够。真正能够提供抗冻性的关键在于混凝土振捣后稳定下来的用显微镜测得的气泡平均间距系数,一般满足抗冻性要求的气泡平均间距系数应为200~250μm,同时还与气泡平均直径和气泡级配有关。根据路面施工含气量损失较大的特点,建议在测定含气量时,将原来规定的分两层装料分别在振动台上振捣25s,总振捣时间50s,延长为各振捣35s,总振捣时间延长到70s来控制和模拟含气量损失大的情况。含气量测量控制应采用对搅拌机口的拌合物的含气量进行测定的方法。

中国土木工程学会混凝土耐久性委员会有专家向编者提议,公路水泥混凝土路面在有抗冰(盐)冻要求的寒冷及严寒地区,应与水工规范一样规定抗冻标号,而且必须要求做抗冻性试验。本规程规定,对有抗冰冻、抗盐冻要求的高速公路、一级公路,宜做冻融循环试验(冻融循环次数不少于200次),但仍未规定抗冻标号。最主要的问题是抗冻标号试验是在水饱和情况下得出的,与水工混凝土挡水结构不同的是,路面上不可能达到水饱和,也就是说,目前无论快冻法和慢冻法的试验方法和结果到底对混凝土路面而言有多强的代表性及普遍意义还不得而知,路面毕竟与水中的桥墩、桥台所处的环境有很大不同。这些水中结构按现行水工的试验方法做抗冻标号试验是可行的,而路面用相同的水饱和试验做出的结果可行性如何是值得商榷的。其次,目前本规程规定的混凝土加引气剂控制适宜含气量的方法,是国内外半个世纪以上的实践已经反复证明了的,可以有效地控制路面混凝土的盐冻和冰冻破坏。再者,抗冻标号不足,仍然要返回到含气量控制上来。

试验研究表明,掺粉煤灰的混凝土,由于粉煤灰中碳的强吸附作用,引气剂掺量加倍,方可达到不掺粉煤灰混凝土的含气量,这在有抗冻要求的混凝土路面中特别重要,应给予足够的重视。水泥中混合材料含量越高,达到相同混凝土含气量的引气剂掺量增加得越多。

4 现行《混凝土外加剂应用技术规范》(GBJ 119)正在修订当中,其中某些条款已经过时。《公路工程水泥混凝土外加剂与掺合料应用技术指南》正在编制。更重要的是,即使符合《混凝土外加剂》(GB 8076)一等品的减水剂,针对工程所使用的某种非基准水泥而言,照样存在化学成分定性和剂量定量的不适应问题。目前已经知道,所有的普通减水剂,如木钙、木镁、木钠、糖蜜、糖钙等对水泥所使用的石膏调凝剂中的无水石膏、硬石膏、萤石膏、镁石膏、工业石膏渣、半水石膏(水泥磨机温度较高时,会使二水石膏脱水为半水石膏)基本上均存在化学上的不适应问题,使用后不是减少单位用水量,而是增加了用水量。其次,剂量适应性则主要取决于铝酸三钙的含量大小,铝酸三钙越高外加剂剂量适应性越差。不同产地的水泥中铝酸三钙含量差别较大(与检验产品所用的基准水泥不同),由于其强大的吸附能力,对几乎所有的(高效)减水剂都存在剂量不适应问题。本规程特别规定了滑模施工混凝土路面工程进行外加剂化学定性检验,实测出所用水泥在混凝土中的减水率与减水剂的最优掺量,并按最优掺量使用的要求。这是使用好减水剂的重要保证。

5.1.8 养生剂

在本规程编制中,难点最大的是养生剂,原因之一是国内没有一个国家和行业的混凝土养生剂产品或应用标准,国外的资料也较少,而混凝土路面的滑模快速机械施工又非用不可。原因之二是混凝土路面上,在喷养生剂前,已经做了粗细两级抗滑构造,表面粗糙度比其他混凝土结构光滑的表面大得多,而混凝土路面对养生剂的性能和保水效果的要求又很高。

混凝土路面使用养生剂是基于这样的共识:混凝土中的拌和用水量除了提供水泥水化反应外,只要水分不损失,足以保证养生的需要。由此看来保水率是养生剂的首要技术指标。其次,使用养生剂的另一好处是能够大大延长养生时间,只要没有开放交通,养生剂未被磨掉,路面始终处于养生当中,不受撤除养生的时间限制。

本规程在编写中只提出了对养生性能的定性要求,建议的养生剂具体参考技术要求见表5.3。表中除保水率、抗压强度保持率和相对磨损率参照美国ASTM试验标准外,弯拉强度保持率、表面硬度比、含固量、耐水冲刷性、储存稳定性和干燥时间,均为编者依据路面工程的使用要求首次提出。能否作为混凝土路面养生剂产品质量的检验,需要通过实践验证和专家们的认可。为慎重起见,将表5.3暂列在条文说明中,供参考。

表5.3 水泥混凝土路面养生剂的参考技术要求

项 目	技术指标	试验条件
保水率(%)	>90	标准配合比 $W/C=0.45$,$C=350$,$D_m=20mm$,$S_p=32\%$,养生温度38±1℃,相对湿度32%±2%,72h,试件尺寸15cm×30cm×5cm,不养生的总失水量与涂规定厚度(250ml/m²)养生剂失水量之差除以总失水量的百分数
强度保持率(%)	弯拉强度 大于等于95 抗压强度 大于等于95	试件尺寸10cm×10cm×40cm,养生3d;试件尺寸15cm×15cm×15cm,养生条件同上;涂养生剂试件与完全不失水试件强度之比

续上表

项　目	技术指标	试验条件
表面硬度比(%)	≥95	试验条件同上,试件尺寸15cm×15cm×15cm,使用养生剂表面和完全不失水表面维氏硬度之比
相对磨损率(%)	≥95	试验条件同上,试件尺寸15cm×15cm×15cm,使用养生剂表面磨损率和完全不失水表面磨损率相减再相除
含固率(%)	≥40	养生剂烘干质量与液体质量之比
耐水冲刷性	微量	养生剂烘干后,浸水2h,不得再溶解,抗雨水冲刷
储存稳定性	不得结皮沉淀	产品使用和天然储存6个月后,不得结皮沉淀
干燥时间	2~4h	在气温23±2℃,相对湿度50%±10%,风速3m/s条件下

注:保水率、弯拉强度保持率、相对磨损率试验方法参照美国ASTM试验标准和有关文献。其他指标为编者提出。

特别重要的是弯拉强度保持率、表面硬度比、耐水冲刷性。无论抗压强度如何,路面弯拉强度必须达到养生所要求的增长率和保持率;表面硬度比代表了使用养生剂措施后,表面的失水状况和耐磨性高低;耐水冲刷性亦相当重要,在喷完养生剂到开放交通漫长的养生时间中,路面不可能不淋雨。已经在实际工程中发现,某些聚合物单体乳化的易溶型养生剂,在下雨后,全部被雨水冲刷掉,这就意味着雨水一旦冲刷路表面,路面将完全丧失养生(需要连续浇筑的大体积混凝土结构反而要求养生剂容易被水冲刷)。而大规模路面工程全线补喷养生剂几乎是不可能的。所以,规定不宜在水泥混凝土路面中使用,那怕养生剂不具备表面耐磨增强效果,也必须有耐雨水冲刷性的要求。

国内养生剂的化学品种主要有水玻璃基、石蜡基和聚合物单体树脂基三大类。经试验和工程使用证明,乳化石蜡养生剂保水率最高为70%~85%,但不耐磨;聚合物单体树脂基保水率居中,缺点是易被雨水冲掉;水玻璃基养生剂保水率仅60%左右,但具有表面快速硬化,增强耐磨性的特点,属于耐磨型养生剂,适用于多次喷洒中的头一遍表面喷洒,以提高耐磨性。

另一方面,目前提出的技术指标,根据交通部公路工程检测中心所检验过的国内所有养生剂的保水率来看,当养生剂的喷洒剂量为200ml/m^{2}时,全部达不到保水率大于等于90%的要求(美国ASTM和欧盟国家的要求),仅从我国的养生剂产品检验来看,指标是偏高的。我们为了加强混凝土路面养生质量,亦不能迁就现有产品的低标准。针对现状,本规程规定了加厚剂量喷洒养生剂、喷两种双层养生剂和喷一层再覆盖塑料薄膜的双层养生措施,这类方法,国外也有不少国家在实际工程中采用。其试验基础是当养生剂的喷洒剂量提高到250ml/m^{2}时,大多数养生达到或接近保水率大于等于90%的要求。

5.1.9　钢筋

重点强调传力杆钢筋的现场加工并必须是圆截面。由于传力杆在路面使用过程中,是要随着接缝的开合而抽动的,挤压切割的非圆截面会损坏接缝两侧的混凝土。

5.1.10　接缝材料

《公路水泥混凝土路面接缝材料》(JT/T 203)虽颁布执行时间不长,但其规定的填缝材料的种类和性能仍落后于施工实践中已经使用的接缝材料。在常温施工的填缝料技术要求中除了列出《公路水泥混凝土路面接缝材料》(JT/T 203)的技术要求外,亦列出了实际高速公路工程已经采用的更高技术要求的填缝材料的技术指标,供参考。泡沫橡胶胀缝板从实测数据来看,在塑料泡沫板规定的指标范围内,归为一类。泡沫橡胶胀缝板是目前性能和使用效果较理想的高速公路胀缝板材料。

经编者对缩缝张开变形量的研究计算,本规程将加热施工式填缝料中的低弹性型的低温拉伸率(表5.1.10-3)由大于5mm提高到大于10mm,否则,肯定会拉裂。另外,参照美国ACPA的接缝技术指南,增加了灌缝背衬条性能要求。在填缝中控制填缝槽的形状系数在2~4之间和适宜深度2~3cm,见7.11.2条第(3)项的规定。

增加了《公路水泥混凝土路面接缝材料》(JT/T 203)中没有的但工程中大量使用的橡胶填缝条胶料的技术要求,用于胀缝的多孔橡胶预制嵌缝条,鱼刺形、多孔形缩缝预制橡胶制品胶料的质量控制,同时增加了胶条黏结剂的规定。实践证明,无论胀缝或缩缝使用预制橡胶嵌缝条制品,在使用中连泥带水插入接缝是不行的,须知锯缝泥浆中有水泥是要固化结硬的,泥浆块将胶条与缝壁隔开,是无法达到预期的密封效果的。因此,使用嵌缝条也必须与灌缝一样进行清缝,而且必须在干燥状态下使用黏结剂进行牢固黏结。详见7.11.3条规定。

5.2 配合比设计

5.2.1 基本要求

在配合比设计四项基本要求中,突出了滑模混凝土是高品质的精细混凝土路面材料,保证滑模施工的最佳工作性及其稳定性和可滑性是其独特工艺要求。这就要求严格的配合比设计和科学的试验程序,同时,也反映在原材料的严格要求和对搅拌设备及其计量精度严格的技术要求上。

1 弯拉强度

本规程表5.2.1-1在《公路水泥混凝土路面设计规范》(JTJ 012)基础上补充了超轴载严重的特重交通的特殊路段,允许使用设计弯拉强度5.5MPa,如(北)京大(同)高速公路。这时,弯拉强度的最小值为5.0MPa,施工配制弯拉强度6.3MPa,实际做到的路面混凝土钻芯弯拉强度平均值为6.5MPa。在使用高效减水剂和高活性混合材料的条件下,做到设计弯拉强度6.0MPa以上的高强混凝土并使用于路面,已经没有困难。

2 工作性

滑模摊铺混凝土要保证作业一遍满足所有技术要求,其前提是可施工性要好,也就是摊铺机能够"滑"得起来。这是滑模混凝土区别于其他混凝土的重要特点。那么,对滑模混凝土工作性有两项要求:一是保证新拌混凝土排气密实的振动黏度系数要适宜,并应与摊铺速度和振捣频率形成最佳匹配,注意表5.2.1-4中的振动黏度系数最佳工作性范围是在施工速度1~2m/min,振捣频率6 000~10 000r/min时,路面易于振捣密实的数据,而不是产生蜂窝、麻面和拉裂时的。二是摊铺机施工后,表面砂浆厚度4mm左右,路表面砂浆不形成厚层,边缘稳定,不溜角塌边。最佳坍落度规定值定在不分层溜肩上,不是发生塌边的数据。这是"八五"攻关研究振动黏度理论和实际应用的主要成果之一。规定"正常摊铺时,混凝土拌合物应稳定在最佳工作性范围内。"

3 耐久性

(1)按路面无抗冻、有抗冻和有抗盐冻三种使用环境要求规定了混凝土含气量。上述三种混凝土的含气量依次增大。含气量应达到本规程表5.2.1-5的推荐值。该表引自编者汇总的表5.4,可以看到本规程的规定基本上是和各发达国家的先进标准接轨的。与国内其他土木工程行业只在有抗冻要求时使用引气剂相比,本规程使用了扩展耐久性概念——耐候性,规定所有混凝土路面无论有无抗冻要求都应使用引气剂,并达到各自的规定含气量。对于混凝土路面这种大面积体积比且暴露于野外的混凝土薄壁结构,改善耐候性,减小温、湿度翘曲变形、应力和冻坏是相当重要的。几十年使用下来,混凝土路面板所产生的温度爬行和翘曲变形量是相当大的。空军某机场,使用40年后,混凝土板的水平爬行错位有35cm之多,22cm厚4m见方混凝土板的自重翘曲变形量达6cm之大,由于没有荷载作用,板仍未断裂,但看上去几乎是个锅底。

表5.4 各国路面混凝土适宜含气量推荐值(%)

最大粒径(mm)	美国 ACI	英国 CP	德国 DIN①	日本土木学会②	中国外加剂规范	路面无抗冻性要求	路面有抗冻性要求	路面有抗盐冻要求
15	7.0	6.0	≥4.0	6.0	6.0	5±1	6±1	7±0.5
20	6.0	5.0		5.0	5.5	4±1	5.5±1	6.5±0.5
25	5.0			4.5	5.0	4.5±1	5±1	6±0.5
30			≥3.5			3±1	4.5±1	5±0.5
40	4.5	4.0	≥3.0	3.5	4.5	2±1	4±1	4.5±0.5

注:①德国DIN集料最大粒径分别为16、32、64mm。

②日本土木学会含气量3.5%对应的最大粒径为50mm。

《公路养护技术规范》(JTJ 073)在高速公路路面的防冻、防滑方面,规定可使用除冰盐、融雪剂。按照国家建材总局和黑龙江省交通厅最新"九五"攻关项目对混凝土路面抗盐冻性研究表明,除冰盐破坏比冰冻破坏快10倍左右，表面砂浆脱皮可发生在冬季的前2~3个月内，成为我国北方地区混凝土耐久性的头号问题。按吴中伟院士的意见，目前抗盐冻采用的措施主要是使用优质引气剂并将含气量增大到6%左右，根据此意见在正文表5.2.1-5中增加了混凝土路面有抗盐冻要求栏目，平均含气量在冰冻基础上增加1%，并提高了含气量误差要求为(±0.5%)。

(2)提出了满足耐久性要求的混凝土和粉煤灰水泥混凝土最大水灰比和最小水泥用量的限制。高速公路、一级公路水灰比不大于0.44；二、三级公路水灰比不大于0.48。有抗冰冻要求时的高速公路、一级公路不宜大于0.42，有抗盐冻要求时的高速公路、一级公路不宜大于0.40，有抗冻(盐)要求的二、三级公路不宜大于0.44。提高了有抗冻要求混凝土路面的525号水泥最小水泥用量：由不应小于300kg/m^{3}提高到320kg/m^3；掺用粉煤灰时，最小水泥用量由不应小于250kg/m^{3}提高到270kg/m^3。这个条款显然对有抗冻要求的混凝土路面是必需的。《水泥混凝土路面施工及验收规范》(GBJ 97—87)中规定：冰冻地区冬季施工水灰比不应大于0.45，应予以修正。一是冰冻地区非冬季施工并没有水灰比限制，可用任意的水灰比。二是不加引气剂，实践证明即使水灰比小于0.45或更低，对抵抗冻害也无济于事，高寒地区的混凝土路面在一个冬季后，水分渗透饱和部位表面砂浆就会脱皮，2~4个冬季将全部冻酥，与碎石路面无异。即使在气候温和的地区，依然有30年的抗风化耐候性问题存在。

5.2.2 外加剂的使用

1 混凝土凝结时间控制要求：规定初凝时间不得小于3h，终凝时间不得大于10h是为了满足弯拉强度、滑模施工可操作性和便于切缝。可通过夏季使用缓凝剂或缓凝减水剂，冬季使用早强剂或防冻剂加以控制。

2 外加剂的正确使用方法：强调由试验确定外加剂掺量，所有外加剂均应以溶液方式加入拌合物中，并应从加水量中扣除溶液中的水量。

3 强调复配外加剂和复合使用外加剂时不发生絮凝和沉淀现象，絮凝会使参与溶液反应的一种或两种外加剂失效，外加剂的作用将相互抵消。规定1~3d应清除外加剂的沉淀物，防止使用外加剂带来的路面混凝土不凝固问题。特别是缓凝型减水剂的沉淀已经造成多起路面不凝固现象，虽然混凝土最终会凝结硬化，但强度已经无法达到设计要求，不得不返工。

5.2.3 确定配合比计算参数

1 水灰比：引用了国家《水泥混凝土路面引导性研究》项目(025课题)提出的水灰比计算公式(5.2.3-1)和(5.2.3-2)，并提出考虑外加剂的减水作用，同时满足耐久性要求，两者中取小值。

我国民航给出的跑道混凝土水灰比计算公式(不区分粗集料种类)如下：

$$\frac{W}{C} = 1.04 - f_c/(1.38f_s) \tag{5.1}$$

空军机场也提出了水灰比计算的两个经验公式：

碎石混凝土：
$$\frac{W}{C} = 0.96 - f_c/(1.26f_s) \tag{5.2}$$

砾石混凝土：
$$\frac{W}{C} = 1.03 - f_c/(1.08f_s) \tag{5.3}$$

上述公式中符号的意义与正文相同。

上述公式均可用于水灰比估算的参考。由于目前所有的水灰比计算公式均未考虑外加剂的减水作用，加上统计数据的来源有限，在滑模混凝土中使用时均具有一定的局限性。最终水灰比须通过有外加剂的混凝土试拌试验，并考虑耐久性要求来确定。目前，各地所使用的滑模混凝土的水灰比范围大致在0.38~0.46之间。

应该注意的是，我国1999年按ISO国际标准对水泥的技术指标做了修订，对于混凝土而言，原有的使用水泥标号和水灰比计算混凝土抗压强度的公式，即

$$R = AR_c(C/W - B) \tag{5.4}$$

式中：R——混凝土抗压强度(MPa)；

R_c——水泥标号；

A、B——统计常系数(碎石混凝土和卵石混凝土不同)。

由于1999国标中水泥标号降低一级,式(5.4)中的A、B系数已经发生了变化,由中国建筑科学院、上海和广东建筑科学研究院三个单位的试验统计结果得出的碎石混凝土A、B由0.48、0.52变为0.568、0.511,卵石混凝土A、B也将发生变化(暂未得出统计常系数)。但是,本规程正文及条文说明中给出的所有用水灰比计算混凝土弯拉强度的公式,与用水泥标号和水灰比计算混凝土抗压强度的公式不同,均采用了水泥的实测抗折强度而不是标号,并不因为1999年新标准水泥标号降低而变化。除混凝土路面以外,以抗压强度为设计指标的公路混凝土结构工程在使用新水泥标号计算水灰比时,应高度重视这种变化。

2 单位水泥用量:给出了多年各地滑模摊铺时的单位水泥用量的范围,525号水泥最小水泥用量不小于320kg/m³,最大水泥用量不大于400kg/m³;使用粉煤灰水泥混凝土最小水泥用量不小于270kg/m³;最大胶材用量不大于420kg/m³;425号水泥对应的水泥用量340~420kg/m³。供施工时参考。

3 砂率:滑模混凝土的最优砂率选择,本规程给出了表5.2.3。国内外无相同的规定。该表的基本思想是具有可滑性混凝土的砂率必须按照其粗细程度或总表面积来选择。经过深入的研究,砂的粗细程度,即细度模数与吸附法测得的比表面积之间成反比线性关系。滑模混凝土的工作性要求是确定的,欲保持可滑性的前提是包裹砂石料的水泥浆厚度要基本保持不变,则相同工作性要求保持混凝土集料的总表面积基本不变,粗集料的表面积差别远小于砂,但碎石与砾石之间有差别,分别表示;主要影响因素是砂,砂粗时,比表面积小,应采用大砂率,提高偏小的总表面积;砂细时,应采用小砂率,降低偏大的总表面积。在该表的细度模数范围内,全部经过实际工程使用检验,效果良好,超出此范围,会出现使用过细砂水灰比过大,弯拉强度和抗磨性不足;过粗砂表面细观抗滑构造过深和平整度不佳等问题。

4 单位用水量:正文公式(5.2.3-3)、(5.2.3-4)引自025课题,实践证明其计算精度基本满足滑模混凝土使用要求。最大单位用水量比《水泥混凝土路面施工及验收规范》(GBJ 97)规定的小。碎石混凝土160kg/m³,砾石混凝土155 kg/m³,这有利于保持较高弯拉强度。滑模混凝土必须使用外加剂,尽管其坍落度要求比人工施工的大些,使用普通减水率的减水剂,能够达到较低单位用水量和较大坍落度的要求。日本规范规定路面混凝土的单位用水量无论碎石、砾石均不大于150 kg/m³。我国大量的工程实际证明,这样低的单位用水量除非使用高效减水剂,否则,较难做到。要知道,控制较小单位用水量是保证混凝土路面经久耐用的重要环节。

5.2.4 配合比计算

简单的假定容重法和绝对体积法的计算公式未列出。本规程规定在重要路面工程中应采用正交试验方法,但应该注意正交试验法对试验人员的试验技能和精度要求很高,不允许在正交的每个试验中出现任何试验偏差,有一个试验数据出了问题,全部试验将报废,企图采用正交试验法减少工作量将告失败。一般工地试验室做正交试验,难度较大,成功率亦不高。重要的高速公路、一级公路水泥混凝土路面工程可委托正规试验室进行正交试验。

路面混凝土保证弯拉强度要求时,振捣密实形成了混凝土骨架密实结构以后,粗集料提供强有力的嵌锁作用相当重要。因此,本规程参考日本《水泥混凝土路面设计施工指南》,要求在配合比计算完成后,验算粗集料的充填体积百分数不小于70%,一般应在70%~80%范围内,并与粗集料最大粒径和砂的细度模数有关,最大粒径增大,充填份数将增大;细度模数增大,充填份数减小。

掺粉煤灰的混凝土配合比计算,按《粉煤灰混凝土应用技术规范》(GBJ 146)中规定的超量取代法进行。I级灰的超量取代取小值,为1.2~1.4;II级灰取大值,为1.5~1.7。

5.2.5 配合比调整

本条款强调了配合比调整的重要性,编写了试验室试拌配合比、搅拌楼实拌配合比和施工配合比调整范围、步骤和允许调整的内容。迄今为止,混凝土材料科学仍属于试验科学,任何混凝土配合比的计算只能是估算,重点仍在试配调整上。其中搅拌楼实拌配合比调整相当重要,大型搅拌楼调整出的配合比与室内有相当差距。

在搅拌楼实拌调整中,与室内小型强制式搅拌机相比,存在几个问题:

(1)砂石料吸水量与室内不同,即使含水量相同,室内试验的混凝土加水量一般偏大,室外搅拌楼加水量偏小，原因是室外大堆砂石料一般温度偏低，湿度偏大，吸水量小于室内。

(2)大型搅拌楼拌和出的混凝土含气量较室内试验小得多，原因是混合料中的含气量是由拌和过程裹携进去的，大型搅拌楼满载运转时，搅拌锅内的气体空间小得多，裹进的气体少，含气量低得多。所以在有抗冻性和抗盐冻性要求的水泥混凝土路面中应按规定搅拌时间测得的含气量要求，适当加大引气剂掺量。

(3)搅拌楼现场实际拌和时，砂石料的含泥(石粉)量一般比室内要大一些，尽管不超标(局部超标应处理)，但混凝土弯拉强度要低一些，如有必要，可适当加大水泥用量进行补偿。

由于上述原因，本规程规定"应根据料场砂石料含水量、拌合物实测容重、含气量、坍落度及其损失，调整单方混凝土粗集料用量、用砂量、加水量、外加剂掺量，但水泥用量不得减小"。需要在此指出的是，当发现砂石料含泥量比室内试验整体偏大，或局部少量超标时(整体含泥量超标必须处理)，可根据总含泥量的大小，增加单位水泥用量 5 ~ 10 kg/m^3。用略偏大的水泥用量将过高含泥(石粉)量的副作用抵消掉，条件是所摊铺的混凝土路面没有开裂现象，这是根据我国现状，不得已而为之的办法。原则上依然是应严格控制砂石料各自含泥量，尽量不超标。

施工配合比的调整中，主要是两项任务：一是根据当天不同时间的气温变化微调加水量，维持坍落度不变；二是根据天气、季节和运距等的变化，微调缓凝减水剂、引气剂或保塑剂的掺量，保证摊铺现场的混合料坍落度等工作性质始终是适宜滑模摊铺的，从而有效保证混凝土路面要求的平整度、弯拉强度和耐久性等技术指标不因温度、天气、季节和运距等的变化明显波动。其他配合比参数不得随意变更。

6 滑模摊铺工艺流程及机械设备配置

6.1 工艺流程

6.1.1 工艺流程

滑模摊铺混凝土路面施工应按精心编制的施工工艺流程网络图(如图 6.1.1 所示)精心组织,循序进行。

6.2 机械设备配置

6.2.1 一般规定

1 配套原则:选配机械设备的关键一是按工艺要求配齐,缺一不可;二是生产稳定可靠,故障率低。

2 最小混凝土生产能力:本规程根据国内滑模混凝土路面施工机械的配套经验规定:配套的水泥混凝土搅拌楼容量应满足摊铺机最低施工速度 1m/min 的要求。最小的搅拌能力和运输能力为:一次摊铺一个车道时,稳定可靠地供应 $100m^3/h$ 以上的混凝土混合料。一次摊铺两个车道,不应小于 $200m^3/h$ 混凝土供应量。国内滑模施工的普遍问题是供不上混凝土,摊铺机的施工能力很强大,提出最小供料要求是实现连续不停机摊铺,提高平整度质量的关键。

3 摊铺宽度:高速公路、一级公路的正线摊铺,为了减少纵缝由于塌边溜肩带来的连接不平、低洼存水等问题,宜配备同时摊铺 2 ~ 3 个车道的大型滑模摊铺机。一般公路的最小摊铺宽度不得小于单车道宽度(3.75m)。

6.2.2 滑模摊铺机选配

摊铺机可按表 6.2.2 中特大、大、中、小四个级别的基本技术参数选择。无论是哪种设备,首先必须满足施工路面、路肩、路缘石和护栏等的基本施工要求;其次摊铺机本身的工作配件要齐全,应配备螺旋或刮板布料器、松方高度控制板、振动排气仓、夯实杆或振动搓平梁、自动抹平板、侧向打拉杆及同时摊铺双车道的中部打拉杆装置。

滑模摊铺现场设备配套有重型和轻型之分,重型配置有布料机、摊铺机和拉毛养生机。重型设备的优点是施工钢筋混凝土路面和桥面很便捷,缺点是前台设备越多,出故障的概率越高。国内大部分为轻型配置,只有一台摊铺机。其缺点是人工辅助工作量大,且需要其他设备辅助施工钢筋混凝土桥面,但实践证明,轻型设备也能施工优质混凝土路面,国内滑模施工最快日进度和最高的平整度均是在轻型装备上实现的。

6.2.3 搅拌站配置

1 配套的混凝土拌和生产能力

按工程规模、进度等要求计算配套的混凝土搅拌站总生产能力。滑模施工,每台搅拌楼的最小生产能力不宜小于 $50m^3/h$。确定搅拌楼数量时,根据施工规模和搅拌设备的技术水平和可靠性,在不考虑搅拌楼可靠性系数时,应增加一台作备用。搅拌楼数量不宜仅为一台或过多,适宜的搅拌楼数量为 2 ~ 4 台。

2 搅拌站配置

混凝土搅拌楼的选配应以强制双卧轴或行星立轴为主要机型。这是国际上公认搅拌速度和效率最高,搅拌效果最好的机型。每台搅拌楼应配备齐全的自动供料、称量、计量、砂石料含水率反馈控制、有外加剂加入装置和计算机控制自动配料操作系统的设备和计算机打印设备。从间歇搅拌楼和连续搅拌楼比较来看,间歇楼搅拌精度高于连续楼,弃料少,应优先选配间歇楼。连续搅拌楼应配备两个搅拌锅或一个长度足以搅拌均匀的搅拌锅,并应在搅拌锅上配备电视监控设备。前者是为了保证拌合物的匀质性和熟化程度,后者是为了保障安全。每台搅拌楼还应配齐生产所必需的外置设备:3~4 个砂石料仓,1~2 个外加剂池,3~4 个水泥及粉煤灰罐仓。使用袋装水泥时应配备拆包和水泥输送设备。搅拌站应配备适量装载机或推土机供应砂石料。

6.2.4 运输车辆配置

1 车辆数计算

根据搅拌楼的生产能力、施工车辆的速度、运量及运距,按公式(6.2.4)估算汽车的数目 N。该式为编者按照简单链式运输数学模型的时间方程,经简化得出,推导如下:

$$t = t_1 + t_2 + t_3 + t_4 \tag{6.1}$$

式中:t_1——装车时间;

t_2——单程运输时间;

t_3——卸车时间;

t_4——返回时间。

即第一辆车装运、卸车返回到搅拌楼下,最后一辆车正好装完料出发。

令 $t_1 = t_3, t_2 = t_4$,推导前提是搅拌楼 1 台,所有汽车载重能力相同。

在第一辆车回到搅拌楼时,已装了 n_{q1} 辆车,

$$n_{q1}t_1 = 2(t_1 + t_2) \tag{6.2}$$

即

$$n_{q1} = 2\left(1 + \frac{t_2}{t_1}\right) \tag{6.3}$$

装车时间:

$$t_1 = g_q/\gamma_c m$$

单程运输时间:

$$t_2 = S/v_q$$

将 t_1、t_2 代入式(6.3),得

$$n_{q1} = 2\left(1 + \frac{S\gamma_c m}{v_q g_q}\right) \tag{6.4}$$

若 n 套同一型号搅拌楼同时生产混凝土,则需运输车辆数

$$N = 2n[1 + S\gamma_c m/(v_q g_q)] \tag{6.5}$$

式中:N——运输车辆总数(辆);

n——相同产量的搅拌楼台数;

S——单程运输距离(km);

γ_c——新拌混凝土的容重(kN/m^3);

m——一台搅拌楼的每小时拌和能力(m^3/h);

v_q——车辆的运输平均速度(km/h);

g_q——汽车载重能力(kN/辆)。

链式运输的数学模型是一个相当简化的计算公式,如果车辆载重能力不同,先按小吨位计算,再折合为大吨位车辆数量。当搅拌站同时有几台容量不同的搅拌楼,则应相同容量的搅拌楼单独计算,再总和。此处所推导的公式(6.5)即正文式(6.2.4)。

运输车辆的计算也可按概率论中的排队论模型推导计算运输公式,也有现成的计算公式可以使用,但因其计算过于复杂,普通工程技术人员难于理解和掌握,本规程未列出。

2 运输车辆的要求

本规程规定运送新拌混凝土的车辆应选配搅拌运输车或载重能力较大的自卸车,其最大运距不应超过 20km。没有专门提出使用搅拌车,主要是由于搅拌车运输混凝土所要求的坍落度比路面施工大得多,原则上,只要新拌混凝土的坍落度大于等于 5cm 时,采用搅拌车装、卸料均相当缓慢。当然不排除经改造后可运输小坍落度混凝土的罐车,特别是在运距超过 20km 时,为防止新拌混凝土离析,这种罐车应是主要车型。

本规程规定自卸运输车辆的车况要好，车后挡板关闭紧密，不变形，运输时防止漏浆撒料。自卸车卸料时的抬升角度要大于45°。车厢板应平整光滑，装料前应清洁和洒水湿润车厢，均为了防止粘车，便于卸料，提高卸料速度。

国内外使用在滑模摊铺水泥混凝土路面施工中的5种运输车型见表6.1。后两种是专为水泥混凝土路面滑模快速施工特殊设计的特种车辆，我国尚未引进，本规程列举的目的是为了将来有可能开发此类特种车辆，满足大规模水泥混凝土路面施工建设的需求。

6.2.5 布料设备选配

在只摊铺素混凝土路面的情况下，摊铺机前可配备1台装载机或挖掘机。特别列举了滑模施工钢筋混凝土路面、桥面及桥头钢筋混凝土搭板连续滑模机械铺装的布料，有6种方式可供施工单位因地制宜地选用，起到拓展思路，尽量采用先进施工机械之目的。

表6.1 国内外运输新拌滑模混凝土的车型

车　种	翻 斗 车	改进运罐车	侧翻多斗车	半圆螺旋车*	半圆皮带车*
卸料方式	后翻固定卸	后面均匀移动卸	侧翻固定卸	后面均匀移动卸	后面均匀移动卸
方量(m^3/辆)	4~8	6~8	24	10~20	10~20
车型	通用车	混凝土专用车	特大型车	特种车	特种车

注：*为国外专门为滑模摊铺施工设计的特种半塑性混凝土运输车辆，国内尚未使用。

(1)配备布料机：布料机在不摊铺的车道上侧向卸料，由输送皮带将混合料输入待摊铺位置，再由布料机上的螺旋布料器分布，松方刮板布料。

(2)摊铺机自带侧向卸料斗和输送皮带等备件，由摊铺机上的螺旋布料器或刮板分料，经松方高度控制板控制振动仓内的料位。宜采用这种先进方式施工。

(3)挖掘机加料斗布料：由车辆将料卸入料斗内，由挖掘机布料到位。

(4)吊车加短便桥板凳布料：先在钢筋网上架设供汽车通行的带腿的短便桥板凳，凳腿插入钢筋网空隙内，汽车直接上便桥在钢筋网上卸料。自卸车倒足料后，用10~20t的汽车吊吊起两个便桥板凳，重复卸料、起吊板凳，摊铺机跟进摊铺。

(5)吊车加料斗起吊布料：先将混合料卸在料斗内，再用大吨位吊车将料斗吊到浇筑位置，由人工打开料斗浇筑混凝土。这种方式根据自卸车的吨位大小，需要25~40t的大吨位吊车。

(6)在铺装较长的特大桥或立交桥的钢筋混凝土桥面铺装作业中，可采用混凝土罐车和汽车泵泵送混凝土布料。

推荐选配新型自带侧向卸料斗和输送皮带等备件的摊铺机侧向卸料并布料。可以省去布料机，又具备侧向卸料并布料的功能。这种摊铺机国外已有产品供应，国内尚未引进。

目前，国内正在开发钢筋混凝土路面和桥面铺装所使用的第7种均化上料的设备，如果开发成功，将推荐在钢筋混凝土路面和桥面铺装、所有缩缝插传力杆的高速公路、一级公路水泥混凝土路面工程滑模施工中使用。

此外，国外在滑模摊铺施工当中，也有使用沥青摊铺机在摊铺机前方布料的。这种施工方式只能施工无钢筋的素混凝土路面，无法在钢筋网上布料，所以，本规程没有编入。

间断钢筋混凝土路面的施工，美国采用两台布料机，中间设一台钢筋网摆放机，再用摊铺机振捣密实、挤压成形，其接缝长度大约在15m左右。

连续钢筋混凝土路面的施工：法国还有在摊铺机的布料器前方设置滚动钢筋(网)支架施工方式，在卸料时，将钢筋网平铺在基层上，仅在钢筋网进摊铺机摊铺时，才将其挑起来，在混凝土路面当中准确定位。连续钢筋混凝土路面的钢筋连续长度达500~1 000m，其端头在施工开始和结束时连接在锚固墩的胀缝上，需要手工制作。这种方式只能摊铺单层钢筋网，不能用于摊铺双层钢筋网的混凝土路面和桥面。

间断和连续钢筋混凝土路面滑模施工：由于我国高速公路钢筋水泥混凝土路面施工设备较缺乏，本规程暂未编入。实际上，我国自1999年已经在高速公路上的软基路段开始设计并使用摊铺机施工的连续钢筋混凝土路面，并正在加紧开发用于钢筋混凝土路面的均化上料专用设备。相信不久的将来会大量使用起来，待时机成熟时再编入此项内容。对超重载交通和渠化交通的收费广场使用全缩缝插传力杆的水泥混凝土路面进行了规定，详见7.7.2条第4款。

6.2.6 抗滑构造施工设备

在工程规模大、速度快时，推荐采用拉毛养生机。平整度要求高时，可采用硬刻槽机，刻槽能力应与路面滑模摊铺速度相匹配。

6.2.7 切缝设备

本规程允许使用三种切缝机：普通硬切缝机、支架硬切缝机和软切缝机。切缝速度应与路面滑模摊铺速度相适应。

6.2.8 施工系统机械配套

按照我国的施工经验，本规程提出配齐一套完整的由一台滑模摊铺机施工的主要机械设备和机具，可参照表6.2.8的要求进行。特别应注意的是滑模施工的端头和接头需要人工辅助，需要人工施工混凝土路面的一整套机具、模板和工具。

7 滑模摊铺水泥混凝土路面施工

7.1 基准线设置

7.1.1 一般规定

滑模摊铺混凝土路面的基准线设置与沥青路面相似,可以有几种摊铺基准设置方式:基准线、滑靴、方铝管和多轮支架等。本规程仅推荐宜使用基准线方式,它与沥青路面摊铺上面层和中面层不同的是上基层平整度达不到路面的严格要求,国外采用除基准线以外方式施工是有条件的,就是基层必须经过精整机铣刨,3m 直尺平整度小于等于 3mm。我国目前的基层施工一是未用精整机,二是基层规范规定的平整度为 8mm。在这种条件下,要保证滑模摊铺水泥混凝土路面的高平整度,原则上不宜采用其他简易基准设置方式。

7.1.2 基准线形式

基准线形式有如下三种:

单向坡双线式:所摊铺的混凝土面板横向坡度为单向坡,而基准线位于摊铺机两侧,这种基准线形式称为单向坡双线式。两条基准线间反映路面横坡。顺直段平面上两条基准线间距相等且平行,两条基准线的高程不同。

单向坡单线式:所摊铺的混凝土面板横向坡度为单向坡,而基准线仅位于摊铺机其中一侧(单线),已铺筑好的一侧不设基准线。这种基准线形式称为单向坡单线式。这种基准线形式在路面多次摊铺的情况下,于后次横向连接摊铺时采用。这时,修筑好的路面、边沟或缘石可作为摊铺机的不设基准线一侧的平面参考系。

双向坡双线式:所摊铺的混凝土面板横向坡为双向坡,而基准线拉于摊铺机两侧(双线)。这种基准线形式为双向坡双线式。顺直段上两条基准线完全平行,且间距相等,对应高程也相等,基准线上没有横坡。

基准线是为摊铺机上的 4 个水平传感器 2 个方向传感器提供一个精确的与路面平行的水平(横坡)和纵向(转弯)几何参考系。路面摊铺的几何精度和平整度很大程度上取决于基准线的测设精度。水平参考系的精度一般是由测桩水平面与基准线之间保持相同的距离来控制和保证。所以,基准线是滑模施工混凝土路面的"生命线"。准确安装设置基准线对于滑模摊铺极其重要。

7.1.3 基准线器具

规定基准线材料及其数量、基准线桩具、安装器具。架设基准线前,所有材料器具均应齐全。

7.1.4 基准线设置

为了保证基准线的准确性,本规程详细规定了架设基准线的技术细节。

1 基准线横向支距:一般 2 ~ 4 履带跨中摊铺,需要两侧边0.65 ~ 1.5m 宽度。这个宽度称为基准线支距,这个支距横坡高度应计入每根基准线测设计算中,在平面直线路段,似非必需,可调整摊铺机上的 4 个水平传感器来保证路面横坡,但是这样施工,摊铺机主机架不水平,有扭转力作用,影响摊铺机使用寿命。但是在渐变段和曲线段上,如果不计算支距横坡高度,基准线必然是错误的。所以,无论采用何种基准线方式,在任何路段的每根基准线上都应计入支距横坡高度。

2 基准线横向间距:我国引进的摊铺机都是不变宽度的,不能摊铺弯道加宽段,因此,两条基准线的横向垂直间距始终应是相等的。最新型可变宽度能够摊铺弯道加宽段的摊铺机,国内至今尚未引进。我国目前使用的是挤压底板整体固定宽度的摊铺机,不能做弯道加宽段,它的摊铺宽度在施工前可按模块伸缩,并固定宽度施工。在施工进行中,摊铺宽度是不可变的。根据编者在德国考察变宽度摊铺机的情况,建议我国暂不引进,它在使用过程中还有些问题,它是将松方控制板、挤压底板、振捣棒组、振动搓平梁全部分解为前后交错的两截,当摊铺宽度加大,首先是振捣不均匀;其次,挤压底板交错节中间间隙中一旦挤进石子就卡住而收缩不回。变宽度的摊铺机在弯道加宽段可以省去增加加宽部分的窄小条带,满足一次摊铺完整弯道加宽板的要求。我国高速公路弯道半径较大,几乎没有此项要求。另外,我国的路基和基层宽度往往不能满足一次整体摊铺全幅路面的要求,因此,将弯道加宽段放在硬路肩上处理是可行的。

3 基准线桩纵向间距:为了与我国基层和路面规定的20m桩相对应,本规程推荐采用10m桩距,圆曲线段视弯道半径大小,一般可用5~7m。在小半径弯道或山区极小半径的回头弯道上,内侧宜加密到2.5~5m,外侧宜为3.5~7m。平面缓和曲线段和纵断面竖曲线段宜为5~10m。实际设置基准线桩距离可以小于上述尺寸,但不得大于给定尺寸。

4 基准线桩固定:规定架线高度和夹线臂位置,强调固定牢固,打入困难者,应先钻孔再钉。

5 基准线长度:单根基准线长度不得大于450m。这项规定的主要原因是基准线过长,全线张紧较困难。

6 基准线张紧:提出基准线上加1 000N的拉力,经垂度检测,此时,垂度小于等于1mm。

7 规定在已铺路面上设置基准线的方法。

8 中央路拱:在滑模施工中,技术难度最大、出差错最多的是双向坡双线式基准线施工进出弯道的缓和曲线变路拱段。进弯道,它得从顺直路段的双向坡渐变为弯道单向坡;出弯道,再由单向坡渐变为双向坡。我国引进的摊铺机多不配置计算机辅助自动弯道操作系统,有此系统的摊铺机也不大会操作,摊铺机对操作者的技术素质要求很高,就是这个道理。手控操作渐变段的难度较大,除了必须确切了解渐变段的几何参数及其位置外,还必须确切了解摊铺机调拱手柄在每次动作后,降低的挤压底板拱点高度、可调成平面要求的前进距离以及摊铺机的调拱性能等,在给定的区间内完成单向横坡向双向路拱或相反过程的渐变。

弯道摊铺难度大的另外一点是摊铺机一旦没能确切摊铺成功渐变段和弯道曲线,是没有办法补救的。已经摊铺过的路面,如果偏低,是贴不上混凝土或砂浆薄层的,行车道几个月表皮就脱落了。若过高,数厘米的混凝土凿磨都相当困难。

好在我国使用摊铺机多在高等级公路上,以单向坡情况为主。挤压底板是不需要调路拱的平面,只跟线,底板是无需调整的。在改变横坡方向的渐变段上是个扭面。扭面和弯道超高施工,只要基准线准确,均没有问题。

9 最小弯道半径和最大纵坡:本规程结合新疆312国道天山中果子沟重山区和福建龙岩漳龙高速公路混凝土路面的滑模施工所积累的山区小半径弯道、大转角回头曲线施工的宝贵经验,摸清楚了摊铺机额定满负荷可施工的上坡最大纵坡为5%,下坡为6%;如果施工山区路面的纵坡比此还大,只能缩窄摊铺。施工中还应注意高海拔山区摊铺机的动力损失比例,一般情况下,每上升1 000m高度,摊铺机的动力将损失6%~10%左右。高海拔地区使用全宽度摊铺时,需使用发动机的增压设备。小转角弯道最小半径按侧模长度不同分别为50~75m,大转角回头曲线最小半径为75~100m。这些数据来之不易,是冒了数次别坏侧模的风险才取得的。

7.1.5 基准线精度

表7.1.5中的最大允许偏差是根据《公路工程质量检验评定标准》(JTJ 071)的摊铺精度要求制定的,施工中的规定值是针对设置基准线的操作标准要求的,这是因为路面的摊铺精度不可能高于基准线,要保证所摊铺出的路面满足最大允许偏差的要求必须提高基准线的设置精度,必然应根据施工经验偏严制定基准线设置精度规定值。规定另外由测工进行复核测量,用以防止出现施工差错。一般情况下基准线宜提前一天设置,主要考虑从容设置并复核基准线,才可能保证其设置精度。

7.1.6 施工要求

规定禁止碰撞和扰动基准线,多风季节施工,宜缩短基准线间距;5~6级大风天,基准线振动大,影响平整度,应停止施工。

7.2 混凝土搅拌

7.2.1 一般规定

搅拌楼本身及其搅拌站总生产能力应满足6.2.3的要求。水电供应可靠,原材料充足,不得少于当天施工用量。

7.2.2 配料精度

规定搅拌楼必须通过法定计量单位的计量标定,并经常校核,不得超过规定误差,标定有效期满或搅拌楼搬迁,均应重新标定。施工中应经常校验搅拌楼计量精度。这些规定对于保证拌合物配料精度和稳定性是很重要的。

简陋的人工搅拌(试验室也不允许)和自落式滚筒搅拌机,实践证明均做不出满足摊铺机施工要求的精细、匀质、工作性稳定的混凝土。其基本要求是新拌混凝土坍落度误差不大于±10mm,路面混凝土不得看出有颜色差异。通过试验证明,肉眼能够分辨出新拌混凝土颜色差异时,单位用水量的误差超过了10%,水泥误差超过了7%。

本条规定,有计算机自动称料及控制系统的搅拌楼原则上不得采用手控生产方式。理由是,众多施工实践表明,采用手推车体积计量砂石料,数袋控制水泥,加水量用眼睛看,或只有一级加水量控制的自落式滚筒搅拌机,由于配合比的误差过大,远远达不到表7.2.2规定的计量精度,更达不到滑模摊铺允许的坍落度误差小于等于±10mm的要求,必定会产生塌边和麻面,至少是混凝土颜色有差别。即使是自动化的搅拌楼,当控制系统发生故障,手动操作时,由于人的反应速度较慢,人的反应时间一般在0.2s左右,0.2s的料冲量肯定超过表7.2.2的规定。上述情况下,生产出的混凝土拌合物质量均不符合高速公路水泥混凝土路面的要求。所以,规定搅拌楼不得使用手控配料,控制系统一旦有故障,必须停机修复好后,再生产合格的混凝土。

本条要求搅拌楼打印施工时的配料数据和误差,每台搅拌楼的每天、周、旬月或整个工程的数据,均可通过施工管理计算机网络,汇总到指挥部的总计算机。使混凝土搅拌情况、质量和用料量一目了然。举例如下:

计算机自动控制搅拌楼的配料误差,可通过计算机打印出的配料单计算,搅拌楼实际配料单数据汇总表中应有日期、时间、路面摊铺对应的桩号、配合比号、每盘体积、水灰比;水泥、掺和料、砂、两种粗集料、加水量和外加剂的实际用量和理论用量。不仅可以看到每一盘的最大误差及平均误差,而且可通过总数对比出施工当天的所有原材料配料误差。将某搅拌楼拌和150m^{3}混凝土的数据误差汇总在表7.1中。

表7.1误差数据与正文表7.2.2-1的规定相对比,粉煤灰误差超限,水泥误差较大,其他均满足配料精度要求,与搅拌楼操作手会商,结果反映为粉煤灰和水泥罐及输送螺旋管有间歇故障,要求排除,保证搅拌配料精度。

表7.1 某搅拌楼某日生产混凝土150m^{3}的拌和误差(%)

材料 误差	水　泥	粉煤灰	砂	小碎石 (5~10mm)	大碎石 (10~30mm)	水	外加剂 (高效引气)
每盘最大	-1.12	±2	-1.87	+3.16	+1.06	-0.65	-2.05
每盘平均	-0.85	±1	+0.37	±0.105	+0.26	-0.32	-0.68
当天总和	+0.88	+1.2	-0.23	+0.14	+0.32	+0.056	-1.39

注:①生产日期:1999年7月3日;

②地点:京大高速公路上行8m宽30cm厚;

③桩号:K12+560~K12+620;

④天气:晴,气温:21~32℃。

这个实例表明,通过对计算机控制配料打印数据的分析,我们完全可以将滑模混凝土的配料精度大大提高,真正满足搅拌技术要求,实现路面混凝土材料精良的目标。

7.2.3 外加剂使用

规定搅拌楼使用外加剂时,如何计算用量及匀化要求。

7.2.4 拌和质量检验与控制

1 拌合物检验目的在于:一方面保证搅拌生产的混凝土在施工气候条件下是能够滑模摊铺的。如测坍落度及其损失、泌水率、凝结时间、温度、含气量和容重等。另一方面,保证弯拉强度、耐久性检验的需要。

2 规定搅拌楼不允许搅拌和卸出干料,干料毫无强度可言,严禁摊铺到路面上。同时要防止卸料离析,每一盘间均应移动卸车位置。规定滑模施工新拌混凝土匀质性的最低要求:楼与楼之间、盘与盘之间的坍落度差别应在 ±1cm 以内。当搅拌楼较多时,测坍落度来不及,可使用凯利球来评价拌和料的匀质性,凯利球的沉入差别应小于 ±5mm。当发现料堆上砂石料的含水量发生变化时,应微调拌和加水量。微调加水量的目的是使混凝土已反复调整好的单位用水量、水灰比、砂率等配合比参数不变,以保证新拌混凝土的坍落度始终适宜滑模摊铺,同时保证混凝土弯拉强度的稳定。

参照国外标准,限制新拌混凝土温度无论气温高低,宜控制在 10~35℃之间。低温是考虑冬季负温施工混凝土时,保证水泥的水化,获得足够的抗冻临界弯拉强度;高温用于控制夏季热天施工,防止高温开裂。

7.2.5 最短搅拌时间

滑模混凝土的最短及适宜的搅拌时间限定,需要解释均匀时的最小搅拌圈数和叶片平均最短行程,本规程没有写定,只提出了概念。按照 1994 年版英国 A. M. NEVILLE《Properties of Concrete》一书,提出全部物料到齐,单立轴搅拌楼最小搅拌圈数大于 20 圈,叶片平均最短行程大于 80m 即可,没有新型双卧轴搅拌楼的最小圈数限制。编者通过实际检测认为,这个最小圈数偏少,最小应大于 25 圈以上,叶片平均最短行程不应小于 100m。这与国际上混凝土权威数据不一致。具体最短搅拌时间应按机型和拌和匀质性效果而定。本规程规定最短纯搅拌时间单立轴式不小于 30s,双卧轴不小于 35s,连续双锅不小于 40s。搅拌时间是从进料开始到拌和完成出料的时间,其中最短搅拌时间为材料到齐后的纯拌和时间。连续式搅拌时,指原材料在(两级)搅拌锅内被拌和的总逗留时间。目前我国施工混凝土路面时,最大的问题之一是混凝土生产能力不足,无论是进口还是国产的大型搅拌楼,由于滑模混凝土是相对低塑性混凝土,几乎都达不到额定容量或标称产量。给定间歇搅拌楼容量可否更好更多更快地供给混凝土,能否在保证搅拌匀质性前提下,尽量压缩搅拌时间,按照实际情况修改搅拌楼设置的搅拌程序是一个很现实的施工问题。使用这个概念在搅拌楼上实测圈数和匀质性,再将满载圈数换算为搅拌时间,就有可能实现这个目的。编者依此方法,有效实现了将标称产量 $20m^3/h$ 的搅拌楼,在保证搅拌均匀性的前提下,提高到 $25m^3/h$。按照搅拌楼进料—搅拌—卸料关键线路网络图,有可重叠和改进的余地。由此提出科学编制计算机搅拌程序,合理控制搅拌时间,在保证拌合物熟化、均匀、稳定等质量要求的前提下,增加产量的要求。

7.3 混凝土运输

7.3.1 一般规定

滑模摊铺时,运输混凝土的车型和数量按 6.2.4 规定执行。由于滑模摊铺施工速度很快,当运距越来越远时,要求运输车辆数量在逐步增加,所以要求总运力应略有富余。

7.3.2 运输时间

运输时间确定的基本原则是:在当时气温下,运输到现场的混凝土拌合物必须是适宜滑模摊铺的。这里有两个时间:一个是运输允许最长时间;另一个是摊铺完毕允许最长时间,摊铺完毕的时间宜短于拌合物的初凝时间 1h。运输允许最长时间宜短于摊铺允许最长时间 0.5 h,见表 7.3.2 的规定。运输允许最长时间与《水泥混凝土路面施工及验收规范》(GBJ 97)规定相同,摊铺允许最长时间在此基础上延长了 0.5h。原因是运距增大到 20km,时间不足。热天坍落度损失问题,目前使用缓凝保塑等外加剂技术已能够有效克服。

7.3.3 运输技术要求

本规程提出了防止离析、覆盖和初凝后的混凝土处置措施。根据表7.3.2运输允许最长时间的规定，滑模混凝土的最大运输半径视路况好坏和气温高低，一般不宜大于20km。实测表明，运距大于20km，所发生的离析现象会使摊铺出的路面平整度变差。应该明确的是，20km运输半径，在路况很差、交通很拥挤的道路上，依然偏大。即使路况很好的新建道路，在只有混凝土运输车辆的情况下，桥涵和通道未铺装时，车辆通过这些桥涵部位的颠簸亦很强，也不宜超过20km。因此，超过20km运距，要保证达到高平整度，宜对混凝土均化处理后再摊铺。运到路面施工点的混凝土能够高质量摊铺的关键在于运输途中耽搁的时间和当时气温，一般情况下，应在1h内完成混凝土运输。滑模混凝土在热天施工条件下，应在45min内运到现场。

7.4 钢筋安装和混凝土布料

7.4.1 钢筋安装技术要求

钢筋混凝土路面、桥面、双层钢筋网桥头搭板和连接胀缝的支架要求钢筋准确定位和焊接加强，并保证在布料、连续摊铺中不变形。这是由于滑模摊铺钢筋混凝土时，卸料吨位大（4～8m^3混凝土），质量达10～20t，从自卸车上一次倒下，如不加强，必定将钢筋网压变形；另一方面，摊铺机摊铺通过时，底板作用在混凝土上的挤压吨位也很大，总压力视摊铺机大小，超过100～200kN。摊铺机是先振动后挤压成形，振动可以消除部分卸料作用于钢筋上的应力，并使其部分变形回弹，摊铺时的挤压总吨位虽很大，但底板有2m以上的宽度，横向长度4～8m，所以压强并不大。底板向前的推挤压力，由于其设置的前仰角度仅3°左右，也相当小。问题的关键在于钢筋网对于卸料压力能否抵抗得了，除了自卸车直接卸料方式要求较高外，其他可分散布料的方式问题均不大。

按滑模施工的特殊要求，对现行设计规范中有关钢筋结构部分做了适应性修改：钢筋混凝土路面和桥面单层钢筋网、桥头搭板双层钢筋网及连接胀缝钢筋支架的宽度均应小于摊铺宽度3～5cm，其纵向工作缝与另外部分连接仍采用侧向（加密）插入传力杆形式。双幅摊铺的桥面板和搭板，中间均不插拉杆，不切纵缝，钢筋网整体连续，斜交桥涵变形板全部在钢筋混凝土搭板上调整，锐角加密钢筋网补强，但不另做角隅钢筋网，滑模施工的混凝土路面板全部为矩形板，全部取消架设有困难的边缘和角隅补强钢筋。

双层钢筋混凝土板块分缝设计概念与普通水泥混凝土路面分块是截然不同的两种结构，连续整体式双层钢筋混凝土大搭板应符合钢筋混凝土路面设计计算理论。实践证明，只要设计上依据的设计概念正确，经多年使用，没有出现问题。大搭板在设计上无论薄板和厚板，接近桥面一侧应按脱空桥板或组合梁板设计配筋，接近路面一侧应按弹性地基上的板或组合梁板设计配筋。

这些改动，与原设计规定经过充分的研究和比较，从实际工程使用效果来看，不仅是滑模工艺所必要的，而且使有关结构得到了有效加强。例如路面板中取消了所有锐角板，将所有边缘和角隅补强钢筋全部放进搭板双层钢筋网中，既利于滑模摊铺，又利用了搭板的双层钢筋加强，不再有路面锐角板断角的可能。钢筋混凝土桥面和搭板均不设接缝，既简化了施工，也不会出现接缝破坏和渗水问题。

7.4.2 混凝土布料技术要求

1 提出滑模摊铺素混凝土路面卸料和布料要求，卸料分布应均匀，不欠料也不多料，减小摊铺机的摊铺负荷。正常料位高度在螺旋布料器叶片上缘以下，最高料位高度不得高于松方控制板上缘。

2 给出了使用布料机时，按坍落度大小的松铺系数经验值范围，可供施工参考。

3 规定使用其他布料方式摊铺钢筋混凝土路面、桥面和搭板时，禁止任何机械直接开上钢筋网，防止其被压变形。

7.5 滑模摊铺水泥混凝土路面

7.5.1 摊铺前现场检查

摊铺前对现场准备工作进行全面检查是绝对必要的。

(1)板厚:板厚控制必须在摊铺前的基准线上进行,并要求旁站监理认可,否则摊铺后不合格必须推掉重铺。规定了检查和控制板厚的技术细节。这种摊铺前控制板厚的方法是在山东泰化高速公路滑模施工中探索并施行的,效果良好。问题在于检查发现板厚偏薄将如何处置,以往的方法是铣刨基层,但实际施工证明,铣刨基层的效果并不好,一是基层表面损伤,有微裂缝,且基层厚度不足;二是铣刨后的基层部位与原有基层对面板的摩阻力相差过大,会造成路面运行前两年内断板数量大大增加。因此,必须严格控制基层标高,同时,当面板标高误差在各等级公路的允许范围内时,可适当调整面板(基准线)高程,但应在50m以上长度内调整。若超出面板标高误差允许范围,通过处理基层也无法达到板厚要求或迫不得已时,要在100m以上长度内调整标高,但要明确,此时虽保住了板厚,却丢失了标高,验收时将扣该路段标高质量分数。

(2)设备和机具:强调设备和机具全部到位,试运转证明状态良好,缺一件不可。

(3)基层:基层必须合格,清扫干净并洒水湿润,强调局部被碾坏的基层应修补整平。

(4)横向连接摊铺:除了上述要求外,明确应做好各项面板连接工作:传力杆矫正补齐,切除不顺直的纵向工作缝边缘,纵缝上部涂沥青。

7.5.2 滑模摊铺机工作参数初设

摊铺开始前,应对摊铺机进行全面性能检查和正确的施工部件位置参数设定。摊铺机各工作机构施工位置的正确设定是滑模摊铺操作技术中最关键的技术环节之一,也是摊铺机调试当中最主要的内容。实际已经证明并将反复证明,工作参数设置不正确,无论如何也不可能摊铺出高质量的路面来。这些摊铺机工作参数位置设定的详细解释和为何要如此设置,需要较长的篇幅,请有兴趣的读者参阅《水泥混凝土路面滑模施工技术》或摊铺机工艺原理和配套的有关文献。根本的一点是工作参数的设定和调整,必须透彻了解振动黏度理论和严格遵循设计师所使用的摊铺机工艺设计原理。每个工作参数的设定都有其充分的科学道理。

7.5.3 滑模摊铺机首次摊铺位置校准

规定了首次摊铺时,将路面几何参数及精度与空载摊铺机完全协调一致的对位、调整和校核方式。在顺直段摊铺起点位置钉入与挤压底板相同的4个矩形分布的木桩或拉2根线,其顶面高程分别为挤压底板的4角点高程,后两桩或线为路面对应点高程,不设前倾角的摊铺机前两桩或线亦为路面对应点高程;设前倾角的摊铺机在前两桩或线上路面高程应加上挤压底板前倾角高程。有路拱应增设拱中2个桩或1根线,后桩为路拱中点高程,不设前倾角时,前桩或线亦为路拱中点高程,设前倾角的摊铺机应在前桩线路拱高程上加挤压底板前倾角高程。将传感器挂到基准线上,并检查传感器的灵敏度和反应方向,开动摊铺机进入设好的桩位或线位,调整水平传感器立柱高度,使摊铺机挤压底板恰好落在精确测量设置好的木桩或基准线上,再校核测量摊铺机底板高程、横坡度或路拱,同时,调整好摊铺机机架前后左右的水平度。令摊铺机挂线自动行走,再返回桩顶校核1~2遍,确认正确无误后,方可开始摊铺。

7.5.4 初始摊铺路面参数校正

规定了摊铺开始时,摊铺机首次带混凝土负荷(试)摊铺时消除误差的方法、程序和保证措施。必须对所摊出的路面标高、厚度、宽度、中线、横坡度等技术参数进行仪器测量。机手应根据测量结果及时微调摊铺机上的传感器、挤压板、拉杆打入深度及压力、抹平板的压力及侧模边缘位置。侧模边缘位置是在方向传感器一侧用钢尺测量其到基准线距离来确定的,摊铺中线误差的消除是通过在行进中调整方向传感器横杆距离实现的,所有这些调整都必须是在摊铺行进中逐渐缓慢地进行调整,禁止停机调整,防止路面出现剧烈调整的棱槽。出现了严重影响平整度的棱槽,必定要丢弃部分路面重做。从摊铺机起步—调整—正常摊铺,应在10m内完成。摊铺效果达到要求的摊铺机设置时应固定并保护起来,不允许非操作手更改或撞动。

7.5.5 滑模摊铺机的操作要领

本条款规定了摊铺过程中的操作要领,这些操作要领来源于振动黏度理论和摊铺机工艺设计原理。最重要的是滑模摊铺机一次通过,就必须达到振动密实、排气充分、挤压平整、外观规矩之目的,不可能倒车重铺。欲实现此目标,既不能欠振、漏振,造成麻面或拉裂,也不得过振、提浆过厚,形成塌边或溜肩现象。为此振捣频率必须达到与速度和料的稠度的最优匹配。挤压前仰角相当于手工抹面的抹刀倾角,稠度不同,粗糙度不同,推力(剪应力)差别很大,有一个与混合料工作性匹配的最适宜的角度。客观地看每台摊铺机,都有其最佳参数设定位置,这需要摸索,这里给出的初始设定位置是经验的、大致的,是寻找和摸索最优参数的基础。

1 摊铺速度:尽量缓慢、匀速、连续不间断地摊铺作业,控制摊铺速度在0.5~2m/min之间。不允许料多追赶,然后随意停机等待,间歇摊铺。停机次数越多,摊铺机挤压底板静止压力造成影响平整度的横向槽越多。这些原则规定与沥青摊铺机基本相同。国外最新型的滑模摊铺机,停机时,为了防止静压横槽,挤压底板后部能够自动抬起5mm,摊铺机启动,再回归原位。目前国内尚未引进这种停机不影响平整度的滑模摊铺机。

2 松方控制板:进料松方高度板一般控制在振捣棒以上10cm左右。为了摊铺高平整度路面,挤压底板下与振动仓内的混凝土之间,始终应维持相互间压力均衡,才不至于挤压力忽大忽小而影响平整度。我国现有的滑模摊铺机松方控制板要由机手操纵,控制难度较大。关键是操作手的位置在振动仓垂直上方,观察不清楚受振动的混合料的确切高程。最新型滑模摊铺机,松方控制板是通过振动仓设置超声传感器反馈自动控制的,其平整度会更高。

3 振捣频率控制:根据混凝土的稠度给出了振捣频率的控制范围和停机等料时间过长的处置办法。

4 纵坡施工:上下坡时,应调整抹平板压力,坡度较大时,为了防止摊铺机过载,推不动,宜适当调整挤压底板前仰角。

5 弯道施工:给出了弯道施工操作注意事项。一是监视抹平板平面位置;二是在进出渐变段时,如何保证路拱的生成和消失,保证弯道和渐变段路面几何尺寸的正确性。

6 插入拉杆:为滑模施工中间和两侧打拉杆的机械配件设置规定和施工要求,滑模施工时的侧向拉杆插入必须是机械配套装置在摊铺机上打,不得用人工在已摊铺出的路面后打。滑模摊铺是没有固定模板的快速施工方式,在毫无支撑的软混凝土路面边侧或中间打拉杆,造成塌边和破坏是显而易见的。中间拉杆有前插和后插两种设置,前插应保证拉杆在摊铺机强力振捣时不移位的要求;后插应尽量消除插入上部混凝土的破损缺陷,后插应有振动搓平梁或局部振动板来保证修复插入缺陷。

7 控制表面砂浆厚度:通过滑模摊铺机各项施工参数合理科学的操作,软拉抗滑构造表面砂浆层厚度宜控制在4mm,硬刻槽路面的砂浆表层厚度宜控制在2mm左右。

8 履带上已铺路面的时间:应控制在养护7d以后,最短不得少于5d,同时,钢履带底部应铺橡胶垫或使用挂胶履带的摊铺机,防止履带损伤前幅路面。当路面分两次(或多幅)摊铺时,相对于前一次摊铺之后的横向连接摊铺,称为后次摊铺。对连接摊铺后次路面的纵缝横向平整度按公路等级提出了不同要求,高速公路、一级公路平均值不应大于3mm,极值不应大于5mm;二、三级公路平均值不应大于5mm,极值不应大于7mm,详见表8.4.3。

7.5.6 滑模摊铺中出现问题的处置

1 振捣棒:监视振捣棒的位置与工作正常与否,防止出现麻面和开裂。

2 在摊铺宽度大于等于7.5m时,对左右卸下的稠度不同的混凝土,速度应按较干的一侧设置;对偏稀一侧迅速调小振捣频率,保证施工路面密实,不塌边溜肩,保持基本相同的表面砂浆厚度。注意此款规定在某些振捣频率统一由一个旋钮调整的摊铺机上实现不了,只有在每个振捣棒的频率单独(单侧)可调整的摊铺机上可以实现。

3 控制横向拉裂:从料的稠度、操作、前仰角和起步速度几方面来防止拉裂现象,最重要的是料不得过干,以往使用施工坍落度较大的滑模摊铺机未发现拉裂现象,最近使用可施工低坍落度混凝土的机械,拉裂现象逐渐增多。应注意的是坍落度在0~1cm之间的混凝土,经常会产生拉裂现象。问题的严重性在于这种局部拉裂现象往往是贯穿到底的施工断裂,因此,要高度重视。

理论上,拉裂的关键取决于钢底模与混凝土拌合物之间及拌合物内部的抗剪强度,其理论基础是库仑—摩尔线性摩阻定律:

$$\tau = c + \sigma\tan\phi \tag{7.1}$$

式中：τ——接触面上的切向剪应力(kPa)；

c——新拌混凝土黏聚力或称内聚强度(kPa)；

σ——接触面上的垂直应力(kPa)；

ϕ——内摩阻角，考察钢底模与拌合物之间的剪应力时，为界面摩阻角(°)。

混凝土路面滑模摊铺拉裂与否，最重要的是取决于三个参数：内聚强度、内(外)摩阻角(即剪应力)和最大剪切位移。按何挺继、胡永彪等人的试验研究结论，当滑模新拌混凝土的坍落度在0～7cm范围内变化时，内聚强度在2.0～34.6kPa内变化；内摩阻角变化范围为37°～60°；最大剪切位移变化范围为7～18cm，拌合物可调整的工作性范围相当宽。可以使用增加水灰比、降低砂灰比、增大含气量、掺粉煤灰和减水剂等改善拌合物工作性的措施减小剪应力和增加最大剪切位移来防止拉裂。研究还表明，混凝土振实后，金属板挤压滑移拉裂的可能性将大大降低。同样条件下，未振捣密实的新拌混凝土更容易被拉裂，同时，在施工中可采取加强较干硬拌合物的振捣、调整挤压底板适宜的前仰角、缓慢起步摊铺等措施，亦可有效地防止滑模摊铺中的路面拉裂现象。

4　提出滑模摊铺机械故障的处置办法和要求。混凝土会硬化，通信应便捷，调度要快，故障排除应迅速，否则，不是混凝土硬化在机械中，损坏机械，就是损失浪费大量的混凝土材料。

7.5.7　平面交叉口变宽段和匝道路面的滑模施工

1999年以前，滑模摊铺水泥混凝土路面施工遇到平面交叉口附近的变宽段和匝道回旋弯道路面时，均使用非滑模施工方式完成。实际上，只要变宽小于摊铺机的安装宽度均可以采取适当措施摊铺：一是支一侧模板或两侧模板跨模连续摊铺，进行必要的底模保护；二是滑模摊铺机振动仓要加隔板，关闭隔板外侧的振捣棒。1999年，我们在广东电白高速公路上采用这种方式，实现了对这些特殊路段的滑模摊铺，一方面保证了这些部位路面的高平整度，另一方面，滑模摊铺机铺出的匝道路面边缘是圆滑的曲线。

7.5.8　摊铺结束的工作

规定滑模摊铺结束时，必须及时地着手做机械清洗、保养和施工接头两项工作。特别是软做横向施工缝的工艺要领为：应将从摊铺机振动仓内脱出的厚砂浆铲除丢弃，设置施工缝端模，并用水准仪测量面板高程和横坡。为使下次摊铺能紧接着施工缝开始，施工时两侧的支撑模需向内各收进5cm左右，长度视摊铺机侧模板而定。在开始摊铺和施工接头时，应做好端头和结合部位的平整度。防止工作缝结合部低洼跳车。接头宁高勿低，高了可以修整磨平，而低了则难于补救。

7.6　滑模摊铺中小桥(涵)面、桥头搭板及缘石

7.6.1　中小桥(涵)面和桥头搭板的连续铺装准备

桥面连续滑模铺装是提高整个高速公路路面平整度的关键技术，特别在我国，桥涵、通道众多的条件下，也是发挥滑模机械施工高效率的前提。所以，要求创造条件更多地使用，换言之，下述条件不具备或准备不充分时，不宜勉强连续铺装，以免桥面质量、钢筋位置等无法保证。

(1)混凝土桥面铺装应按设计进行，但在现行有关规范中相当薄弱，所以本规程提出可按成功工程的经验确定，原则是针对目前桥面破损较多的现实，结合滑模铺装特点，铺装厚度宜厚不宜薄；配筋宜强不宜弱；切缝宜少不宜多。在桥梁承载力可承受的范围内，提高强度等级，加大配筋量，加强钢筋锚固，目的是整体增强桥面抗扭转、层间抗剪能力、耐疲劳性、耐磨性和抗渗性。

(2)桥头搭板：对双层钢筋网桥头搭板滑模施工细节作了规定，特别是上层钢筋网应按施工布料形式加设箍筋。尽量将桥头将来可能沉降跳车部位的距离加长，所以在桥头部分按脱空桥板设计，有最短边长不应小于10m的规定。桥头跳车是公路上的老大难问题，10m搭板是从防止跳车，同时不过多增加造价来考虑的，对于一般填方路基，效果尚可，但对于工后沉降过大的高填方路基桥头，依然是不够的，还应加长。就是说，填方高度越高，填筑路基的质量越差，可能沉降量越大，搭板的长度应该越长，方可达到利用加长搭板减轻桥头跳车之目的。这个问题目前并未定量研究清楚，这里给出的定性加长搭板保守方式，有一定效果。具体高填方桥头的搭板长度应根据桥头沉降计算结果确定。同时，注意在运

营期间,监视搭板脱空程度及时灌浆处理。

(3)桥面和搭板的混凝土抗压强度与路面混凝土相同,一般强度等级不应小于C35。施工中应注意用于桥面铺装的混凝土中不宜加粉煤灰,更不应加较大掺量的粉煤灰。加粉煤灰的水泥混凝土,细颗粒胶材总量按超掺要求总比水泥混凝土多,收缩变形较大,对桥面抗裂不利,容易产生塑性收缩开裂和硬化裂缝。另一方面,桥面与路面的显著不同点是路面下部是实的,保湿性好,通过毛细管作用,基层乃至路基的水分可以某种程度地保障粉煤灰混凝土持续水化的需要,路面具有一定程度的粉煤灰后期持续水化,增长强度的湿度条件。而桥面下部是空的,铺装层又较薄,水分蒸发较快,不具备使粉煤灰长期持续水化,增长强度的湿度条件。后期强度得不到增长,使用粉煤灰就有害而无益,只会造成更大的开裂概率。施工中应准备并在搅拌楼计算机中输入两个配合比,一个是路面掺粉煤灰的,另一个是桥面不掺粉煤灰的,连续铺装上桥面时可快速切换。

(4)对采用滑模摊铺桥面铺装层的中桥(包括大桥及特大桥),摊铺前应验算桥面板或翼缘承载能力满足总吨位40t的摊铺机行驶作业的要求,并保证其挠度不影响桥面平整度。验算40t摊铺机过桥时引起的跨度10m以上主梁挠度,因桥面卸载回弹,最大不宜超过3mm。刚度不足,挠度较大的桥梁,虽然铺装后用3m直尺测量平整度不高,但车辆行驶时,按其总吨位的大小,会压掉一部分或全部反弹量,其行驶动态平整度高于静态平整度。

(5)具备适宜有效的某种钢筋网上的混凝土布料机械装备。

(6)桥面连续铺装的施工组织程序要调整,桥面先铺,后做护栏,给履带留出行走位置;同时,保证履带不踩空,分幅桥梁,中间应有加固措施。

(7)规定了提前设置好履带上桥的坡道要求和翼缘板保护措施。这是摊铺机上下桥面高台阶的需要。摊铺桥面时,履带行走部位应采用预铺混凝土辅道或木板铺垫,防止破坏锚固钢筋或挂坏履带。

7.6.2 中小桥(涵)面和桥头搭板连续滑模铺装施工

1 桥面基准线设置:桥梁跨度超过10m时,规定了基准线的设置方法。

2 桥面连续滑模铺装:滑模摊铺机应缓慢、匀速、连续不断地摊铺胀缝、搭板、桥面或涵洞盖板。连续摊铺时,胀缝板顶面最高位置仅比路面低2cm,上层钢筋网离路表面为5cm。应旋转或提升振捣棒组在路表面以上位置振捣,并摊铺通过。

3 连续摊铺钢筋混凝土搭板:强调搭板加枕梁或肋梁的总厚度大于45cm时,应采用人工先振捣底部,保证全部密实度和整体性。

4 桥背接缝和伸缩缝位置:给了桥面和桥头搭板的隔离措施和伸缩缝部位的处理办法。

7.6.3 路缘石滑模施工

规定摊铺机施工路缘石的施工方法及细节,尽量整体一次摊铺路面及路缘石。路缘石模具的关键除了前方振捣外,必须有3°左右的挤压喇叭口,方可保证挤压密实度。

7.7 滑模摊铺混凝土路面接缝施工

滑模施工混凝土路面的接缝设置和施工是最复杂的一节,本说明仅对与现行设计和施工规范不同的内容做解释。

7.7.1 纵向接缝

1 纵向缩缝

当滑模摊铺宽度大于两个车道时,设置纵向缩缝,拉杆机械自动插入,切缝法施工假纵缝。

2 纵向施工缝

滑模摊铺宽度小于路面总宽度时,连接摊铺纵向施工缝为平缝加拉杆型,拉杆由人工辅助侧面机械装置插入。

7.7.2 横向接缝

1 横向施工缝

这里将《水泥混凝土路面施工及验收规范》(GBJ 97)中的端头木模板改为钢模板。实际上,目前国内水泥混凝土路面的施工也没有采用木模板的。

2　胀缝设置

(1)胀缝间距:现行设计规范(JTJ 012)仅对构造物、平纵曲线等处的胀缝设置有明确的规定,而对上述位置以外的胀缝规定"宜尽量不设或少设"。规定得很灵活,但不确切,施工中难掌握。本规程补充"按施工季节的气温确定,热天施工,宜不设胀缝;春秋季节施工,宜在两个构造物间距大于等于500m,冬季低温施工,宜在两个构造物间距大于等于350m时,在构造物之间的路面中间位置设一道胀缝。"多年实践证明,这样规定确切,且效果良好。

(2)胀缝钢筋支架:这不仅是滑模连续施工胀缝的需要,而且是胀缝两侧增强抗拉强度,抵抗胀缝拉应力破坏所必需的。胀缝结构的有限元研究计算表明,水泥混凝土路面胀缝很容易早期破坏的重要原因之一是,在胀缝板两侧30~40cm范围内的温度加荷载拉应力已经超过了混凝土的抗拉强度,因此必须加强,而且所有混凝土路面无论施工方式为何,均应按此设置胀缝,胀缝在使用中的内应力与施工方式无关。胀缝构造采用加强钢筋环箍支架夹胀缝板加传力杆型,尽管拉应力超过混凝土抗拉强度的作用宽度为30~40cm,为保险起见,每侧规定为大于等于50cm,当摊铺宽度大于等于7.5m以上时,加工钢筋支架可以从中间断开加工,但安装时,必须保证胀缝板连续,将混凝土完全分隔开。不是每个设计单位都能够进行胀缝的有限元计算,所以将胀缝支架的环箍钢筋的尺寸和数量规定为ϕ12~16mm@20cm,见图7.7.2-3。胀缝板应与路面中心线垂直,整幅路面胀缝位置对应连续,缝壁垂直,缝隙宽度一致,缝中完全不连浆。

(3)桥头搭板胀缝:其加强钢筋支架可与图7.7.2-3相同,钢筋网一侧应与胀缝支架相焊接,每米不少于3个焊接点。也可在双层钢筋混凝土搭板一侧取消胀缝支架,直接焊接在双层钢筋网上,但箍筋数量不得减少。

(4)桥背上部桥面板与搭板之间的隔离伸缩缝:其中无传力杆,中间胀缝板和表面填缝料与其他胀缝相同。这是一条承受冲击破坏最剧烈的接缝,也是破坏最快、最多、修复期最短、返修也最多的接缝,因此,疏忽不得,宜加强结构,减少破坏。当梁跨大于10m时设桥梁伸缩缝,当梁跨小于等于10m时设槽钢或角钢焊接加强胀缝两侧和上边缘,两侧钢筋网均应与槽钢和锚固钢筋相焊接,焊接点不少于每米4个。搭板与桥背之间除设锚固钢筋外,应垫双层沥青油毡。在硬路肩上应全部连续做到边缘。滑模摊铺过后,应软挖或刨掉该部位的混凝土,由人工安装伸缩缝和台背缝的钢结构,并填筑C40级钢纤维混凝土。这一条并未编制在正文中,意味着桥背接缝目前允许按常规方法施工。如果要减少桥背接缝破坏,提高其使用寿命,可按上述方式进行加强。

3　胀缝施工

胀缝滑模施工的技术关键有两条:一是保证钢筋支架和胀缝板位置准确,使滑模摊铺通过时不推移,支架不弯曲,胀缝板不倾斜。要求支架和胀缝板强有力的固定。二是胀缝板上部会提前开裂,来不及硬(双)切缝,已经弯曲断开,缝宽不一致,很难处理。解决的办法是临时软嵌2cm×2cm木条,保持均匀缝宽和边角完好性,直到填缝时,剔除木条(施工车辆通行期间不剔除),粘胀缝橡胶条或填缝。胀缝板及钢筋支架两侧,宜各短于摊铺宽度2~3cm的规定是保证滑模摊铺机的两侧边模板顺利通过钢筋网及其钢筋支架的措施。

4　横向缩缝

本规程规定缩缝应按5m板长等间距布置,不推荐1/6斜缩缝和不等间距的缩缝形式。1991年,我们在河北高碑店试验路上进行过尝试,8年观察表明,斜缩缝锐角很容易断角。按现行设计规范(JTJ 012)的要求,锐角应加角隅钢筋补强,大量的不补强的斜缩缝,必然会在几年内出问题。不等间距缩缝,短板弯拉应力小,长板弯拉应力大,疲劳应力亦如此,长板易断,且使用寿命明显缩短,达不到相同的使用期限。由此从防止断角、保持面板的相同应力水平、达到同样的耐疲劳断裂寿命和耐久性考虑,这两种形式以不设为好。国外设置这两种切缝形式主要从减小行车共振,提高舒适性出发,也决非全设。编者以为,目前在我国,舒适性、路面结构断板和破坏相比,显然保证路面结构的完好性比舒适性更重要。

对于不得已必须在接近构造物部位的路面上调整缩缝间距时,提出最大板长不大于5.5m,最短板长不小于板宽的要求，这一点与现行设计规范（JTJ 012）不同。注意当板宽大于等于板长，最不利荷载位置已经改变到横缝边缘，现有的路面结构应力和板厚计算图式全部失效，不能使用。要尽量保持面板内的低应力水平，保证板厚设计计算时的最不利荷载位置不变化。板长应以5m均匀布置为妥，当面板设计厚度受到投资限制，明显不足时，可采用4.5m的等长缩缝来降低应力水平，抵抗重型交通量和超载破坏。

在超轴载或特重、重交通量的水泥混凝土路面上或渠化交通严重的收费站广场，全部缩缝应设传力杆。传力杆设置方式有两种：一是用滑模摊铺机配备的传力杆自动插入装置在摊铺时植入；二是使用图7.7.2-4b）钢筋定位支架前置法施工。后者传力杆设置精度有保证，但没有布料机的情况下，影响摊铺速度。使用传力杆自动插入装置时，混凝土的坍落度不得大于5cm，在过稀的料中，传力杆位置有可能因自重移位。传力杆插入造成的上部破损缺陷应由振动搓平梁进行彻底修复。

5　传力杆及胀缝板设置精度

对于胀缝、施工缝和缩缝中的传力杆和胀缝板设置精度，结合国外施工规范和我们的研究，提出表7.7.2的规定。观察表明，传力杆设置精度不符合要求时，接缝半年内将被传力杆顶坏。这一条现行施工规范中没有。胀缝快速破坏的原因有两个：一是拉应力超过混凝土的抗拉强度；二是传力杆设置精度不够。通过钢筋支架加强固定和严格控制传力杆和胀缝板设置精度，将达到少设胀缝数量（要设必须设置好），经久耐用，不发生早期破坏之目的。

7.7.3　切缝

目前混凝土路面切缝技术有很大进展，有软切缝机、普通切缝机、支架切缝机等。编者根据我国南北方各地的施工经验观察，给出了在当地日温差条件下，使用哪种方法和切缝深度的表7.7.3。这将有效地减少水泥混凝土路面的施工期断板率。实践已经证明，按此要求严加控制，可以将断板率控制在0.1%以内，《公路工程质量检验评定标准》（JTJ 071）规定的允许值为0.2%。

7.8　滑模摊铺混凝土路面修整

7.8.1　摊铺过程中的修整

摊铺机施工中，一旦发现挤压板后出现了不理想的表面，应尽早在自动抹平板或振动搓平梁之前补充少量砂浆，采用机械装置修整，自动抹平板的压力不可过大，应随摊铺的纵坡变化随时调整。本条款给出了人工修整表面、边缘和接头的详细规定。

人工修整时，除了边角、纵向工作缝可用抹刀外，大面上的修整，应采用抹面宽度不小于2m的抹面抄平器。抹面抄平器可使用铝合金打造的五边形专用工具，也可采用自制的塑料管。禁止表面整体加薄砂浆层修补路面标高。实践证明，薄层砂浆在路面上最迟半年就将脱落。施工接头和起步段应采用水准仪抄平，并用长度3m以上方铝管认真整平。

7.8.2　路面硬化后的修整

路面混凝土硬化后，接头或局部平整度不满足要求，可尽早用最粗级磨头的水磨石机研磨到公路等级的规定平整度。对磨平的宏观构造可用硬刻槽机来恢复，并用凿毛的方法来恢复细观构造。

7.9　抗滑构造施工

7.9.1　抗滑构造的技术要求

抗滑构造深度 TD 采用铺砂法量测，按式（7.2）计算：

$$TD = \frac{1\,000V}{\pi d^2/4} = 31\,831/d^2 \tag{7.2}$$

式中：TD——抗滑构造深度（mm）；

V——砂的体积（$25cm^3$）；

d——摊平砂的平均直径（mm）。

现行质量检验评定标准(JTJ 071)中规定,高速公路和一级公路抗滑构造深度 *TD*≥0.8mm,其他公路 *TD*≥0.6mm。编者增补了前者还应该 *TD*≤1.2mm,后者 *TD*≤1.0mm,这个指标来自机场跑道。我们在施工中发现,抗滑构造深度除了最浅的规定外,还应该有最深的规定。当摊铺机施工操作不正常或混合料过稀时,表层砂浆深度过大,软拉出的宏观抗滑构造最深可达 *TD* = 2.2mm,这种局部路面的过深抗滑构造在路面上呆不住,实际使用半年左右,会整体剪断脱落,这将严重丧失路面平整度,促使冲击坑洞的产生。所以,应该将 *TD* 控制在既满足深度要求,又保证经久耐用的合适范围之内。

有些地区反映,*TD*≥0.8mm 时,刻槽深度须达 4mm 左右,槽口易受硬质粒料挤压损坏。认为槽深 3mm,*TD*≥0.6mm,可显著减少此种损坏并保证抗滑要求。首先,当 *TD*≥0.8mm 时,刻槽深度不一定是 4mm,它还与槽宽和槽间距有关,这三个抗滑构造数据必须有效地相互协调,方可防止由于槽深过大带来的快速损坏问题,达到 0.8mm≤*TD*≤1.2mm 的要求。

针对此问题,编者查阅了多个国家资料,首先 *TD* 这项指标与设计车速、降雨强度、弯道、坡度大小及公路等级有关,英国为0.65 ~ 1.35mm;法国为 1.0mm;德国为 0.5 ~ 0.8mm;西班牙为 0.7 ~ 1.0mm;美国 PCA 规定平均值 0.8mm,最小值 0.5mm 等。对比看来,我国制定的抗滑标准略偏高一点。是否可将高速公路、一级公路抗滑标准定在 0.7mm≤*TD*≤1.0mm,其他公路 0.5mm≤*TD*≤0.8mm,有待抗滑规范重新规定,本规程对此拟暂不变动。各地可通过试验路段积累相关数据,为修订抗滑规范提供依据。

横向摩阻力系数 *SFC* 是用专门摩阻系数车来测量的。

7.9.2 抗滑构造施工

(1)规定滑模摊铺机后软拖麻袋和抹平板抹出的“鱼鳞”形自然细观抗滑构造的施工方法和技术要求。后一种方式之所以允许是因为,一则实测“鱼鳞”形自然细观抗滑构造的侧向摩阻系数基本满足 *SFC*≥0.55 的要求;二则经过我们在湖北黄梅至黄石高速公路上所做的试验研究,软拖麻袋法做细观抗滑构造后,由于麻袋拖行,对表面有所损伤,拖麻后的表面耐磨性比抹平板抹过的“鱼鳞”形细观抗滑构造降低 50% 左右。鉴于这两条理由,本规程规定可使用这种方法。问题是将这种细观抗滑构造控制均匀一致不易做到,这将对拌合物均匀稳定性要求会更高、更严。

(2)软拉宏观抗滑构造的要求:槽深 2 ~ 3mm,槽宽 3 ~ 5mm,槽间距 15 ~ 25mm。每耙(刻)之间距离与槽间距相同,槽深基本均匀。工程量较大,施工速度较快时,宜采用拉毛机施工。

(3)硬刻槽的技术要求。

(4)给出磨平后恢复粗细抗滑构造的方法。

7.10 混凝土路面养生

7.10.1 ~ 7.10.6 规定了滑模摊铺混凝土路面施工养生的各种方式,不同养生方法的做法、养生龄期和保护。滑模施工的水泥混凝土路面要求养生的面积过大,不适宜使用围水养生。现有的养生剂保水率不高,推荐加大喷洒养生剂剂量、喷洒双层养生剂或一层养生剂再覆盖塑料薄膜等养生方式保证养生效果。

粉煤灰水泥混凝土路面更要加强养生,延长养生天数为不少于 28d。这项养生要求是针对粉煤灰水泥混凝土路面只有长期保持湿度,才能获得较高的后期弯拉强度而提出的。

7.11 填缝

7.11.1 一般规定

我国各级公路水泥混凝土路面的接缝必须进行填缝,国外有的地方规定缩缝宽度小于等于 3mm 时不填缝,并有不少专家到中国来宣讲不填缝的做法。根据我国车辆的敞开运输方式,从车上掉下来的杂物很多,其中坚硬的砂石、玻璃、煤炭等将嵌入或灌入接缝,可使老混凝土路面缩缝张开到大于等于20 ~ 25mm。所以,在我国必须使用填缝来保证接缝的宽度,控制接缝口破坏,提高面板间嵌锁和荷载传递能力。

7.11.2 填缝技术要求

(1)保证填缝前接缝清洁干燥:本规程参照美国 ACPA 和欧盟标准采用 3MPa 高压水或压缩空气清除接缝中的砂石杂物和清洗缝槽的做法。强调接缝槽清洗的清洁程度,具体要求是缝壁上擦不出灰尘。

(2)填缝料配制要求:常温填缝料随配随用,加热填缝料应彻底熔化,搅拌均匀,并保温使用。

(3)本规程提出的利用背衬条控制灌缝料的形状系数与国外不同,美国 ACPA 提出的灌缝形状系数(灌缝部分的深宽比)不大于 1,又要达到防水密封效果,所以推荐使用双面台阶锯片将缝口做成扩大台阶形状,口宽 8 ~ 12mm,主要从填缝老化后变形能力不够,防止开裂透水角度出发。由于我国路面上杂物过多,扩口会嵌进更大、更硬的石子,造成更宽大的接缝并顶坏缝口,同时大大地削弱面板间嵌锁和荷载传递能力。两弊之中取其轻,编者认为,路面板之间传荷结构性能和保证缝口的完好性比填缝料本身老化抗裂性更为重要,填缝料是为路面服务的,其性能不够理应提高其技术标准,改进性能,达到路面使用要求,绝不可本末倒置,使路面结构迁就落后的填缝料性能。此外,填缝料即使开裂失效亦不可怕,只要加强养护工作,清除后重新灌好即可,但接缝口一旦局部少量破坏后,将很难养护和修复。由此提出我国不做台阶口,用 3 ~ 4mm 宽单锯片切缝,不断开时缝宽大致为 4 ~ 5mm,断开后 5 ~ 7mm。直接压背衬条,然后将形状系数控制在 2 ~ 4,正常灌缝深度 20 ~ 30mm,最浅不得小于 20mm。高速公路、一级公路应使用树脂和橡胶类填缝材料,二、三级公路可用沥青和胶泥类填缝材料,但后两类填缝料最浅不得小于 30mm。经接缝张开的拉伸量、变形、脱粘和开裂计算,仅《公路水泥混凝土路面接缝材料》(JT/T 203)中加热施工填缝料低弹性、低温拉伸量大于 5mm 一项不满足要求外(修改为大于 10mm 后,满足要求),其他均可达到上述填缝低温变形要求。

施工时先用滚轮将背衬泡沫塑料垫条挤压到所要求填缝料规定的均匀深度。缩缝使用背衬泡沫塑料垫条的目的是保证所灌填缝料深度均匀,保证填缝料形状满足该填缝料不断裂、不脱粘的使用要求。

7.11.3 嵌缝条施工

根据工程已经使用嵌缝胶条的情况,本规程增加了缩缝和胀缝嵌缝预制橡胶条的规定,并且使用嵌缝胶条要求清洁并牢固黏结。实践证明,仅插入但不清洁或不黏结,使用中存在切缝浆硬化其中,密封不住,固定不牢,要么压入很深,要么丢失等一系列问题。总而言之,不清洁接缝不行,连泥带水插入胶条的接缝性能很差。不黏结也不行,不黏结要使嵌缝条不下压必须做成台阶接缝,而扩宽的台阶接缝(单面台阶也过宽)又是我们不主张使用的,嵌入硬物后的使用效果很差。

7.11.4 纵缝填缝

纵向缩缝填缝应与横向缩缝相同。各级公路高填方(路基高度大于等于 10m)路段、桥面、桥头搭板部位的纵向施工缝在涂沥青的基础上,还应切缝并灌缝。这是对特殊路段的双重防水保护措施。其目的是要保证这些部位的纵缝尽量少渗水到桥面及易沉降变形的高填方和桥头路基和基层中去。施工观察表明,桥面铺装渗水,对桥梁混凝土溶蚀、冰冻、盐冻、碱集料反应和钢筋锈蚀危害很大;高填方路基和桥头渗水,会加速和加大这些部位的工后不均匀沉降变形,促使纵横缝张开位移量增大。所以,要求更严格的双重防水密封措施。一般路段,已在面板上半部分涂饱满沥青的纵向施工缝可不切缝填缝。

7.12 特殊气候条件下施工

7.12.1 一般规定

应有专人及时准确接收和报告气象预报,不得在有降雨、大风和寒流侵袭时,强行开工摊铺水泥混凝土路面。

7.12.2 特殊气候条件的滑模施工应符合下述规定:

1 雨天施工

应当明确,当降雨影响路面质量时,应停止施工,明知降雨不应开工。本条款主要是针对摊铺中遭遇降雨而制定的。要求遮盖刚铺好的路面免遭雨水冲刷。规定已遭受降雨冲刷的路面,按平整度破坏程度不同,采取研磨平整、硬刻槽或铲除重铺措施。

2 刮风天施工

刮风天施工关键是采取有效防止塑性收缩裂缝的措施，见表7.12.2。防止塑性收缩开裂的基本措施有三项：

(1)尽早喷足量养生剂阻止蒸发。

(2)在不压坏抗滑构造的前提下，既喷大量养生剂，又尽快用塑料薄膜覆盖，阻断蒸发。

(3)保证平整度的机械抹面，压缩掉因快速蒸发形成的混凝土路面体积收缩量，略压低(1～2mm左右)表面厚度，可消除平面开裂。再喷足量养生剂，麻袋、草袋重覆盖，并保证抗滑构造。

经过开裂蒸发率的实地路面测量，编者将要采取防裂措施的开裂临界蒸发率定在0.5kg/(h·m^2)[实测开裂最小值为0.53(kg/h·m^2)]，风速5m/s左右，而不是国外标准的1.0kg/(h·m^2)，风速大于6m/s。大风天，不允许上很多人工重新手工抹面，丢失滑模施工出的优良路面平整度。经过计算，路面发生塑性收缩开裂的混凝土路表面体积收缩量为0.5%～1%之间，只要能够将表面压低1～2mm，就可保证不再发生塑性收缩开裂。如果不管多大风速的天气下强制施工，必须装备整个横断面的斜压辊或人乘坐式专用抹面机。这样抹面的结果致使水泥混凝土路表面刮风天迅速硬化，无法软做粗细两级抗滑构造，必须采取钢丝刷刷出细观抗滑构造和硬刻出宏观抗滑构造的措施保证高等级公路所要求的粗细两级纹理和粗糙度。

3　热天施工

规定夏季热天施工的降温、新拌混凝土保塑和防止温度裂缝措施。保持混凝土拌合物温度不超过35℃是控制面板温度开裂的关键。措施包括避开高温时间、砂石料遮盖、使用冷水或冰屑水、降低水泥温度和水化热等，同时应进行路面温度监测。

4　冬季施工

按实际冬季负温滑模混凝土路面施工的研究成果，规定在负温条件下，采用覆盖保温措施时的极限天气负温为-3℃以上；采用混凝土防冻剂和覆盖保温措施时的极限负温为-10℃。气温低于-10℃，不得进行滑模摊铺水泥混凝土路面施工。要求优选防冻剂，使用R型水泥和用量较大的425号水泥，不掺粉煤灰，并覆盖保温养护至达到抗冻临界抗折强度1MPa，最短21d。

8 施工质量管理与检查验收

由于水泥混凝土路面滑模摊铺技术在国内是正在进行推广的新技术,为了保证使该项新技术具有高质量、大规模、快速度和高效益,一开始就应形成良好的管理制度、技术传统和规矩,加强施工质量管理和检查验收显得极端重要。因此,编者参照质量控制技术相当成熟完备的《沥青路面施工及验收规范》(GBJ 92—96)中的这个章节的编制模式,结合滑模机械施工的具体质量检验的技术特点,对这一章从份量到内容均进行了加强和突出。希望通过严格质量管理和检查控制,使我国的滑模摊铺水泥混凝土路面质量越做越好,并且迅速跟进和使用国际上滑模施工的最新装备和最先进的施工技术,使该新技术的推广使用面越来越宽广,技术水平越来越高,系统操作控制越来越熟练和规范,改善水泥混凝土路面的形象,使其真正实现优质高效,发挥其优化我国资源配置和对国民经济巨大的带动作用。

8.1 一般规定

8.1.1~8.1.3 规定应建立全面质量管理保证体系和各项规章制度、监理制度。叙述本章其他各节的编写内容。

8.2 施工前材料与设备采购检查

8.2.1~8.2.3 编写施工前对所有原材料的调研优选确定、配合比试验验证、审批采购及储存保管的要求。

8.2.4 设备采购和检查验收

规定大型滑模摊铺机和搅拌楼等应公开招标采购。新设备到场后,应逐项检查验收,安装调试。搅拌楼应通过法定计量单位的计量标定,应对搅拌站及水泥混凝土路面滑模摊铺机械和设备的配套情况、性能、计量精度等进行全面检查。搅拌楼和滑模摊铺机经摊铺试验路段检验,达到生产能力和全部质量指标,方可验收通过,进行支付。这条对于首次采用滑模施工技术的单位很重要,我国不少施工单位限于滑模装备知识欠缺,采购到手的设备经常是施工功能和配件不齐全,到试铺时才发现缺这少那,有些必需的功能没有,再进行配备,要到国外厂家取得,既耽误工期,又增大了投入。

8.3 铺筑试验路段

8.3.1 一般规定

规定所有公路滑模摊铺水泥混凝土路面工程,均必须铺筑试验路段,并不少于200m。高速公路、一级公路宜在主线外试摊铺。没有做过的施工单位无论摊铺哪级公路都应做试验路段。做过的单位,由于原材料和混凝土配合比发生了变化,需要检验,同时摊铺机上设定工作参数也必须依据新情况进行调整,所以,均无一例外要求摊铺试验路段。

8.3.2 铺筑试验路段的目的

全面检验整套施工工艺中的每个施工环节、工艺流程、施工组织、进度计划、生产指挥,并进行技术和操作实地培训。

8.3.3 总结试铺效果

目的是发现问题,改进不足,为正式滑模摊铺做好更充分准备。其次,进行试验路段的质量认可和报批。

8.4 施工中的质量管理与检查

8.4.1 一般规定

1 必须得到开工令方可开工。

2 规定建立施工单位自检、监理检验和政府质量监督三级质量保障体系。

3 施工单位自检原材料、混合料及混凝土路面的检验项目和频率按表8.2.3和表8.4.1要求进行。监理工程师或质量监督人员亦应进行抽检或旁站监督，对施工单位的检验结果进行检查认定。当施工、监理、监督人员发现异常情况，应追加试验检查。

本规程从滑模摊铺混凝土路面使用的水泥数量很大的实际情况出发，规定施工批量检验水泥抗折强度和安定性频率为1 500t为一批，水泥其他技术指标和其他材料批量检验要求详见表8.2.3。检验工作量似乎很大，实际上仅相当于摊铺宽8m、日进度800m路面2~3d的水泥总用量，单幅路面4~6d的用量。另一方面，在我国高速公路、一级公路水泥混凝土路面施工中，一般情况下都由建设方指定了当地质量好、信誉高的大型旋窑水泥厂及砂石料场，并按路用品质要求签订了技术指标合同，其水泥质量的稳定性和可靠程度较高。在此基础上，检验批量的规定既要确保质量，又要兼顾施工单位有试验设备并可实际做到的工作量。

4 本条款规定了施工单位对钢材质量和绑扎要求。

5 施工单位对搅拌楼生产的混合料必检项目的规定。新拌混凝土匀质性要求是：每台搅拌楼之间和一台搅拌楼前后生产的混合料，坍落度差别小于等于±10mm。规定不合格混合料特别是干料必须改作它用，不得上路摊铺。

8.4.2 关键技术指标的检验

规定了水泥混凝土路面的三大质量指标即平整度、弯拉强度、板厚以及其他指标的检验要求、技术标准和检验频率。

1 本规程规定3m直尺平整度作为滑模施工质量控制检测项目；动态平整度作为竣工验收的质量评定依据。3m直尺检测平整度，只反映小波长的不平整度，不反映大波长，只能作为施工过程质量控制的检测项目。用平整度仪检测动态平整度，精度较高，能较客观地反映路面在行车过程中平整度的实际情况。作为滑模摊铺设计时速很高的高速公路、一级公路混凝土路面施工技术的配套检测手段，确定用动态平整度仪检测的结果作为竣工验收时工程质量的评定依据是合理的。

2 本规程在检验弯拉强度上有下述明确规定：混合料是搅拌楼生产过程中随机取得的；试件的成形方式应为标准振动台，而不可使用振捣棒；试件为标准尺寸，养生方式为标准养生；检验频率是高速公路、一级公路每工作班日进度小于等于500m留2组，500~1 000m取3组；大于等于1 000m取4组；其他公路略少，见表8.4.1。28d先测弯拉强度，再测断头抗压强度，作参考。要求每公里路段采用弯拉强度平均值、最小值和统计偏差系数三参数评价，弯拉强度的偏差系数不应大于12%。

试件制作不允许用振捣棒和简易振动板振动成形是由于试验中发现，振捣棒插入形成的振捣孔会严重降低混凝土的嵌锁能力，对混凝土弯拉强度影响很大；简易自制振动板的振捣能量无法得到有效控制，振捣烈度不够亦对弯拉强度有很大的影响。规定采用标准条件养生试件对于空调日益普及的现在，在搅拌站建设标准养生房间不成问题，但可以排除养生不规范对弯拉强度带来的不良影响。滑模施工路面实际弯拉强度，由于其振捣频率高10倍左右，即使试件放在路面上，养生条件完全相同，其比振动台成形的试件弯拉强度偏高10%左右。应该注意到本规程规定的方法是标准试验方法，虽振捣不及路面，但养生条件更好，两者相抵，比较接近路面真实弯拉强度数值。

3 本规程介绍了在滑模摊铺前，利用基准线检测控制路面摊铺板厚的方法和开工程序。目的是杜绝摊铺过后，因平均板厚薄1cm而返工重铺，要将路面板厚不足的问题消灭在摊铺之前。

8.4.3~8.4.4 为检测资料整理、管理和编制方式。要求保存照片和录像资料。

8.5 交工验收阶段的工程质量检查验收

8.5.1 申请交工验收

规定施工单位全线交工验收的要求,提供交工验收齐全的资料和报告。

8.5.2 交工验收要求

规定政府质量监督和监理在交工验收时的检验要求,弯拉强度、平整度和板厚的检验标准及出现问题的处置办法。

1 规定弯拉强度偏小,每公里3个岩芯,石灰岩、花岗岩碎石混凝土,测劈裂强度用公式(8.5.2)换算弯拉强度,用平均值、最小值和偏差系数三项指标进行最终评定。注意:当碎石的种类不是上述两种岩石时,公式(8.5.2)不宜使用,只能作参考。在实际工程中应用公式(8.5.2)时发现,该公式是10多年前的统计结果,当时的混凝土弯拉强度普遍偏小,用其推算的弯拉强度结果偏大,平均比小梁弯拉强度偏高6%~10%,但比较接近滑模摊铺混凝土路面切取的小梁弯拉强度,最大仅略低4%左右。

当采用砾石混凝土时,用钻芯劈裂强度 f_{sp} 推算弯拉强度 f_c 时,可参考式(8.1)计算:

$$f_c = 1.607 + 1.035 f_{sp} \tag{8.1}$$

由于我国实际工程中水泥、集料、含泥量等原材料和配合比的变化较大,用式(8.5.2)、式(8.1)推算其弯拉强度结果均会有一定出入,因此,本规程同时规定"高速公路、一级公路应通过试验得到各自工程的统计公式"。特别是当岩芯弯拉强度不足,要求返工时,最有说服力的是各自工程的统计公式计算结果或直接从路面上切取的小梁实测结果。

2 动态平整度欠佳部位的处理措施。

3 为板厚的评判和返工标准。

除了一系列技术指标满足要求外,编者建议按路面施工标段全部行车道的动态平均平整度指标的奖惩标准见表8.1。美国在高速公路水泥混凝土路面上对此有明确的规定,他们采用加州平整度仪测量,合格标准是颠簸累计值 ε 每英里(mi)小于等于10英寸(in),其奖惩标准也列在表8.1。由于施工质量的奖惩属于建设管理部门的职责,不属于技术规程的范畴。所以,此建议只能列在条文说明中,供参考。

表8.1 动态平整度的奖惩标准

美国	$\varepsilon>20$in/mi	$\varepsilon\leqslant15$in/mi	$\varepsilon\leqslant12$in/mi	$\varepsilon\leqslant10$in/mi	$\varepsilon\leqslant5$in/mi	$\varepsilon\leqslant3$in/mi
	返工重铺	罚扣10%	罚扣5%	合格,全额支付	奖励5%	奖励10%
中国建议	$\delta>2.2$	$1.8<\delta\leqslant2.2$	$1.5<\delta\leqslant1.8$	$\delta\leqslant1.5$	$1.5<\delta\leqslant1.0$	$1.0<\delta\leqslant0.6$
	返工重铺	罚扣10%	罚扣5%	合格,全额支付	奖励5%	奖励10%

注:①美国采用的是加州平整度仪连续检测的颠簸累计绝对值 ε;我国采用的是连续检测的颠簸累计方差 δ,按每100m计算,两者之间没有定量换算关系。

②该表仅指高速公路、一级公路。执行该奖惩标准的前提是除平整度外的其他所有路面技术指标均达到相应等级公路的要求。奖励和惩罚比例按照水泥混凝土面板工程总造价计算。

8.6 工程施工总结

8.6.1~8.6.4 规定水泥混凝土路面滑模施工总结的项目、要求、内容等细节。特别对首次使用的单位提出了认真总结经验和编写试验研究报告的要求。这将有利于通过不断总结经验,尽快提高使用滑模新技术的水平。竣工验收的标准应按《公路工程质量检验评定标准》(JTJ 071)的规定进行。

9 安全生产

9.0.1 一般规定

施工中应树立安全第一的思想,建立健全安全生产制度。

9.0.2 滑模施工安全生产规定

1~5 分别规定在搅拌楼、运输车辆、布料机械、摊铺机整个施工和操作过程中的安全注意事项。

9.0.3~9.0.5 对交通安全、用电安全、安全防护、消防设施及防止失窃提出明确要求。

在技术规程中制定详细的安全生产条款,似乎与纯技术有些脱离。由于滑模施工是大型机械新型技术,比人工用小型机具施工水泥混凝土路面时的危险性大得多,且一般施工单位均缺乏安全使用经验,往往对其安全生产缺乏警惕,安全防护措施不得力或重视不够。实际施工中已经发生过几起人身伤亡事故。为了杜绝再发生此类情况,在本规程中特别增设这一章。实践证明,这些安全生产规定对于保证施工正常进行和建设质量都是必不可少的。

JTG

中华人民共和国行业标准　　　　JTG F40—2004

公路沥青路面施工技术规范

Technical Specifications for Construction of Highway Asphalt Pavements

5

2004-09-04 发布　　　　2005-01-01 实施

中华人民共和国交通部发布

中华人民共和国交通部公告

第24号

关于发布《公路沥青路面施工技术规范》（JTG F40—2004）的公告

现发布《公路沥青路面施工技术规范》（JTG F40—2004），自2005年1月1日起施行，原《公路沥青路面施工技术规范》（JTJ 032—94）与《公路改性沥青路面施工技术规范》（JTJ 036—98）同时废止。

《公路沥青路面施工技术规范》（JTG F40—2004）由交通部公路科学研究所主编，标准的管理权和解释权归交通部，日常的具体解释和管理工作由交通部公路科学研究所负责。

请各有关单位在实践中注意积累资料，总结经验，及时将发现的问题和修改意见函告交通部公路科学研究所（北京海淀区西土城路8号，邮政编码：100088），以便修订时参考。

特此公告。

中华人民共和国交通部

二〇〇四年九月四日

前　言

原中华人民共和国行业标准《公路沥青路面施工技术规范》(JTJ 032—94)(以下简称原《规范》)于1994年6月7日发布,1994年12月1日实施,它在保证沥青路面的建设质量方面起到了重要的作用。但是我国公路建设的发展速度很快,1994年规范发布时,我国高速公路还刚刚起步,1993年仅建成通车里程1130km。到2003年底,高速公路的通车里程已经接近3万公里,其中绝大多数是沥青路面。在交通快速发展的新形势下,国内外公路建设发生了许多新的变化:国际上随着美国SHRP研究成果Superpave™及欧洲CEN沥青及沥青混合料研究成果的发表,世界各国对沥青路面的研究都更深入,得出了许多十分重要的新成果,不少国家对相关规范进行了适当的修改,并且新的筑路机械、新的施工工艺都不同程度地影响到我国;而在国内,通过国家科技攻关等一系列科学研究及长期的施工实践,对沥青路面的各方面都有了新的认识。原《规范》已跟不上公路建设的需要,为了适应新的要求,再次对它进行修订,制定了《公路沥青路面施工技术规范》(JTG F40—2004)(以下简称本《规范》)。

为了对与规范相关的主要技术问题进行研究,交通部先后组织开设了一系列研究专题,包括"沥青混合料矿料级配及配合比设计方法的修订"、"沥青路面透水测定方法及指标要求"、"重载交通沥青路面材料试验标准(GTM对比)"、"高速公路沥青路面抗滑技术标准"、"沥青混合料水稳定性评价指标"、"道路用乳化沥青技术要求的修订"等。许多省、市、自治区也开设了相关的研究专题,均取得了许多有重要价值的成果,为规范的修订提供了技术依据。同时,本《规范》与相关规范的修订也进行了充分的协调。

因此,本《规范》是在原《规范》的基础上,合并了《公路改性沥青路面施工技术规范》及《公路沥青玛蹄脂碎石路面技术指南》的相关内容,并针对主要技术问题开展了科学研究与试验验证工作,充分吸收了各专题的研究成果,经广泛征求意见后制定的。

本次修订的主要内容有:

(1)在"八五"国家科技攻关成果的基础上,提出了新的道路沥青标准和沥青路面的气候分区;提出了按照当地气候条件及交通情况(公路等级)选择沥青标号的方法。

(2)在总则中强调了几个与早期病害有关的措施,如防治层间污染、保证合理施工工期等。

(3)在材料部分全面修订了道路石油沥青、乳化沥青技术要求,局部修订了集料技术要求。

(4)针对改性沥青和SMA方面的一些特殊要求进行了补充完善。

(5)明确了三层矿料级配范围的意义,提出了规范矿料级配范围和调整矿料级配范围的原则。

(6)完善了沥青混合料配合比设计方法,调整了马歇尔试验配合比设计方法及设计指标、标准,修订了确定最佳沥青用量的方法,统一了空隙率等体积指标的计算方法。

(7)修订并补充了沥青混合料配合比设计检验方法和技术要求,增加了渗水性检验指标。

(8)调整了不同粒径混合料的适宜压实层厚度,不同层位的沥青混合料种类、规格;明确施工期间需要对设计结构、使用材料进行审查和监督,予以确认。

(9)在施工工艺部分,主要修订了对拌和厂的要求,提出了过程控制、总量检验的方法,增加了提高路面平整度的措施,强调了摊铺宽度限制和加强轮胎压路机压实等内容,同时强调了在冬季施工及雨季施工需要注意的问题。

(10)修改了透层、黏层、封层的内容,将封层部分移入表面处治一章中,并增补了有关稀浆封层、微表处等新型结构的内容。

(11)提出了对钢桥面铺装的基本要求。

(12)修订了施工质量检验指标、频度、方法,增补了密水性(渗水系数)要求,强调压实度检验主要是工艺控制。

本次修订时重点对高速公路、一级公路路面提出了更高的要求。许多条款对不同等级的公路提出了不同的要求。

各单位和个人对本《规范》有何意见或建议,可与规范编制单位联系,以便下次修订时参考。

主 编 单 位:交通部公路科学研究所

主要起草人:沈金安、李福普、陈 景

目　次

1 总则

1.0.1 为贯彻“精心施工、质量第一”的方针，保证沥青路面的施工质量，特制定本规范。

1.0.2 本规范适用于各等级新建和改建公路的沥青路面工程。

1.0.3 沥青路面施工必须符合国家环境和生态保护的规定。

1.0.4 沥青路面施工必须有施工组织设计，并保证合理的施工工期。沥青路面不得在气温低于10℃（高速公路和一级公路）或5℃（其他等级公路），以及雨天、路面潮湿的情况下施工。

1.0.5 沥青面层宜连续施工，避免与可能污染沥青层的其他工序交叉干扰，以杜绝施工和运输污染。

1.0.6 沥青路面建设应满足公路交通条件及工程所在地的气候条件的需要，气候分区按附录A的分区执行。

1.0.7 沥青路面施工应有良好的劳动保护，确保安全。沥青拌和厂应具备防火设施，配制和使用液体石油沥青的全过程严禁烟火。使用煤沥青时应采取措施防止工作人员吸入煤沥青或避免皮肤直接接触煤沥青造成身体伤害。

1.0.8 沥青路面试验检测的实验室应通过认证，取得相应的资质，试验人员持证上岗，仪器设备必须检定合格。

1.0.9 沥青路面工程应积极采用经试验和实践证明有效的新技术、新材料、新工艺。

1.0.10 沥青路面施工除应符合本规范外，尚应符合国家颁布的现行有关标准、规范的规定。特殊地质条件和地区的沥青路面工程，可根据实际情况，制订补充规定。各省、市、自治区或工程建设单位可根据具体情况，制订相应的技术指南，但技术要求不宜低于本规范的规定。

2 术语、符号、代号

2.1 术语

2.1.1 沥青结合料 Asphalt binder, Asphalt cement

在沥青混合料中起胶结作用的沥青类材料(含添加的外掺剂、改性剂等)的总称。

2.1.2 乳化沥青 Emulsified bitumen(英), Asphalt emulsion, Emulsified asphalt(美)

石油沥青与水在乳化剂、稳定剂等的作用下经乳化加工制得的均匀沥青产品,也称沥青乳液。

2.1.3 液体沥青 Liquid bitumen(英), Cutback asphalt(美)

用汽油、煤油、柴油等溶剂将石油沥青稀释而成的沥青产品,也称轻制沥青或稀释沥青。

2.1.4 改性沥青 Modified bitumen(英), Modified asphalt cement(美)

掺加橡胶、树脂、高分子聚合物、天然沥青、磨细的橡胶粉,或者其他材料等外掺剂(改性剂)制成的沥青结合料,从而使沥青或沥青混合料的性能得以改善。

2.1.5 改性乳化沥青 Modified emulsified bitumen (英), Modified asphalt emulsion(美)

在制作乳化沥青的过程中同时加入聚合物胶乳,或将聚合物胶乳与乳化沥青成品混合,或对聚合物改性沥青进行乳化加工得到的乳化沥青产品。

2.1.6 天然沥青 Natural bitumen (英), Natural asphalt(美)

石油在自然界长期受地壳挤压、变化,并与空气、水接触逐渐变化而形成的,以天然状态存在的石油沥青,其中常混有一定比例的矿物质。按形成的环境可以分为湖沥青、岩沥青、海底沥青、油页岩等。

2.1.7 透层 Prime coat

为使沥青面层与非沥青材料基层结合良好,在基层上喷洒液体石油沥青、乳化沥青、煤沥青而形成的透入基层表面一定深度的薄层。

2.1.8 黏层 Tack coat

为加强路面沥青层与沥青层之间、沥青层与水泥混凝土路面之间的黏结而洒布的沥青材料薄层。

2.1.9 封层 Seal coat

为封闭表面空隙、防止水分侵入而在沥青面层或基层上铺筑的有一定厚度的沥青混合料薄层。铺筑在沥青面层表面的称为上封层,铺筑在沥青面层下面、基层表面的称为下封层。

2.1.10 稀浆封层 Slurry seal

用适当级配的石屑或砂、填料(水泥、石灰、粉煤灰、石粉等)与乳化沥青、外掺剂和水,按一定比例拌和而成的流动状态的沥青混合料,将其均匀地摊铺在路面上形成的沥青封层。

2.1.11 微表处 Micro-surfacing

采用适当级配的石屑或砂、填料(水泥、石灰、粉煤灰、石粉等)与聚合物改性乳化沥青、外掺剂和水按一定比例拌和而成的流动状态的沥青混合料,将其均匀地摊铺在路面上形成的沥青封层。

2.1.12 沥青混合料 Bituminous mixtures(英), Asphalt mixtures(美)

由矿料与沥青结合料拌和而成的混合料的总称。按材料组成及结构分为连续级配、间断级配混合料。按矿料级配组成及空隙率大小分为密级配、半开级配、开级配混合料。按公称最大粒径的大小可分为特粗式(公称最大粒径大于31.5mm)、粗粒式(公称最大粒径等于或大于26.5mm)、中粒式(公称最大粒径16mm或19mm)、细粒式(公称最大粒径9.5mm或13.2mm)、砂粒式(公称最大粒径小于9.5mm)沥青混合料。按制造工艺分为热拌沥青混合料、冷拌沥青混合料、再生沥青混合料等。

2.1.13 密级配沥青混合料 Dense-graded bituminous mixtures(英), Dense-graded asphalt mixtures (美)

按密实级配原理设计组成的各种粒径颗粒的矿料与沥青结合料拌和而成,设计空隙率较小(对不同交通及气候情况、层位可作适当调整)的密实式沥青混凝土混合料(以 AC 表示)和密实式沥青稳定碎石混合料(以 ATB 表示)。按关键性筛孔通过率的不同又可分为细型、粗型密级配沥青混合料等。粗集料嵌挤作用较好的也称嵌挤密实型沥青混合料。

2.1.14 开级配沥青混合料 Open-graded bituminous paving mixtures(英),Open-graded asphalt mixtures(美)

矿料级配主要由粗集料嵌挤组成,细集料及填料较少,设计空隙率为 18% 的混合料。

2.1.15 半开级配沥青碎石混合料 Half(Semi)-open-graded bituminous paving mixtures(英)

由适当比例的粗集料、细集料及少量填料(或不加填料)与沥青结合料拌和而成,经马歇尔标准击实成型试件的剩余空隙率在 6% ~12% 的半开式沥青碎石混合料(以 AM 表示)。

2.1.16 间断级配沥青混合料 Gap-graded bituminous paving mixtures(英),Gap-graded asphalt mixtures(美)

矿料级配组成中缺少 1 个或几个粒径档次(或用量很少)而形成的沥青混合料。

2.1.17 沥青稳定碎石混合料(简称沥青碎石) Bituminous stabilization aggregate paving mixtures(英),Asphalt-treated permeable base(美)

由矿料和沥青组成具有一定级配要求的混合料,按空隙率、集料最大粒径、添加矿粉数量的多少,分为密级配沥青稳定碎石(ATB)、开级配沥青碎石(OGFC 表面层及 ATPB 基层)、半开级配沥青碎石(AM)。

2.1.18 沥青玛蹄脂碎石混合料 Stone mastic asphalt (英),Stone matrix asphalt (美)

由沥青结合料与少量的纤维稳定剂、细集料以及较多量的填料(矿粉)组成的沥青玛蹄脂填充于间断级配的粗集料骨架的间隙,组成一体的沥青混合料,简称 SMA。

2.2 符号及代号

本规范各种符号、代号以及意义详见表 2.2。

表 2.2 符号及代号

编号	符号或代号	意义
2.2.1	A	道路石油沥青
2.2.2	T	道路煤沥青
2.2.3	PC	喷洒型阳离子乳化沥青
2.2.4	BC	拌和型阳离子乳化沥青
2.2.5	PA	喷洒型阴离子乳化沥青
2.2.6	BA	拌和型阴离子乳化沥青
2.2.7	AL(R)	快凝液体石油沥青
2.2.8	AL(M)	中凝液体石油沥青
2.2.9	AL(S)	慢凝液体石油沥青
2.2.10	HMA	热拌沥青混合料,Hot Mix Asphalt 之略语
2.2.11	AC	密级配沥青混凝土混合料,分为粗型和细型两类
2.2.12	SMA	沥青玛蹄脂碎石混合料,Stone Matrix Asphalt(或 Stone Mastic Asphalt)之略语
2.2.13	OGFC	大孔隙开级配排水式沥青磨耗层,如欧洲的 PFC(Porous Friction Course),PEM (Porous European Mixes),美国、日本的 OGFC(Open-graded Friction Courses)等之略语
2.2.14	ATB	密级配沥青稳定碎石混合料
2.2.15	ATPB	铺筑在沥青层底部的排水式沥青稳定碎石混合料
2.2.16	AM	半开级配沥青碎石混合料
2.2.17	ES	乳化沥青稀释封层沥青混合料

编　号	符号或代号	意　义
2.2.18	OAC	沥青混合料的最佳沥青用量,Optimum Asphalt Content 之略语
2.2.19	MS	马歇尔稳定度
2.2.20	FL	马歇尔试验的流值
2.2.21	γ_{se}	沥青混合料中合成矿料的有效相对密度
2.2.22	γ_{sb}	沥青混合料中矿料的合成毛体积相对密度
2.2.23	γ_{sa}	沥青混合料中矿料的合成表观相对密度
2.2.24	P_a	沥青混合料的油石比
2.2.25	P_b	沥青混合料中的沥青含量
2.2.26	P_{be}	沥青混合料中的有效沥青用量
2.2.27	C	集料的沥青吸收系数
2.2.28	γ_b	沥青的相对密度
2.2.29	γ_t	沥青混合料的最大理论相对密度
2.2.30	FB	沥青混合料的粉胶比(0.075mm 通过率与有效沥青含量的比值)
2.2.31	VV	压实沥青混合料的空隙率,即矿料及沥青以外的空隙(不包括矿料自身内部的孔隙)的体积占试件总体积的百分率,Volume of Air Voids 之略语
2.2.32	VMA	压实沥青混合料的矿料间隙率,即试件全部矿料部分以外的体积占试件总体积的百分率,Voids in Mineral Aggregate 之略语
2.2.33	VFA	压实沥青混合料中的沥青饱和度,即试件矿料间隙中扣除被集料吸收的沥青以外的有效沥青结合料部分的体积在 VMA 中所占的百分率,Voids Filled with Asphalt 之略语
2.2.34	VCA	粗集料骨架间隙率,Percent Air Voids in Coarse Aggregate 之略语
2.2.35	VCA_{mix}	压实沥青混合料的粗集料骨架间隙率,即试件的粗集料骨架部分以外的体积占试件总体积的百分率,Voids in Coarse Aggregate of Asphalt Mix 之略语
2.2.36	VCA_{DRC}	捣实状态下的粗集料松装间隙率,Voids in Coarse Aggregate 之略语
2.2.37	DS	沥青混合料车辙试验的动稳定度,Dynamic Stability 之略语
2.2.38	EVT	等黏度温度,Equi-Viscous Temperature 之略语
2.2.39	COC	沥青的克利夫兰杯开式闪点,Cleaveland Open-Cup Method 之略语
2.2.40	TOC	沥青的泰格杯开式闪点,Tag Open -Cup Method 之略语
2.2.41	PSV	石料磨光值,Polished Stone Valve 之略语
2.2.42	FB(BPN)	用摆式仪测定的路面摩擦系数摆值,其单位 BPN 是 British Pendulum(Tester) Number 之略语
2.2.43	TFOT	沥青的薄膜加热试验,Thin Film Oven Test 之略语
2.2.44	RTFOT	沥青的旋转薄膜加热试验,Rolling Thin Film Oven Test 之略语
2.2.45	PI	沥青的针入度指数,Penetration Index 之略语
2.2.46	CL	动态质量管理图上质量指标的平均值
2.2.47	UCL	动态质量管理图上质量控制的上限值
2.2.48	LCL	动态质量管理图上质量控制的下限值
2.2.49	QC/QA	质量控制和质量保证,施工质量管理体系
2.2.50	PMB(或 PMA)	聚合物改性沥青,Polymer Modified Bitumen(或 Asphalt)的略语
2.2.51	CR	聚氯丁二烯(氯丁橡胶),Polychloroprene 之略语
2.2.52	EVA	乙烯—醋酸乙烯共聚物,Ethyl-Vinyl-Acetate 之略语
2.2.53	PE	聚乙烯,Polyethylene 之略语

续上表

编　号	符号或代号	意　义
2.2.54	LDPE	低密度聚乙烯,Low Density Polyethylene 之略语
2.2.55	SBR	苯乙烯—丁二烯橡胶(丁苯橡胶),Styrene-Butadiene-Rubber 之略语
2.2.56	SBS	苯乙烯—丁二烯—苯乙烯嵌段共聚物,Styrene-Butadiene-Styrene Block Copolymer 之略语
2.2.57	Superpave	美国 SHRP(Strategic Highway Research Program)沥青混合料配合比设计体系的注册名称,Superior Performing Asphalt Pavements 之略语
2.2.58	PG	美国沥青路用性能分级规格,Performance Graded 之略语
2.2.59	SGC	沥青混合料搓揉压实试验机,Superpave Gyratory Compactor 之略语
2.2.60	GTM	美国工程兵旋转压实剪切实验机,用于沥青混合料的配合比设计,Gyratory Testing Machine 之略语

3 基层

3.0.1 沥青面层施工前应对基层进行检查,基层质量不符合要求的不得铺筑沥青面层。

3.0.2 新建沥青路面的基层按结构组合设计要求,选用沥青稳定碎石、沥青贯入式、级配碎石、级配砂砾等柔性基层;水泥稳定土或粒料、石灰与粉煤灰稳定土或粒料的半刚性基层;碾压式水泥混凝土、贫混凝土等刚性基层;以及上部使用柔性基层,下部使用半刚性基层的混合式基层。

3.0.3 半刚性基层沥青路面的基层与沥青层宜在同一年内施工,以减少路面开裂。

3.0.4 以旧沥青路面作基层时,应根据旧路面质量,确定对原有路面修补、铣刨、加铺罩面层。旧沥青路面的整平应按高程控制铺筑,分层整平的一层最大厚度不宜超过100mm。

3.0.5 以旧的水泥混凝土路面作基层加铺沥青面层时,应根据旧路面质量,确定处治工艺,确认能满足基层要求后,方能加铺沥青层。

3.0.6 旧路面处理后必须彻底清除浮灰,根据需要并作适当的铣刨处理,洒布黏层油,再铺筑新的结构层。

4 材料

4.1 一般规定

4.1.1 沥青路面使用的各种材料运至现场后必须取样进行质量检验,经评定合格后方可使用,不得以供应商提供的检测报告或商检报告代替现场检测。

4.1.2 沥青路面集料的选择必须经过认真的料源调查,确定料源应尽可能就地取材。质量符合使用要求,石料开采必须注意环境保护,防止破坏生态平衡。

4.1.3 集料粒径规格以方孔筛为准。不同料源、品种、规格的集料不得混杂堆放。

4.2 道路石油沥青

4.2.1 各个沥青等级的适用范围应符合表 4.2.1-1 的规定。道路石油沥青的质量应符合表 4.2.1-2规定的技术要求。经建设单位同意,沥青的 PI 值、60℃动力黏度,10℃延度可作为选择性指标。

表 4.2.1-1 道路石油沥青的适用范围

沥青等级	适用范围
A 级沥青	各个等级的公路,适用于任何场合和层次
B 级沥青	1. 高速公路、一级公路沥青下面层及以下的层次,二级及二级以下公路的各个层次; 2. 用做改性沥青、乳化沥青、改性乳化沥青、稀释沥青的基质沥青
C 级沥青	三级及三级以下公路的各个层次

4.2.2 沥青路面采用的沥青标号,宜按照公路等级、气候条件、交通条件、路面类型及在结构层中的层位及受力特点、施工方法等,结合当地的使用经验,经技术论证后确定。

1 对高速公路、一级公路,夏季温度高、高温持续时间长、重载交通、山区及丘陵区上坡路段、服务区、停车场等行车速度慢的路段,尤其是汽车荷载剪应力大的层次,宜采用稠度大、60℃黏度大的沥青,也可提高高温气候分区的温度水平选用沥青等级;对冬季寒冷的地区或交通量小的公路、旅游公路宜选用稠度小、低温延度大的沥青;对温度日温差、年温差大的地区宜注意选用针入度指数大的沥青。当高温要求与低温要求发生矛盾时应优先考虑满足高温性能的要求。

2 当缺乏所需标号的沥青时,可采用不同标号掺配的调和沥青,其掺配比例由试验决定。掺配后的沥青质量应符合表 4.2.1-2 的要求。

4.2.3 沥青必须按品种、标号分开存放。除长期不使用的沥青可放在自然温度下存储外,沥青在储罐中的贮存温度不宜低于 130℃,并不得高于 170℃。桶装沥青应直立堆放,加盖苫布。

4.2.4 道路石油沥青在贮运、使用及存放过程中应有良好的防水措施,避免雨水或加热管道蒸汽进入沥青中。

表 4.2.1-2 道路石油沥青技术要求

指标	单位	等级	沥青标号																试验方法[1]
			160号[4]	130号[4]	110号			90号					70号[3]					50号[3]	30号[4]	
针入度(25℃,5s,100g)	0.1mm		140~200	120~140	100~120			80~100					60~80					40~60	20~40	T 0604
适用的气候分区[6]			注[4]	注[4]	2-1	2-2	3-2	1-1	1-2	1-3	2-2	2-3	1-3	1-4	2-2	2-3	2-4	1-4	注[4]	附录A[6]
针入度指数PI[2]		A	-1.5~+1.0																	T 0604
		B	-1.8~+1.0																	
软化点(R&B)不小于	℃	A	38	40	43			45			44		46		45			49	55	T 0606
		B	36	39	42			43			42		44		43			46	53	
		C	35	37	41			42					43					45	50	
60℃动力黏度[2]不小于	Pa·s	A	—	60	120			160			140		180		160			200	260	T 0620
10℃延度[2]不小于	cm	A	50	50	40			45	30	20	30	20	20	15	25	20	15	15	10	T 0605
		B	30	30	30			30	20	15	20	15	15	10	20	15	10	10	8	
15℃延度不小于	cm	A、B	100															80	50	
		C	80	80	60			50					40					30	20	
蜡含量(蒸馏法)不大于	%	A	2.2																	T 0615
		B	3.0																	
		C	4.5																	
闪点 不小于	℃		230					245					260							T 0611
溶解度 不小于	%		99.5																	T 0607
密度(15℃)	g/cm³		实测记录																	T 0603

续上表

指　标	单位	等级	沥青标号							试验方法[1]
			160 号[4]	130 号[4]	110 号	90 号	70 号[3]	50 号[3]	30 号[4]	
TFOT（或 RTFOT）后[5]										T 0610 或 T 0609
质量变化　不大于	%		±0.8							
残留针入度比(25℃) 不小于	%	A	48	54	55	57	61	63	65	T 0604
		B	45	50	52	54	58	60	62	
		C	40	45	48	50	54	58	60	
残留延度(10℃) 不小于	cm	A	12	12	10	8	6	4	—	T 0605
		B	10	10	8	6	4	2	—	
残留延度(15℃) 不小于	cm	C	40	35	30	20	15	10	—	T 0605

注：1. 试验方法按照现行《公路工程沥青及沥青混合料试验规程》(JTJ 052—2000)规定的方法执行。用于仲裁试验求取 PI 时的 5 个温度的针入度关系的相关系数不得小于 0.997。

2. 经建设单位同意，表中 PI 值、60℃动力黏度、10℃延度可作为选择性指标，也可不作为施工质量检验指标。

3. 70 号沥青可根据需要要求供应商提供针入度范围为 60～70 或 70～80 的沥青，50 号沥青可要求提供针入度范围为 40～50 或 50～60 的沥青。

4. 30 号沥青仅适用于沥青稳定基层。130 号和 160 号沥青除寒冷地区可直接在中低级公路上直接应用外，通常用作乳化沥青、稀释沥青、改性沥青的基质沥青。

5. 老化试验以 TFOT 为准，也可以 RTFOT 代替。

6. 气候分区见附录 A。

4.3 乳化沥青

4.3.1 乳化沥青适用于沥青表面处治路面、沥青贯入式路面、冷拌沥青混合料路面，修补裂缝，喷洒透层、黏层与封层等。乳化沥青的品种和适用范围宜符合表4.3.1的规定。

表4.3.1 乳化沥青品种及适用范围

分　类	品种及代号	适用范围
阳离子乳化沥青	PC-1	表处、贯入式路面及下封层用
	PC-2	透层油及基层养生用
	PC-3	黏层油用
	BC-1	稀浆封层或冷拌沥青混合料用
阴离子乳化沥青	PA-1	表处、贯入式路面及下封层用
	PA-2	透层油及基层养生用
	PA-3	黏层油用
	BA-1	稀浆封层或冷拌沥青混合料用
非离子乳化沥青	PN-2	透层油用
	BN-1	与水泥稳定集料同时使用（基层路拌或再生）

4.3.2 乳化沥青的质量应符合表4.3.2的规定。在高温条件下宜采用黏度较大的乳化沥青，寒冷条件下宜使用黏度较小的乳化沥青。

表4.3.2 道路用乳化沥青技术要求

试验项目		单位	品种及代号										试验方法
			阳离子				阴离子				非离子		
			喷洒用			拌和用	喷洒用			拌和用	喷洒用	拌和用	
			PC－1	PC－2	PC－3	BC－1	PA－1	PA－2	PA－3	BA－1	PN－2	BN－1	
破乳速度			快裂	慢裂	快裂或中裂	慢裂或中裂	快裂	慢裂	快裂或中裂	慢裂或中裂	慢裂	慢裂	T 0658
粒子电荷			阳离子（＋）				阴离子（－）				非离子		T 0653
筛上残留物（1.18mm筛），不大于		%	0.1				0.1				0.1		T 0652
黏度	恩格拉黏度计E_{25}		2～10	1～6	1～6	2～30	2～10	1～6	1～6	2～30	1～6	2～30	T 0622
	道路标准黏度计$C_{25.3}$	s	10～25	8～20	8～20	10～60	10～25	8～20	8～20	10～60	8～20	10～60	T 0621
蒸发残留物	残留分含量，不小于	%	50	50	50	55	50	50	50	55	50	55	T 0651
	溶解度，不小于	%	97.5				97.5				97.5		T 0607
	针入度（25℃）	0.1 mm	50～200	50～300	45～150		50～200	50～300	45～150		50～300	60～300	T 0604
	延度（15℃），不小于	cm	40				40				40		T 0605
与粗集料的黏附性，裹附面积，不小于			2/3			—	2/3			—	2/3	—	T 0654
与粗、细粒式集料拌和试验			—			均匀	—			均匀	—		T 0659

续上表

试验项目	单位	品种及代号										试验方法
		阳离子				阴离子				非离子		
		喷洒用			拌和用	喷洒用			拌和用	喷洒用	拌和用	
		PC-1	PC-2	PC-3	BC-1	PA-1	PA-2	PA-3	BA-1	PN-2	BN-1	
水泥拌和试验的筛上剩余,不大于	%	—				—				—	3	T 0657
常温贮存稳定性: 1d,不大于 5d,不大于	%	 1 5				 1 5				 1 5		T 0655

注:1. P 为喷洒型,B 为拌和型,C、A、N 分别表示阳离子、阴离子、非离子乳化沥青。

2. 黏度可选用恩格拉黏度计或沥青标准黏度计之一测定。

3. 表中的破乳速度与集料的黏附性、拌和试验的要求、所使用的石料品种有关,质量检验时应采用工程上实际的石料进行试验,仅进行乳化沥青产品质量评定时可不要求此三项指标。

4. 贮存稳定性根据施工实际情况选用试验时间,通常采用 5d,乳液生产后能在当天使用时也可用 1d 的稳定性。

5. 当乳化沥青需要在低温冰冻条件下贮存或使用时,尚需按 T 0656 进行 -5℃低温贮存稳定性试验,要求没有粗颗粒、不结块。

6. 如果乳化沥青是将高浓度产品运到现场经稀释后使用时,表中的蒸发残留物等各项指标指稀释前乳化沥青的要求。

4.3.3 乳化沥青类型根据集料品种及使用条件选择。阳离子乳化沥青可适用于各种集料品种,阴离子乳化沥青适用于碱性石料。乳化沥青的破乳速度、黏度宜根据用途与施工方法选择。

4.3.4 制备乳化沥青用的基质沥青,对高速公路和一级公路,宜符合表 4.2.1-2 道路石油沥青 A、B 级沥青的要求,其他情况可采用 C 级沥青。

4.3.5 乳化沥青宜存放在立式罐中,并保持适当搅拌。贮存期以不离析、不冻结、不破乳为度。

4.4 液体石油沥青

4.4.1 液体石油沥青适用于透层、黏层及拌制冷拌沥青混合料。根据使用目的与场所,可选用快凝、中凝、慢凝的液体石油沥青,其质量应符合表 4.4.1 的规定。

表 4.4.1 道路用液体石油沥青技术要求

试验项目		单位	快凝		中凝						慢凝						试验方法
			AL(R)-1	AL(R)-2	AL(M)-1	AL(M)-2	AL(M)-3	AL(M)-4	AL(M)-5	AL(M)-6	AL(S)-1	AL(S)-2	AL(S)-3	AL(S)-4	AL(S)-5	AL(S)-6	
黏度	$C_{25.5}$	s	<20	—	<20	—	—	—	—	—	<20	—	—	—	—	—	T 0621
	$C_{60.5}$	s	—	5~15	—	5~15	16~25	26~40	41~100	101~200	—	5~15	16~25	26~40	41~100	101~200	
蒸馏体积	225℃前	%	>20	>15	<10	<7	<3	<2	0	0	—	—	—	—	—	—	T 0632
	315℃前	%	>35	>30	<35	<25	<17	<14	<8	<5	—	—	—	—	—	—	
	360℃前	%	>45	>35	<50	<35	<30	<25	<20	<15	<40	<35	<25	<20	<15	<5	
蒸馏后残留物	针入度(25℃)	0.1mm	60~200	60~200	100~300	100~300	100~300	100~300	100~300	100~300	—	—	—	—	—	—	T 0604
	延度(25℃)	cm	>60	>60	>60	>60	>60	>60	>60	>60	—	—	—	—	—	—	T 0605
	浮漂度(5℃)	s	—	—	—	—	—	—	—	—	<20	>20	>30	>40	>45	>50	T 0631
闪点(TOC 法)		℃	>30	>30	>65	>65	>65	>65	>65	>65	>70	>70	>100	>100	>120	>120	T 0633
含水量 不大于		%	0.2	0.2	0.2	0.2	0.2	0.2	0.2	0.2	2.0	2.0	2.0	2.0	2.0	2.0	T 0612

4.4.2 液体石油沥青宜采用针入度较大的石油沥青，使用前按先加热沥青后加稀释剂的顺序，掺配煤油或轻柴油，经适当的搅拌、稀释制成。掺配比例根据使用要求由试验确定。

4.4.3 液体石油沥青在制作、贮存、使用的全过程中必须通风良好，并有专人负责，确保安全。基质沥青的加热温度严禁超过140℃，液体沥青的贮存温度不得高于50℃。

4.5 煤沥青

4.5.1 道路用煤沥青的标号根据气候条件、施工温度、使用目的选用，其质量应符合表4.5.1的规定。

表4.5.1 道路用煤沥青技术要求

试验项目		T-1	T-2	T-3	T-4	T-5	T-6	T-7	T-8	T-9	试验方法
黏度(s)	$C_{30.5}$	5~25	26~70								T 0621
	$C_{30.10}$			5~25	26~50	51~120	121~200				
	$C_{50.10}$							10~75	76~200		
	$C_{60.10}$									35~65	
蒸馏试验，馏出量(%)	170℃前，不大于	3	3	3	2	1.5	1.5	1.0	1.0	1.0	T 0641
	270℃前，不大于	20	20	20	15	15	15	10	10	10	
	300℃前，不大于	15~35	15~35	30	30	25	25	20	20	15	
300℃蒸馏残留物软化点(环球法)(℃)		30~45	30~45	35~65	35~65	35~65	35~65	40~70	40~70	40~70	T 0606
水分，不大于(%)		1.0	1.0	1.0	1.0	1.0	0.5	0.5	0.5	0.5	T 0612
甲苯不溶物，不大于(%)		20	20	20	20	20	20	20	20	20	T 0646
萘含量，不大于(%)		5	5	5	4	4	3.5	3	2	2	T 0645
焦油酸含量，不大于(%)		4	4	3	3	2.5	2.5	1.5	1.5	1.5	T 0642

4.5.2 道路用煤沥青适用于下列情况：

(1)各种等级公路的各种基层上的透层，宜采用T-1或T-2级，其他等级不合喷洒要求时可适当稀释使用；

(2)三级及三级以下的公路铺筑表面处治或贯入式沥青路面，宜采用T-5、T-6或T-7级；

(3)与道路石油沥青、乳化沥青混合使用，以改善渗透性。

4.5.3 道路用煤沥青严禁用于热拌热铺的沥青混合料，作其他用途时的贮存温度宜为70~90℃，且不得长时间贮存。

4.6 改性沥青

4.6.1 改性沥青可单独或复合采用高分子聚合物、天然沥青及其他改性材料制作。

4.6.2 各类聚合物改性沥青的质量应符合表4.6.2的技术要求，当使用表列以外的聚合物及复合改性沥青时，可通过试验研究制订相应的技术要求。

表 4.6.2　聚合物改性沥青技术要求

指　标	单位	SBS 类（I 类）				SBR 类（II 类）			EVA、PE 类（III 类）				试验方法
		I-A	I-B	I-C	I-D	II-A	II-B	II-C	III-A	III-B	III-C	III-D	
针入度 25℃，100g，5s	0.1mm	>100	80～100	60～80	40～60	>100	80～100	60～80	>80	60～80	40～60	30～40	T 0604
针入度指数 PI，不小于		−1.2	−0.8	−0.4	0	−1.0	−0.8	−0.6	−1.0	−0.8	−0.6	−0.4	T 0604
延度 5℃，5cm/min 不小于	cm	50	40	30	20	60	50	40	—				T 0605
软化点 $T_{R\&B}$，不小于	℃	45	50	55	60	45	48	50	48	52	56	60	T 0606
运动黏度[1] 135℃，不大于	Pa·s	3											T 0625 T 0619
闪点，不小于	℃	230				230			230				T 0611
溶解度，不小于	%	99				99			—				T 0607
弹性恢复 25℃，不小于	%	55	60	65	75	—			—				T 0662
黏韧性，不小于	N·m	—				5			—				T 0624
韧性，不小于	N·m	—				2.5			—				T 0624
贮存稳定性[2]离析，48h 软化点差，不大于	℃	2.5				—			无改性剂明显析出、凝聚				T 0661
TFOT（或 RTFOT）后残留物													
质量变化，不大于	%	±1.0											T 0610 或 T 0609
针入度比 25℃，不小于	%	50	55	60	65	50	55	60	50	55	58	60	T 0604
延度 5℃，不小于	cm	30	25	20	15	30	20	10	—				T 0605

注：1. 表中 135℃运动黏度可采用《公路工程沥青及沥青混合料试验规程》（JTJ 052—2000）中的"沥青布氏旋转黏度试验方法（布洛克菲尔德黏度计法）"进行测定。若在不改变改性沥青物理力学性质并符合安全条件的温度下易于泵送和拌和，或经证明适当提高泵送和拌和温度时能保证改性沥青的质量，容易施工，可不要求测定。

2. 贮存稳定性指标适用于工厂生产的成品改性沥青。现场制作的改性沥青对贮存稳定性指标可不作要求，但必须在制作后，保持不间断的搅拌或泵送循环，保证使用前没有明显的离析。

4.6.3　制造改性沥青的基质沥青应与改性剂有良好的配伍性，其质量宜符合表4.2.1-2中 A 级或 B 级道路石油沥青的技术要求。供应商在提供改性沥青的质量报告时应提供基质沥青的质量检验报告或沥青样品。

4.6.4　天然沥青可以单独与石油沥青混合使用或与其他改性沥青混融后使用。天然沥青的质量要求宜根据其品种参照相关标准和成功的经验执行。

4.6.5　用作改性剂的 SBR 胶乳中的固体物含量不宜少于 45%，使用中严禁长时间暴晒或遭冰冻。

4.6.6　改性沥青的剂量以改性剂占改性沥青总量的百分数计算，胶乳改性沥青的剂量应以扣除水以后的固体物含量计算。

4.6.7　改性沥青宜在固定式工厂或在现场设厂集中制作，也可在拌和厂现场边制造边使用，改性沥青的加工温度不宜超过 180℃。胶乳类改性剂和制成颗粒的改性剂可直接投入拌和缸中生产改性沥青混合料。

4.6.8　用溶剂法生产改性沥青母体时，挥发性溶剂回收后的残留量不得超过 5%。

4.6.9　现场制造的改性沥青宜随配随用，需作短时间保存，或运送到附近的工地时，使用前必须搅拌均匀，在不发生离析的状态下使用。改性沥青制作设备必须设有随机采集样品的取样口，采集的试样宜立即在现场灌模。

4.6.10　工厂制作的成品改性沥青到达施工现场后存贮在改性沥青罐中，改性沥青罐中必须加设搅拌设备并进行搅拌，使用前改性沥青必须搅拌均匀。在施工过程中应定期取样检验产品质量，发现离析等质量不符要求的改性沥青不得使用。

4.7 改性乳化沥青

4.7.1 改性乳化沥青宜按表4.7.1-1选用，质量应符合表4.7.1-2的技术要求。

表4.7.1-1 改性乳化沥青的品种和适用范围

品种		代号	适用范围
改性乳化沥青	喷洒型改性乳化沥青	PCR	黏层、封层、桥面防水黏结层用
	拌和用乳化沥青	BCR	改性稀浆封层和微表处用

表4.7.1-2 改性乳化沥青技术要求

试验项目		单位	品种及代号		试验方法
			PCR	BCR	
破乳速度		—	快裂或中裂	慢裂	T 0658
粒子电荷		—	阳离子(+)	阳离子(+)	T 0653
筛上剩余量(1.18mm),不大于		%	0.1	0.1	T 0652
黏度	恩格拉黏度 E_{25}	—	1~10	3~30	T 0622
	沥青标准黏度 $C_{25,3}$	s	8~25	12~60	T 0621
蒸发残留物	含量,不小于	%	50	60	T 0651
	针入度(100g,25℃,5s)	0.1mm	40~120	40~100	T 0604
	软化点,不小于	℃	50	53	T 0606
	延度(5℃),不小于	cm	20	20	T 0605
	溶解度(三氯乙烯),不小于	%	97.5	97.5	T 0607
与矿料的黏附性,裹覆面积,不小于		—	2/3	—	T 0654
贮存稳定性	1d,不大于	%	1	1	T 0655
	5d,不大于	%	5	5	T 0655

注:1. 破乳速度与集料黏附性、拌和试验、所使用的石料品种有关。工程上施工质量检验时应采用实际的石料试验，仅进行产品质量评定时可不对这些指标提出要求。

2. 当用于填补车辙时，BCR蒸发残留物的软化点宜提高至不低于55℃。

3. 贮存稳定性根据施工实际情况选择试验天数，通常采用5d，乳液生产后能在第二天使用完时也可选用1d。个别情况下改性乳化沥青5d的贮存稳定性难以满足要求，如果经搅拌后能够达到均匀一致并不影响正常使用，此时要求改性乳化沥青运至工地后存放在附有搅拌装置的贮存罐内，并不断地进行搅拌，否则不准使用。

4. 当改性乳化沥青或特种改性乳化沥青需要在低温冰冻条件下贮存或使用时，尚需按T0656进行-5℃低温贮存稳定性试验，要求没有粗颗粒、不结块。

4.8 粗集料

4.8.1 沥青层用粗集料包括碎石、破碎砾石、筛选砾石、钢渣、矿渣等，但高速公路和一级公路不得使用筛选砾石和矿渣。粗集料必须由具有生产许可证的采石场生产或施工单位自行加工。

4.8.2 粗集料应该洁净、干燥、表面粗糙，质量应符合表4.8.2的规定。当单一规格集料的质量指标达不到表中要求，而按照集料配合比计算的质量指标符合要求时，工程上允许使用。对受热易变质的集料，宜采用经拌和机烘干后的集料进行检验。

表 4.8.2 沥青混合料用粗集料质量技术要求

指标	单位	高速公路及一级公路		其他等级公路	试验方法
		表面层	其他层次		
石料压碎值,不大于	%	26	28	30	T 0316
洛杉矶磨耗损失,不大于	%	28	30	35	T 0317
表观相对密度,不小于	—	2.60	2.50	2.45	T 0304
吸水率,不大于	%	2.0	3.0	3.0	T 0304
坚固性,不大于	%	12	12	—	T 0314
针片状颗粒含量(混合料),不大于	%	15	18	20	T 0312
其中粒径大于9.5mm,不大于	%	12	15	—	T 0312
其中粒径小于9.5mm,不大于	%	18	20	—	T 0312
水洗法<0.075mm 颗粒含量,不大于	%	1	1	1	T 0310
软石含量,不大于	%	3	5	5	T 0320

注:1. 坚固性试验可根据需要进行。

2. 用于高速公路、一级公路时,多孔玄武岩的视密度可放宽至 $2.45t/m^3$,吸水率可放宽至3%,但必须得到建设单位的批准,且不得用于SMA路面。

3. 对S14 即3~5 规格的粗集料,针片状颗粒含量可不予要求,<0.075mm 含量可放宽到3%。

4.8.3 粗集料的粒径规格应按表4.8.3 的规定生产和使用。

表 4.8.3 沥青混合料用粗集料规格

规格名称	公称粒径(mm)	通过下列筛孔(mm)的质量百分率(%)												
		106	75	63	53	37.5	31.5	26.5	19.0	13.2	9.5	4.75	2.36	0.6
S1	40~75	100	90~100	—	—	0~15	—	0~5						
S2	40~60		100	90~100	—	0~15	—	0~5						
S3	30~60		100	90~100	—	—	0~15	—	0~5					
S4	25~50			100	90~100	—	—	0~15	—	0~5				
S5	20~40				100	90~100	—	—	0~15	—	0~5			
S6	15~30					100	90~100	—	—	0~15	—	0~5		
S7	10~30					100	90~100	—	—	—	0~15	0~5		
S8	10~25						100	90~100	—	0~15	—	0~5		
S9	10~20							100	90~100	—	0~15	0~5		
S10	10~15								100	90~100	0~15	0~5		
S11	5~15								100	90~100	40~70	0~15	0~5	
S12	5~10									100	90~100	0~15	0~5	
S13	3~10									100	90~100	40~70	0~20	0~5
S14	3~5										100	90~100	0~15	0~3

4.8.4 采石场在生产过程中必须彻底清除覆盖层及泥土夹层。生产碎石用的原石不得含有土块、杂物,集料成品不得堆放在泥土地上。

4.8.5 高速公路、一级公路沥青路面的表面层(或磨耗层)的粗集料的磨光值应符合表4.8.5 的要求。除SMA、OGFC 路面外,允许在硬质粗集料中掺加部分较小粒径的磨光值达不到要求的粗集料,其最大掺加比例由磨光值试验确定。

表 4.8.5 粗集料与沥青的黏附性、磨光值的技术要求

雨量气候区	1（潮湿区）	2（湿润区）	3（半干区）	4（干旱区）	试验方法
年降雨量（mm）	>1000	1000～500	500～250	<250	附录 A
粗集料的磨光值 PSV，不小于 高速公路、一级公路表面层	42	40	38	36	T 0321
粗集料与沥青的黏附性，不小于 高速公路、一级公路表面层	5	4	4	3	T 0616
高速公路、一级公路的其他层次及其他等级公路的各个层次	4	4	3	3	T 0663

4.8.6 粗集料与沥青的黏附性应符合表 4.8.5 的要求，当使用不符要求的粗集料时，宜掺加消石灰、水泥或用饱和石灰水处理后使用，必要时可同时在沥青中掺加耐热、耐水、长期性能好的抗剥落剂，也可采用改性沥青的措施，使沥青混合料的水稳定性检验达到要求。掺加外加剂的剂量由沥青混合料的水稳定性检验确定。

4.8.7 破碎砾石应采用粒径大于 50mm、含泥量不大于 1% 的砾石轧制，破碎砾石的破碎面应符合表 4.8.7 的要求。

表 4.8.7 粗集料对破碎面的要求

路面部位或混合料类型	具有一定数量破碎面颗粒的含量（%）		试验方法
	1 个破碎面	2 个或 2 个以上破碎面	
沥青路面表面层 高速公路、一级公路 不小于 其他等级公路 不小于	 100 80	 90 60	T 0346
沥青路面中下面层、基层 高速公路、一级公路 不小于 其他等级公路 不小于	 90 70	 80 50	
SMA 混合料 不小于	100	90	
贯入式路面 不小于	80	60	

4.8.8 筛选砾石仅适用于三级及三级以下公路的沥青表面处治路面。

4.8.9 经过破碎且存放期超过 6 个月以上的钢渣可作为粗集料使用。除吸水率允许适当放宽外，各项质量指标应符合表 4.8.2 的要求。钢渣在使用前应进行活性检验，要求钢渣中的游离氧化钙含量不大于 3%，浸水膨胀率不大于 2%。

4.9 细集料

4.9.1 沥青路面的细集料包括天然砂、机制砂、石屑。细集料必须由具有生产许可证的采石场、采砂场生产。

4.9.2 细集料应洁净、干燥、无风化、无杂质，并有适当的颗粒级配，其质量应符合表 4.9.2 的规定。细集料的洁净程度，天然砂以小于 0.075mm 含量的百分数表示，石屑和机制砂以砂当量（适用于 0～4.75mm）或亚甲蓝值（适用于 0～2.36mm 或 0～0.15mm）表示。

表 4.9.2 沥青混合料用细集料质量要求

项 目	单位	高速公路、一级公路	其他等级公路	试 验 方 法
表观相对密度，不小于	—	2.50	2.45	T 0328
坚固性（>0.3mm 部分），不大于	%	12	—	T 0340
含泥量（小于 0.075mm 的含量），不大于	%	3	5	T 0333
砂当量，不小于	%	60	50	T 0334
亚甲蓝值，不大于	g/kg	25	—	T 0349
棱角性（流动时间），不小于	s	30	—	T 0345

注：坚固性试验可根据需要进行。

4.9.3 天然砂可采用河砂或海砂，通常宜采用粗、中砂，其规格应符合表4.9.3的规定。砂的含泥量超过规定时应水洗后使用，海砂中的贝壳类材料必须筛除。开采天然砂必须取得当地政府主管部门的许可，并符合水利及环境保护的要求。热拌密级配沥青混合料中天然砂的用量通常不宜超过集料总量的20%，SMA和OGFC混合料不宜使用天然砂。

表4.9.3 沥青混合料用天然砂规格

筛孔尺寸(mm)	通过各孔筛的质量百分率(%)		
	粗砂	中砂	细砂
9.5	100	100	100
4.75	90~100	90~100	90~100
2.36	65~95	75~90	85~100
1.18	35~65	50~90	75~100
0.6	15~30	30~60	60~84
0.3	5~20	8~30	15~45
0.15	0~10	0~10	0~10
0.075	0~5	0~5	0~5

4.9.4 石屑是采石场破碎石料时通过4.75mm或2.36mm的筛下部分，其规格应符合表4.9.4的要求。采石场在生产石屑的过程中应具备抽吸设备，高速公路和一级公路的沥青混合料，宜将S14与S16组合使用，S15可在沥青稳定碎石基层或其他等级公路中使用。

表4.9.4 沥青混合料用机制砂或石屑规格

规格	公称粒径(mm)	水洗法通过各筛孔的质量百分率(%)							
		9.5	4.75	2.36	1.18	0.6	0.3	0.15	0.075
S15	0~5	100	90~100	60~90	40~75	20~55	7~40	2~20	0~10
S16	0~3	—	100	80~100	50~80	25~60	8~45	0~25	0~15

注：当生产石屑采用喷水抑制扬尘工艺时，应特别注意含粉量不得超过表中要求。

4.9.5 机制砂宜采用专用的制砂机制造，并选用优质石料生产，其级配应符合S16的要求。

4.10 填料

4.10.1 沥青混合料的矿粉必须采用石灰岩或岩浆岩中的强基性岩石等憎水性石料经磨细得到的矿粉，原石料中的泥土杂质应除净。矿粉应干燥、洁净，能自由地从矿粉仓流出，其质量应符合表4.10.1的要求。

表4.10.1 沥青混合料用矿粉质量要求

项　目	单　位	高速公路、一级公路	其他等级公路	试验方法
表观密度，不小于	t/m^3	2.50	2.45	T 0352
含水量，不大于	%	1	1	T 0103 烘干法
粒度范围 <0.6mm <0.15mm <0.075mm	% % %	100 90~100 75~100	100 90~100 70~100	T 0351
外观	—	无团粒结块	—	
亲水系数	—	<1	T 0353	
塑性指数	%	<4	T 0354	
加热安定性	—	实测记录	T 0355	

4.10.2 拌和机的粉尘可作为矿粉的一部分回收使用。但每盘用量不得超过填料总量的25%，掺有粉尘填料的塑性指数不得大于4%。

4.10.3 粉煤灰作为填料使用时，用量不得超过填料总量的50%，粉煤灰的烧失量应小于12%，与矿粉混合后的塑性指数应小于4%，其余质量要求与矿粉相同。高速公路、一级公路的沥青面层不宜采用粉煤灰做填料。

4.11 纤维稳定剂

4.11.1 在沥青混合料中掺加的纤维稳定剂宜选用木质素纤维、矿物纤维等。木质素纤维的质量应符合表4.11.1的技术要求。

表4.11.1 木质素纤维质量技术要求

项　目	单位	指　标	试验方法
纤维长度，不大于	mm	6	水溶液用显微镜观测
灰分含量	%	18±5	高温590~600℃燃烧后测定残留物
pH值	—	7.5±1.0	水溶液用pH试纸或pH计测定
吸油率，不小于	—	纤维质量的5倍	用煤油浸泡后放在筛上经振敲后称量
含水率（以质量计），不大于	%	5	105℃烘箱烘2h后冷却称量

4.11.2 纤维应在250℃的干拌温度不变质、不发脆，使用纤维必须符合环保要求，不危害身体健康。纤维必须在混合料拌和过程中能充分分散均匀。

4.11.3 矿物纤维宜采用玄武岩等矿石制造，易影响环境及造成人体伤害的石棉纤维不宜直接使用。

4.11.4 纤维应存放在室内或有棚盖的地方，松散纤维在运输及使用过程中应避免受潮，不结团。

4.11.5 纤维稳定剂的掺加比例以沥青混合料总量的质量百分率计算，通常情况下用于SMA路面的木质素纤维不宜低于0.3%，矿物纤维不宜低于0.4%，必要时可适当增加纤维用量。纤维掺加量的允许误差宜不超过±5%。

5 热拌沥青混合料路面

5.1 一般规定

5.1.1 热拌沥青混合料(HMA)适用于各种等级公路的沥青路面。其种类按集料公称最大粒径、矿料级配、空隙率划分,分类见表5.1.1。

表5.1.1 热拌沥青混合料种类

混合料类型	密级配			开级配		半开级配	公称最大粒径(mm)	最大粒径(mm)
	连续级配		间断级配	间断级配				
	沥青混凝土	沥青稳定碎石	沥青玛蹄脂碎石	排水式沥青磨耗层	排水式沥青碎石基层	沥青碎石		
特粗式	—	ATB-40	—	—	ATPB-40	—	37.5	53.0
粗粒式	—	ATB-30	—	—	ATPB-30	—	31.5	37.5
	AC-25	ATB-25	—	—	ATPB-25	—	26.5	31.5
中粒式	AC-20	—	SMA-20	—	—	AM-20	19.0	26.5
	AC-16	—	SMA-16	OGFC-16	—	AM-16	16.0	19.0
细粒式	AC-13	—	SMA-13	OGFC-13	—	AM-13	13.2	16.0
	AC-10	—	SMA-10	OGFC-10	—	AM-10	9.5	13.2
砂粒式	AC-5	—	—	—	—	—	4.75	9.5
设计空隙率(%)	3~5	3~6	3~4	>18	>18	6~12	—	—

注:设计空隙率可按配合比设计要求适当调整。

5.1.2 各层沥青混合料应满足所在层位的功能性要求,便于施工,不容易离析。各层应连续施工并连结成为一个整体。当发现混合料结构组合及级配类型的设计不合理时,应进行修改、调整,以确保沥青路面的使用性能。

5.1.3 沥青面层集料的最大粒径宜从上至下逐渐增大,并应与压实层厚度相匹配。对热拌热铺密级配沥青混合料,沥青层一层的压实厚度不宜小于集料公称最大粒径的2.5~3倍,对SMA和OGFC等嵌挤型混合料不宜小于公称最大粒径的2~2.5倍,以减少离析,便于压实。

5.2 施工准备

5.2.1 铺筑沥青层前,应检查基层或下卧沥青层的质量,不符要求的不得铺筑沥青面层。旧沥青路面或下卧层已被污染时,必须清洗或经铣刨处理后方可铺筑沥青混合料。

5.2.2 石油沥青加工及沥青混合料施工温度应根据沥青标号及黏度、气候条件、铺装层的厚度确定。

1 普通沥青结合料的施工温度宜通过在135℃及175℃条件下测定的黏度—温度曲线按表5.2.2-1的规定确定。缺乏黏温曲线数据时,可参照表5.2.2-2的范围选择,并根据实际情况确定使用高值或低值。当表中温度不符实际情况时,容许作适当调整。

表 5.2.2-1　确定沥青混合料拌和及压实温度的适宜黏度

黏　　度	适宜于拌和的沥青结合料黏度	适宜于压实的沥青结合料黏度	测定方法
表观黏度	(0.17 ±0.02)Pa·s	(0.28 ±0.03)Pa·s	T 0625
运动黏度	(170 ±20)mm^2/s	(280 ±30)mm^2/s	T 0619
赛波特黏度	(85 ±10)s	(140 ±15)s	T 0623

表 5.2.2-2　热拌沥青混合料的施工温度(℃)

施工工序		石油沥青的标号			
		50 号	70 号	90 号	110 号
沥青加热温度		160 ~ 170	155 ~ 165	150 ~ 160	145 ~ 155
矿料加热温度	间隙式拌和机	集料加热温度比沥青温度高 10 ~ 30			
	连续式拌和机	矿料加热温度比沥青温度高 5 ~ 10			
沥青混合料出料温度		150 ~ 170	145 ~ 165	140 ~ 160	135 ~ 155
混合料贮料仓贮存温度		贮料过程中温度降低不超过 10			
混合料废弃温度,高于		200	195	190	185
运输到现场温度,不低于		150	145	140	135
混合料摊铺温度,不低于	正常施工	140	135	130	125
	低温施工	160	150	140	135
开始碾压的混合料内部温度,不低于	正常施工	135	130	125	120
	低温施工	150	145	135	130
碾压终了的表面温度,不低于	钢轮压路机	80	70	65	60
	轮胎压路机	85	80	75	70
	振动压路机	75	70	60	55
开放交通的路表温度,不高于		50	50	50	45

注:1. 沥青混合料的施工温度采用具有金属探测针的插入式数显温度计测量。表面温度可采用表面接触式温度计测定。当采用红外线温度计测量表面温度时,应进行标定。

2. 表中未列入的 130 号、160 号及 30 号沥青的施工温度由试验确定。

2　聚合物改性沥青混合料的施工温度根据实践经验并参照表 5.2.2-3 选择。通常宜较普通沥青混合料的施工温度提高 10 ~ 20℃。对采用冷态胶乳直接喷入法制作的改性沥青混合料,集料烘干温度应进一步提高。

表 5.2.2-3　聚合物改性沥青混合料的正常施工温度范围(℃)

工　　序	聚合物改性沥青品种		
	SBS 类	SBR 胶乳类	EVA、PE 类
沥青加热温度	160 ~ 165		
改性沥青现场制作温度	165 ~ 170	—	165 ~ 170
成品改性沥青加热温度,不大于	175	—	175
集料加热温度	190 ~ 220	200 ~ 210	185 ~ 195
改性沥青 SMA 混合料出厂温度	170 ~ 185	160 ~ 180	165 ~ 180
混合料最高温度(废弃温度)	195		
混合料贮存温度	拌和出料后降低不超过 10		
摊铺温度,不低于	160		
初压开始温度,不低于	150		
碾压终了的表面温度,不低于	90		
开放交通时的路表温度,不高于	50		

注:1. 同表 5.2.2-2。

2. 当采用表列以外的聚合物或天然沥青改性沥青时,施工温度由试验确定。

3 SMA 混合料的施工温度应视纤维品种和数量、矿粉用量的不同,在改性沥青混合料的基础上作适当提高。

5.3 配合比设计

5.3.1 沥青混合料必须在对同类公路配合比设计和使用情况调查研究的基础上,充分借鉴成功的经验,选用符合要求的材料,进行配合比设计。

5.3.2 沥青混合料的矿料级配应符合工程设计规定的级配范围。密级配沥青混合料宜根据公路等级、气候及交通条件按表 5.3.2-1 选择采用粗型(C 型)或细型(F 型)混合料,并在表 5.3.2-2 范围内确定工程设计级配范围,通常情况下工程设计级配范围不宜超出表 5.3.2-2 的要求。其他类型的混合料宜直接以表 5.3.2-3 ~ 表 5.3.2-7 作为工程设计级配范围。

表 5.3.2-1 粗型和细型密级配沥青混凝土的关键性筛孔通过率

混合料类型	公称最大粒径(mm)	用以分类的关键性筛孔(mm)	粗型密级配		细型密级配	
			名称	关键性筛孔通过率(%)	名称	关键性筛孔通过率(%)
AC-25	26.5	4.75	AC-25C	<40	AC-25F	>40
AC-20	19	4.75	AC-20C	<45	AC-20F	>45
AC-16	16	2.36	AC-16C	<38	AC-16F	>38
AC-13	13.2	2.36	AC-13C	<40	AC-13F	>40
AC-10	9.5	2.36	AC-10C	<45	AC-10F	>45

表 5.3.2-2 密级配沥青混凝土混合料矿料级配范围

级配类型		通过下列筛孔(mm)的质量百分率(%)												
		31.5	26.5	19	16	13.2	9.5	4.75	2.36	1.18	0.6	0.3	0.15	0.075
粗粒式	AC-25	100	90 ~ 100	75 ~ 90	65 ~ 83	57 ~ 76	45 ~ 65	24 ~ 52	16 ~ 42	12 ~ 33	8 ~ 24	5 ~ 17	4 ~ 13	3 ~ 7
中粒式	AC-20		100	90 ~ 100	78 ~ 92	62 ~ 80	50 ~ 72	26 ~ 56	16 ~ 44	12 ~ 33	8 ~ 24	5 ~ 17	4 ~ 13	3 ~ 7
	AC-16			100	90 ~ 100	76 ~ 92	60 ~ 80	34 ~ 62	20 ~ 48	13 ~ 36	9 ~ 26	7 ~ 18	5 ~ 14	4 ~ 8
细粒式	AC-13				100	90 ~ 100	68 ~ 85	38 ~ 68	24 ~ 50	15 ~ 38	10 ~ 28	7 ~ 20	5 ~ 15	4 ~ 8
	AC-10					100	90 ~ 100	45 ~ 75	30 ~ 58	20 ~ 44	13 ~ 32	9 ~ 23	6 ~ 16	4 ~ 8
砂粒式	AC-5						100	90 ~ 100	55 ~ 75	35 ~ 55	20 ~ 40	12 ~ 28	7 ~ 18	5 ~ 10

表 5.3.2-3 沥青玛蹄脂碎石混合料矿料级配范围

级配类型		通过下列筛孔(mm)的质量百分率(%)											
		26.5	19	16	13.2	9.5	4.75	2.36	1.18	0.6	0.3	0.15	0.075
中粒式	SMA-20	100	90 ~ 100	72 ~ 92	62 ~ 82	40 ~ 55	18 ~ 30	13 ~ 22	12 ~ 20	10 ~ 16	9 ~ 14	8 ~ 13	8 ~ 12
	SMA-16		100	90 ~ 100	65 ~ 85	45 ~ 65	20 ~ 32	15 ~ 24	14 ~ 22	12 ~ 18	10 ~ 15	9 ~ 14	8 ~ 12
细粒式	SMA-13			100	90 ~ 100	50 ~ 75	20 ~ 34	15 ~ 26	14 ~ 24	12 ~ 20	10 ~ 16	9 ~ 15	8 ~ 12
	SMA-10				100	90 ~ 100	28 ~ 60	20 ~ 32	14 ~ 26	12 ~ 22	10 ~ 18	9 ~ 16	8 ~ 13

表 5.3.2-4 开级配排水式磨耗层混合料矿料级配范围

级配类型		通过下列筛孔(mm)的质量百分率(%)										
		19	16	13.2	9.5	4.75	2.36	1.18	0.6	0.3	0.15	0.075
中粒式	OGFC-16	100	90~100	70~90	45~70	12~30	10~22	6~18	4~15	3~12	3~8	2~6
	OGFC-13		100	90~100	60~80	12~30	10~22	6~18	4~15	3~12	3~8	2~6
细粒式	OGFC-10			100	90~100	50~70	10~22	6~18	4~15	3~12	3~8	2~6

表 5.3.2-5 密级配沥青稳定碎石混合料矿料级配范围

级配类型		通过下列筛孔(mm)的质量百分率(%)														
		53	37.5	31.5	26.5	19	16	13.2	9.5	4.75	2.36	1.18	0.6	0.3	0.15	0.075
特粗式	ATB-40	100	90~100	75~92	65~85	49~71	43~63	37~57	30~50	20~40	15~32	10~25	8~18	5~14	3~10	2~6
	ATB-30		100	90~100	70~90	53~72	44~66	39~60	31~51	20~40	15~32	10~25	8~18	5~14	3~10	2~6
粗粒式	ATB-25			100	90~100	60~80	48~68	42~62	32~52	20~40	15~32	10~25	8~18	5~14	3~10	2~6

表 5.3.2-6 半开级配沥青碎石混合料矿料级配范围

级配类型		通过下列筛孔(mm)的质量百分率(%)											
		26.5	19	16	13.2	9.5	4.75	2.36	1.18	0.6	0.3	0.15	0.075
中粒式	AM-20	100	90~100	60~85	50~75	40~65	15~40	5~22	2~16	1~12	0~10	0~8	0~5
	AM-16		100	90~100	60~85	45~68	18~40	6~25	3~18	1~14	0~10	0~8	0~5
细粒式	AM-13			100	90~100	50~80	20~45	8~28	4~20	2~16	0~10	0~8	0~6
	AM-10				100	90~100	35~65	10~35	5~22	2~16	0~12	0~9	0~6

表 5.3.2-7 开级配沥青稳定碎石混合料矿料级配范围

级配类型		通过下列筛孔(mm)的质量百分率(%)														
		53	37.5	31.5	26.5	19	16	13.2	9.5	4.75	2.36	1.18	0.6	0.3	0.15	0.075
特粗式	ATPB-40	100	70~100	65~90	55~85	43~75	32~70	20~65	12~50	0~3	0~3	0~3	0~3	0~3	0~3	0~3
	ATPB-30		100	80~100	70~95	53~85	36~80	26~75	14~60	0~3	0~3	0~3	0~3	0~3	0~3	0~3
粗粒式	ATPB-25			100	80~100	60~100	45~90	30~82	16~70	0~3	0~3	0~3	0~3	0~3	0~3	0~3

5.3.3 本规范采用马歇尔试验配合比设计方法,沥青混合料技术要求应符合表5.3.3-1~5.3.3-4的规定,并有良好的施工性能。当采用其他方法设计沥青混合料时,应按本规范规定进行马歇尔试验及各项配合比设计检验,并报告不同设计方法的试验结果。二级公路宜参照一级公路的技术标准执行。表中气候分区按附录A执行。重载交通是指设计交通量在1000万辆以上的路段,长大坡度的路段按重载交通路段考虑。

表 5.3.3-1　密级配沥青混凝土混合料马歇尔试验技术标准

（本表适用于公称最大粒径≤26.5mm 的密级配沥青混凝土混合料）

试验指标		单位	高速公路、一级公路				其他等级公路	行人道路
			夏炎热区（1－1、1－2、1－3、1－4 区）		夏热区及夏凉区（2－1、2－2、2－3、2－4、3－2 区）			
			中轻交通	重载交通	中轻交通	重载交通		
击实次数（双面）		次	75				50	50
试件尺寸		mm	ϕ101.6mm×63.5mm					
空隙率 VV	深约 90mm 以内	%	3～5	4～6	2～4	3～5	3～6	2～4
	深约 90mm 以下	%	3～6		2～4	3～6	3～6	—
稳定度 MS 不小于		kN	8				5	3
流值 FL		mm	2～4	1.5～4	2～4.5	2～4	2～4.5	2～5
矿料间隙率 VMA（%），不小于	设计空隙率（%）		相应于以下公称最大粒径（mm）的最小 VMA 及 VFA 技术要求（%）					
			26.5	19	16	13.2	9.5	4.75
	2		10	11	11.5	12	13	15
	3		11	12	12.5	13	14	16
	4		12	13	13.5	14	15	17
	5		13	14	14.5	15	16	18
	6		14	15	15.5	16	17	19
沥青饱和度 VFA（%）			55～70		65～75		70～85	

注：1. 对空隙率大于 5% 的夏炎热区重载交通路段，施工时应至少提高压实度 1 个百分点。

2. 当设计的空隙率不是整数时，由内插确定要求的 VMA 最小值。

3. 对改性沥青混合料，马歇尔试验的流值可适当放宽。

表 5.3.3-2　沥青稳定碎石混合料马歇尔试验配合比设计技术标准

试验指标	单位	密级配基层（ATB）		半开级配面层（AM）	排水式开级配磨耗层（OGFC）	排水式开级配基层（ATPB）
公称最大粒径	mm	26.5mm	等于或大于 31.5mm	等于或小于 26.5mm	等于或小于 26.5mm	所有尺寸
马歇尔试件尺寸	mm	ϕ101.6mm×63.5mm	ϕ152.4mm×95.3mm	ϕ101.6mm×63.5mm	ϕ101.6mm×63.5mm	ϕ152.4mm×95.3mm
击实次数（双面）	次	75	112	50	50	75
空隙率 VV	%	3～6		6～10	不小于 18	不小于 18
稳定度，不小于	kN	7.5	15	3.5	3.5	—
流值	mm	1.5～4	实测	—	—	—
沥青饱和度 VFA	%	55～70		40～70	—	—
密级配基层 ATB 的矿料间隙率 VMA（%），不小于		设计空隙率（%）		ATB-40	ATB-30	ATB-25
		4		11	11.5	12
		5		12	12.5	13
		6		13	13.5	14

注：在干旱地区，可将密级配沥青稳定碎石基层的空隙率适当放宽到 8%。

表 5.3.3-3　SMA 混合料马歇尔试验配合比设计技术要求

试验项目	单位	技术要求		试验方法
		不使用改性沥青	使用改性沥青	
马歇尔试件尺寸	mm	ϕ101.6mm×63.5mm		T 0702
马歇尔试件击实次数[1]	—	两面击实 50 次		T 0702

试验项目	单位	技术要求		试验方法
		不使用改性沥青	使用改性沥青	
空隙率 VV[2]	%	3~4		T 0705
矿料间隙率 VMA[2]，不小于	%	17.0		T 0705
粗集料骨架间隙率 VCA_{mix}[3]，不大于	—	VCA_{DRC}		T 0705
沥青饱和度 VFA	%	75~85		T 0705
稳定度[4]，不小于	kN	5.5	6.0	T 0709
流值	mm	2~5	—	T 0709
谢伦堡沥青析漏试验的结合料损失	%	不大于 0.2	不大于 0.1	T 0732
肯塔堡飞散试验的混合料损失或浸水飞散试验	%	不大于 20	不大于 15	T 0733

注：1. 对集料坚硬不易击碎，通行重载交通的路段，也可将击实次数增加为双面 75 次。

2. 对高温稳定性要求较高的重交通路段或炎热地区，设计空隙率允许放宽到 4.5%，VMA 允许放宽到 16.5%（SMA-16）或 16%（SMA-19），VFA 允许放宽到 70%。

3. 试验粗集料骨架间隙率 VCA 的关键性筛孔，对 SMA-19、SMA-16 是指 4.75mm，对 SMA-13、SMA-10 是指 2.36mm。

4. 稳定度难以达到要求时，容许放宽到 5.0kN（非改性）或 5.5kN（改性），但动稳定度检验必须合格。

表 5.3.3-4　OGFC 混合料技术要求

试验项目	单位	技术要求	试验方法
马歇尔试件尺寸	mm	φ101.6mm×63.5mm	T 0702
马歇尔试件击实次数	—	两面击实 50 次	T 0702
空隙率	%	18~25	T 0705
马歇尔稳定度，不小于	kN	3.5	T 0709
析漏损失	%	<0.3	T 0732
肯塔堡飞散损失	%	<20	T 0733

5.3.4　对用于高速公路和一级公路的公称最大粒径等于或小于 19mm 的密级配沥青混合料（AC），及 SMA、OGFC 混合料，需在配合比设计的基础上按下列步骤进行各种使用性能检验。不符要求的沥青混合料，必须更换材料或重新进行配合比设计。二级公路参照此要求执行。

1　必须在规定的试验条件下进行车辙试验，并符合表 5.3.4-1 的要求。

表 5.3.4-1　沥青混合料车辙试验动稳定度技术要求

气候条件与技术指标		相应于下列气候分区所要求的动稳定度（次/mm）									试验方法
七月平均最高气温（℃）及气候分区		>30				20~30				<20	
		1. 夏炎热区				2. 夏热区				3. 夏凉区	
		1-1	1-2	1-3	1-4	2-1	2-2	2-3	2-4	3-2	
普通沥青混合料，不小于		800		1000		600	800			600	T 0719
改性沥青混合料，不小于		2400		2800		2000	2400			1800	
SMA 混合料	非改性，不小于	1500									
	改性，不小于	3000									
OGFC 混合料		1500（一般交通路段）、3000（重交通量路段）									

注：1. 如果其他月份的平均最高气温高于七月时，可使用该月平均最高气温。

2. 在特殊情况下，如钢桥面铺装、重载车特别多或纵坡较大的长距离上坡路段、厂矿专用道路，可酌情提高动稳定度的要求。

3. 对因气候寒冷确需使用针入度很大的沥青（如大于 100），动稳定度难以达到要求，或因采用石灰岩等不很坚硬的石料，改性沥青混合料的动稳定度难以达到要求等特殊情况，可酌情降低要求。

4. 为满足炎热地区及重载车要求，在配合比设计时采取减少最佳沥青用量的技术措施时，可适当提高试验温度或增加试验荷载进行试验,同时增加试件的碾压成型密度和施工压实度要求。

5. 车辙试验不得采用二次加热的混合料,试验必须检验其密度是否符合试验规程的要求。

6. 如需要对公称最大粒径等于和大于26.5mm的混合料进行车辙试验,可适当增加试件的厚度,但不宜作为评定合格与否的依据。

2 必须在规定的试验条件下进行浸水马歇尔试验和冻融劈裂试验检验沥青混合料的水稳定性,并同时符合表5.3.4-2中的两个要求。达不到要求时必须按4.8.6条的要求采取抗剥落措施,调整最佳沥青用量后再次试验。

表5.3.4-2 沥青混合料水稳定性检验技术要求

气候条件与技术指标		相应于下列气候分区的技术要求(%)				试验方法
年降雨量(mm)及气候分区		>1000 1. 潮湿区	500~1000 2. 湿润区	250~500 3. 半干区	<250 4. 干旱区	
浸水马歇尔试验残留稳定度(%),不小于						
普通沥青混合料		80		75		T 0709
改性沥青混合料		85		80		
SMA混合料	普通沥青	75				
	改性沥青	80				
冻融劈裂试验的残留强度比(%),不小于						
普通沥青混合料		75		70		T 0729
改性沥青混合料		80		75		
SMA混合料	普通沥青	75				
	改性沥青	80				

3 宜对密级配沥青混合料在温度-10℃、加载速率50mm/min的条件下进行弯曲试验,测定破坏强度、破坏应变、破坏劲度模量,并根据应力应变曲线的形状,综合评价沥青混合料的低温抗裂性能。其中沥青混合料的破坏应变宜不小于表5.3.4-3的要求。

表5.3.4-3 沥青混合料低温弯曲试验破坏应变(με)技术要求

气候条件与技术指标	相应于下列气候分区所要求的破坏应变(με)									试验方法
年极端最低气温(℃)及气候分区	<-37.0		-21.5~-37.0			-9.0~-21.5		>-9.0		
	1. 冬严寒区		2. 冬寒区			3. 冬冷区		4. 冬温区		
	1-1	2-1	1-2	2-2	3-2	1-3	2-3	1-4	2-4	
普通沥青混合料,不小于	2600		2300			2000				T 0715
改性沥青混合料,不小于	3000		2800			2500				

4 宜利用轮碾机成型的车辙试验试件,脱模架起进行渗水试验,并符合表5.3.4-4的要求。

表5.3.4-4 沥青混合料试件渗水系数(ml/min)技术要求

级配类型	渗水系数要求(ml/min)	试验方法
密级配沥青混凝土,不大于	120	T 0730
SMA混合料,不大于	80	
OGFC混合料,不小于	实测	

5 对使用钢渣作为集料的沥青混合料,应按现行试验规程(T 0363)进行活性和膨胀性试验,钢渣沥青混凝土的膨胀量不得超过1.5%。

6 对改性沥青混合料的性能检验,应针对改性目的进行。以提高高温抗车辙性能为主要目的时,低温性能可按普通沥青混合料的要求执行;以提高低温抗裂性能为主要目的时,高温稳定性可按普通沥青混合料的要求执行。

5.3.5 高速公路、一级公路沥青混合料的配合比设计应在调查以往同类材料的配合比设计经验和使用效果的基础上,按以下步骤进行。

1　目标配合比设计阶段。用工程实际使用的材料按附录B、附录C、附录D的方法,优选矿料级配、确定最佳沥青用量,符合配合比设计技术标准和配合比设计检验要求,以此作为目标配合比,供拌和机确定各冷料仓的供料比例、进料速度及试拌使用。

2　生产配合比设计阶段。对间歇式拌和机,应按规定方法取样测试各热料仓的材料级配,确定各热料仓的配合比,供拌和机控制室使用。同时选择适宜的筛孔尺寸和安装角度,尽量使各热料仓的供料大体平衡。并取目标配合比设计的最佳沥青用量OAC、OAC±0.3%等3个沥青用量进行马歇尔试验和试拌,通过室内试验及从拌和机取样试验综合确定生产配合比的最佳沥青用量,由此确定的最佳沥青用量与目标配合比设计的结果的差值不宜大于±0.2%。对连续式拌和机可省略生产配合比设计步骤。

3　生产配合比验证阶段。拌和机按生产配合比结果进行试拌、铺筑试验段,并取样进行马歇尔试验,同时从路上钻取芯样观察空隙率的大小,由此确定生产用的标准配合比。标准配合比的矿料合成级配中,至少应包括0.075mm、2.36mm、4.75mm及公称最大粒径筛孔的通过率接近优选的工程设计级配范围的中值,并避免在0.3~0.6mm处出现"驼峰"。对确定的标准配合比,宜再次进行车辙试验和水稳定性检验。

4　确定施工级配允许波动范围。根据标准配合比及第11章质量管理要求中各筛孔的允许波动范围,制订施工用的级配控制范围,用以检查沥青混合料的生产质量。

5.3.6　经设计确定的标准配合比在施工过程中不得随意变更。生产过程中应加强跟踪检测,严格控制进场材料的质量,如遇材料发生变化并经检测沥青混合料的矿料级配、马歇尔技术指标不符要求时,应及时调整配合比,使沥青混合料的质量符合要求并保持相对稳定,必要时重新进行配合比设计。

5.3.7　二级及二级以下其他等级公路热拌沥青混合料的配合比设计可按上述步骤进行。当材料与同类道路完全相同时,也可直接引用成功的经验。

5.4　混合料的拌制

5.4.1　沥青混合料必须在沥青拌和厂(场、站)采用拌和机械拌制。

1　拌和厂的设置必须符合国家有关环境保护、消防、安全等规定。

2　拌和厂与工地现场距离应充分考虑交通堵塞的可能,确保混合料的温度下降不超过要求,且不致因颠簸造成混合料离析。

3　拌和厂应具有完备的排水设施。各种集料必须分隔贮存,细集料场应设防雨顶棚,料场及场内道路应作硬化处理,严禁泥土污染集料。

5.4.2　沥青混合料可采用间歇式拌和机或连续式拌和机拌制。高速公路和一级公路宜采用间歇式拌和机拌和。连续式拌和机使用的集料必须稳定不变,一个工程从多处进料、料源或质量不稳定时,不得采用连续式拌和机。

5.4.3　沥青混合料拌和设备的各种传感器必须定期检定,周期不少于每年一次。冷料供料装置需经标定得出集料供料曲线。

5.4.4　间歇式拌和机应符合下列要求:

1　总拌和能力满足施工进度要求。拌和机除尘设备完好,能达到环保要求。

2　冷料仓的数量满足配合比需要,通常不宜少于5~6个。具有添加纤维、消石灰等外掺剂的设备。

5.4.5　集料与沥青混合料取样应符合现行试验规程的要求。从沥青混合料运料车上取样时必须设置取样台分几处采集一定深度下的样品。

5.4.6　集料进场宜在料堆顶部平台卸料,经推土机推平后,铲运机从底部按顺序竖直装料,减小集料离析。

5.4.7　高速公路和一级公路施工用的间歇式拌和机必须配备计算机设备,拌和过程中逐盘采集并打印各个传感器测定的材料用量和沥青混合料拌和量、拌和温度等各种参数。每个台班结束时打印出一个台班的统计量,按附录G的方法进行沥青混合料生产质量及铺筑厚度的总量检验。总量检验的数据有异常波动时,应立即停止生产,分析原因。

5.4.8 沥青混合料的生产温度应符合5.2.2条的要求。烘干集料的残余含水量不得大于1%。每天开始几盘集料应提高加热温度,并干拌几锅集料废弃,再正式加沥青拌和混合料。

5.4.9 拌和机的矿粉仓应配备振动装置以防止矿粉起拱。添加消石灰、水泥等外掺剂时,宜增加粉料仓,也可由专用管线和螺旋升送器直接加入拌和锅,若与矿粉混合使用时应注意二者因密度不同发生离析。

5.4.10 拌和机必须有二级除尘装置,经一级除尘部分可直接回收使用,二级除尘部分可进入回收粉仓使用(或废弃)。对因除尘造成的粉料损失应补充等量的新矿粉。

5.4.11 沥青混合料拌和时间根据具体情况经试拌确定,以沥青均匀裹覆集料为度。间歇式拌和机每盘的生产周期不宜少于45s(其中干拌时间不少于5~10s)。改性沥青和SMA混合料的拌和时间应适当延长。

5.4.12 间歇式拌和机的振动筛规格应与矿料规格相匹配,最大筛孔宜略大于混合料的最大粒径,其余筛的设置应考虑混合料的级配稳定,并尽量使热料仓大体均衡,不同级配混合料必须配置不同的筛孔组合。

5.4.13 间隙式拌和机宜备有保温性能好的成品储料仓,贮存过程中混合料温降不得大于10℃,且不能有沥青滴漏。普通沥青混合料的贮存时间不得超过72h;改性沥青混合料的贮存时间不宜超过24h;SMA混合料只限当天使用;OGFC混合料宜随拌随用。

5.4.14 生产添加纤维的沥青混合料时,纤维必须在混合料中充分分散,拌和均匀。拌和机应配备同步添加投料装置,松散的絮状纤维可在喷入沥青的同时或稍后采用风送设备喷入拌和锅,拌和时间宜延长5s以上。颗粒纤维可在粗集料投入的同时自动加入,经5~10s的干拌后,再投入矿粉。工程量很小时也可分装成塑料小包或由人工量取直接投入拌和锅。

5.4.15 使用改性沥青时应随时检查沥青泵、管道、计量器是否受堵,堵塞时应及时清洗。

5.4.16 沥青混合料出厂时应逐车检测沥青混合料的重量和温度,记录出厂时间,签发运料单。

5.5 混合料的运输

5.5.1 热拌沥青混合料宜采用较大吨位的运料车运输,但不得超载运输,或急刹车、急弯掉头使透层、封层造成损伤。运料车的运力应稍有富余,施工过程中摊铺机前方应有运料车等候。对高速公路、一级公路,宜待等候的运料车多于5辆后开始摊铺。

5.5.2 运料车每次使用前后必须清扫干净,在车厢板上涂一薄层防止沥青黏结的隔离剂或防黏剂,但不得有余液积聚在车厢底部。从拌和机向运料车上装料时,应多次挪动汽车位置,平衡装料,以减少混合料离析。运料车运输混合料宜用苫布覆盖保温、防雨、防污染。

5.5.3 运料车进入摊铺现场时,轮胎上不得沾有泥土等可能污染路面的脏物,否则宜设水池洗净轮胎后进入工程现场。沥青混合料在摊铺地点凭运料单接收,若混合料不符合施工温度要求,或已经结成团块、已遭雨淋的不得铺筑。

5.5.4 摊铺过程中运料车应在摊铺机前100~300mm处停住,空挡等候,由摊铺机推动前进开始缓缓卸料,避免撞击摊铺机。在有条件时,运料车可将混合料卸入转运车经二次拌和后向摊铺机连续均匀地供料。运料车每次卸料必须倒净,尤其是对改性沥青或SMA混合料,如有剩余,应及时清除,防止硬结。

5.5.5 SMA及OGFC混合料在运输、等候过程中,如发现有沥青结合料沿车厢板滴漏时,应采取措施予以避免。

5.6 混合料的摊铺

5.6.1 热拌沥青混合料应采用沥青摊铺机摊铺,在喷洒有黏层油的路面上铺筑改性沥青混合料或SMA

时,宜使用履带式摊铺机。摊铺机的受料斗应涂刷薄层隔离剂或防黏结剂。

5.6.2 铺筑高速公路、一级公路沥青混合料时,一台摊铺机的铺筑宽度不宜超过6m(双车道)~7.5m(3车道以上),通常宜采用两台或更多台数的摊铺机前后错开10~20m,呈梯队方式同步摊铺,两幅之间应有30~60mm左右宽度的搭接,并躲开车道轮迹带,上、下层的搭接位置宜错开200mm以上。

5.6.3 摊铺机开工前应提前0.5~1h预热熨平板不低于100℃。铺筑过程中应选择熨平板的振捣或夯锤压实装置具有适宜的振动频率和振幅,以提高路面的初始压实度。熨平板加宽连接应仔细调节至摊铺的混合料没有明显的离析痕迹。

5.6.4 摊铺机必须缓慢、均匀、连续不间断地摊铺,不得随意变换速度或中途停顿,以提高平整度,减少混合料的离析。摊铺速度宜控制在2~6m/min的范围内,对改性沥青混合料及SMA混合料宜放慢至1~3m/min。当发现混合料出现明显的离析、波浪、裂缝、拖痕时,应分析原因,予以消除。

5.6.5 摊铺机应采用自动找平方式,下面层或基层宜采用钢丝绳引导的高程控制方式,上面层宜采用平衡梁或雪橇式摊铺厚度控制方式,中面层根据情况选用找平方式。直接接触式平衡梁的轮子不得黏附沥青。铺筑改性沥青或SMA路面时宜采用非接触式平衡梁。

5.6.6 沥青路面施工的最低气温应符合总则1.0.4条的要求,寒冷季节遇大风降温,不能保证迅速压实时不得铺筑沥青混合料。热拌沥青混合料的最低摊铺温度根据铺筑层厚度、气温、风速及下卧层表面温度按本规范5.2.2条执行,且不得低于表5.6.6的要求。每天施工开始阶段宜采用较高温度的混合料。

表5.6.6 沥青混合料的最低摊铺温度

下卧层的表面温度(℃)	相应于下列不同摊铺层厚度的最低摊铺温度(℃)					
	普通沥青混合料			改性沥青混合料或SMA沥青混合料		
	<50mm	(50~80)mm	>80mm	<50mm	(50~80)mm	>80mm
<5	不允许	不允许	140	不允许	不允许	不允许
5~10	不允许	140	135	不允许	不允许	不允许
10~15	145	138	132	165	155	150
15~20	140	135	130	158	150	145
20~25	138	132	128	153	147	143
25~30	132	130	126	147	145	141
>30	130	125	124	145	140	139

5.6.7 沥青混合料的松铺系数应根据混合料类型由试铺试压确定。摊铺过程中应随时检查摊铺层厚度及路拱、横坡,并按附录G的方法由使用的混合料总量与面积校验平均厚度。

5.6.8 摊铺机的螺旋布料器应相应于摊铺速度调整到保持一个稳定的速度均衡地转动,两侧应保持有不少于送料器2/3高度的混合料,以减少在摊铺过程中混合料的离析。

5.6.9 用机械摊铺的混合料,不宜用人工反复修整。当不得不由人工作局部找补或更换混合料时,需仔细进行,特别严重的缺陷应整层铲除。

5.6.10 在路面狭窄部分、平曲线半径过小的匝道或加宽部分,以及小规模工程不能采用摊铺机铺筑时可用人工摊铺混合料。人工摊铺沥青混合料应符合下列要求:

(1)半幅施工时,路中一侧宜事先设置挡板。

(2)沥青混合料宜卸在铁板上,摊铺时应扣锹布料,不得扬锹远甩。铁锹等工具宜沾防黏结剂或加热使用。

(3)边摊铺边用刮板整平,刮平时应轻重一致,控制次数,严防集料离析。

(4)摊铺不得中途停顿,并加快碾压。如因故不能及时碾压时,应立即停止摊铺,并对已卸下的沥青混合料覆盖苫布保温。

(5)低温施工时,每次卸下的混合料应覆盖苫布保温。

5.6.11 在雨季铺筑沥青路面时,应加强与气象台(站)的联系,已摊铺的沥青层因遇雨未行压实的应予铲除。

5.7 沥青路面的压实及成型

5.7.1 压实成型的沥青路面应符合压实度及平整度的要求。

5.7.2 沥青混凝土的压实层最大厚度不宜大于100mm,沥青稳定碎石混合料的压实层厚度不宜大于120mm,但当采用大功率压路机且经试验证明能达到压实度时允许增大到150mm。

5.7.3 沥青路面施工应配备足够数量的压路机,选择合理的压路机组合方式及初压、复压、终压(包括成型)的碾压步骤,以达到最佳碾压效果。高速公路铺筑双车道沥青路面的压路机数量不宜少于5台。施工气温低、风大、碾压层薄时,压路机数量应适当增加。

5.7.4 压路机应以慢而均匀的速度碾压,压路机的碾压速度应符合表5.7.4的规定。压路机的碾压路线及碾压方向不应突然改变而导致混合料推移。碾压区的长度应大体稳定,两端的折返位置应随摊铺机前进而推进,横向不得在相同的断面上。

表5.7.4 压路机碾压速度(km/h)

压路机类型	初压		复压		终压	
	适宜	最大	适宜	最大	适宜	最大
钢筒式压路机	2~3	4	3~5	6	3~6	6
轮胎压路机	2~3	4	3~5	6	4~6	8
振动压路机	2~3 (静压或振动)	3 (静压或振动)	3~4.5 (振动)	5 (振动)	3~6 (静压)	6 (静压)

5.7.5 压路机的碾压温度应符合本规范表5.2.2条的要求,并根据混合料种类、压路机、气温、层厚等情况经试压确定。在不产生严重推移和裂缝的前提下,初压、复压、终压都应在尽可能高的温度下进行。同时不得在低温状况下作反复碾压,使石料棱角磨损、压碎,破坏集料嵌挤。

5.7.6 沥青混合料的初压应符合下列要求:

(1)初压应紧跟在摊铺机后碾压,并保持较短的初压区长度,以尽快使表面压实,减少热量散失。对摊铺后初始压实度较大,经实践证明采用振动压路机或轮胎压路机直接碾压无严重推移而有良好效果时,可免去初压,直接进入复压工序。

(2)通常宜采用钢轮压路机静压1~2遍。碾压时应将压路机的驱动轮面向摊铺机,从外侧向中心碾压,在超高路段则由低向高碾压,在坡道上应将驱动轮从低处向高处碾压。

(3)初压后应检查平整度、路拱,有严重缺陷时进行修整乃至返工。

5.7.7 复压应紧跟在初压后进行,并应符合下列要求:

(1)复压应紧跟在初压后开始,且不得随意停顿。压路机碾压段的总长度应尽量缩短,通常不超过60~80m。采用不同型号的压路机组合碾压时宜安排每一台压路机作全幅碾压,防止不同部位的压实度不均匀。

(2)密级配沥青混凝土的复压宜优先采用重型的轮胎压路机进行搓揉碾压,以增加密水性,其总质量不宜小于25t,吨位不足时宜附加重物,使每一个轮胎的压力不小于15kN。冷态时的轮胎充气压力不小于0.55MPa,轮胎发热后不小于0.6MPa,且各个轮胎的气压大体相同,相邻碾压带应重叠1/3~1/2的碾压轮宽度,碾压至要求的压实度为止。

(3)对粗集料为主的较大粒径的混合料,尤其是大粒径沥青稳定碎石基层,宜优先采用振动压路机复压。厚度小于30mm的薄沥青层不宜采用振动压路机碾压。振动压路机的振动频率宜为35~50Hz,振幅宜为0.3~0.8mm。层厚较大时选用高频率大振幅,以产生较大的激振力,厚度较薄时采用高频率低振幅,以防止集料破碎。相邻碾压带重叠宽度为100~200mm。振动压路机折返时应先停止振动。

(4)当采用三轮钢筒式压路机时,总质量不宜小于12t,相邻碾压带宜重叠后轮的1/2宽度,并不应少于200mm。

(5)对路面边缘、加宽及港湾式停车带等大型压路机难于碾压的部位,宜采用小型振动压路机或振动夯板作补充碾压。

5.7.8 终压应紧接在复压后进行,如经复压后已无明显轮迹时可免去终压。终压可选用双轮钢筒式压路机或关闭振动的振动压路机碾压不宜少于2遍,至无明显轮迹为止。

5.7.9 SMA路面的压实应符合以下要求:

(1)除沥青用量较低,经试验证明采用轮胎压路机碾压有良好效果外,不宜采用轮胎压路机碾压,以防将沥青结合料搓揉挤压上浮。

(2)SMA路面宜采用振动压路机或钢筒式压路机碾压。振动压路机应遵循"紧跟、慢压、高频、低幅"的原则,即紧跟在摊铺机后面,采取高频率、低振幅的方式慢速碾压。如发现SMA混合料高温碾压有推拥现象,应复查其级配是否合适。

5.7.10 OGFC宜采用小于12t的钢筒式压路机碾压。

5.7.11 碾压轮在碾压过程中应保持清洁,有混合料粘轮应立即清除。对钢轮可涂刷隔离剂或防黏结剂,但严禁刷柴油。当采用向碾压轮喷水(可添加少量表面活性剂)的方式时,必须严格控制喷水量且成雾状,不得漫流,以防混合料降温过快。轮胎压路机开始碾压阶段,可适当烘烤、涂刷少量隔离剂或防黏结剂,也可少量喷水,并先到高温区碾压使轮胎尽快升温,之后停止洒水。轮胎压路机轮胎外围宜加设围裙保温。

5.7.12 压路机不得在未碾压成型路段上转向、掉头、加水或停留。在当天成型的路面上,不得停放各种机械设备或车辆,不得散落矿料、油料等杂物。

5.8 接缝

5.8.1 沥青路面的施工必须接缝紧密、连接平顺,不得产生明显的接缝离析。上、下层的纵缝应错开150mm(热接缝)或300~400mm(冷接缝)以上。相邻两幅及上、下层的横向接缝均应错位1m以上。接缝施工应用3m直尺检查,确保平整度符合要求。

5.8.2 纵向接缝部位的施工应符合下列要求:

(1)摊铺时采用梯队作业的纵缝应采用热接缝,将已铺部分留下100~200mm宽暂不碾压,作为后续部分的基准面,然后作跨缝碾压以消除缝迹。

(2)当半幅施工或因特殊原因而产生纵向冷接缝时,宜加设挡板或加设切刀切齐,也可在混合料尚未完全冷却前用镐刨除边缘留下毛茬的方式,但不宜在冷却后采用切割机作纵向切缝。加铺另半幅前应涂洒少量沥青,重叠在已铺层上50~100mm,再铲走铺在前半幅上面的混合料,碾压时由边向中碾压留下100~150mm,再跨缝挤紧压实。或者先在已压实路面上行走碾压新铺层150mm左右,然后压实新铺部分。

5.8.3 高速公路和一级公路的表面层横向接缝应采用垂直的平接缝,以下各层可采用自然碾压的斜接缝,沥青层较厚时也可作阶梯形接缝(见图5.8.3)。其他等级公路的各层均可采用斜接缝。

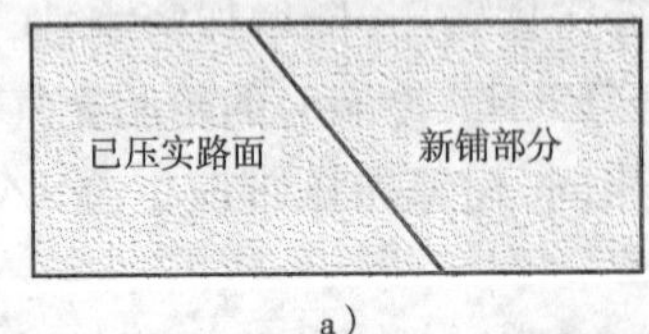

a)

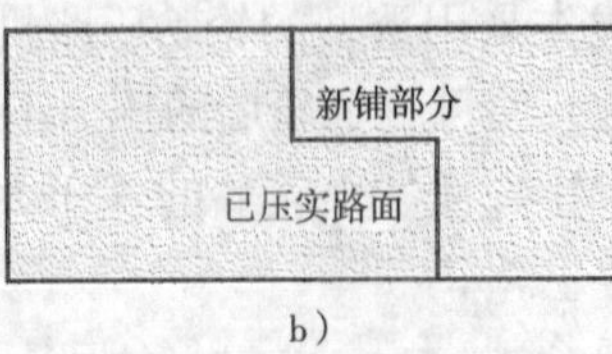

b)

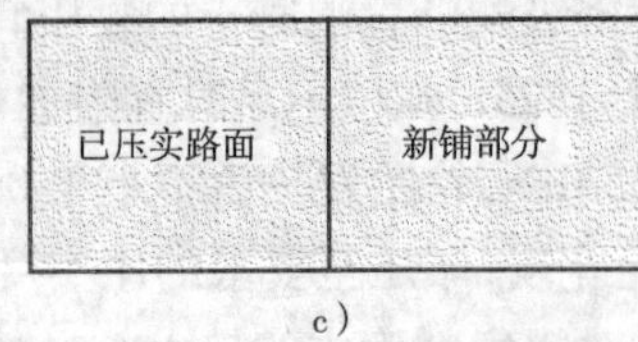

c)

图5.8.3 横向接缝的几种形式

a)斜接缝;b)阶梯形接缝;c)平接缝

5.8.4 斜接缝的搭接长度与层厚有关,宜为0.4~0.8m。搭接处应洒少量沥青,混合料中的粗集料颗粒应予剔除,并补上细料,搭接平整,充分压实。阶梯形接缝的台阶经铣刨而成,并洒黏层沥青,搭接长度不宜小于 3m。

5.8.5 平接缝宜趁尚未冷透时用凿岩机或人工垂直刨除端部层厚不足的部分，使工作缝成直角连接。当采用切割机制作平接缝时，宜在铺设当天混合料冷却但尚未结硬时进行。刨除或切割不得损伤下层路面。切割时留下的泥水必须冲洗干净，待干燥后涂刷黏层油。铺筑新混合料接头应使接茬软化，压路机先进行横向碾压，再纵向碾压成为一体，充分压实，连接平顺。

5.9 开放交通及其他

5.9.1 热拌沥青混合料路面应待摊铺层完全自然冷却，混合料表面温度低于 50°C 后，方可开放交通。需要提早开放交通时，可洒水冷却降低混合料温度。

5.9.2 沥青路面雨季施工应符合下列要求：

(1)注意气象预报，加强工地现场、沥青拌和厂及气象台站之间的联系，控制施工长度，各项工序紧密衔接。

(2)运料车和工地应备有防雨设施，并做好基层及路肩排水。

5.9.3 铺筑好的沥青层应严格控制交通，做好保护，保持整洁，不得造成污染，严禁在沥青层上堆放施工产生的土或杂物，严禁在已铺沥青层上制作水泥砂浆。

6 沥青表面处治与封层

6.1 一般规定

6.1.1 沥青表面处治适用于三级及三级以下公路的沥青面层。各种封层适用于加铺薄层罩面、磨耗层、水泥混凝土路面上的应力缓冲层、各种防水和密水层、预防性养护罩面层。

6.1.2 沥青表面处治与封层宜选择在干燥和较热的季节施工，并在最高温度低于15℃时期到来之前半个月及雨季前结束。

6.2 层铺法沥青表面处治

6.2.1 沥青表面处治可采用道路石油沥青、乳化沥青、煤沥青铺筑，沥青标号应按本规范相关规定选用。沥青表面处治的集料最大粒径应与处治层的厚度相等，其规格和用量宜按表6.2.1选用；沥青表面处治施工后，应在路侧另备S12(5～10mm)碎石或S14(3～5mm)石屑、粗砂或小砾石(2～3)$m^3/1000m^2$作为初期养护用料。

表6.2.1 沥青表面处治材料规格和用量

沥青种类	类型	厚度(mm)	集料($m^3/1000m^2$) 第一层 规格 用量	第二层 规格 用量	第三层 规格 用量	沥青或乳液用量(kg/m^2) 第一次	第二次	第三次	合计用量
石油沥青	单层	1.0	S12 7～9	—	—	1.0～1.2	—	—	1.0～1.2
		1.5	S10 12～14			1.4～1.6			1.4～1.6
	双层	1.5	S10 12～14	S12 7～8	—	1.4～1.6	1.0～1.2	—	2.4～2.8
		2.0	S9 16～18	S12 7～8		1.6～1.8	1.0～1.2		2.6～3.0
		2.5	S8 18～20	S12 7～8		1.8～2.0	1.0～1.2		2.8～3.2
	三层	2.5	S8 18～20	S10 12～14	S12 7～8	1.6～1.8	1.2～1.4	1.0～1.2	3.8～4.4
		3.0	S6 20～22	S10 12～14	S12 7～8	1.8～2.0	1.2～1.4	1.0～1.2	4.0～4.6
乳化沥青	单层	0.5	S14 7～9	—	—	0.9～1.0	—	—	0.9～1.0
	双层	1.0	S12 9～11	S14 4～6	—	1.8～2.0	1.0～1.2	—	2.8～3.2
	三层	3.0	S6 20～22	S10 9～11	S12 4～6 S14 3.5～4.5	2.0～2.2	1.8～2.0	1.0～1.2	4.8～5.4

注：1.煤沥青表面处治的沥青用量可比石油沥青用量增加15%～20%。

2.表中的乳液用量按乳化沥青的蒸发残留物含量60%计算，如沥青含量不同应予折算。

3.在高寒地区及干旱风沙大的地区，可超出高限5%～10%。

6.2.2 在清扫干净的碎(砾)石路面上铺筑沥青表面处治时，应喷洒透层油。在旧沥青路面、水泥混凝土路面、块石路面上铺筑沥青表面处治路面时，可在第一层沥青用量中增加10%～20%，不再另洒透层油或黏层油。

6.2.3 层铺法沥青表面处治路面宜采用沥青洒布车及集料撒布机联合作业。沥青洒布车喷洒沥青时应保持稳定速度和喷洒量，并保持整个洒布宽度喷洒均匀。小规模工程可采用机动或手摇的手工沥青洒布机洒布沥青。洒布设备的喷嘴应适用于沥青的稠度，确保能成雾状，与洒油管成15°～25°的夹角，洒油管的高度应使同一地点接受2～3个喷油嘴喷洒的沥青，不得出现花白条。

6.2.4 沥青表面处治喷洒沥青材料时应对道路人工构造物、路缘石等外露部分作防污染遮盖。

6.2.5 沥青表面处治施工应确保各工序紧密衔接，每个作业段长度应根据施工能力确定，并在当天完成。人工撒布集料时应等距离划分段落备料。

6.2.6 三层式沥青表面处治的施工工艺应按下列步骤进行：

(1)清扫基层，撒布第一层沥青。沥青的撒布温度根据气温及沥青标号选择，石油沥青宜为130～170℃，煤沥青宜为80～120℃，乳化沥青在常温下洒布，加温洒布的乳液温度不得超过60℃。前后两车喷洒的接茬处用铁板或建筑纸铺1～1.5m，使搭接良好。分几幅浇洒时，纵向搭接宽度宜为100～150mm。撒布第二、三层沥青的搭接缝应错开。

(2)撒布主层沥青后应立即用集料撒布机或人工撒布第一层主集料。撒布集料后应及时扫匀，达到全面覆盖、厚度一致、集料不重叠，也不露出沥青的要求。局部有缺料时适当找补，积料过多的将多余集料扫出。两幅搭接处，第一幅撒布沥青应暂留100～150mm宽度不撒布石料，待第二幅一起撒布。

(3)撒布主集料后，不必等全段撒布完，立即用6～8t钢筒双轮压路机从路边向路中心碾压3～4遍，每次轮迹重叠约300mm。碾压速度开始不宜超过2km/h，以后可适当增加。

(4)第二、三层的施工方法和要求应与第一层相同，但可以采用8t以上的压路机碾压。

6.2.7 双层式或单层式沥青表面处治浇洒沥青及撒布集料的次数相应减少，其施工程序和要求参照6.2.6条进行。

6.2.8 除乳化沥青表面处治应待破乳、水分蒸发并基本成型后方可通车外，沥青表面处治在碾压结束后即可开放交通，并通过开放交通补充压实，成型稳定。在通车初期应设专人指挥交通或设置障碍物控制行车，限制行车速度不超过20 km/h，严禁畜力车及铁轮车行驶，使路面全部宽度均匀压实。

6.2.9 沥青表面处治应注意初期养护。当发现有泛油时，应在泛油处补撒与最后一层石料规格相同的嵌缝料并扫匀，过多的浮料应扫出路外。

6.3 上封层

6.3.1 根据情况可选择乳化沥青稀浆封层、微表处、改性沥青集料封层、薄层磨耗层或其他适宜的材料。

6.3.2 铺设上封层的下卧层必须彻底清扫干净，对车辙、坑槽、裂缝进行处理或挖补。

6.3.3 上封层的类型根据使用目的、路面的破损程度选用。

1 裂缝较细、较密的可采用涂洒类密封剂、软化再生剂等涂刷罩面。

2 对二级及二级以下公路的旧沥青路面可以采用普通的乳化沥青稀浆封层，也可在喷洒道路石油沥青后撒布石屑(砂)后碾压作封层。

3 对高速公路、一级公路有轻微损坏的宜铺筑微表处。

4 对用于改善抗滑性能的上封层可采用稀浆封层、微表处或改性沥青集料封层。

6.4 下封层

6.4.1 多雨潮湿地区的高速公路、一级公路的沥青面层空隙率较大，有严重渗水可能，或铺筑基层不能及时铺筑沥青面层而需通行车辆时，宜在喷洒透层油后铺筑下封层。

6.4.2 下封层宜采用层铺法表面处治或稀浆封层法施工。稀浆封层可采用乳化沥青或改性乳化沥青作结合料。下封层的厚度不宜小于6mm，且做到完全密水。

6.4.3 以层铺法沥青表面处治铺筑下封层时，通常采用单层式，表6.2.1中的矿料用量宜为5～8m^3/1000m^2，沥青用量可采用要求范围的中高限。

6.5 稀浆封层和微表处

6.5.1 微表处主要用于高速公路及一级公路的预防性养护以及填补轻度车辙，也适用于新建公路的抗滑磨耗层。稀浆封层一般用于二级及二级以下公路的预防性养护，也适用于新建公路的下封层。

6.5.2 稀浆封层和微表处必须使用专用的摊铺机进行摊铺。单层微表处适用于旧路面车辙深度不大于15mm的情况;超过15mm的必须分两层铺筑,或先用V字形车辙摊铺箱摊铺;深度大于40mm时不适宜微表处处理。

6.5.3 微表处必须采用改性乳化沥青,稀浆封层可采用普通乳化沥青或改性乳化沥青,其品种和质量应分别符合表4.3.1、表4.3.2、表4.7.1-1、表4.7.1-2的要求。

6.5.4 稀浆封层和微表处应选择坚硬、粗糙、耐磨、洁净的集料。各项性能应符合表4.8.2和表4.9.2的要求。其中微表处用通过4.75mm筛的合成矿料的砂当量不得低于65%,稀浆封层用通过4.75mm筛的合成矿料的砂当量不得低于50%。当用于抗滑表层时,还应符合表4.8.5中有关磨光值的要求。细集料宜采用碱性石料生产的机制砂或洁净的石屑。对集料中的超粒径颗粒必须筛除。

6.5.5 根据铺筑厚度、处治目的、公路等级等条件,按照表6.5.5选用合适的矿料级配。

表6.5.5 稀浆封层和微表处的矿料级配

筛孔尺寸(mm)	不同类型通过各筛孔的百分率(%)				
	微表处		稀浆封层		
	MS-2型	MS-3型	ES-1型	ES-2型	ES-3型
9.5	100	100	—	100	100
4.75	95~100	70~90	100	95~100	70~90
2.36	65~90	45~70	90~100	65~90	45~70
1.18	45~70	28~50	60~90	45~70	28~50
0.6	30~50	19~34	40~65	30~50	19~34
0.3	18~30	12~25	25~42	18~30	12~25
0.15	10~21	7~18	15~30	10~21	17~18
0.075	5~15	5~15	10~20	5~15	5~15
一层的适宜厚度(mm)	4~7	8~10	2.5~3	4~7	8~10

6.5.6 稀浆封层和微表处的混合料中乳化沥青及改性乳化沥青的用量应通过配合比设计确定。混合料的质量应符合表6.5.6的技术要求。

表6.5.6 稀浆封层和微表处混合料技术要求

项 目	单位	微表处	稀浆封层	试验方法
可拌和时间	s	>120		手工拌和
稠度	cm	—	2~3	T 0751
黏聚力试验			(仅适用于快开放交通的稀浆封层)	T 0754
30min(初凝时间)	N·m	≥1.2	≥1.2	
60min(开放交通时间)	N·m	≥2.0	≥2.0	
负荷轮碾压试验(LWT)			(仅适用于重交通道路表层时)	T 0755
黏附砂量	g/m^2	<450	<450	
轮迹宽度变化率	%	<5	—	
湿轮磨耗试验的磨耗值(WTAT)				T 0752
浸水1h	g/m^2	<540	<800	
浸水6d	g/m^2	<800	—	

注:负荷轮碾压试验(LWT)的宽度变化率适用于需要修补车辙的情况。

6.5.7 稀浆封层和微表处混合料的配合比设计按下列步骤进行：

（1）根据选择的级配类型，按表6.5.5确定矿料的级配范围。计算各种集料的配合比例，使合成级配在要求的级配范围内。

（2）根据以往的经验初选乳化沥青、填料、水和外加剂用量，进行拌和试验和黏聚力试验。可拌和时间的试验温度应考虑最高施工温度，黏聚力试验的温度应考虑施工中可能遇到的最低温度。

（3）根据上述试验结果和稀浆混合料的外观状态，选择1~3个认为合理的混合料配方，按表6.5.6规定试验稀浆混合料的性能，如不符要求，适当调整各种材料的配合比例再试验，直至符合要求为止。

（4）当设计人员经验不足时，可将初选的1~3个混合料配方分别变化不同的沥青用量（沥青用量一般在6.0%~8.5%之间），按照表6.5.6的要求重复试验，并分别将不同沥青用量的1h湿轮磨耗值及砂黏附量绘制成图6.5.7的关系曲线。以磨耗值接近表6.5.6中要求的沥青用量作为最小沥青用量P_{bmin}，砂黏附量接近表6.5.6中要求的沥青用量为最大沥青用量P_{bmax}，得出沥青用量的可选择范围P_{bmin}~P_{bmax}。

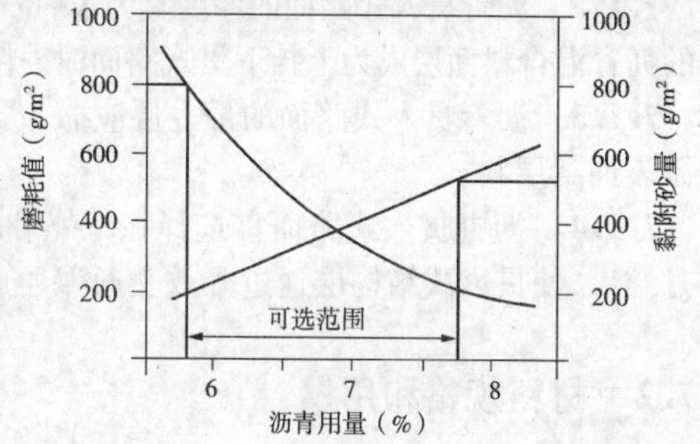

图6.5.7 确定稀浆封层和微表处最佳沥青用量的曲线

（5）根据经验在沥青用量的可选范围内选择适宜的沥青用量。对微表处混合料，以所选择的沥青用量检验混合料的浸水6d湿轮磨耗指标，用于车辙填充的增加检验负荷车轮试验的宽度变化率指标，不符要求时调整沥青用量重新试验，直至符合要求为止。

（6）根据以往经验及配合比设计试验结果，在充分考虑气候及交通特点的基础上综合确定混合料配方。

6.5.8 稀浆封层和微表处施工前，应彻底清除原路面的泥土、杂物，修补坑槽、凹陷，较宽的裂缝宜清理灌缝。在水泥混凝土路面上铺筑微表处时宜洒布黏层油，过于光滑的表面需拉毛处理。

6.5.9 稀浆封层和微表处的最低施工温度不得低于10℃，严禁在雨天施工，摊铺后尚未成型混合料遇雨时应予铲除。

6.5.10 稀浆封层和微表处两幅纵缝搭接的宽度不宜超过80mm，横向接缝宜做成对接缝。分两层摊铺时，第一层摊铺后至少应开放交通24h后方可进行第二层摊铺。

6.5.11 稀浆封层和微表处铺筑后的表面不得有超粒径料拖拉的严重划痕，横向接缝和纵向接缝处不得出现余料堆积或缺料现象，用3m直尺测量接缝处的不平整度不得大于6mm。对微表处不得有横向波浪和深度超过6mm的纵向条纹。经养生和初期交通碾压稳定的稀浆封层和微表处，在行车作用下应不飞散且完全密水。

7 沥青贯入式路面

7.1 一般规定

7.1.1 沥青贯入式路面适用于三级及三级以下公路,也可作为沥青路面的联结层或基层。

7.1.2 沥青贯入式路面的厚度宜为4~8cm,但乳化沥青的厚度不宜超过5cm。当贯入层上部加铺拌和的沥青混合料面层成为上拌下贯式路面时,拌和层的厚度宜不小于1.5cm。

7.1.3 沥青贯入式路面的最上层应撒布封层料或加铺拌和层。沥青贯入层作为联结层使用时,可不撒表面封层料。

7.1.4 沥青贯入式路面宜选择在干燥和较热的季节施工,并宜在日最高温度降低至15℃以前半个月结束,使贯入式结构层通过开放交通碾压成型。

7.2 材料规格和用量

7.2.1 沥青贯入式路面的集料应选择有棱角、嵌挤性好的坚硬石料,其规格和用量宜根据贯入层厚度按表7.2.1-1或表7.2.1-2选用。当使用破碎砾石时,其破碎面应符合表4.8.7的要求。沥青贯入层主层集料中大于粒径范围中值的数量不宜少于50%。表面不加铺拌和层的贯入式路面在施工结束后每1000m^2宜另备2~3m^3与最后一层嵌缝料规格相同的细集料等供初期养护使用。

表7.2.1-1 沥青贯入式路面材料规格和用量

(用量单位:集料,$m^3/1000m^2$;沥青及沥青乳液,kg/m^2)

沥青品种	石油沥青					
厚度(cm)	4		5		6	
规格和用量	规格	用量	规格	用量	规格	用量
封层料	S14	3~5	S14	3~5	S13(S14)	4~6
第三遍沥青		1.0~1.2		1.0~1.2		1.0~1.2
第二遍嵌缝料	S12	6~7	S11(S10)	10~12	S11(S10)	10~12
第二遍沥青		1.6~1.8		1.8~2.0		2.0~2.2
第一遍嵌缝料	S10(S9)	12~14	S8	16~18	S8(S6)	16~18
第一遍沥青		1.8~2.1		2.4~2.6		2.8~3.0
主层石料	S5	45~50	S4	55~60	S3(S4)	66~76
沥青总用量	4.4~5.1		5.2~5.8		5.8~6.4	

沥青品种	石油沥青				乳化沥青			
厚度(cm)	7		8		4		5	
规格和用量	规格	用量	规格	用量	规格	用量	规格	用量
封层料	S13(S14)	4~6	S13(S14)	4~6	S13(S14)	4~6	S14	4~6
第五遍沥青								0.8~1.0
第四遍嵌缝料							S14	5~6
第四遍沥青					S14	0.8~1.0		1.2~1.4
第三遍嵌缝料						5~6	S12	7~9
第三遍沥青		1.0~1.2	S10(S11)	1.0~1.2	S12	1.4~1.6		1.5~1.7
第二遍嵌缝料	S10(S11)	11~13		11~13		7~8	S10	9~11
第二遍沥青		2.4~2.6	S6(S8)	2.6~2.8	S9	1.6~1.8		1.6~1.8
第一遍嵌缝料		18~20		20~22		12~14	S8	10~12
第一遍沥青	S6(S8)	3.3~3.5	S1(S2)	4.0~4.2	S5	2.2~2.4		2.6~2.8
主层石料	S3	80~90		95~100		40~45	S4	50~55
沥青总用量	6.7~7.3		7.6~8.2		6.0~6.8		7.4~8.5	

注:1.煤沥青贯入式的沥青用量可较石油沥青用量增加15%~20%。

2. 表中乳化沥青是指乳液的用量,并适用于乳液浓度约为60%的情况,如果浓度不同,用量应予换算。

3. 在高寒地区及干旱风沙大的地区,可超出高限,再增加5%~10%。

表7.2.1-2 上拌下贯式路面的材料规格和用量

(用量单位:集料,$m^3/1000m^2$;沥青及沥青乳液,kg/m^2)

沥青品种	石油沥青					
厚度(cm)	4		5		6	
规格和用量	规格	用量	规格	用量	规格	用量
第二遍嵌缝料	S12	5~6	S12(S11)	7~9	S12(S11)	7~9
第二遍沥青		1.4~1.6		1.6~1.8		1.6~1.8
第一遍嵌缝料	S10(S9)	12~14	S8	16~18	S8(S7)	16~18
第一遍沥青		2.0~2.3		2.6~2.8		3.2~3.4
主层石料	S5	45~50	S4	55~60	S3(S2)	66~76
沥青总用量	3.4~3.9		4.2~4.6		4.8~5.2	
沥青品种	石油沥青		乳化沥青			
厚度(cm)	7		5		6	
规格和用量	规格	用量	规格	用量	规格	用量
第四遍嵌缝料					S14	4~6
第四遍沥青						1.3~1.5
第三遍嵌缝料			S14	4~6	S12	8~10
第三遍沥青				1.4~1.6		1.4~1.6
第二遍嵌缝料	S10(S11)	8~10	S12	9~10	S9	8~12
第二遍沥青		1.7~1.9		1.8~2.0		1.5~1.7
第一遍嵌缝料	S6(S8)	18~20	S8	15~17	S6	24~26
第一遍沥青		4.0~4.2		2.5~2.7		2.4~2.6
主层石料	S2(S3)	80~90	S4	50~55	S3	50~55
沥青总用量	5.7~6.1		5.9~6.2		6.7~7.2	

注:1. 煤沥青贯入式的沥青用量可较石油沥青用量增加15%~20%。

2. 表中乳化沥青是指乳液的用量,并适用于乳液浓度约为60%的情况。

3. 在高寒地区及干旱风沙大的地区,可超出高限,再增加5%~10%。

4. 表面加铺拌和层部分的材料规格及沥青(或乳化沥青)用量按热拌沥青混合料(或乳化沥青碎石混合料路面)的有关规定执行。

7.2.2 沥青贯入层的主层集料最大粒径宜与贯入层厚度相当。当采用乳化沥青时,主层集料最大粒径可采用厚度的0.8~0.85倍,数量宜按压实系数1.25~1.30计算。

7.2.3 沥青贯入式路面的结合料可采用道路石油沥青、煤沥青或乳化沥青,用量应按表7.2.1-1或表7.2.1-2选用,沥青标号按本规范表4.2.1-2、表4.3.2、表4.5.1选用。

7.2.4 贯入式路面各层分次沥青用量应根据施工气温及沥青标号等在规定范围内选用。在寒冷地带或当施工季节气温较低、沥青针入度较小时,沥青用量宜用高限;在低温潮湿气候下用乳化沥青贯入时,应按乳液总用量不变的原则进行调整,上层较正常情况适当增加,下层较正常情况适当减少。

7.3 施工准备

7.3.1 沥青贯入式路面施工前,基层必须清扫干净。当需要安装路缘石时,应在路缘石安装完成后施工。路缘石应予遮盖。

7.3.2 乳化沥青贯入式路面必须浇洒透层或黏层沥青。沥青贯入式路面厚度小于或等于5cm时,也应浇洒透层或黏层沥青。

7.4 施工方法

7.4.1 沥青贯入式路面的施工应按下列步骤进行:

(1)采用碎石摊铺机、平地机或人工摊铺主层集料。铺筑后严禁车辆通行。

(2)碾压主层集料。撒布后应采用6～8t的轻型钢筒式压路机自路两侧向路中心碾压,碾压速度宜为2km/h,每次轮迹重叠约30cm,碾压一遍后检验路拱和纵向坡度,当不符合要求时,应调整找平后再压。然后用重型的钢轮压路机碾压,每次轮迹重叠1/2左右,宜碾压4～6遍,直至主层集料嵌挤稳定,无显著轮迹为止。

(3)浇洒第一层沥青。浇洒方法应按本规范6.2.6条进行。采用乳化沥青贯入时,为防止乳液下漏过多,可在主层集料碾压稳定后,先撒布一部分上一层嵌缝料,再浇洒主层沥青。

(4)采用集料撒布机或人工撒布第一层嵌缝料。撒布后尽量扫匀,不足处应找补。当使用乳化沥青时,石料撒布必须在乳液破乳前完成。

(5)立即用8～12t钢筒式压路机碾压嵌缝料,轮迹重叠轮宽的1/2左右,宜碾压4～6遍,直至稳定为止。碾压时随压随扫,使嵌缝料均匀嵌入。因气温较高使碾压过程中发生较大推移现象时,应立即停止碾压,待气温稍低时再继续碾压。

(6)按上述方法浇洒第二层沥青、撒布第二层嵌缝料,然后碾压,再浇洒第三层沥青。

(7)按撒布嵌缝料方法撒布封层料。

(8)采用6～8t压路机作最后碾压,宜碾压2～4遍,然后开放交通。

7.4.2 沥青贯入式路面开放交通后应按本规范6.2.8条、6.2.9条的要求控制交通,作初期养护。

7.4.3 铺筑上拌下贯式路面时,贯入层不撒布封层料,拌和层应紧跟贯入层施工,使上下成为一整体。贯入部分采用乳化沥青时应待其破乳、水分蒸发且成型稳定后方可铺筑拌和层,当拌和层与贯入部分不能连续施工,且要在短期内通行施工车辆时贯入层部分的第二遍嵌缝料应增加用量2～3m^3/1000m^2,在摊铺拌和层沥青混合料前,应作补充碾压,并浇洒黏层沥青。

8 冷拌沥青混合料路面

8.1 一般规定

8.1.1 冷拌沥青混合料适用于三级及三级以下的公路的沥青面层、二级公路的罩面层施工，以及各级公路沥青路面的基层、联结层或整平层。冷拌改性沥青混合料可用于沥青路面的坑槽冷补。

8.1.2 冷拌沥青混合料宜采用乳化沥青或液体沥青拌制，也可采用改性乳化沥青，各种结合料类型及规格应符合本规范第4章的要求。

8.1.3 冷拌沥青混合料宜采用密级配沥青混合料，当采用半开级配的冷拌沥青碎石混合料路面时应铺筑上封层。

8.2 冷拌沥青混合料的配合比设计

8.2.1 冷拌沥青混合料可参照本规范第5章相应的矿料级配使用，并根据已有的成功经验经试拌确定设计级配范围和施工配合比。

8.2.2 乳化沥青碎石混合料的乳液用量应根据当地实践经验以及交通量、气候、集料情况、沥青标号、施工机械等条件确定，也可按热拌沥青混合料的沥青用量折算，实际的沥青残留物数量可较同规格热拌沥青混合料的沥青用量减少10%～20%。

8.3 冷拌沥青混合料路面施工

8.3.1 冷拌沥青混合料宜采用拌和厂机械拌和及沥青摊铺机摊铺的方式。缺乏厂拌条件时也可采用现场路拌及人工摊铺方式。冷拌沥青混合料施工应注意防止混合料离析。

8.3.2 当采用阳离子乳化沥青拌和时，宜先用水使集料湿润，若湿润后仍难于与乳液拌和均匀时，应改用破乳速度更慢的乳液，或用1%～3%浓度的氯化钙水溶液代替水润湿集料表面。

8.3.3 混合料适宜的拌和时间应根据实际情况调节并通过试拌确定，矿料中加进乳液后的机械拌和时间不宜超过30s，人工拌和时间不宜超过60s。

8.3.4 已拌好的混合料应立即运至现场进行摊铺，并在乳液破乳前结束。在拌和与摊铺过程中已破乳的混合料，应予废弃。

8.3.5 乳化沥青冷拌混合料摊铺后宜采用6t左右的轻型压路机初压1～2遍，使混合料初步稳定，再用轮胎压路机或钢筒式压路机碾压1～2遍。当乳化沥青开始破乳、混合料由褐色转变成黑色时，改用12～15t轮胎压路机碾压，将水分挤出，复压2～3遍后停止，待晾晒一段时间，水分基本蒸发后继续复压至密实为止。当压实过程中有推移现象时应停止碾压，待稳定后再碾压。当天不能完全压实时，可在较高气温状态下补充碾压。当缺乏轮胎压路机时，也可采用钢筒式压路机或较轻的振动压路机碾压。

8.3.6 乳化沥青混合料路面的上封层应在压实成型、路面水分完全蒸发后加铺。

8.3.7 乳化沥青混合料路面施工结束后宜封闭交通2～6h，并注意做好早期养护。开放交通初期，应设专人指挥，车速不得超过20km/h，不得刹车或掉头。

8.3.8 冷拌沥青混合料施工遇雨应立即停止铺筑，以防雨水将乳液冲走。

8.4 冷补沥青混合料

8.4.1 用于修补沥青路面坑槽的冷补沥青混合料宜采用适宜的改性沥青结合料制造，并具有良好的耐水性。

8.4.2 冷补沥青混合料的矿料级配宜参照表8.4.2的要求执行。沥青用量通过试验并根据实际使用效果确定，通常宜为4%～6%。其级配应符合补坑的需要，粗集料级配必须具有充分的嵌挤能力，以便在未经充分碾压的条件下可开放通车碾压而不松散。

表8.4.2 冷补沥青混合料的矿料级配

类型	通过下列筛孔(mm)的百分率(%)											
	26.5	19.0	16.0	13.2	9.5	4.75	2.36	1.18	0.6	0.3	0.15	0.075
细粒式 LB-10	—	—	—	100	80～100	30～60	10～40	5～20	0～15	0～12	0～8	0～5
细粒式 LB-13	—	—	100	90～100	60～95	30～60	10～40	5～20	0～15	0～12	0～8	0～5
中粒式 LB-16	—	100	90～100	50～90	40～75	30～60	10～40	5～20	0～15	0～12	0～8	0～5
粗粒式 LB-19	100	95～100	80～100	70～100	60～90	30～70	10～40	5～20	0～15	0～12	0～8	0～5

注：1. 黏聚性试验方法：将冷补材料800g装入马歇尔试模中，放入4℃恒温室中2～3h，取出后双面各击实5次，制作试件，脱模后放在标准筛上，将其直立并使试件沿筛框来回滚动20次，破损率不得大于40%。

2. 冷补沥青混合料马歇尔试验方法：称混合料1180g在常温下装入试模中，双面各击实50次，连同试模一起以侧面竖立方式置110℃烘箱中养生24h，取出后再双面各击实25次，再连同试模在室温中竖立放置24h，脱模后在60℃恒温水槽中养生30min，进行马歇尔试验。

8.4.3 冷补沥青混合料的质量宜符合下列要求：

(1)制造冷补沥青混合料的集料必须符合本规范热拌沥青混合料集料的质量要求。

(2)有良好的低温操作和易性。用于冬季寒冷季节补坑的混合料，应在松散状态下经-10℃的冰箱保持24h无明显的凝聚结块现象，且能用铁铲方便地拌和操作。

(3)有良好的耐水性，混合料按水煮法或水浸法检验的抗水剥落性能(裹覆面积)不得小于95%。

(4)冷补沥青混合料应有足够的黏聚性，马歇尔试验稳定度宜不小于3kN。

9 透层、黏层

9.1 透层

9.1.1 沥青路面各类基层都必须喷洒透层油,沥青层必须在透层油完全渗透入基层后方可铺筑。基层上设置下封层时,透层油不宜省略。气温低于10℃或大风天气,即将降雨时不得喷洒透层油。

9.1.2 根据基层类型选择渗透性好的液体沥青、乳化沥青、煤沥青作透层油,喷洒后通过钻孔或挖掘确认透层油渗透入基层的深度宜不小于5mm(无机结合料稳定集料基层)~10mm(无结合料基层),并能与基层联结成为一体。透层油的质量应符合本规范第4章的要求。

9.1.3 透层油的黏度通过调节稀释剂的用量或乳化沥青的浓度得到适宜的黏度,基质沥青的针入度通常宜不小于100。透层用乳化沥青的蒸发残留物含量允许根据渗透情况适当调整,当使用成品乳化沥青时可通过稀释得到要求的黏度。透层用液体沥青的黏度通过调节煤油或轻柴油等稀释剂的品种和掺量经试验确定。

9.1.4 透层油的用量通过试洒确定,不宜超出表9.1.4要求的范围。

表9.1.4 沥青路面透层材料的规格和用量表

用 途	液体沥青		乳化沥青		煤 沥 青	
	规格	用量(L/m²)	规格	用量(L/m²)	规格	用量(L/m²)
无结合料粒料基层	AL(M)-1、2或3 AL(S)-1、2或3	1.0~2.3	PC-2 PA-2	1.0~2.0	T-1 T-2	1.0~1.5
半刚性基层	AL(M)-1或2 AL(S)-1或2	0.6~1.5	PC-2 PA-2	0.7~1.5	T-1 T-2	0.7~1.0

注:表中用量是指包括稀释剂和水分等在内的液体沥青、乳化沥青的总量。乳化沥青中的残留物含量以50%为基准。

9.1.5 用于半刚性基层的透层油宜紧接在基层碾压成型后表面稍变干燥,但尚未硬化的情况下喷洒。

9.1.6 在无结合料粒料基层上洒布透层油时,宜在铺筑沥青层前1~2d洒布。

9.1.7 透层油宜采用沥青洒布车一次喷洒均匀,使用的喷嘴宜根据透层油的种类和黏度选择并保证均匀喷洒,沥青洒布车喷洒不均匀时宜改用手工沥青洒布机喷洒。洒布应符合本规范6.2.3条的要求。

9.1.8 喷洒透层油前应清扫路面,遮挡防护路缘石及人工构造物避免污染,透层油必须洒布均匀,有花白遗漏应人工补洒,喷洒过量的立即撒布石屑或砂吸油,必要时作适当碾压。透层油洒布后不得在表面形成能被运料车和摊铺机粘起的油皮,透层油达不到渗透深度要求时,应更换透层油稠度或品种。

9.1.9 透层油洒布后的养生时间随透层油的品种和气候条件由试验确定,确保液体沥青中的稀释剂全部挥发,乳化沥青渗透且水分蒸发,然后尽早铺筑沥青面层,防止工程车辆损坏透层。

9.2 黏层

9.2.1 符合下列情况之一时,必须喷洒黏层油:

(1)双层式或三层式热拌热铺沥青混合料路面的沥青层之间。

(2)水泥混凝土路面、沥青稳定碎石基层或旧沥青路面层上加铺沥青层。

(3)路缘石、雨水口、检查井等构造物与新铺沥青混合料接触的侧面。

9.2.2 黏层油宜采用快裂或中裂乳化沥青、改性乳化沥青，也可采用快、中凝液体石油沥青，其规格和质量应符合本规范的要求，所使用的基质沥青标号宜与主层沥青混合料相同。

9.2.3 黏层油品种和用量，应根据下卧层的类型通过试洒确定，并符合表9.2.3的要求。当黏层油上铺筑薄层大空隙排水路面时，黏层油的用量宜增加到0.6～1.0 L/m^2。在沥青层之间兼作封层而喷洒的黏层油宜采用改性沥青或改性乳化沥青，其用量宜不少于1.0L/m^2。

表9.2.3 沥青路面黏层材料的规格和用量表

下卧层类型	液体沥青		乳化沥青	
	规格	用量(L/m^2)	规格	用量(L/m^2)
新建沥青层或旧沥青路面	AL(R)-3～AL(R)-6 AL(M)-3～AL(M)-6	0.3～0.5	PC-3 PA-3	0.3～0.6
水泥混凝土	AL(M)-3～AL(M)-6 AL(S)-3～AL(S)-6	0.2～0.4	PC-3 PA-3	0.3～0.5

注：表中用量是指包括稀释剂和水分等在内的液体沥青、乳化沥青的总量。乳化沥青中的残留物含量以50%为基准。

9.2.4 黏层油宜采用沥青洒布车喷洒，并选择适宜的喷嘴，洒布速度和喷洒量保持稳定。当采用机动或手摇的手工沥青洒布机喷洒时，必须由熟练的技术工人操作，均匀洒布。气温低于10℃时不得喷洒黏层油，寒冷季节施工不得不喷洒时可以分成两次喷洒。路面潮湿时不得喷洒黏层油，用水洗刷后需待表面干燥后喷洒。

9.2.5 喷洒的黏层油必须成均匀雾状，在路面全宽度内均匀分布成一薄层，不得有洒花漏空或成条状，也不得有堆积。喷洒不足的要补洒，喷洒过量处应予刮除。喷洒黏层油后，严禁运料车外的其他车辆和行人通过。

9.2.6 黏层油宜在当天洒布，待乳化沥青破乳、水分蒸发完成，或稀释沥青中的稀释剂基本挥发完成后，紧跟着铺筑沥青层，确保黏层不受污染。

10 其他沥青铺装工程

10.1 一般规定

10.1.1 在特殊场合铺筑沥青铺装层时,应根据其使用部位及功能要求采取相应的措施。

10.2 行人及非机动车道路

10.2.1 人行道、非机动车道、园林公路、行人广场等主要供行人、非机动车使用的沥青层应平顺、舒适、排水良好。

10.2.2 行人道路宜选择针入度较大的石油沥青或乳化沥青,沥青混合料的沥青用量宜比车行道用量增加0.3%左右。

10.2.3 行人道路的表面层应采用细型的细粒式或砂粒式密级配沥青混凝土混合料。在无机动车通行的道路上也可铺筑透水路面。

10.2.4 行人道路设置路缘石、井孔盖座、消防栓、电杆等公路附属设施时应预先安装,喷洒沥青或铺筑混合料前应采取措施防止污染,并避免因压路机碾压受到损坏。对使用大型压路机有困难的部位,可采用小型振动压路机、振动夯板、夯锤压实。

10.3 重型车停车场、公共汽车站

10.3.1 高速公路服务区、停车场、公共汽车站等的沥青层应满足较长时间停驻重型车辆及承受反复启动制动水平力的功能要求。沥青混合料应有较高的抗永久性流动变形的能力。

10.3.2 沥青混合料宜选择集料最大粒径较粗、嵌挤性能好的矿料级配,适当增加4.75mm以上的粗集料部分,减少天然沙用量。沥青结合料宜采用低针入度沥青或者改性沥青,沥青用量比标准配合比设计用量宜减少0.3% ~0.5%左右。

10.3.3 在大面积行人广场上铺筑沥青层时,应充分注意平整度、坡度及排水符合设计要求,施工时宜设置间距不大于5m方格形样桩,随时用3m直尺检查,不符要求的及时趁热整修。

10.4 水泥混凝土桥面的沥青铺装层

10.4.1 大中型水泥混凝土桥桥面铺筑的沥青铺装层,应满足与混凝土桥面的黏结、防止渗水、抗滑及有较高抵抗振动变形的能力等功能性要求,并设置有效的桥面排水系统。

10.4.2 铺装沥青层的下卧层必须符合平整、粗糙、整洁的要求,桥面纵横坡符合要求。

10.4.3 水泥混凝土桥面板表面应作铣刨拉毛处理,清除浮浆,除去过高的凸出部位。

10.4.4 铺设桥面铺装必须确保混凝土完全干燥,严禁在潮湿条件下铺设防水黏结层及摊铺沥青混合料,防止混凝土中的水分在施工或使用过程中遇热变成水汽使防水黏结层产生鼓包。

10.4.5 喷洒沥青或改性沥青类桥面防水黏结层的施工应符合下列要求:

(1)整个铺筑过程直至铺设石屑保护层前严禁包括行人在内的一切交通。

(2)不洒黏层油,直接分2~3层喷洒或人工涂刷热沥青、热融或溶剂稀释的改性沥青、改性乳化沥青的防水黏结层,必须均匀一致,且达到要求的厚度。

(3)喷洒防水层黏结后应立即撒布一层洁净的尺寸为3～5mm的石屑作保护层,并用6～8t轻型压路机以较慢的速度碾压。

10.4.6 防水卷材防水层的铺筑应符合下列要求:

(1)防水卷材应符合相关质量要求,无破洞、不漏水,内部有金属或聚合物纤维,表面有均匀的石屑撒布层。铺筑的防水黏结层不得有漏铺、破漏、脱开、翘起、皱折等现象。

(2)铺设前应喷洒黏层油和涂刷黏结剂,铺筑时边加热边滚压,黏结后必须检查确认任何部位都不能被人工或铁锹撕、揭开。

(3)铺设卷材后不得通行任何车辆或堆放杂物,防止卷材污染。

(4)防水卷材防水层不得在摊铺机或运料车作用下遭到损坏。

10.4.7 桥面铺装的复压宜采用轮胎压路机或钢筒式压路机进行,经试验或经验证明不致损坏桥梁结构时,也可采用振动压路机碾压。

10.4.8 沥青面层所用的沥青应符合本规范要求,必要时采用改性沥青。

10.4.9 桥面铺装和土石方路基和桥头搭板上的路面应连接平顺,采取措施,预防桥头跳车。

10.5 钢桥面铺装

10.5.1 钢桥面铺装必须具有以下功能性要求:

(1)能与钢板紧密结合成为整体,变形协调一致。

(2)防水性能良好,防止钢桥面生锈。

(3)具有足够的耐久性和有较小的温度敏感性,满足使用条件下的高温抗流动变形能力、低温抗裂性能、水稳定性、抗疲劳性能、表面抗滑的要求。

(4)与钢板黏结良好,具有足够的抗水平剪切重复荷载及蠕变变形的能力。

10.5.2 钢桥面铺装结构通常由防锈层、防水黏结层、沥青面层等组成。

10.5.3 涂刷防水层前应对钢板焊缝和吊钩残留物仔细平整,彻底除锈,清扫干燥。

10.5.4 钢桥面铺装的防水黏结层必须紧跟防锈层后涂刷,防水黏结层宜采用高黏度的改性沥青、环氧沥青、防水卷材。当采用浇注式沥青混凝土铺筑桥面铺装时,可不设防水黏结层。

10.5.5 钢桥面铺装使用的改性沥青,宜单独提出相应的技术要求。沥青层的压实设备和压实工艺,应通过力学验算并经试验验证,防止钢桥面主体受损。

10.5.6 铺设过程中必须保持桥面整洁,不得堆放与施工无关的材料、机械、杂物。

10.5.7 钢桥面铺装宜在无雨少雾季节、干燥状态下施工。

10.6 公路隧道沥青路面

10.6.1 在隧道内铺筑沥青路面时应充分考虑隧道沥青路面施工和维修养护工作困难,隧道内外光线变化显著,隧道有可能漏水、冒水,隧道防火安全等特点,选择适宜的材料与结构。

10.6.2 对隧道底部的地下水应采取疏导方式,设置完善的排水系统。

10.6.3 施工过程中需确保通风良好,采取防火措施,制订有切实可行的消防和疏散预案。

10.6.4 各种施工机械应符合隧道净空的要求,选用宽度较窄的摊铺机铺筑,运料车应能完全卸料,具有足够的行车通道。

10.7 路缘石与拦水带

10.7.1 沥青路面外侧边缘宜设置深度深入基层的纵向渗水沟,并留置横向的排水孔,渗水沟可采用多孔水泥混凝土或单粒径碎石,表面层铺筑沥青混凝土。

10.7.2 路缘石应有足够的强度和耐久性、表面平整,与路线线形一致。行车道与中央分隔带之间设置埋置式路缘石时，应防止中央分隔带的雨水进入路面结构层。

10.7.3 沥青混凝土拦水带应采用专用设备连续铺设，其矿料级配宜符合表10.7.3要求，沥青用量宜在正常试验的基础上增加0.5%～1.0%，双面击实50次的设计空隙率宜为1%～3%。基底需洒布用量为0.25～0.5kg/m^{2}的黏层油。

表10.7.3 沥青混凝土拦水带矿料级配范围

筛孔(mm)	16	13.2	4.75	2.36	0.3	0.075
通过质量百分率(%)	100	85～100	65～80	50～65	18～30	5～15

10.7.4 埋置式路缘石宜在沥青层施工全部结束后安装，严禁在两层沥青层施工间隙中因开挖、埋设路缘石导致沥青层污染。

11 施工质量管理与检查验收

11.1 一般规定

11.1.1 沥青路面施工应根据全面质量管理的要求,建立健全有效的质量保证体系,对施工各工序的质量进行检查评定,达到规定的质量标准,确保施工质量的稳定性。

11.1.2 高速公路、一级公路沥青路面应加强施工过程质量控制,实行动态质量管理。

11.1.3 本规范规定的技术要求是工程施工质量管理和交工验收的依据。

11.1.4 所有与工程建设有关的原始记录、试验检测及计算数据、汇总表格,必须如实记录和保存。对已经采取措施进行返工和补救的项目,可在原记录和数据上注明,但不得销毁。

11.2 施工前的材料与设备检查

11.2.1 施工前必须检查各种材料的来源和质量。对经招标程序购进的沥青、集料等重要材料,供货单位必须提交最新检测的正式试验报告。从国外进口的材料应提供该批材料的船运单。对首次使用的集料,应检查生产单位的生产条件、加工机械、覆盖层的清理情况。所有材料都应按规定取样检测,经质量认可后方可订货。

11.2.2 各种材料都必须在施工前以"批"为单位进行检查,不符合本规范技术要求的材料不得进场。对各种矿料是以同一料源、同一次购入并运至生产现场的相同规格材料为一"批";对沥青是指从同一来源、同一次购入且储入同一沥青罐的同一规格的沥青为一"批"。材料试样的取样数量与频度按现行试验规程的规定进行。

11.2.3 工程开始前,必须对材料的存放场地、防雨和排水措施进行确认,不符合本规范要求时材料不得进场。进场的各种材料的来源、品种、质量应与招标及提供的样品一致,不符要求的材料严禁使用。

11.2.4 使用成品改性沥青的工程,应要求供应商提供所使用的改性剂型号、基质沥青的质量检测报告。使用现场改性沥青的工程,应对试生产的改性沥青进行检测。质量不合格的不可使用。

11.2.5 施工前应对沥青拌和楼、摊铺机、压路机等各种施工机械和设备进行调试,对机械设备的配套情况、技术性能、传感器计量精度等进行认真检查、标定,并得到监理的认可。

11.2.6 正式开工前,各种原材料的试验结果,及据此进行的目标配合比设计和生产配合比设计结果,应在规定的期限内向业主及监理提出正式报告,待取得正式认可后,方可使用。

11.3 铺筑试验路段

11.3.1 高速公路和一级公路的沥青路面在施工前应铺筑试验段。其他等级公路在缺乏施工经验或初次使用重大设备时,也应铺筑试验段。当同一施工单位在材料、机械设备及施工方法与其他工程完全相同时,也可利用其他工程的结果,不再铺筑新的试验路段。

11.3.2 试验段的长度应根据试验目的确定,通常宜为100~200m,宜选在正线上铺筑。

11.3.3 热拌热铺沥青混合料路面试验段铺筑分试拌及试铺两个阶段,应包括下列试验内容:

(1)检验各种施工机械的类型、数量及组合方式是否匹配。

(2)通过试拌确定拌和机的操作工艺,考察计算机打印装置的可信度。

(3)通过试铺确定透层油的喷洒方式和效果、摊铺、压实工艺,确定松铺系数等。

(4)验证沥青混合料生产配合比设计,提出生产用的标准配合比和最佳沥青用量。

(5)建立用钻孔法与核子密度仪无破损检测路面密度的对比关系。确定压实度的标准检测方法。核子仪等无破损检测在碾压成型后热态测定,取13个测点的平均值为1组数据,一个试验段的不得少于3组。钻孔法在第2天或第3天以后测定,钻孔数不少于12个。

(6)检测试验段的渗水系数。

11.3.4 试验段铺筑应由有关各方共同参加,及时商定有关事项,明确试验结论。铺筑结束后,施工单位应就各项试验内容提出完整的试验路施工、检测报告,取得业主或监理的批复。

11.4 施工过程中的质量管理与检查

11.4.1 沥青面层施工必须在得到开工令后方可开工。

11.4.2 施工单位在施工过程中应随时对施工质量进行自检。监理应按规定要求自主地进行试验,并对承包商的试验结果进行认定,如实评定质量,计算合格率。当发现有质量低劣等异常情况时,应立即追加检查。施工过程中无论是否已经返工补救,所有数据均必须如实记录,不得丢弃。

11.4.3 沥青混合料生产过程中,必须按表11.4.3规定的检查项目与频度,对各种原材料进行抽样试验,其质量应符合本规范规定的技术要求。每个检查项目的平行试验次数或一次试验的试样数必须按相关试验规程的规定执行,并以平均值评价是否合格。未列入表中的材料的检查项目和频度按材料质量要求确定。

表11.4.3 施工过程中材料质量检查的项目与频度

材料	检查项目	检查频度		试验规程规定的平行试验次数或一次试验的试样数
		高速公路、一级公路	其他等级公路	
粗集料	外观(石料品种、含泥量等)	随时	随时	—
	针片状颗粒含量	随时	随时	2~3
	颗粒组成(筛分)	随时	必要时	2
	压碎值	必要时	必要时	2
	磨光值	必要时	必要时	4
	洛杉矶磨耗值	必要时	必要时	2
	含水量	必要时	必要时	2
细集料	颗粒组成(筛分)	随时	必要时	2
	砂当量	必要时	必要时	2
	含水量	必要时	必要时	2
	松方单位重	必要时	必要时	2
矿粉	外观	随时	随时	—
	<0.075mm含量	必要时	必要时	2
	含水量	必要时	必要时	2
石油沥青	针入度	每2~3天1次	每周1次	3
	软化点	每2~3天1次	每周1次	2
	延度	每2~3天1次	每周1次	3
	含蜡量	必要时	必要时	2~3
改性沥青	针入度	每天1次	每天1次	3
	软化点	每天1次	每天1次	2
	离析试验(对成品改性沥青)	每周1次	每周1次	2
	低温延度	必要时	必要时	3
	弹性恢复	必要时	必要时	3
	显微镜观察(对现场改性沥青)	随时	随时	—

续上表

材　料	检查项目	检查频度		试验规程规定的平行试验次数或一次试验的试样数
		高速公路、一级公路	其他等级公路	
乳化沥青	蒸发残留物含量	每2~3天1次	每周1次	2
	蒸发残留物针入度	每2~3天1次	每周1次	2
改性乳化沥青	蒸发残留物含量	每2~3天1次	每周1次	2
	蒸发残留物针入度	每2~3天1次	每周1次	3
	蒸发残留物软化点	每2~3天1次	每周1次	2
	蒸发残留物的延度	必要时	必要时	3

注:1. 表列内容是在材料进场时已按"批"进行了全面检查的基础上,日常施工过程中质量检查的项目与要求。

2. "随时"是指需要经常检查的项目,其检查频度可根据材料来源及质量波动情况由业主及监理确定;"必要时"是指施工各方任何一个部门对其质量发生怀疑,提出需要检查时,或是根据需要商定的检查频度。

11.4.4 沥青拌和厂必须按下列步骤对沥青混合料生产过程进行质量控制,并按表11.4.4规定的项目和频度检查沥青混合料产品的质量,如实计算产品的合格率。单点检验评价方法应符合相关试验规程的试样平行试验的要求。

1 从料堆和皮带运输机随时目测各种材料的质量和均匀性,检查泥块及超粒径碎石,检查冷料仓有无窜仓。目测混合料拌和是否均匀、有无花白料、油石比是否合理,检查集料和混合料的离析情况。

2 检查控制室拌和机各项参数的设定值、控制屏的显示值,核对计算机采集和打印记录的数据与显示值是否一致。按附录G的方法进行沥青混合料生产过程的在线监测和总量检验。按附录F的方法进行沥青混合料质量动态管理。

3 检测沥青混合料的材料加热温度、混合料出厂温度,取样抽提、筛分检测混合料的矿料级配、油石比。抽提筛分应至少检查0.075mm、2.36mm、4.75mm、公称最大粒径及中间粒径等5个筛孔的通过率。

4 取样成型试件进行马歇尔试验,测定空隙率、稳定度、流值,计算合格率。对VMA、VFA指标可只作记录。同时按附录E的方法确定压实度的标准密度。

注:沥青混合料的存放时间对体积指标有一定影响,施工质量检验的马歇尔试验以拌和厂取样后立即成型的试件为准,但成型温度和试件高度必须符合试验要求。

表11.4.4 热拌沥青混合料的检查频度和质量要求

项　目		检查频度及单点检验评价方法	质量要求或允许偏差		试验方法
			高速公路、一级公路	其他等级公路	
混合料外观		随时	观察集料粗细、均匀性、离析、油石比、色泽、冒烟、有无花白料、油团等各种现象		目测
拌和温度	沥青、集料的加热温度	逐盘检测评定	符合本规范规定		传感器自动检测、显示并打印
	混合料出厂温度	逐车检测评定	符合本规范规定		传感器自动检测、显示并打印,出厂时逐车按T 0981人工检测
		逐盘测量记录,每天取平均值评定	符合本规范规定		传感器自动检测、显示并打印
矿料级配(筛孔)	0.075mm	逐盘在线检测	±2%(2%)	—	计算机采集数据计算
	≤2.36mm		±5%(4%)	—	
	≥4.75mm		±6%(5%)	—	
	0.075mm	逐盘检查,每天汇总1次取平均值评定	±1%	—	附录G总量检验
	≤2.36mm		±2%	—	
	≥4.75mm		±2%	—	
	0.075mm	每台拌和机每天1~2次,以2个试样的平均值评定	±2%(2%)	±2%	T 0725抽提筛分与标准级配比较的差
	≤2.36mm		±5(3%)	±6%	
	≥4.75mm		±6(4%)	±7%	

续上表

项目	检查频度及单点检验评价方法	质量要求或允许偏差		试验方法
		高速公路、一级公路	其他等级公路	
沥青用量（油石比）	逐盘在线监测	±0.3%	—	计算机采集数据计算
	逐盘检查，每天汇总1次取平均值评定	±0.1%	—	附录G总量检验
	每台拌和机每天1~2次，以2个试样的平均值评定	±0.3%	±0.4%	抽提T 0722、T 0721
马歇尔试验： 空隙率、稳定度、流值	每台拌和机每天1~2次，以4~6个试件的平均值评定	符合本规范规定		T 0702、T 0709、本规范附录B、附录C
浸水马歇尔试验	必要时（试件数同马歇尔试验）	符合本规范规定		T 0702、T 0709
车辙试验	必要时（以3个试件的平均值评定）	符合本规范规定		T 0719

注：1. 单点检验是指试验结果以一组试验结果的报告值为一个测点的评价依据，一组试验（如马歇尔试验、车辙试验）有多个试样时，报告值的取用按《公路工程沥青及沥青混合料试验规程》的规定执行。

2. 对高速公路和一级公路，矿料级配和油石比必须进行总量检验和抽提筛分的双重检验控制，互相校核，表中括号内的数字是对SMA的要求。油石比抽提试验应事先进行空白试验标定，提高测试数据的准确度。

11.4.5 沥青路面铺筑过程中必须随时对铺筑质量进行评定，质量检查的内容、频度、允许差应符合表11.4.5-1、表11.4.5-2、表11.4.5-3的规定。

表11.4.5-1 公路热拌沥青混合料路面施工过程中工程质量的控制标准

项目		检查频度及单点检验评价方法	质量要求或允许偏差		试验方法
			高速公路、一级公路	其他等级公路	
外观		随时	表面平整密实，不得有明显轮迹、裂缝、推挤、油汀、油包等缺陷，且无明显离析		目测
接缝		随时	紧密平整、顺直、无跳车		目测
		逐条缝检测评定	3mm	5mm	T 0931
施工温度	摊铺温度	逐车检测评定	符合本规范规定		T 0981
	碾压温度	随时	符合本规范规定		插入式温度计实测
厚度[1]	每一层次	随时，厚度50mm以下 厚度50mm以上	设计值的5% 设计值的8%	设计值的8% 设计值的10%	施工时插入法量测松铺厚度及压实厚度
	每一层次	1个台班区段的平均值 厚度50mm以下 厚度50mm以上	−3mm −5mm	—	附录G总量检验
	总厚度	每2000m^2一点单点评定	设计值的−5%	设计值的−8%	T 0912
	上面层	每2000m^2一点单点评定	设计值的−10%	设计值的−10%	
压实度[2]		每2000m^2检查1组逐个试件评定并计算平均值	实验室标准密度的97%（98%） 最大理论密度的93%（94%） 试验段密度的99%（99%）		T 0924、T 0922 本规范附录E
平整度（最大间隙）	上面层	随时，接缝处单杆评定	3mm	5mm	T 0931
	中下面层	随时，接缝处单杆评定	5mm	7mm	T 0931

续上表

项目		检查频度及单点检验评价方法	质量要求或允许偏差		试验方法
			高速公路、一级公路	其他等级公路	
平整度（标准差）	上面层	连续测定	1.2mm	2.5mm	T 0932
	中面层	连续测定	1.5mm	2.8mm	
	下面层	连续测定	1.8mm	3.0mm	
	基层	连续测定	2.4mm	3.5mm	
宽度	有侧石	检测每个断面	±20mm	±20mm	T 0911
	无侧石	检测每个断面	不小于设计宽度	不小于设计宽度	
纵断面高程		检测每个断面	±10mm	±15mm	T 0911
横坡度		检测每个断面	±0.3%	±0.5%	T 0911
沥青层层面上的渗水系数[3]，不大于		每1km不少于5点，每点3处取平均值	300ml/min（普通密级配沥青混合料） 200ml/min（SMA混合料）		T 0971

注：1. 表中厚度检测频度指高速公路和一级公路的钻孔频度，其他等级公路可酌情减少钻孔，且通常采用压实度钻孔试件测定。上面层的允许误差不适用于磨耗层。

2. 压实度检测按附录E的规定执行，钻孔试件的数量按11.4.7条的规定执行。括号中的数值是对SMA路面的要求，对马歇尔成型试件采用50次或者35次击实的混合料，压实度应适当提高要求。进行核子仪等无破损检测时，每13个测点的平均数作为一个测点进行评定是否符合要求。实验室密度是指与配合比设计相同方法成型的试件密度。以最大理论密度作标准密度时，对普通沥青混合料通过真空法实测确定，对改性沥青和SMA混合料，由每天的矿料级配和油石比计算得到。

3. 渗水系数适用于公称最大粒径等于或小于19mm的沥青混合料，应在铺筑成型后未遭行车污染的情况下测定，且仅适用于要求密水的密级配沥青混合料、SMA混合料，不适用于OGFC混合料。表中渗水系数以平均值评定，计算的合格率不得小于90%。

4. 3m直尺主要用于接缝检测，对正常生产路段，采用连续式平整度仪测定。

表11.4.5-2　公路沥青表面处治及贯入式路面施工过程中工程质量的控制标准

路面类型	项目	检查频度及单点检验评价方法	质量要求或允许偏差	试验方法
沥青表面处治	外观	随时	集料嵌挤密实，沥青洒布均匀，无花白料，接头无油包	目测
	集料及沥青用量	每日1次逐日评定	±10%	每日施工长度的实际用量与计划用量比较，T 0982
	沥青洒布温度	每车1次评定	符合本规范规定	温度计测量
	厚度（路中及路侧各1点）	不少于每2000m^{2}一点，逐点评定	-5mm	T 0912
	平整度（最大间隙）	随时，以连续10尺的平均值评定	10mm	T 0931
	宽度	检测每个断面逐个评定	±30mm	T 0911
	横坡度	检测每个断面逐个评定	±0.5%	T 0911
沥青贯入式路面	外观	随时	集料嵌挤密实，沥青洒布均匀，无花白料，接头无油包	目测
	集料及沥青用量	每日1次总量评定	±10%	每日施工长度的实际用量与计划用量比较，T 0982
	沥青洒布温度	每车1次逐点评定	符合本规范规定	温度计测量
	厚度	每2000m^{2}一点，逐点评定	-5mm或设计厚度的-8%	T 0912
	平整度（最大间隙）	随时，以连续10尺的平均值评定	8mm	T 0931
	宽度	检测每个断面	±30mm	T 0911
	横坡度	检测每个断面	±0.5%	T 0911

表 11.4.5-3　公路稀浆封层、微表处施工过程中工程质量的控制标准

项　目		检查频度及单点检验评价方法	质量要求或允许偏差	试 验 方 法
外观		随时	表面平整，均匀一致，无拖痕，无显著离析，接缝顺畅	目测
油石比		每日 1 次总量评定	±0.3%	每日实际沥青用量与总集料数量，总量检验
厚度		每公里 5 个断面	±10%	钢尺测量，每幅中间及两侧各 1 点
矿料级配	0.075mm	每日 1 次取 2 个试样筛分的平均值	±2%	T 0725
	0.15 mm		±3%	
	0.3mm		±4%	
	0.6、1.18、2.36、4.75、9.5(mm)		±5%	
湿轮磨耗试验		每周 1 次	符合设计要求	从工程取样按 T 0752 进行

11.4.6　施工厚度的检测按以下方法执行，并相互校核，当差值较大时通常以总量检验为准。

1　利用摊铺过程在线控制，即不断地用插尺或其他工具插入摊铺层测量松铺厚度。

2　利用拌和厂沥青混合料总生产量与实际铺筑的面积计算平均厚度进行总量检验。

3　当具有地质雷达等无破损检验设备时，可利用其连续检测路面厚度，但其测试精度需经标定认可。

4　待路面完全冷却后，在钻孔检测压实度的同时测量沥青层的厚度。

11.4.7　沥青路面的压实度采取重点对碾压工艺进行过程控制，适度钻孔抽检压实度的方法。

1　碾压工艺的控制包括压路机的配置（台数、吨位及机型）、排列和碾压方式、压路机与摊铺机的距离、碾压温度、碾压速度、压路机洒水（雾化）情况、碾压段长度、掉头方式等。

2　碾压过程中宜采用核子密度仪等无破损检测设备进行压实密度过程控制，测点随机选择，一组不少于 13 点，取平均值，与标定值或试验段测定值比较评定。测定温度应与试验段测定时一致，检测精度通过试验路与钻孔试件标定。

3　在路面完全冷却后，随机选点钻孔取样，如一次钻孔同时有多层沥青层时需用切割机切割，待试件充分干燥后（在第二天之后），分别测定密度。压实度计算及标准密度的确定方法应遵照本规范附录 E 的规定，选用其中的 1 个或 2 个标准评定，并以合格率低的作为评定结果，但不得以配合比设计时的标准密度作为整个施工及验收过程中的标准密度使用。钻孔后应及时将孔中灰浆淘净，吸净余水，待干燥后以相同的沥青混合料分层填充夯实。为减少钻孔数量，有关施工、监理、监督各方宜合作进行钻孔检测，以避免重复钻孔。

4　测试压实度的一组数据最少为 3 个钻孔试件，当一组检测的合格率小于 60%，或平均值 $\bar{x}_3$ 小于要求的压实度时，可增加一倍检测点数。如 6 个测点的合格率小于 60%，或平均值 $\bar{x}_6$ 仍然达不到压实度要求时，允许再增加一倍检测点数，要求其合格率大于 60%，且 $\bar{x}_{12}$ 达到规定的压实度要求（注意记录所有数据不得遗弃）。如仍然不能满足要求的应核查标准密度的准确性，以确定是否需要返工以及返工的范围。当所有钻孔试件检测的压实度持续稳定并符合要求时，钻孔频度可减少至每公里不少于一个孔。施工过程中钻孔的试件宜编号贴上标签予以保存，以备工程交工验收时使用。

5　压实层厚度等于或小于 3cm 的超薄表面层或磨耗层、厚度小于 4cm 的 SMA 表面层、易发生温缩裂缝的严寒地区的表面层、桥面铺装沥青层，以及使用改性沥青后，钻孔试样表面形状改变，难以准确测定密度时，可免于钻孔取样，严格控制碾压。

11.4.8　压实成型的路面应按《公路路基路面现场测试规程》规定的方法随机选点检测渗水情况，渗水系数的平均值宜符合表 11.4.5-1 的要求。对排水式沥青混合料，应要求水能够迅速排走。如需要测定构造深度时，宜在测定渗水的同时在附近选点测定，记录实测结果。

11.4.9　施工过程中应随时对路面进行外观（色泽、油膜厚度、表面空隙）评定，尤其特别注意防止粗

细集料的离析和混合料温度不均,造成路面局部渗水严重或压实不足,酿成隐患。如果确实该路段严重离析、渗水,且经2次补充钻孔仍不能达到压实度要求,确属施工质量差的,应予铣刨或局部挖补,返工重铺。

11.4.10 施工过程中必须随时用3m直尺检测接缝及与构造物的连接处平整度的检测,正常路段的平整度采用连续式平整度仪或颠簸累积仪测定。

11.4.11 高速公路和一级公路沥青路面的施工应按本规范附录F的方法,利用计算机实行动态质量管理,并计算平均值、极差、标准差及变异系数以及各项指标的合格率。

11.4.12 公路施工的关键工序或重要部位宜拍摄照片或进行录像,作为实态记录及保存资料的一部分。

11.5 交工验收阶段的工程质量检查与验收

11.5.1 工程完工后,施工单位应将全线以1~3km作为一个评定路段;每一侧车行道按表11.5.1-1、表11.5.1-2、表11.5.1-3的规定频度,随机选取测点;对沥青面层进行全线自检,将单个测定值与表中的质量要求或允许偏差进行比较,计算合格率;然后计算一个评定路段的平均值、极差、标准差及变异系数。施工单位应在规定时间内提交全线检测结果及施工总结报告,申请交工验收。

表11.5.1-1 公路热拌沥青混合料路面交工检查与验收质量标准

检查项目		检查频度(每一侧车行道)	质量要求或允许偏差		试验方法
			高速公路、一级公路	其他等级公路	
外观		随时	表面平整密实,不得有明显轮迹、裂缝、推挤、油汀、油包等缺陷,且无明显离析		目测
面层总厚度	代表值	每1km 5点	设计值的-5%	设计值的-8%	T 0912
	极值	每1km 5点	设计值的-10%	设计值的-15%	T 0912
上面层厚度	代表值	每1km 5点	设计值的-10%	—	T 0912
	极 值	每1km 5点	设计值的-20%	—	T 0912
压实度	代表值	每1km 5点	实验室标准密度的96%(98%) 最大理论密度的92%(94%) 试验段密度的98%(99%)		T 0924
	极值(最小值)	每1km 5点	比代表值放宽1%(每km)或2%(全部)		T 0924
路表平整度	标准差σ	全线连续	1.2mm	2.5mm	T 0932
	IRI	全线连续	2.0m/km	4.2m/km	T 0933
	最大间隙	每1km 10处,各连续10尺	—	5mm	T 0931
路表渗水系数,不大于		每1km不少于5点,每点3处取平均值评定	300ml/min(普通沥青路面) 200ml/min(SMA路面)	—	T 0971
宽度	有侧石	每1km 20个断面	±20mm	±30mm	T 0911
	无侧石	每1km 20个断面	不小于设计宽度	不小于设计宽度	T 0911
纵断面高程		每1km 20个断面	±15mm	±20mm	T 0911
中线偏位		每1km 20个断面	±20mm	±30mm	T 0911
横坡度		每1km 20个断面	±0.3%	±0.5%	T 0911

续上表

检查项目		检查频度（每一侧车行道）	质量要求或允许偏差		试验方法
			高速公路、一级公路	其他等级公路	
弯沉	回弹弯沉	全线每20m 1点	符合设计对交工验收的要求	符合设计对交工验收的要求	T 0951
	总弯沉	全线每5m 1点	符合设计对交工验收的要求	—	T 0952
构造深度		每1km 5点	符合设计对交工验收的要求	—	T 0961/62/63
摩擦系数摆值		每1km 5点	符合设计对交工验收的要求	—	T 0964
横向力系数		全线连续	符合设计对交工验收的要求	—	T 0965

注：1. 高速公路、一级公路面层除验收总厚度外，尚须验收上面层厚度，代表值的计算方法按附录E进行。

2. 与表11.4.5-1注2、注3同。

表11.5.1-2 公路沥青表面处治及贯入式路面交工检查与验收质量标准

路面类型	检查项目		检查频度（每一侧车行道）	质量要求或允许偏差	试验方法
沥青表面处治	外观		全线	密实，不松散	目测
	厚度	代表值	每200m 每车道1点	-5mm	T 0921
		极值	每200m 每车道1点	-10mm	T 0921
	路表平整度	标准差	全线每车道连续	4.5mm	T 0932
		IRI	全线每车道连续	7.5m/km	T 0933
		最大间隙	每1km10处，各连续10尺	10mm	T 0931
	宽度	有侧石	每1km 20个断面	±3cm	T 0911
		无侧石	每1km 20个断面	不小于设计宽度	T 0911
	纵断面高程		每1km 20个断面	±20mm	T 0911
	横坡度		每1km 20个断面	±0.5%	T 0911
	沥青用量		每1km 1点	±0.5%	T 0722
	矿料用量		每1km 1点	±5%	T 0722
沥青贯入式路面	外观		全线	密实，不松散	目测
	厚度	代表值	每200m 1点	-5mm或-8%	T 0921
		极值	每200m 1点	15mm	T 0921
	路表平整度	标准差	全线连续	3.5mm	T 0932
		IRI	全线连续	5.8m/km	T 0933
		最大间隙	每1km10处，各连续10尺	8mm	T 0931
	宽度	有侧石	每1km 20个断面	±30mm	T 0911
		无侧石	每1km 20个断面	不小于设计宽度	T 0911
	纵断面高程		每1km 20个断面	±20mm	T 0911
	横坡度		每1km 20个断面	±0.5%	T 0911
	沥青用量		每1km 1点	±0.5%	T 0722
	矿料用量		每1km 1点	±5%	T 0722

表 11.5.1-3 公路沥青路面稀浆封层交工检查与验收质量标准

检查项目	检查频度（每一侧车行道）	质量要求或允许偏差		试验方法
		高速公路、一级公路	其他等级公路	
平均厚度	每 1km3 点	-10%	-10%	挖小坑量测，取平均
渗水系数	每 1km 3 处	10ml/min	10ml/min	T 0971
路表构造深度	每 1km 5 点	符合设计要求	—	T 0961 T 0962
路面摩擦系数摆值	每 1km 5 点	符合设计要求	—	T 0964
横向力系数	全线连续	符合设计要求	—	T 0965

11.5.2 沥青路面交工时应检查验收沥青面层的各项质量指标，包括路面的厚度、压实度、平整度、渗水系数、构造深度、摩擦系数等。

1 需要破损路面进行检测的指标，如厚度、压实度宜利用施工过程中的钻孔数据，检查每一个测点与极值相比的合格率，同时按附录 E 的方法计算代表值。厚度也可利用路面雷达连续测定路面剖面进行评定。压实度验收可选用其中的 1 个或 2 个标准，并以合格率低的作为评定结果。

2 路表平整度可采用连续式平整度仪和颠簸累积仪进行测定，以每 100m 计算一个测值，计算合格率。

3 路表渗水系数与构造深度宜在施工过程中在路面成型后立即测定，但每一个点为 3 个测点的平均值，计算合格率。

4 交工验收时可采用连续式摩擦系数测定车在行车道实测路表横向摩擦系数，如实记录测点数据。

5 交工验收时可选择贝克曼梁或连续式弯沉仪实测路面的回弹弯沉或总弯沉，如实记录测点数据（含测定时的气候条件、测定车数据等），测定时间宜在公路的最不利使用条件下（指春融期或雨季）进行。

11.5.3 工程交工时应对全线宽度、纵断面高程、横坡度、中线偏位等进行实测，以每个桩号的测定结果评定合格率，最后提出实际的竣工图。

11.5.4 行人道路沥青面层的质量检查及验收与车行道相同，其质量指标应符合表11.5.4的规定。

表 11.5.4 行人道路沥青面层质量标准

检查项目		质量要求或允许偏差	检查频度	检查方法
厚度		±5mm	每 100m 1 点	T 0912
路表平整度（最大间隙）	沥青混凝土	5mm	每 200m 2 点 各连续 10 尺	T 0931
	其他沥青面层	7mm		
宽度		-20mm	每 100m 2 点	T 0911
横坡度		±0.3%	每 100m 2 点	T 0911

11.5.5 大、中型桥梁桥面沥青铺装的质量检查与验收，以 100m 作为一个评定路段，其质量指标应符合表 11.5.5 的规定。

表 11.5.5 桥面沥青铺装工程质量标准

检查项目		检查频度	允许偏差		检查方法
			高速公路、一级公路	其他等级公路	
厚度		每 100m 2 点	0 ~ +5mm	—	T 0912
路表平整度	标准差	连续测定	1.8mm	2.5mm	T 0932
	最大间隙	连续测定	3mm	5mm	T 0931
宽度		每 100m 10 点	0 ~ +5mm		T 0911
压实度		每 100m 2 点	马歇尔密度的 97% 最大相对密度的 93%		T 0924
横坡度		每 100m 10 点	±0.3%		T 0911
其他		同本规范热拌沥青混合料要求			

11.5.6 路缘石和止水带的质量检查及验收与车行道相同,其质量指标应符合本规范表11.5.6的规定。

表 11.5.6 路缘石及止水带工程质量标准

检查项目	质量要求或允许偏差	检查频度	检查方法
直顺度	10mm	每100m 2点	拉20m小线量取最大值
预制块相邻块高差	3mm	每100m 5点	用钢板尺量
预制块相邻缝宽	±3mm	每100m 5点	用钢板尺量
立式路缘石顶面高程	±10mm	每100m 5点	T 0911
水泥混凝土路缘石的预制块强度	25MPa	每1km 1点	留试块试验
沥青混凝土拦水带的压实度	95%	每1km 1点	取样试验

11.6 工程施工总结及质量保证期管理

11.6.1 工程结束后,施工企业应根据国家竣工文件编制的规定,提出施工总结报告及若干个专项报告,连同竣工图表,形成完整的施工资料档案。

11.6.2 施工总结报告应包括工程概况(包括设计及变更情况)、工程基础资料、材料、施工组织、机械及人员配备、施工方法、施工进度、试验研究、工程质量评价、工程决算、工程使用服务计划等。

11.6.3 施工管理与质量检查报告应包括施工管理体制、质量保证体系、施工质量目标、试验段铺筑报告、施工前及施工中材料质量检查结果(测试报告)、施工过程中工程质量检查结果(测试报告)、工程交工验收质量自检结果(测试报告)、工程质量评价,以及原始记录、相册、录像等各种附件。

11.6.4 施工企业在质保期内,应进行路面使用情况观测、局部损坏的原因分析和维修保养等。质量保证的期限根据国家规定或招标文件等要求确定。

附录A 沥青路面使用性能气候分区

A.1 一般规定

A.1.1 选择沥青结合料等级、沥青混合料配合比设计和检验应适应公路环境条件的需要,能承受高温、低温、雨(雪)水的考验。沥青路面的气候条件按本规范的气候分区执行。

A.1.2 各地宜按照本规范的方法对本地区作更为具体的气候区划分,以适应地区具体气候条件的需要。

A.2 气候分区指标的选择

A.2.1 气候分区的高温指标:采用最近30年内年最热月的平均日最高气温的平均值作为反映高温和重载条件下出现车辙等流动变形的气候因子,并作为气候区划的一级指标。全年高于30℃的积温及连续高温的持续时间可作为辅助参考值。

A.2.2 气候分区的低温指标:采用最近30年内的极端最低气温作为反映路面温缩裂缝的气候因子,并作为气候区划的二级指标。温降速率、冰冻指数可作为辅助参考值。

A.2.3 气候分区的雨量指标:采用最近30年内的年降水量的平均值作为反映沥青路面受雨(雪)水影响的气候因子,并作为气候区划的三级指标。雨日数可作为辅助参考值。

A.3 气候分区指标的计算方法

A.3.1 30年最热月平均最高气温按以下步骤求取:

(1)选择当地一年中最热的月份作为年最热月(通常是七月或八月),通过当地气象台站获得该月份记录的每一天的最高气温的温度和时间(通常为下午2时);

(2)求每年最热月的日最高气温的平均值作为一年最热月的月平均最高气温;

(3)求取30年的年最热月平均最高气温的平均值为最热月平均最高气温 T_{max},作为设计高温分区指标。

A.3.2 30年极端最低气温按以下步骤求取:

(1)选择当地一年中最冷的月份作为年最冷月(通常是一月份),通过当地气象台站获得该月份记录的极端最低气温;

(2)求取30年内的极端最低气温的最小值 T_{min},作为设计低温分区指标。

A.3.3 30年内的最大降雨量按以下步骤求取:

(1)通过当地气象台站获得当地的年降雨量;

(2)求取30年内的年降雨量的平均值 W_{cp},作为设计雨量分区指标。

A.3.4 确定气候分区指标时宜参考各个指标的辅助指标值对计算得到的分区指标作必要的修正:

(1)当全年高于30℃的积温较大或当地连续高温的持续时间长,以及预计重载车特别多、长大纵坡严重影响车速的路段,可将高温气候区提高一级或两级看待;

(2)对经常发生寒潮、寒流降温迅速的地区可将低温气候区提高一级。

(3)对年雨日数特别长(如梅雨季节)的地区可将雨量气候区提高一级。

A.4　气候分区的确定

A.4.1　按照设计高温分区指标，一级区划分为3个区（表A.4.1）：

表A.4.1　一级区划

高温气候区	1	2	3
气候区名称	夏炎热区	夏热区	夏凉区
最热月平均最高气温（℃）	>30	20~30	<20

A.4.2　按照设计低温分区指标，二级区划分为4个区（表A.4.2）：

表A.4.2　二级区划

低温气候区	1	2	3	4
气候区名称	冬严寒区	冬寒区	冬冷区	冬温区
极端最低气温（℃）	<-37.0	-37.0~-21.5	-21.5~-9.0	>-9.0

A.4.3　按照设计雨量分区指标，三级区划分为4个区（表A.4.3）：

表A.4.3　三级区划

雨量气候区	1	2	3	4
气候区名称	潮湿区	湿润区	半干区	干旱区
年降雨量（mm）	>1000	1000~500	500~250	<250

A.4.4　沥青路面温度分区由高温和低温组合而成，第一个数字代表高温分区，第二个数字代表低温分区，数字越小表示气候因素越严重（表A.4.4）。

表A.4.4　沥青路面温度分区

气候区名		最热月平均最高气温（℃）	年极端最低气温（℃）	备　注
1-1	夏炎热冬严寒	>30	<-37.0	
1-2	夏炎热冬寒		-37.0~-21.5	
1-3	夏炎热冬冷		-21.5~-9.0	
1-4	夏炎热冬温		>-9.0	
2-1	夏热冬严寒	20~30	<-37.0	
2-2	夏热冬寒		-37.0~-21.5	
2-3	夏热冬冷		-21.5~-9.0	
2-4	夏热冬温		>-9.0	
3-1	夏凉冬严寒	<20	<-37.0	不存在
3-2	夏凉冬寒		-37.0~-21.5	
3-3	夏凉冬冷		-21.5~-9.0	不存在
3-4	夏凉冬温		>-9.0	不存在

A.4.5　由温度和雨量组成的气候分区按表A.4.5划分。

表 A.4.5　沥青及沥青混合料气候分区指标

气候区名		温度(℃)		雨量(mm)
		最热月平均最高气温(℃)	年极端最低气温(℃)	年降雨量(mm)
1-1-4	夏炎热冬严寒干旱	>30	<-37.0	<250
1-2-2	夏炎热冬寒湿润	>30	-37.0～-21.5	500～1000
1-2-3	夏炎热冬寒半干	>30	-37.0～-21.5	250～500
1-2-4	夏炎热冬寒干旱	>30	-37.0～-21.5	<250
1-3-1	夏炎热冬冷潮湿	>30	-21.5～-9.0	>1000
1-3-2	夏炎热冬冷湿润	>30	-21.5～-9.0	500～1000
1-3-3	夏炎热冬冷半干	>30	-21.5～-9.0	250～500
1-3-4	夏炎热冬冷干旱	>30	-21.5～-9.0	<250
1-4-1	夏炎热冬温潮湿	>30	>-9.0	>1000
1-4-2	夏炎热冬温湿润	>30	>-9.0	500～1000
2-1-2	夏热冬严寒湿润	20～30	<-37.0	500～1000
2-1-3	夏热冬严寒半干	20～30	<-37.0	250～500
2-1-4	夏热冬严寒干旱	20～30	<-37.0	<250
2-2-1	夏热冬寒潮湿	20～30	-37.0～-21.5	>1000
2-2-2	夏热冬寒湿润	20～30	-37.0～-21.5	500～1000
2-2-3	夏热冬寒半干	20～30	-37.0～-21.5	250～500
2-2-4	夏热冬寒干旱	20～30	-37.0～-21.5	<250
2-3-1	夏热冬冷潮湿	20～30	-21.5～-9.0	>1000
2-3-2	夏热冬冷湿润	20～30	-21.5～-9.0	500～1000
2-3-3	夏热冬冷半干	20～30	-21.5～-9.0	250～500
2-3-4	夏热冬冷干旱	20～30	-21.5～-9.0	<250
2-4-1	夏热冬温潮湿	20～30	>-9.0	>1000
2-4-2	夏热冬温湿润	20～30	>-9.0	500～1000
2-4-3	夏热冬温半干	20～30	>-9.0	250～500
3-2-1	夏凉冬寒潮湿	<20	-37.0～-21.5	>1000
3-2-2	夏凉冬寒湿润	<20	-37.0～-21.5	500～1000

A.4.6　在缺乏当地气象台站的有效数据时,可参考图 A.4.6-1 及图 A.4.6-2 确定沥青路面使用性能的气候分区。各地区宜根据当地的气象数据,制订更切合实际的气候分区图。

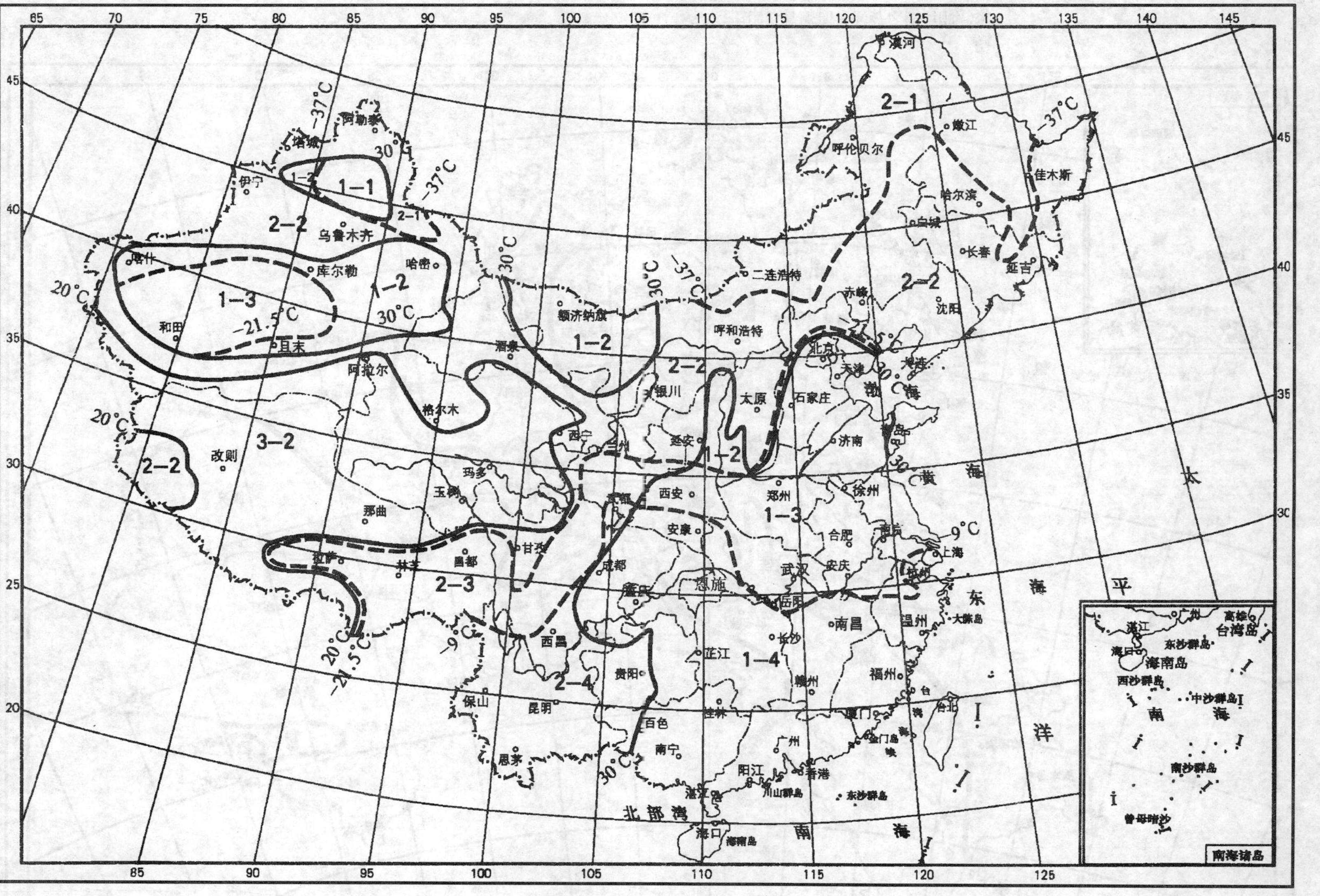

图 A.4.6-1　中国沥青路面气候分区图(温度)

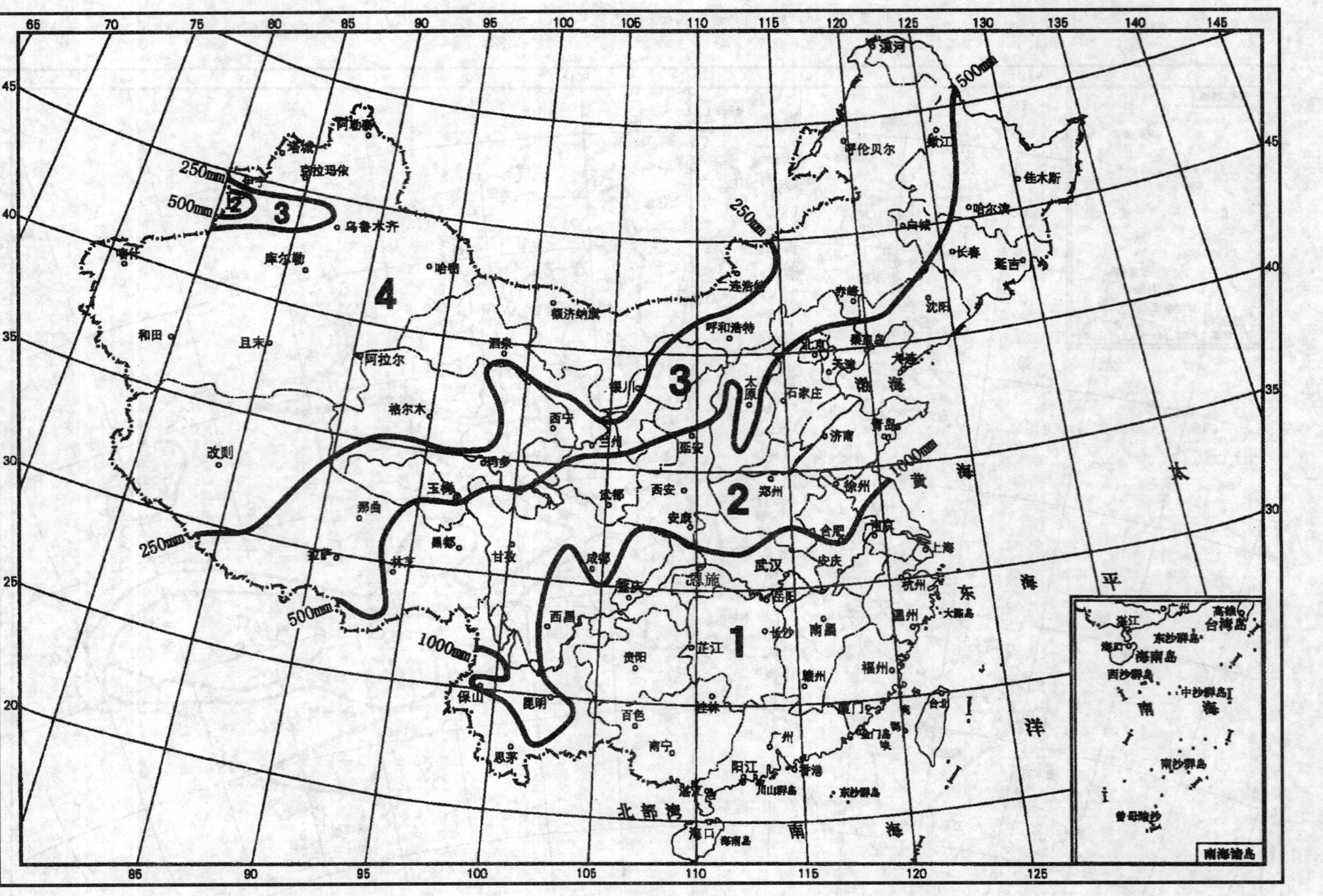

图 A.4.6-2　中国沥青路面气候分区图(雨量)

附录 B　热拌沥青混合料配合比设计方法

B.1　一般规定

B.1.1　本方法适用于密级配沥青混凝土及沥青稳定碎石混合料。

B.1.2　热拌沥青混合料的配合比设计应通过目标配合比设计、生产配合比设计及生产配合比验证三个阶段,确定沥青混合料的材料品种及配合比、矿料级配、最佳沥青用量。本规范采用马歇尔试验配合比设计方法。如采用其他方法设计沥青混合料时,应按本规范规定进行马歇尔试验及各项配合比设计检验,并报告不同设计方法的试验结果。

B.1.3　热拌沥青混合料的目标配合比设计宜按图 B.1.3 的框图的步骤进行。

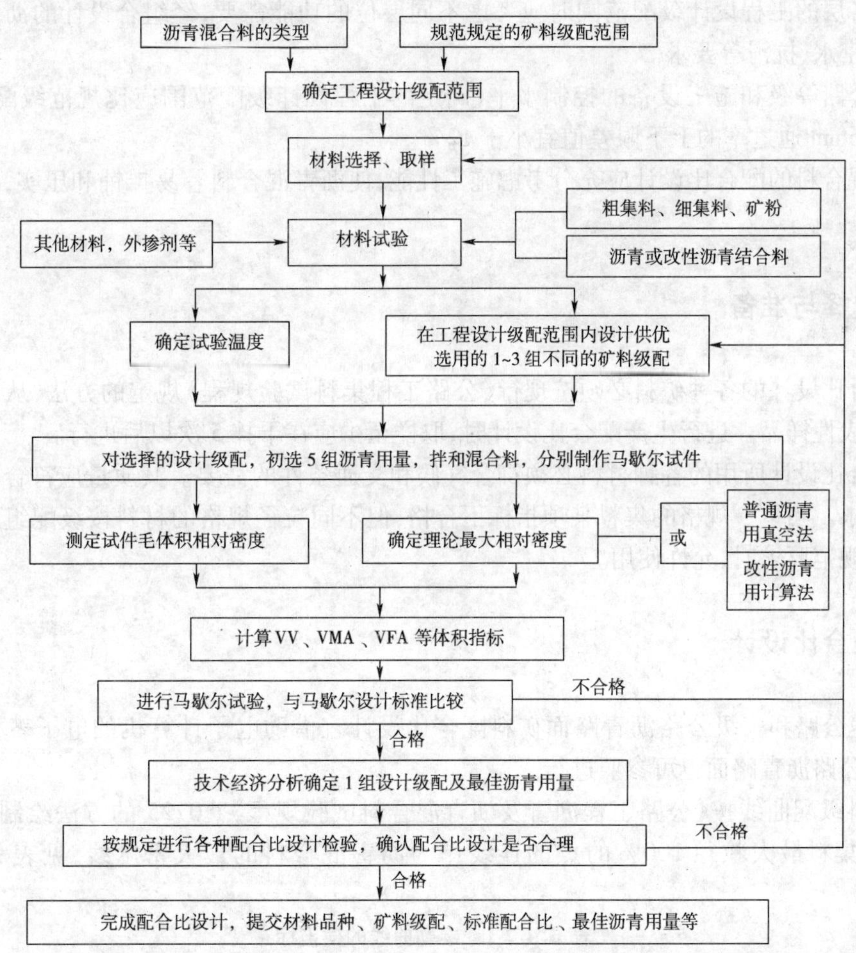

图 B.1.3　密级配沥青混合料目标配合比设计流程图

B.1.4　配合比设计的试验方法必须遵照现行试验规程的方法执行。混合料拌和必须采用小型沥青混合料拌和机进行。混合料的拌和温度和试件制作温度应符合本规范的要求。

B.1.5　生产配合比设计可参照本方法规定的步骤进行。

B.2 确定工程设计级配范围

B.2.1 沥青路面工程的混合料设计级配范围由工程设计文件或招标文件规定，密级配沥青混合料的设计级配宜在本规范5.3.2条规定的级配范围内，根据公路等级、工程性质、气候条件、交通条件、材料品种等因素，通过对条件大体相当的工程使用情况进行调查研究后调整确定，必要时允许超出规范级配范围。密级配沥青稳定碎石混合料可直接以本规范规定的级配范围作工程设计级配范围使用。经确定的工程设计级配范围是配合比设计的依据，不得随意变更。

B.2.2 调整工程设计级配范围宜遵循下列原则：

(1)首先按本规范表5.3.2-1确定采用粗型(C型)或细型(F型)的混合料。对夏季温度高、高温持续时间长，重载交通多的路段，宜选用粗型密级配沥青混合料(AC-C型)，并取较高的设计空隙率。对冬季温度低、且低温持续时间长的地区，或者重载交通较少的路段，宜选用细型密级配沥青混合料(AC-F型)，并取较低的设计空隙率。

(2)为确保高温抗车辙能力，同时兼顾低温抗裂性能的需要。配合比设计时宜适当减少公称最大粒径附近的粗集料用量，减少0.6mm以下部分细粉的用量，使中等粒径集料较多，形成S型级配曲线，并取中等或偏高水平的设计空隙率。

(3)确定各层的工程设计级配范围时应考虑不同层位的功能需要，经组合设计的沥青路面应能满足耐久、稳定、密水、抗滑等要求。

(4)根据公路等级和施工设备的控制水平，确定的工程设计级配范围应比规范级配范围窄，其中4.75mm和2.36mm通过率的上下限差值宜小于12%。

(5)沥青混合料的配合比设计应充分考虑施工性能，使沥青混合料容易摊铺和压实，避免造成严重的离析。

B.3 材料选择与准备

B.3.1 配合比设计的各种矿料必须按现行《公路工程集料试验规程》规定的方法，从工程实际使用的材料中取代表性样品。进行生产配合比设计时，取样至少应在干拌5次以后进行。

B.3.2 配合比设计所用的各种材料必须符合气候和交通条件的需要。其质量应符合本规范第4章规定的技术要求。当单一规格的集料某项指标不合格，但不同粒径规格的材料按级配组成的集料混合料指标能符合规范要求时，允许使用。

B.4 矿料配合比设计

B.4.1 高速公路和一级公路沥青路面矿料配合比设计宜借助电子计算机的电子表格用试配法进行。其他等级公路沥青路面也可参照进行。

B.4.2 矿料级配曲线按《公路工程沥青及沥青混合料试验规程》T 0725的方法绘制(图B.4.2)。以原点与通过集料最大粒径100%的点的连线作为沥青混合料的最大密度线，见表B.4.2-1和表B.4.2-2。

表B.4.2-1 泰勒曲线的横坐标

d_i	0.075	0.15	0.3	0.6	1.18	2.36	4.75	9.5
$x=d_i^{0.45}$	0.312	0.426	0.582	0.795	1.077	1.472	2.016	2.754
d_i	13.2	16	19	26.5	31.5	37.5	53	63
$x=d_i^{0.45}$	3.193	3.482	3.762	4.370	4.723	5.109	5.969	6.452

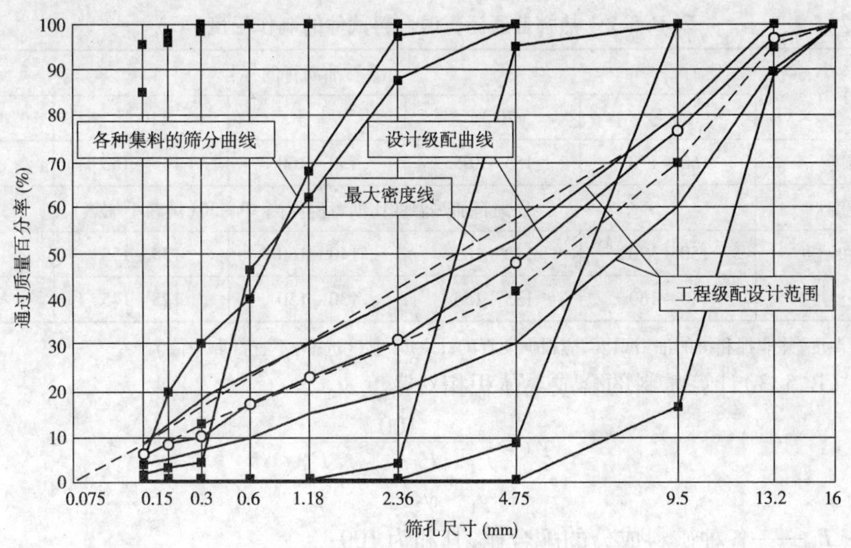

图 B.4.2 矿料级配曲线示例

表 B.4.2-2 矿料级配设计计算表示例

筛孔(%)	10~20(%)	5~10(%)	3~5(%)	石屑(%)	黄砂(%)	矿粉(%)	消石灰(%)	合成级配	工程设计级配范围		
									中值	下限	上限
16	100	100	100	100	100	100	100	100.0	100	100	100
13.2	88.6	100	100	100	100	100	100	96.7	95	90	100
9.5	16.6	99.7	100	100	100	100	100	76.6	70	60	80
4.75	0.4	8.7	94.9	100	100	100	100	47.7	41.5	30	53
2.36	0.3	0.7	3.7	97.2	87.9	100	100	30.6	30	20	40
1.18	0.3	0.7	0.5	67.8	62.2	100	100	22.8	22.5	15	30
0.6	0.3	0.7	0.5	40.5	46.4	100	100	17.2	16.5	10	23
0.3	0.3	0.7	0.5	30.2	3.7	99.8	99.2	9.5	12.5	7	18
0.15	0.3	0.7	0.5	20.6	3.1	96.2	97.6	8.1	8.5	5	12
0.075	0.2	0.6	0.3	4.2	1.9	84.7	95.6	5.5	6	4	8
配合比	28	26	14	12	15	3.3	1.7	100.0	—	—	—

B.4.3 对高速公路和一级公路，宜在工程设计级配范围内计算 1~3 组粗细不同的配合比，绘制设计级配曲线，分别位于工程设计级配范围的上方、中值及下方。设计合成级配不得有太多的锯齿形交错，且在 0.3~0.6mm 范围内不出现"驼峰"。当反复调整不能满意时，宜更换材料设计。

B.4.4 根据当地的实践经验选择适宜的沥青用量，分别制作几组级配的马歇尔试件，测定 VMA，初选一组满足或接近设计要求的级配作为设计级配。

B.5 马歇尔试验

B.5.1 配合比设计马歇尔试验技术标准按本规范第 5 章的规定执行。

B.5.2 沥青混合料试件的制作温度按本规范 5.2.2 条规定的方法确定，并与施工实际温度相一致，普通沥青混合料如缺乏黏温曲线时可参照表 B.5.2 执行，改性沥青混合料的成型温度在此基础上再提高 10~20℃。

表 B.5.2　热拌普通沥青混合料试件的制作温度(℃)

施工工序	石油沥青的标号				
	50 号	70 号	90 号	110 号	130 号
沥青加热温度	160 ~ 170	155 ~ 165	150 ~ 160	145 ~ 155	140 ~ 150
矿料加热温度	集料加热温度比沥青温度高 10 ~ 30(填料不加热)				
沥青混合料拌和温度	150 ~ 170	145 ~ 165	140 ~ 160	135 ~ 155	130 ~ 150
试件击实成型温度	140 ~ 160	135 ~ 155	130 ~ 150	125 ~ 145	120 ~ 140

注:表中混合料温度,并非拌和机的油浴温度,应根据沥青的针入度、黏度选择,不宜都取中值。

B.5.3　按式(B.5.3)计算矿料的合成毛体积相对密度 γ_{sb}。

$$\gamma_{sb}=\frac{100}{\frac{P_1}{\gamma_1}+\frac{P_2}{\gamma_2}+\cdots+\frac{P_n}{\gamma_n}} \tag{B.5.3}$$

式中:P_1、P_2、…、P_n——各种矿料成分的配合比,其和为 100;

γ_1、γ_2、…、γ_n——各种矿料相应的毛体积相对密度。

注:1. 沥青混合料配合比设计时,均采用毛体积相对密度(无量纲),不采用毛体积密度,故无需进行密度的水温修正。

2. 生产配合比设计时,当细料仓中的材料混杂各种材料而无法采用筛分替代法时,可将 0.075mm 部分筛除后以统货实测值计算。

B.5.4　按式(B.5.4)计算矿料的合成表观相对密度 γ_{sa}。

$$\gamma_{sa}=\frac{100}{\frac{P_1}{\gamma'_1}+\frac{P_2}{\gamma'_2}+\cdots+\frac{P_n}{\gamma'_n}} \tag{B.5.4}$$

式中:P_1、P_2、…、P_n——各种矿料成分的配合比,其和为 100;

γ'_1、γ'_2、…、γ'_n——各种矿料按试验规程方法测定的表观相对密度。

B.5.5　按式(B.5.5-1)或按式(B.5.5-2)预估沥青混合料的适宜的油石比 P_a 或沥青用量为 P_b。

$$P_a=\frac{P_{a1}\times\gamma_{sb1}}{\gamma_{sb}} \tag{B.5.5-1}$$

$$P_b=\frac{P_a}{100+P_a}\times 100 \tag{B.5.5-2}$$

式中:P_a——预估的最佳油石比(与矿料总量的百分比),%;

P_b——预估的最佳沥青用量(占混合料总量的百分数),%;

P_{a1}——已建类似工程沥青混合料的标准油石比,%;

γ_{sb}——矿料的合成毛体积相对密度;

γ_{sb1}——已建类似工程集料的合成毛体积相对密度。

注:作为预估最佳油石比的集料密度,原工程和新工程也可均采用有效相对密度。

B.5.6　确定矿料的有效相对密度

1　对非改性沥青混合料,宜以预估的最佳油石比拌和 2 组的混合料,采用真空法实测最大相对密度,取平均值。然后由式(B.5.6-1)反算合成矿料的有效相对密度 γ_{se}。

$$\gamma_{se}=\frac{100-P_b}{\frac{100}{\gamma_t}-\frac{P_b}{\gamma_b}} \tag{B.5.6-1}$$

式中:γ_{se}——合成矿料的有效相对密度;

P_b——试验采用的沥青用量(占混合料总量的百分数),%;

γ_t——试验沥青用量条件下实测得到的最大相对密度,无量纲;

γ_b——沥青的相对密度(25℃/25℃),无量纲。

2　对改性沥青及 SMA 等难以分散的混合料,有效相对密度宜直接由矿料的合成毛体积相对密度与合成表观相对密度按式(B.5.6-2)计算确定,其中沥青吸收系数 C 值根据材料的吸水率由式(B.5.6-3)求

得,材料的合成吸水率按式(B.5.6-4)计算:

$$\gamma_{se} = C \times \gamma_{sa} + (1 - C) \times \gamma_{sb} \quad \text{(B.5.6-2)}$$

$$C = 0.033w_x^2 - 0.2936w_x + 0.9339 \quad \text{(B.5.6-3)}$$

$$w_x = \left(\frac{1}{\gamma_{sb}} - \frac{1}{\gamma_{sa}}\right) \times 100 \quad \text{(B.5.6-4)}$$

式中:γ_{se}——合成矿料的有效相对密度;

C——合成矿料的沥青吸收系数,可按矿料的合成吸水率从式(B.5.6.3)求取;

w_x——合成矿料的吸水率,按式(B.5.6-4)求取,%;

γ_{sb}——矿料的合成毛体积相对密度,按式(B.5.3)求取,无量纲;

γ_{sa}——矿料的合成表观相对密度,按式(B.5.4)求取,无量纲。

B.5.7 以预估的油石比为中值,按一定间隔(对密级配沥青混合料通常为0.5%,对沥青碎石混合料可适当缩小间隔为0.3%~0.4%),取5个或5个以上不同的油石比分别成型马歇尔试件。每一组试件的试样数按现行试验规程的要求确定,对粒径较大的沥青混合料,宜增加试件数量。

注:5个不同油石比不一定选整数,例如预估油石比4.8%,可选3.8%、4.3%、4.8%、5.3%、5.8%等。B.5.6条1中规定的实测最大相对密度通常与此同时进行。

B.5.8 测定压实沥青混合料试件的毛体积相对密度 γ_f 和吸水率,取平均值。测试方法应遵照以下规定执行:

(1)通常采用表干法测定毛体积相对密度;

(2)对吸水率大于2%的试件,宜改用蜡封法测定的毛体积相对密度。

注:对吸水率小于0.5%的特别致密的沥青混合料,在施工质量检验时,允许采用水中重法测定的表观相对密度作为标准密度,钻孔试件也采用相同方法。但配合比设计时不得采用水中重法。

B.5.9 确定沥青混合料的最大理论相对密度

1 对非改性的普通沥青混合料,在成型马歇尔试件的同时,按B.5.6条第1款的要求用真空法实测各组沥青混合料的最大理论相对密度 γ_{ti}。当只对其中一组油石比测定最大理论相对密度时,也可按式(B.5.9-1)或式(B.5.9-2)计算其他不同油石比时的最大理论相对密度 γ_{ti}。

2 对改性沥青或SMA混合料宜按式(B.5.9-1)或式(B.5.9-2)计算各个不同沥青用量混合料的最大理论相对密度。

$$\gamma_{ti} = \frac{100 + P_{ai}}{\frac{100}{\gamma_{se}} + \frac{P_{ai}}{\gamma_b}} \quad \text{(B.5.9-1)}$$

$$\gamma_{ti} = \frac{100}{\frac{P_{si}}{\gamma_{se}} + \frac{P_{bi}}{\gamma_b}} \quad \text{(B.5.9-2)}$$

式中:γ_{ti}——相对于计算沥青用量 P_{bi} 时沥青混合料的最大理论相对密度,无量纲;

P_{ai}——所计算的沥青混合料中的油石比,%;

P_{bi}——所计算的沥青混合料的沥青用量,$P_{bi} = P_{ai}/(1 + P_{ai})$,%;

P_{si}——所计算的沥青混合料的矿料含量,$P_{si} = 100 - P_{bi}$,%;

γ_{se}——矿料的有效相对密度,按式(B.5.6-1)或式(B.5.6-2)计算,无量纲;

γ_b——沥青的相对密度(25℃/25℃),无量纲。

B.5.10 按式(B.5.10-1)~式(B.5.10-3)计算沥青混合料试件的空隙率、矿料间隙率VMA、有效沥青的饱和度VFA等体积指标,取1位小数,进行体积组成分析。

$$VV = \left(1 - \frac{\gamma_f}{\gamma_t}\right) \times 100 \quad \text{(B.5.10-1)}$$

$$VMA = \left(1 - \frac{\gamma_f}{\gamma_{sb}} \times \frac{P_s}{100}\right) \times 100 \quad \text{(B.5.10-2)}$$

$$VFA = \frac{VMA - VV}{VMA} \times 100 \quad \text{(B.5.10-3)}$$

式中：VV——试件的空隙率，%；

VMA——试件的矿料间隙率，%；

VFA——试件的有效沥青饱和度(有效沥青含量占 VMA 的体积比例)，%；

γ_f——按 B.5.8 条测定的试件的毛体积相对密度，无量纲；

γ_t——沥青混合料的最大理论相对密度，按 B.5.9 条的方法计算或实测得到，无量纲；

P_s——各种矿料占沥青混合料总质量的百分率之和，即 $P_s = 100 - P_b$，%；

γ_{sb}——矿料的合成毛体积相对密度，按式(B.5.3)计算。

B.5.11 进行马歇尔试验，测定马歇尔稳定度及流值。

B.6 确定最佳沥青用量(或油石比)

B.6.1 按图 B.6.1 的方法，以油石比或沥青用量为横坐标，以马歇尔试验的各项指标为纵坐标，将试验结果点入图中，连成圆滑的曲线。确定均符合本规范规定的沥青混合料技术标准的沥青用量范围 $OAC_{min} \sim OAC_{max}$。选择的沥青用量范围必须涵盖设计空隙率的全部范围，并尽可能涵盖沥青饱和度的要求范围，并使密度及稳定度曲线出现峰值。如果没有涵盖设计空隙率的全部范围，试验必须扩大沥青用量范围重新进行。

注：绘制曲线时含 VMA 指标，且应为下凹型曲线，但确定 $OAC_{min} \sim OAC_{max}$ 时不包括 VMA。

B.6.2 根据试验曲线的走势，按下列方法确定沥青混合料的最佳沥青用量 OAC_1。

1 在曲线图 B.6.1 上求取相应于密度最大值、稳定度最大值、目标空隙率(或中值)、沥青饱和度范围的中值的沥青用量 a_1、a_2、a_3、a_4。按式(B.6.2-1)取平均值作为 OAC_1。

$$OAC_1 = (a_1 + a_2 + a_3 + a_4)/4 \tag{B.6.2-1}$$

2 如果所选择的沥青用量范围未能涵盖沥青饱和度的要求范围，按式(B.6.2-2)求取 3 者的平均值作为 OAC_1。

$$OAC_1 = (a_1 + a_2 + a_3)/3 \tag{B.6.2-2}$$

3 对所选择试验的沥青用量范围，密度或稳定度没有出现峰值(最大值经常在曲线的两端)时，可直接以目标空隙率所对应的沥青用量 a_3 作为 OAC_1，但 OAC_1 必须介于 $OAC_{min} \sim OAC_{max}$ 的范围内，否则应重新进行配合比设计。

B.6.3 以各项指标均符合技术标准(不含 VMA)的沥青用量范围 $OAC_{min} \sim OAC_{max}$ 的中值作为 OAC_2。

$$OAC_2 = (OAC_{min} + OAC_{max})/2 \tag{B.6.3}$$

B.6.4 通常情况下取 OAC_1 及 OAC_2 的中值作为计算的最佳沥青用量 OAC。

$$OAC = (OAC_1 + OAC_2)/2 \tag{B.6.4}$$

B.6.5 按式(B.6.4)计算的最佳油石比 OAC，从图 B.6.1 中得出所对应的空隙率和 VMA 值，检验是否能满足本规范表 5.3.3-1 或表 5.3.3-2 关于最小 VMA 值的要求。OAC 宜位于 VMA 凹形曲线最小值的贫油一侧。当空隙率不是整数时，最小 VMA 按内插法确定，并将其画入图 B.6.1 中。

B.6.6 检查图 B.6.1 中相应于此 OAC 的各项指标是否均符合马歇尔试验技术标准。

B.6.7 根据实践经验和公路等级、气候条件、交通情况，调整确定最佳沥青用量 OAC。

1 调查当地各项条件相接近的工程的沥青用量及使用效果，论证适宜的最佳沥青用量。检查计算得到的最佳沥青用量是否相近，如相差甚远，应查明原因，必要时重新调整级配，进行配合比设计。

2 对炎热地区公路以及高速公路、一级公路的重载交通路段，山区公路的长大坡度路段，预计有可能产生较大车辙时，宜在空隙率符合要求的范围内将计算的最佳沥青用量减小 0.1% ~0.5% 作为设计沥青用量。此时，除空隙率外的其他指标可能会超出马歇尔试验配合比设计技术标准，配合比设计报告或设计文件必须予以说明。但配合比设计报告必须要求采用重型轮胎压路机和振动压路机组合等方式加强碾压，以使施工后路面的空隙率达到未调整前的原最佳沥青用量时的水平，且渗水系数符合要求。如果试验段试拌试铺达不到此要求时，宜调整所减小的沥青用量的幅度。

3 对寒区公路、旅游公路、交通量很少的公路，最佳沥青用量可以在 OAC 的基础上增加 0.1% ~ 0.3%，以适当减小设计空隙率，但不得降低压实度要求。

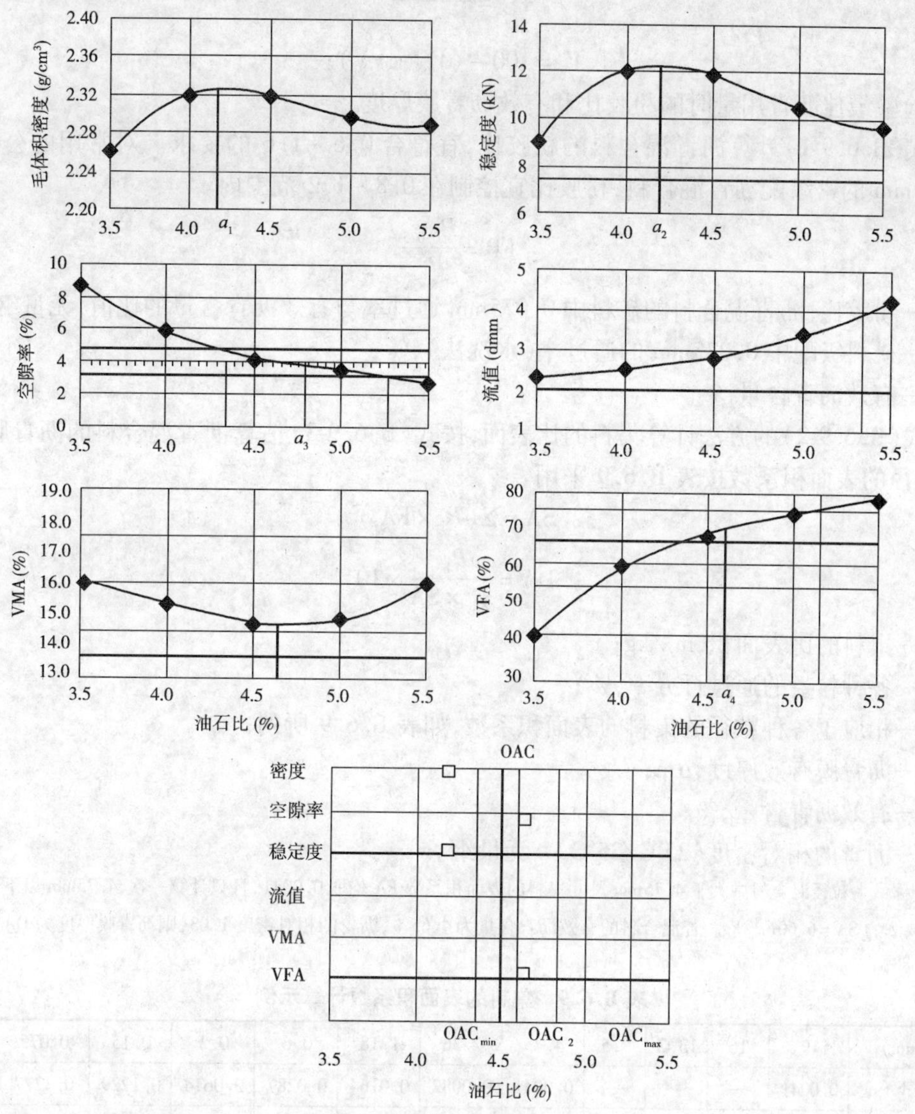

图 B.6.1 马歇尔试验结果示例

注：图中 $a_1=4.2\%$，$a_2=4.25\%$，$a_3=4.8\%$，$a_4=4.7\%$，$OAC_1=4.49\%$（由 4 个平均值确定），$OAC_{min}=4.3\%$，$OAC_{max}=5.3\%$，$OAC_2=4.8\%$，OAC = 4.64%。此例中相对于空隙率 4% 的油石比为 4.6%。

B.6.8 按式（B.6.8-1）及式（B.6.8-2）计算沥青结合料被集料吸收的比例及有效沥青含量。

$$P_{ba}=\frac{\gamma_{se}-\gamma_b}{\gamma_{se}\times\gamma_{sb}}\times\gamma_b\times100 \tag{B.6.8-1}$$

$$P_{be}=P_b-\frac{P_{ba}}{100}\times P_s \tag{B.6.8-2}$$

式中：P_{ba}——沥青混合料中被集料吸收的沥青结合料比例，%；

P_{be}——沥青混合料中的有效沥青用量，%；

γ_{se}——矿料的有效相对密度，按式（B.5.6-1）计算，无量纲；

γ_{sb}——材料的合成毛体积相对密度，按式（B.5.3）求取，无量纲；

γ_b——沥青的相对密度（25℃/25℃），无量纲；

P_b——沥青含量，%；

P_s——各种矿料占沥青混合料总质量的百分率之和，即 $P_s=100-P_b$，%。

如果需要，可按式（B.6.8-3）及式（B.6.8-4）计算有效沥青的体积百分率 V_{be} 及矿料的体积百分

率 V_g。

$$V_{be}=\frac{\gamma_f \times P_{be}}{\gamma_b} \quad (B.6.8\text{-}3)$$

$$V_g=100-(V_{be}+VV) \quad (B.6.8\text{-}4)$$

B.6.9 检验最佳沥青用量时的粉胶比和有效沥青膜厚度。

1 按式(B.6.9-1)计算沥青混合料的粉胶比,宜符合 0.6~1.6 的要求。对常用的公称最大粒径为 13.2~19mm 的密级配沥青混合料,粉胶比宜控制在 0.8~1.2 范围内。

$$FB=\frac{P_{0.075}}{P_{be}} \quad (B.6.9\text{-}1)$$

式中:FB——粉胶比,沥青混合料的矿料中 0.075mm 通过率与有效沥青含量的比值,无量纲;

$P_{0.075}$——矿料级配中 0.075mm 的通过率(水洗法),%;

P_{be}——有效沥青含量,%。

2 按式(B.6.9-2)的方法计算集料的比表面,按式(B.6.9-3)估算沥青混合料的沥青膜有效厚度。各种集料粒径的表面积系数按表 B.6.9 采用。

$$SA=\Sigma(P_i \times FA_i) \quad (B.6.9\text{-}2)$$

$$DA=\frac{P_{be}}{\gamma_b \times SA}\times 10 \quad (B.6.9\text{-}3)$$

式中:SA——集料的比表面积,m^2/kg;

P_i——各种粒径的通过百分率,%;

FA_i——相应于各种粒径的集料的表面积系数,如表 B.6.9 所列;

DA——沥青膜有效厚度,μm;

P_{be}——有效沥青含量,%;

γ_b——沥青的相对密度(25℃/25℃),无量纲。

注:各种公称最大粒径混合料中大于 4.75mm 尺寸集料的表面积系数 FA 均取 0.0041,且只计算一次,4.75mm 以下部分的 FA_i 如表 B.6.9 所示。该例的 SA=6.60m^2/kg。若混合料的有效沥青含量为 4.65%,沥青的相对密度 1.03,则沥青膜厚度为 DA=4.65/(1.03×6.60)×10=6.83μm。

表 B.6.9 集料的表面积系数计算示例

筛孔尺寸(mm)	19	16	13.2	9.5	4.75	2.36	1.18	0.6	0.3	0.15	0.075	集料比表面总和 SA (m^2/kg)
表面积系数 FA_i	0.0041	—	—	—	0.0041	0.0082	0.0164	0.0287	0.0614	0.1229	0.3277	
通过百分率 P_i(%)	100	92	85	76	60	42	32	23	16	12	6	
比表面 $FA_i \times P_i$ (m^2/kg)	0.41	—	—	—	0.25	0.34	0.52	0.66	0.98	1.47	1.97	6.60

B.7 配合比设计检验

B.7.1 对用于高速公路和一级公路的密级配沥青混合料,需在配合比设计的基础上按本规范要求进行各种使用性能的检验,不符合要求的沥青混合料,必须更换材料或重新进行配合比设计。其他等级公路的沥青混合料可参照执行。

B.7.2 配合比设计检验按计算确定的设计最佳沥青用量在标准条件下进行。如按照 B.6.7 条的方法将计算的设计沥青用量调整后作为最佳沥青用量,或者改变试验条件时,各项技术要求均应适当调整,不宜照搬。

B.7.3 高温稳定性检验。对公称最大粒径等于或小于 19mm 的混合料,按规定方法进行车辙试验,动稳定度应符合本规范表 5.3.4-1 的要求。

注:对公称最大粒径大于 19mm 的密级配沥青混凝土或沥青稳定碎石混合料,由于车辙试件尺寸不能适用,不宜按本规范方法进行车辙试验和弯曲试验。如需要检验可加厚试件厚度或采用大型马歇尔试件。

B.7.4 水稳定性检验。按规定的试验方法进行浸水马歇尔试验和冻融劈裂试验,残留稳定度及残留强度比均必须符合本规范表 5.3.4-2 的规定。

注:调整沥青用量后,马歇尔试件成型可能达不到要求的空隙率条件。当需要添加消石灰、水泥、抗剥落剂时,需重新确定最佳沥青用量后试验。

B.7.5 低温抗裂性能检验。对公称最大粒径等于或小于 19mm 的混合料,按规定方法进行低温弯曲试验,其破坏应变宜符合本规范表 5.3.4-3 要求。

B.7.6 渗水系数检验。利用轮碾机成型的车辙试件进行渗水试验检验的渗水系数宜符合本规范表 5.3.4-4 要求。

B.7.7 钢渣活性检验。对使用钢渣的沥青混合料,应按规定的试验方法检验钢渣的活性及膨胀性,并符合本规范 5.3.4 条第 5 款的要求。

B.7.8 根据需要,可以改变试验条件进行配合比设计检验,如按调整后的最佳沥青用量、变化最佳沥青用量 OAC ±0.3%、提高试验温度、加大试验荷载、采用现场压实密度进行车辙试验,在施工后的残余空隙率(如 7% ~8%)的条件下进行水稳定性试验和渗水试验等,但不宜用规范规定的技术要求进行合格评定。

B.8 配合比设计报告

B.8.1 配合比设计报告应包括工程设计级配范围选择说明、材料品种选择与原材料质量试验结果、矿料级配、最佳沥青用量,以及各项体积指标、配合比设计检验结果等。试验报告的矿料级配曲线应按规定的方法绘制。

B.8.2 当按 B.6.7 条调整沥青用量并以此作为最佳沥青用量时,宜报告不同沥青用量条件下的各项试验结果,并提出对施工压实工艺的技术要求。

附录 C SMA 混合料配合比设计方法

C.1 一般规定

C.1.1 除本方法另有规定外，应遵照附录 B 热拌沥青混合料配合比设计方法的规定执行。

C.1.2 SMA 混合料的配合比设计采用马歇尔试件的体积设计方法进行，马歇尔试验的稳定度和流值并不作为配合比设计接受或者否决的唯一指标。

C.2 材料选择

C.2.1 对用于配合比设计的各种材料按附录 B 规定选择，其质量必须符合本规范第 4 章规定的技术要求。

C.2.2 除已有成功经验证明使用非改性的普通沥青能符合使用要求者外，SMA 宜采用改性石油沥青，且采用比当地常用沥青更硬标号的沥青。

C.3 设计矿料级配的确定

C.3.1 设计初试级配

1 SMA 路面的工程设计级配范围宜直接采用本规范表 5.3.2-3 规定的矿料级配范围。公称最大粒径等于或小于 9.5mm 的 SMA 混合料，以 2.36mm 作为粗集料骨架的分界筛孔；公称最大粒径等于或大于 13.2mm 的 SMA 混合料，以 4.75mm 作为粗集料骨架的分界筛孔。

2 在工程设计级配范围内，调整各种矿料比例设计 3 组不同粗细的初试级配，3 组级配的粗集料骨架分界筛孔的通过率处于级配范围的中值、中值 ±3% 附近，矿粉数量均为 10% 左右。

C.3.2 按附录 B 的方法计算初试级配的矿料的合成毛体积相对密度 γ_{sb}、合成表观相对密度 γ_{sa}、有效相对密度 γ_{se}。其中各种集料的毛体积相对密度、表观相对密度试验方法遵照附录 B 的规定进行。

C.3.3 把每个合成级配中小于粗集料骨架分界筛孔的集料筛除，按《公路工程集料试验规程》T 0309的规定，用捣实法测定粗集料骨架的松方毛体积相对密度 γ_s，按式（C.3.3）计算粗集料骨架混合料的平均毛体积相对密度 γ_{CA}。

$$\gamma_{CA}=\frac{P_1+P_2+\cdots+P_n}{\dfrac{P_1}{\gamma_1}+\dfrac{P_2}{\gamma_2}+\cdots+\dfrac{P_n}{\gamma_n}} \tag{C.3.3}$$

式中：P_1、P_2、…、P_n——粗集料骨架部分各种集料在全部矿料级配混合料中的配合比；

γ_1、γ_2、…、γ_n——各种粗集料相应的毛体积相对密度。

C.3.4 按式（C.3.4）计算各组初试级配的捣实状态下的粗集料松装间隙率 VCA_{DRC}。

$$VCA_{DRC}=\left(1-\frac{\gamma_s}{\gamma_{CA}}\right)\times 100 \tag{C.3.4}$$

式中：VCA_{DRC}——粗集料骨架的松装间隙率，%；

γ_{CA}——粗集料骨架的毛体积相对密度；

γ_s——粗集料骨架的松方毛体积相对密度。

C.3.5 按本规范 B.5.5 条的方法预估新建工程 SMA 混合料的适宜的油石比 P_a 或沥青用量为 P_b，

作为马歇尔试件的初试油石比。

C.3.6 按照选择的初试油石比和矿料级配制作 SMA 试件，马歇尔标准击实的次数为双面 50 次，根据需要也可采用双面 75 次，一组马歇尔试件的数目不得少于 4 ~6 个。SMA 马歇尔试件的毛体积相对密度由表干法测定。

C.3.7 按式(C.3.7)的方法计算不同沥青用量条件下 SMA 混合料的最大理论相对密度，其中纤维部分的比例不得忽略。

$$\gamma_t = \frac{100 + P_a + P_x}{\dfrac{100}{\gamma_{se}} + \dfrac{P_a}{\gamma_b} + \dfrac{P_x}{\gamma_x}} \tag{C.3.7}$$

式中：γ_{se}——矿料的有效相对密度，由 C.3.2 条确定；

P_a——沥青混合料的油石比，%；

γ_b——沥青的相对密度(25℃/25℃)，无量纲；

P_x——纤维用量，以矿料质量的百分数计，%；

γ_x——纤维稳定剂的密度，由供货商提供或由比重瓶实测得到。

C.3.8 按式(C.3.8)计算 SMA 马歇尔混合料试件中的粗集料骨架间隙率 VCA_{mix}，试件的集料各项体积指标空隙率 VV、集料间隙率 VMA、沥青饱和度 VFA 按本规范附录 B 的方法计算。

$$VCA_{mix} = \left(1 - \frac{\gamma_f}{\gamma_{ca}} \times \frac{P_{CA}}{100}\right) \times 100 \tag{C.3.8}$$

式中：P_{CA}——沥青混合料中粗集料的比例，即大于 4.75mm 的颗粒含量，%；

γ_{ca}——粗集料骨架部分的平均毛体积相对密度，由式(C.3.3)确定；

γ_f——沥青混合料试件的毛体积相对密度，由表干法测定。

C.3.9 从 3 组初试级配的试验结果中选择设计级配时，必须符合 $VCA_{mix} < VCA_{DRC}$ 及 VMA > 16.5% 的要求，当有 1 组以上的级配同时符合要求时，以粗集料骨架分界集料通过率大且 VMA 较大的级配为设计级配。

C.4 确定设计沥青用量

C.4.1 根据所选择的设计级配和初试油石比试验的空隙率结果，以 0.2% ~0.4% 为间隔，调整 3 个不同的油石比，制作马歇尔试件，计算空隙率等各项体积指标。一组试件数不宜少于 4 ~6 个。

C.4.2 进行马歇尔稳定度试验，检验稳定度和流值是否符合本规范规定的技术要求。

C.4.3 根据期望的设计空隙率，确定油石比，作为最佳油石比 OAC。所设计的 SMA 混合料应符合本规范 5.3 节规定的各项技术标准。

C.4.4 如初试油石比的混合料体积指标恰好符合设计要求时，可以省去此步骤，但宜进行一次复核。

C.5 配合比设计检验

C.5.1 除附录 B 规定项目外，SMA 混合料的配合比设计还必须进行谢伦堡析漏试验及肯塔堡飞散试验。配合比设计检验应符合本规范 5.3 节的技术要求。不符合要求的必须重新进行配合比设计。

C.6 配合比设计报告

C.6.1 配合比设计结束后，必须按附录 B 的要求及时出具配合比设计报告。

附录 D　OGFC 混合料配合比设计方法

D.1　一般规定

D.1.1　除本方法另有规定外，应遵照附录 B 热拌沥青混合料配合比设计方法的规定执行。

D.1.2　OGFC 混合料的配合比设计采用马歇尔试件的体积设计方法进行，并以空隙率作为配合比设计主要指标。配合比设计指标应符合本规范规定的技术标准。

D.1.3　OGFC 混合料配合比设计后必须对设计沥青用量进行析漏试验及肯塔堡试验，并对混合料高温稳定性、水稳定性等进行检验。配合比设计检验应符合本规范的技术要求。

D.2　材料选择

D.2.1　用于 OGFC 混合料的粗集料、细集料以及石粉的质量应符合本规范第 4 章对表面层材料的技术要求。OGFC 宜在使用石粉的同时掺用消石灰、纤维等添加剂。

D.2.2　OGFC 宜采用高黏度改性沥青，其质量宜符合表 D.2.2 的技术要求。当实践证明采用普通改性沥青或纤维稳定剂后能符合当地条件时也允许使用。

表 D.2.2　高黏度改性沥青的技术要求

试验项目		单　位	技术要求
针入度(25℃,100g,5s)	不小于	0.1mm	40
软化点($T_{R\&B}$)	不小于	℃	80
延度(15℃)	不小于	cm	50
闪点	不小于	℃	260
薄膜加热试验(TFOT)后的质量变化	不大于	%	0.6
黏韧性(25℃)	不小于	N·m	20
韧性(25℃)	不小于	N·m	15
60℃黏度	不小于	Pa·s	20000

D.3　确定设计矿料级配和沥青用量

D.3.1　按试验规程规定的方法精确测定各种原材料的相对密度，粗集料按 T 0304 方法测定，机制砂及石屑可按 T 0330 方法测定，也可以用筛出的 2.36～4.75mm 部分的毛体积相对密度代替，矿粉(含消石灰、水泥)以表观相对密度代替。

D.3.2　以本规范表 5.3.2-4 级配范围作为工程设计级配范围，在充分参考同类工程的成功经验的基础上，在级配范围内适配 3 组不同 2.36mm 通过率的矿料级配作为初选级配。

D.3.3　对每一组初选的矿料级配，按式(D.3.3-1)计算集料的表面积。根据希望的沥青膜厚度，按式(D.3.3-2)计算每一组混合料的初试沥青用量 P_b。通常情况下，OGFC 的沥青膜厚度 h 宜为 14μm。

$$A = (2 + 0.02a + 0.04b + 0.08c + 0.14d + 0.3e + 0.6f + 1.6g)/48.74 \qquad (D.3.3\text{-}1)$$

$$P_b = h \times A \qquad (D.3.3\text{-}2)$$

式中：A——集料总的表面积。

其中 a、b、c、d、e、f、g 分别代表 4.75mm、2.36mm、1.18mm、0.6mm、0.3mm、0.15mm、0.075mm 筛孔的通过百分率，%。

D.3.4 制作马歇尔试件，马歇尔试件的击实次数为双面 50 次。用体积法测定试件的空隙率，绘制 2.36mm 通过率与空隙率的关系曲线。根据期望的空隙率确定混合料的矿料级配，并再次按 D.3.3 条的方法计算初始沥青用量。

D.3.5 以确定的矿料级配和初始沥青用量拌和沥青混合料，分别进行马歇尔试验、谢伦堡析漏试验、肯塔堡飞散试验、车辙试验，各项指标应符合本规范 5.3 节的技术要求，其空隙率与期望空隙率的差值不宜超过 ±1%。如不符合要求，应重新调整沥青用量拌和沥青混合料进行试验，直至符合要求为止。

D.3.6 如各项指标均符合要求，即配合比设计已完成，出具配合比设计报告。

附录E　沥青层压实度评定方法

E.0.1　沥青路面的压实度采取重点进行碾压工艺的过程控制，适度钻孔抽检压实度校核的方法。钻孔取样应在路面完全冷却后进行，对普通沥青路面通常在第二天取样，对改性沥青及SMA路面宜在第三天以后取样。沥青面层的压实度按式(E.0.1)计算：

$$K = \frac{D}{D_0} \times 100 \tag{E.0.1}$$

式中：K——沥青层某一测定部位的压实度，%；

D——由试验测定的压实沥青混合料试件实际密度，g/cm^3；

D_0——沥青混合料的标准密度，g/cm^3。

E.0.2　施工及验收过程中的压实度检验不得采用配合比设计时的标准密度，应按如下方法逐日检测确定：

1　以实验室密度作为标准密度，即沥青拌和厂每天取样1～2次实测的马歇尔试件密度，取平均值作为该批混合料铺筑路段压实度的标准密度。其试件成型温度与路面复压温度一致。当采用配合比设计时，也可采用其他相同的成型方法的实验室密度作为标准密度。

2　以每天实测的最大理论密度作为标准密度。对普通沥青混合料，沥青拌和厂在取样进行马歇尔试验的同时以真空法实测最大理论密度，平行试验的试样数不少于2个，以平均值作为该批混合料铺筑路段压实度的标准密度；但对改性沥青混合料、SMA混合料以每天总量检验的结果及油石比平均值计算的最大理论密度为准，也可采用抽提筛分的结果及油石比计算最大理论密度，计算法确定最大理论密度的方法按附录B的规定进行。

3　以试验路密度作为标准密度。用核子密度仪定点检查密度不再变化为止，然后取不少于15个的钻孔试件的平均密度为计算压实度的标准密度。

4　可根据需要选用实验室标准密度、最大理论密度、试验路密度中的1～2种作为钻孔法检验评定的标准密度。

5　施工中采用核子密度仪等无破损检测设备进行压实度控制时，宜以试验路密度作为标准密度，核子密度仪的测点数不宜少于39个，取平均值，但核子密度仪需经标定认可。

E.0.3　压实度钻孔频率、合格率评定方法等按第11章的要求执行。

E.0.4　在交工验收阶段，一个评定路段的压实度以代表值和极值评定压实度是否合格。

1　一个评定路段的平均压实度、标准差、变异系数按式(E.0.4-1)～式(E.0.4-3)计算。

$$K_0 = \frac{K_1 + K_2 + \cdots + K_N}{N} \tag{E.0.4-1}$$

$$S = \sqrt{\frac{(K_1 - K_0)^2 + (K_2 - K_0)^2 + \cdots + (K_N - K_0)^2}{N - 1}} \tag{E.0.4-2}$$

$$C_v = \frac{S}{K_0} \tag{E.0.4-3}$$

式中：K_0——该评定路段的平均压实度，%；

S——一个评定路段的压实度测定值的标准差，%；

C_v——一个评定路段的压实度测定值的变异系数，%；

K_1、K_2、…、K_N——该评定路段内各测定点的压实度，%；

N——该评定路段内各测定点的总数，其自由度为$N-1$。

2　一个评定路段的压实度代表值按式(E.0.4-4)计算。

$$K' = K_0 - \frac{t_\alpha S}{\sqrt{N}} \qquad (E.0.4\text{-}4)$$

式中：K'——一个评定路段的压实度代表值，%；

t_α——t 分布表中随自由度和保证率而变化的系数，见表 E.0.4。当测点数大于 100 时，高速公路的 t_α 可取 1.6449，对其他等级公路 t_α 可取 1.2815。

表 E.0.4　$t_\alpha/\sqrt{N}$的值

测点数 N	高速公路、一级公路	其他等级公路	测点数 N	高速公路、一级公路	其他等级公路
2	4.465	2.176	20	0.387	0.297
3	1.686	1.089	21	0.376	0.289
4	1.177	0.819	22	0.367	0.282
5	0.953	0.686	23	0.358	0.275
6	0.823	0.603	24	0.350	0.269
7	0.734	0.544	25	0.342	0.264
8	0.670	0.500	26	0.335	0.258
9	0.620	0.466	27	0.328	0.253
10	0.580	0.437	28	0.322	0.248
11	0.546	0.414	29	0.316	0.244
12	0.518	0.393	30	0.310	0.239
13	0.494	0.376	40	0.266	0.206
14	0.473	0.361	50	0.237	0.184
15	0.455	0.347	60	0.216	0.167
16	0.438	0.335	70	0.199	0.155
17	0.423	0.324	80	0.186	0.145
18	0.410	0.314	90	0.175	0.136
19	0.398	0.305	100	0.166	0.129

注：本表适用于压实度、厚度等单边检验要求的情况。对高速公路、一级公路，保证率为95%；对其他等级公路，保证率为90%。

附录 F　施工质量动态管理方法

F.0.1　施工单位应以试验检测质量指标的变异系数(或标准差)作为施工水平的主要评价指标。施工单位应总结经验,自行建立各项施工质量指标变异系数的允许界限值,作为企业管理的目标。

F.0.2　高速公路、一级公路施工过程中,施工单位宜利用计算机建立工程质量数据库,随时输入各项数据,绘制逐次检测结果 X 或逐日检测结果平均值 $\bar{X}$ 的曲线。检查试验数据是否超出规范允许的误差范围,发现有不符要求的情况时应认真分析其原因并采取措施。同时分阶段(一定日期或距离)计算出逐日结果平均值的平均值 $\bar{\bar{X}}$ (期望值)、极差 R、标准差 S 及变异系数 C_v,汇总整理。记录的内容应包括取样地点、试验员、试验项目、试验方法、试验结果及合格与否的评定(合格率)等。

F.0.3　施工质量控制宜采取平均值和极差管理图 $\bar{X}$-R 的方法,将试验结果逐次绘制管理图(图 F.0.3-1),同时随着施工的进展,绘制施工质量直方图正态分布曲线(图 F.0.3-2)。当发现标准差及变异系数有增大倾向时,应分析原因,研究对策。

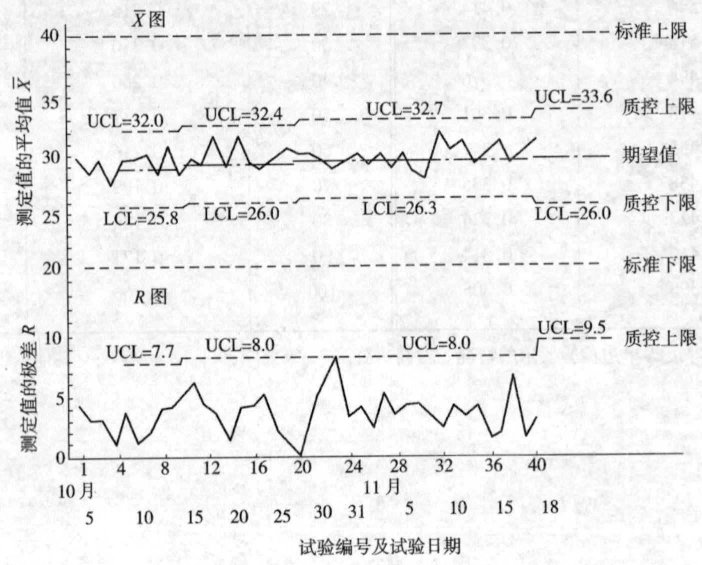

图 F.0.3-1　工程质量指标管理图示例(流值,0.1mm)

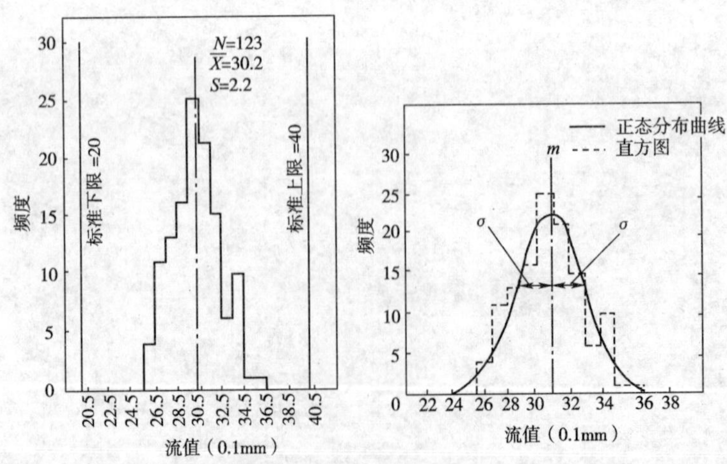

图 F.0.3-2　工程质量指标检测结果的直方图及正态分布曲线示例

F.0.4　在 $\bar{X}$-R 管理图中应以平均值 $\bar{X}$ 作为中心线 CL,并标出质控上限 UCL 和质控下限 LCL 表示允许的施工正常波动范围。当有超出质控上、下限范围时，应视为施工异常或试验数据异常。中心线、质控上限、质控下限按式(F.0.4-1)～式(F.0.4-6)计算。

$\bar{X}$ 图中：

$$\mathrm{CL}=\bar{\bar{X}} \tag{F.0.4-1}$$

$$\mathrm{UCL}=\bar{\bar{X}}+A_2\bar{R} \tag{F.0.4-2}$$

$$\mathrm{LCL}=\bar{\bar{X}}-A_2\bar{R} \tag{F.0.4-3}$$

R 图中：

$$\mathrm{CL}=\bar{R} \tag{F.0.4-4}$$

$$\mathrm{UCL}=D_4\bar{R} \tag{F.0.4-5}$$

$$\mathrm{LCL}=D_3\bar{R} \tag{F.0.4-6}$$

式中：CL——$\bar{X}$-R 管理图中的中心线(期望值)；

UCL——$\bar{X}$-R 管理图中的质控上限；

LCL——$\bar{X}$-R 管理图中的质控下限；

$\bar{\bar{X}}$——一个阶段各组检测结果平均值 $\bar{X}$ 的平均值；

$\bar{R}$——一个阶段各组检测结果的极差 R 的平均值；

A_2、D_3、D_4——由一组检测结果的试验次数决定的管理图用的系数，其值应按表 F.0.4 确定。

表 F.0.4　管理图用系数表

一组检测结果的试验次数 n	d_2	d_3	A_2	D_4	D_3
2	1.128	0.853	1.880	3.267	—
3	1.693	0.888	1.023	2.575	—
4	2.059	0.880	0.729	2.282	—
5	2.326	0.864	0.577	2.115	—
6	2.534	0.848	0.483	2.004	—
7	2.704	0.833	0.419	1.924	0.076
一组检测结果的试验次数 n	d_2	d_3	A_2	D_4	D_3
8	2.847	0.820	0.373	1.864	0.136
9	2.970	0.808	0.337	1.816	0.184
10	3.078	0.797	0.308	1.777	0.223
∞	—	—	$\frac{3}{d_2\sqrt{n}}$	$1+3\frac{d_3}{d_2}$	$1-3\frac{d_3}{d_2}$

F.0.5　在 $\bar{X}$-R 管理图和直方图中可标出本规范 11 章规定的质量标准或允许差范围。当有超出此范围，即施工不合格时，应予处理。

F.0.6　在 $\bar{X}$-R 管理图和直方图中可标出企业管理的目标的允许范围。当有超出此范围，即施工水平下降时，应研究对策。

F.0.7　施工质量动态管理工作宜借助于电子计算机进行。各级工程管理部门宜随时查询或检查所有的数据。

F.0.8　施工结束后，施工单位宜汇总全部数据，计算出平均值、标准差及变异系数，绘制整个工程的施工质量直方图或正态分布曲线，作为下一个工程的企业管理目标。数据库及动态质量管理的内容应制成光盘等以便于长期保存。

附录G　沥青路面质量过程控制及总量检验方法

G.0.1　为做好沥青混合料生产过程中的实时控制，及时发现各项生产参数是否符合配合比设计要求，高速公路和一级公路采用间歇式拌和机生产沥青混合料时，必须配备计算机自动采集及自记打印数据的装置，进行沥青混合料的"过程控制"（在线监测）和总量检验。

G.0.2　开始拌和前应设定每拌和一盘沥青混合料的生产量，各个热料仓、矿粉、沥青等的标准配合比用量，设定各项施工温度。拌和过程中计算机通过传感器采集每拌和一盘混合料的各项数据，由计算机自动处理或者逐盘打印这些数据，进行沥青混合料质量的在线监测。当计算机能够实时监测、自动处理、显示、保存所采集的各项数据时，也允许不逐盘打印数据，只打印汇总统计值。

注：拌和机的各种称重传感器必须逐个经过认真标定，自动采集、记录打印的结果应经过校验，如与实际数量有差值时应求出修正系数，保证各项施工参数的准确性。

G.0.3　计算机必须逐盘采集各项数据，按各个料仓的筛分曲线，逐盘计算出矿料级配，与工程设计级配范围及容许的施工波动范围进行比较，实时评定矿料级配是否符合要求。当发现有不合格的情况，必须引起注意，如果连续3盘以上都出现不合格情况时，宜对设定值适当调整。

注：各个料仓的筛分结果应按本规范的取样方法定期检测，施工过程中应经常检查是否有大的变化，利用新的筛分结果计算矿料级配，必要时适当调整配合比的设定值，以确保符合实际情况，达到标准配合比的要求。

G.0.4　计算机必须逐盘采集沥青结合料的实际使用量及沥青混合料的生产量，计算油石比（或沥青用量），与设计值及容许的波动范围相比较，评定是否符合要求。如果连续3盘以上不符要求时，宜对设定值适当调整。

G.0.5　计算机必须实时监测和采集与沥青混合料生产有关的各种施工温度，与本规范的要求进行比较，评定是否符合要求。

G.0.6　总量检验的报告周期可以是一个工作日或一个台班。施工停止时，计算机应自动计算并及时打印出各项数据的统计结果。其中沥青混合料的矿料级配可以是全部筛孔，但评定是否符合要求可只对5个控制性筛孔（0.075mm、2.36mm、4.75mm、公称最大粒径、一档较粗的控制性粒径等筛孔）。并按式（G.0.6-1）~式（G.0.6-3）计算全过程各种指标的平均值、标准差、变异系数，进行沥青混合料生产质量的总量检验。

$$K_0=\frac{K_1+K_2+\cdots+K_N}{N} \tag{G.0.6-1}$$

$$S=\sqrt{\frac{(K_1-K_0)^2+(K_2-K_0)^2+\cdots+(K_N-K_0)^2}{N-1}} \tag{G.0.6-2}$$

$$C_v=\frac{S}{K_0} \tag{G.0.6-3}$$

式中：K_0——该报告周期的平均值，%；

S——一个报告周期的测定值的标准差，%；

C_v——一个报告周期的测定值的变异系数，%；

K_1、K_2、…、K_N——该报告周期内每一盘的测定值，%；

N——该报告周期内总的拌和盘数，其自由度为 $N-1$。

G.0.7　利用一个评定周期的沥青混合料总生产量、施工总面积、沥青混合料密度按式（G.0.7）计算该摊铺层的平均压实厚度：

$$H=\frac{\Sigma m_i}{A\times d}\times 1000 \tag{G.0.7}$$

式中：H——该评定周期沥青路面摊铺层的平均施工压实厚度，mm；

m_i——每一盘沥青混合料的质量，脚标 i 为依次记录的盘次，Σm_i 为一个评定周期内沥青混合料的总生产量，t；

A——该评定周期沥青路面摊铺层的总面积，当遇有加宽等情况时，铺筑面积应按实际计算，m^2；

d——评定周期内摊铺层的现场压实密度的平均值，由钻孔试件的干燥密度（即实验室标准密度乘以压实度）测定得到，t/m^3。

G.0.8 沥青混合料生产过程中的动态质量管理按附录 F 的方法进行。

G.0.9 一个沥青层全部铺筑完成后，应绘制出各个检测指标的变化过程，并计算总的平均值、标准差、变异系数。计算各个指标的总合格率，作为施工质量检验的依据。

G.0.10 计算机采集、计算的沥青混合料过程控制及施工质量总量检验的数据图表，均必须按要求随工程档案一起存档。

附录H　本规范用词说明

为了准确地掌握规范条文，对执行规范严格程度的用词作如下规定：

一、表示很严格，非这样做不可的用词

正面词采用“必须”，反面词采用“严禁”；

二、表示严格，在正常情况均应这样做的用词

正面词采用“应”，反面词采用“不应”或“不得”；

三、表示允许稍有选择，在条件许可时首先应这样做的用词

正面词采用“宜”，反面词采用“不宜”；

表示有选择，在一定条件下可以这样做的，采用“可”。

附件

《公路沥青路面施工技术规范》

（JTG F40—2004）

条 文 说 明

1 总则

1.0.1 本条规定制定本规范的目的，是为贯彻沥青路面“精心施工、质量第一”的方针，保证沥青路面的施工质量，使铺筑的沥青路面坚实、耐久、平整、稳定，提供安全、舒适、顺畅的交通条件。这也是评价沥青路面性能的标准。

1.0.4 沥青路面施工必须有详细的施工组织设计，施工组织设计不能仅仅为了应付招标，而应该真正按照设计去做。现在有的工程组织管理混乱，不按科学规律管理，建设“形象”工程、“业绩”工程，随便要求缩短工期，赶工、抢工，成为路面早期损坏的重要原因。因此在这一条专门提出了合理工期。本条还规定不得在低于最低气温和施工遇雨时施工，这也是十分重要的。由于赶工期的需要，硬性要求在当年完工，便不顾施工气温，在寒冷的气候条件下施工，严重影响了沥青路面的压实，往往导致早期损坏。

本规范规定“沥青路面不得在气温10℃（高速公路和一级公路）或5℃（其他等级公路）”的情况下施工，这是考虑我国施工季节太短的实际情况又放宽了国际上相关规定而制定的。美国AASHTO对不同层位及厚度的混合料施工温度规定如表1-1。在我国接近冬季施工的往往是表面层，厚度更薄，要求应该更严。

表1-1 不同层位及厚度的混合料施工温度

压实层厚度(mm)	表面层(℃)	中、下面层(℃)
<38	>15.6	>12.8
38~63.5	>10	>7.2
>63.5	>4.4	>1.7

1.0.5 沥青路面的层间污染，沥青层不成整体是沥青层早期损坏的重要原因。本条规定沥青面层宜连续施工，在没有特殊情况下，沥青面层和基层最好在一年内施工完毕，包括强化黏层油都是为了解决层间污染的问题。对柔性基层沥青路面，可以在级配碎石铺筑后过冬隔年施工沥青层，而半刚性基层过冬比较困难，基本上都是在铺筑沥青层下面层后过冬，第二年施工中面层，以后又要等到快交工验收前再铺筑表面层，一层与一层的铺筑间隔都很长，这样交出去的工程表面上很干净，实质各层之间的联结受到严重影响，这种情况必须改变。我国沥青路面设计所采用的弹性层状体系是严格按照层间连续的假定进行计算的，如果由于层间污染使沥青层不能成为一个整体，路面内部的受力状态将发生重大改变，路面的疲劳寿命会受到很大的影响。实践证明，缩短标段长度、各层连续施工，施工污染的顽疾是能够根治的。

1.0.6 本规范历来都有具体交通情况的分级，是为了对不同交通条件的沥青路面在配合比设计方法方面有不同的考虑和要求，其用途主要是为配合比设计使用的，按照不同的交通条件选择沥青混合料的级配类型，选择沥青的等级及是否需要改性，调整最佳沥青用量等等。它与路面设计时的交通量换算成当量轴次是两个不同的概念。1986年的规范将交通量分成重交通、中轻交通两级，重交通量道路是指交通量大于500辆/日的道路。上次修订改为按公路等级划分，将重交通量道路的概念修订成高速公路、一级公路，中轻交通量道路即其他等级公路，如果工程需要，二级公路也可按照一级公路的要求执行。但是实际上同样是高速公路、一级公路，交通条件也有很大的差别，美国马歇尔配合比设计及Superpave在区分交通量时直接按换算当量交通量划分，以累计当量轴次小于100万辆的属轻交通路段，超过1000万辆的视作重交通路段，介于100万辆~1000万辆之间的属中交通路段，对不同的交通量有不同的击实次数和搓揉压实次数的要求，技术指标的要求也不一样，对重载车辆比例大的路段及纵坡较大的慢速路段，可视情况作为重交通路段对待，提高高温等级。本规范没有明确提出交通量分级，只笼统地分成轻交通路段、中交通路段和重交通路段。在第 5 章配合比设计标准中本规范把累计交通量 1000 万辆以上的视为重载交通路段对待。

本条规定了我国沥青路面的气候分区按附录 A 执行。它与沥青路面设计的自然区划是完全不同的概念。我国的《公路自然区划标准》(JTJ 003)是“为区分不同地理区域自然条件中对公路工程影响的差异性,并在路基、路面设计、施工、养护中采取适当的技术措施和采用合适的设计参数,以保证路基、路面的强度和稳定性”。重点考虑了土壤冰冻、路基潮湿及气温高低、纬度等各种自然地理环境,是一个相当综合和详细的自然区划。本规范的沥青使用性能气候分区是按照高温、低温和雨量分别划分的三个分区。其目的是为了满足不同条件的沥青混合料矿料级配类型、沥青标号选择、沥青用量调整等为配合比设计所需要考虑的环境因素,两者不能混为一谈。

1.0.7 本条对施工安全问题作了明确的要求。关于石油沥青及煤沥青的毒性问题, 1987 年国际癌研究机构(IARC)召开了关于评价致癌物质的国际会议,提出了煤沥青、煤焦油属于第 1 类“人体致癌物质”,而石油沥青并没有致癌性。因此,国际卫生组织(WHO)认为,石油沥青与煤沥青是截然不同的。

1.0.9 规范鼓励新技术、新材料、新工艺的使用,但必须是经试验和实践证明确实是有效的。规范是很严肃的,不能随便打着“新技术、新材料、新工艺” 的幌子,无视规范的约束,这也是不慎重的。

1.0.10 本条规定“各省、市、自治区或工程建设单位可根据具体情况,制订相应的技术指南,但工程质量不宜低于本规范的规定。”这就明确了国家规范与地方性规范的关系。由于国家规范要照顾到全国不同地区的不同情况,不能要求太严。更不能顾及特殊地区的工程,所以各省、市、自治区应该制定适合于本地的地方性规范或补充规定,对具体的工程项目还应该制订更具体的、更详细的施工操作规程。

不过,有些地方性指南或招标文件随便提高技术要求,如对沥青和改性沥青指标、集料指标、沥青混合料设计指标、施工质量检验指标,提得太高也可能产生副作用。还有的原封不动地照搬其他国家的标准,这样做需要慎重,未必有好处。本规范的标准是经过国内外的经验总结充分考虑我国国情后提出的,而且大部分质量指标其实并不比国外标准低。过高的标准将给施工单位造成困难,甚至导致弄虚作假,那就事与愿违了。

2 术语、符号、代号

2.1 术语

2.1.12 关于沥青混合料定义、分类及适用范围,我国以前分为沥青混凝土及沥青碎石,用LH及LS表示,后来改为AC及AM,在AC中又根据级配粗细的不同分为I型和II型。沥青混凝土与沥青碎石的区别仅在于是否加矿粉填料及级配比例是否严格,其实质是混合料的空隙率不同。国际上对沥青混合料的分类也没有统一的方法,一般都按压实后的空隙率划分,有的分成密实式(空隙率等于或小于5%)、半密实式(空隙率5%~10%)、半开式(空隙率10%~15%)、开式(空隙率大于15%)。欧洲共同体CEN最新的分类按欧洲各国实际使用的类型分成:连续级配的沥青混合料(EN 13108-1,在各国都普遍应用)、超薄面层混合料(EN 13108-2,在法国等作为磨耗层使用)、软质混合料(EN 13108-3,在寒冷地区使用)、浇注式混合料(HRA,EN 13108-4,在德国等使用)、沥青玛蹄脂碎石混合料(SMA,EN 13108-5,在欧洲普遍使用)、沥青玛蹄脂混合料(EN 13108-6,在英国作为嵌压式混合料的载体)、排水性混合料(EN 13108-7,在欧洲普遍应用)等7种。本规范参照国际上近年来的发展,对沥青混合料进行多种分类,按公称最大粒径分为砂粒式、细粒式、中粒式、粗粒式、特粗式,按空隙率分为密级配(3%~6%)、半开级配(6%~12%)、开级配(排水式,18%以上),对密级配混合料参照美国的方法按照关键性筛孔的通过率分为粗型及细型,同时也有与欧洲相同的分类系统。

本规范对"沥青碎石"的定义需特别注意,同样按空隙率分为密级配、半开级配、开级配沥青碎石。"大粒径沥青混合料"是一种习惯性称呼,一般指公称最大粒径超过25mm或者31.5mm的沥青稳定碎石混合料。

2.2 符号及代号

2.2.57 Superpave美国SHRP的重要研究成果,我国也有应用,不过译名比较乱。美国沥青协会SP-1定义"Superpave(Superior Performing Asphalt Pavements) is a product of the SHRP asphalt research。Superpave is a trademark of Strategic Highway Research Program"。由此可知,它是一个注册商标,所以按字面直译高性能沥青路面是不合适的。配合比设计方法对沥青路面的性能仅仅是第一步,与结构、材料、施工等都有关系。

3 基层

3.0.1 本规范本应包括沥青面层和基层的,但由于我国基层部分另有规范,所以本规范关于基层方面的条文非常简单。

3.0.2 长期以来,我国的沥青路面结构形式非常单一,高速公路、一级公路几乎千篇一律地使用半刚性基层沥青路面。本规范从实际出发,规定了4种基层类型:柔性基层、半刚性基层、刚性基层、复合式基层,以便于根据实际情况选择使用合理的基层结构。

4 材料

4.1 一般规定

4.1.1 在沥青路面建设过程中,材料起着至关重要的作用。有些新建高速公路沥青路面之所以出现早期损坏,材料问题是其中重要的原因。因此,这里特别强调要把好材料关,应该以试验为依据,严格控制质量,防止因使用不符合要求的材料而造成损失的情况发生。

4.2 道路石油沥青

4.2.1 原规范有两个石油沥青技术要求:"重交通道路石油沥青技术要求"和"中、轻交通道路石油沥青技术要求"。实际上"重交通道路沥青"就相当于国际上的普通沥青,而"中、轻交通道路石油沥青"只不过是质量达不到国际上通用水平的质量差的沥青。本次修改明确都称为道路石油沥青,废除这两个名称。

原规范颁布后的十余年来,正好国际上对道路沥青的标准进行了最深入的研究,其中最重要的是美国战略性公路研究计划(SHRP)制订 PG 规格及欧洲共同体的欧洲标准化组织 CEN 制订 EU 沥青标准的工作。

SHRP 的研究成果 SUPERPAVE™提出了一个按照路用性能分级(PG 分级)的沥青结合料规范(见表 4-1)。PG 分级直接采用设计使用温度表示适用范围。设计最高温度为 7d 最高平均路面温度,设计最低温度为年极端最低温度。根据道路等级、交通量确定保证率为95%(平均值)或98%。它采用3 种样品:(1)原样沥青;(2)RTFOT 后的残留沥青;(3)RTFOT 后又经 PAV 老化的残留沥青,评价各种路用性能指标,包括高温时抵抗永久变形的能力、低温时抵抗路面温缩开裂的能力、抗疲劳破坏的能力、抗老化性能、施工安全性等。在确定沥青的 PG 等级时,要充分考虑气候条件及交通条件(交通量及车速、车辆停驻时间),有时需要提高一个或两个 PG 高温等级选择沥青的标号。在此基础上,各州交通部门都根据各地的具体情况,规定了常用的 PG 等级或再增加有些常规指标。不过,现在对 PG 分级能不能完全解释沥青质量与使用性能的关系,能不能适用于评价改性沥青还存在不少争议。例如,普通沥青的高温性能一般用动态剪切试验 DST 得到的车辙因子 $G^*/\sin\delta$ 来评价,但对聚合物改性沥青来说,普遍反映 $G^*/\sin\delta$ 并不能反映高温性能,而沥青结合料的零剪切黏度 ZSV 却在欧洲等许多国家引起了广泛的关注。

欧洲 CEN 则将沥青标准研究的工作分两步走,先提出一个为生产上所能执行的各国折中的标准,然后正式开发制订与沥青路用性能相关的新标准。CEN 的新标准 EN 12591:2000 建议稿如表 4-2 所列。与 2000 年以前的相比,明确增加蜡含量是一个特点。欧洲对 SUPERPAVE™也进行了深入的研究,现在还没有明确的看法。

沥青标准的修订是一件非常严肃且十分重要的工作,我国一直在研究和跟踪国际上沥青标准研究成果,20 世纪 90 年代的"八五"国家科技攻关专题"道路沥青及沥青混合料的路用性能"对我国的沥青技术指标进行了认真的研究,提出了适合于我国国情的"重交通道路沥青技术要求"的修改建议。研究证明,所提出的新的指标系列与 Superpave 的 PG 规格有相当好的相关性,多年来逐步在全国得到了广泛的应用。

这期间,我国许多高速公路招标文件对沥青指标作了调整。1999 年起中石化、中油、中海等部门的几大公司也相继提出了自己的企业标准,把 1 号标准的沥青蜡含量的指标提高到要求不大于 2%。在

表 4-1　美国 SHRP 沥青路用性能规范(AASHTO MP1,1995)

沥青使用性能等级	PG 46			PG 52							PG 58					PG 64						PG 70						PG76					PG82				
	-34	-40	-46	-10	-16	-22	-28	-34	-40	-46	-16	-22	-28	-34	-40	-10	-16	-22	-28	-34	-40	-10	-16	-22	-28	-34	-40	-10	-16	-22	-28	-34	-10	-16	-22	-28	-34
平均 7d 最高路面设计温度,℃	<45			<52							<58					<64						<70						<76					<82				
最低路面设计温度,℃	>-34	>-40	>-46	>-10	>-16	>-22	>-28	>-34	>-40	>-46	>-16	>-22	>-28	>-36	>-40	>-10	>-16	>-22	>-28	>-34	>-40	>-10	>-16	>-22	>-28	>-34	>-40	>-10	>-16	>-22	>-28	>-34	>-10	>-16	>-22	>-28	>-34
原样沥青																																					
闪点(COC,ASTM D92),min ℃	230																																				
黏度 ASTM 4402 max, 3Pa · s 试验温度, ℃	135																																				
动态剪切,(TP5), $G^*/\sin\delta$,min, 1.0kPa 试验温度 @10rad/s ℃	46			52							58					64						70						76					82				
RTFOT 残留沥青(PP1 T240)																																					
质量损失 ,max %	1.00																																				
动态剪切,(TP5) $G^*/\sin\delta$,min, 2.2kPa 试验温度 @10rad/s,℃	46			52							58					64						70						76					82				
PAV 残留沥青(PP1)																																					
PAV 老化温度,℃	90			90							100					100						100(110)						100(110)					100(110)				
动态剪切,(TP5) $G^*\sin\delta$,max, 5000kPa 试验温度@10rad/s,℃	10	7	4	25	22	19	16	13	10	7	25	22	19	16	13	31	28	25	22	19	16	34	31	28	25	22	19	37	34	31	28	25	40	37	34	31	28

续上表

沥青使用性能等级	PG 46			PG 52							PG 58					PG 64						PG 70						PG 76					PG 82				
	-34	-40	-46	-10	-16	-22	-28	-34	-40	-46	-16	-22	-28	-34	-40	-10	-16	-22	-28	-34	-40	-10	-16	-22	-28	-34	-40	-10	-16	-22	-28	-34	-10	-16	-22	-28	-34
物理老化	实测记录																																				
蠕变劲度,(TP1) S,max,300MPa *m* 值,min,0.30 试验温度 @60s,℃	-24	-30	-36	0	-6	-12	-18	-24	-30	-36	-6	-12	-18	-24	-30	0	-6	-12	-18	-24	-30	0	-6	-12	-18	-24	-30	0	-6	-12	-18	-24	0	-6	-12	-18	-24
直接拉伸,(TP3) 破坏应变,min,1.0% 试验温度 @1.0mm/min,℃	-24	-30	-36	0	-6	-12	-18	-24	-30	-36	-6	-12	-18	-24	-30	0	-6	-12	-18	-24	-30	0	-6	-12	-18	-24	-30	0	-6	-12	-18	-24	0	-6	-12	-18	-24

注:1. 路面温度由大气温度按 SUPERPAVE 程序中的方法计算,也可由指定的机构提供。

2. 如果供应商能保证在符合所有认为安全的温度下,沥青结合料都能很好地泵送或拌和,此要求可由指定的机构确定放弃。

3. 为控制非改性沥青结合料产品的质量,在试验温度下测定原样沥青结合料黏度,可以取代测定动态剪切的 $G^*/\sin\delta$。在此温度下,沥青多处于牛顿流体状态,任何测定黏度的标准试验方法均可使用,包括毛细管黏度计或旋转黏度计(AASHTO T201 或 T202)。

4. PAV 老化温度为模拟气候条件温度,从 90℃、100℃、110℃中选择一个温度,高于 PG64 时为 100℃,在沙漠条件下为 110℃。

5. 物理老化:按照 TP1 规定的 BBR 试验 13.1 节进行,试验条件中的时间为最低路面设计温度以上 10℃延续 24h ± 10min,报告 24h 劲度模量和 *m* 值,仅供参考。

6. 如果蠕变劲度小于 300MPa,直接拉伸试验可不要求,如果蠕变劲度在 300 ~ 600MPa 之间,直接拉伸试验的破坏应变要求可代替蠕变劲度的要求,*m* 值在两种情况下都应满足。

对国内外沥青标准比较的基础上,我国修订提出了“道路石油沥青技术要求”,历时4年,多次发函,广泛征求了沥青生产、经销、使用部门,包括国外厂商的意见。

本规范对道路石油沥青技术要求的修改主要有以下内容:

(1)将原来的“重交通道路石油沥青”和“中、轻交通道路石油沥青”两个技术要求合并为一个“道路石油沥青技术要求”,根据当前的沥青使用和生产水平,按技术性能分为A、B、C三个等级:B级沥青与原规范“重交通道路沥青”相近,C级沥青比原规范“中、轻交通道路石油沥青”技术要求稍有提高。一个国家的沥青标准中按质量水平分为几个等级的做法,国外也采用过(如日本)或者目前正在采用(如加拿大、美国ASTM)。

(2)沥青质量要求充分照顾到气候条件,规定了各气候区适宜的的沥青针入度等级。尽管各气候区的差别甚小,但意义很大。

(3)增加了沥青的感温性指标针入度指数PI值,国外一般要求PI在-1~+1之间,本规范根据大量的试验研究,适当有所降低。在规范修订过程中有些意见认为PI值的试验误差较大,或者应该按照欧洲新的标准中的方法采用针入度和软化点计算PI值。针对这些意见,规范要求严格按照试验规程的方法,可参照表4-3选用5个适宜的温度测定针入度计算,且要求相关系数不低于0.997。同时参见表4-2,表4-3。至于计算方法,EN 12591:2000标准确实已经由以前的采用5个温度的针入度计算的方法修改为按Pfeiffer和Van Doormael的方法由针入度和环球法软化点确定。

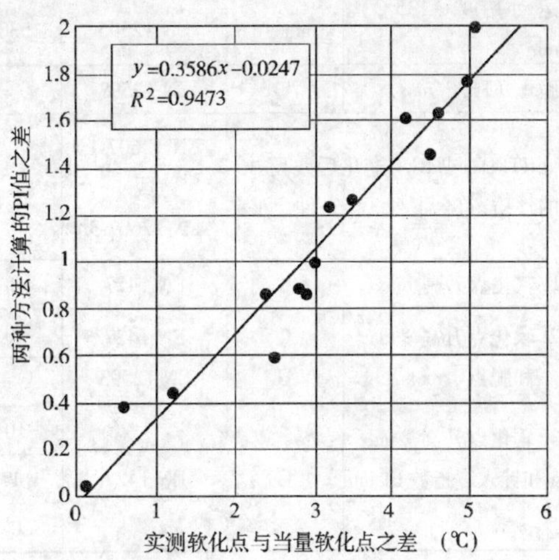

图4-1 不同软化点测定方法与PI值计算结果的关系

$$PI = \frac{20 \times T_{RandB} + 500 \times \lg P - 1952}{T_{RandB} - 500 \times \lg P + 120}$$

此方法中显然是考虑到欧洲的道路沥青蜡含量普遍已经很低,当量软化点的概念已经失去意义,同时为照顾不同国家的要求,标准也由原来的-1~+1放宽到-1.5~+0.7。

两种计算方法的PI值不同主要是由于蜡含量对软化点的影响所造成。图4-1的试验结果充分说明两种不同方法的计算结果之差来源于不同方法测定的软化点的差异,二者的相关系数达0.973。因此在我国目前的沥青蜡含量的水平情况下(包括B级沥青),PI值的计算方法尚不宜改变。同时考虑到目前国产沥青和进口沥青的PI水平,将要求放宽到不小于-1.5(A级)或-1.8(B级)。

表4-2 欧洲CEN沥青标准(CEN TC19 SCI WGIN80,EN 12591:2000)第一类

指 标	单位	试验方法	等 级								
			20/30	30/45	35/50	40/60	50/70	70/100	100/150	160/220	250/300
通用性指标											
针入度(25℃,100g,5s)	0.1mm	EN1426	20~30	30~45	35~50	40~60	50~70	70~100	100~150	160/220	250/300
软化点(环球法)	℃	EN1427	55~63	52~60	50~68	48~56	46~54	43~51	39~47	35~43	30~38
RTFOT(163℃) 老化后残留物的性质		EN 12607-1 或 EN 12607-3									
质量变化 max	%		±0.5	±0.5	±0.5	±0.5	±0.5	±0.8	±0.8	±1.0	±1.0
残留针入度比 min	%		55	53	53	50	50	46	43	37	35
老化后软化点 min	℃	EN 1427	57	54	52	49	48	45	41	37	32
闪点 min	℃	EN 22592	240	240	240	230	230	230	230	220	220
溶解度 min	%	EN 12592	99.0	99.0	99.0	99.0	99.0	99.0	99.0	99.0	99.0

续上表

指标	单位	试验方法	等级								
			20/30	30/45	35/50	40/60	50/70	70/100	100/150	160/220	250/300
不同国家选择使用的指标,选用的国家略											
含蜡量 max	%	EN 12606-1 或	2.2								
		EN 12606-2	4.5								
动力黏度(60℃) min	Pa·s	EN 12596	440	260	225	175	145	90	55	30	18
运动黏度(135℃) min	mm^2/s	EN 12595	530	400	370	325	295	230	175	135	100
脆点(Fr) max	℃	EN 12593		−5	−5	−7	−8	−10	−12	−15	−16
RTFOT 或 RFT 老化后残留物的性质,符合下列 3 个条件之一		EN 12607-1 或 EN 12607-3									
1. 软化点升高 max	℃	EN 1427	8	8	8	9	9	9	10	11	11
2. 软化点升高 max	℃	EN 1427	10	11	11	11	11	11	12	12	12
和脆点 max	℃	EN 12593		−5	−5	−7	−8	−10	−12	−15	−16
3. 软化点升高* max			10	11	11	11	11	11	12	12	12
和针入度指数 PI min	℃	EN 1427	−1.5	−1.5	−1.5	−1.5	−1.5	−1.5	−1.5	−1.5	
max			+0.7	+0.7	+0.7	+0.7	+0.7	+0.7	+0.7	+0.7	

注:在瑞典,60℃动力黏度按 EN 12595 方法测定,最小值要求如下表。

针入度(25℃,100g,5s)	0.1mm	EN1426	20~30	30~45	35~50	40~60	50~70	70~100	100~150	160/220	250/300
动力黏度(60℃) min	Pa·s	EN 12596	440	260	225	175	145	90	55	30	18

表 4-3 计算 PI 值的试验温度

针入度等级	试验温度(℃)								
30 号	45	40	35	30	25	—	—	—	—
50 号	—	40	35	30	25	20	—	—	—
70 号	—	—	35	30	25	20	15	—	—
90 号	—	—	—	30	25	20	15	10	—
110 号	—	—	—	30	25	20	15	10	—
130 号、160 号	—	—	—	—	25	20	15	10	5

(4)在适当提高软化点指标的基础上,A 级沥青增加了 60℃温度的动力黏度作为高温性能的评价指标。

(5)沥青的低温性能指标,A、B 级沥青改为 10℃延度,C 级沥青改为 15℃延度。这里需要注意的是,延度指标提得太高有可能影响其他指标。

(6)含蜡量仍然是标准中的重要指标。A 级沥青放宽到 2.2% 将有利于国产沥青的应用。此含蜡量是按试验规程的方法测定的,与德国的 DIN 法有所不同。

(7)老化试验统一为薄膜加热试验(TFOT),也允许用旋转薄膜加热试验(RTFOT)代替。

本规范规定"经建设单位同意,PI 值、60℃动力黏度、10℃延度可作为选择性指标"是考虑到这些指标是初次列入标准,总有一个滞后时间。在 CEN 的标准中也有类似的做法,为了照顾不同国家的不同习惯,除规定了通用性指标外,还有一系列的选用性指标。对这些指标,希望各地积累数据,制订符合本地区实际情况的技术要求。

4.2.2 关于沥青等级及标号的选用至关重要。近年来,国际上使用的沥青有向稠的方向发展的趋势,以增强抗车辙能力。尤其是中下面层和基层,例如法国有两种基层,GB 采用的沥青等级为 35/50 或

50/70 号,HMAC(EME)采用的沥青结合料是硬质沥青 10/20 或 15/25,20/30 或 35/50 + 改性剂(天然沥青、聚乙烯)。

我国许多地方的沥青针入度偏大,无论在南方、北方,甚至东北地区都出现了严重的车辙。对比国际上气候条件相当的地区,我国许多地方宜使用 70 号或 50 号沥青,这一点特别应该引起各地重视和注意。法国在南部通常使用 40/50 级沥青,而在北部使用 80/100 沥青。日本只有北海道采用 80 ~ 100,在本州的北部靠近日本海一侧采用 60 ~ 80 号,靠近太平洋一侧重点考虑夏季流动变形,中轻交通量路段采用 60 ~ 80 号,重交通路段(大型车一方向 3000 辆/日以上)采用 40 ~ 60 号沥青。美国沥青学会的 MS-2对沥青标号按年平均气温(MAAT)选择,当 MAAT≤7℃时,适用于 85/ 100 及 120/150 级;当 MAAT 在 7 ~ 24℃时适用于 60/70 及 85/100 级;当 MAAT≥24℃时适用于 40/50 及 60/70 级。与此相比,对热拌沥青混合料,我国大部分地区宜用针入度 50 级及 70 级的沥青,只有在很少寒冷地区适用于 90 级沥青,110 级沥青适用于中轻交通的公路上。而且,这是相应于国外的荷载情况决定的,我国的重载交通比例大,甚至有严重的超限超载情况,应适当选择针入度更小的沥青,努力扩大 AH-50 号沥青的适用范围。在美国 Superpave 确定沥青的 PG 等级时,除考虑温度条件外,还要视交通情况调整对 PG 等级的要求。例如对速度小于 20km/h 的停滞交通要求提高 1 ~ 2 个等级,对速度为 20 ~ 70km/h 的慢速交通可以提高 1 个等级,而对速度大于 70km/h 的高速交通在特殊情况下如交通量大于 3000 万辆的特重交通可以提高 1 级。本规范 4.2.2 条第 1 款中也是这样考虑的。

4.3 乳化沥青

4.3.1 原规范关于乳化沥青的技术要求,主要是参照日本的标准制定的,日本在 2001 年对 JIS 及 JEAAS 乳化沥青标准进行了全面的修改。为适应我国高速公路的发展以及各种新的需求,交通部列了"乳化沥青技术要求的修订"课题,对此进行了研究。

4.3.2 本规范根据课题研究成果对乳化沥青技术要求进行了修改,要点如下:

(1)将乳化沥青分为阳离子、阴离子、非离子等,按电荷性质和用途重新进行了分类,分别制定了标准并规定了各自的用途。

(2)将乳化沥青的筛上剩余量指标修改为 1.18mm 筛,要求不大于 0.1%。

(3)关于乳化沥青的黏度测定方法,美国采用赛波特黏度计,日本和法国采用恩格拉黏度计,我国原规范有恩格拉黏度计和道路沥青标准黏度计。研究课题的成果认为,这两种黏度计的结果有较好的相关关系,故同时保留。但今后应努力推广恩格拉黏度计,以便下次修订与国际上一致,取消标准黏度计。

(4)通过对几种提取乳化沥青蒸发残留物的方法,如美国 ASTM D244 的蒸馏法和蒸发法、美国加州方法,以及 60℃及 105℃加热鼓风法蒸发等进行试验对比,认为我国原试验规程的方法操作简单,结果差别不大,故仍予以保留。对蒸发残留物的性质测定也进行了适当的修订。

4.3.3 本条强调乳化沥青的适用范围应考虑各自的特点,千万不要搞一刀切。有些学者对规范提出意见希望取消阴离子乳化沥青,编写组调查几乎所有的国家都有阴离子和阳离子乳化沥青标准,虽然其指标值没有两样,但还是分成两个标准,意味着这是两类性质完全不同的标准。实际上在美国、欧洲,规范规定和实践中阴离子乳化沥青始终都在使用。日本尽管使用很少,但日本乳化沥青学会 JEAAS 也有阴离子乳化沥青标准,规定在与水泥等共同使用时宜用阴离子乳化沥青。因此我们应根据实际经验选择,在炎热地区或夏季、干旱地区、碱性石料地区,阴离子乳化沥青仍然是可以使用的,在石灰岩地区和干旱地区,使用阴离子仍有其价值。据 2002 年 9 月第 3 届世界乳化沥青会议资料,阴离子乳化沥青还应用于黏结层(含黏层油)。

4.4 液体石油沥青

4.4.1 液体石油沥青的技术要求这次没有变化。国外规范普遍规定透层油使用稀释沥青,我国因稀释剂汽油、柴油价格昂贵，使用很少。近年来许多工程在半刚性基层上喷洒稀释沥青透层油取得了良好效果，这时要注意选用沥青本身针入度较大的沥青，以节省煤油比例。

4.5 煤沥青

4.5.2 道路用煤沥青技术要求这次没有修改，但明确规定了煤沥青的适用范围。由于煤沥青是国际上明确的强致癌物质，所以严禁在热拌热铺沥青混合料中使用煤沥青，并取消了可作为黏层油使用。国外除了在旧路面修复作辅助用的渗透剂外，已经很少使用。考虑到我国的实际情况，仍然允许在中低级公路的表面处治及贯入式路面中使用，但使用时必须十分谨慎，注意做好身体保护，不要直接接触皮肤，最好带防毒面具。由于煤沥青的渗透性极好，故常用于半刚性基层上洒透层油，在旧路面的软化剂、补缝中也时有使用。

4.6 改性沥青

4.6.1 本规范合并了原《公路改性沥青路面施工技术规范》的主要内容，因为各地在技术、经济水平、目的要求上有很大差别，所以在规范中很难对改性沥青的适用范围作出明确的规定。改性沥青在世界各国发展都很快，我国的用量近年来也得到了大幅度增加。日本 2001 年《路面结构技术指针》中以塑性变形作为路面性能指标，对干线公路，采用直馏沥青时即使在级配和沥青用量上下功夫，动稳定度的上限约为 1500 次/mm，但交通量在 3000 辆/日以上时需要的动稳定度下限为 3000 次/mm，故交通量在 3000 辆/日以上时必须采用改性沥青，在 3000 辆/日以下时根据情况也需要采用改性沥青。2002 年 NCAT 试验路的试验表明，非改性沥青增加 0.5% 的油石比将使车辙增加 54%，改性沥青的抗车辙性能对沥青用量的敏感性大为降低。但是我们必须明确，有许多高速公路并没有使用改性沥青的使用情况也很好，说明并不是一定要使用改性沥青才能铺好沥青路面的。因此，工程上首先还是要重视提高施工水平，减小施工变异性，仅仅因为使用改性沥青会增加初期投资就不用当然是不对的，但不顾情况盲目使用改性沥青而忽视其他材料、设计、施工工艺更是不对的。

4.6.2 原《公路改性沥青路面施工技术规范》的聚合物改性沥青技术要求是参照国际上代表性国家的标准及我国的实践制定的，经多年使用证明基本上是合理的。3 类聚合物改性沥青性能的评价指标，针对其不同特点，都有几种是重点评价指标。SBS 改性沥青的高温、低温性能都好，且有良好的弹性恢复性能，所以采用软化点、5℃低温延度、回弹率作为主要指标。离析是一个量化的控制指标。SBR 改性沥青的低温性能较好，所以以 5℃低温延度作为主要指标。另外黏韧性试验对评价 SBR 改性沥青特别有价值。EVA 及 PE 改性沥青的特点是高温性能改善明显，以软化点作为主要指标。离析是一个量化的控制指标。由于 PE 不溶于三氯乙烯，对溶解度不要求。

在修改过程中许多单位认为现有 SBS 改性沥青标准偏低，要求提高软化点、5℃延度、弹性恢复等，但是本次修改并没有动。这是因为近年来我国使用的 SBS 剂量普遍偏高，大部分在 4.5% ~ 5.0% 左右，实际上国外很多情况下只用到 3%，其实没有必要无论什么情况都采用那么高的剂量，为适应剂量较低的情况，这次基本上没有变化。考虑到普遍反映 PI 值试验误差较大，经常发生争议，这次普遍降低了 0.2。因为 SBS 改性沥青用 RTFOT 做质量损失有困难，且国外正在修订 RTFOT 试验方法，故老化试验改为以 TFOT 为准。

在 SBS 改性沥青标号的选择上：我国大部分地区高速公路宜选择 I-D 级；西北和东北地区可选择 I-C级；I-B 级适用于非常寒冷的地区；I-A 级除特殊情况外很少使用。

4.6.4 本规范增加了天然沥青作改性剂使用的一些要求。在美国、英国、日本等众多国家的规范中，除了聚合物改性沥青外，一般都有特立尼达湖沥青的质量要求，为适应我国的实际需要，参照英国 BS 3690、美国 ASTM D 5710 、特立尼达和多巴哥 TTS 590：2002、TTS 593：2002 及日本沥青路面设计指南等，制定的特立尼达湖沥青（TLA）及湖沥青改性沥青的质量宜符合表 4-4 及表4-5 的要求。

表 4-4 特立尼达湖沥青质量技术要求

检验项目	单位	技术要求	试验方法
针入度 25℃	0.1mm	0~5	T 0604
软化点 $T_{R\&B}$，不小于	℃	90	T 0606
灰分	%	33~38	T 0614
25℃密度	g/cm^3	1.3~1.5	T 0603
TFOT 后残留针入度比，不小于	%	50	T 0604

表 4-5 特立尼达湖沥青改性沥青质量技术要求

指标	单位	针入度等级				试验方法
		TMA-30	TMA-50	TMA-70	TMA-90	
针入度 25℃，100g，5s	0.1mm	20~40	40~60	60~80	80~100	T 0604
黏度 135℃，不大于	Pa·s	4.0	3.8	2.7	2.1	T 0625 T 0619
闪点，不小于	℃	240				T 0611
溶解度（三氯乙烯）	%	77~90				T 0607
灰分	%	7.5~19.5				T 0614
TFOT 后残留物针入度比 25℃，不小于	%	58	55	52	47	T 0610 T 0604

4.7 改性乳化沥青

4.7.1 改性乳化沥青在我国是一项空白。为满足高速公路建设和维修养护的需要，我国改性乳化沥青也得到了长足的进步，并得到了相当的应用。本规范在参照国外改性乳化沥青标准和我国实践的基础上，首先对目前应用较多的用作黏层油及下封层的喷洒型改性乳化沥青，以及微表处用的拌和型改性乳化沥青作出了规定。

在改性乳化沥青技术中，与普通乳化沥青一样，标准中并列了恩格拉黏度计和道路标准黏度计两种方法，筛上剩余量规定筛孔 1.18mm，其他关于蒸发残留物的含量、针入度、软化点、延度指标等，也与国外要求相近。但将延度的测定温度按我国聚合物改性沥青的标准修改为 5℃。对作黏层、封层、防水层使用的喷洒型的改性乳化沥青 PCR 的标准是参照国外标准制定的。

4.8 粗集料

4.8.2 集料质量差是目前公路建设中特别严重的问题，突出的表现是：材料脏、粉尘多、针片状颗粒含量高、级配不规格等，经常不能达到规范要求。我国公路部门的集料多半取自社会料场，国有企业、乡镇企业、个体生产都有，各料场质量、规格参差不齐，使用时离析严重，导致实际级配与配合比设计有很大的差距，这是造成沥青路面早期损坏的重要原因。

购买集料首先要讲究规格，本规范关于集料规格有明确要求，但往往不够重视，尤其是对较细的集料，细粉含量控制不严，很可能是含泥量大，而这是保证路面质量的重要一环。

在规范关于集料的技术要求中，按其性质可分为两类：一类是反映材料来源的"资源特性"，或称为料源特性、天然特性，它是石料产地所决定的，如密度、压碎值、磨光值等；另一类是反映加工水平的"加工特性"，如石料的级配组成、针片状颗粒含量、破碎砾石的破碎面比例、棱角性、含泥量、砂当量、亚甲蓝值、细粉含量等。属于"资源特性"的指标往往受到产地和成本的制约，可选择和变更的余地不大。但是一些工程对石料的资源特性要求很严，不惜跨省到数千公里外远运，但对加工特性，尤其对规格、含泥量、针片状颗粒含量不重视，对就地取材根本不考虑，这是很错误的。

现在还有一种倾向是过分迷信玄武岩，认为表面层非玄武岩不能使用，当地没有就去外地买，对当地的石料如辉绿岩、安山岩、闪长岩、石灰岩等质量很好的石料视而不见，更不必说花岗岩、砂岩等酸性岩石了。实际上，只要采取掺加消石灰等技术措施，即使酸性石料在国外也是普遍应用的。而且，玄武岩也未必都好，有的吸水率很大，有许多孔隙，受热稳定性不好。在德国应用最多的是辉绿岩，很少使用玄武岩，认为玄武岩长期处在高温阳光照射下，表面会出现斑点和裂纹，最终导致与沥青剥离。欧洲的集料标准中有一个专门针对玄武岩的 sonnenbrand 试验（EN 1367-3，EN 1097-2），它是反映玄武岩自身风化变质的试验方法，要求水煮后的质量损失小于等于1%，水煮后的冲击值损失增加小于等于5%，水煮后的洛杉矶磨耗损失增加小于等于8%。日本应用最多的是砂岩，美国有许多地区只产花岗岩（与我国南方一样），都在使用着（掺消石灰），美国有的高速公路的表面层也用石灰岩铺筑。近年来，磨光值符合要求的石灰岩已经开始在我国用作高速公路的表面层，辉绿岩等使用就更多，这对充分利用当地材料，降低造价是很重要的。

本规范的粗集料技术要求是根据我国的具体情况制订的，经过这些年的使用，证明基本上是合理的，所以并没有修改。事实上，我国的集料标准并不比国外的要求低，相反还比许多国家都高。但工程上实际使用的质量却经常不满意，问题还是生产和管理水平不高。

在规范规定的技术指标中，加工性指标具有双重作用。首先它是针对采石场生产的每一个集料规格的产品的，用以检验集料是否合格，达不到要求的就是不合格品。但对工程单位来说可理解是对工程所使用的集料混合料而言的。美国 Superpave 也规定"集料标准不是针对个别集料而是针对集料混合料的"。只要综合的指标合格，也容许在工程上使用。因为对针片状颗粒含量、砂当量等指标，有的集料规格难以达到要求，有的则容易符合要求，工程上允许采用按实际比例配制的集料混合料评价这些指标是否合格。

在集料指标中，视密度和吸水率是集料的综合指标，石质坚硬致密、吸水率小的集料比较耐磨、耐久性好。试验表明，集料密度与许多性质都有一定的相关关系。但是，这并不是说集料密度越大越好，集料表面必须粗糙，而过分致密的集料破碎面可能比较光滑，缺乏粗糙的凹凸表面，不能吸附较多的沥青结合料，使沥青膜的厚度变薄，又影响混合料的耐久性。配合比设计不能到达满意的效果，这种情况在好几个省都发生过。所以集料的多种性质都需要综合平衡考虑。

在粗集料的质量指标中，我国特别重视压碎值，其实世界上使用最多的是洛杉矶磨耗值，压碎值是以前英国标准 BS 812 中的老方法，在欧洲新标准 EN 13043：2002 及英国 BS EN 1097-2：1988 方法中，都已经取消了压碎值，改为洛杉矶磨耗值及冲击值指标是值得注意的变化。冲击值的试验方法与我国的有所不同。

集料在进入拌和机前，需经 200℃以上的高温，有些常用的石料，如花岗岩、玄武岩、石灰岩等，都有可能因此发生质量上的变化。对这些集料，最好对其烘后质量进行测定。

4.8.5 关于粗集料的磨光值等抗滑性能的要求是按照"高速公路抗滑性能指标的研究"的课题成果提出的。由于冲击值与磨光值有较好的相关性，本规范不再要求。

4.8.6 集料和沥青的黏附性指标是我国特有的，在国外一般没有，只要求沥青混合料满足水稳定性指标即可。所以黏附性仅仅是初选集料品种的参考性指标，不能看得太重，更不要迷信，而且它很可能提供一种假象。例如，只要一掺加抗剥落剂就能使黏附性提高到5级，但并不能说明使用中的水稳定性就好。我国有许多地区盛产花岗岩，它与沥青黏结性较差，但其他性质都较好，是国外大量使用的材料，通常采取掺加消石灰、水泥等措施，有时为了保险也同时掺加抗剥落剂，在抗剥落剂的前面都加上"耐热的、具有良好长期性能的"条件。关于使用消石灰的效果已经为国内外的大量研究证实。SHRP 研究成果对长期以来使用了胺类抗剥落剂的沥青混合料的耐久性再次提出了异议后，更重视采用消石灰和水泥作为主要的抗剥落剂。掺加胺类表面活性剂确实会使黏附性的室内试验结果十分满意，但这种材料的耐热性差和水溶性的缺点将随使用时间的延长，致使长期效果受到影响，甚至会使沥青乳化而随水流走。一些国家提出，即使使用石灰岩也需要掺加消石灰。需要注意的是，当掺加消石灰或水泥后，由于其比表面要比石粉大得多，设计的最佳沥青用量通常需要增加0.2%～0.4%左右，为此需要重新进行配合比设计。

4.8.9 国外普遍使用钢渣铺筑沥青面层，且被认为是很好的粗集料。但钢渣的吸水率较大，要多用沥青约1%以上。尤其是要注意钢渣的质量，日本规定用于沥青混合料的钢渣存放期不少于3个月，浸水膨胀率不大于2%。欧洲CEN标准要求测定钢渣沥青混合料的膨胀性，同时对钢渣要求测定MgO含量（EN 196-2:1994），包括总MgO含量（不得大于5%）及游离MgO含量，但没有要求测定游离CaO含量。我国建设行业标准《钢渣石灰类道路基层施工及验收规范》（CJJ 35—90）规定应使用堆存一年以上的陈渣。游离CaO含量应小于3%。钢渣出炉后必须破碎后使之接触空气雨水存放，严格按照规范规定存放期不少于半年。

4.9 细集料

4.9.1 细集料包括机制砂、天然砂、石屑。工程上配合比设计时经常对究竟采用石屑和天然砂有不同的看法，不少工程对石屑情有独钟，盲目排斥天然砂。其实砂和石屑各有其优缺点。首先必须明确石屑与人工破碎的机制砂是有本质不同的。机制砂是由制砂机生产的细集料，粗糙、洁净、棱角性好，应该推广使用。而石屑是石料破碎过程中表面剥落或撞下的棱角、细粉，它虽然棱角性好、与沥青的黏附性好（如果不是石灰岩石屑也不一定好），但石屑中粉尘含量很多，强度很低、扁片含量及碎土比例很大，且施工性能较差，不易压实，路面残留空隙率大，在使用中还有继续细化的倾向。因此，国外标准大都限制石屑，而推荐采用机制砂。天然砂与沥青的黏附性较差，呈浑圆状，使用太多对高温稳定性不利；但使用天然砂在施工时容易压实，路面好成型是其很大的优点，所以石屑和天然砂共同使用往往能起到互补的效果。原规范规定石屑的用量不宜超过细集料总量的一半，就是考虑石屑质量较差的实际情况提出的。但实际上并没有认真执行，却片面排斥使用砂。这次修订规范时对石屑的质量有了新的要求，要求生产时采用抽吸的措施，0.075mm通过率不得超过10%，故去掉了限制石屑用量的规定，改为限制天然砂不超过20%，使用时必须全面地认识。

另外，高速公路沥青路面的表面层往往选用非碱性石料（包括玄武岩）作粗集料，此时应采用石灰岩的石屑。如果也使用相同类型的石屑，而石屑中含有较多的0.075mm以下成分，那就等于使用了非石灰岩成分的矿粉，那是不能允许的。

随着我国对环境保护的日益重视，一些地方开始对无序开采河砂加以限制，这是十分正确的。为了保证细集料的质量，采用机制砂是个方向。可以预料，我国沥青路面使用的细集料将会发生大的变化。

4.9.2 细集料的质量要求规定甚少，其中最重要的是洁净。针对不同的细集料，本规范采用了不同的指标，分别使用0.075mm通过率、砂当量、亚甲蓝试验，这是国家国际上的新规定修改的。我国原来使用的砂当量是参照欧洲和美国的方法制定的。试验发现，土和细石粉都会影响砂当量。所以，欧洲CEN 13043对细集料的含泥量改为采用甲基蓝试验。这方面的试验必须强化。

细集料的棱角性指标对沥青混合料的施工性能和使用性能起着至关重要的作用。美国Superpave的细集料的棱角性利用细集料的毛体积相对密度计算的间隙率表示，高速公路一般要求不小于45%。欧洲一些国家的棱角性一直采用流值试验（EN 933-6:2001），其指标为流动指数（flow coefficient）。其实两种方法的意义是一样的，我国《公路工程集料试验规程》中两种试验方法都有。但欧洲的方法非常简单，而美国的方法需要测定毛体积密度，方法有不少争议，美国正在研究中，测定比较困难。为此本规范选用欧洲的流动指数作为棱角性评价指标。

对细集料的棱角性进行测定就会发现，石屑中的细粉量太多，会严重影响粗糙度，甚至还不如天然砂，中粗砂的棱角性未必不如石屑，所以笼统地讲石屑的嵌挤性能比天然砂好是没有根据的。对不同规格细集料的棱角性试验可知，0.15～0.3mm及0.3～0.6mm部分的棱角性最小，这可能就是国外忌讳在这部分"驼峰"级配及Superpave设定级配限制区的原因所在。

4.9.3 天然砂的规格中，细度模数对沥青混合料实际上并没有什么用处，所以本次修订予以删除，仍按我国习惯分为粗、中、细砂。在通常情况下，偏粗的中砂是较好的材料，细砂千万要控制0.3～0.6mm的量不要太多，避免出现"驼峰"级配。在美国、澳大利亚等国家都对水泥混凝土及沥青路面用细集料的规格作了不同的规定。美国AASHTO与ASTM规定的细集料（含天然砂、人工砂、石屑等）规格如表

4-6 所列,表中 No.1 与 No.4 几乎相同。

表 4-6　美国细集料规格(通过各筛孔的百分率,%)

筛孔(mm)	AASHTO M 6 规定的水泥混凝土用细集料规格	AASHTO M 29 及 ASTM D 1073 规定的沥青路面用细集料规格			
		No.1	No.2	No.3	No.4
9.5	100	100	—	—	100
4.75	95 ~ 100	95 ~ 100	100	100	80 ~ 100
2.36	80 ~ 100	70 ~ 100	75 ~ 100	95 ~ 100	65 ~ 100
1.18	50 ~ 85	40 ~ 80	50 ~ 74	85 ~ 100	40 ~ 80
0.6	25 ~ 60	20 ~ 65	28 ~ 52	65 ~ 90	20 ~ 65
0.3	10 ~ 30	7 ~ 40	8 ~ 30	30 ~ 60	7 ~ 40
0.15	2 ~ 10	2 ~ 20	0 ~ 12	5 ~ 25	2 ~ 20
0.075	—	0 ~ 10	0 ~ 5	0 ~ 5	0 ~ 10

4.9.4　石屑在我国使用相当普遍,这是材料中最薄弱的一环。本规范对其生产工艺和质量指标进行了修改,尤其是将 0.075mm 通过率由原来的 15% 改为 10%,即使这样仍然比美国的宽。同时本规范着重对其生产过程作了明确要求,以减少石屑中的粉尘含量。这样,如果加工时不进行抽吸,是很难做到的,希望各地严格管理。

4.10　填料

4.10.1　在沥青混合料中,矿质填料(mineral filler)通常是指矿粉,其他填料如消石灰粉、水泥常作为抗剥落剂使用,粉煤灰则使用很少,在我国由于粉煤灰的质量往往不稳定,一般不允许在高速公路上使用。矿粉在沥青混合料中起到重要的作用,矿粉要适量,少了不足以形成足够的比表面吸附沥青,矿粉过多又会使胶泥成团,致使路面胶泥离析,同样造成不良的后果。

与国外的标准相比,我国对矿粉的要求几乎只有细度指标。欧洲 CEN 标准对矿粉规定了大量的指标,除细度、含水量外,还要求进行亚甲蓝试验、压实干矿粉的孔隙率、环球法软化点差值 $\Delta T_{R\&B}$、矿粉的水溶性、水敏感性、碳酸钙含量、氢氧化钙含量,高质量的矿粉要求碳酸钙含量大于等于 90%,氢氧化钙含量大于等于 25%。CEN 还采用矿粉的"沥青数(bitumen number)评价它与沥青的黏附性。矿粉密度不仅测定对水的表观相对密度,还要测定在煤油中的浸渍密度,要求为 0.5 ~ 0.9 kg/m^3,矿粉的比表面要求不大于 $140m^2/kg$。有的国家还采用矿粉贯入度试验评定沥青矿粉结合料性能。在日本,矿粉还要求进行遇水膨胀、抗剥离性能、受热变质及流值等多种试验。相比之下,我国对矿粉的技术要求是较少的,故应重视对矿粉的研究。

4.10.3　不少国家的规范(如日本、美国)规定可以使用粉煤灰做填料。考虑到我国的粉煤灰的质量有很大差异,工程上很难控制,故只允许在二级及二级以下的其他等级公路中使用。

4.11　纤维稳定剂

4.11.1　纤维目前普遍使用于 SMA 混合料,在一般沥青混合料中也可以使用。目前常用木质素纤维,主要是絮状纤维。我国早期也使用石棉纤维,由于石棉粉尘属致癌物质,对人体有害,污染环境,绝大部分国家已禁止使用,我国使用也越来越少。近年来美国有一种观点认为木质素纤维拌制的沥青混合料不能再生使用,矿物纤维(大部分是玄武岩纤维)与集料品种一样,能再生使用,所以矿物纤维用量大为增加。一些州甚至规定不能再使用木质素纤维,这是一个值得重视的新动向。本规范没有列入聚合物化学纤维,例如聚酯纤维(涤纶)和丙烯酸纤维(腈纶)等,一方面,国外很少使用,究竟效果如何还不清楚;另一方面,目前价格过于昂贵,性能价格比严重不合理,故规范暂时未作规定,各地在选择时要慎重。

5 热拌沥青混合料路面

5.1 一般规定

5.1.1 关于热拌沥青混合料(HMA)的分类,不同的场合也有不同的分法,已在第2章作了说明。本规范表5.1.1是根据我国的习惯,并参照国际上的分类方法制订的。其中的设计空隙率允许根据具体情况作适当调整。其中沥青碎石混合料的名称需要注意,务必不要混淆。原规范中的沥青碎石(AM),是一种半开式的沥青混合料;而用作柔性基层的沥青稳定碎石混合料(ATB)一般都是密级配(粒径较大的也称为大粒径沥青碎石);还有一种大孔隙的排水式沥青碎石(OGFC及ATPB)。

原规范对如何根据公路等级及各层的功能选择混合料类型和结构组合作了一系列规定,本次修改已移入设计规范中。多年来,设计文件对路面的结构层和沥青混合料类型都有规定,但工程建设单位在审查设计文件时,经常有异议,经常要通过专家论证提出进行修改,施工单位也经常有不同看法。为此,作为施工的一环,本规范明确了"工程建设单位、监理、施工单位需对路面结构的合理性予以认可,如发现设计明显不适合工程的交通条件时,可提出意见要求修改"。这是施工阶段的一项重要工作,实践证明,这样做能避免许多由于设计不合理造成的早期损坏。

5.1.3 本条对沥青混合料的压实厚度与集料的公称最大粒径的关系作了明确的规定。原规范规定"上面层沥青混合料的集料最大粒径不宜超过层厚的1/2,中下面层及联结层的集料最大粒径不宜超过层厚的2/3",这是沿用原来的上拌下贯式路面的提法。对热拌热铺沥青混凝土路面,此规定明显不合适。实践证明,我国通行的中下面层的层厚较薄,采用的公称最大集料粒径往往偏大,混合料离析严重,它不仅达不到增强抗车辙能力的目的,相反还会造成沥青层透水,导致局部早期水损坏。

对粒径与层厚关系的认识,国外也在不断发展中。以前,美国一般规定沥青层的最小厚度不小于最大集料粒径的2倍;后来,Superpave提出沥青层厚度宜为公称最大粒径的3倍。这个变化主要考虑到特别容易离析的粗粒式和特粗式沥青混凝土,而且主要是针对连续级配的密级配沥青混凝土。对SMA、OGFC等以嵌挤为主的沥青混合料,由于相对来说容易碾压,且不容易造成离析,此标准都作了放宽。澳大利亚规定沥青层厚度宜为公称最大粒径的2.5倍;对SMA,公称最大粒径为7、10、14(mm)的适宜层厚分别定为20~30、25~35、35~50(mm)。在法国,沥青稳定基层的厚度,对GB类,0/14级配的最小厚度为6cm,通常8 ~14 cm;而0/20级配的最小厚度为8cm,通常10~16 cm;对高模量的EME基层,不同的级配如0/10、0/14、0/20其铺装厚度分别为6 ~10 cm、7 ~12 cm 、10~15 cm。我国对集料粒径与压实层厚度的关系也作了不少试验研究。例如某高速公路用AC-25I型混合料铺筑了50、60、70、80(mm)不同厚度的沥青层。在同样的压实条件下,对于50mm和60mm厚的段落,碾压过程中石料压碎情况严重,压实后的空隙率都在8%以上;而70mm和80mm厚的段落,石料压碎情况明显减轻,空隙率分别减小到8%及6%以下,这说明AC-25混合料适宜层厚在80mm。本规范参照了这些经验,根据我国的具体情况和实践经验,对压实层厚度与公称最大粒径的关系作出了新的规定。

有的沥青路面厚度较薄,为了满足层厚与集料粒径的要求,除选择粒径较细的混合料外,最好是考虑减少路面的层次。

5.2 施工准备

5.2.2 施工温度是沥青路面施工的重要参数,本规范首先规定施工温度根据黏温曲线确定,但它对改性沥青及SMA混合料是不适用的。实践证明,如果按照黏温曲线并采用相同的等黏温度确定改性沥青的施工温度,实际上将会太高。图5-1绘出了AH-70普通沥青及SBS改性沥青(PG70-28)的黏温曲线。

在图5-1中,普通沥青混合料的拌和温度为155~161℃,碾压温度为144~149℃,基本上是合理的。而对SBS改性沥青,从黏温曲线得到的适宜的拌和温度和碾压温度分别为202~208℃及189~194℃,显然是太高了。

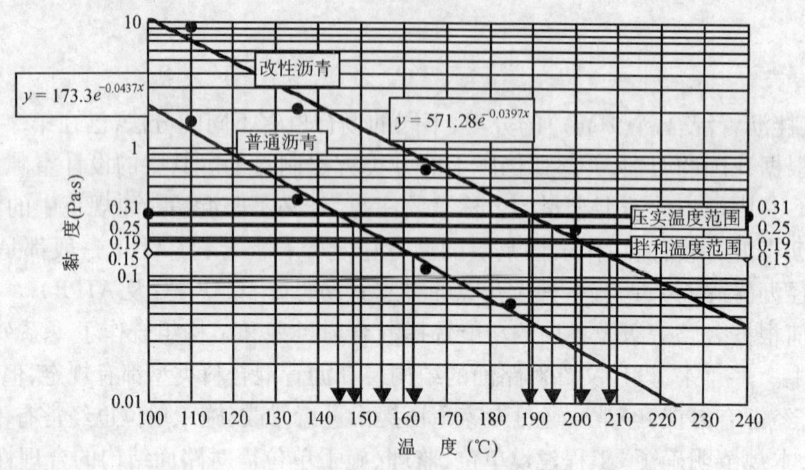

图5-1 普通沥青及改性沥青的黏温曲线

本规范考虑到无法测量压实后路面的实际温度,将施工各环节温度修改为摊铺的"最低温度"、开始碾压的"混合料内部最低温度"、碾压终了的"路表面最低温度"、开放交通的"路表温度",这样更具有可操作性。

5.3 配合比设计

5.3.1 沥青混合料的配合比设计是施工过程中一件十分重要的工作,是本规范的核心内容之一。配合比设计不能满足于达到规范的技术要求,满足规范指标只是一个起码要求,并不一定是最优化的设计。一个好的设计应该具有良好的使用性能,施工操作性好及变异性小、容易压实,尤其是经得起实践考验,确保沥青路面不产生损坏。

目前各种沥青混合料的配合比设计仍然是狭义的体积指标设计,只要求选定材料、确定矿料级配、沥青用量。至于如何评价沥青混合料的使用性能,世界各国都还在探索之中。我国的配合比设计已经建立了几项沥青混合料的性能检验指标,但仅仅是很初步的,并不一定能完全反映沥青路面的使用性能。

国家规范规定的指标是最基本的要求。规范必须兼顾全国各种不同的情况,有不同的气候及交通条件、不同的道路等级、不同的经济基础、不同的材料资源、不同的技术水平。将那么多的不同都统一到一个规范中,规范就不可能有很好的针对性,很难满足每一个具体工程的要求。所以执行规范的时候,必须考虑到当地的实际情况,必要时对技术要求作适当的调整。各地应该根据当地的材料、施工水平、经济实力、习惯,尤其是使用多年的成功的经验,规定更具体的指标。

工程上存在的一个普遍问题是施工使用的材料与配合比设计使用的材料不一样,所以承包商施工采用材料应尽可能保证与配合比设计所使用的材料一样。材料和用量总是在一个允许的范围内波动的,混合料性能应保持相对的稳定。

5.3.2 本规范对沥青混合料的矿料级配根据"沥青混合料矿料级配和配合比设计方法的修订"课题的研究成果作了较大的修改。

根据研究成果,沥青混合料的矿料级配范围包含有三个层次:

第一,规范规定的级配范围,即规范5.3.2条各表的级配范围。由于它适用于全国,适用于不同道路等级、不同气候条件、不同交通条件、不同层次等情况,所以这个范围必然只能规定得很宽。尤其是沥青面层,在同一个级配范围中可以配制出不同空隙率的混合料,以满足各种需要。这样,可以给设计单位和工程建设单位有充分选择级配的自由。相比原规范直接为工程规定一个级配范围,配合比设计时尽可能接近中值是很大的改进。对最常用的密级配沥青混合料,本规范参照美国的方法分为粗型和细型,它与原规范根据空隙率分为I型和II型的性质不同,粗型和细型都属于密级配,空隙率都在3%~6%之间。之所以这样分成两种型号,主要是供不同的气候和交通条件选择级配范围时作参考。日本规范也一直都将级配分为粗型和细型。

第二,工程设计级配范围。这是设计单位在对条件基本相同的工程建设经验的调查研究的基础上,针对具体所设计的工程,符合工程的气候条件、交通条件、公路等级、所处的层位提出的,是施工的指针。本规范附录B提出了如何确定和调整工程设计矿料级配范围的原则。工程设计级配范围一般在规范规定的级配范围内,但必要时也允许超出。除了密级配沥青混合料以外的混合料,如各种类型的沥青稳定碎石(ATB、AM、OGFC、ATPB)及沥青玛蹄脂碎石(SMA)可直接采用规范级配范围作为工程设计级配范围。

第三,施工质量检验时允许波动的级配范围。经过三阶段配合比设计确定标准配合比和级配曲线后,按施工质量检验允许的波动值得到施工质量检验级配范围。同样,标准级配曲线也可能不一定接近工程设计级配范围的中值,施工波动范围也可能超出工程设计范围。

本规范所列各种沥青混合料的级配范围是在对原规范级配范围的使用情况进行大量调查研究的基础上,充分参考国外和近年来各地成功的研究和应用成果,经过反复征求意见确定的。经调查发现原规范的I型密级配沥青混合料对于二级及二级以下公路基本上是适用的,但对渠化交通的高速公路和一级公路,用于表面层时高温稳定性和抗滑性能存在不足。中面层历来以AC-20I型为主,对密水性起到一定作用,但对重载公路及长大坡度路段,抗车辙能力明显不足。下面层近年来逐步改用AC-25I型沥青混合料,大部分是适用的,但是对较薄的沥青层,重载车荷载能影响到下面层产生车辙,如果厚度太薄,容易产生离析,密水性能也难保证。原规范的II型沥青混合料空隙率普遍偏大,不适用于多雨潮湿地区的路面使用,基本上已经停止使用。原规范要求"多雨潮湿地区"采用AK类抗滑表层混合料,采用AK-13A型的工程,除部分由于片面追求平整度或过分担心构造深度而导致空隙率偏大发生了早期损坏外,大部分使用尚可。近年来,不少工程仍在AK-13A型级配范围内进行配合比设计,但是不再采用中值,适当减少了最粗的粗集料数量及最小的细集料数量,调整成S型级配,使空隙率有所改善,使用效果较好。所以总的来说,这些级配仍然是适用的。对于AK-13B及AK-16A型,大部分反映离析比较严重,局部空隙率较大。对于AK-16B型,沥青混合料渗水严重,成功者寥寥。

由于规范的级配范围是针对全国不同地区、不同等级公路、不同层次、不同气候和交通条件提出的,所以各地在使用时千万不能像对待原规范级配范围一样,原封不动地套用,并把标准配合比尽量接近中值。课题各参加单位在确定符合当地实际情况的工程级配范围时做了大量的工作。尤其是针对多雨潮湿地区、炎热地区、行驶重载交通的高速公路和一级公路,充分吸收国外的经验,逐渐改为采用粗型的密级配沥青混合料,并配合成平坦的S型的级配曲线。调整级配时,适当减少靠近最大粒径的粗集料和细集料中较细部分的比例,控制矿粉比例,适当增加中间档次的粗集料(如5~10mm、10~15mm)。这种S型级配的沥青混合料属于嵌挤密实型级配,具有适宜的空隙率,渗水性小,有较好的高温稳定性,表面还具有较大的构造深度。从而改进了原规范I型密级配沥青混凝土粗集料悬浮和原抗滑表层渗水性较大的缺点,取长补短,这种级配已经在许多高速公路工程大规模使用,证明具有较好的使用性能。但必须注意的是,这种S型混合料特别需要加强压实,提高压实度,才能取得良好的效果。

课题参加单位对适用于各地沥青路面的矿料级配进行了认真的调查和试验研究,在此基础上提出了适合于本地区的矿料级配范围。表5-1~表5-3列举几个单位推荐的工程级配范围供参考,由于各地所用的材料不同,不同地区使用时需根据情况作适当调整。

表 5-1　交通部公路科学研究所推荐的工程级配范围

级配类型	通过下列筛孔(mm)的质量百分率(%)												
	31.5	26.5	19	16	13.2	9.5	4.75	2.36	1.18	0.6	0.3	0.15	0.075
表面层 AC-13	—	—	—	100	90~100	68~80	43~53	28~40	15~26	10~19	7~15	5~12	3~7
表面层 AC-16	—	—	100	90~100	78~90	65~76	42~52	26~38	15~26	10~19	7~15	5~12	3~7
中面层 AC-20	—	100	90~100	76~92	64~80	54~70	35~47	22~34	13~24	8~18	6~13	5~10	3~7
下面层 AC-25	100	90~100	75~90	62~80	53~73	43~60	30~43	20~32	13~24	8~18	6~13	5~10	3~7

表 5-2　山东省交通科学研究所推荐的工程级配范围

级配类型	通过下列筛孔(mm)的质量百分率(%)												
	31.5	26.5	19	16	13.2	9.5	4.75	2.36	1.18	0.6	0.3	0.15	0.075
表面层 AC-13	—	—	100	95~100	88~96	72~83	42~55	28~38	20~28	15~20	10~14	6~10	4~6
中面层 AC-20	—	100	90~100	83~95	73~86	56~70	35~48	22~33	15~23	10~16	6~11	5~9	4~6
下面层 AC-25	100	90~100	76~89	68~82	60~74	47~62	28~41	18~28	11~20	8~15	6~10	4~7	3~5

表 5-3　江苏省交通科学研究院推荐的工程级配范围

级配类型	通过下列筛孔(mm)的质量百分率(%)												
	31.5	26.5	19	16	13.2	9.5	4.75	2.36	1.18	0.6	0.3	0.15	0.075
表面层 AC-13	—	—	—	100	90~100	60~80	30~53	20~40	15~30	10~23	7~18	5~12	4~8
中面层 AC-20	—	100	93~100	75~92	64~81	53~67	36~50	24~37	15~26	10~19	7~14	5~10	3~7
下面层 AC-25	100	93~100	75~87	66~79	58~71	48~61	34~46	22~35	15~26	10~19	6~13	4~10	3~7

表 5-4 ~ 表 5-8 列举一些国家规范的矿料级配范围,供各地在配合比设计时参考。

表 5-4　美国 ASTM D3515 密级配沥青混凝土矿料级配范围(1995 年版 MS-2)

公称最大粒径(mm)	通过下列筛孔(mm)的质量百分率(%)														沥青用量(%)
	63	50	37.5	25	19	12.5	9.5	4.75	2.36	1.18	0.6	0.3	0.15	0.075	
50	100	90~100	—	60~80	—	30~65	—	17~47	10~36	—	—	3~15	—	0~5	2~7
37.5	—	100	90~100	—	56~80	—	—	23~53	15~41	—	—	4~16	—	0~6	3~8
25	—	—	100	90~100	—	56~80	—	29~59	19~45	—	—	5~17	—	1~7	3~9
19	—	—	—	100	90~100	—	56~80	35~65	23~49	—	—	5~19	—	2~8	4~10
12.5	—	—	—	—	100	90~100	—	44~74	28~58	—	—	5~21	—	2~10	4~11
9.5	—	—	—	—	—	100	90~100	55~85	32~67	—	—	7~23	—	2~10	5~12
4.75	—	—	—	—	—	—	100	80~100	65~100	40~80	25~65	7~40	3~20	2~10	6~12
2.36	—	—	—	—	—	—	—	—	—	—	—	—	—	—	7~12
1.18	—	—	—	—	—	—	—	100	95~100	85~100	70~95	45~75	20~40	9~20	8~12

表 5-5　日本沥青路面设计施工指针的矿料级配范围(2001 年)

混合料类型		类型及公称最大粒径										
		1	2	3	4	5	6	7	8	9	10	11
		粗粒式(20)	密级配(20)	密级配(13)	细粒式(13)	断级配(13)	密级配(20F)	密级配(13F)	断级配(13F)	细粒式(13F)	密级配(13F)	开级配(13)
最大粒径(mm)		20	20	13	13	13	20	13	13	13	13	13
通过各筛孔(mm)的质量百分率(%)	26.5	100	100	—	—	—	100	—	—	—	—	—
	19	95~100	95~100	100	100	100	95~100	100	100	100	100	100
	13.2	70~90	75~90	95~100	95~100	95~100	75~95	95~100	95~100	95~100	95~100	95~100
	4.75	35~55	45~65	55~70	65~80	35~55	52~72	60~80	75~90	45~65	23~45	
	2.36	20~35	35~50		50~65	30~45	40~60		45~65	65~80	30~45	15~30
	0.6	11~23	18~30		25~40	20~40	25~45		40~60	40~65	25~40	8~20
	0.3	5~16	10~21		12~27	15~30	16~33		20~45	20~45	20~40	4~15
	0.15	4~12	6~16		8~20	5~15	8~21		10~25	15~30	10~25	4~10
	0.075	2~7	4~8		4~10	4~10	6~11		8~13	8~15	8~12	2~7
沥青用量(%)		4.5~6	5~7		6~8	4.5~6.5	6~8		6~8	7.5~9.5	5.5~7.5	3.5~5.5
压实厚度(cm)		4~6	4~6	3~5	3~5	3~5	4~6	3~5	3~5	3~4	3~5	3~4

澳大利亚的矿料级配原来有一个范围,如表 5-6 所示。后来经过对 Superpave 的研究,澳大利亚标准 AS 2150 改为只提出了每一个级配类型的目标级配,即原规范表的中值。

表 5-6　澳大利亚原规范规定的矿料级配范围

混合料(mm)		通过下列筛孔(mm)的质量百分率(%)													
		53	37.5	26.5	19	13.2	9.5	6.7	4.75	2.36	1.18	0.6	0.3	0.15	0.075
密级配	5	—	—	—	—	—	—	100	85~100	55~75	38~57	26~43	15~28	8~18	4~11
	7	—	—	—	—	—	100	80~100	70~90	45~60	35~50	22~35	14~25	8~16	5~8
	10	—	—	—	—	100	90~100	70~90	58~70	40~53	27~44	17~35	11~24	7~16	4~7
	14	—	—	—	100	85~100	70~85	65~75	53~70	35~52	24~40	15~30	10~24	7~16	4~7
	20	—	—	100	95~100	80~90	65~80	52~65	45~55	30~43	20~35	14~27	9~21	7~15	3~6
	28	—	100	95~100	82~97	70~80	56~71	45~60	38~50	25~40	17~33	13~26	8~20	6~14	3~6
	40	100	90~100	80~95	65~85	—	44~60	—	30~45	18~35	13~20	10~25	7~18	5~12	2~5
开级配	10	—	—	—	—	100	90~100	40~70	30~50	10~30	5~20	0~15	0~10	0~7	0~4
	14	—	—	—	100	90~100	70~90	35~65	20~40	5~20	0~15	0~12	0~9	0~5	0~3
断级配	7	—	—	—	—	—	100	95~100	80~90	65~75	52~62	37~47	25~35	10~15	5~7
	14	—	—	—	100	75~100	70~80	—	62~72	—	60~70	55~65	50~60	4~28	5~12

表 5-7　西班牙沥青混合料的矿料级配范围

类型		通过下列筛孔(mm)的质量百分率(%)											沥青用量(%)	空隙率(%)
		40	25	20	12.5	10	5	2.5	0.63	0.32	0.16	0.08		
D	D8	—	—	—	—	100	70~90	45~70	18~34	12~25	8~17	6~10	4.75~5.5	3~6
	D12	—	—	100	80~95	72~87	50~65	35~50	18~30	13~23	7~15	5~8		
	D20	—	100	80~95	65~80	60~75	47~62	35~50	18~30	13~23	7~15	5~8		
S	S12	—	—	100	80~95	71~86	47~62	30~45	15~25	10~18	6~13	4~8	4.25~5.0	3~8
	S20	—	100	80~95	65~80	60~75	43~58	30~45	15~25	10~18	6~13	4~8		
	S25	100	80~95	75~88	60~75	55~70	40~55	30~45	15~25	10~18	6~13	4~8		
G	G20	—	100	75~95	55~75	47~67	28~46	20~35	8~20	5~14	3~9	2~6	3.75~4.5	5~9
	G25	100	75~95	65~85	47~67	40~60	26~44	20~35	8~20	5~14	3~9	2~6		
A	A12	—	—	100	65~90	50~75	20~40	5~20				2~4	3.0~4.0	12~15
	A20	—	100	65~90	45~70	35~60	15~35	5~20				2~4		
P	P12	—	—	100	75~100	60~80	32~46	10~18	6~12			3~6	4.5~5.5	18~20
PA	PA12	—	—	100	70~100	50~80	18~30	10~22	6~13			3~6	4.5~5.5	20~22

表 5-8　德国热拌沥青混凝土技术要求

沥青混凝土	0/16 S*	0/11 S	0/11	0/8	0/5	单位
矿　料	优质石屑、优质机制砂、天然砂、石粉					
<0.09mm	6.0~10.0	6.0~10.0	7.0~13.0	7.0~13.0	8.0~15.0	%
>2.0mm	55~65	50~60	40~60	35~60	30~50	%
>5.0mm	—	—	—	≥15	≤10	%
>8.0mm	25~40	15~30	≥15	≤10	—	%
>11.2mm	≥15	≤10	≤10	—	—	%
>16.0mm	≤10	—	—	—	—	%
机制砂与天然砂比例	≥1:1	≥1:1	≥1:1[1]	≥1:1[1]	—	—
沥青标号[4]	B65(B80)	B65(B80)	B80(B65)	B80(B65)	B80(B200)	—
沥青含量	5.2~6.5	5.9~7.2	6.2~7.5	6.4~7.7	6.8~8.0	%
空隙率(马氏)	3.0~5.0	3.5~5.0	2.0~4.0[3] 1.0~3.0[2]	2.0~4.0[3] 1.0~3.0[2]	— 1.0~3.0[3]	VOL.-% VOL.-%
压实度	≥97	≥97	≥97	≥97	≥96	%
施工时空隙率	≤7.0	≤7.0	≤6.0	≤6.0	≤6.0	VOL.-%

注：* 只适用于特殊情况。

1. 适用于 III 级公路。
2. 只适用于 V、VI 级和轻交通的公路。
3. 适用 III、IV 级公路。
4. 适用 II、III 级公路以及在特殊荷载特殊情况下，可以使用具有相应黏度的聚合物改性沥青。

美国在采用了 Superpave 的配合比设计方法后，一段时间内，似乎已见不到级配范围的规定了，取而代之的是控制点和限制区。但后来的研究又有了很大的变化和发展，许多州的规范又开始规定配合比设计级配范围。例如，乔治亚州运输部 2002 年新规范提出了 Superpave-9.5~25 的各种规格混合料的级配范围(见表 5-9)，一方面其范围比原来的控制点范围窄得多，另一方面不少级配范围通过了限制区。例如 Superpave-25，0.075mm 通过率由控制点 1%~7%，改为实用的 3%~6%，2.36mm通过率 25%~30%，几乎都在限制区内。而且，规范规定的级配范围非常窄，2.36mm 通过率的范围只有 5%，它是用来确定标准级配曲线的，实际施工允许波动范围要大得多。筛孔 25、19、12.5、9.5、4.75、2.36、0.075mm 通过率的允许波动范围规范分别规定为 ±8%、±8%、±6%、±5.6%、±5.6%、±4.6%、±2%。

表 5-9　美国乔治亚州 2002 年规范的矿料级配范围

公称最大粒径(mm)	通过下列筛孔(mm)的百分率(%)											
	37.5	25	19	12.5	9.5	4.75	2.36	1.18	0.6	0.3	0.15	0.075
25	100	90~100	55~89	50~70	—	—	25~30	—	—	—	—	3~6
19	—	100	90~100	60~89	55~75	—	29~34	—	—	—	—	3.5~6
12.5	—	—	100	90~100	70~85	—	34~39	—	—	—	—	3.5~7
9.5(水平 A)	—	—	—	100	90~100	55~75	42~47	—	—	—	—	4~7
9.5(水平 B、C、D)	—	—	—	100	90~100	65~85	53~58	—	—	—	—	4~7
4.5	—	—	—	100	90~100	75~95	60~65	—	—	20~50	—	4~12

至于密级配沥青碎石基层的级配,也是在参考众多国家规范级配的基础上,经过近年来的试验路验证确定的。表 5-10~表 5-16 列出了京津塘高速公路和部分国家密级配沥青稳定碎石基层的级配范围。

表 5-10　京津塘高速公路沥青碎石基层配合比设计结果

材料品种	20~40mm		5~20mm		石屑		粗砂		特细砂		矿粉		
配合比(%)	30		32		10		19		5.5		3.5		
混合料	通过下列筛孔(圆孔筛,mm)的质量百分率(%)												
	50	40	30	25	20	10	5	2.5	1.2	0.6	0.3	0.15	0.075
LS-40 范围	100	95~100	75~95	—	60~80	40~60	24~46	15~35	—	9~20	5~15	—	2~6
实际	100	100	87	—	70	60	50	25	20	15	10	—	4

表 5-11　美国 FHWA 沥青混凝土技术要求(基层、联结层、面层)

级配类别	37.5	25	19	12.5	9.5	4.75	2.36	0.6	0.3	0.075
A	100	97~100	—	—	53~70	40~52	25~39	12~22	8~16	3~8
B	—	100	97~100	76~88	—	49~59	36~45	20~28	13~21	3~7
C	—	100	97~100	—	—	—	—	—	—	3~8
D	—	—	100	97~100	-	57~69	41~49	22~30	13~21	3~8
E	—	—	100	97~100	—	—	—	—	—	3~8
F	—	—	—	100	33~47	7~13	—	—	—	2~4

表 5-12　美国 FHWA 沥青稳定基层级配

筛孔尺寸(mm)	50	37.5	25	19	9.5	4.75	0.425	0.075
通过率(%)	100	97~100	—	67~81	—	33~47	10~19	4~8
	—	100	97~100	—	56~70	39~53	12~21	4~8
	—	—	100	97~100	67~79	47~59	12~21	4~8

表 5-13　美国德克萨斯州沥青混凝土基层级配范围

筛孔尺寸(mm)	37.5	31.5	25	22.4	16	12.5	9.5	4.75	2	0.425	0.18	0.075
通过率(%)	100	95~100	—	70~90	—	50~70	—	30~50	20~34	5~20	2~12	2~8
	—	—	100	95~100	75~95	—	60~80	40~60	27~40	10~25	3~13	2~8

表 5-14　美国德克萨斯州沥青稳定基层级配范围

级 配 类 型	45	37.5	25	9.5	4.75	0.425
1	—	100	90~100	45~70	30~55	15~30
2	100	90~100	—	—	25~55	15~40
3	100	—	—	—	—	15~40

表 5-15　英国 RBI 沥青碎石基层级配

BS 筛孔(mm)		50	37.5	28	14	6.3	3.35	0.3	0.075
RB1	范围	100	95 ~ 100	70 ~ 94	56 ~ 76	44 ~ 60	32 ~ 46	7 ~ 21	2 ~ 8
	中值	100	97.5	82	66	52	39	14	5

表 5-16　日本沥青稳定碎石基层级配

粒径(mm)	53	37.5	19	2.36	0.075	设计空隙率(%)
通过率(%)	—	100	90 ~ 100	45 ~ 70	30 ~ 55	3 ~ 12

SMA 的标准级配基本上就是工程设计级配范围,它摘自《公路沥青玛蹄脂碎石路面技术指南》,但对 SMA-10 根据一些工程的实际情况适用作了个别调整。

5.3.3　本条规定沥青混合料配合比设计的技术标准,也是本规范最核心的内容之一。

原规范实施多年来,各地对混合料的各项体积指标及其测定方法提了不少意见,尤其是强烈呼吁测定方法必须统一。

为此,根据"沥青混合料配合比设计方法及矿料级配的修订"课题的研究成果,对原规范的马歇尔试验配合比设计方法和技术标准进行了部分修改,其主要内容如下:

(1)明确了我国沥青混合料的配合比设计方法,仍然以马歇尔试验方法为标准的设计方法,同时也允许采用其他设计方法。当采用其他设计方法时,应按照马歇尔设计方法进行检验,由于设计方法的不同,设计指标也可能不一样,表 5.3.3-1 ~ 表 5.3.3-4 的技术标准是指马歇尔试验配合比设计的设计标准。

(2)沥青混合料的各种配合比设计方法都以体积设计为主,但是必须进行高温抗车辙性能、水稳定性、抗裂性能、渗水性检验以验证设计的合理性。这些性能检验向"性能设计"迈出了重要的一步。

(3)统一了计算沥青混合料空隙率等各项体积指标的测定方法和计算方法,具体方法详见附录 B。这是配合比设计的基础,如果各行其是地测定或者计算,不仅指标不能相互比较,对数据的真实性也受到怀疑。有的工程采用非标准的方法测定计算,尽管自己声称空隙率为 4%,但路面渗水情况严重,并造成严重的水损坏。

在沥青混合料的体积指标的计算方面,本规范首次引进了美国等国家历来考虑集料吸收部分沥青这个重要的概念。由此,总的沥青用量分为沥青被集料吸入的部分和有效沥青用量两部分,集料的相对密度计算时,必须扣除集料内部被沥青占去的一部分体积,成为有效相对密度。沥青混合料试验规程也将随着修改,具体的计算方法参见附录 B。这样马歇尔指标也跟着变化,空隙率、VMA、VFA 的技术要求也作了相应的修改,概念也有所不同。

沥青混合料配合比设计时,最重要的指标莫过于空隙率了。对于如何确定设计空隙率,各国都有不同的做法。大部分国家是规定一个范围,而且普遍为 3% ~5%,或 3% ~6%。美国以前采用马歇尔方法设计时也是这样规定的,后来采用 Superpave 方法后,统一采用空隙率 4%,据说这是通过路面残余空隙率调查从压实度反算得出的。但须注意该结论是建立在具有合理的 VMA、适应于该国的汽车荷载的前提下的。如果不管什么样的温度、交通条件,也不管矿料级配的 VMA 是否合理,仅仅通过调整沥青用量来弥补 VMA 的差别,笼统地保持 4% 的相同设计空隙率,将显然是不合适的。现在普遍认为,不仅交通荷载增大,压路机也在加重,沥青用量也应该跟着变化,设计空隙率也应该随着气候、交通条件有所变化。通过研究认为,为适应压路机加重的情况可通过适当提高压实度解决,对重载交通可以通过适当提高设计空隙率和减少沥青用量的方法解决。因为增加压实功最直接的影响是使最佳沥青用量减少,例如某混合料击实次数为 50、75、85、100 次时得到的最佳油石比分别为 4.1%、3.9%、3.8%、3.6%;GTM 的成型压强为 0.7MPa、0.9MPa、1.1MPa时,最佳油石比分别为 4.4%、4.0%、3.7%。澳大利亚最新的设计指南采用 Superpave 方法,但是相应于不同的交通量、不同的层位,选用不同的搓揉压实次数和设计空隙率如下表 5-17。结合我国实际情况,规范上还是规定一个空隙率范围更能够适应于不同的需要,而且这个范围也与公路等级、气候、交通条件有所不同。后来美国 Superpave 对高速公路高速开放性交通所要求目标空隙率应为4%左右。对慢速及静止交通,要考虑石料压碎问题,如果环境条件许可,目标空隙率对搓揉压实机可提高为4.5% ~5%,对马歇尔试验可提高为5% ~5.5%,并要求粉胶比控制在0.8 ~1.6 范围内。

表 5-17 澳大利亚混合料设计参数的选择

适用场合	交通条件	SGC 旋转压实次数	设计空隙率(%)	结合料黏度等级
密级配沥青磨耗层	轻交通	50	4.0	170、320
	中交通	80	4.0	170、320
	重交通	120	4.0	320、600,广域沥青或改性沥青
	超重交通	120 或 350	5.0	320、600,广域沥青或改性沥青
密级配沥青中间层和基层	中交通	80	4.0	170、320
	中、重交通	80 或 120	3.0[注]	320
	重交通	120	4.0	320、600,广域沥青或改性沥青
	超重交通	120 或 350	5.0	600,广域沥青或改性沥青

注:专门用于高沥青含量的底基层,以得到高抗疲劳性能。

在配合比设计时,VMA 是非常重要的参数。美国沥青协会 MS-2 及联邦公路局 FHWA 的最新研究成果的 VMA 要求如表 5-18 和表 5-19。对相同的公称最大粒径和设计空隙率,FHWA 比 MS-2 的 VMA 要求要大1%。本规范的 VMA 与 MS-2(1995)马歇尔法、最新的 Superpave 的规定相同。原规范的 VMA 是按集料最大粒径取值,现在改为按公称最大粒径后,相当于空隙率4%条件下的 VMA 值。

表 5-18 1995 年 MS-2 马歇尔试验配合比设计标准

马歇尔试验标准	重交通量 EAL($>10^6$)	中交通量 EAL($10^4\sim10^6$)	轻交通量 EAL($<10^4$)
击实次数	75	50	35
稳定度(N)	>8006	>5338	>3336
流值(mm)	2 ~3.5	2 ~4	2 ~4.5
空隙率(%)	3 ~5		
VFA	65 ~75	65 ~78	70 ~80

空隙率(%)	相应于以下公称最大粒径(mm)的最小 VMA 值(%)									
	63	50	37.5	25	19	12.5	9.5	4.75	2.36	1.18
3	9	9.5	10	11	12	13	14	16	19	21.5
4	10	10.5	11	12	13	14	15	17	20	22.5
5	11	11.5	12	13	14	15	16	18	21	23.5

表 5-19 美国 FHWA 关于 VMA 最小值的要求

配合比设计方法		空隙率(%)	相应于以下公称最大粒径(mm)的最小 VMA 值(%)											
			63	50	37.5	31.5	25	19	16	12.5	9.5	4.75	2.36	1.18
FHWA FP-96	马歇尔	4	—	11.5	12	—	13	14	—	15	16	18	21	—
	Superpave	4	—	10.5	11	—	12	13	—	14	15	—	—	—

我国对 VMA 值的研究很少,仅有几年的工程实践经验,对其本质还缺乏了解。所以本规范只能根据几年来的使用实践,参照国外的标准,主要是在美国标准的基础上进行了调整。在上表的基础上,将我国常用的31.5mm 及 16mm 内插进去。从我国大量工程实践中的反映可见,VMA 值的指标经常是配合比设计时最难以满足的指标,因此,本规范采用 MS-2(1995)马歇尔法的建议。当设计的空隙率并非整数时,可以按四舍五入的方法选用设计空隙率,取用最小 VMA 值。

同样,计算 VFA 时不再采用总的沥青用量,而改为有效沥青用量,所以本规范对 VFA 的技术要求也适当作了调整。以前我国计算沥青混合料的沥青饱和度 VFA 都是先计算总的沥青用量的体积百分率 VA,然后计算 $VFA=\frac{VA}{VA+VV}\times100$,但这没有考虑沥青被集料吸入中的部分,VA 是总的沥青用量,沥青混合料试件的间隙率 VMA≠VA+VV。当考虑由于沥青吸入集料内部的损失,有效沥青才是真正占用 VMA 的那部分沥青,则有效沥青饱和度 $VFA=\frac{VMA-VV}{VMA}$。有效沥青用量肯定小于总的沥青用量,所以本规范的 VFA 要比原规范规定得小,与原规范中 II 型差不多。在日本,计算体积指标时仍然保留以前的方法,即我国原规范的方法,但首次引入了对 VMA 及马歇尔模数的要求。最大粒径 20mm 的 VMA 不小于 15%,最大粒径 13mm 的 VMA 不小于 16%。日本的最大粒径即为公称最大粒径(见表 5-5),计算 VMA 时不考虑沥青吸入集料的部分,以 VMA=VA+VV,故 VMA 要比 FHWA 的 VMA 值相应大 1%~2%。马歇尔模数对一般地区为 2000~4900kN/m,对寒冷地区为 1500~4400kN/m。同时本规范还要求对有可能出现车辙的路段的最佳沥青用量应该位于比最小 VMA 对应的沥青用量少的一侧,在马歇尔模数较大的一侧。

在体积设计时,首先是设计一个合理的 VMA 值,然后向 VMA 中填充沥青结合料,除去有效沥青含量后剩下的部分就是空隙率。所以如果不管 VMA 多大,都通过填充沥青来控制混合料的设计空隙率均为 4%,沥青用量就可能过多或者过少,这是不合适的。为此,检查 VFA 也十分重要。正因如此,本规范附录 B 对体积指标的计算方法规定极严,不允许随便修改。

关于密级配沥青稳定碎石基层混合料的马歇尔设计技术标准,基本上参照以往经验和国外标准,并通过近年来的施工实践验证提出的。其中一个重要的问题是试件尺寸,按照以往的马歇尔试验的标准方法,它适用于公称最大粒径不大于 26.5mm 的混合料,即 ATB30 及其更粗的混合料是不适用的。我国原规范规定采用以小于 26.5mm 的集料代替的方法,现在国际上开始研究使用大尺寸马歇尔试件,我国试验规程也已经有了同样的规定。大型马歇尔试验将击实锤重改为 10.2kg,直径 149.4mm,击实时落高 457mm;试件直径 152.4mm,高 95.2mm;击实次数增加为 1.5 倍,即相应于普通试件 50 次、75 次时,改为 75 次和 112 次;而试验结果的标准,国外资料显示大型马歇尔的稳定度为小型马歇尔的 1.5~2.25 倍,如美国 NCAT 认为是 2.25 倍,流值则提高 1.5 倍,其他体积指标基本上不变。对此本规范编写组进行了大量试验,认为这些关系是合理的。表 5-20 是其中的一组数据,表中数据明显表明大型马歇尔的稳定度较高,而流值指标差别不大。美国 AI MS-2(1995 年版)提出了对于非标准高度大型马歇尔试件的稳定度值,要求调整为标准高度 95.2mm 值时的换算系数如表 5-21。

表 5-20 ATB-25 不同尺寸试件不同击实次数下试验数据

击实次数(次)		毛体积相对密度	VB(%)	VMA(%)	VFA(%)	空隙率(%)	稳定度(kN)	流值(mm)
大马歇尔	75	2.502	8.35	12.5	66.7	4.16	17.56	2.50
	112	2.519	8.41	11.9	70.6	3.50	20.98	2.71
	127	2.521	8.42	11.8	71.2	3.41	21.16	2.90
小马歇尔(直接)	50	2.522	8.4	11.8	71.3	3.38	8.26	2.27
	75	2.527	8.4	11.6	72.5	3.20	8.76	2.38
	85	2.539	8.5	11.2	75.6	2.73	10.09	2.51
小马歇尔(替代法)	50	2.515	8.4	12.0	69.7	3.64	11.00	2.08
	75	2.526	8.4	11.6	72.5	3.20	11.45	2.62
	85	2.539	8.5	11.2	75.8	2.71	11.60	2.75

表 5-21 大型马歇尔试件稳定度换算系数

试件高度(mm)	试件体积(cm^3)	比 值	试件高度(mm)	试件体积(cm^3)	比 值
88.9	1608~1626	1.12	96.8	1753~1781	0.97
90.5	1637~1665	1.09	98.4	1782~1810	0.95
92.1	1666~1694	1.06	100.0	1811~1849	0.92
93.7	1695~1723	1.03	101.6	1840~1868	0.90
95.2	1724~1752	1.00			

对 SMA 混合料,基本上按照《公路沥青玛蹄脂碎石路面技术指南》(SHC F40—01—2002)制定,但

根据我国国情，取消了对最小沥青用量的规定。

5.3.4 本条规定了在马歇尔试验配合比设计的基础上进行的各种配合比混合料的性能检验，包括高温稳定性检验、水稳定性检验、低温性能检验等。同时根据“沥青路面透水测定方法及指标要求”的研究成果增加了渗水系数检验。由于试件尺寸适用性的原因，对需要用轮碾成型机制作的板式试件的车辙试验、弯曲试验、渗水试验等均适用于公称最大粒径等于或小于19mm的混合料，也没有对沥青碎石混合料提出性能检验的要求。对SMA还有其他一些特殊要求的检验。

沥青路面破坏的模式有多种，沥青路面的车辙、水损害破坏主要通过沥青混合料的配合比试件检验得到保证。车辙试验的动稳定度、浸水马歇尔试验的残留稳定度、冻融劈裂试验的残留强度比在国际上得到广泛的应用。低温开裂性能主要取决于沥青结合料的性能和沥青用量，与集料级配的关系较小，低温弯曲试验的破坏应变并不是太满意的检验指标，所以在进行试验数据分析时，除了依据破坏强度、破坏应变及破坏劲度模量值外，还应对应力应变曲线的形状进行综合评价其低温性能。当沥青混合料呈脆性破坏时，应力—应变曲线呈明显的直线关系；而不完全是脆性破坏接近柔性破坏的现象时，破坏曲线有一定程度的曲线形状，显示了改性剂使沥青混合料的低温性能由脆性向柔性转变。渗水系数与空隙率有一定关系，但又是不同性质的指标，它主要是针对开空隙的，所以是有其特殊的用途。由于低温开裂性能的弯曲试验并不很完善，而渗水试验是初次提出，所以本规范对这两项检验规定是“宜”，而车辙试验、浸水马歇尔试验及冻融劈裂试验是“必须”，显得尤为重要。

对沥青混合料的各项性能指标的要求经常是矛盾的，而且它与石料品种的关系很大，各地有很大的差别。例如，原规范要求动稳定度不低于800次/mm，大部分工程认为很低，很容易达到，但确实有一些工程怎么调整级配也难以达到。有时表面层使用玄武岩时动稳定度很高，而用了石灰岩就不易达到。一些工程在配合比设计的油石比减少后动稳定度大幅度提高，但有可能影响水稳定性、渗水系数、低温抗裂性能指标。所以在进行配合比设计检验时，对各项指标需辩证、综合判断。

另外，规范的标准主要是针对密级配沥青混凝土混合料的，对改性沥青主要是针对聚合物改性沥青的。规范说这是配合比设计“检验”指标，并不直接说的混合料性能指标，是有差别的。例如，它对与同一类型材料组成的混合料，可以通过这些指标反映级配是否合理，但不同类型材料之间作横向比较，往往不一定合适。

车辙试验被认为是沥青混合料性能检验中最重要的指标。车辙大小受混合料自身影响外，与荷载、温度、时间(含车速)的关系很大。根据2002年NCAT试验路的观测，车辙发生在路面连续7d的平均最高气温在28℃以上的日子里，我国绝大部分地区夏季高温季节都在此温度以上，所以都有可能发生车辙。如果还有超载车重载交通的同时作用，尤其是连续上坡的慢速路段，很可能在短短的几天里发生很大的车辙，而且经常发生在中面层或下面层。中面层虽然温度会略低于表面层，但剪应力比表面层更大，所以对动稳定度的要求不能降低。其实下面层也一样重要，不过下面层(或基层)的公称最大粒径一般较大，车辙试验对它们不太合适。

车辙试验必须按照试验规程的要求进行，例如试件密度必须达到马歇尔标准密度的100%，试验规程中的碾压次数对S型嵌挤密实型混合料、改性沥青混合料、SMA可能难以达到100%压实度的要求。此时，需对成型温度、荷载大小、碾压次数进行调整。有的意见认为按照实际情况，试件应该在压实度96%的情况下进行试验，更符合路面通车初期的实际情况。但是，降低密度后，如果仍然在60℃和0.7MPa条件下进行试验，车辙试验时的变形将非常大，动稳定度会很小。

车辙试验方法和设备对试验结果有很大的影响。国际上车辙试验机的类型很多，各有特点。有人主张采用德国汉堡车辙试验机、美国的沥青路面分析仪APA等，作为研究使用都是不错的，但荷载、温度等试验条件不同，试验结果是不一样的。汉堡试验机在水中进行试验，温度较低，与在空气中试验不一样。我国的车辙试验之所以不采用总变形，是因为开始阶段的几次占有相当比例，预压也不好处理，所以采用国际上所有蠕变试验都采用变形速率，即动稳定度的倒数。

水稳定性试验也一样，冻融劈裂试验方法是根据我国的研究成果制定的，实际上是美国AASHTO T 283 Lottmen方法简化而成的。由于AASHTO T 283的方法采用马歇尔击实成型方法很难得到要求空隙率的试件，真空饱水率也不好控制，故简化为冻融劈裂试验。“沥青混合料水稳定性指标”课题及山东等许多省的研究证明，这两个试验方法的结果有良好的相关性。工程上采用T 283的方法代替冻融劈裂试验不是不可以，但随便否定我国的冻融劈裂试验也是不科学的。

有人认为配合比设计检验达到了规范指标，路面就不应该发生车辙或者出现坑槽等水损坏了。这是对配合比设计"检验"的一种误解。配合比设计"检验"是检验配合比设计是否合理的指标，但路面发生车辙或水损坏更重要的是受施工质量与均匀性、设计（如路面结构组合）、气温、荷载等的影响。动稳定度高不等于路面不会发生车辙，水稳定性检验指标达到要求不等于路面不会发生水损坏。但若防止路面破坏，这些检验指标是起码应该达到的，所以应该辩证地认识这些指标：既要按规范检验符合要求，同时又不能过分扩大其作用。车辙试验是在温度60℃、荷载0.7MPa、速率42次/min标准条件下试验的，工程中发生车辙的实际条件（荷载、温度、车速）与此并不对应，除了沥青混合料自身的因素外，温度、荷载、速度对高温性能的影响大得多，而这些因素是车辙试验所解决不了的。而不同的温度、荷载、车速与标准条件之间不存在固定的换算模式，不同沥青品种、不同混合料的换算公式相差较大，个别研究得到的换算关系并没有通用性。在这几个影响因素中，高温还不是最主要的，不少国家的内陆地区，温度也很高，未必有多大的车辙，汽车超载的影响要比高温的影响还大，而影响最大的因素是由于重载车的车况不好，在长大纵坡的上坡路段，车速降低极大，致使荷载作用时间成10倍地增加。一辆轴载100kN、轮压0.7MPa、车速100km/h的车辆，与一辆轴载200kN、轮压1.2MPa、在上坡路段车速降到10km/h的重载车相比，即使温度条件相同，也相当于动稳定度降低了几十倍，这就是为什么标准条件下沥青混合料动稳定度达到了要求，并不能避免沥青路面在高温、超载及上坡路段产生车辙变形的原因。

对改性沥青混合料和SMA混合料，在某些性能上有明显的优势，所以提出了较高的指标要求。有人认为对某一项性能，无论对普通沥青和改性沥青，或者对任何类型的沥青混合料，指标要求应该是相同的，这也是不合适的。很显然如果指标相同，对普通沥青混合料将会非常困难，甚至无论如何也达不到，而对改性沥青混合料则可能轻而易举就能满足。所以本规范的检验指标反映了不同沥青结合料和混合料级配类型，在配合比设计合理的情况下它一般可能达到的水平，所以仅仅是检验配合比设计是否合理的指标，并不是路面不再损坏的指标。

5.3.5 沥青混合料的配合比设计方法，保留了实践证明是十分重要的配合比设计三阶段设计方法。在实践过程中，有三种错误的倾向必须引起注意：

有的工程单位很重视马歇尔试验目标配合比设计，但是从料堆上取样缺乏代表性，其实配合比设计的结果并不能代表真正拌和机拌和的实际级配。

有的工程单位直接做生产配合比设计，认为控制了热料仓的材料比例，目标配合比设计没有意义。这种做法实际上无法严格控制各料仓中不同材料的比例，因为不同冷料仓中的料可能进入同一个热料仓，而目标配合比设计是控制冷料仓的依据。

有的单位不重视试拌试铺阶段，误认为试拌试铺主要是检验施工工艺。实际上只有通过混合料拌和、摊铺、碾压，仔细观察才能判断配合比设计的合理性。

因此，这三阶段配合比设计是一个完整的整体，必须通过设计找到一个平衡点，材料、性能、经济各方面都满意，然后得出一个标准配合比，取得监理、业主的批准，方可在生产中使用。

5.4 混合料的拌制

5.4.2 国际上通用间歇式和连续式两类沥青拌和设备，经我国的试验和使用实践证明，采用间歇式拌和机更符合我国国情。这是因为我国目前使用的材料品种较杂，变异性大，再加上拌和厂大都是露天料场，材料含水量受天气影响较大，所以主张采用间歇式拌和机。近年来一些地方引进了美国的连续式拌和机，须注意必须确保原材料是均匀一致的，否则很难保证配合比。

5.4.7 本规范把高速公路和一级公路施工用的间歇式拌和机配备计算机设备，由原规范的"宜"改为"必须"，而且要求拌和过程中逐盘"采集并打印"实际使用的材料用量、沥青混合料数量等，进行沥青混合料生产的过程控制和总量检验。这一条是本规范的重要修改，所以十分重要。现在计算机已经十分普及，各个国家生产的沥青拌和楼都已经配置了计算机采集数据和记录、打印设备，按本条规定进行总量检验已经没有困难,为此在附录 G 规定总量检验的具体方法,要求各地严格执行。目前尚不具备此功能的要立即改进,此要求需在招投标时明确。

5.4.12 拌和机热料筛分用的振动筛应根据混合料的规格选用。筛子的筛分能力(即每小时通过的集料量)与混合料级配、集料品种、类型、集料的洁净程度、筛孔、筛子的倾角和振荡力都有关系,这些一般在拌和楼制造时有所考虑,美国《Asphalt Plant Manual》(MS-3)列出振动筛的筛分能力,表 5-22 的等效筛孔的建议可供参考。

表 5-22 间歇式拌和机用振动筛的等效筛孔(方孔筛,mm)

标准筛筛孔(mm)	2.36	4.75	9.5	13.2	16	19	26.5	31.5	37.5	53
振动筛筛孔(mm)	3~4	6	11	15	19	22	30	35	41	60

5.5 混合料的运输

5.5.3 为了解决沥青路面施工过程中的交叉污染,本规范作了一系列规定。对运料车的轮胎要求干净是首次列入本规范,这在国外似乎是常识,但我国许多工程往往达不到要求,必须努力去实现。

5.5.4 本条对转运车的规定是根据筑路机械的最新进展增加的。近年来在美国等发达国家,一种称为转运车的装置已经开始越来越多地出现在沥青路面施工中,我国有的省也已经开始使用。它介于运料车与摊铺机之间,运料车将混合料卸在转运车上,转运车一边对混合料进行二次拌和,一边与摊铺机完全同步前进,向摊铺机供料。由于运料车的混合料不直接卸在摊铺机上,可有效地改善混合料的离析和温度不均的问题。同时在国外,随着转运车的出现,对摊铺机也在改进,一些摊铺机加设了再次拌和的功能,这些都是为减少离析、提高沥青路面综合质量的重要措施。

5.6 混合料的摊铺

5.6.2 原规范根据国外的经验,推荐采用两台以上摊铺机呈梯队方式进行摊铺,但当时主要是考虑拌和楼的生产能力经常跟不上,所以又规定"当混合料供应能满足不间断摊铺时,也可采用全宽度摊铺机一幅摊铺。"但是后来一些高速公路采用全幅摊铺作为提高平整度的重要措施,盲目追求平整度成了施工中的一个通病,造成了不良后果。宽幅摊铺机是应我国要求专门生产的,在欧美、日本一般不用,且对铺筑宽度有所限制,如日本通常限制为 7m;欧洲一般是 6m,不超过 9m;美国基本上是一个车道的宽度,即 3.5~4m。

采用全幅摊铺能提高平整度的说法也是一种误解。全幅摊铺的缺点主要有:

螺旋布料器运送混合料距离过长,不可避免地会造成粗、细集料的离析,越往边上温度下降越多,导致温度不均和压实度不一样。

摊铺机的重量和马力是一定的,摊铺宽度越大,平均振捣力越小,铺筑后的初始压实度越小。而初始压实度越大,混合料铺筑后的温度下降越慢,可以采用较重型的压路机靠近摊铺机碾压,并争取到更长的压实时间,压实更好。

摊铺机接长部分只是悬挂在摊铺机上的,没有与中间部分相同的振捣装置,表面上看起来很平整,实际上压实程度不一样,反而影响横向平整度。

两台摊铺机的接缝很容易调整得一点都看不出来,相反宽幅摊铺机的摊铺面倒经常可见有不少纵向的离析印痕存在。

万一拌和机供料跟不上,两台摊铺机可以只停一台,比全幅摊铺停止摊铺影响小。

美国沥青杂志 2001 年在《Compaction Principles for Heavy-duty HMA》中介绍,为了提高重载路面的压实度,首要的因素是利用摊铺机进行初始压实。这就要求摊铺机的速度要慢,摊铺宽度要窄,这是铺筑重载路面的重要措施。

有的工程认为表面层混合料粒径较细,即使全幅摊铺也不会离析。其实表面层最薄,越薄的层次越需要防止降温太快,以争取更长的压实时间。

5.6.4 “摊铺机必须缓慢、均匀、连续不间断地摊铺,不得随意变换速度或中途停顿,以提高平整度,减少混合料的离析”是摊铺的核心。1998 年 11 月美国第六届全美热拌沥青混合料会议上,500 多家施工单位一致认为要想提高铺筑时的平整度,首先要做到摊铺时的两个不要:不要停下摊铺机;不要碰撞摊铺机。

在沥青路面施工工序中,厚度、压实度及平整度是 3 个最重要的指标。这里需要摆正平整度和压实度的关系,一定要在确保压实度的前提下努力提高平整度。一些工程由于片面追求平整度,造成压实不足,导致路面早期损坏,其教训是惨痛的。同时平整度十分重要,需要努力提高平整度,问题是不能牺牲压实度,应从以下方面入手提高平整度:

(1)从基层做起,逐层提高平整度。

(2)保证充分供料,摊铺机均匀、连续地摊铺,避免间隙和停顿。

(3)采用比较长的平衡梁控制方式的自动找平装置,有条件时尽量采用非接触式平衡梁。

(4)控制摊铺宽度,避免全幅摊铺,做好摊铺机接缝。

(5)科学地安排压路机,均衡地跟在摊铺机后面及时碾压。碾压时保持直线方向、均衡慢速,折返时关闭振动,渐渐地改变方向,折返点错开不得在同一个断面上。对轮胎压路机和振动压路机要采取合理的组合排序,通常是轮胎压路机在前,压实效果好,平整度通过振动压路机弥补。

(6)对桥涵、通道等构造物的接头以及各种特殊部位,特别要注意接缝的平整度,要仔细操作以避免造成跳车。

(7)除了迫不得已的情况外,要避免摊铺后人工修整。

(8)所有机械不能在未冷却结硬的路面上停留。

有的工程在摊铺机后面出现明显的离析拖痕,主要是摊铺机没有调整好。现在许多资料说明,这种离析是路面出现纵向表面裂缝的原因之一。

5.6.5 平整度是沥青路面的最重要的指标之一。每铺筑一层能使平整度减小标准差 0.2 ~ 0.3 mm,但分层多了将影响沥青层的整体性,很可能得不偿失。因此提高平整度不能寄希望于增加分层,能 2 层铺筑的最好不要分 3 层。本条规定了摊铺机的自动找平方式,现在大都采用越来越长的平衡梁,但平衡梁太多太重会黏结沥青,形成压痕和凹陷。近年来,越来越多在高速公路上使用非接触式的平衡梁,实践证明有良好的使用效果。这种非接触式的平衡梁是利用声呐系统检测路面高程,调整摊铺层厚度的。例如丹麦的TF-Trading A/S 的超声波测量系统,发射频率为 200kHz,发射周期为 5μs,所对应的距离变化仅 0.825mm,高频对于测试精度特别重要。它特别适用于黏度大的改性沥青和 SMA 混合料,以及转弯半径小、起步、终点、匝道等特殊的路段,使用非接触式平衡梁的平整度能比接触式的提高 5% 以上。

5.7 沥青路面的压实及成型

5.7.1 我国沥青路面发生早期损坏,经常是由于压实不足造成的。改善压实工艺,保证混合料充分压实是提高沥青路面建设质量的关键。尤其是当沥青层层厚较薄,采用的混合料中的粗集料含量较多时,混合料温度下降更快,可供碾压的时间更短,对压实的要求更高。本节一系列修改都是围绕着提高压实度进行的。

5.7.2 热拌沥青混合料压实层的最大厚度,与压路机的类型及吨位有密切的关系,随着压路机吨位不断加重,允许的压实层厚度也放宽了。对密级配沥青混合料,美国沥青协会规范 MS-8 规定不得大于 100mm,日本规定一般不大于 70mm(沥青稳定碎石基层不大于 100mm)。但对大粒径沥青稳定碎石基层,由于沥青结合料数量较少,压实阻力也小,容许厚一些,工程中可以通过实验论证,通常以不超过 120mm 为好。

5.7.3 我国历来的规范对压实都强调碾压遍数,但究竟何为一遍谁也说不清楚,更说不清楚到底碾压了几遍,所以本规范去除了碾压遍数的规定,而把重点放在碾压工艺上。如果认真地按要求碾压,即压实工艺已经尽了最大努力,压实度肯定能达到,如果再达不到,实际上也就再没有办法了。

其中最重要的是压路机的数量和配置。需要的压路机台数可根据与铺筑速度匹配的原则,由压路机宽度、速度、要求的碾压遍数计算确定。本规范首次提出了高速公路铺筑双车道沥青路面的压路机数量不宜少于5台的要求。

5.7.4 压路机的折返很有技巧,要密切注意在折返过程中会不会产生推移拥包。有的压路机是在前进至靠近摊铺机时曲线拐弯,然后倒退错轮,这样容易在未碾压段落产生横向推移。

5.7.5 在高温下紧跟压路机碾压是提高碾压效果的重要手段。错过了时机将使压实很难进行。在美国Superpave的施工指南(SR 180)及一些论文中,提出了一个沥青混合料施工难于碾压的"敏感区(Tender Zone)",或称为"不稳定区",此温度范围约为93~115℃。很明显它是针对非改性沥青混合料而言的。在此温度下,混合料的碾压犹如土基含水量过大时的弹簧情况一样,不过没有那么明显。沥青结合料在高温碾压时是一种润滑剂,沥青的黏度不足以使变位的集料回到原位便可以得到压实。如果沥青结合料的温度下降到一定温度以下,它的黏性恰好处于压路机的压力能够使集料位置变化而压路机一离开又足以使变位的集料拉后来,它成了集料内部的橡皮筋,便不能得到很好的压实了。在这种情况下,必须改用轮胎压路机碾压,使同一位置的碾压时间延长,并产生搓揉,达到压实的目的。由此可知,在温度下降至不稳定区之前完成碾压是十分重要的。但是如果在温度下降至不稳定区以下碾压,这实际上是利用压路机的压力产生的剪切应力使集料强制变位,而达到稳定和密实的状态。很显然,它对于集料的破碎也是十分不利的,所以应该尽量避免,尤其是不要采用振动压路机在低温下碾压。

混合料在碾压过程中发生推移是密级配沥青混合料的一种常见的现象,那是因为集料的嵌挤作用不足以抵抗压路机碾压过程中的水平力而造成的,这时只能将温度降下一些再碾压。

5.7.7 复压是整个压实过程中的关键,采用什么样的压路机十分重要。不同的压路机具有不同的特点,它与压实层厚度关系很大,薄压实层适宜于采用静态的刚性碾,不宜用振动压路机。轮胎压路机可以适宜于不同厚度的压实层,使用最"皮实"。对沥青黏度较大、或者较厚的压实层,静态的刚性碾可能难以达到要求的压实度。近年来国外不断出现一些较重型的压路机,甚至有30t以上的振动压路机。有的压路机吨位太大,为了防止石料压碎,在压路机上套上靴子。在法国,要求轮胎压路机的吨位保证每个轮胎不小于5t,日本为了增加轮胎压路机的压强,减少轮胎的数目到只有5~7个。相比之下,我国国产的轮胎压路机吨位轻,轮数多,压实效果将受到影响。

国内外的文献和实践证明,轮胎压路机具有几大优点:具有特别好的搓揉作用,密水性效果好,碾压均匀,不需要洒水,不会出现发裂,能比刚性碾达到更大的密实度,不如振动碾那么操作难度大,有较大的温度适应范围等。所以在欧洲和日本,轮胎压路机使用最普遍。近年来,我国开始重视采用大吨位轮胎压路机,或者采用轮胎压路机和振动压路机组合碾压,对防止水损坏已经起到了明显的效果。但对于粗集料含量多、粒径大的混合料,尤其是大粒径沥青稳定碎石基层,以及SMA混合料,采用轮胎压路机碾压的效果将不及振动压路机。对SMA混合料,由于沥青含量高,采用轮胎压路机碾压可能使沥青玛蹄脂胶浆挤出来,所以通常不能使用轮胎压路机。

美国比较习惯选用振动压路机,但2001年的文章也介绍,"通常用于HMA的振动压路机的振幅应该为0.25~1mm,频率为33.3~70Hz,对应于不同情况调整不同的频率和振幅,以调整压实的冲击力。但是它没有像轮胎压路机那样对路面有好的搓揉作用,轮胎压路机可用于复压和终压,它特别适用于厚的碾压层,而且碾压成型的路面的密水性特别好,轮胎压路机的应力接触时间较长,压实效果也好"。这说明美国对压路机类型有了新看法。

轮胎压路机和振动压路机同时使用时谁前谁后的问题,各地的做法不尽相同。通常情况下,振动压路机在开始阶段比轮胎压路机好,而轮胎压路机的后期搓揉压实效果好。但为使轮胎压路机的轮胎尽快发热,应放在最前面趁高温碾压使轮胎发热,再调到后面。为了减少有风天气轮胎容易降温发生黏附沥青的情况,给轮胎压路机做围裙是国外一种常用的方法。工程上经常反映轮胎压路机轮迹不容易清除,对此要客观分析,有的看似轮迹,实际上并不是轮迹;另一方面即使有极轻微轮迹,通车后也很快消除,不必计较。

5.7.9 对SMA等严格按集料嵌挤设计的混合料,由于集料的嵌挤作用,在碾压过程中不会发生推移,所以在技术指南中提出“能不能在高温情况下采用重型压路机振动碾压而不产生推移是鉴别是否真正的SMA的重要标志”。

5.8 接缝

5.8.2 由于沥青路面的纵向接缝不好造成纵向开裂的情况屡见不鲜,严重影响了路面寿命。沥青路面的纵缝,对二级及二级以下公路缺乏摊铺机或旧路罩面不能中断交通等情况而言,半幅施工的冷接缝就无法避免。对高速公路和一级公路等有中央分隔带的路面来说,冷接缝通常是不允许的。如在旧路上加铺罩面不能中断交通而不得不采用半幅摊铺的冷接缝时,国外常采用在压路机上安装一个圆盘式切刀,碾压边缘时放下来将边缘切齐(如图5-2)。这种切割方法比冷却以后用切割机切割要好。

图5-2 带切刀的压路机

5.8.5 目前沥青路面的横向接缝仍是一个薄弱环节,接缝跳车或开裂是一种常见病。对横向接缝常用平接缝还是斜接缝,不能一概而论。平接缝固然容易做好平整度,但连续性较差,易在此开裂;反之斜接缝则不易搭接得好,容易形成接头跳车。在高速公路施工时,我国习惯于采用切缝,目的是整齐美观。实践证明,切缝两侧不容易黏结成为一个整体,尤其是在切割后不用水清洗干净,或者清洗后未等水分干燥,或者未涂刷黏层油,铺筑混合料很难与老沥青层黏结。在接缝上钻孔往往可以发现接缝两侧是分开的。相比国外,如美国等一些国家,常采用凿岩机在尚未硬化的沥青层上凿成凹凸不平的横向缝,便于工作缝的接茬牢固,不易开裂。

5.9 开放交通及其他

5.9.1 沥青路面可以在施工后待沥青混合料冷却即可开放交通,这是沥青路面的一大优点。对有些工程,等不及冷却就需要开放交通,这时必须洒水加速冷却。

6 沥青表面处治与封层

6.1 一般规定

6.1.1 本条概述了沥青表面处治及封层的分类及用途。

沥青表面处治是我国早期沥青路面的主要类型,广泛使用于砂石路面提高等级解决晴雨通车作简易式沥青路面。现在除了三级公路以下的地方性公路上仍然继续使用外,已逐渐为更高等级的沥青路面类型所代替。本规范根据我国具体情况,仅列入沥青表面处治及乳化沥青表面处治(单层或多层),并没有包括改性沥青表面处治或改性乳化沥青表面处治。

近年来,封层的使用越来越多,做法也五花八门。封层实际上也属于表面处治,功能也差不多。本规范把表面处治特指沥青层表面层的一种结构形式,而封层的含义及用途比较广泛,且分为上封层、下封层等。

我国的高速公路一般只做上面层,而不做磨耗层,这在经济上是很大的浪费。近年来各种石屑封层、微表处、超薄磨耗层层出不穷,很快受到广大工程单位的青睐,是值得注意的。众所周知,沥青路面的表面功能希望有较大的构造深度,对抗滑、减噪都有意义,但往往又与密水、耐久有矛盾。我国许多地方缺乏优质的、高磨光值的硬质石料,可仍然千篇一律地要求铺筑40mm的表面层,经常不得不远距离运输硬质集料而增加工程造价,而且这一层很难解决抗滑与密水的矛盾。如果采用当地盛产的石灰岩铺筑面层,上面只加铺一层8~10mm的微表处或者厚度仅仅20mm的超薄磨耗层,所需的硬质石料便可以减少1/3~1/2,便可以使成本大为降低,在密实的面层上铺筑薄磨耗层不失为一种良好的解决方法。

6.2 层铺法沥青表面处治

6.2.1 本条规定沥青表面处治采用的集料最大粒径应与处治层的厚度相等,说明了沥青表面处治的受力特点,它是通常所说的"一石到顶"的结构,荷载主要由集料承担,沥青结合料只起集料稳定的作用。多层撒布集料和喷洒沥青的目的是将集料之间填充嵌挤紧密。原规范规定的材料规格与用量在使用中没有异议,维持不变。

6.2.3 洒油管的高度应使同一地点接受两个或三个喷油嘴喷洒的沥青,如图6-1所示。

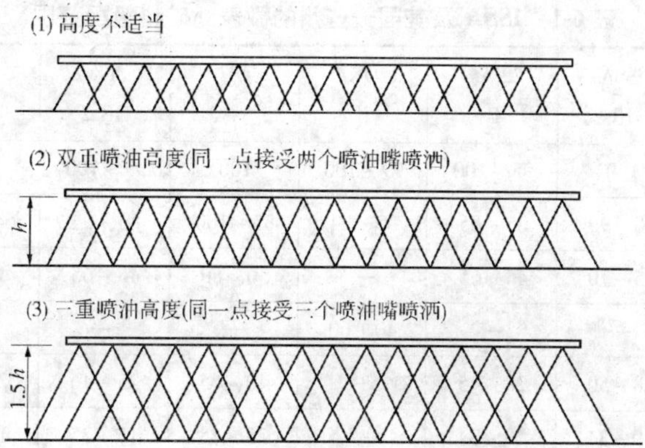

图6-1 沥青洒布车喷油嘴的高度

6.3 上封层

6.3.1 上封层是铺设在沥青层上面,起封闭水分及抵抗车轮磨耗作用的层次,实际上也是表面处治的一种。通常认为表面处治的厚度一般较厚,而封层通常较薄,其实微表处的厚度可能比表面处治还要厚,所以严格的说,仅不过是一种习惯叫法而已。根据情况可选择乳化沥青稀浆封层、改性沥青集料封层、改性乳化沥青微表处,也可采用其他适宜的材料。

6.4 下封层

6.4.1 必须严格地区分下封层与透层油的区别:下封层的目的在于封闭表面,不一定要求透下去;透层油要求渗透到一定深度。同时,其作用和目的也有很大的区别。现在一些工程因为在半刚性基层上喷洒透层油透不下去,便将透层油上撒集料和砂作为下封层,因此,它也许能够起到封闭的作用,但不能代替透层油。

6.5 稀浆封层和微表处

6.5.1 稀浆封层和微表处有许多相似之处,但是两种完全不同的类型,必须严格区别。二者的差别主要在于施工机械、施工要求与质量。

本规范明确提出了预防性养护的概念。它不同于通常的日常性维修养护,而是以恢复路面使用功能为目的,防止进一步损坏的维修养护。它与已经具有大面积损坏罩面的路面矫正性养护(抢救性养护、中修)、路面翻修(大修)、路面重建、改建的性质是不同的。对高速公路、一级公路需要不失时机地进行预防性养护,防止发展到破坏十分严重后才列入维修计划,这就错过了时机,这是最重要的原则。许多工程"重建轻养",一直到拖不过去了只能"抢救性养护",结果是花钱多、效果差。所以各地在沥青路面的养护工作中必须认真转变观念。

6.5.3 对稀浆封层和微表处来说,乳化沥青和改性乳化沥青无疑是最重要的材料。铺筑稀浆封层时,各地选择阳离子或阴离子乳化沥青,都能够满足要求。在石灰岩地区,阴离子乳化沥青同样得到了广泛的应用。微表处目前基本上都是采用 SBR 胶乳作改性剂,剂量一般在3%以上。

6.5.4 稀浆封层和微表处成败与否的关键是集料。由于它们的功能是制造一个封闭、粗糙的表面,所以石料的耐磨耗性特别重要。实验证明,集料质量指标中最重要的是洁净程度(砂当量),工程上一点都不能迁就,含泥量高的石屑会在雨水作用下迅速破坏。

6.5.5 国际上稀浆封层和微表处的级配范围基本上是一样的,目前大部分与国际稀浆封层协会 ISSA 的规定相近。但微表处通常使用Ⅱ型、Ⅲ型,没有Ⅰ型。在日本规定是Ⅰ型和Ⅱ型,没有Ⅲ型。下表列出了 ISSA 及美国一些州的微表处矿料级配范围供参考。

表 6-1 ISSA 及美国一些州的微表处矿料级配范围

筛孔(mm)	ISSA Ⅱ	ISSA Ⅲ	PA B	OK Ⅱ	OH -	TX GR-2	TN -	VA C	AZ Ⅲ
9.5	100	100	95~100	99~100	100	99~100	100	100	90~100
4.75	90~100	70~90	65~85	80~94	85~100	86~94	64~100	70~95	55~75
2.36	65~90	45~70	46~65	—	50~80	45~65	40~75	45~70	45~55
2.0	—	—	—	40~60	—	—	—	—	—
1.18	45~70	28~50	28~45	—	40~65	25~46	25~60	32~54	25~40
0.6	30~50	19~34	19~34	—	25~45	15~35	16~39	23~38	19~34
0.4	—	—	—	12~30	—	—	—	—	—
0.3	18~30	12~25	10~23	—	13~25	10~25	8~29	16~29	10~20

续上表

筛孔(mm)	ISSA II	ISSA III	PA B	OK II	OH -	TX GR-2	TN -	VA C	AZ III
0.22	—	—	—	8~20	—	—	—	—	—
0.15	10~21	7~18	—	—	—	7~18	5~20	9~20	7~18
0.075	5~15	5~15	4~10	5~15	5~15	5~15	2~14	5~15	5~15
油石比(按沥青残留物计)	5.5~9.5	5.5~9.5	5.5~7.5	6~9	6~8	6~9	5~9	5~7.5	6~11.5
填料	0~3	0~3	0.5~2.5	1.5~3.0	0.5~2.5	0.5~3.0	0.5~3.0	0.25~3.0	0.1~1.0
用量(kg/m^2)	5.4~10.6	8.1~16.2	13.3~21.3	13.3	11.7~16.2	13.3	10.6~16.2	10.6~18.7	—

6.5.6 本条规定的稀浆封层和微表处混合料的技术指标是配合比设计的依据，是根据我国的研究成果，并参照ISSA的要求制定的。其中可拌和时间是为生产提供的时间，乳液如果在这个时间以内破乳，将无法铺筑均匀，黏聚力试验是供交通开放时能够承受汽车作用的最低要求，负荷轮碾压试验的砂黏附量及湿轮磨耗试验的磨耗值则是评价稀浆混合料的使用性能的，反映混合料的耐久性，稀浆封层和微表处要求值有相当的差别。现在对微表处的性能评价指标仍然是研究的重点。例如，微表处往往很薄，被荷载掀起是常见的破坏模式，即微表处与老路面的黏结力不足以抵抗汽车荷载的剪切力，至今并没有满意的试验方法。为此，正在开发一些新的试验方法，例如HCT(Hill Cohesion Test)，及SCREG(Surface Cohesion Test)。HCT试验的原理是按照试验确认的配合比，制作试件，将其放在一块板上，半幅用重物压住，半幅自然下垂，记录试件下垂直到破坏的时间。对同一种乳化沥青结合料，HCT越大，微表处混合料的弯曲强度越高。试验可在不同温度下进行。SCREG(Surface Cohesion Test)是将通常的湿轮磨耗试验WTAT的胶管改为2个车轮，测定其磨耗量。

7 沥青贯入式路面

7.1 一般规定

7.1.1 沥青贯入式路面在我国的使用已经越来越少。它的优点是当缺乏沥青拌和机及摊铺机等设备时,可以施工沥青路面。而且,沥青贯入式路面充分利用粗集料之间的嵌挤,所以它的抗车辙能力较强。但是,相比起热拌沥青混合料来说,它的渗水性较大,且沥青用量也大,尤其是施工质量管理较困难,所以国外一般作为简易路面看待。我国国土面积大,各地的经济条件相差比较大,尤其是在经济相对不够发达的西部地区,简易公路、乡村道路,使用沥青贯入式或者乳化沥青贯入式路面仍然是可行的,不能一刀切。但总的来说,我国热拌沥青混合料已经有了很大普及,所以本规范规定沥青贯入式路面仅适用于三级及三级以下公路。由于在使用过程中,并未发现原规范有什么需要改进的地方,故这次基本上没有修改。

7.2 材料规格和用量

7.2.1 本规范对贯入式路面各层的材料用量未作变更。

7.4 施工方法

7.4.1 对沥青贯入式路面来说,施工的关键是按要求的数量撒布集料和喷洒沥青,然后就是加强压实。不过此种路面还需要行车过程中汽车的重复碾压。因为贯入式路面一般采用钢筒式压路机碾压,它不可能很快形成稳定的嵌挤模式,主层集料需要在汽车轮胎的作用下达到一个稳定的位置,同时在行车过程中使沥青在集料之间重新分布,逐步向上泛油。所以在使用过程中必须不断注意撒布细集料或砂进行养护,防止泛油导致使用性能下降。

8 冷拌沥青混合料路面

冷拌沥青混合料,它可以在常温或者加热温度很低的条件下拌和,所以只能使用乳化沥青或稀释沥青。用于补坑的常温沥青混合料比较简单,国内外的成品也已经不少,所以本规范列入了有关内容。

乳化沥青混合料路面施工过程中的碾压是最困难的事,在何时碾压？采用何种压路机？碾压到何种程度为止？这都是没有很好解决的技术难题,也是影响常温沥青混合料路面发展的最大的障碍。首先,碾压效果取决于铺设以后至可以开始碾压的时间。掌握开始碾压的时机是最重要的。因为在尚未破乳时,乳液中的水分还在混合料中间,碾压过程不能使水分跑出来,即使认为是压“实”了,其中还有好多水分占据的空间,一旦水分挥发,将成为孔隙,路面的空隙率将会很大。通常情况是抢在破乳开始以后碾压,但由于水分蒸发需要一定的时间,尤其是内部的水分不可能很快蒸发掉,只能在这个时间内碾压,一边将水分挤出去,一边使混合料压实,这个时机非常重要。根据国外的研究,较薄的路面宜采用高频的振动压路机(70Hz)或水平振荡的压路机效果较好,它可以一边碾压一边将水分振出来。采用大直径的刚性碾也能取得较好的效果。而较厚的路面,采用振幅较大的振动压路机能取得最好的压实效果。根据挪威的研究,常温沥青混合料的使用性能与压实度、空隙率的关系十分密切。常温沥青混合料由于内部有水分,与热拌沥青混合料内部的空隙结构不一样。通过对常温沥青混合料内部孔分布的研究表明,内部有无数的微细空隙,而微细的闭空隙中的水分更难逸出,而热拌沥青混合料内部的空隙则比较大,几乎不存在微细空隙。所以常温沥青混合料的空隙率通常比较大,这也是影响常温沥青混合料性能的一个因素。

关于补坑用的冷拌沥青混合料及相关的施工工艺,是参照近年来国内外的成品质量检查、国外的相关标准,结合我国的实践经验编制的。

9 透层、黏层

9.1 透层

9.1.2 原规范这一章是“透层、黏层及封层”，由于封层与表面处治更接近，归入第6章。近段时间以来，我国在使用中常常将下封层与透层混淆，其实两者是有严格区别的，每一种材料应该具有所要求的功能，起到一定的作用。为此本条规定无论对何种基层，都必须喷洒透层沥青(俗称透层油)，即使铺设沥青面层下封层的基层，也不能省却喷洒透层沥青。

透层油要渗透入基层，这是个先决条件。至于要求透入多深，国际上没有一定的规定，通常认为至少应该有5~10mm以上。如果不能透入基层，只洒在表面形成了一层油膜(或油皮)，它并不能起到固结、稳定、联结、防水等作用，就不是真正意义上的透层油。这一层油皮很容易在施工过程中被运料车、摊铺机粘起、推掉。有的工程认为，只要钻孔时沥青层与基层有了黏结，就算成了整体。其实不然，由于黏结层太薄，在路面使用过程中，油皮是很容易与基层脱开，或被下面层的粗集料刺破的。由于基层类型的不同，喷洒透层油的难易程度有很大不同，为此本规范对不同情况作了不同的要求。

由于在固化的半刚性基层上洒布透层油不好透，现在不少工程改作下封层，但是它不能代替透层油。下封层能与下面层成为一个整体，但它不可能与基层成为一个整体。如果它挡不住半刚性基层开裂的反射缝，仍不能解决水的渗入逐渐引起界面分离的问题。

采用什么作为透层油一直是工程上为之困惑的问题。本规范只提选用适宜的材料，是给工程中留出自由选择的余地。美国沥青协会MS-22对透层油的叙述只谈到“采用中凝液体沥青和乳化沥青可以渗入未处治基层材料至足够的深度”，包括其他的规范及乳化沥青的专著(MS-19)都没有关于适用于水泥稳定基层的透层油的描述。在不少国家，用作透层油的乳化沥青，阴离子的更多，因为它要便宜得多。通过我国长期以来的实践摸索，由于水泥、石灰、粉煤灰类的半刚性基层材料具有强碱性，采用普通的阳离子乳化沥青的渗透效果较差，有些地方认为阴离子乳化沥青可以渗入半刚性基层，但有些地方又否定这种做法。有的厂商鼓吹“一遍不透洒两遍，两遍不透洒三遍”，结果仍然是一层油皮，在运料车和摊铺机行走时就被大面积地粘走。

从渗透性来说，煤沥青的效果最好，但是煤沥青的毒性较强。现在的煤焦油产品大都是比较稠的T-4、T-5，需掺配一定数量的煤焦油系列的稀释剂调稀到要求的标号T-1、T-2之后才好使用。有的单位用工业粗苯回配稀释，由于苯的燃点很低，是很危险的。有的委托焦化厂或炼油厂在厂内先行掺配，由于厂家的油种很杂，如洗苯塔洗涤后的废洗油，使组分发生了变化，会影响到渗透性和固结效果。当然，煤焦油的最大的问题还是人身安全问题，因此一般并不推荐采用煤焦油作透层油。

近年来，许多地方开始转向稀释沥青作透层油，它是采用汽油、煤油、柴油等稀释剂掺配到石油沥青中得到的，其中尤以煤油回配的AL(M)-1、2效果最佳，可透入半刚性基层5~10mm的深度。液体沥青作透层油在国外最普遍，用量比乳化沥青大得多。

9.1.4 透层油的用量，根据实践经验确定，只要能透下去，需要量肯定是越多越好，但实际上渗透也都是有一定限度的。需要量与基层类型、透层油品种的关系极大，各地都有一些经验。各个国家也都有规定。例如美国路易斯安那州2000年《道路和桥梁标准规范》规定透层油使用稀释沥青MC-30、MC-70或AEP改性乳化沥青，其用量为1.15~1.35 L/m^2。这里应该注意的是，该规范没有推荐普通的乳化沥青。我国原规范规定的液体沥青、乳化沥青的用量也是指总量，但是没有表达清楚，有的理解成基质沥青的用量是不对的。本规范仍然采用国外通常的方法，以沥青乳液和稀释沥青的总量表示，但是因为乳化沥青的浓度不同，在半刚性基层上洒布时可能要进一步稀释，所以表中说明用量是按标准浓度50%

计算的，如果残留物含量浓度不一样，需通过浓度进行换算。规范中粒料基层的用量参照国外的规范稍稍作了调整，对半刚性基层上的用量适当减少。

9.1.5 本条规定了两个问题：一是透层油什么时间洒？二是洒了透层油以后不能马上铺筑沥青层时采取什么措施？

柔性基层的透层油何时喷洒一般都没有疑问，时间上也不太讲究。半刚性基层因为有一个强度形成和增长的问题，铺筑后什么时间洒透层油？什么时间可以铺筑沥青面层？是施工单位经常提出的问题。原规范要求"透层宜紧接在基层施工结束表面稍干后浇洒"，经过近年来的专题研究，是非常重要的，规定是正确的。有些工程在施工养生 1 周后喷洒，这是错误的做法。为什么必须在半刚性基层碾压以后立即喷洒呢？这是因为经过养生将逐步产生强度，内部结构将越来越致密。试验可知，半刚性基层在水泥尚未结硬的时候喷洒透层油透入的深度最深，随着龄期的增长及强度的增长，透层油越来越难以透入。而且及时洒透层油对基层中的水分有良好的保护作用，基层表面也不容易松散，透层油还起保护半刚性基层不受太阳暴晒开裂的作用。

《美国高速公路施工规范及其应用手册》即 AASHTO 第八版"Guide Specifications for Highway Construction"关于水泥稳定基层一节明确规定"在完成最终碾压之后立即应用稀释沥青或乳化沥青养护封层。在封层之前要保持表面潮湿。用连续膜作养护封层（推荐用量为 $0.7 \sim 1.4 L/m^2$）"。

为了保护透层油不被运输车辆破坏，通常是在上面撒一层石屑或粗砂，这种做法在京津塘高速公路就已经采用了，证明有良好的效果。京津塘高速公路北京段的阳离子乳化沥青中残留物沥青含量为 50% ~55%，乳化沥青的实际喷洒量是 $1.8 \sim 2.0 kg/m^2$，数量较多是考虑需要撒布石屑而增加的。喷洒透层油后一破乳立即撒布用量为 $2m^3/1000m^2$ 的石屑保护。原规范基本上是按照京津塘的经验编写的，这并不是下封层。

9.2 黏层

9.2.1 本条将黏层油的喷洒由"宜"改为"必须"，这是本规范的一项重要修改，而原规范没有坚持要求洒黏层油是一个失误。

黏层的作用在于使上、下沥青层或沥青层与构造物完全黏结成一整体。国外规范规定层与层之间必须洒黏层沥青。原规范定稿时仅仅从经济考虑，同意下层是连续摊铺并未产生污染时可省去黏层，当已遭污染时必须扫除干净，再洒布黏层油。实际上对于"尚未产生污染"有不同的理解，北京市以往认为第二天就接着摊铺的可以不洒。但绝大部分地区则是对看起来路面并不太脏的都可以不洒，或者即使脏了，甚至污染已很严重，只要用高压水冲、扫把扫了，也可以不洒；还有一种情况是即使洒黏层油，也不是满洒，而是洒成一条一条间隔的；甚至还有人担心黏层油会导致层间滑动，产生车辙变形。以上说明在喷洒黏层油的问题上，认识十分混乱。

沥青路面的结构设计以弹性层状体系理论为基础，结构层之间完全连续是一个整体，只有这样才能符合完全连续的界面条件。如果几层沥青层没有黏结好，在使用过程中进入水分，则沥青层与沥青层之间的界面条件将变成不完全连续，甚至完全不连续，就如三合板在使用过程中逐渐脱胶一样，导致沥青路面的受力状态发生质的变化。沥青层施工不衔接，不洒黏层油时，虽然钻孔试件是连在一起的，但并不是一个整体，因为两层之间是大量的点点接触。现在不少工程在钻孔时都利用改锥或斧子劈开钻孔试件分层测定密度和压实度，这本身就说明几层之间并不连续，因此黏层油是必须喷洒的。

9.2.2 黏层油通常采用乳化沥青或改性乳化沥青，但采用什么类型的乳化沥青，各国做法有所不同。美国 AASHTO 及各州的规范都规定用慢裂型乳化沥青作黏层，这是因为他们使用的乳化沥青的黏度大，残留物浓度较高。在法国通常采用快裂型乳化沥青，我国的实践经验也证明慢裂型乳化沥青在洒布后流淌严重，用快裂型的较为适宜。

9.2.3 各种黏层沥青品种和用量应根据黏结层的种类通过试洒确定。本规范的规定与国外大体相同。日本规定是采用 PK-4，用量 $0.3 \sim 0.6 L/m^2$。法国大部分是阳离子乳化沥青，也用阴离子乳化沥青，在沥青层上洒布量为 $0.2kg/m^2$（沥青残留分），铺装厚度超过 5cm 的需 $0.25 kg/m^2$。起防水层作用的黏结层需比黏层油多，洒布 1.2 kg/m^2（残留分），然后撒布 4～6mm 石屑。薄层路面为与旧路面黏结的乳液洒布量需0.4 kg/m^2。当大型车超过 350 辆/车道时，需使用聚合物改性乳化沥青。美国路易斯安那州 2000 年《道路和桥梁标准规范》规定黏层油可以使用改性或非改性的阳离子乳化沥青 CRS-2P、CSS-1，或阴离子乳化沥青 SS-1、SS-1L、SS-1P，其使用量如表 9-1 所示。

表 9-1 黏层的用量

表面类型	黏层油用量（L/m^2）	表面类型	黏层油用量（L/m^2）
拌和法表面处治	0.09	水泥混凝土路面	0.32
干燥表面处治	0.14	磨耗层	0.23
新沥青混合料	0.14	冷铺路面	0.36
旧沥青混合料	0.32		

10 其他沥青铺装工程

10.1 一般规定

10.1.1 原规范将本章称为附属工程。附属工程的概念是相对于主体工程而言的,其含义并不明确。本规范将行人道路、重型车停车场、公共汽车站、桥面沥青铺装、隧道沥青路面、路缘石等归入其他沥青铺装工程类,实际上是一些特殊的沥青路面工程。

10.4 水泥混凝土桥面的沥青铺装层

10.4.1 我国建设了大量的大跨径桥梁,非常雄伟、美观,许多桥梁是当地的标志性建筑。但十分遗憾的是,无论水泥混凝土桥梁还是钢桥,其桥面铺装往往都不能令人满意,成为早期损坏的通病。而且,至今仍然缺乏有效的措施来确保桥面铺装的使用年限。

水泥混凝土桥面的沥青铺装层基本上都是水危害造成的水损坏。主要原因有:

(1)桥面水泥混凝土层(防水层、三角层、整平层等)的施工不好。桥面水泥混凝土与桥面铺装分开由两个承包商施工,要求脱节,施工水泥混凝土层的单位,盲目要求表面光滑平整,整平时挤出很多浮浆,表面甚至洒水泥,低洼处也用水泥浆填补,交活时只看表面是否好看,不管与上部沥青铺装层的连接问题,由此造成的后患在铺筑桥面铺装时很难弥补。所以,现在有些工程已经改变承包方式,将水泥混凝土板的整平及铺筑防水层、三角层的任务交与沥青路面铺筑单位一起完成,这样就能综合考虑如何黏结成为一体的问题。

(2)桥面水泥混凝土板施工的平整度不好,高差有时能达数厘米,沥青层本来就不厚,使得沥青层厚度很不一致,有的地方会很薄,混合料的离析比厚的层次更严重。桥面铺装施工时不敢按照正常方法碾压,压实度难以保证。混凝土表面的凹陷部分在使用过程中很容易成为积水的地方,渗入的水排不出去,在高温时化成水汽,使沥青层与混凝土板脱离。

(3)铺装层与桥面板的黏结不好是导致铺装层损坏的最根本的原因。原规范称为防水层,其实设置该层的目的除防水外,更重要的是使沥青铺装层与水泥桥面板黏结成为一个总体。防水黏结层破损、漏空、脱离,水渗入防水黏结层与水泥混凝土板的界面上,影响与桥面板的黏结强度,甚至成为滑动的界面状态,桥面铺装成为一个单独受力的层次,就会出现很大的水平剪应力和底部的弯拉应力,桥面铺装就必然导致迅速破坏。从现在的情况看,防水黏结层的损坏主要是施工质量问题。无论哪一种防水黏结层,都能做好,但如果不认真施工,都有可能造成损坏。

(4)桥面铺装层内部的排水不畅,被侧面的栏杆路缘石阻挡。桥面的泄水孔不能排走沥青层内部的水。有相当一部分桥面在雨后有积水现象,导致沥青层长时间处于被水浸泡的状态下。

(5)铺筑前桥面混凝土没有处于完全干燥的状态,在潮湿和有水汽的情况下铺设防水黏结层和沥青混合料,可能在施工或使用过程中遇热变成水汽使防水黏结层产生鼓包脱离。

(6)桥面沥青混合料的空隙率过大,残余空隙率超过6% ~8%,在汽车荷载作用下产生很强的动水压力,加速了铺装层的水损害破坏。

(7)桥梁的受力结构是水泥混凝土构件和桥面板,其局部变形本来是非常小的,沥青层不可能有大的应变,但是当沥青层与桥面板脱开成为滑动的界面条件时,沥青层的层底拉应力和剪应力大幅度增加,尤其在重载车的作用下将造成迅速的破坏。

因此,桥面铺装要做好,首先要有一定的厚度,混凝土板的表面要平整但不要光滑,一定要除净浮浆,彻底干燥,千方百计地使沥青层与桥面板黏结得非常好,保证桥面铺装与混凝土桥面板协同变形,不成为独立的受力结构层。

10.4.9 高速公路桥头跳车是路面使用质量不好的一个通病，主要原因是设计问题与路基、桥头搭板的问题等，本条没有对此作更多的规定。从理论上讲，桥头填土的不均匀沉降是不可避免的，桥头应该有一个预留量，但沥青面层经常是连续施工，很难在沥青层施工时考虑。这些主要是在路基和桥头搭板施工过程中采取措施解决。

10.5 钢桥面铺装

10.5.1 由于当时我国极少应用钢桥面，所以原规范没有列入钢桥面铺装的内容。近年来，大跨径钢桥越来越多，钢桥面铺装的问题也受到了普遍关注。我国已经铺筑了世界上普遍使用过的浇注式沥青混凝土结构、环氧沥青混凝土结构、以及我国自行研制的双层 SMA 结构的钢桥面铺装，都取得了长足的进步，有了一定的经验；但也有许多失败的教训，一些钢桥面铺装在超载超限车辆作用下，影响了使用寿命，发生了早期损坏。本规范仅提出对钢桥面沥青铺装的一般功能性要求，各个结构层的作用及共性的技术要求，更详细的内容还有待于编制专门的钢桥面铺装技术指南。

10.6 公路隧道沥青路面

10.6.1 本节基于我国目前有相当数量的公路隧道，当隧道长度较短时，常常采用沥青路面的现实情况增加的内容。隧道沥青路面的技术关键是施工过程中地方狭窄，使用过程中维修困难，需要照明等特点，尤其是隧道开挖经常会使底部产生涌水而产生水损害破坏。但是隧道内的温度要比外部均匀，这是有利的一面。本节内容是参考国外的规范文献编写的。

10.7 路缘石与拦水带

10.7.1 实践表明，路面结构层以及沥青层与基层界面的水不能顺畅地排出是路面产生早期损害的主要原因之一。因此，为了沥青层内部的侧向排水，路面结构层的边缘排水需要认真设计。美国 AASHTO 于 2002 年提出了 3 种沥青路面结构层边缘排水的方案都是在边缘设置渗水沟和排水管，渗水沟可以用大孔隙水泥混凝土或粗粒径碎石铺筑，见图 10-1。我国近年来设置纵向渗水沟的也越来越多，渗水沟的宽度通常为 25cm 左右。深度从中面层表面直至半刚性基层基层表面，最好是再将基层挖下去 10cm 左右，下方有一根纵向的带孔的排水管，每隔 3～5m 设置一个横向排出口。不过如果是级配碎石基层的话，深度需直至基层底部。为防止渗水沟过早被泥浆堵塞，外侧需设一层土工布。

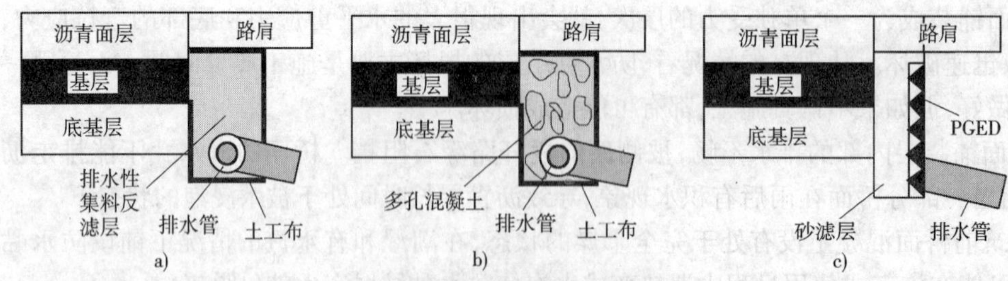

图 10-1 AASHTO 沥青路面结构层边缘排水方案

a)类型 A；b)类型 B；c)类型 C

10.7.3 沥青路缘石在国外很常用，我国在京津塘等高速公路等使用后效果良好，施工也方便。美国路缘石规范(SS-3)对路缘石的式样及施工作了详细规定，表 10.5.3 等有关规定参照 SS-3 编写。

10.7.4 现在不少高速公路工程将埋置式路缘石的设置安排在沥青层铺筑过程中，成为沥青层的污染源，所以本条规定埋置式路缘石必须在沥青层施工前或结束后安装，严禁在铺筑两层沥青层的间隙期间开挖、埋设路缘石导致沥青层污染。

11 施工质量管理与检查验收

11.1 一般规定

11.1.1 施工质量的管理与检查验收在国外通常称为“质量控制/质量保证”(简称为QC/QA),是工程项目保证质量的手段,因每一项检查都是与支付挂勾的,因此在这方面,我国还需要认真研究。在施工的各个阶段,业主、承包商、监理及监督单位各有各的责任。由于本规范没有涉及有关管理模式、程序或方法方面的内容,仅对与工程质量有关的管理与检查验收相关的技术方面作出了要求,它是本规范的重要内容,也是这次修订的重点。

本条指出了施工质量管理的基本目的是“达到规定的质量标准,确保施工质量的稳定性”。但往往大家都注重于达到规范要求,而对质量稳定不重视,其实,保持稳定、减小变异性才是最主要的目的。沥青路面之所以会造成局部的早期损坏,就是因为有局部的原因,而最主要的就是变异性。所以,我们在整个施工质量管理过程中,都必须抓住减小变异性这个关键。

施工质量管理的变异性是各种变异性的总和,它包括取样的不均匀(缺乏代表性),试验方法的问题以及材料和施工过程的变异性等。按照美国的理论,总的变异性可以下式表示:

$$S_{QC/QA}^2 = S_S^2 + S_t^2 + S_{mat./con.}^2 \tag{11-1}$$

式中:$S_{QC/QA}$——检测指标的总的变异性;

S_S——取样代表性不足造成的变异性;

S_t——试验方法精度方面造成的变异性;

$S_{mat./con.}$——材料及施工过程本身的变异性。

据美国的一项研究指出,在总的变异性中,取样占23%,试验方法占43%,材料和施工本身只占34%。所以,为了减小施工质量检验指标的变异性,首先需要认真取样,认真按试验规程试验。

11.1.2 近年来,各国对施工质量的“过程控制”及“动态质量管理”十分重视,它是在连续的生产线上及时发现不合格的工序和单元,防止它流入下一个工序和单元,这样可以保证最后的产品是合格品。“过程控制”首先是工艺控制,即所采用的施工工艺不致产生不合格产品。同时需要提供一种可靠的施工过程中的检测方式,以降低承包商生产的混合料和铺筑的路面产品被拒收的风险。本规范在“过程控制”这方面做了一些努力,如连续不间断的材料检验,沥青拌和厂的计算机管理和“总量控制”,施工过程中的自动压实度检测和无破损检测等,但现在真正能做到“过程控制”的项目还很少。纵观我国的工程质量管理体制、方法,包括监理制度在内,除了目测凭经验判断及注意施工工艺外,材料可以在选料、生产、进场之前或开工时对其质量进行试验,将不合格的材料拒之门外。绝大部分都是对产品进行事后“质量检查”,还不能说是过程中进行“质量控制”。施工一开始,由于材料的变异性,连材料质量也不能做到在线控制了。规范规定的做法基本上是施工过程中按规定的频度取样、试验,事后得出数据对施工质量评价是否符合指标要求,合格的进行检查验收,不合格的责令返工。每天抽检的项目都是在事后得到结果,即使知道不合格,也已经用到工程上了,有时连用在什么部位都搞不清楚,想返工都不可能。在拌和厂,沥青混合料的质量采用取样抽提、筛分或者进行马歇尔试验,现场铺筑的路面的压实度、平整度、厚度等所有的试验数据,都是在“事后”甚至2~3d之后才得出,工程已经向前推进了一大截。也就是说,这些试验结果仅仅起到一个记录和事后反省的作用。

11.1.4 目前,由于种种原因造成部分素质不高的试验员“编造”数据,“弄虚作假”。有的工程保留的施工数据100%合格,路面依然发生严重的早期损坏,有的工程刚拿到“优质工程”的奖状,路面已开始破坏。结果是评分越来越高,“优质工程”不优质,这也反映现行质量检验和评定方面存在的缺陷或弊端。因此,建设单位决不能仅仅满足于规范规定的抽检试验数据合格,要努力在施工过程中加强“过程控制”的研究,提出切实可行的“过程控制”方法,使施工质量管理提高到一个新的水平。

11.2 施工前的材料与设备检查

11.2.1 材料是为保证沥青路面建设质量的第一个,也是最重要的一个环节。规范规定了保证质量的三个环节:首先是招标及订货关。供货单位必须提出各种材料的质量检测报告。然后是进货关。供货单位供应的材料有可能违背投标时的承诺,进货时必须重新检验,尤其是砂石料的来源较杂,必须以“批(lot)”为单位进行控制,施工单位和监理都必须下工夫。现在不少工程单位在采石场派驻监理和材料员,对生产供应的材料进行监督,这是个好办法。第三是使用及保管关。有的材料本来是不错的,可是拌和厂在进货时对堆放场地、堆料顺序马马虎虎,场地和运输路线没有硬化,不同材料之间没有隔离,使用时相互混杂,或者在装载机装料时将泥土混入材料,把本来不错的材料弄得很脏。还有像桶装沥青经常是无序堆放,上面不加盖苫布,导致雨水从桶口漏入。所以,材料进场后的存贮、堆放、管理情况都必须重视。

11.3 铺筑试验段

11.3.1 对高速公路、一级公路这些重大工程来说,铺筑试验段是不可缺少的步骤,经过多年实践,现在已经成了习惯。但是铺筑试验段决不是一种形式,必须达到要求的目标。现在有不少试验段本身就不满意,经常是拌和机还未调整稳定,还没有达到要求的级配及油石比,混合料的温度也不对,试验段却结束了。有些工程因为怕没有把握,把试验段放在老路、匝道、连接线上铺筑,得不到与正线上相同的结果,只能作为试验段的试验性拌和铺筑用,很难成为正线施工的依据,应该待一切都稳定以后,在正线上按照正规的施工工艺铺筑正式的试验段,真正起到正线施工的作用。

11.4 施工过程中的质量管理与检查

11.4.2 对施工过程中承包商质量检验的项目、频度作出硬性规定,是我国的特有做法。在许多国家,一般只规定质量标准,业主不管承包商做不做检查。问题是承包商必须通过监理的检查,达不到质量指标就认罚,所以承包商的检查是自主性的。我国对承包商的检查要求很高,其实数据的真实性很难控制。在京津塘高速公路,所有的施工质量检验数据都以监理检查为准。本条规定承包商应随时对施工质量进行自检。监理一方面自主地进行试验,一方面对承包商的结果进行检查、认定,评定质量。这是根据我国监理力量较弱的具体情况规定的。随着监理制度的加强,监理应该逐步独立地进行施工质量管理。针对现在试验数据存在弄虚作假的情况,本规范特别强调“所有数据均必须如实记录,不得丢弃”,工程建设单位必须加强这方面的管理。

11.4.3 本条规定了沥青路面施工过程中材料质量检查的内容和要求。它建立在每批材料进场时已经过检查及批准的基础上,目的是施工过程中检测其质量稳定性(变异性)。表中只选择了若干项最主要的指标或变化较大的指标,频度考虑了施工单位的承受能力及目前的实际情况,这是试验最基本的要求。为防止试验数据的偶然性,这次修订增加了试验规程规定的平行试验次数或一次试验的试样数一栏。

11.4.4 本条规定了沥青拌和厂的“生产过程控制”及“产品质量检验”两个方面的内容,这是对原规范的重要修改。过程控制包括目测、每拌和一盘混合料的在线监测、混合料总量检验,以及实验室进行的检测项目。

沥青混合料生产过程的总量检验主要控制矿料级配、油石比、拌和温度,具体方法在附录 G 中有详细说明。

沥青混合料产品质量检验,与原规范差不多,包括取样抽提、筛分,马歇尔试验等。根据近年来的实际情况及国外规范的变化，对矿料级配允许波动幅度进行了调整。拌和厂对沥青混合料的体积指标的检测必须与配合比设计时采用完全相同的条件和试验方法。因为空隙率受试件毛体积密度和最大理论密度的影响，而它们都与测试条件有关。由于取样后混合料放置时间影响沥青吸入集料的程度，最大理论相对密度也有不同，某混合料放置 1h 和 3h 后，最大理论相对密度分别为 2.419 和 2.438，空隙率为 3.1% 和 3.9%，所以统一方法十分重要。由于马歇尔试验的成型温度对体积指标、标准密度影响很大，必须严格按配合比设计相同的温度进行。

关于沥青混合料油石比的测定方法，以前世界各国几乎都采用溶剂抽提方法，且溶剂大部分是三氯乙烯。近年来，欧美、日本等工业发达国家，为了保护大气中的臭氧层，已经开始禁止采用三氯乙烯等含氯的溶剂，国际上出现了不同的动向，美国等开始使用燃烧炉高温燃烧的方法，日本采用更换溶剂（二甲苯）的方法（工程上完全依靠总量检验的数据，不再进行抽提，也不用燃烧法），欧洲则并不统一。我国目前尚未禁止使用三氯乙烯，仍应以试验规程的方法为准。由于燃烧法的快捷简便，不少工程已开始采用燃烧法。对此应该特别注意，燃烧法必须随时进行标定，否则所有燃烧损失都作为沥青，测定准确性较差。如果混合料中含有消石灰，$Ca(OH)_2$ 预热分解为 CaO 和 H_2O，例如添加 2% 消石灰，高热将损失 20% 的水，占混合料的 0.4% 都计入沥青中，则势必得出油石比测定值偏大的结果。因此，燃烧法的关键是要对不同的材料、不同的配合比，经常采用空白集料和添加一定数量沥青的混合料进行标定，方可使用。

本规范表 11.4.4 中还规定了必要时可要求进行车辙试验。这里需要特别注意的是混合料决不允许二次加热，即必须在取样后立即成型试件。混合料一旦冷却再加热成型的试件车辙试验动稳定度将会大大提高，从而失去意义。

11.4.5 沥青路面铺筑过程中的质量检查包括工程质量及外形尺寸两部分。在这个阶段，类似于在线监测的过程控制主要是摊铺过程中不断地量测松铺厚度，碾压过程中不断地利用核子仪检测密度等无破损检测，其他尚无切实可行的方法。因此，质量管理的重点放在路面质量检查上。

施工过程中的质量主要靠监理检查，京津塘高速公路监理是完全独立进行检测的。本规范只规定检测的项目、频度、允许差，没有明确是由承包商还是由监理进行。日本《铺装设计施工指针》2001 年 12 月版只规定施工过程中的质量管理的项目，但检测频度与质量界限由承包商自己决策，以保证能达到设计规定的指标。规范列出了路面质量评定合格与否的标准见表 11-1。

表 11-1　日本沥青路面质量合格评定标准（2001.12）

项　目		单个测值	$\bar{X}_{10}$	$\bar{X}_6$	$\bar{X}_3$
路床	标高（cm）	±5 以内	—	—	—
	宽度（cm）	-10 以上	—	—	—
	压实度（%）	—	92.5 以上	93 以上	93.5 以上
底基层	标高（cm）	±4 以内	—	—	—
	宽度（cm）	-5 以上	—	—	—
	厚度（cm）	-4.5 以上	-1.5 以上	—	—
	压实度（%）	—	95 以上	96 以上	97 以上
上基层（级配碎石）	宽度（cm）	-5 以上	—	—	—
	厚度（cm）	-2.5 以上	-0.8 以上	—	—
	压实度（%）	—	95 以上	95.5 以上	96.5 以上
	2.36mm 通过率（%）	—	±10 以内	±9.5 以内	±8.5 以内
	0.075mm 通过率（%）	—	±4.0 以内	±4.0 以内	±3.5 以内

续上表

项　目		单个测值	$\bar{X}_{10}$	$\bar{X}_6$	$\bar{X}_3$
上基层(水泥或石灰稳定、水泥沥青稳定)	宽度(cm)	-5 以上	—	—	—
	厚度(cm)	-2.5 以上	-0.8 以上	—	—
	压实度(%)	—	95 以上	95.5 以上	96.5 以上
	2.36mm 通过率(%)	—	±10 以内	±9.5 以内	±8.5 以内
	0.075mm 通过率(%)	—	±4.0 以内	±4.0 以内	±3.5 以内
	水泥、石灰剂量(%)	—	-0.8 以上	-0.8 以上	-0.7 以上
上基层(沥青稳定基层)	宽度(cm)	-5 以上	—	—	—
	厚度(cm)	-1.5 以上	-0.5 以上	—	—
	压实度(%)	—	95 以上	95.5 以上	96.5 以上
	2.36mm 通过率(%)	—	±10 以内	±9.5 以内	±8.5 以内
	0.075mm 通过率(%)	—	±4.0 以内	±4.0 以内	±3.5 以内
	沥青用量(%)	—	-0.8 以上	-0.8 以上	-0.7 以上
上基层(沥青中间层)	宽度(cm)	-2.5 以上	—	—	—
	厚度(cm)	-0.9 以上	-0.3 以上	—	—
	压实度(%)	—	96 以上	96 以上	96.5 以上
	2.36mm 通过率(%)	—	±8.0 以内	±7.5 以内	±7.0 以内
	0.075mm 通过率(%)	—	±3.5 以内	±3.5 以内	±3.0 以内
	沥青用量(%)	—	±0.55 以内	±0.50 以内	±0.50 以内
联结层	宽度(cm)	-2.5 以上	—	—	—
	厚度(cm)	-0.9 以上	-0.3 以上	—	—
	压实度(%)	—	96 以上	96 以上	96.5 以上
	2.36mm 通过率(%)	—	±8.0 以内	±7.5 以内	±7.0 以内
	0.075mm 通过率(%)	—	±3.5 以内	±3.5 以内	±3.0 以内
	沥青用量(%)	—	±0.55 以内	±0.50 以内	±0.50 以内
表层	宽度(cm)	-2.5 以上	—	—	—
	厚度(cm)	-0.7 以上	-0.2 以上	—	—
	压实度(%)	—	96 以上	96 以上	96.5 以上
	2.36mm 通过率(%)	—	±8.0 以内	±7.5 以内	±7.0 以内
	0.075mm 通过率(%)	—	±3.5 以内	±3.5 以内	±3.0 以内
	沥青用量(%)	—	±0.55 以内	±0.50 以内	±0.50 以内

施工过程中质量检查一般是单点评定的，检查时每个试验值都应达到交工验收时的标准，使交工时能经得起检查，不致造成交工检查不合格，故表中的质量标准基本相同。但是，实际上不可能每一个测点都达到要求，即合格率很难是100%。具体的质量检查方法在11.4.6条(厚度)、11.4.7条(压实度)、11.4.8条(密水性)、11.4.9条(外观及离析)、11.4.10条(平整度)中逐项详细说明。

11.4.6　本条规定了厚度的检测方法。用插尺(一种专用的松铺厚度插入式测杆)或其他工具量松铺厚度、利用拌和数据进行总量检验，以及利用地质雷达检测都属于无破损检测方法，应该是质量控制的重点。从数据点的代表性及对路面的破损来说，钻孔取样是最不应该采取的方法，但是它的数据直观准确，所以现在还在使用中，钻孔一般是与压实度检测同时进行。不过，从以往的实践经验看，钻孔数据的"可靠性"往往是个问题，在对发生早期损坏的路面进行调查时，几乎都能发现厚度相差很大的现象。

据了解，在沥青路面的各项指标中，路面厚度是最难符合要求的。以施工质量较高的京津塘高速公路为例，总监办检测的数据汇总如表11-2。如果表面层厚度允许-4mm，总厚度允许-8mm，表中数据有相当部分超过允许值，合格率一般在90%左右，这应该是正常的。这次修改时，基本上仍然维持原来的要求没有改,但是考虑到路面结构层有不同的厚度,固定一个数不如改为百分数更恰当。对表面层40mm及总厚度160mm的结构,修改后的-10%及-5%与原来的-4mm及-8mm相同。

表11-2 厚度检测数据(单位:cm)

施工单位	表面层		中面层		底面层		总厚度	
	设计	测定	设计	测定	设计	测定	设计	测定
第一经理部	5.0	4.53~5.63	6.0	6.0~7.14	12.0	11.8~13.77	23.0	23.5~25.4
第二经理部		4.6~5.73		5.8~6.29		12.0~13.16		22.8~25
第三经理部		5.01~6.08		6.03~7.42		9.35~13.6		21.88~24.15

11.4.7 沥青路面的成败与否,压实是最重要的工序。许多高速公路沥青路面发生早期损坏,大多数都与压实不足有关,因此压实度的评定至关重要。

原规范对压实度的检测满足于钻孔测定密度计算压实度。本规范的最大修改是要求"沥青路面的压实度采取重点对碾压工艺进行过程控制,并适度钻孔抽检压实度的方法"。这是因为钻孔测试的压实度都是事后检查,且极易弄虚作假:只要把标准密度调小一些,压实度马上就高了;如果再把不合格的数据随意舍弃,那么钻孔试件的压实度数据将失去价值。现在有不少工程名义上压实度值很高,实际上含有虚假成分在内。据查国外规范对压实度的要求基本上都是马歇尔标准密度的96%及最大相对密度的92%,少数提高到97%、93%。我们有些工程很容易就达到马歇尔标准密度的97%、98%,甚至100%,以最大相对密度作标准密度时可以达到95%、96%以上,路面成型的残余空隙率都很小,许多居然小于3%,甚至提出了超碾压的问题。对此情况,许多学者非常担心,希望这些工程认真检查标准密度是否合理。

有鉴于此,大家必须在观念上作重大转变,改变钻孔试件测定压实度改为以压实工艺控制为主,钻孔检测作为抽检校核的手段。这样才可以逐步将事后检查转变为过程控制,即施工过程中的在线监测。

规范规定压实度是每2000m^2检查一组,逐点评定,按组计算合格率,同时要求平均值达到要求。无论是核子仪还是钻孔,压实度检测不可能点点都合格,有少数不合格的数据是不可避免的,决不能舍弃。本规范明确对合格率提出了要求,及出现不合格点时追加测点的方法。日本2001年12月发布的《路面设计施工指南》及《路面施工便览》的方法是以平均值评定的,要求沥青层的压实度原则上要求每10000m^2随机取样10个数据,评定$\bar{X}_{10}$是否大于96%(我国是97%)。如果取10个样有困难,可先取3个样,要求$\bar{X}_3$在压实度96.5%以上,否则加取3个样,要求$\bar{X}_6$达到96%以上,仍然达不到压实度要求时,再增加检测点数,要求$\bar{X}_{10}$达到96%以上。如果在一批检测的数据中有一些数据不合格,应把不合格的区域细分,重新确认,将真正不合格的区域缩小至最小范围内,进行返工。

由于采用单点计算合格率及要求平均值符合要求的做法,对原来的压实度标准提高了1%。有的工程将压实度要求提得很高,这样做未必好。如果提出过高的要求,客观上将可能迫使试验员弄虚作假。例如实测压实度97.5%,如果要求97%,数据不会舍弃,如果要求98%,该数据就有可能被舍弃,以提高合格率。从保留真实的数据出发,压实度不宜不切合实际地要求太高,而应该在控制碾压工艺上下工夫。

现在有些工程的压实度非常高,一方面是标准密度偏低,另一方面是实测密度偏大。降低成型温度(比施工温度低),试件高度偏高,油石比偏低都有可能使标准密度偏低,而钻孔试件没有彻底干燥则将使实测密度偏大。有的工程以配合比设计时的马歇尔试验密度和最大相对密度作为标准密度,从工程开始一直用到结束,这显然是不对的。无论以哪一个作为标准密度,都必须按附录E的方法逐日确定。规范规定了3个标准密度,究竟采用哪个密度为标准密度?是选用其中的一个还是选用其中的两个?本规范给工程单位留了一个选择的余地,但以其中合格率低的作为评定结果。由于每天进行马歇尔试验是必须做的,马歇尔标准密度每天都有,故使用较多。如果以最大理论密度作为标准密度时,对普通沥青混合料必须每天在制作马歇尔试件的同时进行真空法实测最大相对密度作为那一天的压实度的评定标准;对改性沥青或SMA混合料,必须以每天总量检验的平均矿料级配和油石比计算的最大理论密度作为评定标准,一时尚不能得出每天总量检验的结果时,也可以采用抽提筛分的结果计算的最大理论密度作为标准。

有的工程采用现场空隙率作为压实度的要求,因为空隙率是根据实验室试件标准密度与最大相对密度计算出来的，所以本质上没有任何区别，现场空隙率仅仅是压实度的另一种表示方法。国内外一般要求现场空隙率在3% ~8%之间相当于最大相对密度的92% ~97%。

核子密度仪是国外用于现场控制压实度的最常用的方法，但其测定值的波动性较大，测定结果受表面纹理、测定层温度及多种环境因素的影响。故核子仪必须严格标定，尤其是与试验段测定时的条件一致，对纹理较大的路面必须用细砂填平，每次测定以13个测点的平均值作为一个数据。图11-1是某工程的一组标定数据。现在又出现了电磁式的无破损检测仪器，如果能达到精度要求，也允许使用。

最近出现另一种动向值得注意，有的工程因为压实度达到99%、100%以上，或者现场空隙率小于3%，因此提出了不要“过碾压”的问题。这里首先要搞清楚什么叫“过碾压”？对SMA混合料，不断的碾压，沥青玛蹄脂部分逐渐上浮，表面构造深度越来越小，石料棱角被磨掉，压实度不再提高，是属于“过碾压”。另一种是当混合料已经冷却，不断的碾压不能使混合料继续压实，只能将石料压碎，是过碾压（此时压实度未必大）。而对密级配沥青混合料，“过碾压”是指碾压超过一定的遍数后，继续碾压不能使密度增加，反而开始下降的情况，如图11-2所示。这是因为碾压没有使混合料产生纵向的位移而压实，反而使混合料在横向变松动了。如果现场确实发现压实度经常或始终达到100%，或者现场空隙率经常小于3%（一般认为小于3%将容易出现早期车辙），首先要检查标准密度。有一种情况是正常的，那就是室内试验的压实功很小，例如对SMA等采用50次击实次数的混合料，现场的压实功要比实验室的大得多，压实度高于100%并不奇怪。对沥青碎石基层或者粗粒式、特粗式沥青混凝土，当试件表面凹坑太多，钻孔试件表面又很光滑，压实度大于100%也是常有的。大量的国内外经验表明，密级配沥青混合料现场压实到超过实验室标准密度的情况非常罕见。所以，在没有搞清楚原因的情况下，盲目地提出不要过碾压，可能会有副作用，必须特别谨慎。

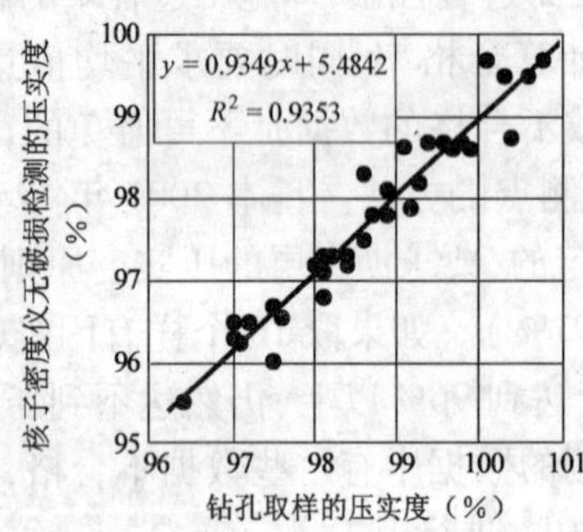

图11-1　核子仪与钻孔试件结果的标定关系

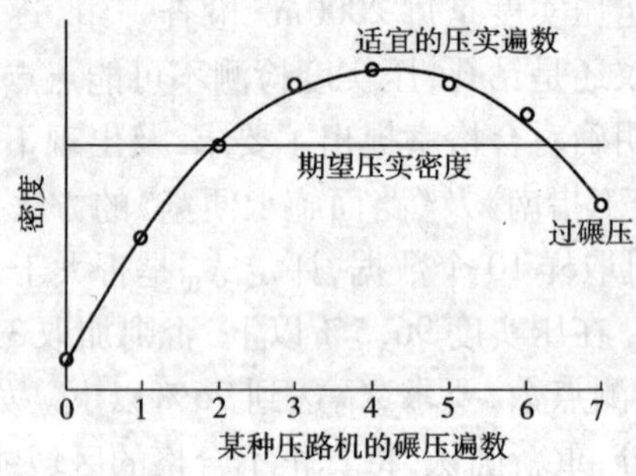

图11-2　沥青路面的过碾压

11.4.8　沥青路面的基本要求是沥青层能够基本上封闭雨水的下渗，即路面必须有良好的密水性，渗水严重的路面肯定是不耐久的。路面的压实度反映混合料的残余空隙率，它是施工质量的重要指标。但是实践证明，同样的空隙率，路面的渗水情况是不一样的。这是因为空隙率包括了开空隙和闭孔隙，而只有开空隙才能够渗水，所以空隙率和渗水系数有很大关系，却又是性质不同的两项指标；另外压实度和空隙率测定需要好几个参数，容易弄虚作假，而渗水系数非常直观，所以很多国家越来越重视直接检查渗水系数。本条渗水系数的规定是根据“沥青路面透水性能及指标”课题的研究成果提出的。由于灰尘很容易将空隙堵塞，使渗水试验无法做好，所以本规范规定渗水性只在施工结束时测定，在交工验收或使用过程中测定就太晚了。对于公称最大粒径大于26.5mm的下面层和基层沥青混合料，由于渗水系数的测定方法及指标问题，不适用于渗水系数的测定。当渗水系数太小时，需要警惕油石比是否太大，会不会引起车辙。

11.4.11　随着高速公路、一级公路施工中质量管理水平不断提高，规范规定了进行动态管理的方法，附录F作了具体说明，包括绘制管理图、直方图、建立变异系数标准。这个方法国外20年前已经很普遍，京津塘高速公路的监理就成功应用过（当时还没有计算机），现在工程上计算机已经相当普及，只要建设单位重视，做到动态管理是没有困难的。

11.5 交工验收阶段的工程质量检查与验收

11.5.1 交工验收与竣工验收不同，交工验收是对施工各个阶段中的每一个工序验收。竣工验收则是全部工程项目完工且交付使用(通车)，经过一段时间的考验，由国家主管部门(或投资部门)对工程项目的包括质量、工程量、财政等各方面进行的检查验收，是属于政府的行政行为。交工验收是工程单位建设单位、施工单位、监理、质量监督单位自身的职责，通过验收对工程质量进行检查认可。本规范仅规定交工验收阶段的质量检查与验收。

不同的国家和部门交工验收也有各自的做法。许多国家是把验收与支付工程费用挂勾的，将质量合格率作为支付的依据。本规范规定的质量标准是检查质量是否合格的依据。

交工验收检查的项目与原规范基本相同，但检查频度、方法与质量标准有所调整。以表 11.5.1-1 中高速公路和一级公路的沥青混凝土路面的标准为例，本规范与原规范对比如表 11-3。

表 11-3 新老规范交工验收指标比较表

项目		原规范(1994 年)		本规范(2004 年)	
		频度	允许差	频度	允许差
面层总厚度	代表值	每 1km 5 点	-8mm	每 1km 5 点	设计值的 -5%
	极值	每 1km 5 点	-15mm	每 1km 5 点	设计值 -10%
上面层厚度	代表值	每 1km 5 点	-4mm	每 1km 5 点	设计值的 -10%
	极 值	每 1km 5 点	-8mm	每 1km 5 点	设计值 -20%
压实度	代表值	每 1km 5 点	马歇尔密度的 95% 试验段密度的 98%	每 1km 5 点	实验室标准密度的 96% 最大理论密度的 92% 试验段密度的 98%
	极值 (最小值)	—	—	每 1km 5 点	实验室标准密度的 96% 最大理论密度的 92% 试验段密度的 98%
路表平整度	标准差 σ	全线连续	1.8mm	全线连续	1.2mm
	IRI	—	—	全线连续	2.0m/km
路表渗水系数		—	—	每 1km 5 点	300ml/min(普通沥青路面) 200ml/min(SMA 路面)
宽度	有侧石	每 1km 20 个断面	±20mm	每 1km 20 个断面	±20mm
	无侧石	—	—	每 1km 20 个断面	不小于设计宽度
纵断面高程		每 1km 20 个断面	±15mm	每 1km 20 个断面	±15mm
中线平面偏位		—	—	每 1km 20 个断面	±20mm
横坡度		每 1km 20 个断面	±0.3%	每 1km 20 个断面	±0.3%
弯沉	回弹弯沉	全线每 20m 1 点	符合设计要求	全线每 20m 1 点	符合设计对交工验收的要求
	总弯沉	全线每 5m 1 点	符合设计要求	全线每 5m 1 点	符合设计对交工验收的要求
构造深度		每 1km 5 点	符合设计要求	每 1km 5 点	符合设计对交工验收的要求
摩擦系数摆值		每 1km 5 点	符合设计要求	每 1km 5 点	符合设计对交工验收的要求
横向力系数		全线连续	符合设计要求	全线连续	符合设计对交工验收的要求

对比上表，可以看出对高速公路、一级公路的交工验收，质量检查的频度都保留了原规范的规定，但检查项目上有所调整。增加了渗水系数和中线偏位两项指标。对压实度，由于计算合格率需要增加了极值评定，对平整度增加了颠簸累积仪测定的 IRI 值。

11.6 工程施工总结及质量保证期管理

11.6.4 原规范规定了沥青路面施工的质量保证期,这本来是非常重要的。本规范取消了这个规定是因为它属于管理范畴,不在本规范的范围之内。现在欧美一些国家已经开始要求较长的质保期,这样做是建立在设计、施工的总承包体制的基础上的。如果施工单位没有相当的自主权,不能对设计、材料、施工负全责,使用质量是无法担保的。所以我国目前对质保期往往并不能彻底执行,说明在设计、施工、管理体制上还有许多问题需要研究。

附录 A 沥青路面使用性能气候分区

A.1 一般规定

A.1.1 在规范总则中规定我国沥青路面的气候分区按本附录 A 执行。本附录规定了高温、低温、雨量条件分区的确定方法，它是国家"八五"科技攻关课题"道路沥青与沥青混合料的路用性能"的重要研究成果。它在参考美国 SHRP 研究成果并结合我国国情的基础上，与气象部门合作，经过对我国 615 个气象站点 30 年的资料分析，在大量的气象要素中选择了能够较好地表征我国气候特点对沥青材料性能影响的指标，经过计算机网格化处理和气象上常用的等概原则划分的。此气候分区方法已经在《公路改性沥青路面施工技术规范》中首先使用，取得了良好的效果。

分区指标对各种参数进行了比较分析，高温指标比较了 7 月平均最高气温、积温等，低温指标是对极端最低气温、冰冻指数、负积温等，雨量指标比较了年降雨量、雨日数等。

工程单位在使用气候分区时，查图只能作为参考，应该向当地的气象台站了解有关数据，按统一的方法进行计算，确定本地区的气候分区，如果可能，宜采用 30 年的气象记录进行概率统计。对高速公路、一级公路宜取 95% ~98% 的概率，一般公路取 90% 的概率。

A.4 气候分区的确定

A.4.6 由于全国的沥青路面气候分区比较粗，现在有不少省已经按照本规范的方法，对本地区的气候条件作更具体的分区，甚至按照本地区的情况对分区指标进一步细化，这些都是很有益处的，建议其他各省也应该这样做。

附录B　热拌沥青混合料配合比设计方法

B.1　一般规定

B.1.1　沥青混合料的配合比设计方法是本规范的核心内容之一。配合比设计的结果直接影响沥青路面的施工质量和使用寿命。本规范的修订是根据“沥青混合料矿料级配及配合比设计方法的修订”课题成果提出的。

B.1.2　本附录主要规定目标配合比设计的方法，对现场生产配合比设计也可参照使用。在此基础上，还需要经过试拌试铺阶段，才能最终完成配合比设计。

国际上有各式各样的配合比设计方法，根据我国的实际情况、经验与技术水平，一致认为仍然采用马歇尔设计方法是符合国情的，这是我们的基本方法和依据；但同时又不能拘泥于规范，在有条件的地方和工程，鼓励学习国际上的先进经验，使配合比设计水平得到提高，因此本规范允许采用其他配合比设计方法在工程中应用。考虑到目前施工质量检验阶段一般都采用马歇尔方法，而且便于与标准的马歇尔方法、以往的实践经验进行对比，所以也要求在采用其他配合比设计方法时按本规范规定的马歇尔方法进行检验，并提出相应的指标。

B.2　确定工程设计级配范围

B.2.1　本规范第5章对矿料级配范围分为“规范规定的级配范围”、“工程设计级配范围”、“施工允许波动级配范围”这三个层次。本节规定了如何调整确定工程设计级配范围的方法和步骤。

B.3　材料选择与准备

B.3.1　配合比设计的材料已经在第4章作了详细说明，这里需要强调的是配合比设计取样的代表性问题。一些单位委托有关部门进行配合比设计，但生产时并不是设计时使用的材料。在新修订的《公路工程集料试验规程》中对集料的取样有新的要求，应该按新的要求执行。

B.4　矿料配合比设计

B.4.1　具体的矿料级配计算方法，现在大都采用计算机EXCEL的功能，开发了各种各样的矿料级配设计和级配曲线绘制方法，速度快，图表清晰，均可使用。不过，有的单位完全按照数理统计的最优化设计方法设计则未必是好方法，毕竟各个筛孔的重要性是不一样。所以，还是人机对话不断调整得到的方式较好。

B.4.2　级配设计的第一步是绘制沥青混合料的最大密度线，其画法应按照试验规程的方法，不得各行其是。关于最大密度线曾经有过3种意见，即图B-1中的A、B、C线，后来统一采用A线，本规范采用此法。通过级配曲线与最大密度线的相互位置，可以大致估计出矿料级配的VMA和混合料的空隙率。由于各国的筛孔不一致，例如美国没有16mm筛孔，所以最大密度线的具体位置稍有差别。

B.4.3　美国Superpave混合料设计体系的一大特点是对矿料级配进行优选，而我国原规范的一个缺点在于要求矿料级配曲线尽量靠近中值。为此本规范补充了级配曲线进行优选的内容，希望在设计级配范围内计算 1 ~ 3 组粗细不同的配合比，使包括 0.075mm、2.36mm、4.75mm 筛孔在内的较多筛孔的通过量分别位于设计级配范围的上方、中值及下方，然后进行一系列比较。尽管如此优选也是初步的，还没有包括经济分析在内。如果结合具体的材料价格对各种级配进行经济比较，那就更好了。

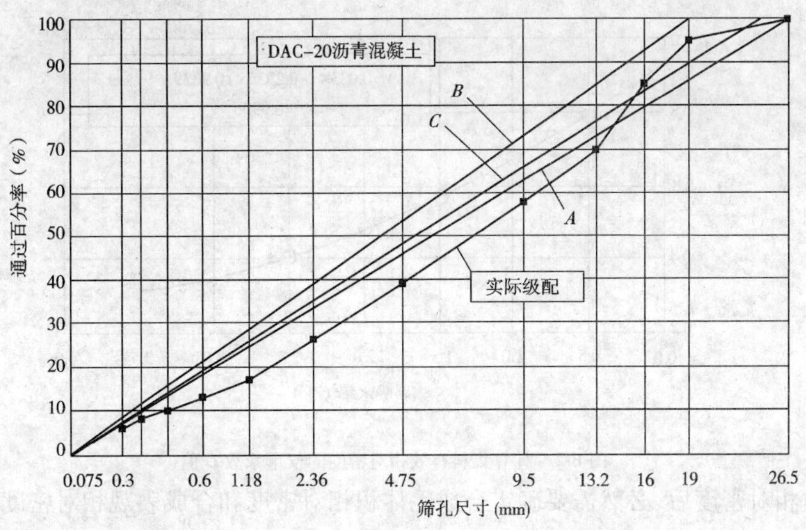

图 B-1　AC-20 沥青混合料矿料级配最大密度线的 3 种不同画法

B.5　马歇尔试验

B.5.1　近段时间以来，我国对于沥青混合料试件各项体积指标，包括密度、空隙率、VMA、VFA 的测定和计算方法一直存在一些争议。许多配合比设计都说是 4% 的空隙率，但实际上可能相差很大。应该说，世界各国对这些体积设计指标的测定和计算方法都不尽相同，在一个国家，则只有一个统一的方法。本节对马歇尔试验的体积指标的测定和计算方法作了全面的修改。

B.5.3　空隙率是由沥青混合料试件的密度和最大理论密度计算得到的，统一空隙率计算方法就必须统一试件相对密度和最大理论相对密度的测定或计算方法。

关于最大理论相对密度的问题，试验规程规定了进行实测的真空法、溶剂法，也有计算法，不同的方法有不小的差别。经过大量的对比试验，经反复征求各方面的意见，认为溶剂法计算体积时把集料内部开口体积都扣除，最大密度偏大，测定的空隙率过大，不符合实际情况。同时，一致同意采用真空法实测沥青混合料的最大理论相对密度作为我国的标准方法。在测定过程中，要求完全按照试验规程的方法，将混合料充分分散，达到规定的真空度和抽气时间，以便真正做到混合料处于零空隙率状态。混合料的存放时间则统一为暂不存放。

但是，对普通沥青混合料，人工分散到 6mm 以下，在水中加极少量的表面活性剂，借助于抽真空及震荡 15min 能将混合料进一步分散，重复试验的精度能做到 0.011 以内。如果采用真空法测定改性沥青混合料或 SMA 混合料的最大理论相对密度时，试验表明，改性沥青因为黏度大，不仅人工分散很难达到小于 6mm 以下的要求，而且在小于 6mm 以下的团粒中仍然包含有不少气泡，它在相同的真空及振动情况下不能使团粒继续分散，封闭在集料团粒中的空气不能跑出，最大理论相对密度将变小，且平行误差超过要求，所以得不到“零空隙”时的最大理论相对密度。对改性沥青的 SMA 混合料有纤维时分散更困难。

因此对改性沥青混合料和 SMA 混合料，将只能用计算法求取混合料的最大理论密度。但在如何计算的方法上，又有不少不同的意见。大部分单位和专家认为可以参考美国 Superpave 计算有效相对密度的方法，根据各种集料不同的吸水率选用不同的系数 C 值计算有效相对密度是可行的。Superpave 规定一般情况可取 $C = 0.8$，对集料吸水率较大时，可取 $C = 0.5 \sim 0.8$。我国学者经过试验研究，由沥青浸渍密度反算得到的不同吸水率时的 C 值见图 B-2。

图中关系式的相关系数达到 0.9998。本规范规定了实际计算的步骤,它利用计算机计算是非常简单的。由图可见,Superpave 所说的 C 值可取 0.5 ~ 0.8 大体上适用于吸水率 0.5% ~ 1.7% 的范围内,吸水率超过 1.7% 是很少的。

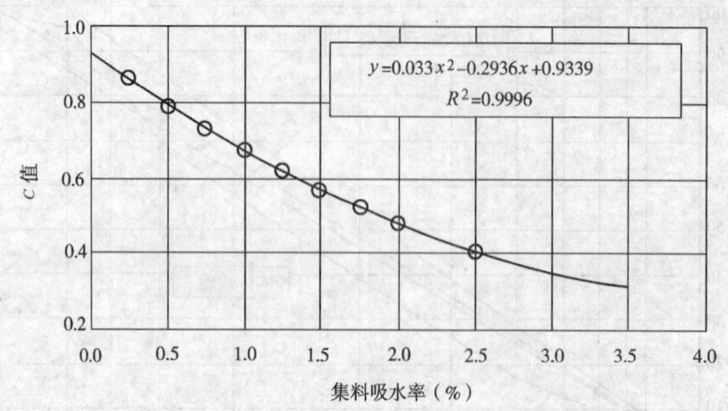

图 B-2　计算集料有效相对密度的权重系数 C 值

在引进有效相对密度后,必然需要确定合成毛体积相对密度和合成表观相对密度,对合成表观相对密度的计算一般没有分歧,但对合成毛体积相对密度的方法则有种种不同的意见。意见集中在2.36mm 以下的机制砂、石屑如何测定毛体积相对密度上。研究课题进行了大量的对比试验,得出了规范规定的方法,即"机制砂及石屑可按 T 0330 方法测定,也可以其中筛出的 2.36 ~ 4.75mm 部分的毛体积相对密度代替"。

具体到工程上使用时,目标配合比设计阶段各种材料是分开的,工程上可根据实际情况处理。例如:

(1)当石屑规格为 0 ~ 5mm,或者虽然已经分开有 3 ~ 5mm(S14)及 0 ~ 3mm(S16)两档规格,但材料品种相同时,将其中的 2.36mm 以下部分筛除后按粗集料方法(T 0304)测定毛体积相对密度,作为这些材料的毛体积相对密度。

(2)材料分开有 3 ~ 5mm(S14)及 0 ~ 3mm(S16)两档规格,但材料品种不同,例如 3 ~ 5mm 为玄武岩,0 ~ 3mm 为石灰岩,则将 3 ~ 5mm 材料中的 2.36mm 以下部分筛除,从 0 ~ 3mm(S16)材料中筛取 2.36mm筛上部分,分别按粗集料 T 0304 方法测定毛体积相对密度使用。

在生产配合比设计时,材料从热料仓取样。但拌和机的热料仓中的材料有相当的混杂,测定毛体积相对密度也会变得更复杂。因为同一个热料仓会有不同品种的石料,如机制砂、天然砂、石屑等。这时要弄清不同材料的比例很困难,分别取用不同材料测定表观相对密度和毛体积相对密度更是不可能。所以此时只能将这个仓的全部材料将 0.075mm 部分筛除后作为混料进行两种密度的测定,尽管仍然会不准确,但也无法解决。

在进行各种配合比设计时,体积指标的计算方法必须统一,因为它直接影响配合比设计结果,也影响压实度检测的标准密度。

经过本规范的修改以后,我国在沥青混合料体积指标的计算上与美国现行方法基本上已经没有区别。只是由于改性沥青的最大相对密度确定方法有差异,所以表面上公式都相同,实际结果略有所不同,见表 B-1。

必须注意:原规范都要求按公式计算沥青的体积百分数,且以 VA + VV 作为 VMA,本规范由于直接引用了有效相对密度、有效沥青用量、沥青吸收入集料的比例等概念,由总的沥青用量计算的 VA 实际上已经没有意义。相反,本规范要求计算有效沥青用量及沥青膜的厚度,同时计算粉胶比,以估计沥青用量是否合理,这也是重大的改变。

本规范的方法是经过大量的试验研究反复论证确定的。希望各单位统一按照规范规定的方法计算。

表 B-1　中美两国在体积指标计算方法上的差别

指　标	中国方法	美国方法	说　明
试件毛体积相对密度 γ_f	表干法或蜡封法 γ_f	表干法或蜡封法 γ_f	完全相同
混合料最大相对密度 γ_t	普通沥青:真空法 改性沥青:计算法	真空法	普通沥青相同 改性沥青不同
集料的有效相对密度	$\gamma_{sb}=\dfrac{100}{\dfrac{P_1}{\gamma_1}+\dfrac{P_2}{\gamma_2}+\cdots+\dfrac{P_n}{\gamma_n}}$	$\gamma_{sb}=\dfrac{100}{\dfrac{P_1}{\gamma_1}+\dfrac{P_2}{\gamma_2}+\cdots+\dfrac{P_n}{\gamma_n}}$	普通沥青相同 改性沥青不同
空隙率	$VV=\left(1-\dfrac{\gamma_f}{\gamma_t}\right)\times 100$	$VV=\left(1-\dfrac{\gamma_f}{\gamma_t}\right)\times 100$	完全相同
VMA	$VMA=\left(1-\dfrac{\gamma_f}{\gamma_{sb}}\times\dfrac{P_s}{100}\right)\times 100$	$VMA=\left(1-\dfrac{\gamma_f}{\gamma_{sb}}\times\dfrac{P_s}{100}\right)\times 100$	完全相同
VFA	$VFA=\dfrac{VMA-VV}{VMA}\times 100$	$VFA=\dfrac{VMA-VV}{VMA}\times 100$	完全相同
有效沥青用量	$P_{be}=P_b-\dfrac{P_{ba}}{100}\times P_s$	$P_{be}=P_b-\dfrac{P_{ba}}{100}\times P_s$	完全相同

B.5.8　关于试件的密度,各国都采用毛体积相对密度,这一点比较统一,但具体测定时又有水中重法、表干法、蜡封法、体积法之分。本规范进行了大量的对比试验,统一采用表干法,吸水率大于2%时采用蜡封法,对大孔隙的混合料采用体积法,而通常不再采用水中重法,只有施工质量检验时作为相对比较,对吸水率非常小的还可以使用。当然,沥青混合料采用表干法或蜡封法并非理想的方法。在美国,正在研究一种新的真空包装法(Corelok)测定沥青混合料试件的毛体积相对密度。

B.6　确定最佳沥青用量(或油石比)

B.6.1　在以前的规范中,我国采用日本的方法,即以全部满足规范要求的沥青用量范围中值为最佳沥青用量。按此方法能共同满足要求的沥青用量范围往往很窄,基本上只有空隙率一个指标。它与现在美国由空隙率决定最佳沥青用量一样,不过只要在设计范围内就行,不一定是4%。上次修订规范时考虑空隙率不容易准确测定,参照了当时欧美许多国家的办法,把马歇尔稳定度、密度的影响考虑进来了,实际上是马歇尔试验加经验的方法。美国 MS-2 马歇尔方法确定最佳沥青用量也是一个综合平衡的方法。1994 年第 6 版后改变为以设计空隙率范围的中值(4%)作为初始沥青用量,检验其他各项指标是否都符合设计要求。如果符合,即作为最佳沥青用量;如果不能全部符合设计要求时,则找出全部符合设计范围内的中值,以此作为最佳沥青用量 OAC。对两种方法进行了折衷。在 2000 年的美国热拌沥青混合料施工手册中,仍采用 MS-2 的方法。但对机场道路,提出了采用 4 项指标:密度峰值、4% 的空隙率、75% 的 VFA,以及马歇尔稳定度的峰值所对应的沥青用量的平均值作为设计的最佳沥青用量。在澳大利亚以前的规范中也使用了 VFA 的中值。本规范修订时,综合考虑了各个方面,对确定最佳沥青用量规定一个宽松的方法,强调必须特别重视当地的成功的经验,在实用上有非常重要的意义。尤其对于一个较小范围的地区,材料和级配基本上变化不大,成功的实践经验更有价值。调查认为原规范确定最佳沥青用量基本上是可行的。鉴于目前仍然采用马歇尔试验作为配合比设计方法以及在空隙率指标测定不准确的情况下,还不具备仅依靠空隙率一个指标确定最佳沥青用量的条件,因此综合确定了本规范现在推荐的方法。在空隙率标准上,本规范根据国内外经验,不固定一个值(如 4%),而是在不同的气候和交通条件下选用不同的值。在确定 OAC_1 时,增加了 VFA 中值相对应的沥青用量参加平均,是考虑到 VFA 反映沥青结合料填充矿料间隙的程度,对混合料的耐久性有意义,将其考虑进来是必要的。

但是，许多单位在采用 S 型密实嵌挤型级配后，发现绘制的各种指标与油石比的关系曲线中，密度和稳定度两个指标中有一个或者两个经常不出现峰值。本规范考虑到这种情况，规定在这种情况下可以以空隙率为准确定最佳沥青用量，但必须检验其他指标都符合要求。

在规范图 B.6.1 中，全部满足的各项指标的共同范围中，是不包括 VMA 的，在本规范的配合比设计方法中，VMA 实际上是一个检验指标。在按照以上方法确定最佳沥青用量 OAC 后，反过来可以从试验曲线上得出 OAC 所对应的空隙率和 VMA，再由空隙率从表5.3.3-1中确定此空隙率所要求的最小 VMA 值，当空隙率不是整数时，由内插法确定，比较实际的 VMA 是否满足此要求。如果满足要求，设计即通过，否则需要调整级配，重新进行矿料级配设计。由于最小 VMA 的标准与公称最大粒径及设计空隙率有关，所以它实际上变成了一项检验标准。即在开始绘制配合比设计曲线时，并不知道最小 VMA，无法画要求的最小 VMA 线，它是在确定 OAC 和设计空隙率后补上去的。

本规范要求计算沥青结合料被集料吸收的比例及有效沥青含量，它是由集料的合成毛体积相对密度与合成表观相对密度计算得到的，在总的沥青用量中扣除了这部分被吸收的沥青数量后便可得到有效沥青含量。计算有效沥青含量的目的在于估算粉胶比和沥青膜的厚度。由于我们以前计算粉胶比时都计算 0.075mm 通过率与总的沥青质量之比，本规范改为有效沥青用量后，粉胶比将会比以前小，这里仍然要求控制在 0.8～1.2 范围内，实际比以前放宽了，所以更应该注意粉胶比偏大的危险。计算沥青膜厚度的方法很多，本规范采用的表面积系数是美国 NCAT 研究的成果。所需要注意的是，集料的比表面主要取决于细粉数量，对大于 4.75mm 部分的表面积只计算一个（100×0.0041）的值，其他档次都不再重复计算。在澳大利亚 1996 年沥青路面设计手册中规定的集料比表面计算方法与日本的相同，按式 $A=(2+0.02a+0.04b+0.08c+0.14d+0.30e+0.60f+1.60g)\times 0.20482(m^2/kg)$ 计算，其中 9.5mm 以上均归入系数 2 中，式中 $a \sim g$ 依次为 4.75、2.36……0.075（mm）通过率。但计算沥青膜厚度的方法却不同，澳大利亚采用下式计算：

$$F=\frac{Q_{EB}}{100-Q_{BIT}}\cdot\frac{1}{A}\cdot\frac{10^3}{\rho_{BIT}} \tag{B-1}$$

式中：Q_{EB}——有效沥青含量（混合料的质量），%；

Q_{BIT}——总沥青用量（混合料的质量），%；

A——混合集料表面积，m^2/kg；

ρ_{BIT}——25℃沥青密度，t/m^3。

日本不用有效沥青含量的概念，式中分子上直接采用油石比。

关于沥青膜的厚度，本规范未提出具体指标，根据国外的资料介绍，通常情况下连续密级配沥青混合料的沥青膜有效厚度宜不小于 6μm，密实式沥青碎石混合料的有效沥青膜厚度宜不小于 5μm，我们在进行配合比设计时也可参考这个数值控制。

B.7 配合比设计检验

B.7.1 本规范对配合比设计检验的指标增加了沥青混合料的渗水试验要求，是经过专题研究，在大量实际测定结果的基础上汇总制订的。研究表明，渗水性与空隙率有很大的关系，但又有很大的区别，空隙率反映的是总的空隙，而渗水性只反映开空隙，它与级配类型、集料粒径等多种因素有关系。

附录 C　SMA 混合料配合比设计方法

本规范关于 SMA 的配合比设计方法基本上是按照《沥青玛蹄脂碎石路面技术指南》(SHC F40-01—2002)编写的。在该规范出版后,一些专家提出了两个不同的看法。

首先,关于击实成型次数的问题。有人建议由双面击实 50 次改为 75 次,增加击实成型次数对密度的增加有一定意义,但集料颗粒击碎的问题比较严重。由于 SMA 混合料是典型的粗集料嵌挤型混合料,是间断级配,相对来说击实成型要比较容易,一般双面击实 50 次基本上可以密实,增加到 75 次可以继续增加密度,但意义不大,所以国际上绝大部分的国家都是击实成型 50 次,这样也好统一。考虑到工程上的需要,或者所使用的集料相当坚硬,适当增加击实次数也不一定把集料颗粒击碎,击实成型 75 次也是允许的。

还有一种意见是取消对最小油石比的规定。由于我国的气候条件夏季十分炎热,重载交通严重,所以最小油石比的意义已经不大,故本规范修订时明确将其取消。

乔治亚州是美国应用 SMA 最广泛的州之一,其 SMA 的级配范围规定如表 C-1。

表 C-1　美国乔治亚州 SMA 级配范围

类　型	通过以下筛孔(mm)的百分率(%)							
	25	19	12.5	9.5	4.75	2.36	0.3	0.075
SMA-25	100	90~100	44~70	25~60	20~28	15~22	10~20	8~12
SMA-12.5	—	100	85~100	50~75	20~28	16~24	10~20	8~12
SMA-9.5	—	—	100	70~100	28~50	15~30	10~17	8~13
允许波动范围	±0	±7	±6.1	±5.6	±5.7	±4.8	±3.8	±2.0

附录 D　OGFC 混合料配合比设计方法

D.1　一般规定

D.1.1　铺筑大孔隙排水式沥青混合料 OGFC 的主要目的是使路面在高速行车条件下，雨水可以极迅速地通过混合料内部的大的开口孔隙排出路面以外，不产生溅水和水雾，同时大幅度降低路面噪声。现在 OGFC 在日本使用最普遍，政府要求所有的高速公路表面层都加一层 OGFC，其目的是为了减小噪声，政府发布的指针已经把路面的排水性作为一个设计标准。但是由于 OGFC 的结构特点，在材料和使用条件上也有不少需要注意之处。首先是 OGFC 的孔隙特别大，如果进入孔隙的灰尘不能被汽车高速行驶的负压吸走，灰尘不断填充孔隙、被汽车压实而堵塞，则其功效将迅速降低，一旦堵塞将很难清除。所以 OGFC 适用于多雨地区的高速公路。另外由于孔隙大，一旦进水而发生冰冻，也将影响其耐久性。对这种大孔隙排水式沥青混合料，我国还缺乏经验，使用时需要慎重。OGFC 通常采用 OGFC-19 或 OGFC-13 两种类型，当特别需要降低噪声时，宜采用公称最大粒径较小的级配。

D.3　确定设计矿料级配和沥青用量

D.3.2　OGFC 再早出现在欧洲，通常称为 PFC（Porous Friction Course），也称为 PEM（Porous European Mixes），其传到美国、日本后才被称为 OGFC。各国对 OGFC 的建议级配范围不尽相同。德国规范（ZTV asphalt 技术要求）对 PFC 的技术要求如表 D-1。其中木质素纤维的用量一般为 0.5%，矿粉填料为 4% ~6%。

表 D-1　德国对 PFC 的技术要求

项　目		单位	规　格	
			0/11	0/8
矿料		—	优质石屑、优质砂、矿粉	
级配	<0.09mm	%	4 ~6	4 ~6
	>2mm	%	85 ~90	85 ~90
	>5mm	%	80 ~90	75 ~85
	>8mm	%	75 ~85	≤10
	>11mm	%	≤10	—
沥青			PmB45，PmB65	PmB45，PmB65
沥青含量		%	5.3 ~6.5	5.5 ~6.8
稳定剂		%	≥0.5	
压实温度（马歇尔试件）		℃	135 ±5	—
空隙率（马歇尔试件）		Vol. %	20 ~24	—
压实度		%	≥97	—
施工空隙率		Vol. %	≥22.0	—

日本沥青路面要纲及美国联邦公路管理局（FHWA）推荐的 OGFC 排水式沥青混合料的级配如表 3-2。日本的设计空隙率为 15% ~25%，沥青用量 4% ~6%。美国的设计空隙率约 12% ~15%，铺筑厚度约为 20 ~25mm。美国乔治亚州是美国排水性路面应用较普遍的一个州，它的级配范围如表 D-2，沥青用量对 9.5mm 及 12.5mm 的 OGFC 要求分别为6.0% ~7.25% 及 5.75% ~7.25%，均要求用 PG76-22

铺筑，可供参考。

表 D-2 日本沥青路面要纲及美国联邦公路管理局（FHWA）推荐的级配范围

筛孔（mm）	26.5	19	13.2(12.5)	9.5	4.75	2.36	1.18	0.6	0.3	0.15	0.075
日本沥青路面要纲	—	100	90~100	—	11~35	8~25	—	5~17	4~14	3~10	2~7
日本排水性路面设计指针	100	90~100	64~84	—	10~31	10~20	—	—	—	—	3~7
	—	100	90~100	—	11~35	10~20	—	—	—	—	3~7
FHWA 开级配磨耗层混合料设计方法	—	—	100	95~100	30~50	5~15	—	—	—	—	2~5
	—	100	90~100	60~80	12~30	10~22	—	—	—	—	2~6
乔治亚州 9.5mmOGFC	—	—	100	85~100	20~40	5~10	—	—	—	—	2~4
乔治亚州 12.5mmOGFC	—	100	85~100	55~70	15~25	5~10	—	—	—	—	2~4
乔治亚州 12.5mmPEM	—	100	80~100	35~60	10~25	5~10	—	—	—	—	1~4

D.3.3 众所周知，OGFC 与一般沥青混合料不同，其矿料级配较粗且多为开口空隙，其最大的特点是空隙率高，而且难以使用通常的马歇尔试验方法确定沥青含量。本规范参考国外的配合比设计方法，主要以各项功能性检验为主，选择期望的空隙率而又具有较高耐久性的最大容许沥青膜厚度来确定沥青含量。

这种配合比设计的特殊之处是油石比主要由析漏试验结果选定。通常以析漏试验确定的沥青混合料不致产生流淌的沥青用量作为上限，以肯塔堡试验检验沥青混合料在通车后粒料不致松散、脱落、飞散时的沥青用量为下限。

沥青用量一般都通过试算确定。在美国试算时考虑沥青吸入集料内部，要求测定集料的毛体积密度和表观密度，计算混合料所需的有效沥青用量及总沥青用量。混合料成型采取便携式的电磁振动锤进行振动压实或振动台（3600r/min，振幅 0.33×0.05mm）成型。计算振动后的单位重、粗集料空隙率（VCA）、细集料最佳用量。用确定的沥青用量沥青黏度在 800×10^{-6} m^2/s（800 厘斯）时的温度下拌和混合料，集料完全裹覆后，把混合料倒在硼硅酸玻璃板（直径为 200~225mm）上，迅速摊开混合料，放进不低于 107℃ 的烘箱内 60min 观察板底状况。如在集料与玻璃板接触处有轻微的沥青印迹，表明沥青用量是合适的。否则应在更高或更低的拌和温度下重复这个试验，以达到要求的接触印迹。如果拌和温度低到集料的干燥温度（典型温度）仍有析漏，那么应选择较高黏度的沥青。然后对设计混合料进行浸水抗压试验检验，在 49℃ 浸水 4d 后，测定抗压强度残留强度指标应不低于 50%，否则应采取措施提高黏附力以获得足够的残留强度。

由于美国的方法过于繁复，日本的方法较为简单，本规范参考日本的方法进行配合比设计。

附录E　沥青层压实度评定方法

沥青路面的压实度是非常重要的质量指标，许多高速公路发生早期损害大都与压实不足有关。在第11章已经对压实度观念的转变，即由原来的单纯依赖钻孔密度控制压实度转变为重点控制碾压工艺，钻孔只作为辅助性检验的理由进行了充分的阐述。本附录更具体地规定了标准密度的确定方法，规定了在交工验收阶段以压实度的代表值及极值进行评价的方法。压实度和厚度都是单点控制。在计算代表值时，考虑了不同等级公路的保证率，对高速公路、一级公路为95%，其他等级公路为90%。在路面厚度验收时也需要计算代表值，计算方法也按附录E执行。

附录 F　施工质量动态管理方法

F.0.1　沥青路面施工过程中的动态质量管理，国外工业发达国家早在 20 多年前就相当普及。当初京津塘高速公路在外国监理的指导下，自始至终很好地使用了这个方法，为施工质量管理起到了很好的作用，工程结束后有过详细介绍文章（见《京津塘高速公路论文集》）。上次规范的内容也是在国内外实践经验的基础上提出来的。但遗憾的是，在京津塘高速公路以后，没有一个高速公路工程的建设单位和监理继续采用这个方法，说明还是我国的管理水平问题。动态质量管理是过程控制的重要手段，旨在及时发现影响质量的因素，提高施工质量的稳定性，减小变异系数。

例如对沥青混合料或沥青路面来说，离析是产生局部损坏的重要原因。如何发现离析，采取措施提高混合料的均匀性是防止沥青路面早期损害的重要手段之一。通过动态质量管理可以帮助我们寻找产生离析的原因。举例来说，沥青混合料进行抽提筛分会发现每天的油石比有波动，但是由什么原因造成的呢？我们可以从矿料级配中影响油石比的关键性筛孔（一般是 2.36mm）与油石比变化的关系得出判断。以抽提筛分的 2.36mm 通过率作为横坐标，以油石比作为纵坐标。将一个时期的试验结果绘成图 F-1，该混合料设计油石比为 5.4%，图中折线 *A* 的油石比波动在 5.2% ~5.6% 范围内，似乎每天油石比控制得很好，误差远小于 ±0.3%，但它与细集料含量关系不明显，尽管细集料通过率从 42% 波动到 50%，而油石比变化不大，充分说明油石比的波动发生在沥青混合料的拌和以前，它可能是原材料的规格和自身的级配变化、装载车取样不均、冷料仓的供料等原因造成。每拌和一盘的沥青数量变化不大，而集料级配变化大，就成为这样的结果。这样的混合料铺筑在路上将会使细集料少的部位显得油多，相反细集料多的部位沥青偏少，造成局部泛油和渗水严重，这是现在比较常见的离析。而图中折线 *B* 则可能是拌和以后造成的离析，因为在混合料中，细集料的表面积大，细集料含量高的混合料油石比肯定会大，说明图的情况是符合规律的。如果这种情况是在拌和机或运料车取样的抽提试验结果，这种波动很可能是取样缺乏代表性，尽管油石比的波动范围远远超过了 5.4% ±0.3% 的范围，但对混合料质量的影响反而不一定有多大。如果这些数据是在摊铺机现场不同位置取样的试验结果，那就说明混合料的拌和、运输、摊铺造成不均匀的结果，也是典型的离析。相比起来，*A* 的情况比 *B* 的情况可能还要不好，这说明试验数据的动态管理是很有价值的。

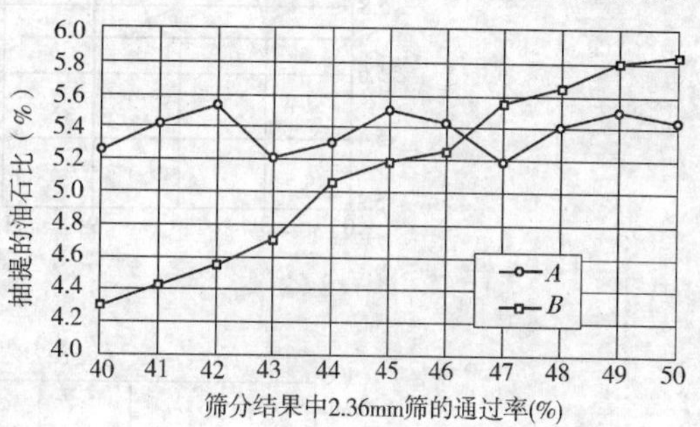

图 F-1　关键性筛孔 2.36mm 通过率与油石比变化的关系

F.0.3　现在施工质量数据的动态管理除了原始数据随时间变化的曲线外，通常采用平均值和极差的管理方法。以某工程 1 个月的油石比抽提数据为例，试验结果如表 F-1（为说明问题故意选用波动特别大的数据），以前 3 天检测结果的平均值及前 3 天检测结果的极差。由此可以绘制出 3 张质量管理图［图 F-2a）、b）、c）］，统称为 $\bar{X}$-R 管理图。自上而下为工程逐日检测结果平均值 $\bar{X}$ 管理图（每天 3 次检测的平均值）；相同日期平均值 $\bar{X}$ 的极差管理图；一定日期（前 3 天）每天检测结果平均值 $\bar{X}$ 的平均值 $\bar{\bar{X}}$ 管理图。

这三张图各有各的用途，图 a）是检查每天的试验结果是否符合设计油石比 ±0.3% 的技术要求，其中第 1、14 天不符合规范要求。图 b）中的曲线变化表示逐天平均值变化的情况（极差）还是比较大的，有时候 3 天之内检测结果可以相差接近 0.6%。说明需要进一步加强油石比的稳定性。图 c）是从每 3 天检测结果的平均值连续变化从统计学的观点检查试验数据的变异性。表面看平均值还比较稳定，基本上在目标油石比上下变化，但绘出 UCL 及 LCL 线就可以看出问题了，本图取 5 天为一个阶段分析，以第 1

个阶段即第 3 ~7 天为例,求取这 5 天(前 3 天的平均值)的平均值为 5.94,极差为 0.16,从本规范中表 F.0.4 中查得 $n=5$ 时,$A_2=0.577$,则 UCL = 6.03,LCL = 5.84。按相同的方法可以计算以后每 5 天的 UCL 及 LCL。

表 F-1 油石比逐日试验结果记录

检测次数(日期)	1	2	3	4	5	6	7	8	9	10	11	12	13	14	15
当天检测结果(3 次抽提的平均值)	6.3	5.8	5.73	6	6.2	5.8	5.75	6	6.2	5.9	6.1	5.9	6.2	5.7	5.8
前 3 天的平均值	—	—	5.94	5.84	5.98	6.00	5.92	5.85	5.98	6.03	6.07	5.97	6.07	5.93	5.90
前 3 天平均值的极差	—	—	0.57	0.27	0.47	0.40	0.45	0.25	0.45	0.30	0.30	0.20	0.30	0.50	0.50
检测次数(日期)	16	17	18	19	20	21	22	23	24	25	26	27	28	29	30
当天检测结果(3 次抽提的平均值)	6.26	6	5.75	6.2	6	6.1	5.8	5.9	6.1	5.9	6.15	6.18	6	5.75	6.1
前 3 天的平均值	5.92	6.02	6.00	5.98	5.98	6.10	5.97	5.93	5.93	5.97	6.05	6.08	6.11	5.98	5.95
前 3 天平均值的极差	0.56	0.46	0.51	0.45	0.45	0.20	0.30	0.30	0.30	0.20	0.25	0.28	0.18	0.43	0.35

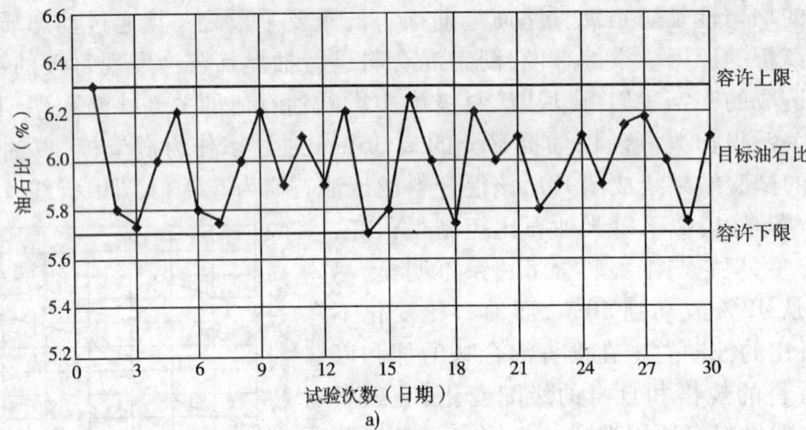

a)

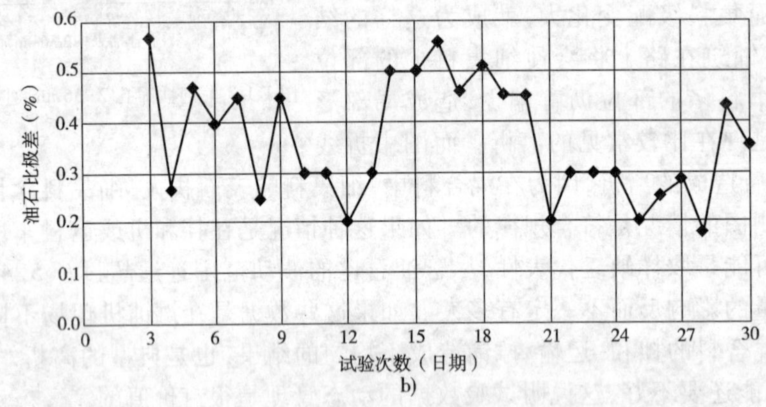

b)

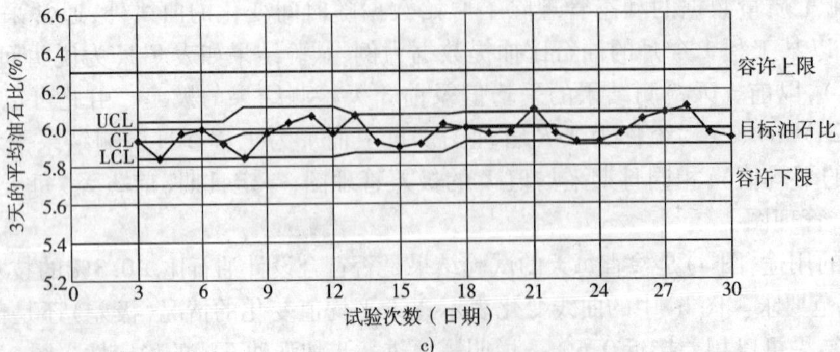

c)

图 F-2 动态质量管理图($\bar{X}$-R 管理图)示例(油石比,%)

有时候极差图还可以采用一天内若干次试验的极差绘制，例如每天的马歇尔试验，有 3 次，每次 4 个试件，利用极差图可以看出生产的沥青混合料、取样、制件的均匀性。因此，充分利用动态质量管理对真正实行全面质量管理来说是非常有用的手段。

F.0.4 在动态质量管理 $\bar{X}$-R 的管理图中，应以平均值 $\bar{X}$ 作为中心线 CL，并标出质控上限 UCL 和质控下限 LCL，这里 UCL 和 LCL 表示允许的施工正常波动范围，并不是规范规定的允许差范围。质控上限 UCL 和下限 LCL 是按照数理统计的概念由表 F.0.4 中的系数 A_2、D_3、D_4 求出的，它与一个统计周期的试验数据的数目 n 有关，所以在图 F.0.3-1 的平均值图和极差图中，UCL 和 LCL 并不是常数。而规范规定的标准上限和下限一般是个不变的值。试验数据如果超过 UCL 和 LCL 可能是合格的，但从数理统计的角度看，它是不正常的，应视为施工异常或试验数据异常。

在质量控制指标中，有几种不同性质的指标，一种是有一个目标值，如设计空隙率 4%，同时有一个允许波动的范围 3% ~5%，又如标准配合比曲线，也是有标准级配和允许范围，这些指标还有油石比、横坡、宽度、高程；有一种是单边规定只要符合最大值或最小值要求，如压实度、稳定度、厚度等；还有一种是只有一个范围，并没有目标值，如马歇尔流值，只规定在 2 ~4mm 范围内。这些不同的情况的管理图如何画，如何在图中画规范的标准值，具体情况会有所不同。但是有一点是相同的，确定 UCL 和 LCL 是每隔一段时间根据平均值和极差求取的。这个时间通常根据数据变化情况确定，不一定像上例都固定取 5 天，可以规范中的图 F.0.3-1 根据需要计算，连续变化很小时周期可选长一些，变化波动比较大宜经常检查。由于都是计算机进行，具体绘制并不困难。

附录G　沥青路面质量过程控制及总量检验方法

G.0.1　沥青路面的过程控制是保证在施工过程中不出次品的手段，为了改变现在大都为事后检查的做法，本规范增加过程控制及总量检验的内容，这是本规范的重大修改。

就我们目前的水平而言，能够做到过程控制的项目并不多，为此本规范重点规定了沥青混合料生产过程中的在线监测项目，这就要求每拌和一盘沥青混合料就基本上了解其质量是否符合要求，这是真正意义上的过程控制。如果暂时做不到每一盘控制的话，可以每一天作总量检验，这是肯定可以做到的。所有施工单位都必须按照规范要求执行。对沥青混合料的质量以前都是抽提筛分，现在还不能不要，因为总量检验的准确性(关键是称重传感器)需要互相校验。

沥青路面的厚度以前多通过钻孔试件，数据少，还可能人为地舍弃一些数据，采用每天实际的生产量与铺筑面积计算，将能得到比较准确的平均厚度。

以后随着技术水平的提高，能够实行过程控制的项目将会不断增多，施工质量管理的水平也将得到发展和提高。

《公路工程标准规范汇编全书》总目录

3.《公路工程基桩动测技术规程》(JTG/T F81 - 01—2004)
4.《公路工程施工安全技术规程》(JTJ 076—95)
5.《公路工程施工监理规范》(JTG G10—2006)
6.《公路工程质量检验评定标准(土建工程)》(JTG F80/1—2004)

七、试验检测卷

1.《公路土工试验规程》(JTJ 051—93)
2.《公路工程无机结合料稳定材料试验规程》(JTJ 057—94)
3.《公路路基路面现场测试规程》(JTJ 059—95)
4.《公路工程沥青及沥青混合料试验规程》(JTJ 052—2000)
5.《公路工程水泥及水泥混凝土试验规程》(JTG E30—2005)
6.《公路工程岩石试验规程》(JTG E41—2005)
7.《公路工程集料试验规程》(JTG E42—2005)
8.《公路土工合成材料试验规程》(JTG E50—2006)

八、交通工程卷

1.《公路交通安全设施设计规范》(JTG D81—2006)
2.《公路交通安全设施设计细则》(JTG/T D81—2006)
3.《公路交通安全设施施工技术规范》(JTG F71—2006)
4.《高速公路护栏安全性能评价标准》(JTG/T F83 - 01—2004)
5.《公路隧道交通工程设计规范》(JTG/T D71—2004)
6.《公路工程质量检验评定标准(机电工程)》(JTG F80/2—2004)
7.《高速公路交通工程及沿线设施设计通用规范》(JTG D80—2006)

九、养护管理卷

1.《公路养护技术规范》(JTJ 073—96)
2.《公路水泥混凝土路面养护技术规范》(JTJ 073.1—2001)
3.《公路沥青路面养护技术规范》(JTJ 073.2—2001)
4.《公路桥涵养护规范》(JTG H11—2004)
5.《公路隧道养护技术规范》(JTG H12—2003)
6.《公路养护安全作业规程》(JTG H30—2004)
7.《公路养护质量检查评定标准》(JTJ 075—94)
8.《高速公路养护质量检评方法(试行)》

“公路工程标准规范理解与应用”丛书已出版书目

序号	书　名	作　者	定价(元)
1	《公路水泥混凝土路面施工技术规范》问答	规范主要起草人:傅智 等	56.00
2	《公路土工试验规程》释义手册	规范主要起草人:王园 等	66.00
3	《公路沥青路面施工技术规范》实施手册	规范主要起草人:李福普 等	36.00
4	《公路路基施工技术规范》宣贯读本	规范主编单位:中交公路一局	28.00
5	《公路桥涵施工技术规范》实施手册	规范主要起草人:刘吉士 等	58.00
6	《公路工程质量检验评定标准(第一册・土建工程)》与施工规范对照手册	落云彬 等	86.00
7	《公路工程质量检验评定标准(第二册・机电工程)》技术手册	翁小雄	92.00